# 企业财务管理合规实务操作指南
## （精装典藏版）

陈安国　李雪辉◎编著

人民邮电出版社
北京

**图书在版编目（CIP）数据**

企业财务管理合规实务操作指南 ： 精装典藏版 / 陈安国，李雪辉编著. -- 北京 ： 人民邮电出版社，2025.

ISBN 978-7-115-67601-6

Ⅰ. D922.291.914.5

中国国家版本馆CIP数据核字第20251KF330号

## 内 容 提 要

在当今复杂多变的商业环境中，企业财务管理合规已成为企业稳健发展的基石。本书是帮助企业准确理解和把握财务管理合规要求的实用操作指南。书中梳理了企业财务管理合规中的 180 余个专题，并按照业务简介、法律法规、合规程序与方法、案例分析四大核心板块进行详尽解析与探讨，能够助力企业有效规避财务风险，提升财务水平。学习本书后，读者能够全面掌握企业财务管理合规的精髓，提升处理复杂财务问题的能力，确保企业财务活动合法、合规，为企业稳健发展奠定坚实基础。

◆ 编　　著　陈安国　李雪辉

责任编辑　李士振

责任印制　彭志环

◆ 人民邮电出版社出版发行　　北京市丰台区成寿寺路 11 号

邮编　100164　　电子邮件　315@ptpress.com.cn

网址　https://www.ptpress.com.cn

三河市中晟雅豪印务有限公司印刷

◆ 开本：787×1092　1/16

印张：62.25　　2025 年 9 月第 1 版

字数：1888 千字　　2025 年 9 月河北第 1 次印刷

定价：598.00 元

**读者服务热线：(010)81055296　印装质量热线：(010)81055316**

**反盗版热线：(010)81055315**

# PREFACE 前言

在当今复杂多变的商业环境中，财务管理合规性已成为企业稳健发展的基石。随着国内外法律法规的不断更新和完善，以及监管力度的持续加大，能否确保财务活动的合法、合规，不仅关系到企业的经济利益，更直接影响到企业的声誉和可持续发展能力。然而，面对纷繁复杂的财务管理合规要求，许多企业在实际操作中往往感到无所适从，合规风险频发，亟需一套系统、实用的操作指南来指导实践。在此背景下，本书应运而生。

**一、编写初衷**

编写本书的初衷，源于对当前企业财务管理合规现状的深刻洞察。近年来，国内外财务舞弊、违规操作等事件频发，不仅给企业带来了巨大的经济损失，也严重损害了企业的社会形象和市场信任。这些事件暴露出企业在财务管理合规方面存在诸多不足，如合规意识淡薄、制度不健全、操作流程不规范等。因此，编写一本能够全面、系统地指导企业财务管理合规实务操作的图书，显得尤为重要和迫切。

本书旨在通过深入浅出的方式，帮助企业财务人员及管理人员全面理解财务合规的重要性，掌握合规管理的核心理念和关键技能，提升企业的财务合规管理水平。同时，本书也希望能够为监管部门、会计师事务所、律师事务所等相关机构提供参考，共同推动企业财务管理合规工作的深入开展。

**二、主要内容与板块**

本书内容涵盖企业财务管理合规的各个方面，从理论到实践，从制度到操作，力求全面、系统地呈现财务合规的精髓。全书共分为四个主要板块，每个板块都紧密围绕财务合规的核心问题展开。

案例引入：在每个重要议题之前，本书精心罗列了具有代表性的财务合规案例。通过对案例的剖析，读者可以更加直观地理解财务合规的复杂性和重要性，为后续的学习和实践奠定坚实的基础。

合规问题分析：针对每个案例，本书都进行了深入的问题分析。从合规风险的识别、评估到应对，本书都提供了详细的思路和步骤。同时，本书还结合企业实际，探讨了如何建立有效的合规管理机制，以确保企业财务活动的合法、合规。

法律法规依据：在分析问题的基础上，本书详细列出了相关的法律法规依据。这些法律法规既包括国家层面的，如《中华人民共和国会计法》，也包括行业规范和地方性法规。通过对法律法规的梳理，读者可以更加清晰地了解财务合规的法律边界，避免触碰红线。

合规程序与方法：本书提供了具体的合规程序和方法。从财务制度的建立、完善到执行，从财务流程的优化到内部控制的加强，本书都给出了详细的操作指南。这些程序和方法既符合法律法规的要求，也结合企业实际，具有很强的可操作性和实用性。

## 三、特点与优点

本书在内容安排上，注重理论与实践的结合，既有深入的理论分析，也有具体的操作指南。同时，本书还注重系统性与针对性的统一，既全面涵盖财务合规的各个方面，又针对重点问题进行深入的剖析。

此外，本书还具有以下显著优点。

实用性强：本书提供的合规程序和方法，都是基于企业实际和法律法规要求而设计的，具有很强的实用性和可操作性。读者可以根据自身情况，直接借鉴或加以改编，用于指导实践。

案例丰富：本书精选了大量具有代表性的财务合规案例，既有成功经验，也有失败教训。通过对案例的学习，读者可以更加直观地理解财务合规的复杂性和重要性，提升合规意识和能力。

更新及时：本书紧跟法律法规的更新步伐，及时将新的财务合规要求纳入其中。同时，本书还关注国际财务合规动态，为读者提供前沿的合规信息和理念。

结构清晰：本书结构清晰、层次分明便于读者快速把握重点。同时，本书还提供了详细的目录，方便读者查阅和检索。

## 四、读者将获得收获

阅读本书，读者将获得以下几方面的收获。

提升合规意识：通过对本书的学习，读者将更加深刻地认识到财务合规的重要性，树立正确的合规观念，为企业的稳健发展奠定坚实的思想基础。

掌握合规技能：本书提供的合规程序和方法，将帮助读者掌握财务合规的核心技能，提升财务合规管理水平。无论是财务制度的建立、完善，还是财务流程的优化、内部控制的加强，读者将从本书中找到实用的操作指南。

降低合规风险：通过对本书的学习和实践，读者将更加熟悉法律法规的要求，能够准确识别、评估和应对财务合规风险，有效避免企业因违规操作而带来的经济损失和声誉损害。

提升竞争力：在日益激烈的市场竞争中，财务合规已成为企业核心竞争力的重要组成部分。通过对本书的学习，读者将能够帮助企业提升财务合规管理水平，增强企业的市场竞争力和可持续发展能力。

## 五、适用读者

本书适用于广大企业财务人员及管理人员，包括财务总监、财务经理、会计主管、出纳等。同时，本书也适用于监管部门、会计师事务所、律师事务所等相关机构的工作人员，以及对企业财务管理合规感兴趣的学者和研究者。

本书是一本系统、实用的财务管理合规图书。它将帮助读者全面提升财务合规意识和能力，降低合规风险，提升企业的市场竞争力和可持续发展能力。我们相信，通过对本书的学习和实践，读者将能够更好地应对当前复杂多变的商业环境，为企业的稳健发展贡献自己的力量。

在编纂本书的过程中，编者得到了众多专家、学者和业内人士的大力支持与帮助。他们提供了宝贵的意见和建议，为本书的完善与提升做出了重要贡献。在此，编者向他们表示衷心的感谢！同时，编者也感谢广大读者的关注与支持，希望本书能够成为您合规管理道路上的得力助手。

编者

2025年6月1日

# CONTENTS 目录

# 第一章
# 会计政策合规

## 专题一：企业具体会计政策等是否符合规范

### 业务简介

**一、概念**

会计政策，是指企业在会计核算和编制财务报告时所遵循的具体原则、基础以及所采用的具体会计处理方法。它涉及会计确认、计量、记录和报告等各个环节，是企业会计制度的重要组成部分。会计政策规范与否，直接关系到企业财务报告的准确性和可靠性，进而影响投资者、债权人等利益相关者的决策。

**二、基本规定**

根据《企业会计准则》的基本要求，企业会计政策的选择和制定应遵循以下原则。

合法性原则：企业会计政策必须符合国家相关法律法规和会计准则的规定。

一致性原则：企业采用的会计政策应当保持前后各期的一致性，不得随意变更，以便于比较和分析不同时期的财务数据。

实质重于形式原则：企业应按照经济业务的实质进行会计核算，而不仅仅是其法律形式。

谨慎性原则：企业在会计核算中应遵循谨慎性原则，不高估资产或收益，也不低估负债或费用。

在具体实践中，企业应根据自身特点和实际情况，在遵循上述原则的基础上，选择合适的会计政策。例如，存货的计价方法、固定资产的折旧方法、无形资产的摊销方法等，都需要企业根据实际情况做出合理选择。

**三、经常出现的违规问题**

尽管有明确的会计准则和规范，但在实际操作中，企业会计政策的选择和应用仍存在一些违规问题，主要包括以下方面。

随意变更会计政策：部分企业为了调节利润、粉饰财务报表等，随意变更会计政策，导致财务信息的可比性和真实性受损。

不按规定计提资产减值准备：有些企业不按规定计提各项资产减值准备，或者计提不足，导致资产价值虚高，从而误导投资者和其他利益相关者。

摊销期限调整不当：对于某些资产，如无形资产等，企业可能会通过调整摊销期限来操控利润。例如，在利润实现情况较好时多摊销，利润未实现或亏损时少摊销或不摊销。

滥用会计估计和会计政策变更：部分企业可能会利用会计估计和会计政策变更的灵活性，进行不合理的调整，以达到期望的财务报告结果。

**四、违规表现**

企业会计政策的违规行为在财务报表上通常会有以下表现。

1. 财务报表数据异常波动

行为描述：企业突然在某一时期对会计政策进行大幅度调整，导致财务报表中的关键数据

（如收入、成本、利润等）出现明显的异常波动。这种波动可能表现为收入或利润的激增或骤减，与企业之前的经营趋势和市场环境不相符。

目的与动机：调节利润，以满足特定的财务目标或市场预期；粉饰财务报表，以吸引更多的投资者或获取更优惠的融资条件；掩盖真实的经营状况或潜在的风险。

后果：误导投资者和其他利益相关者，导致他们做出错误的决策；损害企业的信誉和声誉，影响企业的长期发展；可能引发监管机构的关注和调查，甚至面临法律处罚。

2. 收入确认不真实

行为描述：收入确认的违规行为通常表现为提前或延迟确认收入，以达到操纵财务报表的目的。例如，企业可能在未完全履行合同义务或未达到收入确认条件时，就提前确认收入；或者在收入已经实现时，故意延迟确认，以平滑收益或隐藏真实盈利能力。

目的动机：企业违规确认收入的动机多样，可能是完成业绩承诺、提高市场估值、获取融资，也可能是达到某些关键的财务指标要求。通过操纵收入确认时点，企业可以呈现出更“好看”的财务报表，从而误导投资者和其他利益相关者。

后果：违规确认收入的后果是严重的。首先，这会损害财务报表的真实性和可靠性，导致投资者和其他利益相关者做出错误的决策。其次，这种行为将严重损害企业的声誉和信用，甚至可能引发法律诉讼和监管处罚。最后，长期而言，这种违规行为会破坏企业的内部治理结构和市场信心，对企业的长期发展造成不利影响。

3. 坏账准备计提不准确

行为描述：在坏账准备计提方面，违规行为通常表现为少提或多提坏账准备。企业可能故意低估坏账风险，从而少提坏账准备，以增加当期利润；也可能为了在未来期间释放更多的利润，而在当前多提坏账准备。

目的动机：企业违规计提坏账准备的动机主要是调节利润和财务状况。通过少提坏账准备，企业可以在短期内提高利润水平，呈现出更好的业绩；而通过多提坏账准备，则可以为未来期间的利润增长预留空间。

后果：违规计提坏账准备的后果同样严重。首先，这会扭曲企业的真实财务状况和经营成果，误导投资者和其他利益相关者。其次，如果坏账风险被低估，实际发生坏账将对企业造成巨大的经济损失。最后，这种行为也可能引发监管机构的关注和处罚。

4. 违规将研发费用资本化

行为描述：研发费用资本化的违规行为通常表现为将本应费用化的研发费用进行资本化处理。企业可能将不符合资本化条件的研发费用计入资产，以提高资产总额和降低当期费用，从而虚增利润。

目的动机：企业违规进行研发费用资本化的动机主要是改善财务报表的盈利表现和资产状况。通过将研发费用资本化，企业可以在短期内提高利润和资产价值，从而呈现出更有吸引力的财务报表。

后果：违规进行研发费用资本化的后果也是不容忽视的。首先，这会导致财务报表失真，使得投资者和其他利益相关者无法准确了解企业的真实财务状况和经营成果。其次，如果未来这些被资本化的研发费用无法实现预期的经济效益，将对企业造成巨大的经济损失。最后，这种行为同样可能引发监管机构的关注和处罚。

综上所述，这些违规行为不仅会损害财务报表的真实性和可靠性，还会误导投资者和其他利益相关者做出错误的决策。因此，企业必须严格遵守相关会计准则和法律法规，确保财务信息的准确性和合规性。同时，监管机构也应加大对企业会计政策的监督和检查力度，以维护市场的公平和公正。

## 法律法规

《中华人民共和国会计法》（简称《会计法》）第二十六条明确规定，公司、企业进行会计核算不得有下列行为，包括随意改变资产、负债、所有者权益的确认标准或者计量方法，虚列、多列、不列或者少列相关财务数据；虚列或者隐瞒收入；随意改变费用、成本的确认标准或者计量方法；以及随意调整利润的计算、分配方法等。这些规定旨在确保企业财务报告的准确性和真实性。

这些法律法规为企业提供了明确的会计处理指导，旨在保障企业财务报告的透明度和可比性，从而维护投资者和其他利益相关者的利益。企业应严格遵守这些规定，确保会计政策的合规性。

## 合规程序与方法

企业会计政策的合规性核查，对确保企业财务信息的真实性和准确性至关重要。以下是八个关键程序，以及针对每个程序的详细拓展。

**一、明确核查目标与范围**

在进行企业会计政策合规性核查之前，首先要明确核查的目标和范围。目标是确保企业会计政策符合相关法律法规和会计准则的要求，范围则涉及企业的各类财务报表、会计记录及相关的内部控制制度。明确核查目标和范围有助于核查团队更加聚焦，避免遗漏或超出核查的重点。

拓展：在确定核查范围时，应充分考虑企业的业务特点、行业规范以及近期的财务活动。例如，对于一家以销售为主的企业，核查重点可能包括收入确认政策、销售折扣与折让的处理等；而对于一家以生产为主的企业，存货计价方法、生产成本核算等则可能成为核查的关键点。

**二、收集与分析相关资料**

资料收集是核查工作的基础。核查团队需要全面收集企业的财务报表、会计凭证、账簿、内部控制制度等相关资料，并进行详细分析。这些资料将作为核查的依据，帮助核查团队了解企业的财务状况和会计政策执行情况。

拓展：在分析资料时，核查团队应注重数据的比对和验证。例如，可以通过比对财务报表与原始凭证、合同等支持性文件，确保数据的真实性和准确性。此外，还可以利用数据分析工具对企业的财务数据进行趋势分析和异常检测，以发现潜在的问题和风险点。

**三、审查会计政策的合规性**

核查团队需要仔细审查企业的会计政策是否符合相关法律法规和会计准则的要求。这包括会计政策的选用、变更以及披露等方面。通过审查，确保企业会计政策的合规性和一致性。

拓展：在审查会计政策时，应重点关注关键会计政策和估计的合规性。例如，收入确认政策是否符合会计准则的要求，存货计价方法是否恰当等。同时，对于涉及主观判断的会计估计，如坏账准备、存货跌价准备等，核查团队也需要审慎评估其合理性和准确性。

**四、评估内部控制的有效性**

有效的内部控制是确保企业会计政策合规性的重要保障。核查团队需要评估企业内部控制制度的健全性、合理性和有效性，以及内部控制制度的执行情况。通过评估，发现内部控制的薄弱环节，并提出改进建议。

拓展：在评估内部控制时，可以采用穿行测试、控制测试等方法来验证内部控制的有效性。例如，通过穿行测试来模拟一笔交易从发生到记账的整个过程，以检查内部控制流程是否顺畅、是否存在漏洞；通过控制测试来检查企业对关键控制点的执行情况，如职责分离、审批流程等是否得到有效执行。

### 五、进行实地调查与访谈

实地调查和访谈是了解企业会计政策执行情况的重要手段。核查团队可以通过实地查看企业的财务和内部审计部门的工作环境和工作流程，了解企业会计政策的实际执行情况。同时，还可以与企业员工进行深入交流，获取更多关于企业会计政策执行情况的详细信息。

拓展：在实地调查和访谈过程中，核查团队应保持敏锐的观察力和判断力。例如，可以观察企业的原始凭证是否齐全、账簿记录是否规范等；在访谈中则可以关注员工对企业会计政策的理解程度和执行情况，以及他们对内部控制制度的看法和建议等。这些信息将有助于核查团队更全面地了解企业会计政策的合规情况。

### 六、执行详细的数据核对与验证

数据核对：对企业的财务报表数据进行逐项核对，确保每一项数据的来源和去处都清晰可追溯。这包括资产负债表、利润表、现金流量表等关键财务报表中的数据。

交易验证：选取重要或异常的交易进行详细的验证。例如，对于大额的资金流入流出、关联方交易等，需要核对相关的合同、发票、银行对账单等原始凭证。

利用专业工具：使用专业的财务软件和数据分析工具，对数据进行多维度的分析和比对，以发现可能的数据异常或错误。

拓展：数据核对与验证是确保财务信息准确性的基石。在此过程中，核查团队需要保持高度的职业敏感性和谨慎性，对任何异常或不合逻辑的数据进行深入挖掘。此外，随着技术的发展，利用大数据和人工智能技术进行数据核对与验证已成为一种趋势，这可以大大提高核查的效率和准确性。

### 七、对外部审计意见的评估与跟进

审计意见评估：仔细研读外部审计机构出具的审计报告和审计意见，特别是对其中的保留意见、否定意见或无法表示意见的部分进行深入分析和评估。

与审计师沟通：就审计报告中提出的问题或关注点与审计师进行深入的沟通和交流，了解问题的具体性质、影响范围以及可能的解决方案。

跟进与整改：根据审计意见，制定详细的整改计划，并跟进整改的落实情况。确保所有问题都得到妥善解决，并及时向相关部门和领导汇报整改进度和结果。

拓展：外部审计意见是判断企业财务状况和会计政策合规性的重要参考。通过对审计意见的评估与跟进，企业可以及时发现并纠正自身在财务管理和会计政策执行过程中存在的问题和不足。这不仅有助于提升企业的财务管理水平，还能增强外部投资者和利益相关者的信心。同时，与外部审计师的沟通和交流也是企业不断提升和成长的重要途径之一。

### 八、撰写核查报告与提出改进建议

在完成以上程序后，核查团队可以考虑撰写一份详细的核查报告。报告应包括核查的目标、范围、方法、发现的问题以及改进建议等内容。通过核查报告，向企业管理层清晰地展示企业会计政策的合规性情况，并为其提供有针对性的改进建议。

拓展：在撰写报告时，核查团队应注重数据的分析和比对，确保报告的客观性和准确性。同时，在提出改进建议时，应结合企业的实际情况和需求，给出具体可行的解决方案。例如，可以建议企业加大内部控制制度的建设和执行力度，提高财务人员的专业素养和职业道德水平等。这些建议将有助于企业提升财务管理水平，确保企业会计政策的合规性。

## 案例分析 1：财务报表数据异常波动

### 一、背景

XX 公司是一家在行业内具有一定影响力的中型企业，主要从事电子产品的研发、生产和销售。近年来，随着市场竞争的加剧，公司为了保持市场份额和盈利能力，不断推出新产品并加大市场推广力度。然而，在追求业绩的过程中，公司管理层对财务报表数据过度关注，导致一系列会计政策合规问题的出现。

**二、案例具体情况**

在最近一期的财务报表中，XX公司的营业收入和净利润均出现了异常波动。具体来说，公司的营业收入在某一季度内同比增长了50%，而净利润更是飙升了80%。这些数据与行业平均水平以及公司历史数据相比，均存在明显的异常。

根据财务报表附注，公司解释这一增长主要得益于新产品的成功推出和市场需求的激增。然而，一些关键的财务指标，如应收账款周转率、存货周转率等却出现了下降，这与营业收入和净利润的大幅增长形成了鲜明的对比。

**三、分析过程**

1. 数据对比与分析

首先，将XX公司的财务数据与行业内的其他公司进行对比，发现虽然整个行业在该季度有一定的增长，但XX公司的增长率远超行业平均水平。

其次，对比公司历史数据，发现此次增长与公司过去的增长趋势不符，存在明显的异常。

2. 财务指标分析

应收账款周转率下降，可能意味着公司为了追求销售额，放宽了信用政策，导致应收账款增加，回收期延长。

存货周转率下降，可能表明公司为了备足货源以应对市场需求，增加了库存量。然而，这也可能隐藏着库存积压的风险。

3. 会计政策与估计审查

进一步审查公司的会计政策和估计，发现公司在收入确认政策上进行了调整，将原本应分期确认的收入一次性确认，从而虚增了当期的营业收入。

同时，公司在坏账准备的计提上也存在过于乐观的估计，导致坏账准备计提不足，进一步虚增了净利润。

**四、案例影响**

投资者信心受损：财务报表数据的异常波动引起了投资者的关注和质疑。一些投资者开始抛售公司股票，导致股价大幅下跌，公司市值缩水。

监管机构介入：证券监管机构注意到XX公司的财务数据异常，并对其进行了问询和调查。最终，公司因违反会计准则和相关信息披露规定而受到了处罚。

公司声誉受损：此次事件对公司的声誉造成了严重影响。客户和供应商对公司的信任度降低，导致业务合作受到阻碍。同时，公司内部也出现了员工离职潮，人才流失严重。

经营困难：由于财务数据造假被揭露，公司面临着巨大的经营压力。资金链紧张、业务受阻等问题接踵而至，公司一度陷入困境。

**五、结论**

综上所述，XX公司因追求业绩而违反会计准则，导致财务报表数据异常波动。这一行为不仅损害了公司的声誉和投资者信心，还给公司带来了严重的经营困难。这一案例再次提醒企业应坚守诚信原则，严格遵守会计准则和法律法规，以确保财务信息的真实性和准确性。

## 案例分析2：收入确认不真实

**一、背景**

ZX公司是一家知名的电商企业，近年来在国内市场上迅速崛起，其以丰富的商品种类和便捷的购物体验赢得了大量消费者的青睐。然而，随着市场竞争的加剧和业绩压力的增大，公司管理层开始对财务报表进行一定的操纵，特别是在收入确认方面存在明显的违规行为。

## 二、案例具体情况

根据ZX公司公布的财务报告，其最近一年的营业收入达到数十亿元人民币，同比增长率高达50%。然而，仔细分析财务报表后发现，公司在第四季度突然实现大量的收入增长，占据全年收入的近40%。这一异常数据引起了市场和监管机构的关注。

进一步调查发现，ZX公司在第四季度末突然确认了大量之前未完成的订单收入。这些订单大多是在之前季度就已经下单但并未完成的交易，公司在年末突然确认这些订单收入，从而显著提升了当季的业绩表现。

## 三、分析过程

1. 收入确认时点的合理性分析

收入确认是财务会计中的一个关键环节，它涉及对企业经济活动的真实反映以及财务信息的准确性。会计准则明确指出，收入应当在商品或服务的控制权实际转移给客户时进行确认。这一原则的制定，旨在确保收入确认的准确性和公正性，防止企业通过操纵收入确认时点来粉饰财务报表。ZX公司在订单未完成、商品未实际交付给客户的情况下，就提前确认了收入。这种行为显然与会计准则中收入确认的原则背道而驰。控制权的转移是收入确认的核心，而商品或服务的实际交付则是控制权转移的重要标志。ZX公司在完成这些关键步骤之前就确认收入，无疑是对会计准则的严重违反，也扭曲了公司真实的财务状况和经营成果。

2. 财务数据对比分析

为了更深入地了解ZX公司的收入确认情况，审查人员对公司历年的财务数据进行了详细的对比分析。审查人员在这一分析过程中发现了一个引人注目的现象：公司第四季度的收入增长异常迅猛，远远超出其他季度的平稳增长水平。这种季节性的收入激增，在电商行业中并不罕见，通常与年末的销售旺季相关。然而，ZX公司第四季度收入的异常增长显得尤为突出，与其他季度的财务数据形成了鲜明的对比。这种不寻常的财务数据模式，引发了审查人员对公司是否存在年末突击确认收入行为的合理怀疑。

3. 业务逻辑判断

除了财务数据对比分析外，审查人员还从业务逻辑的角度对ZX公司的收入确认行为进行了审视。在电商行业，年末通常是一个销售旺季，这是由节日促销和消费者购物需求的增加所驱动的。因此，一定程度上的季节性收入增长是符合行业规律的。然而，在ZX公司的情况中，审查人员观察到了一种与行业惯例不符的现象。公司在年末突然确认了大量未完成订单的收入，这种行为在行业内并不常见。一般来说，电商企业在订单完成、商品交付并且客户确认收货后，才会进行收入确认。ZX公司的这种做法，不仅违反了行业的通常做法，也引发了审查人员对其收入确认合规性的进一步质疑。

综上所述，通过对ZX公司收入确认时点的合理性分析、财务数据的对比分析以及业务逻辑的判断，审查人员发现公司在收入确认方面存在明显的违规行为。这些行为不仅违反了会计准则的规定，也可能误导投资者和其他财务信息使用者，对公司的声誉和长期发展造成不良影响。因此，审查人员强烈建议ZX公司立即纠正其不规范的收入确认做法，以维护公司的信誉和财务信息的准确性。

## 四、案例影响

投资者受损：ZX公司违规确认收入，导致财务报表失真，投资者基于错误的信息做出投资决策。当真相大白时，股价大幅下跌，投资者遭受巨大的经济损失。

监管处罚：证券监管机构对ZX公司的违规行为进行了深入调查，并最终对公司及其相关责任人进行了处罚。这不仅包括经济罚款，还涉及市场禁入等严厉措施。

公司声誉受损：此次事件严重损害了ZX公司的声誉和品牌形象。消费者和供应商对公司的信任度大幅下降，导致公司业务受到了严重影响。许多合作伙伴选择终止与ZX公司合作，进一步加剧了公司的经营困境。

内部管理混乱：违规确认收入行为暴露了ZX公司内部管理的严重问题。公司高层为了追求短期业绩而牺牲长远利益，导致内部员工士气低落，人才流失严重。同时，公司的内部控制和审计机制也形同虚设，未能及时发现和制止违规行为。

**五、结论**

综上所述，ZX公司因违规确认收入而付出了惨痛的代价。这一案例再次提醒我们，企业应严格遵守会计准则和法律法规，确保财务信息的真实性和准确性。同时，加强内部控制和审计机制的建设也是防止类似事件再次发生的关键所在。

## 案例分析3：坏账准备计提不准确

**一、背景**

HY公司是一家中型制造企业，主要生产并销售机械设备。近年来，随着市场竞争的加剧，公司为了扩大市场份额，开始采用更为宽松的信用政策来吸引客户。然而，这一策略导致应收账款大幅增加，同时坏账风险也随之上升。管理层对应收账款的管理不善，以及坏账准备计提的不准确，最终引发了严重的财务风险。

**二、案例具体情况**

根据HY公司的财务报表，其应收账款余额在过去三年内持续增长，从最初的500万元增长到了1 500万元。然而，公司的坏账准备计提比例却一直保持在较低的2%水平，与行业内其他公司相比明显偏低。实际上，随着应收账款的增加和账龄的延长，坏账风险也在不断增加。

在过去的一年中，HY公司实际发生的坏账损失达到200万元，远超过其计提的坏账准备金额。这导致公司的净利润受到严重影响，实际盈利水平远低于市场预期。

**三、分析过程**

坏账准备计提比例的合理性分析：与行业内其他公司相比，HY公司的坏账准备计提比例明显偏低。这可能是因为管理层过于乐观地估计了应收账款的回收情况，或者出于粉饰财务报表的考虑而故意低估了坏账风险。

应收账款账龄分析：HY公司的大量应收账款的账龄已经超过了1年，甚至部分应收账款的账龄超过了2年。这表明公司的收款能力存在问题，坏账风险较高。然而，公司在计提坏账准备时并未充分考虑账龄因素，导致坏账准备计提不足。

实际坏账损失与计提坏账准备的对比：HY公司实际坏账损失远超过计提金额。这表明公司在计提坏账准备时存在严重的误差，未能真实反映坏账风险。

管理层决策的影响：由于管理层过于追求销售业绩和市场份额，忽视了对应收账款的管理和坏账风险的防控。同时，为了维护公司的形象和市场地位，管理层可能故意低估了坏账风险，导致坏账准备计提不准确。

**四、案例影响**

财务风险增加：由于坏账准备计提不准确，HY公司的财务风险大幅增加。实际坏账损失远超过计提金额，导致公司的净利润受到严重影响。这不仅损害了公司的盈利能力，还可能引发资金链断裂等更严重的财务问题。

投资者信心下降：当投资者发现HY公司存在坏账准备计提不准确的问题时，他们对公司的信心将大幅下降。这可能导致股价下跌、市值缩水等后果，进一步加剧公司的财务困境。

监管风险上升：证券监管机构在发现HY公司存在坏账准备计提不准确的问题后，可能会对公司进行调查和处罚。这不仅会给公司带来经济损失，还可能影响公司的声誉和市场地位。同时，监管机构可能会要求公司加强内部控制和审计机制的建设，以确保财务信息的真实性和准确性。

业务合作受阻：坏账准备计提不准确的问题暴露后，HY公司的供应商和客户可能会对公司的财务状况和信誉产生怀疑。这可能导致业务合作受阻、订单减少等后果，进一步影响公司的经营和发展。

**五、结论**

综上所述，HY公司因坏账准备计提不准确而面临严重的财务风险和信誉危机。这一案例再次提醒我们，企业应加强对应收账款的管理和对坏账风险的防控，确保坏账准备计提的准确性和合理性。同时，加强内部控制和审计机制的建设也是防止类似事件再次发生的关键所在。只有这样，企业才能稳健发展、赢得市场的信任和支持。

## 案例分析4：违规将研发费用资本化

**一、背景**

TechStar公司是一家高科技研发企业，专注于开发创新型电子产品。近年来，为了提升产品竞争力，公司投入了大量资金进行新技术和新产品的研发。然而，随着研发费用的不断增加，管理层面临着巨大的业绩压力。为了缓解这一压力，TechStar公司决定采用激进的研发费用资本化策略，以提升当期的财务报表表现。

**二、案例具体情况**

根据TechStar公司公布的财务报告，过去一年公司研发投入总额达到5 000万元，其中3 000万元被资本化，计入了公司的无形资产。这一资本化比例高达60%，远超过行业内的平均水平。资本化后的研发费用使得公司的资产总额大幅增加，同时降低了当期的费用支出，从而提升了净利润。

具体数据显示，在研发费用资本化前，公司的净利润为负值，表现为亏损状态。然而，在资本化后，公司的净利润转为正值，达到1 000万元。这一变化显著提升了公司的财务表现，使得TechStar公司在市场上呈现出良好的盈利态势。

**三、分析过程**

研发费用资本化的合规性分析。根据相关会计准则，研发费用只有在满足一定条件时才能被资本化，如技术可行、未来经济利益可预测等。然而，TechStar公司在决定资本化研发费用时，可能过于宽松地理解这些条件，导致大量不符合资本化标准的研发费用被计入了无形资产。

资本化比例的合理性分析。与行业内其他公司相比，TechStar公司的研发费用资本化比例明显偏高。这可能是因为管理层出于改善财务报表的考虑，而过度使用了资本化手段。高资本化比例虽然在短期内提升了公司的财务表现，但长期来看可能掩盖了公司真实的经营状况和风险。

对财务报表的影响分析。通过资本化研发费用，TechStar公司的资产总额和净利润都得到了显著提升。然而，这种提升并非源于公司实际经营状况的改善，而是进行违规会计处理的结果。因此，投资者在评估公司价值时需要谨慎对待这些财务数据。

未来经济利益的不确定性分析。由于TechStar公司大量研发费用的资本化是基于对未来经济利益的乐观预测，因此存在很大的不确定性。一旦这些研发项目未能如期产生预期的经济利益，公司将面临巨大的资产减值风险。

**四、案例影响**

财务报表失真：由于TechStar公司过度资本化研发费用，其财务报表失真。投资者和其他利益相关者可能基于错误的财务信息做出决策，从而遭受损失。当真相大白时，公司的股价和市值可能会受到严重影响。

监管风险增加：证券监管机构在发现TechStar公司存在过度资本化研发费用的问题后，可能会对公司进行调查和处罚。这不仅会给公司带来经济损失，还可能损害公司的声誉和市场地位。同时，监管机构可能会要求公司调整其会计政策，以确保财务信息的真实性和准确性。

投资者信心下降：当投资者意识到TechStar公司存在过度资本化研发费用问题时，他们对公司的信心可能会大幅下降。这可能导致股价暴跌、市值缩水等后果。此外，投资者可能会对公司的管理层和治理能力产生怀疑，进一步影响公司的融资能力和发展前景。

潜在的法律责任：如果TechStar公司因过度资本化研发费用而误导投资者或其他利益相关者，并造成实际损失，那么公司及其管理层可能会面临法律责任。这包括民事赔偿、行政处罚甚至刑事责任等。

**五、结论**

综上所述，TechStar公司因过度资本化研发费用而面临严重的财务风险和信誉危机。这一案例再次提醒我们，企业应严格遵守会计准则和法律法规，在研发费用资本化方面保持谨慎态度。同时，加强内部控制和审计机制的建设也是防止类似事件再次发生的关键所在。只有这样，企业才能确保财务信息的真实性和准确性，赢得市场的信任和支持。

## 专题二：会计政策披露是否明确并得到严格执行

### 业务简介

**一、概念**

会计政策披露是指企业在编制和呈现财务报表时，对所采用的会计原则、具体方法和规程进行详细说明的过程。这一过程对企业的财务状况、经营成果及现金流量等方面的真实反映至关重要，同时也是企业信息公开和对外披露的重要环节。会计政策不仅影响企业会计信息的生成和质量，还是投资者、债权人等利益相关者了解企业经营状况、评估投资风险的重要依据。

会计政策分为会计基础和会计政策具体内容两部分。会计基础主要包括基础会计原则、会计核算制度和检查核算补充会计政策等内容；会计政策具体内容则涵盖确定核算方法、记录会计账簿、编制财务报表、会计工作程序、财务信息披露等多个方面。

**二、基本规定**

在我国，会计政策的制定和执行受到《会计法》《企业会计准则》等法律法规的严格规范。这些法律法规要求企业在财务报表中对会计政策进行全面、准确的披露，以确保财务报表能够真实、完整、准确地反映企业的财务状况和经营成果。

会计政策披露作为企业财务报告的重要组成部分，其重要原则主要涵盖真实性、准确性、完整性和规范性四个方面。这些原则不仅是企业财务报告质量的基石，也是保障投资者权益、维护市场公平与透明度的关键。

首先，企业必须确保所披露的会计政策真实、客观地反映了其财务处理的方法和原则。这意味着企业在披露会计政策时，不能有任何虚假记载或误导性陈述，必须忠实于企业的实际情况和财务状况。只有这样，投资者和其他利益相关者才能根据真实的信息做出合理的决策。

其次，企业披露的会计政策必须准确无误地表达企业的财务状况。这要求企业在编制财务报告时，必须严格遵循会计准则和会计制度，确保各项财务数据的准确性和合理性。同时，企业还需要对财务报告进行严格的审核和校验，以避免出现任何差错或遗漏。

再次，企业必须完整地呈现所有重要的会计政策，包括那些对企业财务状况和经营成果有重大影响的事项。这要求企业在披露会计政策时，不能有任何隐瞒或遗漏，必须将所有相关的信息都充分地披露出来。只有这样，投资者和其他利益相关者才能全面了解企业的财务状况和经营情况，从而做出更为明智的决策。

最后，企业在披露会计政策时，必须遵循统一的披露规范，确保信息的格式、内容和质量都符合相关法规和标准的要求。这有助于提高企业财务报告的可比性和可读性，使得信息使用者能够更加方便地对企业进行准确的评估和决策。同时，规范性还要求企业在披露过程中保持一致性，对相同或相似的交易和事项采用相同的会计政策和处理方法，以确保信息的连贯性和可靠性。

**三、经常出现的违规问题**

1. 选择性披露与美化报表

企业可能只选择披露那些能够提升自己形象或使报表看起来更加亮丽的会计政策，而忽略或淡化那些可能带来负面影响的信息。这种做法给外界一种企业经营状况良好的假象，但实际上可能隐藏了潜在的风险和问题。

2. 模糊处理与避重就轻

在披露过程中，企业可能对某些关键信息进行模糊处理，或者使用复杂的会计术语来掩盖真实的财务状况。它们可能故意避免详细解释某些会计政策的实际影响，以免引起外界过多的关注或质疑。

3. 时机性披露

企业可能选择在对自己有利的时候进行会计政策的披露。比如在业绩好的时期公布更加积极的会计政策，以进一步提振市场信心；而在业绩不佳时，则可能选择保持沉默或者延迟披露，以避免股价波动和投资者信心下降。

4. 过度乐观的盈利预测

为了维持市场对其未来发展前景的积极预期，企业可能发布过度乐观的盈利预测。这种做法虽然短期内可能提升股价和市值，但长期来看，如果实际业绩无法达到预测水平，将对企业信誉和投资者信心造成严重损害。

**四、违规表现**

尽管有明确的法律法规和披露原则作为指导，但在实际操作中，会计政策披露仍经常出现违规问题，主要表现在以下几个方面。

1. 披露不规范，缺乏主动性

有些企业在面对会计政策披露时，并未将其视为一项应尽的责任和义务，而是将其看作一种额外的、不必要的负担。这种心态导致它们在披露过程中显得较为被动，甚至有时显得敷衍了事。由于缺乏主动性，这些企业在信息披露时，往往会采取选择性披露的策略，即只公布那些对企业有利的信息，而对可能引发市场担忧或质疑的信息则选择避而不谈。此外，它们提供的信息也往往过于简略，缺乏必要的细节和解释，使得外部利益相关者很难从中获取真正有价值的信息。更为严重的是，有些企业甚至会故意隐瞒某些关键信息，以此来粉饰自己的财务状况或经营成果。这种不规范和缺乏主动性的披露行为，直接导致了信息披露的不全面和不具体，严重影响了信息的透明度和可信度。

2. 披露不及时，缺乏充分性

在会计信息的各项质量特征中，及时性无疑是一个极为重要的方面。然而，令人遗憾的是，不少企业在会计政策披露上存在着明显的滞后性。它们未能在法律法规规定的时间内，及时地将相关信息公之于众。这种披露的滞后性，不仅使得信息的时效性大打折扣，降低了其对投资者的决策参考价值，更为严重的是，它还可能为一些不法分子提供利用内幕信息进行交易或操纵市场的机会。这种不公平的信息获取和交易行为，无疑是对市场公平性原则的严重破坏。

3. 披露不真实，存在误导性

会计政策披露的真实性是投资者和其他利益相关者最为关心的问题之一。然而，总有一些企业出于各种目的，故意披露不真实或具有误导性的信息。它们可能会通过虚构交易记录、滥用会计估计和随意变更会计政策等手段，来人为地操纵企业的利润数据。这些行为不仅严重扭曲了企业的真实财务状况和经营成果，更可能误导投资者和其他利益相关者做出错误的决策。这种不真实的披露行为，不仅损害了企业的信誉和形象，更可能引发一系列的法律风险和市场信任危机。

4. 募集资金使用情况披露不实

上市公司在募集资金使用情况上的信息披露也是市场关注的焦点之一。然而，一些上市公司在这方面的披露却常常存在不实之处。它们可能会在未经股东会批准的情况下，擅自改变募集资金的原定用途，但在财务报告中却并未如实反映这一变化。这种行为不仅严重违背了诚信原则，更可能会损害广大投资者的切身利益。同时，这种不实的募集资金使用情况披露也违反了相关法律法规的规定，理应受到相应的法律制裁。

5. 盈利预测弄虚作假

为了吸引更多的投资者关注并筹集到更多的资金，部分公司在盈利预测方面不惜采取弄虚作假的手段。它们可能会通过高估未来的盈利能力或者采用不正当的手段来操纵盈利预测结果，以此来误导投资者做出错误的投资决策。这种行为不仅损害了投资者的合法权益，更可能对整个资本市场的公平性和效率产生严重的负面影响。因此，对于这种盈利预测弄虚作假行为，必须予以严厉的打击和制裁。

## 法律法规

《中华人民共和国公司法》（简称《公司法》）规定了公司的信息披露义务和披露内容要求。要求上市公司定期披露年度报告、半年度报告等，其中应包含会计政策的披露。

《会计法》确保会计信息的真实性、完整性和准确性。它规范了会计行为的基本准则，包括会计政策的选用和变更等，间接要求企业对会计政策进行适当披露。

《中华人民共和国证券法》（简称《证券法》）规定了上市公司在公开披露信息方面的义务。要求上市公司及时、公平地披露所有对股票价格可能产生重大影响的信息，包括所采用的会计政策及变更。

《企业会计准则》是一套由中国财政部会计准则委员会发布的会计准则。它详细规定了企业应如何编制财务报表，并在报表附注中提供详细的披露信息，包括会计政策的说明。

相关监管规定，如中国证监会制定的规章制度，对上市公司的信息披露进行了具体规定。例如，《上市公司信息披露管理办法》等文件要求上市公司详细披露其会计政策。

## 合规程序与方法

会计政策披露是企业财务报告的重要组成部分，它对保障财务信息透明度、维护投资者利益以及确保市场公平竞争具有重要意义。然而，会计政策信息披露也存在一定的风险，如信息不准确、不完整或存在误导性等。因此，对会计政策信息披露进行风险审查至关重要。以下将从六个方面详细阐述会计政策信息披露风险审查的合规程序与方法。

**一、明确审查目标和范围**

在进行会计政策信息披露风险审查前，首先要明确审查的目标和范围。目标应聚焦于确保会计政策信息披露的真实性、准确性和完整性，以及识别潜在的风险点和误导性信息。范围则应涵盖企业所有的会计政策，包括但不限于收入确认、成本计量、资产折旧、减值准备计提等关键政策。

**二、收集与整理相关资料**

收集并整理企业会计政策的相关资料是进行风险审查的基础。这包括企业的财务报告、会计政策文件、会议纪要以及与会计政策相关的内部控制文件等。通过仔细研读这些资料，审查人员可以全面了解企业的会计政策及其执行情况，为后续的风险评估提供充分的信息支持。

**三、评估会计政策的合规性与合理性**

在收集并整理相关资料后，审查人员需要对企业的会计政策进行合规性与合理性评估。合规性评估主要是检查企业会计政策是否符合相关会计准则、法律法规以及行业惯例的要求。合理性评估则是指分析企业会计政策是否符合其业务特点和经营模式，以及是否能够真实、准确地反映企业的财务状况和经营成果。

**四、识别与评估潜在风险点**

在评估会计政策的合规性与合理性的基础上，审查人员需要进一步识别与评估潜在的风险点。这些风险点可能包括会计政策选择不当、信息披露不完整或存在误导性、会计估计过于乐观或悲观等。针对这些风险点，审查人员应进行深入分析，并评估其对企业财务报告的影响程度。

**五、进行现场调查与核实**

为了更深入地了解企业会计政策的实际情况，审查人员可能需要进行现场调查与核实。这包括与企业管理层、财务人员以及内部审计人员进行沟通与交流，了解他们对会计政策的理解和执行情况。同时，审查人员还可以实地查看企业的业务流程、内部控制系统以及相关的原始凭证和记录，以确保会计政策信息披露的真实性和准确性。

**六、提出改进建议与监督落实**

在完成以上五个步骤后，审查人员应根据发现的问题和风险点提出具体的改进建议。这些建议可能涉及会计政策的调整、信息披露的完善以及内部控制的加强等方面。同时，审查人员还应定期对改进建议的落实情况进行监督和检查，确保企业会计政策信息披露的持续改进和提升。

此外，在审查过程中，审查人员还应注重与企业管理层和审计委员会的沟通与协作。充分的沟通和协作，可以确保审查工作的顺利进行，并及时解决审查过程中遇到的问题和困难；同时，也有助于增加企业管理层对会计政策信息披露重要性的认识，提高其风险防范意识和能力。

综上所述，会计政策信息披露风险审查是确保企业财务报告质量和透明度的重要环节。明确审查目标和范围、收集与整理相关资料、评估会计政策的合规性与合理性、识别与评估潜在风险点、进行现场调查与核实以及提出改进建议与监督落实等六个方面的合规程序与方法，可以有效地降低会计政策信息披露的风险，保障企业财务报告的准确性和可靠性。

## 案例分析 1：披露不规范，缺乏主动性

**一、背景**

随着市场经济的不断发展，会计政策披露的准确性和规范性对维护市场秩序、保护投资者利益至关重要。然而，在实际操作中，仍存在不少企业在会计政策披露上表现出不规范和缺乏主动性的问题。本案例将以某上市公司（以下称“A 公司”）为例，详细剖析其在会计政策披露方面的违规表现，以期引起企业对规范披露的重视。

A 公司作为一家在行业内具有一定影响力的上市公司，近年来却频频在会计政策披露上出现问题。公司虽然按照相关规定进行了定期报告的披露，但在披露的详细性、准确性和主动性方面存在明显不足，引发了监管部门和投资者的关注。

**二、案例具体情况**

披露不规范：A 公司在其年度报告中，对会计政策的披露过于简略，未按照相关准则要求详细阐述各项会计政策的采用理由及对财务报表的影响。例如，在关于坏账准备的计提政策上，公司仅简单提及“按照相关规定计提坏账准备”，却未具体说明计提的比例、方法以及坏账准备的变化情况。此外，公司对资产减值准备的披露同样模糊，未明确说明资产减值的测试方法、减值迹象的判断标准等关键信息。

缺乏主动性：A 公司在会计政策变更时，往往选择性地披露信息，对不利于公司的政策变更则保持沉默或延迟披露。例如，在某一年度中，公司应新颁布的会计准则对某项会计政策进行了调整，但该调整对公司的财务状况产生了负面影响。A 公司在年度报告中并未主动提及这一变更，而是在监管部门问询后才进行了补充说明。此外，公司在日常经营中遇到的重大会计事项也

往往缺乏及时、主动的披露，导致投资者难以准确把握公司的真实财务状况。

### 三、分析过程

1. 披露不规范的原因及后果

A 公司会计政策披露不规范的原因可能包括：公司内部会计制度不完善、会计人员专业素质不高、管理层对信息披露的重视程度不够等。这些原因导致公司在编制财务报告时未能严格按照相关准则进行，使得披露的信息缺乏必要的详细性和准确性。披露不规范的后果是严重的。首先，它可能导致投资者对公司的财务状况产生误解，从而做出错误的投资决策。其次，不规范的信息披露可能引发监管部门的关注，进而对公司的经营产生负面影响。最后，长期的信息披露不规范会损害公司的声誉和信誉，影响公司的长期发展。

2. 披露缺乏主动性的原因及后果

A 公司在会计政策披露上缺乏主动性的原因可能包括：管理层担心不利信息会影响公司股价、公司内部信息传递机制不畅、外部监管压力不足等。这些因素导致公司在面对会计政策变更或重大会计事项时，往往选择逃避或延迟披露。

缺乏主动性的后果同样不容忽视。首先，缺乏主动性可能导致投资者降低对公司的信任度，进而使得投资者难以对公司的未来发展做出准确判断。其次，缺乏主动性可能导致公司错过及时纠正错误或调整战略的机会，从而影响公司的经营效益。最后，长期缺乏主动性可能使公司陷入信息不对称的困境，增加公司的经营风险。

### 四、案例影响

本案例揭示了 A 公司在会计政策披露方面存在的问题及其产生的严重后果。这些问题不仅损害了投资者的利益，也影响了公司的声誉和长期发展。通过本案例的分析，我们可以得出以下几点启示。

（1）公司应完善内部会计制度，提高会计人员的专业素质，确保财务报告的准确性和规范性。

（2）管理层应提高对信息披露的重视程度，树立诚信经营的理念，主动、及时、准确地披露公司的财务状况和经营成果。

（3）监管部门应加大对上市公司信息披露的监管力度，对于违规行为应依法严惩，以维护资本市场的公平与公正。

### 五、结论

综上所述，A 公司的案例为我们提供了一个反思和改进会计政策披露的契机。只有不断加强内部管理和外部监管，才能确保上市公司信息披露的真实性、准确性和完整性，从而保护投资者的合法权益，促进资本市场的健康发展。

## 案例分析 2：披露不及时，缺乏充分性

### 一、背景

B 公司是一家在行业内颇具规模的上市公司，近年来随着市场环境的变化，公司经历了一系列的会计政策调整。然而，在会计政策披露方面，B 公司却存在明显的不及时和缺乏充分性的问题，这不仅引发了监管机构的关注，也影响了投资者的决策和公司的市场信誉。

### 二、案例具体情况

披露不及时：在某一年度末，B 公司决定对其存货计价方法进行重大变更，由原先的先进先出法（FIFO）变更为加权平均法。然而，这一重大变更并未在当年度财务报告中及时披露。直到看到下一个财政年度的第一季度报告，投资者才得知这一变化。此外，B 公司在某次资产重组中，涉及了大额的资产减值准备。但公司并未在资产减值发生后的第一时间进行披露，而是在随后的半年度报告中才提及此事。

缺乏充分性：在披露存货计价方法变更时，B公司仅简单地提及了变更的事实，却未详细解释变更的原因、影响以及可能带来的财务风险。投资者因此难以全面理解这一变更对公司财务状况的真实影响。关于资产减值的披露，B公司同样没有提供充分的细节，如减值的具体原因、减值测试的过程以及减值准备的计提方法等。这种缺乏充分性的披露使得投资者难以评估公司的真实资产状况和盈利能力。

**三、分析过程**

1. 披露不及时的原因及后果

原因：B公司披露不及时的原因可能包括内部信息传递不畅、管理层决策迟缓以及对信息披露重要性的认识不足等。此外，公司可能也出于对自身利益的考虑，试图通过延迟披露来减弱市场反应。

后果：披露不及时严重影响了信息的时效性和投资者的决策效率。投资者在缺乏及时信息的情况下做出决策，很可能导致投资失误。同时，不及时披露也损害了公司的市场信誉和形象。

2. 披露缺乏充分性的原因及后果

原因：B公司未充分披露的原因可能与其对信息披露标准的理解不足、内部会计制度的不完善以及管理层对信息披露质量的忽视有关。此外，公司可能也担心过多的信息披露会暴露其经营弱点或财务风险。

后果：缺乏充分性的披露使得投资者难以全面了解公司的财务状况和经营成果，从而增加了投资决策的不确定性。长期来看，这种不充分的信息披露会影响投资者的信心和市场对公司的评价。

**四、案例影响**

本案例揭示了B公司在会计政策披露方面存在的问题及其产生的负面影响。这些问题不仅损害了投资者的知情权，也影响了公司的市场形象和长期发展。具体如下。

对投资者的影响：投资者因无法及时获取准确、全面的信息而面临更大的投资风险。他们可能因基于不完整的信息做出决策而遭受损失。

对公司的影响：B公司的市场信誉受损，可能导致股价波动、投资者信心下降以及融资成本上升。此外，公司还可能面临监管机构的处罚或法律诉讼风险。

对市场的影响：此类信息披露问题若普遍存在，将降低整个资本市场的信息透明度和效率，影响市场的公平性和健康发展。

**五、结论**

综上所述，B公司的案例提醒我们会计政策披露的及时性和充分性至关重要。企业应加强内部管理，确保信息披露的准确性和时效性；监管机构也应加大对信息披露违规行为的处罚力度，以维护市场的公平与公正。只有这样，才能保护投资者的合法权益，促进资本市场的稳定和繁荣发展。

### 案例分析3：披露不真实，存在误导性

**一、背景**

C公司是一家知名的上市公司，近期因其出色的业绩表现和高速增长的市场份额而备受投资者关注。然而，随着一份内部举报信的曝光，C公司在会计政策披露方面的严重问题逐渐浮出水面。举报信指控公司在财务报告中对会计政策的披露不真实，存在误导性信息，这引发了市场的广泛关注和监管部门的深入调查。

**二、案例具体情况**

披露不真实：在其年度财务报告中，C公司声称采用了一种新的会计政策来处理研发支出，即将部分研发支出进行资本化。然而，实际上公司并未严格按照该政策执行，而是将大量本应费

用化的研发支出进行了资本化处理，从而虚增了公司的资产和利润。根据内部举报信提供的数据，C公司在过去两年内将约20%的研发支出进行了资本化，而行业平均水平仅为5%。这一异常高的资本化比例引起了监管部门的注意。

存在误导性：C公司在其财务报告中多次强调其采用严格的会计政策和高质量的财务报告标准。然而，实际上公司在披露会计政策时故意模糊关键信息，以误导投资者对公司财务状况的理解。例如，公司在报告中并未明确说明资本化研发支出的具体条件和标准，导致投资者难以准确评估公司的真实盈利能力和资产质量。同时，公司还通过复杂的会计处理和模糊的表述方式隐藏了部分财务风险。

### 三、分析过程

1. 披露不真实的原因

C公司可能出于多种原因选择披露不真实的会计政策信息。首先，为了维持股价的稳定和增长，公司可能希望通过虚增资产和利润来美化财务报表。其次，管理层可能面临巨大的业绩压力，因此选择采用激进的会计处理方法来提升短期内的业绩表现。最后，公司内部控制体系的缺失或失效也为这种违规行为提供了可乘之机。

2. 披露存在误导性的手段及影响

C公司通过模糊关键信息和复杂的会计处理来误导投资者。这种手段使得投资者难以准确理解公司的财务状况和经营成果，从而做出错误的投资决策。同时，这种误导性行为也损害了市场的公平性和透明度，破坏了资本市场的诚信基础。

### 四、案例影响

对投资者的影响。由于C公司披露的会计政策信息不真实且存在误导性，投资者在缺乏准确信息的情况下做出了错误的投资决策。这导致部分投资者遭受了重大损失，并对其对市场的信心产生了严重影响。此外，这种违规行为还降低了投资者对上市公司财务报告的信任度，降低了市场整体的投资意愿。

对公司的影响。随着违规行为的曝光，C公司的声誉和信誉受到了严重损害。股价大幅下跌，市值蒸发数十亿元。此外，公司还面临监管部门的严厉处罚和投资者的集体诉讼风险。长期来看，这种违规行为将严重影响公司的可持续发展和市场竞争力。

对市场的影响。C公司的案例揭示了资本市场中存在的信息披露问题及其严重后果。这种违规行为不仅损害了投资者的利益和市场公平性原则，还破坏和影响了资本市场的诚信基础和健康发展。因此，加强信息披露监管、完善内部控制体系以及提高投资者的风险意识显得尤为重要。

### 五、结论

综上所述，C公司的案例为我们敲响了警钟：真实、准确、完整的信息披露是资本市场健康发展的基石。上市公司应严格遵守相关法律法规和会计准则要求，确保财务报告的真实性和可靠性；监管部门也应加大对信息披露违规行为的打击力度以维护市场的公平与公正；同时投资者也应增强风险意识，谨慎做出投资决策以保护自己的合法权益。

## 案例分析4：募集资金使用情况披露不实

### 一、背景

D公司是一家在创业板上市的高科技企业，近年来通过公开发行股票募集了大量资金，用于扩大生产规模、研发新产品以及市场推广。然而，近期有媒体曝出D公司在募集资金使用情况的披露上存在严重不实，引发了市场和监管部门的密切关注。

### 二、案例具体情况

募集资金规模：D公司两年前通过公开发行股票，成功募集了10亿元人民币的资金。根据当时的招股说明书，这笔资金将主要用于三个方面：5亿元用于扩大生产规模，3亿元用于新产品研发，2亿元用于市场推广。

披露不实情况：在募集资金使用情况的定期报告中，D公司声称已按照计划将资金分配到了各个项目，并给出了详细的使用情况。然而，经过深入调查，发现D公司的披露存在多处不实。

（1）实际用于扩大生产规模的资金仅为3亿元，而非披露的5亿元。

（2）新产品研发实际投入资金2亿元，少于披露的3亿元。

（3）市场推广实际使用资金仅为1亿元，远低于披露的2亿元。

同时，调查发现D公司将部分募集资金用于其他用途，如偿还银行贷款、补充流动资金等，这些使用情况在定期报告中并未如实披露。

**三、分析过程**

不实披露的动机如下。

（1）维护公司股价和市场形象，通过夸大资金投入来展示公司的积极扩张态势。

（2）掩盖资金使用的真实情况，避免投资者和监管部门对公司资金运用产生质疑。

（3）管理层面临业绩压力，希望通过夸大资金投入来掩盖实际运营中的问题。

不实披露的后果如下。

（1）损害投资者的知情权，导致投资者基于错误的信息做出投资决策。

（2）破坏市场的公平性和透明度，影响资本市场的健康发展。

（3）公司将面临严重的法律后果，包括罚款、市场禁入等。

**四、案例影响**

对投资者的影响：由于D公司的不实披露，投资者在缺乏准确信息的情况下做出了投资决策。当真相大白时，投资者的信心受到严重打击，部分投资者因此遭受了经济损失。这种不实披露行为破坏了投资者对资本市场的信任，降低了市场整体的投资意愿。

对公司的影响：随着不实披露行为的曝光，D公司的声誉和信誉受到了严重损害。股价大幅下跌，市值大幅缩水。此外，公司还面临监管部门的严厉处罚和投资者的索赔风险。长期来看，这种违规行为将严重影响公司的可持续发展和市场竞争力。

对市场的影响：D公司的案例揭示了资本市场中存在的信息披露问题及其严重后果。这种不实披露行为不仅损害了投资者的利益和市场公平性原则，还破坏和影响了资本市场的诚信基础和健康发展。因此，加强信息披露监管、完善内部控制体系以及提高投资者的风险意识显得尤为重要。

**五、结论**

综上所述，D公司的案例深刻反映了募集资金使用情况披露不实的严重后果。这要求上市公司、监管部门和投资者共同努力，提高信息披露的准确性和透明度，促进资本市场的健康稳定发展。

## 案例分析5：盈利预测弄虚作假

**一、背景**

E公司是一家在主板上市的大型制造企业，近年来受市场竞争加剧和成本压力增大的影响，业绩有所下滑。为了稳定股价和提升市场信心，公司管理层决定在会计政策披露中弄虚作假，特别是针对盈利预测部分进行不实陈述。

**二、案例具体情况**

虚假的盈利预测数据：在最近一期的财务报告中，E公司预测其未来一年的净利润将实现20%的增长，达到5亿元人民币。然而，根据公司内部真实的财务数据和行业分析，公司实际可能实现的净利润增长仅为5%，预计达到4.25亿元人民币。

实际财务数据与预测数据的对比如下。

预测数据：净利润 5 亿元人民币，增长率 20%。

实际数据：净利润 4.25 亿元人民币，增长率 5%。

**三、分析过程**

弄虚作假的动机如下。

稳定和提升公司股价：通过发布过于乐观的盈利预测，来吸引投资者的关注，从而稳定或提升公司股价。

掩盖经营困境：由于市场竞争加剧和成本压力增加，公司的实际盈利能力下滑。为了掩盖这一困境，管理层选择通过虚假预测来误导投资者。

弄虚作假的手段如下。

虚构或夸大销售收入和利润：通过提前确认收入、虚构交易等方式来夸大销售收入和利润。

隐瞒或低估成本和费用：通过延迟确认成本、低估费用等方式来降低成本和费用，从而虚增利润。

该违规行为最终被发现主要归功于以下几点。

内部举报：公司内部员工发现了管理层的弄虚作假行为，并向监管部门进行了举报。

监管部门审查：监管部门在对 E 公司的财务报告进行审查时，发现了多处异常和不符逻辑的数据，进而展开了深入调查。

**四、案例影响**

1. 对公司的影响

股价暴跌：随着违规行为的曝光，公司股价大幅下跌，市值大幅缩水。声誉受损：公司的声誉受到了严重损害，客户和供应商对公司的信任度降低。法律处罚：公司面临监管部门的严厉处罚，包括罚款、市场禁入等。此外，公司还可能面临投资者的索赔风险。

2. 对市场的影响

企业盈利预测弄虚作假会严重破坏市场的公平性和透明度。虚假的盈利预测可能导致股价被不合理地推高，形成市场泡沫，进而扰乱资本市场的正常秩序。当真相曝光时，市场信心将受到严重打击，可能引发股价暴跌，甚至波及整个行业或市场，导致系统性风险上升。此外，这种行为会削弱投资者对市场的信任，降低市场流动性，影响资本的有效配置，最终损害市场的长期健康发展。

对于投资者而言，企业盈利预测弄虚作假是一种严重的欺诈行为，直接损害其合法权益。投资者基于虚假信息做出的投资决策可能导致重大经济损失，尤其是中小投资者，由于信息获取和分析能力有限，更容易成为受害者。此外，这种行为会削弱投资者对企业的信任，降低其参与资本市场的积极性，长期来看可能影响资本市场的稳定性和吸引力。投资者还可能因市场波动而面临更大的不确定性，增加投资风险。

**五、结论**

综上所述，E 公司的案例深刻反映了盈利预测弄虚作假所带来的严重后果。这要求上市公司提高信息披露的准确性和透明度，促进资本市场的健康稳定发展。

## 专题三：会计政策可比性在同行业表现如何

### 业务简介

**一、概念**

会计政策可比性，是指同一企业不同时期以及不同企业之间的会计信息应当相互可比，以便向信息使用者提供对决策有用的高质量会计信息。具体来说，会计政策的可比性包含两个方面：

一是同一企业不同时期发生的相同或者相似的交易或者事项，应当采用一致的会计政策，不得随意变更，即纵向可比；二是不同企业同一会计期间发生的相同或者相似的交易或者事项，应当采用相同或相似的会计政策，确保会计信息口径一致、相互可比，以使不同企业按照一致的确认、计量和报告要求提供有关会计信息，即横向可比。

**二、基本规定**

为了确保会计政策的可比性，各国会计准则和国际财务报告准则（IFRS）都对此做出了详细规定。这些规定主要如下。

一致性原则：要求企业在各个会计期间采用一致的会计处理方法，以便比较不同期间的会计报表。这意味着，一旦选定某种会计政策，就不应随意更改，以保持会计信息的连续性和可比性。

明确性与透明性原则：会计政策应当清晰明确，易于理解，以便信息使用者能够准确评估企业的经营状况和财务成果。同时，企业应充分披露其会计政策，增加会计信息的透明度。

遵循相关会计准则：企业应遵循国家颁布的会计准则或国际财务报告准则，这些准则为会计政策的制定和执行提供了统一的框架和指导。

在探讨会计政策可比性时，行业内企业间的比较显得尤为重要。以下是从行业内比较的视角总结的违规问题和违规表现。

**三、经常出现的违规问题**

1. 会计政策的不一致性

与行业内其他企业相比，某些企业可能采用与众不同的会计政策，导致财务信息不具备直接可比性。这种不一致性可能源于企业对会计准则的不同解读或故意选择有利于自身的会计政策。

2. 会计估计和判断的差异性

在行业内，对同一类交易或事项的会计估计和判断应存在相对的统一性。然而，有些企业可能做出与其他企业显著不同的会计估计，如资产折旧年限、坏账准备计提比例等。这种差异性若无合理解释，则可能构成违规，影响行业内会计信息的整体可比性。

3. 关联方交易的隐蔽性

某些企业可能存在未充分披露的关联方交易，这些交易在行业内其他企业中并不常见或根本不存在。这种隐蔽的关联方交易可能导致企业财务数据的异常，从而影响与行业其他企业的可比性。

**四、违规表现**

1. 财务数据产生异常波动

与行业内其他企业相比，某些企业的财务数据可能出现异常波动，如收入、利润等关键财务指标与行业平均水平或趋势存在显著差异。这种异常波动可能源于不恰当的会计政策选择或会计估计。

2. 信息披露与行业内其他企业相比透明度不足

相比于行业内其他企业，违规企业在财务报表附注中可能对重要会计政策的披露不够充分或模糊。这种信息披露的透明度不足使得外部信息使用者难以准确理解和比较不同企业的财务信息。

3. 缺乏行业可比性的解释

当企业的会计政策或财务数据与行业内其他企业存在显著差异时，若无合理解释或说明，将引发公众对其合规性的质疑。这种缺乏解释的差异的背后可能存在违规操作，降低了行业内会计信息的整体可比性。

综上所述，从行业内比较的视角来看，会计政策可比性的违规问题和违规表现主要体现在会计政策的不一致性、会计估计和判断的差异性以及关联方交易的隐蔽性等方面。这些违规问题和表现严重影响了行业内企业会计信息的可比性，进而可能对投资者的决策造成误导。因此，加强对行业内企业会计政策的比较分析显得尤为重要。

## 法律法规

《企业会计准则》第十一条第（五）项规定："企业的会计核算应当按照规定的会计处理方法进行，会计指标应当口径一致，相互可比。"这一规定强调了企业会计核算的可比性原则，要求同行业内的企业的会计处理应当保持一致，以便进行比较。

《企业会计准则——基本准则》（中华人民共和国财政部令第 76 号）第十五条规定："企业提供的会计信息应当具有可比性。同一企业不同时期发生的相同或者相似的交易或者事项，应当采用一致的会计政策，不得随意变更。确需变更的，应当在附注中说明。不同企业发生的相同或者相似的交易或者事项，应当采用规定的会计政策，确保会计信息口径一致、相互可比。"这一规定进一步明确了会计信息可比性的要求，包括同一企业不同时期以及不同企业之间的会计信息都应当具备可比性。

这些法律法规共同构成了企业会计政策在同行业内相互可比的法律基础。它们要求企业在进行会计核算时，必须遵循规定的会计处理方法，确保会计指标的口径一致，以便在同行业内进行横向比较。同时，这些法规也要求同一企业不同时期的会计政策应当保持一贯性，便于进行纵向比较。这些规定的目的是提高会计信息的透明度和有用性，帮助投资者和其他财务报告使用者做出更明智的决策。

## 合规程序与方法

对会计政策的可比性在同行业中的表现进行合规审查，是确保企业财务报告准确性和透明度的重要环节。以下从六个方面详细阐述这一风险审查的合规程序与方法。

**一、明确审查目标与范围**

在进行会计政策可比性的合规审查时，首先需要明确审查的目标和范围。目标是确保企业的会计政策与同行业企业保持一致，以提高会计信息的可比性。范围则包括企业所采用的全部会计政策，特别是那些对财务报表产生重大影响的政策。

**二、收集与整理行业会计政策信息**

为了评估企业会计政策的可比性，需要广泛收集同行业其他企业的会计政策信息。这包括查阅行业报告、企业年报、企业公告等公开资料，了解行业内普遍采用的会计政策和实践。同时，也要关注行业监管机构发布的会计准则和解释，以确保审查标准的最新性和准确性。

**三、对比分析企业会计政策**

在收集到足够的行业会计政策信息后，应对企业所采用的会计政策进行详细的对比分析。这包括比较会计政策的类型、确认和计量方法、列报和披露方式等方面。通过对比分析，识别出企业会计政策与同行业企业的差异，进而评估这些差异对会计政策可比性的影响。

**四、关注关键会计估计和判断**

会计估计和判断是会计政策的重要组成部分，也是影响会计信息可比性的关键因素。在合规审查中，应重点关注企业对关键会计估计和判断的处理方式，如资产减值准备的计提、收入确认的时点等。通过审查这些关键会计估计和判断的合理性和一致性，进一步确保会计信息的可比性。

**五、评估会计政策变更的影响**

企业会计政策的变更可能会对会计信息的可比性产生重大影响。因此，在合规审查中，应密切关注企业会计政策的变更情况，包括变更的原因、内容、影响等方面。同时，还要评估这些变更是否符合相关会计准则的要求，以及是否进行了充分的披露和解释。

### 六、形成审查报告与提出改进建议

在完成以上审查程序后，应形成详细的审查报告，总结企业会计政策在可比性方面的表现。报告中应明确指出存在的问题和不足，并提出针对性的改进建议。这些建议可能包括调整会计政策以符合行业惯例、加强会计估计和判断的合理性和一致性、完善会计政策变更的披露和解释等。实施这些改进建议，可以进一步提升企业会计信息的可比性，增强财务报告的透明度和可信度。

综上所述，对会计政策可比性在同行业中的表现进行合规审查是一个系统而复杂的过程。它需要审查人员具备丰富的会计知识和行业经验，以便准确识别并评估企业会计政策与同行业企业的差异及其影响。同时，审查人员还应保持独立性和客观性，确保审查结果的公正性和准确性。这些合规程序与方法的实施，可以有效提高企业会计信息的可比性，为投资者和其他财务报告使用者提供更加可靠和有用的决策信息。

此外，为了确保合规审查的有效性，企业还可以考虑建立定期的内部审计机制，对会计政策的执行情况进行持续监督和评估。同时，加强与同行业企业的交流和合作，共同推动行业会计政策的规范化和标准化发展，也是提升企业会计信息可比性的重要途径。实施这些措施，可以进一步提升企业财务报告的透明度和质量，为市场的健康发展和投资者的利益保护提供有力支持。

## 案例分析 1：财务数据产生异常波动

### 一、背景

某新兴科技企业（以下称“A 公司”）在行业内崭露头角，以其独特的技术和产品赢得了市场份额。然而，在最近一期的财务报告发布后，投资者和分析师纷纷对其财务数据表示质疑。原因在于，A 公司的财务数据与行业内其他企业相比出现了异常的波动，这引发了市场对 A 公司会计政策选择和应用的关注。

### 二、案例具体情况

根据 A 公司最新发布的财务报告，其营业收入和净利润均实现了大幅增长。具体来说，营业收入增长了 30%，净利润增长了 15%。然而，在同行业其他企业的财务数据中，平均营业收入增长率为 10%，净利润增长率为 8%。显然，A 公司的增长率远高于行业平均水平。

此外，A 公司的毛利率也出现了异常波动。报告期内，A 公司的毛利率为 20%，而同行业其他企业的平均毛利率为 10%。这一显著差异使得 A 公司的财务数据显得尤为突出。

### 三、分析过程

1. 会计政策选择与应用分析

在审查 A 公司的会计政策时，审查人员发现该公司采用了一些较为激进的会计政策。例如，在收入确认方面，A 公司选择了在产品交付时即确认收入，而同行业其他企业普遍选择在客户验收合格后才确认收入。这种收入确认政策的差异导致了 A 公司营业收入虚高。

同时，A 公司在计提资产减值准备方面也表现得较为宽松。与同行业其他企业相比，A 公司的资产减值准备计提比例明显偏低，这进一步提升了其净利润水平。

2. 财务数据波动原因分析

除了会计政策选择与应用上的差异外，审查人员还发现 A 公司在报告期内进行了一笔大额的非经常性交易，即出售了一项非核心资产，获得了巨额的一次性收益。这笔交易对 A 公司的净利润产生了显著影响，但并不具有持续性。

此外，A 公司在报告期内的成本控制也取得了显著成效，使得毛利率有所提升。然而，这种提升是否具有持续性有待观察。

### 四、案例影响

1. 投资者信心受损

由于A公司的财务数据出现异常波动，投资者开始对其真实性和可持续性产生怀疑。这导致了投资者对A公司的信心下降。

2. 监管机构关注

财务数据的异常波动引起了监管机构的关注。监管机构对A公司进行了问询，要求其就财务数据的异常波动进行解释和说明。同时，监管机构还表示将对A公司的会计政策选择和应用进行进一步审查。

3. 公司声誉受损

此次事件对A公司的声誉造成了严重损害。原本以技术创新和产品优势赢得市场的A公司，如今却因涉嫌财务数据造假而备受质疑。这不仅影响了A公司与合作伙伴的关系，还可能导致A公司失去潜在的商业机会。

### 五、结论

本案例展示了会计政策在同行业可比性方面的重要性。当企业的财务数据出现异常波动时，很容易引发市场关注和监管机构的审查。因此，企业在选择和应用会计政策时，应充分考虑其可比性和合规性，以确保财务数据的真实性和可靠性。同时，企业还应加强内部审计和风险控制机制的建设，以防范潜在的财务风险。

## 案例分析2：信息披露与行业内其他企业相比透明度不足

### 一、背景

B公司是一家在行业内颇具规模的制造企业，近年来一直保持着稳定的发展态势。然而，最近一期财务报告中，投资者和监管机构注意到B公司在信息披露方面与行业内其他企业相比存在明显的透明度不足问题，这引起了市场对其会计政策选择和财务报告真实性的广泛关注。

### 二、案例具体情况

B公司发布的财务报告虽然涵盖了主要的财务数据，但在关键会计政策、重要会计估计和判断，以及关联方交易等方面的披露却模糊不清。例如，对于其采用的具体折旧方法和折旧年限，报告中只是简单提及“采用合理的折旧方法和年限”，而没有提供具体的折旧率和折旧年限数据。此外，关于与关联方的交易，B公司也只是笼统地披露了交易金额，而未详细说明交易的性质、条件和定价机制。

### 三、分析过程

1. 会计政策披露分析

B公司在财务报告中对关键会计政策的披露缺乏细节，这使得外部信息使用者难以准确判断和评估其财务报告的真实性和公允性。例如，折旧方法和年限的模糊披露可能导致投资者对B公司资产的真实价值产生误判。这种不透明的披露方式可能隐藏了B公司在某些方面的财务风险或不利情况。

2. 重要会计估计和判断披露分析

除了会计政策外，B公司对重要会计估计和判断的披露也显得不足。会计估计和判断是财务报告编制过程中不可或缺的环节，其合理性和准确性直接影响财务报告的质量。然而，B公司在这方面的披露过于简略，没有提供足够的背景信息和理由来支持其会计估计和判断。这使得外部信息使用者难以对B公司的财务报告形成全面的认识和准确的评估。

3. 关联方交易披露分析

关联方交易是企业经营活动中常见且容易引发利益输送和舞弊行为的领域。因此，对关联方交易进行详细披露至关重要。然而，B公司在财务报告中只是笼统地披露了关联方交易的金额，而未对交易的性质、条件和定价机制进行详细说明。这种不详细的披露方式使得投资者难以判断关联方交易的公允性和合规性，增加了投资风险。

4. 可能的动机分析

B公司信息披露透明度不足的背后可能存在着多种动机。一方面，管理层可能试图通过模糊披露来掩盖某些不利的财务信息或风险点，以维护公司的形象和确保股价稳定。另一方面，不透明的信息披露也可能为管理层提供了更多的操作空间和灵活性，以便进行盈余管理或利益输送等行为。

5. 与同行业其他企业的对比分析

与同行业的其他企业相比，B公司在信息披露方面的透明度明显不足。其他企业通常会详细披露其会计政策、会计估计和判断的依据以及关联方交易的具体情况。这种透明的信息披露方式有助于投资者做出更为明智的投资决策，并降低投资风险。而B公司的不透明披露方式则增加了投资者的信息不对称风险和投资成本。

**四、案例影响**

投资者决策难度增加：由于B公司信息披露的透明度不足，投资者在做投资决策时需要花费更多的时间和精力去搜集和分析相关信息。这不仅增加了投资者的决策难度和成本，还可能导致投资者做出错误的决策。

监管机构对B公司的关注度提升：B公司的信息披露问题引起了监管机构的关注。监管机构可能会对B公司进行更为严格的审查和监管，以确保其财务报告的真实性和合规性。这将对B公司的经营和声誉产生一定的影响。

公司声誉受损：信息披露的透明度高是企业守诚信和负责任的重要体现。B公司在信息披露方面的不足将损害其声誉和形象，可能导致投资者和合作伙伴对其的信任度下降。

内部改进压力增大：面对外部的压力和质疑，B公司将不得不提高信息披露的透明度和质量。这将需要公司投入更多的资源和精力来改进其财务报告和信息披露流程，以确保符合市场和监管机构的要求。

## 案例分析3：缺乏行业可比性的解释

**一、背景**

C公司是一家在零售行业具有一定影响力的企业，近年来致力于扩展其线上销售渠道。为了提升业绩表现，C公司采取了一系列独特的会计政策。然而，在最近一期财务报告发布后，分析师和投资者发现C公司的会计政策与同行业其他企业相比存在较大差异，这导致了其财务数据缺乏行业可比性，进而引发了市场对其财务报告真实性和透明度的质疑。

**二、案例具体情况**

C公司在其财务报告中采用了一种特殊的收入确认政策，即在线上销售商品时，只要客户下单并付款，C公司就立即确认收入，而不管商品是否已经发货或客户是否已经收到商品。这一政策导致C公司的收入数据在行业内显得异常突出。根据最新财务报告，C公司的收入增长率高达30%，而同行业其他企业的平均增长率仅为10%。

**三、分析过程**

1. 会计政策差异分析

首先分析C公司采用的会计政策与同行业其他企业的差异。在零售行业中，大多数企业会遵循更为保守和谨慎的收入确认原则，即在商品已经发货并被客户接收后才确认收入。这是为了确保收入的真实性和可持续性。然而，C公司却选择了在客户下单并付款后立即确认收入的政策。这种政策虽然能够提前确认收入，提升当期的业绩表现，但却与行业内普遍的做法不一致，导致了C公司的财务数据缺乏可比性。

2. 财务数据可比性评估

由于C公司的会计政策与同行业其他企业存在较大差异，因此其财务数据在行业内难以进行有效的比较和分析。投资者和分析师在评估C公司的财务状况和经营绩效时，无法直接参考行业内的其他企业数据，这增加了投资决策的难度和不确定性。同时，C公司的财务数据也可能被高估或低估，从而误导投资者做出错误的决策。

3. 潜在风险分析

C公司采用的特殊会计政策还可能带来一系列潜在风险。首先，提前确认收入可能导致未来期间的收入被透支，使得公司的长期财务表现受到影响。其次，如果客户在收到商品后选择退货或退款，那么之前确认的收入将需要冲回，这将对公司的财务状况产生负面影响。最后，这种激进的会计政策还可能引发监管机构的关注和审查，给公司带来不必要的法律风险和声誉损失。

4. 动机与后果推测

C公司之所以采用这种缺乏行业可比性的会计政策，可能是出于提升短期业绩表现的考虑。通过提前确认收入，公司能够在财务报告中展示出更高的收入增长率和盈利能力，从而吸引更多的投资者关注和资金流入。然而，这种做法的后果也是显而易见的。一旦投资者意识到公司的财务数据缺乏可比性并存在潜在风险，他们可能会对公司失去信心并撤出资金，导致股价下跌和市值缩水。

**四、案例影响**

投资者信心受挫：由于C公司的财务数据缺乏行业可比性，投资者难以准确评估C公司的真实价值和潜在风险。这导致了投资者信心的下降和市场对C公司未来发展前景产生担忧。许多投资者开始抛售C公司的股票，导致其股价大幅下跌。

监管机构审查：C公司的特殊会计政策引起了监管机构的注意。监管机构开始对C公司进行深入的审查，以核实其财务数据的真实性和合规性。如果调查发现C公司存在财务造假或违规行为，那么公司将面临严重的法律后果和声誉损失。

长期影响：即使C公司能够度过当前的危机并恢复市场对其的信心，但这次事件仍然会对公司的长期发展产生一定的影响。投资者在未来评估C公司的投资价值时，可能会更加谨慎并要求更高的风险溢价。此外，C公司在行业内的声誉和竞争力也可能受到一定程度的损害。

结论：因此，C公司应该重新审视其会计政策的选择和应用，并考虑调整其收入确认政策以符合行业惯例和会计准则的要求，同时还应加强公司内部审计和风险管理控制机制的建设，以确保财务数据的真实性和可靠性。

## 专题四：对会计政策进行的变更是否具备合理性

### 业务简介

**一、概念**

会计政策变更，是指对相同的交易或事项，企业将原来采用的会计政策改为另一会计政策的行为。这种变更通常涉及会计确认、计量和报告的基础性改变，对企业财务报表的编制和解读具有重大影响。会计政策变更可能是由外部环境的改变、企业内部需要的变化或会计准则的更新等原因引起的。

**二、基本规定**

会计政策变更必须遵循一定的规定和原则，以确保变更的合理性和合法性。以下是一些基本规定。

遵守法律法规：会计政策变更必须符合国家法律、行政法规以及国家统一的会计制度的规定。

一致性原则：企业采用的会计政策应当在前后各期保持一致性，不得随意变更。只有在遵守相关法律法规的前提下，且能够提供更可靠和更相关的会计信息的情况下才能进行变更。

充分披露原则：企业应当在财务报表附注中披露会计政策变更的性质、内容和原因，以及其对财务报表的影响。这有助于信息使用者理解变更的合理性，并评估其对企业财务状况和经营成果的影响。

追溯调整原则：如果会计政策变更能够提供更可靠和更相关的会计信息，企业应当采用追溯调整法进行处理。这意味着企业需要调整以前期间的会计数据和财务报表相关项目，以反映会计政策变更的影响。

**三、经常出现的违规问题**

在会计政策变更过程中，企业可能会出现一些违规问题，主要包括以下几个方面。

随意变更会计政策：有些企业可能出于粉饰财务报表、操纵利润等目的，随意变更会计政策。这种行为违反了会计政策的一致性原则，可能导致财务报表失真。

未按规定程序进行变更：会计政策变更需要经过一定的审议和批准程序。有些企业可能未经适当程序就擅自变更会计政策，这既违反了公司治理规范，也可能损害股东和其他利益相关者的权益。

未充分披露会计政策变更信息：企业在财务报表中应充分披露会计政策变更的相关信息。如果企业未能做到这一点，就可能误导投资者和其他信息使用者，影响他们的决策。

**四、违规表现**

会计政策变更的违规表现多种多样，以下是一些常见的例子。

滥用会计政策变更：企业可能通过滥用会计政策变更来操纵利润、掩盖真实的财务状况。例如，企业可能在不满足条件的情况下进行会计政策变更，以增加利润或减少亏损。

违反一致性原则：企业在没有合理理由的情况下频繁变更会计政策，违反了会计政策的一致性原则。这会使财务报表失去可比性，给投资者分析带来困难。

未及时披露会计政策变更：企业有时可能故意延迟披露会计政策变更信息，以掩盖其对公司财务状况的真实影响。这种行为可能导致投资者和其他利益相关者无法及时了解公司的最新财务状况和经营成果。

未经批准擅自变更：有些企业可能未经股东会或其他相关机构批准就擅自变更会计政策。这种行为不仅违反了公司治理规范，还可能损害股东和其他利益相关者的合法权益。

综上所述，会计政策变更是企业财务报告中的重要环节，其合理性直接关系到财务报表的质量和可信度。因此，企业必须严格遵守相关法律法规和会计准则的要求进行会计政策变更，并确保充分披露相关信息。同时，监管部门也应加强对企业会计政策变更的监督和指导，以维护资本市场的公平与透明。

## 法律法规

**一、《企业会计准则——基本准则》相关规定**

企业应当对其本身发生的交易或者事项进行会计确认、计量和报告，并以持续经营为前提，以权责发生制为基础进行会计确认、计量和报告。

企业会计应当以货币计量，并按照交易或者事项的经济特征确定会计要素，包括资产、负债、所有者权益、收入、费用和利润。

企业提供的会计信息应当与财务会计报告使用者的经济决策需要相关，有助于财务会计报告使用者对企业过去、现在或者未来的情况作出评价或者预测。

企业采用的会计政策，在每一会计期间和前后各期应当保持一致，不得随意变更。但是，按照法律、行政法规以及国家统一的会计制度的规定或会计政策变更能够提供更可靠、更相关的会计信息时，可以变更会计政策。

**二、《企业会计准则第28号——会计政策、会计估计变更和差错更正》相关规定**

企业根据法律、行政法规或者国家统一的会计制度等要求变更会计政策的，应当按照国家相关会计规定执行。

会计政策变更能够提供更可靠、更相关的会计信息的，应当采用追溯调整法处理，将会计政策变更累积影响数调整列报前期最早期初留存收益，其他相关项目的期初余额和列报前期披露的其他比较数据也应当一并调整，但确定该项会计政策变更累积影响数不切实可行的除外。

综上所述，企业在变更会计政策时，必须遵循相关法律法规的规定，确保变更的合理性、合法性和透明度。这些规定旨在保护投资者和其他财务报告使用者的利益，确保财务信息的准确性和可靠性。

## 合规程序与方法

对会计政策变更是否具备合理性进行风险审查，是确保企业财务报告准确性和合规性的重要环节。以下从六个方面详细阐述这一风险审查的合规程序与方法。

**一、审查变更的动因和背景**

首先，要深入了解企业进行会计政策变更的动因和背景。这包括外部环境的变化，如会计准则的更新、税法的调整等，以及企业内部需要的变化，如业务模式转型、管理层对财务信息的新需求等。审查变更的动因和背景，可以初步判断会计政策变更的合理性和必要性。

具体方法包括：收集与会计政策变更相关的内外部资料，如行业报告、政策文件、企业内部会议纪要等；与企业管理层、财务部门及外部审计师进行沟通，了解变更的具体原因和目的；对比同行业其他企业的会计政策，以评估变更的合理性。

**二、评估变更的合规性**

会计政策变更必须符合相关法律法规和会计准则的要求。因此，在风险审查过程中，要重点评估变更是否符合《企业会计准则》等法律法规。这包括审查变更是否经过适当的审议和批准程序，是否进行了必要的披露，以及是否存在滥用会计政策变更的情况。

具体方法包括：核对变更后的会计政策是否符合现行会计准则的要求；检查企业是否按照法规要求履行了必要的报批和备案程序；审查财务报表及附注是否对会计政策变更进行了充分披露。

**三、分析变更的影响**

会计政策变更往往会对企业的财务状况和经营成果产生影响。在风险审查中，需要深入分析这些影响，以评估变更的合理性。具体包括分析变更对资产、负债、所有者权益、收入、费用和利润等会计要素的影响，以及这些影响是否符合预期。

具体方法包括：利用财务模型和数据分析工具，量化会计政策变更对财务报表的具体影响；对比变更前后的财务数据，分析变化趋势和原因；结合企业的业务特点和市场环境，评估变更后的会计信息是否更具相关性和可靠性。

**四、关注相关方的反应**

会计政策变更不仅影响企业的财务报告，还可能对投资者、债权人、监管机构等相关方产生影响。因此，在风险审查中，要关注这些相关方对变更的反应和态度。这有助于评估变更的合理性和市场接受度。

具体方法包括：收集并分析投资者、分析师、评级机构等对公司会计政策变更的看法和评价；关注监管机构对变更的监管意见和反馈；了解债权人对变更后企业财务状况的看法和信贷政策的变化。

**五、检查内部控制和治理结构**

有效的内部控制和治理结构是确保会计政策变更合理性和合规性的重要保障。在风险审查中，要检查企业是否建立了完善的内部控制体系，并确保与会计政策变更相关的决策、执行和监督过程得到有效控制。

具体方法包括：评估企业内部控制环境的有效性，如董事会、审计委员会等治理机构的运作情况；检查与会计政策变更相关的内部控制流程是否健全，如审批、执行、记录和报告等环节；了解外部审计师对内部控制的评价和建议。

**六、持续监控和后续评估**

会计政策变更完成后，还需要进行持续监控和后续评估，以确保变更效果的持续性和稳定性。在风险审查中，要关注企业对变更后的会计政策的执行情况和效果进行的持续监控和评估工作。

具体方法包括：定期审查企业财务报表和附注，以评估会计政策变更的长期影响；了解企业是否建立了有效的监控机制，及时发现和纠正与会计政策变更相关的问题；关注企业后续对会计政策的调整和优化情况，以评估其适应性和灵活性。

综上所述，对会计政策变更是否具备合理性的风险审查需要从多个方面进行综合考虑。深入审查变更的动因、背景、合规性、影响以及相关方的反应等因素，并结合有效的内部控制和治理结构以及持续监控和后续评估工作，可以全面评估会计政策变更的合理性和合规性，从而确保企业财务报告的准确性和可信度。

## 案例分析 1：滥用会计政策变更

**一、背景**

某科技公司（以下称“A 公司”）是一家在行业内颇具影响力的企业，专注于智能设备的研发与销售。近年来，由于市场竞争加剧和利润空间压缩，A 公司面临较大的经营压力。为了粉饰财务报表，A 公司管理层决定通过滥用会计政策变更来达到虚增利润的目的。

**二、案例具体情况**

A 公司原本严格遵循收入确认原则，即在产品交付并验收合格后才确认收入。然而，为了提前确认收入并虚增当期利润，A 公司在某一年度中期突然宣布更改会计政策，将收入确认时点提前至产品发货时。这一变更使得 A 公司能够在下一个财报周期前提前确认大量收入。

具体数据显示，在会计政策变更后，A 公司的半年度报告中，营业收入同比增长了 25%，净利润同比增长了 12%。然而，这些增长并非来自实际的销售业绩提升，而是由会计政策变更所带来的“账面增长”。

**三、分析过程**

1. 会计政策变更的合理性分析

审查人员需要分析 A 公司会计政策变更的合理性。在正常情况下，会计政策的变更应当基于业务模式的改变、外部环境的变化或为了提供更可靠的财务信息。然而，在本案中，A 公司的会计政策变更显然是为了提前确认收入，从而虚增利润。这种变更缺乏合理的商业理由，且与前期的会计政策存在显著差异，因此其合理性值得怀疑。

2. 财务数据对比分析

审查人员通过对比 A 公司会计政策变更前后的财务数据来进一步揭示其滥用会计政策变更的行为。在变更前，A 公司的收入和利润增长相对平稳；而变更后，收入和利润均出现了大幅度的增长。这种异常的增长模式与会计政策变更存在明显的关联性，进一步证实了 A 公司存在滥用会计政策变更的行为。

3. 行业可比性分析

审查人员还需要从行业可比性的角度进行分析。在同行业中，其他公司并未采用与A公司相同的会计政策变更。这表明A公司的做法并非行业惯例或普遍做法，而是其独有的“创新”。这种与行业常规做法的背离进一步凸显了A公司存在滥用会计政策变更的行为。

4. 管理层动机分析

审查人员还需要考虑管理层的动机。在本案中，A公司面临着较大的经营压力和业绩考核要求。管理层为了完成考核目标、提升股价或获取更多的融资机会，可能倾向于采用激进的会计政策来美化财务报表。这种动机与滥用会计政策变更的行为高度吻合。

综上所述，通过分析会计政策变更的合理性、财务数据、行业可比性以及管理层动机等方面，审查人员可以得出A公司存在滥用会计政策变更的行为的结论。

**四、案例影响**

A公司滥用会计政策变更的行为对其自身、投资者以及整个资本市场都产生了不良影响。首先，对A公司而言，虽然短期内通过滥用会计政策变更提升了业绩和股价，但长期来看这种行为会损害公司的声誉和信誉，降低投资者对公司的信任度。其次，对投资者而言，他们可能基于虚假的财务信息做出错误的投资决策从而遭受损失。最后，对整个资本市场而言，A公司的行为破坏了市场的公平性和透明度，降低了市场的整体效率。

**五、结论**

监管机构应加大对企业会计政策变更的监管力度，及时发现并制止滥用会计政策变更的行为。同时，投资者也应提高警惕性，审慎分析企业的财务报表和会计政策变更情况以做出明智的投资决策。

## 案例分析 2：违反一致性原则

**一、背景**

B公司是一家在国内颇具规模的制造企业，专注于生产并销售各类工业零部件。近年来，随着市场竞争加剧，B公司为了保持市场份额和盈利能力，开始通过调整会计政策来粉饰财务报表。然而，在这一过程中，B公司违反了会计政策的一致性原则，引发了监管机构的关注和市场的质疑。

**二、案例具体情况**

B公司原本采用的是较为严格的成本核算方法——标准成本法，对生产成本进行精确核算。然而，在某一年度，公司突然宣布将成本核算方法变更为实际成本法，且未对此进行充分的解释和披露。这一变更导致该年度的成本数据与前几年相比出现了显著波动。

具体数据显示，变更成本核算方法后，B公司的年度成本降低了约5%，净利润则相应提升了30%。这一变化在财务报表上显得尤为突出，引起了投资者和监管机构的注意。

**三、分析过程**

1. 一致性原则的重要性分析

会计政策的一致性原则是指企业在各个会计期间应当采用相同的会计处理方法，以确保财务信息的可比性和可靠性。这一原则对投资者评估企业经营状况、做出投资决策具有重要意义。在本案例中，B公司突然改变成本核算方法，显然违反了这一原则。

2. 成本核算方法变更的影响分析

标准成本法和实际成本法是两种不同的成本核算方法。标准成本法侧重于预先设定的标准成本，便于进行成本控制和预算管理；而实际成本法则根据实际发生的成本进行核算，更能反映真实的成本情况。然而，两种方法在成本计算和利润表现上存在差异。B公司将成本核算方法由标准成本法变更为实际成本法，显著降低了报告期内的成本，从而提升了净利润。这种变更不仅影响了财务信息的可比性，还可能误导投资者对公司经营状况的判断。

3. 变更的合理性与披露充分性分析

在分析过程中，还需要关注B公司变更成本核算方法的合理性和披露的充分性。从合理性角度来看，B公司并未提供充分的理由来解释为何需要变更成本核算方法。此外，从披露的角度来看，B公司在财务报表中未对变更进行详尽的说明，也未提及变更对财务数据的具体影响。这种缺乏透明度的做法进一步加深了投资者和监管机构对其财务信息真实性的怀疑。

4. 与行业惯例的对比分析

为了更全面地评估B公司的行为，还可以将其与行业惯例进行对比。在同行业中，大多数企业仍采用标准成本法进行成本核算。B公司的做法显然与行业惯例不符，这不仅降低了其财务信息的可比性，还可能引发市场对其合规性和经营稳健性的质疑。

综上所述，B公司违反一致性原则的行为严重影响了其财务信息的可比性和可靠性。这种行为不仅损害了投资者的利益，也破坏了市场的公平性和透明度。

**四、案例影响**

B公司违反一致性原则的行为对其自身、投资者以及整个市场都产生了负面影响。首先，对B公司而言，这种违规行为可能导致其声誉受损，降低投资者和客户的信任度。其次，对投资者而言，他们可能因基于失真的财务信息而做出错误的投资决策，从而遭受经济损失。最后，对整个市场而言，B公司的行为破坏了市场的公平性和诚信体系，降低了市场的整体效率。

**五、结论**

监管机构应加大对企业会计政策一致性的监管力度，及时发现并制止违反一致性原则的行为。同时，企业应自觉遵守会计准则和法规要求，保持会计政策的一致性，以维护财务信息的真实性和可比性。投资者也应提高警惕性，审慎分析企业的财务报表和会计政策变更情况以规避投资风险。

## 案例分析3：未及时披露会计政策变更

**一、背景**

C公司是一家在国内知名的上市零售企业，随着市场环境的不断变化，公司为了更好地反映其财务状况和经营成果，决定对会计政策进行变更。然而，在实际操作中，C公司虽然进行了会计政策变更，但并未按照相关法规和会计准则的要求及时披露这一变更，引发了市场关注和监管机构的调查。

**二、案例具体情况**

C公司原本采用的是直线法摊销其长期资产，但在某一年度中期，公司决定将摊销方法变更为加速摊销法。根据新的摊销方法，公司的长期资产在前期将摊销更多的费用，从而影响公司的利润表现。然而，C公司在变更会计政策后，并未在当期财务报表或相关附注中明确披露这一变更。

具体数据显示，由于采用了新的摊销方法，C公司该年度的摊销费用增加了约13%，导致净利润下降了8%。但由于未及时披露会计政策变更，投资者在评估公司财务状况时并未充分考虑到这一因素。

**三、分析过程**

1. 披露的重要性分析

及时披露会计政策变更是相关法律法规的基本要求。这有助于投资者了解公司的财务状况和经营成果，从而做出明智的投资决策。在本案中，C公司未及时披露会计政策变更，剥夺了投资者获取关键财务信息的机会，影响了市场的公平性和透明度。

2. 变更对财务报表的影响分析

会计政策变更通常会对公司的财务报表产生重大影响。在本案中，C公司变更摊销方法导致摊销费用增加，净利润下降。这种变化本应通过及时披露来让投资者知晓，以便他们重新评估公司的投资价值。然而，由于C公司未及时披露变更，投资者可能基于错误的财务信息做出投资决策。

3. 合规性分析

根据相关法律法规，公司在进行会计政策变更后，必须在财务报表或相关附注中进行明确披露。C公司未做到这一点，显然违反了相关法规的要求。这种违规行为不仅损害了投资者的利益，也破坏了市场的公平性和法治原则。

4. 管理层责任分析

企业管理层对财务报表的真实性和完整性负有最终责任。在本案中，C公司管理层未能确保会计政策变更的及时披露，表明其在财务管理和内部控制方面存在重大缺陷。这种失职行为可能导致投资者对公司的信任度下降，进而影响公司的声誉和市值。

综上所述，C公司未及时披露会计政策变更的行为严重违反了会计准则和证券市场法规的要求。这种行为不仅损害了投资者的利益，也破坏了市场的公平性和透明度。

**四、案例影响**

C公司未及时披露会计政策变更的行为对其自身、投资者以及整个证券市场都产生了不良影响。首先，对C公司而言，这种违规行为可能导致其面临监管机构的处罚，同时损害公司的声誉和信誉。其次，对投资者而言，他们可能因未及时了解会计政策变更而做出错误的投资决策，从而遭受经济损失。最后，对整个证券市场而言，C公司的行为破坏了市场的公平性和透明度，降低了市场的整体效率。

**五、结论**

监管机构应加大对企业会计政策变更披露的监管力度，确保企业及时、准确地披露相关信息。同时，企业也应自觉遵守会计准则和其他法律法规的要求，及时披露会计政策变更，以维护市场的公平性和透明度。投资者也应提高警惕性，密切关注企业的财务报表和附注以规避投资风险。

## 案例分析4：未经批准擅自变更

**一、背景**

D公司是一家快速发展的互联网企业，专注于提供在线教育服务。随着公司业务规模的不断扩大，管理层认为原有的会计政策已无法准确反映公司的财务状况和经营成果，因此计划对会计政策进行变更。然而，在实际操作中，D公司未按照规定的程序报批，就擅自进行了会计政策变更，引发了监管机构的关注和内部的争议。

**二、案例具体情况**

D公司原计划将其收入确认政策由“完成合同法”变更为“完工百分比法”，以更好地匹配公司的业务模式和收入特点。在未获得董事会和股东会批准的情况下，财务部门就擅自实施了这一变更。

具体数据显示，采用新的收入确认政策后，D公司的收入数据出现了大幅波动。在变更后的第一个财季，公司提前确认了部分收入，导致该季度收入同比增长了30%，净利润也相应提升了10%。然而，这种增长并非来自实际业务的增长，而是会计政策变更的结果。

**三、分析过程**

1. 程序合规性分析

会计政策变更通常需要经过公司内部决策机构的批准，如董事会或股东会，以确保变更的合法性和合规性。在本案中，D公司未经批准就擅自变更会计政策，显然违反了公司治理和决策程序的要求。这种违规行为不仅可能导致公司面临法律风险，还可能损害公司内部控制的有效性。

2. 对财务信息的影响分析

会计政策变更直接影响公司的财务信息，包括收入、利润等关键指标。在本案中，D公司擅自变更收入确认政策，导致收入和利润数据出现大幅波动。这种变化并非来自公司实际经营情况的变化，而是会计政策变更的结果。因此，投资者在评估公司财务状况时可能受到误导，从而做出错误的投资决策。

3. 管理层动机与诚信问题分析

管理层在未经批准的情况下擅自变更会计政策，可能引发市场对其动机和诚信的质疑。在本案中，D公司管理层可能出于提升业绩、粉饰财务报表等目的而擅自变更会计政策。这种行为不仅损害了公司的声誉和信誉，还可能引发投资者对公司的信任危机。

4. 内部控制与风险管理分析

本案还暴露出D公司在内部控制和风险管理方面存在的问题。公司未能有效防止未经批准的会计政策变更，表明其内部控制体系存在漏洞。此外，公司也未能及时识别和评估会计政策变更带来的风险，导致违规行为的发生。

综上所述，D公司未经批准擅自变更会计政策的行为严重违反了公司治理和决策程序的要求。这种行为不仅可能导致公司面临法律风险，还可能损害财务信息的真实性和可靠性，引发投资者对公司的信任危机。

## 四、案例影响

D公司未经批准擅自变更会计政策的行为对其自身、投资者以及整个资本市场都产生了不良影响。首先，对D公司而言，这种违规行为可能导致其面临监管机构的严厉处罚，包括罚款、市场禁入等。同时，公司的声誉和信誉也将受到严重损害，进而影响其业务合作和发展。其次，对投资者而言，他们可能因基于失真的财务信息而做出错误的投资决策，从而遭受经济损失。投资者对公司的信任度将大幅下降，可能导致股价波动和市值缩水。最后，对整个资本市场而言，D公司的行为破坏了市场的公平性和诚信体系，降低了市场的整体效率。其他公司可能效仿此类违规行为，进一步加剧市场秩序混乱。

## 五、结论

监管机构应加大对企业会计政策变更的监管力度，确保企业按照规定的程序进行报批和披露。同时，企业也应加强内部控制和风险管理，防止类似违规行为的发生。投资者也应提高警惕性，密切关注企业的会计政策变更情况以规避投资风险。

# 第二章
# 收入确认合规

## 专题五：收入确认条件是否符合企业会计准则

### 业务简介

**一、概念**

收入确认是企业会计准则的一个重要部分，它涉及企业经济利益的流入以及经营成果的衡量。根据企业会计准则，收入的确认需要满足一定的条件，以确保会计信息的真实性和可靠性。这些条件主要包括收入能够可靠计量、与收入相关的经济利益很可能流入企业、相关的已发生或将发生的成本能够可靠地计量等。

**二、基本规定**

企业会计准则对收入确认有明确的规定，以下是确认收入需满足的基本条件。

收入能够计量：企业只能确认能够可靠计量的收入，这意味着收入的金额必须能够明确确定，无论是现金收入还是非现金收入。

商品、服务或其他资产的所有权已转移给购买方：企业在确认收入时，必须确保商品、服务或其他资产的所有权已经转移给购买方，且购买方对该资产拥有支配权和应承担相关风险责任。

与收入相关的经济利益将流入企业：企业必须有足够的证据表明，通过确认收入所获得的经济利益将流入企业。

收入的发生时间可确定：企业确认收入时，必须能够确定收入的产生或实现条件已满足的时间点。

这些规定确保了企业在确认收入时遵循了权责发生制原则，即收入在其实际发生时而非收到现金时进行确认。

**三、经常出现的违规问题**

尽管企业会计准则对收入确认有明确的规定，但在实际操作中，企业可能会出于各种动机而违反这些规定。以下是一些常见的违规问题。

提前或推迟确认收入：企业可能为了粉饰财务报表或达到特定的业绩目标，而提前或推迟确认收入。这种做法违反了收入确认的时效性原则。

虚构收入：有些企业可能通过与其他方签订虚假购销合同、虚构存货进出库等方式来虚增收入。这种行为严重违反了企业会计准则的真实性原则。

随意变更收入确认政策：企业应当保持收入确认政策的一致性，但有些企业可能在不同期间随意变更收入确认政策，以达到调节利润的目的。这种做法破坏了会计信息的可比性。

**四、违规表现**

1. 基于收款或开票行为确认收入

有些企业可能以收款或开票行为作为确认收入的依据，而忽视了会计准则中收入确认的其他核心条件。例如，在尚未提供商品或服务，或买方尚未获得实际支配权时，仅凭收款或开票就确认收入，这显然是不合规的。这种做法可能导致财务报表中的收入数据虚高，误导投资者等利益相关者。

2. 随意调整收入确认时点

为了满足特定的财务目标或市场期望，企业可能会故意提前或延迟确认收入。例如，在年末为了达标而突击确认大量收入，或在业绩不佳时故意推迟收入确认以平滑利润波动。这种操纵不仅违反了会计准则的时效性原则，也损害了财务报表的公正性和可信度。

3. 虚构和夸大收入

在某些极端情况下，企业可能通过与其他方签订虚假合同、捏造交易记录或虚报销售数量等手段来虚构收入。这种欺诈行为严重扭曲了企业的真实财务状况和经营成果，对投资者和整个市场造成了极大的误导和伤害。

4. 滥用收入确认政策的选择权

会计准则允许企业在一定范围内选择适合自身业务特点的收入确认政策。然而，有些企业可能滥用这一选择权，通过频繁变更政策来调节利润或掩盖真实的经营活动。例如，对于提供劳务的业务，企业可能在不合理的情况下切换使用完工百分比法与其他方法，以达到期望的财务效果。这种滥用不仅破坏了会计信息的连续性和可比性，也削弱了财务报表的决策有用性。

5. 利用关联方进行违规操作

通过与关联方进行非公允的交易来操纵收入也是一种常见的违规行为。企业可能利用与关联方的特殊关系，以高于或低于市场公允价值的价格进行交易，从而人为地增加或减少收入。这种做法不仅违反了会计准则的公允性原则，也可能导致企业面临法律风险和声誉损失。

**五、结论**

综上所述，收入确认过程中的违规行为多种多样，且可能对企业和整个市场造成严重的负面影响。因此，企业必须严格遵守企业会计准则的规定进行收入确认，并加强内部控制和审计监督以防范和纠正违规行为。同时，监管部门也应持续加大对违规行为的打击力度，以维护市场的公平、公正和透明。

## 法律法规

在探讨收入确认条件是否符合企业会计准则时，主要依据的是《企业会计准则——基本准则》《企业会计准则第 14 号——收入》等相关法律法规。

《企业会计准则——基本准则》中的相关规定如下。

企业会计确认、计量和报告应当以持续经营为前提。

企业应当以权责发生制为基础进行会计确认、计量和报告。

企业应当按照交易或者事项的经济特征确定会计要素。会计要素包括资产、负债、所有者权益、收入、费用和利润。

《企业会计准则第 14 号——收入》中的相关规定如下。

第二条：收入是指企业在日常活动中形成的、会导致所有者权益增加的、与所有者投入资本无关的经济利益的总流入。

第四条（销售商品收入确认条件）：

企业已将商品所有权上的主要风险和报酬转移给购货方；

企业既没有保留通常与所有权相联系的继续管理权，也没有对已售出的商品实施有效控制；

收入的金额能够可靠地计量；

相关的经济利益很可能流入企业；

相关的已发生或将发生的成本能够可靠地计量。

这些法规条款为企业进行收入确认提供了明确的指导和规范，确保了企业会计信息的真实性和可靠性，同时也保护了投资者和其他利益相关者的权益。在进行收入确认时，企业必须严格遵守这些规定，以确保财务报表的准确性和合规性。

## 合规程序与方法

收入确认是企业财务报告中至关重要的一环，它直接关系到企业财务报表的真实性和准确性。因此，在对企业进行审计时，必须严格遵守相关法律法规，采用科学的方法，对收入确认条件是否符合企业会计准则进行细致的审查。以下从六个方面详细阐述进行此类风险审查的合规程序与方法。

**一、了解被审计单位及其环境**

在审计开始之前，注册会计师应首先了解被审计单位的基本情况，包括其业务模式、收入来源、客户群体以及行业特点等。这些信息有助于注册会计师更好地理解被审计单位的收入确认政策，并判断其是否符合企业会计准则的要求。此外，注册会计师还应关注被审计单位是否存在特殊的交易安排或合同条款，这些都可能对收入确认产生影响。

**二、评估收入确认政策的适当性**

注册会计师需要仔细审查被审计单位的收入确认政策，确保其符合企业会计准则的规定。这包括评估被审计单位是否采用了适当的收入确认方法（如完工百分比法、销售时点确认法等），以及这些方法是否得到了正确应用。注册会计师还应关注被审计单位是否在收入确认过程中保持了一贯性原则，避免出现因政策变更而导致的收入确认波动。

**三、测试有关收入确认的内部控制**

有效的内部控制是确保收入确认准确性的关键。注册会计师应通过询问、观察和检查等方式，测试被审计单位与收入确认相关的内部控制是否健全且有效运行。这包括评估被审计单位是否有明确的收入确认流程和审批机制，以及这些流程和机制是否得到了严格执行。

**四、执行实质性分析程序**

实质性分析程序是注册会计师评估收入确认准确性的重要手段。通过对比历史数据、行业数据以及预期数据等信息，注册会计师可以分析出被审计单位收入确认的合理性。例如，注册会计师可以计算并分析毛利率、收入增长率等关键指标，以发现可能存在的异常情况。

**五、检查收入确认的支持性文件**

为了确保收入确认的准确性，注册会计师需要检查与收入确认相关的支持性文件，如销售合同、发票、收货确认单等。这些文件可以帮助注册会计师验证被审计单位是否按照企业会计准则的要求进行了正确的收入确认。同时，注册会计师还应关注这些文件的真实性、完整性和准确性，以避免出现舞弊或错误的情况。

**六、关注期后事项和关联方交易**

期后事项和关联方交易是影响收入确认准确性的重要因素。注册会计师需要关注被审计单位在财务报表日之后是否发生了与收入确认相关的重要事项，如销售退回、价格调整等。同时，对于关联方交易，注册会计师应评估其交易的公允性和商业实质，以确保被审计单位没有通过关联方交易进行收入操纵。

在执行以上六个方面的合规程序与方法时，注册会计师还应保持职业怀疑态度，对异常情况保持警觉，并及时进行进一步的调查和核实。通过综合运用这些程序和方法，注册会计师可以有效地评估被审计单位收入确认条件是否符合企业会计准则的要求，从而确保财务报表的真实性和准确性。

此外，随着商业模式的不断创新和会计准则的不断发展，注册会计师还需要不断学习和更新自己的知识体系，以适应新的审计环境和挑战。只有这样，才能更好地履行审计职责，保护投资者和其他利益相关者的权益。

## 案例分析 1：基于收款或开票行为确认收入

### 一、背景

XX 公司是一家从事电子商品销售的中型企业，近年来在市场竞争中面临较大压力。为了提升业绩，公司管理层对销售团队设定了严格的销售目标，并强调以收款和开票作为销售业绩的主要考核指标。在这样的背景下，企业为了达成目标，开始采取基于收款或开票行为来确认收入的做法。

### 二、案例具体情况

XX 公司在 2020 年第四季度提前确认了约 1 500 万元的收入，这些收入的确认主要基于客户预付款项的收款行为，而实际商品尚未交付给客户。

同年，约 800 万元的收入是在开具销售发票后即刻确认的，但相关商品或服务尚未完全提供。

根据内部审计报告，上述违规行为导致公司 2020 年度财务报告中的收入虚增约 2 300 万元，占公司当年总收入的近 10%。

### 三、分析过程

1. 违规行为动机分析

应对市场竞争压力和完成内部销售目标，是销售部门采取违规确认收入行为的主要动机。公司管理层对销售业绩的过度追求，以及对收款和开票的过分看重，导致了违规行为的发生。

2. 违规手段剖析

提前确认收入：公司在收到客户预付款后，即便商品尚未交付，也立即确认了收入。这种做法违反了收入确认的原则，因为收入应在商品或服务控制权转移给客户时确认。

开票即确认收入：公司还存在在开具销售发票时就确认收入的情况，这同样违背了会计准则中收入确认的条件，因为开票并不等同于商品或服务的实际提供。

3. 与会计准则对比分析

根据《企业会计准则第 14 号——收入》的规定，收入应当在公司履行了合同中的履约义务，即在客户取得相关商品或服务控制权时确认。而 XX 公司的做法显然与此相悖。

4. 内部控制失效分析

XX 公司的内部控制系统在收入确认环节存在明显缺陷。内部审计部门未能及时发现并纠正这种违规行为，表明其监控和审核机制不够有效。

此外，公司管理层对销售政策的制定和执行监督不力，也是违规行为发生的重要原因。

### 四、案例影响

对投资者的影响：投资者基于虚假的财务信息做出投资决策，可能遭受经济损失。当真相大白时，股价可能会大幅波动，进一步损害投资者的利益。

对公司的影响：公司可能面临法律诉讼和监管机构的处罚，包括罚款、声誉损失以及可能的退市风险。此外，公司内部的管理层和员工士气也会受到严重影响。

对市场的影响：此类违规行为会破坏市场的公平竞争环境，损害资本市场的健康发展。同时，它也可能引发其他公司对财务报告真实性的担忧，导致整体市场信心下降。

### 五、结论

综上所述，本案例揭示了基于收款或开票行为确认收入的违规行为及其严重后果。它强调了遵守企业会计准则的重要性，以及加强内部控制和审计监督的必要性。对企业和投资者而言，真实、准确的财务信息是做出明智决策的基础，任何违规行为都将对各方造成不可估量的损害。

## 案例分析 2：随意调整收入确认时点

**一、背景**

XYZ 公司是一家知名的软件开发企业，近年来随着市场竞争加剧，为了维持良好的业绩表现，公司管理层开始对财务报告进行更加“灵活”的处理。特别是在收入确认方面，公司存在随意调整收入确认时点的现象，以此来平滑业绩波动或提前释放利好消息。

**二、案例具体情况**

XYZ 公司在 2020 年第三季度，将原本应在第四季度确认的 500 万元软件开发收入提前至第三季度确认，导致第三季度收入虚增。

同年，为了避免第四季度业绩出现大幅下滑，公司又将第四季度中应确认的 300 万元收入推迟至次年第一季度确认。

通过这种随意的收入确认时点调整，XYZ 公司成功地将 2020 年全年收入呈现出稳定增长的趋势。

**三、分析过程**

1. 违规动机剖析

XYZ 公司面临的市场竞争压力和维持良好业绩表现的期望，是推动管理层进行收入确认时点调整的主要动力。通过调整收入确认时点，公司能够“塑造”出平稳增长的财务数据，从而吸引投资者和维持股价稳定。

2. 与会计准则对比分析

根据《企业会计准则第 14 号——收入》的规定，收入应当在客户取得相关商品或服务的控制权时确认，且收入的确认应当反映交易或事项的经济实质。XYZ 公司的做法显然违背了这一原则，其未按照实际交易发生的时间点来确认收入，而是根据财务报告的需要进行调整。

3. 内部控制与审计失效分析

XYZ 公司的内部控制系统在收入确认方面存在严重缺陷。内部审计部门未能有效识别和阻止这种违规行为，表明其监控和审核流程存在漏洞。

外部审计机构在进行年度审计时也未能发现这一问题，可能是由于审计程序不够严谨或是受到了管理层的误导。

**四、案例影响**

对投资者的影响：投资者基于失真的财务报告做出投资决策，可能会遭受经济损失。当真相曝光时，投资者信心将受到打击，股价可能会大幅波动，进一步损害投资者的利益。

对公司的影响：公司可能面临法律诉讼、监管机构处罚以及声誉损害。此外，公司内部的管理和员工关系也可能因信任危机而受到影响。

对市场的影响：此类违规行为会破坏资本市场的公平竞争环境，降低市场信息的透明度。其他公司也可能因此受到质疑，导致整体市场信心下滑。

**五、结论**

综上所述，本案例揭示了随意调整收入确认时点的违规行为及其潜在后果。它强调了企业遵守会计准则对维护财务报告真实性和市场公平的重要性。对 XYZ 公司而言，及时纠正违规行为、加强内部控制和培养合规意识是恢复市场和投资者信任的关键步骤。

## 案例分析 3：虚构和夸大收入

**一、背景**

ABC 公司是一家中型制造企业，主要生产和销售家居用品。近年来，由于市场竞争加剧和成本压力增大，公司的业绩逐渐下滑。为了掩盖这一趋势并维持股价稳定，管理层决定通过虚构和夸大收入来美化财务报表。

## 二、案例具体情况

ABC 公司在 2020 年度财务报告中虚构了约 1 000 万元的销售收入，这些收入并没有实际的交易支持，完全是公司内部制造的虚假数据。

同时，公司还夸大了约 500 万元的实际销售收入，通过提高销售单价或虚增销售数量的方式来实现。

综合虚构和夸大部分，ABC 公司 2020 年度的财务报告中的收入被高估了约 1 500 万元，占公司当年总收入的近 15%。

## 三、分析过程

1. 违规动机与手段剖析

应对 ABC 公司面临的市场竞争压力和走出业绩下滑的困境，是管理层采取虚构和夸大收入行为的主要动机。公司试图通过这种方式掩盖真实的经营困境，维持股价稳定，并吸引更多投资者。

公司采用了两种手段来虚构和夸大收入：一是直接制造虚假销售数据；二是通过提高销售单价或虚增销售数量来夸大实际销售收入。

2. 与会计准则对比分析

根据《企业会计准则》的基本原则，财务报告应真实、准确地反映企业的财务状况、经营成果和现金流量。ABC 公司的行为显然违反了这一原则，其通过虚构和夸大收入来美化财务报表，导致财务报告失去了真实性和可靠性。

对比公司内部的销售记录、发货记录以及客户反馈等信息，可以发现虚构和夸大的收入数据与实际情况存在明显差异。此外，外部审计机构在进行审计时也可以通过函证、盘点等程序来验证销售数据的真实性。

3. 内部控制与审计失效分析

ABC 公司的内部控制系统在收入确认方面存在严重缺陷。内部审计部门未能有效识别和阻止虚构和夸大收入的行为，表明其监控和审核流程存在重大漏洞。可能的原因是内部审计部门的独立性和权威性不足，或者受到了管理层的干预和影响。

外部审计机构在进行年度审计时也未能发现这一问题，这可能是由于审计程序不够严谨、样本选择不当或是受到了管理层的误导和欺骗。外部审计机构应加强对企业内部控制的评估和测试。

## 四、合规建议与改进措施

ABC 公司应立即停止虚构和夸大收入的行为，并公开承认和纠正之前的违规行为。同时，公司应加强与投资者的沟通，及时披露真实的财务状况和经营成果。

为了防范类似行为的再次发生，公司应加强内部控制体系的建设和完善。具体包括：提高内部审计部门的独立性和权威性；加强对销售数据的监控和审核；建立完善的举报机制等。

此外，公司还应加强对管理层和员工的合规教育和培训，提高全体员工的合规意识和风险防范能力。

## 五、案例影响

对投资者的影响：投资者基于虚假的财务报告做出投资决策，可能会遭受重大经济损失。一旦虚构和夸大收入的行为被揭露，投资者将失去对公司的信任，股价可能会大幅下跌，进一步损害投资者的利益。

对公司的影响：公司可能面临严重的法律后果，包括罚款、赔偿投资者损失以及可能的刑事责任。此外，公司的声誉和信誉将受到严重损害，客户关系和供应链稳定性也可能受到影响。内部员工可能因公司的欺诈行为而感到失望和愤怒，导致员工士气低落和人才流失。

对市场的影响：此类违规行为会破坏资本市场的诚信体系，降低市场信息的透明度。其他公司也可能因此受到质疑，导致投资者对整个市场的信心下降。

**六、结论**

综上所述，本案例揭示了虚构和夸大收入的违规行为及其严重后果。它强调了遵守企业会计准则和诚信经营的重要性。对于ABC公司而言，重新获取投资者信任、恢复市场声誉并加强内部控制是当务之急。同时，监管机构和市场参与者也应共同努力，提高资本市场的透明度和诚信度。

## 案例分析4：滥用收入确认政策的选择权

**一、背景**

DEF公司是一家电子产品销售企业，近年来市场竞争日益激烈，为了提升业绩和市场份额，公司管理层开始寻求各种策略来增加收入。在这一过程中，管理层发现可以通过滥用收入确认政策的选择权来提前确认收入，从而粉饰当期财务报告。

**二、案例具体情况**

DEF公司在2020年第三季度，利用收入确认政策的选择权，将原本应在后续季度确认的800万元销售收入提前至第三季度确认。

通过这种方式，DEF公司第三季度的销售收入增加了近20%，从而使得当季的销售收入显示出强劲的增长势头。

然而，这种滥用收入确认政策的选择权的行为导致后续季度的销售收入大幅下降，第四季度销售收入同比下滑了15%。

**三、分析过程**

1. 滥用收入确认政策的选择权的动机分析

动机一：DEF公司面临着激烈的市场竞争和业绩增长的压力，为了迎合市场和投资者的期望，管理层希望通过提前确认收入来美化当期财务报告，以此展示公司具有强劲增长势头。

动机二：提前确认收入可以在短期内提升公司的业绩表现，吸引投资者关注，可能带来股价的上涨和市场份额的提升。

2. 滥用收入确认政策的选择权的手段剖析

DEF公司利用企业会计准则中关于收入确认的灵活性，通过选择有利于自身的收入确认时点，将原本应在后续期间确认的收入提前确认。

具体而言，公司可能与客户签订有利于提前确认收入的合同条款，或者在产品交付前就确认收入，违背了收入确认的基本原则。

3. 与会计准则的对比分析

根据《企业会计准则》，收入的确认应当遵循权责发生制原则，即收入应当在实现时确认，而不是在收到现金或开具发票时确认。

DEF公司的行为显然违反了这一原则，其通过滥用收入确认政策的选择权，提前确认了未实现的收入，导致财务报告失真。

4. 内部控制与审计失效问题分析

DEF公司的内部控制系统未能有效识别和防止滥用收入确认政策的选择权的行为，表明其内部控制制度在收入确认环节存在明显缺陷。

外部审计机构在审计过程中未能发现这一问题，可能是由于审计程序执行不到位，或者对收入确认政策的合规性审查不够严格。

**四、合规建议与改进措施**

DEF公司应立即停止滥用收入确认政策的选择权的行为，并严格按照企业会计准则进行收入确认。同时，公司应公开承认并纠正之前的违规行为。

加强内部控制体系的建设和完善是关键。公司应提高内部审计部门的独立性和权威性，加强对收入确认环节的监控和审核。此外，还应建立完善的举报机制，鼓励员工积极举报违规行为。

提高管理层和员工的合规意识也至关重要。公司应通过培训和宣传等方式强调遵守会计准则的重要性，并建立相应的激励机制和惩罚措施以确保合规性。

### 五、案例影响

对投资者的影响：投资者基于失真的财务报告做出投资决策，可能会遭受经济损失。当公司滥用收入确认政策的选择权的行为被揭露后，投资者信心可能受到打击，这进一步导致股价波动甚至下跌。

对公司的影响：公司可能面临监管机构的处罚和投资者的诉讼风险。同时，公司的声誉和信誉将受到损害，可能影响其与客户、供应商和其他合作伙伴的关系。此外，公司内部也可能出现信任危机和道德风险问题。

对市场的影响：滥用收入确认政策的选择权的违规行为会破坏资本市场的公平竞争环境，降低市场信息的透明度。其他公司也可能因此受到质疑，导致整体市场受到影响。此外，这种行为还可能引发监管机构对整个行业的更严格的监管和审查。

### 六、结论

综上所述，本案例揭示了滥用收入确认政策的选择权的违规行为及其潜在后果。它强调了遵守企业会计准则以及内部控制和合规意识的重要性。对DEF公司而言，纠正违规行为、加强内部控制和培养合规意识是恢复市场信心和投资者信任的关键步骤。同时，监管机构和市场参与者也应加大对上市公司财务报告的审查和监督力度，以维护资本市场的公平和透明。

## 案例分析5：利用关联方进行违规操作

### 一、背景

GHI公司是一家大型综合型企业，旗下拥有多个子公司和关联企业。近年来，为了优化财务报表，提升公司业绩，GHI公司管理层开始利用与关联方之间的复杂交易进行财务操纵。这些关联方交易不仅涉及商品和服务的买卖，还包括资金拆借、资产租赁等多种形式。然而，这些交易并未按照市场公允价值进行，而是被管理层人为操控，以达到粉饰财务报表的目的。

### 二、案例具体情况

在2020年度，GHI公司与其关联方进行了多笔大额交易，其中包括以高于市场价的价格向关联方销售商品，总计金额达到5 000万元。

同时，GHI公司还以低于市场利率的水平向关联方提供资金拆借业务，累计金额达到3 000万元。

此外，GHI公司还通过关联方租赁了一批价值2 000万元的设备，但租赁费用却远低于市场价格。

### 三、分析过程

1. 利用关联方交易进行财务操纵的动机分析

动机一：GHI公司管理层面临着巨大的业绩压力，为了提升公司的财务表现，选择了利用关联方交易进行财务操纵。

动机二：通过与关联方进行非公允的交易，GHI公司能够在短期内提升销售收入、降低财务费用和增加利润，从而美化财务报表。

2. 违规手段剖析

GHI公司利用其对关联方的控制，以非公允的价格进行商品销售、资金拆借和资产租赁等交易。

这些交易的价格并非基于市场公允价值，而是由GHI公司管理层根据财务报表的需要进行人为设定的。

3. 与会计准则的对比分析

根据《企业会计准则》，关联方交易应当按照市场公允价值进行，以确保财务报表的真实性和公允性。

GHI公司的行为显然违反了这一原则，其通过操控关联方交易的价格，虚增了收入、降低了费用，从而扭曲了财务报表的真实情况。

4. 内部控制与审计失效问题分析

GHI公司的内部控制系统未能有效识别和防止关联方交易的违规操作，表明其内部控制制度在关联方交易环节存在严重缺陷。

外部审计机构在审计过程中也未能发现这一问题，可能是由于对关联方交易的审计程序执行不到位，或者对关联方交易的公允性审查不够严格。

**四、合规建议与改进措施**

GHI公司应立即停止关联方交易的违规操作，并严格按照企业会计准则进行关联方交易。同时，公司应公开承认并纠正之前的违规行为，以恢复市场信心和投资者的信任。

加强内部控制体系的建设和完善是防范关联方交易违规的关键。GHI公司应提高内部审计部门的独立性和权威性，加强对关联方交易的监控和审核。此外，还应建立完善的关联方交易管理制度和审批流程，确保交易的公允性和合规性。

提高管理层和员工的合规意识也至关重要。GHI公司应通过培训和宣传等方式强调遵守会计准则和合规操作的重要性，并建立相应的激励机制和惩罚措施以确保合规性。

**五、案例影响**

对投资者的影响：投资者基于被粉饰的财务报表做出投资决策，可能会遭受经济损失。当违规关联方交易行为被揭露后，投资者信心可能受到严重打击，进一步导致股价大幅下跌。

对公司的影响：GHI公司可能面临监管机构的严厉处罚和投资者的法律诉讼风险。同时，公司的声誉和信誉将受到严重损害，可能影响其与客户、供应商和其他合作伙伴的关系。此外，公司内部也可能出现信任危机和道德风险问题，导致员工士气低落和人才流失。

对市场的影响：违规的关联方交易会破坏资本市场的公平竞争环境，降低市场信息的透明度。其他公司也可能因此受到质疑，导致整体市场信心受到影响。此外，这种行为还可能引发监管机构对整个资本市场的更严格的监管和审查。

**六、结论**

综上所述，本案例揭示了关联方交易的违规操作及其严重后果。它强调了遵守企业会计准则以及内部控制和合规意识的重要性。对GHI公司而言，纠正违规行为、加强内部控制和合规管理、恢复市场信心和投资者信任是当务之急。同时，监管机构和市场参与者也应加大对上市公司关联方交易的审查和监督力度，以维护资本市场的公平、透明和规范。

## 专题六：收入确认是否存在跨期调整问题

### 业务简介

**一、概念**

收入确认的跨期调整情况，主要指的是企业在确认收入时，各种原因导致收入确认的时点与实际业务发生的时间不一致，从而需要将收入在不同会计期间进行调整的情况。这种调整可能涉及将本应在一个会计期间确认的收入推迟到下一个会计期间确认，或将本应在下一个会计期间确认的收入提前到当前会计期间确认。

**二、基本规定**

根据《企业会计准则》的相关规定，企业应当在履行了合同中的履约义务，即在客户取得相关商品或服务的控制权时确认收入。收入的确认应当反映交易的经济实质，并遵循权责发生制和实质重于形式的原则。此外，《企业会计准则》还规定了收入确认的具体条件和方法，如对于销售商品收入，通常应在满足商品所有权上的主要风险和报酬已转移给购货方、企业没有保留与商品所有权相联系的继续管理权和控制权、相关的经济利益很可能流入企业、收入能够可靠地计量等条件时确认收入。

**三、经常出现的违规问题**

在收入确认跨期调整问题上，企业可能出于各种动机而违规操作。常见的违规问题如下。

提前确认收入：企业可能为了美化财务报表、提高业绩，对尚未完成的交易或未满足收入确认条件的交易提前确认收入。

推迟确认收入：有时企业出于平滑利润、调节税收等目的，会故意推迟确认本应在当前会计期间确认的收入。

人为调整收入确认时点：企业可能根据经营需要或管理层意图，人为地调整收入确认的时点，以达到特定的财务目标。

**四、违规表现**

1. 合同条款未完全履行即确认收入

按照正常的业务逻辑和会计准则，企业只有在合同条款全部履行，并且得到了客户的明确认可之后，才能确认相应的收入。然而，有些企业可能出于美化财务报表、提高短期业绩或满足特定的考核指标等动机，选择在合同条款尚未全面履行，甚至还未得到客户最终认可的情况下，就急于确认收入。

2. 利用时间差进行收入调整

故意利用月末、季末或年末的时间差来调整收入确认的时点。具体来说，企业可能会将本应在下一个会计期间确认的收入提前到本期确认，或者将本应在本期确认的收入推迟到下一个会计期间确认。这样操作通常是为了达到特定的财务指标要求或满足业绩考核的要求。

3. 利用复杂的交易结构进行操纵

企业可能设计复杂的交易结构或利用金融工具来操纵收入确认的时间点。例如，通过衍生金融工具或特殊的合同条款来推迟或提前确认收入。比如可能会借助衍生金融工具，如期权、期货或掉期合约等，来影响收入确认的时间。这些工具允许企业在未来某个时间点进行交付或结算，从而为企业决定何时确认相关收入提供了一定的灵活性。例如，通过使用远期合约，企业可以约定在未来的某个日期交付产品或服务，并据此来推迟或提前确认收入。此外，企业还可能在合同中嵌入特殊的条款，以控制收入确认的时间。这些特殊条款可能包括延迟交付、提前终止合同或附条件的收入确认等安排。通过这些精心设计的条款，企业能够在一定程度上掌控收入流的节奏，从而实现其特定的目标。

4. 以不合规的验收单或相关凭据作为收入确认的依据

企业可能以不合规的验收单或相关凭据作为收入确认的依据。这些验收单或相关凭据可能未经客户正式签署或存在其他瑕疵，导致收入确认的有效性受到质疑。未经客户正式签署、缺乏必要的认证和法律效力的单据并未得到客户的明确认可和接受，因此不能作为收入确认的合法依据。此外，还有一些凭据可能存在其他瑕疵，如日期错误、签名模糊、内容涂改等，这些问题都严重影响了凭据的真实性和可靠性。

5. 内部控制存在缺陷

企业的内部控制如果存在缺陷，如收入确认流程不规范、缺乏有效监督和审批机制等，那么可能导致收入确认时间的跨期调整问题。这种情况下，企业可能无法准确掌握收入确认的时点，导致财务报表失真。

## 法律法规

《中华人民共和国企业所得税法实施条例》（简称《企业所得税法实施条例》）相关规定如下。

第九条：“企业应纳税所得额的计算，以权责发生制为原则，属于当期的收入和费用，不论款项是否收付，均作为当期的收入和费用；不属于当期的收入和费用，即使款项已经在当期收付，均不作为当期的收入和费用。本条例和国务院财政、税务主管部门另有规定的除外。”

这一规定明确了企业所得税应纳税所得额的计算原则，即权责发生制。它要求企业按照权利和义务实际发生的时间来确认收入和费用，而不是按照款项的收付时间。这有助于确保企业财务报表的真实性和准确性，防止企业通过跨期调整收入和费用来操纵利润。

此外，针对特定类型的收入，如租金、利息和特许权使用费，《企业所得税法实施条例》还有以下详细规定。

第十九条规定了租金收入的确认时间，即企业提供固定资产、包装物或者其他有形资产的使用权取得的租金收入，应按交易合同或协议规定的承租人应付租金的日期确认收入的实现。

第十八条规定了利息收入的确认时间，即利息收入，按照合同约定的债务人应付利息的日期确认收入的实现。

根据《企业会计准则第 14 号——收入》，收入确认需满足以下五个条件：

合同成立并具有商业实质：企业与客户之间的合同已经成立，并且合同具有商业实质。

明确的权利义务：合同明确了各方的权利和义务，包括商品或服务的转让方式、价格等。

明确的支付条款：合同中明确了支付条款，且企业很可能收回对价。

商品或服务的控制权转移：企业已将商品或服务的控制权转移给客户。

收入金额能够可靠计量：收入的金额能够可靠地计量。

第二十条规定了特许权使用费收入的确认时间：“特许权使用费收入，按照合同约定的特许权使用人应付特许权使用费的日期确认收入的实现。”

这些规定进一步细化了不同类型收入的确认时间，有助于指导企业在实际操作中准确地进行收入确认。

## 合规程序与方法

以下从六个方面详细阐述对收入确认时间是否存在跨期调整问题进行风险审查的合规程序与方法。

### 一、了解企业业务与收入模式

在进行风险审查前，首要任务是深入了解企业的业务模式和收入构成。这包括了解企业的主要产品或服务、销售渠道、客户群体，以及收入的主要来源和季节性波动等特点。通过与企业管理层和财务人员沟通，审查人员可以对企业的收入模式有一个全面的认识，为后续的收入确认时间审查奠定基础。

### 二、审查收入确认政策与流程

审查人员应仔细审查企业的收入确认政策和流程。这包括了解企业是如何确定收入确认的时点和方法的，以及这些政策是否符合相关会计准则和法规的要求。同时，还要关注企业是否有明确的收入确认流程，以及这些流程在实际操作中是否得到严格执行。审查收入确认政策和流程，可以初步判断企业是否存在跨期调整收入的风险。

**三、分析合同条款与验收单据**

合同是企业与客户之间约定权利和义务的重要文件，也是收入确认的重要依据。因此，审查人员应仔细分析企业的销售合同，特别是关于收入确认时间、交付条件和付款方式等关键内容的条款。同时，还要核查与合同相关的验收单据、发货单等凭证，以验证收入确认的真实性和准确性。如果发现合同条款模糊或有歧义，或者验收单据存在不合规的情况，应进一步调查是否存在跨期调整收入的可能性。

**四、比对财务数据与业务数据**

财务数据与业务数据的一致性是判断收入确认是否合规的重要依据。审查人员应将企业的财务数据与业务数据进行比对，检查是否存在数据不一致或异常的情况。例如，可以比较销售订单、发货记录、收款记录等业务数据与财务报表中的收入数据是否相符。如果发现数据不一致或存在异常波动，应进一步追查原因，以判断是否存在跨期调整收入的行为。

**五、关注期末收入与退款情况**

期末是收入确认跨期调整风险较高的时期。因此，审查人员应特别关注企业期末的收入情况，包括是否存在大量突击确认收入或推迟确认收入的情况。同时，还要关注企业的退款情况，特别是期末前的退款是否异常增多或减少。这些情况都可能揭示企业是否存在跨期调整收入的风险。

**六、利用专业工具与技术手段进行辅助审查**

随着科技的发展，越来越多的专业工具和技术手段被应用于财务审查领域。审查人员可以利用数据分析软件对企业的财务数据和业务数据进行深入挖掘和分析，以发现可能存在的跨期调整收入问题。例如，可以利用数据可视化工具绘制收入趋势图、占比图等图表，直观地展示企业的收入情况；还可以利用大数据技术对历史数据进行回溯分析，以发现潜在的跨期调整行为。

综上所述，对收入确认时间是否存在跨期调整问题进行风险审查需要从多个方面进行综合考虑和分析。审查人员可通过深入了解企业业务与收入模式、审查收入确认政策与流程、分析合同条款与验收单据、比对财务数据与业务数据、关注期末收入与退款情况以及利用专业工具与技术手段进行辅助审查等六个方面的程序与方法，有效地识别和评估企业是否存在跨期调整收入的风险，从而确保企业财务报告的准确性和合规性。

## 案例分析 1：合同条款未完全履行即确认收入

**一、背景**

某科技有限公司是一家提供软件开发与系统集成服务的中型企业，近年来在行业内积累了一定的知名度和市场份额。为了扩大业务规模，公司积极寻求与更多企业的合作，并签订了一系列软件开发合同。然而，在追求业务增长的过程中，公司管理层对收入确认的时机产生了过于乐观的估计，导致在合同条款未完全履行的情况下即确认了收入。

**二、案例具体情况**

该公司与一家大型企业签订了一份价值 500 万元的软件开发合同，合同规定在交付软件并通过测试验收后，方可确认收入。然而，公司在软件开发进度仅有 80% 时，便提前确认了全额收入。具体数据如下。

合同总金额：500 万元。

实际完成进度：80%。

提前确认收入金额：500 万元。

**三、分析过程**

合同条款分析：合同条款明确规定了收入确认的条件是软件已交付并通过测试验收。然而，公司在软件开发尚未完成，更未通过客户验收的情况下，便确认了全额收入，这显然违反了合同条款。

收入确认原则分析：根据企业会计准则，收入应在商品或服务的控制权转移给客户时确认。在本案例中，软件的控制权显然尚未转移给客户。因此，公司提前确认收入的行为违反了收入确认的原则。

影响财务报表的真实性分析：提前确认收入会导致公司财务报表中的收入和利润虚高，从而误导投资者和其他利益相关者对公司真实财务状况的判断。这种行为不仅损害了财务报表的真实性，还可能引发市场对公司的信任危机。

潜在风险分析：提前确认收入还可能带来一系列潜在风险。一旦客户发现软件未完成或存在质量问题而拒绝支付剩余款项，公司将面临巨大的经济损失和声誉损害。此外，公司还可能因违反相关会计准则和法规而受到监管机构的处罚。

内部控制失效分析：此案例还反映出公司内部控制体系的失效。管理层过于追求短期业绩，忽视了内部控制的重要性，导致收入确认流程出现严重漏洞。这暴露出公司在内部治理和风险管理方面的不足。

**四、案例影响**

（1）由于提前确认了收入，公司的财务报表出现了虚高的收入和利润。这可能导致投资者和其他利益相关者对公司财务状况产生误判，进而做出错误的投资决策。同时，公司也可能因此面临税务风险和审计风险。

（2）违规行为将对公司的声誉造成严重损害。客户、供应商和其他合作伙伴可能会对公司的诚信和专业能力产生怀疑，从而影响公司的业务发展。

（3）公司因违反相关会计准则和法规而受到监管机构的调查和处罚。这不仅会给公司带来经济损失，还可能影响公司的市场地位和未来发展。

为了防范类似事件的再次发生，公司需要加强内部控制建设，完善收入确认流程，并加强对管理层的监督和约束。

**五、结论**

综上所述，本案例中的公司在收入确认上存在严重的跨期调整问题，即合同条款未完全履行即确认收入。这种行为违反了会计准则和法规，损害了公司财务报表的真实性和市场信任度。因此，公司应深刻反思并采取措施加强内部控制和风险管理，以确保类似问题不再发生。

## 案例分析 2：利用时间差进行收入调整

**一、背景**

某电子商务公司是行业内的领军企业，近年来随着市场竞争加剧，为了维持其市场地位和业绩表现，公司管理层开始关注财务报表的呈现效果。在编制年末财务报表过程中，公司发现当年收入未达到预期目标，于是考虑利用时间差进行收入调整，以美化年度财务报表。

**二、案例具体情况**

该电子商务公司原计划在 12 月确认的收入为 2 000 万元，但实际仅实现了 1 800 万元。为了达成年度收入目标，公司决定将次年 1 月预计实现的 200 万元收入提前至今年 12 月确认。

原计划 12 月收入：2 000 万元。

实际 12 月收入：1 800 万元。

提前确认的 1 月收入：200 万元。

**三、分析过程**

1. 收入确认的时间差利用分析

公司利用年末的时间差，故意将本应在下一个会计期间（次年 1 月）确认的收入提前到本期（今年 12 月）确认。这种行为明显违反了会计准则中关于收入确认时点的规定，即收入应在商品或服务的控制权转移给客户时确认。

2. 内部控制的失效问题分析

此案例反映出公司内部控制体系在收入确认方面存在重大缺陷。管理层能够轻易地操纵收入确认时点，说明内部控制没有有效地防止财务舞弊行为的发生。这需要公司对内部控制体系进行全面审查和改进。

**四、案例影响**

（1）投资者依赖公司的财务报表来评估其投资价值和风险。利用时间差进行收入调整会误导投资者对公司真实财务状况的判断，导致他们做出错误的投资决策。

（2）公司的声誉将受到严重损害。这不仅会影响公司的客户关系和业务拓展，还可能导致股价下跌和市值缩水。

（3）公司可能面临证券监管机构的调查和处罚，包括罚款、市场禁入等措施。同时，公司还可能面临投资者的集体诉讼，赔偿因财务报表误导而给投资者造成的损失。

**五、结论**

此事件将迫使公司加强内部控制体系的建设和完善，确保财务报表的真实性和准确性。此外，公司还需要加强对管理层的监督和培训，防止类似事件的再次发生。

综上所述，本案例揭示了利用时间差进行收入调整的严重后果。这种行为不仅损害了财务报表的真实性和投资者的利益，还可能给公司带来重大风险。因此，公司应深刻反思其财务管理行为，并采取有效措施确保财务报告的准确性和合规性。

## 案例分析 3：利用复杂的交易结构进行操纵

**一、背景**

某大型跨国贸易公司主要从事国际大宗商品交易。为了优化财务报表并规避市场风险，公司管理层决定利用衍生金融工具，如期权、期货和掉期合约，进行收入的确认时间调整。这些衍生金融工具被用于对冲潜在的市场波动风险，公司试图通过时间差进行收入调整，以平滑各季度的财务表现。

**二、案例具体情况**

公司在年初与多家供应商和客户签订了长期的供货合同，总价值达数亿美元。为了规避价格波动带来的风险，并尝试对收入进行跨期调整，公司采用了以下策略。

（1）购入价值 5 000 万美元的商品期货合约，以锁定未来的采购成本。

（2）卖出等同价值的商品期货合约，以锁定未来的销售收入。

（3）利用期权合约对部分交易进行保值，支付了一定的期权费用。

通过这一系列操作，公司试图将部分未来可能的收入和支出提前确认。

**三、分析过程**

1. 期货合约的分析

公司购买和销售期货合约，实际上是在对未来商品的采购和销售价格进行锁定。这种做法在理论上可以帮助公司规避市场价格波动的风险，但同时也为公司提供了利用时间差进行收入调整的机会。通过在不同时间点平仓期货合约，公司可以影响当期的利润表，从而实现收入的跨期调整。

2. 期权合约的分析

期权合约的使用进一步增加了复杂性。虽然期权可以用来对冲潜在的市场风险，但期权的费用和处理方式也可能成为公司进行财务调整的手段。例如，公司可能通过选择不同的行权价格和到期日，来影响期权的行权结果，进而调整各期的财务表现。

3. 收入确认的合规性与真实性分析

从合规性的角度来看，利用衍生金融工具进行收入的确认时间调整可能违反会计准则中关于收入确认的规定。收入应在商品或服务的控制权转移给客户时确认，而利用衍生金融工具进行的收入调整可能并不反映真实的控制权转移。此外，这种调整还可能掩盖了公司真实的财务状况和经营成果，误导投资者和其他利益相关者。

4. 内部控制与风险管理分析

此案例也反映出公司内部控制和风险管理可能存在不足。虽然衍生金融工具的使用在一定程度上可以帮助公司管理市场风险，但如果使用不当或缺乏有效监控，这些工具也可能成为公司进行财务操纵的工具。因此，公司需要加强内部控制体系的建设，确保衍生金融工具的使用符合相关法律法规和会计准则的要求。

5. 审计与监管的挑战分析

对审计机构和监管机构来说，识别并评估公司利用衍生金融工具进行财务调整的风险是一个挑战。这些交易往往涉及复杂的金融知识和专业判断，要求审计人员和监管人员具备相应的专业知识和分析能力。

### 四、案例影响

（1）利用衍生金融工具进行收入的确认时间调整，可能导致公司的财务报表无法真实反映其财务状况和经营成果。这可能导致投资者和其他利益相关者对公司价值的误判，进而做出错误的投资决策。

（2）如果公司的行为被认定为违反会计准则或相关法律法规，将面临法律诉讼和监管处罚。这会损害公司的声誉和市值。

此事件促使公司加强内部控制和风险管理体系的建设，确保衍生金融工具的使用符合相关规定。同时，公司还需要提高管理层和员工的合规意识和风险管理能力。

### 五、结论

综上所述，本案例揭示了利用衍生金融工具进行收入确认时间调整的潜在风险和后果。企业应谨慎使用这些工具，并加强内部控制和风险管理，以确保财务报表的真实性和合规性。同时，投资者和监管机构也应保持警惕，以识别和评估相关风险。

## 案例分析 4：以不合规的验收单或相关凭据作为收入确认的依据

### 一、背景

某科技公司（以下称“A 公司”）是从事软件开发与系统集成的企业，近年来随着市场竞争的加剧，为了保持业绩稳定增长，A 公司在收入确认方面开始采取一些激进的策略。特别是在项目验收环节，为了提前确认收入，A 公司存在以不合规的验收单或相关凭据作为收入确认的依据的问题。

### 二、案例具体情况

A 公司在 2020 年度内完成了多个软件开发项目，总合同金额达到数千万元。其中，有 5 个项目在年底前匆忙完成了所谓的“验收”流程，涉及合同金额共计 1 500 万元。然而，在后续审计中发现：

（1）3 个项目的验收单未经客户正式签署，涉及金额 900 万元；

（2）2 个项目的验收单签署日期与实际完成日期不符，存在明显的倒签情况，涉及金额 600 万元。

### 三、分析过程

1. 验收单未经客户正式签署的问题分析

A 公司提前确认了收入，但相关的验收单并未得到客户的正式签署。这明显违反了收入确认的基本原则，即收入的确认应当以交易的实际发生为基础。没有客户正式签署的验收单，就无法证明项目已经完成并得到了客户的认可，因此收入的确认是缺乏依据的。这种做法带来了严重的合规风险。

2. 验收单签署日期与实际完成日期不符的问题分析

倒签是一个明显的违规行为，它意味着验收单上的签署日期并不是真实的验收完成日期。这种做法不仅违反了会计准则中关于收入确认时点的规定，还可能导致公司面临法律诉讼和声誉损失。因为客户可能会以欺诈为由提起诉讼，而公司的诚信也会受到严重质疑。

3. 内部控制失效的问题

验收单据的问题反映出 A 公司内部控制体系在收入确认方面存在重大缺陷。首先，验收流程缺乏有效的监控和审核机制，导致不合规的验收单据能够顺利通过审核。其次，员工对于收入确认的原则和规定缺乏足够的了解或者故意忽视这些规定，这也说明了公司在员工培训和合规意识培养方面的不足。最后，管理层可能对项目进度和收入确认情况缺乏准确的把握，导致在年底时出现为了提高业绩而违规操作的情况。

### 四、案例影响

（1）由于验收单据不合规导致收入确认不准确，A 公司的财务报表无法真实反映其财务状况和经营成果。这将误导投资者和其他利益相关者对公司价值的判断。

（2）以不合规的验收单据作为收入确认的依据触犯相关法律法规和违反监管要求，会导致公司面临法律诉讼和监管处罚。这会损害公司的声誉和市值。

（3）不合规的验收单据可能导致客户对公司的信任度降低，进而影响双方的合作关系和业务拓展。为了维护良好的客户关系，公司需要积极与客户沟通并采取措施解决问题，以恢复客户对公司的信心。

### 五、结论

综上所述，本案例揭示了以不合格的验收单据作为收入确认的依据的严重影响。为了防止类似事件的发生，企业需要加强内部控制体系的建设和完善、提高员工合规意识和风险管理能力，并实时监控和审核项目进度和收入确认情况。

## 案例分析 5：内部控制存在缺陷

### 一、案例背景

某制造公司（以下称“B 公司”）近年来发展迅速，产品线不断扩张，市场份额也逐步提升。然而，随着业务规模的扩大，公司内部管理逐渐暴露出一些问题，尤其是在收入确认方面。B 公司的收入确认流程不规范，缺乏有效的监督和审批机制，这导致了潜在的跨期调整风险。

### 二、案例具体情况

在最近一次内部审计中，审计人员发现以下异常数据：

季度末突击确认的收入占当季总收入的 25%；

有多笔大额收入在合同约定的交付日期前被提前确认；

收入确认的相关文档缺失或不完整的情况占 30%；

在对财务人员的访谈中发现，有超过 65% 的员工表示对收入确认的具体流程和标准不清楚。

### 三、分析过程

1. 收入确认流程不规范

B 公司的收入确认流程缺乏明确的标准和操作步骤。财务人员在确认收入时，往往依据个人理解或上级的口头指示，这导致了收入确认的随意性和不一致性。例如，季度末突击确认收入的做法，很可能是为了迎合市场预期或达成季度业绩目标，而忽视了会计准则中关于收入确认的时点和条件的要求。这种不规范的流程给收入确认跨期调整提供了操作空间。

2. 缺乏有效的监督和审批机制

B公司在收入确认环节缺乏独立的监督和审批机制。通常，收入确认应该经过严格的审核程序，以确保每一笔收入的合法性和准确性。然而，在B公司，这一环节往往被简化或忽略。大额收入被提前确认，且相关文档缺失或不完整，这表明监督和审批机制的缺失导致了不合规操作的发生。没有有效的监督和审批机制，财务人员可能受到业绩压力的压迫或个人利益的驱使，进行不恰当的收入确认。

3. 内部控制失效

内部控制是防范财务风险的重要工具。然而，在B公司，内部控制显然未能发挥其应有的作用。财务人员对收入确认流程和标准的不清楚，反映了公司内部培训和指导的不足。更重要的是，这种不清楚也可能被有意利用，以进行收入确认跨期调整等违规操作。内部控制的失效不仅可能导致财务报表的失真，还可能引发更广泛的管理问题和风险。

**四、案例影响**

（1）不规范的收入确认流程和缺乏监督、审批机制导致财务报表的可信度下降。投资者和其他利益相关者可能难以相信公司的财务数据，从而影响公司的市场声誉和股价表现。

（2）公司可能面临证券监管机构的调查和处罚，以及投资者和股东的诉讼。这些法律纠纷可能会消耗公司大量的资源和时间，甚至可能导致公司业务的停滞或倒退。

（3）为了解决收入确认流程中的问题，公司需要加强内部控制体系的建设和完善。这可能需要投入大量的人力、物力和财力资源，包括引进专业的财务管理人员、建立独立的内部审计部门、完善相关制度和流程等。这些措施将增加公司的管理成本。

（4）基于不准确的财务数据做出的业务决策可能导致公司资源的浪费和市场机会的错失。这种决策失误风险对公司的长期发展具有潜在的负面影响。

**五、结论**

综上所述，本案例揭示了收入确认流程不规范和缺乏有效监督、审批机制对B公司带来的严重后果。为了解决这些问题，公司需要从根本上加强内部控制体系的建设、完善收入确认流程、建立独立的监督和审批机制，并确保财务数据的真实性和准确性。同时，管理层也需要提高对财务风险的认识和防范意识，以确保公司的稳健运营和持续发展。

## 专题七：特殊交易事项是否按照准则进行会计处理

### 业务简介

**一、概念**

特殊交易事项，在会计和财务领域中，通常指的是那些不同于常规交易的、具有特定性质或需要特别处理的交易事项。这些事项可能涉及复杂的会计处理，或需要依据特定的会计准则和规定进行记录和披露。特殊交易事项包括但不限于企业合并、分立、资产重组、债务重组、非货币性资产交换、租赁、股份支付等。

在企业运营过程中，特殊交易事项可能不常发生，但一旦发生，对企业的财务状况、经营成果和现金流量可能会产生重大影响。因此，对特殊交易事项的准确处理和恰当披露，对保证财务信息的质量至关重要。

**二、基本规定**

对于特殊交易事项的会计处理，通常需要遵循以下基本规定。

遵循相关会计准则：企业应按照适用的会计准则，如《企业会计准则》等，对特殊交易事项进行会计处理。这些准则通常提供了具体的处理方法和披露要求。

确保交易实质重于形式：在处理特殊交易事项时，企业应关注交易的实质而非仅仅其法律形式。这意味着，即使交易在形式上符合某种标准，但如果其实质与形式不符，会计处理也应反映其实质。

谨慎性原则：对于涉及不确定性的特殊交易事项，企业应遵循谨慎性原则，不高估收益，不低估费用和损失。

完整性和准确性：企业应确保所有特殊交易事项都得到完整、准确的记录和披露，以使外部信息使用者能够全面了解企业的财务状况和经营成果。

持续披露：对于某些特殊交易事项，如企业合并或资产重组，可能需要在一段时间内进行持续披露，以反映交易的进展和结果。

**三、经常出现的违规问题**

特殊交易事项的会计处理在企业财务报告中占据着举足轻重的地位。然而，在实际操作中，由于种种原因，企业可能会在处理这些特殊交易事项时出现违规行为。

会计准则执行不力：企业未能严格按照相关会计准则对特殊交易事项进行会计处理。这可能是企业对准则理解不足、故意规避准则要求或内部控制失效等原因导致的。这种违规问题会导致财务信息失真，影响投资者和利益相关者的决策。

信息披露不充分：企业在处理特殊交易事项时，可能未对相关信息进行充分披露。这包括隐瞒重要信息、披露不及时或披露内容模糊不清等情况。这种违规问题会削弱财务信息的透明度和可比性，损害投资者的知情权。

财务操纵与欺诈：企业可能利用特殊交易事项进行财务操纵，以达到粉饰财务报表、误导投资者的目的，主要手段包括虚构交易、夸大收入或利润、隐藏负债等。这种违规问题严重损害了财务信息的真实性和公信力。

**四、违规表现**

本部分重点分析销售回购协议、合同调整及返利、折扣政策等方面的违规表现。

1. 操作销售回购协议

销售回购是一种常见的特殊交易事项，但在实际操作中，企业可能通过以下方式进行违规处理。

虚假销售：企业通过与关联方或其他合作方签订虚假的销售回购协议，虚增销售收入和利润。这种违规表现通常涉及伪造销售合同、发货单等文件，以掩盖真实的交易情况。

操纵回购价格：企业在销售回购协议中设定不合理的回购价格，以调节利润水平。例如，故意低估回购价格以降低未来期间的成本，或高估回购价格以增加未来期间的利润。

操纵回购时点：企业可能通过控制销售回购协议的执行时点来影响财务报表的呈现。如提前或推迟回购时间，以达到平滑利润波动、满足业绩考核等目的。

2. 合同调整及返利违规

在合同执行过程中，企业可能通过调整合同条款或利用返利政策进行违规操作。

合同条款变更未披露：企业与供应商或客户私下协商变更合同条款，如价格调整、交货期更改等，但未在财务报表中进行相应披露。这种违规表现会导致财务信息不真实、不完整。

虚构返利：企业可能伪造或夸大与供应商之间的返利协议，以虚增利润或降低成本。这种违规表现通常涉及伪造返利合同、虚假发票等文件。

操纵销售返利计入时点：企业可能通过控制销售返利的计入时点来调节利润。例如，将本应计入当期的销售返利推迟至下期确认，以提高当期利润水平。

3. 滥用折扣政策

提供折扣政策是企业促销的一种常见手段，但在会计处理中也可能存在以下违规行为。

虚假折扣：企业可能虚构或夸大折扣政策的效果，以虚增销售收入和利润。例如，通过伪造销售记录、发货单等文件来掩盖真实的折扣情况。

折扣计入方式违规：企业在处理折扣时可能采用不恰当的计入方式，如将折扣直接冲减销售收入而非作为销售费用处理。这种违规表现会导致销售收入和费用的错配，影响财务信息的准确性。

利用折扣政策进行财务操纵：企业可能通过调整折扣政策来操纵财务报表。例如，在年末突击给予大额折扣以提高销售收入和利润，达到业绩考核目标。

## 法律法规

1.《企业会计准则》

关于长期股权投资，《企业会计准则第 2 号——长期股权投资》规定了在丧失控制权后，如果仍然对被投资单位具有共同控制或重大影响，需要进行追溯调整，将其从成本法改为权益法核算。

关于销售回购，《企业会计准则第 14 号——收入》第三十八条规定了企业如何区分两种情形分别进行会计处理，具体为：若回购价格低于原售价，应视为租赁交易；若回购价格不低于原售价，则视为融资交易。

在处理可变对价（如现金折扣、返利等）时，《企业会计准则第 14 号——收入》第十六条要求企业按照期望值或最可能发生金额确定可变对价的最佳估计数。

2. 税务相关法规

《国家税务总局关于确认企业所得税收入若干问题的通知》（国税函〔2008〕875 号）对销售回购的税务处理进行了规定。其中指出，采用售后回购方式销售商品的，销售的商品按售价确认收入，回购的商品作为购进商品处理。

对于现金折扣的税务处理，虽然增值税方面没有明确规定，但企业所得税方面应遵循权责发生制原则和实质重于形式原则。

3. 其他相关法规及指引

《监管规则适用指引——会计类第 2 号》对实物返利和现金返利的会计处理提供了指导，强调了基于返利形式和合同条款的约定来进行会计处理。

这些法律法规和指引为部分特殊交易事项的会计处理提供了明确的框架和规范，确保了企业财务报告的准确性和透明度。

## 合规程序与方法

注册会计师在执行财务报表审计时，对特殊交易事项的会计处理是一个审查重点。特殊交易事项，如销售回购、合同调整及返利、折扣等，由于具有复杂性和多样性，往往增加了财务报表的错报风险。因此，注册会计师需要采取一系列合规程序与方法，以确保这些交易事项已按照相关会计准则进行了恰当处理。以下从六个方面详细阐述这些合规程序与方法。

**一、了解被审计单位及其环境**

在审计计划阶段，注册会计师应首先了解被审计单位的业务性质、经营环境和特殊交易事项的具体情况。这包括但不限于以下方面。

了解被审计单位所处行业的市场状况、竞争态势及行业惯例。

询问管理层及相关人员，获取关于特殊交易事项的详细信息，如销售回购协议的具体条款、合同调整的背景及原因、返利和折扣政策的制定与执行情况等。

查阅相关的内部控制文件，评估被审计单位对特殊交易事项的内部控制是否健全且得到有效执行。

通过这一步骤，注册会计师可以对被审计单位的特殊交易事项形成一个初步的认识，为后续审计工作奠定基础。

**二、识别和评估重大错报风险**

在了解被审计单位及其环境的基础上，注册会计师应进一步识别和评估与特殊交易事项相关的重大错报风险。这包括以下方面。

分析特殊交易事项的会计处理是否符合相关会计准则的要求，是否存在通过特殊交易事项进行盈余管理或财务舞弊的风险。

考虑特殊交易事项对被审计单位财务状况、经营成果和现金流量的影响，以及是否存在未披露的承诺或或有事项。

评估管理层对特殊交易事项的估计和判断是否合理，是否存在偏向或误导性陈述。

通过这一步骤，注册会计师可以确定特殊交易事项审计的重点和范围，以及需要实施的进一步审计程序。

**三、设计并执行审计程序**

针对识别出的重大错报风险，注册会计师应设计并执行相应的审计程序，以获取充分、适当的审计证据。具体程序包括以下方面。

检查文件记录：审阅销售回购协议、合同调整文件、返利和折扣政策的相关书面记录，验证其真实性和完整性。

询问与观察：向相关人员询问特殊交易事项的具体操作过程，观察被审计单位实际的业务操作是否符合相关文件和政策的描述。

重新计算：对特殊交易事项的会计数据进行重新计算，验证其准确性。例如，核算销售回购协议中的回购价格、合同调整涉及的金额变动等。

分析性程序：运用财务数据之间的内在联系，对特殊交易事项的会计处理进行合理性分析。如分析销售回购协议对企业财务状况的影响是否与行业趋势相符。

**四、测试内部控制的有效性**

对于特殊交易事项的内部控制，注册会计师应通过测试其设计和执行的有效性，来评估内部控制是否能够防止、发现并纠正重大错报。测试方法包括以下方面。

穿行测试：选择一笔或几笔特殊交易事项，从头到尾检查其整个处理流程，以验证内部控制是否得到有效执行。

控制测试：针对关键控制点（如授权审批、职责分离等）选取样本进行测试，以评估这些控制是否能够有效防止错误或舞弊的发生。

**五、评价审计证据并形成审计结论**

在完成上述审计程序后，注册会计师应综合评价所获取的审计证据，以形成对特殊交易事项会计处理的审计结论。这包括以下方面。

证据充分性评估：判断所获取的审计证据是否充分、适当，能否支持对特殊交易事项会计处理的结论。

结论形成：基于审计证据，形成关于特殊交易事项会计处理是否符合相关会计准则要求的审计结论。

**六、报告与沟通**

注册会计师应通过审计报告和与管理层的沟通，将审计发现及建议传达给相关方。具体包括以下方面。

编写审计报告：在审计报告中明确说明对特殊交易事项会计处理的审计意见，指出存在的问题并提出改进建议。

与管理层沟通：就审计发现及建议与管理层进行深入沟通，确保其理解并接受审计意见，并推动相关问题的整改落实。

综上所述，注册会计师对特殊交易事项会计处理的合规审查是一个系统而复杂的过程。通过上述六个方面的合规程序与方法，注册会计师可以确保特殊交易事项的会计处理符合相关会计准则的要求，从而提高财务报表的准确性和可信度。

## 案例分析 1：操作销售回购协议

### 一、背景

XX 公司是一家知名的电子产品销售公司，近年来面临着市场竞争加剧和利润空间压缩的双重压力。为了提升业绩和稳定股价，公司管理层决定采用一些“创新”的营销策略，其中之一就是通过操作销售回购协议来虚增收入和利润。这种做法在短期内确实提升了公司的财务数据，但长期来看为公司带来了巨大的财务风险和法律隐患。

### 二、案例具体情况

XX 公司与关联方 YY 公司签订了一份销售回购协议。根据协议，XX 公司以高于市场价的价格向 YY 公司销售了一批电子产品，并约定在未来某个时点以原价加一定利息的方式回购这批产品。具体数据如下。

销售价格：高于市场价 20%，总计销售金额为 1 亿元。

回购价格：原价加上 8% 原价的年利息，总计回购金额为 1.08 亿元。

销售时点：2020 年第一季度。

回购时点：2020 年第四季度。

通过这份协议，XX 公司在 2020 年第一季度实现了 1 亿元的销售收入，并在当年度的财务报表中体现了这一收入。然而，这笔交易并没有真实的商业实质，而是管理层为了提升业绩而进行的财务操纵。

### 三、分析过程

1. 价格角度的分析

销售价格高于市场价 20%，这一明显偏离市场价格的交易引起了审计人员的注意。在市场竞争激烈、产品同质化严重的电子产品行业，以如此高的价格销售产品显然不符合常理。进一步调查发现，YY 公司作为关联方，实际上并不是独立的法人，而是受 XX 公司控制，因此这笔交易的价格并非由市场竞争决定，而是由 XX 公司管理层主观设定。

2. 时点角度的分析

销售回购协议中的销售时点和回购时点也存在明显的人为操作痕迹。XX 公司选择在第一季度进行销售，并在当年度的财务报表中体现这一收入增长，显然是为了提升半年度财务报告的业绩数据。而将回购时点设定在第四季度，则是为了掩盖这一财务操纵行为，因为到那个时候，市场的关注点已经转移到了下一年的业绩预期上。

3. 会计准则与法规的遵循性分析

根据《企业会计准则》的相关规定，针对销售回购应当按照其经济实质进行会计处理。如果交易的经济实质是融资行为而非销售行为，则不应确认为销售收入。在本案例中，XX 公司通过操作销售价格和时点来虚增销售收入和利润，显然违反了会计准则的要求。此外，这种行为还可能构成财务造假和欺诈行为，触犯相关的法律法规。

4. 内部控制与风险管理的分析

从内部控制的角度来看，XX 公司签订这一销售回购协议显然绕过了正常的审批流程和风险控制机制。管理层凌驾于内部控制之上，利用关联方交易进行财务操纵。这表明公司的内部控制体系存在严重缺陷，无法有效防范和发现管理层的舞弊行为。

### 四、案例影响

（1）通过操作销售回购协议，XX 公司短期内实现了销售收入和利润的增长。然而，这种增长并不具有可持续性，且会给公司带来长期的财务风险。一旦销售回购协议到期无法履行，将导致公司财务状况急剧恶化，甚至引发连锁反应导致公司破产。

（2）当市场得知XX公司存在财务操纵行为时，投资者信心将受到严重打击。股价可能大幅下跌，市值蒸发严重。此外，公司的声誉和品牌形象也将受到严重损害，公司未来在市场竞争中可能处于不利地位。

（3）XX公司的财务操纵行为触犯相关的法律法规。公司将面临巨额的罚款和赔偿责任。同时，管理层和相关责任人员也可能被追究刑事责任。

**五、结论**

综上所述，本案例揭示了XX公司通过操作销售回购协议进行财务操纵的违规行为。这种行为虽然短期内提升了公司的财务数据，但长期来看给公司带来了巨大的财务风险和法律隐患。因此，公司应严格遵守会计准则和法律法规的要求，加强内部控制和风险管理，确保财务报告的真实性和准确性。

## 案例分析2：合同调整及返利违规

**一、背景**

某上市公司（以下称“A公司”）是一家知名的家电制造企业，近年来面临市场竞争加剧的情况。为了稳定销售渠道和提升销售量，A公司与其主要经销商B公司签订了一份长期销售合同，并约定根据销售情况给予一定的返利。然而，在实际操作过程中，A公司涉嫌合同调整和返利违规，引发了监管机构的关注和调查。

**二、案例具体情况**

1. 合同条款变更情况

原合同：A公司与B公司签订的原销售合同约定，年度销售额达到1亿元时，B公司将获得5%的返利。

合同变更：在未公开披露的情况下，双方私下将年度销售额目标降低至8 000万元，同时将返利比例提升至7%。

2. 虚构返利情况

实际销售额：根据A公司内部数据，B公司实际年度销售额为7 500万元，未达到变更后的8 000万元目标。

虚构数据：为了让B公司获得返利，A公司虚构了B公司的销售额，将其提升至8 200万元。

3. 返利计入时点操纵情况

正常流程：返利应在年度结束后，根据实际销售额进行核算并发放。

操纵行为：A公司在年度中期就提前确认了返利，并将其计入当期费用，从而影响了财务报表的准确性。

**三、分析过程**

1. 合同条款变更未披露的分析

根据相关法律法规的要求，上市公司对重要合同的变更应当及时进行公开披露，以便投资者做出理性投资决策。然而，在本案例中，A公司私下与B公司修改了销售合同的关键条款，包括年度销售额目标和返利比例，却未对此进行公开披露。这种行为涉嫌信息披露违规，剥夺了投资者的知情权，可能导致投资者做出错误的投资决策。

2. 虚构返利的分析

虚构返利是一种严重的财务造假行为。在本案例中，A公司为了让B公司获得返利，不惜虚构销售额数据。这种行为不仅违反了会计准则的真实性原则，也损害了公司的诚信形象。虚构返利会导致公司财务报表失真，影响投资者对公司真实财务状况的判断。

3. 操纵返利计入时点的分析

返利的核算和发放应遵循严格的会计流程和时点要求。然而，A公司在年度中期就提前确认了返利，并将其计入当期费用。这种操纵行为显然违反了会计准则的规定，导致公司财务报表不能真实反映当期的经营成果和财务状况。提前确认返利可能是为了平滑业绩波动或达到某种财务目标，但无论出于何种目的，这种行为都是不合规的。

4. 内部控制与风险管理的分析

从本案例可以看出，A公司的内部控制体系存在严重缺陷。首先，合同条款的变更未经过适当的审批程序，表明公司的合同管理制度形同虚设。其次，虚构返利和提前确认返利的行为能够发生，说明公司的财务核算流程和内部审计机制未能发挥应有的作用。这些内部控制的失效为公司带来了巨大的财务风险和法律隐患。

5. 法律法规与会计准则的遵循性分析

A公司的上述违规行为显然违反了相关的法律法规和会计准则。未披露合同变更信息违反了信息披露的相关规定；虚构返利和提前确认返利则违反了会计准则的真实性原则和权责发生制原则。这些违规行为不仅可能导致公司面临监管机构的处罚，还可能引发投资者诉讼和法律纠纷。

### 四、案例影响

（1）由于虚构返利和提前确认返利的行为，A公司的财务报表失真，无法真实反映公司的财务状况和经营成果。这可能导致投资者对公司的盈利能力产生误判，进而影响公司的股价和市场表现，同时可能导致公司面临巨额的财务调整和利润下滑。

（2）当市场得知A公司存在合同调整和返利违规行为时，投资者信心将受到严重打击，股价可能出现大幅波动甚至暴跌，市值大幅蒸发。此外，公司的声誉和品牌形象也将受到严重损害，公司未来在市场竞争和融资渠道上可能面临更多困难。

（3）A公司的违规行为触犯相关的法律法规。公司将面临巨额的罚款和赔偿责任。同时，管理层和相关责任人员也可能面临法律追究和承担刑事责任。此外，公司还可能面临投资者的集体诉讼和民事赔偿要求。

### 五、结论

综上所述，本案例揭示了A公司在合同调整和返利处理方面存在的严重违规行为。这些行为不仅违反了相关的法律法规，也给公司带来了巨大的财务风险和法律隐患。因此，公司应严格遵守法律法规和会计准则的要求，加强内部控制和风险管理，确保财务报告的真实性和准确性。同时，监管机构也应加大对上市公司违规行为的查处力度，维护市场的公平与正义。

## 案例分析3：滥用折扣政策

### 一、背景

C公司是一家知名的电商平台，近年来为了提升销售额，推出了一系列折扣促销活动。然而，在实际操作过程中，公司管理层涉嫌滥用折扣政策，通过虚假折扣、违规处理折扣以及利用折扣政策进行财务操纵等手段，来达到粉饰财务报表和提升业绩的目的。这一行为最终引起了监管机构的注意，并展开了相关调查。

### 二、案例具体情况

1. 虚假折扣情况

原价虚高：某款电子产品原价为3 000元，实际市场价仅为2 500元。

虚假折扣：在促销活动中，该产品打9折销售，但由于原价虚高，计算折扣后的价格仍高于实际市场价。

2. 折扣处理方式违规

违规操作：C公司在销售时，将部分折扣直接冲减收入，而非作为销售费用处理。

数据差异：某月销售额为 1 000 万元，其中折扣额达到 200 万元，但财务报表中仅体现 800 万元的销售收入，未将折扣额作为费用列示。

3. 利用折扣政策进行财务操纵

操纵收入：在年末为了达成销售目标，C 公司增大折扣力度，短期内刺激销售额增长。

财务数据异常：12 月销售额激增，达到全年销售额的 30%，而正常月的销售额的占比仅为 8% 左右。

## 三、分析过程

1. 虚假折扣分析

C 公司通过抬高原价并给予虚假折扣的方式，误导消费者认为获得了较大的优惠。然而，实际上消费者支付的价格仍高于实际市场价。这种行为不仅损害了消费者的利益，也破坏了市场的公平竞争环境。从会计处理的角度来看，抬高原价和虚假折扣可能导致销售收入和销售成本的虚增，进而影响财务报表的真实性。

2. 折扣处理方式违规分析

根据会计准则，销售折扣应当作为销售费用进行处理，而不应直接冲减销售收入。C 公司将部分折扣直接冲减收入的做法，显然违反了会计准则的规定。这种处理方式会导致销售收入和销售费用的低估，从而影响财务报表的准确性和可比性。此外，这种做法还可能会掩盖公司真实的销售费用水平，使得投资者和债权人难以准确评估公司的盈利能力和经营效率。

3. 利用折扣政策进行财务操纵分析

C 公司在年末增大折扣力度以刺激销售额增长的做法，带有财务操纵的嫌疑。通过这种手段，公司可以在短期内提升销售额和利润水平，从而达到粉饰财务报表的目的。然而，这种做法并不具有可持续性，且可能损害公司的长期利益。一旦折扣政策结束或力度减小，销售额和利润水平可能出现大幅下滑。此外，这种操纵行为还可能误导投资者和债权人做出错误的决策。

4. 内部控制与风险管理分析

从本案例可以看出，C 公司的内部控制体系存在严重缺陷。虚假折扣、折扣处理方式违规以及利用折扣政策进行财务操纵等行为的发生，表明公司的销售管理和财务核算流程存在漏洞。这些漏洞可能为公司内部人员提供了舞弊的机会。因此，加强内部控制和风险管理对防范类似违规行为至关重要。

5. 法律法规与会计准则遵循性分析

C 公司的上述违规行为显然违反了相关的法律法规。虚假折扣可能构成欺诈行为；折扣处理方式违规则违反了会计准则的规定；利用折扣政策进行财务操纵则可能触犯证券法等相关法律法规。这些违规行为不仅可能导致公司面临监管机构的处罚和投资者的诉讼风险，还可能损害公司的声誉和长期发展。

## 四、案例影响

（1）滥用折扣政策导致 C 公司的财务报表失真，无法真实反映公司的财务状况和经营成果。投资者和债权人可能因此做出错误的投资决策，进而损害自身利益。同时，公司可能面临财务重述和利润调整。

（2）当市场得知 C 公司存在滥用折扣政策的违规行为时，投资者信心将受到打击，股价可能出现大幅波动甚至下跌，市值蒸发。此外，公司的声誉和品牌形象也将受损，公司未来在市场竞争中可能处于不利地位。

（3）C 公司的违规行为触犯相关的法律法规，公司将面临罚款、赔偿责任以及可能的刑事责任，管理层和相关责任人员也可能被追究法律责任。

## 五、结论

综上所述，本案例揭示了 C 公司在折扣政策执行过程中存在的严重违规行为及其后果。这些行为不仅损害了消费者和投资者的利益，也破坏了市场的公平竞争环境。因此，公司应严格遵守法律法规的要求，加强内部控制和风险管理，确保财务报告的真实性和准确性。同时，监管机构也应加大对滥用折扣政策等违规行为的查处力度，以维护市场的公平与正义。

## 专题八：现金流量的变化及控制是否对收入核算产生不利影响

### 业务简介

**一、概念**

现金流量是指企业在一定会计期间按照现金收付实现制，通过一定经济活动（包括经营活动、投资活动、筹资活动和非经常性项目）而产生的现金流入、现金流出及其总量情况的总称。它是评估企业流动性、偿债能力和整体财务状况的重要指标。收入核算则是指企业根据会计准则和会计制度，对经营活动产生的收入进行确认、计量和记录的过程。

在企业的日常运营中，现金流量的变化与控制对收入核算有着直接且深远的影响。现金流量的稳定性、充足性以及管理的有效性，都会直接关系到企业收入的准确核算和业务的持续发展。

**二、基本规定**

现金流量管理原则：企业应确保现金流量的充足性，以维持正常运营，并应对可能出现的风险。同时，现金流量管理应遵循合规性、效率性和安全性的原则。

现金流量的分类：现金流量通常分为经营活动现金流量、投资活动现金流量和筹资活动现金流量。每类现金流量都反映了企业不同类型活动的资金流动情况。

现金流量表的编制：企业应定期编制现金流量表，以反映企业在一定时期内的现金流入和流出情况。这有助于企业分析现金流量的变化趋势，为决策提供依据。

**三、经常出现的违规问题**

1. 虚构或操纵现金流量

企业可能通过虚构交易来增加现金流入，从而夸大经营成果；通过提前或延迟确认收入，来调整现金流量的时间分布，以满足特定的财务目标或期望。

2. 隐瞒或误导性披露

企业可能故意隐瞒不利的现金流量信息，如大额的现金流出或不良的现金流入情况。

披露具有误导性的信息，将不利现金流量粉饰为有利的现金流量，或者将特定活动的现金流量归类到其他活动中，以混淆视听。

3. 内部控制失效

由于缺乏有效的内部控制机制，导致现金流量的记录、核算和报告过程中出现错误或舞弊行为。员工可能滥用职权，挪用公款或进行其他不正当的财务操作，严重影响现金流量的真实性和准确性。

**四、违规表现**

1. 虚构或操纵现金流量

财务报表中，现金流量的异常增加与公司的实际经营状况和市场规模不匹配。例如，某季度的现金流入激增，但同期并没有出现足以支撑这种增长的市场扩张或显著的业绩提升。这种异常现象让人不得不怀疑其中是否存在人为的夸大或虚构。

更深入地分析，收入确认的时点与实际交易发生的时点存在显著的差异。这种差异可能并非偶然，而是有意为之，目的在于调整现金流量的时间分布。通过这种方式，公司可能在某些时期呈现出更为健康的现金流状况，从而误导投资者和分析师对公司的真实财务状况的判断。

2. 隐瞒或误导性披露

公司未对某些不利的现金流量情况进行充分和透明的披露。例如，大额的应收账款和存货的资金占用等关键信息未充分披露或甚至被完全忽略。这种隐瞒对投资者来说是极其不公平的，因为它扭曲了公司的真实财务状况。

更值得注意的是，为了美化经营现金流的表现，公司可能故意将本应归类为经营活动的现金流出归类为投资或筹资活动的现金流出。这种做法掩盖了真实的经营情况。这不仅误导了投资者，也损害了市场的公平性和透明度。

3. 现金流量内部控制失效

公司的现金流量表中存在一些明显的记录错误和核算不准确的情况。这些基础性的错误可能反映出公司的财务管理水平低和专业性不足。更为严重的是，公司存在未经授权的资金转移或支出，这直接暴露了公司内部控制机制的严重缺陷。

这种内部控制的失效，不仅可能导致公司资源的浪费，更重要的是，它极大地增加了公司的财务风险。在没有有效内部控制的情况下，很难保证公司的财务报表的真实性和准确性，这无疑给投资者带来了巨大的潜在风险。因此，加强内部控制，确保财务报告的准确性和透明度，是公司应重视的。

## 法律法规

在探讨现金流量的变化及控制是否对收入核算产生不利影响时，主要依据的是企业会计准则和相关财务管理规定。以下是相关法律法规。

《企业会计准则第 31 号——现金流量表》相关规定如下。

第一条：为了规范现金流量表的编制和列报，根据《企业会计准则——基本准则》，制定本准则。

第二条：现金流量表，是指反映企业在一定会计期间现金和现金等价物流入和流出的报表。这提供了分析和控制现金流量的基础框架。

关于收入确认的法规，主要参考的是以下规定。

《企业会计准则第 14 号——收入》：该准则规范了企业销售商品、提供劳务等取得的收入的确认和计量，对现金流量的变化及其对收入核算的影响提供了指导。

在现金流量管理方面，虽然具体的法规条款可能不直接涉及，但以下法规提供了相关指导和规范。

《会计法》：要求企业建立健全内部会计控制制度，确保会计信息的真实性和完整性，这对现金流量管理提出了基本要求。

《企业内部控制基本规范》：要求企业建立和实施内部控制，包括对资金活动的控制，以确保资金安全和提高资金使用效率。

请注意，由于法规众多且不断更新，在实际应用中，应结合最新的法规和具体业务场景进行综合考虑。

另外，虽然具体的法规条款没有直接阐述现金流量变化及控制对收入核算的具体影响，但这些法规共同构建了一个规范企业财务报告和内部控制的法律框架。在这个框架内，企业需要合理管理现金流量，以确保收入核算的准确性和公正性。现金流量的控制措施，如加速收款、延缓付款等，都会直接或间接地影响企业的收入核算。因此，在遵守相关法律法规的前提下，企业应结合实际情况制定合理的现金流量管理策略。

## 合规程序与方法

注册会计师对现金流量的变化及控制是否对收入核算产生不利影响进行风险审查，是一个复杂而细致的过程。以下从六个方面详细阐述这一风险审查的合规程序与方法。

**一、了解被审计单位及其环境**

注册会计师首先需要对被审计单位进行全面的了解，这包括但不限于其业务模式、经营策略、市场竞争环境以及行业特点等。通过深入了解被审计单位的整体情况，注册会计师能够更准确地评估现金流量变化及内部控制对收入核算可能产生的影响。例如，若被审计单位处于高度竞争的市场环境中，其可能会通过调整现金流量策略来应对市场竞争，这可能对收入核算产生影响。

**二、评估现金流量内部控制的有效性**

内部控制是防止、发现并纠正错误和舞弊行为的第一道防线。注册会计师需要评估被审计单位现金流量内部控制的设计和执行情况，包括但不限于现金流入流出的审批流程、记录与核算的准确性以及资金的安全性等。通过测试内部控制的有效性，注册会计师可以判断现金流量管理是否存在重大缺陷，进而评估其对收入核算的潜在影响。

**三、分析现金流量与收入核算的关联性**

注册会计师需要通过分析被审计单位的现金流量数据与收入核算数据之间的关联性，来识别可能存在的异常或不一致情况。例如，注册会计师可以对比现金流入与销售收入的变动趋势，以判断两者是否匹配。若存在显著的不匹配情况，则可能表明收入核算存在问题。

**四、执行详细的实质性测试**

除了评估内部控制和分析关联性外，注册会计师还需要执行详细的实质性测试来验证现金流量和收入核算的准确性。这包括但不限于对大额现金流入流出的详细审查、对销售收入确认时点的合理性测试以及对收款和付款记录的核对等。通过实质性测试，注册会计师可以进一步确保现金流量和收入核算的真实性和准确性。

**五、关注期后事项和或有事项**

期后事项和或有事项可能对现金流量和收入核算产生重大影响。因此，注册会计师需要关注被审计单位在审计期间结束后的重大事项，如销售退回、债务重组等，并评估这些事项对现金流量和收入核算的影响。同时，对于或有事项，注册会计师也需要进行合理的估计和判断。

**六、形成审计结论并出具审计报告**

在完成上述审查程序后，注册会计师需要根据所获得的信息和证据形成审计结论。若认为现金流量变化及控制对收入核算产生了不利影响，注册会计师应在审计报告中明确指出，并提出相应的改进建议。同时，对于发现的任何重大错误或舞弊行为，注册会计师也应立即向管理层和治理层报告。

综上所述，注册会计师对现金流量的变化及控制是否对收入核算产生不利影响进行风险审查是一个系统性、全面性的过程。它不仅要求注册会计师具备丰富的专业知识和实践经验，还要求其保持高度的职业怀疑态度和遵循谨慎性原则。通过严格执行上述六个方面的合规程序与方法，注册会计师可以有效地识别和评估现金流量变化及控制对收入核算的潜在影响，从而为投资者和其他利益相关者提供准确、可靠的财务信息。

## 案例分析 1：虚构或操纵现金流量

**一、背景**

某科技公司（以下称“A 公司”）近年来在行业内迅速崛起，其业绩表现抢眼，尤其是现金流量数据一直保持在较高的水平，这引起了市场和投资者的广泛关注。然而，随着公司业务的不断扩张，其现金流量的真实性逐渐受到怀疑。有分析师发现，A 公司的现金流量数据与其业务规模和发展速度似乎并不匹配，怀疑公司可能存在虚构或操纵现金流量的行为。

## 二、案例具体情况

A 公司近几年的财务报表和相关数据显示，A 公司近几年的现金流入持续高速增长，尤其是经营活动产生的现金流量净额，增长率远超同行业其他公司。然而，与此同时，公司的应收账款周转天数却在逐年增加，存货周转率也有所下降。

具体来说，A 公司 2020 年度的经营活动现金流量净额为 12 亿元，较上一年度增长了 5%。而应收账款周转天数从上一年的 90 天增加到了 120 天，存货周转次数从 65 次降为 40 次。这些数据表明，尽管公司的现金流量表现抢眼，但其收款和存货管理效率却在下降。

## 三、分析过程

1. 现金流量与业务规模不匹配

A 公司的现金流量增长与其业务规模的增长并不匹配。尽管公司声称其业务在不断扩大，但从应收账款和存货的数据来看，公司的运营效率并未随之提高。这种不匹配意味着公司存在虚构或操纵现金流量的可能。

2. 收款与存货管理效率下降

应收账款周转天数和存货周转率这两个指标通常能够反映出一个公司的运营效率和财务状况。A 公司这两个指标的恶化可能表明公司为了维持高现金流量的表象，采取了某些手段来加速现金流入，如提前确认收入或虚构销售收入等。

3. 内部控制可能存在缺陷

A 公司在内部控制方面可能存在缺陷。虚构或操纵现金流量通常需要绕过公司的内部控制系统，这可能意味着公司的内部控制制度并未得到有效执行。审查人员通过对比公司历年的内部控制报告和审计报告，发现了一些内部控制流程上的漏洞，这些漏洞可能为公司管理层提供了操纵现金流量的机会。

4. 与同行业公司对比

为了进一步验证，审查人员还需要对比 A 公司与同行业其他公司的现金流量数据。审查人员发现，尽管 A 公司的业务规模和市场份额在不断扩大，但其现金流量表现却远超过同行业其他公司。这种异常表现进一步加深了审查人员对 A 公司虚构或操纵现金流量的怀疑。

## 四、案例影响

1. 对投资者的影响

如果 A 公司确实存在虚构或操纵现金流量的行为，那么这将严重损害投资者的利益。投资者基于虚假的财务信息进行投资决策，很可能导致投资损失。此外，这种行为还可能破坏市场的公平性和透明度，降低投资者对市场的信心。

2. 对公司声誉的影响

A 公司虚构或操纵现金流量的行为将对公司的声誉造成严重损害。这不仅会影响公司的客户关系和业务合作，还可能导致公司面临法律诉讼和监管处罚。

3. 对市场监管的影响

虚构或操作现金流量对市场监管的影响是深远的，它不仅破坏了市场的信任和透明度，还增加了监管难度，扰乱了市场秩序，损害了投资者利益。

## 五、结论

综上所述，A 公司可能存在的虚构或操纵现金流量行为对投资者、公司自身以及市场监管会产生严重的影响。这起案例提醒我们，在投资决策过程中应更加关注公司的财务信息和内部控制情况，以确保投资的安全性和收益性。同时，也呼吁市场监管机构加大对公司财务报表的审核和监管力度，维护市场的公平性和透明度。

## 案例分析 2：隐瞒或误导性披露

### 一、背景

B 公司是一家在行业内具有一定影响力的上市公司，近年来，其业绩表现稳定，受到投资者的青睐。然而，有媒体爆出 B 公司在其财务报表中可能存在隐瞒或误导性披露现金流量的行为，这一消息引发了市场和监管机构的关注。

### 二、案例具体情况

据报道，B 公司在其 2020 年度的财务报告中，经营活动产生的现金流量净额为 30 亿元，同比增长 5%。然而，需要注意到，公司在报告中并未详细披露与现金流量相关的重大交易和事项，如大额的资金往来、关联方交易等。

数据显示，B 公司在该年度内与一家关联公司进行了多笔大额资金往来，涉及金额高达 50 亿元，但这些交易在财务报告中并未得到充分体现。同时，公司还通过某种复杂的金融衍生产品进行了资金运作，涉及金额约 40 亿元，同样未在报告中明确披露。

### 三、分析过程

1. 分析 B 公司隐瞒关联方交易的行为

B 公司未在其财务报告中充分披露与关联方的大额资金往来。关联方交易往往容易成为财务操纵的手段，因为这类交易通常不具有市场竞争性，价格可能不公允。B 公司隐瞒这些交易，可能是为了掩盖其真实的财务状况和经营成果，从而误导投资者。

通过深入分析，审查人员发现这些关联方交易的对方公司实际上是由 B 公司控股股东控制的企业。这些交易可能涉及资金的腾挪和利润的转移，以达到粉饰财务报表的目的。

2. 分析 B 公司误导性披露金融衍生产品交易的行为

B 公司通过复杂的金融衍生产品进行资金运作这一重要信息也未在财务报告中明确披露。金融衍生产品具有高杠杆、高风险的特点，一旦波动，可能对公司造成巨大损失。B 公司选择隐瞒这部分信息，可能是为了避免引起投资者的担忧和监管机构的关注。

然而，这种行为实际上增加了投资者的风险。投资者在不知情的情况下，可能无法准确评估公司的财务状况和风险水平，从而做出错误的投资决策。

3. 分析现金流量结构

在进一步分析 B 公司的现金流量结构时，审查人员发现其经营活动的现金流量净额虽然增长显著，但投资活动和筹资活动的现金流量呈现异常波动。这种不平衡的现金流量结构可能暗示着公司在资金运作方面存在问题。

结合之前发现的隐瞒和误导性披露行为，审查人员怀疑 B 公司可能通过操纵现金流量来美化其财务报表。这种行为不仅违反了会计准则和信息披露要求，也严重损害了投资者的利益。

4. 对比历史数据与同行业其他公司数据

为了更全面地评估 B 公司的财务状况，审查人员还对比了其历史数据和同行业其他公司的数据。通过对比，审查人员发现 B 公司的现金流量增长率远高于行业平均水平，且其现金流量结构与其他公司存在显著差异。这些异常表现进一步证实 B 公司存在隐瞒或误导性披露行为。

### 四、案例影响

1. 对投资者的影响

B 公司的隐瞒或误导性披露行为严重损害了投资者的利益。投资者在缺乏准确信息的情况下进行投资决策，很可能遭受重大损失。此外，这种行为还破坏了市场的公平性和透明度，降低了投资者对市场的信心。

2. 对公司声誉和信用的影响

B 公司的违规行为将对其声誉和信用造成严重损害。这不仅会影响公司的客户关系和业务合作，还可能导致公司面临法律诉讼和监管处罚。同时，公司的股价和市值也可能因此大幅下跌。

3. 对市场监管的影响

首先，这种行为严重损害了投资者对财务信息的信任，削弱了市场的透明度和公信力，导致市场参与者对企业的真实财务状况产生普遍怀疑。其次，隐瞒或误导性披露增加了监管机构的识别和调查难度，迫使监管机构投入更多资源和技术手段来应对日益隐蔽的财务舞弊行为。最后，这种行为扰乱了市场秩序，扭曲了资源配置，可能导致资本流向低效或高风险的企业，甚至引发市场波动，损害投资者利益。

### 五、结论

综上所述，B公司的隐瞒或误导性披露行为对投资者、公司自身以及市场监管都产生了严重的影响。这起案例提醒我们，在投资决策过程中应更加关注公司的信息披露质量和财务状况的真实性以确保投资的安全性和收益性；同时呼吁市场监管机构加强对公司财务报表和信息披露的审核与监管工作，以维护市场的公平、透明与规范发展。

## 案例分析3：现金流量内部控制失效

### 一、背景

C公司是一家中型制造企业，近年来在市场上有一定的竞争力。然而，随着企业规模的扩大，其现金流量的管理和内部控制逐渐暴露出问题。特别是近期，公司发现现金流量出现异常波动，怀疑与内部控制失效有关。因此，公司决定对现金流量内部控制进行全面审查。

### 二、案例具体情况

在审查过程中，C公司收集了过去一年的现金流量数据。数据显示，公司经营活动产生的现金流量波动较大，某些月份甚至出现大额的负值。同时，投资活动和筹资活动的现金流量也呈现出不稳定的态势。

具体来说，2020年1月至2020年12月，C公司经营活动产生的现金流量净额分别为：40万元、−20万元、80万元、−40万元、40万元、−60万元、70万元、−30万元、50万元和60万元。这种大幅度的波动明显异于往年，且无法用正常的经营波动来解释。

### 三、分析过程

1. 现金流量波动分析

审查人员对C公司现金流量的波动情况进行了分析。从数据中可以看出，经营活动产生的现金流量净额在短短一年内出现了多次大额的正负波动，这明显不符合一般企业的经营规律。这种异常波动可能意味着公司内部存在某些不为人知的问题，如资金挪用、虚假交易等。

2. 内部控制流程审查

审查人员对C公司的现金流量内部控制流程进行了详细审查。审查结果显示，公司的内部控制流程存在多处漏洞。例如，现金收支的审批流程不规范，缺乏必要的复核机制；财务人员的权限设置不合理，存在一人多职的情况；此外，公司未建立有效的内部监督机制，导致现金流量管理过程中的舞弊行为难以被及时发现和纠正。

3. 人员行为分析

在审查过程中，审查人员还发现部分财务人员存在违规行为。例如，某财务人员利用其掌握的资金管理权限，擅自将公司资金转入其个人账户，用于个人投资和消费。这种行为不仅违反了公司的规章制度，也严重损害了公司的利益；同时，也反映出公司内部控制严重失效。

4. 系统安全性评估

审查人员还对公司的财务系统进行了安全性评估。评估结果显示，系统的安全防护措施存在不足，容易受到外部攻击和内部篡改。这种安全隐患可能导致公司财务数据的泄露和被篡改，进而影响现金流量的准确性和完整性。

综上所述，C公司现金流量内部控制的失效主要表现在以下几个方面：现金流量异常波动、内部控制流程不规范、财务人员存在违规行为以及财务系统存在安全隐患。这些问题共同导致了公司现金流量管理的混乱和失控。

**四、案例影响**

（1）由于内部控制失效，C公司的现金流量管理陷入混乱，财务风险大幅增加。资金被挪用、虚假交易等行为可能导致公司面临巨大的经济损失。同时，不规范的内部控制流程也使得公司难以准确掌握自身的财务状况，无法做出合理的经营决策。

（2）内部控制失效不仅会影响公司的财务状况，还会损害公司的信誉。投资者和合作伙伴将对公司的经营能力和诚信度产生怀疑，进而影响公司的业务合作和市场份额。

（3）财务人员的违规行为触犯相关法律法规，导致公司面临法律诉讼和行政处罚。这不仅会给公司带来经济损失，还可能影响公司的正常运营和发展。

**五、改进方向**

针对以上问题，C公司需要立即采取措施加强内部控制。首先，应完善现金流量管理流程，建立严格的审批和复核机制；其次，加强财务人员培训和管理，明确岗位职责和权限；最后，加强财务系统的安全防护措施，确保财务数据的准确性和完整性。

总之，C公司现金流量内部控制的失效给公司带来了严重的财务风险、信誉损失和法律风险。为了保障公司的长期稳定发展，公司必须立即采取措施加强内部控制并持续改进。

## 专题九：完工百分比法下的收入确认是否有记录及依据

### 业务简介

**一、概念**

完工百分比法是一种根据已完成工作的百分比来确定应计收入的方法。它广泛应用于工程建设、项目管理和合同履行等领域，用于确认收入和计算业绩。其核心思想是关注工程或项目的完成程度，而非仅仅依据货物或服务的交付时间或收款时间来确定收入。这种方法能够更准确地反映企业的收入状况和业绩表现，为企业提供及时准确的财务信息，有助于管理层进行决策和监控。

**二、基本规定**

应用范围：完工百分比法主要应用于长期合同或项目，尤其是那些可以合理预测进度且已经部分完成的工程或项目。即使项目未完全完成，但只要已完成部分的工作量和相关成本可以合理估计，也可采用此法进行收入确认。

计算方法：其核心计算公式为“已完成工程量 ÷ 合同总工程量 × 合同总收入 = 已完成工程量对应的收入”。通过这一公式，企业可以精确地计算出基于项目完成度的应确认收入。

确认依据：收入确认的依据主要包括实际完成的工程量、合同总收入以及合同总工程量。这些数据需要被准确记录和持续更新，以确保收入确认的准确性。

会计记录：在应用完工百分比法时，企业需详细记录每个项目的完成情况、相关成本和收入数据。这些数据不仅用于计算当期的收入，还是未来项目进展和财务分析的基础。

**三、经常出现的违规问题**

尽管完工百分比法提供了精确的收入确认方式，但在实际应用中也可能出现以下违规问题。

收入确认缺乏充分依据：某些企业可能在没有充分证据支持项目完成度的情况下，就进行收入确认。这可能是因为项目管理不善，无法准确追踪和记录项目的实际进度。

完工进度确认不准确：进度的确认可能受到主观判断的影响，或者由于项目进度监控不严格而产生误差。这种不准确可能导致收入的过早或过晚确认。

收入成本不匹配：在确认收入的同时，相应的成本也应被合理确认和分配。如果收入和成本的确认不匹配，将导致财务报表的失真。

过分依赖外部审计：部分企业在确认完工进度时，可能过度依赖外部审计机构的意见，而忽略了自身的项目管理和财务监控责任。

**四、违规表现**

1. 虚报完工进度

为了美化财务报表，一些企业可能会采取故意虚报项目完工进度的手段。企业希望通过这种方式在账面上提前确认更多的收入，从而使企业的财务状况显得更加稳健。这种做法虽然短期内可能会让企业报表看起来更为亮眼，但长期来看，会损害企业的信誉和市场地位。

2. 成本和收入确认不匹配

在某些情况下，企业在确认某一项目的收入时，可能会忽视或延迟确认与该项目直接相关的成本。这种做法会导致账面上的利润虚高，给人一种企业经营状况良好的假象。但实际上，这种不匹配的收入和成本，很可能会掩盖企业真实的经营状况和风险。

同时，也有企业可能会故意将不直接相关的成本计入项目成本中。这样做的目的，通常是降低当期的报表利润，从而少缴税，或者实现其他特定的财务目标。然而，这种做法同样会扭曲企业的真实财务状况，对投资者和其他利益相关者造成误导。

3. 缺乏充分的支持文档

在确认完工百分比时，企业应提供充分的支持文档，如详细的工程进度报告、成本发票等，以证明收入确认的合理性和准确性。然而，在实际操作中，一些企业可能无法提供这些关键文档，导致收入确认的依据显得非常薄弱，这会影响企业内部的管理和决策。

当审计人员对企业进行审查时，如果发现企业无法提供完整、准确的项目进度和成本记录，他们很可能会对企业的财务管理能力和诚信度产生怀疑。这种质疑不仅会影响企业的声誉，还可能导致企业面临法律风险和行政处罚。

4. 完工百分比计算错误

完工百分比的计算需要精确和细致，任何计算错误或公式应用不当，都可能导致计算结果的不准确。这种不准确不仅会影响企业当期的财务报表，还可能对后续的项目管理和财务决策造成误导。

一些企业在计算完工百分比时，可能会忽视合同约定的方法或行业惯例，随意变更计算方法。这种做法虽然可能为企业带来短期的财务利益，但长期来看，会损害企业的信誉和合规性。

5. 未及时更新项目进度

保持项目进度的实时更新，对于确保完工百分比的准确性至关重要。然而，一些企业可能由于管理不善或沟通不畅，未能及时更新项目进度记录。这会导致完工百分比的确认明显滞后于实际工程进度，进而影响企业财务报表的准确性和时效性。

项目管理团队与财务部门之间的定期沟通至关重要。如果这两个部门之间缺乏有效的信息交流，就很可能导致财务记录与项目的实际情况严重脱节。这种脱节不仅会影响企业内部的管理效率，还可能给外部投资者和合作伙伴带来困惑和误解。

## 法律法规

在探讨完工百分比法下的收入确认是否有记录及依据时，主要依据的是《中华人民共和国企业所得税法实施条例》《企业会计准则第 15 号——建造合同》等相关法律法规。以下是这些法律法规中关于完工百分比法下收入确认的关键规定。

**《中华人民共和国企业所得税法实施条例》**

第九条规定："企业应纳税所得额的计算，以权责发生制为原则。"这一原则为完工百分比法的应用提供了税法上的基础，即收入的确认应当与权责的发生相匹配。

第二十三条第二款规定："从事建筑、安装、装配工程业务或者提供其他劳务等，持续时间超过 12 个月的，按照纳税年度内完工进度或者完成的工作量确认收入的实现。"这一规定明确指出了在长期项目中，应根据完工进度或完成的工作量来确认收入，与完工百分比法的核心理念相符。

综上所述，这些法律法规为利用完工百分比法确认收入提供了明确的依据。企业在应用完工百分比法时，需遵循这些规定，确保收入确认的准确性和合规性。同时，企业也应建立完善的内部控制体系，加强项目管理和财务记录工作，以确保完工百分比法的有效实施。

## 合规程序与方法

注册会计师对完工百分比法下的收入确认是否有记录及依据进行风险审查时，需要遵循一系列合规程序与方法。以下从六个方面详细阐述这些程序与方法。

**一、了解被审计单位及其环境**

注册会计师首先需要全面了解被审计单位的基本情况，包括其业务模式、业务流程、内部控制体系等。特别是针对采用完工百分比法确认收入的项目，要深入了解项目的性质、合同条款、成本预算及核算方法等。通过访问管理层、查阅相关资料等方式，注册会计师可以评估被审计单位对完工百分比法的应用是否适当，并识别出可能存在的风险点。

**二、评估内部控制体系**

内部控制体系的有效性对确保收入确认的准确性和合规性至关重要。注册会计师应当评估被审计单位与完工百分比法相关的内部控制设计是否合理，执行是否有效。这包括但不限于对项目进度监控、成本归集与核算、收入确认流程等方面的内部控制。通过穿行测试、控制测试等手段，注册会计师可以验证内部控制制度的实际执行情况，并发现可能存在的控制缺陷。

**三、检查合同条款及履行情况**

完工百分比法的应用与合同条款密切相关。注册会计师应当仔细检查与项目相关的合同条款，特别是关于收入确认、项目进度、成本承担等方面的约定。同时，还需要关注合同的履行情况，如项目的实际进度是否与合同条款相符、是否存在违约风险等。这些信息对评估完工百分比法下收入确认的准确性和合规性具有重要意义。

**四、验证完工百分比的准确性**

完工百分比是完工百分比法下收入确认的关键参数。注册会计师应当通过多种手段验证完工百分比的准确性，包括对比实际完成的工作量与预算工作量、检查项目进度报告和监理报告等。此外，注册会计师还可以利用专家的工作，如聘请工程造价专家对项目进度进行评估。这些措施有助于发现完工百分比计算过程中可能存在的错误或舞弊行为。

**五、审查成本归集与核算**

在完工百分比法下，成本的归集与核算直接影响到收入的确认。注册会计师应当审查被审计单位对成本的归集是否完整、准确，成本核算方法是否合规。特别是要关注成本的确认是否与项目进度相匹配，是否存在将不相关成本计入项目成本的情况。通过对比预算成本与实际成本、分析成本构成的合理性等手段，注册会计师可以评估成本归集与核算的准确性。

**六、执行分析性程序及函证程序**

分析性程序是注册会计师在审计过程中常用的一种有效手段。通过对比历史数据、行业数据以及预期数据等，注册会计师可以发现收入确认过程中可能存在的异常或波动。同时，函证程序也是验证收入确认真实性的重要方法。注册会计师应当向项目的客户或供应商发函确认项目的进度、已完成的工程量以及收款情况等关键信息。这些信息对验证完工百分比法下收入确认的准确性和合规性具有关键作用。

综上所述，注册会计师在对完工百分比法下的收入确认进行风险审查时，需要从多个方面入手，遵循严格的合规程序与方法。通过全面了解被审计单位及其环境、评估内部控制体系、检查合同条款及履行情况、验证完工百分比的准确性、审查成本归集与核算以及执行分析性程序及函证程序等措施，注册会计师可以确保收入确认的准确性和合规性，从而降低审计风险并保障投资者的利益。

## 案例分析 1：虚报完工进度

### 一、背景

XX 建筑公司是一家中型建筑施工企业，近年来在行业内有着不错的口碑。然而，随着市场竞争的加剧，公司为了维持良好的业绩表现，开始采取一些不当手段来美化财务报表。其中，虚报完工进度成为该公司提前确认收入的一种手段。

该公司在多个项目中，故意虚报完工进度，以此提前确认收入。这种做法在短期内确实提升了公司的财务表现，但也为公司带来了巨大的潜在风险。

### 二、案例具体情况

以 XX 建筑公司承接的“A 市商业中心”项目为例，该项目合同总金额为 1 亿元，预计工期为 24 个月。按照合同约定，公司将根据完工百分比法确认收入。

在项目进行到第 12 个月时，公司为了提升半年度财务报表的表现，故意将完工进度从实际的 40% 虚报为 60%。因此，公司在财务报表中提前确认了 2 000 万元的收入。

具体数据如下。

合同总金额：1 亿元。

实际完工进度：40%。

虚报的完工进度：60%。

提前确认的收入：2 000 万元。

### 三、分析过程

1. 虚报动机分析

XX 建筑公司之所以选择虚报完工进度，主要是出于美化财务报表的考虑。在建筑行业，公司的财务状况和业绩表现对获取新的项目、维持投资者信心以及提升公司市值都至关重要。因此，公司可能为了短期利益而选择采取这种违规行为。

2. 操作手法分析

公司通过修改项目进度报告、成本发票等支持文档，故意提高完工百分比。由于项目管理部门与财务部门之间存在信息不对称，这使得虚报行为得以实施。同时，公司可能还利用了会计准则的某些灵活性，如完工百分比的计算方法等，来进一步掩盖虚报行为。

3. 风险评估

虚报完工进度的行为虽然短期内提升了公司的财务表现，但长期来看为公司带来了巨大的风险。首先，这种行为可能损害公司的声誉和信誉，导致客户等合作伙伴对公司的信任度下降。其次，可能导致公司面临法律诉讼和巨额罚款。最后，虚报行为还可能导致公司内部管理混乱，影响项目的实际执行效率和质量。

4. 审计难点分析

对审计人员来说，发现公司虚报完工进度的行为并不容易。首先，审计人员需要深入了解项目的实际情况和进度，这通常需要耗费大量的时间和精力。其次，由于公司可能篡改了项目进度报告等支持文档，审计人员需要运用专业技能来识别这些篡改痕迹。最后，审计人员还需要对公司的内部控制体系进行全面评估，以确定是否存在虚报的风险。

**四、案例影响**

1. 对公司的影响

虚报完工进度的行为将对XX建筑公司产生严重的负面影响。首先，公司的财务状况和业绩表现将受到质疑，导致投资者和客户的信任度下降。其次，公司可能面临法律诉讼和巨额罚款，进一步损害其财务状况。最后，公司的内部管理和信誉也将受到严重损害，影响其未来的业务发展和市场竞争力。

2. 对行业的影响

此违规行为不仅对XX建筑公司自身产生了影响，还对整个建筑行业产生了警示作用。它提醒其他企业不要为了短期利益而采取违规行为，否则将付出沉重的代价。同时，该案例也促使行业中的企业加强自律和监管，提高信息披露的透明度和准确性。

3. 对投资者的影响

虚报完工进度的行为严重损害了投资者的利益。投资者基于虚假的财务报表做出了错误的投资决策，导致资金损失。此案例提醒投资者在做出投资决策时要更加谨慎，充分了解企业的财务状况和业绩表现，以避免陷入类似的陷阱。

**五、结论**

综上所述，虚报完工进度的行为虽然在短期内可能为企业带来一定的利益，但长期来看为企业带来了巨大的风险和负面影响。因此，企业应坚守诚信原则，真实、准确地披露财务信息，以维护自身的声誉和信誉，促进企业的可持续发展。

## 案例分析2：成本和收入确认不匹配

**一、背景**

某大型软件开发公司（以下称“A公司”）近年来承接了多个重要的软件开发项目。为了提升业绩，A公司在采用完工百分比法确认收入时，存在成本和收入确认不匹配的违规行为。具体来说，公司在项目未完全完成的情况下，提前确认了过多的收入，而没有相应地确认成本，导致财务报表中的收入和成本数据失真。

**二、案例具体情况**

以A公司承接的一个价值500万元的软件开发项目为例，合同规定项目周期为12个月，按照完工百分比法确认收入。然而，在项目进行到第6个月时，公司为了提升半年度业绩，提前确认了75%的收入，即375万元，而实际完工进度仅为50%。同时，公司仅确认了20%的成本，即200万元的成本。

具体数据如下。

合同总金额：500万元。

实际完工进度：50%。

虚报的完工进度：75%。

提前确认的收入：375万元。

实际的成本百分比：40%。

实际确认的成本：200万元。

**三、分析过程**

1. 违规行为动机分析

A公司之所以提前确认收入而不相应地确认成本，主要是出于提升业绩和满足市场预期的考虑。在软件开发行业，项目的进度和完成情况对公司的市场表现和股价有着重要影响。因此，公司可能为了迎合市场期望和投资者需求，而做出了这种违规行为。

2. 操作手法分析

A公司通过篡改项目进度报告和财务记录，故意提高完工进度，而没有相应地调整成本确认的百分比。这种操作手法导致收入和成本在财务报表上呈现出不匹配的情况。同时，公司可能还利用了会计准则的某些漏洞，以掩盖其违规行为。

3. 风险评估

成本和收入确认不匹配的行为虽然短期内提升了公司的业绩表现，但长期来看给公司带来了巨大的风险。首先，这种行为可能引发监管机构的关注和调查，导致公司面临法律风险和声誉损害。其次，公司可能面临重罚和市场信任危机，进而影响其业务发展和市场竞争力。最后，这种违规行为还可能导致公司内部管理混乱，影响项目的实际执行效率和质量。

4. 审计难点与应对策略分析

对审计人员来说，发现成本和收入确认不匹配的行为并不容易。首先，审计人员需要深入了解项目的实际情况和进度，以及公司的收入确认政策和成本核算方法。其次，审计人员需要仔细比对项目进度报告、财务记录和相关支持文件，以发现可能存在的差异和矛盾。为了发现这种违规行为，审计人员可以采取以下策略：加强与公司管理层的沟通，了解其对收入确认和成本核算的看法和态度；重点关注项目进度报告和财务记录的完整性和真实性；运用专业技能来识别可能存在的篡改痕迹；对公司的内部控制体系进行全面评估，以确定是否存在成本和收入确认不匹配的风险。

**四、案例影响**

1. 对公司的影响

成本和收入确认不匹配的违规行为将对A公司产生负面影响。首先，公司的财务状况和业绩表现将受到严重质疑，导致管理层和员工的信心受挫。其次，公司可能面临监管机构的处罚和市场的负面评价，进一步损害其声誉和信誉。最后，这种违规行为还可能引发公司内部腐败和道德风险，影响公司的长期稳定发展。

2. 对投资者的影响

投资者基于失真的财务报表做出了错误的投资决策，导致资金损失。此案例提醒投资者在做出投资决策时要更加谨慎地分析公司的财务报表和相关信息披露情况以避免投资风险。

3. 对行业的影响

此违规行为对软件开发行业产生了警示作用。它提醒其他企业要严格遵守会计准则和法规要求，真实、准确地披露财务信息和项目进展情况。同时该案例也促进了行业中的企业加强自律和提高信息披露的透明度，以维护行业的健康发展和投资者的利益。

**五、结论**

综上所述，成本和收入确认不匹配的违规行为虽然在短期内可能为公司带来一定的利益，但长期来看为公司带来了巨大的风险和负面影响。因此企业应坚守诚信原则，严格遵守会计准则和法规要求，以确保财务信息的真实性和准确性。

## 案例分析3：缺乏充分的支持文档

**一、背景**

B公司是一家提供定制软件开发服务的企业，近年来在行业内发展迅速。为了提升业务效率和客户满意度，B公司采用了完工百分比法来确认收入。然而，在实际操作中，公司却存在缺乏充分的支持文档来证实完工百分比和收入确认的准确性的违规情况。

**二、案例具体情况**

B公司与一家大型企业签订了一份价值200万元的软件开发合同，项目周期为8个月。按照合同约定，B公司应根据完工百分比法来确认收入。然而，在项目进行过程中，B公司未能提供充分的支持文档来证实其完工百分比和收入确认的准确性。

具体数据如下。

合同总金额：200 万元。

项目周期：8 个月。

## 三、分析过程

1. 支持文档的重要性分析

在完工百分比法下，支持文档是验证完工进度和收入确认准确性的关键。这些文档包括但不限于项目计划、进度报告、成本发票、客户验收单等。缺乏充分的支持文档将使得收入确认的准确性和合规性受到质疑。

2. B 公司缺乏支持文档的原因分析

B 公司之所以缺乏充分的支持文档，可能出于以下原因：首先，公司内部管理可能存在漏洞，导致相关文档未能及时生成或保存；其次，为了提升业绩表现，公司可能故意隐瞒或篡改某些文档；最后，员工对完工百分比法的理解和执行可能存在偏差，导致支持文档的缺失或不完整。

3. 风险评估

缺乏充分的支持文档将给 B 公司带来巨大的风险。首先，公司可能面临监管机构的调查和处罚，因为其收入确认的准确性和合规性无法得到有效证实；其次，缺乏支持文档将损害公司的声誉和信誉，导致客户等合作伙伴对 B 公司的信任度下降；最后，公司内部管理可能因此陷入混乱，影响项目的实际执行效率和质量。

4. 审计难点与应对策略分析

对审计人员来说，缺乏充分的支持文档将增加审计难度。审计人员需要更加谨慎地评估公司的收入确认政策和相关内部控制体系的有效性。为了应对这种情况，审计人员可以采取以下策略：加强与公司管理层的沟通，了解其对收入确认和支持文档的看法和态度；重点关注项目进度报告、成本发票等关键文档的完整性和真实性；运用专业技能来识别可能存在的风险和漏洞；对公司的内部控制体系进行全面评估，以确定是否存在其他潜在的风险点。

## 四、案例影响

1. 对公司内部的影响

缺乏充分的支持文档将导致 B 公司内部管理受到质疑。管理层需要花费更多时间和精力来应对监管机构的调查和客户的质疑，这将分散公司的资源和注意力，影响其正常运营和发展。同时，公司内部可能因此出现信任危机，员工之间可能产生猜疑和不满情绪，影响团队合作和效率。

2. 对投资者和合作伙伴的影响

投资者和合作伙伴基于失真的财务信息做出了错误的决策，导致资金损失。此案例将提醒投资者和合作伙伴在做出决策时要更加谨慎地分析公司的财务状况和相关信息披露情况。同时，这也将促使他们要求公司提供更加充分的支持文档来证实其财务信息的准确性。

3. 对行业的影响

此违规行为对软件开发行业产生了警示作用。它提醒其他企业要严格遵守相关法规和准则要求，确保财务信息的真实性和准确性。同时，该案例也促进了行业中的企业加强自律和提高信息披露的透明度，以维护行业的健康发展和投资者的利益。

## 五、结论

综上所述，缺乏充分的支持文档将给企业带来巨大的风险和负面影响。为了避免这种情况的发生，企业应建立完善的内部控制体系并确保相关文档的及时生成和保存。同时，企业还应加强与审计人员、投资者和合作伙伴的沟通与合作，共同维护财务信息的真实性和准确性。

## 案例分析 4：完工百分比计算错误

### 一、背景

C 公司是一家专业从事建筑工程的企业，近年来承接了多个大型建筑项目。为了反映项目的进度和收入情况，C 公司采用了完工百分比法来确认收入。然而，在实际操作中，公司发现其完工百分比的计算存在错误，这导致了收入确认的不准确，进而影响了财务报表的真实性和可靠性。

### 二、案例具体情况

C 公司承接了一个总价值为 1 000 万元的建筑项目，合同规定项目周期为 18 个月。在项目进行到第 12 个月时，公司按照完工百分比法确认收入，但计算完工百分比时出现了错误。

具体数据如下。

合同总金额：1 000 万元。

项目周期：18 个月。

已发生成本：600 万元。

预计总成本：900 万元。

错误计算的完工百分比：66.67%（600/900×100%）。

正确计算完工百分比的方法：应基于实际工程进度、已完成工程量等因素综合判断。

### 三、分析过程

1. 完工百分比的计算方法

完工百分比法是一种根据工程进度来确认收入和成本的方法。在建筑工程中，完工百分比通常基于已发生成本占预计总成本的比例来计算。然而，这种方法并非绝对准确，因为它忽略了实际工程进度、已完成工程量以及合同约定的里程碑等因素。

2. C 公司完工百分比计算错误的原因

C 公司在计算完工百分比时，仅考虑了已发生成本占预计总成本的比例，而未综合考虑其他重要因素。这导致了完工百分比的计算错误。具体来说，公司可能过于依赖成本数据，而忽视了实际工程进度和已完成工程量等关键因素。

3. 风险评估

完工百分比计算错误将给 C 公司带来很大的风险。首先，错误的完工百分比将导致收入确认的不准确，进而影响财务报表的真实性和可靠性。这可能导致投资者和合作伙伴对公司财务状况产生误解，从而做出错误的决策。其次，错误的完工百分比还可能引发税务风险和合规问题，因为税务机构通常依据企业的财务报表来征税。最后，这种错误还可能影响公司内部管理决策的有效性，因为管理层可能基于错误的财务信息来制定战略和计划。

4. 正确的完工百分比计算方法

为了准确计算完工百分比，C 公司应综合考虑多个因素，包括已发生成本、预计总成本、实际工程进度、已完成工程量以及合同约定的里程碑等。具体来说，公司可以采用以下方法之一来计算完工百分比：①根据实际工程进度来确定完工百分比；②根据已完成工程量占合同总工程量的比例来计算完工百分比；③结合成本数据和实际工程进度来综合计算完工百分比。

5. 纠正措施与改进建议

为了纠正完工百分比计算错误并防止类似问题再次发生，C 公司应采取以下措施：①加强项目管理团队和财务团队的沟通与协作，确保双方对项目的进度和成本情况有清晰的认识；②建立完善的内部控制体系，确保完工百分比的计算过程符合相关法规和准则要求；③定期对完工百分比的计算方法进行审查和调整，以适应项目实际情况的变化；④加强员工培训和教育，提高他们对完工百分比法的理解和应用能力。

**四、案例影响**

1. 对公司内部的影响

完工百分比计算错误将导致C公司内部管理受到挑战。公司需要重新评估和调整其收入确认政策，以确保财务报表的准确性和合规性。此外，这种错误还可能影响公司的决策制定和资源配置，因为管理层可能基于错误的财务信息来制订战略计划。

2. 对投资者和合作伙伴的影响

投资者和合作伙伴可能因完工百分比计算错误而遭受损失。他们可能基于失真的财务报表做出错误的投资决策和合作决策。此案例提醒投资者和合作伙伴应谨慎地分析公司的财务状况，并要求公司提供更加准确的财务信息。

3. 对行业的影响

此案例对建筑工程行业产生了警示作用。它提醒其他企业要严格遵守相关法规和准则要求，确保完工百分比计算的准确性和合规性。同时，该案例也促进了行业中的企业加强自律和提高信息披露的透明度，以维护行业的健康发展和投资者的利益。

**五、结论**

综上所述，完工百分比计算错误将给企业带来巨大的风险和负面影响。为了避免这种情况的发生，企业应建立完善的内部控制体系，加强项目管理团队和财务团队的沟通与协作，并定期对完工百分比的计算方法进行审查和调整。同时，企业还应提高员工对完工百分比法的理解和应用能力，以确保财务信息的真实性和准确性。

## 案例分析5：未及时更新项目进度

**一、背景**

D公司是一家从事大型设备制造的企业，与多家知名企业签订了供货合同。为了合理反映公司的经营成果，D公司采用了完工百分比法来确认项目收入。然而，在实际操作中，由于项目进度未及时更新，导致收入确认不准确，给公司带来了不小的风险和困扰。

**二、案例具体情况**

D公司与E公司签订了一份价值500万元的设备制造合同，项目周期为6个月。按照合同约定，D公司应根据项目的实际完工进度来确认收入。然而，在项目执行过程中，D公司未能及时更新项目进度，导致收入确认存在严重滞后。

具体数据如下。

合同总金额：500万元。

项目周期：6个月。

实际完工进度：第3个月月末已完成60%，但项目进度记录仍为第1个月月末的30%。

未及时更新导致的收入确认差异：150万元[500万元×（60%−30%）]。

**三、分析过程**

1. 项目进度更新的重要性分析

在完工百分比法下，及时更新项目进度是确保收入准确确认的关键。项目进度的更新不仅反映了项目的实际完成情况，还是准确计算完工百分比和确认收入的基础。若项目进度未能及时更新，将导致收入确认不准确，进而影响财务报表的真实性和可靠性。

2. D公司未及时更新项目进度的原因

D公司未及时更新项目进度可能出于多种原因。首先，公司内部管理可能存在疏漏，导致项目进度信息未能及时传递和更新。其次，项目团队可能面临工作压力，导致进度更新工作被忽视或延误。最后，公司可能缺乏有效的项目进度管理系统，使得进度更新变得困难且容易出错。

3. 风险评估

未及时更新项目进度将给D公司带来一系列风险。首先，收入确认的不准确将影响财务报表的质量，可能导致投资者和合作伙伴对公司财务状况产生误解。其次，这种不准确可能引发税务风险和合规问题，因为错误的收入确认将影响税务申报和税款缴纳。最后，项目进度更新的滞后还可能影响公司内部管理决策的有效性，因为管理层可能基于错误的项目进度信息来制定计划和策略。

**四、案例影响**

1. 对公司内部的影响

未及时更新项目进度将导致D公司内部管理混乱。管理层无法准确掌握项目的实际完成情况，进而影响决策制定和资源分配。同时，公司内部可能因此出现信任危机，员工之间可能产生猜疑和不满情绪，影响团队合作和效率。

2. 对投资者和合作伙伴的影响

投资者和合作伙伴可能因项目进度信息的不透明而遭受损失。他们可能基于错误的财务报表做出错误的投资决策或合作决策。

3. 对行业的影响

此案例对设备制造行业产生了警示作用。它提醒其他企业要严格遵守相关法规和准则要求，确保项目进度的及时更新和收入确认的准确性。

**五、结论**

综上所述，未及时更新项目进度将给企业带来巨大的风险和负面影响。为了避免这种情况的发生，企业应建立完善的项目进度管理系统并确保项目进度信息的及时传递和更新。同时，企业还应加强与审计人员、投资者和合作伙伴的沟通与合作，共同维护项目进度信息的真实性和准确性。

## 专题十：各类收入确认模式可比性在同行业表现如何

### 业务简介

**一、概念**

收入确认模式是企业会计实践中的关键环节，它涉及何时以及如何记录和报告企业通过销售商品、提供服务等活动获得的经济利益。这一过程的准确性和透明度对外部投资者、债权人、监管机构等利益相关者至关重要。在同行业中，收入确认模式的可比性是衡量企业财务报告质量的重要指标之一。

**二、基本规定**

收入确认应主要遵循国际会计准则或相关国家的会计准则。这些准则通常要求企业在满足以下条件时确认收入：一是与收入相关的经济利益很可能流入企业；二是收入的金额能够可靠地计量。

具体来说，对于销售商品收入，通常在商品所有权上的主要风险和报酬已经转移给购买方，且企业没有保留通常与所有权相联系的继续管理权或无法实施有效控制时确认。对于提供劳务收入，如果提供劳务的期间跨越一个以上会计期间，并且提供劳务的交易结果能够可靠估计，则企业应按完工百分比法确认收入。

**三、经常出现的违规问题**

与收入确认模式相关的违规问题主要体现在收入确认的具体流程、时点、依据上。

在流程方面，企业可能会故意简化或规避正常的收入确认步骤，比如绕过必要的审批环节，或忽视内部控制机制以确保收入的真实性。这样做可能会导致收入被不当地提前或推迟确认。

在时点方面，企业可能会为了达成某个特定时点的财务目标，如季度末或年末的业绩目标，而人为地调整收入确认的时点。例如，企业可能会提前确认尚未完成或尚未达到收入确认条件的交易对应的收入，或者延迟确认应该在当前期间确认的收入，以便在下一个期间释放。

收入确认的依据也可能存在问题。企业可能会伪造或篡改支持收入确认的关键文件，如销售合同、发货记录或客户验收单，以此来支持虚假的收入确认。这些操作不仅违反了会计准则，也严重损害了财务信息的真实性和可靠性。

综上所述，企业在收入确认过程中可能出于各种动机而采取违规操作，这些违规问题主要体现在收入确认的具体流程、时点、依据上。因此，加强内部控制、完善审计程序以及提高会计人员的职业道德素养是防止和发现这些违规行为的关键。

## 四、违规表现

收入确认是企业编制财务报告中至关重要的环节，其准确性和合规性对维护企业财务信息的真实性和可靠性至关重要。然而，在实际操作中，出于各种动机，如提高业绩、满足市场预期或达到管理层考核要求等，企业可能会在收入确认过程中出现违规行为。这些违规行为不仅损害了企业财务信息的真实性，也影响了同行业企业之间的可比性。以下从收入确认的具体流程、时点、依据，以及收入确认方法与业务模式、相关合同条款或符合性角度，总结四个具体的违规表现。

### 1. 流程违规，绕过或简化正常审批流程

在正常的收入确认流程中，应包含严格的审批和审核环节，以确保交易的真实性和合规性。然而，在违规情况下，企业可能会故意绕过或简化这些正常流程。例如，对于某些交易，可能未经销售、财务等相关部门的充分审核和批准，就直接确认收入。这种做法可能导致虚假交易的混入，从而影响收入的真实性。此外，简化流程还可能使得关键的控制环节被忽视，如客户信用评估、发货验证等，进一步增加了收入确认的风险。

### 2. 时点违规，提前或推迟确认收入

收入确认的时点是影响财务信息准确性的关键因素。在违规行为中，企业可能会不按照会计准则规定的时点来确认收入。具体表现为提前确认尚未完成的交易收入或推迟确认本应计入当期的收入。提前确认收入通常是为了提高当期业绩，而推迟确认收入则可能是为了平滑利润或隐藏真实的财务状况。这些操作都违背了会计准则的要求，导致财务报表失真，影响了同行业之间的可比性。

### 3. 伪造或篡改关键会计凭证

会计凭证是判断收入是否真实、合法的重要依据。然而，在某些情况下，企业可能会通过伪造或篡改这些关键会计凭证来支持虚假的收入确认。例如，伪造销售合同、发货单或客户验收报告等文件，以证明交易的真实性和合规性。这种做法严重损害了财务信息的真实性和可靠性，也使得同行业之间的比较失去了意义。

### 4. 收入确认方法与业务模式、合同条款不符

企业的业务模式和合同条款是选择收入确认方法的重要依据。然而，企业可能会采用与业务模式和合同条款不符的收入确认方法。例如，一个以项目为基础的服务企业可能采用简单的销售额来确认收入，而不是根据项目完成进度（如完工百分比法）来确认。这种做法不仅违反了会计准则的要求，也导致收入确认不准确，影响了同行业之间的可比性。此外，企业还可能故意忽视或违反合同条款中的特定确认条件，以达到提前或推迟确认收入的目的。

这些违规行为严重损害了企业财务信息的真实性和可靠性，也破坏了同行业之间的可比性。因此，企业应严格遵守相关会计准则和法规要求，加强内部控制和完善审计程序以确保收入确认的准确性和合规性。同时，投资者和其他利益相关者也应密切关注企业的收入确认实践以做出明

智的决策。

为了防范和减少这些违规行为的发生，企业需要建立完善的内部控制体系并加强员工培训和教育，以提高其职业道德素养和法规意识。此外，外部监管机构也应加大对企业财务报告的监督和审查力度，以确保其合规性和真实性。

## 法律法规

**一、《企业会计准则》**

关键规定：企业会计准则规定了收入确认的原则、条件和方法，要求企业按照准则的规定进行收入确认，以确保财务信息的真实性和可比性。

**二、《会计法》**

关键规定：各单位必须根据实际发生的经济业务事项进行会计核算，填制会计凭证，登记会计账簿，编制财务会计报告。任何单位不得以虚假的经济业务事项或者资料进行会计核算。

**三、《公司法》**

虽然《公司法》没有直接关于收入确认的具体条款，但它对公司财务管理和会计制度的基本要求进行了规范，间接影响了收入确认的合规性。

针对收入确认的具体会计准则，如《企业会计准则第 14 号——收入》有以下关键规定。

该准则第四条：“企业应当在履行了合同中的履约义务，即在客户取得相关商品控制权时确认收入。”这一规定明确了收入确认的基本时点。

该准则还进一步规定了不同类型的收入（如销售商品收入、提供劳务收入等）应如何确认，以及收入确认的具体条件和方法。

这些法律法规和会计准则共同构成了收入确认的法规框架，要求企业在进行收入确认时遵循相关规定，以确保财务信息的准确性、真实性和可比性。同时，这些规定也为外部审计和监管机构提供了评价企业收入确认合规性的依据。

## 合规程序与方法

在财务审计中，注册会计师对收入确认模式的审查至关重要，特别是在评估同行业可比性时。收入确认不仅影响企业的财务状况，还直接关系到其经营成果的体现。因此，注册会计师需采取严谨、细致的态度，遵循一定的合规程序与方法，以确保审查的准确性和有效性。以下从六个方面详细阐述这一过程。

**一、了解行业特点与收入确认模式**

在进行收入确认模式的审查前，注册会计师应首先深入了解被审计企业所处的行业特点。不同行业的收入确认模式可能存在显著差异，产品销售、服务提供、项目完成度都可能影响收入确认的时机和方法。通过对比同行业其他企业的收入确认模式，注册会计师可以初步判断被审计企业的收入确认是否合理，是否存在提前或延后确认收入以操纵财务报表的嫌疑。

**二、评估内部控制的有效性**

有效的内部控制是确保收入确认准确的基础。注册会计师应评估被审计企业的内部控制制度是否健全，特别是与收入确认相关的部分。这包括了解销售合同的审批流程、发票的开具与管理、收款记录等。通过测试这些内部控制的有效性，注册会计师可以判断收入确认过程中是否存在舞弊或错误的风险。

**三、详细审查销售合同与交易记录**

销售合同是收入确认的重要依据。注册会计师应详细审查销售合同中的关键条款，如交易价格、交货方式、付款条件等，以确保这些条款与企业的收入确认政策相一致。同时，还应核对销售合同、发货记录、收款记录等交易文档，验证收入确认的真实性和完整性。

**四、分析收入趋势与波动**

注册会计师应通过对比历史数据和行业数据，分析被审计企业的收入趋势和波动情况。如果收入出现异常增长或下降，应进一步调查其原因，以确定是否存在不合理的收入确认行为。此外，还可以利用数据分析工具，对收入数据进行深入挖掘，以发现可能存在的问题。

**五、关注关联方交易与特殊交易**

关联方交易和特殊交易往往容易成为收入操纵的“重灾区”。注册会计师应重点关注这些交易的收入确认情况，特别是价格是否公允、交易条件是否合理等。对于涉及复杂金融工具的交易，如衍生品、期权等，注册会计师还应咨询相关领域的专家，以确保对这些交易的收入确认有准确的理解。

**六、进行审计抽样与实地调查**

为了进一步提高审计效率和质量，注册会计师可以采取审计抽样的方法，对部分交易进行详细审查。同时，实地调查也是不可或缺的一环。通过访问客户、供应商等第三方，注册会计师可以获取更多关于收入确认的外部证据，从而增强审计结论的可靠性。

综上所述，注册会计师在对各类收入确认模式进行同行业可比性审查时，应遵循以上六个方面的合规程序与方法。这不仅有助于发现潜在的财务舞弊行为，还能为企业提供有价值的改进建议，促进其财务管理水平的提升。同时，注册会计师也应保持持续学习和更新知识的态度，以适应不断变化的商业环境和满足会计准则要求。只有这样，才能确保审计工作的有效性和准确性，维护资本市场的公平与透明。

## 案例分析 1：流程违规，绕过或简化正常审批流程

**一、背景**

XX 公司是一家在行业内颇具规模的制造企业，以生产和销售高端机械设备为主要业务。近年来，由于市场竞争加剧，公司为了保持业绩增长，开始采取一些激进的销售策略。在此背景下，公司部分销售人员和管理层开始绕过或简化正常的审批流程，以加速销售收入的确认。

**二、案例具体情况**

销售收入数据：在审查期间，XX 公司的销售收入出现了异常增长。例如，2020 年第二季度销售收入同比增长了 50%，达到了 1.5 亿元，而此前几个季度的增长率一直稳定在 10%~20%。

审批流程数据：正常情况下，销售合同需要经过销售部门、法务部门、财务部门等多个部门的审批。但审查发现，部分大额销售合同仅经过销售部门负责人的签字即完成审批，明显绕过了法务部门和财务部门的审核。

客户满意度调查数据：同时期进行的客户满意度调查数据显示，部分客户对产品的交付时间和质量提出了质疑，这与销售收入的异常增长形成了鲜明对比。

**三、分析过程**

1. 简化审批流程的分析

在正常情况下，销售合同的审批应该是一个严谨的过程，涉及多个部门的协同工作。然而，在本案中，为了迅速确认收入，部分销售人员和管理层故意简化了这一流程。他们可能认为，简化审批可以加速销售进程，从而在短期内提升业绩。

这种行为的直接后果是，部分可能存在风险或问题的合同得以顺利签订，为公司的长期发展埋下了隐患。例如，一些合同条款可能未经法务部门的仔细审查，导致公司面临法律纠纷。

2. 销售收入异常增长的分析

销售收入的异常增长与审批流程的简化密切相关。由于绕过了法务部门和财务部门的审核，销售人员可能更容易地与客户达成协议，从而推动了销售收入的快速增长。然而，这种增长并非基于产品质量的提升或市场需求的自然增长，而是人为操作的结果。

此外，对比历史数据和行业数据，可以发现XX公司的销售收入增长率远超同行业平均水平。这进一步证明了其销售收入增长的异常性。这种异常增长可能引发市场对公司财务状况的质疑，进而影响公司的声誉和股价。

3. 客户满意度调查的分析

尽管销售收入大幅增长，但客户满意度却出现了下降。这表明，公司在追求销售业绩的过程中可能忽视了产品质量和客户服务的提升。这种反差进一步揭示了绕过或简化审批流程的负面影响。

**四、案例影响**

财务风险增加：由于审批流程的简化，公司可能面临更大的财务风险。一些潜在的问题合同可能在未来引发法律纠纷或导致财务损失。

声誉受损：客户满意度的下降和销售收入的异常增长可能引发外界对公司的质疑。这将对公司的声誉造成损害，进而影响其市场竞争力。

内部管理混乱：绕过或简化审批流程将破坏公司的内部管理制度。长期来看，这可能导致公司内部管理混乱，影响运营效率。

**五、结论**

综上所述，本案例揭示了绕过或简化正常审批流程进行收入确认的严重后果。为了防范此类风险，公司应加强内部控制制度建设，确保审批流程的完整性和严谨性。同时，还应加强对销售人员的培训和管理，提高他们的合规意识和风险防范能力。

## 案例分析2，时点违规，提前或推迟确认收入

**一、背景**

在激烈的市场竞争中，企业为了美化财务报表、吸引投资者或达到某种业绩目标，有时会采用不规范的收入确认方法，其中最典型的就是提前或推迟确认收入。这种行为虽然短期内可能为企业带来一定的利益，但长期来看，不仅会影响企业的声誉，还可能引发法律风险和财务风险。

本案例将围绕某企业（以下称“A公司”）因提前确认收入而引发的风险事件展开分析，旨在探讨收入确认时点违规的具体表现、原因及其后果，并提出相应的防范措施。

**二、案例具体情况**

A公司是一家从事电子产品销售的企业，近年来为了扩大市场份额，采取了一系列营销策略。然而，在追求业绩的过程中，公司管理层决定提前确认部分销售收入，以美化当期财务报表。

具体来说，A公司在2020年第四季度提前确认了2019年第一季度应确认的部分销售收入，涉及金额达5 000万元。该部分收入原本应在产品交付并验收合格后才能确认，但A公司却在产品尚未交付时就将其计入当期收入。

**三、分析过程**

1. 违规原因分析

业绩压力：A公司为了完成年度销售目标，提升市场形象，做出了提前确认收入这一违规行为。

融资需求：美化后的财务报表有助于A公司吸引投资者，提高融资能力。

管理层短视：公司管理层过于注重短期利益，忽视了长期发展的稳健性和合规性。

2. 违规行为分析

违反会计准则：A公司的行为违反了企业会计准则中关于收入确认的规定，即收入应在商品所有权上的主要风险和报酬转移给买方时确认。

内部控制失效：提前确认收入的行为反映出A公司内部控制体系存在严重缺陷，未能有效防

止和发现并纠正这一违规行为。

3. 风险后果分析

法律风险：A公司可能面临监管机构的调查和处罚，包括但不限于罚款、市场禁入等。

财务风险：提前确认收入会导致后期收入减少，可能造成公司财务状况的不稳定。

声誉风险：违规行为将严重损害A公司的市场形象和信誉，影响客户信任度和合作关系。

**四、案例影响**

本案例对A公司及所在行业均产生了深远影响。首先，A公司因此次违规行为受到了监管机构的严厉处罚，包括高额罚款和市场禁入，公司经营陷入困境。其次，该事件引发了投资者和消费者对A公司乃至整个行业的信任危机，导致行业形象受损。最后，此案例也为其他企业敲响了警钟，提醒它们在追求业绩的同时，必须坚守合规底线，维护市场秩序和投资者利益。

**五、结论**

综上所述，本案例通过分析A公司提前确认收入的违规行为，揭示了收入确认时点违规的风险和后果。企业应以此为鉴，加强内部控制和合规管理，确保财务报告的真实性和准确性，以实现可持续发展。

## 案例分析3：伪造或篡改关键会计凭证

**一、背景**

随着市场经济的不断发展，企业会计信息的真实性和准确性越来越受到社会各界的关注。然而，部分企业为了达到特定的财务目标，不惜伪造或篡改会计凭证，以此来粉饰财务报表，这种行为严重损害了会计信息的真实性和可比性，给投资者和利益相关者带来了极大的风险。本案例将围绕某企业伪造或篡改关键会计凭证的事件展开分析，深入探讨其背后的动机、手段以及带来的影响。

**二、案例具体情况**

某企业（以下称"A公司"）是一家在同行业内具有一定影响力的公司，近年来，为了迎合市场预期，提升股价，A公司管理层决定通过伪造或篡改会计凭证的方式来美化财务报表。具体来说，A公司采取了以下手段。

虚构销售收入：A公司通过伪造销售合同、发货单和收款凭证，虚增了30万元的销售收入。这些虚假的会计凭证使得公司的营业收入和净利润均呈现出大幅增长。

篡改成本凭证：为了进一步提高利润水平，A公司还对成本凭证进行了篡改。通过降低原材料成本、人工成本等方式，减少了15万元的成本支出。这些篡改后的会计凭证使得公司的毛利率显著提升。

伪造银行对账单：为了掩盖资金流动的真实情况，A公司还伪造了银行对账单。这些虚假的对账单显示，公司有大量的资金流入和流出，但实际上，这些资金流动并未真实发生。

**三、分析过程**

动机分析：A公司伪造或篡改会计凭证的动机有两点。一方面，公司希望通过美化财务报表来提升股价，吸引更多的投资者；另一方面，管理层面临着达成内部考核指标要求的压力，因此不惜采取违规手段来达到预期的财务目标。

手段分析：A公司采取了多种手段来伪造或篡改会计凭证。首先，通过伪造销售合同和收款凭证来虚增销售收入；其次，通过篡改成本凭证来降低成本支出；最后，通过伪造银行对账单来掩盖资金流动的真实情况。这些手段均涉及了关键会计凭证的伪造或篡改，严重违反了会计准则和法律法规。

风险点分析：伪造或篡改会计凭证的行为给A公司带来了极大的风险。首先，这种行为严重损害了会计信息的真实性和可比性，使得投资者和其他利益相关者无法准确了解公司的财务状况和经营成果；其次，这种行为将会对公司的声誉和股价造成重大影响；最后，公司还可能面临法律诉讼和监管处罚等严重后果。

同行业可比性分析：由于A公司伪造或篡改了关键会计凭证，导致其财务报表数据失真。这使得投资者和其他利益相关者在进行同行业比较时难以获取准确的信息。同时，这种行为也破坏了同行业的公平竞争环境，使得其他诚信经营的企业受到不公平的待遇。

## 四、案例影响

对投资者的影响：由于A公司伪造或篡改了关键会计凭证，投资者无法准确了解公司的真实财务状况和经营成果。这可能导致投资者做出错误的投资决策，从而遭受经济损失。

对市场的影响：A公司的违规行为破坏了市场的公平竞争环境。其他诚信经营的企业可能因为A公司的虚假财务报表而受到不公平的竞争压力。同时，这种行为也可能引发市场质疑其他企业财务报表的真实性，从而降低整个市场的信任度。

这种行为使得财务数据的真实性难以验证，迫使监管机构投入更多资源和技术手段来识别和调查舞弊行为，显著增加了监管成本和复杂性。同时，伪造或篡改会计凭证的行为往往具有隐蔽性和专业性，导致监管机构在执法过程中面临更大的挑战，可能降低对违规行为的查处效率。

对A公司自身的影响：虽然A公司通过伪造或篡改会计凭证暂时美化了财务报表，但这种行为最终会给公司带来巨大的负面影响。A公司将面临法律诉讼、监管处罚以及声誉受损等严重后果。这些后果将严重影响公司的长期发展。

## 五、结论

综上所述，伪造或篡改关键会计凭证是一种严重的违规行为，它不仅损害了会计信息的真实性和可比性，还给投资者、市场和监管机构带来了极大的风险和挑战。因此，各企业应严格遵守会计准则和法律法规，确保会计信息的真实性和准确性。同时，监管机构也应加大对企业财务报表的审核和监管力度，以维护市场的公平和公正。

# 案例分析4：收入确认方法与业务模式、合同条款不符

## 一、背景

随着市场经济的深入发展，企业会计准则不断完善，对收入确认的要求也日益严格。然而，在实际操作中，部分企业仍存在收入确认方法与业务模式、合同条款不符的情况，这不仅影响了会计信息的真实性，还可能对企业的长期发展造成不利影响。本案例将围绕某企业在收入确认方面存在的问题展开分析，探讨其背后的原因及影响。

## 二、案例具体情况

某企业（以下称“B公司”）是一家提供技术服务的公司，近年来，为了提升业绩，B公司在收入确认上采取了一些与业务模式和合同条款不符的做法。具体如下。

提前确认收入：B公司在与客户签订的合同中明确规定了服务完成并验收合格后才可确认收入，然而在实际操作中，B公司却在服务尚未完成或未经验收的情况下，就提前确认了收入。例如，在某项目中，合同规定服务期为6个月，验收合格后方可确认收入，但B公司在服务仅提供了3个月时，就确认了全部收入。

收入确认金额与合同条款不符：B公司在某些项目中，实际确认的收入金额与合同条款中约定的金额存在显著差异。如某合同中约定服务费用为100万元，但B公司在实际确认收入时，却将金额提高至120万元。

## 三、分析过程

1. 业务模式与收入确认方法的不匹配分析

B公司的业务模式是基于项目完成度和客户验收情况来确认收入，这在其与客户签订的合同中有明确规定。然而，B公司提前确认收入的做法显然与这一业务模式不符。这种不匹配导致了

会计信息的失真，使得财务报表无法真实反映公司的经营状况。

2. 合同条款与实际操作的不一致分析

根据合同条款，B 公司应在项目完成并经客户验收合格后才能确认收入。然而，B 公司在实际操作中却忽视了这一规定，提前确认了收入。这种做法不仅违反了合同条款，也损害了会计信息的真实性和可靠性。

3. 收入确认金额的差异分析

B 公司在某些项目中确认的收入金额与合同条款不符，这可能是由于管理层出于业绩考核、融资需求或其他动机而人为调整收入金额。这种调整不仅违反了会计准则，也可能导致公司面临法律风险和信誉损失。

4. 风险点分析

收入确认方法与业务模式、合同条款不符的收入确认做法给 B 公司带来了多重风险。首先，这种做法可能导致企业面临监管机构的处罚；其次，失真的会计信息可能误导投资者和其他利益相关者，影响公司的声誉和股价；最后，长期而言，这种做法可能损害公司的内部管理和决策有效性。

5. 同行业可比性影响分析

由于 B 公司的收入确认方法与业务模式和合同条款不符，其财务报表在同行业中的可比性受到严重影响。投资者和其他利益相关者在进行同行业比较时，难以准确评估 B 公司的真实财务状况和经营成果。这不仅损害了市场的公平竞争环境，也降低了整个行业的会计信息的可信度。

## 四、案例影响

对投资者的影响：投资者可能因 B 公司失真的会计信息而做出错误的投资决策，导致经济损失。同时，这种违规行为也可能降低投资者对整个行业的信任度。

对市场的影响：B 公司的违规行为破坏了市场的公平竞争环境，使得诚信经营的企业受到不公平的竞争压力。此外，这种行为还可能引发市场质疑同行业其他企业财务报表的真实性。

B 公司行为迫使监管机构投入更多资源和技术手段来识别和调查舞弊行为，显著增加了监管成本和复杂性，导致监管机构在执法过程中面临更大的挑战。

对监管机构的影响：监管机构需要加强对企业财务报表的审核和监管力度，以防范和打击类似的违规行为。同时，这种违规行为也可能增加监管机构的执法成本和难度。

对 B 公司自身的影响：B 公司将面临法律诉讼、监管处罚以及声誉受损等严重后果。这些后果将严重影响公司的长期发展和社会形象。

## 五、结论

综上所述，收入确认方法与业务模式、合同条款不符是一种严重的违规行为，它不仅损害了会计信息的真实性和可比性，还给投资者、市场和监管机构带来了极大的风险和挑战。因此，各企业应严格遵守会计准则和其他法律法规，确保会计信息的真实性和准确性。同时，监管机构也应加大对企业财务报表的审核和监管力度，以维护市场的公平和公正。

# 第三章
# 坏账准备合规

## 专题十一：坏账准备的计提政策是否明确并得到严格执行

### 业务简介

**一、概念**

坏账准备制度，作为企业财务管理中的一项重要制度，是指为应对可能发生的坏账损失而提前做出的一种财务安排。在商业信用日益发展的市场环境下，企业为了保障自身权益，减少因客户违约或其他原因导致的应收账款无法收回的风险，会根据一定的比例或方法，对应收账款进行坏账准备的计提。这一制度旨在通过预先计提一定的资金，来弥补未来可能出现的坏账损失，从而确保企业财务状况的稳健。

**二、基本规定**

计提原则：企业在每个会计期末，都应对各项应收款项进行全面检查，并根据谨慎性原则，合理地预计可能发生的坏账损失。对于预计无法收回的应收款项，应当及时计提坏账准备。

计提方法：坏账准备的计提方法包括余额百分比法、账龄分析法、销货百分比法和个别认定法等。企业应根据自身实际情况和行业特点，选择合适的计提方法，并在财务报表中进行披露。

会计处理：企业在计提坏账准备时，需通过“坏账准备”账户进行核算。该账户的贷方登记当期计提的坏账准备金额，借方登记实际发生的坏账损失金额和冲减的坏账准备金额。期末，该账户的贷方余额反映了企业已计提但尚未转销的坏账准备。

**三、经常出现的违规问题**

尽管坏账准备制度在理论上已经相当完善，但在实际操作中，仍存在一些常见的违规问题。

计提不审慎：部分企业可能出于粉饰财务报表的目的，故意少提或不提坏账准备，从而虚增利润。这种行为虽然短期内能提升企业的业绩表现，但长期来看，可能会给企业带来巨大的财务风险。

计提方法随意变更：一些企业可能会随意变更坏账准备的计提方法，以达到调节利润的目的。这种做法不仅违反了会计准则的一致性原则，还可能误导投资者的决策。

未及时调整计提比例：随着市场环境的变化和客户信用状况的改变，企业应适时调整坏账准备的计提比例。然而，部分企业可能由于疏忽或出于某些目的，未能及时做出调整，导致坏账准备计提不足或过多。

**四、违规表现**

1. 政策模糊导致的计提随意

财务报表中坏账准备的金额波动较大，且无法提供合理的解释或依据。当坏账准备计提政策不明确时，财务人员可能在计提坏账准备时表现出较大的随意性。他们可能根据个人主观判断或企业领导的授意来计提坏账准备，而非依据客观、明确的政策标准。这种随意性不仅可能导致财务报告的失真，还可能隐藏潜在的财务风险。

2. 利用坏账准备进行利润操纵

企业财务报表中坏账准备的计提与实际情况严重不符，且呈现出与盈利能力高度相关的波动性。在坏账准备计提政策不明确的情况下，企业可能利用坏账准备来操纵利润。例如，在盈利状况不佳的年份，企业可能通过少提坏账准备来虚增利润；而在盈利状况良好的年份，则可能通过多提坏账准备来平滑利润。这种利润操纵行为严重损害了财务报告的真实性和可靠性。

3. 未及时更新坏账准备计提政策

企业长期未对坏账准备的计提比例或方法进行调整，且无法适应市场环境或企业业务的变化。随着市场环境的变化和企业业务的发展，坏账准备计提政策可能需要进行相应的调整。然而，一些企业可能未及时更新其坏账准备计提政策，导致政策与实际业务脱节。这种情况下，财务人员可能无法根据过时的政策准确计提坏账准备。

4. 缺乏内部监督和控制

企业内部审计或风险控制部门对坏账准备的计提过程缺乏有效的监督和控制，导致财务报表中坏账准备的金额异常或不合理。在坏账准备计提政策的执行过程中，如果缺乏有效的内部监督和控制机制，就可能导致财务人员滥用职权或进行违规操作。例如，财务人员可能故意少提或多提坏账准备以达到某种目的，而企业内部却缺乏对此类行为的监督和制约。

## 法律法规

根据《中华人民共和国企业所得税法》（简称《企业所得税法》）第八条以及《企业所得税法实施条例》第三十二条的规定，企业实际发生的与取得收入有关的、合理的支出，包括坏账损失，是准予在计算应纳税所得额时扣除的。这意味着，当企业实际发生坏账损失时，可以在税务上进行相应的扣除。

坏账准备是企业对预计可能无法收回的应收款项所提取的坏账准备金。具体规定如《企业会计准则第 22 号——金融工具确认和计量》中，有客观证据表明应收款项发生了减值的，确认减值损失，计提坏账准备。

## 合规程序与方法

坏账准备计提政策的明确性与严格执行对企业财务报告的准确性和合规性至关重要。注册会计师在进行审计时，必须对此进行严格审查，以确保企业遵循了相关会计准则和法规。以下将从六个方面详细阐述注册会计师对坏账准备计提政策的合规审查程序与方法。

**一、了解与评估坏账准备计提政策**

注册会计师首先需全面了解企业的坏账准备计提政策。这包括政策的具体内容、计提方法（如余额百分比法、账龄分析法等）、计提比例以及坏账确认的标准。通过与企业管理层和财务人员的沟通，以及查阅相关文档资料，注册会计师可以评估政策的合理性和其是否符合会计准则的要求。

此外，注册会计师还需关注政策是否有定期更新，以适应企业业务和市场环境的变化。一个过时或不合理的坏账准备计提政策可能导致财务报告的失真。

**二、分析应收账款的账龄与分类**

应收账款的账龄和分类是坏账准备计提的重要参考因素。注册会计师应获取企业的应收账款账龄分析报告，详细审查不同账龄段的应收账款的余额及其占比。对于账龄较长或存在争议的应收账款，应给予特别关注，并评估其坏账风险。

同时，注册会计师还需检查企业是否根据客户的信用状况、历史还款记录等因素，对应收账款进行了合理分类。分类的准确性直接影响到坏账准备的计提金额。

### 三、测试坏账准备的计提过程

为了验证坏账准备计提的准确性和合规性，注册会计师需要选取一定数量的样本进行测试。这包括重新计算应提的坏账准备，并与企业实际计提的金额进行对比，以检查是否存在差异。

在测试过程中，注册会计师还应关注企业是否按照既定的政策和方法进行计提，以及是否存在人为调整或操纵坏账准备金额的情况。

### 四、评估坏账准备的充足性

坏账准备的充足性是衡量企业财务健康状况的重要指标。注册会计师应通过比较历史坏账数据、行业平均水平以及企业自身的业务特点，来评估坏账准备的充足性。

如果坏账准备计提不足，则可能导致企业面临潜在的财务风险；而如果计提过多，则可能影响企业的利润表现。因此，注册会计师需要谨慎判断，确保坏账准备的计提既能覆盖潜在的坏账损失，又不会过多。

### 五、审查坏账准备的转回与核销

除了计提过程外，注册会计师还需关注坏账准备的转回与核销情况。当原先计提的坏账准备部分或全部恢复时，企业应进行转回处理；而对于确实无法收回的账款，则应及时核销。

在审查过程中，注册会计师应检查企业是否按照会计准则的要求进行了转回与核销操作，并核实相关凭证和审批流程的合规性。同时，还需关注转回与核销的金额是否合理，以及是否存在利用这些操作进行利润调节的嫌疑。

### 六、形成审计结论与建议

在完成上述审查程序后，注册会计师应根据所收集的证据和发现的问题，形成审计结论。如果坏账准备计提政策明确并得到严格执行，且计提金额准确、合规，则给予正面评价；否则，应提出相应的改进建议。

此外，注册会计师还应在审计报告中详细披露审查过程、发现的问题以及改进建议，为企业管理层和其他利益相关者提供有价值的信息参考。

综上所述，注册会计师对坏账准备计提政策的合规审查是一项复杂而细致的工作。通过全面了解政策、分析账龄与分类、测试计提过程、评估充足性、审查转回与核销情况并形成审计结论与建议等六个方面的程序与方法，注册会计师可以确保企业财务报告的准确性和合规性，从而维护资本市场的公平与透明。

## 案例分析 1：政策模糊导致的计提随意

### 一、背景

A 公司，作为一家中型制造企业，近年来为了拓展市场份额，采取了一系列宽松的销售策略。然而，这些策略导致应收账款显著增加，同时也带来了坏账风险。尽管公司有坏账准备计提政策，但由于政策表述的模糊性，其实施过程中存在诸多问题。

### 二、案例具体情况

1. 应收账款数据

2020 年年底，A 公司应收账款总额为 8 000 万元。其中，账龄为 6 个月应收账款为 4 500 万元，账龄为 6~12 个月的为 2 000 万元，账龄超过 12 个月的为 1 500 万元。与上一年度相比，应收账款增长了 25%。

2. 坏账准备数据

根据模糊的政策，A 公司在 2020 年度仅计提了 500 万元的坏账准备。这 500 万元中，针对账龄为 6 个月以内到期的应收账款计提了 200 万元，针对 6~12 个月到期的计提了 200 万元，账龄超过 12 个月到期的计提了 100 万元。坏账准备占应收账款总额的比例仅为 6.25%，远低于行业平均水平（15%）。

3. 实际坏账数据

在接下来的 2021 年度，A 公司实际发生的坏账损失为 800 万元。其中，600 万元来自超过 12 个月到期的应收账款。

**三、分析过程**

1. 政策模糊导致的计提随意性分析

A 公司的坏账准备计提政策未明确具体的计提比例和方法，导致财务团队在实际操作时存在很大的主观性。例如，对于不同账龄的应收账款，公司并未设定明确的计提标准，这使得计提金额具有很大的随意性。

从数据中可以看出，尽管超过账龄 12 个月到期的应收账款的风险明显更高，但公司对其计提的坏账准备并未显著增加，这反映出政策的模糊性对实际操作造成了影响。

2. 坏账准备计提不足分析

对比行业平均的 15% 计提比例，A 公司 6.25% 的计提比例明显偏低。这意味着在发生坏账时，公司的坏账准备可能不足以覆盖实际损失。

实际上，2021 年度 A 公司发生的 800 万元坏账损失远超之前计提的 500 万元坏账准备，造成了 300 万元的额外财务压力。

3. 风险管理能力弱

坏账准备的计提不仅影响公司的利润表现，还直接关系到公司的风险抵御能力。由于政策的模糊性，A 公司在风险管理方面存在明显的不足。

从数据中可以看出，公司对高风险应收账款的识别和处理能力有待提高。超过账龄 12 个月到期的应收账款实际发生了大量的坏账损失，但公司在事前并未对其计提充分的坏账准备。

4. 对投资者和债权人的影响

由于坏账准备计提不足，A 公司的财务报告可能过于乐观地反映公司的财务状况。这可能导致投资者和债权人基于不准确的信息做出决策。当实际发生坏账损失时，公司的财务状况可能突然恶化，给投资者和债权人带来意外损失。

**四、改进建议**

A 公司的案例清晰地展示了坏账准备计提政策模糊性所带来的风险。这不仅影响了公司的财务报告质量，还可能对公司的持续经营能力构成威胁。为了避免类似情况的发生，企业应：明确并严格执行坏账准备计提政策；加强对高风险应收账款的识别和管理；提高内部控制和风险管理水平；及时、透明地与投资者和债权人沟通财务风险情况。

通过这些措施，企业可以更有效地管理坏账风险，保护投资者和债权人的利益，同时确保自身的稳健运营。

## 案例分析 2：利用坏账准备进行利润操纵

**一、背景**

B 公司是一家电子产品销售公司，近年来面临着市场竞争加剧和成本压力增加的挑战。为了维持良好的业绩表现，公司管理层利用坏账准备进行利润操纵，以达到虚增利润的目的。

**二、案例具体情况**

1. 财务报表数据

2020 年度，B 公司报告的净利润为 5 000 万元，同比增长 20%。应收账款总额为 1 亿元，其中超过信用期限的应收账款为 2 000 万元。坏账准备金额为 200 万元，占应收账款总额的 10%。

2. 坏账准备计提情况

B 公司的坏账准备计提政策规定，对于超过信用期限的应收账款，应按照账龄分析法计提坏账准备。然而，实际上 B 公司对超过信用期限的 2 000 万元应收账款，仅计提了极少的坏账准备。

3. 内部操作记录

经查，B 公司在计提坏账准备时，存在人为调整坏账准备计提比例的情况。公司内部邮件和会议纪要显示，管理层曾就如何降低坏账准备计提比例进行讨论，并最终决定采用较低的计提比例。

## 三、分析过程

1. 坏账准备计提比例异常的分析

根据行业惯例和会计准则，对于超过信用期限的应收账款，应计提较高比例的坏账准备。然而，在本案中，B 公司对这部分高风险应收账款的坏账准备计提比例极低，这明显不符合常理。

对比同行业其他公司的坏账准备计提情况，可以发现 B 公司的计提比例明显低于行业平均水平。这表明 B 公司可能故意降低了坏账准备的计提比例，以虚增利润。

2. 管理层决策的分析

根据公司内部邮件和会议纪要，管理层曾就如何降低坏账准备计提比例进行讨论。这表明管理层存在利用坏账准备进行利润操纵的主观意愿。

管理层可能出于维持公司业绩、提升股价或获取更多融资等目的，而采取这种违规行为。这种行为严重损害了财务报表的真实性和公信力。

3. 利润操纵的影响

通过降低坏账准备的计提比例，B 公司成功地虚增了净利润。这使得公司的业绩表现看起来好，但实际上却隐藏了巨大的财务风险。

一旦大量应收账款无法收回，B 公司将面临巨大的财务压力，甚至可能引发连锁反应，导致公司陷入经营困境。因此，这种利润操纵行为对公司的长期发展极为不利。

4. 内部控制的失效

B 公司能够利用坏账准备进行利润操纵，反映出其内部控制体系的严重失效。在缺乏有效的内部监督和制衡机制的情况下，管理层得以随意调整财务报表数据，以满足自身利益需求。

这种内部控制的失效不仅损害了公司的声誉和利益，还可能引发更严重的财务舞弊行为。因此，加强内部控制体系建设对防范类似违规行为至关重要。

## 四、案例影响

1. 对投资者的误导

由于 B 公司利用坏账准备进行利润操纵，投资者可能基于错误的财务信息做出投资决策，投资者将面临巨大的投资风险和经济损失。这种行为严重损害了投资者的利益和市场信心，不利于资本市场的健康发展。

2. 监管机构的关注与处罚

监管机构将对公司进行严厉的处罚，包括罚款、市场禁入等措施，甚至可能做出刑事处罚。这些处罚将对公司的声誉和利益造成严重影响，进一步削弱其市场竞争力。

## 五、结论

综上所述，利用坏账准备进行利润操纵是一种严重的违规行为，不仅损害了财务报表的真实性和公信力，还可能引发严重的财务风险和市场动荡。因此，企业必须严格遵守会计准则和法律法规，加强内部控制体系建设，确保财务信息的真实性和准确性。

# 案例分析 3：未及时更新坏账准备计提政策

## 一、背景

C 公司是一家历史悠久的制造企业，随着市场环境的不断变化和业务的拓展，公司面临的坏账风险也在逐渐增加。然而，C 公司长期未对其坏账准备计提政策进行更新，导致该政策无法真实反映公司当前的坏账风险状况。这一违规操作最终对公司的财务状况产生了不良影响。

## 二、案例具体情况

1. 坏账准备计提政策更新情况

C 公司最后一次更新坏账准备计提政策是在五年前，规定主要依据账龄和历史坏账率来计提坏账准备。随着市场环境和客户信用状况的变化，原有的计提政策已无法准确反映实际情况。

2. 财务报表数据

根据最近的财务报表，C 公司的应收账款总额为 8 000 万元，其中超过一年未收回的款项达到 2 000 万元。按照旧的坏账准备计提政策，公司仅计提了 500 万元的坏账准备。

3. 实际坏账情况

在最近一个财年内，C 公司实际发生的坏账损失达到了 800 万元，远超过之前计提的坏账准备。

## 三、分析过程

1. 政策更新的必要性分析

随着经济环境和市场条件的变化，企业的坏账风险也会发生相应变化。因此，定期更新坏账准备计提政策是至关重要的。C 公司长期未更新坏账准备计提政策，导致无法真实反映公司的坏账风险。例如，随着市场竞争加剧，客户信用状况可能恶化，而旧的计提政策未能充分考虑这一变化。

2. 政策的适应性分析

旧的坏账准备计提政策主要基于历史数据和账龄来计提坏账准备，未考虑市场变化和客户信用的动态变化。在新的市场环境下，客户的支付能力和信用状况可能已发生显著变化，而旧的计提政策无法捕捉到这些变化，从而导致计提的坏账准备不足。

3. 财务风险评估

由于未及时更新坏账准备计提政策，C 公司面临较大的财务风险。实际发生的坏账损失远超过计提的坏账准备，这表明公司的财务状况可能受到严重影响。未及时更新政策还可能导致公司对坏账风险的评估不准确，进而影响公司的经营决策和资金安排。

4. 内部控制与合规性分析

C 公司未及时更新坏账准备计提政策，反映出其内部控制体系存在一定的缺陷。从合规性角度来看，未及时更新坏账准备计提政策可能违反相关会计准则和法规要求，给公司带来潜在的法律风险。

## 四、案例影响

1. 对财务报表的影响

由于未及时更新坏账准备计提政策，C 公司的财务报表可能无法真实、准确地反映公司的财务状况和经营成果。

2. 对投资者的影响

投资者可能基于错误的财务信息做出投资决策，从而面临投资风险。当实际坏账损失超过预期时，投资者的利益可能受到损害。

3. 对公司信誉和融资能力的影响

未及时更新坏账准备计提政策可能损害公司的市场信誉，影响其与供应商、客户和其他合作伙伴的关系。

此外，不准确的财务报表可能影响公司的融资能力，导致融资成本上升或融资难度增加。

4. 对风险和成本影响

监管机构对 C 公司未及时更新坏账准备计提政策的行为进行调查和处罚，给公司带来额外的法律风险和成本。

### 五、结论

综上所述，未及时更新坏账准备计提政策是一种严重的违规行为，不仅影响财务报表的真实性和准确性，还可能引发一系列财务风险和法律问题。因此，企业应定期评估并更新其坏账准备计提政策，以确保财务信息的可靠性和合规性。

## 案例分析 4：缺乏内部监督和控制

### 一、背景

D 公司是一家中型企业，近年来随着业务规模的扩大，应收账款逐渐增加。然而，公司在坏账准备的计提方面存在明显的管理漏洞，特别是缺乏有效的内部监督和控制机制。这导致坏账准备的计提过程不透明，存在较大的操作空间和随意性，最终对公司的财务状况产生了不良影响。

### 二、案例具体情况

1. 坏账准备计提情况

根据公司政策，坏账准备的计提应基于账龄、客户信用状况及历史坏账率等因素。然而，在实际操作中，坏账准备的计提金额经常出现大幅波动，且无明确解释。

2. 内部监督和控制状况

D 公司未设立独立的内部审计部门，对坏账准备的计提过程缺乏有效监督。财务部门在计提坏账准备时，往往缺乏必要的审批流程和记录，导致操作不透明。

3. 财务报表数据

最近一期财务报表显示，应收账款总额为 1 亿元，坏账准备计提金额为 500 万元。与前一期相比，坏账准备计提金额增加了 300 万元，增长率高达 150%，但未提供详细的解释或依据。

### 三、分析过程

1. 内部监督和控制机制的缺失

D 公司缺乏独立的内部审计部门，缺乏对坏账准备计提过程的监督。没有有效的内部审核机制，财务部门在计提坏账准备时拥有过大的自由裁量权。缺乏必要的审批流程和记录，使得坏账准备的计提过程不透明，难以追溯和验证。这种管理上的漏洞为潜在的不规范操作提供了空间。

2. 坏账准备计提的随意性和不透明性

由于缺乏内部监督和控制，财务部门在计提坏账准备时表现出较大的随意性和不透明性。坏账准备的计提金额经常出现大幅波动，且缺乏合理解释。这种随意性和不透明性不仅影响了财务报表的准确性和可靠性，还可能导致管理层对坏账风险产生误解，进而影响公司的经营决策。

3. 财务风险和合规性风险

由于缺乏有效的内部监督和控制机制，D 公司面临着较大的财务风险。不规范的坏账准备计提可能导致财务报表失真，进而影响公司的信誉和融资能力。同时，不规范的财务操作还可能触犯相关会计准则和法规，给公司带来合规性风险。公司将面临监管机构的处罚和声誉损失。

### 四、改进建议

D 公司应尽快建立独立的内部审计部门，负责对坏账准备的计提过程进行定期审计和监督。完善审批流程和记录制度，确保坏账准备的计提过程透明、可追溯。加强对财务人员的培训和管理，提高其职业素养和风险防范意识。

### 五、案例影响

1. 对财务报表的影响

由于缺乏内部监督和控制机制，D 公司的坏账准备计提过程存在较大的随意性和不规范性，这将直接影响财务报表的准确性和可靠性。

2. 对投资者的影响

投资者可能基于错误的财务信息做出投资决策，从而面临投资风险。当实际坏账损失与财务报表披露的信息存在较大差异时，投资者的利益可能受到严重损害。

3. 对公司信誉和融资能力的影响

不规范的坏账准备计提可能损害公司的市场信誉，影响其与供应商、客户和其他合作伙伴的关系。这种信誉损失可能导致公司在市场竞争中处于不利地位。

同时，不准确的财务报表可能影响公司的融资能力。金融机构和投资者在评估公司的信用状况时，可能会因为财务报表的失真而对公司产生负面评价，导致融资成本上升或融资难度增加。

4. 对风险和成本影响

监管机构可能对D公司缺乏内部监督和控制机制的行为进行调查和处罚。公司将面临额外的法律风险和成本。

**六、结论**

综上所述，缺乏内部监督和控制机制对D公司的坏账准备计提产生了严重的负面影响。为了保障财务报表的准确性和可靠性、维护公司信誉和融资能力、降低法律风险和成本，D公司必须立即采取措施加强内部监督和控制机制的建设。

## 专题十二：坏账准备的会计处理在各个环节是否有完整的支持文件

### 业务简介

**一、概念**

坏账准备是企业对预计可能无法收回的应收款项（包括应收票据、应收账款、预付账款、其他应收款、长期应收款等）所提取的坏账准备金。“坏账准备”科目是资产类的备抵科目，用于抵减应收账款等会计科目的账面余额，以反映企业真实的资产状况。坏账准备的会计处理涉及计提、核销和转回等环节，这些环节都需要遵循相关法律法规，并确保有完整的支持文件。

**二、基本规定**

计提环节：根据《企业会计准则》的规定，企业只能采用备抵法核算坏账损失。坏账准备的计提方法和比例由企业自行确定，但一经确定，不得随意变更。常见的计提方法有余额百分比法、账龄分析法、销货百分比法和个别认定法。在计提时，企业需要根据应收账款的余额和相应的坏账率来估计坏账准备的金额，并进行相应的会计处理。

核销环节：当企业确认某笔应收账款确实无法收回时，需要按照相关程序进行核销。这通常涉及管理层的审批和财务部门的会计处理。核销时，需要将坏账准备转销，同时减少应收账款的账面余额。

转回环节：如果已确认并核销的应收账款后来又部分或全部收回，企业需要进行转回处理。这涉及对之前核销的坏账准备进行反向操作。

**三、经常出现的违规问题**

在计提环节，如果企业未能妥善保存关于计提方法和比例的决策记录、应收账款余额计算表、坏账率的确定依据等关键文档，就可能构成违规行为，因为这可能违反了财务报告的透明度和准确性要求。

在核销环节，若企业没有提供确凿的证据来证明某笔应收账款无法收回，例如缺少客户的破产证明或法律判决书等必要文件，这同样可能被视为违规行为，因为它可能导致财务报表的误导性陈述。此外，如果没有管理层的正式审批文件或财务部门的准确会计处理记录，也可能触犯相关法律法规。

在转回环节，当之前核销的应收账款部分或全部收回时，企业必须保存相关的收款凭证和银行对账单等证明文件。如果这些关键文件缺失或不完整，企业的财务记录就可能不准确，从而构成违规。同样，如果没有财务部门的正确会计处理记录，则也可能被视为违反了财务报告的标准和规定。

**四、违规表现**

随意变更坏账准备的计提方法和比例：有些企业为了调节利润或逃避税收等，会随意变更坏账准备的计提方法和比例。这种做法违反了会计准则的一致性原则，可能导致财务报表的失真。

核销环节缺乏确凿证据：有些企业在核销坏账准备时，没有提供确凿的证据来证明某笔应收账款确实无法收回。这可能导致企业滥用核销权力，虚减利润。

转回环节处理不当：当已确认并核销的应收账款后来又部分或全部收回时，有些企业可能未进行正确的转回处理，或者将收回的款项直接计入当期收入而未冲回原计提的坏账准备。这种做法同样会影响财务报表的真实性。

缺乏完整的支持文件：在各个环节中，如果企业未能保存完整的支持文件，如计提依据、核销证据和转回凭证等，那么审计机构和税务机关可能无法对企业的会计处理进行有效的监督和审查。这可能导致企业面临税务风险或法律纠纷。

## 法律法规

《企业所得税法》第八条："企业实际发生的与取得收入有关的、合理的支出，包括成本、费用、税金、损失和其他支出，准予在计算应纳税所得额时扣除。"

《企业所得税法实施条例》第三十二条规定，企业所得税法第八条所称损失，包括坏账损失。这意味着，企业在生产经营活动中实际发生的坏账损失，可以在计算应纳税所得额时进行扣除。

《企业所得税法实施条例》第五十五条规定，企业所得税法第十条第（七）项所称未经核定的准备金支出，是指不符合国务院财政、税务主管部门规定的各项资产减值准备、风险准备等准备金支出。这表明，未经核定的坏账准备计提在税务上是不允许扣除的。

《企业会计准则》规定企业只能采用备抵法核算坏账损失，计提坏账准备的方法由企业自行确定，坏账准备计提方法一经确定，不得随意变更。同时规定，企业应定期或至少于每年年末对应收款项进行全面检查，对应收款项中可能无法收回的部分计提坏账准备。

## 合规程序与方法

注册会计师对坏账准备的会计处理的风险审查，是一个涉及多个环节和方面的复杂过程。

**一、审查坏账准备计提政策的明确性**

注册会计师首先需要审查企业的坏账准备计提政策是否明确。这包括检查企业的会计政策文件、内部控制制度以及相关的财务报告，以确认企业是否明确规定了坏账准备的计提方法、计提比例、计提时机等关键要素。注册会计师还应关注政策是否符合相关规定，如《企业会计准则》等。

在审查过程中，注册会计师应通过访谈、问卷调查等方式，了解企业员工对坏账准备计提政策的理解和执行情况，以确保政策得到了实际执行。

**二、审查坏账准备的计提过程**

注册会计师需要仔细审查企业的坏账准备计提过程。这包括检查计提坏账准备的会计凭证以及相关的账务处理流程。注册会计师应关注计提过程是否严格按照企业规定的政策执行，是否存在随意计提、少提或多提的情况。

此外，注册会计师还应通过对比历史数据和行业数据，分析企业计提坏账准备的合理性和准确性。如果发现异常波动或不合理情况，应进一步深入调查，以确定是否存在潜在的风险。

**三、审查坏账准备的核销过程**

坏账准备的核销是风险审查的重要内容。注册会计师需要审查企业的坏账准备核销流程是否规范，核销的依据是否充分，是否存在违规核销的情况。

在审查过程中，注册会计师应重点关注核销的审批流程、核销的原始凭证以及相关的账务处理。同时，还应通过对比历史数据和行业数据，分析核销的合理性和准确性。如果发现核销过程中存在问题，应及时向企业管理层提出改进意见。

**四、审查坏账准备的转回过程**

当已确认的坏账重新收回时，企业需要进行坏账准备的转回处理。注册会计师在审查时，应关注转回的依据是否充分、合理，转回金额是否正确计算，并检查相关的会计凭证和账务处理流程。

此外，注册会计师还应关注转回过程中是否存在舞弊行为或利益输送的情况。如果发现异常转回或不合理情况，应进行深入调查，并及时向企业管理层和监管机构报告。

**五、评估坏账准备计提政策的执行效果**

注册会计师需要通过对比企业计提的坏账准备与实际发生的坏账损失，评估坏账准备计提政策的执行效果。这包括分析坏账准备计提的充足性、合理性和及时性等方面。

在评估过程中，注册会计师应利用专业知识和经验，结合企业的实际情况和行业特点，进行综合判断。如果发现坏账准备计提政策执行效果不佳，应及时向企业管理层提出改进建议，并监督其落实情况。

**六、关注与坏账准备相关的内部控制和风险管理**

注册会计师在审查坏账准备时，还应关注企业的内部控制和风险管理情况。这包括检查企业是否建立了完善的内部控制制度，是否对坏账准备计提、核销和转回等环节进行了有效的监控和管理。

同时，注册会计师还应评估企业风险管理的有效性，包括风险识别、评估、应对和监控等方面。如果发现内部控制和风险管理存在问题，应及时向企业管理层提出改进建议，并帮助其完善相关制度和流程。

综上所述，注册会计师对坏账准备的会计处理的风险审查，需要从多个方面进行深入细致的工作。通过以上六个方面的合规程序与方法，注册会计师可以全面评估企业坏账准备会计处理的合规性、有效性和风险性，为企业的健康发展提供有力的保障。同时，这也体现了注册会计师在维护市场经济秩序、保护投资者利益方面的重要作用。

## 案例分析 1：核销环节缺乏确凿证据

**一、背景**

某中型企业（以下称“A 公司”）近年来随着市场扩张，赊销业务不断增加，坏账风险也随之上升。为了应对这一风险，A 公司制定了一套坏账准备计提政策，并设立了相应的核销流程。然而，在实际操作过程中，由于管理不善和内部控制缺失，A 公司在坏账准备的核销环节出现了严重问题，特别是缺乏确凿的核销证据。

**二、案例具体情况**

A 公司在 2020 年度末，根据其坏账准备计提政策，计提了 100 万元的坏账准备。在随后的财务年度中，A 公司决定核销其中 50 万元的坏账准备。然而，在核销过程中，财务部门未能提供充分的证据来支持这一核销决策。

核销金额：50 万元。涉及客户：B 公司。应收账款原值：80 万元。已计提坏账准备：20 万元（原值的 25%）。本次核销比例：62.5%（50 万元 /80 万元 ×100%）。

**三、分析过程**

1. 证据缺失情况分析

在核销过程中，A公司财务部门未能提供以下关键证据。

B公司的破产清算文件或法律判决书，证明其确实无法偿还债务；与B公司的往来邮件或书面沟通记录，证实双方已就债务核销达成一致；内部审批流程文件，显示核销决策经过了适当的授权和批准。由于缺乏这些确凿证据，核销决策的合法性和合规性受到了严重质疑。

2. 内部控制问题分析

本案例暴露出A公司在内部控制方面存在以下问题。

核销流程不规范：公司没有制定明确的核销流程，导致财务部门在核销时缺乏明确的指导。审批权限不明确：核销决策的审批权限未得到明确界定，可能出现越权审批的情况。缺乏有效监督：内部审计部门未能对核销流程进行有效监督，导致未能及时发现和纠正问题。

3. 潜在风险分析

由于缺乏确凿证据支持核销决策，A公司可能面临以下潜在风险。

法律风险：若B公司日后提出异议或采取法律行动，A公司可能因证据不足而陷入被动。财务风险：不规范的核销可能导致财务报表失真，影响投资者和债权人的决策。声誉风险：该问题将对A公司的声誉造成严重损害。

**四、案例影响**

1. 对财务报表的影响

缺乏确凿证据的核销导致坏账准备的数额失真，进而影响了利润表和资产负债表的准确性。

2. 对公司治理的影响

此案例揭示了A公司治理结构的薄弱环节。缺乏确凿证据的核销使得公司管理层难以对财务操作进行有效监督。这可能导致类似问题在未来再次发生，损害公司利益。

3. 对法律合规的影响

核销坏账准备缺乏确凿证据违反相关法律法规的要求，如《企业会计准则》等。A公司可能面临法律处罚和声誉损失。

4. 对业务运营的影响

不规范的财务操作可能影响A公司与供应商、客户等合作伙伴的关系。合作伙伴可能对A公司的财务状况和信誉产生疑虑，从而影响业务合作。

**五、结论**

综上所述，本案例揭示了坏账准备核销环节缺乏确凿证据的严重后果。为了防范类似风险的发生，企业应加强内部控制、规范核销流程、明确审批权限并加强内部审计监督。同时，企业还应加强与法律顾问的合作，确保所有财务操作符合相关法律法规的要求。

## 案例分析2：转回环节处理不当

**一、背景**

C公司是一家中型制造企业，近年来受市场环境变化影响，部分客户出现支付困难，导致公司应收账款增加，坏账风险增加。为了应对这一风险，C公司制定了坏账准备计提政策，并建立了相应的转回机制。然而，在实际操作中，由于转回环节处理不当，C公司面临了一系列的财务风险和合规问题。

**二、案例具体情况**

C公司在2020年底，根据坏账准备计提政策，对长期拖欠货款的客户D公司计提了50万元的坏账准备。然而，在2021年初，C公司突然决定转回这50万元的坏账准备，理由是D公司的经营状况有所改善，预计能够偿还部分货款。

具体数值如下。

转回的坏账准备金额：50 万元。涉及客户：D 公司。原始应收账款金额：200 万元。已计提坏账准备：50 万元（原始应收账款的 25%）。本次转回比例：100%（50 万元 /50 万元 ×100%）。

## 三、分析过程

1. 转回决策的合理性分析

C 公司在转回坏账准备时，仅基于 D 公司经营状况的改善和对 D 公司能够偿还部分货款的乐观预测，而未进行充分的风险评估和证据收集。这种决策过程缺乏严谨性和客观性，容易导致转回决策的失误。

为了合理转回坏账准备，C 公司应该提供确凿的证据，如 D 公司的财务报告、还款计划或银行流水等，以证明其经营状况确实改善，并有能力偿还货款。然而，在此案例中，C 公司未能提供这些关键证据。

2. 内部控制和审批流程分析

本案例暴露出 C 公司在内部控制和审批流程方面存在明显缺陷。首先，转回决策的审批流程不规范，可能出现越权审批或审批不严谨的情况。其次，内部审计部门未能对转回流程进行有效监督，使得问题未能被及时发现和纠正。

为了加强内部控制，C 公司应建立完善的审批流程，确保转回决策经过适当的授权和批准。同时，内部审计部门应定期对坏账准备的计提、核销和转回等环节进行审计，以确保合规性和准确性。

3. 潜在风险分析

由于转回环节处理不当，C 公司可能面临以下潜在风险：一是财务风险，不恰当的转回可能导致财务报表失真，影响投资者和债权人的决策；二是法律风险，若监管部门认定转回决策不合规，C 公司可能面临法律处罚；三是声誉风险，该问题将对 C 公司的声誉造成严重损害。

## 四、案例影响

1. 对财务报表的影响

不恰当的转回导致坏账准备的数额失真，进而影响了资产负债表和利润表的准确性。

2. 对公司治理的影响

此案例揭示了 C 公司治理结构的不足之处。内部控制的缺失和审批流程的不规范使得管理层难以对财务操作进行有效监控。这可能导致类似问题在未来继续发生，进一步损害公司利益。

3. 对监管合规的影响

不恰当的坏账准备转回违反相关会计准则和监管要求。C 公司可能面临罚款、声誉损害等严重后果。

4. 对业务运营的影响

财务报表的失真可能影响 C 公司与供应商、客户及其他合作伙伴的关系。合作伙伴可能对 C 公司的财务状况和信誉产生怀疑，从而影响 C 公司的业务合作和市场拓展。

## 五、结论

综上所述，本案例揭示了坏账准备转回环节处理不当的严重后果。为了避免类似风险的发生，企业应加强内部控制、完善审批流程、加强内部审计监督，并确保所有财务操作符合相关法律法规的要求。同时，企业还应建立风险评估机制，对坏账准备的计提、核销和转回等环节进行定期评估和调整，以确保财务报表的准确性和合规性。

## 案例分析 3：缺乏完整的支持文件

### 一、背景

E 公司是一家电子产品销售公司，近年来随着市场竞争加剧，为了扩大销售，公司采取了较为宽松的信用政策，导致应收账款大幅增加。为了应对潜在的坏账风险，E 公司按照相关会计准则计提了坏账准备。然而，在坏账准备的会计处理过程中，公司被发现存在缺乏完整支持文件的问题，这不仅影响了财务报表的准确性，还引发了投资者等利益相关者对 E 公司内部管理和合规性的担忧。

### 二、案例具体情况

E 公司在 2023 年度末的应收账款总额为 1 000 万元，根据公司的坏账准备计提政策，应计提 10% 的坏账准备，即 100 万元。然而，在进行会计处理时，公司未能提供完整的支持文件来支撑这一计提金额。

具体数值如下。

应收账款总额：1 000 万元。坏账准备计提比例：10%。应计提坏账准备金额：100 万元。实际提供的支持文件的覆盖比例：60%（仅覆盖了 600 万元的应收账款）。

### 三、分析过程

1. 支持文件的完整性分析

在坏账准备的会计处理中，完整的支持文件是至关重要的。这些文件包括但不限于客户信用评估报告、应收账款账龄分析报告、坏账准备计提计算表等。然而，在本案例中，E 公司仅能提供覆盖 60% 应收账款的支持文件，这意味着有 40% 的应收账款（即 400 万元）在计提坏账准备时缺乏必要的文件支撑。

这种缺乏完整支持文件的情况可能导致坏账准备的计提金额不准确，进而影响财务报表的真实性和可靠性。例如，没有充分的文件证明某些应收账款确实存在坏账风险，或者坏账准备的计提比例确实合理。

2. 内部控制和风险管理分析

缺乏完整的支持文件反映了 E 公司在内部控制和风险管理方面存在的不足。首先，这可能表明公司的信用评估和应收账款管理流程存在漏洞，导致无法全面、准确地评估坏账风险。其次，这也可能意味着公司的内部审批和监督机制不健全，使得会计处理过程中出现的问题未能被及时发现和纠正。

为了加强内部控制和风险管理，E 公司需要建立完善的信用评估和应收账款管理制度，并确保所有相关流程都有明确的文件记录。此外，公司还应加大内部审计和监督力度，定期对坏账准备的会计处理进行审查，以确保合规性和准确性。

3. 合规性和法律责任分析

根据相关法律法规的要求，企业在计提坏账准备时必须提供完整的支持文件。因此，E 公司缺乏完整支持文件的行为违反了这些规定，公司可能面临法律责任和行政处罚。

为了避免潜在的合规风险，E 公司应立即着手补充和完善相关支持文件，并确保未来的会计处理严格遵守相关法律法规的要求。

### 四、案例影响

1. 对财务报表的影响

缺乏完整的支持文件可能导致坏账准备的计提金额不准确，从而影响资产负债表和利润表的真实性。这可能导致投资者、债权人等利益相关者对公司财务状况产生误解，进而影响他们的决策。

2. 对公司治理的影响

此案例揭示了 E 公司治理结构的薄弱环节，特别是内部控制和风险管理方面的不足。这可能导致类似问题在未来继续发生，损害公司利益和声誉。为了改善公司治理，E 公司需要加强内部控制、完善风险管理流程，并确保所有财务操作都符合相关法律法规的要求。

**五、结论**

综上所述，本案例揭示了坏账准备会计处理中缺乏完整支持文件的严重后果。为了避免类似风险的发生，企业需要加强内部控制、完善风险管理流程、确保合规性，并补充和完善相关支持文件。同时，企业还应建立风险评估机制，定期对坏账准备的会计处理进行审查和评估，以确保财务报表的准确性和合规性。

## 专题十三：会计制度与税法在坏账准备处理方面是否存在差异

### 业务简介

**一、概念**

坏账准备是企业为应对可能无法收回的应收账款而提前做出的一种财务安排。会计制度和税法对坏账准备的处理存在明显的差异，这些差异主要体现在计提范围、方法和比例，以及坏账损失的处理方式上。

会计制度是企业为规范会计核算而制定的一系列规章制度和程序，其目的在于确保企业财务信息的真实、准确与完整。税法则是对国家调整税收关系的法律规范的总称，其核心是保障国家财政收入和调节社会经济。

**二、基本规定**

会计制度中关于坏账准确的规定如下。

计提范围：会计制度规定，除了应收账款外，其他应收款项也应计提坏账准备。若企业的预付账款或其他应收款出现无法收回的迹象，也需按规定计提坏账准备。

计提方法和比例：企业可以根据自身情况选择适合的计提方法，如应收账款余额百分比法、销货百分比法、账龄分析法等，并自主确定计提比例。

坏账损失处理：会计制度要求企业对坏账损失采用备抵法进行处理，即提前估计可能的坏账损失，并做好准备。

税法中关于坏账准确的规定如下。

计提范围：税务处理上，通常只允许对纳税人因销售商品、产品或提供劳务而产生的年末应收账款计提坏账准备，且仅包括应收票据的金额。

计提方法和比例：税法在坏账准备的计提上更为严格，一般只认可应收账款余额百分比法，且提取比例不得超过年末应收账款余额的 0.5%。

坏账损失处理：税务上更倾向于按实际发生额据实扣除坏账损失，但经税务机关批准，也可提取坏账准备金。

这些差异处理主要是基于会计准则和税法的不同目的和原则。会计准则更注重真实、公允地反映企业的财务状况和经营成果，而税法则更注重保障国家财政收入和公平税负。因此，在实际操作中，企业需要遵循相关法律法规的规定，正确处理二者之间的差异。

**三、经常出现的违规问题**

在坏账准备的会计处理过程中，经常出现以下违规问题。

1. 计提范围不当

在企业的日常财务管理中，确定坏账准备的计提范围是一个极易出错且至关重要的环节。有时，企业可能未深入理解会计制度和税法对坏账准备计提范围的具体规定，这导致在实际操作中计提范围的确定不够准确。具体来说，企业可能错误地将某些不应纳入计提范围的应收账款包含进来，或者遗漏了本应计提坏账准备的部分。计提范围的不当设定，会直接导致坏账准备的金额出现偏差，要么过高估计了潜在的坏账风险而多提了准备，要么低估了风险而少提了准备。多提准备会虚减企业的利润，影响企业的业绩表现；少提准备则可能使企业面临未来坏账实际发生时资金不足的风险。

2. 计提方法和比例不合规

坏账准备的计提方法和比例选择，直接关系到企业财务报表的准确性和合规性。然而，有些企业在实际操作中可能未采用合适的计提方法，或者未严格按照会计制度和税法规定的比例进行计提。这种不合规的操作，可能是由于企业对相关法规理解不足，也可能是出于某种目的而故意为之。无论是哪种情况，不恰当的计提方法和比例都会导致财务报表中的数据失真，无法真实反映企业的财务状况和经营成果。这不仅会误导投资者和债权人的决策，还可能使企业面临监管机构的处罚。

3. 坏账损失处理不当

坏账损失的处理是企业财务管理中的另一个关键环节。按照会计制度或税法的要求，企业在处理坏账损失时，应该遵循备抵法或按照实际发生额据实扣除。然而，有些企业在实际操作中可能未严格遵循这些规定，导致坏账损失的处理不当。具体来说，企业可能未及时确认坏账损失，或者在确认损失时未能按照实际发生额进行扣除。这种不当的处理方式，会直接导致企业财务报表中的资产和利润数据虚高，无法真实反映企业的实际财务状况。长期来看，这不仅会损害企业的信誉和形象，还可能引发更严重的财务风险和法律问题。

**四、违规表现**

1. 违规扩大或缩小计提范围

企业可能出于调节利润等目的，故意扩大或缩小坏账准备的计提范围。例如，将本不属于坏账准备计提范围的款项纳入其中，以降低利润；或者故意忽略某些高风险应收账款，以美化短期内的利润表现。这种操作违反了会计制度和税法的规定，导致财务报表不真实。

2. 随意变更计提方法和比例

有些企业可能在不具备合理理由的情况下，随意变更坏账准备的计提方法和比例。这种变更可能是为了达到管理层的期望利润，也可能是为了规避某些财务指标的要求。这种做法不仅违反了会计政策的一致性原则，也使得企业的财务报表失去了可比性，误导了投资者和其他利益相关者。

3. 坏账损失确认不及时或不准确

当应收账款确实无法收回时，企业应及时确认坏账损失。然而，有些企业可能出于各种考虑，如担心影响业绩考核、期望未来收回部分款项等，而故意延迟确认坏账损失，或者在确认损失时金额不准确。这种行为不仅违反了会计准则的要求，也影响了企业财务报表的真实性和公允性。

4. 利用坏账准备进行财务舞弊

有些企业可能利用坏账准备进行财务舞弊。例如，通过虚构应收账款、计提大量的坏账准备来掩盖真实的财务状况；或者通过操纵坏账准备的计提和转回来调节利润。这些行为严重违反了会计法规，不仅损害了企业的声誉，还可能引发法律诉讼和监管处罚。

## 法律法规

《企业所得税法》第八条："企业实际发生的与取得收入有关的、合理的支出，包括成本、费用、税金、损失和其他支出，准予在计算应纳税所得额时扣除。"

《企业所得税法实施条例》第三十二条规定，企业所得税法第八条所称损失，包括坏账损失。

《企业会计准则》规定了企业会计处理坏账准备的具体方法，包括计提范围、方法和比例等。这些规定与税务处理的规定存在差异，主要体现在计提范围更广、计提方法和比例更灵活。

## 合规程序与方法

在企业的财务管理中，坏账准备的处理是一个重要且复杂的环节，它涉及会计制度和税法两个方面的规定。由于会计制度和税法在坏账准备的处理上存在差异，这为企业带来了一定的风险。注册会计师在进行审计时，需要特别关注这一方面的合规性。以下将从六个方面详细阐述注册会计师对会计制度与税法在坏账准备处理方面的差异进行审查的合规程序与方法。

**一、了解相关法规与政策**

注册会计师首先需要全面了解相关的法规与政策，特别是关于坏账准备的处理规定，这包括《企业会计准则》《企业所得税法》等。通过深入研读这些法律法规，注册会计师能够明确会计制度和税法关于坏账准备处理的具体要求，为后续的审计工作奠定基础。

**二、评估企业的坏账准备政策**

注册会计师应审查企业的坏账准备政策，确保其符合会计制度和税法。这包括评估企业计提坏账准备的范围、方法和比例是否合理，以及坏账损失的确认和处理是否合规。注册会计师还需要关注企业是否定期更新其坏账准备政策，以适应外部环境和内部经营的变化。

**三、分析财务报表与税务申报表**

注册会计师应仔细分析企业的财务报表和税务申报表，比对两者在坏账准备方面的数据是否一致。如果存在差异，需要进一步调查原因，并确保这些差异是合理且合规的。此外，注册会计师还需要关注企业是否按照相关法规要求，在财务报表和税务申报表中充分披露了坏账准备的相关信息。

**四、执行审计程序以验证坏账准备的合规性**

为了验证坏账准备的合规性，注册会计师需要执行一系列的审计程序。这包括向企业索取坏账准备的相关文件和资料，如计提坏账准备的依据、坏账损失的确认凭证等。注册会计师还需要通过函证、访谈等方式，向第三方验证企业坏账准备数据的真实性和准确性。同时，对坏账准备进行截止性测试，确保其在正确的期间内被计提和处理。

**五、关注潜在的风险点**

在审计过程中，注册会计师需要特别关注坏账准备处理中可能存在的风险点。例如，企业可能出于调节利润等目的而故意多提或少提坏账准备；或者利用坏账准备进行财务舞弊等。针对这些风险点，注册会计师应保持高度的警惕性，并采取相应的措施进行防范和应对。

**六、提出改进建议并跟踪落实**

如果在审计过程中发现企业在坏账准备处理方面存在问题或不足，注册会计师应及时向企业提出改进建议。这些建议应具体、可行，并有助于企业提高坏账准备处理的合规性和准确性。同时，注册会计师还需要跟踪这些建议的落实情况，确保企业能够真正改善其坏账准备的处理工作。

综上所述，注册会计师在审查会计制度与税法在坏账准备处理方面的差异时，应遵循以上六个方面的合规程序与方法。通过这些程序和方法，注册会计师能够全面、深入地了解企业在坏账准备处理方面的实际情况，确保其符合会计制度和税法，从而降低企业的财务风险并提高财务管理水平。同时，这也为注册会计师提供了有力的审计依据和保障，确保其能够出具真实、准确的审计报告。

## 案例分析 1：违规扩大或缩小计提范围

### 一、背景

某中型企业（以下称“A 公司”）主要从事电子产品的销售与服务。近年来，随着市场竞争的加剧，A 公司为了扩大市场份额，采取了一系列宽松的信用政策，导致应收账款大幅增加。然而，在坏账准备的处理上，A 公司存在明显的违规操作，具体表现为违规扩大或缩小坏账准备的计提范围。

### 二、案例具体情况

A 公司 2022 年度财务报表显示，应收账款总额为 5 000 万元，其中，按照账龄分析法，1 年以内的应收账款为 3 000 万元，1~2 年的为 1 500 万元，2 年以上的为 500 万元。

A 公司在计提坏账准备时，仅对 2 年以上的应收账款计提了坏账准备，计提比例为 50%，即 250 万元。而对于 1 年以内和 1~2 年的应收账款，A 公司未计提坏账准备。

税务部门规定的坏账准备计提比例为：1 年以内应收账款计提比例为 5%，1~2 年应收账款计提比例为 10%，2 年以上应收账款计提比例为 50%。

### 三、分析过程

1. 违规表现分析

A 公司在坏账准备的计提上存在明显的违规操作。具体如下。

违规缩小计提范围：A 公司仅对 2 年以上的应收账款计提了坏账准备，而未对 1 年以内和 1~2 年的应收账款计提坏账准备。这明显违反了税务部门关于坏账准备计提的规定，缩小了坏账准备的计提范围。

2. 原因分析

A 公司之所以采取这种违规操作，主要有以下几个方面的原因。

利润操纵动机：通过缩小坏账准备的计提范围，A 公司可以减少当期费用，从而虚增利润。这有助于提升公司业绩，满足投资者的期望。

管理层短视：A 公司管理层可能过于关注短期业绩，而忽视了长期风险。他们可能认为，只要应收账款最终能够收回，就不必计提坏账准备。然而，这种做法忽视了坏账风险的存在，可能导致未来出现大量的坏账损失。

内部控制缺失：A 公司在坏账准备计提方面的内部控制可能存在缺陷。例如，没有建立有效的审批流程和监督机制，导致管理层可以随意调整坏账准备的计提范围和比例。

3. 影响分析

A 公司的违规操作将产生以下影响。

财务报表失真：由于未按照规定计提坏账准备，A 公司的财务报表将无法真实反映公司的财务状况和经营成果。这可能导致投资者和其他利益相关者做出错误的决策。

税务风险增加：A 公司的违规操作将引起税务部门的关注。A 公司将面临补缴税款、缴纳滞纳金和罚款等处罚。这将增加公司的税务风险和成本。

信用风险加剧：由于未充分计提坏账准备，A 公司可能面临更大的信用风险。一旦大量应收账款无法收回，将对公司造成巨大的经济损失。

### 四、案例影响

此案例对 A 公司以及整个行业都产生了深远的影响。

对 A 公司而言，该案例揭示了其在财务管理和内部控制方面存在的严重问题。为了解决这些问题，A 公司需要加强内部控制体系的建设，确保财务报表的真实性和准确性。同时，A 公司还需要加强与税务部门的沟通与合作，确保合规经营。

对整个行业而言，该案例起到了警示作用。其他企业应从中吸取教训，加强自身的财务管理和内部控制工作。此外，行业协会和监管机构也应加强对企业的指导和监督，确保整个行业的健康发展。

**五、结论**

综上所述，A 公司在坏账准备处理方面的违规操作给自身和整个行业都带来了不良影响。为了避免类似问题的发生，企业需要加强内部控制和财务管理工作，确保合规经营并真实反映财务状况。同时，行业协会和监管机构也应发挥更大的作用，促进行业的健康发展。

## 案例分析 2：随意变更计提方法和比例

**一、背景**

B 公司是一家从事家具生产和销售的中型企业，近年来受市场竞争和宏观经济环境影响，其销售业绩出现波动。为了应对这种波动，B 公司在坏账准备的计提方法和比例上进行了多次调整，但这些调整并未遵循一贯性和谨慎性原则，而是显得颇为随意。

**二、案例具体情况**

2021 年，B 公司采用账龄分析法计提坏账准备，1 年以内的应收账款的坏账准备计提比例为 2%，1~2 年的为 5%，2 年以上的为 10%。

2022 年初，B 公司突然变更了坏账准备的计提方法，从账龄分析法改为余额百分比法，并设定了统一的 3% 的坏账准备计提比例。

2022 年中期，由于销售业绩下滑，B 公司再次调整坏账准备的计提比例，将坏账准备的计提比例从 3% 提高到 5%。

数据显示，2021 年末，B 公司应收账款总额为 4 000 万元，其中 1 年以内的为 2 500 万元，1~2 年的为 1 000 万元，2 年以上的为 500 万元。按照当时的计提比例，坏账准备总额为 2 500×20%+1 000×5%+5 000×10%=50+50+50=150 万元。

2022 年初变更方法后，以 3% 的比例计提坏账准备，则 4 000 万元的应收账款需计提 120 万元的坏账准备。

2022 年中期再次变更后，以 5% 的比例计提，则此时（假设应收账款总额不变）需计提 200 万元的坏账准备。

**三、分析过程**

（一）违规表现分析

B 公司在坏账准备的计提上存在明显的违规操作，主要表现在随意变更计提方法和比例上。

方法变更无合理依据：B 公司在没有充分理由的情况下，将坏账准备的计提方法从账龄分析法变更为余额百分比法。这种变更缺乏合理性和一贯性，可能是为了调节利润或掩盖真实的财务状况。

比例变更频繁且幅度大：在短短一年内，B 公司两次调整坏账准备的计提比例。这种频繁的变更不仅缺乏合理的商业理由，还可能对财务报表的真实性和可比性造成严重影响。

（二）原因分析

B 公司随意变更坏账准备的计提方法和比例，可能出于以下原因。

操纵利润：通过调整坏账准备的计提方法和比例，B 公司可以影响当期损益，从而达到调节利润的目的。这种操纵可能是为了满足管理层的业绩考核要求，也可能是为了迎合市场预期。

内部控制缺失：B 公司在坏账准备计提方面的内部控制可能存在严重缺陷。没有有效的审批流程和监督机制来约束管理层的决策行为，导致管理层可以随意调整坏账准备的计提方法和比例。

外部压力与诱惑：在市场竞争激烈的环境下，B 公司可能面临来自投资者、债权人等外部利益相关者的压力和诱惑，为了获取更多的资金支持或市场份额，不惜通过违规操作来美化财务报表。

（三）影响分析

B公司的违规操作将产生以下影响。

财务报表失真：随意变更坏账准备的计提方法和比例将导致财务报表无法真实反映公司的财务状况和经营成果。

信用风险加剧：由于坏账准备的计提不足或过度，B公司可能面临更大的信用风险。一旦大量应收账款无法收回，将对公司造成巨大的经济损失。

法律与监管风险增加：B公司的违规操作触犯相关法律法规，公司将面临法律诉讼和监管处罚。这不仅会损害公司的声誉和形象，还可能对公司的持续经营造成严重影响。

**四、案例影响**

该案例对B公司及类似企业有深远的警示意义。

对B公司而言，此次违规操作揭示了其内部管理和控制体系的薄弱环节。为了避免类似问题的发生，B公司需要加强内部控制体系的建设和完善，确保会计政策的稳定性和一贯性。同时，应加强与外部审计机构和监管机构的沟通与合作，及时发现并纠正违规行为。

对其他企业而言，该案例提供了一个反面教材。企业应从中吸取教训，加强自身的财务管理和内部控制工作，严格遵守相关法律法规和会计准则的要求。同时，应建立有效的风险防范机制，及时发现并应对潜在的财务风险。

**五、结论**

综上所述，B公司随意变更坏账准备的计提方法和比例的违规行为对自身和其他企业具有深刻的警示作用。为了避免类似问题的发生，各方应共同努力加强内部控制、完善管理体系并严格遵守相关法律法规的要求。

## 案例分析3：坏账损失确认不及时或不准确

**一、背景**

C公司是一家电子产品分销商，近年来随着市场竞争加剧，为了保持市场份额，C公司采取了较为宽松的信用政策，导致应收账款大幅增加。然而，由于内部管理不善和外部经济环境变化，部分客户出现违约情况，形成了一定数量的坏账。在坏账损失的确认上，C公司存在明显的不及时和不准确问题。

**二、案例具体情况**

2021年底，C公司应收账款总额为6 000万元，其中，有500万元的应收账款已经逾期一年，且多次催收无果。

2022年初，C公司对500万元的逾期应收账款进行了评估，认为其中有300万元很可能无法收回，但公司并未及时确认这部分坏账损失。

直到2022年底，C公司才在财务报表中确认了200万元的坏账损失，而实际上，经过进一步核查，这500万元的逾期应收账款中有400万元已经无法收回。

C公司在确认坏账损失时，未严格按照相关会计准则进行，而是采用了一种较为随意的方式，导致坏账损失的确认金额不准确。

**三、分析过程**

（一）违规表现分析

C公司在坏账损失的确认上存在明显的不及时和不准确问题。

坏账损失确认不及时：C公司在2021年底就已经发现有500万元的逾期一年且多次催收无果的应收账款，这表明这些应收账款很可能已经形成了坏账。然而，C公司并没有及时确认这部分坏账损失，而是延迟到2022年底才进行部分确认。这种延迟确认的做法违反了会计准则的要求，导致财务报表无法真实反映公司的财务状况。

坏账损失确认不准确：C公司在确认坏账损失时，未严格按照会计准则进行评估和确认，而是采用了一种较为随意的方式。这导致实际确认的坏账损失金额与真实情况存在较大差异。在本案例中，C公司最终只确认了200万元的坏账损失，而实际上有400万元的应收账款已经无法收回。这种不准确的确认方式严重影响了财务报表的真实性和可靠性。

（二）原因分析

C公司坏账损失确认不及时和不准确的原因可能包括以下几点。

管理层对坏账损失的重视程度不够：C公司的管理层可能过于关注销售业绩和市场份额，而忽视了对应收账款的管理和坏账损失的确认。这导致公司在发现坏账风险后，没有及时采取措施进行确认和处理。

内部控制体系不完善：C公司在应收账款管理和坏账损失确认方面的内部控制可能存在缺陷。例如，缺乏有效的审批流程和监督机制来确保坏账损失的及时准确确认。这可能导致管理层在确认坏账损失时具有较大的随意性和主观性。

会计人员专业能力不足：C公司的会计人员可能对会计准则和坏账损失确认的具体要求不够熟悉，导致在实际操作中无法准确判断和确认坏账损失。

（三）影响分析

C公司坏账损失确认不及时和不准确将产生以下影响。

财务报表失真：由于坏账损失确认不及时和不准确，C公司的财务报表将无法真实反映公司的财务状况和经营成果。

信用风险加剧：由于部分无法收回的应收账款未及时确认坏账损失，C公司可能面临更大的信用风险，遭受更大的经济损失。

税务风险增加：坏账损失的确认不仅影响财务报表的准确性，还影响公司的税务申报。如果C公司未按照税法规定及时准确地确认坏账损失，税务部门将对其进行税务稽查和处罚。

### 四、案例影响

此案例对C公司以及类似企业具有重要的警示意义。

加强应收账款管理：企业应建立完善的应收账款管理制度，加强对客户信用状况的评估和监控，及时发现并处理潜在的坏账风险。

完善内部控制体系：企业应建立健全的内部控制体系，确保坏账损失的及时准确确认，包括制定明确的审批流程、设立专门的监督机构以及提高会计人员的专业能力等。

提高管理层对坏账损失的重视程度：企业管理层应充分认识到坏账损失对公司财务状况和经营成果的影响，加强对坏账损失确认工作的重视和支持。

加强与税务部门的沟通与合作：企业应加强与税务部门的沟通与合作，确保坏账损失确认符合税法规定，降低税务风险。

### 五、结论

综上所述，C公司坏账损失确认不及时或不准确的违规行为给自身带来了诸多不良影响。为了避免类似问题的发生，企业应积极采取措施加强应收账款管理、完善内部控制体系并提高管理层对坏账损失的重视程度。

## 案例分析4：利用坏账准备进行财务舞弊

### 一、背景

D公司是一家中型制造企业，近年来面临着激烈的市场竞争和利润下滑的压力。为了维持良好的财务报表形象，D公司的管理层利用坏账准备进行财务舞弊。

## 二、案例具体情况

D公司在2021年末的应收账款总额为8 000万元，按照公司既定的坏账准备计提政策，应计提的坏账准备为800万元。

然而，D公司的管理层为了提高当年的净利润，决定少提坏账准备，仅计提了400万元。

在2022年度，D公司的部分客户出现违约，实际发生的坏账损失达到了600万元。由于前一年度坏账准备计提不足，这一损失对D公司的财务状况产生了较大冲击。

为了掩盖这一事实，D公司的管理层在2022年度又过度计提了坏账准备，达到了1 000万元，以平滑利润波动。

## 三、分析过程

### （一）违规表现分析

D公司管理层的违规行为主要如下。

少提坏账准备以虚增利润：在2021年度，D公司为了提高净利润，故意少提坏账准备。这种做法违反了会计准则的要求，导致财务报表中的净利润虚增，从而误导了投资者和其他利益相关者。

过度计提坏账准备以平滑利润：在2022年度，为了掩盖因前一年度少提坏账准备而导致的实际坏账损失对财务的影响，D公司又过度计提了坏账准备。这种做法虽然在一定程度上平滑了利润波动，但同样违反了会计准则的要求，导致财务报表失真。

### （二）舞弊动机分析

D公司管理层利用坏账准备进行财务舞弊的动机可能包括以下几点。

达到业绩考核目标：管理层可能面临着来自股东或董事会的业绩考核压力，为了达到预期的业绩目标，不惜通过违规手段来虚增利润。

获取资金支持：为了获取更多的资金支持，D公司可能需要向金融机构或投资者展示良好的财务状况。

维护市场形象：为了维护公司在市场上的良好形象，管理层可能倾向于通过财务舞弊来掩盖真实的财务状况和经营成果。

### （三）影响分析

D公司利用坏账准备进行财务舞弊的行为将产生以下影响。

财务报表失真：通过少提或过度计提坏账准备来操纵财务报表，将导致财务报表无法真实反映公司的财务状况和经营成果。

风险增加：D公司的违规行为触犯相关法律法规，公司将面临法律诉讼和监管处罚。这不仅会损害公司的声誉和形象，还可能对公司的持续经营造成严重影响。

内部管理混乱：财务舞弊行为往往伴随着内部管理的混乱和失控。D公司的违规行为暴露出其在内部控制、风险管理等方面的严重缺陷，D公司需要进一步加强整改和进行规范。

## 四、案例影响

此案例对D公司以及类似企业的影响深远，同时也为企业提供了重要启示。

强化内部控制与监督：企业应建立完善的内部控制体系，确保会计政策的执行和监督机制的有效性。通过内部审计和风险评估，及时发现并纠正违规行为，保障财务报表的真实性和准确性。

提高管理层诚信意识：企业管理层应树立诚信经营的理念，严格遵守法律法规。通过加强道德教育和职业培训，提升管理层的职业素养和责任意识。

加强信息公开与提高信息透明度：企业应积极履行信息披露义务，及时、准确、完整地公开财务信息。通过提高信息的透明度和可信度，降低信息不对称带来的风险，保护投资者的合法权益。

**五、结论**

综上所述，D公司利用坏账准备进行财务舞弊的案例揭示了企业财务舞弊的危害性和风险防范的重要性。企业应从中吸取教训，通过加强内部控制与监督、提高管理层诚信意识以及加强信息公开与提高信息透明度等，维护市场环境的公平、透明、有序。

## 专题十四：是否审查关联方交易在坏账准备处理方面的特殊性

### 业务简介

**一、概念**

关联方交易，通常是指在关联方之间进行的资源、劳务或义务的转移行为，而不论是否收取价款。在坏账准备的处理上，关联方交易具有其特殊性。由于关联方之间的密切关系和可能的利益输送，需要特别关注对关联方应收账款的坏账准备计提情况，以防止财务报表的失真和潜在的舞弊行为。

**二、基本规定**

计提原则：企业应按照相关会计准则，对应收账款进行坏账准备的计提。对于关联方交易产生的应收账款，坏账准备的计提应基于谨慎性原则，合理估计可能发生的坏账损失。

计提方法：常见的坏账准备计提方法包括余额百分比法、账龄分析法等。在选择计提方法时，企业应考虑关联方交易的特点，如交易的频繁性、金额大小、信用期等。

信息披露：企业应在财务报表中充分披露关联方交易及其坏账准备的相关信息，包括关联方的名称、交易类型、金额、坏账准备的计提方法和金额等。

**三、经常出现的违规问题**

1. 坏账准备计提的操纵

企业可能通过调整关联方交易的坏账准备计提比例或方法，来人为地影响财务报表中的利润或资产状况。例如，为了减少当期费用、增加利润，企业可能对关联方的应收账款少提或不提坏账准备。

2. 关联方交易的隐蔽性

由于关联方交易的特殊性，部分交易可能并未完全按照市场原则进行，而是通过内部协议定价，这增加了交易的隐蔽性。企业可能未充分披露与关联方的交易，导致外部投资者和审计机构难以准确评估其财务影响。

3. 利益输送与损害公司利益

通过关联方交易，控股股东或其他关联方可能进行利益输送，损害公司和其他股东的利益。例如，以低于市场价的价格向关联方销售商品或服务，或者以高于市场价的价格从关联方购买商品或服务。

**四、违规表现**

1. 内部交易价格不公允

关联方之间的交易，由于涉及共同的利益，有时并不完全基于市场原则进行。这种情况下，内部交易价格很可能偏离市场价格，表现出不公允性。这种不公允的交易价格在坏账准备的处理上也有所体现。例如，对于某些关联方的应收账款，企业可能会选择不计提或少计提坏账准备。这种做法实际上是对企业财务状况的一种粉饰，同时也损害了其他非关联方的利益。

2. 虚构交易进行舞弊

企业管理层，特别是那些拥有高度决策权的管理层，有时可能会利用关联方交易的复杂性来进行舞弊行为。他们可能会虚构并不存在的关联方交易，或者伪造应收账款单据，以此来操纵坏账准备的计提金额，进而影响财务报表的结果。这种舞弊行为不仅严重损害了企业的声誉，还可能导致企业面临重大的法律风险。更为严重的是，这种舞弊行为将严重打击投资者对企业的信心，甚至可能引发企业的信誉危机。

3. 逃避监管

在日益严格的监管环境下，有些企业可能会尝试通过关联方交易和坏账准备的处理来逃避监管机构的审查。它们可能会构建一个复杂的关联方交易网络，通过这个网络进行资金的转移，以此来隐藏企业真实的财务状况和风险情况。这种做法虽然短期内可能帮助企业规避了某些监管要求，但长期来看，为企业带来了巨大的潜在风险，企业将面临严重的法律后果和社会舆论的谴责。

## 法律法规

**一、《会计法》**

第十三条规定："会计凭证、会计账簿、财务会计报告和其他会计资料，必须符合国家统一的会计制度的规定。使用电子计算机进行会计核算的，其软件及其生成的会计凭证、会计账簿、财务会计报告和其他会计资料，也必须符合国家统一的会计制度的规定。任何单位和个人不得伪造、变造会计凭证、会计账簿及其他会计资料，不得提供虚假的财务会计报告。"

**二、《企业会计准则第 22 号——金融工具确认和计量》**

第四十条规定："企业应当在资产负债表日对以公允价值计量且其变动计入当期损益的金融资产以外的金融资产的账面价值进行检查，有客观证据表明该金融资产发生减值的，应当计提减值准备。"

## 合规程序与方法

关联方交易因其特殊的性质，在坏账准备处理上往往存在诸多风险点。注册会计师在进行财务报表审计时，需要对关联方交易及其坏账准备处理给予特别的关注。以下从六个方面详细阐述注册会计师在进行此类风险审查时的合规程序与方法。

**一、了解并评估关联方及关联方交易**

注册会计师应首先通过查阅公司章程、股东名册、管理层报告等方式，全面了解被审计单位的关联方情况，包括但不限于关联方的名称、与被审计单位的关系、交易类型及频率等。同时，还应对被审计单位与关联方之间的交易进行深入分析，以评估这些交易是否具有商业实质、交易价格是否公允，以及是否存在通过关联方交易进行利润操纵或资金转移的可能性。

在了解关联方及关联方交易的基础上，注册会计师应进一步评估这些交易对坏账准备处理可能产生的影响。例如，若关联方交易频繁且金额较大，但被审计单位对关联方的应收账款坏账准备计提比例显著低于其他客户，则可能表明存在坏账准备处理不当的风险。

**二、审查坏账准备的计提方法和比例**

注册会计师应仔细审查被审计单位对关联方应收账款的坏账准备计提方法和比例。这包括了解被审计单位采用的坏账准备计提政策是否符合相关会计准则的要求，以及计提比例是否合理且未随意变动。

在具体审查时，注册会计师可以结合被审计单位的历史坏账数据、行业平均坏账率以及关联方的信用状况等因素，对坏账准备的计提比例进行综合评估。若发现计提比例显著低于行业平均水平或历史数据，且无合理解释，则可能表明被审计单位存在通过少提坏账准备来虚增利润的风险。

**三、分析坏账准备的变动情况**

注册会计师应对被审计单位坏账准备的变动情况进行深入分析。这包括比较不同期间的坏账准备余额，分析坏账准备的增减变动是否合理，并关注是否存在异常波动。

在分析坏账准备变动情况时，注册会计师应特别关注与关联方交易相关的坏账准备变动。例如，若某一期间关联方应收账款大幅增加，但坏账准备并未相应增加，则可能表明存在坏账准备处理不当的问题。

**四、检查坏账准备的核算和披露情况**

注册会计师应检查被审计单位坏账准备的核算和披露情况。这包括核实坏账准备的计提、转回和核销等会计处理是否正确，以及是否在财务报表中进行了充分且准确的披露。

在检查过程中，注册会计师应重点关注与关联方交易相关的坏账准备披露情况。例如，被审计单位是否详细披露了关联方交易的类型、金额以及对应的坏账准备金额等信息。若发现披露不充分或存在误导性陈述，则可能表明被审计单位在坏账准备处理上存在不当行为。

**五、执行分析性程序**

注册会计师应执行分析性程序，以进一步验证坏账准备的合理性和准确性。这包括运用趋势分析、比率分析等方法，对被审计单位的坏账准备数据进行深入剖析。

在执行分析性程序时，注册会计师可以结合被审计单位的业务特点、市场环境以及历史数据等因素，对坏账准备的合理性进行综合判断。若发现异常数据或趋势，如坏账准备占应收账款的比例持续下降等，则可能需要进一步调查以确认是否存在坏账准备处理不当的问题。

**六、与管理层和治理层沟通**

注册会计师应与管理层和治理层进行充分沟通，了解他们对坏账准备处理的看法和解释。这有助于注册会计师更好地理解被审计单位的坏账准备政策和实践，并发现可能存在的问题。

在沟通过程中，注册会计师可以就坏账准备的计提方法、比例以及变动情况等问题向管理层和治理层寻求解释和说明。同时，还可以就发现的异常情况或潜在风险与他们进行讨论，以获取更多的信息和解释。

综上所述，注册会计师在对关联方交易在坏账准备处理方面的特殊性进行风险审查时，应遵循以上六个方面的合规程序与方法。通过全面了解关联方及关联方交易、审查坏账准备的计提方法和比例、分析坏账准备的变动情况、检查坏账准备的核算和披露情况、执行分析性程序以及与管理层和治理层沟通等步骤，注册会计师可以更有效地识别和评估坏账准备处理不当的风险，并确保财务报表的准确性和公正性。

## 案例分析 1：内部交易价格不公允

**一、背景**

XX 公司是一家从事电子产品生产和销售的中型企业，近年来业务发展迅速，与多家关联公司存在业务往来。为了粉饰财务报表，提升公司业绩，XX 公司与关联方 Y 公司进行了一系列不公允的内部交易，特别是在坏账准备的处理上存在问题，这引起了审计人员和监管机构的关注。

**二、案例具体情况**

1. 内部交易数据

XX 公司与 Y 公司在过去一年内发生了多笔销售交易。根据合同约定，XX 公司向 Y 公司销售了价值 5 000 万元的电子产品，但实际的内部交易价格却比市场价格高 20%，即实际交易价格为 6 000 万元。

2. 坏账准备数据

针对这笔 6 000 万元的销售款项，XX 公司在财务报表中仅计提了 1% 的坏账准备，即 60 万元。然而，根据行业惯例和历史数据，该类交易的坏账准备计提比例通常不低于 5%。

**三、分析过程**

1. 内部交易价格分析

审查人员需要关注内部交易价格是否公允。在本案例中，XX 公司与 Y 公司的交易价格高于市场价格 20%，这显然不符合市场原则。这种不公允的交易价格可能是为了虚增 XX 公司的销售收入和利润，从而提升其业绩表现。

为了验证这一点，审查人员可以对比 XX 公司与非关联方的同类交易价格。如果发现 XX 公司与非关联方的同类交易价格明显低于其与 Y 公司的交易价格，那么就可以进一步确认内部交易价格存在不公允性。

2. 坏账准备计提分析

审查人员需要分析坏账准备的计提情况。在本案例中，XX 公司对关联方 Y 公司的应收账款仅计提了 1% 的坏账准备，远低于行业惯例的 5%。这种低比例的坏账准备计提可能是为了进一步虚增利润。

为了评估坏账准备计提的合理性，审查人员可以参考行业平均坏账率、历史坏账数据以及 Y 公司的信用状况等因素。如果这些因素均表明应计提更高的坏账准备，那么 XX 公司的低计提比例就显得不合理。

此外，审查人员还可以关注坏账准备的变动情况。如果坏账准备在某一期间突然大幅下降，且无合理解释，那么可能表明存在坏账准备处理不当的问题。

3. 综合分析

综合以上分析，审查人员可以看出 XX 公司在与关联方 Y 公司的交易中存在明显的不公允性和坏账准备处理不当的问题。这么做很可能是为了粉饰财务报表，提升公司业绩。

为了进一步确认这些问题，审查人员可以结合其他财务信息进行分析，如销售收入、利润、现金流等。如果发现这些指标也存在异常波动或与内部交易和坏账准备处理不当的情况相吻合，那么就可以确定 XX 公司存在财务舞弊的嫌疑。

**四、案例影响**

1. 对投资者的影响

由于 XX 公司通过不公允的内部交易和不当的坏账准备处理来虚增利润，因此会导致投资者对公司真实财务状况产生误解。投资者可能基于虚假的财务报表做出投资决策，从而遭受损失。

2. 对公司声誉的影响

XX 公司的财务舞弊行为被揭露后，将会严重损害公司的声誉和形象。这不仅可能导致客户流失、合作伙伴解除合作关系，还可能引发法律诉讼和监管处罚。

3. 对市场环境的影响

XX 公司的行为可能引发市场对其他公司财务报表真实性的担忧，从而降低市场整体信心。此外，如果其他公司效仿 XX 公司的行为，将会破坏市场竞争的公平性，损害整个市场的健康发展。

**五、结论**

综上所述，本案例揭示了关联方交易中内部交易价格不公允和坏账准备处理不当的问题及其严重后果。这提醒审查人员，在审查财务报表时应重点关注关联方交易及其坏账准备处理情况，以确保财务报表的真实性和准确性。同时，监管机构和投资者也应加大对公司财务报表的审查和监督力度，防范和打击财务舞弊行为。

## 案例分析 2：虚构交易进行舞弊

**一、背景**

大型制造企业 Z 公司，近年来面临市场竞争加剧和成本压力增大的困境。为了维持良好的业绩表现，管理层决定通过与关联企业进行虚构交易来粉饰财务报表。这些虚构交易主要涉及虚假销售，通过人为制造不存在的销售业务来增加收入和利润。

## 二、案例具体情况

1. 虚构交易情况

Z 公司与其关联企业 W 公司在年末进行了两笔大额虚构销售交易，总金额达到 8 000 万元。这些交易在账面上显示为正常的销售收入，但实际上并未发生真实的货物交付或资金流转。

2. 财务报表数据

由于虚构交易的存在，Z 公司的年度销售收入虚增了 8 000 万元，导致利润总额也相应增加。在财务报表中，这些虚构交易被巧妙地隐藏在正常的销售数据中，使得报表使用者难以察觉。

## 三、分析过程

1. 交易真实性核查

在分析过程中，审查人员首先需要对 Z 公司与 W 公司之间的交易进行真实性核查。这包括检查销售合同、发货记录、物流单据以及收款凭证等。通过仔细比对这些文件，审查人员发现虽然账面显示有大额销售交易发生，但相关支持性文件存在明显的不一致和伪造痕迹。例如，销售合同上的签名和日期与实际发货记录不符，物流单据上的信息也存在矛盾之处。

2. 财务报表分析

审查人员对 Z 公司的财务报表进行了深入分析。通过对比历史数据和行业平均水平，审查人员发现 Z 公司的销售收入和利润总额在虚构交易发生的年度内出现了异常增长。这种增长与市场环境和行业趋势明显不符，进一步引发了审查人员对交易真实性的怀疑。

同时，审查人员还注意到 Z 公司的应收账款周转率在虚构交易发生后出现了显著下降。这可能是因为虚构交易导致应收账款增加，而实际上这些款项并无法收回。这也进一步证实了虚构交易的存在。

3. 关联方交易分析

在确认虚构交易的存在后，审查人员需要进一步分析这些交易与关联方 W 公司的关系。通过查阅相关资料和询问公司内部人员，审查人员了解到 W 公司与 Z 公司存在密切的关联关系，且在过去也曾发生过类似的虚构交易行为。这些信息使审查人员确信 Z 公司与 W 公司之间的交易存在舞弊行为。

## 四、案例影响

1. 对投资者的影响

虚构交易导致 Z 公司的财务报表失真，使得投资者无法准确了解公司的真实财务状况和经营成果。这可能导致投资者做出错误的投资决策，进而遭受经济损失。同时，这种行为也严重损害了投资者的信心和市场的公平性。

2. 对公司的影响

虚构交易不仅损害了 Z 公司的声誉和形象，还可能引发法律诉讼和监管处罚。舞弊行为被揭露后，公司将面临巨大的经济压力和法律风险。此外，公司内部员工也可能因此失去对公司的信任，导致人才流失和团队士气下降。

3. 对市场环境的影响

Z 公司的虚构交易行为可能引发市场对其他公司财务报表的怀疑，降低市场整体信心。如果这种行为得不到有效遏制，将会破坏市场的公平竞争环境，影响整个资本市场的健康发展。

## 五、结论

综上所述，本案例揭示了关联方交易中虚构交易进行舞弊的严重性和危害性。这提醒审查人员在审查财务报表时应保持高度警惕，重点关注关联方交易的真实性和合规性。同时，监管机构和投资者也应加大监督和审查力度，共同维护市场的公平、公正和透明。

## 案例分析 3：逃避监管

### 一、背景

A 公司是一家在行业内颇具规模的上市公司，近年来，为了规避监管机构的严格审查，以及满足市场对业绩增长的高期望，管理层开始利用与关联方 B 公司的复杂交易来隐蔽地转移资金、操纵利润。

### 二、案例具体情况

1. 关联交易情况

A 公司与关联方 B 公司在过去一年内发生了数笔大额资金往来。具体来说，A 公司向 B 公司提供了总计 4 000 万元的无息贷款，并在账面上将这些款项记录为预付款项或其他应收款。同时，B 公司以高于市场价的价格向 A 公司销售了一批原材料，总价值达 3 000 万元，这笔交易被 A 公司记录为正常的采购成本。

2. 财务报表数据

由于上述关联交易的存在，A 公司的财务报表中出现了一些异常数据。首先，“预付款项”和“其他应收款”科目余额大幅增加，与往年相比增长了约 50%。其次，采购成本中的原材料成本明显高于行业平均水平，导致成本率异常上升。

### 三、分析过程

1. 识别异常财务数据

在分析 A 公司的财务报表时，审查人员注意到预付款项和其他应收款的异常增长。这种增长与公司的正常经营规模不匹配，引发了审查人员对这些款项真实性的怀疑。同时，原材料采购成本的异常上升也引起了审查人员的关注。

2. 追踪关联交易

为了深入了解这些异常数据的产生原因，审查人员开始追踪 A 公司与 B 公司之间的关联交易。通过查阅合同、发票、付款记录等文件，审查人员发现 A 公司向 B 公司提供的无息贷款并未按照正常商业贷款流程进行，而是以一种隐蔽的方式进行资金转移。此外，B 公司向 A 公司销售原材料的价格明显高于市场价，这进一步证实了关联交易中存在不正当的利益输送。

3. 分析逃避监管的动机和手段

在确认关联交易存在问题后，审查人员开始分析 A 公司逃避监管的动机和手段。首先，通过无息贷款和高价采购原材料，A 公司能够向 B 公司输送利益，可能是为了掩盖 B 公司的经营困境或满足其他特定目的。其次，通过将无息贷款记录为预付款项或其他应收款，A 公司试图在财务报表上隐藏这些交易的真实性质，以逃避监管机构的审查。

4. 评估对财务报表的影响

审查人员评估了这些违规关联交易对 A 公司财务报表的影响。由于无息贷款和高价采购原材料的存在，A 公司的资产和成本被虚增，导致利润被低估。这种财务操纵行为不仅误导了投资者和监管机构对公司真实财务状况的判断，还可能引发更大的法律风险。

### 四、案例影响

1. 对监管机构的影响

此案例揭示了 A 公司通过复杂的关联交易逃避监管的行为，这将促使监管机构加大对上市公司关联交易的审查力度，并推动相关法规的完善，以防止类似行为的再次发生。

2. 对投资者的影响

由于 A 公司通过逃避监管操纵财务报表，投资者无法准确了解公司的真实财务状况和经营成果。这可能导致投资者做出错误的投资决策，进而遭受经济损失。此案例将提醒投资者在投资决策时更加谨慎，并关注公司的关联交易情况。

3. 对公司自身的影响

A公司的违规行为被揭露后，公司将面临巨大的法律风险和声誉损失。这不仅可能导致公司股价暴跌、市值大幅缩水，还可能引发投资者诉讼和监管机构的严厉处罚。此外，公司内部也可能因此陷入混乱，员工士气低落，业务受到严重影响。

4. 对市场环境的影响

此案例将对整个资本市场产生警示作用。其他公司可能会从中吸取教训，加强内部控制和合规管理，以避免类似的风险。同时，这也将促使市场参与者更加注重信息披露的透明度和真实性，以维护市场的公平、公正和透明。

**五、结论**

综上所述，本案例揭示了关联交易中逃避监管的违规行为和其严重后果。这提醒审查人员在审查财务报表时应保持高度警惕，重点关注关联交易的合规性和真实性。同时，监管机构和投资者也应加大监督和审查力度，共同维护市场的健康发展。

## 专题十五：是否审查关联方交易在坏账准备处理方面的特殊性

### 业务简介

**一、概念**

在关联方交易的会计处理中，坏账准备处理的特殊性主要体现在两个方面：首先，关联方之间的交易往往涉及更多的非市场化因素，如内部定价、资金调配等，这使得坏账准备的计算和预测更加复杂；其次，由于关联方之间的紧密关系，坏账准备的处理可能受到更多人为因素的影响，如管理层意图、集团内部策略等。因此，对关联方交易的坏账准备进行审查时，需要特别关注其特殊性，确保财务报告的准确性和公正性。

**二、基本规定**

针对关联方交易的特殊性，相关会计准则和法规制定了一系列特殊规定和要求。例如，对于关联方之间的应收账款，企业需要采用更加严格的坏账准备计提政策，以反映真实的信用风险。此外，企业还需要在财务报告中详细披露关联方交易的情况，包括交易的类型、金额、条件以及坏账准备的计提情况等，以增强信息的透明度和可比性。

**三、经常出现的违规问题**

1. 未充分披露关联交易方的坏账准备政策

企业在处理关联交易方的坏账准备时，往往未充分披露其政策与普通客户的差异。这种不透明性可能导致财务报表使用者无法准确评估企业的财务健康状况。根据《企业会计准则》和相关法规，企业应详细披露关联交易的会计处理方法，包括坏账准备的计提标准、比例及调整依据。未披露或披露不充分，可能被视为隐瞒重要财务信息，构成违规。

2. 坏账准备计提比例不合理

部分企业在处理关联交易方的坏账准备时，计提比例明显低于非关联方，甚至不计提坏账准备。这种做法可能导致企业低估应收账款的风险，虚增利润，影响财务报表的真实性。根据《企业会计准则》第22号，坏账准备应基于客观证据合理计提，关联交易方不应享有特殊待遇。未按规定计提坏账准备，可能被认定为操纵利润，构成财务违规。

3. 未定期评估关联交易方的信用风险

企业在处理关联交易方的坏账准备时，往往忽视对其信用风险的定期评估。根据《企业内部控制基本规范》，企业应定期评估所有客户的信用风险，包括关联方。未定期评估或评估不充分，可能导致坏账准备计提不足，影响财务报表的准确性。此外，未及时调整坏账准备以反映关联方的实际信用状况，也可能被视为内部控制缺陷，构成违规。

未按规定进行关联交易坏账准备的审计调整

部分企业在年度审计中，未对关联交易方的坏账准备进行必要的审计调整。根据《审计准则》，审计师应对关联交易的会计处理进行重点审查，确保其符合会计准则和法规要求。企业未配合审计师进行必要的调整，或未提供充分的审计证据，可能导致审计报告保留意见或否定意见，构成财务违规。此外，未按规定调整坏账准备，也可能影响企业的税务合规性。

**四、违规表现**

1. 利用关联交易操纵坏账准备

企业通过关联交易，调整应收账款的账龄或金额，影响坏账准备的计提。例如，企业可能在与关联方的交易中故意延长应收账款的回收期，以此来增加坏账准备的计提金额，进而降低当期报告的利润。这种手法常被用于避税或调整企业的盈利状况，以实现或满足特定的财务目标或市场期望。

2. 隐瞒或不完全披露关联交易

为了维护企业形象，企业有时会选择性地披露或完全隐瞒与关联方的交易。这种做法不仅违反了信息披露的透明性原则，还影响坏账准备的计提。比如，当企业隐瞒了与关联方的大额销售交易时，其应收账款总额将会被低估，进而影响坏账准备的合理计提。这种不透明的做法会误导投资者对企业真实财务状况的判断。

3. 非公允关联交易

关联方之间的交易往往涉及复杂的利益关系，有时并不遵循市场公平原则。当关联方交易的价格显著偏离市场价格时，这不仅扭曲了市场竞争，还会直接影响到应收账款的估值和坏账准备计提的合理性。例如，若企业以高于市场价的价格向关联方销售产品，将形成虚高的应收账款；而这些账款由于实际价值远低于账面价值，因此坏账准备的计提很可能不足，从而高估了企业的资产质量和盈利能力。

## 法律法规

《中华人民共和国会计法》第十条：下列经济业务事项，应当办理会计手续，进行会计核算，其中包括债权债务的发生和结算。这一条款为坏账准备的计提提供了基本的法律依据，要求企业对发生的债权债务进行准确的会计核算。

虽然《企业会计准则》没有直接针对关联方交易的坏账准备处理做出特殊规定，但它确立了坏账准备计提的一般原则和方法，要求企业根据实际情况合理估计并计提坏账准备。

《企业会计准则第 22 号——金融工具确认和计量》第四十条：企业应当在资产负债表日对以公允价值计量且其变动计入当期损益的金融资产以外的金融资产的账面价值进行检查，有客观证据表明该金融资产发生减值的，应当计提减值准备。此条款适用于金融资产，包括应收账款等，要求企业在有减值迹象时及时计提减值准备。

此外，还有相关的税务法规和规章也对坏账准备的计提有所规定，如《中华人民共和国企业所得税暂行条例实施细则》等，但这些主要关注的是税务处理而非会计处理。

需要注意的是，虽然上述法律法规为坏账准备的计提提供了基本框架和指导原则，但针对关联方交易的特殊性，具体的会计处理还需要结合企业的实际情况、交易的具体条款以及相关的专业判断。

## 合规程序与方法

关联方交易在企业财务报告中是一个重要的部分，它可能对企业的财务状况、经营成果以及现金流量产生重大影响。特别是在坏账准备的处理上，关联方交易往往呈现出其特殊性。因此，注册会计师在进行审计时，必须对关联方交易的坏账准备处理给予特别的关注。以下从六个方面详细阐述注册会计师在审查关联方交易在坏账准备处理方面的特殊性时的合规程序与方法。

**一、了解关联方及关联方交易**

在开始审计之前，注册会计师应首先了解被审计单位的关联方及关联方交易情况。这包括获取关联方的名单、了解关联方的性质、与被审计单位的关系以及交易的类型和频率等。通过查阅公司章程、股东名册、董事会决议以及其他相关文件，注册会计师可以初步了解企业的关联方情况。此外，与被审计单位管理层进行沟通也是获取关联方信息的重要途径。

在了解关联方交易时，注册会计师应重点关注交易的商业理由、定价政策、交易条款以及结算方式等。这些信息有助于注册会计师评估关联方交易的合理性和公允性，进而判断坏账准备的处理是否恰当。

**二、评估关于关联方交易的坏账准备政策**

坏账准备政策是企业对应收账款可能发生坏账损失进行预估并计提准备的方法。对于关联方交易，企业应制定专门的坏账准备政策，以反映其特殊性。注册会计师在审计时，应评估被审计单位的坏账准备政策是否合理、是否得到了一贯执行。

具体来说，注册会计师应检查被审计单位是否对关联方交易的应收账款进行了单独的坏账准备计提，以及计提的比例和方法是否合理。同时，还应关注坏账准备的计提是否及时、是否充分反映了关联方交易的风险。

**三、分析关联方交易的应收账款的账龄**

应收账款的账龄是评估坏账准备的重要参考因素。对于关联方交易的应收账款，注册会计师应特别关注其账龄情况。通过分析账龄，注册会计师可以了解应收账款的回收情况，进而判断坏账准备计提的合理性。

在审计过程中，注册会计师应获取关联方交易的应收账款账龄分析表，检查其编制是否正确、完整。同时，还应结合企业的收款政策、客户的信用状况等因素，综合分析账龄的合理性。如果发现异常账龄或长时间未收回的应收账款，注册会计师应进一步调查原因，并评估其对坏账准备的影响。

**四、测试关联方交易的应收账款的坏账准备计提**

为了验证坏账准备的计提是否准确，注册会计师需要对有关关联方交易的坏账准备进行测试。这包括选取样本、重新计算坏账准备的计提金额，并与被审计单位的记录进行比较。

在测试过程中，注册会计师应关注计提方法的正确性、计提比例的合理性以及计提时点的准确性等方面。如果发现差异，应进一步查明原因，并评估其对财务报表的影响。

**五、审查关联方交易的披露情况**

财务报表是投资者了解企业关联方交易情况的重要途径。注册会计师在审计时，应审查被审计单位是否按照相关会计准则和法规的要求，对关联方交易及其坏账准备情况进行了充分披露。

具体来说，注册会计师应检查财务报表附注中是否详细披露了关联方交易的类型、金额、定价政策以及坏账准备的计提方法等关键信息。同时，还应关注披露的准确性和完整性，确保投资者能够充分了解关联方交易及其风险。

**六、与治理层沟通并获取书面声明**

在完成上述审查程序后，注册会计师应与被审计单位的治理层进行沟通，就关联方交易的坏账准备处理情况交换意见。这有助于确保治理层了解并认可注册会计师的审查结果，同时也有助于发现可能存在的问题和风险。

此外，注册会计师还应获取治理层关于关联方交易坏账准备处理的书面声明。这份声明应表明治理层对坏账准备处理的认可和承诺，为注册会计师的审计结论提供有力的支持。

综上所述，注册会计师在审查关联方交易在坏账准备处理方面的特殊性时，应遵循以上六个方面的合规程序与方法。通过深入了解关联方及关联方交易、评估坏账准备政策、分析应收账款账龄、测试坏账准备计提、审查披露情况以及与治理层沟通并获取书面声明等步骤，注册会计师可以对关联方交易的坏账准备处理进行全面、准确的审查。

## 案例分析 1：利用关联交易操纵坏账准备

### 一、背景

XX 公司是一家主营业务为电子产品生产和销售的中型企业。近年来，由于市场竞争加剧，公司为了维持利润水平，开始寻求通过关联交易来操纵财务报表。特别是在坏账准备的处理上，公司利用与关联方的交易来人为调整坏账准备的计提，以达到粉饰财务报表的目的。

### 二、案例具体情况

1. 关联交易数据

XX 公司在 2022 年度与其关联方 YY 公司进行了多笔大额交易，总额达到 5 000 万元。其中，4 000 万元为赊销交易，即 XX 公司先发货，YY 公司后付款。

这些交易的应收账款账龄被人为延长，平均账龄达到了 18 个月，远超过公司正常的应收账款回收期（通常为 3~6 个月）。

2. 坏账准备数据

根据 XX 公司的坏账准备政策，1 年以内的应收账款的坏账准备计提比例为 5%，1~2 年的计提比例为 20%，2 年以上的计提比例为 50%。

由于与 YY 公司的交易对应的应收账款账龄被延长至 18 个月，这部分应收账款的坏账准备计提比例被提高到了 20%。

因此，XX 公司针对这部分应收账款计提了 800 万元（4 000 万元 ×20%）的坏账准备。

### 三、分析过程

1. 关联交易的商业合理性分析

首先，需要分析 XX 公司与 YY 公司之间的关联交易是否具有商业合理性。从交易金额和交易条件来看，这些交易明显偏离了市场常规。大额的赊销交易和过长的账龄都表明这些交易可能并非基于正常的商业考虑。其次，需要考察 YY 公司的偿债能力。如果发现 YY 公司的财务状况不佳，或者存在其他证据表明 YY 公司可能无法按时支付货款，那么这些关联交易的合理性将进一步受到质疑。

2. 坏账准备计提的合理性分析

根据 XX 公司的坏账准备政策，账龄在 1~2 年的应收账款的坏账准备计提比例为 20%。然而，由于这些应收账款的账龄是人为延长的，因此这一计提比例可能并不合理。为了评估坏账准备计提的合理性，可以对比同行业其他公司的坏账准备计提情况，或者参考历史坏账发生率来确定一个更合理的计提比例。此外，还可以考虑进行应收账款的减值测试，以确定是否存在减值迹象，并据此调整坏账准备的计提金额。

3. 粉饰财务报表的嫌疑

从上述数据和分析中可以看出，XX 公司存在利用关联交易操纵坏账准备以粉饰财务报表的嫌疑。通过人为延长应收账款的账龄，公司提高了坏账准备的计提比例，从而降低了当期利润。这样做可能是为了平滑利润波动、避税或者达到其他特定的财务目标。为了进一步证实这一点，可以审查公司内部的会议纪要、电子邮件等文件，以查找是否存在相关指示或讨论。同时，还可以对比公司前后几年的财务报表数据，观察是否存在类似的操纵行为。

### 四、案例影响

1. 对投资者的影响

投资者基于失真的财务报表做出投资决策，可能导致其利益受损。例如，投资者可能高估企业的资产质量而购买股票，在真相大白后遭受损失。

此案例也提醒投资者在做投资决策时应更加谨慎地分析企业的关联交易和坏账准备情况。

2. 对企业的影响

此类违规行为将使企业面临法律诉讼和监管机构的处罚风险。这不仅会损害企业的声誉和市值，还可能给企业带来重大的经济损失。

此外，企业内部治理结构的缺陷也可能因此暴露无遗，导致管理层信任危机和股东信心下降。

3. 对市场的影响

此类违规行为会破坏市场的公平竞争环境，损害其他诚信经营的企业的利益。同时，也会降低市场对整个行业的信任度，影响行业的健康发展。

### 五、结论

监管机构应加大对企业关联交易的审查和监管力度，以维护市场的公平与正义。同时，投资者也应提高警惕，理性分析企业的财务报表和相关信息以做出明智的投资决策。

## 案例分析 2：非公允关联交易

### 一、背景

ABC 公司是一家大型制造企业，为了扩大市场份额，近年来与其关联方 DEF 公司进行了多笔交易。这些交易因具有非公允性质，在坏账准备方面产生了严重问题，进而影响了财务报表的准确性。

### 二、案例具体情况

1. 关联交易数据

ABC 公司与关联方 DEF 公司在 2022 年度完成了总额为 8 000 万元的销售交易，其中部分商品销售价格明显高于市场价格。

一年后，仍有 5 000 万元的交易款项未收回，形成大额的应收账款。

2. 坏账准备数据

根据 ABC 公司的坏账准备政策，对超过一年的应收账款应计提 25% 的坏账准备，即 1 250 万元。

但考虑到交易的非公允性，实际坏账风险可能更高。

### 三、分析过程

1. 关联交易的非公允性分析

首先，需要仔细审查 ABC 公司与 DEF 公司之间的交易条款和价格。通过对比市场价格或其他独立第三方交易价格，可以明显看出 ABC 公司与 DEF 公司之间的交易价格偏高，这表明交易存在非公允性。非公允交易可能源于管理层为了提升短期业绩或达到其他特定目标而进行的操作。其次，非公允交易不仅违反了会计准则的要求，还可能导致公司资源的错误配置，影响公司的长期竞争力。例如，过高的销售价格可能导致关联方 DEF 公司的成本上升，进而影响其在市场上的竞争力。

2. 坏账准备计提的合理性分析

在分析“非公允关联交易”中坏账准备计提的合理性时，首先需要对比关联方与非关联方的坏账准备计提政策，观察是否存在显著差异。例如，若关联方的坏账准备计提比例明显低于非关联方，可能表明企业有意低估关联交易的风险。其次，需评估关联方的信用状况和还款能力，分析其实际风险是否与计提比例匹配。如果关联方存在较高的财务风险或历史违约记录，但坏账准备计提不足，则可能隐藏了潜在的财务风险。最后，还需结合行业惯例和市场环境，判断计提比例是否合理。若行业普遍采用较高的坏账准备比例，而企业针对关联方的计提比例显著偏低，则可能进一步表明计提不合理。通过多维度对比和分析，可以更准确地判断坏账准备计提是否存在人为操纵或非公允性。

3. 财务报表影响的深入分析

非公允关联交易和计提不足的坏账准备会直接影响财务报表的准确性和可靠性。首先，高估的应收账款会导致资产总额虚增，进而影响资产负债表的结构和真实性。其次，不充分的坏账准备计提可能使得利润状况过于良好，掩盖了潜在的坏账风险。

## 四、案例影响

1. 对投资者的影响

投资者基于失真的财务报表做出投资决策，可能遭受重大损失。非公允的关联交易和坏账准备问题可能导致投资者高估企业的资产质量和盈利能力，从而做出错误的投资决策。

此案例提醒投资者在投资决策时应更加关注企业的关联交易情况，谨慎评估其公允性和对财务报表的影响。

2. 对企业的影响

首先，财务信息的失真会削弱报表使用者的信任，导致投资者、债权人等利益相关方对企业的财务状况产生误判，进而影响融资能力和股价表现。其次，非公允交易可能引发监管机构的关注和调查，增加企业合规风险，甚至面临行政处罚或法律诉讼。此外，此类交易可能掩盖关联方的真实信用风险，导致企业未来面临更大的坏账损失，影响现金流和经营稳定性。从长远来看，非公允关联交易会损害企业的声誉，降低市场竞争力，并对企业治理结构和内部控制的有效性质疑，进一步影响企业的可持续发展能力。

3. 对市场的影响

非公允关联交易和坏账准备问题不仅损害了单个企业的声誉和市值，还可能对整个市场的公平竞争环境造成破坏。其他诚信经营的企业可能因此受到不公平的竞争压力。

## 五、结论

监管机构应加大对企业关联交易的审查和监管力度，确保市场交易的公平性和透明度。同时，还应加大对违规行为的处罚力度，以维护市场的正常秩序和投资者的合法权益。

# 第四章
# 研发费用合规

## 专题十六：研发费用是否存在违规资本化的情况

### 业务简介

**一、概念**

研发费用，即研究与开发费用，是企业在产品、技术、材料、工艺、标准等方面的研究与开发过程中所产生的各项费用。在企业的财务核算中，研发费用可以费用化，也可以资本化，这主要取决于研发所处的阶段及其成果是否能够带来未来的经济利益。

资本化，指的是将相关支出计入资产的成本，而不是直接计入当期损益。与之相对，费用化则是将相关支出直接计入当期损益。简单来说，资本化是将支出视为一种投资，预期相关支出能够带来未来经济利益，因此将其计入资产；而费用化则是将支出视为当期经营活动的耗费，直接计入当期损益。

**二、基本规定**

根据《企业会计准则第 6 号——无形资产》的规定，企业内部研究开发项目的支出，应当区分为研究阶段支出与开发阶段支出。研究阶段的支出，因其探索性和成果的不确定性，通常应在发生时全部费用化，计入当期损益。而开发阶段的支出，在符合一定条件时（如技术可行性、意图完成并使用或出售、有用性、资源支持、可靠计量等），可以资本化，计入无形资产等。

这一规定的核心在于合理划分研究阶段和开发阶段，并准确判断开发阶段的支出是否符合资本化的条件。这要求企业具备严谨的财务管理和专业的判断能力，以确保研发费用的合理处理。

**三、经常出现的违规问题**

在研发费用的处理过程中，经常出现以下问题。

阶段划分不清晰：由于研发活动的复杂性和专业性，企业可能难以准确划分研究阶段和开发阶段，导致费用化和资本化的界限模糊。

资本化条件判断不准确：企业在判断开发阶段支出是否符合资本化条件时，可能由于专业能力不足或主观判断失误，导致误判。

财务管理不规范：企业在研发费用的核算和管理过程中，可能存在账务处理不规范、记录不完整等问题，影响研发费用的准确处理。

**四、违规表现**

1. 将与研发无关的费用计入研发费用并资本化

有些企业为了实现特定的财务或经营目标，可能会采取不正当的手段进行财务操作。一个典型的例子就是将与研发活动无直接关联的费用，如市场营销、销售推广等活动的费用，计入研发费用中，并进一步违规地将其资本化。这种操作背后可能有多重动机。一方面，企业可能试图通过增加研发费用的方式来降低当期的盈利，从而达到减轻税负的目的。另一方面，也有可能是为了满足某些政府补贴或税收优惠政策的条件，通过虚增研发费用来获得更多的政策支持或资金补助。这种虚假报告的行为，不仅损害了企业的诚信，还可能误导投资者和监管机构，对市场秩序造成不良影响。

2. 提前或延迟资本化时点

在研发费用的处理上，企业有时会通过调整资本化的时点来操控财务报表。具体来说，企业可能会在项目尚未真正进入开发阶段，或者开发阶段的支出还未完全满足资本化的条件时，就急于将其提前资本化。这样做可以降低当期的费用，从而提高账面上的利润。相反，当企业希望降低当期利润时，即使在项目已经明确满足资本化条件后，仍可能选择将相关费用费用化，以此来调节利润。这样操作虽然短期内可能达到企业期望的财务效果，但长期来看，可能损害企业的信誉和投资者的利益。

3. 虚构或夸大研发项目进展以进行资本化

为了美化财务报表或提升企业的资产价值，有些企业可能会采取更为激进的手段，即虚构或夸大研发项目的进展。通过这种方式，企业可以将原本应当费用化的支出违规地转化为资本化支出。做出这种行为往往是为了制造出一种企业研发进展顺利、前景可期的假象，从而吸引更多的投资者或合作伙伴。然而，这种虚假的繁荣终究难以持久，等到真相大白，不仅企业的信誉会受到严重损害，企业还可能面临法律诉讼和巨额罚款。

4. 将研发失败项目的支出违规资本化

在研发活动中，失败是难以避免的。对于研发失败的项目，其相关支出理应全部费用化，以反映企业实际的经营成果。然而，有些企业为了掩盖失败的事实或避免当期损益出现大幅下降，会选择将这部分支出违规地资本化。这种做法虽然短期内能够维持企业的财务形象，但长远来看可能埋下巨大的隐患。因为资本化的支出需要在未来的期间内通过摊销或折旧的方式逐渐计入成本，这意味着企业未来可能需要承担更大的财务压力。同时，这种违规行为也将给企业带来巨大的法律风险。

## 法律法规

一、《企业会计准则第 6 号——无形资产》

第七条：“企业内部研究开发项目的支出，应当区分研究阶段支出与开发阶段支出。”

该准则同时还规定研究阶段的支出应当在发生时全部费用化，计入当期损益；开发阶段的支出，符合一定条件时可以资本化，确认为无形资产。这些条件包括：完成该无形资产以使其能够使用或出售在技术上具有可行性；具有完成该无形资产并使用或出售的意图；无形资产产生经济利益的方式能够得到证明；有足够的技术、财务资源和其他资源支持，以完成该无形资产的开发，并有能力使用或出售该无形资产；归属于该无形资产开发阶段的支出能够可靠地计量。

以上规定明确了研发费用的费用化和资本化的处理原则，为企业提供了明确的指导。

**二、《中华人民共和国税收征收管理法》（简称《税收征收管理办法》）**

第六十三条规定，纳税人伪造、变造、隐匿、擅自销毁账簿、记账凭证，或者在账簿上多列支出或者不列、少列收入，或者经税务机关通知申报而拒不申报或者进行虚假的纳税申报，不缴或者少缴应纳税款的，是偷税。对纳税人偷税的，由税务机关追缴其不缴或者少缴的税款、滞纳金，并处不缴或者少缴的税款百分之五十以上五倍以下的罚款；构成犯罪的，依法追究刑事责任。

这一规定对企业在研发费用处理上的违规行为（如虚假报销、偷税等）提供了法律制裁的依据。

## 合规程序与方法

研发费用作为企业财务报告中的重要部分，其合规处理对确保财务报告的真实性和准确性至关重要。注册会计师在进行审计时，需要特别关注研发费用是否出现违规资本化的情况。以下将从六个方面详细阐述注册会计师对研发费用违规资本化风险进行审查的合规程序与方法。

**一、了解被审计单位的研发活动及内部控制**

注册会计师应首先了解被审计单位的研发活动，包括研发项目的性质、目标、进度、预算等。同时，应评估被审计单位与研发活动相关的内部控制是否健全并有效实施。这包括但不限于立项与验收、研究及开发阶段的划分、资本化条件确定、费用归集、分配及核算等相关活动的控制制度。通过了解被审计单位的研发活动和内部控制，注册会计师可以对研发费用的处理有一个初步的判断，并为后续的审查工作奠定基础。

**二、明确研发费用的费用化与资本化划分标准**

注册会计师应明确研发费用的费用化与资本化划分标准。根据《企业会计准则第6号——无形资产》的规定，研究阶段的支出应当费用化，而开发阶段的支出在符合一定条件时可以资本化。

注册会计师需要仔细审查被审计单位对研发阶段的划分是否合理，是否符合行业惯例，以及是否存在将研究阶段的支出违规资本化的情况。同时，还需要关注开发阶段的支出是否确实满足资本化的五个条件。

**三、审查研发费用的归集与核算**

注册会计师应审查被审计单位研发费用的归集与核算情况。这包括研发费用的发生额、归集方法、核算科目等。

在审查过程中，注册会计师需要关注研发费用是否被正确归集到相应的研发项目中，是否存在将其他费用混入研发费用的情况。同时，还需要检查研发费用的核算是否符合会计准则的规定，是否存在将本应费用化的支出违规资本化的情况。

**四、分析研发费用的变动趋势及合理性**

注册会计师应分析被审计单位研发费用的变动趋势及合理性。通过对比历史数据和行业数据，注册会计师可以评估研发费用的增减变动是否合理，是否存在异常波动。

如果注册会计师发现研发费用的变动趋势与行业趋势不符或者与历史数据相比存在显著差异，那么就需要进一步深入调查，以确定是否存在违规资本化的情况。

**五、关注与研发活动相关的税务处理**

注册会计师在审查研发费用时，还需要关注与研发活动相关的税务处理。这包括研发费用的税前扣除、加计扣除等税收优惠政策的享受情况。

通过审查税务处理情况，注册会计师可以进一步验证研发费用的真实性和准确性，并发现可能存在的违规行为。例如，如果发现被审计单位将大量研发费用进行资本化处理以享受更多的税收优惠，那么就需要警惕可能存在的违规资本化行为。

**六、执行必要的审计程序并获取充分适当的审计证据**

为了确保审计结论的准确性和可靠性，注册会计师需要执行必要的审计程序并获取充分适当的审计证据。这包括但不限于检查研发项目的相关文件资料、询问被审计单位相关人员、观察研发活动的实际情况等。

通过执行这些审计程序，注册会计师可以更加深入地了解被审计单位的研发活动和研发费用的处理情况，从而发现可能存在的违规行为。同时，这些审计证据也可以为注册会计师提供有力的支持，确保其审计结论的准确性和可靠性。

综上所述，注册会计师对研发费用是否存在违规资本化情况的审查是一个复杂而细致的过程。通过了解被审计单位的研发活动和内部控制、明确研发费用的费用化与资本化划分标准、审查研发费用的归集与核算、分析研发费用的变动趋势及合理性、关注与研发活动相关的税务处理以及执行必要的审计程序并获取充分适当的审计证据等六个方面的合规程序与方法，注册会计师可以有效地发现并纠正研发费用违规资本化的情况，确保财务报告的真实性和准确性。

## 案例分析 1：将与研发无关的费用计入研发费用并资本化

### 一、背景

某科技公司（以下称“A 公司”）近年来致力于开发一款新型智能穿戴设备，以期在市场竞争中占据先机。为了提升产品的技术含量和市场竞争力，A 公司投入了大量的资源进行研发活动。然而，在研发费用的处理上，A 公司却存在违规行为，将与研发无关的费用计入了研发费用，并进行了资本化处理。

### 二、案例具体情况

A 公司在 2020 年度将 50 万元的市场推广费用计入研发费用，并将其资本化。该笔费用原本用于新产品的市场推广活动，包括广告投放费用、市场调研费用等。

同时，A 公司还将 30 万元的行政管理费用（如办公用品采购费用、员工培训费用等）计入研发费用，并进行了资本化处理。

这些费用与研发活动无直接关联，理应作为期间费用处理。

根据 A 公司的财务报告，通过将上述与研发无关的费用计入研发费用并资本化，A 公司的无形资产增加了 20 万元，进而提升了公司的资产总额和净利润。

### 三、分析过程

1. 费用归类的合理性分析

市场推广费用和行政管理费用明显不属于研发费用的范畴。市场推广费用是产品上市后为扩大市场份额而发生的费用，与研发活动的性质不符。行政管理费用则是企业日常运营中的常规支出，与研发项目无直接联系。

2. 资本化条件的符合性分析

根据企业会计准则，研发费用资本化的前提是满足一定的条件，包括具有技术可行性、具有完成无形资产并使用或出售的意图、经济利益的产生方式能够得到证明、具有资源支持以及支出能够可靠计量等。在本案例中，市场推广费用和行政管理费用显然不符合这些条件，因此不应进行资本化处理。

3. 对财务报表的影响分析

将与研发无关的费用计入研发费用并资本化，会导致无形资产虚增，进而使资产总额和净利润被高估。这种做法不仅违反了会计准则的规定，还可能误导投资者和其他利益相关者对公司真实财务状况的判断。

4. 内部控制与合规性分析

A 公司的这种行为反映了其内部控制存在缺陷。在费用归类和资本化处理方面，公司未能建立起有效的内部控制机制来防止类似违规行为的发生。此外，这种行为也违反了相关法律法规和会计准则的要求，存在合规性风险。

5. 动机分析

A 公司之所以采取这种违规行为，可能是出于粉饰财务报表、提升公司业绩表现的动机。通过将费用资本化，公司可以在短期内提升净利润和资产总额，从而给外界留下更好的财务印象。然而，这种做法牺牲了公司的信誉和合规性。

### 四、案例影响

1. 对投资者的影响

投资者可能因 A 公司的违规行为而做出错误的投资决策。虚增的无形资产和净利润会误导投资者对公司真实价值的判断，导致投资者承受潜在的投资风险。

2. 对 A 公司的影响

A 公司的违规行为被揭露后，其将面临监管机构的处罚和市场的负面评价。公司的声誉和信誉将受到严重损害，进而影响其市场竞争力和长期发展。此外，公司还可能面临法律诉讼和赔偿责任。

3. 对市场环境的影响

A公司的行为可能引发其他公司的效仿，导致整个市场环境恶化。如果多家公司都采取类似的违规行为来粉饰财务报表，那么市场的公平性和透明度将受到严重破坏。

**五、结论**

综上所述，本案例揭示了将与研发无关的费用计入研发费用并资本化的严重后果。这种行为不仅违反了法律法规的要求，还可能对投资者、公司自身和市场环境造成深远影响。因此，各企业应严格遵守相关法律法规，加强内部控制建设，确保财务信息的真实性和准确性。

## 案例分析 2：提前或延迟资本化时点

**一、背景**

B公司是一家生物技术企业，近年来一直致力于新药的研发。为了提升研发效率和加快新药上市速度，公司投入了大量资源进行研发活动。然而，在研发费用的处理上，B公司存在明显的违规行为，特别是提前或延迟研发费用的资本化时点，以达到调节利润和粉饰财务报表的目的。

**二、案例具体情况**

1. 研发费用情况

2022 年度，B公司研发投入总额为 8 000 万元。

其中，提前资本化的研发费用为 3 200 万元，占研发投入总额的 40%。

延迟资本化的研发费用为 2 400 万元，占研发投入总额的 30%。

2. 提前资本化项目细节

项目 A：原计划在临床试验Ⅲ期结束后进行资本化，该阶段预计投入 2 000 万元。但实际上，在项目刚进入临床试验Ⅱ期、仅投入 800 万元时，B公司就已将相关费用全部资本化。

项目 B：按照会计准则和公司内部政策，在研发项目完成技术验证并确定具有商业可行性后才能进行资本化。然而，在项目B的技术验证阶段仅完成 60%，预计投入 1 200 万元，实际投入 800 万元时，B公司就提前进行了 1 200 万元的资本化处理。

3. 延迟资本化项目细节

项目 C：在 2023 年底已经完成了全部临床试验，并达到了资本化条件，预计投入总额为 2 400 万元。然而，B公司选择延迟资本化，将这笔费用继续计入当期损益，而非将其计入无形资产。

**三、分析过程**

1. 提前资本化的动机与风险分析

动机：B公司提前资本化研发费用的主要动机是改善当期的财务报表，通过减少当期费用，增加资产，从而提高利润。这种做法在短期内能够提升公司的财务表现，吸引投资者。

风险：然而，这种做法违背了会计准则的要求，可能导致未来期间利润被高估。一旦项目失败，已资本化的费用将需要转回，对公司利润造成巨大冲击。此外，提前资本化还可能掩盖了项目的真实进展和风险。

2. 延迟资本化的动机与风险分析

动机：B公司延迟资本化的目的可能是平滑利润，避免在某一年度出现利润的大幅波动；或者是在更有利的时机进行资本化，以最大化其对财务报表的正面影响。

风险：延迟资本化同样违反了会计准则，它低估了当期的资产和利润，可能导致投资者的误判。同时，如果项目最终成功，那么之前的费用化处理将使得公司的真实财务状况被低估。

3. 合规性分析

根据《企业会计准则》，研发费用的资本化应当在项目达到预定用途或销售状态，且相关经济利益很可能流入企业时进行。提前或延迟资本化都违背了这一原则。

B公司的行为可能构成财务报告失真，对投资者造成不利影响，同时也可能面临监管机构的处罚。

4. 经济实质与会计处理的匹配度分析

提前或延迟资本化都使得会计处理与经济实质脱节。真实的研发进展和财务状况被扭曲，影响了信息的透明度和可靠性。

**四、案例影响**

1. 对B公司的影响

短期内，B公司可能通过违规的资本化处理改善了财务报表，吸引了投资。

但长期来看，这种做法损害了公司的信誉和财务报告的可靠性，可能导致未来融资成本的上升和投资者信任的减少。

2. 对投资者的影响

投资者可能基于失真的财务信息进行投资决策，从而承受不必要的风险。

投资者可能遭受重大损失，并对公司的管理层和治理结构产生怀疑。

3. 对市场和监管的影响

B公司的行为可能引发市场对其他公司财务报告真实性的担忧，影响市场整体信心。

监管机构在发现此类违规行为后，可能会加强对研发费用处理的监管，并对违规公司进行处罚，以维护市场秩序和投资者利益。

**五、结论**

综上所述，企业通过提前或延迟研发费用的资本化时点来调整财务报表，虽然短期内可能表现良好，但长期来看，这种做法对企业的声誉、信誉以及投资者的利益都造成了严重损害。企业应严格遵守相关会计准则和法规，确保财务信息的真实性和准确性。

## 案例分析3：虚构或夸大研发项目进展以进行资本化

**一、背景**

C公司是一家高科技制造企业，专注于新材料的研发与生产。为了提升技术水平和市场竞争力，C公司投入大量资源进行新产品的研发。然而，近期公司内部审计和监管部门发现，C公司存在虚构或夸大研发项目进展以进行资本化的违规行为，从而美化财务报表和吸引投资者。

**二、案例具体情况**

1. 研发费用及资本化情况

2023年度，C公司研发投入总额为5 000万元。

其中，涉及虚构或夸大研发项目进展的资本化金额为2 000万元，占研发投入总额的40%。

2. 违规研发项目细节

项目D：C公司宣称已完成该项目的80%，并据此将1 000万元的研发费用进行了资本化。然而，经核查，项目D实际完成度仅为50%，存在明显的夸大进展行为。

项目E：公司声称该项目已取得突破性进展，成功研发出新型材料，并据此将另外1 000万元的研发费用资本化。但调查显示，项目E仍处于实验室阶段，远未达到商业化生产的标准，C公司存在虚构项目进展的嫌疑。

**三、分析过程**

1. 虚构或夸大研发项目进展的动机分析

美化财务报表：通过虚构或夸大研发项目进展，C公司能够将更多的研发费用资本化，从而减少当期费用，增加资产，提高利润水平。这种做法有助于改善公司的财务状况，吸引投资者的关注。

提升市场信心：通过宣布研发项目的快速进展和突破，C公司旨在向市场和投资者传递积极的信号，以提升公司的市场价值和股价。

2. 违规行为的实施手段分析

夸大研发进度：C公司通过高估项目的完成度，使得原本不符合资本化条件的费用被违规资本化。

虚构研发成果：为了支持虚构的项目进展，C公司还制造了虚假的实验数据和研究报告，以证明项目的所谓“突破性进展”。

3. 风险与后果

财务报表失真：虚构或夸大研发项目进展导致财务报表无法真实反映公司的财务状况和经营成果，误导投资者和债权人。

法律风险：违规行为被揭露后，C公司可能面临监管机构的处罚，包括罚款、市场禁入等，甚至可能引发法律诉讼。

声誉损害：此类违规行为将严重损害C公司的声誉和信誉，影响其与供应商、客户和其他合作伙伴的关系。

4. 合规性与道德考量

会计准则要求企业真实、准确地反映其财务状况和经营成果。C公司的行为显然违反了这一基本原则，破坏了市场的公平性和透明度。

从道德层面来看，C公司虚构或夸大研发项目进展不仅欺骗了投资者和公众，也损害了企业的诚信和违背了社会责任。

### 四、案例影响

1. 对C公司的影响

短期内，C公司可能通过违规行为获得了财务报表上的美观和市场的关注。

但长期来看，这种欺诈行为将严重损害公司的声誉和信誉，导致融资成本上升、合作伙伴减少以及市场份额下降等负面影响。

2. 对投资者的影响

投资者可能基于失真的财务信息进行投资决策，从而遭受经济损失。

违规行为被揭露后，投资者的信心将受到严重打击，可能导致股价暴跌和市值大幅缩水，进而遭受更大的经济损失。

3. 对市场和监管的影响

C公司的行为可能引发市场对其他高科技企业研发费用处理的质疑，影响市场的整体信心和稳定性。

监管机构在发现此类违规行为后，将加大对研发费用处理的监管力度，以维护市场的公平性和透明度。同时，可能对C公司实施严厉的处罚措施，以儆效尤。

### 五、结论

综上所述，企业通过虚构或夸大研发项目进展以进行资本化的违规行为虽然在短期内掩盖了问题，但长期来看将对企业的声誉、信誉以及投资者的利益造成严重损害。企业应严格遵守相关会计准则和法规要求，确保财务信息的真实性和准确性。

## 案例分析4：将研发失败项目的支出违规资本化

### 一、背景

F公司是一家专注于高科技产品研发的创新型企业。近年来，公司投入大量资源进行多个项目的研发，以期在激烈的市场竞争中脱颖而出。然而，由于技术难度大、市场变化快等多种原因，部分研发项目并未成功。在面对研发失败的项目时，F公司采取了不当的会计处理方式，将失败项目的研发支出违规资本化，以此掩盖项目的真实情况。

## 二、案例具体情况

1. 研发费用投入情况

2022年度，F公司研发投入总额为6 000万元。

其中，研发失败项目违规资本化的金额为1 500万元，占研发投入总额的25%。

2. 失败研发项目细节

项目G：F公司投入800万元进行新一代智能设备的研发，但因技术难题和市场定位失误，项目最终宣告失败。然而，公司仍将这800万元的研发支出进行了资本化处理。

项目H：该项目旨在开发一款新型软件，投入研发资金700万元。在研发过程中，由于核心团队成员离职和技术难题无法解决，项目被迫终止。尽管如此，F公司依然将这部分支出违规资本化。

## 三、分析过程

1. 违规资本化的动机分析

掩盖研发失败：将失败项目的支出资本化，可以在财务报表上隐藏项目的真实情况，避免对公司声誉和股价造成负面影响。

平滑利润波动：通过资本化处理，F公司能够将一部分费用计入资产，从而减少当期费用支出，提高利润水平，使财务报表更加美观。

2. 违规行为的实施手段分析

篡改项目进展报告：为了支持研发支出违规资本化的决策，F公司篡改了项目进展报告，虚报项目的成功率和市场前景。

操纵会计记录：通过调整会计分录和科目余额，将原本应计入当期损益的研发支出计入无形资产等长期资产。

3. 风险与后果评估

财务报表失真：研发支出违规资本化导致财务报表无法真实反映F公司的财务状况和经营成果，使得投资者和其他利益相关者难以做出准确判断。

法律与监管风险：违规行为被揭露后，F公司将面临监管机构的严厉处罚，甚至可能引发法律诉讼和投资者索赔。

损害公司声誉：研发失败信息的隐瞒将损害F公司的公信力和市场信任度，进而影响其与客户、供应商及投资者的关系。

4. 合规性与道德考量

会计准则要求：企业会计准则明确规定，研发支出在满足一定条件下方可资本化。F公司的行为显然违反了这一规定，破坏了会计信息的真实性和可靠性。

道德责任：企业管理层有责任向公众和投资者提供真实、准确的财务信息。F公司的违规行为违背了这一道德责任，损害了市场的公平性和透明度。

## 四、案例影响

1. 对F公司的影响

短期内，F公司可能通过研发支出违规资本化掩盖了研发失败的事实，维持了市场对其技术实力和财务状况的信心。但长期来看，这种欺诈行为将严重损害公司的声誉和信誉，降低其市场竞争力，甚至可能引发法律纠纷和巨额赔偿。

2. 对投资者的影响

投资者基于失真的财务报表做出投资决策，将面临巨大的投资风险，投资者可能遭受重大损失。

3. 对市场和监管的影响

F公司的违规行为可能引发市场对其他企业研发费用处理的广泛质疑，破坏市场的稳定性和投资者信心。监管机构在发现此类违规行为后，将加大对企业研发费用处理的监管和审查力度，以维护市场的公平性和透明度。同时，可能对F公司实施严厉的处罚措施以警示其他企业。

**五、结论**

综上所述，企业将研发失败项目的支出违规资本化的行为虽然在短期内掩盖了问题，但长期来看将对企业的声誉、市场竞争力以及投资者的利益造成严重损害。企业应严格遵守相关法律法规，确保财务信息的真实性和准确性。

## 专题十七：研发费用和其他成本费用的划分是否准确

### 业务简介

**一、概念**

在企业的日常运营中，各种成本费用的划分对准确反映企业的经营状况和财务成果至关重要。其中，研发费用的划分尤为关键，因为它不仅关系到企业的研发投入和创新能力，还直接影响到企业的财务报表和税务申报。然而，在实际操作中，研发费用和其他成本费用的划分往往存在一定的模糊性和复杂性，容易出现划分不准确的问题。

研发费用：研发费用是指企业在产品、技术、材料、工艺、标准的研究、开发过程中发生的各项费用。这些费用通常包括研发人员薪酬、研发设备折旧、研发材料消耗、外协加工费以及其他与研发活动直接相关的费用。

其他成本费用：除了研发费用之外，企业在生产经营过程中还会发生其他成本费用，如生产成本、销售费用、管理费用等。这些费用与企业的日常运营和产品销售密切相关，但与研发活动无直接关联。

**二、基本规定**

会计准则：根据会计准则，企业应当合理划分研发费用和其他成本费用，确保费用的归类和计量符合会计准则的要求。研发费用应当在发生时根据其性质进行资本化或费用化处理。

税法规定：税法对研发费用的处理也有明确规定。例如，一些国家或地区允许企业在计算应纳税所得额时对研发费用进行加计扣除，以鼓励企业的研发投入。但这也要求企业对研发费用进行准确的划分和核算。

内部控制：为了确保费用划分的准确性，企业应建立完善的内部控制制度，明确各项费用的归类标准和核算流程。同时，还应定期进行内部审计和财务检查，及时发现并纠正费用划分中的错误和问题。

**三、经常出现的违规问题**

在研发费用和其他成本费用的划分过程中，经常出现以下违规问题。

费用混淆：将不属于研发活动的费用错误地计入研发费用，或将本应计入研发费用的支出错误地归类为其他成本费用。

资本化与费用化处理不当：对于研发费用的资本化和费用化处理存在主观判断，有时企业为了调节利润或满足特定财务指标，会不恰当地进行资本化或费用化处理。

记录不完整或不准确：研发活动的复杂性和长期性使得相关费用的记录和核算难度较大，容易出现记录不完整或不准确的情况。

内部控制失效：如果企业内部控制制度不健全或执行不力，就难以保证费用划分的准确性和合规性。

**四、违规表现**

1. 将非研发费用计入研发费用

在企业运营中，有时会看到一种不正当的财务操作，即将与研发活动并无直接关系的费用计入研发费用中。例如，某些企业可能会将管理人员的薪酬、日常办公费用，甚至是行政部门的差旅费等，都纳入研发费用的范畴。这样操作一方面可能是为了虚增研发投入的数额，以此向外界展示企业对研发的重视和投入力度，从而提升企业的市场形象和竞争力；另一方面，可能为了符合某些财务指标要求或满足投资者的期望。然而，这种不合规的做法不仅违反了会计准则，还可能误导投资者和其他利益相关者，对企业的长期发展带来不良影响。

2. 将研发费用计入其他成本费用

与上述情况相反，还有一些企业为了降低当期利润或达到其他特定的财务目标，会采取将研发费用计入其他成本费用的做法。这些企业可能会将研发过程中的材料消耗、研发人员薪酬等支出，归类到生产成本、销售费用或管理费用等账目下。通过这种方式，企业可以在财务报表上呈现出较低的利润水平。采取这种做法可能是为了避税、减少分红压力，或是为了在未来期间实现“业绩反转”。然而，这种做法同样是对会计准则的歪曲应用，不仅损害了企业财务信息的真实性，也可能导致企业内部的资源配置出现错配。

3. 随意将研发费用资本化或费用化

在处理研发费用时，企业需要根据会计准则的要求，合理确定哪些费用应该资本化（即计入资产），哪些应该费用化（即直接计入当期损益）。然而，有些企业可能会根据自身的经营状况或财务目标，随意将研发费用资本化或费用化。比如，在业绩较好的年份，企业可能倾向于将更多的研发费用资本化，以平滑利润并展示强大的资产实力；而在业绩不佳时，则可能选择将更多费用直接费用化，以降低当期利润，为未来的业绩反弹埋下伏笔。这些做法虽然短期内可能有助于企业达到特定的财务目标等，但长期来看，可能损害企业的信誉和投资者的信心，甚至引发监管机构的关注和调查。

4. 利用研发费用进行财务舞弊

在极端情况下，有些企业可能会利用研发费用进行财务舞弊。这种舞弊行为可能包括虚构研发项目、夸大研发费用，甚至通过关联方交易等手段转移资金，以制造出研发投入大的假象。企业进行这种操作的目的可能是多方面的，比如骗取政府的研发补贴、享受税收优惠，或者是在资本市场上误导投资者，以推高股价或筹集更多资金。然而，这种行为不仅严重违反了法律法规，还将对企业造成巨大的经济和声誉损失，甚至可能引发法律诉讼和刑事责任。

## 法律法规

根据《企业会计准则第 6 号——无形资产》相关规定如下。

企业内部研究开发项目的支出，应当区分研究阶段支出与开发阶段支出。

研究阶段支出的处理：研究阶段支出应当在发生时全部费用化，计入当期损益（管理费用）。这是考虑到研究阶段的探索性及其成果的不确定性。

开发阶段支出的处理如下。

开发阶段的支出，只有同时满足下列条件时，才能确认为无形资产（即资本化）。

（1）完成该无形资产以使其能够使用或出售在技术上具有可行性。

（2）具有完成该无形资产并使用或出售的意图。

（3）无形资产产生经济利益的方式，包括能够证明运用该无形资产生产的产品存在市场或无形资产自身存在市场，无形资产将在内部使用的，应当证明其有用性。

（4）有足够的技术、财务资源和其他资源支持，以完成该无形资产的开发，并有能力使用或出售该无形资产。

（5）归属于该无形资产开发阶段的支出能够可靠地计量。

这些规定为判断研发费用是否违规资本化提供了明确的依据。如果企业在研发费用处理上不符合上述准则，就可能存在违规资本化的情况。例如，将研究阶段的支出错误地资本化，或者将不满足资本化条件的开发阶段的支出计入无形资产等。

## 合规程序与方法

**一、了解业务与流程**

注册会计师首先需要深入了解企业的研发活动和整体研发流程。这包括但不限于研发项目的选题、立项、实施、结题等各个环节。同时，要详细研究企业的财务管理制度，特别是与研发费用相关的部分。通过与企业管理层和关键研发人员深入沟通，进一步明确研发项目的定义、范围以及预期的经济和技术成果，从而为后续的审计工作奠定坚实的基础。

**二、内部控制评估**

评估企业内部控制制度的健全性和有效性是审查研发费用是否准确核算的关键。注册会计师需要仔细检查企业是否有专门针对研发费用核算的内部控制流程和规范，并评估这些流程和规范在实际操作中的执行情况。此外，还要关注企业是否有明确的研发费用核算流程和审批机制，以确保每一笔研发费用的发生都是经过严格审批和记录的。

**三、文档与记录检查**

核查研发项目的相关文档和记录是审计过程中的重要环节。注册会计师需要仔细审查研发项目的立项报告、预算审批表、项目计划等关键文档，以验证项目的真实性和合规性。同时，还要检查与研发费用相关的原始凭证，如发票、合同等，以确保每一笔费用的真实性和合理性。通过这些核查工作，有效地识别和防范潜在的舞弊行为。

**四、费用划分准确性审查**

在审查研发费用和其他成本费用的划分是否准确时，注册会计师需要依据企业会计准则和相关法规进行判断。注册会计师需要对比研发费用与其他成本费用的具体划分标准，确保各项费用没有被错误地分类或混淆。此外，还需要对研发费用的各项支出进行逐一核查，如研发人员工资、材料费、设备折旧等，以确认这些支出确实符合研发费用的定义和核算要求。

**五、利用专家意见和第三方信息**

在必要时，注册会计师可以聘请外部专家对研发项目的专业性和费用的合理性进行评估。这些专家通常具有深厚的行业经验和专业知识，能够提供更为准确和客观的意见。此外，注册会计师还可以通过函证等方式向供应商或合作方确认与研发相关的交易和费用的真实性。这些第三方信息可以为审计工作提供有力的支持，提高审计结论的准确性和可靠性。

**六、分析性复核**

分析性复核是一种有效的审计方法，可以帮助注册会计师识别研发费用的异常波动和潜在风险。通过对研发费用进行趋势分析和比率分析，注册会计师可以了解费用的变动情况和结构特点，从而判断其合理性和合规性。同时，还可以将企业的研发费用与其他相似企业或行业平均水平进行对比，以评估企业的研发费用是否处于合理水平。

**七、报告与沟通**

在完成所有审计程序后，注册会计师需要将审查结果以书面形式详细记录，并编制审计报告。报告中应明确说明研发费用的核算情况、存在的问题以及改进建议等内容。同时，注册会计师还需要与企业管理层进行充分的沟通和交流，确保他们了解审计结果并采取相应的改进措施。通过有效的报告和沟通，促进企业财务管理的规范化和透明化，提高企业的经济效益和市场竞争力。

## 案例分析 1：将非研发费用计入研发费用

### 一、背景

随着市场竞争的加剧，企业对研发的投入越来越大，以期通过技术创新来提升竞争力。然而，在实际操作中，有时会出现研发费用核算不准确的情况。本案例将针对某企业将非研发费用计入研发费用的问题进行深入分析。

### 二、案例具体情况

某科技公司在其年度财务报告中披露了高额的研发费用。然而，经过仔细审查，发现其中有部分费用与研发活动无关，包括销售人员的薪酬、市场推广费以及部分行政管理费用，总计金额达到 300 万元。

### 三、分析过程

1. 费用属性界定

需要明确哪些费用可以归类为研发费用。根据企业会计准则，研发费用应是与研发活动直接相关的费用，如研发人员的工资、研发设备的折旧等。而销售人员的工资、市场推广费用以及行政管理费用显然不属于这一范畴。

2. 违规行为的识别

通过对公司财务报告和内部账目的详细审查，发现该公司将部分非研发费用计入了研发费用中。对这种行为的识别主要依赖于对费用明细的仔细核查，以及与公司内部员工和相关负责人的访谈。

3. 动机分析

进一步探究公司为何会进行这样的费用划分，可能的原因包括：达到特定的财务指标要求，如研发投入占比；享受某些政策优惠或补贴，这些通常与研发投入相关。

4. 影响评估分析

财务影响：非研发费用的计入导致研发费用虚高，这可能影响投资者和分析师对公司真实研发能力的判断，进而影响公司的股价和市场表现。

税务影响：错误的费用划分可能导致公司面临税务风险，如被税务部门认定为偷税漏税行为，从而遭受处罚。

内部管理影响：此类行为暴露出公司内部管理和控制体系的不足，可能影响员工对管理层的信任和公司整体的运营效率。

合规影响：该行为违反会计准则和其他相关法规，可能导致公司面临法律诉讼和监管机构的处罚。

5. 改进建议分析

加强内部财务管理和核算的准确性，确保费用划分的合理性；定期对财务人员进行培训，加强其对会计准则和其他相关法律法规的理解与执行力；建立有效的内部审计机制，及时发现并纠正类似的财务问题；增强与外部审计机构的沟通与合作，确保财务报告的准确性和合规性。

### 四、结论

综上所述，本案例详细分析了将非研发费用计入研发费用的违规行为及其潜在影响。通过深入剖析，审查人员发现这种行为不仅违反了会计准则和法规，还可能对公司的财务状况、税务风险、内部管理和市场表现产生深远的负面影响。因此，企业必须高度重视并严格遵守相关准则和法规，以确保财务报告的真实性和准确性。

## 案例分析 2：将研发费用计入其他成本费用

### 一、背景

随着科技的快速发展，研发投入对企业创新能力和市场竞争力的重要性日益凸显。然而，在实际操作中，一些企业出于成本控制、利润调节或其他考虑，可能会将本应计入研发费用的支出归类到其他成本费用中。本案例将围绕一家科技公司将研发费用计入其他成本费用的违规操作展开深入分析。

**二、案例具体情况**

某科技公司近年来在研发领域投入了大量资源，致力于开发新一代智能产品。然而，在最近一次内部财务审计中，发现该公司存在将研发费用计入其他成本费用的违规行为。

具体数据显示，在过去的一年中，该公司将总额达到数百万元的研发费用记入了“生产成本”“销售费用”“管理费用”等科目中。其中，约 15% 的研发费用被计入生产成本，约 30% 的被计入销售费用，剩余部分则被计入管理费用。这些费用主要包括研发人员工资、研发设备折旧、研发材料消耗以及与研发相关的差旅费等。

**三、分析过程**

1. 违规行为的识别

在审计过程中，审计人员首先通过比对研发项目预算与实际支出、核查研发费用明细账等方式，发现了研发费用被计入其他成本费用的异常情况。进一步调查后，确认了这一违规行为的存在。

2. 动机分析

对于该公司为何会将研发费用计入其他成本费用，审计人员进行了深入探究。可能的动机包括：降低当期研发费用，从而提高当期利润，以迎合市场预期或达到某些业绩指标；规避研发费用的资本化要求，减轻未来期间的摊销压力。

3. 财务影响分析

将研发费用计入其他成本费用，首先会导致公司财务报告中的研发费用数据失真，无法真实反映公司的研发投入情况。同时，这种违规行为还会影响生产成本、销售费用和管理费用的真实性，进而影响公司的成本结构和盈利能力分析。此外，由于研发费用通常具有较高的风险性和不确定性，将其计入其他成本费用可能会误导投资者对公司未来盈利能力和发展潜力的判断。

4. 合规与风险分析

从合规角度来看，将研发费用计入其他成本费用违反了企业会计准则和其他相关法律法规的要求。这种违规行为会引发监管机构的关注和调查，给公司带来法律风险和声誉损失。同时，由于研发费用在税务方面通常享有优惠政策，将研发费用计入其他成本费用可能导致公司错失相关税收优惠，增加税务成本。

5. 内部管理影响分析

此类违规行为暴露出公司内部管理和控制体系的不足。研发费用与其他成本费用的划分不准确，可能源于财务部门与研发部门之间的沟通不畅、核算流程不规范或内部监督机制失效。这种内部管理问题可能导致公司资源配置效率低下、员工激励机制失衡以及决策失误等后果。

**四、案例影响**

1. 财务风险

由于研发费用的错误归类，公司财务报告无法真实反映公司的研发投入和经营成果。这可能会影响投资者和分析师对公司的评估和决策，进而对公司的股价和市场表现产生负面影响。

2. 合规风险

违规行为可能引发监管机构的调查和处罚，给公司带来法律风险和合规成本。此外，公司还可能因此遭受投资者诉讼和声誉损害。

3. 税务影响

将研发费用计入其他成本费用可能导致公司无法享受相关的税收优惠政策，从而增加税务负担。同时，税务部门可能对公司的税务申报进行更加严格的审查。

4. 内部管理风险

此类违规行为揭示了公司内部管理和控制体系的薄弱环节。如果不及时加以改进，可能导致更严重的问题。

### 五、结论

综上所述，本案例详细分析了将研发费用计入其他成本费用的违规行为及其潜在影响。这种行为不仅违反了会计准则和其他法规要求，还可能对公司的财务报告真实性、合规性、税务负担以及内部管理产生严重的负面影响。因此，企业必须加强和提高内部管理和核算的准确性，确保费用划分的合理性，以维护企业的声誉和信誉，并促进企业的长期发展。

## 案例分析 3：随意将研发费用资本化或费用化

### 一、背景

在企业的财务管理中，研发费用的处理一直是一个复杂且关键的环节。根据会计准则，研发费用可以在一定条件下进行资本化处理，即将其作为资产列入资产负债表，而非直接计入当期损益。然而，这一规定的灵活性也为一些企业提供了操作空间，导致出现企业随意将研发费用资本化或费用化的情况。本案例将针对这一违规表现进行深入分析。

### 二、案例具体情况

某高科技企业近年来在研发上投入了大量资金，以推动技术创新和产品开发。然而，在最近一期的财务报告中，审计人员发现该企业在研发费用的资本化和费用化处理上存在明显的不规范行为。

具体来说，该企业在过去一年中将原本应费用化的研发费用进行了资本化处理，使得资产负债表中的无形资产增加了约 70 万元。同时，又将部分本应资本化的研发费用直接计入了当期损益，导致利润表中的数据失真。这种做法严重影响了企业财务报告的准确性和可信度。

### 三、分析过程

1. 违规行为的识别

审计人员通过对比企业历史财务数据、行业标准和会计准则要求，发现企业在研发费用的资本化和费用化处理上存在明显差异。进一步调查后，确认了企业存在随意将研发费用资本化或费用化的违规行为。

2. 动机分析

企业随意将研发费用资本化或费用化，可能出于以下动机：一是美化财务报表，通过增加资产或减少费用来提高当期利润；二是迎合市场预期或达到某些业绩指标，从而获取更多的融资或投资机会。

3. 财务影响分析

随意将研发费用资本化或费用化，首先会导致企业财务报告中的资产和利润数据失真。将应费用化的研发费用进行资本化处理，会虚增企业的资产和利润；而将应资本化的研发费用直接计入当期损益，则会降低企业的利润水平。这些失真数据会误导投资者和分析师对企业的财务状况和经营成果的判断。

4. 合规与风险分析

从合规角度来看，随意将研发费用资本化或费用化违反了企业会计准则和其他相关法规的要求。这种违规行为会引发监管机构的关注和调查，给企业带来法律风险和声誉损失。同时，不准确的财务报告也可能导致企业面临投资者的诉讼和索赔风险。

5. 内部管理影响分析

此类违规行为暴露出企业内部管理和控制体系的不足。研发费用处理的随意性可能源于财务部门与研发部门之间的沟通不畅、核算流程不规范或内部监督机制失效。这种内部管理问题可能导致企业资源配置效率低下、决策失误以及员工对管理层的信任危机等后果。

### 四、案例影响

1. 导致财务报告失真与信誉损害

由于随意将研发费用资本化或费用化，企业财务报告无法真实反映其财务状况和经营成果。投资者和分析师可能因此做出错误的决策，进而对企业的股价和市场表现产生负面影响。同时，这种违规行为也会损害企业的信誉和形象，降低市场对企业的信任度。

2. 合规风险与法律后果

违规行为可能引发监管机构的调查和处罚，给企业带来严重的法律后果。企业可能面临罚款、市场禁入等惩罚措施，甚至可能因此被取消上市资格。此外，不准确的财务报告还可能引发投资者的诉讼和索赔风险，给企业带来巨大的经济损失。

3. 导致内部管理混乱与决策失误

此类违规行为揭示了企业内部管理和控制体系的薄弱环节。财务部门与研发部门之间缺乏有效的沟通和协调机制，导致研发费用处理的随意性。这种内部管理混乱可能导致企业资源配置效率低下、决策失误以及员工对管理层的信任危机等严重后果。长期来看，这将严重影响企业的竞争力和持续发展能力。

### 五、结论

综上所述，本案例详细分析了随意将研发费用资本化或费用化的违规行为及其潜在影响。这种行为不仅违反了会计准则和其他法规要求，还可能对企业的财务报告真实性、合规性、信誉以及内部管理产生严重的负面影响。因此，企业必须加强内部管理和核算的准确性，确保研发费用处理的规范性和合理性，以维护企业的声誉和信誉，促进企业的长期发展。同时，监管部门也应加大对研发费用处理的监督力度，及时发现并纠正企业的违规行为，保护投资者的合法权益。

## 案例分析 4：利用研发费用进行财务舞弊

### 一、背景

在高度竞争的市场环境中，企业的研发投入往往被视为推动创新和提升竞争力的关键。然而，有些企业可能会利用研发费用进行财务舞弊，以达到粉饰财务报表、误导投资者或规避税收等目的。本案例将围绕一家企业利用研发费用进行财务舞弊的行为展开深入分析。

### 二、案例具体情况

某科技企业近年来在研发上投入了大量资金，以开发新一代产品并提升市场竞争力。然而，在最近一次的内部审计中，发现该企业存在利用研发费用进行财务舞弊的情况。

具体来说，该企业通过将非研发性质的费用计入研发费用、虚构研发项目和研发人员，以及提前或推迟确认研发费用等手段，操纵了财务报表中的研发费用数据。审计发现，该企业在过去两年中，通过财务舞弊手段虚增了约 30% 的研发费用，涉及金额高达数百万元。

### 三、分析过程

1. 舞弊手段的深入剖析

将非研发性质的费用计入研发费用是该企业舞弊的主要手段之一。通过仔细审查相关账目，审查人员发现该企业将一些明显与研发活动无关的费用，如管理人员的薪酬和市场推广费用，计入了研发费用中。这种操作不仅增加了研发费用的总额，还使得企业的研发活动显得更为“庞大”和“重要”。此外，该企业还虚构了研发项目和研发人员。通过编造不存在的研发项目和随意增加研发人员数量，企业进一步夸大了其研发规模和投入。这种手段极为隐蔽，因为虚构的项目和研发人员很难被外部审计人员或监管机构直接查证。提前或推迟确认研发费用也是该企业的舞弊手段。通过调整研发费用的确认时点，企业可以在不同期间内调节利润水平，以达到其期望的财务表现。

2. 舞弊动机的深入挖掘

在深入了解该企业的经营状况和市场环境后，审查人员发现其舞弊动机主要有以下几个方面。首先，提升市场形象和股价，企业通过增加研发费用支出展示其对技术创新的重视和投入。在科技行业，研发投入往往被视为企业竞争力的重要体现，因此夸大研发费用有利于提升企业的市场价值。其次，规避税收也是该企业舞弊的重要动机。通过虚增研发费用，企业可以降低应税收入，从而减少缴纳所得税。这种操作在短期内可能为企业带来一定的经济利益，但长期来看埋下了巨大的税务风险。最后，为了达到某些业绩指标或融资要求，企业可能通过操纵研发费用数据来粉饰财务报表。在资本市场中，良好的财务表现往往是企业获取融资和投资的关键。因此，通过财务舞弊手段提升财务报表的美观度，有利于企业获取更多的资金支持。

3. 舞弊行为的内部管理漏洞

该企业的舞弊行为充分暴露了其内部管理和控制体系的漏洞。首先，财务部门缺乏有效的监督和制衡机制，使得个别人员能够利用制度漏洞进行舞弊。这表明企业在财务管理方面存在严重的疏忽和不足。其次，企业内部可能缺乏诚信文化和道德约束。在追求经济利益的过程中，企业可能忽视了道德和诚信的重要性，导致员工对舞弊行为缺乏抵制意识和勇气。这种文化缺失为企业带来了巨大的潜在风险。

针对以上分析，审查人员认为该企业应立即采取整改措施，加大内部管理和监督力度，确保财务数据的真实性和准确性。同时，还应加强员工诚信教育和道德建设，树立良好的企业文化和价值观。只有这样，才能维护企业的声誉和信誉，促进企业的长期发展。

## 四、案例影响

1. 导致财务报告失真与误导投资者

由于研发费用的财务舞弊，企业财务报告无法真实反映其财务状况和经营成果。投资者和分析师可能因此做出错误的投资决策，进而损害投资者的利益和市场的公平性。

2. 合规风险与法律后果

舞弊行为可能引发监管机构的严厉处罚和法律诉讼。企业可能面临巨额罚款、市场禁入等严重后果，甚至可能因此破产。同时，相关责任人员也可能面临刑事责任的追究。

3. 导致内部管理混乱与道德风险

此类舞弊行为揭示了企业内部管理和道德约束的严重缺失。如果不及时加以改进和完善，将导致企业内部管理混乱、员工士气低落以及人才流失等后果。长期来看，这将严重影响企业的竞争力和持续发展能力。

4. 导致信誉受损与市场信任危机

财务舞弊行为将严重损害企业的信誉和形象，降低市场对企业的信任度。这种信任危机可能导致客户流失、合作伙伴解除合作关系以及融资渠道受限等不利影响。

## 五、结论

综上所述，本案例详细分析了利用研发费用进行财务舞弊的违规行为及其潜在影响。这种行为不仅违反了会计准则和法规要求，还可能对企业的财务报告真实性、合规性、信誉以及内部管理产生严重的负面影响。因此，企业必须加大内部管理和监督力度，确保财务数据的真实性和准确性。同时，还应加强员工诚信教育和道德建设，树立良好的企业文化和价值观。只有这样，才能维护企业的声誉和信誉，促进企业的长期发展。

## 专题十八：研发费用的列支是否符合相关准则

### 业务简介

**一、概念**

研发费用和开发成本，研发费用是指企业在进行新产品、新技术、新工艺、新设备等研究开发过程中所发生的各项费用。这些费用主要包括研发人员薪酬、材料消耗、试验检测费用、设备折旧费以及其他相关费用。开发成本则是指企业在产品开发阶段所发生的成本，包括但不限于设计成本、试制成本、调整成本等。研发费用和开发成本是企业技术创新和产品研发过程中不可或缺的经济投入，对推动企业的科技进步和产品升级具有重要意义。

**二、基本规定**

根据相关会计准则和税法规定，研发费用和开发成本的确认与计量需严格遵守一系列规定。这些规定确保了研发费用的真实、准确反映，并允许符合条件的研发费用在税前加计扣除，以鼓励企业的创新活动。

研发费用的认定：企业在进行研发活动时发生的费用，包括人工费用、直接投入费用、折旧费用、无形资产摊销费用、设计费用、装备调试费用与试验费用等，可以认定为研发费用。这些费用必须以实际发生额为计量基础，且符合会计准则的相关规定。

研发费用的管理：企业应建立科学的研发费用管理制度，明确研发费用的管理权限和责任，确保研发活动的有效开展和经济效益的实现。这包括费用的预算、审批、核算、分析和考核等环节。

加计扣除政策：根据税法规定，企业为开发新技术、新产品、新工艺发生的研究开发费用，可以在计算应纳税所得额时加计扣除。未形成无形资产计入当期损益的，在按照规定据实扣除的基础上，按照实际发生额的100%加计扣除；形成无形资产的，按照无形资产成本的200%摊销。

**三、经常出现的违规问题**

在研发费用的管理和核算过程中，由于各种原因，可能会出现一些违规问题。这些问题不仅可能导致企业财务信息的失真，还可能影响企业享受税收优惠政策和创新能力评价。

1. 超范围列支

企业可能出于多种原因，将本不属于研发费用或开发成本的支出项目列入其中。这种超范围列支往往是为了达到某种财务目标或满足特定的业绩考核要求。例如，有的企业可能将日常管理费用、市场营销费用、与研发活动无直接关联的行政开支等，都计入研发费用之中。这不仅导致研发费用的总额虚增，还会严重扭曲企业的真实财务状况，误导投资者和其他利益相关者的判断。

2. 费用与成本混淆列支

研发费用与开发成本虽然都是与创新活动相关的支出，但它们在性质和核算上有所不同。然而，有些企业在实际操作中往往将两者混淆，将本应计入开发成本的支出错误地列入研发费用，或者反之。这种混淆不仅影响当期损益的准确性，还可能导致企业资产的账面价值与实际价值产生偏差。

3. 低估或遗漏重要支出

与超范围列支相反，有些企业可能故意低估或遗漏某些重要的研发费用或开发成本支出。采取这种做法通常是为了提高当期的利润水平或满足特定的财务指标要求。然而，这种做法不仅损害了财务信息的真实性，还可能影响企业的长期发展和创新能力。

4. 缺乏合理依据的列支

对于某些大额的研发费用或开发成本支出，如果企业无法提供合理的依据或解释，如合同、发票、验收报告等，那么这些支出可能存在问题。

**四、违规表现**

1. 研发费用结构失衡

研发项目中某些费用项异常偏高或偏低，如人员薪酬占比过高，而材料费、测试费等占比过低，这可能暗示着费用结构的失衡和可能存在违规操作。研发项目费用与预期或行业常规不符，例如在一个以软件开发为主的项目中，硬件设备费用过高，这可能与实际的研发活动不匹配。

2. 不规范的费用摊销

对于需要摊销的研发费用和开发成本，如专利使用费、技术转让费等，企业可能未按照规定的摊销方法和期限进行处理。这种不规范的摊销操作会导致各期费用的波动异常，影响财务信息的稳定性和可比性。

3. 隐藏或转移支出

为了规避某些财务限制或达到特定的报表效果，企业可能通过复杂的财务操作来隐藏或转移研发费用和开发成本中的某些支出。这些操作包括但不限于利用关联方交易、虚构合同、拆分支出项目等。这些行为不仅违反了会计准则的要求，还可能触犯相关法律法规，给企业带来巨大的法律风险。

## 法律法规

在探讨研发费用及开发成本的列支是否合规时，主要依据以下相关法律法规。

（1）企业会计准则第 6 号——无形资产》第七条至第九条，研发活动分为研究阶段和开发阶段。研究阶段：所有支出应于发生时计入当期损益（费用化）。开发阶段：符合条件的支出可以资本化，确认为无形资产。资本化的条件包括：完成该无形资产以使其能够使用或出售在技术上具有可行性；具有完成该无形资产并使用或出售的意图；无形资产产生经济利益的方式，包括能够证明其存在市场或内部使用的价值；有足够的技术、财务资源和其他资源支持，以完成该无形资产的开发；归属于该无形资产开发阶段的支出能够可靠地计量。

（2）《中华人民共和国企业所得税法》第三十条：企业开发新技术、新产品、新工艺发生的研究开发费用，可以在计算应纳税所得额时加计扣除。

（3）《中华人民共和国企业所得税法实施条例》第九十五条：进一步明确研发费用加计扣除的具体规定，企业为开发新技术、新产品、新工艺发生的研究开发费用，未形成无形资产计入当期损益的，在按照规定据实扣除的基础上，按照研究开发费用的 75% 加计扣除；形成无形资产的，按照无形资产成本的 175% 摊销。

（4）《高新技术企业认定管理办法》

根据《高新技术企业认定管理办法》第十条，企业研发费用的归集范围包括人员人工费用、直接投入费用、折旧费用与长期待摊费用、设计费用、装备调试费用、无形资产摊销费用、委托外部研究开发费用等。企业应按照相关规定准确归集研发费用，并确保其符合高新技术企业认定的要求。

（5）《企业会计准则——基本准则》

根据《企业会计准则——基本准则》第十二条，企业应当以实际发生的交易或事项为依据进行会计确认、计量和报告，如实反映符合确认和计量要求的各项会计要素及其他相关信息，保证会计信息真实可靠、内容完整。研发费用的列支必须真实、准确，不得虚增或虚减。

由于法律法规可能会随时间更新和修订，因此在具体应用时应查阅最新的法律法规原文以确保准确性。同时，企业在处理研发费用和开发成本时，应咨询专业会计师或法律顾问以确保合规性。

## 合规程序与方法

在审计过程中，对研发费用及开发成本进行审查是注册会计师工作的重要内容。这主要是因为研发费用和开发成本对企业的财务状况、经营成果以及税务筹划都有重大影响。以下将从六个方面详细阐述注册会计师在审查研发费用及开发成本的列支是否符合相关准则要求时的合规程序与方法。

**一、了解企业研发活动与组织架构**

注册会计师应首先了解企业的研发活动情况，包括研发项目的性质、目标、预算、进度等。同时，了解企业的组织架构，特别是研发部门的设置、职责划分以及与其他部门的协作关系。这有助于注册会计师对研发费用和开发成本的核算范围形成一个初步的认识。

具体方法包括：与企业管理层和研发部门负责人进行沟通，了解研发活动的整体情况；获取并审阅企业的研发项目立项书、预算书、进度报告等相关文件；观察研发部门的实际运作情况，包括人员配置、设备使用等。

**二、审查研发费用的归集与核算**

注册会计师应关注企业研发费用的归集是否完整、准确，核算方法是否符合相关会计准则。这涉及对研发费用明细账的审查，以及与企业财务报表的核对。

具体方法包括：获取并审阅企业的研发费用明细账，检查各项费用的归集是否合理；核对研发费用明细账与企业财务报表中的相关数据，确保一致性；对大额或异常的研发费用进行重点关注，了解其发生原因和合理性。

**三、审查开发成本的确认与计量**

对于开发成本的审查，注册会计师应关注其确认和计量的准确性。这包括开发成本的资本化条件是否满足、资本化的时点是否正确以及资本化金额的合理性等。

具体方法包括：获取并审阅企业的开发成本明细账，检查各项成本的确认和计量是否符合会计准则；对开发成本的资本化条件进行逐一核查，确保其满足相关准则要求；对资本化金额进行合理性分析，比如与行业平均水平或历史数据进行对比。

**四、分析性复核与勾稽关系检查**

注册会计师应运用分析性复核的方法，对研发费用和开发成本进行总体分析和趋势分析。同时，检查相关账户之间的勾稽关系，以确保数据的内在逻辑性和一致性。

具体方法包括：对研发费用和开发成本进行年度间和月度间的对比分析，了解其变动趋势和原因；检查研发费用与开发成本、在建工程、无形资产等相关账户之间的勾稽关系；对异常变动或大额费用进行重点分析，以发现可能存在的问题。

**五、内部控制测试与评价**

注册会计师应对企业关于研发费用和开发成本的内部控制进行测试和评价。这有助于发现可能存在的舞弊行为或管理漏洞。

具体方法包括：了解并测试企业关于研发费用和开发成本的审批流程、会计核算流程等内部控制措施；评价企业内部控制的有效性，包括职责分离、授权审批、会计核算准确性等方面；对发现的内部控制缺陷进行记录，并提出改进建议。

**六、与外部专家沟通与协作**

由于研发费用和开发成本的复杂性和专业性，注册会计师在审计过程中可能需要与外部专家进行沟通和协作。这有助于获取更专业的意见和判断，提高审计质量。

具体方法包括：在必要时，聘请外部专家对研发费用和开发成本进行专业评估；与外部专家进行充分沟通，了解其对企业研发费用和开发成本的看法和评价；综合考虑外部专家的意见，对审计结果进行调整和完善。

综上所述，注册会计师在审查研发费用及开发成本的列支是否符合相关准则时，应从多个方面进行综合考虑和分析。通过严谨的合规程序与方法，确保审计结果的准确性和可靠性，为企业的健康发展提供有力保障。

## 案例分析 1：研发费用结构失衡

### 一、背景

某科技公司（以下称“A 公司”）是一家专注于高新技术研发的企业，近年来在行业内取得了一定的市场份额和知名度。然而，随着市场竞争的加剧和监管的日益严格，A 公司在研发费用及开发成本的管理上出现了问题，尤其是研发费用结构失衡的情况逐渐凸显，引起了监管部门和投资者的关注。

### 二、案例具体情况

（一）A 公司 2020—2022 年的研发费用构成

| 费用类别 | 2020 年 | 2021 年 | 2022 年 |
| --- | --- | --- | --- |
| 人员薪酬（%） | 40 | 60 | 70 |
| 材料费用（%） | 20 | 5 | 3 |
| 设备折旧（%） | 15 | 10 | 8 |
| 外部协作费（%） | 10 | 15 | 14 |
| 其他费用（%） | 15 | 10 | 5 |

从上述数据可以看出，A 公司的研发费用中，人员薪酬占比逐年上升，而材料费用、设备折旧和其他费用占比逐年下降，外部协作费相对稳定。这种结构失衡的情况引起了审计团队的关注。

（二）研发项目情况

A 公司在 2020—2022 年共开展了五个研发项目，其中三个项目已经结项，两个项目仍在进行中。已结项的项目中，有两个项目的研发成果并未达到预期的市场效果，导致研发投入与收益不成正比。

### 三、分析过程

（一）研发费用结构失衡的原因分析

人员薪酬占比过高：随着市场竞争的加剧，A 公司为了吸引和留住人才，不断提高研发人员的薪资待遇。然而，过高的薪酬占比挤压了其他研发费用的空间，导致研发费用的整体结构失衡。

材料费用占比过低：由于 A 公司过于注重人才引进和激励，忽视了对研发过程中所需材料的投入。材料费用的不足可能影响了研发项目的进展和质量。

项目管理不善：A 公司在研发项目管理上存在不足，部分项目研发投入巨大但收益甚微。这可能与项目立项前的市场调研不足、项目执行过程中的监控不力以及项目结项后的评估不严谨有关。

（二）研发费用结构失衡的影响分析

研发效率下降：研发费用结构失衡，可能导致部分研发项目因缺乏必要的材料和设备支持而进展缓慢，从而降低整体研发效率。

研发质量受损：材料费用的不足可能影响研发成果的质量和性能，进而影响产品的市场竞争力。

财务风险增加：过高的薪酬占比可能导致企业面临财务风险。一旦研发项目未能取得预期收益，企业将面临巨大的成本压力。

企业声誉受损：研发费用结构失衡可能引发外界对企业研发能力和管理水平的质疑，从而影响企业的声誉和形象。

**四、案例影响**

A 公司研发费用结构失衡的案例对行业和企业自身都产生了深远的影响。首先，这一案例提醒企业要关注研发费用的合理分配和管理，避免产生类似问题。其次，A 公司需要深刻反思并改进自身的研发费用管理策略，以实现更为均衡和高效的研发投入。最后，监管部门和投资者也应从这一案例中吸取教训，加强对企业研发费用结构的关注和监督。

为了解决研发费用结构失衡的问题，A 公司可以采取以下措施：优化薪酬体系，确保薪酬与研发人员的实际贡献相匹配；增加对研发材料和设备的投入，保障研发项目的顺利进行；加强研发项目的管理和评估工作，提高研发效率和质量。通过实施这些措施，A 公司有望重塑研发费用结构，实现更为健康和可持续的发展。

## 案例分析 2：不规范的费用摊销

**一、背景**

B 公司是一家软件开发企业，近年来致力于开发一款新型的企业管理软件。为了加快研发进度，公司投入了大量资源进行软件开发，并产生了一系列研发费用。然而，在研发费用的摊销过程中，B 公司存在不规范的操作，这引起了监管部门和审计机构的关注。

**二、案例具体情况**

B 公司在 2022 年度进行了以下研发费用的摊销。

研发费用总额：500 万元。

摊销期限：1 年。

摊销方法：平均摊销法。

按照平均摊销法，B 公司每月应摊销的研发费用为 41.67 万元（500 万元 /12 个月）。然而，在实际操作中，B 公司的摊销情况如下。

1 月至 6 月，每月摊销 20 万元，共计摊销 120 万元。

7 月至 12 月，每月摊销 66.33 万元，共计摊销 380 万元。

可以看出，B 公司的摊销并未按照平均摊销法进行，而是采取了前半年少摊、后半年多摊的方式。

**三、分析过程**

（一）不规范的费用摊销原因分析

财务管理不规范：B 公司可能由于财务管理制度不完善或执行不到位，导致研发费用摊销未能按照既定方法进行。这种不规范的管理可能导致财务信息的失真。

人为调节利润：B 公司可能出于调节年度利润的考虑，通过不规范的摊销方法来平滑利润波动。前半年少摊费用可以提高上半年的净利润，而后半年多摊费用则可以降低下半年的净利润，从而达到人为调节利润的目的。

（二）不规范的费用摊销影响分析

财务影响：不规范的摊销方法导致 B 公司的财务信息不能真实反映其实际经营状况。这可能会影响投资者、债权人等利益相关者的决策。

监管风险：不规范的摊销行为违反相关会计准则和法规，从而引发监管机构的关注和调查。B 公司可能面临罚款、声誉受损等风险。

内部管理影响：不规范的摊销方法反映出 B 公司内部管理制度的混乱和不完善。这种混乱状况可能影响公司的运营效率和市场竞争力。

**四、案例影响**

B公司不规范的研发费用摊销案例对企业自身、投资者和监管机构都具有重要意义。首先，这一案例提醒企业要加大财务管理制度的完善和执行力度，确保财务信息的真实性和准确性。其次，投资者应更加关注企业的财务信息质量，以便做出明智的投资决策。最后，监管机构应加大对企业财务报告的审核和监督力度，维护市场的公平和透明。

为了改进不规范的摊销行为，B公司可以采取以下措施：完善财务管理制度并确保其得到有效执行；加强对财务人员的培训和教育以提高其专业素养；定期进行内部审计以发现和纠正违规行为；及时披露财务信息以增强透明度。通过实施这些措施，B公司有望改善其财务管理状况并提升市场竞争力。

此外，该案例也为其他企业提供了警示：企业应严格遵守相关会计准则和法规进行费用摊销等财务处理；加强内部控制体系建设以防止类似违规行为的发生；同时，积极与投资者等利益相关者沟通以建立良好的信任关系。

## 案例分析3：隐藏或转移支出

**一、背景**

C公司是一家专注于生物科技研发的创新型企业。近年来，为了加速新药研发进程，公司投入了大量资金进行科研活动。然而，随着研发成本的增加，C公司为了维持良好的财务报表形象，采取了一些不合规的财务操作，特别是在研发费用的处理上出现了隐藏或转移支出的违规行为。

**二、案例具体情况**

C公司在2022年度的研发费用相关数据如下。

实际研发费用支出：800万元。

财务报表中显示的研发费用：600万元。

隐藏或转移的研发费用：200万元。

具体来说，C公司将一部分原本应计入研发费用的支出，通过关联方交易、虚假采购合同等手段，转移至其他费用科目，以此来降低财务报表中显示的研发费用。

**三、分析过程**

（一）隐藏或转移支出的原因分析

粉饰财务报表：C公司可能为了提升市场形象，吸引更多投资者，故意隐藏部分研发费用，以呈现出更加美观的财务报表。

业绩考核压力：公司内部管理层可能面临业绩考核的压力，因此通过隐藏或转移支出的方式来达到预期的业绩目标。

逃避税收监管：通过隐藏研发费用，C公司可能试图降低应纳税所得额，从而减少税务支出。

（二）隐藏或转移支出的手法分析

关联方交易：C公司可能通过与关联企业进行非公允的交易，将研发费用转移至关联企业，从而在自身财务报表上减少这部分费用。

虚构采购合同：公司可能虚构采购合同，将原本应计入研发费用的支出计入采购成本，以此达到隐藏费用的目的。

随意将研发费用资本化或费用化：故意将应费用化的研发费用资本化，或者将应资本化的研发费用费用化，以此来调节利润。

（三）隐藏或转移支出的影响分析

财务影响：隐藏或转移支出导致财务报表不能真实反映C公司的实际经营状况，投资者和债权人可能因此做出错误的决策。

法律风险：这种行为违反相关法律法规，C公司将面临法律制裁。

内部管理影响：隐藏或转移支出往往伴随着内部管理的混乱和失控，长此以往将对企业的持续健康发展造成严重影响。

**四、案例影响**

C公司隐藏或转移研发费用的案例，不仅对公司自身造成了深远的负面影响，也为整个行业敲响了警钟。首先，这一行为严重损害了公司的声誉和信誉，导致投资者和合作伙伴的信任危机。其次，公司可能因此面临重大的法律风险和经济损失。最后，这种违规行为对整个行业的公平竞争环境也构成了威胁。

为了避免类似情况的发生，企业应加强内部控制和审计机制的建设，确保财务信息的真实性和准确性。同时，监管部门也应加大对企业财务报表的审核力度，及时发现并纠正违规行为。只有这样，才能维护市场的公平与正义，促进企业的健康发展。

## 专题十九：高新技术企业无形资产确认和计量是否准确

### 业务简介

**一、概念**

无形资产，是指企业拥有或者控制的没有实物形态的可辨认非货币性资产。对高新技术企业而言，无形资产的重要性不言而喻，它包括了诸如专利权、非专利技术、商标权、著作权、土地使用权、特许权等关键资产。这些资产不仅是企业技术实力和创新能力的体现，更是企业在市场竞争中取得优势的重要资源。因此，无形资产的准确确认和计量对高新技术企业来说至关重要。

**二、基本规定**

根据新的会计准则，无形资产的确认需要满足以下几个条件：首先，该资产必须符合无形资产的定义，即为企业拥有或控制的、没有实物形态的、可辨认的非货币性资产；其次，与该资产有关的经济利益很可能流入企业；最后，该无形资产的成本能够可靠地计量。只有当这些条件同时满足时，企业才能将相关资产确认为无形资产。

在计量方面，无形资产应当按照实际成本进行初始计量。对于内部研究开发支出，研究阶段的支出应全部费用化，计入当期损益；而开发阶段的支出，只有符合资本化条件的才能资本化，计入无形资产的成本。后续计量则应以成本减去累计摊销额和累计减值损失后的余额为准。

**三、经常出现的违规问题**

在实际操作中，高新技术企业在无形资产确认计量方面经常出现一些问题。首先，部分企业对无形资产的确认标准不够明确和规范，有时甚至会盲目定性，这给会计资产确认和财报编制带来了不小的阻碍。其次，当无形资产在经过一定时间发生变动后，企业往往没有根据其变动因素进行再次确认，导致资产信息的准确性受到影响。最后，自创无形资产的评估和确认也存在缺陷，如有时在未满足确认条件时就被提前确认，或者确认时间被忽视，后续工作也相对不够完善。

**四、违规表现**

1. 无形资产确认标准不明确或不规范

确认标准模糊：高新技术企业在确认无形资产时，可能存在对确认标准理解不透彻或故意模糊处理的情况。例如，对某些尚未明确是否符合无形资产定义的项目进行确认，导致资产确认不准确。

盲目定性：有时企业会对某些资产进行盲目定性，即在没有充分依据的情况下将其确认为无形资产。采取这种做法可能是为了美化财务报表或达到其他特定目的，但会严重影响会计信息的真实性。

2. 无形资产变动后未进行再次确认

高新技术企业的无形资产在经过一段时间后可能会发生变动，如技术更新、专利权续展等。然而，一些企业在资产发生变动后并未按照相关规定进行再次确认，导致资产账面价值与实际价值不符。

3. 自创无形资产确认和计量违规

提前确认：高新技术企业在研发过程中，可能存在将尚未满足确认条件的自创无形资产提前确认的情况。例如，在某项技术或产品尚未研发完成或尚未给企业带来经济利益时，就将其确认为无形资产。

计量不准确：对于自创无形资产的计量，企业可能未按照实际成本进行初始计量，或者后续计量时未考虑资产减值等因素，导致无形资产账面价值虚高。

## 法律法规

在探讨高新技术企业无形资产确认和计量是否准确时，主要依据以下会计准则和法律规定。

1.《企业会计准则第 6 号——无形资产》

第十三条：企业应当于取得无形资产时分析判断其使用寿命。无形资产的使用寿命为有限的，应当估计该使用寿命的年限或者构成使用寿命的产量等类似计量单位数量；无法预见无形资产为企业带来经济利益期限的，应当视为使用寿命不确定的无形资产。

第十七条：使用寿命有限的无形资产，其应摊销金额应当在使用寿命内系统合理摊销。企业摊销无形资产，应当自无形资产可供使用时起，至不再作为无形资产确认时止。

2.《会计法》

虽然《会计法》中没有直接关于无形资产确认和计量的具体条款，但它规定了会计核算的基本原则和要求，为无形资产的准确确认和计量提供了法律基础。

3.《企业会计准则——基本准则》

第二十条：“资产是指企业过去的交易或者事项形成的、由企业拥有或者控制的、预期会给企业带来经济利益的资源。”无形资产作为资产的一种，其确认和计量应遵循这一基本准则。

4.《国际会计准则第 38 号——无形资产》（IAS 38）

虽然这是国际准则，但在我国会计准则与国际准则趋同的背景下，IAS 38 中关于无形资产的定义和确认条件也常被作为我国高新技术企业无形资产确认和计量的参考依据。

该准则定义部分：无形资产，是指为用于商品或劳务的生产或供应、出租给其他单位或为管理目的而持有的、没有实物形态的可辨认非货币资产。

可依据以上法律法规探讨高新技术企业无形资产确认和计量的准确性。在实际操作中，还需结合企业的具体情况和相关的会计政策进行判断。

## 合规程序与方法

随着科技的发展和全球化竞争的加剧，高新技术企业无形资产的重要性日益凸显。无形资产对高新技术企业来说，是其核心竞争力的关键组成部分。然而，由于无形资产的特殊性质，其确认与计量存在一定的难度和复杂性。因此，注册会计师在对高新技术企业进行审计时，需要特别关注无形资产的确认与计量是否准确。以下将从六个方面详细阐述注册会计师对高新技术企业无形资产确认和计量的准确性进行风险审查的合规程序与方法。

**一、了解企业无形资产的基本情况**

注册会计师应首先了解企业的业务性质、经营模式和核心竞争力，以及无形资产在企业经营中的作用。通过与企业管理层的交流，获取无形资产的相关信息和资料，包括无形资产的种类、来源、使用状况、价值评估方法等。此外，注册会计师还应关注企业的研发活动，了解研发项目的进展、投入和产出情况，以及研发费用的核算方法。

**二、评估无形资产确认与计量的政策与程序**

注册会计师应审查企业无形资产确认与计量的政策是否符合相关法律法规的要求。重点关注企业是否建立了完善的无形资产管理制度，包括无形资产的取得、使用、摊销、减值和处置等环节。同时，要检查企业是否定期对无形资产进行价值评估，并及时调整账面价值。

**三、验证无形资产的权属和存在性**

注册会计师应通过查阅相关合同、协议、证书等文件，验证企业所声称的无形资产是否真实存在，并确认其权属关系。对于专利权、商标权等需要注册登记的无形资产，应核对相关注册证书和官方公告，确保其真实有效。此外，还可以通过实地查看、询问相关人员等方式，进一步确认无形资产的实际使用情况和存在性。

**四、检查无形资产的计量基础和方法**

注册会计师应检查企业无形资产的计量基础和方法是否合规。对于外购无形资产，要核实其购买成本是否真实可靠，并关注可能存在的关联交易或利益输送情况。对于自创无形资产，要审查其研发费用的归集和分配是否合理，是否存在将非研发费用计入无形资产成本的情况。同时，还要关注无形资产的摊销方法和期限是否合理，以及是否存在减值迹象而未及时计提减值准备的情况。

**五、分析无形资产的收益情况**

注册会计师应通过分析企业无形资产的收益情况，评估其对企业经济效益的贡献。具体来说，可以比较企业历年来的销售收入、利润等指标与无形资产的变化趋势，以判断无形资产是否为企业带来了实际的经济效益。此外，还可以关注企业与无形资产相关的合作项目、技术转让等交易活动，以评估无形资产的市场价值和商业化潜力。

**六、关注无形资产的减值风险**

由于技术进步和市场竞争等因素的影响，无形资产可能面临减值风险。注册会计师应关注企业是否定期对无形资产进行减值测试，并及时计提减值准备。在审查过程中，要重点关注那些技术更新迅速、市场竞争激烈领域的无形资产，以及那些已经或可能出现减值迹象的无形资产。同时，还要检查企业减值测试的流程和方法是否合规，以及减值准备的计提是否充分合理。

综上所述，注册会计师在对高新技术企业无形资产确认和计量进行风险审查时，应从多个方面入手，全面评估其准确性、合规性和风险性。通过严格的审查程序和方法，确保高新技术企业无形资产的确认与计量符合相关法律法规的要求，为投资者和其他利益相关者提供真实可靠的财务信息。

## 案例分析 1：无形资产确认标准不明确或不规范

**一、背景**

高新技术企业 A 公司，专注于智能制造领域的产品研发与销售。近年来，随着智能制造技术的快速发展，A 公司投入大量资源进行技术研发，并成功申请了多项技术专利。然而，在进行财务审计时，注册会计师发现 A 公司在无形资产确认和计量方面存在明显问题，主要表现为无形资产确认标准不明确或不规范。

**二、案例具体情况**

A 公司在 2020 年度研发投入达到 3 780 万元，其中形成专利技术的研发投入为 1 203 万元。

A公司财务报表中，无形资产科目余额为6 320万元，其中专利技术资产为3 420万元。

在对A公司的专利技术进行详细审查时，注册会计师发现部分专利技术并未达到可辨认无形资产的标准，但已被确认为无形资产。

部分已被确认为无形资产的专利技术，其价值存在明显高估现象，与市场价格和行业水平存在较大差异。

### 三、分析过程

1. 无形资产确认标准不明确

A公司在确认无形资产时，未明确制定和执行符合会计准则的确认标准。在会计准则中，无形资产应满足可辨认性、控制性和未来经济利益可流入企业等条件。然而，A公司在确认无形资产时，对可辨认性的判断存在模糊，导致部分未达到标准的专利技术被错误地确认为无形资产。

2. 价值评估不规范

对于已达到无形资产确认标准的专利技术，A公司在价值评估方面存在不规范现象。注册会计师发现，部分专利技术的评估价值明显高于市场价格和行业水平。这可能是由于A公司在评估过程中未充分考虑市场需求、技术更新速度、竞争对手情况等因素。

3. 内部控制存在缺陷

从无形资产确认和计量的问题可以看出，A公司的内部控制存在明显缺陷。首先，无形资产确认和计量的流程可能未经过严格审核，导致不符合标准的专利技术被确认为无形资产。其次，价值评估环节可能缺乏有效的监督机制，使得评估结果偏离实际价值。

4. 对财务报表的影响

由于无形资产确认标准不明确和价值评估不规范，A公司的财务报表中“无形资产”项目的真实性和准确性受到严重影响。

5. 潜在的法律风险

A公司可能会面临法律诉讼和行政处罚。此外，如果因无形资产确认和计量问题导致财务报表失真，还可能违反证券法等相关法律法规，给公司带来严重的法律后果。

### 四、结论

综上所述，本案例揭示了高新技术企业无形资产确认和计量的重要性和风险点。企业应明确无形资产确认标准、规范价值评估流程并加强内部控制；投资者和监管机构也应加大对企业财务报表的关注和监督力度，共同维护资本市场的健康发展。

## 案例分析2：无形资产变动后未进行再次确认

### 一、背景

B公司是一家在软件开发与系统集成领域享有盛誉的高新技术企业。近年来，公司对其一款名为“SmartSys”的核心软件进行了多次技术升级。但在最近的财务审计过程中，审计人员发现，尽管该软件经历了显著的技术变动，B公司却未按照相关会计准则对变动后的无形资产进行再次确认。

### 二、案例具体情况

1. 初始无形资产数据

“SmartSys”软件初始研发成本：800万元人民币。

初始确认时间：2020年1月1日。

初始预计使用寿命：5年。

初始年摊销额：160万元人民币（800万元/5年）。

2. 技术升级数据

第一次技术升级时间：2020年7月1日。

第一次升级投入成本：200 万元人民币。

第一次升级后，市场预测该软件的竞争力将显著提升，预计使用寿命延长至 7 年。

第二次技术升级时间：2020 年 12 月 1 日。

第二次升级投入成本：300 万元人民币。

第二次升级进一步增强和提升了软件的功能和用户体验，市场持续看好，预计使用寿命延长至 10 年。

3. 财务报表数据

B 公司 2021 年度财务报表中，“SmartSys”软件的账面价值仍为年初的 640 万元人民币（800 万元 −160 万元），未反映出两次技术升级后的价值变化。

若按照技术升级后的预计使用寿命重新计算，该无形资产的摊销额和账面价值应有所调整。

**三、分析过程**

1. 未进行再次确认的违规性

B 公司在对“SmartSys”软件进行技术升级后，没有根据会计准则的要求对无形资产进行再次确认。技术升级显著改变了无形资产的使用寿命和价值，因此需要对无形资产的账面价值、摊销方法和使用寿命进行重新评估和调整。

2. 财务报表失真的影响

由于未进行再次确认，B 公司的财务报表未能真实反映“SmartSys”软件的实际价值。这可能导致投资者和其他利益相关者对公司资产状况和财务状况的误判，进而影响其决策。

3. 内部控制与准则执行的不足

此案例暴露出 B 公司内部控制在无形资产管理和财务报告方面的不足。公司应建立完善的无形资产管理制度，并确保相关人员对会计准则准确理解和严格执行。

**四、结论**

本案例揭示了 B 公司在处理无形资产变动时的违规行为及其后果。为确保财务报表的准确性和合规性，建议 B 公司立即采取纠正措施，包括重新评估“SmartSys”软件的账面价值，调整摊销方法和使用寿命，并在未来的财务报告中准确反映这些变化。同时，B 公司应加大内部控制和准则执行力度，防止类似问题再次发生。

## 案例分析 3：自创无形资产确认和计量违规

**一、背景**

C 公司是一家高新技术企业，专注于新能源技术的研发与应用。近年来，公司投入大量资源进行了一项新型太阳能技术的研发，并取得了显著的成果。然而，在近期的一次内部审计中，发现 C 公司在自创无形资产的确认和计量方面存在违规行为，这引起了管理层和投资者的高度关注。

**二、案例具体情况**

1. 研发投入

C 公司在过去三年内对新型太阳能技术的研发投入总计达到了 1 500 万元人民币。

其中，研发人员的薪酬支出为 800 万元，材料费用为 400 万元，其他相关费用（包括设备折旧、租赁费等）为 300 万元。

2. 无形资产确认与计量

C 公司在研发完成后，将全部研发投入 1 500 万元直接确认为无形资产。

确认的无形资产未进行任何摊销或减值测试。

在财务报表中，该无形资产以原值 1 500 万元列示，未反映其实际价值和使用寿命。

3. 市场反馈与预期

新型太阳能技术在市场上获得了积极的反馈，预计能够为公司带来显著的经济效益。

然而，由于技术更新换代的速度较快，该技术的使用寿命和未来收益存在一定的不确定性。

**三、分析过程**

1. 自创无形资产确认的违规性

根据《企业会计准则第 6 号——无形资产》的规定，自创无形资产的确认应满足两个条件：一是与该资产相关的经济利益很可能流入企业；二是该资产的成本能够可靠地计量。然而，C 公司在确认自创无形资产时，未充分考虑这两个条件。

研发投入中的一部分费用（如研发人员的薪酬、材料费用等）可能并不完全符合无形资产的确认条件。这些费用可能更多地与研发过程相关，而非直接形成无形资产。因此，将全部研发投入确认为无形资产可能并不恰当。

2. 无形资产计量的违规性

C 公司在确认无形资产后，未对其进行合理的摊销或减值测试。这违反了会计准则中关于无形资产后续计量的规定。无形资产应当在其使用寿命内进行合理摊销，并定期进行减值测试以反映其真实价值。

由于技术的快速更新换代，该无形资产的使用寿命和未来收益存在不确定性。因此，不进行摊销和减值测试可能导致财务报表中的无形资产价值虚高，从而误导投资者和其他利益相关者。

3. 内部控制与风险管理

此案例暴露出 C 公司在内部控制和风险管理方面的不足。自创无形资产的确认和计量需要严格的内部控制程序来确保合规性。然而，C 公司显然在这方面存在缺陷，导致违规行为的发生。

为了防止类似问题的再次发生，C 公司需要加强内部控制体系的建设，包括制定明确的无形资产确认和计量政策、加强相关人员的培训以及定期进行内部审计等。

4. 对财务报表的影响

由于自创无形资产的确认和计量违规，C 公司的财务报表可能无法真实反映公司的财务状况和经营成果。这可能导致投资者和其他利益相关者对公司价值的误判，进而影响其决策。

为了纠正这一问题，C 公司需要重新评估并调整无形资产的账面价值，同时在未来的财务报告中更加谨慎地处理自创无形资产的确认和计量问题。

**四、结论**

本案例揭示了 C 公司在自创无形资产确认和计量方面的违规行为及其潜在风险。为确保财务报表的准确性和合规性，建议 C 公司立即采取以下措施。

（1）重新评估并调整自创无形资产的账面价值，以反映其真实价值和使用寿命。

（2）加强内部控制体系的建设，制定明确的无形资产确认和计量政策，并确保相关人员对其有准确理解和严格执行。

（3）定期进行内部审计和风险评估，及时发现并纠正类似违规行为。

（4）加强与投资者和其他利益相关者的沟通，解释并澄清财务报表中的相关问题，以维护公司的信誉和市值。

## 专题二十：研发费用占收入的比例是否合理

### 业务简介

**一、概念**

研发费用占收入比例，是指企业研发费用与其销售收入之间的比例。这一指标是衡量企业创新投入和研发实力的重要参考，同时也是评估企业未来发展潜力和竞争力的重要依据。合理的研发费用占收入的比例能够反映出企业对技术创新的重视程度，以及其在保持和提升市场竞争力方面的努力。

**二、基本规定**

法律法规要求：虽然我国的企业所得税法等相关法律并没有对研发费用占收入的具体比例做出强制性规定，但《企业所得税法实施条例》第九十五条规定了研发费用的加计扣除政策，鼓励企业增加研发投入。此外，在高新技术企业认定等特定情境下，税法会对研发费用占销售收入的比例有明确的要求。

行业与市场环境：不同行业的研发投入不同。一般来说，高新技术企业和科技型企业需要更高的研发投入以保持技术领先，而传统行业的研发投入比例可能相对较低。企业应根据自身所处的行业特点、市场竞争状况以及技术发展趋势来合理确定研发费用占收入的比例。

企业内部策略：企业在制定研发策略时，需要综合考虑研发目标、市场需求、资金状况、技术实力等多方面因素。合理的研发费用占收入比例应能够支持企业的长期发展战略，同时保证研发活动的持续性和稳定性。

**三、经常出现的违规问题**

研发费用资本化标准模糊导致研发费用占收入的比例失真：企业在处理研发费用时，可能由于对资本化条件的模糊理解或故意利用资本化政策的操作空间，将部分本应费用化的研发费用进行资本化处理。这种做法不仅扭曲了企业的真实财务状况，还可能导致研发费用占收入的比例出现虚低，从而误导投资者对企业创新能力和研发投入的评估。

费用分类和归集错误影响研发费用占收入的比例：部分企业在对费用进行分类和归集时，可能因内部管理混乱或意图调整财务报表，将一些非研发性质的支出纳入研发费用，或者将本应归入研发费用的支出分类到其他费用科目。这种分类错误会直接影响到研发费用占收入的比例，使得该比例无法真实反映企业的研发投入强度。

为满足特定标准而操纵研发费用占比：在高新技术企业认定或特定税收优惠政策的申请过程中，企业可能通过调整研发费用的入账时间、金额或项目归类，来满足相关认定标准中的关于研发费用占收入的比例的要求。这种为了达标而进行的财务数据操纵，不仅违反了相关政策规定，也损害了企业财务信息的真实性和可靠性。

**四、违规表现**

1. 研发费用占收入比例的异常变动

若企业的研发费用占收入比例出现与正常业务波动不符的显著变化，特别是在关键时刻（如高新技术企业认定前后），这可能暗示着企业为了达到特定目的而故意调整研发费用。这种异常变动破坏了财务信息的连续性和可比性，使得外部利益相关者难以准确评估企业的研发投入情况和经营策略。

2. 研发费用与其他费用界限模糊

研发费用与其他费用之间界限不清，可能表明企业在费用归类上存在主观判断或操作失误。这种情况不仅影响了研发费用占收入的比例的准确性，还可能导致企业对不同费用项目的管理混乱，进而影响经营决策的有效性。

3. 缺乏合理解释的研发费用资本化

当企业将大量研发费用进行资本化处理，且无法提供充分的理由和依据时（如研发项目未完成或研发成果的经济利益尚不确定），则可能意味着企业在利用资本化政策来操纵研发费用占收入的比例。这种做法不仅损害了财务信息的质量，还可能引发监管机构的关注和调查。

综上所述，企业在处理研发费用时存在的违规问题和表现，直接影响了研发费用占收入的比例的准确性和可信度。为了维护财务信息的真实性和完整性，企业应加强对研发费用的内部管理和控制，确保费用的正确分类和归集，并避免为了特定目的而操纵财务数据。

## 法律法规

《企业所得税法》规定："企业实际发生的与取得收入有关的、合理的支出，包括成本、费用、税金、损失和其他支出，准予在计算应纳税所得额时扣除。"该法条间接影响了企业的研发投入决策，因为研发费用在一定程度上可以减轻企业的税负，从而鼓励企业加大研发投入。

《高新技术企业认定管理办法》规定：最近一年销售收入小于5 000万元（含）的企业，研发费用总额占同期销售收入总额的比例不低于5%；最近一年销售收入在5 000万元至2亿元（含）的企业，研发费用总额占同期销售收入总额的比例不低于4%；最近一年销售收入在2亿元以上的企业，研发费用总额占同期销售收入总额的比例不低于3%。高新技术企业认定中，研发费用总额占同期销售收入总额的比例是一个重要的评价指标，企业需满足一定的研发费用占比才能享受和获得高新技术企业的相关税收优惠和政策支持。

虽然会计准则中没有直接规定研发费用占收入的具体比例，但它提供了研发费用会计处理和报告的规范，要求企业合理确认和计量研发费用，确保财务信息的真实性和准确性。

## 合规程序与方法

研发费用占收入的比例是衡量企业研发投入和创新能力的重要指标。对注册会计师而言，审查研发费用占收入比例的合理性，是评估企业财务报表真实性和准确性的关键环节。以下将从六个方面详细阐述注册会计师在进行这一风险审查时应遵循和采用的合规程序与方法。

### 一、明确审查目标与标准

在进行研发费用占收入比例的审查前，注册会计师应首先明确审查的目标和标准。目标主要是确认研发费用的真实性、完整性和准确性，以及研发费用占收入比例的合理性。标准则包括企业会计准则、税法规定以及行业惯例等。通过明确目标和标准，为后续的审查工作提供明确的指导。

### 二、收集与整理相关资料

注册会计师需要收集并整理与研发费用相关的所有资料，包括但不限于研发项目计划、预算、实际支出明细、研发人员名单及薪资记录、研发设备采购和使用记录等。这些资料将有助于注册会计师全面了解企业的研发活动，并为后续的审查提供数据支持。

### 三、分析研发费用构成及变动趋势

注册会计师应对收集到的研发费用数据进行深入分析，了解研发费用的具体构成，如人员费用、设备费用、材料费用等。同时，还应关注研发费用的变动趋势，如与上期相比是否存在显著增长或下降，以及这种变动是否合理。这有助于注册会计师判断企业是否存在通过调整研发费用来操纵财务报表的嫌疑。

### 四、核实研发费用的真实性

对于研发费用的真实性，注册会计师应采取多种方法进行核实。首先，可以与企业内部员工进行沟通，了解研发项目的实际进展情况和费用支出情况。其次，可以查阅相关的合同、发票等原始凭证，以验证研发费用的实际发生额。最后，还可以利用第三方数据进行比对，如查询公开的市场价格信息、行业统计数据等，以评估研发费用的合理性。

### 五、评估研发费用占收入比例的合理性

在核实了研发费用的真实性后，注册会计师需要进一步评估研发费用占收入比例的合理性。这可以通过比较企业历年来的研发费用占收入的比例、同行业其他企业的比例以及行业平均水平来进行。如果企业的研发费用占收入的比例显著高于或低于这些参考值，注册会计师应进一步深入调查原因，并判断是否存在粉饰财务报表或舞弊的可能性。

### 六、出具审查报告并提出建议

在完成上述审查程序后，注册会计师应出具详细的审查报告，总结审查过程中发现的问题和疑点，并给出相应的意见和建议。对于研发费用占收入比例不合理的情况，注册会计师应明确指出问题所在，并提出改进措施和建议。这有助于帮助企业规范研发费用的核算和管理，提高财务信息的透明度和可信度。

综上所述，注册会计师对研发费用占收入的比例的合理性进行审查是一项复杂而细致的工作。通过明确审查目标与标准、收集与整理相关资料、分析研发费用构成及变动趋势、核实研发费用的真实性、评估研发费用占收入比例的合理性以及出具审查报告并提出建议等六个方面的合规程序与方法，注册会计师可以有效地识别和控制与研发费用相关的风险，为企业的健康发展和投资者的利益保护提供有力保障。

## 案例分析 1：研发费用占收入的比例异常变动

### 一、背景

某科技公司是国内知名的软件开发及服务提供商，近年来一直致力于研发新型的软件产品，以提升市场竞争力。然而，在最近一次财务审计中，审计人员发现该公司的研发费用占收入的比例出现了异常变动，这引起了审计团队的密切关注。

### 二、案例具体情况

根据公司提供的财务报表，审计人员发现以下几个关键数据点。

在过去的三个财年中，公司的研发费用分别为：第一年 500 万元，第二年 800 万元，第三年突然增长至 1 500 万元。

公司的年收入也呈现出稳定增长的趋势，分别为：第一年 2 000 万元，第二年 2 500 万元，第三年 3 000 万元。

研发费用占收入的比例在第一年和第二年分别为 25% 和 32%，但在第三年突然跃升至 50%。

### 三、分析过程

审计人员针对研发费用占收入的比例的异常变动进行了深入的分析，分析过程如下。

1. 初步数据分析

通过对比历史数据，发现第三年的研发费用增长幅度远超过收入增长幅度，导致研发费用占比显著上升。进一步检查研发费用的明细，发现第三年的研发费用中，人员薪酬和设备购置费用增长尤为显著。

2. 深入了解研发项目

审计人员与公司管理层及研发团队进行了深入沟通，了解到第三年公司启动了一个重大的新产品研发项目，该项目技术难度高、市场前景广阔，因此公司加大了研发投入。同时，公司为了吸引和留住高端研发人才，提高了研发团队的薪酬待遇，这也是人员薪酬增长的主要原因。

3. 市场与行业分析

通过对同行业其他公司的研发投入情况进行调研，发现行业内普遍存在着加大研发投入的趋势，以应对日益激烈的市场竞争。然而，与同行业其他公司相比，该公司的研发费用占比仍然偏高，这可能与其新产品研发项目的规模和复杂度有关。

4. 财务与风险评估

高额的研发费用对公司的财务状况产生了一定的压力，导致公司的利润率在第三年有所下滑。同时，高额的研发投入也增加了公司的经营风险。如果新产品研发失败或市场推广效果不佳，将可能对公司造成较大的财务损失。

5. 合规性检查

审计人员还检查了公司研发费用的会计处理是否符合相关会计准则和法规要求，确认研发费用的确认和计量均符合规定。此外，还核查了公司是否存在通过调整研发费用来操纵财务报表的情况，结果未发现违规行为。

**四、案例影响**

财务影响：由于研发费用的大幅增加，公司的利润率在第三年出现了明显的下滑。这可能会影响到公司的股价表现和投资者的信心。

经营风险：高额的研发投入增加了公司的经营风险。如果新产品研发项目未能如期完成或市场推广效果不佳，公司将面临较大的财务损失和市场压力。

市场竞争力：尽管高额的研发投入可能带来短期的财务压力，但如果新产品能够成功研发并推向市场，将有助于提升公司的市场竞争力，从而实现长期的可持续发展。

合规形象与信誉：在本次审计过程中，公司能够积极配合审计人员的工作，提供完整、真实的财务数据。这有助于维护公司的合规形象和信誉，为未来的融资和投资活动奠定良好的基础。

**五、结论**

综上所述，该科技公司研发费用占收入的比例的异常变动是由其新产品研发项目的规模和复杂度所导致的。虽然这带来了短期的财务压力和经营风险，但如果能够成功研发出具有市场竞争力的新产品，将有助于公司的长期发展。同时，公司在整个审计过程中展现出的合规意识和诚信态度也为其赢得了良好的市场信誉。

## 案例分析 2：研发费用与其他费用界限模糊

**一、背景**

XX 科技有限公司是一家专注于高新技术研发的创新型企业。近年来，公司为了保持市场竞争力，不断加大对研发活动的投入。然而，在最近的一次内部审计中，审计人员发现公司的研发费用与其他费用之间的界限模糊，存在费用归类不当的情况。这一问题引起了公司管理层和审计团队的高度重视。

**二、案例具体情况**

审计人员通过详细审查公司的财务报表和相关凭证，发现了以下异常情况。

在过去的一年中，公司研发费用总额为 1 200 万元，但其中包含了部分与研发活动无直接关联的费用，如行政人员的差旅费、办公用品的采购费用等。

同时，审计人员还发现，部分明明属于研发活动的费用，如研发人员的培训费、研发设备的维护费用等，却被归类到了管理费用或其他费用中。

进一步核查发现，这种费用归类的错误导致研发费用的实际发生额被低估了约 20%，而管理费用等费用则被高估了相应比例。

**三、分析过程**

针对研发费用与其他费用界限模糊的问题，审计人员进行了深入的分析，分析过程如下。

1. 费用归类错误的原因分析

首先，审计人员与公司财务人员进行了深入沟通，了解到费用归类错误的主要原因在于公司对研发费用的定义和范围理解不够准确，导致在实际操作中出现了混淆。其次，公司内部的费用报销和审批流程存在漏洞，使得部分员工在报销时将非研发费用混入研发费用中，或者将研发费用错误地归类到其他费用中。

2. 对财务报表的影响分析

由于费用归类的错误，公司的财务报表未能真实反映研发费用的实际发生情况。这不仅影响了财务报表的准确性，还可能误导投资者的决策。同时，这种错误归类还可能导致公司错失享受相关税收优惠政策的机会，因为一些税收优惠政策对研发费用的支出有明确要求。

3. 潜在风险分析

费用归类错误可能引发税务风险。如果税务机关对公司的研发费用进行核查，发现费用归类不当，可能会对公司进行税务处罚。此外，这种错误归类还可能影响公司高新技术企业的认定和复审工作，因为高新技术企业认定对研发费用的支出和占比有明确要求。

**四、改进建议**

首先，公司应加深对研发费用的定义和范围的理解，明确研发活动与其他活动的界限，确保费用归类的准确性。其次，公司应完善内部的费用报销和审批流程，加大对费用报销的审核和监督力度，防止类似问题的再次发生。最后，公司应定期对财务报表进行自查和审计，及时发现并纠正类似问题，确保财务报表的真实性和准确性。

**五、案例影响**

财务影响：费用归类错误导致公司的财务报表失真，可能影响投资者的决策和公司的市场信誉。同时，错误归类还可能使公司错失享受税收优惠政策的机会，增加税务风险。

管理影响：该案例暴露出公司内部管理流程存在漏洞和不足之处。为了防范类似问题的再次发生，公司需要加强内部管理和控制流程的建设和完善。

法律与合规影响：如果税务机关或相关监管机构对公司的研发费用进行核查并发现违规情况，可能会对公司进行处罚或采取其他监管措施。这将给公司的经营带来不利影响。

**六、结论**

综上所述，该案例揭示了研发费用与其他费用界限模糊所带来的风险和问题。为了确保财务报表的真实性和准确性以及公司的合规经营，公司应加强对研发费用的管理和控制，并不断完善内部管理和控制流程。

## 案例分析 3：缺乏合理解释的研发费用资本化

**一、背景**

ZY 科技公司是一家专注于高新技术研发的企业，近年来致力于开发一款创新型的产品。为了支持这一研发项目，公司投入了大量的资金和资源。然而，在最近一次财务报告中，公司决定将部分研发费用进行资本化处理，但这一决策缺乏充分的解释和合理的依据，引起了投资者、分析师和监管机构的关注。

**二、案例具体情况**

根据 ZY 科技公司最新公布的财务报告，以下是关于研发费用资本化的具体数据。

公司在报告期内将总计 3 000 万元的研发费用进行了资本化处理，占当期研发总支出的 40%。资本化的研发费用主要涉及新产品的研发阶段，但公司未详细披露这一阶段的具体进展和成果。在此之前，公司对于研发费用一直采用费用化处理，未进行过资本化操作。资本化后的研发费用在资产负债表上以无形资产的形式呈现，但公司未提供详细的评估方法和依据。

**三、分析过程**

针对 ZY 科技公司缺乏合理解释的研发费用资本化行为，以下进行详细的分析。

1. 资本化的合理性分析

首先，需要评估公司资本化研发费用的合理性。根据会计准则，研发费用只有在满足特定条件时才能进行资本化处理，如具备技术可行性、未来经济利益可预测等。然而，ZY 科技公司未提供充分的证据来支持其资本化决策，这使得外界难以判断其合理性。其次，公司此前一直对研发费用进行费用化处理，突然改变会计政策对其进行资本化处理，需要给出充分的解释和理由。但在本案例中，公司未提供明确的解释，这增加了投资者对公司财务报告真实性和透明度的担忧。

2. 对财务报告的影响分析

研发费用资本化会显著增加公司的资产总额和净利润。在本案例中，3 000 万元的研发费用资本化使得公司的无形资产和净利润均有所增加。然而，由于缺乏合理解释，这种增加可能被视为一种财务操纵行为，损害公司的信誉和投资者信心。此外，研发费用资本化还可能影响公司未来期间的损益情况。如果相关无形资产在未来期间无法为公司带来预期的经济利益，那么公司可能需要对其进行减值测试并计提减值准备，从而对未来损益产生影响。

3. 潜在风险分析

缺乏合理解释的研发费用资本化可能引发监管机构的关注和调查。如果监管机构认定公司的资本化行为不符合会计准则的要求，可能会对公司进行处罚或要求公司进行财务报表重述，这将给公司带来严重的负面影响。同时，这种行为还可能损害公司与投资者之间的关系。投资者可能会对公司失去信任，导致股价下跌和市值损失。

**四、改进建议**

首先，公司应重新审视其研发费用资本化的决策，并确保其符合会计准则的要求。如果需要资本化处理，应提供充分的证据和解释来支持其决策。其次，公司应加强与投资者和监管机构的沟通，及时解释和澄清相关疑问和误解，以维护公司的信誉和投资者信心。最后，公司应完善其内部控制和审计程序，确保财务报告的真实性和准确性。

**五、案例影响**

财务影响：由于资本化的研发费用增加了公司的资产和净利润，这可能会对公司的股价和市值产生积极影响。然而，如果这种资本化行为被质疑或被视为财务操纵，则可能导致相反的结果，包括股价下跌和市值损失。

信誉影响：缺乏合理解释的研发费用资本化可能会损害公司的信誉和形象。投资者和其他利益相关者可能会对公司的财务报告和管理层的诚信产生怀疑。

监管风险：如果监管机构对公司的资本化行为展开调查并发现违规行为，公司可能会面临处罚、财务报表重述等严重后果。这将进一步损害公司的声誉和市场地位。

**六、结论**

综上所述，ZY 科技公司缺乏合理解释的研发费用资本化行为带来了多方面的风险和负面影响。为了避免类似情况的发生，公司需要加强其内部控制、提高财务报告的透明度，并与投资者和监管机构保持密切的沟通。

## 专题二十一：研发费用的核算口径是否准确

### 业务简介

**一、概念**

1. 会计核算口径

研发费用是指企业为开发新技术、新产品、新工艺而发生的一系列支出，包括直接投入、人员薪酬、设备折旧、无形资产摊销等。根据《企业会计准则第 6 号——无形资产》，研发活动分为研究阶段和开发阶段，研究阶段的支出全部费用化，开发阶段符合条件的支出可以资本化。准确核算研发费用是确保财务信息真实性和合规性的基础。

研发费用的核算口径涉及费用的归集范围和确认标准。根据《高新技术企业认定管理办法》和《中华人民共和国企业所得税法》的相关规定，研发费用的核算范围包括人员人工费用、直接投入费用、折旧费用与长期待摊费用、设计费用、装备调试费用、无形资产摊销费用、委托外部研究开发费用等。核算口径的准确性直接影响企业财务报表的可靠性、税务处理的合规性以及高新技术企业认定的有效性。因此，企业需严格按照相关准则和法规，确保研发费用的核算口径清晰、准确，避免虚增或遗漏。

会计核算口径是依据《企业会计准则》及相关财务规定，对企业在研发过程中发生的各项费用进行确认、计量、记录和报告的标准。其主要目的是确保研发活动支出的准确核算，反映企业真实的研发成本。

研发费用范围：包括研发人员的工资、基本养老保险费、基本医疗保险费、失业保险费、工伤保险费、生育保险费和住房公积金，以及外聘研发人员的劳务费用；研发活动直接消耗的材料、燃料和动力费用；用于研发活动的仪器、设备的折旧费、运行维护费；等等。

判断标准：企业根据自身生产经营情况自行判断某项活动是否属于研发活动，并据此将相关费用计入研发费用。

资本化与费用化：在研究阶段的支出全部费用化，计入当期损益；在开发阶段的支出，符合条件的可资本化，计入无形资产。

2. 高新技术企业认定口径

高新技术企业认定口径是依据《高新技术企业认定管理办法》及相关工作指引，对企业研发费用的归集和核算提出的具体要求。其主要目的是判断企业的研发投入强度和科技实力是否达到高新技术企业的标准。

费用范围：与会计核算口径类似，但更为严格和明确，如人员费用仅限于科技人员，且对其他相关费用有一定限制。

比例要求：企业近三个会计年度的研究开发费用总额占同期销售收入总额的比例需符合相关规定。

认定标准：强调研发费用的真实性和合理性，要求企业有完善的研发管理体系和财务核算体系。

3. 加计扣除税收规定口径

加计扣除税收规定口径是依据国家税收优惠政策，对企业实际发生的与研发活动相关的费用，在计算应纳税所得额时给予加计扣除的标准和范围。其主要目的是鼓励和引导企业加大研发投入。

费用范围：包括研发人员工资、物料消耗、折旧费用等，但具体范围需符合政策规定，且采用正列举方式，未列举的费用不得加计扣除。

加计扣除比例：通常为研发费用的 100%，即企业可按实际发生研发费用的 100% 在税前扣除。

限制条件：要求企业建立完善的研发项目管理和财务核算体系，确保研发费用的真实性和合理性。

## 二、经常出现的违规问题

1. 将与研发无关的资本性支出计入研发费用

行为描述：企业将购置固定资产、土地使用权等发生的资本性支出错误地计入研发费用中。

目的与动机：企业可能为了提高研发费用的支出额度，以达到某些财务指标或业绩目标，从而进行此类操作。

后果：这不仅违反了会计准则和其他相关规定，还可能导致企业资产负债表失真，影响投资者和其他利益相关方对企业的准确判断。此外，监管部门在审计过程中发现此类问题，将对企业进行处罚，并要求企业调整财务报表。

2. 扩大研发费用加计扣除范围

行为描述：企业将不符合研发费用加计扣除政策规定的支出计入研发费用，并享受了加计扣除优惠。

目的与动机：企业可能为了减轻税负，故意将非研发费用计入研发费用并享受税收优惠。

后果：这种行为不仅可能导致企业面临税务稽查和处罚，还可能严重影响企业的纳税信用等级。同时，如果行为严重违规，相关责任人还可能面临刑事责任。

## 法律法规

**一、《企业财务通则》**

第三十八条规定："企业技术研发和科技成果转化项目所需经费，可以通过建立研发准备金筹措，据实列入相关资产成本或者当期费用。"这一规定为研发费用的核算提供了基本指导，但并未明确研发费用的具体构成。

**二、《企业所得税法》**

第三十条第一项规定了开发新技术、新产品、新工艺发生的研究开发费用在计算应纳税所得额时可以加计扣除。

**三、《企业所得税法实施条例》**

第九十五条规定了企业为开发新技术、新产品、新工艺发生的研究开发费用的具体加计扣除方法：未形成无形资产计入当期损益的，在按照规定据实扣除的基础上，按照研究开发费用的100% 加计扣除；形成无形资产的，按照无形资产成本的 200% 摊销。

**四、《财政部关于企业加强研发费用财务管理的若干意见》（财企〔2007〕194 号）和《企业会计准则第 6 号——无形资产》**

这些文件提供了研发费用的会计核算口径，规范了企业在会计准则下如何处理研发费用。

**五、《科技部 财政部 国家税务总局关于修订印发〈高新技术企业认定管理工作指引〉的通知》（国科发火〔2016〕195 号）**

该文件规范了高新技术企业的研发费用核算，用于判断企业研发投入强度、科技实力是否达到高新技术企业标准。

**六、《关于完善研究开发费用税前加计扣除政策的通知》（财税〔2015〕119 号）**

该文件放宽了研发活动范围，采用负面清单方式，进一步扩大可加计扣除研发费用的范围。

## 合规程序与方法

**一、合规程序与方法**

（1）明确研发费用的归集范围

企业应根据《企业会计准则第 6 号——无形资产》和《高新技术企业认定管理办法》的规定，明确研发费用的归集范围。具体包括人员人工费用、直接投入费用、折旧费用与长期待摊费用、设计费用、装备调试费用、无形资产摊销费用、委托外部研究开发费用等。企业需建立清晰的归集标准，确保所有与研发活动相关的支出都能准确归类，避免将非研发费用（如生产费用或管理费用）误计入研发费用，确保核算口径的准确性。

（2）区分研究阶段与开发阶段

根据《企业会计准则第 6 号——无形资产》，研发活动需分为研究阶段和开发阶段。研究阶段的支出应全部费用化，计入当期损益；开发阶段的支出在满足资本化条件时，可确认为无形资产。企业需制定明确的阶段划分标准，并建立相应的审批流程，确保研发费用的会计处理符合准则要求。同时，需定期复核阶段划分的合理性，避免因阶段划分错误导致核算口径不准确。

（3）建立研发费用核算的内部控制制度

企业应建立健全研发费用核算的内部控制制度，包括费用归集的审批流程、核算标准的制定与更新、财务与研发部门的协作机制等。通过内部审计和定期检查，确保研发费用的核算过程透明、规范。此外，企业需加强对研发项目的跟踪管理，确保每一笔研发支出都有据可查，避免虚增或遗漏费用，从而保证核算口径的准确性和合规性。

（4）定期复核与调整研发费用

企业应定期对研发费用的核算情况进行复核，确保其符合会计准则和税务法规的要求。复核内容包括费用归集的准确性、阶段划分的合理性、资本化条件的满足情况等。如发现核算错误或政策变化，应及时调整研发费用的列支方式，并追溯调整相关财务报表。通过定期复核，企业可以及时发现并纠正核算口径中的问题，确保财务信息的真实性和合规性。

（5）加强外部审计与信息披露

企业应聘请专业审计机构对研发费用的核算进行专项审计，确保其符合《企业会计准则》和《高新技术企业认定管理办法》的要求。审计机构应对研发费用的归集范围、阶段划分、资本化条件等进行全面检查，并出具审计意见。同时，企业需在财务报表中详细披露研发费用的核算政策、金额及其变动情况，确保信息披露的透明性和完整性，满足监管机构和投资者的信息需求。

1. 制定内部研发费用核算制度

明确核算范围：详细列出哪些费用属于研发费用的范畴，包括直接费用和间接费用。

设立科目体系：在会计系统中设立专门的研发费用科目，便于归集和核算。

完善审批流程：建立严格的费用申请、审批和报销流程，确保每笔费用都有据可查，合理合规。

2. 精细化核算与管理

项目化管理：将研发项目作为成本中心，按项目归集研发费用，实现精细化管理。

合理分配间接费用：对于不能直接归属于某一研发项目的间接费用，需采用合理的标准（如工时比例、收入比例等）进行分摊。

定期审核：定期对研发费用的核算情况进行内部审计或第三方审计，确保核算的准确性和合规性。

3. 加强文档管理

保留原始凭证：所有与研发费用相关的发票、合同、支付凭证等均需妥善保存。

建立研发档案：为每个研发项目建立详细的档案，记录项目进展、费用支出、成果产出等信息。

**二、步骤**

识别与分类：识别企业发生的各项费用，根据研发费用的定义进行分类。

归集与记录：将研发费用按照项目或科目进行归集，并在会计系统中准确记录。

审核与审批：对归集的费用进行审核，确保符合规定，并完成审批流程。

分析与报告：定期分析研发费用的构成和变化趋势，编制研发费用报告，供管理层决策参考。

合规检查：定期进行内部或外部合规性检查，确保研发费用核算的准确性和合规性。

**三、可能的影响因素**

政策变化：国家税收政策和会计准则的变化可能影响研发费用的核算口径和方式。

技术更新：新技术、新方法的出现可能改变研发活动的形式和费用结构。

企业内部管理：内部管理流程的完善程度和执行效率直接影响研发费用核算的准确性和及时性。

## 案例分析 1：将与研发无关的资本性支出计入研发费用

**一、背景**

假设高科技企业 A 公司，为了扩大研发规模，购置了一批新的研发设备和一块用于建设研发中心的土地的使用权。然而，在会计处理上，A 公司将这些资本性支出计入了研发费用。

**二、案例具体情况**

购置研发设备的总费用为 500 万元。

购置土地的费用为 1 000 万元。

这些费用被全额记入了“研发费用”科目。

**三、分析过程**

1. 法律法规

根据相关会计准则和税法规定，研发费用主要是指企业在研究与开发过程中发生的费用，如研发人员的工资，研发活动直接消耗的材料、燃料和动力费用等。而购置固定资产和土地使用权等发生的资本性支出，应当记入相关的资产账户，并按照规定的折旧或摊销方法进行会计处理。

此外，税法也明确规定了研发费用加计扣除的范围，并不包括资本性支出。

2. 影响

将资本性支出计入研发费用，会导致研发费用的虚增，进而影响企业的财务报表的真实性和准确性。

这种做法可能会使企业面临税务风险，因为税务部门在审查研发费用加计扣除时，会发现这种违规行为，并要求企业进行纳税调整。

同时，这种做法也会误导投资者和其他利益相关者对企业的真实财务状况和经营成果的判断。

3. 正确的会计处理

购置的研发设备和土地使用权应该分别归类为固定资产和无形资产。

对于固定资产，应该按照规定的折旧方法进行折旧计提；对于无形资产（如土地使用权），应该按照规定的摊销方法进行摊销。

正确的会计处理能够真实反映企业的财务状况和经营成果，降低企业的税务风险。

## 案例分析 2：扩大研发费用加计扣除范围

**一、背景**

某电子科技有限公司（以下称“A 公司”）因违规享受研发费用加计扣除优惠而受到税务部门的处罚。A 公司在 2018 年的研发费用加计扣除项目中，将不符合政策规定的支出计入研发费用，并在企业所得税汇缴时按 75% 的比例进行了加计扣除。

**二、案例具体情况**

A 公司违规列支的研发费用总额为 7 265 814.06 元。

在 2018 年企业所得税汇缴时，A 公司按 75% 的比例加计扣除了 5 449 360.55 元。

因政策适用错误，A 公司少缴了企业所得税 817 404.08 元。

**三、分析过程**

1. 法律法规

研发费用加计扣除政策是为了鼓励企业加大研发投入，推动技术创新。但政策明确规定，只有符合条件的研发费用才能享受加计扣除优惠。

不符合规定的研发支出，如非研发活动的支出或对原有材料进行性能改善、提升的支出等，不应计入研发费用。

2. 影响

A 公司将不符合政策规定的支出计入研发费用，导致少缴了企业所得税，这不仅违反了税收法规，也损害了税收公平原则。

3. 正确做法

企业在享受研发费用加计扣除优惠前，应仔细审查研发费用的构成，确保符合政策规定。对于不符合条件的支出，应予以剔除，避免违规享受税收优惠政策。

4. 正确的会计处理

企业应按照相关会计准则和法规要求，对研发费用进行正确的会计处理。具体来说，应区分研究阶段和开发阶段的支出，分别进行费用化和资本化处理。

对于不满足资本化条件的研发支出，应借记“研发支出——费用化支出”科目；对于满足资本化条件的支出，则借记“研发支出——资本化支出”科目。确保账务处理的准确性和合规性。

### 案例分析 3：混淆研发支出与加计扣除基数

**一、背景**

A 公司是一家科技型企业，致力于新产品的研发。为了鼓励创新，国家出台了研发费用加计扣除的税收优惠政策。然而，A 公司在处理研发费用时，未严格按照相关政策规定进行，而是将研发部门发生的所有支出都计入了研发费用。

**二、案例具体情况**

A 公司将专职研发人员参与非研发活动对应的职工薪酬全部计入研发费用，涉及金额 800 多万元。

A 公司账载研发领料数据与原始单据不匹配，研发部门留存的纸质单据数据小于系统领料数据，且部分研发领料未留存或使用纸质单据，合计涉及金额 670 万元。

**三、分析过程**

1. 法律法规

根据国家相关税收政策，企业研发费用加计扣除有严格的条件限制。只有符合政策规定的研发费用才能享受加计扣除优惠。

企业应当建立健全财务制度和研发费用管理制度，准确归集可加计扣除的研发费用。

2. 影响

A 公司将不符合加计扣除条件的支出计入研发费用，将面临补缴税款、缴纳滞纳金甚至罚款等后果。

虚增的研发费用会影响公司财务报表的真实性，误导投资者和债权人。

3. 正确做法

企业应严格按照研发费用加计扣除政策的规定，对研发费用进行准确归集。

对于参与非研发活动的研发人员薪酬，应合理分摊到相关成本费用中，而非全部计入研发费用。

确保账载研发领料数据与原始单据相匹配，保留完整的纸质单据以备查。

4. 正确的会计处理

企业应设置“研发支出”成本账户，并按研究开发项目分别进行明细核算。

对于符合资本化条件的开发阶段支出，应予以资本化；对于不符合资本化条件的研发支出，应计入当期损益。

定期核对研发费用明细账与原始凭证，确保数据的真实性和准确性。

## 专题二十二：大额研发费用是否合理或是否存在利益输送

### 业务简介

**一、概念**

大额研发费用是指企业在研发活动中投入的大量资金，用于支持新产品、新技术或新工艺的开发与研究。这些费用通常涵盖多个方面，包括但不限于直接材料费、人工费、设备折旧与租赁费、知识产权费用等。大额研发费用的支出是企业技术创新和持续发展的重要保障。

利益输送是一个经济学概念，原意指通过地下通道转移资产的行为。在企业环境中，利益输送通常指企业控制者（如大股东、管理层）利用自身权力或信息优势，将企业资产或利润转移至个人或关联方手中，从而损害中小股东或其他利益相关者的利益。

**二、基本规定**

1. 研发费用占同期销售收入的比例要求

根据《高新技术企业认定管理办法》及相关政策规定，企业近三个会计年度的研究开发费用总额占同期销售收入总额的比例需符合一定标准。具体为：

最近一年销售收入小于 5 000 万元（含）的企业，比例不低于 5%；

最近一年销售收入在 5 000 万元至 2 亿元（含）的企业，比例不低于 4%；

最近一年销售收入在 2 亿元以上的企业，比例不低于 3%。

这些比例要求旨在确保企业有足够的研发投入，支持其技术创新和可持续发展。

2. 研发费用构成

研发费用包括多个方面，具体如下。

直接消耗的材料、燃料和动力费用：用于研发活动的直接材料、燃料和动力消耗。

人工费用：企业在职研发人员的工资、奖金、津贴、补贴、社会保险费、住房公积金等，以及外聘研发人员的劳务费用。

固定资产折旧与租赁费：用于研发活动的仪器、设备、房屋等固定资产的折旧费或租赁费，以及相关固定资产的运行维护、维修等费用。

无形资产摊销费用：用于研发活动的软件、专利权、非专利技术等无形资产的摊销费用。

中间试验和产品试制费用：模具、工艺装备开发及制造费，设备调整及检验费，样品、样机及一般测试手段购置费，试制产品的检验费等。

成果论证与知识产权费用：研发成果的论证、评审、验收、评估以及知识产权的申请费、注册费、代理费等。

外包与合作研发费用：通过外包、合作研发等方式，委托其他单位、个人或者与之合作进行研发而支付的费用。

其他直接相关费用：技术图书资料费、资料翻译费、会议费、差旅费、办公费、外事费、研发人员培训费、培养费、专家咨询费、高新科技研发保险费用等。

**三、经常出现的违规问题**

1. 研发费用核算不准确

企业的研发行为往往涉及多部门甚至多单位，费用核算分散且复杂。缺乏专账管理、混淆生产经营费用和研发费用等问题普遍存在，导致研发费用核算不准确。这不仅增加了确定研发费用金额的难度，还可能影响企业的财务报表和税务处理。

2. 资本化与费用化界定不清

研发支出的资本化与费用化界定直接影响企业的年度经营业绩和利润水平。如果界定不清，可能导致企业将大量应资本化的研发费用计入当期损益，从而抵减企业利润，影响企业资产的真实价值和股东权益。

3. 违规使用科研经费

科研经费的违规使用也是常见问题之一。这包括擅自调整外拨资金、利用虚假票据套取资金、虚报冒领劳务费和专家咨询费、违规开支测试化验加工费、随意调账变动支出等行为。这些行为违反法律法规，还损害企业声誉和投资者利益。

**四、违规表现**

1. 虚增研发费用

企业为了获取税收减免、政府补助或满足特定条件（如上市要求），故意虚增研发费用。这些费用并未真实发生或并未全部用于研发活动。例如，某公司将非研发人员的薪酬计入研发费用，或将与研发无关的费用列入研发支出，从而虚增研发费用。

2. 挪用研发资金

大额研发资金在到账后，被挪用至非研发项目或用于其他用途，如生产经营、市场营销、个人消费等。这种挪用行为严重违反了科研经费的专款专用原则，阻碍了研发项目的正常进行和企业的长远发展。例如，某些科研项目负责人利用职务之便，将研发资金用于个人消费或关联方之间的利益输送，如购买奢侈品、进行投资等。这种行为违反了法律。

3. 违规报销与套取资金

在研发费用的报销过程中，存在违规报销和套取资金的现象。例如，使用虚假票据报销费用、虚报冒领劳务费和专家咨询费、违规开支测试化验加工费等。这些行为不仅增加了企业的财务成本，还会滋生腐败现象。

4. 资本化与费用化界定不清

研发支出的资本化与费用化界定直接影响企业的财务状况和经营成果。如果界定不清，可能导致企业将大量应费用化的研发支出资本化，从而虚增资产和利润，也可能导致将应资本化的研发支出费用化，从而低估资产和利润。

5. 项目管理不善与资源浪费

大额研发费用的支出往往伴随着复杂的项目管理过程。如果项目管理不善，可能导致资源浪费和效率低下。例如，重复购置设备、不必要的高额差旅费、购置豪华设备等都属于资源浪费的现象。此外，项目结束后不及时进行经费结算和剩余资金处理也可能导致资金闲置或滥用。

## 法律法规

在探讨大额研发费用是否合理或是否存在利益输送时，主要依据的法律法规包括《企业所得税法》《企业会计准则》以及财政部、国家税务总局、科技部等部门发布的相关通知和公告。以下是一些关键法规规定。

**一、《企业所得税法》**

第十二条：在计算应纳税所得额时，企业按照规定计算的无形资产摊销费用，准予扣除。无形资产按照直线法计算的摊销费用，准予扣除。无形资产的摊销年限不得低于10年。作为投资或者受让的无形资产，有关法律法规或者合同约定了使用年限的，可以按照规定或者约定的使用年限分期摊销。

虽然这一条款并未直接涉及研发费用，但它确立了无形资产摊销费用的扣除原则，而研发费用在资本化后形成的无形资产同样适用这一原则。

**二、《企业会计准则》**

《企业会计准则》中关于研发费用的会计处理规定，对企业如何合理确认和计量研发费用具有重要指导意义。特别是《企业会计准则第6号——无形资产》中的相关条款。

《企业会计准则第6号——无形资产》规定：企业内部研究开发项目的支出，应当区分研究阶段支出与开发阶段支出。研究阶段的支出，应当于发生时计入当期损益。开发阶段的支出，同时满足下列条件的，才能确认为无形资产：①完成该无形资产以使其能够使用或出售在技术上具有可行性；②具有完成该无形资产并使用或出售的意图；③无形资产产生经济利益的方式，包括能够证明运用该无形资产生产的产品存在市场或无形资产自身存在市场，无形资产将在内部使用的，应当证明其有用性；④有足够的技术、财务资源和其他资源支持，以完成该无形资产的开发，并有能力使用或出售该无形资产；⑤归属于该无形资产开发阶段的支出能够可靠地计量。

**三、财政部、国家税务总局、科技部等部门发布的相关通知和公告**

这些部门发布了一系列关于研发费用税前加计扣除、高新技术企业认定等方面的通知和公告，为企业如何合理处理研发费用提供了具体指导。

**一、《关于完善研究开发费用税前加计扣除政策的通知》（财税〔2015〕119 号）**

第一条：为鼓励企业开展研究开发活动，规范企业研究开发费用的税前扣除及有关税收优惠政策的执行，根据《中华人民共和国企业所得税法》及其实施条例、《中华人民共和国税收征收管理法》及其实施细则和《国务院关于印发实施〈国家中长期科学和技术发展规划纲要（2006—2020 年）〉若干配套政策的通知》（国发〔2006〕6 号）的有关规定，制定本办法。

第三条：本办法所称研究开发活动是指企业为获得科学与技术新知识，创造性运用科学技术新知识，或实质性改进技术、产品（服务）、工艺而持续进行的具有明确目标的系统性活动。

第四条：企业开展研发活动中实际发生的研发费用，未形成无形资产计入当期损益的，在按规定据实扣除的基础上，按照本年度实际发生额的 50%，从本年度应纳税所得额中扣除；形成无形资产的，按照无形资产成本的 150% 在税前摊销。

**二、《关于进一步完善研发费用税前加计扣除政策的公告》（财政部 税务总局公告 2023 年第 7 号）**

该公告进一步提高了研发费用税前加计扣除比例，并明确了相关政策执行期限等事项。具体条款涉及加计扣除比例、适用范围、执行期限等关键内容。

## 合规程序与方法

**一、明确范围、目标与制定审查计划**

确定审查范围与目标。注册会计师首先需要明确审查的范围和目标，包括审查的时间跨度、涉及的项目和部门，以及需要重点关注的潜在风险点。这有助于确保审查工作有的放矢，避免盲目性和随意性。

编制审查计划。根据审查范围和目标，注册会计师应编制详细的审查计划，包括审查步骤、时间安排、人员分工、所需资料清单等。审查计划应具有可操作性和灵活性，以便根据实际情况进行调整。

**二、收集与整理研发费用相关资料**

获取研发费用明细账与凭证。注册会计师应要求企业提供研发费用的明细账和相关凭证，包括研发合同、发票、收据、银行对账单、费用分摊表等。这些资料是审查研发费用真实性和合理性的重要依据。

整理研发项目资料。收集并整理研发项目的立项报告、可行性研究报告、预算报告、进度报告、成果报告等相关资料。这些资料有助于了解研发项目的整体情况，判断研发费用的投入是否与项目实际进展相符。

**三、核查研发费用的真实性与合理性**

核对研发费用明细账与凭证。注册会计师应逐笔核对研发费用明细账与凭证，确保每一笔费用的发生都有充分的依据和合理的解释。特别关注大额支出和异常支出，分析其发生的原因和合理性。

分析研发费用构成比例。对研发费用的构成比例进行分析，如人员人工费用、直接投入费用、折旧费用、无形资产摊销费用比例等。将分析结果与同行业可比公司进行比较，判断研发费用的构成是否合理。

评估研发项目的经济效益。评估研发项目的经济效益，包括项目的技术可行性、市场前景、预期收益等。通过对比分析研发项目的投入与产出，判断研发项目是否具有经济效益。

### 四、审查研发费用的资本化与费用化处理

划分研究阶段与开发阶段。根据《企业会计准则》的规定，注册会计师需要划分研究阶段与开发阶段。研究阶段的支出应全部费用化，计入当期损益；开发阶段的支出在满足一定条件下可资本化，计入无形资产。

评估资本化条件的满足情况。对开发阶段的支出进行评估，判断其是否满足资本化条件。这包括技术上的可行性、管理层的意图、经济利益的实现方式、资源支持以及支出的可靠计量等方面。

对研发费用的资本化与费用化处理进行审查，确保企业的会计处理符合会计准则的规定。特别关注资本化时点的确定是否合理、资本化金额的计算是否准确等问题。

### 五、关注潜在的利益输送风险

审查关联方交易。关注研发项目中是否存在与关联方的交易。对关联方交易的价格、数量、条件等进行详细审查，判断其是否公允合理。特别关注是否存在通过关联方交易进行利益输送的行为。

分析费用分摊的合理性。对涉及多个研发项目的共同费用分摊进行审查。分析费用分摊的依据和方法是否合理，是否存在通过不合理分摊费用来调节利润的情况。

审查关于研发人员的薪酬与激励政策。关注关于研发人员的薪酬与激励政策，分析薪酬水平是否与同行业可比公司相符，是否存在通过高薪吸引或留住研发人员但研发人员并未实际开展研发工作的情况。

### 六、出具审查报告与提出改进建议

编制审查报告。在完成上述审查程序后，注册会计师应编制详细的审查报告。报告应包括审查范围、审查方法、审查结果、发现的问题及风险点等内容。报告应客观公正地反映研发费用的实际情况。

提出改进建议。针对审查中发现的问题和风险点，注册会计师应提出具体的改进建议。建议应具有针对性和可操作性，有助于企业完善内部控制体系、提高研发费用管理水平。

跟踪整改情况。注册会计师应对企业整改情况进行跟踪和督促。确保企业按照审查报告中的建议进行整改，并对整改效果进行评估。必要时可进行后续审查以验证整改措施的有效性。

## 案例分析 1：虚增研发费用

### 一、背景

近年来，随着科技创新成为企业发展的重要驱动力，研发费用成为衡量企业创新能力的重要指标之一。然而，一些企业为了追求短期利益或满足特定市场要求，通过虚增研发费用等手段进行财务造假，这不仅严重损害了投资者的利益，也破坏了资本市场的公平性和透明度。本案例将聚焦于某上市公司（以下称“X公司”）虚增研发费用的违规行为，通过详细的数据分析和过程解读，揭示其违规手法、影响，并提出建议。

### 二、案例具体情况

公司概况：X公司是一家在A股上市的高科技制造企业，主要从事高端装备制造与研发，近年来业绩稳步增长，研发投入持续加大。然而，在最近一次年度审计中，监管机构发现该公司存在严重的研发费用虚增问题。

时间范围：2018年至2020年。

虚增金额：三年累计虚增研发费用达3亿元，占同期披露研发费用的40%以上。

具体手法如下。

表 4-1　X 公司研发项目情况表

| 序号 | 具体手法 | 描述 |
|---|---|---|
| 1 | 虚构研发项目 | X 公司虚构多个研发项目，通过伪造项目合同、研发进度报告等文件，将非研发支出计入研发费用 |
| 2 | 夸大材料消耗 | 在研发过程中，X 公司故意夸大材料消耗，将部分生产成本计入研发费用，以虚增研发支出 |
| 3 | 人工薪酬分摊不当 | 未将研发人员参与非研发活动的薪酬按工时分摊，而是全部计入研发费用，涉及金额高达 8 000 万元 |
| 4 | 研发费用资本化处理不当 | 将不符合资本化条件的研发支出违规资本化，增加无形资产账面价值 |

### 三、分析过程

1. 虚构研发项目的分析

监管机构通过对比 X 公司历年研发项目清单与实际研发成果，发现多个项目缺乏实质性进展，且项目合同、验收报告等关键文件存在明显造假痕迹。进一步调查发现，这些项目多为虚构项目，相关支出实际用于日常运营或其他非研发活动。这种虚构项目的行为不仅违反了会计准则，还严重损害了投资者的利益。

2. 材料消耗与成本核算的分析

监管机构对 X 公司的研发领料单、生产领料单及库存记录进行了详细比对，发现研发领料数据与实际研发需求严重不符。监管机构通过追踪原材料流向，发现部分原材料直接用于生产而非研发，但相关成本被计入研发费用。此外，监管机构还发现公司存在将废料再利用的成本也计入研发费用的行为。这种成本核算的混乱不仅导致了研发费用的虚增，还掩盖了企业实际的生产成本。

3. 人工薪酬分摊的合理性分析

通过对 X 公司研发人员工时记录、项目分配表及薪酬发放记录进行审查，监管机构发现公司未严格按照研发人员实际从事的研发活动工时进行薪酬分摊。部分研发人员同时参与多个项目，但薪酬分配未体现实际工作量的差异，导致非研发活动的人工成本被错误计入研发费用。

4. 研发费用资本化处理的合规性分析

根据《企业会计准则》的相关规定，研发费用的资本化需满足特定条件。监管机构对 X 公司资本化的研发费用进行了逐一审查，发现多笔支出并不符合资本化条件，如研发项目未形成可辨认的无形资产、技术可行性未得到充分证明等。这些违规资本化的支出不仅虚增了公司无形资产的价值，也影响了财务报表的真实性。

### 四、结论

综上所述，X 公司虚增研发费用的案例揭示了当前资本市场中部分企业存在的财务造假问题及其严重后果。为了防范此类风险并保护投资者的利益，企业应加强内部控制、提高信息披露质量；监管机构应加大监管力度、加强对企业研发费用的审查和监督；同时投资者也应增强自我保护意识、关注上市公司的财务健康状况和研发实力。这些措施的实施可以有效地遏制类似违规行为的发生并维护资本市场的公平性和透明度。

## 案例分析 2：挪用研发资金

### 一、背景

在科研领域，大额研发费用的合理支出是确保科研成果质量与创新能力的关键。然而，近年来，部分科研单位及个人出于私利，将研发资金挪作他用，严重违背了科研诚信原则，也损害了科研事业的健康发展。本案例将围绕一起大额研发资金挪用事件展开，通过具体数据展示以及深入的分析过程，揭示此类违规行为的内在逻辑与外在表现。

## 二、案例具体情况

**表 4–2　不同个体挪用研发资金情况表**

| 违规主体 | 课题 / 项目名称 | 挪用金额（万元） | 手段 | 备注 |
| --- | --- | --- | --- | --- |
| 陈教授 | “太湖流域苕溪农业面源污染河流综合整治技术集成与示范工程” | 778.189 8 | 1. 违规将两家公司列为课题外协单位。2. 利用课题负责人职务便利，将专项科研经费划入公司账户。3. 通过开具虚假发票、编造虚假合同等方式套取资金 | 涉及公司：高博公司、波易公司 |
| 张主管 | 与 A 高校新药评价中心相关的课题 | 168.951 174 | 1. 虚开发票。2. 制作虚假合同。3. 从业务合作公司报销非科研支出 | — |
| 尹实验师 | 与 A 高校实验动物中心相关的课题 | 47.551 07 | 1. 虚开发票。2. 制作虚假合同。3. 协助陈教授等人进行资金挪用 | — |

## 三、分析过程

1. 违规主体及其动机分析

陈教授：作为课题负责人及高级管理人员，陈教授拥有对科研经费的直接控制权。其挪用资金的动机可能包括个人对经济利益的追求等。通过控制外协单位，陈教授能够轻松地将科研经费转化为个人或关联公司的资产。

张主管与尹实验师：作为科研项目的辅助管理人员和执行人员，张主管和尹实验师在陈教授的指使下参与挪用资金。他们的动机可能包括服从上级命令、追求个人私利。通过虚开发票等手段，他们协助完成了资金的非法转移。

2. 违规操作手段分析

虚构外协单位与合同：陈教授通过将自己实际控制的公司列为课题外协单位，虚构了科研合作关系。这些公司实际上并未真正参与科研工作，而是作为资金流转的中转站。通过签订虚假合同，陈教授等人将科研经费划入这些公司的账户。

虚开发票与报销：在资金进入外协单位账户后，陈教授等人通过开具虚假发票、编造虚假合同等方式进行报销。这些发票和合同往往涉及与科研项目无关的商品或服务，如实验动物、试剂、技术服务等。由于财务审核流程不规范，这些虚假支出被成功报销，资金最终流入个人或关联公司账户。

间接套取与利益输送：除了直接挪用科研经费外，陈教授等人还通过间接手段套取资金、为个人公司支付工程和设备款项。例如，利用业务合作公司虚开发票套取资金；通过虚假报销劳务费等方式将资金转移至个人账户；甚至通过制作虚假的校外人员领取劳务费凭证来套取科研经费。这些手段不仅隐蔽性强，而且能够绕过直接挪用资金的监管红线。

3. 内部控制与监管失效分析

内部控制不足：A 高校在科研经费管理方面存在明显的内部控制不足。课题负责人拥有过大的权力，能够轻易地将科研经费挪作他用。同时，财务审核流程也存在漏洞，未能有效识别虚假发票和合同。此外，对外协单位和合作公司的监管也缺乏有效机制，导致资金流失风险增加。

监管缺失：外部监管机构对 A 高校的科研经费使用情况缺乏有效的监督和检查。尽管国家加大了对科研经费的审计力度，但仍然存在监管盲区。特别是在跨部门、跨地区的科研合作项目中，监管难度更大，容易滋生挪用资金等违规行为。

4. 法纪意识与职业道德缺失分析

法纪意识淡薄：陈教授等人在挪用科研经费的过程中表现出明显的法纪意识淡薄。他们未充分认识到科研经费的公共属性以及挪用资金的严重后果。在追求个人利益的过程中忽视了法律法规的约束和职业道德的要求。

职业道德缺失：作为科研人员和高校管理人员，陈教授等人本应秉持诚信、严谨的职业态度。然而，他们的行为却严重违背了科研诚信原则和职业道德规范。挪用科研经费等违规行为损害了科研事业的健康发展，败坏了个人和单位的声誉。

### 四、结论

综上所述，本案例通过对大额研发资金挪用事件进行详细剖析揭示了此类违规行为的内在逻辑与外在表现。从违规主体及其动机、违规操作手段、内部控制与监管失效以及法纪意识与职业道德缺失等多个方面进行了深入分析。这些分析不仅有助于我们更好地理解此类违规行为的本质和危害，也为加强科研经费管理和监管提供了有益的借鉴和启示。

## 案例分析 3：资本化与费用化界定不清

### 一、背景

在高科技企业中，大额研发费用的会计处理一直是复杂且敏感的问题。研发费用应资本化还是费用化，不仅关系到企业财务报表的准确性和透明度，还直接影响到企业的利润状况和投资者决策。然而，在实际操作中，部分企业存在资本化与费用化界定不清的问题，这不仅导致财务数据失真，还为利益输送提供了便利。本案例将围绕三起大额研发费用资本化与费用化界定不清的事件展开，通过具体数据展示以及深入的分析过程，揭示此类违规行为的内在逻辑与外在表现。

### 二、案例具体情况

表 4–3　研发项目不同公司的资本化、费用化情况表

| 企业名称 | 研发项目名称 | 研发费用总额（万元） | 资本化金额（万元） | 费用化金额（万元） | 资本化比例 | 备注 |
|---|---|---|---|---|---|---|
| A 科技公司 | 智能芯片研发 | 1 500 | 800 | 700 | 53% | 资本化时点界定模糊 |
| B 生物医药公司 | 新药研发 | 2 000 | 1 200 | 800 | 60% | 研究阶段与开发阶段划分不清 |
| C 环保科技公司 | 污水处理技术研发 | 1 000 | 400 | 600 | 40% | 资本化条件不满足却强行资本化 |

### 三、分析过程

1. 资本化与费用化的定义与区别

在会计上，研发费用主要有资本化和费用化两种处理方式。资本化支出是指可以计入资产并按照受益年限进行摊销的支出，它影响未来年度的利润；而费用化支出则是指需计入当期损益的支出，它影响本年度利润。将研发费用进行资本化处理的前提条件之一是无形资产能够为企业带来未来经济利益，并且这些利益能够可靠地计量。

2. 资本化与费用化界定不清的表现

资本化时点界定模糊：A 科技公司在智能芯片研发项目中，对资本化时点的界定存在模糊性。公司未能明确说明研发费用何时达到了资本化的条件，而是随意选择了一个时点进行资本化处理。这导致财务报表上的无形资产金额可能包含了尚未形成实际经济利益的支出。

研究阶段与开发阶段划分不清：B 生物医药公司在新药研发项目中，对研究阶段与开发阶段

的划分不够清晰。公司未能明确区分哪些支出属于研究阶段的探索性支出，哪些支出属于开发阶段的具有明确经济目标的支出。这种划分不清导致大量本应费用化的支出被错误地资本化，从而虚增了无形资产和利润。

资本化条件不满足却强行资本化：C 环保科技公司在污水处理技术研发项目中，尽管研发支出尚未满足资本化的五个条件，但仍强行进行了资本化处理。这种违规行为不仅违反了会计准则的规定，也严重扭曲了企业的财务状况和利润水平。

3. 违规操作的动机与实施条件

追求短期利润：部分企业为了美化财务报表或满足特定的业绩要求，倾向于将更多的研发费用资本化以增加无形资产和利润。这种行为忽视了研发支出的真实性质和未来经济利益的可靠性。

管理层的压力与利益驱动：在业绩考核等压力下，企业管理层可能出于个人利益考虑而操纵研发费用的会计处理。他们可能故意模糊资本化与费用化的界限以达到特定的财务目标。

内部控制与审计的失效：部分企业的内部控制和审计机制不够完善或执行不力，无法有效识别和纠正研发费用会计处理中的违规行为。审计人员的专业素养和独立性受到质疑。

4. 启示

明确资本化与费用化的标准：企业应严格按照会计准则的规定明确研发费用的资本化与费用化标准。特别是对资本化时点和条件的判断应基于客观、可验证的证据并经过充分的内部审议和外部审计。

加强内部控制与审计：企业应建立健全内部控制机制，确保研发费用的会计处理符合会计准则的要求。同时，企业应加大内部审计和外部审计的力度，提高财务报表的准确性和透明度。

提高管理层与财务人员的专业素养：管理层和财务人员应加强对会计准则和财务知识的学习，提高专业素养和职业道德水平。他们应充分了解研发费用的性质和处理方式，避免在会计处理中出现违规行为。

加大监管与处罚力度：监管机构应加大对企业研发费用会计处理的监管力度，对违规行为进行严厉处罚，形成有效的震慑作用，维护资本市场的公平、公正和透明。

### 四、结论

综上所述，本案例通过对大额研发费用资本化与费用化界定不清事件进行详细剖析，揭示了违规行为的内在逻辑与外在表现。从资本化与费用化的定义与区别、界定不清的表现，违规操作的动机与实施条件，以及启示等多个方面进行了深入分析。这些分析不仅有助于我们更好地理解此类违规行为的本质和危害，也为加强企业研发费用会计处理的规范性和透明度提供了有益的借鉴和启示。

## 案例分析 4：项目管理不善与资源浪费

### 一、背景

在科研领域，研发投入是推动技术创新和产业升级的重要动力。然而，随着研发活动的日益复杂和多元化，项目管理不善与资源浪费的问题也日益凸显。这些问题不仅导致研发效率低下，还可能成为利益输送的温床，严重损害企业的核心竞争力和社会形象。本案例将围绕一起因项目管理不善导致的资源浪费事件展开，通过具体数据展示以及深入的分析过程，揭示此类违规行为的内在逻辑与外在表现。

## 二、案例具体情况

表 4–4　不同项目预算情况表

| 项目 / 指标 | 预算（万元） | 实际支出（万元） | 超支 / 节省（万元） | 备注 |
|---|---|---|---|---|
| 硬件开发 | 15 000 | 18 000 | +3 000 | 超支，采购重复导致部分资源浪费 |
| 软件开发 | 20 000 | 15 000 | −5 000 | 节省，但需求变更导致部分资源浪费 |
| 市场调研与测试 | 7 500 | 4 000 | −3 500 | 节省，但进度滞后，重复测试导致资源浪费 |
| 管理费用 | 5 000 | 7 000 | +2 000 | 超支，主要用于非必要会议、差旅和招待 |
| 预留风险金 | 2 500 | 0 | −2 500 | 未使用，全部剩余 |
| 总计 | 50 000 | 44 000 | −6 000 | 整体预算有剩余，但严重存在资源浪费问题 |

## 三、分析过程

1. 项目管理不善的具体表现

预算分配不合理：XYZ 科技公司在项目初期未能根据研发活动的实际需求合理分配预算。硬件开发预算过高，而市场调研与测试预算相对不足，导致在关键的市场验证环节资源匮乏。

进度控制不严：项目执行过程中，XYZ 科技公司对进度的监控不力。硬件开发和软件开发进度虽基本符合预期，但市场调研与测试进度严重滞后，影响了整个项目的按时完成。

需求管理混乱：在软件开发过程中，需求频繁变更且缺乏有效管理，导致大量已完成的代码需要重写，不仅浪费了资源，也影响了软件质量。

沟通与协作不畅：项目团队内部以及与其他相关部门的沟通与协作存在障碍，信息传递不及时、不准确，影响了决策效率和资源利用效率。

2. 资源浪费的深层次原因

缺乏明确的项目目标和计划：XYZ 科技公司在项目启动前未能制定清晰、可行的项目目标和计划。这导致在项目实施过程中方向不明确，资源浪费现象频发。

风险管理不足：公司对研发过程中可能出现的风险缺乏充分的认识和准备。预留风险金虽未使用，但并未有效应对实际发生的风险，如需求变更、技术难题等。

成本控制意识淡薄：项目团队在研发过程中往往更关注技术实现和进度推进，而忽视了成本控制的重要性。这导致在采购、开发、测试等环节出现了浪费。

监督与评估机制缺失：公司缺乏完善的项目监督与评估机制，无法及时发现和纠正项目管理中的问题。这进一步加剧了资源浪费和效率低下的情况。

3. 启示

强化项目管理能力：企业应建立健全的项目管理体系，明确项目目标、计划、进度、预算等关键要素，并加强项目执行过程中的监控和调整能力。通过引入项目管理软件、建立跨部门协作机制等手段提高项目管理效率和质量。

优化预算分配与资源配置：企业应根据研发活动的实际需求合理分配预算和资源，确保关键环节的资源充足。同时建立灵活的预算调整机制以应对项目执行过程中的不确定性因素。

加强需求管理与风险控制：企业应建立完善的需求管理机制确保需求变更的合理性和可控性。同时加强对研发过程中可能出现的风险的识别、评估和控制能力，降低风险对项目进度和预算的影响。

提升成本控制意识与建立健全监督与评估机制：企业应培养全员的成本控制意识，确保在研发活动的各个环节都能有效控制成本浪费现象。同时建立健全的监督与评估机制，定期对项目执行情况进行检查和评估，及时发现和纠正问题，确保项目目标的实现和资源的有效利用。

## 四、结论

综上所述，本案例通过对XYZ科技公司因项目管理不善导致的资源浪费事件进行详细剖析，揭示了违规行为的内在逻辑与外在表现。从项目管理不善的具体表现、资源浪费的深层次原因以及启示等多个方面进行了深入分析。这些分析不仅有助于我们更好地理解此类违规行为的本质和危害，也为加强企业研发项目管理、提高资源利用效率提供了有益的借鉴和启示。

# 第五章 股份支付合规

## 专题二十三：股权激励安排是否符合相关法律法规

### 业务简介

**一、概念**

股权激励，是指企业通过附条件给予员工部分股东权益，使其能够以股东的身份参与企业决策、分享利润、承担风险，从而与企业形成利益共同体，促进企业与员工共同成长，实现企业的长期发展目标。这种机制通过有条件地给予激励对象部分股权，激励他们勤勉尽责地为公司的长期发展服务。

**二、基本规定**

1. 激励对象

根据《上市公司股权激励管理办法》等法规，股权激励对象通常包括上市公司的董事、高级管理人员、核心技术人员或核心业务人员，以及公司认为应当激励的对公司经营业绩和未来发展有直接影响的其他员工。但独立董事和监事通常不纳入激励对象范围。此外，具有特定污点记录的人员也不能成为激励对象。

2. 激励方式

股权激励主要包括以下几种方式。

股票期权：激励对象在未来一定期限内以预先确定的价格和条件购买公司一定数量股份的权利。

限制性股票：激励对象只有满足一定条件（如工作年限或业绩目标）后方可获得股票所有权。

股票增值权：激励对象获得规定数量的股票价格上升所带来的收益的权利，但不拥有股票的所有权。

3. 实施原则

股权激励计划的实施应遵循以下原则。

公平性原则：激励对象的选择、激励条件的设置、激励数量的分配等方面应公平合理。

激励性原则：应具有显著的激励效果，能够激发员工的积极性和创造性。

长期性原则：应注重长期激励效果，避免短期行为对公司的影响。

透明性原则：相关信息应公开透明，激励对象应了解激励计划的具体内容和实施过程。

4. 激励条件

激励条件通常包括以下方面。

绩效考核：激励对象需通过公司的绩效考核，达到一定的绩效标准。

服务年限：激励对象需在公司连续工作一定年限。

其他条件：根据公司实际情况，可设置其他激励条件，如职位晋升、业务拓展等。

5. 实施程序

股权激励计划的实施通常需遵循以下程序。

方案制定：公司董事会制定股权激励计划方案，明确激励对象、激励方式、激励条件等内容。

方案审批：股权激励计划方案需提交股东会审议通过。

协议签订：公司与激励对象签订股权激励协议。

权益授予：公司根据股权激励协议向激励对象发放股票或股票期权等权益工具。

监督评估：公司对股权激励计划的实施情况进行监督和评估，确保激励效果。

6. 法律法规遵守

股权激励计划的实施应严格遵守《公司法》《证券法》等相关法律法规，确保计划的合法性和合规性。例如，上市公司在股权激励计划中应载明激励目的、激励对象、权益数量、授予价格、行权条件等关键信息，并按照法定程序进行审批和披露。

**三、违规表现**

企业股权激励安排通常会出现以下违规行为。

1. 超额授予股权

行为描述：企业在股权激励计划中授予员工的股权比例超过了法律法规或公司章程规定的上限。

目的与动机：企业可能希望通过超额授予股权来吸引和留住更多的人才，或者将超额授予股权作为对特定员工的特殊奖励。

后果：这种违规行为可能导致企业面临法律诉讼和监管处罚，同时损害其他股东的利益，破坏公司治理结构。

2. 未经批准擅自实施股权激励

行为描述：企业在未经股东会或董事会批准的情况下，擅自实施股权激励计划。

目的与动机：企业可能急于推出股权激励计划以应对市场竞争或人才流失，而忽视了必要的审批程序。

后果：这种违规行为可能导致股权激励计划无效，企业面临法律风险和声誉损失，同时损害投资者和股东的利益。

3. 股权授予条件设置不合理

行为描述：企业在股权激励计划中设置的股权授予条件过于宽松或不合理，如未设置明确的业绩考核标准。

目的与动机：企业可能希望通过降低股权授予门槛来吸引更多员工参与股权激励计划。

后果：这种违规行为可能导致股权激励计划失去激励效果，损害公平，同时可能引发内部矛盾和人才流失。

4. 股权授予对象不符合规定

行为描述：股权激励计划中被授予股权的对象不符合法律法规或公司章程规定的资格条件。

目的与动机：企业可能出于个人关系维护、利益输送或其他非正当目的，将股权授予不符合条件的员工或外部人员。

后果：这种违规行为可能导致企业面临法律诉讼和监管处罚，损害其他股东和员工的利益，破坏公司治理的公正性和透明度。

5. 股权激励计划未做到公开、透明

行为描述：企业在实施股权激励计划时未按照法律法规或公司章程的要求进行公开披露和透明化管理。

目的与动机：企业可能希望掩盖股权激励计划的真实情况，以避免市场反应或监管关注。

后果：这种违规行为可能导致企业面临法律诉讼和监管处罚，损害投资者和公众的知情权，降低企业的信誉和市场价值。

## 法律法规

**一、《公司法》**

第一百六十二条：明确规定了公司可以收购本公司股份的几种特殊情形，其中包括“将股份用于员工持股计划或者股权激励”。这为公司通过回购股份来实施股权激励提供了法律依据。

董事会和股东会的决议：对于因股权激励而收购本公司股份的，公司需根据具体情况，经股东会或董事会决议，并符合公司章程或相关授权。

**二、《证券法》**

信息披露义务：上市公司在收购本公司股份用于股权激励时，需按照《证券法》的规定履行信息披露义务，确保市场公平、公正、透明。

交易方式：上市公司因股权激励而收购本公司股份的，应当通过公开的集中交易方式进行，以确保交易的合法性和合规性。

**三、《上市公司股权激励管理办法》**

上市公司实施股权激励需满足一定的条件，如：

最近一个会计年度财务会计报告和财务报告内部控制未被注册会计师出具否定意见或无法表示意见的审计报告；

上市后最近 36 个月内未出现未按法律法规、公司章程、公开承诺进行利润分配的情形；

不存在法律法规规定不得实行股权激励的情形；

不属于中国证监会认定的其他不得实行股权激励的情形。

## 合规程序与方法

股权激励安排的合规程序与方法是确保公司在实施股权激励计划时遵循相关法律法规的关键步骤，以下是四个关键程序，以及针对每个程序的详细拓展。

**一、制订计划**

1. 明确激励目的与对象

目的：公司应明确股权激励的目的，如吸引和留住人才、提升公司业绩等。

对象：确定激励对象，通常包括公司高级管理人员、核心技术人员、核心业务人员等对公司发展具有重要贡献的人员。

2. 选择激励方式与工具

常见的激励方式包括股票期权、限制性股票、股票增值权等。公司应根据自身情况和激励目的选择合适的激励方式。

3. 制订详细计划

计划应包含激励数量、授予价格、行权条件、有效期等关键要素，并符合相关法律法规及准则的要求。

**二、审议批准**

1. 内部审议

股权激励计划需经公司董事会审议通过。在审议过程中，应确保独立董事及监事的参与，并发表独立意见。

2. 股东会审议

审议通过的股权激励计划需提交股东会进行审议，并需获得出席会议的股东所持表决权的 2/3 以上通过。拟为激励对象的股东或与激励对象存在关联关系的股东应回避表决。

**三、信息披露**

1. 公告计划

公司应按照相关法律法规及交易所的规定，及时公告股权激励计划及相关信息，确保市场公平、公正、透明。

2. 持续披露

在股权激励计划的实施过程中，公司应持续披露相关信息，包括激励对象的确定、权益授予情况、行权情况等。

**四、实施与监督**

1. 签订协议

公司与激励对象应签订股权激励协议，明确双方的权利义务及激励计划的具体实施方式。

2. 授予权益

根据股权激励计划，公司向激励对象授予相应的权益，如股票期权、限制性股票等。

3. 监督与评估

公司应建立健全股权激励计划的监督与评估机制，定期对激励计划的实施情况进行监督和评估，并根据评估结果及时调整激励计划。

## 案例分析 1：超额授予股权

**一、背景**

上海市某上市公司于2020年7月披露了《2021年限制性股票激励计划（草案）》，计划向248名公司中层管理人员及核心骨干进行股票激励。然而，在实际执行过程中，公司向200名员工实际授予了股票，但其中有25名激励对象并非公司员工。这一行为构成了超额授予股权的违规行为。

**二、分析过程**

1. 法律法规

《深圳证券交易所创业板股票上市规则》和《上海证券交易所科创板股票上市规则》规定，股权激励的对象必须是上市公司合并报表范围内公司的员工。

2. 影响

公司治理风险：超额授予股权给非公司员工，可能引发公司内部治理结构的混乱，损害公司和股东的利益。

合规风险：违反相关上市规则和监管要求，可能导致公司面临监管处罚，损害公司声誉。

财务风险：不恰当的股权激励安排可能增加公司的财务成本，影响公司的盈利能力。

3. 正确做法

严格审核激励对象：确保所有激励对象均为公司员工，并符合股权激励计划的条件。

遵守法律法规：在制定和实施股权激励计划时，应严格遵守相关法规和上市规则的要求。

建立内部监督机制：设立专门的委员会或指定人员负责监督股权激励计划的执行，确保计划的合规性。

4. 正确的会计处理

在发现超额授予股权的违规行为后，公司应立即进行自查，并调整相关账务处理。

对于已授予给非公司员工的股权，应予以追回或作废，并在财务报表中进行相应的调整。

确保股权激励计划的费用在财务报表中得到准确反映，以维护财务信息的真实性和完整性。

## 案例分析 2：未经批准擅自实施股权激励

**一、背景**

YY 公司是一家快速发展的互联网企业，为了激发员工的工作积极性，公司高层决定实施股权激励计划。然而，在实施股权激励之前，公司未按照相关法律法规和公司章程的规定，获得股东会或董事会的正式批准，便擅自向员工发放了股权。

**二、案例具体情况**

YY 公司未经批准，向 30 名核心员工发放了总计 300 万股的限制性股票，每股授予价格为 5 元，当时的市场价格为 8 元。一年后，公司股票价格涨至每股 12 元。由于未经批准擅自实施，这部分股权激励未在财务报表中正确反映，导致公司利润虚增约 2 100 万元 [300 万股 ×（12 元 −5 元）]。

**三、分析过程**

1. 法律法规

根据相关法律法规，企业实施股权激励计划必须经过股东会或董事会的批准，并确保股权激励的费用和相关会计处理符合会计准则的要求。未经批准擅自实施股权激励是违规行为。

2. 影响

YY 公司未经批准擅自实施股权激励，不仅违反了公司治理原则和法规要求，还导致财务报表未能真实反映公司的财务状况和经营成果。这种违规行为可能引发监管机构的调查和处罚，损害公司的声誉，并对投资者的决策造成误导。

3. 正确做法

在实施股权激励计划之前，公司应该按照公司章程和相关法律法规的规定，提交给股东会或董事会审议并获得批准。同时，公司应确保股权激励的会计处理符合会计准则的要求，真实反映股权激励对公司财务状况和经营成果的影响。

4. 正确的会计处理

在获得批准后，公司应按照股权激励的公允价值在财务报表中进行确认和计量。具体来说，应在授予日根据股票的市场价格和授予价格的差额确认股权激励费用，并在后续期间进行合理的分摊。这样做可以确保财务报表的真实性和准确性，为投资者提供可靠的决策依据。

## 案例分析 3：股权授予条件设置不合理

**一、背景**

某上市公司（以下称“A 公司”）为了激励核心团队，推出了一项股权激励计划。然而，在计划实施过程中，A 公司设置的股权授予条件存在明显不合理之处，引发了监管机构的关注和调查。

**二、案例具体情况**

A 公司计划向 100 名核心员工授予总计 1 000 万股限制性股票，授予条件为公司未来三年的净利润增长率分别不低于 10%、15% 和 20%。然而，根据公司近五年的财务数据，其平均净利润增长率仅为 5%。此外，授予股票的价格定为每股 10 元，远低于当时市场价格（每股 15 元）。

**三、分析过程**

1. 法律法规

股权激励计划的授予条件应当合理、可行，并与公司的业绩和激励对象的个人绩效相挂钩。同时，授予价格应当公允，不得损害公司及其他股东的利益。

2. 影响

授予条件不合理：A 公司设置的净利润增长率远高于公司近五年的平均水平，这使得激励对象难以达到行权条件，从而降低了股权激励的实际效果。这种设置可能打击员工的积极性，甚至导致人才流失。

授予价格不公：以远低于市场价格的授予价格进行股权激励，相当于向激励对象输送利益，损害了公司及其他股东的利益。同时，这种低价授予也可能引发市场对公司治理结构和内部控制的担忧。

3. 正确做法

合理设置授予条件：公司应根据历史业绩、行业趋势和市场竞争情况等因素，制定合理、可行的授予条件。这样既能激发员工的积极性，又能确保股权激励计划的实际效果。

公允确定授予价格：公司应参考市场价格或其他公允价值标准来确定授予价格，以确保股权激励计划的公平性和合理性。

## 案例分析 4：股权授予对象不符合规定

### 一、背景

A 公司计划向 200 名中层管理人员及核心骨干进行股权激励，实际披露的激励名单中却包含了 25 名非公司员工，其中包括了几名持有公司 5% 以上股份的股东的亲属。这一行为明显违反了《上市公司股权激励管理办法》中关于股权激励对象的规定。

### 二、案例具体情况

假设 A 公司向这 25 名违规对象授予了总计 100 万股的股票，授予时股票价格为每股 10 元。一年后，股票价格上涨至每股 15 元。由于这些对象并非合格的激励对象，因此这部分股权激励的费用不应计入公司的正常运营成本。

### 三、分析过程

1. 法律法规

根据《上市公司股权激励管理办法》，单独或合计持有上市公司 5% 以上股份的股东或实际控制人及其配偶、父母、子女，不得成为股权激励对象。A 公司将这部分人群作为激励对象，明显违反了这一规定。

2. 影响

首先，这种违规行为可能导致公司面临监管机构的处罚，损害公司声誉。

其次，由于这部分股权激励的费用被错误地计入公司运营成本，可能导致公司财务报表失真，影响投资者对公司真实财务状况的判断。

最后，这种不公平的激励分配可能引发公司内部员工的不满和抱怨，影响员工士气和工作效率。

3. 正确做法

A 公司应严格遵守相关法规，确保股权激励对象符合规定。

在制定股权激励计划时，应明确激励对象的范围和条件，避免将不符合条件的对象纳入计划。

对于已经发现的违规行为，应及时纠正并公开说明情况，以维护公司声誉和投资者利益。

4. 正确的会计处理

对于已授予给违规对象的股权激励，A 公司应立即收回并注销这部分股票。

同时，调整公司的财务报表，将之前错误计入的股权激励费用进行冲回处理。

确保今后的会计处理严格遵守会计准则和其他相关法规要求。

### 案例分析 5：股权激励计划未做到公开、透明

**一、背景**

某上市公司（以下称“B 公司”）为了激励管理层和员工，制定了一项股权激励计划。然而，该计划在制定和实施过程中未做到公开、透明，导致了一系列违规行为。

**二、案例具体情况**

B 公司在未进行充分信息披露的情况下，向特定员工发放了股权激励。具体来说，公司向 20 名高管和核心员工授予了总计 100 万股的限制性股票，授予价格为每股 5 元，远低于当时市场价格（每股 10 元）。这一行为未在公开渠道进行明确披露，仅在内部进行了通知。

**三、分析过程**

1. 法律法规

根据《上市公司股权激励管理办法》，上市公司实施股权激励计划，应当真实、准确、完整、及时、公平地披露或者提供信息，不得有虚假记载、误导性陈述或者重大遗漏。

上市公司应当在董事会审议通过股权激励计划草案后的 2 个交易日内，公告董事会决议、股权激励计划草案、独立董事意见及监事会意见。

2. 影响

B 公司未公开披露股权激励计划的详细信息，违反了信息披露的透明度原则，损害了投资者的知情权。

由于授予价格远低于市场价格，且未公开披露，可能导致市场怀疑 B 公司存在内幕交易和利益输送行为，损害公司声誉和投资者信心。

3. 正确做法

B 公司应该在董事会审议通过后，及时、充分、准确地披露股权激励计划的所有重要信息，包括但不限于激励对象、激励数量、授予价格、行权条件等。

同时，应确保股权激励计划的公平性和合理性，避免利益输送的嫌疑。

## 专题二十四：当股权激励涉及多个环节时，以哪个节点作为股份支付的授予日

### 业务简介

**一、概念**

授予日，根据《企业会计准则第 11 号——股份支付》第五条的规定，是指股份支付协议获得批准的日期。这里的“获得批准”指的是企业与职工或其他方就股份支付的协议条款和条件已达成一致，并且该协议已经获得股东会或类似机构的批准。简而言之，授予日是股权激励计划正式生效的日期。

**二、基本规定**

1. 协议条款达成一致

企业与激励对象需对股权激励计划的各项条款和条件有充分理解并达成一致。

2. 获得机构批准

该协议需获得股东会或类似机构的正式批准，以确保其合法性和有效性。

3. 会计处理

根据企业会计准则，授予日是计算股份支付费用的重要时点，通常根据授予日权益工具的公允价值计算相关成本或费用。

### 三、不同情境下的授予日确定方式

1. 股东会或董事会审议批准日

在大多数情况下，授予日被设定为股权激励计划获得股东会或董事会审议批准之日。这是最为常见和规范的确定方式，因为它能够确保计划的合法性和有效性，并且便于后续的会计处理。

股东大会召开日：如发行人股改前股权激励经股东会决议，股改后股权激励经董事会审议通过后，即已明确激励方案、激励对象、激励金额等，故股份支付授予日为相应股东会、董事会审议批准日。

董事会召开日：在某些情况下，如果董事会已经获得股东会的授权，可以独立审议并批准股权激励计划，那么授予日也可以是董事会审议批准之日。

2. 协议签署日

在某些特定的股权激励计划中，如果企业与激励对象已经就股权激励协议的条款和条件达成一致，并且双方已经正式签署协议，那么协议签署日也可以被视为授予日。但需要注意的是，这种方式必须确保协议已经获得股东会或类似机构的批准，否则可能存在合规风险。

3. 工商变更登记日

在一些没有书面股权激励计划的情境下，企业可能通过持股平台转让出资份额的方式实施股权激励。此时，企业可能会将出资份额变更日，即合伙人会议决议通过并完成工商变更登记的日期作为授予日。这种方式虽然不常见，但在特定情境下是可行的。

4. 其他特殊日期

除了上述几种常见的确定方式外，一些特殊情况下可能会将其他日期作为授予日。例如，在某些通过股权转让方式进行股权激励的情境中，可能会将股权转让款的支付完毕时间作为授予日。但这种方式需要谨慎使用，并确保符合相关法律法规的要求。

### 四、违规表现

1. 提前授予日设定

行为描述：公司未按照既定的股权激励计划时间表，提前将某一日期设定为授予日，向激励对象授予股份或期权。

目的与动机：可能是迎合市场时机，如股价处于高位时提前授予，使激励对象获得更大的潜在收益。管理层也可能出于个人利益考虑，希望通过提前授予来提升个人或团队的满意度和忠诚度。

后果：提前授予导致公司财务报表中的股份支付费用提前确认，影响当期利润；提前授予违反股权激励计划的既定规则，公司可能面临监管机构的处罚；提前授予可能削弱长期激励效果，因为激励对象可能不再关注未来业绩的提升。

2. 延迟授予日设定

行为描述：公司将原定的授予日推迟，延迟向激励对象授予股份或期权。

目的与动机：可能是规避不利的市场条件，如股价低迷时避免激励对象获得较少的潜在收益。

后果：延迟授予可能导致激励对象对公司的不满和信任度下降；激励对象可能因等待时间过长而失去耐心，选择离开公司；市场可能对公司延迟授予的行为产生负面解读，影响公司股价和声誉。

3. 利用虚假信息设定授予日

行为描述：公司利用虚假的市场信息、财务数据或其他非公开信息来设定授予日，以获取不正当利益。

目的与动机：通过操纵授予日来获取更高的收益或避免股价下跌带来的损失。

后果：公司利用虚假信息设定授予日可能构成证券欺诈等违法行为，面临刑事和民事责任；

公司将面临严重的市场信任危机，导致股价暴跌、声誉受损；此类行为对公司长期发展和投资者信心造成不可逆转的损害。

## 法律法规

《企业会计准则第 11 号——股份支付》的第五条规定，明确了授予日的定义和确定方式，为企业在实际操作中提供了明确的指导。在实际操作中，常见的授予日确定依据包括股东会或董事会的召开日。例如，在某些案例中，股权激励方案在股东会或董事会审议通过后，即明确了激励方案、激励对象、激励金额等关键内容，此时股份支付的授予日就被确定为相应的股东会或董事会审议批准日。

## 合规程序与方法

1. 确定协议条款和条件达成一致

在确定授予日之前，首先需要确保企业与职工或其他方就股份支付的协议条款和条件已经达成一致。这包括但不限于：

（1）被授予方的确定；

（2）授予权益工具数量的确定；

（3）价格、行权条件的确定等。

只有在双方对协议内容充分形成一致理解，且均接受其条款和条件时，才能视为达成一致。

2. 获得股东会或类似机构的批准

在协议条款和条件达成一致后，接下来需要获得股东会或类似机构的批准。这一步骤是确保股份支付计划合法有效的关键。通常涉及以下程序：

（1）提交股权激励方案至董事会审议；

（2）董事会审议通过后，提交至股东会审议；

（3）股东会对股权激励方案进行表决，并经出席会议的股东所持表决权的 2/3 以上通过。

3. 确定授予日

在获得股东会或类似机构的批准后，即可确定授予日。授予日通常是协议获得批准的日期，但也可能受到其他因素的影响，如外部审批流程等。如果外部审批流程不影响最终批准的确定性，且预计最终获得批准不存在重大法律障碍，则可以将协议获得公司内部批准的日期作为授予日。

## 案例分析 1：提前授予日设定

**一、背景**

假设上市公司 N，为了激励员工，制定了一项股权激励计划。根据该计划，授予日原定为 2024 年 12 月 31 日，届时将根据员工的绩效和公司整体业绩来决定具体的激励股份或期权数量。然而，公司管理层在未经过充分讨论和审批的情况下，擅自将授予日提前至 2024 年 7 月 15 日，并向部分激励对象提前授予了股份或期权。

**二、案例具体情况**

原定授予日：2024 年 12 月 31 日。

实际授予日：2024 年 7 月 15 日。

提前授予的股份或期权数量：100 万股（份）。

授予对象：公司高层管理人员及核心技术人员，共 10 人。

每股授予价格：10 元。

### 三、分析过程

1. 法律法规

根据《上市公司股权激励管理办法》，上市公司实施股权激励计划必须遵循公平、公正、公开的原则，且必须按照既定的时间表进行。提前授予股份或期权可能违反了证券市场的公平交易原则，也可能损害了其他未获得提前授予员工的利益。

2. 影响

提前授予可能导致公司内部产生不公平感，破坏员工的积极性和团队精神。且此举可能引发市场对公司的质疑，影响公司声誉和股价。公司若未按照既定计划进行充分披露，可能触犯证券法规，面临监管机构的处罚。

3. 正确做法

公司应严格按照既定的股权激励计划时间表执行，不得擅自更改授予日。如确需调整计划，应提前召开董事会和股东会进行审议，并确保信息的及时、准确披露。

在授予前，应对激励对象的资格进行严格审查，确保其符合激励计划的条件。

4. 正确的会计处理

在原定授予日之前，不得将相关股份或期权记入激励对象的个人账户。按照会计准则，正确记录和报告与股权激励相关的费用和资本公积变动，以确保财务报告的准确性和完整性，以反映股权激励计划的真实情况。

## 案例分析 2：延迟授予日设定

### 一、背景

假设 N 公司为了激励员工，计划实施一项股权激励计划，原定于 2024 年 1 月 1 日向激励对象授予股份或期权。然而，由于公司内部流程延误以及对市场环境的担忧，公司决定将授予日推迟至 2024 年 7 月 1 日。

### 二、案例具体情况

原定授予日：2024 年 1 月 1 日。

实际授予日：2024 年 7 月 1 日。

激励对象人数：50 人。

每人预计授予的股份或期权数量：1 000 股（份）。

股份或期权的行权价格：每股（份）10 元。

### 三、分析过程

1. 法律法规

根据相关法规，公司应当按照股权激励计划的规定，按时向激励对象授予股份或期权。

推迟授予日可能违反股权激励计划的相关规定，也可能损害激励对象的合法权益。

2. 影响

推迟授予日会导致激励对象对公司的信任度下降，影响员工的工作积极性和忠诚度。

延迟授予可能使激励对象错过市场机会，造成潜在的经济损失。

公司的声誉可能受损，推迟授予日被视为不遵守承诺或不尊重员工权益。

3. 正确做法

公司应严格按照股权激励计划的规定，按时向激励对象授予股份或期权。

如遇特殊情况需推迟授予日，应提前与激励对象沟通，并解释原因。

在推迟期间，公司应考虑对激励对象进行适当补偿，以维护员工权益和积极性。

4. 正确的会计处理

在授予日之前，公司应按照股权激励计划的相关规定，合理估计并计提相关费用。

授予日当天，公司应根据实际授予的股份或期权数量，按照公允价值进行会计处理，确认相应的费用或资本公积。

如推迟授予日，公司需及时调整相关会计估计和账务处理，确保财务报表的准确性。

## 案例分析 3：利用虚假信息设定授予日

**一、背景**

假设上市公司 N，为了提升公司股价并在股权激励计划中获利，利用虚假的市场信息和非公开财务数据来设定股权激励的授予日。

**二、案例具体情况**

N 公司公布虚假的季度财报，显示营收增长 20%，实际增长仅为 5%。

在虚假财报发布后的第二天，N 公司设定了股权激励的授予日，股价因此上涨了 15%。

高管层因此获得了总计 500 万股的股票期权，行权价格为授予日当天的收盘价。

**三、分析过程**

1. 法律法规

上市公司应真实、准确、完整、及时地披露信息，不得有虚假记载、误导性陈述或重大遗漏。

上市公司设定股权激励授予日时，应确保信息的公平性和透明度，不得利用未公开信息进行内幕交易。

2. 影响

通过发布虚假财报来设定授予日，N 公司人为地抬高了股价，使高管层在股权激励计划中获得了不正当利益。

这种行为损害了投资者的利益，尤其是那些在不知情的情况下买入或卖出股票的投资者。

破坏了市场的公平性和透明度，降低了市场的信心。

3. 正确做法

上市公司应严格遵守信息披露规定，确保所有公开信息的真实性、准确性和完整性。

在设定股权激励授予日时，应避免利用未公开信息或虚假信息来操纵股价。

建立健全的内部控制机制，防止高管层利用职权进行内幕交易或获取不正当利益。

4. 正确的会计处理

对于股权激励计划，应按照相关会计准则进行会计处理，确保费用的正确计量和确认。

对于因股权激励产生的费用，应在利润表中合理反映，以体现公司真实的财务状况和经营成果。

# 专题二十五：股份支付会计处理是否符合会计准则

## 业务简介

**一、概念**

股份支付，是指企业为获取职工和其他方提供的服务而授予权益工具或者承担以权益工具为基础确定的负债的交易。这种交易的核心在于企业用自身的股份或基于股份的权益工具作为对价，以换取职工或其他方提供的服务。

股份支付分为以权益结算的股份支付和以现金结算的股份支付两种形式。

以权益结算的股份支付：企业为获取服务以期权等作为对价进行结算的交易。

以现金结算的股份支付：企业为获取服务承担以期权为基础计算确定的交付现金或其他资产

义务的交易。

## 二、基本规定

1. 公允价值计量

股份支付应以公允价值为基础进行计量。对于以权益结算的股份支付，应当在授予日按照权益工具的公允价值计量；对于以现金结算的股份支付，则按照企业承担的负债的公允价值计量。

2. 支付公允价值的确定

公允价值是指市场参与者在计量日发生的有序交易中，出售一项资产所能收到或者转移一项负债所需支付的价格。在股份支付中，确定权益工具的公允价值需综合考虑以下因素。

活跃市场价格：如果权益工具有活跃市场，则公允价值应参考市场价格。

外部投资者价格：如果权益工具没有活跃市场但有外部投资者价格，且价格具有一定的代表性，可以参考该价格。

评估方法：如果既没有活跃市场又没有外部投资者价格，可以通过引入三方评估机构或采用估值模型（如市场法、收益法、成本法）进行价值评估。

3. 授予日会计处理

（1）立即可行权的股份支付

以权益结算的，应当在授予日按照权益工具的公允价值，借记“管理费用”等科目，贷记“资本公积——其他资本公积”科目。

以现金结算的，应当在授予日按企业承担的负债的公允价值计入相关成本或费用，相应增加负债，借记“管理费用”等科目，贷记“应付职工薪酬——股份支付”科目。

（2）等待行权的股份支付

在授予日不做会计处理，但在等待期内的每个资产负债表日，根据可行权权益工具数量的最佳估计，确认成本费用和相应的资本公积或负债。

4. 行权日会计处理

以权益结算的股份支付，在行权日，根据实际行权的权益工具数量，计算确定应转入实收资本或股本的金额，并调整资本公积。

以现金结算的股份支付，在行权日，按实际支付的现金金额，借记“应付职工薪酬——股份支付”科目，贷记“银行存款”等科目。

5. 公允价值无法可靠确定的情况

在极少数情况下，如果企业在计量日无法获得权益工具的公允价值，则应以内在价值计量该权益工具，并将内在价值变动计入当期损益。同时，以最终可行权或实际行权的权益工具数量为基础，确认取得服务的金额。

## 三、违规表现

1. 股份支付会计处理不当

行为描述：企业在进行股份支付时，未能按照《企业会计准则第 11 号——股份支付》的要求正确计量和确认相关费用。例如，未将股权激励费用在等待期内合理分摊，而是在授予日一次性确认，或者未根据实际行权情况调整资本公积和股本等。

目的与动机：平滑利润、操纵业绩等。一次性确认费用可以使得授予日所在年度的利润看起来较低，而后续年度的利润则相对较高，从而误导投资者对公司业绩的判断。

后果：该违规行为误导投资者做出错误的投资决策，损害投资者利益；公司将面临罚款、通报批评等处罚，严重损害公司形象和信誉；该行为导致公司财务报表无法真实反映公司经营成果和财务状况。

2. 支付公允价值确定不准确

行为描述：企业在确定股份支付的公允价值时，未采用恰当的估值技术或方法，导致公允价值与实际价值存在显著差异。例如，以明显低于市场价格的内部交易价格作为公允价值，或者未充分考虑市场波动、行业前景等因素对公允价值的影响。

目的与动机：降低股权激励费用、提高利润水平。此外，对于上市公司来说，由于股份缺乏连续交易的市场价格可供参考，确定公允价值时更容易出现偏差。

后果：公允价值不准确将导致股权激励费用确认不合理，进而影响公司各期成本和费用；不准确的公允价值信息会误导投资者对公司股权激励计划的理解和评估；监管机构可能因公司未遵循公允价值确定规则而对其采取监管措施。

3. 信息披露不充分

行为描述：企业在股份支付相关信息的披露上不够充分和透明。例如，未详细披露公允价值的确定方法、依据及其合理性；未充分说明股权激励计划的实施情况、等待期设置及费用分摊方式等。

目的与动机：企业可能担心充分披露会暴露其会计处理上的不足或业绩上的压力，从而选择避重就轻或隐瞒关键信息。

后果：不充分的信息披露会降低会计信息的相关性和可靠性，影响投资者的决策基础；监管机构可能因公司信息披露不充分而对其采取更严格的监管措施；信息披露不透明会降低市场对公司治理水平和诚信度的评价，进而影响公司的市场形象和股价表现。

## 法律法规

**一、《企业会计准则第 11 号——股份支付》**

1. 以权益结算的股份支付的会计处理

（1）初始确认与计量

以权益结算的股份支付换取职工提供服务的，应当以授予职工权益工具的公允价值计量。授予后立即可行权的换取职工服务的以权益结算的股份支付，应当在授予日按照权益工具的公允价值计入相关成本或费用，相应增加资本公积。

（2）后续计量

在等待期内的每个资产负债表日，应当以对可行权权益工具数量的最佳估计为基础，按照权益工具授予日的公允价值，将当期取得的服务计入相关成本或费用和资本公积。

（3）行权时的处理

在行权日，企业根据实际行权的权益工具数量，计算确定应转入实收资本或股本的金额，将其转入实收资本或股本。

2. 以现金结算的股份支付的会计处理

（1）初始确认与计量

以现金结算的股份支付，应当按照企业承担的以股份或其他权益工具为基础计算确定的负债的公允价值计量。

（2）后续计量

在等待期内的每个资产负债表日，应当以对可行权情况的最佳估计为基础，按照企业承担负债的公允价值金额，将当期取得的服务计入成本或费用和相应的负债。

（3）行权时的处理

在行权日，企业应当根据实际行权的金额支付给职工或其他方，同时结转等待期内确认的负债

**二、《企业会计准则第 39 号——公允价值计量》**

在确定公允价值时，企业应当根据该资产或负债的特征，采用适当的估值技术和输入值进行计量。估值技术通常包括市场法、收益法和成本法等。企业应当优先使用可观察输入值，只有在

相关可观察输入值无法取得或取得不切实可行的情况下，才可以使用不可观察输入值。

## 合规程序与方法

### 一、股份支付的会计处理

股份支付的会计处理主要遵循《企业会计准则第 11 号——股份支付》及相关应用指南的规定。以下是详细的会计处理步骤和合规程序。

1. 确定股份支付的性质

根据支付方式（如股票、期权等）和支付对象（如员工、供应商等），明确股份支付的性质。

2. 估计股份支付的公允价值

使用合理的估值方法（如市场价格法、市场比较法、收益法等）估计股份支付的公允价值。

3. 确定股份支付的授予日

授予日是股份支付协议获得股东会或类似机构批准的日期。

4. 计算股份支付成本

根据股份支付的公允价值和员工服务期限（如员工的服务年限或达到特定业绩目标的时间），计算股份支付的总成本。

5. 在财务报表中确认股份支付成本

将股份支付成本在相关服务期间内按照一定方法（如直线法、加速法等）进行摊销，并计入当期损益或相关资产成本。

6. 披露股份支付信息

在财务报表中详细披露股份支付的相关信息，包括股份支付的性质、范围、公允价值、服务期限、成本摊销方法等。

### 二、支付公允价值的确定

支付公允价值的确定是股份支付会计处理中的关键环节，其合规程序与方法如下。

1. 选择估值方法

根据股份支付的具体情况，选择合适的估值方法。常见的估值方法包括。

市场价格法：如果股份在公开市场上有交易，则直接使用市场价格作为公允价值。

市场比较法：如果股份没有在公开市场交易，可以参考同行业类似公司的股份交易价格进行比较分析。

收益法：根据公司的未来预期收益和风险，使用贴现率计算出股份的现值，并将其作为公允价值。

净资产法：根据公司的净资产和股份比例计算出股份的公允价值。

专业估值：如果以上方法均不适用，可以聘请专业估值机构进行评估。

2. 收集和分析数据

收集与估值相关的数据，包括市场价格、同行业公司数据、公司财务报表等。

对数据进行分析，确保数据的准确性和可比性。

3. 确定公允价值

根据选定的估值方法和相关数据，确定股份支付的公允价值。

4. 考虑影响因素

在确定公允价值时，需要综合考虑多种因素，如市场环境、公司业绩、行业前景等。

特别是在首次公开发行（IPO）申报期内，需要关注外部投资者的入股价格，因为外部投资者的入股价格通常被视为公允价值的重要参考。

## 案例分析 1：股份支付会计处理不当

**一、背景**

B 公司是一家正在快速发展的科技企业，为了吸引和留住关键人才，公司实施了一项股份支付计划，向其核心团队发放了股份，但在进行会计处理时，未按照相关会计准则正确计提和披露股份支付费用。具体来说，公司在 2020 年度向 50 名员工发放了价值总计 500 万元的股份，但在当年的财务报表中，仅计提了 200 万元的股份支付费用，导致净利润虚增了 300 万元。

**二、分析过程**

1. 法律法规

根据《企业会计准则第 11 号——股份支付》，企业应以权益工具的公允价值为基础，确认和计量股份支付的费用，并在等待期内进行分摊。

同时，《上市公司信息披露管理办法》要求企业及时、准确、完整地披露重大信息，包括股份支付的相关信息。

2. 影响

B 公司未按照公允价值全额计提股份支付费用，导致财务报表中的净利润被高估，这违反了会计准则的要求。

虚增的净利润可能误导投资者对公司真实财务状况的判断，损害投资者的利益。

公司未充分披露股份支付的相关信息，违反了信息披露的透明度原则。

3. 正确做法

B 公司应按照公允价值全额计提股份支付费用，并在财务报表中准确反映。

同时，公司应加强信息披露，充分揭示股份支付计划的详细情况及其对财务状况和经营成果的影响。

4. 正确的会计处理

在实施股份支付计划时，根据权益工具的公允价值确认股份支付费用。

在等待期内，按照合理的方法（如直线法或加速摊销法）分摊股份支付费用至各期损益。

在财务报表附注中充分披露股份支付的相关信息，包括计划的详细条款、费用的确认和分摊方法等。

## 案例分析 2：支付公允价值确定不准确

**一、背景**

B 公司计划向 30 名核心员工授予股票期权，允许他们以每股 10 元的价格购买公司股票。在授予日，公司估计的股票期权公允价值为每股 8 元。然而，由于市场波动和公司估值的快速变化，实际上在授予日股票期权的公允价值已经达到了每股 12 元。B 公司没有及时调整这一估值，而是按照原先的估计进行了会计处理。

**二、分析过程**

1. 法律法规

根据相关会计准则，股份支付的公允价值应当在授予日准确计量，并据此确认相应的费用。

公允价值的确定应当基于可靠的市场数据和专业评估，以反映股份支付的真实价值。

2. 影响

由于 B 公司未能准确确定股票期权的公允价值，导致其财务报表中的费用被低估，从而虚增了利润。同时，这种不准确的公允价值确定可能误导投资者对公司财务状况的判断，损害投资者的利益。

3. 正确做法

B 公司应该在授予日重新评估股票期权的公允价值，并据此进行会计处理。如果市场条件或公司估值发生变化，应及时调整，以确保财务报表的准确性。

4. 正确的会计处理

在授予日，B 公司应该根据可靠的市场数据和专业评估来确定股票期权的公允价值。根据确定的公允价值，B 公司应确认相应的股份支付费用，并在财务报表中进行恰当披露。

## 案例分析 3：信息披露不充分

**一、背景**

XX 公司决定向 50 名核心员工授予限制性股票，以作为股权激励，总计授予 100 万股，授予价格为每股 10 元。然而，在公布股份支付计划时，公司未详细披露以下关键信息。

（1）授予对象的具体名单及职务。

（2）授予限制性股票的具体条件和期限。

（3）股份支付计划对公司财务状况和经营成果的影响。

由于缺乏这些关键信息的披露，投资者难以全面评估该计划的合理性和对公司未来业绩的潜在影响。

**二、分析过程**

1. 法律法规

根据相关证券法规，上市公司在进行股份支付时，应充分披露相关信息，包括但不限于激励对象、激励方式、激励数量、行权价格、行权期限等。这些信息对投资者评估公司财务状况和未来业绩至关重要。

2. 影响

信息披露不充分会误导投资者，使其难以做出明智的投资决策。

信息缺乏透明度可能导致市场对公司管理层的不信任，进而影响公司声誉和股价。

未充分披露股份支付计划对公司财务的影响，可能导致投资者对公司真实财务状况的误判。

3. 正确做法

XX 公司应在公布股份支付计划时，详细披露所有关键信息，包括激励对象的具体名单及职务、授予条件和期限，以及该计划对公司财务状况和经营成果的具体影响。同时，公司应确保所披露信息的准确性和完整性，以便投资者能够全面评估该计划的合理性和潜在影响。

4. 正确的会计处理

在会计处理上，XX 公司需要按照相关会计准则，正确计量和确认股份支付的相关费用。这通常涉及使用公允价值来计量授予日权益工具的内在价值，并在等待期内将相关费用进行分摊。

公司还应在财务报表中恰当披露与股份支付相关的所有重要信息，包括费用金额、分摊期限等，以确保财务报表的透明度和可比性。

# 专题二十六：如何确定附有市场业绩条件的权益结算的股份支付的等待期

## 业务简介

**一、概念**

股份支付，指企业为获取职工或其他方提供的服务而授予权益工具或者承担以权益工具为基础确定的负债的交易。权益结算的股份支付是指企业以自身股份或其他权益工具作为对价进行结算的交易。

等待期，是指可行权条件得到满足的期间。对于附有市场业绩条件的权益结算的股份支付，等待期不仅与服务期限相关，还与特定的市场业绩条件挂钩。

市场业绩条件，是指行权价格、可行权条件以及行权可能性与权益工具的市场价格相关的业绩条件，如股价达到某一特定水平等。

**二、基本规定**

1. 等待期的确定原则

根据《企业会计准则第 11 号——股份支付》的相关规定，附有市场业绩条件的以权益结算的股份支付的等待期确定应遵循以下原则。

市场条件不影响等待期的确定：市场条件（如股价增长）是否满足，不影响企业对预计可行权情况的估计，因此市场条件不应单独作为确定等待期的依据。

以服务期限为主：等待期应当主要基于服务期限条件来确定。只要职工满足了其他所有非市场条件（如服务期限），企业就应当确认已取得的服务，并据此确定等待期。

2. 会计处理

在等待期内的每个资产负债表日，企业应按照以下步骤进行会计处理。

估计可行权权益工具数量：根据最新信息，估计可行权权益工具数量。

计量成本费用：以权益工具授予日的公允价值为基础，将当期取得的服务计入相关成本或费用，并相应增加资本公积。

调整前期估计：如果后续信息表明需要调整对可行权情况的估计，应对前期估计进行修改，并在可行权日调整至实际可行权的权益工具数量。

3. 权益工具的公允价值确定

权益工具的公允价值应按照《企业会计准则第 22 号——金融工具确认和计量》确定。这通常涉及对市场价格、估值模型等因素的综合考虑。

4. 可行权日的处理

在可行权日，即职工满足所有可行权条件、具有从企业取得权益工具权利的日期，企业应按照以下步骤进行会计处理。

确认股本和股本溢价：根据实际行权的权益工具数量，计算应转入实收资本或股本的金额，并将其从资本公积中转入股本和股本溢价。

不再调整成本和费用：企业在可行权日之后，不再对已确认的相关成本或费用和所有者权益总额进行调整。

**三、违规表现**

1. 仅考虑市场条件对等待期的影响

行为描述：企业在设定等待期时，仅将市场条件（如股价、市场份额等）作为决定等待期长度的关键因素，而忽视了服务期限条件或其他非市场条件。例如，某公司设定等待期为股价上涨至特定水平的时间，而非职工完成规定服务的时间。

目的与动机：希望快速确认股份支付费用以减轻当期利润负担，或者希望通过延长等待期来延迟费用确认，以达到特定的财务报表目标。

后果：错误的等待期设定会导致股份支付费用的确认时间和金额不准确，进而影响企业的财务报表真实性；财务报表的失真可能误导投资者对企业财务状况和经营成果的判断；企业因违反会计准则而遭受相应的处罚，包括罚款、警告等。

2. 随意变更等待期长度

行为描述：企业在股份支付协议执行过程中，无合理理由和未经合理程序，随意变更等待期长度。这种变更可能基于管理层的主观判断或市场状况的突然变化。

目的与动机：企业希望通过变更等待期来平滑利润波动、调整财务报表表现或满足特定的业绩指标要求。

后果：随意变更等待期长度破坏了会计处理的连续性和一致性，影响财务报表的可比性；不透明的等待期变更可能使投资者难以准确评估企业的真实业绩和潜在风险；随意变更等待期长度可能违反相关法律法规和会计准则的规定，导致企业面临法律诉讼和处罚。

3. 隐瞒或虚假披露等待期信息

行为描述：企业在财务报告中隐瞒或虚假披露等待期相关信息，如等待期的设定依据、变更原因及影响等。

目的与动机：企业希望通过隐瞒或虚假披露来掩盖真实的财务状况和经营成果，以维护市场形象或满足特定的融资需求。

后果：隐瞒或虚假披露导致投资者无法获取准确信息，进而可能做出错误的投资决策；投资者可能因企业的虚假披露而提起法律诉讼，要求赔偿损失；企业的虚假披露行为将严重损害其市场声誉和信誉，影响未来的融资和业务发展。

## 法律法规

《企业会计准则第 11 号——股份支付》规定，对于可行权条件为规定服务期间的股份支付，等待期为授予日至可行权日的期间。这意味着，如果市场业绩条件是与服务期限相关联的，那么等待期将从股份支付协议获得批准的日期（授予日）开始，一直到激励对象满足所有行权条件，包括市场业绩条件的那一天（可行权日）结束。

对于可行权条件为规定业绩的股份支付，企业应当在授予日根据最可能的业绩结果预计等待期的长度。在这种情况下，如果市场业绩条件是主要的行权条件之一，企业需要在授予日基于合理的预测和估计来确定等待期。这通常涉及对未来市场表现的预测和评估。

## 合规程序与方法

**一、合规程序与方法概述**

附有市场业绩条件的权益结算的股份支付，其等待期的确定依赖于市场业绩条件的满足情况。这类支付通常涉及公司股价、销售额、利润等市场业绩指标。根据《企业会计准则第 11 号——股份支付》及相关规定，等待期的确定需综合考虑以下因素。

市场业绩条件的明确性：明确市场业绩条件的具体内容，如股价、销售额或利润增长率达到某一水平等。

可行权条件的评估：评估这些市场业绩条件是否能够在合理期限内实现，并据此确定等待期的可能长度。

持续监控与调整：在等待期内，持续监控市场业绩条件的满足情况，并根据实际情况调整等待期的预计长度。

**二、确定等待期的具体步骤与方法**

1. 明确市场业绩条件

在股权激励计划中明确列出市场业绩条件，如“公司股价在未来三年内达到 ×× 元 / 股”，且须确保这些条件是可量化、可观测的，以便后续跟踪和评估。

2. 评估可行权条件的实现可能性

使用合理的预测方法（如市场分析法、财务预测法等）评估市场业绩条件的实现可能性。同时考虑历史业绩、行业趋势、市场竞争状况等因素，对预测进行合理性检验。

3. 初步估计等待期

根据市场业绩条件的实现可能性，初步估计等待期的长度。这个估计应该是动态的，随着市场环境和公司业绩的变化而调整。

4. 持续监控与调整

在等待期内，定期（如每季度或每半年）评估市场业绩条件的满足情况。如果发现实际情况与预测存在显著差异，应及时调整等待期的预计长度，并相应调整会计处理。

5. 会计处理

在等待期的每个资产负债表日，根据估计的等待期长度和授予日的公允价值，确认成本费用和资本公积。具体会计处理为：借记“管理费用”等科目，贷记“资本公积——其他资本公积”科目。

**三、影响等待期确定的因素**

市场环境变化：市场环境的变化（如股市波动、政策调整等）可能影响市场业绩条件的实现情况，从而影响等待期的估计。

公司业绩表现：公司业绩的实际表现与市场业绩条件的实现密切相关，直接影响等待期的确定。

预测方法的准确性：预测方法的准确性和合理性直接影响等待期估计的准确性。

## 案例分析 1：仅考虑市场条件对等待期的影响

**一、背景**

上市公司 N 为了激励员工，推出了一项股权激励计划。在该计划中，公司设定了一个等待期，但错误地将股价增长作为决定等待期长度的关键因素。公司认为，只有当股价达到某一特定水平时，员工才能获得股权激励。这一做法忽视了服务期限条件和其他非市场条件。

**二、案例具体情况**

股权激励计划涉及的员工数量：100 人。

股权激励计划的总股数：10 万股。

设定的股价增长目标：从当前的 10 元 / 股增长至 20 元 / 股。

被忽视的服务期限条件：原计划中应包含至少 3 年的服务期限。

**三、分析过程**

1. 法律法规

根据相关法规，股权激励计划的等待期设定应综合考虑市场条件和非市场条件，而不应仅仅考虑市场条件。

服务期限条件通常被视为非市场条件，是衡量员工是否能获得股权激励的重要考量因素。

2. 影响

仅以股价增长作为确定等待期长度的决定因素，可能导致员工过于关注股价表现，而忽视公司的长期发展和业绩。

忽视服务期限条件可能使员工在获得股权激励后立即离职，不利于公司的稳定和长期发展。

3. 正确做法

在设定等待期时，应综合考虑市场条件（如股价、市场份额等）和非市场条件（如服务期限、业绩目标等）。

明确设定服务期限条件，确保员工在获得股权激励后仍需在公司工作一段时间。

4. 正确的会计处理

在等待期内，公司应按照相关会计准则对股权激励费用进行分期确认，并计入当期损益。

若员工在服务期限内离职，公司应相应调整已确认的股权激励费用。

## 案例分析 2：随意变更等待期长度

### 一、背景

A 公司是一家正在快速发展的科技企业，为了激励员工，决定实施股权激励计划。在计划中，A 公司与员工签订了股份支付协议，约定员工在服务满 4 年后可以获得公司股份。然而，在执行过程中，A 公司由于业绩波动和资金压力，未经合理程序且并无合理理由，擅自将等待期从 4 年缩短为 3 年。

### 二、案例具体情况

原计划等待期：4 年。

变更后等待期：3 年。

授予日每份期权的公允价值：16 元。

受影响的员工人数：100 人。

每人被授予的期权数量：500 份。

### 三、分析过程

1. 法律法规

股份支付协议的等待期设置应遵循企业会计准则和其他相关法规，确保会计信息的真实性和可靠性。

等待期的变更应经过合理的程序且有合理的理由，如经过董事会批准并公开披露，以保障信息的透明度。

2. 影响

随意变更等待期可能导致企业财务报表的失真，影响投资者和其他利益相关者的决策。

缩短等待期可能使得企业在短期内面临更大的股份支付费用压力，影响企业的财务状况。

此举可能损害企业的信誉和形象，降低市场对企业的信任度。

3. 正确做法

企业应严格遵守股份支付协议中约定的等待期，确保会计信息的准确性。

若因特殊情况需要变更等待期，应经过充分的讨论和合理的程序，如召开董事会会议、向监管机构报备等。

变更后应及时向市场公开披露相关信息，以保障信息的透明度。

4. 正确的会计处理

在等待期内，企业应按照期权在授予日的公允价值，将当期取得的服务计入相关费用并相应增加资本公积。

若变更等待期，企业应重新评估期权的公允价值，并相应调整已确认的股份支付费用。

企业应在财务报表中充分披露与股份支付相关的会计信息，包括等待期的变更及其影响。

## 案例分析 3：隐瞒或虚假披露等待期信息

### 一、背景

B 公司是一家上市公司，为了激励核心管理团队，实施了一项股权激励计划。然而，在财务报告中，B 公司隐瞒了关于股权激励等待期的相关信息，未充分披露等待期的设定依据、后续变更原因及其对公司财务状况的影响。

### 二、案例具体情况

原股权激励计划的等待期为 3 年。

在财务报告发布前，等待期变更为 2 年，但报告中未提及此事。

受影响的股权激励总股数为 500 万股。

股权激励计划涉及的高管人数为10人。

**三、分析过程**

1. 法律法规

根据相关会计准则和证券法规，企业应当在财务报告中真实、准确、完整地披露与股权激励计划相关的信息，包括等待期的设定、变更及其影响。

2. 影响

投资者可能因缺乏完整信息而做出错误的投资决策。

隐瞒等待期变更导致财务报告不真实，影响市场对公司财务状况的准确评估。

公司的信誉和市值可能因此受损，甚至可能面临法律诉讼和监管处罚。

3. 正确做法

公司应在财务报告中明确披露股权激励计划的等待期设定依据，包括为何选择特定的等待期限。

若等待期发生变更，应及时在财务报告中说明变更的原因、影响及相关会计处理。

保持与投资者的沟通，确保所有利益相关者都能基于完整信息做出决策。

4. 正确的会计处理

在等待期内，按照股权激励的公允价值合理确认相关费用。

若等待期发生变更，应重新评估股权激励的公允价值，并调整相关会计估计和费用分摊。

在财务报告附注中详细披露等待期变更的会计处理方法和其对公司财务报表的影响。

## 专题二十七：上市前高管和核心技术人员转让股权的交易是否合理

### 业务简介

**一、概念**

股权转让，是指公司股东依法将其所持有的股份转让给他人，使他人成为公司股东的民事法律行为。在上市前，高管和核心技术人员作为公司的重要股东，其股权转让行为不仅涉及个人利益，还关系到公司的稳定和发展。因此，这类交易需要严格遵守相关法律法规和公司章程的规定。

**二、基本规定**

1. 转让条件

发起人股权转让限制。《公司法》第一百六十条规定："公司公开发行股份前已发行的股份，自公司股票在证券交易所上市交易之日起一年内不得转让。法律、行政法规或者国务院证券监督管理机构对上市公司的股东、实际控制人转让其所持有的本公司股份另有规定的，从其规定。"这意味着在上市前，如果公司尚未成立满一年，发起人的股权转让将受到限制。

高管和核心技术人员股权转让限制。公司董事、监事、高级管理人员应当向公司申报所持有的本公司的股份及其变动情况，在就任时确定的任职期间每年转让的股份不得超过其所持有本公司股份总数的百分之二十五；所持本公司股份自公司股票上市交易之日起一年内不得转让。上述人员离职后半年内，不得转让其所持有的本公司股份。公司章程可以对公司董事、监事、高级管理人员转让其所持有的本公司股份作出其他限制性规定。

因此，在进行股权转让前，需要仔细查阅公司章程和其他相关规定。

2. 转让程序

内部审批：高管和核心技术人员在转让股权前，通常需要经过公司内部审批程序，包括向董事会或股东会报告并获得批准。

签订转让协议：转让双方需要签订股权转让协议，明确转让的股份数量、价格、支付方式、过户时间等具体条款。

过户登记：股权转让完成后，需要在证券登记结算机构办理过户登记手续，以确保受让方合法取得股东资格。

3. 信息披露与监管要求

信息披露：在上市前进行股权转让时，公司需要按照相关法律法规的要求进行信息披露，确保投资者和其他利益相关方能够及时、准确地了解股权转让的情况。

监管要求：监管部门对上市前公司的股权转让行为进行严格监管，以防止内幕交易、利益输送等违法违规行为的发生。因此，在进行股权转让时，公司需要严格遵守监管要求，确保交易的合法性和合规性。

4. 税务处理

股权转让涉及税务处理问题。根据相关法律法规的规定，股权转让所得需要缴纳个人所得税或企业所得税。因此，在进行股权转让时，公司需要充分考虑税务因素，并按照规定办理相关税务手续。

**三、违规表现**

1. 违反限售期规定提前转让股权

行为描述：高管或核心技术人员在约定的限售期内，未经允许擅自转让其持有的公司股份。

目的与动机：个人急于套现或是对公司前景缺乏信心，希望通过提前转让股权获取现金收益。

后果：这种行为违反证券监管规定，导致股权转让无效，受让人面临无法取得股权的风险；同时，违规者将面临监管处罚，包括罚款、市场禁入等，个人声誉受损，并对公司发展造成不利影响。

2. 内幕交易

行为描述：高管或核心技术人员利用掌握的未公开信息（如公司业绩、重大合同等），在信息公开前进行股权买卖。

目的与动机：利用信息优势获取不正当利益，通过买卖股票赚取差价。

后果：严重扰乱市场秩序，损害其他投资者的合法权益；违规者将面临巨额罚款、市场禁入甚至刑事处罚等；同时，公司声誉受损，发展可能受阻。

3. 未履行信息披露义务

行为描述：高管或核心技术人员在转让股权时，未按照法律法规要求及时、准确、完整地披露相关信息。

目的与动机：避免股价波动、掩盖不利信息或出于其他个人考虑。

后果：违反信息披露制度，损害投资者知情权，可能导致股价异常波动，影响市场稳定；违规者及公司可能面临监管处罚，包括警告、罚款等；公司上市进程可能因信息披露问题而推迟或取消。

4. 恶意串通，损害他人利益

行为描述：高管或核心技术人员与其他人恶意串通，通过虚构交易、操纵股价等手段，以不合理低价或高价转让股权，损害公司或其他股东利益。

目的与动机：个人或集团利益最大化，通过不正当手段获取非法利益。

后果：严重破坏市场公平交易原则，损害公司和其他投资者的合法权益；违规者将面临严厉的法律制裁，包括罚款、市场禁入等；公司声誉受损，发展受阻。

## 法律法规

**一、《公司法》**

第一百六十条第一款规定：发起人持有的本公司股份，自公司成立之日起一年内不得转让。这意味着，如果高管或核心技术人员是公司的发起人，他们在公司成立之日起一年内是不得转让其持有的股份的。第一百六十条规定："公司公开发行股份前已发行的股份，自公司股票在证券交易所上市交易之日起一年内不得转让。"因此，对于上市前已经发行的股份，高管和核心技术人员在公司股票上市交易后的一年内也是禁止转让的。

第一百六十条规定：公司董事、监事、高级管理人员在就任时确定的任职期间每年转让的股份不得超过其所持有本公司股份总数的百分之二十五，且离职后半年内不得转让其所持有的本公司股份。这些规定限制了高管在任职期间和离职后短时间内大量转让股份的行为。

**二、《证券法》**

该法规对证券交易的一般原则、信息披露、内幕交易等方面进行了规范。这些原则性规定同样适用于高管和核心技术人员的股权转让行为。

## 合规程序与方法

1. 召开公司会议

股东会会议：研究股权出售的可行性，分析股权转让是否符合公司战略，并对收购方的经济实力和经营能力进行分析。

董事会会议：若公司章程或内部规定要求，股权转让需经过董事会批准。

2. 实质性协商与谈判

双方协商：出让方和受让方进行实质性的协商和谈判，确定转让价格、数量等关键条款。

3. 申请与批准

上级主管部门批准：若出让方为国有或集体企业，需向上级主管部门提出股权转让申请，并经其批准。

4. 评估与验资

国有企业或国有独资有限公司出让股权，需到国有资产部门进行立项、确认，再到资产评估事务所进行评估。其他类型企业可直接到会计师事务所进行验资。

5. 内部决议

集体企业需召开职工大会或职工代表大会，形成职代会决议；有限公司需召开股东会，并形成股东会决议。

6. 签订股权转让合同

出让方和受让方签订股权转让合同，明确双方的权利和义务。

7. 审理与交割

由产权交易中心审理合同及其附件，并办理交割手续。

8. 变更与登记

企业到各有关部门办理股权变更、登记手续。

## 案例分析 1：违反限售期规定提前转让股权

**一、背景**

拟上市企业B公司在上市筹备期间，其高管李某持有公司5%的股权。根据公司的内部规定和相关法律法规，这些股权在上市前有一定的限售期。然而，李某在限售期内，将其持有的B公司2%的股权以私下协议的方式转让给了另一家投资公司，转让价格为2 000万元。这一行为未经过公司董事会批准，也未进行公开披露。

**二、分析过程**

1. 法律法规

根据《公司法》和相关上市规定，企业上市前，高管和核心技术人员的股权通常存在限售期，以防止内部人利用未公开信息进行交易，保护公众投资者的利益。

限售期内的股权不得私自转让，必须遵守相关法律法规和公司章程的规定。

2. 影响

李某的行为违反了限售期规定，可能导致公司上市进程受阻，甚至影响公司的声誉和市值。

提前转让股权可能引发市场对公司内部管理和治理结构的质疑，不利于公司的长期发展。

私下转让股权可能涉及利益输送、内幕交易等违法行为，损害其他股东和潜在投资者的利益。

3. 正确做法

高管和核心技术人员应严格遵守限售期规定，不得私自转让股权。

若确需转让股权，高管和核心技术人员应遵守公司章程和相关法律法规的规定，通过合法途径进行，并确保信息的公开透明。

## 案例分析 2：内幕交易

**一、背景**

某科技公司（以下称“B 公司”）在筹备上市期间，其高管李某利用内幕信息进行股票交易，从中牟取非法利益。根据调查，李某在 B 公司公布上市计划前的一个月内，利用其掌握的内幕信息，通过个人账户在二级市场上买入了 B 公司的大量股票。具体来说，李某以每股 10 元的价格买入了 10 万股 B 公司的股票，总计投入 100 万元。在公司公布上市计划后，B 公司的股票价格迅速上涨，李某在股价达到每股 15 元时将所持股票全部卖出，获利 50 万元。

**二、分析过程**

1. 法律法规

根据《证券法》和其他相关规定，内幕信息的知情人或者非法获取内幕信息的人，不得利用内幕信息买卖证券，或者泄露内幕信息，或者建议他人买卖证券。违反这一规定的，将承担法律责任。

2. 影响

李某的行为严重违反了证券市场的公平原则，损害了其他投资者的利益。他利用内幕信息进行交易，获取了不正当的利益，破坏了市场的公平竞争环境。此类行为还会对公司的声誉和市场信心造成负面影响，可能导致投资者对公司的诚信度和治理能力产生怀疑。

3. 正确做法

作为公司高管，李某应该严格遵守相关法律法规，不得利用内幕信息进行交易或泄露内幕信息。他应该维护市场的公平和公正，保护投资者的利益。

如果李某知悉了内幕信息，他应该采取保密措施，确保信息不被泄露，并在公司正式公布信息后再进行相应的交易。

## 案例分析 3：未履行信息披露义务

**一、背景**

C 公司是一家正在筹备上市的初创科技企业，其核心技术人员张某持有公司 5% 股权，在公司上市前夕，张某私下将其持有的 2% 的股权以 10 元每股的价格转让给了一家外部投资机构，交易总额为 200 万元。然而，对于这一交易，公司并未按照相关法规要求进行信息披露，引发了监管机构的关注和调查。

**二、分析过程**

1. 法律法规

根据《证券法》及上市公司信息披露的相关规定，对于公司上市前的重要股权变动，尤其是高管或核心技术人员的股权转让，必须及时进行信息披露，以保障市场的透明度和投资者的知情权。

2. 影响

未履行信息披露义务可能导致投资者对公司真实情况了解不足，进而影响其投资决策。

此种行为可能引发市场猜测，对公司股价和市值产生负面影响。

监管机构可能对公司和高管个人进行处罚，损害公司声誉。

3. 正确做法

张某和C公司应在股权转让交易完成后，立即按照相关法规要求编制并发布信息披露公告，详细说明股权转让的背景、目的、交易双方、交易价格及其对公司未来可能产生的影响等信息。同时，应确保所有信息披露内容真实、准确、完整，不存在误导性陈述或重大遗漏。

### 案例分析4：恶意串通，损害他人利益

**一、背景**

C公司是一家准备上市的企业，在公司上市前夕，其高管张某和核心技术人员王某私下达成协议，张某将其持有的C公司10%的股权，以远低于市场价的价格转让给王某。具体来说，张某转让的这部分股权的市场公允价格应为1 000万元，但他们之间的转让价格仅为500万元。此交易并未经过公司董事会或股东会的批准，也未进行公开披露。

**二、分析过程**

1. 法律法规

根据《公司法》和其他相关规定，公司高管和核心技术人员在进行股权转让时，应遵循公平、公正的原则，不得损害公司、其他股东或债权人的利益。同时，重大交易应经过适当的审批和公开披露。

2. 影响

张某和王某的恶意串通行为严重损害了其他股东的利益。他们通过低价转让股权，使得王某以不公平的优势获得了公司的股权，而张某则因此获得了其他非正当利益。

这种行为还破坏了公司的治理结构，损害公司的信誉，可能对公司上市进程和股价产生负面影响。

3. 正确做法

张某和王某应遵守公司法和证券法的相关规定，进行公平、公正的股权交易。如果需要进行股权转让，应经过公司董事会或股东会的批准，并进行公开披露。同时，交易价格应基于独立第三方评估机构的价值评估，确保交易价格的公允性。

## 专题二十八：公司实际控制人及其近亲属以显著低于市场公允价值的价格增资是否属于股份支付

### 业务简介

**一、概念**

股份支付，是指企业为获取职工和其他方提供的服务而授予权益工具或者承担以权益工具为

基础确定的负债的交易。其核心特征包括以下方面。

交易主体：企业与职工或其他方。

交易目的：以获取职工或其他方提供的服务为目的。

定价关联：交易的对价或其定价与企业自身权益工具未来的价值密切相关。

**二、基本规定**

1. 交易主体分析

需明确交易双方的身份，特别是出资人是否是企业的职工或为企业提供服务的其他方。

2. 交易目的判断

考察企业低价增资是否以获取出资人的服务为目的。

3. 定价关联考量

分析交易对价或定价是否与企业自身权益工具未来的价值有密切关联。

**三、违规表现**

1. 无实质性服务对应的低价增资

行为描述：实际控制人及其近亲属以显著低于市场公允价值的价格向公司增资，但这些增资并未基于他们为公司提供的实质性服务或贡献。

目的与动机：稀释其他股东权益，增加实际控制人的持股比例，或为其亲属谋取不当利益，而非激励员工或吸引外部投资者。

后果：低价增资稀释了其他股东的权益，引发股东不满和法律纠纷；违规操作导致公司信誉受损，影响未来融资和业务发展。

2. 为亲属谋取不当利益

行为描述：实际控制人利用其在公司的控制地位，使其近亲属以低价获得公司股份，而这些近亲属并未为公司提供与所获股份价值相匹配的服务或贡献。

目的与动机：牟取公司利益。

后果：这种行为破坏了公司治理结构，导致内部腐败和不公平现象；中小股东的利益被严重稀释，可能引发集体诉讼。公司内部的信任危机和治理混乱阻碍公司的长期发展。

3. 规避税收和监管

行为描述：通过低价增资的方式规避税收和监管要求，如减少所得税、避免监管审批等。

目的与动机：减少财务成本，同时避免繁琐的监管程序和可能的监管限制。

后果：公司将面临补缴税款、缴纳罚款甚至刑事处罚等；公司的声誉因违规行为而受损，影响公司未来与其他公司的合作机会和市场地位。

## 法律法规

**一、《企业会计准则第 11 号——股份支付》**

《企业会计准则第 11 号——股份支付》第二条规定：“股份支付，是指企业为获取职工和其他方提供服务而授予权益工具或者承担以权益工具为基础确定的负债的交易。”这一规定明确了股份支付的基本定义，即企业为获取服务而进行的权益工具授予或负债承担。

**二、《监管规则适用指引——发行类第 5 号》**

该指引明确规定：“为发行人提供服务的实际控制人 / 老股东以低于股份公允价值的价格增资入股，且超过其原持股比例而获得的新增股份，应属于股份支付。”这一规定直接关联到实际控制人以低价增资的情况，并指出这种情况应视为股份支付。

**三、《首发业务若干问题解答（二）》**

该解答指出：“对于为发行人提供服务的实际控制人 / 老股东以低于股份公允价值的价格增资入股事宜，如果根据增资协议，并非所有股东均有权按各自原持股比例获得新增股份，对于实

际控制人 / 老股东超过其原持股比例而获得的新增股份，应属于股份支付。”这一规定进一步细化了实际控制人低价增资构成股份支付的条件。

## 合规程序与方法

**一、股份支付的定义与特征**

首先，明确股份支付的定义和特征。《企业会计准则第 11 号——股份支付》规定，股份支付是指企业为获取职工和其他方提供服务而授予权益工具或者承担以权益工具为基础确定的负债的交易。股份支付具有以下特征。

交易双方：企业与职工或其他方。

目的：获取职工或其他方提供的服务。

对价相关性：交易的对价或其定价与企业自身权益工具未来的价值密切相关。

**二、判断原则与步骤**

1. 判断原则

要判断公司实际控制人及其近亲属以显著低于市场公允价值的价格增资是否属于股份支付，关键在于以下方面。

出资人身份：出资人是否为企业的职工或为企业提供服务的其他方。

目的：是否为获取出资人的服务。

对价相关性：交易的对价是否与企业自身权益工具未来的价值密切相关。

2. 判断步骤

（1）确认出资人身份

分析实际控制人及其近亲属在企业中的角色，如是否为职工、是否参与企业的经营管理等。

若实际控制人仅为出资者且未参与经营管理，则其增资可能不构成股份支付。

（2）分析增资目的

考察低价增资是否旨在激励职工或其他方提供更好的服务。

若低价增资并非基于服务提供，而是基于其他非商业性原因（如家族财产分割、继承等），则可能不构成股份支付。

（3）评估对价相关性

分析增资价格是否显著低于公允价值，以及这种低价是否与企业未来权益工具的价值密切相关。

若低价增资使得出资人未来可能获得股份升值带来的好处，则符合对价相关性的特征。

**三、应遵循的合规程序与方法**

1. 合规程序

（1）内部审议

召开董事会或股东会，审议增资议案，确保增资决策程序合法合规。

对增资的合理性、必要性及价格公允性进行充分讨论和论证。

（2）信息披露

按照相关法律法规和监管要求，及时、准确、完整地披露增资信息，包括增资对象、价格、数量、目的等。

（3）会计处理

根据相关会计准则，对增资事项进行会计处理，确保会计信息的真实性和准确性。

（4）税务处理

遵循税法规定，对低价增资可能涉及的个税问题进行处理，避免税务风险。

（5）法律审查

聘请专业律师对增资事项进行法律审查，确保增资行为符合相关法律法规要求。

2. 方法

（1）评估公允价值

采用多种估值方法（如市场法、收益法、成本法等）评估股份的公允价值，确保增资价格的合理性。

（2）分析增资动机

深入调查增资动机，区分商业性动机和非商业性动机，避免将非商业性增资误判为股份支付。

（3）制定激励方案

若增资构成股份支付，应制定详细的股权激励方案，明确激励对象、条件、期限等，确保激励方案的合法性和有效性。

（4）实施监督与评估

对增资后的实施情况进行监督和评估，确保激励方案得到有效执行，并及时调整和完善激励方案。

## 案例分析 1：无实质性服务对应的低价增资

**一、背景**

众捷汽车，一家正在准备 IPO 的公司，其实际控制人孙文伟在 2021 年以显著低于市场公允价值的价格向公司增资。具体来说，孙文伟以 2 元 / 股的价格认购了新增资本 360 万股，而当时对应的公允价格为 3.95 元 / 股。这一增资行为并未基于孙文伟为公司提供的实质性服务或贡献，而是可能存在其他动机。

**二、案例具体情况**

增资价格：2 元 / 股。

公允价格：3.95 元 / 股。

增资数量：360 万股。

增资总金额：720 万元。

股份支付费用（非经常性支出）：702 万元 [（3.95 元 / 股 −2 元 / 股）×360 万股 ]。

**三、分析过程**

1. 法律法规

根据相关法规，实际控制人以显著低于市场公允价值的价格向公司增资，若未基于其为公司提供的实质性服务或贡献，可能构成利益输送或不当得利。

公允增资原则要求新增资股东的出资额应等于其占有的被投资企业的净资产份额。低价增资可能导致原股东净资产份额减少，新股东净资产份额增加，从而带有股东转让的个税风险。

2. 影响

无实质性服务对应的低价增资行为损害公司和其他股东的利益，尤其是中小股东。

无实质性服务对应的低价增资行为影响公司的财务透明度和信誉，对 IPO 进程产生负面影响。

3. 正确做法

实际控制人应按公允价值进行增资，以维护公司和其他股东的利益。

若实际控制人需要获得更多股份，应通过合法途径进行，如从其他股东处购买或通过公司正常的股权激励计划获得。

4. 正确的会计处理

若低价增资被视为股权激励，则会计处理应将公允价值与增资价格的差额确认为股份支付费用，并作为非经常性支出进行扣除。同时，应在财务报表中充分披露低价增资的相关信息，包括增资价格、公允价值、增资数量及股份支付费用等，以提高财务透明度。

## 案例分析 2：为亲属谋取不当利益

### 一、背景

侨益物流股份有限公司在 2021 年进行了一次股权转让。实际控制人之一黄一笃将其持有的 100 万股公司股票，以每股 2.8 元的价格转让给了其弟弟黄灼。而同期，公司股份的转让价格为每股 4 元。这一转让使得黄灼直接和间接持有了公司 3.93% 的股权，但他并未为公司提供与这些股份价值相匹配的服务或贡献。

### 二、案例具体情况

转让价格：每股 2.8 元，总计 280 万元。

同期市场价格：每股 4 元，总计 400 万元。

股权比例：黄灼因此次转让直接和间接持有公司 3.93% 的股权。

### 三、分析过程

1. 法律法规

根据相关法规，公司股份的转让应当遵循公平、公正的原则，且价格应当合理。实际控制人利用其控制地位使近亲属以显著低于市场公允价值的价格获得股份，对公司和其他股东不公平。

《深圳证券交易所股票发行上市审核规则》等规定要求公司交易必须公开、公平、公正，保护中小投资者的利益。

2. 影响

这种低价转让行为损害了公司和其他股东的利益，尤其是中小股东。

低价转让破坏了公司治理的透明度和公正性，引发其他股东的不满和质疑。

低价转让导致公司资本减少，影响公司的财务健康状况。

3. 正确做法

股份转让应以市场价格为基础，确保交易的公平性和合理性。

公司应完善治理结构，防止实际控制人利用其地位进行不当利益输送。

公司应建立完善的内部控制和审计机制，监督股份转让等关键交易。

4. 正确的会计处理

按照市场价格对股份进行估值，并在财务报表中准确反映。

对于任何低于市场价的转让，都应在财务报表中进行详细披露，并解释原因。

确保相关交易的会计处理符合《企业会计准则》和其他相关法规的要求。

## 案例分析 3：规避税收和监管

### 一、背景

假设存在一家非上市公司 M，原注册资本为 2 000 万元，由甲、乙两自然人各持 50% 股权。为了规避税收和简化监管审批流程，在股权转让前，甲、乙股东决定采取低价增资的策略。

### 二、案例具体情况

M 公司原注册资本：2 000 万元。

甲、乙两股东原持股比例：各 50%。

增资总额：27 000 万元，其中货币 7 500 万元、公司资产评估增值 12 500 万元（低于市场公允价值）、债务 4 400 万元、资本公积 2 600 万元。

增资后注册资本：29 000 万元。

股权转让总价款：29 100 万元。

**三、分析过程**

1. 法律法规

根据相关税法，股权转让所得应缴纳所得税。

增资行为应遵循公允原则，且出资方式需符合《公司法》等相关法律法规的规定。

2. 影响

通过低价增资（如资产评估增值低于市场公允价值），股东增加了其所持的公司股权比例，而这部分增值在股权转让时可以减少资本利得，从而降低税收。

此举导致国家税收流失。同时，这种行为也违反了公司法和证券法的相关规定，扰乱了市场秩序。

3. 正确做法

增资时应按照市场公允价值进行，确保所有出资方式合法合规。

股权转让时，应依法申报并缴纳相应的所得税。

遵守相关法律法规，不进行任何形式的财务造假或避税行为。

4. 正确的会计处理

在增资过程中，应确保所有增资资产按照市场公允价值进行计量，并在会计账簿中准确记录。

在股权转让时，应准确计算并记录股权转让收入和相应的税费。

## 专题二十九：集团内股份支付的会计处理是否符合会计准则

### 业务简介

**一、概念**

股份支付，是指企业为获取职工和其他方提供的服务而授予权益工具或承担以权益工具为基础确定的负债的交易。集团内股份支付特指这种交易发生在企业集团内部成员之间。

**二、基本规定**

1. 结算方式区分

权益结算的股份支付：结算企业以其本身权益工具结算的，或接受服务企业没有结算义务且授予本企业职工的是其本身权益工具的，应作为权益结算的股份支付处理。

现金结算的股份支付：结算企业不是以其本身权益工具结算，而是使用集团内其他企业的权益工具，或接受服务企业具有结算义务且授予本企业职工的是企业集团内其他企业权益工具的，应作为现金结算的股份支付处理。

2. 会计处理原则

授予日：对于立即可行权的股份支付，需根据权益工具的公允价值进行会计处理；对于非立即可行权的股份支付，在授予日通常不进行会计处理。

等待期：在等待期内的每个资产负债表日，企业需根据权益工具的公允价值调整相关费用（如管理费用）和资本公积（其他资本公积）。

可行权日及之后：可行权日之后，对于权益结算的股份支付，不再对已确认的成本费用和所有者权益总额进行调整；对于现金结算的股份支付，公允价值的变动应计入当期损益。

行权日：实际行权时，需根据具体结算方式进行相应的会计处理，如从银行存款中支付现金或调整资本公积等。

3. 合并报表处理

在集团合并报表层面，对于权益结算的股份支付，需抵销母公司的长期股权投资和子公司的资本公积；对于现金结算的股份支付，则需在合并报表中反映相应的负债和费用。

**三、违规表现**

1. 股份支付对象范围界定不清

行为描述：企业在进行股份支付时，未明确界定支付对象，将不符合条件的人员（如未提供实质性服务的亲属、未在企业任职的外部人员等）纳入股份支付范围。

目的与动机：维护特定关系、避免税收或简化管理等。

后果：这种行为导致会计处理不准确，虚增了股份支付费用，进而影响了财务报表的真实性和可比性。同时，这种行为违反相关法律法规，企业将面临监管处罚和投资者信任危机。

2. 激励费用分摊方式不当

行为描述：企业在分摊股份支付费用时，未按照服务期限或实际受益情况进行合理分摊，而是采用一次性确认或随意分摊的方式。

目的与动机：使短期利润最大化或简化会计处理流程。

后果：费用分摊不当会扭曲企业的利润趋势，使财务报表无法真实反映企业的经营业绩和财务状况。此外，这种行为还会引发监管机构的关注，增加企业的合规风险。

3. 无偿授予子公司少数股东股权，但未计入股份支付费用

行为描述：在集团内，母公司或实际控制人无偿向子公司少数股东授予股权，但未按照会计准则进行会计处理。

目的与动机：企业可能认为此类交易不涉及外部服务提供，因此不属于股份支付范畴，从而故意规避相关会计处理。

后果：无偿授予股权实质上是企业向特定方让渡经济利益，应当计入股份支付费用。未进行相应会计处理会导致财务报表遗漏重要信息，影响报表的真实性和完整性。此外，这种行为还会引发监管部门的质疑和调查。

## 法律法规

《企业会计准则第 11 号——股份支付》

在集团内部，股份支付的处理有其特殊性。具体如下。

结算企业以其本身权益工具结算的，应当将该股份支付交易作为权益结算的股份支付处理。

接受服务企业没有结算义务或授予本企业职工的是其本身权益工具的，同样应当将该股份支付交易作为权益结算的股份支付处理。这一规定确保了会计处理的准确性和合规性。

如果接受服务企业具有结算义务且授予本企业职工的是企业集团内其他企业权益工具的，应当将该股份支付交易作为现金结算的股份支付处理。

## 合规程序与方法

**一、会计准则依据**

集团内股份支付的会计处理主要依据《企业会计准则第 11 号——股份支付》及其应用指南。该准则明确了股份支付的定义、分类（权益结算的股份支付与现金结算的股份支付）及会计处理原则。

**二、股份支付的分类与会计处理**

1. 权益结算的股份支付

授予日：对于立即可行权的股份支付，借记“管理费用”科目，贷记“资本公积——股本溢价”科目（按授予日权益工具的公允价值计量）；对于非立即可行权的股份支付，在授予日通常

不进行会计处理。

等待期内：在每个资产负债表日，根据可行权权益工具数量的最佳估计数，借记“管理费用”科目，贷记“资本公积——其他资本公积”科目（以授予日公允价值为基础计量）。

可行权日之后：不再对已确认的成本费用和所有者权益总额进行调整。

行权日：借记“银行存款”科目，贷记“资本公积——其他资本公积”科目（等待期内的）和“资本公积——股本溢价”科目。

2. 现金结算的股份支付

授予日：对于立即可行权的股份支付，贷记“应付职工薪酬”科目（按授予日企业承担负债的公允价值计量）；对于非立即可行权的股份支付，在授予日不进行会计处理。

等待期内：在每个资产负债表日，借记“管理费用”科目，贷记“应付职工薪酬”科目（以每个资产负债表日公允价值为基础计量）。

可行权日之后：公允价值的变动计入当期损益（公允价值变动损益），支付时借记“应付职工薪酬”科目，贷记“银行存款”科目。

**三、合规程序与步骤**

1. 识别股份支付交易

明确交易是否属于股份支付范畴，包括权益结算的股份支付和现金结算的股份支付两种类型。

2. 确定计量基础

对于权益结算的股份支付，以授予日权益工具的公允价值计量；对于现金结算的股份支付，以结算日的公允价值计量。

3. 进行会计处理

按照上述分类和会计处理原则，在授予日、等待期内、可行权日及行权日进行相应的账务处理。

4. 信息披露

在财务报表中充分披露股份支付的相关信息，包括股份支付计划的实施情况、权益工具的公允价值、计入成本费用的金额等。

## 案例分析 1：股份支付对象范围界定不清

**一、背景**

XX 集团是一家大型综合性企业，近年来为了激励员工和吸引外部投资，决定实施一项股份支付计划。然而，在实施过程中，集团高层未能明确界定支付对象，将一些不符合条件的人员，如高管的亲属以及未在企业任职的外部人员也纳入了股份支付的范围。

**二、案例具体情况**

股份支付总额：1 亿元人民币。

符合条件的员工人数：500 人。

不符合条件的人员（亲属及外部人员）数：50 人。

平均每人获得的股份支付金额：约 18.18 万元人民币（1 亿元 /550 人）。

**三、分析过程**

1. 法律法规

股份支付应当针对为公司提供实质性服务的员工或合作伙伴。

不应将未提供实质性服务的人员纳入股份支付范围，以避免利益输送和违规操作。

2. 影响

将不符合条件的人员纳入股份支付范围，会导致公司资产的不当分配，损害公司和员工的利益。

此举会引发内部不公和员工不满，影响公司内部的稳定和团队合作。

公司将面临法律处罚和声誉损失。

3. 正确做法

在实施股份支付计划前，公司应明确界定支付对象，确保只有为公司提供实质性服务的人员才能参与。

建立严格的审核机制，对参与股份支付的人员进行资格审查。

及时公开和透明地沟通股份支付计划的细节，以减少内部误解和不满。

4. 正确的会计处理

对于符合条件的员工，按照其提供的服务和贡献，合理分配股份支付金额。

对于不符合条件的人员，应从股份支付计划中剔除，并追回已支付的股份或等价值资金。

在财务报表中准确反映股份支付的相关费用和受益人情况，确保会计信息的真实性和准确性。

## 案例分析 2：激励费用分摊方式不当

**一、背景**

假设 B 集团是一家多元化的企业，为了吸引和留住关键人才，实施了一项股权激励计划。然而，在执行过程中，B 集团未严格按照服务期限或实际受益情况来分摊股份支付费用，而是采用了一次性确认或随意分摊的方式。

**二、案例具体情况**

股权激励计划总费用：1 000 万元。

激励人数：20 人。

服务期限：5 年。

一次性确认的股份支付费用：800 万元（第一年）。

随意分摊的股份支付费用：剩余 200 万元在接下来的 4 年内随意分摊。

**三、分析过程**

1. 法律法规

根据相关会计准则，股份支付费用应当根据服务期限或实际受益情况进行合理分摊。

一次性确认或随意分摊的方式不符合会计准则的要求，会导致财务报表失真。

2. 影响

一次性确认 800 万元的股份支付费用，导致第一年费用过高，影响当年利润表现。

剩余 200 万元随意分摊，无法真实反映各期受益情况和费用负担情况。

这种处理方式会误导投资者，影响市场对公司真实财务状况的判断。

3. 正确做法

公司应严格按照服务期限（5 年）对 1 000 万元的股份支付费用进行平均分摊，每年分摊 200 万元。

确保费用分摊与激励对象的服务期限和实际受益情况相匹配。

4. 正确的会计处理

在每个资产负债表日，根据激励对象的服务进度和受益情况，确认当期应分摊的股份支付费用。

在财务报表中清晰披露股份支付费用的分摊方法和依据，以及各期分摊的金额。

确保会计处理符合相关会计准则和法规要求，提高财务信息的透明度和可比性。

## 案例分析 3：无偿授予子公司少数股东股权，但未计入股份支付费用

**一、背景**

假设存在一个集团公司——XYZ 集团，其中母公司为 XYZ 控股。为了激励子公司 ABC 公司的少数股东，XYZ 控股决定无偿向其授予 ABC 公司的股权。然而，在会计处理上，XYZ 控股并未按照会计准则进行处理，而是简单地将这些股权支付作为资产转移进行处理。

**二、案例具体情况**

XYZ 控股持有 ABC 公司 80% 的股权。

少数股东原先持有 ABC 公司 20% 的股权。

XYZ 控股决定向少数股东无偿授予 ABC 公司 5% 的股权。

授予日，ABC 公司 5% 股权的公允价值为 1 000 万元。

**三、分析过程**

1. 法律法规

根据《企业会计准则解释第 4 号》及证监会的相关规定，当母公司或实际控制人向子公司的少数股东授予股权时，应当按照股份支付准则进行会计处理。这意味着需要将该交易视为权益结算的股份支付，并按照授予日权益工具的公允价值进行计量。

2. 影响

未按照会计准则处理会导致财务报表失真，不能真实反映公司的财务状况和经营成果。

此举会误导投资者和其他利益相关者，使他们无法准确评估公司的真实价值和风险。

此举违反相关法律法规，公司将面临监管处罚。

3. 正确做法

XYZ 控股应当按照会计准则，将无偿授予少数股东的股权视为权益结算的股份支付。

在会计处理上，应当确认相应的长期股权投资和资本公积，以反映这一交易的经济实质。

4. 正确的会计处理

在 XYZ 控股的财务报表中，应当增加一项长期股权投资的支出，金额为 1 000 万元（即授予日 ABC 公司 5% 股权的公允价值）。同时，应当增加资本公积 1 000 万元。

在合并财务报表层面，还需要考虑少数股东损益的调整，以反映少数股东因获得额外股权而产生的权益变动。

# 第六章
# 会计差错调整合规

## 专题三十：会计差错调整的性质和金额等信息披露是否准确

### 业务简介

**一、概念**

会计差错调整，是指企业在会计核算过程中，由于计量、确认、记录等方面出现的错误而进行的纠正行为。这些错误可能涉及会计政策的使用、会计估计的准确性，以及其他在确认、计量、记录过程中的操作失误。会计差错若不及时、正确地更正，不仅会影响会计信息的可靠性，还可能误导投资者、债权人和其他信息使用者，使其做出错误的决策或判断。

**二、基本规定**

1. 会计差错分类

会计政策使用上的差错：企业可能在实际执行过程中，采用了会计准则等规定所不允许的原则和方法。

会计估计上的差错：由于经济业务中不确定性因素的影响，企业在进行会计核算时经常需要做出估计，但估计可能因各种原因存在错误。

其他差错：如错记借贷方向、错记账户、遗漏交易或事项、对事实的忽视和误用等。

2. 差错重要性判断

重大会计差错：足以影响会计报表使用者对企业财务状况、经营成果和现金流量做出正确判断的会计差错。

非重大会计差错：不足以影响会计报表使用者对企业财务状况、经营成果和现金流量做出正确判断的会计差错。

3. 差错更正方法

（1）技术方法

划线更正法：适用于账簿记录错误且未登记入账的情况。

红字更正法：适用于已登记入账的记账凭证填写错误的情况，用红字填写一张与原内容相同的记账凭证，并用蓝字重新填制一张正确的记账凭证。

蓝字更正法：适用于会计科目无误，只是金额错误的情况，另编一张调整的记账凭证，调增金额用蓝字，调减金额用红字。

综合调整法：对某错误同时使用红、蓝字进行更正。

（2）是否追溯的方法

追溯调整法：发现前期差错时，视同该项前期差错从未发生过，从而对财务报表相关项目进行更正。

未来适用法：不追溯而视同当期差错一样更正。

4. 差错更正处理原则

（1）发现的当期会计差错

对于当期发生的会计差错，应当调整当期相关项目。

（2）发现以前期间的会计差错

非重大会计差错：如影响损益，应直接计入发现当期净收益，其他相关项目也应一并调整；如不影响损益，应调整发现当期相关项目。

重大会计差错：如影响损益，应根据其对损益的影响数调整发现当期的期初留存收益，会计报表其他相关项目的期初数也应一并调整；如不影响损益，应调整会计报表相关项目的期初数。

5. 信息披露要求

企业除了按上述规定进行会计处理外，还应在会计报表附注中披露以下内容。

重大会计差错的内容：包括重大会计差错的事项、发生原因和更正方法。

重大会计差错的更正金额：包括重大会计差错对净损益的影响金额以及对其他项目的影响金额。

**三、违规表现**

1. 故意隐瞒重大会计差错

行为描述：企业发现重大会计差错后，不按规定在财务报表中披露，而是选择隐瞒或延迟披露。

目的与动机：企业可能出于避免股价波动、维持市场形象、满足特定财务指标要求（如避免退市、满足融资条件等）的考虑，故意隐瞒重大会计差错。

后果：这种行为严重损害了会计信息的真实性和可靠性，误导投资者和债权人做出错误的决策。企业将面临罚款、市场信誉受损、股价大幅下跌等严重后果，甚至可能引发法律诉讼。

2. 虚假更正会计差错

行为描述：企业在更正会计差错时，故意采用虚假的数据或方法，使更正后的会计信息仍然失真。

目的与动机：与隐瞒差错类似，企业可能出于掩盖真实的财务状况、粉饰业绩或达到特定目的的考虑而虚假更正差错。

后果：虚假更正同样破坏了会计信息的真实性和可靠性，误导利益相关者。长期来看，这种行为会严重损害企业的市场声誉和信誉，导致投资者信心丧失，进而影响企业的融资能力和市场价值。

3. 不充分披露会计差错影响

行为描述：企业在披露会计差错时，未充分说明会计差错对财务状况、经营成果和现金流量的影响，或者披露的信息模糊不清、难以理解。

目的与动机：希望通过模糊披露来减轻会计差错对市场的冲击，或者避免引起监管机构的关注。

后果：不充分披露导致投资者和债权人无法全面了解会计差错的影响，难以做出准确的决策。这不仅损害了利益相关者的权益，还可能引发市场的不信任情绪，对企业的长期发展产生不利影响。

4. 滥用会计政策和会计估计变更

行为描述：企业滥用会计政策和会计估计变更来掩饰或调整会计差错，如随意提取资产减值准备、随意变更所选会计政策等。

目的与动机：调节利润、满足特定财务指标要求或避免监管处罚。

后果：滥用会计政策和会计估计变更不仅违反了会计准则和其他相关法规，还严重破坏了会计信息的可比性和一致性。这种行为会误导投资者和债权人，损害市场信心，并引发监管机构的调查和处罚。

## 法律法规

《企业会计准则第 28 号——会计政策、会计估计变更和差错更正》相关规定如下。

企业应当在附注中披露与前期差错更正相关的信息，这包括前期差错的性质以及各个列报前期财务报表中受影响的项目名称和更正金额。这一规定确保了投资者和其他利益相关方能够充分了解会计差错的具体情况和更正的影响。

## 合规程序与方法

1. 识别差错

内部审核：通过定期或不定期的内部审计，识别会计处理中的潜在错误或遗漏。

外部审计：利用注册会计师的外部审计服务，发现财务报表中的错误。

员工反馈：鼓励员工报告发现的会计错误，建立举报机制。

2. 评估差错影响

量化分析：确定差错对财务报表的具体影响，包括对资产、负债、所有者权益、收入和费用等的影响。

风险评估：评估差错对财务状况、经营成果和现金流量的潜在影响，以及可能带来的法律、监管和声誉风险。

3. 制定调整方案

编制调整分录：根据差错性质和影响，编制相应的会计调整分录。

审批流程：调整方案需经财务、法务及管理层审批，确保调整的合理性和合规性。

4. 实施调整

更正会计记录：在财务系统中调整相关会计分录，更新账簿和报表。

信息披露：在财务报表附注中详细披露差错性质、金额、影响期间及更正方法。

5. 监控与评估

后续审计：对调整后的财务报表进行审计，确保调整的有效性和准确性。

内部控制改进：分析差错原因，改进内部控制流程，预防类似错误的发生。

## 案例分析 1：故意隐瞒重大会计差错

**一、背景**

某上市公司因未及时披露公司重大事件等违规行为被证监会关注。该公司在发现会计差错后，未按规定在财务报表中进行及时和准确的披露。

**二、案例具体情况**

会计差错涉及的时间段：2019 年度至 2021 年度，以及 2022 年第一季度至第三季度。

涉及的长期股权投资及投资收益的会计差错更正金额未具体披露，但影响到了财务报表的准确性。

2022 年年报中，由于会计差错导致的利润少计金额为 284.64 万元。

**三、分析过程**

1. 法律法规

根据相关证券法规和会计准则，企业发现重大会计差错后，应立即进行更正，并在财务报表中进行披露。及时、准确、完整地披露财务信息是上市公司的法定义务，有助于维护市场的公平、公正和透明。

2. 影响

隐瞒或延迟披露重大会计差错会误导投资者，影响他们的投资决策。这种行为会损害市场的公信力，破坏资本市场的诚信体系。这种行为会导致公司面临法律风险和声誉风险，进而影响其市值和融资能力。

3. 正确做法

发现会计差错后，应立即组织专业人员进行核查，并评估差错的影响。

根据核查结果，及时编制更正后的财务报表，并公开披露。如果差错涉及前期财务报表，还应进行追溯调整，以反映真实的财务状况和经营成果。

4. 正确的会计处理

对发现的会计差错进行更正，包括调整相关账户余额和更正财务报表。

如果差错影响到了以前年度的财务报表，应通过“以前年度损益调整”科目进行调整。

在财务报表附注中详细披露会计差错的形成原因、影响及更正情况，以提高财务报表的透明度和可信度。

## 案例分析 2：虚假更正会计差错

### 一、背景

上市公司 B 在最近一次内部审计中发现前一年度的财务报表存在会计差错。为了掩盖真实的财务状况，公司管理层决定在更正这些差错时故意采用虚假的数据和方法。

### 二、案例具体情况

原始错误数据：原始报表中，B 公司将一项本应为费用的支出 1 000 万元错误地计入了资产。

更正时采用虚假数据：在更正时，B 公司未将 1 000 万元全数调为费用，而是仅调整了 500 万元，故意留下 500 万元的差错未更正。

### 三、分析过程

1. 法律法规

根据会计准则和证券法规定，企业更正会计差错时必须使用真实、准确的数据和方法，确保更正后的会计信息真实可靠。

任何故意采用虚假数据或方法更正会计差错的行为都是违法的，且严重损害了投资者的利益和市场的公平性。

2. 影响

故意采用虚假数据更正会计差错会导致财务报表继续失真，误导投资者和债权人，使他们基于错误的信息做出决策。

这种行为会损害公司的声誉和信誉，影响其在市场上的地位。

这种行为会导致公司面临法律诉讼和监管处罚，给公司带来巨大的经济损失。

3. 正确做法

在发现会计差错后，公司应立即组织专业团队进行核查，确保找出所有差错并准确评估其影响。

更正会计差错时，应严格遵守会计准则和相关法规，使用真实、准确的数据和方法进行更正。

更正完成后，应及时向公众披露更正后的财务报表，并解释差错的原因和更正的过程。

4. 正确的会计处理

对于发现的会计差错，应按照会计准则的要求进行更正。在本例中，应将错误计入的 1 000 万元全额调为费用。

调整完成后，应重新编制财务报表，确保所有数据和指标都真实、准确。

在财务报表附注中详细披露差错的原因、更正的过程以及更正对财务报表的影响。

## 案例分析 3：不充分披露会计差错影响

### 一、背景

XX 公司是一家在 A 股市场上市的公司，近期在内部审计中发现了一起会计差错，涉及收入确认时点的错误。然而，在随后的财报披露中，该公司对会计差错的描述含糊不清，未详细阐述差错对财务状况、经营成果和现金流量的具体影响。

### 二、案例具体情况

差错涉及的收入金额：约为人民币 5 000 万元。

差错导致的净利润虚增金额：约为人民币 1 000 万元。

现金流量表中，由于差错导致的经营现金流量虚增金额：约为人民币 800 万元。

### 三、分析过程

1. 法律法规

根据相关会计准则和证券法规，公司在发现会计差错后，应当在财务报表中进行充分披露，说明差错对财务状况、经营成果和现金流量的影响。

披露的信息应当清晰、准确、易于理解，以便投资者和其他财务报告使用者能够正确评估公司的财务状况和经营绩效。

2. 影响

含糊不清的披露会导致投资者对公司财务状况的真实情况不了解，进而影响其投资决策。

缺乏详细信息的差错披露掩盖了公司实际的财务问题，损害了市场的公平性和透明度。

投资者因此遭受经济损失，同时公司的声誉和信誉也会受到负面影响。

3. 正确做法

公司在发现会计差错后，应立即组织专业团队对差错进行详细分析，并准确评估其对财务状况、经营成果和现金流量的具体影响。

在财报中，公司应提供清晰的解释和量化的数据，说明差错导致的各项财务指标的变化情况。

同时，公司还应披露导致差错的原因、已经采取或计划采取的纠正措施，以增强投资者对公司的信心。

4. 正确的会计处理

对会计差错进行追溯调整，更正相关的财务报表数据，包括资产负债表、利润表和现金流量表等。

在财务报表附注中详细披露差错的影响，包括对净利润、资产总额、负债总额以及现金流量的具体影响数额和比例。

如果差错涉及多个期间，应分别披露差错对各个期间的影响情况，以便投资者全面了解差错的影响。

## 案例分析 4：滥用会计政策和会计估计变更

### 一、背景

上市公司 B 在业绩压力增加和市场竞争日益激烈的情况下，为了维持其股价和市场形象，滥用会计政策和会计估计变更来掩饰或调整会计差错。

### 二、案例具体情况

在某一年度，公司 B 突然改变了其存货计价方法，由原先的先进先出法变更为加权平均法，导致当年报告的存货成本降低了约 2 000 万元。

同时，公司 B 对其固定资产折旧的估计进行了变更，延长了某些资产的使用寿命，从而减少了当年的折旧费用，约 1 500 万元。

由于这些变更，公司 B 当年报告的净利润增加了约 3 500 万元，比上一年度同比增长了超过 50%。

**三、分析过程**

1. 法律法规

企业应遵循一贯性原则，在相同的交易或事项中应采用相同的会计政策，不得随意变更，以保持会计信息的可比性和一致性。

会计估计的变更应当基于合理的商业理由和充分的证据，而非出于操纵利润的目的。

2. 影响

通过滥用会计政策和会计估计变更，公司 B 成功地提高了其报告的净利润，但这并不反映其真实的经营成果。

这种行为误导了投资者和债权人，使他们基于不真实的信息做出决策。

这种行为损害了公司的声誉和信誉，甚至会引发法律风险和监管处罚。

3. 正确做法

公司应坚持使用一贯的会计政策和会计估计，除非有充分的理由和证据支持变更。

任何会计政策和会计估计的变更都应经过严格的内部审批程序，并及时向投资者和监管机构披露。

公司应建立有效的内部控制机制，防止管理层滥用会计政策和会计估计变更来操纵利润。

4. 正确的会计处理

对于会计政策的变更，如果符合相关法规且有必要变更，应采用追溯调整法进行处理，并在财务报表附注中进行充分披露。

对于会计估计的变更，应基于合理的商业理由和充分的证据支持进行调整，并在财务报表中进行透明化的处理。

无论何种变更，都应确保财务报表的真实性、准确性和完整性，以维护投资者的利益和市场的公平性。

## 专题三十一：会计差错更正金额及比例是否影响企业融资成本

### 业务简介

**一、概念**

会计差错更正，是指对企业在会计核算过程中出现的错误进行纠正的过程，这些错误可能发生在计量、确认、记录、列报等环节。会计差错更正金额及比例的大小直接反映了企业财务信息的质量，进而影响投资者和债权人的决策。

**二、基本规定**

会计差错更正对企业融资的影响如下。

1. 企业的融资环境

会计差错，尤其是重大会计差错，如果不及时、正确地更正，将直接影响会计信息的可靠性。投资者和债权人在做出投资决策时，主要依赖企业披露的财务信息。如果这些信息不可靠，将误导投资者和债权人的决策，进而影响企业的融资环境。

2. 增加融资成本

会计差错更正，尤其是涉及重大金额的差错更正，可能引发投资者对企业财务健康状况和管理层诚信度的质疑。这可能导致投资者信心下降，减少对企业的投资，从而提高企业的融资成本。同时，债权人也可能要求更高的风险溢价，以应对潜在的违约风险。

3. 加大融资难度

当企业披露会计差错更正公告时，市场往往会产生负面反应。投资者会重新评估企业的价值，并可能调整其投资组合。这种市场反应可能导致企业股价下跌，增加企业的融资成本。此外，融资市场的整体环境也可能因此变得更加恶劣，进一步加大企业的融资难度。

4. 增加合规成本

会计差错更正还可能引发监管机构的关注。如果差错是由于企业故意违反会计准则或法规造成的，企业将面临罚款等法律后果。此外，为了符合监管要求，企业可能需要聘请外部审计机构进行专项审计，这将增加企业的合规成本。

**三、违规表现**

1. 虚增或虚减利润

行为描述：企业通过调整会计差错更正金额，故意虚增或虚减当期利润，以美化财务报表，误导投资者和债权人。

目的与动机：维持或提升市场形象，吸引更多投资者和降低融资成本。

后果：这种行为严重扭曲了企业的真实财务状况和经营成果，误导了市场参与者的决策，导致资源错配和信任危机。企业将面临严重的后果，包括罚款、市场惩罚和信誉损失。

2. 不当利用会计估计

行为描述：企业在会计估计过程中故意偏离实际情况，对会计差错进行不合理的更正，以达到调节利润的目的。例如，随意调整坏账准备计提比例、存货跌价准备等。

目的与动机：通过不当利用会计估计，企业在一定程度上自主调节利润水平，以符合特定的融资需求或市场预期。

后果：不当利用会计估计会破坏会计信息的客观性和真实性，误导投资者和债权人的决策。这种行为会损害企业的信誉和市场地位，并引发监管机构的调查和处罚。

3. 关联方交易的非正常调整

行为描述：企业通过与关联方进行非正常的交易安排，对会计差错进行不合理的更正，以转移利润或掩盖真实财务状况。

目的与动机：通过关联方交易的非正常调整，企业在不直接影响外部融资条件的情况下，间接调节利润水平，以维持或提升市场形象。

后果：这种行为不仅违反了会计准则和其他法规，还损害了市场公平性和透明度。企业将面临市场惩罚，包括股价下跌、信誉损失和投资者信任危机。

## 法律法规

《企业会计准则》第 42 号中明确规定了对于发生在上一财务年度之前的会计差错，如何根据成本效益原则来决定是否进行全额或部分更正。

## 合规程序与方法

**一、进行会计差错更正的合规程序与方法**

1. 识别与评估会计差错

识别差错：通过内部审计、外部审计或自查等方式，及时发现会计差错。

评估影响：分析差错对企业财务状况、经营成果和现金流量的影响程度，确定差错的重要性和更正方式。

2. 制定更正方案

遵守法律法规：依据相关法律法规，制定合规的更正方案。

明确更正方法：根据差错类型（如金额错误、科目错误等），选择适当的更正方法（如划线更正法、红字更正法等）。

3. 实施更正并披露

更正账务处理：按照更正方案调整会计账簿和财务报表。

披露信息：在财务报表附注中详细披露会计差错更正的性质、原因、影响金额及更正后的财务状况。对于重要的前期差错，还需采用追溯调整法进行更正，并在相关年度财务报表中重新表述。

4. 审核与批准

内部审核：由内部审计部门或财务部门对更正后的财务报表进行审核，确保更正无误。

外部审计：聘请注册会计师对财务报表进行审计，并出具审计报告。

董事会批准：将更正后的财务报表提交董事会审议批准，并对外公告。

**二、影响融资成本的因素**

1. 市场环境

市场环境的变化可能影响投资者对企业会计差错更正的敏感度，进而影响融资成本。

2. 监管政策

监管政策的松紧程度直接影响企业会计差错更正的合规性和融资成本。

3. 企业信用状况

企业的信用状况越好，投资者和债权人对会计差错更正的容忍度越高，融资成本相对较低。

4. 投资者关系管理

企业通过积极与投资者沟通，解释会计差错更正的原因和影响，有助于消除投资者疑虑，降低融资成本。

## 案例分析 1：虚增或虚减利润

**一、背景**

恒邦股份在之前的定期报告中存在差错。具体来说，公司与恒邦集团等关联方之间的部分票据往来事项未按规定及时进行会计确认和计量。这导致财务报告中的资产和负债数据不准确。

**二、案例具体情况**

2020 年年度报告、2021 年半年度报告、2021 年年度报告、2022 年半年度报告中的资产和负债分别被调增了 21 000 万元、26 200 万元、70 310 万元和 45 500 万元。

**三、分析过程**

1. 法律法规

根据相关会计准则和其他法规，企业应当按照规定的会计准则进行会计确认、计量和报告，确保财务报告的真实、准确、完整。企业不得通过调整会计差错更正金额来故意虚增或虚减当期利润，以美化财务报表。

2. 影响

恒邦股份未按规定进行会计确认和计量的行为，导致了其财务报告中的资产和负债数据虚增，从而误导了投资者和债权人对企业真实财务状况的判断。

3. 正确做法

企业应及时发现并更正会计差错，确保财务报告的准确性。同时，应加强对财务报告的内部控制和审计，防止类似差错的再次发生。

4. 正确的会计处理

对于发现的会计差错，企业应按照相关会计准则进行更正。具体更正方法包括划线更正法、红字更正法、补充登记法等。

在本案例中，恒邦股份在发现差错后，应通过编制调整分录，对之前年度的财务报告进行追溯调整，以反映真实的财务状况和经营成果。

同时，企业还应在财务报表附注中对会计差错及其更正情况进行详细披露，以便投资者和债权人了解相关情况。

## 案例分析 2：不当利用会计估计

**一、背景**

Z 公司是一家大型设备制造公司，为了美化财务报表，提高市场估值，以及满足再融资的净资产收益率要求，公司在会计估计过程中故意偏离实际情况，对会计差错进行了不合理的更正。

**二、案例具体情况**

1. 背景数据

2018 年情况：Z 公司原采用定额成本法计算产品成本，导致当年少转销售成本 1 200 万元。

2019 年更正：公司决定改用实际成本法，并通过追溯调整法，对 2008 年度的财务报表进行了更正，调增了 2008 年度销售成本 1 200 万元。

2. 更正后的财务数据对比

2018 年（更正前）：假设营业利润为 $X$ 万元，未调整前销售成本较低，导致利润偏高。

2018 年（更正后）：调增销售成本 1 200 万元，营业利润减少至（$X$−1 200）万元。

2019 年数据：公司当年收入 6 000 万元，成本 5 400 万元，营业利润 600 万元。若不进行上述调整，由于期初存货金额的影响，2009 年的营业利润可能为负数。

**三、案例分析**

1. 法律法规

根据《企业会计准则第 28 号——会计政策、会计估计变更和差错更正》，企业应当采用追溯调整法更正重要的前期差错，除非确定前期差错累积影响数不切实可行。此外，会计估计应当基于合理、无偏见的假设，并充分披露估计的不确定性。

2. 影响

误导投资者：通过不合理的会计差错更正，Z 公司虚增了 2009 年的利润，误导了投资者对公司的真实财务状况的判断。

影响再融资资格：通过操纵利润，Z 公司可能满足了再融资的净资产收益率要求，但损害了资本市场的公平性。

3. 正确做法

如实反映财务状况：公司应按照实际发生的经济业务进行会计核算，不得故意偏离实际情况进行会计估计。

合规调整：对于发现的会计差错，应根据实际情况进行合理调整，并在财务报表附注中充分披露。

4. 正确的会计处理

如果 Z 公司在 2008 年确实少计了销售成本，正确的会计处理应该是在发现差错时，采用追溯调整法进行调整。

调整 2008 年财务报表：增加销售成本 1 200 万元，相应减少当年利润。

调整相关项目：调整包括“存货”“未分配利润”等项目的 2019 年的期初余额。

披露信息：在 2009 年及以后的财务报表附注中，详细披露此次会计差错更正的内容、原因及影响金额。

## 案例分析 3：关联方交易的非正常调整

**一、背景**

康美药业是一家知名制药企业，曾因其庞大的规模和稳定的业绩增长而受到市场关注。然而，在 2018 年，公司发布了年度业绩报告，随后又宣布该报告存在巨额会计“错误”，这一事件迅速引起了市场的广泛关注和监管机构的介入。

**二、案例具体情况**

原始报告数据：康美药业 2018 年年度报告显示，公司收入达到 193.56 亿元，同比增长 10.11%，但净利润仅为 11.35 亿元，同比下降 47.20%。

更正后的数据：公司随后宣布存在 299 亿元的会计“错误”，经调整后，2017 年的每股收益从 0.78 元降至 0.39 元，显示出公司业绩的显著下滑。

账实不符情况：截至 2018 年，康美药业存在收入、成本、费用等 14 处账实不符的情况，这些差异显著影响了公司的财务报表的真实性。

**三、案例分析**

1. 法律法规

根据《企业会计准则第 36 号——关联方披露》，企业应当披露所有关联方关系及其交易，确保投资者能够充分了解公司的真实财务状况。

2. 影响

误导投资者：康美药业通过虚假的会计数据和未充分披露的关联交易，误导了投资者对公司的真实业绩和财务状况的判断。

市场信任危机：事件曝光后，公司股价大幅下跌，投资者信心严重受挫，市场对公司及整个行业的信任度降低。

3. 正确做法

及时更正会计差错：公司一旦发现会计差错，应立即按照《公开发行证券的公司信息披露编报规则第 19 号——财务信息的更正及相关披露》等规定，及时更正并披露相关信息。

充分披露关联交易：对于所有关联方关系及其交易，公司应当全面、准确、及时地披露，确保投资者能够充分了解公司的真实情况。

加强内部控制：公司应建立健全的内部控制制度，加强对关联交易的监督和审计，防止类似事件再次发生。

4. 正确的会计处理

调整会计记录：对于账实不符的情况，公司应当追溯调整相关会计记录，确保财务报表的准确性。

确认和计量关联交易：对于关联交易，公司应当按照公允价值计量原则进行确认和计量，确保交易的公允性和合理性。

充分披露：在财务报表附注中详细披露关联方关系及关联交易的性质、金额、定价依据等关键信息，提高公司信息的透明度。

# 专题三十二：差错更正的相关资料是否完整准确

## 业务简介

**一、概念**

差错更正，是指企业在会计核算过程中，对在确认、计量、记录等方面出现的错误进行的纠正。这些错误可能涉及会计政策的选择、会计估计的准确性，以及其他在确认、计量、记录过程中的操作失误。为了确保差错更正的准确性和合规性，必须保证相关资料的完整性和准确性。

**二、基本规定**

1. 差错更正的流程

差错更正的流程通常包括以下几个步骤。

发现差错：会计人员通过日常检查或审计等方式发现会计差错。

确认差错：对发现的差错进行确认，包括差错的性质、产生原因、影响范围等。

编制更正凭证：根据差错的类型和重要性，编制相应的更正凭证。更正凭证应详细记录差错的产生原因、更正方法、更正金额等信息。

审核与审批：更正凭证需经过相关部门或人员的审核与审批，确保更正过程的合规性和准确性。

更正记录：在账簿和财务报表中记录相应的更正情况，以反映差错更正的结果。

2. 相关凭证、资料的完整性要求

原始凭证：原始凭证是经济业务发生的最初书面证明，是编制记账凭证的依据。在差错更正过程中，应保留与差错相关的原始凭证，以便核实差错的真实性和准确性。

记账凭证：记账凭证是会计人员根据审核无误的原始凭证填制的，用于记录经济业务、明确经济责任，按一定格式编制的据以登记会计账簿的书面证明。在更正差错时，应编制专门的更正记账凭证，详细记录更正差错的过程和结果。

更正记录：在账簿和财务报表中记录更正情况时，应确保记录的完整性和准确性。更正记录应包括更正日期、更正原因、更正方法、更正金额等信息，以便后续审计和核查。

审批文件：更正凭证和相关资料需经过相关部门或人员的审批。审批文件应详细记录审批过程、审批意见和审批结果，以确保更正过程的合规性。

3. 准确性要求

数据准确性：在更正差错的过程中，应确保所有数据的准确性。更正金额应与原始差错金额相符，更正后的数据应与实际情况一致。

方法正确性：根据差错的类型和重要性选择合适的更正方法。例如，对于账簿记录错误但未登记入账的情况可采用划线更正法；对于已登记入账的记账凭证错误可采用红字更正法或补充登记法等。

信息披露充分性：在财务报表附注中充分披露差错更正的信息，包括差错的内容、产生原因、更正方法、更正金额以及对财务状况和经营成果的影响等。

**三、违规表现**

1. 原始凭证失真或不全

行为描述：原始凭证填写不完整、不规范，甚至伪造原始凭证，使非法收支变得合法化。例如，费用报销单上缺少经手人、证明人、审批人签字，或者借款凭证中仅有部分资金有银行转账单支持，其余为无原始凭证的现金借款。

目的与动机：逃避税收、粉饰财务报表或掩盖非法交易。

后果：此举导致会计信息失真，影响投资者、债权人等利益相关者的决策，同时导致企业面临监管部门的处罚，包括罚款、警告甚至刑事处罚。

2. 缺乏书面记录和审批

行为描述：在进行会计差错更正时，未进行书面记录或未经主管部门审批确认，导致更正过程缺乏透明度和合规性。

目的与动机：简化流程、避免麻烦或隐瞒问题。

后果：此举使得更正过程缺乏可追溯性和可验证性，一旦出现问题难以追责，同时也增加了风险。

## 法律法规

**一、《会计法》**

根据《会计法》的相关规定，企业必须保证会计凭证、会计账簿、财务会计报告和其他会计资料的真实性、完整性。这意味着在进行差错更正时，相关的资料也必须保持真实性和完整性。

**二、《会计基础工作规范》**

《会计基础工作规范》对会计凭证的填制、取得、审核、更正等方面做出了详细规定。在差错更正方面，该规范明确了更正的技术方法，如划线更正法、红字更正法等，并要求更正后的凭证必须清晰可辨，能够准确反映更正的内容和原因。这些规定确保了差错更正过程中相关凭证的准确性和完整性。

## 合规程序与方法

1. 差错识别

内容：建立定期及不定期的财务审核机制，如月度、季度或年度审计，以及随机抽查，以识别潜在的会计差错。

方法：利用财务软件的自动检查功能、对比历史数据、分析财务比率异常等方法来识别差错。

步骤：首先，明确审核范围；其次，执行具体的审核程序；最后，记录发现的差错。

2. 差错分析

内容：对识别的差错进行深入分析，确定差错的性质、产生原因、影响范围及金额大小。

方法：复核原始凭证、核对账目、询问相关人员等。

步骤：评估差错的影响，确定是否需要调整账目，并初步规划更正方案。

3. 差错更正凭证与资料的准备

内容：确保所有更正均基于充分、准确的证据，如调整分录的原始依据、审批文件、说明文件等。

做法：编制差错更正说明，明确更正原因、影响科目、调整金额及依据；准备或重新获取必要的原始凭证。

步骤：编制差错更正申请，详细说明差错情况、更正方案及影响；提交给相关部门或人员审批，确保符合企业内部控制流程；审批通过后，编制正式的会计分录或调整凭证，并附上所有必要的支持文件。

4. 执行更正

内容：按照审批后的方案，在会计系统中进行相应的调整。

方法：直接修改错误的数据或录入调整分录，确保调整后的数据准确无误。

步骤：执行调整，并在相关账簿、报表中反映更正后的数据。

5. 复核与确认

内容：更正后，进行内部复核，确保更正无误且符合会计准则。

方法：重新检查调整后的账目、报表，与原始数据进行比对。

后续：确认更正无误后，更新相关文档和记录。

6. 影响因素

内部因素：包括企业内部控制制度的健全性、会计人员的专业素养和责任心、信息系统的稳定性等。

外部因素：如会计准则的变更、监管要求的调整、审计机构的意见等。

## 案例分析 1：原始凭证失真或不全

### 一、背景

某企业在日常财务审核中发现，一笔医疗救治费用的原始凭证存在问题。该凭证记录了一笔 167.96 元的费用支出，用于支付受助人员田某的医疗救治费用。然而，审核人员在审核过程中发现，附件中受助人员田某的两份救治介绍信中的年龄信息不一致，引发了审核人员对凭证真实性的质疑。

### 二、案例具体情况

支出金额：167.96 元。

受助人员：田某。

问题：两份救治介绍信中的年龄信息不一致。

### 三、分析过程

1. 法律法规

根据《会计法》第十四条规定，会计机构、会计人员必须按照国家统一的会计制度的规定对原始凭证进行审核，对不真实、不合法的原始凭证有权不予接受，并向单位负责人报告；对记载不准确、不完整的原始凭证予以退回，并要求按照国家统一的会计制度的规定更正、补充。

2. 影响

原始凭证中的信息不一致会导致财务信息失真，影响企业财务报表的准确性和可靠性；会导致企业面临财务风险和法律风险，如税务稽查、审计问题等；同时也会影响企业内部管理决策和外部投资者的判断。

3. 正确做法

若原始凭证有问题，会计人员应首先予以退回，并要求经办人员按照国家统一的会计制度规定进行更正或补充。若经办人员无法提供更正或补充的凭证，会计人员有权不予接受该凭证，并向单位负责人报告此情况。

企业应加强对原始凭证的审核和管理，确保所有凭证的真实性和完整性。

4. 正确的会计处理

在本案例中，会计人员应退回有问题的原始凭证，并要求经办人员提供年龄信息一致的救治介绍信。

在收到更正后的介绍信后，会计人员应重新审核凭证的真实性和完整性，确认无误后方可进行账务处理。

若无法获得更正后的凭证，会计人员应记录此情况并向单位负责人汇报，以便采取进一步的措施。

## 案例分析 2：缺乏书面记录和审批

### 一、背景

漳泽电力是一家在上海证券交易所上市的公司，主营业务涉及电力生产和供应。2015 年，漳泽电力参与了其控股股东大同煤矿集团有限责任公司的控股子公司大同煤矿集团财务有限责任公司（以下简称“同煤财务公司”）的增资扩股事项。此次增资过程中，漳泽电力以现金出资 9.793 8 亿元，认缴同煤财务公司新增注册资本 6 亿元，剩余 3.793 8 亿元计入资本公积。

### 二、案例具体情况

增资扩股金额：漳泽电力出资总额 9.793 8 亿元。

认缴新增注册资本：6 亿元。

计入资本公积的数额：3.793 8 亿元。

原确认营业外收入：5 778.95 万元。

差错更正后冲减金额：5 431.12 万元。

**三、分析**

1. 违规行为

漳泽电力在进行增资扩股事项的会计处理时，最初在2015年半年报和第三季度报告中确认了营业外收入5 778.95万元。然而，在随后的2015年年报中，公司对上述事项的会计处理进行了差错更正，冲减了营业外收入5 431.12万元。但公司未及时履行审议程序和披露义务，违反了相关法规和交易所的信息披露要求。

2. 法律法规

根据《上海证券交易所股票上市规则（2014年修订）》第6.3条及深交所发布的《创业板信息披露业务备忘录第10号：定期报告披露相关事项》等相关规定，上市公司因已披露的定期报告存在差错或者虚假记载，应当立即向交易所报告，并及时予以披露。同时，应提交董事会、监事会和独立董事的书面意见，以及会计师事务所的专项说明。

3. 影响

由于漳泽电力未及时披露会计差错更正事项，导致投资者和其他信息使用者无法及时获取准确信息，误导其决策。此外，公司声誉和市场信任度也因此受损。

4. 正确做法

及时发现并确认差错：公司财务部门应定期进行财务检查，确保会计处理的准确性和合规性。一旦发现差错，应立即启动更正程序。

履行审议程序：公司应组织董事会、监事会和独立董事对差错更正事项进行审议，并形成书面意见。

及时披露信息：按照相关法规和交易所要求，公司应及时向交易所报告并披露差错更正事项，包括会计差错更正的性质、原因、合规性、会计处理方法及对财务状况和经营成果的影响金额等。

调整会计处理：根据差错的具体情况，采用适当的会计处理方法进行更正。在此案例中，漳泽电力应采用追溯调整法，对前期报表进行更正，以确保财务报表的准确性和可比性。

5. 正确的会计处理

追溯调整法：漳泽电力应在发现差错后，视同该差错从未发生过，对前期报表进行追溯调整。具体操作为：在2015年年报中冲减原确认的营业外收入5 778.95万元，并增加资本公积相应金额；同时，调整以前年度相关财务报表的数据，以确保信息的准确性和一致性。

## 专题三十三：差错更正后相关的内部控制是否改善且有效

### 业务简介

**一、概念**

差错更正后相关的内部控制改善情况与有效性评估，是指企业在发现并纠正会计差错后，对导致这些差错的内部控制环节进行全面审查，识别内部控制中的缺陷和不足，并采取相应的改进措施，以确保类似差错不再发生，同时评估这些改进措施是否有效实施并达到预期目标的过程。这一过程涉及内部控制的设计、执行、监督及持续改进等多个方面。

**二、基本规定**

1. 内部控制框架

内部控制通常包括控制环境、风险评估、控制活动、信息与沟通以及内部监督五个要素。这些要素相互关联，共同构成企业内部控制体系。

2. 差错更正后的内部控制审查

识别差错原因：首先，企业需要深入分析导致会计差错的具体原因，判断是人为失误、系统缺陷还是内部控制流程不足等。

评估内部控制缺陷：基于差错原因分析，识别内部控制中存在的缺陷和不足，包括设计缺陷和执行缺陷。

制定改进措施：针对识别出的内部控制缺陷，制定具体的改进措施，明确责任部门、责任人及完成时限。

3. 改进措施的实施与监督

实施改进措施：对于制定的改进措施，各责任部门和责任人负责具体实施，确保改进措施得到有效执行。

内部监督：企业应建立有效的内部监督机制，对改进措施的实施情况进行跟踪和监督，确保改进措施按计划推进并取得预期效果。

4. 有效性评估

评估标准：有效性评估通常从内部控制目标的实现程度、差错发生率的降低情况、员工对内部控制的遵守程度等多个维度进行。

评估方法：可采用问卷调查、访谈、测试、审计等多种方法进行有效性评估，以获取全面、客观的评价结果。

反馈与持续改进：将评估结果及时反馈给相关部门和人员，对存在的问题进行整改，并持续优化内部控制流程，提高内部控制的有效性。

5. 信息披露要求

对上市公司而言，根据相关法律法规的要求，企业需要在财务报告中披露内部控制的自我评价报告及注册会计师的审计意见，以反映企业内部控制的有效性及改进措施的实施情况。

**三、违规表现**

1. 会计信息失真

行为描述：企业在更正会计差错后，仍存在会计凭证填制不规范、缺乏合理有效的原始凭证支持、人为捏造会计事实、篡改会计数据、设置账外账等行为。

目的与动机：掩盖真实财务状况、粉饰经营业绩、迎合外部监管要求、满足银行融资条件、吸引投资者或完成内部业绩考核等。

后果：此类行为导致企业财务报表失真，误导投资者、债权人等利益相关方，损害企业信誉，长期将引发严重的法律风险和财务危机。

2. 内部审计不到位

行为描述：内部审计部门未能独立、客观、公正地履行职责，对内部控制的执行情况进行有效监督和评价，导致内部控制失效问题长期存在。

原因：内部审计部门可能因缺乏独立性、职业素养不高或受到管理层干预而无法正常开展工作。

后果：企业内部控制长期混乱，无法及时发现和纠正存在的问题，导致企业面临严重的经营风险和财务危机。

3. 内部控制制度执行不力

行为描述：企业内部控制体制不健全，会计岗位设置和人员配置不当，业务交叉过杂，职责不明，导致内部控制制度执行不力。

原因：企业管理层可能因短视行为或内部控制意识薄弱而忽视内部控制体制的建设和完善。

后果：企业内部控制效率低下，无法有效防范和控制风险，导致企业遭受重大损失甚至破产倒闭。

## 法律法规

《企业内部控制基本规范》明确要求，企业应当建立和实施有效的内部控制，以确保经营管理合法合规、资产安全、财务报告及相关信息真实完整，提高经营效率和效果。这一规范为企业内部控制提供了基本框架和指导。

当企业发现会计差错并进行更正后，应根据《企业内部控制基本规范》及相关配套指引，对内部控制进行审视和改进。特别是与差错相关的内部控制环节，应进行深入分析，找出导致差错的原因。

## 合规程序与方法

1. 收集信息与分析原因

收集信息：需要全面收集与差错相关的所有信息，包括但不限于发生时间、地点、涉及人员、具体业务环节、系统日志等。

原因分析：采用如 5Why 分析法等工具，深入探究差错发生的根本原因，是人为失误、流程缺陷、系统故障，还是其他外部因素。

2. 设计改进措施

优化流程：根据差错发生的原因，重新设计或优化相关业务流程，确保流程清晰、简洁、高效，减少人为干预和出错机会。

加强培训：针对人为因素导致的差错，加强相关人员的培训，提高业务能力和风险意识。

升级系统：如果是系统问题，考虑升级或更换系统，增强系统的稳定性、安全性和易用性。

建立复核机制：在关键业务环节增设复核步骤，确保操作准确无误。

3. 实施改进措施

制定实施计划：明确改进措施的具体步骤、责任人、时间表和所需资源。

逐步推进：按照计划逐步实施改进措施，确保新旧系统或流程平稳过渡。

监控进度：定期跟踪实施进度，确保按计划推进，并及时解决实施过程中遇到的问题。

4. 重点合规程序与方法

遵循法规与标准：确保所有改进措施均符合相关法律法规、行业标准和公司内部规定。

风险评估：对改进措施进行风险评估，识别可能带来的新风险，并制定相应的风险应对措施。

文档记录：详细记录改进过程、结果及合规性评估情况，为后续的审计和监管提供依据。

内部审计与监管：定期进行内部审计，检查改进措施的执行情况和有效性，确保持续合规。

外部审计与认证：根据需要，邀请第三方机构进行外部审计或认证，提高公司内部控制的公信力和透明度。

5. 考虑影响因素

常见的影响因素如下。

技术因素：新技术的引入可能带来效率提升，但也可能增加操作复杂性或系统风险。

组织文化：公司的组织文化对内部控制的执行效果有重要影响，应积极营造重视合规、追求卓越的企业文化。

员工态度：员工对改进措施的接受程度和执行意愿直接影响其效果，需加强沟通，确保员工理解和支持改进措施。

外部环境：如政策法规的变化、市场竞争态势等外部环境因素也可能对内部控制产生影响，需保持高度关注并适时调整策略。

## 案例分析 1：会计信息失真

### 一、背景

某企业在经过一次会计差错更正后，仍被发现存在会计凭证填制不规范、缺乏合理有效的原始凭证支持、人为捏造会计事实、篡改会计数据以及设置账外账等违规行为。这些行为主要发生在企业处理销售业务和成本核算过程中。

### 二、案例具体情况

违规销售金额：500 万元。

违规成本核算金额：300 万元。

账外账金额：200 万元。

### 三、分析

1. 法律法规

根据《会计法》和相关会计准则，企业必须按照国家统一的会计制度填制会计凭证，确保原始凭证的真实、完整和有效。

企业不得捏造会计事实、篡改会计数据，也不得设置账外账进行财务舞弊。

2. 影响

会计凭证填制不规范和缺乏有效原始凭证支持会导致财务信息失真，影响管理决策和外部投资者的判断。人为捏造会计事实和篡改会计数据会严重损害企业财务报表的准确性和公信力。设置账外账则会导致企业资产流失。

3. 正确做法

企业应严格按照国家统一的会计制度填制会计凭证，确保所有原始凭证的真实性和有效性。同时，企业应保持财务数据的完整性和准确性，不进行任何形式的财务舞弊行为。

4. 正确的会计处理

对于销售业务，企业应确保销售合同、发票等原始凭证的真实性和完整性，并按照会计准则正确确认销售收入和成本。

在成本核算方面，企业应遵循相关会计准则，合理分摊和归集各项成本费用，确保成本核算的准确性和合规性。

企业应坚决杜绝设置账外账等违规行为，确保所有经济活动均纳入企业正规的财务核算体系中。

## 案例分析 2：内部审计不到位

### 一、背景

以康美药业为例，该公司在 2019 年被发现存在财务报表造假行为，具体包括在“营业收入”“货币资金”“在建工程”等项目上的长期系统性造假。在证监会明确指出其造假行为并要求更正后，康美药业进行了会计差错的更正。然而，其内部审计在差错更正后的跟进和监督方面存在明显不到位的情况。

### 二、案例具体情况

康美药业在更正前的财务报表中虚增了“营业收入”和“货币资金”等项目的金额。

更正后，康美药业公开道歉并披露了与关联方的资金往来，同时对相关财务报表进行了调整。

### 三、分析

1. 法律法规

根据相关法规和内部审计准则，企业在更正会计差错后，内部审计部门应当进行后续的审计和监督，确保更正措施的落实和有效性。

内部审计还应关注企业内部控制制度的完善和执行情况，以防止类似差错的再次发生。

2. 影响

内部审计不到位导致更正后的财务报表仍然存在潜在风险，影响投资者和其他利益相关者的决策。

内部审计的缺失会降低企业内部控制的有效性，增加未来发生会计差错的风险。

3. 正确做法

内部审计部门应在会计差错更正后进行专项审计，验证更正措施的准确性和完整性。

内部审计部门对内部控制制度进行全面审查，并针对发现的问题提出改进建议。

内部审计部门定期对更正后的财务报表进行复核，确保数据的真实性和可靠性。

4. 正确的会计处理

在会计差错更正后，企业应按照相关会计准则和法规要求，对财务报表进行及时调整和披露。

内部审计部门应关注会计处理的合规性和准确性，确保更正后的财务数据符合会计准则的要求。

对于内部审计发现的问题，企业应及时进行整改，并在财务报表中进行相应说明。

## 案例分析 3：内部控制制度执行不力

### 一、背景

某中型制造企业在一次内部审计中发现，上一年度的财务报告存在会计差错，并进行了更正。然而，在更正过程中及之后，暴露出企业内部控制体制的严重问题。企业没有明确的岗位职责划分，会计岗位设置和人员配置不当，导致业务交叉过杂，职责不明。例如，出纳员同时负责记账，而会计人员又涉足资金管理，这种混乱的岗位职责设置使得内部控制制度执行不力，容易引发财务风险。

### 二、案例具体情况

由于岗位设置不当和职责不明，导致一笔 150 000 元的资金被错误地划转至一个非供应商账户。该笔资金原本用于支付原材料采购款项，但因内部控制失效，造成了财务损失。

### 三、分析

1. 法律法规

根据《会计法》和《企业内部控制基本规范》，企业应建立健全内部控制体系，明确各岗位职责，确保不相容职务相互分离。

2. 影响

资金错误划转导致企业直接损失 150 000 元。

内部控制失效损害了企业声誉，增加了未来合作伙伴和投资者对企业的不信任感。

引发连锁反应，如供应商信任危机、员工士气低落等。

3. 正确做法

明确划分各会计岗位职责，确保出纳、记账、审核等不相容职务由不同人员担任。

定期对内部控制体系进行评估和优化，及时发现并修正存在的问题。

加强员工培训，提高员工对内部控制重要性的认识。

4. 正确的会计处理

在发现会计差错后，应立即进行更正，并调整相关账目，确保财务报告的准确性。

对造成差错的员工进行调查和处理，同时加强内部监督，防止类似事件再次发生。

针对此次事件进行深刻反思，完善内部控制流程，明确各岗位职责和权限。

# 第七章
# 借款费用资本化合规

## 专题三十四：借款费用资本化、费用化的划分是否准确

### 业务简介

**一、概念**

借款费用资本化，是指企业为购置、建造或生产符合资本化条件的资产而发生的借款费用，在满足特定条件时，不直接计入当期损益（即财务费用），而是将其资本化，成为相关资产成本的一部分。简而言之，借款费用资本化就是将原本应计入当期费用的借款利息等支出，视为一种长期投资，累积支付并分摊到相关资产的使用寿命中。与借款费用资本化相对应，借款费用费用化是指借款利息等财务费用直接计入当期损益，不作为相关资产成本的一部分。这通常发生在借款费用不满足资本化条件或资本化期间结束后。

**二、基本规定**

1. 借款费用资本化的条件

根据财政部发布的《企业会计准则第 17 号——借款费用》，借款费用资本化需要同时满足以下三个条件。

资产支出已经发生：资产支出包括为购建或生产符合资本化条件的资产而以支付现金、转移非现金资产或者承担带息债券形式发生的支出。

借款费用已经发生：借款利息、折价或溢价的摊销、辅助费用以及因外币借款而发生的汇兑差额等已经实际发生。

为使资产达到预定可使用或者可销售状态所必要的购建或者生产活动已经开始：这意味着相关的生产或购建活动已经实质性启动。

2. 资本化期间

资本化期间是指从借款费用开始资本化时点到停止资本化时点的期间，但不包括借款费用暂停资本化的期间。符合资本化条件的资产在购建或生产过程中发生非正常中断，且中断时间连续超过 3 个月的，应暂停借款费用的资本化，中断期间发生的借款费用计入当期损益。

3. 资本化金额的计算

借款费用的资本化金额计算根据借款种类（专门借款和一般借款）而异。专门借款的资本化金额是当期实际发生的利息费用减去尚未动用的专门借款产生的收益；一般借款的资本化金额则与资产的累计支出和资本化率相关。

**三、违规表现**

1. 不符合资本化条件的借款费用被错误资本化

行为描述：企业将不满足资本化条件的借款费用（如短期借款利息、不符合长期资产购建标准的费用等）错误地计入相关资产成本，而非当期损益。

目的与动机：企业可能出于平滑利润、减少当期费用、提高资产账面价值等考虑，故意将本应费用化的借款费用资本化。

后果：此举会导致资产价值虚高，利润表反映的利润不实，影响投资者和其他利益相关者的判断；企业因税务处理与会计处理不一致而面临税务稽查和处罚；企业信誉受损，影响融资能力和市场形象。

2. 资本化期间的不当延长或缩短

行为描述：企业人为地延长或缩短借款费用的资本化期间，以达到操纵利润的目的。例如，在资产达到预定可使用状态后继续资本化利息费用，或在资产尚未达到预定可使用状态时提前停止资本化。

目的与动机：通过调整资本化期间，企业可以在不同会计期间之间转移费用，以平滑利润或满足特定业绩指标。

后果：合规风险增加，该行为违反会计准则和法规，企业将面临法律诉讼和监管处罚。

3. 暂停资本化的条件判断不准确

行为描述：企业在判断借款费用是否应暂停资本化时（如资产购建发生非正常中断），未按照会计准则的要求进行准确判断，导致资本化继续或提前停止。

目的与动机：操纵利润或满足特定管理目标。

后果：会计信息失真，财务报表反映的会计信息不准确，误导外部利益相关者。

## 法律法规

《企业会计准则第 17 号——借款费用》相关规定如下。

第二条规定，借款费用是指企业借款所发生的利息及其他相关成本。这明确了借款费用的定义，为后续的资本化或费用化划分提供了基础。

第四条规定，企业发生的借款费用，可直接归属于符合资本化条件的资产的购建或生产的，应当予以资本化，计入相关资产成本。这明确指出了借款费用资本化的条件，即必须与特定资产的购建或生产直接相关。

第六条第二款规定，为购建或生产符合资本化条件的资产而占用了一般借款的，企业应当根据累计资产支出超过专门借款部分的资产支出加权平均数乘以所占用一般借款的资本化率，计算确定一般借款应予以资本化的利息金额。这提供了一般借款费用资本化的具体计算方法。

## 合规程序与方法

### 一、合规程序与方法

1. 判断资本化条件

企业需要明确哪些借款费用可以资本化。根据《企业会计准则第 17 号——借款费用》，资本化条件主要包括：

资产支出已经发生；

借款费用已经发生；

为使资产达到预定可使用或可销售状态所必要的购建或生产活动已经开始。

2. 确定资本化期间

资本化期间是指从借款费用开始资本化时点到停止资本化时点的期间。这需要根据项目的实际进展和借款的使用情况来确定。

3. 计算资本化金额

（1）专门借款

计算资本化期间专门借款利息费用总额。

计算资本化期间专门借款闲置资金的收益额。

资本化金额 = 专门借款利息费用总额 – 闲置资金收益额。

（2）一般借款

确定累计资产支出超过专门借款部分的资产支出加权平均数。

计算所占用一般借款的资本化率（加权平均利率）。

资本化金额 = 累计支出加权平均数 × 资本化率。

4. 账务处理

专门借款：借记“在建工程”科目（或相关资产），贷记“应付利息”科目（或“银行存款”，如果有闲置资金收益）。

一般借款：同样，将资本化的利息费用计入相关资产成本。

**二、合规程序与步骤**

明确项目与借款的对应关系：确保借款能明确对应到具体的项目或资产上，实现一一对应。

建立严格的审批流程：借款费用资本化需要经过公司董事会或类似机构的审查和决议。

加强内部控制：建立完善的内部控制机制，确保借款费用的核算和资本化过程符合会计准则和法规要求。

定期披露：按照财务会计信息披露规范，在财务报表附注中充分披露借款费用资本化的范围、期间和金额。

**三、可能的影响因素**

会计准则的变化：会计准则可能扩大或缩小借款费用资本化的范围，影响企业的财务报表。

借款用途和项目的实际情况：借款是否用于构建或生产符合资本化条件的资产，直接影响借款费用的处理方式。

内部控制和审计：有效的内部控制和审计能够确保借款费用资本化的准确性和合规性。

## 案例分析 1：不符合资本化条件的借款费用被错误资本化

**一、背景**

制造企业 A 公司为了扩大生产规模，计划购建新的生产线。在此过程中，A 公司不仅通过长期贷款筹集资金，还利用了一些短期借款来补充流动资金。然而，在会计处理上，A 公司错误地将部分短期借款利息及一些不符合长期资产购建标准的费用计入了新生产线的成本中。

**二、案例具体情况**

短期借款利息：50 000 元。

不符合长期资产购建标准的费用：30 000 元。

错误计入资产成本的借款费用总额：80 000 元。

**三、分析**

1. 法律法规

根据《企业会计准则》和《企业所得税法》相关规定，借款费用中只有符合资本化条件的部分才能计入相关资产的成本。一般来说，这包括为购建或生产符合资本化条件的资产而发生的长期借款利息等。短期借款利息和不满足资本化条件的费用应当计入当期损益。

2. 影响

资产虚增：将不满足资本化条件的费用计入资产成本会导致资产虚增，不能真实反映企业的财务状况。

利润失真：由于费用没有被正确计入当期损益，会导致当期的利润数据失真。

税务风险增加：错误的会计处理会导致企业所得税计算不准确，进而引发税务风险。

决策失误：虚增的资产和失真的利润数据会误导企业管理层和外部投资者做出错误的决策。

3. 正确做法

严格遵守《企业会计准则》和《企业所得税法》的相关规定。

对于不满足资本化条件的借款费用，应直接计入当期损益，而不是资产成本。

加强内部财务审核机制，确保会计处理的准确性。

4. 正确的会计处理

将短期借款利息 50 000 元记入“财务费用”科目。

将不符合长期资产购建标准的费用 30 000 元记入“管理费用”或“销售费用”等相应科目。

调整相关资产的账面价值，剔除之前错误计入的 80 000 元借款费用。

## 案例分析 2：资本化期间的不当延长或缩短

**一、背景**

某大型制造企业为了扩展生产规模，决定兴建一条新的生产线。由于自有资金不足，企业向银行申请了一笔长期贷款，用于新生产线的建设。在贷款合同签订后，企业开始了新生产线的建设工作。然而，在建设过程中，企业为了操纵利润，人为地延长了借款费用的资本化期间。

**二、案例具体情况**

贷款总额：5 000 万元。

贷款年利率：6%。

资本化期间被人为延长了 6 个月。

错误计入资产成本的利息费用：5 000 万元 ×6%÷12 个月 ×6 个月 =150 万元。

**三、分析**

1. 法律法规

根据企业会计准则，借款费用在资产达到预定可使用状态前应当予以资本化，计入相关资产的成本。一旦资产达到预定可使用状态，后续的借款费用应当计入当期损益，而非继续资本化。

2. 影响

通过人为延长资本化期间，企业将本应计入当期损益的利息费用计入了资产成本，从而虚增了资产价值并降低了当期费用。这种做法会导致企业财务报表失真，误导投资者和其他利益相关者。在本案例中，企业多计入了 150 万元的资本化利息费用，相应地虚增了资产价值和当期利润。

3. 正确做法

企业应严格按照企业会计准则的规定，在资产达到预定可使用状态时停止借款费用的资本化。对于已完工并达到预定可使用状态的资产，其后续的借款费用应计入当期损益。

4. 正确的会计处理

对于之前多计的资本化利息费用，企业应进行追溯调整，冲减多计入的资产价值并增加当期费用。在本案例中，企业应冲减 150 万元的资产价值并增加相同金额的当期费用。

## 案例分析 3：暂停资本化的条件判断不准确

**一、背景**

某企业正在进行一项大型生产设备的购建项目，该项目通过银行借款筹集资金。在购建过程中，由于供应链问题，关键部件的交付被延迟，导致项目发生了非正常中断。然而，企业在判断借款费用是否应暂停资本化时，未严格按照会计准则的要求进行准确判断，导致资本化在中断期间继续。

**二、案例具体情况**

借款总额：1 000 万元。

借款年利率：5%。

项目中断时间：3 个月。

错误资本化的借款费用：1 000 万元 ×5%÷12 个月 ×4 个月 =16.7 万元。

**三、分析**

1. 法律法规

根据《企业会计准则第 17 号——借款费用》，符合资本化条件的资产在购建或者生产过程中发生非正常中断且中断时间连续超过 3 个月的，应当暂停借款费用的资本化。在中断期间发生的借款费用应当确认为费用，计入当期损益，直至资产的购建或者生产活动重新开始。

2. 影响

由于企业未按照会计准则要求暂停资本化，导致在中断期间错误地将 12.5 万元的借款费用继续资本化，虚增了资产价值。这会影响企业财务报表的真实性和准确性，导致投资者和其他利益相关方做出错误的决策。同时，这也可能引发税务风险和合规问题，因为税务部门可能会对企业的资本化处理进行审查。

3. 正确做法

企业在资产购建过程中发生非正常中断时，应立即暂停借款费用的资本化，并将中断期间的借款费用计入当期损益。一旦资产购建活动重新开始，企业就可以恢复借款费用的资本化。

4. 正确的会计处理

在中断期间，企业应将 12.5 万元的借款费用计入当期损益，而不是将其资本化到相关资产的成本中。这样做可以确保企业财务报表的准确性和合规性，降低产生税务风险和误导投资者的可能性。

## 专题三十五：借款费用开始及终止资本化的时点是否符合准则

### 业务简介

**一、概念**

借款费用开始资本化的时点，是指从某一时刻起，企业因购建或生产符合资本化条件的资产而发生的借款费用，不再直接计入当期损益，而是计入相关资产的成本。

借款费用终止资本化的时点，是指从某一时刻起，企业因购建或生产符合资本化条件的资产而发生的借款费用，不再计入相关资产的成本，而是直接计入当期损益。

**二、基本规定**

1. 借款费用开始资本化的时点

根据《企业会计准则第 17 号——借款费用》的规定，借款费用开始资本化必须同时满足以下三个条件。

资产支出已经发生：这包括以支付现金、转移非现金资产或承担带息债务等形式发生的支出。

借款费用已经发生：企业已经发生了因购建或生产符合资本化条件的资产而专门借入款项的借款费用，或者占用了一般借款的借款费用。

为使资产达到预定可使用或者可销售状态所必要的购建或者生产活动已经开始：如主体设备的安装、厂房的实际开工建造等。

2. 借款费用终止资本化的时点

根据准则规定，借款费用终止资本化的条件为：购建或生产符合资本化条件的资产达到预定可使用或可销售状态。这可以从以下几个方面进行判断。

实体建造（包括安装）或生产活动已经全部完成或实质上已经完成。

所购建或生产的资产与设计要求、合同规定或生产要求相符或基本相符，即使有极个别不相符的地方，也不影响正常使用或销售。

继续发生在资产上的支出金额很少或几乎不再发生。

需要试生产或试运行的资产，试生产或试运行结果表明资产能够正常生产出合格产品或正常运转。

**三、违规表现**

1. 提前资本化

行为描述：企业在资产支出尚未全部发生或购建活动尚未真正开始时，就将借款费用资本化。例如，虽然已签订借款合同并支付了部分款项，但主要资产尚未开始建造或生产。

目的与动机：企业可能希望通过提前资本化来减少当期财务费用，从而虚增当期利润，改善财务报表表现。

后果：提前资本化导致资产价值虚高，当期利润虚增，误导投资者和债权人；提前资本化影响企业所得税的计算和缴纳，企业将面临税务稽查和处罚；企业将面临行政处罚或市场信誉受损。

2. 延迟终止资本化

行为描述：在资产已达到预定可使用或可销售状态时，企业仍将借款费用资本化。例如，资产已完工并投入使用，但企业仍将借款费用计入资产成本。

目的与动机：企业可能希望通过延迟终止资本化来继续减少当期财务费用，提高利润水平，掩盖经营不善的问题。

后果：资产价值过度累积，而当期利润被人为夸大，损害会计信息的真实性；长期延迟终止资本化会导致企业内部成本核算体系混乱，影响经营决策；监管部门介入调查，要求企业调整财务报表，并承担法律责任。

3. 非正常中断期间继续资本化

行为描述：在资产购建或生产过程中发生非正常中断（原因如质量纠纷、资金短缺等），且中断时间超过规定期限（连续超过 3 个月），但企业仍继续将该期间的借款费用资本化。

目的与动机：企业可能希望减少当期财务费用，从而使利润水平提高。

后果：该行为违反会计准则的规定，损害会计信息的公正性和可比性；该行为会导致资产价值虚高，掩盖企业真实的财务状况，增加财务风险；该行为将严重影响企业的市场信誉和投资者信心。

## 法律法规

《企业会计准则第 17 号——借款费用》相关规定如下。

第五条规定了借款费用开始资本化的条件，当借款费用同时满足下列条件时，才能开始资本化：

（1）资产支出已经发生，资产支出包括为购建或者生产符合资本化条件的资产而以支付现金、转移非现金资产或者承担带息债务形式发生的支出；

（2）借款费用已经发生；

（3）为使资产达到预定可使用或者可销售状态所必要的购建或者生产活动已经开始。

第十二条规定了借款费用终止资本化的条件。购建或者生产符合资本化条件的资产达到预定可使用或者可销售状态时，借款费用应当停止资本化。在符合资本化条件的资产达到预定可使用或者可销售状态之后所发生的借款费用，应当在发生时根据其发生额确认为费用，计入当期损益。

## 合规程序与方法

**一、借款费用开始资本化的合规程序与方法**

1. 合规条件

根据《企业会计准则》的规定，借款费用开始资本化必须同时满足以下三个条件。

资产支出已经发生：这包括以支付现金、转移非现金资产或承担带息债务等形式发生的支出。注意，以赊购形式发生的支出不属于资产支出。

借款费用已经发生：企业已经发生了因购建或者生产符合资本化条件的资产而专门借入款项的借款费用，或者占用了一般借款的借款费用。

购建或生产活动已经开始：为使资产达到预定可使用或者可销售状态所必要的购建或者生产活动已经开始。

2. 合规程序与方法

确认条件是否满足：财务部门需定期检查并确认上述三个条件是否同时满足。这通常涉及对资产支出凭证、借款合同及项目进度报告的审核。

会计处理：一旦满足确认条件，企业应将相关借款费用计入资产成本，即进行资本化处理。这包括在资产负债表上增加资产价值，同时在利润表上减少相应的财务费用。

文档记录：企业应详细记录借款费用的发生情况、满足资本化条件的确认过程及会计处理结果，以备审计和检查。

**二、借款费用终止资本化的合规程序与方法**

1. 合规条件

借款费用终止资本化的主要条件如下。

资产达到预定可使用或可销售状态：这通常表现为实体建造已经完成、基本符合设计要求、后续支出金额很少或几乎不再发生、试生产出合格产品等。

对于分批完工的资产，如果完工部分能够独立使用或销售，则完工部分的借款费用应停止资本化；如果必须等到整体完工后才可使用或销售，则应在整体完工时停止资本化。

2. 合规程序与方法

评估资产状态：财务部门需定期评估资产的建造或生产进度，确认其是否已达到预定可使用或可销售状态。

停止资本化：一旦确认资产达到预定状态，企业应立即停止将相关借款费用资本化，并将其计入当期损益（财务费用）。

后续处理：对于已停止资本化的借款费用，企业应确保其后续会计处理符合准则要求，并在财务报表中准确反映。

## 案例分析 1：提前资本化

**一、背景**

假设有一家中型房地产开发公司，计划开发一个新的住宅项目。由于资金不足，公司决定向银行贷款 2 亿元用于项目开发。在贷款到位后，公司急于将借款费用资本化以降低当期财务费用，提高利润表现，因此在支付部分土地使用权购置费用后、建筑工程尚未真正开工前，就开始将借款利息等费用进行资本化处理。

**二、案例具体情况**

贷款总额：2 亿元。

贷款年利率：5%。

提前资本化的时间：6 个月。

提前资本化的利息费用：2 亿元 ×5%÷12 个月 ×6 个月 =500 万元。

**三、分析**

1. 法律法规

根据相关会计准则，借款费用资本化应同时满足三个条件：资产支出已经发生，借款费用已经发生，以及为使资产达到预定可使用或可销售状态所必要的购建或者生产活动已经开始。在本案例中，建筑工程尚未真正开工，因此不满足资本化的全部条件。

2. 影响

提前资本化利息费用导致当期财务费用减少，从而虚增当期利润。这不仅违反了会计准则，还误导投资者和其他利益相关者对公司真实财务状况的判断。长期而言，这种做法会影响公司的信誉和声誉，甚至引发法律风险和监管问题。

3. 正确做法

公司应严格遵守会计准则，在建筑工程真正开工后，即满足所有资本化条件时，才开始将借款费用资本化。对于已经错误资本化的费用，应进行调整和冲回，确保财务报表的准确性。

4. 正确的会计处理

在建筑工程真正开工前，所有借款费用应计入当期损益，反映在财务费用中。只有建筑工程开工并满足其他资本化条件，后续的借款费用方可进行资本化处理。

对于本案例中提前资本化的 500 万元利息费用，应在发现错误时立即进行冲回，并调整相关期间的财务报表。

## 案例分析 2：延迟终止资本化

**一、背景**

某房地产公司开发了一处商业地产项目，由于项目规模较大，公司决定通过借款来筹集部分建设资金。经过两年的建设，该项目已按照设计要求完成全部建设工作，并已经过相关部门验收，达到了预定可使用状态。然而，为了优化财务报表，公司决定继续将后续的借款费用资本化，而非及时将其计入当期损益。

**二、案例具体情况**

项目总投资：1 亿元。

借款金额：5 000 万元。

借款年利率：7%。

项目达到预定可使用状态后继续资本化的时间：6 个月。

违规资本化的借款费用：5 000 万元 ×7%÷12 个月 ×6 个月 =175 万元。

**三、分析**

1. 法律法规

根据《企业会计准则第 17 号——借款费用》，当资产达到预定可使用或可销售状态时，借款费用应当终止资本化。此后的借款费用应当在发生时根据其发生额确认为费用，计入当期损益。

2. 影响

财务报表失真：延迟终止资本化导致资产和利润被高估，财务报表未能真实反映企业的财务状况和经营成果。

误导决策：失真的财务报表会误导投资者、债权人和其他利益相关者的决策。

潜在法律风险：企业将面临监管机构的处罚，影响企业声誉。

3. 正确做法

严格遵守会计准则，一旦资产达到预定可使用状态，应立即停止借款费用的资本化，并及时调整财务处理方式，确保财务报表的真实性和准确性。同时应加强内部控制，防止类似违规行为再次发生。

4. 正确的会计处理

在项目达到预定可使用状态时，应立即停止资本化借款费用，并将此后发生的175万元借款费用计入当期损益，而非继续资本化。对之前违规资本化的费用进行追溯调整，确保财务报表的准确性。

### 案例分析3：非正常中断期间继续资本化

**一、背景**

某房地产企业在开发一个大型住宅项目时，由于与承包商发生质量纠纷，导致工程进度受到严重影响。此外，企业还遭遇了资金短缺的问题，使得项目在2023年5月至8月连续停工超过3个月。尽管发生了这样的非正常中断，该企业仍继续将该期间的借款费用资本化，未按照相关规定暂停资本化。

**二、案例具体情况**

项目总投资：1亿元。

借款总额：8 000万元。

借款年利率：6%。

中断期间（2023年5月至8月）的资本化借款费用：8 000万元 ×6%÷12个月 ×4个月=160万元。

**三、分析**

1. 法律法规

根据《企业会计准则第17号——借款费用》，在资产购建或生产过程中发生非正常中断，且中断时间连续超过3个月的，应当暂停借款费用的资本化。在此期间发生的借款费用应当确认为费用，计入当期损益，直至资产的购建或者生产活动重新开始。

2. 影响

该企业在非正常中断期间继续将借款费用资本化，违反了会计准则的规定。这种做法导致企业财务报表中的资产和利润被高估，影响了财务信息的真实性和可靠性。具体来说，本案例企业多计入了160万元的资本化费用，相应地虚增了资产价值和降低了当期费用。

3. 正确做法

在发生非正常中断且中断时间超过3个月时，企业应暂停借款费用的资本化，将中断期间的借款费用计入当期损益。这样做可以确保企业财务报表的准确性和合规性。

4. 正确的会计处理

对于已经错误资本化的借款费用，企业应进行追溯调整，将多计入的资本化费用冲减，并增加相应期间的费用。在本案例中，企业应冲减160万元的资产价值，并增加相同金额的当期费用。同时，企业还应在财务报表附注中披露这一调整事项及其对财务报表的影响。

## 专题三十六：借款费用的利率和期限是否和企业经营需求相匹配

### 业务简介

**一、概念**

借款费用，是指企业因借入资金而需支付的各种费用，主要包括借款利息、发行债券的折价或溢价摊销、辅助费用（如佣金、手续费）以及外币汇兑差额等。其中，借款利息是主要的组成部分，它反映了资金的使用成本。

借款利率，是指借款人和贷款人约定的，在借款期限内借款人应支付给贷款人的利息比率。利率的高低直接影响企业的资金成本，进而影响企业的盈利能力。

借款期限，是指借款人和贷款人约定的还款期限，对双方具有约束力。借款期限的长短决定了资金使用的灵活性和企业的偿债压力。

**二、基本规定**

1. 利率规定

法定利率：由中国人民银行根据市场经济的发展及资金供求关系制定，金融机构制定的利率可在法定利率基础上上下浮动一定幅度。

浮动利率与固定利率：浮动利率随市场变化而调整，固定利率则在借款期间保持不变。

利率上限：法律规定了民间借贷的利率上限，防止高利贷现象。

2. 利率匹配原则

成本效益原则：企业应根据自身盈利能力和资金成本承受能力，选择合理的借款利率。在保证资金流动性的前提下，尽可能降低借款成本。

风险与收益平衡：浮动利率虽能反映市场变化，但增加了不确定性；固定利率则稳定了资金成本，但可能错失市场利率下降带来的成本优势。企业需根据自身风险偏好和市场判断做出选择。

3. 期限规定

短期借款与长期借款：短期借款的期限在一年（含）以内，用于日常经营或临时性资金周转；长期借款的期限超过一年，多用于资本性支出或大型项目。

期限确定与调整：借款期限根据双方协商确定，双方可在合同中明确约定固定期限或可变期限。在某些情况下，借款期限可由双方协商延长或缩短。

4. 期限匹配原则

经营需求与资金供给匹配：企业应根据自身的经营周期、资金需求和还款能力，合理确定借款期限。避免期限过短导致增加融资成本，或期限过长导致资金闲置浪费。

灵活性与稳定性平衡：短期借款灵活性高，但可能面临再融资风险；长期借款稳定性强，但可能增加企业的财务负担。企业应根据市场环境变化和自身经营状况适时调整借款期限结构。

**三、违规表现**

1. 利率不匹配

行为描述：当市场利率上升，而企业已签订的贷款合同利率固定或调整滞后时，企业将面临较高的资金成本。相反，如果市场利率下降，企业持有高利率贷款则会增加不必要的财务负担。

目的与动机如下。

企业选择固定利率贷款可能是为了锁定成本、避免未来利率波动带来的不确定性。然而，当市场利率大幅下降时，企业无法享受低利率带来的好处。

虽然浮动利率贷款的利息能随市场利率变动而调整，但在利率上升期，企业成本将增加，可能超出预期。

后果：资金成本增加，高利率直接导致企业利息支出增加，降低盈利能力；投资受限，企业可能因资金成本上升而减少投资，影响长期发展；信用评级下降，高利率可能导致企业财务状况恶化，可能影响其信用评级，进一步增加融资成本。

2. 期限不匹配

行为描述：贷款期限与企业生产经营周期或资金需求周期不匹配，如短期贷款用于长期项目，或长期贷款限制了企业的灵活性。

目的与动机如下。

短期贷款用于长期项目：企业可能因追求低资金成本或急于启动项目而采用短期贷款。然而，当项目回报周期长于贷款期限时，企业将面临还款压力。

长期贷款限制灵活性：虽然长期贷款能为企业提供稳定的资金来源，但也可能使企业背负长期债务负担，限制其调整经营策略的能力。

后果：面临资金链断裂风险，短期贷款到期时，若长期项目尚未产生足够现金流，企业可能无法按时还款，导致资金链断裂；面临再融资风险，企业可能需要在贷款到期前进行再融资，面临利率上升或贷款条件收紧的风险；经营策略受限，长期贷款可能使企业难以根据市场变化灵活调整经营策略，错失发展机遇。

## 法律法规

（1）《中华人民共和国民法典》

第六百六十七条：借款合同是借款人向贷款人借款，到期返还借款并支付利息的合同。

第六百七十四条：借款人应当按照约定的期限支付利息。对支付利息的期限没有约定或者约定不明确，依据本法第五百一十条的规定仍不能确定：

借款期间不满一年的，应当在返还借款时一并支付；

借款期间一年以上的，应当在每届满一年时支付，剩余期间不满一年的，应当在返还借款时一并支付。

第六百七十六条：借款人未按照约定的期限返还借款的，应当按照约定或者国家有关规定支付逾期利息。

（2）《中华人民共和国企业所得税法》（2018 年修正）及其实施条例

《中华人民共和国企业所得税法》第八条：企业实际发生的与取得收入有关的、合理的支出，包括成本、费用、税金、损失和其他支出，准予在计算应纳税所得额时扣除。

《中华人民共和国企业所得税法实施条例》第三十八条：企业在生产经营活动中发生的合理的不需要资本化的借款费用，准予扣除。企业为购置、建造固定资产、无形资产和经过 12 个月以上的建造才能达到预定可销售状态的存货发生借款的，在有关资产购置、建造期间发生的合理的借款费用，应当作为资本性支出计入有关资产的成本，并依照本条例的规定扣除。

（3）《贷款通则》（中国人民银行令〔1996〕2 号）

第二十四条：贷款期限根据借款人的生产经营周期、还款能力和贷款人的资金供给能力由借贷双方共同商议后确定，并在借款合同中载明。

第二十五条：贷款利率的确定应符合中国人民银行规定的贷款利率的上下限范围。

## 合规程序与方法

1. 借款目的及资金需求分析

明确借款目的：企业应明确借款的目的，如日常运营、固定资产投资、技术改造等。

资金需求评估：根据经营计划和预算，对资金需求进行量化分析，确定所需借款的总额度。

2. 市场调研与产品匹配

了解信贷市场：调研不同金融机构的信贷产品，包括利率、期限、还款方式等。

产品匹配：根据企业的资金需求和经营特点，选择合适的信贷产品。例如，经营性贷款适用于日常运营，而投资性贷款则适用于大额长期投资。

3. 利率与期限的确定

利率确定：依据市场情况、风险评估和资金成本，合理确定借款利率。同时，需确保利率不超过法律法规规定的上限，如银行同类贷款利率的 4 倍。

期限设定：根据借款用途和企业经营状况，设定合理的借款期限，确保能按时还款。

4. 风险评估与审批

风险评估：对借款项目进行全面风险评估，包括信用风险、流动性风险等。

审批流程：建立严格的借款审批制度，明确审批权限和流程。审批人员需具备相关授权和资格，确保借款决策的合法性和准确性。

5. 合同签订与执行

合同签订：借款合同应明确借款金额、期限、利率、还款方式、担保措施等内容，并经双方认真审核和签署。

执行监督：借款发放后，企业应建立借款台账，对借款合同进行编号登记，并定期进行检查核对，确保借款使用的合规性和资金的合理利用。

**可能的影响因素**

法律法规：借款利率和期限需符合国家相关法律法规的规定，如《最高人民法院关于审理民间借贷案件适用法律若干问题的规定》等。

市场条件：市场利率的波动会影响借款成本，企业需根据市场情况灵活调整借款策略。

企业经营状况：企业的盈利能力、偿债能力等因素会影响金融机构的贷款决策和利率设定。

信用评级：企业的信用评级越高，越容易获得低利率的贷款。

## 案例分析 1：利率不匹配

**一、背景**

假设有一家企业，名为“智慧科技公司”，在去年与某银行签订了一份为期五年的贷款合同，贷款总额为 1 亿元人民币，年利率固定为 4%。然而，在合同签订后不久，由于宏观经济环境的变化，市场利率开始上升，目前市场贷款年利率已达到 6%。由于智慧科技公司的贷款合同利率调整存在一年的滞后期，公司现在面临资金成本上升的问题。

**二、案例具体情况**

贷款总额：1 亿元人民币。

合同固定年利率：4%。

当前市场年利率：6%。

利率调整滞后期：1 年。

若按市场年利率 6% 计算，智慧科技公司每年应支付的利息为 600 万元人民币（1 亿元 × 6%）。但由于合同年利率固定为 4%，公司实际上每年只需支付 400 万元（1 亿元 ×4%）。这意味着，与市场年利率相比，公司每年少了 200 万元的利息支出。然而，这种情况只是暂时的，一年后合同年利率将调整至市场利率水平。

**三、分析**

1. 法律法规

企业应遵循市场规则，按照合同约定支付利息。

若合同中有利率调整条款，企业应按照条款规定进行调整。

2. 影响

若企业故意利用合同年利率与市场年利率的差异，通过财务手段推迟利息支付，将构成违规行为，影响企业信誉，甚至引发法律问题。

3. 正确做法

企业应严格按照合同约定支付利息，并在合同规定的利率调整期到来时，及时调整利率至市场水平。

4. 正确的会计处理

在利率调整前，企业应按合同约定的 4% 年利率计提并支付利息，确保财务报表的准确性。

利率调整后，企业应按 6% 的市场年利率计提利息，并在财务报表中进行相应调整。

## 案例分析 2：期限不匹配

### 一、背景

某生产型企业（以下称“A 企业”）为扩大生产规模，计划投资建设一条新的生产线。由于初始资金不足，A 企业向当地银行申请了一笔短期贷款，贷款期限为一年，用于新生产线的建设和设备采购。然而，新生产线的建设和投产周期预计为两年，这导致了贷款期限与项目建设周期的不匹配。

### 二、案例具体情况

贷款金额：1 000 万元人民币。

贷款期限：1 年。

项目建设周期：2 年。

项目总投资：1 200 万元人民币。

在贷款到期时，新生产线尚未建成投产，因此无法用项目收益来偿还贷款。A 企业不得不通过其他渠道筹集资金来偿还贷款，增加了企业的财务成本和经营风险。

### 三、分析

1. 法律法规

根据相关法规，确定贷款期限时应综合考虑借款人的生产经营周期、还款能力和贷款人的资金供应能力等。企业应根据实际需求申请合适期限的贷款。

2. 影响

短期贷款用于长期项目可能导致项目建设过程中资金链断裂，影响项目进度。

贷款到期时，若项目未产生收益，企业将面临还款压力，可能导致信用评级下降、融资成本上升等负面影响。

企业可能需要通过借新贷还旧贷的方式维持资金链，进一步加剧财务风险。

3. 正确做法

企业在申请贷款前，应充分评估项目周期和资金需求，选择与之相匹配的贷款期限。

与银行充分沟通，明确贷款用途和还款计划，确保贷款条件与项目实际需求相符。

建立健全的财务管理体系，合理规划和使用贷款资金，确保项目顺利进行并按时还款。

4. 正确的会计处理

企业应按照会计准则的规定，对贷款资金进行专项核算，确保资金使用的透明度和合规性。

定期编制财务报表，反映项目的财务状况和经营成果，及时发现和解决问题。

在贷款到期前，做好资金筹措计划，确保按时偿还贷款本息。

# 专题三十七：关联方借款交易是否公平且合规

## 业务简介

### 一、概念

关联方借款交易，是指发生在具有特定关联关系的企业、组织或个人之间的借款行为。这些关联关系可能包括直接或间接的控制关系、同为第三者所控制，以及在利益上具有相关联的其他关系。关联方借款交易作为关联交易的一种，涉及资源或义务的转移，而不论是否收取价款。

### 二、基本规定

1. 公平交易原则

关联方借款交易应符合独立交易原则，即交易条件应公平且符合市场常规。这包括以下方面。

地位平等：关联交易的双方应处于平等的经济地位，不应存在利用其地位进行不公平交易的情况。

条件公平：借款利率、还款期限等条款应与市场上非关联方之间的类似交易的条件相一致，确保交易的公正性。

信息透明：企业应充分披露关联方借款的相关信息，以便外部利益相关者评估交易的合理性和潜在风险。

2. 税务处理

增值税：关联企业之间无偿借款应视同销售，征收增值税，但有特定免税政策，如企业集团内单位之间的资金无偿借贷行为在一定期限内免征增值税。

企业所得税：企业从其关联方接受的债权性投资与权益性投资的比例超过规定标准而发生的利息支出，不得在计算应纳税所得额时扣除。此外，非金融企业向非金融企业借款的利息支出，需满足一定条件才能在税前扣除。

3. 风险控制

合法合规：关联方借款行为必须合法合规，不能违反法律、行政法规的强制性规定，也不能违背公序良俗。

财务监督：企业应建立健全的内部控制机制，加强对关联方借款交易的财务监督，确保交易的真实性和合法性。

信息披露：上市公司需按照相关规定，及时、准确、完整地披露关联方借款交易的相关信息，保障投资者的知情权。

4. 公平性与合规性分析

关联方借款交易的公平性与合规性主要取决于以下几点。

交易动机：分析关联方借款的动机是否合理，是否存在恶意或损害其他方利益的情况。

交易过程：审查交易过程是否遵循了市场规则和程序，包括借款的发起、谈判、签约等环节。

交易结果：评估交易结果是否对各方公平，是否导致了不合理的利益输送或资源分配。

**三、违规表现**

1. 未经审批的关联方借款交易

行为描述：企业与其关联方之间的借款交易未经公司董事会或股东会的正式审批程序，违反了公司章程及相关法律法规的规定。

目的与动机：快速获取资金、规避监管或进行利益输送。

后果：

企业面临监管机构的处罚和法律诉讼；

公司财务状况不透明，损害投资者利益；

破坏公司治理结构，降低市场信任度。

2. 非公允定价的关联方借款交易

行为描述：关联方之间的借款交易定价不符合市场独立第三方的借贷利率或条件，存在明显的利益倾斜。

目的与动机：通过非公允定价，控制方可能以低成本获取资金，或将高成本借款转移至从属公司，以转移利润或风险。

后果：

直接损害从属公司及其利益相关者的利益；

影响公司财务数据的真实性，误导投资者；

引发市场对公司治理的质疑，损害企业声誉。

3. 通过关联方借款交易掩盖亏损或转移利润

行为描述：企业利用与关联方之间的借款交易来掩盖实际亏损或转移利润，以达到操纵财务报表的目的。

目的与动机：维护公司形象、满足业绩要求或逃避税收。

后果：

严重破坏财务报表的真实性和可靠性；

触犯证券法、会计法等法律法规，导致企业面临法律诉讼和监管处罚；

影响企业的长期发展和市场信誉。

4. 利用关联方借款交易进行利益输送

行为描述：企业高管或控股股东通过操纵与关联方之间的借款交易，将企业资源或利益输送至个人或特定关联方。

目的与动机：如维持个人财富、支持关联企业等。

后果：

中小股东的利益受损，权益得不到保障；

破坏公司治理结构，削弱公司治理的有效性；

市场对企业丧失信任，影响企业的市场地位和未来发展。

## 法律法规

**一、《公司法》**

第二十二条规定公司的控股股东、实际控制人、董事、监事、高级管理人员不得利用其关联关系损害公司利益。违反此规定并给公司造成损失的，应当承担赔偿责任。这一条款主要保护公司免受其内部人利用关联关系进行不公平交易的伤害。

**二、《最高人民法院关于审理民间借贷案件适用法律若干问题的规定》**

该规定中提及关联公司之间为生产、经营需要所订立的民间借贷合同，在当事人主张合同有效时，人民法院通常应予支持。这表明关联公司间的借款在一定条件下是合法且受法律保护的。

**三、《中华人民共和国民法典》（简称《民法典》）**

第一百四十六条、第一百五十三条、第一百五十四条这些条款规定了民事法律行为的无效情形，包括虚假意思表示、违反法律法规强制性规定及违背公序良俗等情况下民事法律行为的效力问题。关联方之间的借款交易需遵守这些基本民事法律原则，否则交易可能被视为无效。

## 合规程序与方法

1. 确认关联方身份与独立性

确认关联方身份：明确借款交易的双方是否构成关联方关系。关联方通常包括母公司、子公司、同一控制下的其他企业，以及对企业具有重大影响或共同控制下的实体。

确认独立性：虽然关联方之间存在一定的联系，但在进行借款交易时，必须确保子公司等关联方具有独立的法人资格和独立的经营决策能力。

2. 遵循公司章程与法律规定

遵循公司章程：借款交易需符合公司章程的规定，特别是关于投资、担保、借款等方面的条款。如果公司章程对借款有限额或程序上的要求，必须严格遵守。

遵循法律法规：主要遵循《公司法》等法律法规。例如，《公司法》第十五条规定，公司向其他企业投资或者为他人提供担保，需按照公司章程的规定，由董事会或股东会决议。

3. 签订书面借款合同并审查

合同签订：双方应签订书面的借款合同，明确借款金额、利息、还款期限、违约责任等关键条款。合同内容应详细、清晰，以保障交易的透明度和双方的权益。

合规性审查：在签订合同前，应对合同内容进行合规性审查，确保合同内容符合相关法律法规和公司章程的规定。

4. 信息披露与监管

信息披露：如果母公司是上市公司，还需考虑相关监管法规的要求，如信息披露义务等。应及时、准确地向投资者和监管机构披露关联方借款交易的相关信息。

监管要求：根据具体行业和地区的监管要求，向相关监管机构报备。企业应主动了解并遵守相关监管要求。

**一、步骤**

识别关联方：明确借款交易的双方是否构成关联方关系。

审查公司章程：检查公司章程中关于借款、投资、担保等方面的规定。

内部决策：按照公司章程和公司法的规定，由董事会或股东会进行决议。

签订借款合同：双方协商并签订书面借款合同，明确各项条款。

合规性审查：对合同内容进行合规性审查，确保符合法律法规和公司章程的规定。

信息披露与报备：根据监管要求，及时、准确地向投资者和监管机构披露相关信息或进行报备。

**二、可能的影响因素**

法律法规变化：随着法律法规的不断完善和调整，关联方借款交易的合规要求也可能发生变化。企业需密切关注相关法律法规的动态变化，及时调整合规策略和措施。

公司章程修订：公司章程的修订可能涉及借款、投资、担保等方面的条款变化。企业需根据修订后的公司章程调整内部决策程序和借款合同内容。

监管政策调整：监管机构对关联方借款交易的监管政策可能发生变化。企业需及时了解并适应监管政策的变化，确保交易的合规性。

市场环境变化：市场环境的变化可能影响企业的资金需求和融资方式。企业需根据市场环境的变化灵活调整借款交易的策略和规模。

## 案例分析 1：未经审批的关联方借款交易

**一、背景**

XX 公司是一家中型企业，近年来由于业务扩展需要，现金流紧张。为了缓解资金压力，公司决定从其关联企业 YY 公司借款 500 万元。然而，这笔交易并未经过 XX 公司董事会或股东会的正式审批，而是由公司高层私下与 YY 公司达成协议并执行。

**二、案例具体情况**

借款金额：500 万元人民币。

借款期限：1 年。

借款利率：年利率 8%。

未经审批的借款在公司财务报表中未被明确披露。

**三、分析**

1. 法律法规

根据《公司法》和其他相关法律法规，公司与其关联方之间的交易应当遵循公平、公正的原则，并且必须经过公司董事会或股东会的正式审批。同时，这类交易应当在公司财务报表中进行明确披露。

2. 影响

未经正式审批的关联交易会损害公司治理结构，增加内部人控制和利益输送的风险。

财务报表中未披露该笔交易，导致信息透明度降低，影响投资者和其他利益相关者的决策。

该行为违反公司章程及相关法律法规，公司将面临法律诉讼和行政处罚。

3. 正确做法

遵守审批程序：公司应确保所有关联交易都经过董事会或股东会的正式审批，并记录在案。

披露信息：在财务报表中明确披露与关联方的所有重大交易，包括借款交易的详细情况。

合规性检查：定期对公司与关联方的交易进行合规性检查，确保符合相关法律法规和公司章程。

4. 正确的会计处理

记录借款：在财务报表中，应将借款作为负债进行记录，明确借款金额、利率和还款期限。

确认利息费用：按照实际利率法计算并确认每期的利息费用。

披露关联方借款交易：在财务报表附注中明确披露与关联方的借款交易，包括金额、条件等关键信息。

## 案例分析 2：非公允定价的关联方借款交易

### 一、背景

A 公司是一家房地产企业，持续实现盈利，并适用 25% 的企业所得税税率。B 酒店是 A 公司的关联方，近年来一直处于亏损状态。为了支持 B 酒店的经营，A 公司在 2019 年至 2021 年期间，以为 B 酒店垫付建设工程款等方式，将资金无偿让渡给 B 酒店使用。A 公司财务负责人认为这是一种“抵消交易”，因此没有进行涉税处理。

### 二、案例具体情况

A 公司适用的企业所得税税率：25%。

B 酒店状态：持续亏损。

资金让渡方式：垫付建设工程款等。

涉税处理：未进行。

### 三、分析

1. 法律法规

根据《企业所得税法》第四十一条规定，企业与其关联方之间的业务往来，不符合独立交易原则而减少企业或者其关联方应纳税收入或者所得额的，税务机关有权按照合理方法调整。

《中华人民共和国税收征收管理法》第三十六条规定，企业与其关联企业之间的业务往来，应当按照独立企业之间的业务往来收取或者支付价款、费用。

2. 影响

A 公司将资金无偿让渡给 B 酒店使用，未按照独立交易原则进行定价，导致 A 公司应纳税收入减少，存在明显的利益倾斜。这种行为将引发税务风险，税务机关有权对此进行调整，并追缴税款和处以滞纳金。

3. 正确做法

A 公司应该将与 B 酒店之间的借款交易按照市场独立第三方的借贷利率或条件进行定价，确保交易符合独立交易原则。如果确实需要支持 B 酒店，可以考虑通过合法合规的方式进行，如股权投资、提供担保等。

4. 正确的会计处理

A 公司应该按照市场独立第三方的借贷利率或条件，对借给 B 酒店的资金计算利息收入，并在财务报表中进行确认和计量。

同时，A 公司还应该对相关的税务影响进行评估和处理，确保符合税法规定。

## 案例分析 3：通过关联方借款交易掩盖亏损或转移利润

**一、背景**

假设存在一家企业，名为“辉煌科技公司”，近年来由于市场竞争加剧，公司实际经营出现亏损。为了掩盖亏损事实并维持股价稳定，辉煌科技公司利用其与关联公司明日投资之间的借款交易来操纵财务报表。

**二、案例具体情况**

辉煌科技公司向明日投资借款 1 亿元人民币，借款期限为一年，年利率为 5%。

实际上，辉煌科技公司并未按照市场公允利率支付利息，而是以远低于市场利率的 1% 支付，从而减少了利息支出。

通过低息借款，辉煌科技公司在财务报表上减少了约 400 万元 [1 亿元 ×（5%−1%）] 的利息费用。

**三、分析**

1. 法律法规

企业应遵循会计准则，真实、准确地反映其财务状况和经营成果。企业与关联方的交易应遵循市场公允原则，不得通过非公允交易操纵财务报表。

2. 影响

通过低息借款减少利息支出，辉煌科技公司掩盖了实际亏损情况，导致投资者误判其真实财务状况，进而做出错误的投资决策。

3. 正确做法

辉煌科技公司应按照市场公允利率支付利息，并在财务报表中真实反映相关费用。若公司确实面临亏损，应通过改善经营、降低成本等方式来扭转局面，而非通过财务操纵来掩盖问题。

4. 正确的会计处理

辉煌科技公司应按照市场公允利率计算并支付利息费用，在财务报表中准确记录相关费用。若存在非公允的关联方交易，应进行适当的披露，并说明其对财务报表的影响。

## 案例分析 4：利用关联方借款交易进行利益输送

**一、背景**

假设上市公司 ABC 企业的控股股东张先生通过操纵 ABC 企业与一家名为“XYZ 公司”（张先生为实际控制人）的关联方借款交易，将 ABC 企业的资金违规转移至 XYZ 公司。

**二、案例具体情况**

ABC 企业向 XYZ 公司提供了一笔无息借款，金额为 5 000 万元人民币。

该笔借款期限为 1 年，到期后 XYZ 公司未归还。

ABC 企业当年的净利润为 8 000 万元人民币。

**三、分析**

1. 法律法规

根据相关证券法规和公司治理准则，上市公司与关联方之间的交易应当公平、公正，且必须及时、准确、完整地进行信息披露。控股股东不得利用其地位损害上市公司及中小股东的利益。

2. 影响

无息借款给关联方可能导致 ABC 企业资金紧张，增加财务风险。

公司资源被非法占用，影响公司正常运营和盈利能力，进而损害中小股东的利益。

未按规定披露与关联方的重大交易，违反信息披露要求。

3. 正确做法

规范关联交易：确保与关联方的交易公平、合理，并经过适当的审批程序。

及时披露信息：按照相关法规要求，及时、准确、完整地披露与关联方的交易信息。

保护中小股东利益：确保公司资源得到合理利用，不损害中小股东的利益。

4. 正确的会计处理

若该笔借款按照市场利率计算利息，假设市场年利率为 6%，则 ABC 企业应确认的利息收入为 300 万元人民币（5 000 万元 ×6%）。

在财务报表中，该笔借款应作为应收账款列示，并计提坏账准备（如果需要）。

利息收入应计入当期损益，增加公司的营业利润。

## 专题三十八：股东是否通过借款方式抽逃出资

### 业务简介

**一、概念**

股东抽逃出资，通常指的是公司股东在公司成立后，未经法定程序，擅自将其已缴纳的出资全部或部分撤回，但仍保留股东身份和原有出资数额的行为。这种行为实质上是对公司财产权的侵犯，违反了公司资本维持原则。

审核股东是否通过借款方式抽逃出资的核心在于股东与公司之间是否存在真实的债权债务关系。如果股东以借款为名，行抽逃出资之实，即双方之间并无实质性的债权债务关系（如无须支付利息、无明确偿还期限、无担保等），则可能构成抽逃出资。

**二、基本规定**

1. 真实的债权债务关系

股东与公司之间的借款必须有真实的债权债务关系支持，包括明确的借款金额、利息、偿还期限、担保等要素。如果缺乏这些要素，或者借款行为实质上是股东为了抽回出资而进行的伪装，则可能构成抽逃出资。

2. 资本维持原则

股东不得通过任何方式损害公司的资本，包括通过借款方式变相抽逃出资。

3. 连带责任

如果股东行为被认定为抽逃出资，股东不仅需要返还所抽逃的出资及相应利息，还可能需要对公司、其他股东及公司债权人承担相应的民事责任和刑事责任。同时，协助抽逃出资的其他股东、董事、高级管理人员或实际控制人也可能需要承担连带责任。

**三、违规表现**

1. 不约定借款期限和利息的股东借款

行为描述：公司向股东提供大额借款，但借款合同中不约定明确的还款期限和利息，甚至在实际操作中也不要求股东偿还。

目的与动机：股东通过这种方式将公司资金无偿或低成本地转移至个人名下，实现出资的抽逃。

后果：这种行为不仅违反了公司资本维持原则，减少了公司可用于运营和偿债的资产，还损害了公司其他股东和债权人的利益。公司和股东将面临相应的处罚，并承担法律责任。

2. 循环借款以掩盖实际抽逃出资行为

行为描述：股东多次向公司借款，每次借款后不久便归还，但紧接着又借出，形成循环借款模式，以此掩盖实际抽逃出资的行为。

目的与动机：股东利用循环借款制造资金在公司账面上的流动假象，实际上是在不断抽回其出资。采取这种操作的目的在于规避法律监管，避免直接抽逃出资带来的法律后果。

后果：股东将面临行政处罚和刑事处罚。此外，这种行为也会严重损害公司的财务健康，降低公司的信用评级和融资能力。

3. 以虚假交易掩盖实际抽逃出资行为

行为描述：股东与公司之间进行虚假交易，如高价购买公司资产或低价向公司出售资产，通过交易款项的支付和收取，间接实现出资的抽逃。

目的与动机：股东利用虚假交易掩盖真实的资金转移目的，避免直接借款抽逃出资可能引起的法律关注。其动机往往是规避法律限制，实现个人资金的最大化利用。

后果：这种行为导致公司遭受重大财产损失，同时损害公司声誉和信用。相关股东将承担相应的刑事责任和接受行政处罚。

## 法律法规

一、**《公司法》**

第五十三条规定："公司成立后，股东不得抽逃出资。"这是对公司股东出资义务的基本规定。

第二百五十三条规定，对于抽逃出资的股东，由公司登记机关责令改正，并处以所抽逃出资金额百分之五以上百分之十五以下的罚款。

二、**《最高人民法院关于适用〈中华人民共和国公司法〉若干问题的规定（三）》**

《最高人民法院关于适用〈中华人民共和国公司法〉若干问题的规定（三）》第十二条详细列举了认定股东抽逃出资的四种情形，包括制作虚假财务会计报表虚增利润进行分配、通过虚构债权债务关系将其出资转出、利用关联交易将出资转出、其他未经法定程序将出资抽回的行为。该条款为判断股东是否通过借款方式抽逃出资提供了依据。

三、**《中华人民共和国刑法》**

《中华人民共和国刑法》（简称《刑法》）第一百五十九条规定了"抽逃出资罪"，即公司发起人、股东违反公司法的规定，在公司成立后抽逃其出资，数额巨大、后果严重或者有其他严重情节的行为，处五年以下有期徒刑或者拘役，并处或者单处抽逃出资金额百分之二以上百分之十以下罚金。

## 合规程序与方法

1. 明确借款的合法性与合理性

合法性：股东向公司借款应符合公司章程、相关法律法规及公司财务管理制度的规定。例如，公司章程或股东会决议应明确允许股东借款，并规定借款条件、还款期限、利率等。

合理性：借款应有合理的商业目的和用途，避免用于个人消费或其他与公司经营无关的活动。同时，借款金额应合理，避免大额、无合理解释的借款。

2. 履行内部审批程序

股东会或董事会决议：股东向公司借款应经过股东会或董事会的审议和批准，确保决策过程公开、透明，并符合公司治理要求。

关联方回避：如借款涉及关联方，相关关联方应在审议过程中回避表决，以防止利益冲突。

3. 签订借款协议

书面协议：股东与公司之间应签订书面借款协议，明确借款金额、用途、利率、还款期限、担保方式等条款。

市场化利率：借款利率应参照市场水平确定，避免以过低的利率向公司借款，从而变相抽逃出资。

4. 履行财务手续

资金流转：借款应通过公司账户进行，确保资金流向清晰可查。避免通过个人账户或其他非正规渠道进行资金流转。

账务处理：公司应严格按照会计准则进行账务处理，将借款作为公司负债进行核算，并在财务报表中如实反映。

5. 监督与审计

内部监督：公司应建立健全内部监督机制，定期对股东借款情况进行检查，确保借款用途合法、合规。

外部审计：在必要时，公司可聘请外部审计机构对股东借款进行专项审计，以验证借款的合法性和合规性。

**可能面临的影响**

法律风险：如股东借款行为不符合法律法规或公司章程的规定，股东将承担法律责任，包括被责令改正、处以罚款甚至被追究刑事责任。

财务风险：大额、无合理解释的借款会导致公司资金紧张，影响公司的正常经营和偿债能力。

治理风险：股东借款行为如未经过充分审议和批准，会损害公司治理结构，引发股东之间的矛盾和纠纷。

## 案例分析 1：不约定借款期限和利息的股东借款

**一、背景**

辉煌科技公司近年来经营状况良好，积累了一定的现金储备。公司的控股股东光辉集团因其他投资项目需要，向辉煌科技公司申请大额借款。出于与控股股东的良好关系和对未来合作的期待，辉煌科技公司同意向光辉集团提供 1 亿元的借款，但双方在借款合同中并未明确约定还款期限和利息，且在实际操作中，辉煌科技公司也未积极要求光辉集团偿还该笔借款。

**二、案例具体情况**

借款金额：1 亿元人民币。

借款时间：自 2017 年 1 月 2 日起，至今未归还。

合同中未约定明确的还款期限和利息。

**三、分析**

1. 法律法规

根据公司法及相关法规，公司向股东提供借款应当遵循公平、公正的原则，且借款合同应当明确借款期限、利息等关键条款。

公司不得无故放弃债权，损害公司和其他股东的利益。

2. 影响

无息无期限的借款相当于将公司资金无偿提供给股东使用，影响了公司的资金回流和再投资能力。

公司资金被长期占用，影响到公司的盈利能力和分红政策，从而损害中小股东的利益。

不明确的借款合同会引发法律纠纷，影响公司的声誉和经营稳定性。

3. 正确做法

规范借款合同：明确借款期限、利息、还款方式等关键条款，确保合同内容完整、合法。

定期追讨债务：按照合同约定，定期向借款人追讨债务，确保资金及时回流。

保护中小股东利益：在制定借款政策时，应充分考虑中小股东的利益，避免资金长期被占用。

4. 正确的会计处理

在财务报表中，该笔借款应作为应收账款列示，并按照相关会计准则计提坏账准备。

若合同中有利息约定，应定期确认利息收入；若无利息约定，则应评估是否存在关联方交易或利益输送的嫌疑，并进行相应的信息披露。

## 案例分析 2：循环借款以掩盖实际抽逃出资行为

**一、背景**

创新科技有限公司的注册资本为 1 000 万元，由股东李先生出资。在公司成立不久后，李先生开始频繁向公司借款，每次借款金额不等，但都在不久后归还，然后又迅速再次借出，形成了一个循环借款的模式。

**二、案例具体情况**

李先生在公司成立后的三个月内，共借款 5 次，累计金额达到 800 万元。

每次借款期限均不超过一个月，且每次借款后均在两周内归还。

归还后不超过一周，李先生又会再次借款，金额与前次相近。

**三、分析**

1. 法律法规

根据《公司法》及其他相关规定，股东不得通过借款等方式变相抽回出资。

股东与公司之间的交易应当公平、公正，不得损害公司及其他股东的利益。

2. 影响

频繁的循环借款会导致公司资金被长期占用，影响公司正常运营。

若公司因此出现资金问题，将影响公司偿债能力，损害债权人利益。

此行为可能被视为抽逃出资，股东需承担相应的法律责任。

3. 正确做法

股东应避免与公司进行频繁的、大额的、无合理商业理由的借贷交易。

股东若确实需要资金，应通过正规渠道如银行贷款等方式筹集。

公司应建立完善的内部控制制度，防止股东利用借款等方式损害公司利益。

4. 正确的会计处理

每次借款和还款都应在公司财务账簿上准确记录。

需确保借款有明确的商业理由，并经过适当的审批程序。

定期对账，确保借款与还款记录准确无误。

## 案例分析 3：以虚假交易掩盖实际抽逃出资行为

**一、背景**

创新科技公司由几位股东共同出资成立，其中大股东张先生持有公司 40% 的股份。在公司成立初期，为了迅速扩大业务，张先生提议公司购买一批昂贵的设备以提升研发能力。然而，这些设备实际上是从张先生控制的另一家公司——先进设备公司购买的，且交易价格明显高于市场价格。

**二、案例具体情况**

创新科技公司从先进设备公司购买了价值 500 万元的设备，而市场上同类设备的价格仅为 300 万元。

创新科技公司支付了 500 万元给先进设备公司，其中张先生作为大股东，间接从这笔交易中获益。

交易完成后，创新科技公司的现金流紧张，影响了公司的正常运营和研发投入。

**三、分析**

1. 法律法规

公司法规定，股东应当按期足额缴纳公司章程中规定的各自所认缴的出资额。股东不得抽逃出资，否则将承担法律责任。

股东与公司之间的交易应当公平、公正，不得损害公司利益。

2. 影响

高价购买设备导致公司资金流失，影响公司的财务状况和运营能力。

大股东通过虚假交易间接抽逃出资，损害了中小股东的利益。

此类行为触犯法律，导致公司和股东面临法律追究。

3. 正确做法

股东应遵守公司章程和法律法规，不得通过虚假交易抽逃出资。

公司应建立严格的采购流程和审批机制，确保交易的公平性和合理性。

加强内部审计和监督，防止类似违规行为的发生。

4. 正确的会计处理

若发现虚假交易，应立即停止并纠正，追回损失。

调整财务报表，将高价购买的设备按照市场价格重新计价，并冲销多支付的款项。

对相关责任人进行追责，并记录在案，以防止类似事件再次发生。

# 第八章
# 收入合规

## 专题三十九：主营业务收入的相关资料是否真实合法

### 业务简介

**一、概念**

主营业务收入，是指企业从事本行业生产经营活动所取得的营业收入，是企业经常性、主要业务活动所产生的收入。这种收入通常占据企业总收入的较大比重，并对企业的经济效益产生重要影响。具体来说，主营业务收入根据各行业企业所从事的不同活动而有所区别。

工业企业：产品销售收入。

建筑业企业：工程结算收入。

交通运输业企业：交通运输收入。

批发零售贸易业企业：商品销售收入。

房地产业企业：房地产经营收入。

其他行业企业：经营（营业）收入。

**二、基本规定**

1. 账务处理

企业在进行主营业务收入的账务处理时，需要设置“主营业务收入”科目，并按照主营业务的种类进行明细核算。具体的账务处理流程如下。

销售商品或提供劳务：按实际收到或应收的金额，借记“银行存款”“应收账款”“应收票据”等科目，贷记“主营业务收入”科目。涉及增值税销项税额的，还需进行相应的税务处理。

分期收款销售：对于采用递延方式分期收款、具有融资性质的销售商品或提供劳务业务，在满足收入确认条件时，按应收合同或协议价款及公允价值进行账务处理。

非货币性资产交换和债务重组：以库存商品进行非货币性资产交换或债务重组的，应按公允价值进行账务处理。

销售退回或折让：本期发生的销售退回或销售折让，需冲减相应的营业收入，并进行相应的会计处理。

2. 真实性与合法性要求

企业主营业务收入的相关资料必须真实、合法，反映企业实际经营情况。这要求企业在确认和计量主营业务收入时，必须遵循以下原则。

真实性原则：确保所有确认的收入都是真实发生的，有充分的证据支持。

合法性原则：所有收入必须符合国家法律法规和会计准则的规定，不得虚增或隐瞒收入。

权责发生制原则：按照权责发生制原则确认收入，即不论款项是否收到，只要收入已经实现或可以可靠计量，就应确认收入。

3. 监督与审计

为确保主营业务收入的真实性和合法性，企业需要建立健全的内部控制制度和审计机制。内部审计部门或外部审计机构应定期对企业的财务报表进行审计，重点检查主营业务收入的确认和计量是否符合相关规定，是否存在虚假记录或舞弊行为。

**三、违规表现**

1. 销售发票管理不严格

行为描述：为他人代开发票、开具“阴阳票”（即发票联和记账联金额不一致）、不开具销售发票等。

目的与动机：获取非法利益（如收取手续费）或偷逃税。

后果：导致国家税收流失，企业面临税务稽查和处罚，甚至可能构成刑事犯罪。同时，这种行为也会损害企业的商业信誉。

2. 销售收入入账时间不正确

行为描述：故意将本期的销售收入延迟到下期入账，或提前确认未实现的销售收入。

目的与动机：减轻当期税负、平滑利润或满足特定财务指标的要求。

后果：违反税法和会计准则规定，导致财务报表失真，误导投资者和监管机构。长期来看，会损害企业的信誉和可持续发展能力。

3. 销售收入金额不实

行为描述：随意多记或少记销售收入金额，如通过账户对应关系错误来少计收入。

目的与动机：偷逃税、调节利润或满足特定的监管要求。

后果：不仅会导致国家税收损失，还会使企业的财务报表失去真实性，影响投资者决策，甚至可能引发法律诉讼。

4. 故意隐匿收入

行为描述：将正常的销售收入反映在“应付账款”等科目内，作为其他企业的暂存款处理，不反映在主营业务收入中。

目的与动机：偷逃税或隐藏真实经营状况。

后果：严重违反税法规定，企业面临税务稽查和严厉处罚。同时，这种行为也会破坏企业的市场形象和信誉。

5. 虚增销售收入

行为描述：通过虚构交易、提前确认收入或混淆收入性质等方式虚增主营业务收入。

目的与动机：粉饰财务报表、满足市场预期、达到特定的监管要求或提高股价等。

后果：严重误导投资者和监管机构，损害市场公平和透明度。企业将面临法律制裁和市场惩罚，甚至可能破产。

## 法律法规

**一、《企业会计准则第 14 号——收入》**

准则要求企业只有在符合以下条件时才能确认收入：已经发生的主营业务交易，且收入的金额能够可靠计量；与主营业务收入相应的经济利益已经或者将要流入企业；收入的实现可以被预计或者已经能够被预计；收入的金额可以被可靠地计量。这些规定确保了主营业务收入的真实性和准确性。

**二、《会计法》**

该法规定了企业必须依法设置会计账簿，并保证其真实、完整。对于主营业务收入，企业必须按照实际发生的经济业务事项进行会计核算，不得以虚假的经济业务事项或者资料进行会计核算。这从法律层面保证了主营业务收入的真实性。

**三、《中华人民共和国税收征收管理法》**

该法规定纳税人必须依照法律、行政法规规定或者税务机关依照法律、行政法规的规定确定的申报期限、申报内容如实办理纳税申报。这意味着企业在申报主营业务收入时，必须确保其真实性和合法性，否则将面临税务部门的处罚。

## 合规程序与方法

**一、合规程序与方法**

1. 建立健全内部控制系统

评审内部控制的健全性和有效性：审计人员需对企业内部控制系统进行评审，确保销售业务的不相容职务相分离，发货、退货、折让与折扣制度健全有效；同时，需检查企业是否实行计划管理、合同控制、浮动价格授权批准制度，记账、对账、清账制度，以及发票领用、开票和结算制度，等等。

采用调查表、程序图等工具：首先通过调查表、程序图等工具了解企业内部控制的健全性，然后通过查询、观察等方法测试其有效性，最后进行分析评价，确认审计范围和重点。

2. 分析主营业务收入的真实性和正确性

编制主营业务收入分析表：调阅企业主营业务收入账簿、计划及其他相关资料，编制主营业务收入分析表，对比分析本期主营业务收入计划与实际的差异情况，评价完成情况。

对比不同期主营业务收入：分析不同期主营业务收入的差异，评估其变动趋势，揭示异常变动情况并查明原因，以发现可能的少记、隐瞒或虚记收入行为。

3. 验证主营业务收入在会计报表中的公允性

检查会计报表：确认会计报表中的“主营业务收入”项目是否真实反映企业实际情况，计价是否合规、正确，报表中是否适当披露有关主营业务收入的事项。

4. 审查主营业务收入的真实性、合法性和正确性

审阅明细账和会计凭证：审阅主营业务收入明细账，抽查相关会计凭证，验证合同、发票和收据的真实性、合法性。

验证主营业务收入确认的合规性：结合企业销售和结算方式，验证主营业务收入确认的合规性和正确性，验算主要主营业务收入额，确认其计算是否符合一贯性和正确性。

5. 审查主营业务收入账务处理的合规性与正确性

审阅明细账和会计凭证：审阅主营业务收入及相关业务的明细账，抽查其会计凭证，验证账务处理的合规性和正确性。

结合业务合同等资料：采用分析与查询方法，结合业务合同及其他相关资料，查明企业是否存在少记、隐瞒或虚记主营业务收入的问题。

**二、步骤**

准备阶段：确定审计目标、范围和方法，收集相关法律法规。

实施阶段：按照上述合规程序与方法，对企业的主营业务收入进行全面审查。

分析评价阶段：对收集到的资料进行分析评价，识别可能存在的问题和风险。

报告阶段：编制审计报告，提出审计意见和建议，向管理层报告审计结果。

**三、可能的影响因素**

内部控制的健全性：企业内部控制系统的健全性直接影响审计工作的效率和效果。

市场环境的变化：市场环境的变化可能导致企业主营业务收入的波动，影响审计结论的准确性。

会计准则的变更：会计准则的变更可能影响主营业务收入的确认和计量方法，需要审计人员及时关注并适应。

人为因素：企业内部的舞弊行为或疏忽可能导致主营业务收入记录的不准确或不合规。

## 案例分析1：销售发票管理不严格

### 一、背景

家电销售公司家电世界为了提升销售业绩，采取了一些不合规的销售发票管理措施。具体来说，公司存在为他人代开发票、开具“阴阳票”以及不开具销售发票的情况。具体事项如下。

事项1：为他人代开发票。为了维护客户关系，家电世界为一位大客户代开了一张价值10 000元的发票，而该客户实际并未在家电世界购买任何商品。此笔交易在账面上产生了10 000元的虚假销售额。

事项2：开具“阴阳票”。在一次大宗销售中，为了逃避税收，家电世界向客户开具了发票联金额为8 000元，而记账联金额仅为5 000元的“阴阳票”。发票联与记账联之间的差额为3 000元，这部分差额未被计入应税销售额。

事项3：不开具销售发票。为了促销，家电世界在某次活动中以对部分小额销售不开发票为条件降低价格，以吸引消费者。据统计，该活动期间共有100笔销售收入未开具发票，总销售额约为5 000元。

### 二、分析

1. 法律法规

根据税收法规，企业必须根据实际交易情况如实开具发票，不得为他人代开、虚开或不开具发票。

发票的发票联和记账联金额必须一致，以确保税收的准确性。

2. 影响

通过开具“阴阳票”和不开具发票的方式，企业减少了应纳税额，损害了国家税收利益。

代开发票和开具“阴阳票”导致企业财务报表不真实，影响投资者和债权人的决策。

企业将面临税务部门的处罚，甚至可能面临法律诉讼。

3. 正确做法

严格遵守税收法规和发票管理规定，确保每笔交易都如实开具发票。

加强内部控制，防止员工为了个人利益而违规操作。

定期对员工进行税收法规和发票管理培训，提高合规意识。

4. 正确的会计处理

对于每笔销售交易，无论金额大小，均应如实开具发票，并将销售额全额计入当期收入。

发票的发票联和记账联金额必须完全一致，确保账务处理的准确性。

定期进行账务核对和审计，确保财务信息的真实性。

## 案例分析2：销售收入入账时间不正确

### 一、背景

电子产品销售公司电子世界，为了提升年终业绩，故意将本应在第四季度确认的一部分销售收入延迟至次年第一季度入账。同时，为了在年初给投资者留下好印象，该公司还提前确认了部分尚未发货的产品的销售收入。

### 二、案例具体情况

延迟入账的销售收入：原本应在第四季度入账的销售收入为500万元，被故意延迟至次年第一季度入账。

提前确认的销售收入：公司在年初提前确认了300万元的尚未发货的产品的销售收入。

三、分析

1. 法律法规

根据《企业会计准则》和《国际财务报告准则》，销售收入的确认应当基于交易的实质，而不是形式，且应在商品或服务的控制权转移给客户时确认收入。随意调整收入确认时间，以操纵财务报表，违反了财务报告的真实性和公允性原则。

2. 影响

故意调整收入确认时间会导致财务报表不能真实反映公司的财务状况和经营成果。

不真实的财务报表会误导投资者对公司业绩的判断，导致投资决策失误。

此类行为触犯证券法等相关法律法规，公司和相关责任人面临法律处罚。

3. 正确做法

严格遵守会计准则，确保在商品或服务的控制权转移给客户时确认收入。

加强内部控制，防止管理层为了业绩考核或其他目的而操纵收入确认时间。

提高审计质量，确保审计师能够发现不恰当的收入确认做法并给出适当建议。

4. 正确的会计处理

对于延期入账的销售收入，应在控制权转移给客户的当期（第四季度）确认收入，借记“应收账款”科目（500 万元），贷记“销售收入”科目（500 万元）。

对于提前确认的销售收入，应冲销错误的收入确认分录，待产品实际发货且控制权转移给客户时，再按照实际交易金额确认收入。

## 案例分析 3：销售收入金额不实

一、背景

家具销售公司家居乐为了逃避税款和减少利润分配，采取通过账户错误对应关系来少计销售收入的违规行为。具体来说，该公司在销售家具时，故意将部分销售收入记入其他账户，以此降低应税收入和账面上的利润。

二、案例具体情况

假设家居乐公司某月实际销售收入为 100 万元，但该公司仅将 80 万元计入销售收入。

剩余的 20 万元被错误地记入“其他应付款”账户，作为预收的客户订金，而非实际销售收入。

三、分析

1. 法律法规

根据相关税法规定，企业应当准确核算并申报全部销售收入，不得隐瞒或少报应税收入。

会计准则要求企业真实、完整地记录和报告财务信息，确保账实相符。

2. 影响

通过少计销售收入，家居乐公司减少了应纳税款，损害了国家税收利益。

财务报表未能真实反映公司的销售收入和财务状况，误导了投资者和债权人的决策。

此类行为触犯税收法规和相关法律，公司面临法律制裁。

3. 正确做法

严格按照税法规定和会计准则确认和计量销售收入。

加强内部控制，确保销售收入的准确记录和报告。

定期进行财务审计，及时发现并纠正错误的账务处理。

4. 正确的会计处理

当月实际销售收入 100 万元应全额记入“销售收入”账户。

若存在真实的预收客户订金，应单独设置“预收账款”账户进行核算，而非记入“其他应付款”账户。

## 案例分析 4：故意隐匿收入

**一、背景**

家具销售公司家居美好，为了规避税务和隐藏部分销售收入，故意将正常的销售收入不记入“主营业务收入”账户，而是将其反映在“应付账款”账户内，作为其他家具供应商的暂存款处理。

**二、案例具体情况**

假设家居美好公司某月实际销售收入为 1 000 万元，其中 800 万元正常记入“主营业务收入”账户，而剩余的 200 万元则被错误地记入“应付账款”账户。

记入“应付账款”账户的 200 万元，被标注为某家具供应商的暂存款。

**三、分析**

1. 法律法规

根据《企业会计准则》和税法规定，企业应当真实、准确地记录和报告所有销售收入，并按规定缴纳相关税费。将销售收入隐藏在其他账户中，违反了财务报告的真实性原则和税收法规。

2. 影响

公司的财务报表不能真实反映其销售情况和盈利能力，误导投资者和债权人。

通过隐藏销售收入，公司逃避了应缴纳的增值税和企业所得税，造成国家税收损失。

公司面临税务部门的处罚，甚至涉及刑事责任。

3. 正确做法

严格遵守会计准则和税收法规，确保所有销售收入都正确记入“主营业务收入”账户。

加强内部控制，防止管理层或员工为了个人利益而违规操作。

定期进行财务审计和税务审查，确保财务报告的准确性和合规性。

4. 正确的会计处理

对于被错误记入“应付账款”账户的 200 万元销售收入，应进行调整，将其转入“主营业务收入”账户，并计提相应的增值税销项税额。同时，应冲销相应的应付账款，确保账目清晰、准确。

## 案例分析 5：虚增销售收入

**一、背景**

软件开发公司智云科技为了提升公司业绩和股价，通过虚构交易、提前确认收入以及混淆收入性质等手段，虚增了主营业务收入。

**二、案例具体情况**

虚构交易：智云科技在其年度报告中声称与某大型企业签订了一份价值 500 万元的软件开发合同，并确认了相应的收入。然而，经核查，该合同并不存在。

**三、分析**

1. 法律法规

会计准则要求企业真实、准确地记录和报告财务信息。

虚构交易违反了财务报告的真实性和准确性原则。

2. 影响

虚增的收入会导致投资者对公司真实盈利能力和财务状况的误判，进而做出错误的投资决策。

该违规行为将严重损害公众对资本市场的信任。

公司及相关责任人面临证券欺诈等法律指控，需承担相应的法律责任。

3. 正确做法

严格遵守会计准则，确保交易的真实性和收入的准确确认。

加强内部控制，防止管理层操纵财务数据。

提高审计质量，确保审计师能够发现不恰当的会计处理，并给出相关建议。

4. 正确的会计处理

对于虚构的交易，应冲销相关收入记录，确保财务报表的真实性。

## 专题四十：企业多元化收入是否存在不正当交易

### 业务简介

**一、概念**

企业多元化收入，是指企业在主要经营活动以外，通过扩展业务范围和收入渠道所获得的收入。它包括但不限于其他业务收入、投资收益、补贴收入、营业外收入等。多元化收入是企业抵御市场风险、实现持续增长的重要收入之一。

**二、基本规定**

1. 目的

增加多元化收入的目的是减少企业对单一市场的依赖，提高整体竞争力和市场适应性。

2. 实现方式

企业可以通过开发新产品或服务、扩展新市场、建立合作关系或联盟、投资并购等方式实现收入的多元化。

3. 会计处理

多元化收入中的各项内容在会计记录中需分别核算，并在财务报表中适当披露。

**三、主营业务收入构成对企业多元化收入的影响**

1. 基础支撑作用

主营业务收入是企业收入的基础，也是企业实现多元化收入的前提。只有主营业务稳定且具有一定规模，企业才有能力和资源去拓展其他业务领域，实现收入的多元化。

2. 资源分配影响

主营业务收入的变化会影响企业对资源的分配。当主营业务收入增长稳定时，企业可能更倾向于将资源投入多元化业务的拓展中；反之，当主营业务收入下降时，企业可能需要收缩多元化业务，以集中资源稳定主营业务。

3. 市场竞争力关联

主营业务收入的增长反映了企业在主要业务领域的市场竞争力。这种竞争力不仅有助于企业在主营业务领域巩固地位，还可能为企业拓展多元化业务提供品牌、渠道等方面的支持。

4. 风险抵御能力

多元化收入有助于企业抵御单一市场风险。然而，如果主营业务收入构成单一或过于依赖某一领域，企业在面对该领域市场波动时可能缺乏足够的抵御能力。因此，合理的主营业务收入构成是实现多元化收入、增强企业抗风险能力的重要基础。

**四、违规表现**

1. 虚增主营业务收入以掩盖多元化收入策略实施不力或收入不足

行为描述：企业通过虚构交易或其他会计手段，人为虚增主营业务收入，以掩盖多元化收入策略实施不力或收入不足的问题。

目的与动机：维护企业市场形象、吸引投资者或满足业绩考核要求等。

后果：该行为将严重损害企业信誉，企业面临法律诉讼、高额罚款甚至退市风险，同时会导致投资者信心受挫，股价大幅下跌。

2. 利用多元化收入进行利润操纵

行为描述：企业通过调整多元化收入的确认时间、方式或金额，以达到操纵整体利润的目的。例如，在业绩不佳时，将部分非主营业务收入提前确认，以粉饰财务报表。

目的与动机：完成业绩目标、保持股价稳定或满足融资条件等。

后果：利润操纵行为扭曲了企业的真实经营状况，误导投资者和监管机构，损害市场公平性和透明度。企业将面临严厉的法律制裁和市场惩罚。

3. 多元化收入与主营业务收入混淆不清

行为描述：企业在财务报表中未能清晰区分主营业务收入和多元化收入，导致两者混淆不清，难以准确反映企业的业务结构和盈利来源。

目的与动机：可能是出于简化财务报告流程、避免复杂解释或故意模糊业务边界等考虑。

后果：混淆收入分类使得投资者难以准确评估企业的主营业务竞争力和多元化战略的有效性，增加了信息不对称和投资风险。同时，也会引发监管机构的关注和问询，要求企业进一步澄清和说明。

4. 利用多元化业务进行违规关联交易

行为描述：企业通过多元化业务与关联方进行不公平交易，将利益从企业自身转移至关联方，同时企业可能虚增多元化收入以掩盖利益输送行为。

目的与动机：管理层或控股股东可能出于个人私利、利益输送或掏空企业等目的，利用多元化业务进行违规关联交易。

后果：利益输送行为严重损害了企业和中小股东的利益，破坏了资本市场的公平性和公正性，将引发监管机构的严厉查处和市场的强烈谴责，企业面临法律诉讼、巨额罚款和市场信誉受损等严重后果。

## 法律法规

**一、《企业会计准则第 14 号——收入》**

主营业务收入的确认和计量大致分为五步：首先，识别与客户订立的合同；其次，识别合同中的单项履约义务；其次，确定交易价格；再次，将交易价格分摊至各单项履约义务；最后，在履行各单项履约义务时确认收入。这些步骤确保了主营业务收入的准确确认和计量。

**二、《企业所得税法》**

企业的应纳税所得额等于主营业务收入减去可扣除的支出。可扣除的支出包括与取得收入有关的、合理的支出，如成本、费用、税金、损失等。但需要注意的是，某些特定支出，如向投资者支付的股息、红利等权益性投资收益款项以及企业所得税税款等是不得扣除的。

**三、《公司法》**

公司的经营范围由公司章程规定并依法登记。因此，公司的主营业务应在其经营范围内且需依法登记。如果公司要更改主营业务，需要修改公司章程并办理变更登记。这确保了公司主营业务的合法性和合规性。

## 合规程序与方法

**一、多元化收入合规程序**

1. 研究法律法规

企业需要对相关法律法规、行业标准以及政策导向进行深入研究，确保多元化收入模式的合法性。这包括了解税收政策、反垄断法、消费者权益保护法等。

2. 风险评估

实施多元化收入模式前，企业应进行全面的风险评估，识别可能存在的法律、市场、财务等风险，并制定相应的风险应对策略。

3. 内部审批

多元化收入模式的实施需要经过企业内部严格的审批流程，包括高层管理人员的决策、财务部门的审核以及法务部门的法律审查等。

4. 信息披露

企业应确保多元化收入模式的公开透明，及时披露相关信息，避免信息不对称带来的潜在风险。

**二、多元化收入方法与步骤**

1. 拓展新业务领域

企业可以通过开发新产品或服务、扩展新市场、与其他企业建立合作关系或联盟等方式，实现收入来源的多元化。这些方法需要企业具备足够的资源、能力和战略眼光。

2. 优化资源配置

在多元化收入模式下，企业需要合理优化资源配置，确保各项业务的协调发展。这包括对资金、人力、技术等资源的有效整合和利用。

3. 建立合规体系

企业应建立完善的合规体系，包括制定合规政策、建立合规机制、加强合规培训等，以确保多元化收入模式的合规性。

4. 监控与评估

企业应对多元化收入模式进行持续的监控和评估，及时调整策略，以应对市场变化和法律环境的变化。

**三、可能的影响因素**

1. 法律法规变化

法律法规的变化可能对企业多元化收入模式产生直接影响，企业需要密切关注相关法律法规的变化，及时调整合规策略。

2. 市场竞争

市场竞争的加剧可能使得多元化收入模式面临更大的挑战，企业需要不断提升自身的竞争力和市场适应能力。

3. 内部管理

企业内部管理的效率和效果将直接影响多元化收入模式的实施效果。因此，企业需要加强内部管理，提高运营效率。

4. 外部环境

经济环境、政策环境、技术环境等外部环境的变化也可能对多元化收入模式产生影响，企业需要具备敏锐的市场洞察力和应对能力。

## 案例分析 1：虚增主营业务收入以掩盖多元化收入策略实施不力或收入不足

**一、背景**

乐视网，一家知名的互联网公司，曾涉及影视制作等多个领域，尝试通过多元化策略来增加收入。然而，该公司被曝出存在长达十年的财务造假行为，其中包括虚增收入以掩盖其多元化收入策略实施不力或收入不足的问题。

**二、案例具体情况**

乐视网通过虚构业务等手段虚增收入。虽然虚增的具体收入数据未公布，但证监会对乐视网合计罚款 2.41 亿元，对其主要负责人贾跃亭也合计罚款 2.41 亿元，这显示了虚增收入的严重程度。

**三、分析**

1. 法律法规

根据相关会计准则和其他法规，企业应真实、准确地记录和报告其财务状况和经营成果。通过虚构交易其他会计手段来人为虚增主营业务收入是违法的。

2. 影响

乐视网的财务造假行为严重误导了投资者和债权人，导致公司股价暴涨暴跌，给投资者带来了巨大的损失。

这种行为也损害了公司的声誉和信誉，影响了其未来的融资能力和业务发展。

3. 正确做法

企业应严格遵守相关会计准则和法规，真实、准确地记录和报告其财务状况和经营成果。

对于多元化策略的实施，企业应注重核心业务的发展，同时谨慎拓展新业务领域，确保新业务能够与核心业务形成互补和协同效应。

4. 正确的会计处理

企业应按照会计准则的规定，确保收入的确认符合实现原则，即只有在商品或服务的控制权已经转移给客户，且相关的经济利益很可能流入企业时才能确认收入。

对于虚构的交易或提前确认的收入，应进行调整和纠正，以反映真实的财务状况和经营成果。

## 案例分析 2：利用多元化收入进行利润操纵

**一、背景**

某上市公司在连续几个季度业绩下滑的压力下，为了稳定股价和投资者信心，决定通过调整收入确认的时间、方式或金额来操纵其财务报表。具体来说，在年终结账前，公司将一部分尚未实现的非主营业务收入提前确认为当期收入。

**二、案例具体情况**

假设该公司在年末将一项预计在次年第一季度实现的非主营业务收入提前确认，金额为 1 000 万元。由于这笔收入的提前确认，公司的年度总收入增加了 1 000 ÷ 9 000=0.11=11%，从原本的 9 000 万元提升至 1 亿元。同时，净利润也相应提升了 8%，从原本的 3 000 万元提升至 3 240 万元。

**三、分析**

1. 法律法规

根据《企业会计准则》，收入的确认应当遵循权责发生制原则，即收入应当在实现时予以确认，而不是在收到现金时。此外，收入确认的条件包括：与收入相关的经济利益很可能流入企业、收入的金额能够可靠地计量等。

2. 影响

提前确认收入违反了会计准则的规定，导致财务报表不能真实、公允地反映公司的财务状况和经营成果。这种行为会误导投资者，使他们基于错误的信息做出投资决策。此外，这种行为还会引发监管机构的调查和处罚，对公司的声誉和长期发展造成负面影响。

3. 正确做法

公司应该严格遵守会计准则的规定，按照实际业务发生的时间和金额来确认收入。对于非主营业务收入，应当在相关交易完成、收入实现且金额能够可靠计量时进行确认。这样做可以确保财务报表的真实性和公允性，维护公司的声誉和投资者的利益。

4. 正确的会计处理

在正确的会计处理下，公司应该将提前确认的收入进行冲回，并在实际完成交易时再进行确认。同时，公司还应该加强内部控制和审计，确保类似的行为不再发生。此外，公司还可以考虑采用更为严格的收入确认政策和程序，以降低风险。

## 案例分析 3：多元化收入与主营业务收入混淆不清

### 一、背景

某企业近年来尝试业务多元化，从原有的主营业务拓展到了多个新的业务领域。然而，在其财务报表中，主营业务收入和多元化收入并未进行明确区分，导致投资者和分析师难以准确判断企业的业务结构和盈利来源。

### 二、案例具体情况

假设该企业的财务报表显示，总收入为 5 亿元，但未明确区分主营业务收入和多元化收入。经过深入调查，发现其中 4 亿元来自主营业务，而剩余的 1 亿元则来自多元化业务。由于未进行明确区分，外界很难准确评估企业各业务板块的贡献和盈利能力。

### 三、分析

1. 法律法规

根据《企业会计准则》，企业应清晰、透明地披露其财务信息，包括收入的来源和构成。这有助于投资者和其他财务报告使用者准确理解企业的财务状况、经营成果和现金流量。

2. 影响

投资者和分析师难以准确评估企业的业务结构和盈利来源，导致投资决策失误。

混淆主营业务和多元化业务的收入，掩盖了某些业务板块的真实表现，如某些多元化业务可能并不盈利，甚至亏损，但被主营业务的高收入所掩盖。

影响企业的信誉和透明度，引发监管机构的关注和审查。

3. 正确做法

企业应在财务报表中明确区分主营业务收入和多元化收入，提供详细的收入构成信息。

对于每项业务，应单独披露其收入、成本和利润情况，以便投资者和分析师能够准确评估各业务板块的贡献和盈利能力。

加强内部财务管理和核算，确保财务数据的准确性和透明度。

4. 正确的会计处理

在编制财务报表时，应明确列示主营业务收入其他业务收入两个项目，避免混淆。

对于多元化业务，可以进一步细分收入来源，如按照业务类型或产品线进行划分，并分别披露其收入情况。

定期进行财务审查和内部审计，确保财务数据的真实性和合规性。

## 案例分析 4：利用多元化业务进行违规关联交易

### 一、背景

上市公司 A 拥有多个业务板块，为了扶持其关联企业 B，公司 A 通过多元化业务与关联方进行了一系列不公平交易。具体来说，公司 A 以高于市场价的价格向公司 B 销售其产品和服务，同时虚增了这部分多元化业务的收入，以掩盖利益输送行为。

### 二、案例具体情况

假设公司 A 以高于市场价 20% 的价格向公司 B 销售了一批产品，销售额为 1 亿元，而按照市场价格，该批产品的销售额应为 8 000 万元。因此，公司 A 通过此次交易增加了收入 2 000 万元。同时，为了掩盖这一利益输送行为，公司 A 在财务报表中将这部分多元化业务的收入虚增了 10%，即从原本的 1 亿元增至 1.1 亿元。

三、分析

1. 法律法规

根据相关法规，关联交易应当遵循公平、公正的原则，交易价格应当公允，不得损害上市公司及中小股东的利益。

会计准则要求企业真实、准确地反映其财务状况和经营成果，不得虚增收入或隐藏成本。

2. 影响

通过不公平交易将利益从上市公司转移至关联方，损害了上市公司及其中小股东的利益。

虚增收入导致财务报表失真，误导投资者和债权人，影响他们的决策。

该违规行为导致公司声誉受损、股价下跌，甚至引发法律诉讼和监管处罚。

3. 正确做法

公司应确保与关联方的交易价格公允、合理，避免利益输送行为。

加强内部控制和审计监督，确保关联交易的合规性和财务报表的真实性。

4. 正确的会计处理

定期对财务报表进行审计和复核，确保其真实性和准确性。

## 专题四十一：是否存在通过放宽信用政策增加业务收入的情况

### 业务简介

**一、概念**

放宽信用政策，指的是企业在应收账款管理和销售活动中，通过降低信用标准、延长信用期间或提供其他优惠条件，来吸引客户增加购买量，进而提升业务收入。这种策略实际上降低了客户获得商品或服务的门槛，使得企业能够在短期内实现销售收入的快速增长。

**二、基本规定**

1. 信用标准

信用标准是指企业根据客户的信用状况（如偿债能力、履约历史等）设定的最低信用要求。放宽信用政策可能意味着降低这些标准，使得原本不符合条件的客户也能获得信用销售的机会。

2. 信用期间

信用期间是指企业允许客户从购货到付款之间的时间间隔。延长信用期间是放宽信用政策的一种常见方式，它给予客户更多的资金周转时间，从而可能刺激其增加购买量。

3. 现金折扣

为了鼓励客户提前付款，企业可能会提供现金折扣。放宽信用政策可能包括增大现金折扣的折扣力度或延长享受折扣的付款期限。

4. 可能带来的影响

增加业务收入：放宽信用政策最直接的效果是扩大了当期销售，从而增加了业务收入。这对希望快速提升业绩的企业来说具有吸引力。

延长平均收账期：由于放宽了信用条件，客户可能会选择更长的付款期限，导致企业的平均收账期延长。这会增加企业的资金占用成本，降低资金周转率。

增加坏账损失：放宽信用政策可能吸引一些信用状况不佳的客户，从而增加坏账的风险。企业需要为潜在的坏账损失计提准备金，这将影响企业的净利润。

增加收账费用：为了催收应收账款，企业可能需要投入更多的人力、物力和财力。这些额外的收账费用将增加企业的运营成本。

营收质量下降：放宽信用政策带来的收入增长往往伴随着应收账款的大幅增加，这可能反映出企业的营收质量在下降。同时，如果企业通过突击确认收入的方式来粉饰业绩，还可能涉嫌财务造假。

**三、违规表现**

1. 过度降低信用标准

行为描述：企业降低信用审核标准，允许更多信用状况不佳的客户享受赊销服务，或提高客户的信用额度。

目的与动机：快速扩大市场份额，增加销售收入，尤其是在面临业绩压力或冲刺 IPO 等关键时刻。

后果：应收账款大幅增加，坏账风险显著提高，企业可能面临大量应收账款无法收回的局面，导致现金流紧张，甚至影响企业的持续经营能力。

2. 延长信用期限

行为描述：企业延长客户的付款期限，从原本的 30 天或 60 天延长至 90 天甚至更长。

目的与动机：吸引更多客户下单，特别是那些资金流紧张的客户，从而增加销售收入。

后果：平均收账期延长，资金回笼速度减慢，增加企业的资金成本和运营风险。长期来看，可能导致企业资金链断裂，影响正常经营。

3. 利用关联方交易虚增收入

行为描述：企业通过关联方交易，向关联方提供异常宽松的信用政策（如超长信用期或不合理的信用额度），以虚增销售收入。例如，企业向关联方销售商品或服务，但延迟收款或长期挂账。

目的与动机：通过关联方交易虚增收入，美化财务报表，掩盖实际经营问题，或满足融资、上市等需求。

后果：根据《企业会计准则》和《中华人民共和国企业所得税法》，关联方交易需遵循公允性原则，并充分披露。虚增收入可能导致企业面临税务稽查风险，同时违反《证券法》关于信息披露的规定，可能被认定为财务造假，引发监管处罚或法律诉讼。此外，关联方交易的不透明性会损害企业声誉，影响投资者信心。

## 法律法规

**一、《会计法》**

该法律要求企业必须真实、准确地记录和报告财务信息。放宽信用政策可能导致应收账款等的变动，这些变动需要在企业财务报表中真实反映。

**二、《企业会计准则》**

《企业会计准则》要求企业按照规定的会计处理方法编制财务报表。放宽信用政策会影响企业的收入和财务状况，因此，在编制财务报表时需要遵循相关会计准则，确保财务信息的准确性和公允性。

**三、《企业内部控制基本规范》**

该规范要求企业建立健全内部控制制度，包括财务管理、风险管理等方面的控制。放宽信用政策属于企业财务管理的范畴，因此需要确保相关内部控制制度的完善和执行。

## 合规程序与方法

**一、合规程序与方法**

1. 深入了解客户资信情况

客户信用评估：企业需建立完善的客户信用评估体系，通过收集和分析客户的财务报表、银行记录、行业地位、历史交易记录等信息，评估客户的信用等级。

打分制度：采用打分制度对客户进行评级，根据评估结果设置不同的信用等级，并为每个等级设定相应的信用额度和信用条件。

2. 制定合理的信用政策

信用标准：明确企业为客户提供商业信用的最低条件，通常以预期的坏账损失率为标准。信用标准过严可能限制销售，过松则可能增加坏账风险。

信用条件：包括信用期限、折扣政策、付款方式等，需根据客户的信用等级灵活设置。对高信用等级客户可适当放宽条件，以获得更多业务收入；对低信用等级客户则需谨慎考虑。

3. 设定信用额度

平衡风险与收益：在设定客户信用额度时，需平衡销售收入和信用风险之间的关系。确保信用额度既能满足客户需求，又不会给企业带来过大的财务风险。

灵活性：信用额度应具备一定的灵活性，可根据市场变化、客户经营状况等因素适时调整。

4. 完善应收账款管理

加强催收：放宽信用政策后，应收账款可能会增加。因此，需加强应收账款管理，建立完善的催收机制，确保账款及时收回。

风险预警：建立风险预警系统，对可能出现的坏账风险进行提前预警，并采取相应的防范措施。

5. 遵守相关法律法规

在与客户签订合同时，需明确双方的权利和义务，确保合同内容合法合规。

在与客户进行交易时，需遵守反洗钱相关法律法规，防止非法资金流入。

其他相关法规，如税法、消费者权益保护法等，企业也需在经营过程中严格遵守。

**二、步骤**

收集客户信息：通过多种渠道收集客户的资信信息。

评估客户信用：根据收集到的信息对客户进行信用评估，并确定信用等级。

制定信用政策：根据客户的信用等级制定相应的信用政策，包括信用标准、信用条件和信用额度等。

签订合同：与客户签订正式合同，明确双方的权利和义务。

执行与监控：执行信用政策，并对应收账款进行监控和管理。

调整与优化：根据市场变化、客户经营状况等因素适时调整信用政策，确保其有效性。

**三、可能的影响**

对销售收入的影响：放宽信用政策可能会吸引更多客户购买产品或服务，从而增加销售收入。但也可能因坏账增加而导致实际收入减少。

对应收账款管理的影响：宽松的信用政策会增加应收账款的规模和管理难度，企业需要投入更多资源进行催收和管理。

对现金流量的影响：客户延迟付款或无法按时付款会影响企业的现金流量，增加企业的财务风险。

对坏账损失的影响：宽松的信用政策可能会增加坏账的风险和损失。

面临合规风险：在放宽信用政策的过程中，若未严格遵守相关法律法规，企业会面临合规风险。

## 案例分析 1：过度放低信用标准

### 一、背景

某家电子产品销售公司为了迅速扩大市场份额，决定降低信用审核标准，允许更多信用状况不佳的客户享受赊销服务，并提高现有客户的信用额度。此举旨在吸引更多客户，尤其是那些因信用问题而被其他商家拒之门外的客户。

### 二、案例具体情况

在降低信用审核标准之前，该公司的月销售额约为 500 万元，客户数量为 5 000 人。

降低信用审核标准并提高信用额度后，月销售额在短短三个月内增长至 800 万元，客户数量增至 8 000 人。

然而，随之而来的是坏账率的大幅上升。之前坏账率维持在 2% 以下，而在此举措实施后，坏账率上升至 5%。

### 三、分析

1. 法律法规

根据相关法规，企业应当建立完善的信用管理制度，对客户进行合理的信用评估，并根据评估结果决定是否提供赊销服务及信用额度。

企业不得为了扩大销售而无视客户的信用风险，否则可能面临财务风险和法律责任。

2. 影响

坏账率上升：降低信用审核标准，吸引了更多信用状况不佳的客户，导致坏账率显著上升，直接影响企业的利润。

资金流转困难：大量的坏账导致企业资金回流变慢，甚至可能出现资金链断裂的风险。

损害企业声誉：频繁的坏账和催款会影响企业的声誉和客户关系。

3. 正确做法

建立严格的信用审核制度：确保对每位客户进行全面的信用评估，根据评估结果合理设置信用额度。

定期对账和催款：与客户保持定期沟通，确保账款及时收回，降低坏账风险。

分散风险：不要过度依赖少数大客户，通过拓展更多信用状况良好的中小客户来分散风险。

4. 正确的会计处理

对于赊销业务，企业应在财务报表中准确记录应收账款和坏账准备的情况。

定期对坏账进行估算和计提坏账准备，以反映真实的财务状况。

在出现坏账时，应及时进行会计处理，确保财务信息的准确性和透明度。

## 案例分析 2：延长信用期限

### 一、背景

某机床销售公司为了吸引更多客户下单，特别是资金流紧张的客户，决定延长客户的付款期限。该公司原本规定的付款方式是货到付款，但为了促销，改为货到后六个月内付款，且未收取任何延期付款的利息或费用。这一策略确实吸引了大量客户，尤其是那些资金周转困难的中小企业，从而该公司在短期内迅速增加了销售收入。

### 二、案例具体情况

在实施延长信用期限策略之前，该公司的月平均销售收入为 1 000 万元。

实施该策略后，月平均销售收入增长至 1 500 万元，增长率达到 50%。

然而，应收账款的平均回收期也从原来的 30 天延长至 180 天，导致大量的资金被占用。

### 三、分析

1. 法律法规

企业应遵守会计准则和财务制度，确保销售收入的真实性和合法性。

延长信用期限可能构成对客户的财务资助，需遵守相关法规，并需要进行额外的披露。

2. 影响

资金被占用：延长信用期限导致企业资金被长时间占用，影响资金周转效率。

坏账风险增加：增加坏账的风险，因为更长的付款期限意味着更高的违约可能性。

利润质量下降：虽然销售收入增加，但利润质量可能因应收账款的增加而下降。

3. 正确做法

评估客户信用：在延长信用期限前，应对客户进行信用评估，以降低坏账风险。

收取合理费用：对于延长信用期限的客户，可以收取一定的利息或费用，以补偿资金占用的成本。

严格合同管理：与客户签订明确的合同，规定付款期限、违约责任等条款。

4. 正确的会计处理

按照会计准则，正确记录和披露销售收入及应收账款。

定期对应收账款进行账龄分析，并计提坏账准备。

在财务报表中充分披露与延长信用期限相关的风险和信息。

## 案例分析 3：放宽收款条件

### 一、背景

某出口企业为了促进销售，决定放宽支付方式，接受更多种类的付款条件，包括降低信用证的要求、接受 OA 等高风险付款方式，并且降低了预付款的比例。这些措施旨在吸引更多客户，尤其是那些可能因严格支付条件而犹豫不决的客户。

### 二、案例具体情况

在放宽支付方式之前，该企业的年销售收入为 1 000 万美元，年均增长率为 5%。

放宽支付方式后，第一年销售收入增长至 1 200 万美元，增长率提升至 20%。

其中，因降低信用证要求和接受 OA 付款方式获得的订单增加了约 300 万美元的销售收入。

### 三、分析

1. 法律法规

根据国际贸易法规和相关支付规定，企业应遵循合规性原则，确保支付方式的安全性和合规性。

放宽支付方式可能会增加企业的风险，特别是在没有充分评估客户信用状况的情况下。

2. 影响

坏账风险：由于接受了更高风险的支付方式，如 OA，企业可能面临客户违约不付款的风险。

资金流问题：降低预付款比例可能导致企业资金回流速度变慢，影响企业现金流稳定性。

法律和合规风险：若违反相关贸易和外汇管理规定，企业会面临法律处罚。

3. 正确做法

在放宽支付方式前，应对客户进行全面的信用评估，确保客户有偿还能力。

与客户签订详细的销售合同，明确付款条件和违约责任。

咨询专业法律人士，确保支付方式符合国际贸易和外汇管理法规。

4. 正确的会计处理

对于高风险支付方式，如 OA，应在财务报表中充分披露相关风险。

定期对账，确保应收账款的准确性，并及时处理坏账准备。

监控现金流情况，确保企业运营不受资金流问题影响。

## 专题四十二：是否存在对关联方和不确定性客户有重大依赖的情形

### 业务简介

**一、概念**

关联方：在企业财务或经营决策中，一方有能力控制另一方或对另一方施加重大影响的关系方。这包括企业、部门（或单位）和个人。关联方关系的判定主要基于控制、共同控制或重大影响的存在。

不确定性客户：业务稳定性差、合作前景不明朗或存在较高风险的客户。这类客户的订单量、合作期限等关键因素往往难以预测，可能对企业的营业收入造成较大波动。

重大依赖：当企业的营业收入或净利润高度依赖于少数关联方或不确定性客户时，即构成重大依赖。这种依赖可能导致企业的独立性和持续盈利能力受到质疑。

**二、基本规定**

1. 依赖对象的影响

如果企业依赖的是大型国有企业、知名上市公司等透明度较高、市场影响力较大的客户，审核风险相对较小。因为这类客户的业务稳定性强，不易受企业控制，双方存在违规关联交易的概率较低。

如果企业依赖的是小型企业或不知名客户，则存在较大的违规关联关系嫌疑和利益输送风险，审核时会更加严格。

2. 独立性与持续盈利能力

重大客户依赖可能导致企业缺乏独立面对市场的能力，进而影响其持续盈利能力。中国证监会及上市委员会在审核时会重点关注企业的独立性和持续盈利能力，评估其是否存在重大不确定性风险。

3. 信息披露与核查

企业需按照相关规定详细披露与主要客户和供应商的交易情况，包括销售额、采购额及其占比等关键信息。同时，主办券商和申报会计师需对相关信息进行核查并发表明确意见。

**三、违规表现**

1. 虚构或夸大与关联方的交易

行为描述：企业通过虚构或夸大与关联方的交易来虚增营业收入。例如，与关联方签订虚假合同，伪造生产记录、发货记录和发票，从而确认不存在的收入。

目的与动机：

提升企业的业绩表现，吸引投资者和债权人；

满足企业内部的业绩考核要求或外部的市场预期；

维持上市地位，防止因业绩不佳而被退市。

后果：

投资者基于虚假的财务信息做出投资决策，遭受损失；

企业将面临证监会的处罚，包括罚款、警告甚至退市；

企业的声誉受损，未来融资和业务拓展难度增加。

2. 依赖存在重大不确定性的客户

行为描述：企业的营业收入高度依赖于一个或多个存在重大不确定性的客户，如客户经营状况不稳定、付款能力存疑或存在重大合同争议等。

目的与动机：在短期内提升业绩。

后果：

一旦这些客户出现经营问题或合作关系中断，企业的营业收入将大幅下降；

客户的付款能力不稳定可能导致企业现金流紧张，影响日常运营；

投资者和市场对企业的持续盈利能力产生怀疑，影响企业的股价和融资能力。

3. 通过关联交易操纵利润

行为描述：企业通过关联方之间的交易来转移利润或成本，从而人为地调整利润水平。例如，通过高价向关联方销售产品或低价从关联方采购原材料来虚增利润。

目的与动机：

满足特定的业绩要求（如上市、增发股票等）；

通过关联交易将利润从上市公司转移到关联方，实现利益侵占。

后果：

大股东通过关联交易侵占企业利益，损害中小股东的权益；

企业的市场信誉将严重受损；

企业及相关责任人面临证监会的严厉处罚，包括高额罚款和市场禁入等。

## 法律法规

《公开发行证券的公司信息披露内容与格式准则》要求发行人在招股说明书、年度报告等文件中详细披露与主要客户和供应商的交易情况，包括销售额、采购额及其占比。如果企业对少数客户或供应商存在重大依赖，还需披露相关客户的名称、销售比例等信息。

## 合规程序与方法

### 一、识别与评估

1. 程序与方法

客户分类与识别：企业应建立客户分类系统，明确哪些是关联方客户，哪些是具有不确定性（如信用记录不佳、历史交易不稳定等）的客户。这通常通过客户关系管理（CRM）系统或专门的客户风险管理工具实现。

依赖度评估：对识别出的关联方客户和不确定性客户，进行营业收入依赖度评估。分析这些客户贡献的收入占比、与这些客户间的交易频率、支付历史等，以确定是否存在重大依赖。

2. 可能的影响

依赖度过高可能导致企业财务风险增加，如关联方交易不透明、不确定性客户违约等。

评估结果将直接影响后续的风险管理和合规策略制定。

### 二、风险管理与内部控制

1. 程序与方法

建立内部控制制度：制定针对关联方交易和不确定性客户交易的内部控制制度，包括审批流程、价格公允性审查、合同管理等。

独立审计与监督：确保对关联方交易进行独立的审计或内部审查，确保交易的公正性和透明度。同时，对不确定性客户的交易进行持续监控，及时发现并应对潜在风险。

采取风险缓释措施：采取多元化客户策略，减少对单一客户或客户群的过度依赖；与不确定性客户建立预付款或担保机制，降低违约风险。

2. 可能的影响

有效的内部控制制度和风险管理措施能够显著降低企业面临的财务风险和合规风险。

独立的审计和监督机制有助于提升企业的公信力和市场形象。

### 三、信息披露与透明度提升

1. 程序与方法

定期报告：在年报、半年报等定期报告中，详细披露关联方交易情况，包括交易金额、定价原则、对财务状况和经营成果的影响等。

提升透明度：对于不确定性客户，虽然不强制要求披露其具体信息，但企业应通过提高整体业务透明度，如公开市场策略，来增强投资者和监管机构的信心。

2. 可能的影响

充分的信息披露有助于维护投资者信心，减少市场误解和波动。

透明度提升有助于企业获得更广泛的融资渠道和更好的市场评价。

### 四、合规培训与文化建设

1. 程序与方法

合规培训：定期对员工进行关联方交易、客户风险管理及合规性方面的培训，确保全员了解并遵守相关法规和公司政策。

建立合规文化：将合规理念融入企业文化，鼓励员工主动识别、报告潜在的合规风险。

2. 可能的影响

合规培训和文化建设有助于提升员工的合规意识，减少违规行为的发生。

积极的合规文化能够提升企业的整体竞争力和市场地位。

## 案例分析 1：虚构或夸大与关联方的交易

### 一、背景

某企业为了提升业绩和股价，通过虚构和夸大与关联方的交易来虚增营业收入。该企业与其控制的子公司及其他关联方进行了多笔虚假的商品购销交易，以增加其财务报表上的营业收入。

### 二、案例具体情况

在涉嫌财务造假的年度内，该企业通过虚构或夸大交易增加了约 5 000 万元的营业收入。

其中，有 3 000 万元来自企业与其控制的子公司之间的虚假交易，另外 2 000 万元则来自企业与其他关联方之间的夸大交易。

### 三、分析

1. 法律法规

上市公司应遵循真实、准确、完整、及时地披露财务信息的原则。

关联方交易应当按照市场原则进行，且必须公正、公平，不得损害公司及非关联股东的利益。

2. 影响

虚假的财务数据会误导投资者对公司真实经营状况的判断，导致投资决策失误。

公司的声誉和信誉将严重受损。

公司面临法律处罚，包括罚款、市场禁入等。

3. 正确做法

严格遵守相关法规，确保财务数据的真实性和准确性。

加强内部控制，防止管理层或员工为了个人利益而进行财务造假。

及时、充分地披露关联方交易，确保交易的公正性和透明度。

4. 正确的会计处理

关联方交易应按照实际发生的金额进行记录，不得虚构或夸大交易金额。

对于涉及关联方的交易，应在财务报表中进行单独列示，并明确标注为关联方交易。

定期对账，确保关联方交易的准确性和完整性。

## 案例分析 2：依赖存在重大不确定性的客户

**一、背景**

A 企业主要从事铝合金业务。该公司的营业收入高度依赖于其最大客户，该客户贡献的营收占据了公司营收的较大比例。然而，该客户的经营状况并不稳定，且存在付款能力不稳定的问题，导致 A 企业的营业收入和现金流面临重大不确定性。

**二、案例具体情况**

2017 年至 2019 年，A 企业的营业收入分别为 23.35 亿元、24.94 亿元、26.42 亿元。

在这三年中，其最大客户贡献的营收占比持续上升，2019 年达到了六成以上。

同期，A 企业的净利润增速分别为 50%、−1.75%、10.71%，显示出其盈利状况并不稳定。

**三、分析**

1. 法律法规

企业应遵循会计准则，确保收入的确认和计量真实、准确。

高度依赖单一或少数客户违反风险分散原则，增加企业的经营风险。

2. 影响

营业收入高度依赖某一客户使得企业面临巨大的经营风险。一旦该客户出现经营问题或付款困难，A 企业的营业收入和现金流将受到严重影响。

客户的不稳定状况可能导致 A 企业的应收账款增加，进而引发现金流短缺和偿债能力恶化。

3. 正确做法

企业应努力拓展客户群体，降低对单一客户的依赖度，以分散经营风险。

加强对客户的信用评估，确保客户的付款能力和经营稳定性。对存在重大不确定性的客户，设立风险预警机制，及时调整合作策略，如缩短信用期、要求预付款或降低潜在损失。

对于存在重大不确定性的高风险客户在合同中明确付款条款和违约责任，以降低合同争议的风险。

4. 正确的会计处理

严格按照会计准则确认和计量收入，确保财务信息的真实性和准确性。

对存在重大不确定性的客户，应谨慎评估其应收账款的可收回性，并计提相应的坏账准备。

定期披露与重大不确定性客户相关的风险信息，以便投资者和其他利益相关者做出理性的决策。

## 案例分析 3：通过关联交易操纵利润

**一、背景**

G 集团拥有多家子公司，为了优化集团税务结构并减轻整体税负，G 集团通过与其关联方之间的复杂交易来转移利润或成本。具体来说，G 集团的一家高盈利子公司（A 公司）以高于市场价的价格向另一家亏损的关联子公司（B 公司）销售产品。

**二、案例具体情况**

A 公司原本年利润为 1 亿元，通过向 B 公司高价销售产品，额外增加了 0.5 亿元的收入。

B 公司原本年亏损 0.3 亿元，由于从 A 公司高价购入产品，其成本增加，导致亏损扩大至 0.6 亿元。

G 集团整体税负因此操作而减轻了约 10%。

**三、分析**

1. 法律法规

根据相关税法规定，关联交易应当遵循公平交易原则，价格应当公允。

通过关联交易人为调整利润，可能构成逃税行为。

2. 影响

企业面临重大的税务处罚。

此类行为影响企业的公众形象和信誉。

不透明的财务操作导致投资者信心下降，影响股价。

3. 正确做法

确保所有关联交易均基于公平市场价格。

定期进行关联交易审计，确保合规性。

加强内部控制，防止类似行为的发生。

4. 正确的会计处理

关联交易应按照市场价格进行计价。

在财务报表中充分披露关联交易的性质、金额和影响，确保财务报表的真实性和公允性。

定期对关联交易的会计处理进行审查和验证。

## 专题四十三：是否存在通过虚构客户、业务等手段虚增收入的情形

### 业务简介

**一、概念**

企业通过虚构客户、业务虚增收入，指的是企业为达到美化财务报表、提高公司股价、吸引投资等目的，故意虚构不存在的客户或业务，从而虚增企业的营业收入和利润。这种行为本质上是财务造假，通过操纵财务数据来误导利益相关者。

**二、基本规定**

1. 实施手段

虚构客户：公司将一些由公司或其关键人员控制的企业，作为虚假客户。这些虚假客户与公司签订购销合同，进行虚假的交易，从而增加公司的账面收入。

夸大业务规模：对于既有客户或供应商，企业通过虚增交易数量、单价等方式，夸大业务规模。例如，通过“阴阳合同”，在企业留存的合同上虚增单价、数量，或者串通既有客户或供应商的相关人员，合谋造假。

伪造或篡改文件：为了支持虚增的收入，企业伪造或篡改销售合同、发票、收款凭证等文件。

提前确认收入：企业通过提前确认未来收入的方式虚增当期收入。例如，将本应在下一个会计期间确认的收入提前确认，计入本期，以美化当期的财务报表。

2. 识别与防范

为了识别企业是否存在虚构客户、业务等以虚增收入的情形，投资者和监管机构可以采取以下措施。

核查交易真实性：通过核查交易合同、发票、银行转账记录等文件，确认交易是否真实发生。

关注客户与供应商背景：了解前五大客户和供应商与公司的关系、交易占比等，特别是那些低调企业。

分析财务指标：关注应收账款、预收账款等财务指标的异常变动，以及分析收入与现金流是否匹配。

关注审计报告：关注审计报告中是否存在非标准审计意见，特别是与销售收入相关的事宜。

**三、违规表现**

1. 虚构客户与业务

行为描述：企业凭空捏造出并不存在的客户，并编造相应的销售票据、凭证等会计资料，以此确认不存在的销售收入。例如，企业可能伪造销售合同、发货单、收款凭证等，以证明虚构交易的存在。

目的与动机：

美化财务报表，提高企业在市场中的形象和地位，吸引投资者和合作伙伴；

达到内部或外部的业绩考核标准，如上市融资、银行贷款、股权激励等方面的要求；

通过虚增收入来操纵公司股价，从中获取非法利益。

后果：

财务报表失真，误导投资者和债权人，损害他们的利益；

企业及相关责任人将面临罚款、市场禁入，甚至刑事处罚；

企业信誉受损，影响未来的融资和业务合作。

2. 提前确认收入

行为描述：企业在商品或服务的销售过程尚未完成或所有权的主要风险和报酬尚未转移给购货方时，就提前确认收入。例如，提前开具销售发票，而实际销售过程尚未结束。

目的与动机：

美化当期的财务报表，提高投资者的信心；

达到特定目标，如满足银行贷款条件、管理层绩效考核要求等。

后果：

投资者对企业当前的经营状况产生误解；

投资者基于失真的财务信息做出决策会导致自身面临经济损失；

该行为违反会计准则和其他法律法规，企业面临法律制裁。

3. 虚增应收账款

行为描述：企业虚增一些客户的应收账款，或虚构一些不存在的应收账款，以增加账面上的销售收入和应收账款总额。

目的与动机：

通过虚增应收账款来掩盖现金流短缺的问题；

夸大企业的还款能力，以便更容易地获得银行贷款或其他形式的融资。

后果：

债权人高估企业的偿债能力，导致贷款风险增加；

企业面临资金链断裂的风险；

企业面临法律制裁和信誉受损。

4. 虚构合同与空转资金

行为描述：企业与供应商、客户或其他外部单位串通，制造虚假的交易合同，并通过空转资金等方式确认不存在的收入。

目的与动机：

吸引投资；

满足特定需求，如上市融资、再融资、维持股价稳定等。

后果：

投资者基于虚假的财务信息做出投资决策，遭受重大损失；

该行为将导致市场对整个行业产生信任危机；

企业和相关责任人将面临法律制裁和监管机构的严厉处罚。

## 法律法规

**一、《税收征收管理法》**

第二十五条规定，纳税人必须依照法律、行政法规规定如实办理纳税申报，报送纳税资料。这意味着企业在进行纳税申报时，必须根据实际经营情况如实申报，不得虚构或隐瞒收入。

**二、《企业所得税法》**

第一条规定，企业作为纳税人，应依法缴纳企业所得税。无论收入是真实还是虚构的，都应纳入计税范围。但虚构收入是违法的，若企业通过虚构收入逃避税款，将承担法律责任。

**三、《刑法》**

第二百零一条规定，纳税人若采取欺骗、隐瞒手段进行虚假纳税申报，逃避缴纳税款数额较大且占应纳税额一定比例的，将受刑事处罚。

第一百五十八条规定，申请公司登记时使用虚假证明文件或采取其他欺诈手段虚报注册资本，欺骗公司登记主管部门，取得公司登记，虚报注册资本数额巨大、后果严重或有其他严重情节的，处三年以下有期徒刑或拘役，并处或单处虚报注册资本金额百分之一以上百分之五以下罚金。对于单位犯罪的，将对单位判处罚金，并对其直接负责的主管人员和其他直接责任人员依照前款的规定处罚。

**四、《公司法》**

第二百五十条对虚报注册资本、提交虚假材料或采取其他欺诈手段隐瞒重要事实取得公司登记等行为设定了处罚措施，包括罚款、撤销公司登记或吊销营业执照等。

## 合规程序与方法

1. 遵守法律法规

企业需要严格遵守《会计法》《证券法》等相关法律法规，确保财务报告的编制和披露符合法律要求。企业不得通过虚构交易、伪造合同、提前确认收入、延迟确认费用等手段虚增收入。

2. 建立完善的内部控制体系

（1）内部控制制度的建立

财务审批制度：明确财务审批流程和权限，确保每一笔经济业务的合规性和真实性。

内部审计制度：设立独立的内部审计部门，定期对财务报告、经济活动进行审计，及时发现并纠正违规行为。

风险管理机制：识别、评估并控制可能影响财务报告真实性的风险因素。

（2）内部控制制度的执行

不相容岗位相分离：确保不相容岗位相互分离，如销售与收款、采购与付款等，防止内部人员串通作弊。

原始凭证审核：对每一笔经济业务的原始凭证进行严格审核，确保其真实性、完整性和合法性。

信息系统控制：利用信息技术手段，建立电子化的审批、记录和监控流程，减少人为错误和舞弊风险。

3. 加强外部监管与审计

（1）监管机构监督

外部监管机构如证监会、税务机关等应加大对企业的监管力度，定期或不定期进行审计和检查，确保企业财务报告的合规性。

（2）独立审计

聘请具有独立性和专业性的审计机构进行年度审计，对财务报告进行客观、公正的审计，防止虚增收入的行为被掩盖。

4. 提高员工法律意识和道德素质

（1）法律法规培训

定期对员工进行法律法规培训，特别是与财务报告相关的法律知识，如《刑法》中关于虚报注册资本、财务造假等罪名的规定。

（2）诚信文化建设

培养员工的诚信意识，让其明白虚增收入的严重性和后果，自觉遵守相关法律法规和公司制度。

5. 建立举报机制

（1）内部举报

设立内部举报渠道，鼓励员工积极发现和报告虚增收入等违规行为。对提供有效线索的举报人给予一定的奖励，保护其合法权益。

（2）外部监督

鼓励投资者、社会公众和媒体对企业的财务报告进行监督，及时揭露和曝光违规行为。

## 案例分析 1：虚构客户与业务

**一、背景**

某企业为了提升业绩和吸引投资，采取了违规手段，凭空捏造出并不存在的客户，并编造了相应的销售票据、凭证等会计资料。通过这种方式，企业确认了一笔并不存在的销售收入。

**二、案例具体情况**

企业捏造的销售收入为 500 万元，占当年总销售收入的 10%。

通过编造销售票据和凭证，企业虚增了 100 万元的利润。

**三、分析**

1. 法律法规

根据《会计法》和相关会计准则，企业必须真实、准确地记录和报告其财务状况和经营成果。

编造销售票据、凭证违反了会计信息的真实性、完整性原则。

2. 影响

虚假的销售收入会误导投资者和债权人对企业真实财务状况的判断，导致他们做出错误的投资决策。

造假行为将严重损害企业的信誉和形象，影响企业的长期发展。

编造会计资料触犯了法律，导致企业面临法律诉讼和行政处罚。

3. 正确做法

严格遵守会计法规和相关准则，确保会计信息的真实性和完整性。

加强内部控制，防止员工或管理层为了个人利益而造假。

建立有效的监督机制，及时发现和纠正违规行为。

4. 正确的会计处理

真实记录每一笔交易，确保销售收入的准确性和合法性。

定期对账，核实销售数据和客户信息的真实性。

严格按照会计准则进行会计处理，确保财务报表的准确性和公正性。

## 案例分析 2：提前确认收入

### 一、背景

某企业为提高业绩表现，在商品销售过程尚未完成，且商品所有权的主要风险和报酬尚未转移给购货方的情况下，就提前确认了收入。具体来说，该企业在年底与一批客户签订了销售合同，但在商品实际交付之前，就将合同金额全额确认为当年收入。

### 二、案例具体情况

提前确认的收入金额为 1 000 万元。

该行为导致企业年度收入虚增了 10%，即 100 万元。

由此带来的利润为 50 万元。

### 三、分析

1. 法律法规

根据《企业会计准则》和《国际财务报告准则》，收入的确认应当在商品或服务的控制权转移给购货方时进行，即当与商品所有权有关的主要风险和报酬已经转移给购货方，且相关的经济利益很可能流入企业时才能确认收入。

2. 影响

提前确认收入会导致企业财务报告不能真实反映其经营成果和财务状况，误导投资者和债权人。

该行为违反会计准则和法规，企业将面临监管机构的处罚，包括罚款等。

基于失真的财务信息做出的决策会导致企业资源浪费或战略方向错误。

3. 正确做法

严格遵守相关会计准则和法规，确保在商品或服务的控制权实际转移给购货方时确认收入。

加强内部控制，确保财务信息的准确性和完整性，防止类似违规行为的发生。

建立有效的监督机制，包括内部审计和外部审计，以发现和纠正不规范的财务处理行为。

4. 正确的会计处理

在商品交付给购货方，且相关风险和报酬已经转移时，按照合同金额确认收入。

若存在销售退回、折扣或折让等，应根据历史数据和经验进行合理估计，并调整收入确认金额。

确保所有收入确认的会计处理都有充分的支持性文件和证据。

## 案例分析 3：虚增应收账款

### 一、背景

某企业为提高账面销售收入和应收账款总额，采取了违规手段。具体来说，该企业将一些真实的应收账款虚增，甚至虚增了一些不存在的应收账款。

### 二、案例具体情况

企业将某大客户的实际应收账款从 100 万元虚增至 150 万元。

同时，企业计入了一笔不存在的 50 万元应收账款。

因此，企业的应收账款总额在账面上增加了 100 万元，销售收入也相应增加了 100 万元。

### 三、分析

1. 法律法规

依据《会计法》及会计准则，企业财务报表必须真实、准确反映企业的财务状况、经营成果和现金流量。

虚增应收账款或计入不存在的应收账款违反了会计信息的真实性原则。

2. 影响

不真实的财务数据会误导企业管理层、投资者和其他利益相关者的决策。

虚增的应收账款会导致企业高估自身的收款能力，进而增加坏账风险。

企业将面临法律诉讼、行政处罚以及声誉损害。

3. 正确做法

严格遵守会计准则和法规，确保所有记录的应收账款都是真实存在的。

加强内部审计和控制流程，防止财务数据失真。

提高财务人员的专业素养和职业道德，确保他们理解并遵守会计法规。

4. 正确的会计处理

仅记录和报告真实、准确的应收账款数据。

定期对账，与客户进行确认，确保应收账款的准确性。

如预估会发生坏账，应按照相关规则计提坏账准备，真实反映企业的财务状况。

## 案例分析 4：虚构合同与空转资金

**一、背景**

某企业为提升业绩，与主要供应商和客户达成了秘密协议，共同制造虚假的交易合同。通过空转资金的方式，将不存在的收入入账，以此提高企业的营收和利润数据。

**二、案例具体情况**

虚报的交易金额达到 2 000 万元。

通过这些虚假交易，企业的年度收入增加了 15%。

虚假交易导致利润虚增了 300 万元。

**三、分析**

1. 法律法规

根据相关会计准则，企业必须确保其财务报表的真实性和公正性。

制造虚假交易合同和空转资金违反了财务报告的真实性原则，并触犯了相关法律。

2. 影响

虚假的财务数据会误导投资者对企业真实财务状况和盈利能力的判断。

造假行为将严重损害企业的市场信誉和投资者信心。

企业面临监管机构的调查和处罚，包括罚款、市场禁入等。

3. 正确做法

遵守相关法律法规，确保财务报告的真实性和准确性。

加强内部控制，防止管理层或员工为了个人利益而造假。

建立独立的审计委员会，对财务报表进行定期审查和监督。

4. 正确的会计处理

严格记录每一笔真实交易，确保所有收入都是基于实际发生的业务。

定期对账和核实交易数据，确保与供应商和客户的记录一致。

按会计准则进行收入确认和成本核算，确保财务报表的准确性和可靠性。

## 专题四十四：第三方回款、个人账户收款、现金收款等回款方式是否合理

### 业务简介

**一、概念**

现金收款是指企业通过现金形式（包括纸币、硬币等）直接收取客户支付的款项。这种收款方式常见于零售、餐饮等行业，具有即时性和便捷性，但也存在较高的资金管理风险和合规隐患。现金收款的管理需严格遵守相关法律法规，确保资金安全、账实相符，并防范洗钱、偷税漏税等风险。

**二、基本规定**

1. 第三方回款

（1）定义与核查

在 IPO 审核中，第三方回款通常被认定为发行人收到的销售回款的支付方与签订经济合同的往来客户不一致的方式。核查要求包括确认第三方回款的真实性、合理性、合规性和必要性。

（2）合理性判断

第三方回款需符合企业自身经营模式，具有行业经营特点的必要性和合理性。同时，付款方不能是销售方的关联方，且第三方回款与相关销售收入一致，具有可验证性。

（3）比例控制

证监会及交易所对第三方回款比例有严格控制，通常要求报告期内第三方回款比例较低，并呈现下降趋势。例如，第三方回款比例应控制在营业收入的 5% 以内，最近一期控制在 3% 以内。

（4）信息披露

销售方需在财务报表中详细披露第三方回款情况，包括金额、占比、原因、合理性及外部审计机构的核查意见。

（5）风险防控

第三方回款可能带来资金安全风险、法律合规风险及财务核算复杂化等问题，因此需建立健全的内部控制体系，确保资金安全和账务处理准确性。

2. 个人账户收款

（1）合法性判断

合法情况：在特定情境下，如向个人购买商品或服务、收取个人客户的款项等，使用个人账户收款可能是合法的。但需保留好交易记录和凭证，以便提供证明。

非法情况：若使用个人账户收款是为了逃避税收监管、洗钱、转移资产等，则属于违法行为。

（2）税务要求

根据《税收征收管理法》，纳税人必须按照规定的期限办理纳税申报，并如实报送相关纳税资料。若通过个人账户收取收入而不进行申报，可能涉嫌逃税。

（3）反洗钱规定

根据《中华人民共和国反洗钱法》（简称《反洗钱法》），任何单位和个人都有义务配合金融机构进行反洗钱工作。大额资金的频繁转移可能会引起监管机构的注意，并可能面临调查。

（4）对公账户要求

个体工商户和企业应开立对公账户，用以办理款项的收付，避免使用个人账户代替对公账户收款。

3. 现金回款

（1）现金收款的限额管理

根据《现金管理暂行条例》及其实施细则，企业现金收款的金额应控制在合理范围内。对于大额现金交易，企业应尽量避免，优先采用银行转账等非现金支付方式。若确需收取大额现金，需严格按照规定进行登记和报备，并确保资金来源合法。

（2）现金收款的账务处理

企业应建立健全现金收款账务处理流程，确保每笔现金收入及时入账，并保留相关凭证（如收据、发票等）。根据《企业会计准则》，现金收款需准确记录在财务报表中，确保账实相符。同时，企业需定期进行现金盘点，防止资金挪用或账务差错。

（3）现金收款的风险控制

企业应加强现金收款的风险控制措施，包括：

设立专门的现金管理岗位，明确职责分工，实行不相容职务分离；

使用安全的现金存放设施（如保险柜），并定期检查；

对大额现金收款实行双人复核制度，确保资金安全；

建立现金收款异常情况报告机制，及时发现和处理问题。

（4）现金收款的税务合规

根据《中华人民共和国税收征收管理法》，企业现金收款需依法开具发票或收据，并如实申报收入，确保税务合规。企业不得通过现金收款隐瞒收入、偷逃税款。同时，需配合税务机关的监督检查，提供完整的现金收款记录和相关凭证。

**三、违规表现**

1. 第三方回款违规表现

行为描述：企业通过第三方机构或个人收取销售款项，而这些款项并未直接反映在企业正规财务账目中。例如，销售代理商通过私人账户向企业汇款，且金额与实际销售额不符。

目的与动机：企业试图通过第三方回款方式隐瞒实际销售收入，以减少应纳税额。

后果：

企业面临税务稽查、罚款甚至刑事处罚；

第三方回款难以核实交易背景，增加虚开增值税发票的风险；

违规行为将严重影响企业的市场信誉和品牌形象。

2. 个人账户收款违规表现

行为描述：企业用个人账户收款，而非企业的对公账户。这种行为常见于小型企业或个体经营者中，其利用支付宝、微信等电子支付工具的个人收款码收款。

目的与动机：通过个人账户收款，企业可以规避部分税收，减少经营成本。

后果：

大额或频繁的个人账户收款容易引起税务部门的注意，企业将面临税务稽查和罚款；

违规操作触犯相关法律法规，如《反洗钱法》等，企业将面临法律制裁；

个人账户与对公账户混用，导致资金管理不善，影响企业的财务稳健性。

3. 现金收款违规表现

行为描述：企业直接收取现金，而不通过银行转账或电子支付方式。这种方式在小额交易或特定行业中较为常见，由于没有电子转账凭证，现金收款存在很大的操作空间。

目的与动机：现金交易难以追踪和记录，便于企业隐瞒销售收入，减少应纳税额。

后果：

现金交易难以核实，容易被税务部门视为逃税行为，企业将面临税务稽查和罚款；

现金交易存在较大的安全风险，如盗窃、丢失等；

大量现金交易增加了财务管理的难度和成本，不利于企业的长期发展。

## 法律法规

**一、《民法典》**

第七百九十一条规定，公司有权将部分工作外包给第三方完成，但需确保第三方具备相应的资质条件。这可以间接理解为，在合规的前提下，企业可以通过第三方回款。

**二、《中国人民银行关于开展大额现金管理试点的通知》**

该文件为现金交易的监管提供了依据。

## 合规程序与方法

1. 第三方回款合规程序与方法

明确合同条款：在与客户签订合同时，应明确约定第三方回款的条款，包括第三方账户信息、回款流程、责任划分等。

资质审核：对第三方收款机构或平台进行资质审核，确保其具备合法经营资格和相应的支付业务许可。

内部控制：建立健全内部控制机制，确保第三方回款流程具有可追溯性和透明性。

财务核对：财务部门应对收到的第三方回款进行仔细核对，确保与合同约定一致，并及时入账。

法律合规：确保所有操作符合相关法律法规的规定，避免法律风险。

2. 个人账户收款合规程序与方法

确保账户合法性：所使用的个人账户必须是合法的，且账户所有人同意用于公司收款。

签订书面协议：公司与账户所有人应签订书面协议，明确收款账户的用途、管理责任及资金流向等事项。

完善财务记录：建立严格的财务管理制度，确保每一笔通过个人账户的收支都能被准确、完整地记录在公司的财务账簿中。

发票管理：及时向付款方开具正规发票，确保税收的合规性。

避免职务侵占：建立健全的内部控制机制，防止员工利用个人账户进行职务侵占或挪用公款。

3. 现金收款合规程序与方法

建立收款制度：制定明确的现金收款制度，包括收款流程、保管方式、入账时间等。

确保资金安全：采取安全措施确保现金在收取、保管和运输过程中的安全。

及时入账：收到的现金应及时存入公司指定账户，并准确记录在财务账簿中。

避免坐支：严禁将收到的现金直接用于公司支出，防止资金混用和挪用。

## 案例分析 1：第三方回款违规表现

**一、背景**

企业 A 为了规避税务和审计的监管，通过第三方机构 B 来收取部分销售款项。这些款项并未直接记入企业 A 的正规财务账目，而是被存放在了第三方机构 B 的账户上，用于企业 A 的日常运营和费用支出。

**二、案例具体情况**

通过第三方机构 B 收取的未入账销售款项总额为 300 万元。

这部分款项占企业 A 当年总销售收入的 5%。

三、分析

1. 法律法规

根据相关税收法规和财务管理规定，企业的所有销售收入都应纳入正规的财务账目，并按规定缴纳税款。

通过第三方机构或个人收取销售款项而不入账，属于偷税漏税和财务造假行为。

2. 影响

未入账的销售款项导致企业少缴税款，企业将面临税务部门的处罚，并需补缴税款和缴纳滞纳金。

未入账的资金可能被挪用或用于非正规渠道，增加企业的财务风险。

此类违规行为将严重损害企业的声誉和形象。

3. 正确做法

所有销售款项都应直接记入企业的正规财务账目，确保财务数据的真实性和完整性。

加强与第三方机构的合作管理，确保资金流动的透明度和合规性。

定期进行财务审计和税务自查，及时发现并纠正违规行为。

4. 正确的会计处理

一旦收到销售款项，应立即在财务账目中进行记录，并开具正规的销售发票。

定期对账，确保账上销售收入与实际收款相符。

严格按照会计准则进行会计处理，确保财务报表的准确性。

## 案例分析 2：个人账户收款违规表现

一、背景

某企业销售部门为了规避税务监管或简化流程，决定将部分销售收入直接转入负责人的个人账户，而非企业的正规账户。此行为持续了一段时间，涉及多笔交易。

二、案例具体情况

违规转入的销售收入总额为 200 万元。其中，最大的一笔转账金额为 50 万元，最小的一笔为 10 万元。

三、分析

1. 法律法规

根据《公司法》和相关税法规定，企业的销售收入应当通过企业的正规账户进行流转，以便进行合规的税务申报和缴纳。

将销售收入直接转入个人账户，违反了公司财产管理的规定，并可能构成对公司财产的侵占。

2. 影响

这种行为会导致税务部门无法准确核算企业的应纳税额，从而引发税务稽查和处罚。

如果转账金额较大且行为人有非法占有企业财产的行为，可能构成职务侵占罪，面临刑事追责。

此类行为将严重影响企业的声誉和公众形象。

这种做法会导致企业财务报表失真，影响决策层的判断和企业的长远发展。

3. 正确做法

企业应建立完善的内部控制制度和财务管理流程，确保所有销售收入都通过正规账户流转。

加强对员工的法律法规培训，提高员工的合规意识。

定期进行内部审计和财务核查，及时发现并纠正违规行为。

4. 正确的会计处理

资金应通过企业的银行账户流转，并及时、准确地记录在企业的账簿中。

企业应按照相关税法和会计准则进行税务申报和会计处理。

确保财务报表的真实性和完整性，为企业的决策提供可靠的数据支持。

## 案例分析 3：现金收款违规表现

**一、背景**

某零售企业为了提升销售效率和客户体验，开始实施一项政策，即允许销售人员直接收取客户的现金，而不通过银行转账或电子支付方式。这一做法在初期确实提升了销售额，但随后引发了一系列财务和合规问题。

**二、案例具体情况**

在实施该政策的第一个月，企业通过直接收取现金的方式实现了 100 万元的销售收入。

然而，由于缺乏有效的现金管理流程和记录系统，其中有 10 万元现金未能准确入账，导致了财务记录的差异。

**三、分析**

1. 法律法规

根据《税收征收管理法》和相关财务规定，企业应通过正规渠道收取销售收入，并确保每一笔交易都有完整、准确的记录。直接收取现金而不进行适当记录违反这些规定。

2. 影响

直接收取现金容易导致销售收入记录不完整或缺失，影响财务报表的准确性。

缺乏准确记录会导致税务申报不准确，进而引发税务部门的审查和处罚。

不规范的现金收取流程会削弱企业的内部控制，增加资金被挪用或盗用的风险。

3. 正确做法

建立规范的收款流程：企业应制定明确的收款政策，要求所有销售收入必须通过银行转账或电子支付方式接收，以确保交易的透明性和可追溯性。

强化内部控制：实施严格的财务管理制度，包括现金的收取、记录和存储，以及定期对账和审计。

员工培训和监督：对员工加强合规收款流程方面的培训，并建立监督机制以确保政策得到有效执行。

4. 正确的会计处理

准确记录每一笔交易：无论通过何种支付方式，企业都应确保每一笔销售收入都被准确、完整地记录在财务系统中。

定期对账和审计：财务团队应定期对销售收入进行对账和审计，以确保财务报表的准确性。

合规税务申报：基于准确的财务数据，企业应进行合规的税务申报，避免税务风险。

# 专题四十五：公司与经销商之间的合作及结算模式是否影响收入准确性

## 业务简介

**一、概念**

公司与经销商之间的合作关系是一种典型的商业关系，其中公司（生产商或品牌方）将产品销售给经销商，经销商则负责将这些产品快速推广到市场。这种合作在企业和市场之间起到了至关重要的桥梁作用，促进了产品的流通和销售。公司与经销商之间的合作与结算模式直接影响到公司的收入确认和业务运营的准确性。

**二、基本规定**

1. 合作模式

常见的合作模式如下。

经销模式：公司直接将产品销售给经销商，经销商负责后续的市场推广和销售。

联营模式：公司与经销商共同在商场或特定区域内设立销售专柜，由商场统一收款后，在协定时间内进行结算。

组合式销售公司：公司与经销商共同组建销售公司，实现风险共担和利益共享。

联销体模式：如娃哈哈模式，通过保证金制度、区域销售责任制等，严格控制销售渠道，实现利益有序分配。

2. 结算模式

结算模式多种多样，主要如下。

先付款后发货：经销商先支付货款，公司再发货。这种模式降低了公司的财务风险，但可能增加经销商的资金压力。

收到货和发票后结算：公司发货后，经销商在收到货物及发票后支付货款。这有助于经销商的资金周转，但公司需承担一定的坏账风险。

净额结算：在联营模式中，商场从收到的款项中扣除分成和其他费用后，将净额支付给品牌方。这种结算方式在财务核算和收入确认上可能产生不匹配的问题。

3. 收入确认

收入确认的准确性受到合作与结算模式的直接影响，主要体现在以下几个方面。

控制权判断：根据收入准则，企业在向客户转让商品前是否拥有对该商品的控制权，决定了其确认收入的方式。若企业为主要责任人，则按总额法确认收入；若为代理人，则按净额法确认收入。

资金结算与财务核算：净额结算可能导致实际收到的资金与确认的收入不匹配，进而影响财务核算的准确性。例如，在联营模式中，品牌方按总额法确认收入，但商场按净额结算，导致记录的应收账款与实际收款不一致。

合同条款与信用评估：通过详细的合同条款和信用评估，有效控制违约、欠款等风险，确保收入的准确性。

4. 风险与挑战

合作与结算模式可能带来的风险和挑战如下。

管理难度：公司与经销商作为独立个体，可能在理念、文化等方面存在差异，增加了管理难度。

竞争压力：经销模式可能加剧公司间的竞争，引发价格战等不良竞争行为。

利益冲突：双方在利益上的分歧可能导致矛盾和纠纷，影响合作关系。

市场风险与合同风险：市场变化、政策调整等因素可能导致风险，公司需要通过市场调研、风险评估等方式预控。同时，合同审查和法律保障也是预防合同漏洞和争议的重要手段。

**三、违规表现**

1. 隐瞒关联方交易

行为描述：公司与其经销商之间存在关联关系，但在财务报表中隐瞒相关关联方交易，或未按照会计准则进行充分披露。经销商可能未将产品对外销售，但公司仍确认相关收入。

目的与动机：美化财务报表，满足监管要求或市场期望。管理层可能出于提升业绩、稳定股价或获取融资等动机进行此类操作。

后果：隐瞒关联方交易会导致财务报表失真，损害投资者利益。公司将面临重罚，包括高额罚款、市场禁入等，同时公司声誉也会受损。

2. 不当处理返利

行为描述：公司与经销商之间的返利政策执行不规范，如返利金额未准确计入成本或冲减收入，导致收入确认不准确。返利可能以现金或实物形式存在，但会计处理不当。

目的与动机：通过调整返利政策来操纵利润水平，以满足特定的业绩指标或市场期望。管理层可能出于业绩提升、市场形象维护等动机进行此类操作。

后果：不当处理返利会影响公司收入的准确性，误导投资者和其他利益相关者。长期来看，这种行为会损害公司的信誉和市场竞争力。同时，如果返利政策被滥用，还可能引发经销商的不满和合作关系的破裂。

3. 结算方式不规范

行为描述：经销商以现金或通过个人账户进行结算，导致公司收入确认不完整或存在监管漏洞。这种结算方式难以追踪和审计，容易引发收入舞弊。

目的与动机：经销商可能出于逃税、降低成本等动机选择现金结算方式。而公司管理层可能出于业绩提升等原因默许这种不规范行为。

后果：结算方式不规范会导致公司收入确认不准确，增加审计风险和税务风险。同时，这种行为也会损害公司的内部控制体系，降低公司治理水平。长期来看，这将不利于公司的可持续发展和市场竞争力提升。

## 法律法规

《企业会计准则第 14 号——收入》的相关规定如下。

1. 收入确认条件

销售商品收入需要同时满足以下条件才能予以确认：公司已将商品所有权上的主要风险和报酬转移给购货方；公司既没有保留通常与所有权相联系的继续管理权，也没有对已售出的商品实施有效控制；收入的金额能够可靠地计量；相关的经济利益很可能流入公司；相关的、已发生或将发生的成本能够可靠地计量。

2. 收入确认时间

在经销商模式下，公司通常在经销商收到商品并签收后，取得收款权利时确认商品销售收入。这一时点确保了商品所有权上的主要风险和报酬已经转移给经销商，且收入的金额能够可靠计量。

## 合规程序与方法

### 一、合规程序与方法

1. 明确合同条款

在分销合同中明确产品规格、价格、结算方式、返利政策等关键条款。

确保合同条款清晰、无歧义，减少争议。

2. 建立收入确认标准

根据合作模式制定明确的收入确认标准。

遵循会计准则和当地法规要求。

3. 加强内部控制

建立健全的内部控制体系，确保销售、发货、收款等环节的相互独立和制衡。

定期对内部控制体系进行审计和评估，确保其有效运行。

4. 实施账龄分析

对应收账款进行账龄分析，识别潜在坏账风险。

及时采取措施催收欠款，降低坏账损失。

5. 加强财务管理和会计核算

确保销售数据的准确性和完整性，及时录入会计系统。

定期对账，确保应收账款、应付账款等往来账目的准确性。

6. 加强合规培训

对销售、财务等相关人员进行合规培训，增加和提升其对法律法规和公司内部规章制度的理解和执行能力。

**二、可能的影响**

1. 经销商信用状况

经销商的信用状况直接影响公司的应收账款质量和坏账风险。

需建立信用评估机制，对经销商进行信用评级和动态管理。

2. 市场环境变化

市场环境变化（如需求下降、竞争加剧）可能影响经销商的销售能力和回款速度。

公司需密切关注市场动态，及时调整销售策略和结算模式。

3. 政策法规调整

政策法规的调整可能对公司与经销商的合作模式和结算模式产生影响。

公司需及时关注政策法规变化，确保合作模式和结算模式的合规性。

## 案例分析 1：隐瞒关联方交易

**一、背景**

以鑫秋农业为例，该公司与其关联方德州馨泉农林牧业有限公司（简称“馨泉农牧”）和德州馨秋种苗科技有限公司（简称“馨秋种苗”）之间存在关联交易，但在其财务报表中并未按规定进行披露。

**二、案例具体情况**

鑫秋农业虚增了营收 8 832 万元，这部分收入是虚假的。

在 2014 年全年、2015 年 1 月至 6 月、2015 年全年，鑫秋农业与馨泉农牧发生的关联交易金额分别为 4 412.5 万元、1 222.9 万元、3 350.63 万元；与馨秋种苗发生的关联交易金额分别为 880.38 万元、680.46 万元、1 680.46 万元，累计隐瞒关联交易金额达到 1.22 亿元。

**三、分析**

1. 法律法规

上市公司必须严格履行法定信息披露义务，不得刻意隐瞒关联交易，侵害中小股东的知情权。

2. 影响

隐瞒关联方交易会导致信息披露不充分，降低交易透明度，增加利益输送和不公平竞争的可能性。

这种行为会破坏财务报表的真实性，影响投资者的决策，导致投资者遭受损失。

隐瞒关联交易还会引发监管机构的高度关注和调查，导致公司面临法律风险和声誉损害。

3. 正确做法

公司应严格遵守相关法规，充分披露与关联方之间的交易，包括交易的性质、金额、条件等。

建立健全的内部控制制度，监控和审计关联交易，确保交易的公允性和合规性。

加强对财务人员的培训和教育，提高他们的专业素养和法律意识，确保财务报表的真实性和准确性。

4. 正确的会计处理

公司应按照会计准则的要求，对关联交易进行准确的会计处理和披露。

在财务报表中明确列示关联交易的金额、类型和对财务状况的影响。

提供详细的附注和解释，以帮助投资者和其他利益相关者更好地理解关联交易的性质和影响。

## 案例分析 2：不当处理返利

**一、背景**

家用品公司 A 与其经销商 B 签订了一份销售返利合同。根据合同，经销商 B 每销售一定数量的产品，公司 A 将给予一定比例的返利。然而，在实际操作过程中，公司 A 对返利政策的执行存在不规范之处。

**二、案例具体情况**

假设经销商 B 在某个季度内销售了价值 100 万元的产品，按照合同应获得 10% 的返利，即 10 万元。然而，公司 A 在会计处理时，未将这 10 万元返利准确计入成本或冲减收入。

**三、分析**

1. 法律法规

根据相关会计准则和税法规定，销售返利应当作为对原销售收入的调整，准确计入成本或冲减收入。

企业应确保财务报表真实、准确、完整地反映其财务状况和经营成果。

2. 影响

由于返利未准确计入成本或冲减收入，导致公司 A 的收入被高估，财务报表失真。

不规范的返利处理会导致公司面临税务风险，如被税务机关认定为存在偷税漏税行为。

返利政策执行不规范会影响公司与经销商之间的关系，对长期合作产生负面影响。

3. 正确做法

公司 A 应根据实际销售情况和合同约定的返利比例，准确计算应支付的返利金额。

在会计处理时，公司 A 应将返利金额冲减当期销售收入或计入销售成本，以确保财务报表的准确性。

同时，公司 A 应加强与经销商的沟通，确保双方对返利政策的执行达成共识，维护良好的合作关系。

4. 正确的会计处理

当发生销售返利时，销售方应根据实际情况开具红色增值税专用发票，以冲销原销售收入和相应的销项税额。这种情况下，返利直接冲减了收入。或者，将返利作为销售费用计入当期成本，反映了企业为了扩大销售或维护客户关系而承担的成本。

## 案例分析 3：结算方式不规范

**一、背景**

某健康产品公司，为了规避税务监管和简化财务流程，鼓励其经销商通过现金或个人银行卡进行货款结算。这一做法在一段时间内为公司带来了便利，但同时也带来了巨大的法律和财务风险。

**二、案例具体情况**

该公司通过个人银行卡收取的货款在一年内累计达到了 5 000 万元人民币。

其中，有 3 000 万元人民币的货款未纳入公司正式的财务账目，导致公司收入确认不完整。

通过个人卡结算的货款中，有约 20% 未申报纳税，涉嫌偷税漏税。

**三、分析**

1. 法律法规

根据《公司法》和《现金管理暂行条例》，公司不得将资金以个人名义开立账户存储，且单位之间的经济往来应通过开户银行进行转账结算。该公司通过个人银行卡收取货款的做法违反了这些规定。

2. 影响

由于部分货款未纳入公司正式财务账目，导致公司财务报表不能真实反映其经营状况和财务成果。

未申报纳税的货款导致国家税收流失，同时公司也面临税务稽查和处罚。

个人卡结算削弱了公司内部控制的有效性，增加了资金被挪用或盗用的风险。

3. 正确做法

所有货款应通过公司的对公账户进行结算，确保资金流水的透明度和可追溯性。

建立完善的财务制度和内部控制流程，确保每一笔交易都经过正规渠道并正确记录在财务账目中。

严格遵守税收法规，及时、足额申报并缴纳各项税款。

4. 正确的会计处理

货款应通过银行转账方式支付至公司对公账户。

财务人员应根据银行回单及时确认收入，并正确编制会计凭证和账簿记录。

定期与银行对账，确保账目清晰、准确。

按时进行税务申报和缴纳工作，确保税务合规。

## 专题四十六：电商销售收入是否被隐匿以达到避税的目的

### 业务简介

**一、概念**

隐匿电商销售收入以达到避税的目的，是指电商企业在运营过程中，通过隐瞒、少报销售收入，以及采用其他不正当手段，规避或减少应缴纳的税款的行为。这种行为违反了国家税收法律法规，不仅损害了国家税收利益，也扰乱了市场公平竞争秩序。

**二、基本规定**

1. 电商企业的纳税义务

增值税：电商企业销售商品或提供服务，应按照销售额计算并缴纳增值税。

企业所得税：电商企业应就其生产经营所得缴纳企业所得税。

其他税种：如消费税、印花税等，根据具体业务情况可能涉及。

2. 电商平台的责任

《中华人民共和国电子商务法》（简称《电子商务法》）规定，电商平台有义务保留至少三年的交易数据，并依法同步给税务机关。这意味着电商平台需配合税务机关的监管工作，提供必要的交易数据以支持税务稽查。

**三、违规表现**

1. 不按规定开具发票

行为描述：电商商家在销售商品或提供服务时，未按规定向消费者开具发票，或者开具的发票金额低于实际交易金额，从而隐匿部分销售收入。

目的与动机：隐匿收入以逃避税收。

后果：电商商家将补缴税款、缴纳罚款以及滞纳金，还可能受到行政处罚，影响企业的正常运营。

2. 虚报或隐瞒交易信息

行为描述：商家在电商平台或企业内部系统中虚报或隐瞒交易信息，如篡改销售数据、删除交易记录等，以达到隐匿收入的目的。

目的与动机：降低应纳税额，减轻税负。

后果：商家将面临严厉的处罚，包括高额罚款、刑事责任等。

3. 利用税收差异和漏洞

行为描述：跨境电商商家利用不同国家和地区之间的税收差异和漏洞，通过虚假申报、转移定价等方式隐匿收入。

目的与动机：追求更大的利润空间和竞争优势。

后果：商家将面临跨境追责和严厉处罚。

## 法律法规

**一、《电子商务法》**

第十一条规定："电子商务经营者应当依法履行纳税义务，并依法享受税收优惠。"这一条款明确要求电商经营者必须按照法律规定进行纳税申报。

**二、《税收征收管理法》**

第六十三条明确指出，纳税人伪造、变造、隐匿、擅自销毁账簿、记账凭证，或者在账簿上多列支出或者不列、少列收入，或者经税务机关通知申报而拒不申报或者进行虚假的纳税申报，不缴或者少缴应纳税款的，是偷税。对纳税人偷税的，由税务机关追缴其不缴或者少缴的税款、滞纳金，并处不缴或者少缴的税款百分之五十以上五倍以下的罚款；构成犯罪的，依法追究刑事责任。

## 合规程序与方法

**一、合规程序与方法**

1. 依法进行税务登记和纳税申报

电商企业应当依据《电子商务法》和《税收征收管理法》的规定，在首次纳税义务发生后，依法申请办理税务登记，并如实申报纳税。电商企业需按照规定的申报期限、申报内容，如实办理纳税申报，报送纳税申报表、财务会计报表等税务资料。

2. 建立完善的财务管理体系

电商企业应建立完善的财务管理体系，确保所有销售收入都能被准确记录并申报。这包括：

设立专门的财务部门或聘请专业的财务团队，负责公司的财务管理和税务筹划；

实行严格的财务审批流程，确保每一笔收入都能得到及时、准确的记录；

定期进行财务审计，及时发现并纠正潜在的税务风险。

3. 利用电商平台的数据支持

电商平台有义务保留至少3年的交易数据，并依法同步给税务机关。电商企业应充分利用这一机制，确保与税务机关的数据同步，避免数据不一致导致的税务风险。

4. 合法合规的税务筹划

电商企业可以在法律允许的范围内进行税务筹划，以减轻税收负担。例如，利用税收优惠政策，将业务转移到税收优惠区，或者通过合理的费用分摊来降低应纳税所得额。但需要注意的是，避税并不等于逃税，必须确保所有筹划行为都符合法律法规的要求。

二、步骤

1. 识别税务风险

电商企业应定期评估自身的税务风险，包括销售收入是否完整申报、成本费用是否合理分摊、税务筹划是否合法合规等。

2. 制定合规计划

根据评估结果，制定具体的合规计划，明确责任人、时间表和具体措施。例如，加强财务管理、完善税务申报流程、提高员工税法意识等。

3. 实施与监控

按照合规计划实施，并定期进行监控和评估。确保各项措施得到有效执行，及时发现并纠正问题。

4. 应对税务检查

在面临税务检查时，电商企业应积极配合税务机关的工作，提供真实、完整的财务数据和资料。同时，对于检查中发现的问题，应及时进行整改并补缴税款。

三、可能的影响因素

1. 税务监管技术的更新

随着税务监管技术的不断更新，税务机关的监管能力日益增强。电商企业需要密切关注税务监管动态，及时调整自身的合规策略。

2. 电商平台的数据支持

电商平台的数据支持对电商企业的税务合规至关重要。电商企业应加强与电商平台的合作，确保数据的准确性和及时性。

3. 法律法规的变化

法律法规的变化可能对电商企业的税务合规产生重大影响。电商企业应密切关注相关法律法规的变化情况，及时调整自身的税务筹划和合规策略。

4. 企业自身的经营状况

电商企业自身的经营状况也会影响其税务合规情况。例如，经营规模、业务模式、客户群体等因素都可能影响企业的税务风险和合规难度。

## 案例分析 1：不按规定开具发票

一、背景

A 电子商贸公司在销售商品过程中，存在未按规定向消费者开具发票或开具的发票金额低于实际交易金额的情况。经消费者举报及税务部门核查，发现该公司通过这种方式隐匿了部分销售收入。

二、案例具体情况

实际销售收入：100 万元。

开具发票金额：80 万元。

隐匿销售收入：20 万元。

在上述数据中，A 电子商贸公司实际销售收入为 100 万元，但仅开具了 80 万元的发票，因此隐匿了 20 万元的销售收入。

三、分析

1. 法律法规

根据《中华人民共和国发票管理办法》（简称《发票管理办法》）的规定，开具发票时应当按照规定的时限、顺序、栏目，全部联次一次性如实开具，并确保发票上的金额真实反映实际的交易金额。A 电子商贸公司的行为显然违反了这一规定。

2. 影响

由于隐匿了部分销售收入，导致国家税收减少。

消费者可能因未获得全额发票而在售后服务、维权等方面遇到困难。

违规商家通过逃避税收降低成本，对其他合规商家构成不公平竞争。

3. 正确做法

商家应严格按照实际交易金额开具发票，确保发票金额与订单金额一致。

加强内部管理，提高员工对税收法规的认识和遵守意识。

主动配合税务部门的检查和监督，及时纠正违规行为。

4. 正确的会计处理

准确记录每一笔销售收入，无论是否开具发票。

定期进行账务核对，确保销售收入与发票金额相符。

在编制财务报表时，真实、完整地反映公司的财务状况和经营成果。

## 案例分析 2：虚报或隐瞒交易信息

**一、背景**

无锡某商贸有限公司主要从事食品销售，自 2017 年开始经营网店，销售青团、粽子、月饼等糕点。为营造销量巨大的假象，诱导消费者购买，该公司自 2021 年 3 月起雇佣他人对部分商品宣传页面中的销量数据进行篡改，将累计销量数据篡改为“10 万 +”，远高于商品实际的销售数据。

**二、分析**

1. 法律法规

根据《中华人民共和国反不正当竞争法》（简称《反不正当竞争法》）第八条第一款的规定，经营者不得对其商品的性能、功能、质量、销售状况、用户评价、曾获荣誉等作虚假或者引人误解的商业宣传，欺骗、误导消费者。该商贸有限公司篡改销售数据的行为显然违反了这一规定。

2. 影响

虚报的销售数据误导消费者，使其基于错误的信息做出购买决策。

虚假的销售数据让该商家在竞争中获得不正当优势，损害其他诚信经营者的利益。

商家将面临法律制裁，包括罚款、商誉损失等。

3. 正确做法

商家应诚信经营，真实反映销售数据，不夸大、不虚构。

加强内部管理，防止员工或其他相关人员对数据进行篡改。

定期自查，确保所有宣传信息真实、准确。

4. 正确的会计处理

准确记录每一笔交易信息，包括销售量、销售额等。

定期进行账务核对，确保财务数据与实际交易相符。

在编制财务报表时，严格遵守会计准则，真实反映企业的财务状况和经营成果。

## 案例分析 3：利用税收差异和漏洞

**一、背景**

B 国际贸易公司利用不同国家和地区之间的税收差异和漏洞，通过虚假申报和转移定价的方式隐匿收入。该公司在多个国家设有分支机构，利用这些分支机构进行复杂的关联交易，以逃避税收监管。

**二、案例具体情况**

实际销售收入：500 万美元。

虚假申报收入：300 万美元。

隐匿收入：200 万美元。

通过转移定价减少税款：50 万美元。

B 国际贸易公司实际销售收入为 500 万美元，但仅申报了 300 万美元的收入，隐匿了 200 万美元。同时，通过转移定价策略，将利润转移至低税率国家或地区，从而减少了 50 万美元的税款。

**三、分析**

1. 法律法规

跨境电商商家应遵循各国（或地区）的税收法规，真实、准确地申报收入，并按照规定的税率缴纳税款。定价应基于公平交易原则。

2. 影响

违规商家隐匿收入和转移定价，导致国家税收大幅减少。

违规商家通过逃避税收降低成本，对合规商家构成不公平竞争。

此类行为可能影响国际社会对国家（或地区）税收制度的信任度。

3. 正确做法

跨境电商商家应严格遵守各国（或地区）的税收法规，真实、准确地申报全部销售收入。

在进行跨境交易时，应遵循公平交易原则进行定价，不得利用转移定价逃避税收。

加强内部管理，提高员工对国际税收法规的认识和遵守意识。

4. 正确的会计处理

准确记录每一笔跨境交易的收入和成本，确保财务报表的真实性。

对关联交易进行透明化处理，遵循相关会计准则和法规要求。

定期进行财务审计和税务合规检查，确保公司运营的合规性。

## 专题四十七：境外销售收入控制是否有效且合法

### 业务简介

**一、概念**

境外销售收入控制，是指企业对其在境外市场通过销售商品或服务所获得的收入进行的一系列管理活动。这些活动旨在确保收入的准确性、完整性、及时性以及合规性，从而保护企业的财务健康和避免法律风险。

**二、基本规定**

1. 收入确认原则

准确性：境外销售收入必须根据实际交易情况准确确认，避免虚报或漏报。

完整性：所有符合条件的境外销售收入均应纳入账目，不得有遗漏。

及时性：收入确认应及时反映业务活动的实际发生时间，避免延迟确认导致的财务风险。

2. 税务合规

税收申报：根据所在国家和地区的税法规定，及时、准确地申报与境外销售收入相关的各项税款。

利用双重征税协定：利用国际的双重征税协定，合理规避不必要的重复征税。

3. 外汇管理

外汇登记：按照外汇管理法规，对境外销售收入进行外汇登记和结汇操作。

合规使用：确保外汇资金的合规使用，避免非法转移和洗钱行为等。

4. 合规管理

遵守当地法律：企业在境外开展业务时，必须严格遵守所在国家和地区的法律法规，包括贸易管制、质量安全、知识产权保护等方面的规定。

内部控制：建立健全的内部控制体系，确保境外销售收入控制的规范性和有效性。

5. 风险管理

识别与评估：定期识别和评估与境外销售收入相关的风险，包括征税风险、汇率风险、合规风险等。

应对：制定并实施有效的风险应对措施，降低风险对企业经营的影响。

**三、违规表现**

1. 私卡商用

行为描述：企业在境外销售中使用私人账户进行资金收付，未将相关资金纳入公司正规财务体系，形成账外收入。

目的与动机：通过私卡交易，企业可以隐匿部分收入，减少税金支出。

后果：这种行为极易引起银行账户冻结和税务稽查。企业不仅要补缴税款、缴纳滞纳金和罚款，还可能面临刑事责任。同时，企业的信誉和融资能力也会受到严重影响。

2. 买单出口与骗取退税

行为描述：企业没有出口资质，以其他出口公司的名义进行报关出口，并利用虚假的出口数据骗取退税。

目的与动机：规避复杂的出口手续；降低成本；通过伪造出口数据骗取退税，增加企业利润。

后果：买单出口和骗取退税均属于严重违法行为。企业将面临巨额罚款、刑事责任和出口资质的丧失等。此外，企业信誉将严重受损，导致企业难以在国际市场上立足。

3. 逃避外汇监管

行为描述：企业在进行境外销售时，未按照外汇管理规定进行资金收付和申报，如非法套汇、逃汇等。

目的与动机：规避外汇管制、转移资产或进行洗钱等非法活动。

后果：企业逃避外汇监管将受到外汇管理部门的严厉处罚，包括高额罚款、限制外汇业务等。同时，企业的国际业务会受到影响，甚至被禁止参与国际贸易。

## 法律法规

**一、《电子商务法》**

第十一条规定：“电子商务经营者应当依法履行纳税义务，并依法享受税收优惠。”这一条款明确要求电商经营者必须按照法律规定进行纳税申报。

**二、《税收征收管理法》**

第六十三条明确指出，纳税人伪造、变造、隐匿、擅自销毁账簿、记账凭证，或者在账簿上多列支出或者不列、少列收入，或者经税务机关通知申报而拒不申报或者进行虚假的纳税申报，不缴或者少缴应纳税款的，是偷税。对纳税人偷税的，由税务机关追缴其不缴或者少缴的税款、滞纳金，并处不缴或者少缴的税款百分之五十以上五倍以下的罚款；构成犯罪的，依法追究刑事责任。

## 合规程序与方法

### 一、合规程序与方法

1. 建立明确的收入确认政策

明确收入确认标准：企业应建立明确的收入确认政策，包括确认收入的时间点（如交货时、收到款项时等）、收入的计量方法等。确保所有销售收入都按照相同的标准进行记录和确认，避免出现主观性和不一致性。

2. 定期进行财务审计

内部审计：定期进行内部审计，检查销售收入的准确性和完整性，确保所有销售收入都已正确记录。

外部审计：聘请独立的会计师事务所进行年度审计，以增加财务报告的公信力和准确性。

3. 加强内部控制

库存盘点：定期进行库存盘点，确保销售数据与库存数据相匹配，防止虚假销售。

现金收款监控：监控现金收款流程，确保所有销售收入都通过正规渠道流入公司账户。

4. 使用财务软件

自动化记录：使用财务软件自动化记录和跟踪销售收入，减少发生人为错误的可能性。

数据分析：利用财务软件进行数据分析，及时发现并纠正异常数据。

5. 税务合规

税务筹划：根据各国税法，合理进行税务筹划，确保境外销售收入的税务处理符合当地法律法规。

出口退税：对于出口业务，及时申请出口退税，减轻税负。

6. 贸易合规

出口管制：遵守各国出口管制法规，确保出口产品不违反相关制裁和禁运规定。

进口许可：对于需要进口许可的产品，确保已获得相关许可或授权。

7. 反洗钱与反腐败

尽职调查：对客户进行尽职调查，了解客户背景和业务合法性，防止与洗钱和腐败活动相关的交易。

合规培训：定期对员工进行反洗钱和反腐败培训，提高员工的合规意识。

### 二、步骤

制定合规政策：根据企业实际情况和各国法律法规，制定详细的合规政策。

建立内部控制体系：完善内部控制体系，确保各项合规政策得到有效执行。

培训员工：定期对员工进行合规培训，提高员工的合规意识和技能。

实施监控：通过内部审计、外部审计、使用财务软件等方式，对销售收入控制过程进行实时监控。

持续改进：根据监控结果和外部环境变化，及时调整和改进合规政策和内部控制体系。

### 三、可能的影响因素

法律法规变化：各国和地区法律法规的不断变化可能会对企业的合规政策产生影响，需要企业及时调整和更新。

市场环境变化：市场环境的变化可能对企业的销售收入产生影响，进而影响合规政策的执行效果。

企业内部因素：如员工素质、内部控制体系的有效性等内部因素也可能对合规政策的执行产生影响。

## 案例分析 1：私卡商用

### 一、背景

国内知名企业 B，在海外销售过程中，为规避税收和监管，使用私人账户进行资金收付，未将这些资金纳入公司的正规财务体系，从而形成了账外收入。该行为在内部审计中被发现，并引起了相关监管机构的注意。

### 二、案例具体情况

通过私人账户收取的海外销售款：500 万美元。

未纳入公司正规财务体系的账外收入：500 万美元。

逃避的税款：约 125 万美元（假设税率为 25%）。

### 三、分析

1. 法律法规

根据国内外相关法律法规，企业应当将所有经营收入纳入正规财务体系，并依法纳税。使用私人账户进行资金收付，形成账外收入，属于逃避税收监管的违法行为。

2. 影响

通过私人账户收付，企业逃避了应纳税款，导致国家税收减少。

账外收入的存在使得企业的财务报表不能真实反映其经营状况，影响了投资者和债权人的决策。

企业将面临法律制裁，包括罚款、税收补缴甚至刑事处罚。

3. 正确做法

公司应建立完善的内部控制体系，确保所有销售收入都通过公司的正规账户进行收付。

加强对财务人员的培训，提高其法律法规意识和职业道德水平。

定期接受外部审计和税务检查，确保财务信息的透明度和合规性。

4. 正确的会计处理

所有海外销售收入应通过公司的银行账户进行收付，并及时、准确地记录在公司的财务账簿中。

按照相关会计准则和税收法规进行收入确认、成本核算和税款计提等会计处理。

编制真实、准确的财务报表，为投资者和债权人提供可靠的决策依据。

## 案例分析 2：买单出口与骗取退税

### 一、背景

B 企业未取得出口资质，为了开展出口业务，以另一家具有出口资质的公司（C 公司）的名义进行报关出口。在此过程中，B 企业伪造了出口数据，以骗取出口退税。

### 二、案例具体情况

报关出口总额：1 000 万美元。

骗取退税：150 万美元（假设退税率为 15%）。

### 三、分析

1. 法律法规

根据相关法律法规，企业只有具备相应的出口资质才能从事出口业务。同时，企业申请出口退税必须基于真实的出口交易，任何伪造出口数据以骗取退税的行为都是违法的。

2. 影响

通过虚假出口数据骗取退税，直接导致了国家财政收入减少。

此类行为破坏了正常的出口市场秩序，损害了合规企业的利益。

涉事企业将面临法律制裁，包括罚款、吊销营业执照等。

3. 正确做法

合规申请出口资质：企业应按照法定程序申请出口资质，确保合法经营。

真实记录出口数据：企业应准确记录每一笔出口交易，确保数据的真实性。

遵守退税规定：在申请出口退税时，企业应提供真实的出口单证和相关数据。

4. 正确的会计处理

准确核算出口收入：企业应按照会计准则准确核算出口收入，并确保与海关报关数据一致。

合规申请退税：在符合退税条件的前提下，按照税务部门的要求准备相关材料并申请退税。

健全内部控制：建立并执行有效的内部控制制度，防止财务舞弊和违规行为的发生。

## 案例分析 3：逃避外汇监管

### 一、背景

国内电子产品制造企业 B 公司，积极拓展海外市场。在进行海外销售过程中，B 公司为简化操作流程和规避部分税费，未严格按照国家外汇管理规定进行资金收付和申报。

### 二、案例具体情况

海外销售额：500 万美元。

未申报外汇收入：100 万美元。

违规转移资金：50 万美元。

### 三、分析

1. 法律法规

根据国家外汇管理规定，企业在进行海外销售时，必须按照规定进行外汇资金的收付和申报。这包括及时将外汇收入汇入国内并申报，以及按照规定的程序进行外汇支付。

2. 影响

未申报的外汇收入导致国家税收减少。

违规操作破坏了外汇市场的正常秩序。

企业面临被外汇管理部门处罚。

违规转移资金可能面临无法追回的风险。

3. 正确做法

企业应将所有海外销售收入及时汇入国内银行账户。

按照国家外汇管理规定，准确、完整地进行外汇收入申报。

遵守外汇支付规定，不违规转移或使用外汇资金。

4. 正确的会计处理

准确记录每一笔海外销售收入，确保账目清晰。

及时进行外汇收入申报，并将申报记录与财务账目核对。

严格遵守会计准则和外汇管理规定，确保财务信息的真实性和准确性。

# 第九章
# 应收账款合规

## 专题四十八：应收账款增长是否存在虚构情况

### 业务简介

**一、概念**

应收账款，是指企业在正常经营过程中因销售商品、提供劳务等业务，应向购买单位收取的款项。它是企业资产的重要组成部分，代表了企业因销售活动而形成的债权。在会计原理上，应收账款的增加通常伴随着营业收入的增加，但两者之间存在时间差，因为应收账款的收回往往滞后于销售收入的确认。

**二、基本规定**

1. 确认原则

应收账款的确认应遵循权责发生制原则，即在销售商品或提供劳务的同时，确认应收账款。这意味着，即使货款尚未收到，企业也有权在未来某个时点收取这些款项。

2. 计量原则

应收账款的计量通常以其公允价值为基础，即按照销售合同或协议中约定的金额进行计量。在存在折扣、折让的情况下，应相应调整应收账款的入账金额。

3. 披露要求

企业应在财务报表中充分披露应收账款的相关信息，包括应收账款的总额、账龄分布、坏账准备计提情况等，以便投资者和其他利益相关者了解企业的应收账款状况。

**三、违规表现**

1. 凭空捏造应收账款

行为描述：企业虚构不存在的债务单位，并为其设置“应收账款”账户，记录虚假的应收账款金额。

目的与动机：当企业未完成销售和利润计划时，通过虚构销售业务，虚增销售收入和利润，以粉饰经营业绩；通过虚构应收账款，将实际收到的销货款隐匿，以便贪污或挪用资金。

后果：导致企业财务报告失真，误导投资者和债权人，损害其利益；同时，引发税务风险和法律诉讼。

2. 将非应收账款列作应收账款

行为描述：将本应记入“其他应收款”“预收账款”或其他科目的款项错误地记入“应收账款”科目。

目的与动机：通过调整应收账款的余额来间接影响企业的利润水平；利用应收账款入账的复杂性，故意记错科目以逃避税务和审计部门的监管。

后果：影响企业财务数据的真实性和可比性，误导外部利益相关者；同时，使企业面临税务稽查和行政处罚。

3. 通过第三方走账虚构应收账款回款

行为描述：企业在确认收入时缺乏充分依据，随后通过第三方进行资金走账，虚构应收账款的回款记录。

目的与动机：完成年度经济指标或保持市场形象；将虚假的回款资金用于其他用途，如投资或偿还债务。

后果：不仅导致企业财务报告失真，还引发严重的信任危机，企业需要承担相应的法律责任；同时，给投资者和债权人带来巨大损失。

## 法律法规

**一、《民法典》**

第七百六十三条：“应收账款债权人与债务人虚构应收账款作为转让标的，与保理人订立保理合同的，应收账款债务人不得以应收账款不存在为由对抗保理人，但是保理人明知虚构的除外。”这一条款主要针对保理合同中的虚构应收账款情况，明确了债权人与债务人虚构应收账款的法律后果。

**二、《公司法》**

公司法要求企业编制真实、准确的财务报告。如果企业通过虚构应收账款来操纵财务报表，将违反公司法的规定，企业需承担法律责任。

**三、《证券法》**

对上市公司而言，如果其通过虚构应收账款来粉饰财务报表，从而误导投资者，将违反证券法的信息披露要求，面临证券监管机构的处罚。

## 合规程序与方法

**一、合规程序**

1. 数据收集与初步分析

收集企业应收账款增长的相关数据，包括应收账款明细账、销售合同、发票、出库单等原始凭证，确保数据的完整性和准确性。

对比应收账款增长与销售收入增长的趋势，分析二者是否匹配，是否存在异常波动。

检查新增应收账款的客户信息，核实客户的真实性，包括客户的基本信息、交易历史等。

2. 内部流程审查

审查销售和收款流程，检查是否存在内部控制缺陷，如未严格执行赊销审批制度、发货与收款环节脱节等。

核对销售合同条款与实际执行情况，确保合同约定的付款条件与账面记录一致。

检查财务人员是否按照会计准则进行账务处理，是否存在不当的收入确认时点调整。

3. 外部验证

向客户发送询证函，确认应收账款余额的真实性，对于未回函的客户，采取替代程序进行验证。

与客户的采购部门或财务部门进行沟通，了解交易背景和付款安排，核实交易的真实性。检查银行回单、收款凭证等资金流入凭证，确认款项是否实际到账。

4. 风险评估与应对

根据审查结果，评估应收账款增长是否存在虚构的风险，确定风险等级。

对于存在虚构嫌疑的应收账款，进一步调查原因，如是否存在关联方交易、虚构客户或交易等。

制定应对措施，如加强内部控制、调整信用政策、追回虚构款项等。

5. 持续监控与改进

建立应收账款监控机制，定期分析应收账款的账龄、回收率等指标，及时发现异常情况。

总结经验教训，完善应收账款管理制度和流程，防止类似问题再次发生。

**二、合规步骤**

制定合规计划：成立专项工作小组，明确各部门职责，制定详细的合规检查计划。

确定检查范围和重点，重点关注应收账款增长较快的客户和业务领域。

执行合规程序：按照上述合规程序，逐一落实各项检查工作，确保检查过程的规范性和有效性。记录检查过程和发现的问题，形成合规检查报告。

报告与整改：向企业管理层提交合规检查报告，详细说明检查结果和存在的问题。根据管理层的指示，制定整改方案，明确整改责任人和整改期限。

跟踪与验证：对整改情况进行跟踪检查，确保整改措施落实到位。对整改效果进行评估，验证问题是否得到有效解决。

总结与反馈：总结本次合规检查的经验教训，完善合规管理体系。定期向管理层汇报应收账款管理的合规情况，为企业的决策提供参考。

**三、识别虚假应收账款的方法**

1. 分析应收账款增长率与主营业务收入增长率的匹配性

正常情况下，应收账款的增长率应与主营业务收入的增长率保持相对一致。如果应收账款增长率大幅高于主营业务收入增长率，且没有合理解释，则可能存在虚构应收账款的情况。

2. 关注应收账款的账龄分布

应收账款的账龄较长可能表明收款效率低下或存在坏账风险。同时，如果账龄分布突然发生显著变化，则也暗示着可能存在虚构应收账款的情况。

3. 分析坏账准备的计提情况

企业应根据应收账款的实际情况合理计提坏账准备。如果坏账准备计提不足或频繁调整计提比例，可能与应收账款的虚构有关。

4. 关注财务报告附注中的相关信息

财务报告附注中可能包含关于应收账款转让、质押等事项的说明。这些事项可能影响应收账款的真实性和可收回性，因此需要特别关注。

5. 结合行业特点和市场环境进行分析

不同行业的应收账款特点可能存在差异。同时，市场环境的变化也可能影响应收账款的收回情况。因此，在识别虚构应收账款时，需要结合行业特点和市场环境进行综合分析。

6. 利用审计程序进行验证

审计人员可以通过函证、检查销售合同、核对银行对账单等程序来验证应收账款的真实性和完整性。这些程序有助于发现虚构应收账款的迹象。

## 案例分析 1：凭空捏造应收账款

**一、背景**

C 公司，为了虚增企业资产和利润，虚构了一个不存在的债务单位 D 公司，并为其设置了“应收账款”明细账户。在该账户下，C 公司记录了虚假的应收账款金额，以此来粉饰财务报表。

**二、案例具体情况**

虚构的债务单位：D 公司。

虚构的应收账款金额：500 万元。

C 公司因此虚增的资产和利润：各 500 万元。

**三、分析**

1. 法律法规

根据《企业会计准则》和相关财务法规，企业应真实、准确地记录和报告其财务状况和经营成果。虚构债务单位和记录虚假的应收账款金额违反了这些规定，构成了财务舞弊。

2. 影响

虚构应收账款导致 C 公司的财务报表不能真实反映其财务状况和经营成果。

虚假的财务信息误导投资者和债权人的决策，导致他们遭受经济损失。

C 公司面临监管机构的调查和处罚，甚至可能涉及刑事责任。

3. 正确做法

企业应严格遵守《企业会计准则》和相关财务法规，确保财务信息的真实性和准确性。

不得虚构债务单位和记录虚假的应收账款金额。

加强对财务人员的培训和教育，提高他们的职业素养和道德水平，防止财务舞弊行为的发生。

4. 正确的会计处理

企业应根据实际发生的经济业务进行会计处理，确保账实相符。

对于应收账款的核算，应基于真实的销售合同、发货单等原始凭证进行记录。

定期与客户进行对账，确保应收账款的准确性。

## 案例分析 2：将非应收账款列作应收账款

**一、背景**

C 公司主要从事电子产品销售与技术服务提供业务。由于内部管理不善和财务人员对会计科目理解不准确，导致部分本应计入其他应收款、预收账款的款项被错误地计入了应收账款。

**二、案例具体情况**

错误计入应收账款的其他应收款：300 000 元。

错误计入应收账款的预收账款：200 000 元。

错误计入总金额：500 000 元。

**三、分析**

1. 法律法规

根据《企业会计准则》，应收账款是指企业因销售商品、提供劳务等经营活动，应向购货单位或接受劳务单位收取的款项。

其他应收款则是指企业除应收票据、应收账款、预付账款、应收股利和应收利息以外的其他各种应收及暂付款项。

预收账款是指企业向购货方预收的购货订金或部分货款。

2. 影响

错误的账目处理导致财务报表不能真实反映企业的财务状况和经营成果。

基于错误的财务信息，管理层做出不恰当的经营和财务决策。

错误的账目处理导致税务申报不准确，从而引发税务风险。

虚增的应收账款误导银行或其他金融机构对企业的信贷评估。

3. 正确做法

加强财务人员培训，确保其准确理解和运用相关会计准则。

定期对账，及时发现并纠正账目处理中的错误。

强化内部审计，确保财务报表的准确性和合规性。

4. 正确的会计处理

对于其他应收款，应单独列示，并清晰记录每笔款项的性质、金额和收回情况。

预收账款应在收到时确认为负债，待实际提供服务或交付商品后再转为收入。

应收账款应仅包含因销售商品或提供服务而产生的应收款项。

## 案例分析 3：通过第三方走账虚构应收账款回款

**一、背景**

C 公司是一家从事电子产品销售的企业。为了提升业绩和满足某些财务指标要求，C 公司在某一年度末，确认了一笔大额销售收入，但相关交易并未完全符合收入确认的条件。为了掩盖这一不合规行为，C 公司通过第三方进行了资金走账，虚构了应收账款的回款记录。

**二、案例具体情况**

虚增的销售收入：500 万元。

通过第三方走账的资金：400 万元。

虚构的应收账款回款记录：400 万元。

**三、分析过程**

1. 法律法规

根据相关会计准则，企业应当在满足以下条件时确认收入：商品所有权上的主要风险和报酬已转移给购货方，且没有保留对商品的控制权；能够可靠地计量收入的金额；相关的经济利益很可能流入企业；相关的已发生或将发生的成本能够可靠地计量。

通过第三方进行资金走账和虚构应收账款回款记录，违反了会计准则的真实性原则和完整性原则，同时触犯相关法律法规。

2. 影响

虚增收入和虚构回款导致财务报表不能真实反映企业的财务状况和经营成果。

失真的财务信息误导投资者和债权人的决策，造成经济损失。

企业面临监管机构的调查和处罚，甚至可能引发法律诉讼。

3. 正确做法

严格遵守会计准则和法规要求，确保收入确认的合规性。

加强内部控制和审计，防止财务造假行为的发生。

及时、准确、完整地记录和报告财务信息，确保透明度和可信度。

4. 正确的会计处理

仅在满足收入确认条件时确认销售收入。

真实、准确地记录应收账款和回款情况，不进行任何形式的虚构或操纵。

定期与客户进行对账，确保应收账款的准确性。

# 专题四十九：应收账款回款情况与信用期政策是否一致

## 业务简介

**一、概念**

应收账款回款情况，是指企业在销售商品或提供劳务后，根据合同约定向客户收取款项的实际执行情况。它反映了企业应收账款的收回效率、客户支付能力以及企业信用管理水平。应收账款回款情况的好坏直接影响到企业的现金流状况和财务稳定性。

信用期政策是企业为管理应收账款而制定的一项信用管理策略，它规定了客户在购买商品或接受劳务后可以延迟支付款项的最长期限。信用期政策的制定旨在平衡企业的销售增长与资金回收风险，通过给予客户一定的信用期限来刺激销售，同时确保企业能够及时收回款项以满足正常的运营资金需求。

**二、基本规定**

1. 应收账款回款情况的基本规定

及时性原则：企业应确保应收账款能够按照合同约定的时间及时收回，避免资金长期占用和坏账损失的发生。

准确性原则：应收账款的收回金额应与合同约定的金额一致，确保企业财务数据的准确性和可靠性。

完整性原则：企业应对应收账款进行全面管理，包括已到期未收回的款项、逾期款项以及可能形成的坏账等，确保财务信息的完整性。

2. 信用期政策的基本规定

合理性原则：信用期政策的制定应基于企业的实际情况和市场需求，确保信用期限既能够刺激销售增长，又能够控制资金收回风险。

明确性原则：信用期政策应明确规定不同客户的信用期限和支付方式，避免模糊条款导致的纠纷和损失。

灵活性原则：企业应根据市场变化和客户需求适时调整信用期政策，以保持其竞争力和适应性。

**三、应收账款回款情况与信用期政策的一致性**

1. 收回时间的一致性

应收账款的收回时间应与信用期政策规定的期限保持一致。即客户应在信用期限内支付款项，企业也应在该期限内积极催收以确保款项的及时收回。

2. 支付方式的一致性

客户应按照信用期政策规定的支付方式支付款项。例如，如果信用期政策规定客户可以采用分期付款的方式支付款项，则客户应按时足额支付每期款项；如果采用一次性支付方式，则客户应在信用期限到期前一次性支付全部款项。

3. 违约处理的一致性

对于逾期未支付的款项，企业应按照信用期政策规定的违约处理方式进行处理。这可能包括收取滞纳金、暂停供货、追究法律责任等措施。通过严格执行违约处理规定，企业可以维护自身的合法权益并降低坏账损失的风险。

**四、违规表现**

1. 擅自延长信用期

行为描述：企业在与客户签订合同时，未经审批擅自延长约定的信用期，导致应收账款收回时间延长。

目的与动机：吸引客户、增加销售额或维持客户关系。

后果：增加企业的机会成本和坏账风险，降低资金使用效率，可能导致资金短缺和财务风险上升。

2. 无故缩短信用期

行为描述：企业单方面缩短与客户约定的信用期，要求客户提前付款。

目的与动机：可能由于企业资金紧张，急需回笼资金以缓解财务压力。

后果：可能损害客户关系，导致客户不满和流失，影响企业市场声誉和长期竞争力。

3. 随意放宽信用标准

行为描述：企业未按照既定的信用标准对客户进行信用评估，向不符合条件的客户发放信用额度或延长信用期。

目的与动机：提升短期销售业绩或满足特定客户需求。

后果：增加坏账风险，降低应收账款质量，对企业财务状况造成不利影响。

## 法律法规

**一、《民法典》**

第七十条规定，当债务人（法人）解散时，清算义务人应当及时组成清算组进行清算。这对应收账款的回款情况有直接影响，因为如果债务人解散或破产，应收账款可能面临无法收回的风险。

**二、《中华人民共和国民事诉讼法》**

在债权人获得人民法院有利判决后，如果债务人仍不履行还款义务，债权人可以申请强制执行。但如果执行过程中发现债务人无可供执行的财产或者财产不足以清偿债务，这将影响应收账款的回款。

**三、《公司法》**

第二百三十九条规定，公司清算结束后，清算组应当制作清算报告。这意味着在公司清算过程中，应收账款的回款情况应当得到妥善处理。

## 合规程序与方法

**一、信用政策的制定**

1. 信用政策内容

信用政策内容主要包括信用期间、信用标准和现金折扣政策。信用期间指企业允许客户从购货到付款的时间；信用标准指企业采取赊销方式时，要求客户必须具备的最低条件；现金折扣政策则是为鼓励客户尽快付款而给予的折扣优惠。

2. 应考虑的因素

企业自身因素：企业对风险的态度、能够承受的风险水平及资金状况。

竞争对手因素：市场竞争激烈程度。

客户因素：客户的信誉度、偿债能力、财务实力及经营现状等。

3. 制定步骤

信息收集：通过多渠道获取客户的信用信息，如财务报表、信用评级证明等。

信用评级：基于收集的信息，对客户进行信用评级。

政策制定：根据评级结果和企业实际情况，制定信用政策，包括信用期间、信用额度等。

**二、应收账款的日常管理**

1. 设置应收账款明细分类账

在总分类账的基础上，按信用客户名称设置应收账款明细分类账，详细记录与客户的往来情况。这有助于随时掌握每个客户的赊欠情况，并为后续的分析和催收提供依据。

2. 职责分离

赊销业务的全过程应做到职责分离，如登记明细账、填制赊欠账单、向客户交送或邮寄账单和处理客户收入的现金等，都应分派专人负责，以确保信息的准确性和及时性。

3. 定期核对

应定期将明细账与总账核对，确保账实相符，及时发现和纠正错误。

**三、回款跟踪与评估**

1. 回款跟踪

企业需按照合同约定的付款期限进行催款，跟踪客户的回款情况。对于逾期未付的款项，应及时与客户沟通，了解原因并采取措施催收。

2. 评估回款情况

定期评估应收账款的回款情况，包括回款比例、回款速度等。对于回款比例显著较低的客户，需进一步分析原因，并采取相应措施。

3. 坏账准备计提

根据应收账款的账龄和预期信用损失率，计提相应的坏账准备。确保坏账准备计提充分，以应对潜在的坏账风险。

**四、合规性评估与调整**

1. 合规性评估

企业需定期对信用政策和应收账款管理进行合规性评估，检查是否存在违反法律法规或行业标准的情况。评估内容包括但不限于信用政策的合理性、应收账款管理的规范性、回款跟踪的有效性等。

2. 政策调整

根据评估结果和外部环境的变化，及时调整信用政策和应收账款管理措施。例如，当市场环境恶化或客户经营状况出现重大变化时，企业可能需要收紧信用政策，减小赊销规模以降低风险。

**五、可能的影响因素**

1. 宏观经济环境

宏观经济环境的变化会影响企业的销售和回款情况。例如，经济下行时，客户需求减少，回款速度可能减慢。

2. 行业竞争状况

行业竞争激烈时，企业可能需要放宽信用政策以吸引客户，但这也会增加应收账款的回款风险。

3. 客户信用状况

客户的信用状况直接影响应收账款的回款情况。客户信用状况恶化时，回款风险增加。

## 案例分析 1：擅自延长信用期

**一、背景**

C 公司为了吸引更多客户和提高销售额，在与客户签订合同时，未经内部审批程序擅自延长了约定的信用期。原本合同中规定的信用期为 30 天，但 C 公司销售人员为了促成交易，单方面将信用期延长至 60 天，导致应收账款收回时间延长。

**二、案例具体情况**

原始信用期：30 天。

擅自延长后的信用期：60 天。

应收账款增加额：200 万元。

坏账损失：30 万元。

额外资金成本：10 万元。

**三、分析**

1. 法律法规

企业在与客户签订合同时，应遵循相关法律法规和企业内部管理制度。信用期的变更应经过适当的审批程序，确保企业资金流的健康运转。

2. 影响

资金回流速度减慢：由于信用期延长，企业应收账款的收回时间相应延长，导致企业资金回流速度减慢。

坏账风险增加：延长的信用期会增加客户违约的风险，进而导致坏账损失。在本案例中，坏账损失达到了 30 万元。

资金成本上升：为了弥补资金回流的缺口，企业可能需要通过借款等方式筹集资金，从而增加资金成本。本案例中，额外资金成本为 10 万元。

3. 正确做法

销售人员应严格遵守企业的合同管理规定，不得擅自更改合同条款。

若需变更信用期等关键条款，应提交内部审批，并由相关部门评估风险。

企业应加强对销售人员的培训和监督，确保其行为符合企业规章制度和法律法规要求。

4. 正确的会计处理

应收账款应按照合同约定的信用期进行确认和计量。

若发生信用期变更，应及时调整相关账务处理，并确保财务报表的准确性和完整性。

对于因信用期延长而增加的坏账损失和资金成本，企业应进行合理的预提和估计，以反映实际情况。

## 案例分析 2：无故缩短信用期

### 一、背景

企业 A 原本与客户 B 公司约定了一个 60 天的信用期限。然而，由于企业 A 近期资金流紧张，为了迅速回笼资金，企业 A 单方面决定将信用期限缩短至 30 天，并要求客户 B 公司提前付款。

### 二、案例具体情况

原信用期限：60 天。

缩短后的信用期限：30 天。

提前收款的金额：100 万元。

企业 A 因此节省的财务成本（如利息等）：2 万元。

### 三、分析

1. 法律法规

在商业交易中，信用期限通常是双方协商一致的结果。单方面改变信用期限违反了民法典中合同规定的基本原则，即诚实信用原则和公平原则。此外，如果合同中明确约定了信用期限，则单方面更改构成违约。

2. 影响

突然改变信用期限会导致客户不满，影响双方之间的信任和长期合作关系。

如果合同中明确约定了信用期限，企业 A 的行为构成违约，面临法律纠纷和赔偿责任。

此类行为影响企业 A 在市场上的声誉，导致潜在客户和合作伙伴的流失。

3. 正确做法

在考虑更改信用期限之前，应与客户进行充分沟通，寻求对方的共同理解。

如果确实需要更改信用期限，应提前通知客户，并给予客户合理的时间来调整付款计划。

可以考虑提供一定的优惠或激励措施，以减轻客户因信用期限变化而带来的负担。

4. 正确的会计处理

在会计处理上，企业应遵循相关会计准则和法规，确保财务信息的真实性和准确性。

如果因延长信用期限而产生了额外的收入或费用，应在财务报表中进行恰当披露。

需要密切关注与客户之间的往来款项，确保账目的清晰和准确。

### 案例分析 3：随意放宽信用标准

**一、背景**

家具制造公司 C，为了扩大市场份额，决定放宽信用政策以吸引更多客户。在未经过严格的信用评估流程的情况下，家具制造公司 C 向一家新成立的装修公司 D 提供了 50 万元的信用额度，并延长信用期限至 90 天。然而，装修公司 D 在信用期满后未能按时支付货款。

**二、案例具体情况**

信用额度：50 万元。

信用期限：90 天。

逾期未付款金额：50 万元。

因逾期产生的财务成本（如利息、追债费用等）：5 万元。

**三、分析**

1. 法律法规

根据相关法规和行业标准，企业在提供信用额度或延长信用期前，应对客户进行全面的信用评估，确保客户具备偿还能力。

企业应建立完善的信用管理制度，明确信用评估的标准和流程。

2. 影响

未经过严格信用评估的客户可能无法按时支付货款，导致企业面临坏账风险。本案例中，装修公司 D 逾期未支付 50 万元货款，给家具制造公司 C 带来了直接的财务损失。

逾期货款影响了企业资金的正常流转，可能导致企业运营困难。

追讨逾期货款会产生额外的财务成本，如律师费、诉讼费等。本案例中，因逾期产生的额外财务成本为 5 万元。

3. 正确做法

建立信用评估体系：企业应制定明确的信用评估标准，包括客户的经营状况、历史信用记录、偿债能力等方面。

严格进行信用评估：在提供信用额度或延长信用期前，必须按照既定标准对客户进行全面的信用评估。

动态监控与调整：定期对客户的信用状况进行复查，根据实际情况调整信用政策和额度。

4. 正确的会计处理

准确记录：企业应准确记录与客户的往来款项，包括信用额度、信用期限、货款支付情况等。

坏账准备计提：对于可能出现坏账的货款，企业应按照相关会计准则计提坏账准备，以反映真实的财务状况。

逾期货款处理：对于逾期未支付的货款，企业应及时采取措施进行追讨，并记录相关费用和损失。

## 专题五十：关联方应收账款是否公允

### 业务简介

**一、概念**

关联方应收账款，是指企业与其关联方之间因交易而产生的应收款项。关联方可以是企业的母公司、子公司、受同一母公司控制的其他企业、对企业实施共同控制或具有重大影响的投资方等。这类交易在企业日常经营中广泛存在，特别是在集团企业或存在复杂股权结构的企业中更为常见。

**二、基本规定**

1. 关联方的认定

根据财政部公布的《企业会计准则第 36 号——关联方披露》，关联方指一方控制、共同控制另一方或对另一方施加重大影响，以及两方或两方以上同受一方控制、共同控制或重大影响的各方。这一定义涵盖了直接和间接的关联关系，确保了关联方认定的全面性和准确性。

2. 公允性原则

独立交易原则：企业所得税法及会计准则均强调关联方交易的公允性原则，即关联方交易应遵循公平成交价格和营业常规，与独立第三方之间的交易条件和定价相类似。企业需确保其披露的关联方交易公允，并在提供充分证据的情况下声明关联方交易采用了与公平交易相同的条款。

定价政策：关联交易的定价应以市场价格为基础，或依据有资格的独立评估机构出具的评估报告进行定价。若无法直接获得市场价格，可采用成本加成法等方法进行合理估计，但需提供充分的解释和证据支持。

3. 信息披露要求

企业应全面、准确地披露关联方关系及关联交易情况，包括但不限于关联方名称、交易内容、交易金额、交易价格确定方法及公允性、交易对财务状况和经营成果的影响等。对于重大关联交易，还需详细披露关联方名称、交易背景、决策程序、独立董事和监事会意见等，以确保信息透明度，减少对财务报表使用者的误导。

4. 风险管理

关联方应收账款存在较高的风险，因为关联方可能因各种原因无法按时付款。企业应建立健全的风险管理机制，加强对关联方信用的评估，制定合理的应收账款管理政策，确保应收账款的及时收回和资金的安全。

**三、违规表现**

1. 资金占用

行为描述：经营性资金占用主要指关联方在日常经营中长期拖欠企业的资金，形成无成本的不公允占用。非经营性资金占用则是指大股东未付出相应代价直接使用企业资金。

目的与动机：关联方可能出于自身资金压力或利益考虑，利用控制权或影响力占用企业资金，以缓解自身资金紧张状况或进行其他投资活动。

后果：导致企业无法按时收回应收账款，增加财务风险，降低资产质量，影响企业现金流和正常运营，最终损害企业及中小股东的利益。

2. 交易价格与信用条款不公允

行为描述：企业在与关联方的交易中，故意设定不合理的交易价格或信用条款，如以高于市场价向关联方销售商品或给予关联方更长的信用期。

目的与动机：通过不公允的交易条件，变相为关联方提供利益支持，调节企业财务报表数据，掩盖关联方资金占用或经营不善等问题。

后果：影响企业财务报表的真实性与可靠性，误导投资者决策，损害企业及其他股东的合法权益。

3. 随意拆借资金，私设“小金库”

行为描述：企业间利用政策监管不力的漏洞，随意拆借资金，将应收账款用于企业投资，将利息收入转入私设的“小金库”。

目的与动机：利用关联交易的隐蔽性进行资金腾挪和利益输送，逃避监管和减少税收。

后果：扰乱正常的经济秩序，增加企业的财务风险和法律风险，损害企业及股东的整体利益，同时引发法律纠纷和行政处罚。

4. 伪造销售发票，产生虚假应收账款

行为描述：为了完成业绩指标或粉饰财务报表，关联方之间虚构交易，伪造销售发票，产生虚假的应收账款。

目的与动机：完成个人业绩指标，满足外部监管要求，掩盖实际经营不善的情况。

后果：导致公司财务报表失真，误导投资者和债权人的决策，损害资本市场的公正性和透明度，同时引发监管机构的调查和处罚。

## 法律法规

**一、《企业会计准则第 36 号——关联方披露》**

第十条明确规定了企业与关联方发生关联方交易时，应当在财务报表附注中披露的信息，包括但不限于关联方关系的性质、交易类型、交易要素（如交易金额，未结算项目的金额、条款和条件等）。这一规定确保了关联方交易的透明度和可审计性。

**二、《企业所得税法实施条例》**

该条例强调了独立交易原则，即没有关联关系的交易各方应按照公平成交价格和营业常规进行业务往来。这一原则为判断关联方交易是否公允提供了法律依据。

## 合规程序与方法

**一、合规程序与方法**

1. 关联方交易识别与记录

识别关联方关系：全面梳理企业的关联方清单，包括控股股东、实际控制人、关联企业等，确保关联方关系的完整性。

记录关联方交易：对关联方之间的交易进行详细记录，包括交易内容、金额、定价政策、交易时间等，确保交易信息的透明性和可追溯性。

2. 交易定价与公允性评估

定价政策审核：检查关联方交易的定价政策是否符合市场价格水平，是否存在明显偏离市场公允价格的情况。

公允性测试：通过对比市场价格、第三方评估等方式，验证关联方应收账款的公允性，必要时调整账务处理。

3. 财务报表披露与核对

披露合规性检查：确保关联方交易在财务报表中按照会计准则的要求进行充分披露，包括交易金额、定价政策、未结算项目等。

报表核对与调整：在合并财务报表中，对关联方应收账款进行核对和抵销处理，避免重复计算，确保报表数据的准确性。

4. 内部控制与审计监督

内部控制优化：完善关联方交易的内部控制流程，明确审批权限和责任，防止未经授权的关联方交易。

审计监督加强：定期对关联方应收账款进行内部审计，检查交易的合规性和公允性，及时发现并纠正违规行为。

5. 持续监控与动态管理

监控机制建立：建立关联方应收账款的动态监控机制，定期分析账龄、回收情况等指标，及时发现异常。

风险预警与处置：对回收风险较高的关联方应收账款进行预警，制定风险应对措施，确保资金安全。

**二、可能的影响因素**

1. 内部因素

管理层动机：管理层可能出于业绩调整、资金占用等目的，影响关联方应收账款的定价和回收。

内部控制缺陷：企业内部控制不完善，可能导致关联方交易缺乏有效监督，增加违规风险。

财务人员专业能力：财务人员对关联方交易的识别和处理能力不足，可能影响应收账款的公允性。

2. 外部因素

经济环境波动：宏观经济环境的变化可能影响关联方的偿债能力，进而影响应收账款的回收。

政策法规约束：相关法律法规对关联方交易的监管加强，要求企业更加严格地执行公允定价和信息披露。

市场竞争压力：激烈的市场竞争可能导致关联方交易的定价受到非市场因素的干扰。

3. 关联方关系复杂性

关联方数量多：企业关联方数量较多时，管理难度增大，容易出现应收账款定价不公允的情况。

关联方经营状况不佳：关联方自身经营不善可能导致无力按时支付应收账款，影响交易的公允性。

## 案例分析 1：资金占用

**一、背景**

乐视网，作为一家新三板上市公司，曾面临严重的资金占用问题。主要债务人贾跃亭，通过其控股的乐视子公司等关联方，长期拖欠乐视网大量资金。截至 2017 年 11 月 30 日，这些关联方共拖欠乐视网约 75.31 亿元的欠款。尽管证监会责令贾跃亭回国履责，但他截至 2023 年仍未回国，且未就债务问题形成可执行的书面解决方案。

**二、案例具体情况**

根据乐视网发布的财务报告，截至 2017 年 11 月 30 日，关联方拖欠的款项达到了惊人的 75.31 亿元。这一数字反映了关联方对乐视网资金的占用情况，严重影响了乐视网的财务状况和经营能力。

**三、分析**

1. 法律法规

根据《上市公司监管指引第 8 号——上市公司资金往来、对外担保的监管要求》第四条规定控股股东、实际控制人及其他关联方与上市公司发生的经营性资金往来中，不得占用上市公司资金。第二十条规定上市公司应对其与控股股东、实际控制人及其他关联方已经发生的资金往来情况进行自查。对于存在资金占用问题的公司，应及时完成整改，维护上市公司和中小股东的利益。第二十三条规定上市公司及其董事、监事、高级管理人员，控股股东、实际控制人及其他关联方违反本指引的，中国证监会根据违规行为性质、情节轻重依法给予行政处罚或采取行政监管措施，涉嫌犯罪的移交公安机关查处。

2. 影响

关联方长期无成本占用资金，给乐视网造成了严重的财务压力。这种占用不仅影响了乐视网的正常运营和资金周转，还可能导致公司股价下跌、信誉受损，甚至面临退市风险。此外，这种行为也损害了中小股东的利益，破坏了市场的公平性和信心。

3. 正确做法

为避免类似情况发生，上市公司应建立完善的公司治理结构，确保董事会、监事会和股东会的有效运作。同时，应加强对关联方交易的监督和管理，确保资金使用的透明度和合规性。对于已经发生的资金占用行为，应采取法律手段追讨欠款，并公开披露相关信息以维护投资者利益。

4. 正确的会计处理

在会计处理上，上市公司应严格按照相关会计准则进行记录。对于关联方占用的资金，应在财务报表中明确列示，并充分披露相关信息。同时，对于收到的资金使用费，应按照会计准则进行冲减财务费用或计入资本公积等处理。

## 案例分析 2：关联购销

### 一、背景

XX 公司是一家生产电子产品的企业，YY 公司是其关联方，负责销售和推广。为了提升 YY 公司的销售业绩，两家公司达成了一项购销协议，XX 公司以明显低于市场价的价格向 YY 公司销售了一批电子产品。

### 二、案例具体情况

市场公允价格：每台电子产品 1 000 元。

XX 公司向 YY 公司销售的价格：每台电子产品 800 元。

销售数量：1 000 台。

因此，XX 公司少收金额 =（1 000−800）×1 000=200 000（元）。

### 三、分析

1. 法律法规

根据相关会计准则和公司法，关联方之间的交易应当遵循市场公允原则。不公允的关联交易会损害公司、股东或其他利益相关者的利益，也会导致财务报表不真实、不准确。

2. 影响

低价销售导致 XX 公司的收入和利润被低估，影响投资者和债权人的判断。

低价销售会引起税务部门对公司的关注，要求公司进行税务调整，增加税务风险。

不公允的关联交易会损害不知情的中小股东的利益。

3. 正确做法

XX 公司和 YY 公司之间的交易价格应该基于市场价格确定，确保交易的公允性。

若确实存在价格差异，应当在财务报表中进行充分披露，说明原因和影响。

4. 正确的会计处理

记录销售收入时，应以公允市场价格为基础，确保收入准确反映。

如存在关联交易价格差异，应在财务报表附注中进行详细说明。

税务处理上，应遵循相关税法规定，确保合规性。

## 案例分析 3：随意拆借资金，私设“小金库”

### 一、背景

A 企业在与 B 企业进行业务往来时，产生了大量的应收账款。由于政策监管的不力，A 企业将部分应收账款用于其他高风险、高回报的投资项目，而非正常收回。同时，A 企业将投资产生的利息收入转入私设的“小金库”，未纳入企业正规财务账目。

### 二、案例具体情况

A 企业对 B 企业的应收账款总额为 1 000 万元。

A 企业将其中的 500 万元用于非正规投资。

投资年回报率为 10%，因此产生的年利息收入为 50 万元。

这 50 万元利息收入被转入“小金库”，未纳入企业账目。

**三、分析**

1. 法律法规

根据相关法律法规，企业应准确、完整地记录和报告其财务活动，包括应收账款的管理和投资活动。

私设“小金库”和隐瞒收入是违法行为，违反了会计法和财政法规。

2. 影响

由于利息收入未纳入正规财务账目，导致 A 企业的财务报表不真实，影响投资者和债权人的决策。

隐瞒的收入未缴纳相应税款，造成国家税收损失。

“小金库”的存在导致企业内部管理失控，滋生腐败。

3. 正确做法

A 企业应严格遵守财务法规，将所有财务活动纳入正规账目。

投资收益应按规定报税并纳入企业收入。

加强内部审计和提高财务透明度，防止类似行为发生。

4. 正确的会计处理

记录应收账款时，应准确反映其金额和收回情况。

投资收益应作为营业外收入或其他收益入账。

依法申报并缴纳相关税款。

## 案例分析 4：伪造销售发票，产生虚假应收账款

**一、背景**

ZZ 公司是一家制造企业，面临年度业绩考核压力。为了完成年度销售目标并美化财务报表，ZZ 公司与其关联销售公司 AA 进行了一系列虚构的交易。

**二、案例具体情况**

虚构销售额：500 万元。

伪造的销售发票数量：10 张。

由此产生的虚假应收账款：500 万元。

**三、分析**

1. 法律法规

根据相关会计准则、公司法以及证券法，企业不得虚构交易、伪造财务报表。所有财务报表应真实、准确、完整地反映企业的财务状况、经营成果和现金流量。

2. 影响

虚构交易和应收账款导致 ZZ 公司的财务报表不能真实反映其财务状况，误导投资者和债权人。

公司面临罚款、承担赔偿责任甚至刑事责任的后果。

此行为将严重损害公司的声誉和形象。

3. 正确做法

企业应严格遵守相关会计准则和法规，确保所有交易的真实性。

若业绩不佳，应通过改进产品质量、营销策略等方式提升，而非采用违规手段。

强化内部审计和控制，防止类似违规行为的发生。

4. 正确的会计处理

销售收入和销售发票必须基于真实的交易记录。

应收账款应准确反映企业与客户之间的真实债权关系。

定期进行账务核对和审计，确保账目与实际相符。

## 专题五十一：应收账款是否涉及法律风险

### 业务简介

**一、概念**

应收账款，是指企业在正常的经营活动中，因销售商品或提供劳务等业务，应向购买单位或接受劳务单位收取的款项。它主要包括应由购买单位或接受劳务单位负担的价款、税金，以及代购买方垫付的包装费、运杂费等。应收账款是企业资产的一部分，属于债权类资产。

**二、基本规定**

1. 确认与计量

应收账款的确认基于销售合同或劳务合同的规定，当企业履行了合同中的义务（如交付商品或提供劳务）并有权收取相应款项时，应收账款即被确认。其金额通常按照合同约定的价款加上相关税费和代垫费用确定。

2. 管理要求

企业应加强应收账款管理，确保及时收回款项，降低坏账损失。这包括建立完善的应收账款管理制度、信用评估体系、催收机制等。

3. 法律性质

从法律性质上看，应收账款是债权人向债务人主张和收取的一定数额的金钱债权，是一种付款请求权。应收账款的转让（即债权让与）和质押涉及复杂的法律规定，需遵循《民法典》等相关法律法规。

4. 涉及的法律风险

（1）诉讼时效风险

应收账款的诉讼时效通常为三年，自权利人知道或应当知道权利受到损害以及义务人之日起计算。如果企业在诉讼时效内未向债务人主张权利，将可能丧失胜诉权，导致应收账款无法追回。因此，企业应建立有效的法律防范机制，避免超出应收账款诉讼时效。

（2）债权转让与质押风险

债权转让（债权让与）：企业可以将应收账款转让给第三方以获取资金。但转让需通知债务人，否则对债务人不发生效力。此外，某些合同债权可能因法律或合同约定而不得转让。

应收账款质押：企业可以将应收账款作为质押品向银行等金融机构融资。质押需签订书面合同并办理登记手续。质权人需确保应收账款的合法性、真实性和可转让性，并注意防范虚构应收账款等欺诈行为。

（3）法律纠纷与诉讼

当债务人违约不履行付款义务时，企业可能需要通过法律途径追讨应收账款。这包括向人民法院提起诉讼、申请财产保全、强制执行等措施。

在应收账款质押的情况下，如债务人违约，质权人可依法行使质权，通过折价、变卖或拍卖质押的应收账款来优先受偿。质权人还可能单独起诉应收账款债务人，要求其履行付款义务。

（4）其他法律风险

企业应关注应收账款债务人的经营状况和偿债能力，避免因债务人破产或资不抵债而无法收回款项。

应收账款可能涉及增值税等税费的缴纳问题，企业需确保合规操作，避免因税务问题引发法律纠纷。

**三、违规表现**

1. 虚构应收账款

行为描述：企业通过伪造销售合同、发票或发货单等方式，虚增应收账款，以夸大收入或掩盖实际经营问题。

目的与动机：通常是为了美化财务报表，满足融资、上市或业绩考核要求，或者掩盖资金链紧张等问题。

后果：虚构应收账款可能构成财务造假，违反《中华人民共和国会计法》和《证券法》，导致企业面临行政处罚、法律诉讼，甚至刑事责任。此外，虚增收入可能引发税务稽查风险，进一步加重企业负担。

2. 未按规定计提坏账准备

行为描述：企业未根据《企业会计准则》的规定，对应收账款进行合理的坏账准备计提，或者故意低估坏账准备金额。

目的与动机：通过减少坏账准备，虚增当期利润，掩盖应收账款的实际风险，以提升财务报表表现。

后果：未按规定计提坏账准备可能导致财务报表失真，违反《企业会计准则》和《中华人民共和国会计法》。企业可能面临监管处罚、审计调整，甚至被认定为财务欺诈，损害企业信誉。

3. 利用关联方交易操纵应收账款

行为描述：企业通过关联方交易虚增应收账款，例如向关联方销售商品或服务但延迟收款，或者通过虚假交易挂账。

目的与动机：通过关联方交易虚增收入或转移资金，掩盖实际经营问题，或者满足融资、上市等需求。

后果：关联方交易需遵循公允性原则并充分披露，虚增应收账款可能违反《企业会计准则》和《证券法》。企业可能面临监管调查、行政处罚，甚至被认定为财务造假，影响投资者信心。

4. 未及时追讨逾期应收账款

行为描述：企业对逾期应收账款未采取有效的追讨措施，或者故意拖延追讨，导致应收账款长期挂账。

目的与动机：可能是为了掩盖客户信用风险，或者避免因追讨账款影响客户关系。

后果：未及时追讨逾期应收账款可能导致坏账损失增加，违反《企业会计准则》关于资产减值的规定。此外，长期挂账可能引发税务稽查风险，甚至被认定为故意隐瞒收入，导致税务处罚。

## 法律法规

**《民法典》**

第一百八十八条规定，应收账款法律诉讼时效是三年。诉讼时效期间自权利人知道或者应当知道权利受到损害以及义务人之日起计算。这意味着，如果权利人在三年内未向人民法院提起诉讼或向债务人提出要求，其可能丧失通过法律途径追回应收账款的权利。

## 合规程序与方法

### 一、合规程序与方法

1. 前期准备

（1）风险评估与预防

客户信用评估：建立客户信用档案，评估客户的信用额度、信用期限和信用政策，以降低坏账风险。

合同条款明确：在销售合同或服务协议中明确约定付款方式、期限、违约责任等条款，确保双方权利义务清晰。

（2）催收管理

分级催收：根据应收账款逾期时间采取不同的催收措施，如电话催收、书面催告、发律师函等。

合规催收：确保催收过程中不使用威胁、恐吓等非法手段，遵守相关法律法规。

2. 诉讼流程

（1）提起诉讼

选择管辖人民法院：根据法律规定选择有管辖权的人民法院提起诉讼。

提交起诉材料：包括起诉状、证据材料等，并按要求提交相应份数的副本。

（2）立案与审理

立案：法院受理案件后，进行立案登记，并通知双方当事人。

审理：包括法庭调查、举证质证、法庭辩论等环节，当事人需充分阐述自己的主张和理由。

（3）判决与执行

判决：人民法院根据审理情况作出判决，明确双方的权利义务。

执行：判决生效后，如对方不履行义务，可申请人民法院强制执行。

3. 后续管理

（1）财产保全

在诉讼过程中，可申请人民法院对被告的财产进行保全，以确保判决后能够顺利执行财产保全。

（2）证据管理

妥善保存与诉讼相关的所有证据材料，以便在需要时提供证明。

（3）风险评估与调整

根据诉讼结果和实际情况，调整客户信用政策和管理措施，降低未来风险。

### 二、可能的影响因素

1. 法律法规变化

法律法规的变化可能影响诉讼程序、证据要求等方面，企业需及时关注并调整合规策略。

2. 客户经营状况

客户的经营状况直接影响其还款能力，企业需密切关注客户经营动态，及时采取应对措施。

3. 人民法院司法实践

不同人民法院在司法实践中可能存在差异，企业需了解并适应当地人民法院的审理风格和程序要求。

4. 证据充分性和合法性

证据的充分性和合法性直接影响诉讼结果，企业需确保提供的证据材料真实、完整、合法。

## 案例分析 1：虚构应收账款

**一、背景**

某制造企业 A 公司为了满足上市业绩要求，在年度财务报表中虚增了销售收入。由于实际销售业绩未达预期，管理层决定通过伪造销售合同和发票的方式，虚构了 5 000 万元的应收账款，以掩盖真实的经营状况。

**二、案例具体情况**

虚构应收账款金额：5 000 万元。

涉及虚假客户数量：5 家。

虚构交易时间：2022 年第四季度。

实际销售收入与虚构收入比例：实际收入 2 亿元，虚构收入占比 20%。

**三、分析**

1. 法律法规

根据《中华人民共和国会计法》第十三条，企业必须依法设置会计账簿，保证会计资料的真实、完整。根据《证券法》第六十三条，上市公司披露的信息必须真实、准确、完整，不得有虚假记载、误导性陈述或重大遗漏。

2. 影响

虚构应收账款会导致财务报表失真，误导投资者和债权人，可能引发监管调查、行政处罚甚至刑事责任。此外，虚增收入可能导致税务稽查，企业需补缴税款并缴纳罚款。

3. 正确做法

企业应建立健全销售与收款内部控制制度，确保每笔交易真实、合法。定期进行内部审计，核查销售合同、发票和发货单的真实性，防止虚构交易。

4. 正确的会计处理

确认销售收入时，必须有真实的交易背景和完整的凭证支持。

对于已发现的虚构应收账款，应及时调整财务报表，冲减虚增收入，并披露相关调整事项。

## 案例分析 2：未按规定计提坏账准备

**一、背景**

某贸易企业 B 公司为了提升当期利润，未根据《企业会计准则》对应收账款计提足额的坏账准备。B 公司实际应收账款中有 3 000 万元存在较高坏账风险，但仅计提了 500 万元的坏账准备，低估了潜在损失。

**二、案例具体情况**

应收账款总额：1 亿元。

高风险应收账款金额：3 000 万元。

实际计提坏账准备：500 万元。

应计提坏账准备：1 500 万元（按 5% 比例）。

**三、分析**

1. 法律法规

根据《企业会计准则第 22 号——金融工具确认和计量》，企业应基于客观证据对应收账款进行减值测试，合理计提坏账准备。

2. 影响

未按规定计提坏账准备会导致财务报表利润虚增，影响投资者和债权人的决策。一旦被发现，企业可能面临审计调整、监管处罚，甚至被认定为财务欺诈。

3. 正确做法

企业应建立完善的信用管理体系，定期评估客户的信用状况和还款能力。根据风险评估结果，合理计提坏账准备，确保财务报表真实反映应收账款的可回收性。

4. 正确的会计处理

根据应收账款的可回收性，按比例计提坏账准备。

对于高风险应收账款，应单独评估并计提足额坏账准备。

定期复核坏账准备计提的合理性，及时调整。

## 案例分析 3：利用关联方交易操纵应收账款

### 一、背景

某科技企业C公司为了掩盖实际经营问题，通过关联方交易虚增了8 000万元的应收账款。C公司向关联方D公司销售产品，但未实际发货，仅通过虚假合同和发票挂账，延迟收款。

### 二、案例具体情况

虚构应收账款金额：8 000万元。

关联方名称：D公司。

虚假交易时间：2023年第一季度。

实际销售收入与虚构收入比例：实际收入1.5亿元，虚构收入占比35%。

### 三、分析

1. 法律法规

根据《企业会计准则第36号——关联方披露》，企业应充分披露关联方交易的性质、金额和定价政策，确保交易公允。根据《证券法》，上市公司需披露重大关联交易信息。

2. 影响

利用关联方交易虚增应收账款可能导致财务报表失真，违反信息披露规定，引发监管调查和行政处罚。此外，虚增收入可能引发税务稽查，企业需补缴税款并缴纳罚款。

3. 正确做法

企业应建立关联方交易管理制度，确保交易真实、公允。定期披露关联方交易信息，接受监管机构和投资者的监督。

4. 正确的会计处理

关联方交易应按照公允价值确认收入和应收账款。

对于虚假交易，应及时调整财务报表，冲减虚增收入，并披露相关调整事项。

定期复核关联方交易的合理性和公允性。

## 案例分析 4：未及时追讨逾期应收账款

### 一、背景

某零售企业E公司为了维持客户关系，未对逾期应收账款采取有效的追讨措施。E公司有2 000万元的应收账款已逾期一年以上，但管理层未采取法律手段追讨，导致坏账风险持续增加。

### 二、案例具体情况

逾期应收账款金额：2 000万元。

逾期时间：1年以上。

涉及客户数量：10家。

实际坏账损失：预计800万元。

三、分析

1. 法律法规

根据《企业会计准则第22号——金融工具确认和计量》，企业应定期评估应收账款的可回收性，并采取有效措施追讨逾期账款。

2. 影响

未及时追讨逾期应收账款可能导致坏账损失增加，违反资产减值规定。此外，长期挂账可能引发税务稽查，甚至被认定为故意隐瞒收入，导致税务处罚。

3. 正确做法

企业应建立逾期账款追讨机制，定期评估应收账款的可回收性。对于高风险客户，应采取法律手段追讨账款，降低坏账风险。

4. 正确的会计处理

定期对应收账款进行减值测试，计提足额坏账准备。

对于已确认无法收回的应收账款，应及时核销，并披露相关损失。

定期复核应收账款的回收情况，及时调整坏账准备。

## 专题五十二：不同销售模式下应收账款波动与季度收入波动及全年收入波动是否一致

### 业务简介

**一、概念**

销售模式，是指企业为实现销售目标而采取的一系列销售策略和方法的总称。常见的销售模式包括直销、经销、分销、代理商销售等。每种销售模式都有其特点和运作方式，影响着企业的收入确认、应收账款管理及资金回笼。

应收账款，是指企业在销售商品或提供服务过程中，因客户尚未付款而形成的债权。应收账款的波动反映了企业销售政策的执行效果、客户信用状况及市场环境的变化。

季度收入波动和全年收入波动，指的是企业在不同时间段内销售收入的变化情况。这些波动受多种因素影响，包括市场需求、季节性变化、销售策略、竞争态势等。

**二、基本规定**

1. 收入确认原则

根据会计准则，企业应在商品或服务已交付给客户且收入金额能够可靠计量时确认收入。不同销售模式下，收入确认的具体时点和方法可能有所不同，这直接影响应收账款的生成和波动。

2. 信用政策

企业通常会制定信用政策以规范应收账款的管理。信用政策包括信用期限、信用额度、收款方式等，这些政策直接影响应收账款的规模和波动情况。

3. 销售与收款循环

销售与收款循环是企业运营中的关键环节。在这一循环中，企业销售商品或提供服务，形成应收账款，并通过收款活动回笼资金。不同销售模式下，这一循环的具体流程和效率可能有所不同。

**三、不同销售模式下应收账款波动与收入波动的关系**

1. 直销模式

特点：直接面向终端客户销售，应收账款对象分散，收款时间和金额受合同约定影响。

应收账款波动与收入波动：在直销模式下，应收账款的波动通常与季度收入和全年收入的波动保持一致，因为收入确认与应收账款生成紧密相关。然而，客户信用状况、市场环境变化等因素也可能导致波动不一致。

2. 经销模式

特点：通过经销商销售产品，应收账款对象相对集中，受经销商销售能力和信用状况影响。

应收账款波动与收入波动：经销模式下，应收账款的波动可能与季度收入和全年收入的波动不完全一致。因为经销商的销售活动可能受到自身库存、市场需求、竞争态势等多种因素影响，导致应收账款的生成和收回与企业的直接销售收入不完全同步。

3. 分销与代理商模式

特点：通过分销商或代理商销售产品，应收账款对象可能更加集中，且受分销商或代理商的销售能力和信用状况影响较大。

应收账款波动与收入波动：类似经销模式，分销与代理商模式下的应收账款波动可能与季度收入和全年收入的波动不完全一致。企业需密切关注分销商或代理商的经营状况，以防范应收账款风险。

**四、违规表现**

1. 收入跨期调节

行为描述：企业故意将本应计入某一会计期间的销售收入推迟或提前确认，导致应收账款和收入的波动与实际情况不符。

目的与动机：平滑利润波动、逃避税收、满足特定时期的业绩要求（如 IPO、增发股份等）。

后果：这种行为破坏了会计信息的真实性和可比性，使得外部利益相关者难以准确评估企业的财务状况和经营成果。长期来看，这不仅会损害企业的信誉，还会引发监管机构的调查和处罚。

2. 利用信用政策操纵应收账款

行为描述：企业通过放宽或收紧信用政策来操纵应收账款的规模和账龄分布，从而影响当期的现金流入和收入确认。例如，放宽信用条件以增加销售，但同时导致应收账款大量增加；或者提前催收应收账款以减少坏账风险，但牺牲了未来的销售收入。

目的与动机：在短期内提升销售业绩、改善现金流状况或满足特定的财务指标要求。

后果：虽然短期内可能达到一定的财务目标，但长期来看，这种做法破坏和削弱了企业的客户关系和市场竞争力，增加了坏账损失发生的风险，并对企业的长期可持续发展造成不利影响。

## 法律法规

**《企业会计准则第 14 号——收入》**

企业应当在履行了合同中的履约义务，即在客户取得相关商品控制权时确认收入。这一原则确保了收入的确认与实际销售活动的发生相一致。

## 合规程序与方法

**一、合规程序**

1. 销售模式分析

深入了解企业采用的不同销售模式（如直销、分销、代理商销售等）及其特点。每种销售模式对应收账款的影响不同，例如直销模式下应收账款对象相对分散，而代理商销售模式下应收账款对象则相对集中。这种分析有助于理解应收账款波动的潜在原因。

2. 应收账款管理

日常跟踪管理：对重要客户和关键销售合同进行日常跟踪，确保应收账款的及时收回。

信用政策评估：定期评估和调整信用政策，以应对市场变化和客户需求。

风险预警：建立风险预警机制，对可能违约的客户提前采取措施。

3. 财务数据真实性审查

收入真实性核查：确保销售收入的真实性，检查是否存在虚构销售、夸大收入等行为。

应收账款核对：定期与客户对账，确认应收账款的准确性和完整性。

财务报表审计：聘请外部审计机构对财务报表进行审计，确保数据的真实性和合规性。

4. 季节性波动分析

历史数据分析：分析历史销售数据，识别季节性波动规律。

市场趋势预测：结合市场趋势、节假日、气候变化等因素，预测未来销售情况。

策略调整：根据季节性波动规律，调整销售策略和生产计划。

**二、合规步骤**

1. 制定合规政策与流程

明确责任：明确财务部门、销售部门及相关人员的职责和权限。

建立制度：制定应收账款管理、销售收入确认、财务报表编制等制度。

培训与教育：对相关人员进行合规政策和流程的培训，提高合规意识。

2. 实施日常监控与评估

定期审查：定期对销售数据、应收账款、财务报表等进行审查。

风险评估：对潜在的风险进行评估，并采取相应措施进行防范。

内部审计：建立内部审计机制，对销售、财务等部门进行定期审计。

3. 应对季节性波动

灵活调整：根据季节性波动规律，灵活调整销售策略和生产计划。

库存管理：合理安排库存，避免季节性缺货或积压。

客户服务：加强与客户的沟通，提供优质的售后服务，增强客户黏性。

4. 应对突发事件

应急预案：制定突发事件应急预案，确保在突发情况下能够迅速应对。

风险应对：对可能出现的风险进行预测和评估，并提前准备应对措施。

**三、可能的影响因素**

1. 外部因素

市场环境：市场需求、竞争态势、政策法规等外部环境的变化会影响销售额和应收账款的波动。

季节性需求和节假日促销：季节性需求和节假日促销等因素会导致销售额的波动。

2. 内部因素

销售策略：不同的销售策略会影响销售额和应收账款的收回情况。

信用政策：宽松的信用政策会增加应收账款的金额和收回风险。

内部管理水平：财务管理、销售管理等方面的管理水平会影响应收账款的波动情况。

## 案例分析 1：收入跨期调节

**一、背景**

A 公司是一家电子产品销售企业，近年来市场竞争激烈，为了完成季度销售目标并提升股价，管理层决定通过调整销售收入确认的时间来美化财务报表。

**二、案例具体情况**

本应在第一季度确认的销售收入：1 000 万元。

故意推迟至第二季度确认的收入：400 万元。

第二季度实际销售收入：800 万元。

由于推迟确认，第二季度报表中的收入：1 200 万元。

**三、分析**

1. 法律法规

根据会计准则，企业应当在商品或服务的控制权转移给客户时确认收入。任何故意提前或推迟确认收入的行为，都违反了会计准则的真实性和公允性要求。

2. 影响

第一季度收入被低估，第二季度收入被高估，导致报表不能真实反映企业的经营状况。

投资者基于失真的财务报表做出错误的投资决策。

企业面临证券监管机构的调查和处罚。

3. 正确做法

严格按照会计准则的规定，在商品或服务的控制权转移时确认收入。

加强内部控制，确保销售收入的确认不受管理层的主观意愿影响。

定期对财务报表进行审计，确保报表的真实性和准确性。

4. 正确的会计处理

在第一季度结束时，应确认当季的所有销售收入。

第二季度的销售收入应仅包括该季度实际发生的800万元。

财务报表附注中应详细披露销售收入确认的政策和方法，以增强透明度。

## 案例分析2：利用信用政策操纵应收账款

**一、背景**

A公司是一家电子产品销售商，近年来市场竞争激烈，为了提升销售业绩，公司决定放宽信用政策，以吸引更多客户。然而，这一策略导致应收账款大幅增加，账龄分布也发生了变化。

**二、案例具体情况**

在放宽信用政策前，A公司的平均收款周期为30天，应收账款总额为1 000万元。

放宽信用政策后，平均收款周期延长至60天，应收账款总额增至2 000万元。

由此，当期的现金流入减少了500万元，而收入确认则增加了500万元（由于销售增加）。

**三、分析**

1. 法律法规

根据相关会计准则和其他法规，企业应按照实际交易情况确认收入和应收账款，并合理估计坏账准备。企业不应通过操纵信用政策来人为调节收入和现金流入。

2. 影响

放宽信用政策会导致现金流入减少，企业的现金流紧张，甚至影响正常运营。

虽然收入增加，但部分应收账款可能因客户违约而无法收回，导致收入质量下降。

应收账款账龄延长，增加了坏账的风险。

操纵信用政策来影响财务表现，会使财务报表不能真实反映企业的实际经营状况。

3. 正确做法

企业应根据市场情况和客户信用状况，制定合理的信用政策。

定期评估和调整信用政策，以确保其与企业战略和市场环境相匹配。

严格按照会计准则确认收入和应收账款，不人为调节财务数据。

4. 正确的会计处理

仅在满足收入确认条件时（如商品已交付、风险已转移等）确认收入。

根据实际销售情况和客户信用状况记录应收账款，并合理估计坏账准备。

定期评估应收账款的收回可能性，并计提相应的坏账准备。

# 专题五十三：是否随意变动应收账款坏账准备计提比例

## 业务简介

**一、概念**

应收账款坏账准备计提比例，是指企业按照一定比例计提应收账款的坏账准备，以应对可能出现的坏账损失。坏账准备是企业为了弥补应收账款可能无法收回的损失而预先提取的资金。这一比例直接影响企业的利润水平和风险承受能力，确认坏账准备计提比例是企业财务管理和风险控制的重要环节。

**二、基本规定**

1. 计提比例的制定

应收账款坏账准备计提比例一般根据企业实际情况，按账龄分析制定。例如，账龄在一年以内的应收账款的坏账准备计提比例可能为 5%，一到二年的为 20%，二到三年的为 50%，三年以上的为 100% 等。这些比例并非固定不变，企业可以根据实际情况进行调整。

2. 计提方法的多样性

坏账准备的计提方法主要有四种：余额百分比法、账龄分析法、销货百分比法和个别认定法。企业应根据自身情况选择适合的计提方法，并在财务报表中详细披露。

3. 计提比例的确定依据

在确定坏账准备计提比例时，企业需综合考虑债务人的实际财务状况、还款能力、信用程度，坏账的形成原因，实际用途以及企业会计人员的职业判断等因素。同时，企业还应参考历史坏账情况、行业经验和经济环境等因素，确保计提比例的合理性和准确性。

4. 计提比例的变更程序

如果企业认为当前的坏账准备计提比例不再符合企业的实际运营状况，需要变更计提比例时，应遵循一定的程序。首先，企业应制定详细的变更方案，明确变更的原因、依据和具体比例。然后，该方案需经股东会或董事会等权力机构审议通过，并在财务报表中予以披露。最后，企业还需按照法律、行政法规的规定报有关各方备案。

5. 税法规定与会计处理

按照税法规定，企业可以扣除的坏账损失金额有一定的限制。在会计处理上，企业应通过“坏账准备”账户进行核算，并在年度终了时对应收账款进行全面检查，预计各项应收款项发生减值的，应计提坏账准备。

6. 应收账款周转率与坏账准备计提比例的关系

应收账款周转率是企业一定时期内赊销净收入与平均应收账款余额之比，是衡量企业应收账款周转速度及管理效率的指标。应收账款周转率越高，表明企业收账速度快、平均收账期短、坏账损失少、资产流动快、偿债能力强。因此，企业在制定和调整坏账准备计提比例时，应充分考虑应收账款周转率的变化情况，确保计提比例的合理性和有效性。

**三、违规表现**

1. 随意变更坏账准备计提方法

行为描述：企业不按照既定的会计政策或行业惯例，随意将坏账准备计提方法从直接核销法变更为备抵法，或反之，甚至在同一期间内混合使用两种方法。

目的与动机：通过改变计提方法来影响当期的管理费用和利润水平。例如，在利润较低时采用备抵法并扩大计提比例，以增加信用减值损失，降低利润；在利润较高时则可能减少计提比例，以平滑利润。

后果：这种行为会导致财务报表失真，误导投资者和债权人，损害企业信誉；同时，也违反了会计准则的一致性和可比性要求，导致企业面临监管机构的处罚。

2. 人为扩大或缩小计提范围与比例

行为描述：企业在采用备抵法时，不根据应收账款的实际可收回情况，而是人为地扩大或缩小计提范围与比例。

目的与动机：通过多提或少提坏账准备来调节利润或粉饰财务报表。例如，在业绩良好时多提坏账准备以隐藏利润，在需要提升业绩时则少提坏账准备以增加利润。

后果：这种行为同样会导致财务报表失真，误导利益相关方，损害企业声誉；同时，也可能会导致企业资产和负债的计价不准确，影响企业的长期经营决策。

3. 不按坏账确认标准确认坏账

行为描述：企业不按照会计准则规定的坏账确认标准来确认坏账，如将预计可收回的应收账款作为坏账处理，或将本应确认为坏账的应收账款长期挂账。

目的与动机：掩盖经营不善、调节利润或挪用资金等。

后果：这种行为会导致企业资产和负债的计价不准确，影响企业的财务状况和经营成果；同时，也可能导致企业现金流紧张，影响企业的正常运营和偿债能力。

4. 收回已转销的坏账处理不当

行为描述：企业在收回已转销的坏账时，不按规定增加坏账准备，而是将其作为营业外收入或应付账款处理，甚至不入账。

目的与动机：逃避税收、隐藏利润或挪用资金等。

后果：这种行为违反了会计准则和税法规定，导致企业财务报表失真；同时，损害企业的声誉和信誉，影响企业的长期发展。

## 法律法规

《企业会计准则》规定，坏账准备的计提方法和比例由企业自行确定，但一经确定，不得随意变更。这要求企业在制定坏账准备计提政策时要谨慎考虑，并确保其连续性和稳定性。

## 合规程序与方法

1. 制定和调整坏账准备计提政策

政策制定：企业应基于行业惯例、自身经营特点和历史数据，制定明确的坏账准备计提政策，包括计提比例、计提方法（如备抵法、直接核销法）等。

政策调整：当外部环境（如经济环境、行业趋势）或内部条件（如客户信用状况、账龄结构）发生重大变化时，企业需重新评估并调整坏账准备计提政策。

2. 风险评估

账龄分析：详细分析应收账款的账龄结构，识别高风险和低风险账户。

信用评估：对主要客户进行信用状况评估，了解客户的还款能力和还款意愿。

历史数据回顾：回顾历史收款记录，分析坏账发生的规律和原因。

3. 决策审批

内部审议：由财务部门提出坏账准备计提比例变动的建议，提交至企业高级管理层或董事会审议。

独立审核：必要时，可聘请外部审计机构或财务顾问对变动建议进行独立审核。

决策批准：在充分论证和审议的基础上，由有权机构（如董事会）做出决策并批准实施。

4. 信息披露

财务报告：在财务报表中详细披露坏账准备计提政策、计提比例及变动情况，确保投资者和其他利益相关者能够充分了解企业的财务状况和风险水平。

公告说明：如有重大变动，企业应及时发布公告，说明变动的原因、影响及后续措施。

5. 税务合规

税法规定：了解并遵守税法关于坏账损失税前扣除的相关规定，确保坏账准备计提比例的变动不影响企业的税务合规性。

税务筹划：在合规的前提下，合理进行税务筹划，减轻企业的税务负担。

## 案例分析 1：随意变更坏账准备计提方法

**一、背景**

W 公司是一家从事电子产品销售的中型企业。近年来，由于市场竞争加剧，公司面临较大的坏账风险。为了美化财务报表，W 公司管理层决定在坏账准备的计提方法上做手脚。

**二、案例具体情况**

年初应收账款余额：500 万元。

年内新增应收账款：300 万元。

年内收回账款：200 万元。

年末应收账款余额：600 万元。

若按直接核销法，年内实际发生坏账损失 50 万元。若按备抵法，假设坏账准备计提比例为 10%，则年末应计提坏账准备为 60 万元。

**三、分析**

1. 法律法规

W 公司原采用直接核销法处理坏账，但在年中突然变更为备抵法，且未对此变更进行充分披露。年末，为了进一步操纵利润，公司又决定对部分应收账款采用直接核销法。这种随意变更坏账准备计提方法的做法违反了会计准则。

根据会计准则，企业一旦选择了某种会计政策，就应当保持前后一致，不得随意变更，除非有充分的理由，并且这种变更能够更公允地反映企业的财务状况。任何变更都应当在财务报表中进行充分披露。

2. 影响

随意变更会计政策导致财务报表无法真实反映企业的财务状况和经营成果。

不一致的会计处理方法会误导投资者和其他财务信息使用者，影响他们的决策。

企业将面临监管机构的处罚。

3. 正确做法

W 公司应坚持使用一种会计政策，并在必要时进行充分披露。

如需变更会计政策，应提前通知利益相关者，并在财务报表中详细说明变更的原因和影响。

4. 正确的会计处理

保持一致：始终采用同一种坏账准备计提方法。

充分披露：如果确实需要变更会计政策，应在财务报表附注中进行详细披露，包括变更的原因、影响及与前期数据的对比。

合规性审查：定期邀请外部审计机构进行审计，确保会计处理的合规性。

## 案例分析 2：人为扩大或缩小计提范围与比例

**一、背景**

A 公司是一家从事电子产品销售的企业，近年来市场竞争加剧，为了美化财务报表，吸引投资者，公司管理层决定在应收账款的坏账准备计提上动手脚。

**二、案例具体情况**

A 公司年末应收账款余额为 1 000 万元。

按照风险评估结果，坏账准备计提比例应为 5%，即 50 万元。

但 A 公司为了美化报表，仅计提了 2% 的坏账准备，即 20 万元。

**三、分析**

1. 法律法规

按照相关会计准则，企业应根据应收账款的实际可收回情况，合理估计并计提坏账准备。坏账准备的计提应基于客观证据，并遵循谨慎性原则，以反映应收账款的可收回金额。

2. 影响

通过人为减少计提的坏账准备，A 公司的利润被高估，资产也被相应高估，财务报表不能真实反映公司的财务状况和经营成果。

失真的财务报表误导投资者对公司真实盈利能力和资产状况的判断，进而导致他们做出错误的投资决策。

违规行为导致公司面临监管机构的处罚，甚至引发法律诉讼。

3. 正确做法

A 公司应严格按照相关会计准则和法规要求，根据实际可收回情况，合理估计并计提坏账准备。

加强内部控制，确保财务报告的准确性和完整性，防止管理层出于私利而操纵财务数据。

4. 正确的会计处理

根据年末应收账款余额和客观的风险评估结果，按照规定的比例计提坏账准备。

在财务报表中充分披露坏账准备的计提情况，包括计提比例、金额和计提依据等。

如发生坏账损失，应及时冲减已计提的坏账准备，并调整相关账目。

## 案例分析 3：不按坏账确认标准确认坏账

**一、背景**

B 公司是一家批发零售企业，近年来受市场波动影响，部分客户出现拖欠货款的情况。为了简化账务处理和避免可能的法律纠纷，B 公司管理层不严格按照会计准则来处理坏账，导致了不良后果。

**二、案例具体情况**

B 公司有一笔 100 万元的应收账款，经评估有 60% 的收回可能性，即预计可收回 60 万元。

另一笔 50 万元的应收账款已逾期三年，且客户已破产清算，无法收回。

**三、分析**

1. 违规行为

B 公司将那笔预计可收回 60% 的 100 万元应收账款全额作为坏账处理。

已逾期三年且无法收回的 50 万元应收账款仍然挂在账上，未确认为坏账。

2. 法律法规

会计准则要求，企业应基于客观证据来评估应收账款的可收回性，并按照规定的标准来确认坏账。只有当应收账款确实无法收回时，才能确认为坏账。

3. 影响

将可收回的应收账款错误地确认为坏账，导致资产和利润被低估；而将不可收回的应收账款长期挂账，则高估了资产。

错误的财务信息导致管理层做出不恰当的经营和投资决策。

违规行为会影响企业的公信力和市场声誉。

4. 正确做法

严格按照会计准则，基于客观证据评估应收账款的可收回性，只将无法收回的部分确认为坏账。

对于长期挂账且明显无法收回的应收账款，应及时确认为坏账，以反映真实的财务状况。

5. 正确的会计处理

对于预计可收回60%的100万元应收账款，应仅将无法收回的40万元（即100万元的40%）确认为坏账。

对于已逾期三年且客户已破产清算的50万元应收账款，应立即确认为坏账。

## 案例分析4：收回已转销的坏账处理不当

**一、背景**

B公司是一家中型企业，主要从事机械设备销售。近年来，由于市场竞争加剧和经济环境的不确定性，公司面临一定的收款难度，部分客户出现无法还款情况。为了简化财务处理和提升短期内的财务报表表现，B公司采取了不当的会计处理方式。

**二、案例具体情况**

某一客户因破产无法支付50万元的货款，B公司将此笔款项作为坏账转销。

后来，通过法律途径，B公司成功追回了这笔坏账中的30万元。

**三、分析**

1. 违规行为

B公司在收回这30万元已转销的坏账时，没有按照会计准则增加坏账准备的金额，而是错误地将其计入营业外收入。

2. 法律法规

根据会计准则，当企业收回已转销的坏账时，应增加坏账准备的金额，以反映应收账款的可收回性，并确保财务报表的准确性。

3. 影响

将收回的坏账作为营业外收入处理，会导致利润虚增，同时会导致资产负债表中的“坏账准备”项目不能真实反映企业的坏账风险。

错误的会计处理会误导投资者对公司盈利能力和资产质量的判断。

不符合会计准则的处理方式会引发监管机构的关注和处罚。

4. 正确做法

当收回已转销的坏账时，应按规定增加坏账准备的金额。

确保所有财务处理均符合会计准则和法规要求。

5. 正确的会计处理

收回已转销的坏账时，应借记“银行存款”科目30万元，贷记“坏账准备”科目30万元。

在财务报表附注中，详细披露坏账准备的变动情况，包括本期转回和增加的金额。

# 专题五十四：是否通过不恰当冲抵方式调节应收账款账龄

## 业务简介

**一、概念**

应收账款，是指企业在正常的经营过程中因销售商品、提供劳务等业务，应向购买单位或接受劳务单位收取的款项，包括应由购买单位或接受劳务单位负担的税金、代购买方垫付的各种运杂费等。

账龄分析法，是指按各应收款项账龄的长短，根据以往经验确定坏账准备百分比，并据以估计坏账准备的方法。账龄越长，账款不能收回的可能性就越大。

财务冲抵，是指利用应收账款、应付账款、预付账款、预收账款等进行账务处理的方法，目的是合理安排资金流，发挥资金的最大效用。合法的财务冲抵必须建立在账户之间有相互关联的基础上，并严格遵循会计核算的规范和标准。

非法冲抵，是指违反财务规定，利用职权或制度漏洞，通过不正当手段进行账款冲抵，以达到调节财务报表、掩盖财务问题等目的。

**二、基本规定**

1. 合法性原则

所有财务操作，包括冲抵，都必须遵守相关法律法规和会计准则，确保财务信息的真实性和完整性。

2. 透明度原则

财务操作应当公开透明，确保所有利益相关者能够获取准确、及时的财务信息。

3. 内部控制

企业应建立完善的内部控制机制，对财务冲抵等关键操作进行严格监管，防止非法操作的发生。

**三、违规表现**

1. 人为改变应收账款账龄

行为描述：企业将部分账龄相对较长的应收账款，调入账龄较短的应收账款项目中，以保持应收账款总额不变，但人为地改变了账龄分布。

目的与动机：美化财务报表，减少坏账准备的计提，从而增加当期的利润。

后果：这种行为会导致财务报表失真，误导投资者和债权人。长期来看，由于坏账准备的不足而导致企业面临更大的财务风险。此外，企业将面临罚款、声誉损失甚至法律诉讼。

2. 将未经批准的业务款项列入应收账款

行为描述：企业将没有获得批准的预付账款、应收票据等，违规列入应收账款账户中，以调节账龄和计提坏账准备。

目的与动机：多计提坏账准备，进而调节利润和应收账款账龄。动机可能是掩盖内部管理不善或满足外部业绩要求。

后果：这种行为严重违反了会计准则和内部控制制度，导致财务报表失真。此外，多计提坏账准备会浪费企业资源，影响企业的长期发展。企业将面临处罚和声誉损失。

## 法律法规

**一、《会计法》**

该法要求企业必须根据实际发生的经济业务事项进行会计核算，填制会计凭证，登记会计账簿，编制财务会计报告。任何单位不得以虚假的经济业务事项或者资料进行会计核算。这意味着，通过非法冲抵方式调节应收账款账龄，造成财务信息失真的行为，违反了会计法的基本要求。

**二、《税收征收管理法》**

该法规定，纳税人伪造、变造、隐匿、擅自销毁账簿、记账凭证，或者在账簿上多列支出或者不列、少列收入，或者经税务机关通知申报而拒不申报或者进行虚假的纳税申报，不缴或者少缴应纳税款的，是偷税。对纳税人偷税的，由税务机关追缴其不缴或者少缴的税款、滞纳金，并处不缴或者少缴的税款百分之五十以上五倍以下的罚款；构成犯罪的，依法追究刑事责任。虽然这一条款没有直接提及调节应收账款账龄，但非法冲抵应收账款导致企业少缴税款，从而触犯该法律。

## 合规程序与方法

1. 制度建设

企业应建立完善的应收账款管理制度，明确应收账款的登记、核对、催收、核销等各个环节的操作流程和责任部门。制度应根据企业规模和业务特点制定，确保制度的有效性和可操作性。

2. 客户信用管理

客户风险评估：在业务成交前，对客户进行资信调查，评估其信用状况和潜在风险，为业务决策提供依据。

信用档案建立：建立客户信用档案，记录客户的经营状况、付款记录、信用评级等信息，以便动态监控和管理。

3. 合同管理

合同审查：确保销售合同内容完整、明确，特别是付款方式、付款期限和违约责任等条款。

合同执行：严格按照合同条款执行，跟踪合同履行情况，确保货款按时收回。

4. 应收账款日常管理

账龄分析：定期对应收账款进行账龄分析，识别逾期欠款，采取相应措施催收。

催收管理：建立催收机制，对逾期账款进行分类管理，采取电话催收、函件催收、上门催收等多种方式。

坏账准备计提：根据会计准则计提坏账准备，确保资产的真实性和准确性。

5. 财务冲抵的合规操作

财务冲抵是指利用“应收账款”“应付账款”等科目进行账务处理，以平衡账目或优化资金流。合规的财务冲抵应遵循以下步骤。

确定冲抵方向：明确需要冲抵的账款科目和金额。

核对账款信息：确保冲抵的账款金额、日期等信息准确无误。

进行冲抵操作：在财务系统中进行冲抵操作，调整相关科目的余额。

记录冲抵凭证：及时、准确地记录冲抵凭证，确保账务处理的完整性和可追溯性。

## 案例分析 1：人为改变应收账款账龄

**一、背景**

某制造企业为了美化财务报表，试图通过调整应收账款的账龄分布来掩盖其应收账款收回效率不高的问题。由于部分大客户存在长期拖欠款项的情况，企业账龄超过一年的应收账款金额较大。为了不影响企业的信贷评级和投资者信心，管理层决定通过非法财务操作调整账龄分布。

**二、案例具体情况**

企业有一笔账龄为 1~2 年的应收账款，金额为 1 000 万元，为了改善账龄结构，企业将该部分应收账款中的 500 万元调至账龄为 0~6 个月的类别中。

**三、分析**

1. 法律法规

会计准则要求企业应真实、准确地反映其财务状况。

相关法规禁止企业通过任何方式操纵或篡改财务报表。

2. 影响

投资者和债权人基于错误的账龄信息做出不准确的投资决策。

企业的信誉和公信力会受到影响。

企业面临法律处罚。

3. 正确做法

企业应定期对应收账款进行账龄分析，并采取措施加强应收账款管理，如催收、协商还款计划等。

若存在长期未收回的款项，应评估相关风险，并考虑计提坏账准备。

4. 正确的会计处理

严格按照会计准则记录和处理应收账款，不进行任何形式的财务操纵。

定期对账龄较长的应收账款进行评估，并按照相关规定计提坏账准备。

在财务报表中充分披露应收账款的账龄分布和相关的信用风险。

## 案例分析 2：将未经批准的业务款项列入应收账款

**一、背景**

XX 公司是一家电子产品销售企业，近年来由于市场竞争加剧，企业为了扩大销售，采取了一些较为宽松的信用政策，导致应收账款增加。为了美化财务报表，管理层决定将部分未获批准的预付账款和应收票据等违规列入“应收账款”账户中。

**二、案例具体情况**

“预付账款”账户中有 300 万元，是提前支付给供应商的货款，但因未获得批准，故暂时不能确认为资产。

“应收票据”账户中有 200 万元，是一些客户承诺但未兑现的支付票据。

公司将这 500 万元违规列入“应收账款”账户，导致应收账款总额虚增，账龄结构也发生变化。

**三、分析**

1. 法律法规

根据《企业会计准则》，应收账款是指企业在正常的经营过程中因销售商品、提供劳务等业务，应向购买单位收取的款项。

预付账款是企业按照购货合同规定，预先以货币资金或货币等价物支付给供应单位的款项。

应收票据是指企业持有的未到期或未兑现的商业票据。

将预付账款和应收票据列入应收账款违反了会计准则。

2. 影响

通过违规操作，公司应收账款总额虚增，导致投资者和债权人对企业财务状况产生误解。

账龄结构的变化会影响坏账准备的计提，进而影响企业利润的真实性。

此举会引发审计风险，甚至导致法律诉讼。

3. 正确做法

严格按照会计准则分类列报各项账目，确保预付账款和应收票据不被错误地列入应收账款。

对账龄进行准确分析，合理计提坏账准备。

4. 正确的会计处理

预付账款应单独列示，并附有相关的合同条款和支付凭证，以证明其存在和合理性。

应收票据应按照票据的面值、到期日等信息进行详细记录，并定期评估其可收回性。

应收账款应基于实际的销售交易记录，并按照账龄进行合理分类，以便准确计提坏账准备。

## 专题五十五：应收账款核销是否符合规章制度

### 业务简介

**一、概念**

应收账款核销，是指企业在运营活动中，对于账面上某些确实无法收回的应收账款，通过特定的核销操作将其从账簿中核销，以避免账面上的欠款反映，并降低企业的应收账款风险。这一操作通常针对客户无力偿还欠款或完全失联等情况。

**二、基本规定**

1. 法律依据

企业在进行应收账款核销时，需依据《企业会计准则》《企业内部控制基本规范》等相关法律法规，确保核销操作的合法性和合规性。

2. 审批流程

核销操作需经过企业内部相关部门的审核和审批，确保核销的准确性和必要性。审批流程通常包括业务部门申请、财务部门审核、公司领导审批等环节。

3. 证据收集

在核销前，企业需收集充分的证据，证明应收账款确实无法收回，如债务人破产、死亡、无法联系或已宣告无力偿还等。

4. 账务处理

核销操作需在会计账簿中进行相应的账务处理，确保财务记录的准确性，通常包括编制核销分录、调整“应收账款”“坏账准备”等科目。

5. 归档管理

核销凭证及相关文件需妥善归档保存，以备后续审计或查询。

**三、违规表现**

1. 虚构核销证据

行为描述：企业虚构或伪造相关证据，如债务人破产证明、死亡证明或无法联系的证据，以支持核销申请。

目的与动机：掩盖坏账、虚增利润或逃避税务责任。

后果：这种行为会导致财务报表失真，误导投资者和债权人，影响企业的信誉和市场形象；同时，也会引发监管机构的调查和处罚。

2. 未经审批擅自核销

行为描述：会计人员或相关负责人在未经内部审批的情况下，擅自核销应收账款。

目的与动机：简化流程、提高效率或掩盖某些不当行为。

后果：未经审批的核销会导致内部控制失效，增加财务风险。同时，这种行为也会引发内部审计和外部审计的关注，影响企业的合规性。

3. 核销金额不准确

行为描述：在核销过程中，核销金额错误，导致应收账款余额与实际不符。

目的与动机：掩盖某些不当行为或调整财务指标。

后果：核销金额不准确会直接影响财务报表的准确性，误导内外部利益相关者；此外，还会引发监管机构的调查和处罚，影响企业的声誉和信誉。

## 法律法规

**一、《民法典》**

第四百四十条明确了可以出质的权利范围，包括“现有的以及将有的应收账款”，为应收账款的质押和后续可能的核销提供了法律依据。

**二、《企业所得税法实施条例》**

第二十二条提到“已作坏账损失处理后又收回的应收款项”属于企业所得税法中的其他收入，对应收账款的核销（坏账损失处理）与后续的收回有明确的税务规定。

**三、《企业资产损失所得税税前扣除管理办法》（国家税务总局 2011 年公告第 25 号）**

第二十二条详细列出了企业应收及预付款项坏账损失确认应依据的相关证据材料，如合同、协议、破产清算公告、法院判决书等，为核销应收账款提供了具体的操作指导和依据。

## 合规程序与方法

**一、核销流程**

1. 确认核销条件

企业需对应收账款进行详细分析，确认其是否满足核销条件，如账款已到期、债务人无力偿还或已宣告破产等。

2. 收集证据

收集与核销相关的证据材料，如破产公告、死亡证明、无法联系证明等。

3. 填写核销申请表

业务部门填写核销申请表，详细说明核销原因、金额及相关证据。

4. 提交审核

将核销申请表及相关证据提交至财务部门进行审核，确保核销操作的合规性和准确性。

5. 审批

财务部门审核通过后，报至公司领导进行审批。审批通过后，方可进行后续账务处理。

6. 账务处理

在会计账簿中编制核销分录，相应调整应收账款与坏账准备，确保财务记录的准确性。

7. 归档管理

将核销凭证及相关文件归档保存，以备后续审计或查询。

**二、应收账款核销合规要求**

真实性：提交的证据材料必须真实可靠，不得伪造或篡改。

完整性：核销申请及相关证据材料需完整齐全，不得遗漏关键信息。

合规性：核销操作需符合相关法律法规和企业内部规章制度的要求，确保核销的合法性和合规性。

及时性：企业需及时对应收账款进行核销处理，避免因长期挂账而增加财务风险。

## 案例分析 1：虚构核销证据

**一、背景**

某制造企业 A 公司近年来面临较大的经营压力，应收账款规模持续增加，部分账款已逾期超过三年，存在较高的坏账风险。为了美化财务报表，A 公司管理层决定通过虚构核销证据的方式，将部分高风险应收账款从账面上核销。A 公司伪造了客户破产证明、法院判决书等文件，将总计 5 000 万元的应收账款虚假核销，以降低坏账准备计提金额，虚增当期利润。这一行为不仅违反了会计准则，还涉嫌财务造假，可能引发严重的法律后果。

**二、案例具体情况**

虚构核销应收账款金额：5 000 万元。

涉及虚假核销客户数量：8 家。

伪造文件类型：客户破产证明、法院判决书等。

实际坏账准备计提比例：核销前为 10%，核销后降至 5%。

虚增利润金额：通过核销虚增利润约 2 500 万元。

**三、分析**

1. 法律法规

根据《企业会计准则第 22 号——金融工具确认和计量》，企业只有在有确凿证据表明应收账款无法收回时，才能进行核销。核销证据包括客户破产证明、法院判决书等法律文件。此外，《中华人民共和国会计法》第十三条明确规定，企业必须依法设置会计账簿，保证会计资料的真实、完整。虚构核销证据属于财务造假行为，违反了上述法规。

2. 影响

虚构核销证据会导致财务报表失真，虚增当期利润，误导投资者和债权人。一旦被监管机构或审计机构发现，A 公司将面临行政处罚、法律诉讼，甚至刑事责任。此外，虚增利润可能引发税务稽查，企业需补缴税款并缴纳罚款。从长远来看，这种行为会严重损害企业信誉，影响投资者信心，甚至导致股价暴跌。

3. 正确做法

企业应建立健全应收账款核销管理制度，确保核销行为合法合规。具体措施包括：

核销前需收集充分的证据，如客户破产证明、法院判决书等，并经过内部审计和法律部门审核。

核销行为需经过管理层和董事会审批，并保留完整的审批记录。

定期对应收账款进行减值测试，确保坏账准备计提的合理性。

加强内部控制，防止伪造文件或虚假核销行为的发生。

4. 正确的会计处理

核销应收账款时，必须有确凿的证据支持，并经过严格的内部审批程序。

核销后，应及时调整财务报表，减少应收账款余额，并相应冲减坏账准备。

对于已核销的应收账款，需在财务报表附注中详细披露核销金额、原因及依据。

定期复核已核销应收账款的后续回收情况，如发现可回收金额，应及时调整财务报表。

## 案例分析 2：未经审批擅自核销

**一、背景**

在某中型企业，会计人员小张负责处理应收账款。由于公司近期面临现金流压力，管理层希望“优化”财务报表。小张为了迎合管理层的需求，在未经过内部审批的情况下，擅自核销了一笔大额的应收账款。

**二、案例具体情况**

擅自核销的应收账款金额：500 000 元。

公司的应收账款总额：2 000 000 元。

擅自核销后，应收账款总额降至：1 500 000 元。

**三、分析**

1. 法律法规

根据《会计法》和相关财务规定，企业应建立完善的内部审批程序，任何财务操作，特别是涉及资金核销的，必须严格按照程序进行。

会计人员在没有得到适当授权和审批的情况下，不得擅自进行财务操作。

2. 影响

擅自核销导致财务报表不能真实反映公司的财务状况，影响投资者和债权人的判断。

此类行为破坏了公司的内部控制体系，可能导致更多的财务违规操作。

公司面临法律处罚，声誉也会受损。

3. 正确做法

会计人员应严格遵守公司的内部审批程序，不得擅自进行核销操作。

对于需要核销的应收账款，应提供充分的证据和理由，并经过相关部门审批。

加强内部审计和监督，确保所有财务操作都符合法规和公司规定。

4. 正确的会计处理

在准备核销应收账款前，应先计提坏账准备，以反映应收账款可能无法收回的风险。

计提坏账准备后，若确定该笔应收账款确实无法收回，应经过内部审批程序后进行核销。

核销时，应做好相关记录，并保留相关证据，以备未来可能的审计或税务检查。

## 案例分析 3：核销金额不准确

**一、背景**

某企业在对应收账款进行核销时，由于操作失误，将一笔原本为 100 000 元的应收账款错误地核销了 200 000 元，导致了应收账款余额与实际金额不符。

**二、案例具体情况**

实际应收账款：100 000 元。

错误核销金额：200 000 元。

差额：100 000 元（即多核销的金额）。

**三、分析**

1. 法律法规

企业在进行财务核算时，应遵循相关会计准则和会计制度，确保财务信息的真实、准确和完整。

故意或过失导致财务信息失真的行为，触犯相关法律法规，如《会计法》等，企业及相关责任人需承担相应的法律责任。

2. 影响

核销金额错误导致企业的财务报表不能真实反映企业的财务状况，影响了财务信息的准确性和可靠性。

失真的财务信息导致企业管理层做出错误的经营决策，进而影响企业的整体运营。

该行为损害企业的信誉和形象，影响其与合作伙伴的关系。

企业面临监管机构的调查，并受到处罚。

3. 正确做法

建立严格的核销流程：企业应制定明确的核销流程和审批制度，确保每一步都有明确的指导和监督。

加强员工培训：定期对财务人员进行专业培训，提高他们的业务能力和风险意识，减少操作失误的可能性。

定期审计与复核：企业应定期进行内部审计和财务复核，及时发现并纠正可能存在的错误。

4. 正确的会计处理

调整账务记录：一旦发现错误，应立即进行账务调整，将多核销的金额重新计入应收账款，确保账务记录的准确性。

披露与说明：在财务报表或相关附注中对错误及其调整情况进行披露和说明，以增强财务信息的透明度。

预防：加强内部控制体系的建设，通过技术手段（如使用自动化的财务核算系统）和流程优化来降低发生人为错误的风险。

# 第十章
# 固定资产和在建工程合规

## 专题五十六：报告期新增或减少固定资产的流程是否合规

### 业务简介

**一、概念**

固定资产是企业长期持有并用于生产经营活动的资产，通常具有价值较高、使用寿命较长的特点。在企业报告期（如年度、季度等），新增或减少固定资产的数量和流程的真实准确性，直接关系到企业财务报告的准确性和合规性，进而影响企业的经营决策和投资分析。

**二、基本规定**

1. 固定资产增加的规定

初始计量：新增固定资产需按照成本进行初始计量，包括直接支出（如购置金额）和间接支出（如安装费、运输费、验收合同费等）。这些支出应全部纳入固定资产的成本中。

录入与审核：新增固定资产需按正确的会计科目进行录入，并经过严格的审核流程，确保信息的准确无误。例如，购买不需安装的固定资产，直接将相关费用记入“固定资产”账户；对于需要安装的固定资产，则先记入“在建工程”账户，安装完成后再转入“固定资产”账户。

系统设置：在固定资产管理系统中，新增固定资产时需设置其基本信息，包括折旧方法、折旧科目等，以确保未来折旧的准确性和规范性。

2. 固定资产减少的规定

资产清查：在进行固定资产减少前，企业需对拟减少的资产进行清查，明确资产种类、数量、原值、累计折旧等信息。

编制申请与审批：相关部门需编制资产减少申请，明确减少原因、方式、金额、时间等信息，并经过相关部门负责人的审批。

减少方式：固定资产减少的方式包括出售、报废、损坏等，不同的方式需遵循不同的程序和规定。例如，出售资产需编制出售凭证，进行资产清理和账务处理；报废资产则需编制报废凭证，并可能涉及资产减值损失的确认。

账务处理：减少固定资产时，需在“固定资产”账户中进行相应的贷方登记，同时在“累计折旧”和“固定资产清理”等账户中进行相应的调整，确保账务记录的准确性。

**三、流程合规的保障措施**

内部控制：企业应建立健全的内部控制制度，确保固定资产增加和减少的流程符合规定，防止舞弊和错误的发生。

审计监督：对于大额或重要的固定资产增加和减少事项，企业应进行内部审计或外部审计，确保流程的合规性和真实性。

数据核查：加强对上报数据的核查工作，建立有效的核查制度，确保数据的真实性和准确性。

系统支持：利用现代信息技术手段，如固定资产管理系统，提高固定资产管理的效率和准确性，减少人为错误。

**四、违规表现**

1. 购入固定资产质次价高，采购人员捞取回扣

行为描述：企业采购人员在购买固定资产时，与卖方合谋，故意购买质量低劣但价格高昂的物品，以此从卖方处获取回扣。

目的与动机：采购人员获取个人私利。

后果：企业因此遭受经济损失，固定资产的实际价值远低于账面价值，影响企业的资产质量和经营效率。此外，这种行为触犯相关法律，采购人员和企业相关责任人面临法律责任。

2. 虚增固定资产价值

行为描述：企业将运杂费、旅游参观费等非固定资产价值的支出计入固定资产价值，从而虚增固定资产总额。

目的与动机：通过虚增固定资产价值，扩大企业的资产规模，改善财务报表，吸引投资者或满足贷款条件等。

后果：这种行为导致企业财务报表失真，误导投资者和债权人，损害其利益；同时，违反相关法律法规，企业面临警告、通报、行政处分及罚款等法律后果。

3. 固定资产增减流程不规范

行为描述：企业在新增或减少固定资产时，未按照规定的流程办理相关手续，如未进行充分的市场调研、未经审批擅自购置或处置固定资产等。

目的与动机：简化流程，提高效率，或出于个人私利（如获取不正当利益等）而进行违规操作。

后果：该行为导致固定资产管理混乱，账实不符，增加资产流失风险；同时，不符合相关法律法规要求，企业面临监管机构的处罚。

4. 提前或延迟确认固定资产增减

行为描述：企业为达到特定的财务目标（如提高当期利润、减轻税负等），提前确认固定资产的增加或减少，或延迟确认这些变化。

目的与动机：操纵财务报表，以符合管理层或投资者的期望。

后果：这种行为严重违反会计准则和法律法规，导致财务报表失真，误导投资者和债权人，损害其利益。企业及相关责任人面临法律诉讼和罚款。

5. 固定资产报废及处置监管不严

行为描述：企业在固定资产报废及对外转让过程中，未按照规定的程序进行审批和评估，导致资产被低价处置或流失。

目的与动机：获取个人私利、避免烦琐程序或满足特定财务目标（如减少当期折旧费用）等。

后果：企业资产遭受损失，财务报表真实性受损。同时，该行为触犯相关法律法规，企业及相关责任人需承担法律责任。

## 法律法规

**一、会计准则相关规定**

1. 固定资产的确认与计量

根据《企业会计准则》的规定，固定资产是指为生产商品、提供劳务、出租或经营管理而持有的，使用寿命超过一个会计年度的有形资产。

固定资产的初始计量应按照成本进行，成本包括购买价款、相关税费、运输费、装卸费、安装费和专业人员服务费等。

当固定资产增加时，如购置、自建、接受捐赠等，企业应按照相关规定进行会计处理，确保记录准确。

2. 固定资产的折旧

新增固定资产当月不计提折旧，从下月起计提折旧；减少的固定资产当月仍计提折旧，从下月起停止计提折旧。

企业应根据固定资产的性质和使用情况，合理确定固定资产的预计净残值，并在使用过程中进行计提折旧。

3. 固定资产的处置

当固定资产减少时，如出售、报废、毁损等，企业应按照相关规定进行会计处理，包括注销账面价值、清理残值等，并编制相应的减少凭证。

**二、税法相关规定**

根据《企业所得税法实施条例》的规定，固定资产按照直线法计算的折旧准予扣除，这意味着固定资产的折旧可以在计算企业所得税时进行扣除。

当固定资产减少时，相关的税务处理也需要按照税法规定进行，包括损益核算、税务处理等。

## 合规程序与方法

1. 建立完善的固定资产管理制度

企业应建立并不断完善固定资产管理制度，明确资产管理的责任部门、权限划分、入库与出库的审批程序等。这是确保新增或减少固定资产流程合规的基础。

2. 编制详细的清查或盘点计划

在报告期开始前，企业应编制详细的固定资产清查或盘点计划，明确清查或盘点的时间、地点、范围及责任人。清查范围应覆盖所有固定资产，包括设备、建筑物等。

3. 执行清查或盘点操作

新增固定资产流程：新增固定资产需由使用部门资产管理员填写验收单，并生成资产卡片。这些单据只有经资产管理部门和财务部门审核通过后，方可登记入账。审核过程应确保新增资产的种类、数量、价值等信息准确无误。

减少固定资产流程：对于减少的固定资产，企业需进行清查，明确减少的资产种类、数量、原值及累计折旧等信息。相关部门需编制资产减少申请，明确减少原因、方式及金额，并经审批后执行。减少过程应合规，避免资产流失。

4. 采用科学的方法与工具

利用现代化的信息化管理系统，对固定资产进行条码或二维码标识，借助移动终端设备进行资产的扫描与录入。这不仅能减少发生人为记录错误的风险，还能提高清查或盘点的效率和准确性。

5. 加强质量控制与监督

培训清查人员：在清查或盘点前，对清查人员进行培训，确保他们具备相关知识与技能。

建立现场记录与核对制度：清查过程中，要严格按照制度与流程操作，建立现场记录与核对制度，确保清查过程的可追溯性。

内部审计与外部审计：对于大额或重要的固定资产增减变动，建议进行内部审计或外部审计，确保合规性。

6. 及时更新台账与报表

清查或盘点结束后，应及时将清查结果与台账进行核对，发现问题及时修正。同时，与财务部门和税务部门保持密切联系，及时更新相应的会计凭证和税务报表，确保数据的准确性。

7. 定期复盘与调整

固定资产清查或盘点不是一次性的工作，而是一个持续的过程。企业应建立定期复盘和调整的机制，根据清查或盘点结果和过程中发现的问题，及时调整和完善清查计划、流程和台账等，提高清查或盘点的效率和准确性。

## 案例分析 1：购入固定资产质次价高，采购人员捞取回扣

### 一、背景

某企业计划采购 10 台计算机以更新办公设备，市场参考价为每台 6 000 元。企业采购人员与供应商合谋，同意以每台 6 500 元的价格采购，供应商给予采购人员 6% 的回扣。企业最终支付 65 000 元，而采购人员私得回扣 3 900 元。

### 二、案例具体情况

市场价：每台 6 000 元，总计 60 000 元。

采购价：每台 6 500 元，总计 65 000 元。

回扣金额：3 900 元（6 500 元 / 台 ×10 台 ×6%）。

### 三、分析

1. 法律法规

根据会计准则，固定资产的入账价值应基于合理市场价格，不得包含非法或不合理的支出。

2. 影响

企业多支付了 5 000 元，直接减少了企业利润。

固定资产账面价值高于实际价值，导致财务报表反映的资产状况不真实。

企业因虚增固定资产价值而面临税务调整。

3. 正确做法

公开招标：通过公开招标方式选择供应商，确保价格透明。

内部控制：建立严格的采购审批和内部控制流程，防止采购人员与供应商串通。

准确入账：按照实际市场价格和合理费用确认固定资产的账面价值，确保财务报告的真实性和准确性。

4. 正确的会计处理

固定资产应以实际采购价格（不含回扣）及相关合理费用入账，确保固定资产的账面价值真实反映其经济价值。在此案例中，固定资产应按 60 000 元加上合理的运输费、安装费等费用入账，而非 65 000 元。

## 案例分析 2：虚增固定资产价值

### 一、背景

某制造企业为了美化财务报表，提高资产总额和净资产水平，决定虚增部分固定资产价值。该企业购买了一批生产设备，实际支付金额为 100 万元，但为了夸大资产规模，企业决定将购买过程中的一些非直接相关费用（如员工旅游费用、超额招待费等），共计 20 万元，也计入固定资产价值中。

### 二、案例具体情况

实际支付金额：100 万元。

虚增费用：20 万元（包括员工旅游费、超额招待费等）。

固定资产入账价值：120 万元。

### 三、分析

1. 法律法规

根据会计准则，固定资产的入账价值应局限于与资产直接相关的成本，如购买价格、运输费、安装费等。非直接相关费用不得计入固定资产价值。

2. 影响

虚增固定资产价值导致企业资产总额和净资产虚高，误导投资者和债权人。

企业因虚增固定资产折旧基数而减少应纳税所得额，面临税务调整风险。

管理层基于虚高的资产规模做出不恰当的经营决策。

3. 正确做法

企业应严格按照会计准则规定，将仅与固定资产直接相关的成本计入其价值，确保财务报表的真实性和准确性。

4. 正确的会计处理

固定资产应按实际支付金额100万元加上合理的运输费、安装费等费用入账，非直接相关费用应计入当期损益，不得计入固定资产价值。企业应调整会计记录，将虚增的20万元费用从固定资产中剔除，并相应调整累计折旧和利润表项目。

## 案例分析3：固定资产增减流程不规范

### 一、背景

某制造企业的固定资产增减流程不规范。该企业在年底突击采购了一批价值500万元的机器设备，但并未立即投入使用，也未进行必要的验收手续。同时，该企业还提前报废了一批尚可使用的固定资产，价值约100万元，处置流程同样不规范，未经充分评估和审批。

### 二、案例具体情况

采购设备价值：500万元。

提前报废固定资产价值：100万元。

### 三、分析

1. 法律法规

固定资产的增减应遵循严格的审批和验收流程，确保资产的真实性和准确性。采购需基于实际需求，报废需经评估确认无法继续使用。

2. 影响

突击采购可能导致资产闲置，提前报废则浪费资源。

3. 正确做法

企业应建立健全固定资产管理制度，明确采购、验收、使用、维护和报废等环节的流程和标准，确保固定资产增减的真实性和准确性。

4. 正确的会计处理

对于采购的设备，应在正式投入使用并验收合格后作为固定资产入账；对于报废的固定资产，应经过评估确认其已无使用价值，并严格按照报废流程处理，同时调整相关会计科目，确保会计处理的准确性和合规性。

## 案例分析4：提前或延迟确认固定资产增减

### 一、背景

某上市公司为了在年报中展示更优异的业绩，决定采用提前确认固定资产增加和延迟确认固定资产减少的策略。具体做法是，在报告期末，提前将一批尚未完成安装调试的生产设备确认为固定资产，价值300万元；同时，将一批已经报废并处置的旧设备，价值100万元，延迟至下一报告期进行账务处理。

**二、案例具体情况**

提前确认的固定资产增加价值：300 万元。

延迟确认的固定资产减少价值：100 万元。

**三、分析**

1. 法律法规

固定资产的确认应遵循实际发生原则，即固定资产增加需在实际投入使用并满足确认条件时确认，固定资产减少需在实际处置时确认。

2. 影响

企业报告期固定资产净增加额虚高，企业的资产规模和生产能力被夸大。

管理层和投资者基于不真实的报表数据做出错误的决策。

3. 正确做法

企业应严格按照会计准则确认固定资产的增减，确保报表的真实性和准确性。对于尚未投入使用的固定资产，应作为在建工程处理；对于已经报废的固定资产，应及时进行账务处理。

4. 正确的会计处理

对于提前确认的固定资产增加，应调整至实际投入使用并满足确认条件时确认；对于延迟确认的固定资产减少，应调整至实际处置时确认，并相应调整折旧费用和利润表项目。

## 案例分析 5：固定资产报废及处置监管不严

**一、背景**

某企业在报告期末，为了调整利润和资产结构，对一批尚可使用的固定资产进行了提前报废处理，并未严格按照规定的程序进行审批和评估。这批固定资产原值为 500 万元，已计提折旧 200 万元，净值为 300 万元。企业通过此手段，意图在报告期减少固定资产数量，从而降低折旧费用，增加利润。

**二、案例具体情况**

固定资产原值：500 万元。

已计提折旧：200 万元。

固定资产净值：300 万元。

**三、分析**

1. 法律法规

固定资产的报废和处置应遵循严格的审批和评估程序，确保资产的真实性和准确性。未经充分审批和评估的报废处置是违规的。

2. 影响

企业报告期固定资产减少额不实，影响财务报表的真实性和可比性。

通过提前报废固定资产，减少折旧费用，从而虚增利润。

尚可使用的固定资产被提前报废，造成资源浪费。

3. 正确做法

企业应建立健全固定资产管理制度，明确报废和处置的流程和标准，确保固定资产的减少真实、准确、合规。

4. 正确的会计处理

对于报废的固定资产，应经过充分审批和评估，确认其已无使用价值后，再进行账务处理。同时，应调整相关会计科目，确保会计处理的准确性和合规性。在本例中，企业应按照规定的程序进行固定资产报废处理，并相应调整资产负债表和利润表项目。

# 专题五十七：固定资产采购和利息支出资本化是否合规

## 业务简介

**一、概念**

1. 固定资产采购与虚构固定资产采购

固定资产采购是指企业为满足生产经营需要而购置固定资产，如购置设备、建筑物等。固定资产采购是企业运营中重要的投资活动，涉及大额资金支出和长期效益评估。

虚构固定资产采购则是指企业为达到某种财务目的（如虚增资产、掩盖亏损等），在没有真实交易的情况下，伪造采购合同、发票、付款凭证等文件，以虚构固定资产采购业务。这种行为严重违反会计准则和其他法律法规，损害投资者和债权人的利益。

2. 利息支出资本化

利息支出资本化是会计学中的一个重要概念，指的是将借款利息支出确认为一项资产的成本。根据会计准则，当借款用于购建或生产符合资本化条件的资产（如固定资产、无形资产等）时，相关的利息支出可以资本化，即计入这些资产的成本中，而不是直接计入当期损益。

利息支出资本化的目的是更准确地反映资产的实际成本，避免将利息支出全部计入当期费用，从而影响利润表的真实性。同时，利息支出资本化也有助于改善企业的资本结构，提高企业的融资能力和经营状况。

**二、基本规定**

首先，采购前应编制预算并履行审批程序，确保采购行为符合经营需求和资金计划。其次，采购过程需公开透明，采用招标或比价方式选择供应商，并签订书面合同，明确资产规格、价格、交货时间等条款。再次，资产到货后需组织验收，确保符合合同要求，并按规定办理入库和财务入账手续。最后，采购资金的支付应严格按合同执行，确保资金流向清晰、合规。企业还需妥善保存采购档案，包括审批记录、合同文本、验收报告等，以备审计和检查。通过以上规定，企业可确保固定资产采购的合规性和财务处理的准确性。

**三、违规表现**

1. 虚构固定资产采购

行为描述如下。

虚构固定资产采购通常涉及以下几种手段。

虚增采购合同与发票：企业通过伪造采购合同和发票，虚构固定资产的采购交易。

虚构在建工程项目：通过设立虚假的在建工程项目，将资金以投资活动现金流的形式流出，再通过虚假采购等方式将资金流回企业，形成固定资产的增加。

虚增固定资产采购价格：利用部分资产不存在公开活跃市场、难以取得公允价值的特点，随意提高资产采购价格。

目的与动机如下。

虚增资产规模：通过虚增固定资产，企业可以扩大资产规模，提高账面价值，从而吸引投资者或满足特定的财务指标要求。

粉饰财务报表：虚增固定资产能够改善企业的资产负债率和现金流状况，粉饰财务报表，掩盖真实的经营情况。

利益输送：有时虚构固定资产采购还用于向关联方输送资金，满足特定利益方的需求。

后果如下。

虚构固定资产采购触犯《刑法》中财务造假等相关条款，企业及其直接责任人需承担相应法律责任。

虚增的固定资产给投资者传递了错误的信息，误导其决策，导致投资者遭受经济损失。

企业的信誉将受到严重损害，影响未来的融资和业务拓展。

2. 利息支出资本化违规

行为描述如下。

利息支出资本化是指企业将本应计入当期损益的利息支出，通过某种方式计入资产成本，从而减少当期费用支出。然而，在没有充分证据表明利息支出与特定资产直接相关的情况下，进行利息支出资本化属于违规行为。

目的与动机如下。

虚增利润：通过利息支出资本化，企业可以减少当期的财务费用，从而虚增利润，改善财务表现。

改善财务状况：利息支出资本化有助于降低企业的资产负债率，改善财务状况，增强外部投资者和债权人的信心。

后果如下。

不合理的利息支出资本化会导致财务报表失真，误导投资者和债权人对企业真实财务状况的判断。

监管机构会对企业的财务进行严格审查，企业将面临警告、罚款等处罚。

财务报表的失真导致企业的信用评级下降，进而影响其融资。

## 法律法规

### 一、虚构固定资产采购的法律法规

1.《会计法》

该法规定，单位负责人对本单位的会计工作和会计资料的真实性、完整性负责。虚构固定资产采购属于提供虚假会计资料的行为，单位负责人需承担法律责任。

2.《刑法》

如果虚构固定资产采购导致虚报财务报表，且情节严重，将触犯虚报财务报表罪（依据《刑法》第一百六十一条），相关责任人员面临刑事处罚。

若虚构固定资产采购涉及虚开发票（如增值税专用发票），则触犯虚开发票罪（依据《刑法》第二百零五条），相关责任人员同样面临刑事处罚。

3.《公司法》

公司应当如实向登记机关提交有关材料和反映真实情况，虚构固定资产采购违反公司登记管理规定，相关责任人员面临相应的行政处罚。

### 二、利息支出资本化的法律法规

1. 会计准则规定

根据《企业会计准则第 17 号——借款费用》，企业发生的借款费用，可直接归属于符合资本化条件的资产的购建或者生产的，应当予以资本化，计入相关资产成本。这里的“符合资本化条件的资产”通常指需要经过相当长时间的购建或者生产活动才能达到预定可使用或者可销售状态的固定资产、投资性房地产和存货等。

借款费用资本化的三个条件包括：资产支出已经发生；借款费用已经发生；为使资产达到预定可使用或者可销售状态所必要的购建或者生产活动已经开始。

2. 税法规定

《企业所得税法实施条例》第三十七条规定，企业在生产经营活动中发生的合理的不需要资本化的借款费用，准予扣除。对于需要资本化的借款费用，则计入相关资产成本，按照资产的相关规定扣除。

关于关联方利息支出的税前扣除，有专门的税收政策文件（如财税〔2008〕121号）进行规范，规定了企业实际支付给关联方的利息支出的扣除限额和标准。

## 合规程序步骤

**一、合规程序**

1. 核对固定资产数据

审计机构需核对固定资产总账数与明细账是否一致，确保数据的准确性。

2. 核查固定资产权属证书

审计机构应核查固定资产的权属证书，如房产证等，审查资产的真实性和合法性。

3. 实地盘存

采用实地盘存法，对固定资产实物进行盘查，核实各项固定资产是否真实存在，账实是否相符。这一步骤对发现虚构采购尤为关键。

4. 核实采购合同与发票

对于外购固定资产，需核实物资采购合同、采购发票等原始凭证。审计机构应结合银行流水等凭证综合判断交易的真实性。

5. 审查自行建造的资产

对于自行建造的房屋建筑物等固定资产，需审查劳务支出等，特别注意现金支付的真实性，以防企业虚增支出。

6. 关联方交易审计

应对关联方进行函证，审计关联交易公允性，并关注是否存在通过关联方输送资金的行为。

7. 利息支出资本化审查

资本化条件审查：确认借款资金是否用于购置、建造固定资产等，并满足资本化的三个基本条件（资产支出已发生、借款费用已发生、购建活动已开始）。

利息计算与分摊：审查利息支出资本化金额的计算是否合理，是否符合会计准则要求，防止企业通过不正当资本化虚增固定资产。

**二、步骤**

资料收集：收集企业固定资产明细表、权属证书、采购合同、发票、银行流水等相关资料。

现场审计：实施实地盘存，核对固定资产实物与账面记录的一致性。

资料审查：详细审查采购合同、发票、工资表、关联方交易记录等，结合银行流水等凭证进行综合分析。

利息支出审查：确认借款用途，审查是否满足利息支出资本化条件，计算资本化金额是否合理。

报告撰写：根据审计结果，撰写审计报告，指出存在的问题，提出改进建议。

## 案例分析1：虚构固定资产采购

**一、背景**

天丰节能为了美化财务报表，提高上市成功率，虚构了固定资产采购交易，并将部分利息支出不当地资本化，以增加固定资产账面价值。具体而言，天丰节能虚构了与台湾后东机械公司和意大利OMS公司的采购交易，虚增固定资产与在建工程价值，并通过国家开发银行河南省分行贷款利息支出的不正当资本化，进一步虚增在建工程价值。

**二、案例具体情况**

虚构固定资产采购：虚增固定资产与在建工程共计约2 581.29万元。

贷款利息支出资本化：虚增在建工程约211.11万元。

**三、分析**

1. 法律法规

企业为购置、建造固定资产发生的合理借款费用，在资产购置、建造期间应作为资本性支出计入资产成本。但虚构交易和不当资本化是违规行为。

2. 影响

此行为导致企业固定资产和在建工程账面价值虚高，误导投资者和监管机构。

企业通过虚增资产试图达到上市标准，会损害市场公平。

3. 正确做法

企业应确保固定资产采购真实可靠，利息支出资本化符合会计准则规定。

4. 正确的会计处理

对于虚构的固定资产采购，应予以冲销，调整相关会计科目。对于利息支出，应区分资本化和费用化部分，确保资本化的合理性。在本例中，天丰节能应调整固定资产和在建工程的账面价值，并对不当资本化的利息支出进行费用化处理。

## 案例分析 2：利息支出资本化违规

**一、背景**

某制造企业为了夸大其资产规模，虚构了一笔固定资产采购交易，并借此机会将本不应资本化的贷款利息支出进行了资本化处理。企业宣称采购了一套先进生产设备，价值 800 万元，并通过银行贷款支付了大部分款项。随后，企业将贷款产生的利息支出，共计 100 万元，不当地计入了该固定资产的成本中。

**二、案例具体情况**

虚构固定资产采购价值：800 万元。

贷款利息支出资本化金额：100 万元。

**三、分析**

1. 法律法规

根据会计准则，贷款利息支出应在发生当期确认为费用，只有满足特定条件（如为购建固定资产而专门借入的款项且资产尚未达到预定可使用状态），方可资本化。虚构交易及不当资本化均属违规行为。

2. 影响

固定资产账面价值虚增，财务报表失真，误导投资者和债权人。

虚构交易可能引发金融机构的信任危机，影响企业后续融资。

企业面临监管机构处罚，损害企业形象。

3. 正确做法

确保固定资产采购真实有效，贷款利息支出应根据会计准则正确处理。

4. 正确的会计处理

冲销虚构的固定资产采购交易，调整相关会计科目；将不当资本化的贷款利息支出从固定资产成本中剔除，计入当期损益。同时，加强内部控制，防止类似事件再次发生。

# 专题五十八：在建工程中利息资本化是否合规

## 业务简介

**一、概念**

利息资本化（Capitalization of Interests）是指企业在购建或生产符合资本化条件的资产过程中，将借款产生的利息费用计入相关资产成本的过程。这种做法实质上是将借款利息支出视为资产建设的一部分，从而增加资产的价值。

**二、基本规定**

1. 资本化条件

根据《企业会计准则》的规定，借款费用开始资本化必须同时满足以下条件。

资产支出已经发生：这意味着企业已经为购建或生产资产支付了现金、非现金资产或承担了带息债务。例如，支付工程款、购买工程物资等。

借款费用已经发生：企业已经产生了与资产购建或生产直接相关的借款利息费用。

为使资产达到预定可使用或可销售状态所必要的购建或生产活动已经开始：这要求资产的实际建造或生产过程已经开始，并且开展该过程是为了使资产达到预定的使用或销售状态。

2. 资本化范围

符合资本化条件的资产主要包括需要经过相当长时间的购建或生产活动才能达到预定可使用或可销售状态的固定资产、投资性房地产和存货等。特别是，对于房地产开发企业开发的用于对外出售的房地产开发产品、企业制造的用于对外出售的大型机械设备等存货，其借款费用在满足资本化条件时也应予以资本化。

3. 资本化金额的计算

每一会计期间利息的资本化金额通常按照以下公式计算：

资本化金额 = 至当期末止购建固定资产累计支出加权平均数 × 资本化率

其中，累计支出加权平均数和资本化率的计算依据企业实际支付的资产金额和借款利息费用。

4. 资本化的暂停及停止

当购建或生产活动发生非正常中断且中断时间连续超过 3 个月时，应当暂停借款费用的资本化。当资产达到预定可使用或可销售状态时，应当停止借款费用的资本化。

**三、违规表现**

1. 延迟资本化时间

行为描述：企业故意推迟将借款利息支出计入在建工程成本的时间，如将本应计入早期工程阶段的利息费用延迟至后期甚至竣工后计入。

目的与动机：通过延迟资本化来增加当期财务费用，从而平滑利润波动或满足特定的财务目标。

后果：这种违规操作会导致在建工程成本失真，影响财务报表的准确性和可比性；同时，也会误导投资者和债权人，损害他们的利益；长期来看，还会引发监管机构的调查和处罚。

2. 错误资本化

行为描述：企业将用于非资本性支出的利息错误地资本化，或将自有资金支付的利息也计入在建工程成本。

目的与动机：通过错误资本化来扩大资本化利息的范围，从而降低当期财务费用，增加利润。

后果：这种做法不仅违反了会计准则和其他相关法规，还会导致在建工程成本的虚增，影响财务报表的真实性和可靠性；此外，还会引发税务风险，因为错误的利息资本化会导致企业多享受税收优惠或逃避应缴税款。

3. 资本化利息金额计算不准确

行为描述：企业在计算应资本化的利息金额时采用不准确的利率、资金使用期限或资金金额，导致资本化利息金额与实际不符。

目的与动机：增加资本化利息可以减少当期财务费用，增加利润；而减少资本化利息则可能为了在未来年度释放利润。

后果：资本化利息金额计算不准确会直接影响在建工程成本的准确性，进而影响整个企业的财务状况和经营成果；此外，还会影响企业的税务筹划和融资决策，增加企业的财务风险。

4. 未及时披露利息资本化的相关信息

行为描述：企业在编制财务报表时未按规定披露利息资本化的相关信息，如资本化利息的金额、资本化期间、计算方法等。

目的与动机：隐藏真实的财务状况或避免不必要的监管关注。

后果：未及时披露利息资本化的相关信息会损害财务报表的透明度和完整性，误导投资者和债权人决策；同时，也会引发监管机构的调查和处罚，损害企业的声誉和信誉。

## 法律法规

**一、会计准则规定**

1. 资本化条件

根据会计准则，借款费用必须同时满足以下三个条件，才能开始资本化：

资产支出已经发生；

借款费用已经发生；

为使资产达到预定可使用状态所必要的购建活动已经开始。

当所购建的固定资产达到预定可使用状态时，应当停止其借款费用的资本化。

2. 资本化金额的计算

资本化金额的计算通常涉及借款金额、借款利率以及资本化期间等因素。

具体的计算方法因会计准则的具体规定而有所不同，但一般原则是将符合资本化条件的借款费用计入相关资产的成本。

**二、税法规定**

1. 资本化利息的税务处理

根据《企业所得税法实施条例》等税法规定，企业为购置、建造固定资产、无形资产和经过12个月以上的建造才能达到预定可销售状态的存货发生借款的，在有关资产购置、建造期间发生的合理的借款费用，应当作为资本化支出计入相关资产的成本。

这意味着，税法也认可利息资本化的做法，并将其视为资产成本的一部分。

2. 税务申报与扣除

企业在进行税务申报时，需要按照税法规定将资本化利息计入相关资产的成本，并在资产折旧或摊销过程中逐步扣除。

如果企业违反税法规定将利息费用化并在当期扣除，则面临补税、缴纳罚款及滞纳金等风险。

**三、相关监管要求**

1. 监管机构的监督与检查

监管机构（如财政部门、税务部门等）会对企业的利息资本化情况进行监督和检查，以确保企业遵守相关法规规定。

如果发现企业存在违规行为，监管机构将依法进行处罚。

2. 信息披露要求

上市公司等公众公司需要按照相关法律法规的要求披露利息资本化等相关信息，以便投资者了解企业的财务状况和经营成果。

## 合规程序与步骤

**一、合规程序**

1. 明确资本化条件

明确利息资本化的三个基本条件：资产支出已经发生、借款费用已经发生、为使资产达到预定可使用状态所必要的购建活动已经开始。只有同时满足这三个条件，利息才能开始资本化。

2. 审查借款合同与凭证

审查企业为在建工程借入的专门借款的合同及相关凭证，确认借款的真实性和用途，确保借款资金确实用于在建工程。

3. 核实资产支出

通过审查在建工程发生额凭证，分析应付工程进度款及应付工程材料款等余额，确定资产支出的发生额，确保资产支出已经真实发生。

4. 计算资本化利息

根据会计准则，计算应予资本化的利息金额。计算方式为将至当期末止购建固定资产累计支出加权平均数乘以资本化率。

5. 审查资本化时间

检查企业是否在满足资本化条件后开始资本化利息，并在资产达到预定可使用状态时停止资本化。特别注意非正常中断期间的利息不应资本化。

6. 核对会计处理

核对企业的会计记录，确保利息资本化的会计处理符合会计准则要求，利息费用在资本化期间正确计入在建工程成本，在停止资本化后计入当期财务费用。

**二、步骤**

收集资料：收集企业借款合同、在建工程发生额凭证等相关资料。

审查条件：审查企业借款利息是否满足利息资本化的三个基本条件。

核实支出：通过凭证和账目核实资产支出的真实性和准确性。

计算利息：按照会计准则计算应予资本化的利息金额。

审查时间：检查利息资本化的开始和停止时间是否符合规定。

核对会计记录：核对企业的会计记录，确保利息资本化的会计处理正确无误。

## 案例分析 1：延迟资本化时间

**一、背景**

某建筑企业为了调节利润，故意延迟了在建工程利息资本化的时间。该企业有一个为期三年的大型建设项目，其间通过银行贷款筹集了大量资金。根据项目进度和会计准则，部分贷款利息应资本化计入在建工程成本。然而，企业为了延迟资本化时间，将资本化的利息支出计入财务费用。

**二、案例具体情况**

贷款总额：5 亿元。

年利率：5%。

前两年应资本化利息：每年 2 500 万元，共 5 000 万元。

实际资本化利息：前两年均为 0，第三年一次性资本化 7 500 万元。

**三、分析**

1. 法律法规

根据会计准则，符合资本化条件的借款费用应计入相关资产成本。故意延迟资本化时间属于会计操纵，违反了会计信息的真实性和及时性原则。

2. 影响

利润失真，误导投资者和其他利益相关者。

企业基于失真的财务报表做出的经营决策偏离实际。

企业面临监管机构的调查和处罚。

3. 正确做法

严格按照会计准则规定，根据在建工程进度和借款费用实际情况，及时、准确地进行利息资本化。

4. 正确的会计处理

每年将 2 500 万元的贷款利息计入在建工程成本，而不是计入当期损益。确保会计信息的真实性和及时性，为利益相关者提供可靠的财务信息。

## 案例分析 2：错误资本化

**一、背景**

某房地产开发商在开发一大型住宅项目时，根据会计准则，专门用于项目建设的贷款利息应资本化，计入在建工程成本。然而，该企业为平滑利润，将部分本应资本化的利息支出错误地计入了财务费用。

**二、案例具体情况**

银行贷款总额：3 亿元，年利率 6%。

应资本化利息：1 800 万元。

错误计入财务费用的利息：900 万元。

实际资本化利息：900 万元。

**三、分析**

1. 法律法规

会计准则要求企业确保将符合资本化条件的借款费用正确计入相关资产成本。

2. 影响

首年利润虚减，影响投资者信心。

企业基于失真的报表数据做出的融资和投资决策不当。

利息资本化错误会导致税务处理不当，企业面临税务调整风险。

3. 正确做法

企业应建立健全的财务管理制度，确保严格按照会计准则进行利息资本化处理。

4. 正确的会计处理

对专门用于项目建设的贷款利息，无论是否实际支付，只要符合资本化条件，均应计入在建工程成本。在本例中，应全额资本化 1 800 万元利息，而非 900 万元。

## 案例分析 3：资本化利息金额计算不准确

**一、背景**

某能源企业在建设一座大型发电厂时，通过银行专项贷款筹集资金。根据会计准则，专项贷款用于在建工程的利息支出在满足特定条件下应资本化。然而，由于企业内部财务管理不善，导致在计算资本化利息金额时出现错误，部分符合条件的利息支出未能及时资本化。

二、案例具体情况

专项贷款总额：5 亿元。

年利率：5%。

年度应资本化利息：2 500 万元。

错误计算导致未资本化的利息：500 万元。

三、分析

1. 法律法规

会计准则规定，符合资本化条件的借款费用应计入相关资产成本。企业需准确计算并合理分摊资本化利息，确保会计信息的真实性。

2. 影响

在建工程成本被低估，影响资产账面价值。

当期财务费用增加，利润减少，影响企业业绩表现。

基于失真的财务信息做出的经营决策偏离实际。

3. 正确做法

企业应建立健全的财务管理体系，加强对资本化利息的计算和审核。确保按照会计准则要求，准确计算并合理分配资本化利息。

4. 正确的会计处理

对于符合条件的借款费用，企业应按照实际发生的利息支出（扣除暂时性投资收益等）计算资本化金额，并及时计入在建工程成本。同时，加强内部审计和外部审计，确保会计处理的合规性和准确性。

在此案例中，企业应立即纠正计算错误，将未资本化的 500 万元利息支出调整计入在建工程成本，并调整相关财务报表。

## 案例分析 4：未及时披露利息资本化的相关信息

一、背景

某制造业企业在建设新工厂时，通过银行贷款筹集了大量资金。根据会计准则，这部分贷款的利息在满足一定条件下应资本化，计入在建工程成本。然而，企业在年度财务报告中，未能及时、充分地披露利息资本化的相关信息。

二、案例具体情况

银行贷款总额：2 亿元。

年利率：4.5%。

年度应资本化利息：900 万元。

未及时披露的资本化利息：900 万元（全额未披露）。

三、分析

1. 法律法规

会计准则要求企业充分披露财务会计信息，包括利息资本化的相关政策、金额及其对财务状况的影响。未及时披露违反了信息透明度的原则。

2. 影响

投资者无法准确评估企业的真实财务状况和在建工程的实际成本。

信息不透明会导致投资者和市场对企业的信任度降低。

企业面临监管机构的调查和处罚，损害企业形象。

3. 正确做法

企业应在财务报告中明确披露利息资本化的政策、计算方法和实际金额，确保投资者和其他利益相关者能够充分了解企业的财务状况。

4. 正确的会计处理

在财务报表中，企业应设立专门的项目来展示资本化的利息金额，并在附注中详细解释计算方法和依据。同时，企业应加强内部控制和审计，确保财务信息的准确性和完整性。

## 专题五十九：固定资产折旧是否合规

### 业务简介

**一、概念**

固定资产折旧是指在企业生产经营过程中，由于固定资产的使用和损耗导致其价值逐渐减少，而这种减少的价值在固定资产的使用寿命内按照一定的方法进行分摊。固定资产折旧是企业成本核算和利润计算的重要组成部分，也是企业所得税税前扣除的重要项目。

**二、基本规定**

1. 折旧方法

固定资产折旧方法主要包括以下几种。

年限平均法（直线法）：按固定资产的原价减去预计净残值后，在预计使用年限内平均分摊折旧额。这是最常见且简单的折旧方法，适用于大多数固定资产。

工作量法：根据实际工作量计提折旧额，适用于使用不均衡或季节性使用的固定资产，如运输工具等。

加速折旧法：包括双倍余额递减法和年数总和法。这种方法在固定资产有效使用年限的前期多提折旧，后期少提，适用于技术进步快或在国民经济中具有重要地位的企业。

2. 折旧年限

根据《企业所得税法实施条例》第六十条，固定资产计算折旧的最低年限根据资产类型有所不同：

房屋、建筑物为 20 年；

飞机、火车、轮船、机器、机械和其他生产设备为 10 年；

与生产经营活动有关的器具、工具、家具等为 5 年；

飞机、火车、轮船以外的运输工具为 4 年；

电子设备为 3 年。

3. 折旧起止时间

企业应当自固定资产投入使用月份的次月起计算折旧；停止使用的固定资产，应当自停止使用月份的次月起停止计算折旧。当月增加的固定资产，当月不计提折旧，从下月起计提；当月减少的固定资产，当月仍计提折旧，从下月起不计提。

4. 预计净残值

企业应当根据固定资产的性质和使用情况，合理确定固定资产的预计净残值。预计净残值一经确定，不得变更。已计提减值准备的固定资产，还应扣除已计提的固定资产减值准备累计金额。

5. 加速折旧政策

根据《企业所得税法》第三十二条和《企业所得税法实施条例》第九十八条，对于由于技术进步导致产品更新换代较快的固定资产，以及常年处于强震动、高腐蚀状态的固定资产，可以采取缩短折旧年限或采取加速折旧的方法。加速折旧方法包括双倍余额递减法以及年数总和法。采取缩短折旧年限方法的，最低折旧年限不得低于规定折旧年限的60%。

**三、考虑方面**

企业在建立和执行固定资产折旧政策时，需综合考虑以下几个方面。

符合法规要求：确保折旧方法和年限符合《企业所得税法》及其实施条例的相关规定，避免因违规操作导致的税务风险。

合理性分析：根据固定资产的实际使用情况、技术进步速度、市场价值变化等因素，合理确定折旧方法和年限。例如，对于技术更新快的电子设备，可考虑采用加速折旧法。

经济效益考量：折旧政策的选择应有利于企业的经济效益最大化。通过合理的折旧政策，可以在固定资产使用寿命内均匀分摊成本，减轻企业所得税负担，提高企业的竞争力。

动态调整机制：建立固定资产折旧政策的动态调整机制，根据市场环境、技术进步等因素的变化，适时调整折旧方法和年限，确保折旧政策的准确性和有效性。

内部控制与审计：建立健全的内部控制体系，对固定资产折旧政策的执行情况进行定期审计和检查，确保折旧计算的准确性和合规性。同时，加强对会计人员的培训和管理，提高其对固定资产折旧政策的理解和应用能力。

**四、违规表现**

1. 折旧方法选用不当

行为描述：企业未根据固定资产的性质和使用情况选用合适的折旧方法，如对本应采用加速折旧法的技术进步型资产采用年限平均法，或对应采用年限平均法的资产错误地采用加速折旧法。

目的与动机：操纵利润、减轻当期税负或满足特定财务指标要求。

后果：导致折旧费用在不同会计期间分配不均，影响企业利润的真实性，误导财务报表使用者，增加企业的税务风险和法律风险。

2. 折旧年限设定不合理

行为描述：企业未按照税法或会计准则规定的最低折旧年限设定固定资产的折旧年限，或者人为调整折旧年限以操控利润。

目的与动机：短期内增加或减少折旧费用，从而影响当期利润水平，满足管理层的业绩考核要求或市场预期。

后果：使得固定资产在有效使用年限内的折旧分配不合理，影响企业的财务状况和经营成果的准确性，导致企业面临税务稽查和处罚。

3. 折旧计算错误

行为描述：在折旧计算过程中，折旧额计算不准确。

目的与动机：调整利润、减轻税负。

后果：导致折旧数据失真，影响企业成本费用的核算，进而影响利润的真实性和财务报表的可靠性，误导投资者和债权人，损害企业信誉。

4. 任意扩大或缩小折旧计提范围

行为描述：企业未按照规定范围计提折旧，随意扩大或缩小计提固定资产折旧的范围，以达到增加或减少折旧费用的目的。

目的与动机：通过调整折旧计提范围来操控利润，满足特定财务目标或市场预期。

后果：导致企业成本费用和利润核算不准确，影响财务报表的真实性和可比性，引发税务风险和审计风险。

5. 固定资产分类与计价错误

行为描述：企业将固定资产与低值易耗品划分不清，或将不符合固定资产确认标准的资产错误地登记为固定资产，或采用错误的计价方法确定固定资产价值。

目的与动机：简化核算流程、逃避监管或满足特定财务指标要求。

后果：导致固定资产价值核算不准确，影响折旧计提的合理性，进而影响企业的财务状况和经营成果，增加企业的税务风险和审计风险。

6. 固定资产实物管理与价值管理脱节

行为描述：企业固定资产的实物管理与价值管理相脱节，导致固定资产增减变动未及时在账面上反映，或已报废资产未及时核减。

目的与动机：可能是由于部门间沟通不畅、管理流程不完善或人为疏忽等原因造成。

后果：导致固定资产价值不真实，折旧核算不准确，影响企业成本费用的核算和利润的真实性，引发财务风险和税务风险。

## 法律法规

**一、折旧方法的规定**

虽然具体的折旧方法在《企业所得税法》及其实施条例中并未直接列举，但企业应根据固定资产的性质和使用情况，合理选择折旧方法。这些方法的选用需符合会计准则和税法规定，以确保折旧的合理性和合规性。

**二、折旧年限的规定**

根据《企业所得税法实施条例》第六十条，除国务院财政、税务主管部门另有规定外，固定资产计算折旧的最低年限如下。

房屋、建筑物：20 年。

飞机、火车、轮船、机器、机械和其他生产设备：10 年。

与生产经营活动有关的器具、工具、家具等：5 年。

飞机、火车、轮船以外的运输工具：4 年。

电子设备：3 年。

这些规定为企业提供了固定资产折旧年限的最低标准，企业可以根据自身情况，在不低于最低折旧年限的前提下，自行决定固定资产的折旧年限。

**三、加速折旧政策的规定**

《企业所得税法》第三十二条规定，企业的固定资产由于技术进步等原因，确需加速折旧的，可以缩短折旧年限或者采取加速折旧的方法。这为企业在特定情况下采用加速折旧的方法提供了法律依据。

此外，国务院财政、税务主管部门还可能根据经济形势和政策需要，发布关于加速折旧的具体规定和通知，企业应密切关注并迅速适应。

**四、折旧计提时间的规定**

根据税法规定，企业应自固定资产投入使用月份的次月起计算折旧；停止使用的固定资产，应自停止使用月份的次月起停止计算折旧。这一规定确保了折旧计提的及时性和准确性。

**五、预计净残值的规定**

企业应当根据固定资产的性质和使用情况，合理确定固定资产的预计净残值。预计净残值一经确定，不得变更。这一规定要求企业在确定折旧政策时，需充分考虑固定资产的残值因素，以确保折旧的合理性。

## 合规程序与方法

1. 确定合规标准

企业需要明确固定资产折旧的相关法规和标准，主要包括《企业所得税法》及其实施条例，以及财政部发布的会计准则等。这些法规和标准规定了不同类型固定资产的最低折旧年限、折旧方法以及不得计提折旧的固定资产范围。

2. 收集资产信息

企业需全面收集各类固定资产的信息，包括但不限于资产的原值、购入日期、预计使用年限、预计净残值、当前使用状态等。这些信息是评估折旧政策和年限的基础。

3. 审核折旧政策

（1）折旧方法

检查企业采用的折旧方法是否符合法规要求，常用的折旧方法包括年限平均法、工作量法、双倍余额递减法和年数总和法等。对于技术进步较快或处于高腐蚀、强震动状态的固定资产，审核企业是否采取了合理的加速折旧方法。

（2）折旧年限

对比企业设定的折旧年限与法规规定的最低年限，确保不低于法定要求。例如，房屋、建筑物为 20 年，机器设备为 10 年，电子设备为 3 年等。

（3）预计净残值

评估企业确定的预计净残值是否合理，该值应基于资产的性质和使用情况确定，且一经确定不得随意变更。

4. 复核折旧计算

根据收集到的资产信息和折旧政策，复核企业实际的折旧计算过程，包括折旧额的计算公式、折旧起始和停止时间等。特别关注新增和减少固定资产的折旧处理，确保当月增加的不计提折旧，从下月起计提；当月减少的仍计提折旧，从下月起停止计提。

5. 评估影响因素

（1）资产原值和使用年限

原值越高，折旧额越大；使用年限越长，每年折旧额越小。评估这些因素是否对企业折旧政策产生了恰当的影响。

（2）残值和折旧方法

残值率和折旧方法的选择直接影响折旧额。评估企业是否根据资产实际情况选择了合适的折旧方法，并合理确定了残值。

（3）会计政策和法律法规

企业的会计政策、税法变化及行业惯例都可能影响折旧政策。确保企业折旧政策与这些外部因素保持一致。

6. 编制合规报告

基于上述审核和评估，编制详细的合规报告，指出存在的问题、提出改进建议，并确保所有评估过程和方法符合相关法规和标准。

7. 实施改进措施

针对报告中提出的问题，制定并实施改进措施，包括调整折旧政策、完善内部管理制度、加强人员培训等，以确保未来固定资产折旧处理的合规性。

8. 定期复审

由于法规和市场环境不断变化，企业应定期对固定资产折旧政策进行复审，确保持续合规。

## 案例分析 1：折旧方法选用不当

### 一、背景

某企业在固定资产折旧计提方面存在方法选用不当的问题，该企业主要采用年限平均法计提折旧。然而，该方法未能充分考虑不同资产的实际使用状况和技术含量，导致折旧计提不准确。

### 二、案例具体情况

以该企业某生产线为例，该生产线原值为 1 000 万元，预计使用寿命为 10 年，采用年限平均法每年计提折旧 100 万元。然而，该生产线在前三年内因技术更新迅速，实际价值快速下降，但账面上仍按平均速度计提折旧，导致资产账面价值远高于实际价值。

### 三、分析

1. 法律法规

《企业会计准则》要求企业根据固定资产的性质和使用情况，合理选择折旧方法。年限平均法适用于技术稳定、磨损均匀的资产，但不适用于技术更新快的资产。

2. 影响

折旧方法选用不当导致固定资产账面价值失真，进而影响企业的财务报表和经营决策。企业在该生产线上的折旧计提未能及时反映资产价值的实际下降，高估了企业的盈利能力。

3. 正确做法

对于技术更新快的资产，应采用加速折旧法（如双倍余额递减法）计提折旧，以更准确地反映资产价值的快速下降。

4. 正确的会计处理

企业应对该生产线改用双倍余额递减法计提折旧，首年计提折旧约 200 万元，以更准确地反映资产的实际价值变动。同时，调整以往年度的财务报表，确保数据真实准确。

## 案例分析 2：折旧年限设定不合理

### 一、背景

制造企业 A，为控制当期利润，对多台高精度数控机床的折旧年限进行了不合理设定。根据《企业会计准则第 4 号——固定资产》及《企业所得税法实施条例》，此类设备通常折旧年限为 10 年，但 A 企业将其设定为 20 年。

### 二、案例具体情况

该批机床原值总计 1 000 万元，预计净残值率为 5%，即残值 50 万元。若按正常 10 年折旧，年折旧额为 95 万元；而按 A 企业设定的 20 年折旧，年折旧额仅为 47.5 万元，每年少计提折旧 47.5 万元。

### 三、分析

1. 法律法规

企业应根据固定资产性质合理确定折旧年限，且不得随意变更。A 企业的做法违反了这一规定。

2. 影响

通过延长折旧年限，A 企业减少了每年的折旧费用，从而虚增了当期利润，误导投资者和债权人。

由于折旧具有抵税作用，少计提折旧意味着企业当期应缴所得税增加，影响现金流。

3. 正确做法

严格按照相关会计准则和税法规定，合理确定并保持一致的折旧年限。

定期复核折旧年限，根据实际情况调整，并按规定程序报批。

4. 正确的会计处理

调整折旧年限至合理范围，如 10 年，并相应调整以前年度的会计估计变更，追溯调整相关财务报表项目。

及时向税务机关报备，确保税务处理的合规性。

## 案例分析 3：折旧计算错误

### 一、背景

某制造企业 A 公司近年来购置了大量生产设备，用于扩大生产规模。由于财务人员对固定资产折旧政策的理解存在偏差，A 公司在计算设备折旧时采用了错误的折旧方法和年限，导致折旧费用严重低估。具体表现为，A 公司将部分设备的折旧年限从规定的 10 年延长至 15 年，并将双倍余额递减法改为直线法，以减少每年的折旧费用。这一做法导致财务报表中固定资产账面价值虚高，利润虚增，严重影响了财务报表的真实性和合规性。此外，A 公司未定期对固定资产进行减值测试，进一步加剧了财务数据的失真。

### 二、案例具体情况

固定资产原值：1 亿元。

错误折旧方法：将双倍余额递减法改为直线法。

错误折旧年限：将 10 年延长至 15 年。

年折旧费用差异：按正确方法计算年折旧费用应为 1 000 万元，实际计提仅为 666 万元，每年少计提 334 万元。

累计影响：过去三年累计少计提折旧费用 1 002 万元。

虚增利润：过去三年累计虚增利润 1 002 万元。

### 三、分析

1. 法律法规

根据《企业会计准则第 4 号——固定资产》，企业应根据固定资产的性质和使用情况，合理确定折旧方法、折旧年限和净残值。常用的折旧方法包括直线法、双倍余额递减法和年数总和法等。折旧方法一经确定，不得随意变更，除非固定资产的经济利益实现方式发生重大变化。此外，企业应定期对固定资产进行减值测试，确保账面价值不超过可收回金额。

2. 影响

折旧计算错误会导致财务报表失真，具体影响包括：

虚增利润：少计提折旧费用会虚增当期利润，误导投资者和债权人。

高估资产价值：固定资产账面价值虚高，影响企业资产结构的真实性。

税务风险：虚增利润可能导致多缴所得税，但一旦被税务机关发现，企业需补缴税款并缴纳罚款。

审计问题：审计机构可能对此提出调整意见，甚至出具非标准审计报告，影响企业信誉。

决策失误：财务报表失真可能导致管理层做出错误的经营决策，影响企业长期发展。

3. 正确做法

企业应严格按照《企业会计准则》的规定，合理确定固定资产的折旧方法、折旧年限和净残值。具体措施包括：

制定折旧政策：根据固定资产的性质和使用情况，制定科学合理的折旧政策，并报董事会批准。

定期复核：每年对固定资产的折旧方法、折旧年限和净残值进行复核，确保其合理性。

减值测试：定期对固定资产进行减值测试，确保账面价值不超过可收回金额。

培训财务人员：加强财务人员的专业培训，确保其准确理解和执行折旧政策。

4. 正确的会计处理

折旧计提：根据固定资产的折旧政策，按月计提折旧费用，借记“制造费用”或“管理费用”科目，贷记“累计折旧”科目。

折旧调整：对于已发现的折旧计算错误，应及时调整财务报表，补提折旧费用，并追溯调整以前年度损益。

减值准备：如果固定资产的可收回金额低于账面价值，应计提减值准备，借记“资产减值损失”科目，贷记“固定资产减值准备”科目。

披露信息：在财务报表附注中详细披露固定资产的折旧政策、折旧年限、折旧方法及减值测试结果，确保信息透明。

## 案例分析 4：任意扩大或缩小折旧计提范围

**一、背景**

高科技企业 C，为了操纵财务报表中的利润数据，在计提固定资产折旧时，任意扩大了折旧计提范围，将一些本不应计提折旧的资产也纳入了折旧计算中。

**二、案例具体情况**

企业 C 将一项研发用的软件（通常作为无形资产处理，不计提折旧）作为固定资产处理，并设定了 5 年的折旧年限。该软件原值为 300 万元，按直线法计提折旧，年折旧额达到 60 万元。

**三、分析**

1. 法律法规

根据会计准则，固定资产是指为生产商品、提供劳务、出租或经营管理而持有的，使用寿命超过一个会计年度的有形资产。无形资产如软件通常不计提折旧，而是通过摊销方式处理。

2. 影响

通过将无形资产计入固定资产并计提折旧，企业 C 减少了当期利润，以平滑利润波动或达到其他财务目标。

此举导致企业财务报表失真，影响投资者、债权人及监管机构的判断。

3. 正确做法

严格遵守会计准则，正确区分固定资产和无形资产，并按照各自的规定进行处理。

对于固定资产，应根据其性质和使用情况合理确定折旧方法和年限。

4. 正确的会计处理

立即纠正错误，将计入固定资产的软件从折旧计提范围中剔除，并调整相关会计分录和财务报表。

对于已错误计提的折旧，应进行追溯调整，确保历史数据的准确性和可比性。

## 案例分析 5：固定资产分类与计价错误

**一、背景**

制造企业 D，在进行固定资产管理和会计处理时，将本应归类为“机器设备”的高精度数控机床错误地归类为“办公设备”。

**二、案例具体情况**

该数控机床原值为 800 万元，预计使用年限为 10 年，预计净残值为 80 万元，应采用直线法折旧，年折旧额为 72 万元。但企业将其错误地归类为“办公设备”，并采用了较低的折旧率，年折旧额仅为 40 万元。

**三、分析**

1. 法律法规

根据会计准则，固定资产应按其性质和使用目的进行合理分类，并采用适当的折旧方法。

2. 影响

由于采用了较低的折旧率，数控机床的账面价值被高估，导致资产负债表不真实。

折旧费用减少导致当期利润增加，误导投资者和债权人对企业盈利能力的判断。

3. 正确做法

严格按照会计准则对固定资产进行分类和计价。

采用适当的折旧方法和年限，确保折旧政策的准确性和一致性。

4. 正确的会计处理

立即纠正固定资产分类错误，将数控机床从“办公设备”调整为“机器设备”。

重新计算折旧额，并调整以前年度的会计分录和财务报表，确保数据的准确性和可比性。

## 案例分析 6：固定资产实物管理与价值管理脱节

**一、背景**

大型制造企业 E，在固定资产管理上存在实物管理与价值管理严重脱节的问题。其财务部门负责固定资产的价值管理，而生产部门则负责实物管理，两部门间信息沟通不畅。

**二、案例具体情况**

企业 E 拥有一批生产线设备，原值总计为 5 000 万元，预计使用年限为 10 年，预计净残值为 500 万元。然而，由于实物管理与价值管理的脱节，财务部门并未及时了解到其中一套关键设备已在使用 3 年后提前报废的情况，仍继续按原折旧政策计提折旧。

**三、分析**

1. 法律法规

会计准则要求企业对固定资产进行准确的价值管理和实物管理，确保资产信息的真实性和完整性。

2. 影响

已报废设备仍在计提折旧，导致资产账面价值虚高，资产负债表不真实。

错误的折旧计提影响了当期利润的准确性，误导投资者和债权人的决策。

3. 正确做法

加强实物管理部门与价值管理部门的沟通与协作，确保资产信息的实时更新和准确性。

对于报废或处置的固定资产，应及时进行财务处理，停止计提折旧。

4. 正确的会计处理

当发现设备报废时，应立即停止对该设备的折旧计提，并进行相应的资产减值或报废处理。

调整财务报表，确保资产、负债和利润的真实性和准确性。

# 专题六十：相关资产是否存在减值迹象

## 业务简介

**一、概念**

资产减值是指资产的可收回金额低于其账面价值的情况。资产减值迹象则是指可能导致资产可收回金额低于其账面价值的各种迹象。资产组减值，又称为组减值或组账面价值，是重新分配固定资产账面价值的一种会计处理措施，适用于账面价值过低的资产组合，如设备、土地使用权、住房等。

**二、基本规定**

1. 减值迹象的认定

企业应在资产负债表日依据内部和外部的信息和证据，判断资产是否存在可能发生减值的迹象。

会计准则明确了减值迹象的认定时间和判断标准，要求企业在资产负债表日判断资产是否存在减值迹象。

2. 减值测试

如果有确凿证据表明资产存在减值迹象，企业应当进行减值测试，估计资产的可收回金额。

对于某些特定资产，如因企业合并形成的商誉和使用寿命不确定的无形资产，无论是否存在减值迹象，都应当至少于每年年度终了时进行减值测试。

3. 可收回金额的确定

资产可收回金额的估计，应当根据资产公允价值减去处置费用后的净额与资产预计未来现金流量的现值两者之间较高者确定。

企业难以对单项资产的可收回金额进行估计时，应当以该资产所属的资产组为基础确定资产组的可收回金额。

**三、判断方式**

判断资产组是否存在减值迹象，企业通常采用以下几种方法。

收益测试法：根据企业的营业利润、利润总额和资产减值损失等相关指标，以判断资产的价值是否下降。

市场测试法：根据企业的市场价值、应收账款、存货价值等相关指标，以判断资产价值是否下降。

折旧测试法：根据企业的年折旧率及折旧额等相关指标，以判断资产价值是否下降。

比较测试法：将企业的相关资产价值与其他企业的相关资产价值进行比较，以判断企业资产价值的变化情况。

此外，还有一些具体的减值迹象需要企业关注。

市价大幅下跌：资产的市价当期大幅度下跌，其跌幅明显高于因时间的推移或正常使用而预计的下跌。

环境变化：企业经营所处的经济、技术或者法律等环境以及资产所处的市场在当期或者将在近期发生重大变化，从而对企业产生不利影响。

利率变化：市场利率或者其他市场投资报酬率在当期已经提高，导致资产可收回金额大幅度降低。

资产陈旧或损坏：有证据表明资产已经陈旧过时或者其实体已经损坏。

资产闲置或终止使用：资产已经或者将被闲置、终止使用或者计划提前处置。

经济绩效低于预期：企业内部报告的证据表明资产的经济绩效已经低于或者将低于预期。

**四、违规表现**

1. 隐瞒资产实际价值的下降

行为描述：

企业在发现资产价值明显下降时，故意不披露或延迟披露减值信息，如存货过期、固定资产陈旧或损坏等。

目的与动机：

通过隐瞒减值，企业可以呈现更好的盈利状况和资产状况，吸引投资者和债权人的关注；

避免股价因资产减值公告而大幅下跌，保护股东利益和企业形象。

后果：

投资者基于不真实的财务信息做出投资决策，遭受经济损失；

隐瞒减值信息会导致市场对企业价值的误判，引发市场波动；

监管部门将对企业进行严厉处罚，包括罚款、公开谴责甚至暂停上市等。

2. 夸大资产价值

行为描述：

企业在资产减值测试中，故意高估资产的可收回金额，不计提或少计提减值准备，使资产账面价值高于实际价值。

目的与动机：

通过夸大资产价值，企业可以提高利润水平，满足业绩考核要求或市场预期；

较高的资产价值有助于企业获得更好的融资条件，如更低的融资成本或更高的融资额度。

后果：

投资者基于夸大的财务信息做出投资决策，遭受经济损失；

企业长期夸大资产价值将损害其市场信誉，影响未来融资和业务发展；

监管部门将对此类违规行为进行查处，企业面临法律诉讼和罚款。

3. 未及时计提减值准备

行为描述：

企业在资产已出现明显减值迹象时，未按照会计准则要求及时计提减值准备，导致财务报表失真。

目的与动机：

通过延迟计提减值准备，企业可以在不同会计期间平滑利润波动，避免业绩大起大落；

部分企业可能试图通过不及时计提减值来规避监管机构的审查。

后果：

未及时计提减值准备将导致财务报表无法真实反映企业的财务状况和经营成果；

基于失真的财务信息，投资者会对企业价值产生误判；

监管部门将对此类违规行为进行处罚，以维护市场秩序和投资者权益。

4. 商誉减值测试中的违规行为

行为描述：

在商誉减值测试中，企业未将归属于少数股东权益的商誉纳入测试范围，或未按持股比例分摊减值损失。

目的与动机：

通过调整商誉减值测试范围或分摊比例，企业可以人为控制商誉减值损失的金额，进而影响利润水平。

后果：

投资者无法获得真实的财务信息，做出错误的投资决策；

企业的违规行为将降低市场对其的信任度，影响未来的融资和业务合作；

监管部门将对此类违规行为进行查处，企业面临法律诉讼和罚款。

## 法律法规

关于企业相关资产组是否存在减值迹象的判断，主要依据的是《企业会计准则第 8 号——资产减值》。以下是对相关法条的详细列举。

**一、资产减值迹象的判断**

1. 判断时间

企业应当在资产负债表日判断资产是否存在可能发生减值的迹象。这一规定说明，企业只要对外报送会计报表（包括年报、半年报、季报等），就应该按照准则判断资产是否存在减值的迹象，以便确定是否计提减值损失。这有利于投资者根据季报、半年报等判断企业的年度经营情况。

2. 判断标准

根据《企业会计准则第 8 号——资产减值》第五条，存在下列迹象的，表明资产可能发生了减值。

资产的市价当期大幅度下跌，其跌幅明显高于因时间的推移或者正常使用而预计的下跌。

企业经营所处的经济、技术或者法律等环境以及资产所处的市场在当期或者将在近期发生重大变化，从而对企业产生不利影响。

市场利率或者其他市场投资报酬率在当期已经提高，从而影响企业计算资产预计未来现金流量现值的折现率，导致资产可收回金额大幅度降低。

有证据表明资产已经陈旧过时或者其实体已经损坏。

资产已经或者将被闲置、终止使用或者计划提前处置。

企业内部报告的证据表明资产的经济绩效已经低于或者将低于预期，如资产所创造的净现金流量或者实现的营业利润（或者亏损）远远低于（或者高于）预计金额等。

其他表明资产可能已经发生减值的迹象。

**二、资产可收回金额的计量**

如果企业的资产存在上述减值迹象，则需要估计其可收回金额，并确认资产减值损失。根据《企业会计准则第 8 号——资产减值》第六条，资产可收回金额应当根据资产的公允价值减去处置费用后的净额与资产预计未来现金流量的现值两者之间较高者确定。

公允价值减去处置费用后的净额：应当根据公平交易中销售协议价格减去可直接归属于该资产处置费用的金额确定。不存在销售协议但存在资产活跃市场的，应当按照该资产的市场价格减去处置费用后的金额确定。资产的市场价格通常应当根据资产的买方出价确定。在不存在销售协议和资产活跃市场的情况下，应当以可获取的最佳信息为基础，估计资产的公允价值减去处置费用后的净额。

资产预计未来现金流量的现值：应当按照资产在持续使用过程中和最终处置时所产生的预计未来现金流量，选择恰当的折现率对其进行折现后确定。未来现金流量的预计和折现率的确定都需要基于合理的假设和预测。

**三、资产减值损失的确认**

根据《企业会计准则第 8 号——资产减值》第十五条，可收回金额的计量结果表明，资产的可收回金额低于其账面价值的，应当将资产的账面价值减记至可收回金额，减记的金额确认为资产减值损失，计入当期损益，同时计提相应的资产减值准备。

**四、特殊资产的减值测试**

对于因企业合并所形成的商誉和使用寿命不确定的无形资产，无论是否存在减值迹象，每年都应当进行减值测试。商誉应当结合与其相关的资产组或者资产组组合进行减值测试。

## 合规程序

**一、合规程序**

明确法规和标准：企业应明确相关的会计准则（如《企业会计准则》）、税法规定以及行业惯例，这些是判断资产组减值迹象的基准。

建立内部制度：企业应建立完善的资产减值测试制度和流程，确保测试工作的规范性和一致性。

收集信息：全面收集与资产组相关的内外部信息，包括市场环境、经济状况、技术变化、资产使用状况等。

执行测试：按照既定方法和步骤，对资产组进行减值测试，判断是否存在减值迹象。

记录与报告：详细记录测试过程和结果，编制减值测试报告，并按规定进行披露。

## 二、判断方式与方法

1. 减值迹象的判断

市场价格变化：关注资产组的市场价格是否出现大幅度下跌，且跌幅明显高于因时间推移或正常使用而预计的下跌。

环境变化：评估企业经营所处的经济、技术或法律环境是否发生重大不利变化，以及资产组所处的市场是否受到不利影响。

未来现金流量：考虑市场利率或其他市场投资报酬率的变化，分析这些变化是否影响资产组预计未来现金流量的现值，导致可收回金额降低。

资产状况：检查资产组中的资产是否陈旧过时、实体损坏或闲置、终止使用等。

经济绩效：分析资产组的经济绩效是否低于预期，如净现金流量或营业利润远低于预计金额。

2. 减值测试方法

可收回金额法：比较资产组的可收回金额与其账面价值。可收回金额通常取预计未来现金流量的现值与公允价值减去处置费用后的净额中的较高者。

现金流折现法：对资产组预计未来现金流量进行折现，以确定其现值。折现率应反映当前市场货币时间价值和资产组特定风险。

比较法：将资产组的价值与其他类似资产组或行业标准进行比较，以评估其价值是否偏离正常水平。

## 三、步骤

识别资产组：明确哪些资产构成一个资产组，以便进行整体评估。

收集数据：收集与资产组相关的所有重要数据，包括市场价格、未来现金流量预测、折现率等。

执行测试：根据收集的数据，运用适当的减值测试方法，对资产组进行减值测试。

分析结果：分析测试结果，判断资产组是否存在减值迹象，并确定减值金额。

记录与披露：记录测试过程和结果，编制减值测试报告，并按规定在财务报表中进行披露。

# 案例分析 1：隐瞒资产实际价值的下降

## 一、背景

上市公司 F，为了维持其股价和市场形象，故意隐瞒其一项重要生产线的实际价值下降的情况。该生产线由于技术进步和市场需求变化，其价值已大幅下降。

## 二、案例具体情况

该生产线原值为 2 亿元，预计使用年限为 10 年，已使用 5 年。由于技术进步，市场上出现了更高效的生产线，导致该生产线的公允价值降至原值的 30%，即 6 000 万元。但公司 F 在财务报表中仍按原值减去累计折旧后的价值（假设累计折旧为 1 亿元，账面价值为 1 亿元）进行披露。

## 三、分析

1. 法律法规

会计准则要求企业对资产进行定期减值测试，并在必要时确认和计量资产减值损失。

2. 影响

生产线资产的账面价值被高估，导致资产负债表不真实。

未确认资产减值损失导致当期利润虚增，误导投资者。

3. 正确做法

定期进行资产减值测试，当资产的可收回金额低于其账面价值时，应确认资产减值损失。

及时、透明地披露资产减值情况，确保投资者了解公司的真实财务状况。

4. 正确的会计处理

确认生产线资产的减值损失，将账面价值调整为公允价值 6 000 万元。

在利润表中反映资产减值损失，确保当期利润的准确性和真实性。

## 案例分析 2：夸大资产价值

### 一、背景

上市公司 G，为了掩盖其经营不善的现状并吸引投资者，故意夸大其一项重要资产组（包括生产线、专利和技术等）的价值。该资产组由于市场需求下降和技术更新换代，实际上已出现明显的减值迹象。

### 二、案例具体情况

该资产组原值为 5 亿元，已使用 3 年，预计使用年限为 10 年。由于市场需求下降和技术变化，该资产组的公允价值已降至原值的 60%，即 3 亿元。但公司 G 在财务报表中仍按原值 5 亿元进行披露，未进行任何减值处理。

### 三、分析

1. 法律法规

会计准则要求企业对资产进行定期减值测试，并在必要时确认和计量资产减值损失，以确保财务报表的真实性和准确性。

2. 影响

资产组的账面价值被高估，导致资产负债表不真实，误导投资者和债权人。

未确认资产减值损失导致当期利润虚增，掩盖了公司实际的经营困境。

3. 正确做法

定期进行资产减值测试，当资产的可收回金额低于其账面价值时，应及时确认资产减值损失。

透明地披露资产减值情况，确保投资者了解公司的真实财务状况。

4. 正确的会计处理

确认资产组的减值损失，将账面价值调整为公允价值 3 亿元。

在利润表中反映资产减值损失，确保当期利润的准确性和真实性。

## 案例分析 3：未及时计提减值准备

### 一、背景

制造企业 H，拥有一条关键生产线，该生产线因市场需求下降和技术更新迭代，其价值已显著下降。然而，企业管理层出于维持良好财务表现的目的，未及时对该生产线进行减值测试并计提减值准备。

### 二、案例具体情况

该生产线原值为 1 亿元，已使用 5 年，预计使用年限为 10 年。由于市场和技术变化，该生产线的公允价值已降至 4 000 万元。若按此公允价值计提减值准备，应计提减值损失 6 000 万元。但企业 H 在财务报表中仍按原值减去累计折旧（假设累计折旧为 5 000 万元）后的账面价值 5 000 万元进行披露。

### 三、分析

1. 法律法规

根据《企业会计准则》及相关规定，企业应当定期对资产进行减值测试，当资产的可收回金额低于其账面价值时，应计提减值准备。

2. 影响

生产线的账面价值被高估，导致资产负债表失真。

未计提减值准备导致当期利润虚增，误导投资者和债权人。

未按规定计提减值准备违反法规，企业面临处罚。

3. 正确做法

定期进行资产减值测试，及时发现并确认资产减值损失。

确保财务报表真实反映企业的财务状况和经营成果。

4. 正确的会计处理

对该生产线进行减值测试，确认减值损失 6 000 万元。

在财务报表中调整相关项目的金额，确保数据的准确性和可比性。

此案例表明，企业应及时、准确地计提资产减值准备，以真实反映其财务状况和经营成果，避免误导投资者和债权人，并遵守相关法律法规的规定。

## 案例分析 4：商誉减值测试中的违规行为

### 一、背景

上海凤凰企业（集团）股份有限公司（以下简称“上海凤凰”）在商誉减值测试中存在违规行为，导致相关资产组的减值迹象及判断方式不合理。具体来说，上海凤凰在收购江苏华久辐条制造有限公司（以下简称“华久辐条”）后，未按照规定正确进行商誉减值测试。

### 二、案例具体情况

上海凤凰于 2015 年通过发行股份的方式收购华久辐条 100% 股权，形成商誉 38 483.62 万元。然而，在 2018 年的商誉减值测试中，上海凤凰存在会计差错，导致商誉减值准备少计提 897.79 万元。这一行为使得公司 2018 年合并财务报表利润总额多计 897.79 万元，进而影响了后续年度的所有者权益和利润指标。

### 三、分析

1. 法律法规

根据《企业会计准则》及其他相关规定，企业应当在每年年度终了对商誉进行减值测试，并合理估计资产组的可收回金额，以判断是否存在减值迹象。

2. 影响

商誉减值准备的少计提会导致财务报表中的利润总额和净资产被高估，误导了投资者和债权人。

违规行为损害公司的市场形象和信誉，影响公司的长期发展。

3. 正确做法

严格按照会计准则和监管要求，每年对商誉进行减值测试，并确保测试过程的准确性和合理性。

及时、透明地披露商誉减值测试结果，确保财务报表的真实性和完整性。

4. 正确的会计处理

确认商誉减值损失，调整财务报表中的相关项目金额。具体会计处理为：借记“资产减值损失”科目；贷记“商誉减值准备”科目。

对于已计提的商誉减值准备，不得在后续会计期间转回（除非符合特定条件，如资产处置等）。

通过此案例，可以看出商誉减值测试中的违规行为对企业财务报表和市场形象的影响是深远的。因此，企业应严格遵守相关法规和会计准则，确保商誉减值测试的准确性和合规性。

## 专题六十一：相关资产是否准确、充分计提减值准备

### 业务简介

**一、概念**

资产减值准备是指企业为应对资产未来可能流入企业的全部经济利益低于其现有账面价值的风险，而在会计上对该资产的减值情况进行确认和计量的过程。其实质是用价值计量代替成本计量，将账面金额大于价值的部分确认为资产减值损失或费用，从而更真实地反映资产的当前价值。

其中工程减值准备特指针对在建工程或长期资产项目，当预计其未来经济利益低于账面价值时，企业需计提的减值准备。这同样遵循资产减值的一般原则，但更加侧重于对长期投资项目的评估。下文将对其进行详细说明。

**二、基本规定**

1. 计提范围

根据相关会计准则，企业需对应收账款、其他应收款、短期投资、长期投资、存货、固定资产、无形资产、在建工程及委托贷款等多种资产计提减值准备。

具体计提项目包括但不限于坏账准备、存货跌价准备、固定资产减值准备、无形资产减值准备等。

2. 计提标准与依据

企业需定期对各项资产进行评估，判断是否存在减值迹象。评估时需考虑市场变化、技术进步、政策调整等因素对资产价值的影响。

当资产的可收回金额（即预期未来现金流量的现值）低于其账面价值时，企业需计提相应的减值准备。

3. 计提方法与比例

计提减值准备的方法包括备抵法、账龄分析法等，具体方法需根据资产类型及企业实际情况选择。

计提比例由企业内部财务人员根据评估结果确定，需遵循谨慎性原则，确保计提金额合理、充分。

4. 信息披露

企业需在财务报表中详细披露计提减值准备的相关信息，包括减值的原因、方法、金额及对财务状况和经营成果的影响等，以便利益相关者了解企业的资产状况。

**三、业务流程**

1. 资产评估

企业需定期对各项资产进行全面评估，识别可能因市场变化、技术进步等原因导致价值下降的资产。

评估过程需收集完整、准确的数据，包括财务报表、市场数据、行业发展情况等，以确保评估结果的准确性。

2. 减值测试

对存在减值迹象的资产进行减值测试，评估其可收回金额。这通常涉及对市场趋势、产品需求、成本结构等因素的预测。

将可收回金额与资产账面价值进行比较，确定是否需计提减值准备。

3. 计提减值准备

根据减值测试结果，计提相应的减值准备，调整资产的账面价值，并在利润表中确认减值

损失。

计提过程需遵循会计准则和企业财务政策，确保计提金额合理、合规。

4. 信息披露与监控

在财务报表中详细披露计提减值准备的相关信息，增强透明度。

对减值后的资产进行后续处理和监控，根据实际情况进行重新评估、处置或继续持有等操作。

## 四、违规表现

### （一）资产减值准备计提不准确的违规表现

1. 行为描述

计提金额不准确：企业未根据资产的实际价值下降情况合理估计减值金额，导致计提的减值准备过高或过低。

计提时点不准确：企业未在资产出现减值迹象时及时计提减值准备，而是延迟或提前计提，以操纵利润。

2. 目的与动机

操纵利润：通过调整减值准备的计提金额和时点，企业可以人为地增加或减少当期利润，以满足业绩考核要求、市场预期或平滑利润波动。

掩盖风险：不准确的减值计提掩盖了企业资产的真实价值风险，误导投资者和债权人。

3. 后果

财务报表失真：不准确的减值计提将导致财务报表无法真实反映企业的财务状况和经营成果。

损害投资者利益：投资者基于失真的财务信息做出投资决策，遭受经济损失。

产生法律风险：监管部门将对此类违规行为进行查处，企业面临法律诉讼和罚款。

### （二）资产减值准备计提不充分的违规表现

1. 行为描述

故意少提或不提减值准备：企业明知资产已发生减值，但出于某种目的故意少提或不提减值准备，以维持较高的账面价值和利润水平。

计提范围不完整：企业未将所有应计提减值准备的资产纳入计提范围，导致部分资产的价值风险未得到反映。

2. 目的与动机

美化财务报表：通过少提或不提减值准备，企业可以呈现更好的盈利状况和资产状况，吸引投资者和债权人的关注。

维护股价：避免股价因资产减值公告而大幅下跌，保护股东利益和企业形象。

3. 后果

误导市场：不充分的减值准备计提将误导市场对企业价值的判断，引发市场波动。

损害企业信誉：长期不充分的减值准备计提将损害企业的市场信誉和形象，影响未来的融资和业务合作。

积累风险：未计提的减值准备将累积成企业的潜在风险，一旦爆发可能对企业造成重大损失。

### （三）工程减值准备计提的违规表现

由于工程减值准备与固定资产、在建工程等紧密相关，其违规表现与上述资产减值准备的违规表现相似。但针对工程减值准备，还可能存在以下特定违规表现。

1. 行为描述

未对在建工程进行减值测试：企业未按照会计准则要求对在建工程进行定期减值测试，或测试流于形式。

减值测试方法不当：企业采用不合理的减值测试方法，导致计提的减值准备不准确。

2. 目的与动机

与资产减值准备计提的违规表现相似，工程减值准备计提的违规目的与动机也包括操纵利润、掩盖风险等。

3. 后果

误导投资者：不准确的工程减值准备计提将误导投资者对企业在建工程价值的判断。

增加企业风险：未计提或计提不足的工程减值准备将增加企业的潜在风险，一旦工程出现重大损失，将对企业造成重大影响。

综上所述，企业在计提资产及工程减值准备时应严格遵守会计准则和监管要求，确保减值准备的准确性和充分性。监管部门也应加大监管力度，及时发现和查处违规行为，维护市场的公平和透明。

## 法律法规

对企业相关资产及工程是否准确、充分计提减值准确的判断，主要依据《企业会计准则》的相关规定，特别是《企业会计准则第 8 号——资产减值》。以下是对该准则中相关内容的详细列举。

**一、资产减值的定义与确认**

资产减值定义：资产减值是指资产的可收回金额低于其账面价值。

确认条件：当资产的可收回金额低于其账面价值时，应确认资产减值损失。这通常涉及对资产的可收回金额进行估计，并与资产的账面价值进行比较。

**二、减值准备的计提原则与标准**

1. 计提原则

及时性原则：企业应在每个会计期间结束时对资产进行减值测试，一旦发现资产减值迹象，应立即计提减值准备。

谨慎性原则：在计提减值准备时，企业应保持谨慎态度，充分估计可能发生的损失，确保财务报告的稳健性。

准确性原则：减值准备的计提应基于可靠的证据和合理的估计，以确保其金额的准确性。

2. 计提标准

单项资产与资产组：企业应当以单项资产为基础估计其可收回金额。难以对单项资产的可收回金额进行估计的，应当以该资产所属的资产组为基础确定资产组的可收回金额。

可收回金额的确定：可收回金额应当根据资产的公允价值减去处置费用后的净额与资产预计未来现金流量的现值两者之间较高者确定。

**三、具体资产减值准备的计提**

固定资产：固定资产减值准备应按单项资产账面价值与可收回金额孰低计量，可收回金额低于账面价值的部分，应当计提固定资产减值准备。

在建工程：在建工程减值准备应按单项资产账面价值与可收回金额孰低计量，可收回金额低于账面价值的部分，应当计提在建工程减值准备。

无形资产：无形资产减值准备同样按单项资产账面价值与可收回金额孰低计量，可收回金额低于账面价值的部分，应当计提无形资产减值准备。

长期股权投资、投资性房地产等：这些资产也适用类似的减值准备计提原则和标准。

**四、披露要求**

企业应当在附注中披露与资产减值有关的信息，包括当期确认的各项资产减值损失金额、计提的各项资产减值准备累计金额等。

对于重大资产减值事项，企业应及时进行信息披露，以反映其对财务状况和经营成果的影响。

## 合规程序与方法

### 一、合规程序

制度建立：企业应根据《企业会计准则》及相关规定，制定详细的资产减值准备制度，明确各项资产减值准备的计提原则、方法和审批流程。

职责划分：明确财务部、项目管理部、审计部等相关部门的职责，确保各司其职，协同合作。

定期评估：每个会计年度中期和年度终了，组织相关部门对各项资产及工程进行全面检查，评估是否存在减值迹象。

### 二、具体方法与步骤

1. 信息收集与分析

资产状况调查：负责相关资产的部门应调查了解资产的市场行情、使用状况及未来收益预测。

市场数据收集：收集同类资产的市场交易价格、行业发展趋势等信息，作为减值评估的依据。

2. 减值测试

单项资产测试：对单项金额重大的资产进行单独减值测试，评估其可收回金额是否低于账面价值。

组合测试：对单项金额非重大的资产，可按信用风险特征划分为若干组合进行测试。

3. 计提减值准备

根据减值测试结果，按照规定的计提方法和比例，计提相应的减值准备。例如，存货跌价准备、应收款项坏账准备、固定资产减值准备等。

对于在建工程，需特别关注施工进展、市场需求变化等因素，根据减值测试结果并计提减值准备。

4. 审批与披露

内部审批：计提减值准备需经过管理层审批，并报董事会或股东会审议批准（根据金额大小）。

信息披露：在财务报告中详细披露资产减值准备的计提情况、依据及影响，确保信息透明。

## 案例分析 1：资产减值准备计提时点不准确

### 一、背景

某医药公司（以下称“X 公司”）在 2020 年末未能准确计提固定资产减值准备。具体涉及子公司的动物房拆除项目。由于工程验收未完成，X 公司未对该资产进行报废处理及相应的减值准备计提，直至 2021 年工程验收完成后才进行处理，涉及金额 381.17 万元。

### 二、案例具体情况

未计提减值准备前：该固定资产账面价值未调整，导致 2020 年年报中固定资产和资产减值损失核算不准确。

计提减值准备后：2021 年确认资产报废并计提减值准备，但实际损失已在前一年度发生。

**三、分析**

1. 法律法规

根据《企业会计准则第 8 号——资产减值》，资产减值应在可收回金额低于账面价值时确认。X 公司未在工程验收未完成时及时计提减值准备，违反了该原则。

2. 影响

2020 年财务报表未能真实反映资产状况，误导投资者。

深交所因此对 X 公司下发监管函，影响公司声誉及市场信心。

3. 正确做法

在资产状况发生明显变化时，应及时进行减值测试并计提减值准备。

确保财务报表准确反映资产价值，避免误导性信息。

4. 正确的会计处理

2020 年末，应基于工程进展及资产可收回性评估，合理计提减值准备。

调整 2020 年度财务报表，确保资产和利润数据的准确性。

此案例强调了及时、准确计提资产减值准备的重要性，以避免财务舞弊和监管风险。

## 案例分析 2：故意少提或不提减值准备

**一、背景**

以亚太实业为例，该公司在 2013 年底持有济南固锝电子器件有限公司 48% 的股份，但在该年度未对其全部股份计提资产减值准备，而是在后续年度仅对部分股份进行了减值处理。这一行为涉嫌故意少提减值准备，以达到虚增利润的目的。

**二、案例具体情况**

2013 年情况：亚太实业未对其持有的 48% 股份计提减值准备，导致该年度利润虚增高达 237 万元。

后续调整：2014 年，公司对持有的 27% 股份计提了 102.7 万元的减值准备，但对剩余的 21% 股份未进行追溯调整。

**三、分析**

1. 法律法规

根据《企业会计准则》及其他相关法规，企业应在资产可收回金额低于账面价值时计提减值准备。亚太实业的行为违反了这一原则。

2. 影响

虚增的利润数据误导了市场及投资者，损害了资本市场的公平性和透明度。

中国证监会对此类违规行为进行了查处，公司面临罚款及声誉损失。

3. 正确做法

企业应严格按照会计准则，定期对资产进行全面检查，合理计提减值准备。

对前期未合理计提的减值准备，应按会计差错更正原则进行追溯调整。

4. 正确的会计处理

亚太实业应对未计提减值准备的 21% 股份进行追溯调整，冲减相应年度的利润。

加强内部控制，确保会计处理的准确性和合规性。

此案例警示企业，故意少提或不提减值准备不仅违反法规，还会给企业带来严重的经济和声誉损失。

## 案例分析 3：未对在建工程进行减值测试

**一、背景**

某制造企业（以下称“A 公司”）在扩建生产线过程中，因市场需求变化及资金压力，在建工程长期停滞。然而，A 公司在多个财务报告期末均未对该在建工程进行减值测试，未充分计提减值准备。

**二、案例具体情况**

在建工程账面价值：截至 2021 年底，该在建工程账面价值高达 5 000 万元。

市场价值评估结果：经第三方评估，考虑市场需求下降及建设延期等因素，该在建工程可收回金额仅为 3 000 万元。

未计提减值准备导致的资产总额虚高金额：A 公司未根据评估结果计提减值准备，导致财务报表中资产总额虚高 2 000 万元。

**三、分析**

1. 法律法规

根据《企业会计准则第 8 号——资产减值》及《企业会计准则第 4 号——固定资产》相关条款，企业应在资产负债表日对在建工程进行检查，如存在减值迹象，应计提减值准备。

2. 影响

虚高的资产总额误导了投资者和债权人，影响其决策。

未计提减值准备会导致未来损失一次性暴露，加大企业财务风险。

3. 正确做法

定期对在建工程进行检查，评估其可收回金额。

如发现减值迹象，应及时计提减值准备，确保财务报表真实反映企业资产状况。

4. 正确的会计处理

A 公司应对该在建工程进行减值测试，确认减值损失 2 000 万元。

调整财务报表，冲减在建工程账面价值，并计入当期损益。

此案例强调了企业在进行在建工程管理时，必须严格遵守会计准则，定期进行减值测试，确保财务报表的准确性和可靠性。

# 专题六十二：是否存在未入账的资产从而导致资产被低估

## 业务简介

**一、概念**

未入账资产指的是由于各种原因（如管理疏忽、故意隐瞒、会计处理不当等）未在企业的会计账簿中正确记录或及时确认的资产。这些未入账的资产往往会导致企业的财务报表无法真实反映其资产总额和财务状况，进而引发资产被低估的问题。

**二、基本规定**

1. 会计准则要求

根据《企业会计准则》及相关规定，企业应当按照交易或事项的经济实质进行会计确认、计量和报告，确保会计信息的真实、准确和完整。这意味着企业应当对所有已经拥有或控制的资产进行正确的会计处理和记录。

2. 内部控制要求

建立健全的内部控制体系是企业防范未入账资产风险的重要手段。内部控制要求企业明确资产管理的职责分工、审批流程、核算方法和监督机制，确保资产从采购、验收、入账到报废的全过程都得到有效控制和管理。

3. 法律法规要求

《会计法》等法律法规对企业会计信息的真实性、准确性和完整性提出了明确要求。企业未按照法律法规的规定进行会计处理，导致资产被低估的，要面临法律责任和处罚。

**三、违规表现**

1. 行为描述

外购资产未入账：企业购买固定资产、无形资产或其他长期资产后，未按照会计准则要求及时将这些资产记录在会计账簿中。

自建工程未及时转为固定资产等：企业自行建造的工程项目在达到预定可使用状态后，未及时转为固定资产或其他相关资产，导致资产未能反映在财务报表中。

接受的资产未入账：企业接受捐赠的资产时，未按照会计准则要求进行会计处理，导致资产未在账上体现。

2. 目的与动机

操纵利润：通过不将资产入账，企业可以减少折旧、摊销等费用，从而增加当期利润。这在某些情况下可能是为了满足业绩考核要求、市场预期或平滑利润波动。

3. 后果

财务报表失真：资产未入账导致企业的财务报表无法真实反映其财务状况和经营成果，误导投资者、债权人等利益相关方。

税务风险增加：资产未入账引发税务机关的稽查和处罚，增加企业的税务风险。同时，由于折旧、摊销等费用无法在税前扣除，企业的税款会增加。

法律风险增加：根据《会计法》等相关法律法规的规定，企业未按照规定将资产入账将受到法律的制裁。因此，资产未入账会导致企业面临法律责任和罚款。

内部管理混乱：资产未入账会导致企业内部管理混乱，资产流失被盗用或毁损的风险会增加。同时，这也会损害企业的信誉和形象，影响未来的融资和业务合作。

## 法律法规

《会计法》相关规定如下。

1. 第二十五条

内容：公司、企业必须根据实际发生的经济业务事项，按照国家统一的会计制度的规定确认、计量和记录资产、负债、所有者权益、收入、费用、成本和利润。

解释：这一条款明确规定了企业应当如何确认和记录资产。如果企业存在未入账的资产，那么它就没有按照实际发生的经济业务事项来确认和记录资产，从而违反了这一法律规定。

2. 第三条

内容："各单位必须依法设置会计账簿，并保证其真实、完整。"

解释：会计账簿是企业记录经济业务的重要载体，保证其真实、完整是会计工作的基本要求。资产未入账会导致会计账簿不完整，违反了这一法律规定。

3. 第四十条

内容："违反本法规定，有下列行为之一的，由县级以上人民政府财政部门责令限期改正，给予警告、通报批评，对单位可以并处二十万元以下的罚款，对其直接负责的主管人员和其他直接责任人员可以处五万元以下的罚款；情节严重的，对单位可以并处二十万元以上一百万元以下的罚款，对其直接负责的主管人员和其他直接责任人员可以处五万元以上五十万元以下的罚款；属于公职人员的，还应当依法给予处分：……（四）以未经审核的会计凭证为依据登记会计账簿或者登记会计账簿不符合规定的；……（七）未按照规定使用会计记录文字或者记账本位币的；……（九）未按照规定建立并实施单位内部会计监督制度或者拒绝依法实施的监督或者不如实提供有关会计资料及有关情况的；……”

解释：这一条款列举了违反会计法的具体行为及相应的法律责任。资产未入账可能涉及以未经审核的会计凭证为依据登记会计账簿、会计账簿不符合规定等行为，从而触犯这一法律规定，企业面临相应的行政处罚。

## 合规程序与方法

1. 资产清查

全面盘点：对企业所有资产进行全面盘点，包括固定资产、存货、无形资产等，确保实物与账簿相符。

核对记录：将盘点结果与财务账簿进行逐一核对，查找差异原因。

2. 账账核对

核对总账与明细账：确保总账与明细账在资产入账方面保持一致。

核对相关凭证：检查资产入账的原始凭证是否齐全、合规，如采购合同、发票、验收单等。

3. 审查业务流程

审查采购流程：审查资产采购流程，确保所有采购的资产均已入账。

审查自建工程流程：对于自建工程，审查工程进度款支付情况、工程结算情况等，确保工程成本已准确入账。

还包括接受捐赠的资产等。

4. 利用信息系统

利用 ERP（企业资源计划）系统等信息系统，实时监控资产变动情况，确保资产入账的及时性和准确性。

5. 函证与调查

对重要供应商和客户进行函证，核实交易的真实性和完整性，查明是否存在未入账的资产或负债。

对关键业务环节进行调查，了解是否存在未入账的资产或工程。

## 案例分析 1：外购资产未入账

**一、背景**

某制造企业（以下称“B 公司”）在 2023 年外购了一批生产设备，价值总计 800 万元。然而，由于供应商延迟开具发票、内部审批流程不畅等原因，这批设备在购入后并未及时入账，导致企业存在未入账资产。

**二、案例具体情况**

外购设备价值：800 万元。

未入账资产金额：800 万元。

**三、分析**

1. 法律法规

根据《会计法》第九条，企业必须根据实际发生的经济业务事项进行会计核算，确保资产的真实性和完整性。B 公司未将外购设备及时入账，违反了这一规定。

2. 影响

财务报表无法真实反映企业资产状况，影响决策。

企业面临税务稽查和处罚。

内部管理失控，资产管理不善，增加资产流失和浪费的风险。

3. 正确做法

加强与供应商的沟通，确保发票及时开具。

优化内部审批流程，确保资产及时入账。

定期进行资产盘点，确保账实相符。

4. 正确的会计处理

B 公司应立即将未入账的设备补录入账，调整财务报表，确保资产的真实性和完整性。同时，加强内部控制，防止类似问题再次发生。

## 案例分析 2：自建工程未及时转为固定资产等

### 一、背景

某化工企业（以下称“C 公司”）自行建造了一条生产线，项目总投资额为 1 亿元，历时三年完成。然而，在项目达到预定可使用状态后，C 公司并未及时将该生产线从“在建工程”科目转入“固定资产”科目，导致该资产长期挂账于“在建工程”科目下，形成未入账的固定资产。

### 二、案例具体情况

项目总投资额：1 亿元。

未转为固定资产的资产金额：1 亿元。

### 三、分析

1. 法律法规

根据《企业会计准则》相关规定，企业自建工程在达到预定可使用状态时，应及时转入固定资产等并开始计提折旧或摊销。C 公司的做法违反了这一规定。

2. 影响

财务报表无法真实反映企业的资产状况和盈利情况。

无法对未入账的固定资产进行有效管理，增加资产流失风险。

企业面临税务稽查风险。

3. 正确做法

在建工程达到预定可使用状态时，应立即转入“固定资产”科目。

根据固定资产的预计使用寿命和残值，合理计提折旧。

加强内部控制，确保会计处理的准确性和及时性。

4. 正确的会计处理

C 公司应立即将生产线从“在建工程”科目转入“固定资产”科目，并按规定计提折旧，调整相关财务报表，确保会计信息的真实性和完整性。

## 案例分析 3：接受的资产未入账

### 一、背景

某非营利组织（以下称“D 组织”）在 2021 年接收了一笔价值 500 万元的资产捐赠，用于支持其新开展的教育项目。然而，由于内部管理人员的疏忽，这笔捐赠资产并未被及时入账，导致 D 组织的资产总额被低估。

### 二、案例具体情况

捐赠资产价值：500 万元。

未入账资产金额：500 万元。

三、分析

1. 法律法规

根据《会计法》和相关会计准则，组织必须对所有经济业务事项进行会计核算，确保资产的真实性和完整性。D 组织未将捐赠资产及时入账，违反了这一规定。

2. 影响

财务报表无法真实反映组织的资产状况，影响决策和信息透明度。

基于不准确的财务信息，管理层会做出错误的战略决策。

未入账的捐赠资产会引发外部捐赠者和公众的质疑，损害组织声誉。

3. 正确做法

建立健全的捐赠资产接收和管理流程，确保资产及时入账。

定期进行资产盘点和审计，确保账实相符。

加强内部控制，提高会计信息的准确性和完整性。

4. 正确的会计处理

D 组织应立即将捐赠资产补录入账，调整财务报表，确保资产的真实性和完整性。同时，加强内部管理，防止类似问题再次发生。

## 专题六十三：重要资产减值测试过程与方法是否合规

### 业务简介

**一、概念**

资产减值测试是指企业财务人员根据企业外部信息与内部信息，判断企业资产是否存在减值迹象，并对可能减值的资产进行详细的评估和分析，以确定其是否需要计提减值准备的过程。这一过程通常涉及对资产预计未来现金流量现值或公允价值减去处置费用后的净额的估算，并将其与资产的账面价值进行比较。

**二、基本规定**

1. 会计准则要求

根据《企业会计准则》及相关规定，企业应当在资产负债表日判断资产是否存在减值迹象。当资产存在减值迹象时，企业应当进行减值测试，估计资产的可收回金额。如果可收回金额低于资产的账面价值，则应当计提减值准备，并将减值损失计入当期损益。

2. 测试对象与范围

资产减值测试的对象通常包括单项资产、资产组以及资产组组合。对于难以对单项资产的可收回金额进行估计的情况，企业应当以该资产所属的资产组为基础进行减值测试。资产组的认定应考虑其能否独立产生现金流入，以及企业对生产经营活动的管理或监控方式等因素。

3. 可收回金额的确定

可收回金额应当根据资产的公允价值减去处置费用后的净额与资产预计未来现金流量的现值两者之间较高者确定。公允价值是指在公平交易中，熟悉情况的交易双方自愿进行资产交换或者债务清偿的金额。预计未来现金流量的现值则是基于合理的假设和预测，对资产未来现金流量进行折现后的金额。

**三、减值测试过程与方法**

1. 识别减值迹象

企业应当密切关注内外部环境的变化，以及资产的使用状况和市场价值波动等因素，及时发现可能表明资产发生减值的迹象。常见的减值迹象包括资产的市价大幅下跌、经济或法律环境发生重大不利变化、资产预计使用方式发生重大不利变化等。

2. 评估资产组的净现值

对于需要进行减值测试的资产，企业应当根据其预计未来现金流量和合理的折现率计算净现值。这一过程中需要考虑资产的使用寿命、预计未来现金流量的稳定性以及折现率的选择等因素。

3. 比较净现值与账面价值

将资产的净现值与其账面价值进行比较。如果净现值低于账面价值，则表明资产可能存在减值风险，需要进一步进行减值测试。

4. 进行减值测试

对净现值低于账面价值的资产进行详细的减值测试。减值测试可以采用市场价值法、收益能力法或替代成本法等方法。企业应当根据具体情况选择最合适的测试方法，并确保测试结果的准确性和可靠性。

5. 计算减值损失并记录

根据减值测试的结果计算资产的减值损失，并记录减值损失。减值损失是资产的账面价值与减值后的净现值之间的差额。企业通常通过减少资产账面价值和增加减值准备账户来反映减值损失。

**四、违规表现**

1. 测试过程不透明

行为描述：企业在进行资产减值测试时，未按照会计准则和相关规定的要求，详细披露测试的具体步骤、方法、关键假设及数据来源等信息，导致测试过程缺乏透明度。

目的与动机：操纵利润、掩盖资产真实状况或避免外部监管等。

2. 测试方法不恰当

行为描述：企业采用的资产减值测试方法不符合会计准则的规定或行业惯例，如未考虑资产的预计未来现金流量、使用寿命、折现率等关键因素，或采用过于乐观或悲观的假设进行测试。

目的与动机：平滑利润波动、满足业绩考核要求或掩盖经营不善等问题。

3. 数据来源不可靠

行为描述：企业在进行资产减值测试时，所依据的数据来源不可靠，如市场数据过时、内部预测不准确或未经独立验证等，导致测试结果失真。

目的与动机：企业可能由于内部管理不善、信息获取渠道有限或故意操纵数据等原因，而使用不可靠的数据进行测试。

## 法律法规

企业在进行资产减值测试时，应遵循一定的程序和方法，以确保资产价值的准确反映。

虽然具体的减值测试过程与方法没有直接对应的法条，但企业在进行减值测试时必须遵循相关的会计准则和法规，如《企业会计准则第 8 号——资产减值》《会计法》等。这些准则和法规要求企业在进行资产减值测试时保持谨慎性，确保测试结果的准确性和可靠性。

## 合规程序与方法

**一、具体方法与步骤**

1. 识别减值迹象

企业应定期或不定期地对重要资产进行检查，识别是否存在减值迹象，如市场环境变化、技术过时、资产损坏等。

2. 确定减值测试范围

根据识别的减值迹象，确定需要进行减值测试的重要资产范围，包括单项资产和资产组。

3. 估计资产可收回金额

以公允价值减去处置费用后的净额与资产预计未来现金流量的现值较高者作为可收回金额。

4. 比较账面价值与可收回金额

将资产的账面价值与估计的可收回金额进行比较，判断资产是否发生减值。

5. 确认减值损失并计提减值准备

如果账面价值高于可收回金额，确认减值损失，并按照会计准则规定计提相应的减值准备。

6. 编制减值测试报告

编制详细的减值测试报告，记录测试过程、方法、结果及结论，为财务报表编制提供依据。

**二、确保减值测试合规的措施**

1. 建立内部控制制度

企业应建立健全的内部控制制度，确保减值测试过程的规范性和准确性。

2. 加强专业培训

对财务人员进行专业培训，提高其对会计准则和法规的理解和应用能力。

3. 引入外部审计

定期进行外部审计，对减值测试过程和结果进行复核，确保合规性。

4. 持续关注法规变化

密切关注法规的变化，及时调整减值测试方法和程序，确保符合最新要求。

## 案例分析 1：测试过程不透明

**一、背景**

某制造企业（以下称“E 公司”）在年度财务报告中，对其重要生产设备进行了资产减值测试，但测试过程和方法未对外公开，导致外界对其资产价值的真实性产生怀疑。E 公司声称出于商业秘密保护考虑，未详细披露测试细节。

**二、案例具体情况**

生产设备账面价值：1 亿元。

减值测试后计提的减值准备：500 万元。

调整后资产价值：9 500 万元。

**三、分析**

1. 法律法规

根据《企业会计准则》及相关信息披露要求，企业在进行资产减值测试时，应保持测试过程的透明度和方法的合理性，确保会计信息的可靠性和可比性。E 公司未公开测试过程和方法，违反了信息披露的充分性和透明性原则。

2. 影响

投资者信心下降：外部投资者因无法验证资产价值的真实性，降低了对 E 公司的投资信心。

市场信任度降低：市场对公司财务报告的公信力产生怀疑，影响公司股价和市场表现。

监管风险增加：监管机构对公司进行更严格的审查，甚至采取处罚措施。

3. 正确做法

遵循会计准则和信息披露要求，公开资产减值测试的过程和方法。

在不泄露商业秘密的前提下，尽可能提供详细的测试参数和假设条件。

聘请独立第三方进行审计或评估，增加测试结果的客观性和公信力。

4. 正确的会计处理

E 公司应重新审视其资产减值测试过程和方法，确保符合会计准则和信息披露要求。对于已计提的减值准备，如确有必要且符合会计准则规定，应予以保留；否则，应进行调整并重新披露相关信息。同时，加强内部控制和审计监督，防止类似问题再次发生。

## 案例分析 2：测试方法不恰当

**一、背景**

某科技公司（以下称“F 公司”）在对其核心研发项目进行资产减值测试时，采用了不恰当的测试方法，导致测试结果未能真实反映资产价值，引发了市场关注和监管问询。F 公司原计划采用现金流折现法进行评估，但在实际操作中，对未来现金流量的预测过于乐观，且折现率的选择缺乏合理性依据。

**二、案例具体情况**

核心研发项目账面价值：8 000 万元。

预测的未来五年现金流量总和：过于乐观地预测为 1.2 亿元（实际市场分析显示仅为 6 000 万元）。

折现率：6%（市场平均折现率约为 8%）。

按不恰当方法计算的资产价值：7 200 万元。

按合理方法调整后应计提的减值准备：2 000 万元。

**三、分析**

1. 法律法规

根据《企业会计准则》及相关规定，企业在进行资产减值测试时，应采用适当的评估方法，合理预测未来现金流量，并选用合理的折现率。F 公司的测试方法显然不符合这些要求。

2. 影响

财务报表失真：资产价值被高估，误导了投资者和债权人。

决策失误：基于不准确的财务信息，管理层会做出错误的战略决策。

监管风险增加：监管机构会对公司进行处罚，并要求重新进行减值测试。

3. 正确做法

采用合理的评估方法，如使用现金流折现法时，应基于客观的市场分析和历史数据来预测未来现金流量。

折现率的选择应有充分的依据，可参考市场平均折现率或根据企业特定情况进行调整。

聘请独立第三方进行审计或评估，确保测试结果的客观性和准确性。

4. 正确的会计处理

F 公司应重新进行减值测试，采用恰当的评估方法，并计提必要的减值准备。同时，调整相关财务报表，确保会计信息的真实性和可靠性。此外，加强内部控制和审计监督，防止类似问题再次发生。

## 案例分析 3：数据来源不可靠

**一、背景**

某房地产公司（以下称“G 公司”）在对其持有的投资性房地产进行资产减值测试时，由于依赖了不可靠的市场数据，导致测试结果失真。具体来说，G 公司引用了一个非权威、未经审计的市场研究报告来预测未来租金收入和房地产市场价值，而该报告的数据采集和分析方法存在严重缺陷。

**二、案例具体情况**

投资性房地产账面价值：2 亿元。

不可靠市场报告中的租金收入：预测未来五年累计租金收入为 1.5 亿元（实际市场分析显示仅为 1 亿元）。

不可靠市场报告中的房地产市场价值：2.5 亿元（实际市场价值为 2 亿元）。

按不可靠数据计算的资产价值：2.25 亿元（高于账面价值）。

按可靠数据调整后应计提的减值准备：约 5 000 万元。

**三、分析**

1. 法律法规

根据《企业会计准则》，企业在进行资产减值测试时，应使用可靠、相关的数据和信息。G 公司依赖不可靠的市场数据来源，违反了这一原则。

2. 影响

财务报表失真：资产价值被高估，误导了投资者和债权人。

决策失误：基于不准确的财务信息，企业会做出错误的投资决策或资产配置。

声誉风险增加：该行为损害了公司声誉。

3. 正确做法

使用权威、经过审计的市场数据进行资产减值测试。

对市场数据进行交叉验证，确保数据的可靠性和准确性。

聘请独立第三方进行资产评估或审计，以增加测试结果的公信力。

4. 正确的会计处理

G 公司应重新进行减值测试，使用可靠的市场数据，并计提必要的减值准备。同时，调整相关财务报表，确保会计信息的真实性和可靠性。加强内部控制和审计监督，防止类似问题再次发生。

## 专题六十四：资产可收回金额的确定方法是否明确有效

### 业务简介

**一、概念**

资产可收回金额是指企业在正常经营活动中，通过持续使用或处置某项资产所能获得的净现金流入量。这一金额通常依据资产的公允价值减去处置费用后的净额与资产预计未来现金流量的现值两者之间的较高者来确定。

**二、基本规定**

根据《企业会计准则第 8 号——资产减值》及相关规定，企业在进行资产减值测试时，应当遵循以下基本原则来确定资产的可收回金额。

减值迹象识别：企业应当在资产负债表日判断资产是否存在减值迹象。如果资产存在减值迹象，应当估计其可收回金额。

可收回金额确定：可收回金额应当根据资产的公允价值减去处置费用后的净额与资产预计未来现金流量的现值两者之间较高者确定。

资产的公允价值减去处置费用后的净额指在公平交易中，熟悉情况的交易双方自愿进行资产交换或者债务清偿的金额减去与资产处置相关的税费、搬运费等直接费用后的净额。

资产预计未来现金流量的现值指资产持续使用过程中以及最终处置时所产生的预计未来现金流量折现至当前时点的金额。这需要考虑资产的剩余使用寿命、预计未来现金流量、折现率等因素。

减值判断与处理：如果可收回金额低于资产的账面价值，表明资产已经发生减值，企业应当计提相应的减值准备，并将减值损失计入当期损益。

**三、确定方法的有效性分析**

企业资产可收回金额的确定方法的有效性主要体现在以下几个方面。

全面性：考虑了资产的公允价值、处置费用、未来现金流量等多个方面，能够全面反映资产的真实价值和潜在收回能力。

客观性：公允价值基于市场交易价格确定，未来现金流量现值基于合理的预测和折现率计算，确保了确定过程的客观性。

灵活性：根据具体情况以公允价值减去处置费用后的净额或资产预计未来现金流量的现值中的较高者作为可收回金额，体现了方法的灵活性。

规范性：遵循《企业会计准则》及相关规定进行减值测试和可收回金额的确定，确保了操作的规范性和一致性。

**四、违规表现**

1. 方法不明确或不符合规定

行为描述：企业在确定资产可收回金额时，或者所采用的方法不符合《企业会计准则第 8 号——资产减值》等相关会计准则的规定。

目的与动机：操纵利润、掩盖资产减值事实或避免繁琐的评估程序。

后果：导致财务报表无法真实反映资产的实际价值，误导投资者和其他利益相关方，引发法律诉讼和监管处罚。

2. 关键参数估计不合理

行为描述：在确定资产可收回金额的过程中，企业对关键参数（如公允价值、处置费用、预计未来现金流量、折现率等）的估计不合理，缺乏客观依据或显著偏离市场实际情况。

目的与动机：维持利润水平、满足业绩考核要求或掩盖经营不善等问题。

后果：影响资产可收回金额的准确性，进而影响财务报表的可靠性和相关性，损害投资者和其他利益相关方的利益。

3. 信息披露不充分

行为描述：企业在财务报告中对资产可收回金额的确定方法、关键参数估计过程及结果等信息披露不充分，甚至故意隐瞒重要信息。

目的与动机：保护商业秘密、避免外部质疑或操纵市场等。

后果：降低财务报表的透明度，增加投资者和其他利益相关方的信息不对称风险，影响市场对企业价值的合理判断。

## 法律法规

企业资产可收回金额的确定方法在相关法律法规和会计准则中有明确的规定，这些规定为企业提供了评估资产价值、识别减值迹象并计提减值准备的具体指导。以下是根据《企业会计准则第 8 号——资产减值》及相关应用指南，详细列举的企业资产可收回金额的确定方法，这些方法被明确认为是有效且应被遵循的。

**一、可收回金额的定义**

根据《企业会计准则第 8 号——资产减值》第六条，资产存在减值迹象的，应当估计其可收回金额。可收回金额应当根据资产的公允价值减去处置费用后的净额与资产预计未来现金流量的现值两者之间较高者确定。

**二、确定方法**

1. 资产的公允价值减去处置费用后的净额

定义：公允价值是指在公平交易中，熟悉情况的交易双方自愿进行资产交换或者债务清偿的金额。处置费用包括与资产处置有关的法律费用、相关税费、搬运费以及为使资产达到可销售状态所发生的直接费用等。

确定方法如下。

如果存在销售协议，则根据销售协议价格减去可直接归属于该资产处置费用的金额确定。

如果不存在销售协议但存在资产活跃市场，则按照该资产的市场价格减去处置费用后的金额确定。市场价格通常根据资产的买方出价确定。

在不存在销售协议和资产活跃市场的情况下，应以可获取的最佳信息为基础，估计资产的公允价值减去处置费用后的净额。这可以参考同行业类似资产的最近交易价格或结果进行估计。

2. 资产预计未来现金流量的现值

定义：资产预计未来现金流量的现值是指按照资产在持续使用过程中和最终处置时所产生的预计未来现金流量，选择适当的折现率对其进行折现后的金额。

确定方法如下。

预测未来现金流量：根据资产的预计使用情况、市场前景等因素，预测其未来能够产生的现金流量。这需要考虑诸如资产剩余使用寿命、维护成本、市场变化等多种因素。

选择折现率：选择一个合适的折现率，将预测的未来现金流量折现至当前时点，以得到其现值。折现率的选择应反映货币的时间价值和相关风险因素。

## 合规程序与方法

**一、合规程序概述**

企业在进行资产可收回金额的确定时，应严格遵循《企业会计准则》等相关法规和标准，确保确定方法的明确性和有效性。这包括明确确定资产可收回金额的目的、选择适当的计量方法、执行严格的测试程序，并确保结果的客观性和准确性。

**二、步骤与程序**

识别减值迹象：企业应对资产进行定期或不定期的检查，识别是否存在减值迹象。

选择确定方法：根据资产的特性和市场环境，选择适当的确定方法。

收集相关信息：收集与资产公允价值、处置费用、未来现金流量预测等相关的信息。

执行测试程序：按照所选方法执行测试程序，计算出资产的可收回金额。

比较与确认：将计算出的可收回金额与资产的账面价值进行比较，确认是否需要计提减值准备。

编制报告与披露：编制详细的测试报告，并在财务报告中披露相关信息。

**三、确保合规性的措施**

建立健全的内部控制制度：确保资产减值测试的规范性和准确性。

加强专业培训：提高财务人员的专业素质和判断能力。

引入外部审计：定期对减值测试过程和结果进行复核，确保合规性。

持续关注法规变化：及时调整确定方法和程序，确保符合最新要求。

## 案例分析 1：方法不明确或不符合规定

**一、背景**

某能源公司（以下称“H 公司”）在对其一项重要能源项目进行资产可收回金额的确定时，采用了不明确且不完全符合会计准则规定的方法。具体来说，H 公司在未充分披露和解释所采用的评估方法的情况下，直接给出了资产可收回金额，这引发了市场对其财务透明度和准确性的质疑。

**二、案例具体情况**

能源项目账面价值：3 亿元。

采用不明确且不完全合规的方法确定的可收回金额：2.8 亿元（采用合理方法确定的可收回金额应为 2.5 亿元）。

应计提的减值准备：若按合理方法应计提 5 000 万元，而 H 公司仅计提了 2 000 万元。

**三、分析**

1. 法律法规

根据《企业会计准则》及相关规定，企业在进行资产可收回金额的确定时，应采用明确且符合规定的评估方法，并充分披露相关信息。H 公司的做法显然违反了这一原则。

2. 影响

财务报表失真：资产可收回金额被高估，导致财务报表无法真实反映企业资产状况。

决策错误：外部投资者会基于不准确的财务信息做出错误的投资决策。

监管风险增加：监管机构会对公司进行处罚，并要求其重新进行资产可收回金额的确定。

3. 正确做法

明确所采用的评估方法，并详细披露评估过程和假设条件。

确保评估方法符合会计准则和相关法规的规定。

聘请独立第三方进行审计或评估，以增加确定结果的客观性和公信力。

4. 正确的会计处理

H 公司应重新按照明确且符合规定的评估方法确定资产可收回金额，并计提必要的减值准备。同时，调整相关财务报表，确保会计信息的真实性和可靠性。此外，加强内部控制和审计监督，防止类似问题再次发生。

## 案例分析 2：关键参数估计不合理

**一、背景**

某制造企业（以下称“I 公司”）在评估其一条生产线的可收回金额时，由于对未来现金流量和折现率等关键参数估计不合理，导致评估结果失真。具体来说，I 公司在预测未来现金流量时过于乐观，同时选择了较低的折现率，从而得出了较高的可收回金额。

**二、案例具体情况**

生产线账面价值：1 亿元。

不合理的预测的未来五年现金流量总和：1.5 亿元（实际应为 1 亿元）。

不合理的折现率：5%（市场平均折现率约为 8%）。

按不合理参数计算的可收回金额：1.2 亿元（高于账面价值）。

按合理参数计算的应计提的减值准备：约 3 000 万元。

**三、分析**

1. 法律法规

根据《企业会计准则》，企业在评估资产可收回金额时，应基于合理的假设和参数进行预测。I 公司对关键参数的估计显然违反了这一原则。

2. 影响

财务报表失真：生产线资产价值被高估，误导了投资者和债权人。

决策失误：基于不准确的财务信息，管理层会做出错误的战略决策。

声誉风险增加：该行为损害了公司声誉。

3. 正确做法

基于市场分析和历史数据，合理预测未来现金流量。

选择与市场平均折现率相符或根据企业特定情况进行调整的折现率。

定期对关键参数进行复审和调整，以确保评估结果的准确性。

4. 正确的会计处理

I公司应重新评估生产线的可收回金额，使用合理的关键参数，并计提必要的减值准备。同时，I公司应调整相关财务报表，确保会计信息的真实性和可靠性；加强内部控制和审计监督，防止类似问题再次发生。

## 案例分析3：信息披露不充分

### 一、背景

某科技公司（以下称“J公司”）在评估其一项专利技术的可收回金额时，虽然采用了合理的评估方法，但在信息披露方面存在不足。具体来说，J公司未充分披露评估过程中所使用的关键参数、假设条件以及评估方法的具体细节，导致外部投资者和监管机构无法验证其评估结果的准确性和合理性。

### 二、案例具体情况

专利技术的账面价值：5 000万元。

评估的可收回金额：4 500万元。

未披露的关键参数：未来现金流量预测、折现率等。

实际应披露的详细信息：预测现金流量依据的具体数据、折现率的选择依据等。

### 三、分析

1. 法律法规

根据《企业会计准则》及相关信息披露要求，企业在确定资产可收回金额时，应充分披露评估方法、关键参数以及假设条件，以确保会计信息的透明度和可比性。J公司的做法违反了这一原则。

2. 影响

投资者信心下降：外部投资者因无法验证评估结果的准确性，对J公司的财务状况产生疑虑。

市场信任度降低：市场认为J公司在财务信息披露方面存在不透明行为，进而影响其股价和市场表现。

监管风险增加：监管机构会要求J公司提供更详细的评估信息，甚至对其进行处罚。

3. 正确做法

在评估资产可收回金额时，详细记录并披露所使用的评估方法、关键参数以及假设条件。

确保所披露的信息足够详细，以便外部投资者和监管机构能够验证评估结果的准确性和合理性。

4. 正确的会计处理

J公司应补充披露关于专利技术可收回金额评估的详细信息，包括预测现金流量依据的具体数据、折现率的选择依据等。同时，加强内部控制和审计监督，确保类似问题不再发生。在必要时，还应考虑重新评估并调整专利技术的可收回金额。

# 第十一章
# 存货合规

## 专题六十五：存货管理是否合理

### 业务简介

**一、概念**

存货是指企业在日常活动中持有以备出售的产成品或商品、处在生产过程中的在产品、在生产过程或提供劳务过程中耗用的材料和物料等。存货是企业为销售或耗用而储备的物资，包括各类材料、在产品、半成品、产成品、商品以及包装物、低值易耗品、委托加工物资等。企业储备存货的目的是出售或进一步加工后出售，从而转化为企业的现金流入。

**二、存货的具体构成**

原材料：企业在生产过程中经加工改变其形态或性质并构成产品主要实体的各种原料及主要材料、辅助材料、外购半成品、修理用备件、包装材料、燃料等。

在产品：企业正在制造的尚未完工的产品，包括正在各个生产工序加工的产品和已加工完毕但尚未检验或已检验但尚未办理入库手续的产品。

半成品：经过一定生产过程并已检验合格交付半成品仓库保管，但尚未制造完工成为产成品，仍需进一步加工的中间产品。

产成品：工业企业已经完成全部生产过程并验收入库，可以按照合同规定的条件送交订货单位或者可以作为商品对外销售的产品。

商品：商品流通企业外购或委托加工完成验收入库的用于销售的各种商品。

周转材料：企业能够多次使用但不符合固定资产定义的材料，如包装物、各种工具、管理用具、玻璃器皿、劳动保护用品以及在经营过程中周转使用的容器等低值易耗品。

委托加工物资：企业委托外单位加工的各种材料、商品等物资。

委托代销商品：企业委托其他单位代销的商品。

生产成本：企业为生产产品而发生的成本，包括直接材料费、直接工资、其他直接费用以及分配转入的间接费用。

**三、存货的基本规定**

确认条件：确认一项存货是否属于企业的存货，其标准是看企业对该存货是否具有法人财产权（或法定产权）。同时，审核与该存货有关的经济利益是否流入企业，且该存货的成本是否能够可靠计量。

计量原则：存货的入账价值应该是其采购成本，包括购买价款、相关税费、运输费、保险费以及其他可归属于存货采购成本的费用。在资产负债表日，存货应当按照成本与可变现净值孰低计量。若存货成本高于其可变现净值，应当计提存货跌价准备，计入当期损益。

**四、存货变动的合理性分析**

存货变动的合理性分析是企业存货管理的重要环节，涉及以下几个方面。

需求规划与预测：根据历史数据、市场趋势和客户需求，对存货需求进行规划和预测，确保存货水平与市场需求相匹配，避免存货水平过高或过低。

库存透明度：确保库存数据的准确性和实时性，提高库存透明度。通过使用信息化系统、物流管理软件等工具，实时监控存货情况，及时调整库存管理策略。

供应链协同：建立良好的供应链协同机制，确保供应商、生产部门和销售团队之间的协调和合作，减少因供应链断裂导致的存货异常情况。

存货成本控制：通过合理的存货分析，避免过高的存货水平，减少库存占用资金，降低仓库租金、保险费等相关成本。

库存周转率：提高库存周转率，减少滞销和商品过期的情况发生，释放资金，促进企业的持续发展。

市场响应能力：通过存货合理性分析，企业可以更好地了解客户需求趋势，保持合适的存货水平，及时满足客户需求，提升客户满意度。

**五、违规表现**

1. 随意变更材料入库时的成本核算方法

行为描述：企业随意变更材料入库时的成本核算方法，或在采用计划成本法进行核算时，计划成本的确定存在随意性和多变性。

目的与动机：调节利润、减轻税负或满足内部考核要求。

后果：导致前后各期存货成本缺乏可比性，影响财务报表的准确性和可靠性，误导投资者和债权人，甚至引发税务风险。

2. 虚列自制存货和委托加工存货的成本

行为描述：企业虚列自制或委托加工存货的成本，包括加工过程中所耗用的成本、加工费、材料费及往返运输费等，不记录存货的真实情况。

目的与动机：减少应缴税金、增加企业利润、获取现金回扣或满足内部考核要求。

后果：导致企业存货成本虚高，利润不实，同时引发税务稽查风险，损害企业声誉和公信力。

3. 接受捐赠的存货不入账

行为描述：企业对接受捐赠的存货不入账，形成账外财产。

目的与动机：逃避税务监管、私分公款或用于不正当情形。

后果：导致企业资产流失，财务报表失真，引发税务和审计风险，同时损害企业内部的廉洁文化和治理环境。

4. 对存货购进过程中发生的溢缺、毁损的会计处理不正确

行为描述：将应由责任人赔偿的短缺、毁损作为企业的营业外支出或销售费用、管理费用处理，或将供货方多发等原因造成的商品溢余私分或账外出售。

目的与动机：掩盖管理不善、转移资产或谋取私利。

后果：损害企业资产安全，财务报表信息失真，影响企业决策的准确性，同时引发法律风险和内部信任危机。

5. 对包装物及低值易耗品等存货的购进核算不够严密

行为描述：企业购进包装物及低值易耗品时，直接将相关成本记入“管理费用”科目，以简化核算，导致形成大量账外财产。

目的与动机：简化财务处理流程、逃避存货管理责任或掩盖真实成本。

后果：造成企业资产流失和浪费，财务报表信息不完整，影响企业成本控制的准确性和有效性，同时也会引发税务和审计风险。

## 法律法规

《企业会计准则》规定了存货的确认、计量和披露等要求，企业应按照准则规定进行存货管理。

《会计法》要求企业保证会计资料的真实、完整，存货相关资料作为会计资料的一部分，也应符合这一要求。

存货的计价方法、存货损失的处理等可能影响企业的税务情况，企业应按照税法规定进行存货管理。

综上所述，企业应根据相关法律法规和会计准则的要求，结合行业特点和自身实际情况，制定合理的存货管理策略，确保存货管理的合规性和合理性。

## 合规程序与方法

### 一、合规程序

1. 存货内部控制制度评审

评审企业存货内部控制制度的健全性和有效性。这包括存货的采购、验收、入库、保管、领用、盘点及处置等各个环节的制度和流程。通过查阅相关文件、访谈关键岗位人员，评估制度是否完善、职责是否明确、手续是否完备。

2. 制定审计计划

根据存货内部控制制度评审结果，制定详细的存货审计计划，明确审计目标、范围、方法和时间表。确保审计计划覆盖存货管理的所有关键环节。

### 二、合规方法

1. 盘点法

盘点法是检查存货数量、品种、规格、金额等实际情况的主要方法。具体步骤如下。

准备：制定盘点计划，明确盘点范围、时间和人员分工，准备盘点所需工具和表单。

实施：由审计或盘点小组进行全面或抽样盘点，核对实物与账簿记录的一致性。注意检查存货的质量状况，防止过期、损坏存货占据库存空间。

记录与总结：将盘点结果记录在工作底稿中，整理成盘点报告，分析差异原因，提出处理建议。

2. 审阅法

审阅法是指通过调阅企业存货保管、领用、成本会计等方面的制度文件和会计记录，了解存货管理的实际情况。具体步骤如下。

文件审阅：查阅存货管理相关制度、采购合同、入库单、出库单、成本计算单等文件。

记录核对：将会计记录与实物盘点结果、采购记录等进行核对，验证存货增减变动的真实性和合法性。

风险评估：基于审阅结果，评估存货管理中的固有风险和控制风险，指出薄弱环节和失控之处。

3. 询问与调查

对审计过程中发现的疑点和问题，通过口头或书面方式询问相关人员，了解实际情况，获取证据。询问对象可包括仓库管理人员、采购人员、财务人员等。

## 案例分析 1：随意变更材料入库时的成本核算方法

### 一、背景

某工业企业为降低成本，在外购材料入库时随意变更核算方法，导致材料入库价格不正确，进而影响存货管理。该企业原本采用实际成本法核算外购材料，但在某年度为调节利润，改为计划成本法，且计划成本的设定缺乏科学依据，频繁变动。

二、案例具体情况

假设该企业购入一批钢材，实际采购成本为 100 万元（含运费、税费等），若按实际成本法核算，入库价格即 100 万元。但企业改为计划成本法后，设定计划成本为 90 万元，导致入库价格与实际成本不符，差额 10 万元记入“材料成本差异”账户。

三、分析

1. 法律法规

根据《企业会计准则》和税法规定，企业应按照实际成本计价，确保成本信息的真实性和可比性。随意变更计价方法或设定不合理的计划成本，违反了稳健性和真实性原则。

2. 影响

存货成本信息失真，影响财务报表的准确性。

企业通过调节材料成本差异来人为调节利润，误导投资者和监管机构。

错误的成本核算会导致企业税务处理不当，面临补税、缴纳罚款等风险。

3. 正确做法与会计处理

坚持采用实际成本法：除非有充分理由并经审批，否则不应随意变更存货计价方法。

合理设定计划成本：若采用计划成本法，计划成本应基于历史数据和市场情况合理设定，并保持相对稳定。

准确记录差异：对于实际成本与计划成本之间的差异，应准确记录并合理分摊，确保存货成本的真实性。

通过上述措施，企业可以确保外购材料入库价格的正确性。

## 案例分析 2：虚列自制存货和委托加工存货的成本

一、背景

某制造企业为了减轻税负，采取了虚列自制存货和委托加工存货成本的手段。该企业主要生产机械设备，同时委托外部加工厂进行部分零部件的精加工。

二、案例具体情况

自制存货虚增成本：企业原计划 2022 年度自制某型号零部件的成本为每件 1 000 元，但在实际账务处理过程中虚增为每件 1 500 元。全年计划生产 1 000 件，虚增成本总计 50 万元。

委托加工存货虚增成本：对于委托加工的零部件，原合同成本为每件加工费 300 元，企业却在账务处理中记录为每件 500 元。全年委托加工 2 000 件，虚增成本总计 40 万元。

三、分析

1. 法律法规

根据会计准则，企业应如实反映存货成本，不得随意虚增。

2. 影响

税务风险增加：虚增成本导致企业应纳税所得额减少，涉嫌偷逃税款。

财务报表失真：财务报表无法真实反映企业经营状况，误导投资者和债权人。

内部管理混乱：长期虚增成本会掩盖管理问题，影响企业长期竞争力。

3. 正确做法

严格按照实际发生的成本进行会计处理。

加强内部控制，确保成本核算的准确性和真实性。

定期进行存货盘点，核对账实差异，及时调整。

4. 正确的会计处理

自制存货成本应按实际材料、人工及制造费用分摊计算。

委托加工存货成本应按加工合同确认，避免人为调整。

通过上述措施，企业可以确保存货成本的合理性和真实性，维护企业声誉和财务健康。

## 案例分析 3：接受捐赠的存货不入账

**一、背景**

某小型制造企业为了隐瞒部分资产和利润，对外界捐赠的一批原材料选择不入账处理。这批原材料包括金属板材，捐赠方提供的票据显示价值为 30 万元，原计划用于新产品的生产。

**二、案例具体情况**

捐赠原材料价值：30 万元

原计划用途：用于生产新产品，预计可生产的产品的总价值为 60 万元。

未入账影响：企业存货账面价值减少 30 万元，实际存货增加，存货周转率失真。

**三、分析**

1. 法律法规

根据《会计法》，企业应当依法进行会计核算，确保会计信息的真实性和完整性。捐赠物资应计入企业资产，并在财务报表中反映。

2. 影响

财务信息失真：存货账面价值低于实际，影响投资者和债权人的决策。

税务风险增加：未将捐赠资产计入收入会导致企业涉嫌偷逃税款。

内部管理混乱：隐藏资产以掩盖企业经营的真实情况，不利于长期管理。

3. 正确做法

企业应按照捐赠物资的实际价值入账，记入“营业外收入”或相关资产科目，确保会计信息的真实反映。

4. 正确的会计处理

借：原材料　　300 000

　　贷：营业外收入　　300 000

通过这样的会计处理，企业能够准确反映存货的实际构成，确保财务信息的透明度和合规性。同时，这也有助于提升企业的信誉和形象，为长期发展奠定坚实基础。

## 案例分析 4：对存货购进过程中发生的溢缺、毁损的会计处理不正确

**一、背景**

某零售企业购进了一批商品，实际到货数量多于采购订单数量，形成商品溢余。然而，企业在处理这一溢余情况时，未按照正确的会计处理方法进行核算，而是直接将其视为企业收入，导致存货构成不清晰。

**二、案例具体情况**

采购订单数量：1 000 件。

实际到货数量：1 050 件。

商品溢余价值：每件商品成本 100 元，总计 5 000 元。

**三、分析**

1. 法律法规

根据会计准则，存货购进过程中的溢缺、毁损应通过“待处理财产损溢”科目进行核算，待查明原因后根据具体情况进行处理。属于自然溢余的，应计入营业外收入；属于供货方多发且企

业同意补购的，应补付货款并增加库存；不同意补购的，应作为代管商品处理。

2. 影响

财务信息失真：直接将溢余计入收入，导致存货账面价值与实际不符，影响财务报表的准确性。

税务风险增加：该行为涉嫌偷逃税款。

内部管理混乱：不规范的会计处理会掩盖内部管理问题，影响企业长期发展。

3. 正确做法

先将溢余商品通过“待处理财产损溢”科目核算。

查明原因后，如属于自然溢余，应转入“营业外收入”科目。

如属于供货方多发且企业同意补购，则补付货款并增加库存。

4. 正确的会计处理

发现溢余时：

借：库存商品　　5 000

　　贷：待处理财产损溢　　5 000

查明原因后（假设为自然溢余）：

借：待处理财产损溢　　5 000

　　贷：营业外收入　　5 000

通过上述正确的会计处理，企业能够确保存货构成的清晰和合理变动，同时维护财务信息的真实性和准确性。

## 案例分析 5：对包装物及低值易耗品等存货的购进核算不够严密

### 一、背景

某制造企业简化了会计处理流程，导致对包装物和低值易耗品等存货的购进核算不够严密，进而导致这些存货的具体构成不清晰，变动也不合理。具体来说，企业没有按照实际购进数量和成本进行准确记录，而是采用了估算的方法。

### 二、案例具体情况

包装物实际购进成本：每月约 10 万元。

低值易耗品实际购进成本：每月约 5 万元。

企业估算成本：包装物和低值易耗品每月共估算为 12 万元。

### 三、分析

1. 法律法规

根据会计准则，企业应当对所有存货的购进进行准确核算，确保会计信息的真实性和完整性。包装物和低值易耗品作为存货的一部分，同样需要严密核算。

2. 影响

存货构成不清晰：由于估算不准确，导致企业无法清晰了解包装物和低值易耗品的实际构成。

存货变动不合理：估算方法可能导致存货的增减变动与实际不符，影响企业的存货管理。

财务信息失真：不准确的存货核算会影响企业的财务报表，导致投资者和债权人做出错误的决策。

3. 正确做法

对包装物和低值易耗品的购进进行准确记录，包括数量和成本。

定期进行存货盘点，确保账实相符。

对存货的变动进行及时、准确的会计处理。

4. 正确的会计处理

购进时，按照实际成本记入“包装物”和“低值易耗品”科目。

领用或出售时，及时进行相应的会计处理，确保存货账面的准确性。

## 专题六十六：存货周转率与同行业平均水平相比是否过高或者过低

### 业务简介

**一、概念**

存货周转率，又名库存周转率，是企业一定时期营业成本（销货成本）与平均存货余额的比率。其计算公式为：存货周转率 = 营业成本 / 平均存货余额。存货周转率用于反映存货的周转速度，即存货的流动性及存货资金占用量是否合理，促使企业在保证生产经营连续性的同时，提高资金的使用效率，增强企业的短期偿债能力。

**二、基本规定**

存货周转率并没有一个固定的行业标准值，其正常范围因行业特性、企业规模、经营策略等因素而异。一般来说，存货周转率越高，表明企业存货的变现能力越强，存货及被存货占用的资金的周转速度越快，企业的运营效率越高。反之，存货周转率低则可能意味着企业存货滞留时间长，资金占用时间增加，运营不太理想。

**三、与同行业平均水平对比分析**

1. 过高或过低的判断

当企业的存货周转率明显高于同行业平均水平时，可能说明该企业存货管理效率较高，市场需求旺盛，资金占用少，运营状况良好。但过高的存货周转率也可能意味着企业存货水平过低，可能存在缺货风险，影响正常销售。

当企业的存货周转率明显低于同行业平均水平时，则可能表明企业存货滞留时间长，占用了较多资金，运营效率较低。这可能是由于市场需求不足、产品滞销、库存管理不善等原因造成的。

2. 影响因素分析

行业特性：不同行业的存货周转率标准值有所不同。例如，快速消费品行业的存货周转率通常较高，而医疗设备和药品等行业的存货周转率则相对较低。

企业规模与经营策略：大型企业与中小企业、激进型与稳健型企业在存货管理策略上存在差异，进而影响存货周转率。

市场需求与供应链管理：市场需求的变化、供应链管理的效率等因素也会影响企业的存货周转率。

3. 评估与建议

在进行同行业对比时，应选择同行业、同规模、同经营策略的企业作为参照对象，以确保对比结果的准确性和可比性。

对于存货周转率过高或过低的企业，应深入分析其原因，并采取相应的措施进行调整。例如，对于存货周转率过高的企业，可以适当增加存货以防范缺货风险；对于存货周转率过低的企业，则应提高市场需求预测准确性，优化库存管理策略等。

**四、违规表现**

1. 存货周转率过高

（1）行为描述

存货周转率过高，即企业存货周转速度明显高于同行业平均水平，表现为频繁的采购和销售活动，以及较低的库存水平。

（2）目的与动机

提高资金利用效率：企业可能通过加快存货周转速度来减少资金占用，提高资金使用效率。

应对市场需求变化：在快速变化的市场环境中，企业可能通过保持低库存来灵活应对市场需求的波动。

以低价策略拓展市场：企业可能采用低价策略吸引客户，提高市场份额，同时加快存货周转速度以维持低成本运营。

（3）后果

增加供应链风险：过低的库存水平会增加供应链中断的风险，影响企业正常运营。

影响产品质量：频繁更换供应商或缩短生产周期会影响产品质量控制。

2. 存货周转率过低

掩盖滞销或库存积压问题：企业通过人为降低存货周转率，掩盖产品滞销或库存积压的实际情况，避免暴露经营困境。

虚增资产价值：存货周转率过低可能导致存货账面价值虚高，从而虚增企业资产总额，美化财务报表。

逃避减值准备计提：通过延缓存货周转，企业可能试图避免对滞销或过时存货计提减值准备，从而虚增当期利润。

满足融资或考核要求：企业可能通过操纵存货周转率，满足银行贷款、投资者或上级部门的业绩考核要求，获取融资或奖励。

存货周转率与同行业平均水平相比过高或过低并不一定构成违规，但都反映企业在存货管理、市场策略或财务健康方面存在问题。企业应关注存货周转率的合理范围，并结合自身实际情况和市场环境进行调整和优化。同时，加强库存管理、提高市场预测准确性、优化销售策略等措施有助于提高企业存货周转率，进而提升企业的竞争力和盈利能力。

## 法律法规

1.《企业会计准则第 1 号——存货》

第三条：存货应当按照成本进行初始计量。存货成本包括采购成本、加工成本和其他使存货达到目前场所和状态所发生的支出。

第十四条：企业应当采用先进先出法、加权平均法或者个别计价法确定发出存货的实际成本。

第十五条：资产负债表日，存货应当按照成本与可变现净值孰低计量。

2.《企业会计准则第 30 号——财务报表列报》

第二十六条：企业应当在附注中披露存货的会计政策，包括存货的计量基础、发出存货的成本计算方法以及存货可变现净值的确定依据。

第二十七条：企业应当在附注中披露存货的账面价值构成，包括原材料、在产品、库存商品等。

3.《中华人民共和国会计法》

第十三条：企业必须依法设置会计账簿，保证会计资料的真实、完整。

第二十六条：企业提供的会计信息应当真实、完整，不得有虚假记载、误导性陈述或者重大遗漏。

## 合规程序

### 一、合规程序

1. 收集与整理数据

收集企业数据：需要收集企业的财务报表，特别是存货、营业成本和销售收入等关键数据。

整理同业数据：通过行业报告、数据库、证券交易所公告等渠道，收集同行业可比公司的存货周转率相关数据。

2. 计算存货周转率

存货周转率的计算公式通常为：存货周转率 = 营业成本 / 平均存货余额。其中，平均存货余额 =（期初存货 + 期末存货）/2。

计算企业自身的存货周转率。

计算同行业可比公司的存货周转率，以便后续对比分析。

3. 对比分析

横向对比：将企业的存货周转率与同行业可比公司进行对比，观察企业存货周转率在行业中所处的位置。

纵向对比：对比企业过去年度的存货周转率，分析变化趋势。

4. 识别存货周转率过高或过低反映的问题

如果存货周转率过高，可能表明企业存货管理效率极高，但也需警惕是否存在过度压缩库存导致生产或销售中断的风险。

如果存货周转率过低，则可能反映企业存在存货积压、销售不畅或管理不善等问题。

5. 评估影响因素

分析市场需求、供应链管理、销售策略、生产周期、季节性波动等因素对存货周转率的影响。

考虑宏观经济环境、行业发展趋势等外部因素的作用。

**二、步骤**

明确评估目的：确定目的，如评估企业存货管理效率、识别潜在风险等。

收集与整理数据：按照上述程序与方法收集并整理企业自身及同行业的存货周转率的相关数据。

计算与对比：计算存货周转率并进行横向和纵向对比分析。

识别原因：分析存货周转率过高或过低的原因。

提出建议：根据分析结果，提出改善存货管理的建议或措施。

**三、可能的影响因素**

行业特性：不同行业的存货周转率标准存在差异，需根据行业特点进行评估。

企业规模与业务模式：企业规模、产品线、销售渠道等因素会影响存货周转率。

市场环境：市场需求变化、竞争态势等市场环境因素对存货周转率有重要影响。

内部管理：存货管理策略、供应链协同、信息系统支持等内部管理因素直接影响存货周转率。

**四、结论**

检查企业存货周转率是否过高或过低，需要遵循严格的合规程序与方法，包括收集与整理数据、计算存货周转率、对比分析、识别原因、评估影响因素、提出建议等步骤。通过这一过程，准确评估企业存货管理效率，识别潜在风险，并为企业改善存货管理提供有力支持。同时，需注意行业特性、企业规模与业务模式、市场环境及内部管理等因素对存货周转率的影响，确保评估结果的准确性。

## 案例分析 1：存货周转率过高

**一、背景**

某零售企业近年来存货周转率持续高于行业平均水平，引起了投资者的关注。该企业主要通过快速周转存货来实现高利润率，但过高的存货周转率也可能隐藏着一些问题。

### 二、案例具体情况

该企业存货周转率：12 次 / 年。

行业平均存货周转率：6 次 / 年。

该企业销售收入：2 亿元。

该企业平均存货余额：1 667 万元。

### 三、分析

1. 法律法规

存货周转率是衡量企业存货管理效率的重要指标，但过高或过低的存货周转率都表明企业存在某些问题。会计准则要求企业合理计算并解释存货周转率的变动。

2. 影响

存货管理压力增加：过高的存货周转率意味着企业存货管理过于紧张，可能导致缺货或供应链中断。

盈利质量受影响：过高的存货周转率可能伴随着高成本，如较高的订货成本和运输成本，影响企业盈利质量。

会计信息失真：如果企业为了维持高存货周转率而采用不当手段（如提前生产、过度采购等），将导致会计信息失真。

3. 正确做法

分析存货周转率过高的原因，如销售策略、供应链管理等是否不当。

评估高存货周转率对企业盈利质量和运营效率的影响。

采取合理措施，如优化供应链管理、调整销售策略，以平衡存货周转率和运营效率。

4. 正确的会计处理

准确计算存货周转率，并对其进行合理解释。

确保存货相关会计处理的准确性和合规性，如存货的计价、分类和披露。

及时发现并纠正存货管理中的问题，确保会计信息的真实性和完整性。

## 案例分析 2：存货周转率过低

### 一、背景

某制造企业近年来存货周转率持续低于行业平均水平，存货积压严重，资金占用大，影响了企业的运营效率。该企业主要生产机械设备，由于市场需求变化及内部管理问题，导致存货周转不畅。

### 二、案例具体情况

该企业存货周转率：2 次 / 年。

行业平均存货周转率：6 次 / 年。

该企业销售收入：1 亿元。

该企业平均存货余额：5 000 万元。

### 三、分析

1. 法律法规

存货周转率是反映企业存货管理效率的重要指标。会计准则要求企业合理计算存货周转率，并及时发现和解决存货管理中的问题。

2. 影响

资金占用大：低存货周转率意味着存货占用资金多，影响企业资金流动性。

存货风险增加：存货积压可能导致存货过时、损坏或贬值，增加存货风险。

运营效率低：低存货周转率反映企业供应链管理、生产和销售协调存在问题，影响整体运营效率。

3. 正确做法

分析存货周转率低的原因，如市场需求变化、生产计划不合理等。

采取措施提高存货周转率，如优化生产计划、加强市场预测、开展促销活动等。

加强存货管理，减少不必要的存货积压。

4. 正确的会计处理

准确计算存货周转率，并及时在财务报表中披露。

对存货进行定期盘点，确保账实相符。

对存货的计价、分类和披露进行合规处理，确保会计信息的真实性。

## 专题六十七：存货跌价准备计提是否充分、准确

### 业务简介

**一、概念**

存货跌价准备是指企业在期末对存货进行全面清查时，如果发现存货的可变现净值低于其成本，则需要计提存货跌价准备。存货跌价准备是一种稳健的会计处理方式，用于反映存货实际价值的降低，从而确保财务报表的真实性。

**二、基本规定**

1. 计提存货跌价准备的条件

根据《企业会计准则第 1 号——存货》的规定，企业在资产负债表日，存货应当按照成本与可变现净值孰低计量。当存货成本高于其可变现净值时，应当计提存货跌价准备，并计入当期损益。

2. 计提方法

按单个存货项目计提：通常情况下，存货跌价准备应当按单个存货项目计提。

按存货类别计提：对于数量繁多、单价较低的存货，企业可以按照存货类别计提存货跌价准备。

合并计提：与在同一地区生产和销售的产品系列相关、具有相同或类似最终用途或目的，且难以与其他项目分开计量的存货，可以合并计提存货跌价准备。

3. 计算公式

存货跌价准备的计算公式为：存货跌价准备 = 库存数量 ×（单位成本价 – 不含税的市场价）。如果计算结果为正数，说明存货可变现价值低于成本价，存在损失，应按此数计提存货跌价准备；如为负数，则不需计提。

4. 存货跌价准备的转回

当以前减计存货价值的影响因素已经消失，减计的金额应当予以恢复，并在原已计提的存货跌价准备金额内转回。转回的金额计入当期损益（资产减值损失）。具体会计分录为：借记“存货跌价准备”科目，贷记“资产减值损失”科目。

5. 存货跌价准备的结转

对已售存货计提了存货跌价准备的，还应结转已计提的存货跌价准备，冲减当期主营业务成本或其他业务成本。具体会计分录为：借记“存货跌价准备”科目，贷记“主营业务成本”“其他业务成本”科目。

**三、判断存货跌价准备计提是否充分、准确**

判断存货跌价准备计提是否充分、准确，需要考虑以下几个方面。

减值迹象的识别：企业需根据内外部信息，识别存货是否存在减值迹象，如存货遭受毁损、陈旧过时、销售价格低于成本等。

可变现净值的估计：企业需合理估计存货的可变现净值，这通常基于存货的市场价格、销售预测等因素。

计提比例的合理性：企业计提的存货跌价准备应与存货的实际减值情况相匹配，计提比例既不能过高也不能过低。

与同行业可比企业比较：企业可以将其存货跌价准备计提情况与同行业可比企业进行比较，以评估其计提的充分性和合理性。

审计和内部控制：企业需建立完善的审计和内部控制机制，确保存货跌价准备计提的准确性和合规性。

**四、违规表现**

1. 随意计提存货跌价准备

行为描述：企业未根据存货的实际可变现净值合理计提跌价准备，而是随意设定计提比例或金额，甚至在没有充分依据的情况下计提跌价准备。

目的与动机：企业可能通过多计提或少计提存货跌价准备来影响当期损益。例如，在业绩不佳时少计提跌价准备以虚增利润，或在业绩较好时多计提跌价准备以平滑利润。

后果：这种行为会导致财务报告的准确性和可靠性降低，误导投资者和其他利益相关者做出错误的决策。长期来看，还会损害企业的信誉和资本市场的稳定性。

2. 不审慎计提存货跌价准备

行为描述：对于库龄较长且不具备二次销售功能的存货等，企业未进行单独减值测试。

目的与动机：掩盖真实的财务状况，避免短期内出现大幅亏损。

后果：不审慎地计提存货跌价准备会导致企业资产被高估，负债被低估，从而虚增企业的盈利能力和偿债能力。当真实情况暴露时，企业将面临更大的财务压力和信誉危机。

3. 存货跌价准备计提不足

行为描述：企业明知存货价值已低于其账面价值，但未足额计提跌价准备。

目的与动机：企业可能出于避免短期内利润大幅下滑的考虑，选择少计提跌价准备以维持表面的盈利能力。

后果：计提不足将导致企业的资产和利润被虚增，掩盖了真实的经营风险和财务状况。企业将面临法律处罚和声誉损失。

4. 利用存货跌价准备进行利润操纵

行为描述：企业通过在不同会计期间调整存货跌价准备的计提金额，以实现特定的利润目标或平滑利润波动。

目的与动机：企业可能通过利用存货跌价准备的计提和转回进行利润操纵，以迎合市场预期、满足融资条件或避免退市等。

后果：这种行为严重违反了会计准则和法规，损害了财务报告的真实性和可靠性。一旦被揭露，企业将面临严重的法律后果和市场惩罚。

5. 存货管理内部控制缺失

行为描述：企业存货管理内部控制不完善，导致存货盘点不规范、出入库手续不完善等问题，进而影响存货跌价准备的计提准确性。

原因：内部控制缺失可能并非出于特定的利润操纵目的，而是由企业管理水平低下、制度不健全等原因造成的。

后果：内部控制缺失将导致存货数据不准确，进而影响存货跌价准备的计提。长期来看，这会增加企业的财务风险和经营不确定性。

## 法律法规

企业存货跌价准备的计提主要遵循《企业会计准则》的相关规定，特别是《企业会计准则第1号——存货》中的具体条款。

1. 存货的计量

存货应当按照成本与可变现净值孰低计量。当存货成本高于其可变现净值时，应当计提存货跌价准备，计入当期损益。

2. 计提方法

企业通常应当按照单个存货项目计提存货跌价准备；对于数量繁多、单价较低的存货，可以按照存货类别计提存货跌价准备。

3. 可变现净值的确定

可变现净值是指企业在正常经营过程中，以存货的估计售价减去至完工时估计将要发生的成本、估计的销售费用以及相关税费后的金额。

## 合规程序与方法

1. 了解存货特性与市场环境

深入了解企业存货的种类、特性、市场供需状况及价格变动趋势。这包括原材料、在制品、产成品等存货的详细情况，以及市场对这些存货的需求变化、替代品的出现等。

2. 评估存货可变现净值

存货跌价准备的计提基础是存货的可变现净值。企业应按照会计准则的要求，合理估计存货的可变现净值。这通常涉及以下方面。

直接销售存货：按照估计售价减去估计的销售费用和相关税费后的金额确定。

需加工存货：按照所生产的产成品的估计售价减去至完工时估计将要发生的成本、销售费用和相关税费后的金额确定。

3. 比较成本与可变现净值

企业需将每个存货项目（或存货类别）的成本与其可变现净值进行比较。若可变现净值低于成本，则应按差额计提存货跌价准备。计提方法包括个别计提法、总体计提法、分类计提法等，具体选择应根据存货特点和管理需求确定。

4. 考虑特殊因素

对于存在特殊情况的存货，如已霉烂变质、过期且无转让价值、生产中不再需要等，应全额计提跌价准备，将其账面价值转入当期损益。

5. 实施监盘程序

监盘是确认存货数量和质量的重要手段。企业应制定周密的监盘计划，通过从账到物或从物到账的方式，确保存货数量的准确性，并关注存货的包装和质量状况。监盘结果应详细记录并整理成工作底稿，由盘点小组和监审人员签名确认。

6. 定期复核与调整

企业应定期对存货跌价准备进行复核，根据市场变化、存货实际情况等因素调整计提金额。特别是在市场价格大幅波动、存货技术过时或消费者偏好改变等情况下，应及时调整存货跌价准备，确保财务报表的准确性。

## 案例分析 1：随意计提存货跌价准备

### 一、背景

B公司是一家制造企业，审计人员在2020年度财务报表审计中发现，公司存货管理存在异常。特别是在对甲产品的存货进行盘点时，发现账面数量与实际数量严重不符，存在大量盘亏。进一步审计发现，公司计提存货跌价准备的处理存在随意性，未遵循会计准则。

**二、案例具体情况**

账面数量：甲产品账面显示库存950吨。

实际数量：盘点结果显示仅有500吨，盘亏450吨。

单价：甲产品成本单价为1 800元/吨，市场单价（可变现净值）为2 000元/吨。

存货跌价准备：公司计提了810 000元的存货跌价准备，但市场单价高于成本单价，实际上无须计提。

**三、分析**

1. 法律法规

根据会计准则，存货跌价准备应基于存货的实际价值低于其账面价值的情况计提。本案中，甲产品的市场单价高于成本单价，不符合计提条件。

2. 影响

随意计提存货跌价准备导致公司净利润不实，影响投资者决策，同时掩盖了存货管理的真实问题。

3. 正确做法

公司应重新评估存货价值，根据可变现净值与成本的差额合理计提存货跌价准备。在本案例中，应冲销已计提的810 000元存货跌价准备。

4. 正确的会计处理

冲销存货跌价准备的会计分录为借记“存货跌价准备”科目810 000元，贷记“资产减值损失”科目810 000元。

通过此案例，可见随意计提存货跌价准备不仅违反会计准则，还会对企业产生不良影响。企业应建立健全的内部控制机制，确保存货跌价准备的计提符合规定和准则。

## 案例分析2：不审慎计提存货跌价准备

**一、背景**

G公司是一家专注于电子产品制造的上市公司。近年来，由于市场竞争加剧和原材料价格波动，公司存货管理面临挑战。然而，在2020年至2023年期间，G公司对存货跌价准备的计提显得尤为不审慎，导致信息披露不充分、不准确。

**二、案例具体情况**

存货跌价准备计提比例：G公司2020年至2023年的存货跌价准备计提比例分别为0%、0%、0.16%、0.84%。

同行业可比公司的计提比例：同期，同行业可比公司的存货跌价准备计提比例均值分别为5.19%、3.93%、7.03%、9.01%。

具体影响：由于计提不充分，G公司2020年至2023年的存货账面价值被高估，导致净利润虚增。

**三、分析**

1. 法律法规

根据《企业会计准则》，应当按照合理的计提比例计提存货跌价准备。G公司未遵循此原则，计提比例远低于行业平均水平。

2. 影响

不审慎计提导致G公司财务报告信息失真，误导投资者决策，同时掩盖了公司存货管理的真实风险。

3. 正确做法

G公司应重新评估存货的可变现净值，并严格按照会计准则计提跌价准备。对于库龄较长、市场需求下降的存货，应充分考虑减值风险。

4. 正确的会计处理

对于需要补提的存货跌价准备，会计分录为借记“资产减值损失”科目，贷记“存货跌价准备”科目。同时，对以前年度的会计差错进行追溯调整，确保财务信息的准确性和完整性。

通过此案例，可见不审慎计提存货跌价准备将严重损害公司财务报告的可靠性和透明度。公司应加强存货管理，确保存货跌价准备计提的充分性和准确性。

## 案例分析3：存货跌价准备计提不足

### 一、背景

F公司是一家从事高新技术产品研发与销售的上市公司。近年来，随着行业竞争加剧及部分产品市场需求下降，F公司存货积压问题日益突出。然而，在存货跌价准备的计提上，F公司显得过于保守，导致计提不足。

### 二、案例具体情况

存货情况：F公司库龄三年以上的存货占比较高，且部分产品市场需求明显下降。

跌价准备计提：在会计差错更正前，F公司对这部分存货的跌价准备计提严重不足，未充分考虑市场变化导致的减值风险。

影响：更正前，F公司2022年净利润虚增，对投资者产生误导。更正后，净利润调减，影响比例为12.96%。

### 三、分析

1. 法律法规

根据《企业会计准则》，企业应当按照合理的比例计提相应的减值准备。F公司未充分遵循此原则，导致存货跌价准备计提不足。

2. 影响

计提不足使得F公司财务报告中的资产和利润信息失真，影响投资者的决策判断，同时也不利于公司及时发现并解决存货积压问题。

3. 正确做法

F公司应定期对存货进行减值测试，充分考虑市场变化、产品更新换代等因素导致的减值风险，并据此计提充足的跌价准备。

4. 正确的会计处理

对于需要补提的存货跌价准备，会计分录为借记“资产减值损失”科目，贷记“存货跌价准备”科目。同时，对以前年度的会计差错进行追溯调整，确保财务信息的准确性和可比性。

通过此案例，可见存货跌价准备计提不足将严重影响公司财务报告的真实性和可靠性。公司应建立健全的存货管理制度和减值测试机制，确保存货跌价准备的计提充分、准确。

## 案例分析4：利用存货跌价准备进行利润操纵

### 一、背景

嘉曼服饰在准备上市期间，被证监会发现存在利用存货跌价准备进行利润操纵的行为。公司通过较为宽松的存货跌价准备计提政策，减少每期计提的存货跌价准备，从而增加利润。

### 二、案例具体情况

存货占比：2015年至2017年，嘉曼服饰的存货账面价值分别为1.91亿元、2.16亿元和2.47亿元，占流动资产的比例分别为65.11%、67.17%和58.84%，占资产总额的比例分别为52.30%、

52.79% 和 47.48%。

计提比例：同期，嘉曼服饰分别计提存货跌价准备 1465.63 万元、1722.17 万元、2191.24 万元，计提比例分别为 7.14%、7.37%、8.15%，明显低于同行业可比公司平均计提比例（约 16%、18%、21%）。

**三、分析**

1. 法律法规

根据《企业会计准则》和其他法规，企业应合理计提存货跌价准备，确保财务报表的公允性。嘉曼服饰的行为违反了这些规定。

2. 影响

利润操纵不仅误导了投资者，也损害了资本市场的公平性和透明度。此外，这种行为还掩盖了公司的真实经营状况，增加了经营风险。

3. 正确做法

企业应遵循会计准则，根据存货的实际状况和市场价值合理计提跌价准备。同时，加强内部控制和审计监督，确保财务信息的真实性和准确性。

4. 正确的会计处理

对于需要补提的存货跌价准备，应按照会计准则进行会计处理，借记“资产减值损失”科目，贷记“存货跌价准备”科目。同时，对以前年度的会计差错进行追溯调整。

通过此案例可以看出，利用存货跌价准备进行利润操纵是严重违反会计准则和其他法规的行为。企业应引以为戒，加强财务管理和内部控制，确保财务信息的真实性和准确性。

## 案例分析 5：存货管理内部控制缺失

**一、背景**

穗晶光电是一家从事光电产品研发与生产的公司。在存货管理方面，穗晶光电存在内部控制缺失的问题，导致存货跌价准备计提不充分、不准确。这一问题对公司的财务状况和经营成果产生了负面影响。

**二、案例具体情况**

存货跌价准备计提不足：穗晶光电以前年度对呆滞产品计提的存货跌价准备不足，会计政策变更后，部分对外销售的产品的收入与成本不配比，且因存货跌价准备计算错误，导致 2018 年存货跌价准备多计提 100 万元。

存货管理不善：由于内部控制缺失，穗晶光电的存货管理出现混乱，呆滞产品积压严重，存货跌价损失达上千万元。

**三、分析**

1. 法律法规

根据《企业会计准则》和相关监管要求，企业应建立健全的存货管理制度和内部控制机制，确保存货跌价准备计提的充分性和准确性。穗晶光电的内部控制缺失违反了这些规定。

2. 影响

存货管理内部控制缺失导致穗晶光电的存货跌价准备计提不足，财务信息失真，误导了投资者和监管机构。同时，呆滞产品的积压也增加了公司的运营成本和财务风险。

3. 正确做法

穗晶光电应加强存货管理的内部控制建设，完善存货采购、验收、保管、领用和处置等环节的内部控制流程，确保存货管理的规范性和有效性。同时，应定期对存货进行减值测试，合理计提存货跌价准备。

4. 正确的会计处理

对于存货跌价准备的计提和转回，穗晶光电应按照会计准则的要求进行会计处理。计提存货跌价准备时，借记“资产减值损失”科目，贷记“存货跌价准备”科目；转回已计提的存货跌价准备时，做相反的会计分录。

通过穗晶光电的案例可以看出，存货管理内部控制缺失会严重影响企业的财务状况和经营成果。因此，企业应高度重视存货管理的内部控制建设，确保存货跌价准备计提的充分性和准确性。

## 专题六十八：报告期内是否存在产品退换货、质量纠纷等情况

### 业务简介

**一、概念**

产品退换货指企业在销售产品后，由于各种原因（如产品质量有问题、客户不满意、订错货、送错货等），客户向企业提出退货或换货的要求，企业根据相关规定和流程进行处理的行为。

质量纠纷指在企业与客户之间，因产品质量问题引发的争议或冲突。这些问题可能涉及产品的设计、制造、包装、运输等多个环节，导致产品不符合约定的质量标准或客户的期望。

**二、基本规定**

1. 产品退换货

退换货原则：企业通常会根据国家相关法律法规以及企业内部规章制度，制定产品退换货的原则和条件。这些原则可能包括退换货的时间限制、商品状态要求、退换货凭证等。

退换货流程：企业会明确退换货的具体流程，包括客户申请、企业受理、商品检验、退款或换货等环节。在退换货流程中，企业应确保客户的合法权益得到保障，同时也应防止恶意退换货行为的发生。

会计处理：对于退换货产品，企业应进行相应的会计处理，如冲销销售收入、调整库存成本等，以确保财务报表的准确性。

2. 质量纠纷处理

纠纷受理：企业应设立专门的部门或渠道来受理质量投诉，确保客户能够方便快捷地反映问题。

纠纷调查：企业应对质量纠纷进行详细的调查，包括收集证据、了解事实真相、分析原因等。在调查过程中，企业应保持客观公正的态度，确保调查结果的准确性。

纠纷解决：根据调查结果，企业应与客户协商解决方案，如退货、换货、赔偿等。对于确实存在质量问题的产品，企业应积极承担责任，给予客户合理的补偿；对于非质量问题引起的纠纷，企业应耐心解释，争取客户的理解和支持。

后续改进：企业应根据质量纠纷的处理结果，对产品质量进行持续改进，加强生产管理和质量控制，以避免类似问题的发生。

**三、具体情况**

1. 产品退换货情况

在企业报告期内，产品退换货是常见的业务之一。企业应根据相关规定和流程，对客户提出的退换货申请进行处理。处理过程中，企业应注重保障客户的合法权益，同时也应加强内部管理，防止恶意退换货行为的发生。

退换货的原因多种多样，包括产品质量有问题、客户不满意、订错货、送错货等。企业应根

据实际情况进行判断和处理，确保退换货业务的顺利进行。

2. 质量纠纷情况

在企业报告期内，解决质量纠纷也是可能发生的业务之一。企业应积极应对质量投诉，确保客户的合法权益得到保障。

处理质量纠纷时，企业应遵循相关法律法规和内部规章制度，以客观公正的态度进行调查和处理。对于确实存在质量问题的产品，企业应积极承担责任并给予客户合理的补偿；对于非质量问题引起的纠纷，企业应耐心解释并寻求妥善的解决方案。

通过处理质量纠纷业务，企业可以及时发现产品质量问题并进行改进，提升产品质量和客户满意度。

**四、违规表现**

1. 隐瞒或延迟报告退换货情况

行为描述：企业在报告期内，对于实际发生的产品退换货情况，选择隐瞒不报或延迟报告给相关部门或公众。

目的与动机：企业可能出于维护品牌形象、避免股价波动、满足业绩考核要求等目的，而故意隐瞒或延迟报告真实的退换货情况。

后果：这种行为会导致投资者和其他利益相关者无法获取准确的信息，做出错误的决策。长期来看，企业将面临信任危机和法律风险。

2. 不合理处理退换货请求

行为描述：企业在处理客户退换货请求时，设置不合理的门槛或条件，导致客户难以顺利退换货。

目的与动机：减少退换货成本、维持销售利润。

后果：这种行为会损害消费者权益，降低客户满意度和忠诚度，进而影响企业的品牌形象和市场份额。

3. 故意隐瞒产品质量问题

行为描述：企业明知产品存在质量问题，却故意隐瞒不报，继续销售给消费者。

目的与动机：追求短期利润。

后果：这种行为会导致消费者权益受到侵害，引发大量投诉和纠纷。一旦问题曝光，企业将面临严重的法律处罚和声誉损失。

4. 不及时处理质量纠纷

行为描述：企业在接到消费者关于产品质量问题的投诉后，不及时处理或采取敷衍态度，导致纠纷升级。

目的与动机：企业可能出于减少处理成本、避免承认错误等考虑，而故意拖延或忽视处理质量纠纷。

后果：这种行为会加剧消费者不满情绪，扩大负面影响范围。同时，也可能导致监管部门介入调查，给企业带来更大的法律风险。

除了上述具体的违规表现外，企业还可能存在以下综合问题。

内部管理混乱：企业内部管理流程不规范，导致退换货和质量纠纷处理效率低下、责任不清。

法律法规意识淡薄：企业忽视相关法律法规要求，在退换货和质量纠纷处理中采取违规行为。

这些问题不仅会影响企业的正常运营和品牌形象，还可能引发严重的法律后果和社会责任问题。因此，企业应加强内部管理、提高法律法规意识、建立健全的退换货和质量纠纷处理机制，以保障消费者权益和企业自身的可持续发展。

## 法律法规

**一、《中华人民共和国消费者权益保护法》（简称《消费者权益保护法》）**

1. 退换货权利

第二十四条：经营者提供的商品或者服务不符合质量要求的，消费者可以依照国家规定、当事人约定退货，或者要求经营者履行更换、修理等义务。没有国家规定和当事人约定的，消费者可以自收到商品之日起七日内退货；七日后符合法定解除合同条件的，消费者可以及时退货，不符合法定解除合同条件的，可以要求经营者履行更换、修理等义务。

第二十五条：针对网络、电视、电话、邮购等方式销售的商品，消费者有权自收到商品之日起七日内退货，且无须说明理由，但某些特定商品除外（如定作商品、鲜活易腐商品、在线下载或已拆封的音像制品等）。

2. 质量纠纷处理

第五十二条：经营者提供商品或者服务，造成消费者财产损害的，应当依照法律规定或者当事人约定承担修理、重作、更换、退货、补足商品数量、退还货款和服务费用或者赔偿损失等民事责任。

第五十四条：依法经有关行政部门认定为不合格的商品，消费者要求退货的，经营者应当负责退货。

**二、《中华人民共和国产品质量法》（简称《产品质量法》）**

1. 销售者责任

第四十条：售出的产品有下列情形之一的，销售者应当负责修理、更换、退货；给购买产品的消费者造成损失的，销售者应当赔偿损失：

不具备产品应当具备的使用性能而事先未作说明的；

不符合在产品或者其包装上注明采用的产品标准的；

不符合以产品说明、实物样品等方式表明的质量状况的。

销售者依照前款规定负责修理、更换、退货、赔偿损失后，属于生产者的责任或者属于向销售者提供产品的其他销售者（以下简称“供货者”）的责任的，销售者有权向生产者、供货者追偿。

2. 质量纠纷解决途径

消费者在遇到产品质量问题时，可以通过与经营者协商和解、向消费者协会投诉、向有关行政部门申诉、根据仲裁协议提请仲裁机构仲裁或向人民法院提起诉讼等途径解决。

**三、其他相关法条**

《中华人民共和国民事诉讼法》第二十九条：因产品质量不合格造成他人财产、人身损害提起的诉讼，产品制造地、产品销售地、侵权行为地和被告住所地的人民法院都有管辖权。这为处理产品质量纠纷提供了诉讼管辖的依据。

## 合规程序与方法

**一、合规程序与方法**

1. 明确检查范围与目的

明确检查的时间范围（即报告期），并确定检查的主要目的，包括识别产品退换货情况、评估质量纠纷的影响及原因等。

2. 收集相关资料

收集企业报告期内与产品退换货、质量纠纷相关的所有资料，包括但不限于以下方面。

客户反馈记录：包括客户投诉信、电子邮件、电话记录等。

退换货记录：退换货申请单、审核记录、处理结果等。

质量检测报告：第三方检测机构的检验报告、企业内部的质量抽查记录等。

销售合同与售后服务协议：明确双方权利义务的条款，特别是关于退换货和质量纠纷的处理方式。

3. 分析资料

对收集到的资料进行深入分析，识别报告期内是否存在产品退换货、质量纠纷等情况，并评估其规模、性质及影响。具体步骤如下。

统计退换货数量与比例：计算报告期内退换货产品的数量占总销售量的比例。

分类整理质量纠纷：根据纠纷原因、涉及产品类型等因素进行分类整理。

评估影响：分析退换货和质量纠纷对企业品牌形象、客户满意度及财务业绩的影响。

4. 核实与调查

对于发现的异常情况或疑点，应进行进一步核实与调查。通过与客户沟通、现场检查等方式，获取更详细的信息和证据，以便准确判断问题性质及责任归属。

5. 制定改进措施

根据分析结果，制定具有针对性的改进措施，包括优化产品设计、改进生产工艺、加强质量控制、完善售后服务体系等，以降低未来发生退换货和质量纠纷的风险。

**二、可能的影响因素**

产品质量：产品质量是引发退换货和质量纠纷的最直接因素。若产品质量不稳定或存在缺陷，将大大增加退换货和质量纠纷的风险。

市场需求变化：市场需求的变化可能影响产品的销售情况。若市场需求突然下降或产品被替代品所取代，则可能导致库存积压并引发退换货问题。

供应链管理：供应链中的任何一个环节出现问题都可能导致产品质量问题或延误交货等问题，进而引发退换货和质量纠纷。

## 案例分析 1：隐瞒或延迟报告退换货情况

**一、背景**

某电子产品公司在报告期内存在产品退换货情况，但为了维护公司的形象和维持业绩，管理层决定隐瞒或延迟报告该情况。

**二、案例具体情况**

报告期内，该公司实际发生的退换货金额高达 500 万元。

**三、分析**

1. 法律法规

根据《企业会计准则》和相关信息披露规定，公司应及时、准确、完整地披露可能影响投资者决策的所有重要信息，包括产品退换货情况。

2. 影响

隐瞒或延迟报告退换货情况，将导致公司财务报告不真实、不完整，误导投资者和监管机构，损害公司声誉和长期利益。

3. 正确做法

公司应建立健全的退换货管理制度，确保及时、准确地记录和处理相关情况。同时，按照会计准则的要求，将退换货支出计入当期损益，并在财务报告中充分披露。

4. 正确的会计处理

对于退换货支出，应借记“销售费用”或“主营业务收入”科目（冲减收入），贷记“库存商品”科目和“应交税费——应交增值税（销项税额）”科目。同时，在财务报表附注中详细披露退换货情况。

## 案例分析 2：不合理处理退换货请求

**一、背景**

XYZ 电子公司是一家生产消费电子产品的企业。在近期的一个报告期内，该公司面临了大量的产品退换货请求，但管理层为了维持短期业绩，采取了不合理的方式处理这些请求。

**二、案例具体情况**

该报告期内，消费者提出的退换货请求总金额达到 400 万元。

**三、分析**

1. 法律法规

根据《消费者权益保护法》和《企业会计准则》，企业应合理、公正地处理消费者的退换货请求，并及时、准确地披露可能影响投资者决策的信息。

2. 影响

XYZ 电子公司的不合理处理方式不仅损害了消费者权益，还导致公司财务报告不真实，误导了投资者和监管机构，长期来看将损害公司的声誉和市场地位。

3. 正确做法

公司应建立完善的退换货处理机制，确保消费者权益得到保障。同时，按照会计准则，将退换货支出计入当期损益，并在财务报告中充分披露。

4. 正确的会计处理

对于退换货支出，应借记“销售费用”或“主营业务收入”科目，贷记“库存商品”科目等。同时，在财务报表附注中详细披露退换货情况。

## 案例分析 3：故意隐瞒产品质量问题

**一、背景**

辉煌科技是一家生产高科技产品的公司。在近期的一个报告期内，该公司生产的某批次产品存在严重质量问题。然而，为了维持和维护公司的短期业绩和市场形象，辉煌科技管理层决定隐瞒产品质量问题。

**二、案例具体情况**

因质量纠纷，公司可能需要支付的赔偿金为 200 万元。

**三、分析**

1. 法律法规

根据《产品质量法》和《企业会计准则》，企业应公开、透明地处理产品质量问题，及时披露可能影响投资者和消费者决策的信息。

2. 影响

辉煌科技的故意隐瞒行为不仅违反了法律法规，还损害了消费者权益，导致公司面临更大的财务风险和声誉损失。长期来看，这种行为将严重损害公司的市场地位和可持续发展能力。

3. 正确做法

公司应立即停止销售存在质量问题的产品，并积极与客户沟通，妥善处理质量纠纷。同时，按照会计准则的要求，将相关损失计入当期损益，并在财务报告中充分披露。

4. 正确的会计处理

对于质量纠纷赔偿，应借记“营业外支出”科目，贷记“银行存款”科目。同时，在财务报表附注中详细披露产品质量问题及其处理情况。

## 案例分析 4：不及时处理质量纠纷

**一、背景**

晨光科技是一家知名的电子产品制造商。在某个报告期内，该公司生产的一批电子产品出现了质量问题，引发了大量的投诉和退换货请求。然而，晨光科技的管理层为了维持业绩，不及时处理这些质量纠纷。

**二、案例具体情况**

因质量纠纷，公司可能需要支付的赔偿金为 150 万元。

**三、分析**

1. 法律法规

根据《消费者权益保护法》和《产品质量法》，企业应及时、公正地处理质量纠纷，保障消费者的合法权益。

2. 影响

晨光科技的不及时处理行为不仅损害了消费者的权益，还导致公司面临更大的财务风险。长期来看，这种行为将损害公司的声誉，降低消费者信任度，进而影响公司的市场竞争力。

3. 正确做法

公司应立即成立专门的质量纠纷处理小组，积极与消费者沟通，妥善处理质量纠纷。同时，按照会计准则的要求，将相关损失计入当期损益，并在财务报告中充分披露。

4. 正确的会计处理

对于质量纠纷赔偿，应借记“营业外支出”科目，贷记“银行存款”科目。同时，在财务报表附注中详细披露质量纠纷情况及其处理进展。

# 专题六十九：存货盘点制度是否完善

## 业务简介

**一、概念**

存货盘点制度是指企业为加强存货资产管理，通过定期对存货进行实地盘点，确定存货的实有数量，并与账面结存数核对，从而确保存货实存数与账面结存数相符的管理制度。存货包括原材料、在制品、半成品、产成品，以及必要时存于第三方的本厂物料等。

**二、基本规定**

完善的存货盘点制度通常包含以下几个方面。

1. 盘点目的与意义

目的：加强存货资产管理，保障存货资产的安全性、完整性、准确性，为下阶段的销售、生产计划及财务成本核算提供依据。

意义：通过存货盘点，企业可以精确掌握存货的实际数量和价值，及时发现并处理存货管理中的问题，提高资金使用效率，减少库存丢失和损失，提升客户满意度和竞争力。

2. 盘点范围

明确盘点的存货资产范围，包括库存商品、原材料、在制品、半成品、产成品等所有实物资产。

3. 盘点时间与频率

规定定期盘点的具体时间，如每月、每季度或每年进行一次大盘点。

根据需要，进行不定期、抽样盘点，以应对特殊情况或检查存货管理的日常效果。

4. 盘点部门与职责分工

明确参与盘点的部门，如仓库、车间、财务部等。

详细规定各部门的职责分工，如仓库负责具体盘点工作，财务部负责抽查和盈亏调整审核等。

5. 盘点方式与方法

盘点方式：动态盘点（不停产）与静态盘点（停产）相结合；定期盘点与不定期盘点相结合；自盘与复盘、抽盘相结合。

盘点方法：全面盘点和抽样盘点相结合；点数与称重量相结合。

6. 盘点程序与步骤

盘前准备：包括召开盘点工作协调会、组织部门内部盘点会议、完成账目处理、清理整顿存货等。

初盘：盘点人员按照计划进行初步盘点，并记录盘点结果。

复盘：复盘人员对初盘结果进行复核，确保盘点结果的准确性。

账务处理：对盘点产生的盈亏进行处理，编制相关报告并进行账务处理。

突击抽查：财务部等部门根据实际情况进行突击抽查，以验证盘点结果的可靠性。

7. 盘点资料存档与报告

盘点结束后，将盘点资料存档备查。

编写盘点总结报告，分析盘点情况、盈亏原因及处理建议等，并上报管理层。

## 三、存货盘点制度的作用

企业存货盘点制度的完善程度直接关系到存货管理的效果。完善的存货盘点制度能够确保存货数据的准确性、及时性和完整性，为企业决策提供有力支持。通过实施存货盘点制度，企业可以及时发现存货管理中的问题，如账实不符，存货丢失、损坏等，并采取相应的措施进行处理。同时，实施存货盘点制度还能够规范企业的存货管理流程，提高存货管理的效率和水平。

在实际操作中，企业应根据自身的业务特点和实际需求，制定符合自身情况的存货盘点制度，并不断进行完善和优化。此外，企业还应加大对存货盘点制度的执行力度和监督力度，确保制度得到有效落实和执行。

## 四、违规表现

1. 盘点流程不规范

行为描述：企业在进行存货盘点时，没有遵循既定的盘点流程，如未进行预先通知、未制定详细的盘点计划、未对盘点结果进行复核等。

目的与动机：节省时间、人力成本。

后果：导致盘点结果不准确，无法真实反映企业存货状况，进而影响企业的库存管理、财务报表准确性和决策制定。

2. 盘点结果处理不当

行为描述：企业在盘点结束后，没有及时处理发现的差异或问题，如未进行原因分析、未调整账务、未制定改进措施等。

目的与动机：掩盖管理问题、避免责任追究。

后果：导致存货管理问题持续存在，差异积累，最终影响企业的资产安全和运营效率。

3. 盘点人员不专业或失职

行为描述：盘点人员缺乏必要的专业知识和技能，或者在盘点时疏忽大意、不负责任，如未认真核对存货数量、未准确记录盘点结果等。

原因：盘点人员培训不足、工作态度不端正或者受到其他外部因素的影响。

后果：导致盘点结果失真，无法为企业提供准确的存货信息，进而影响企业的决策和运营。

4. 盘点制度缺失或执行不力

行为描述：企业没有建立完善的存货盘点制度，或者虽然建立了制度但没有得到有效执行，如盘点周期不合理、盘点范围不明确、盘点责任不落实等。

原因：企业管理层对存货管理重视不足、制度设计不合理或者缺乏有效的监督和执行机制。

后果：导致企业存货管理混乱，无法及时发现和处理存货问题，进而增加企业的运营风险和成本。

## 法律法规

《会计法》要求企业建立健全内部会计监督制度，其中包括财产清查制度。存货盘点作为财产清查的重要组成部分，企业应确保存货盘点制度的健全性和有效性。

《企业会计准则》对企业的存货计价、确认、计量和披露等方面做出了详细规定。存货盘点作为存货管理的重要环节，其制度的完善性直接影响到存货计量的准确性和财务报表的可靠性。

## 合规程序与方法

**一、合规程序与方法**

1. 明确检查目标与范围

要明确检查的目标，即评估企业存货盘点制度的完善程度，并确定检查的范围，包括存货的种类、数量、存储地点等。

2. 收集相关资料与文档

收集企业存货盘点制度的相关资料，如存货管理制度、盘点程序、历史盘点记录、存货会计记录等。这些文档将作为评估制度完善程度的重要依据。

3. 实地观察与访谈

实地观察存货盘点过程，并访谈存货管理人员、会计人员等，了解存货盘点的实际操作情况，以及他们对盘点制度的看法和建议。

4. 分析评估与对比

分析收集到的资料、观察结果和访谈内容，评估企业存货盘点制度的完善程度。可以将评估结果与行业最佳实践、相关法规和标准进行对比，以发现可能存在的问题和不足。

5. 制定改进建议与报告

根据评估结果，制定针对性的改进建议，帮助企业完善存货盘点制度。同时，编写详细的检查报告，记录检查过程、发现的问题、改进建议等。

**二、检查步骤**

制定检查计划：明确检查的时间表、人员分工、所需资源等。

初步审查文档：对收集到的存货管理制度、盘点程序等文档进行初步审查，了解企业存货盘点的基本框架和流程。

实地观察盘点：在存货盘点期间，实地观察盘点过程，记录观察结果。

深入访谈：与存货管理人员、会计人员等进行深入访谈，了解他们对盘点制度的看法、实际操作中的问题等。

分析评估：对收集到的所有信息进行综合分析，评估企业存货盘点制度的完善程度。

编写报告：根据评估结果，编写详细的检查报告，并提出改进建议。

**三、可能的影响因素**

存货种类与数量：存货的种类和数量越多，对盘点制度的复杂性和完善程度的要求越高。

存储地点与条件：存货的存储地点和条件可能影响盘点的准确性和效率。

人员素质与培训：存货管理人员和会计人员的素质以及他们接受的培训程度可能影响盘点制

度的执行效果。

信息技术应用：企业是否采用先进的信息技术辅助存货盘点也会影响盘点制度的完善程度。

## 案例分析 1：盘点流程不规范

### 一、背景

某零售企业 A 公司近年来业务规模迅速扩大，存货种类和数量大幅增加。然而，A 公司在存货管理方面存在明显漏洞，尤其是存货盘点流程不规范。具体表现为：盘点频率不足、盘点人员未经培训、盘点记录不完整，甚至存在虚构盘点数据的情况。由于盘点流程不规范，A 公司多次出现账实不符的情况，导致财务报表中存货数据失真，影响了企业的经营决策和财务合规性。

### 二、案例具体情况

存货账面价值：5 000 万元。

实际盘点价值：4 500 万元。

账实差异金额：500 万元。

差异原因：未盘点部分存货、盘点记录错误、虚构数据。

影响利润：因账实差异导致当期利润虚增 300 万元。

### 三、分析

1. 法律法规

根据《企业会计准则第 1 号——存货》和《企业内部控制基本规范》，企业应建立完善的存货管理制度，包括定期盘点、账实核对和差异处理。存货盘点应覆盖所有存货种类和数量，确保账实相符。此外，《中华人民共和国会计法》第十三条要求企业保证会计资料的真实、完整，存货盘点不规范可能导致会计信息失真，违反法律法规。

2. 影响

存货盘点流程不规范会导致以下影响：

财务报表失真：账实不符导致存货账面价值虚高或虚低，影响资产负债表和利润表的准确性。

经营决策失误：失真的存货数据可能导致管理层做出错误的采购、销售或生产决策，影响企业运营效率。

税务风险：存货数据失真可能引发税务机关的关注，导致税务稽查和补税罚款。

审计问题：审计机构可能对存货数据的真实性提出质疑，甚至出具非标准审计报告，影响企业信誉。

3. 正确做法

企业应建立健全存货盘点流程，确保盘点工作的规范性和有效性。具体措施包括：

制定盘点制度：明确盘点频率、盘点范围和盘点人员职责，确保盘点工作有序进行。

培训盘点人员：对参与盘点的人员进行专业培训，确保其熟悉盘点流程和操作规范。

使用技术手段：引入条形码、RFID 等技术，提高盘点效率和准确性。

定期复核：对盘点结果进行复核，确保账实相符，并及时处理差异。

4. 正确的会计处理

盘点差异调整：对于盘点发现的账实差异，应及时调整存货账面价值，确保账实相符。

存货减值准备：如果存货存在毁损、过时或滞销情况，应计提存货减值准备，借记“资产减值损失”科目，贷记“存货跌价准备”科目。

财务报表披露：在财务报表附注中详细披露存货盘点方法、盘点结果及差异处理情况，确保信息透明。

追溯调整：对于重大盘点差异，应追溯调整以前年度财务报表，确保财务数据的连续性和可比性。

## 案例分析 2：盘点结果处理不当

**一、背景**

辉煌制造公司是一家生产型企业，近年来业务规模不断扩大。然而，在存货管理方面，公司存在盘点结果处理不当的问题，导致存货数据失真。

**二、案例具体情况**

存货账面价值：期末存货账面价值为 6 000 万元。

盘点差异：最近一次盘点发现，存货实际价值与账面价值存在 300 万元的差异，占账面价值的 5%。

**三、分析**

1. 法律法规

根据《企业会计准则》和存货管理相关法规，企业应对存货进行定期盘点，并对盘点结果进行及时处理，确保存货数据的准确性。

2. 影响

辉煌制造公司对盘点结果处理不当，导致存货数据失真，影响财务报表的准确性。此外，这种不当处理还掩盖了存货管理中的问题，如存货丢失、损坏等，进而影响公司的决策和业绩。

3. 正确做法

公司应建立完善的存货盘点制度，明确盘点流程、责任人和处理机制。对于盘点差异，应及时进行调查，并根据调查结果进行会计处理，如调整存货账面价值或计入当期损益。

4. 正确的会计处理

对于盘点差异，若属于管理不善造成的损失，应借记“管理费用”等科目，贷记“待处理财产损益”科目；若属于计量误差，则应调整存货账面价值。同时，在财务报表附注中披露存货盘点情况及差异处理结果。

辉煌制造公司应重视对存货盘点结果的处理，完善存货盘点制度，提高存货数据的准确性，为公司的决策和发展提供有力支持。

## 案例分析 3：盘点人员不专业或失职

**一、背景**

辉煌制造公司，作为一家中型制造企业，近年来持续扩展业务，但存货管理却显得力不从心。特别是存货盘点环节，由于盘点人员的不专业或失职，存货盘点制度形同虚设，存货数据准确性大打折扣。

**二、案例具体情况**

存货账面价值：期末存货账面价值高达 7 000 万元。

盘点误差率：最近一次盘点的结果显示，盘点误差率高达 7%，即存在近 500 万元的存货差异。

**三、分析**

1. 法律法规

根据《企业会计准则》及相关存货管理规定，企业需确保存货盘点的准确性和专业性，盘点人员应具备相应资质。

2. 影响

不专业的盘点人员导致存货数据严重失真，不仅影响财务报表的准确性，还掩盖了存货的丢失、损坏等问题，给企业管理带来重大隐患。

3. 正确做法

公司应加强对盘点人员的培训，确保其具备专业的存货盘点知识和技能。同时，建立严格的盘点制度和监督机制，对盘点结果进行复核和审计。

4. 正确的会计处理

对于因盘点人员不专业或失职导致的存货差异，应进行深入调查，明确责任。如属于计量误差，应调整存货账面价值；如涉及盘亏，则借记“管理费用”科目，贷记“待处理财产损溢”科目。同时，在财务报表附注中详细披露存货盘点情况及差异处理。

辉煌制造公司需立即着手提升盘点人员的专业能力，完善存货盘点制度，以确保存货数据的准确性和企业管理的有效性。

### 案例分析 4：盘点制度缺失或执行不力

**一、背景**

辉煌科技，一家快速发展的电子产品制造商，近年来业务迅速扩张，但内部管理却未能跟上步伐。特别是在存货管理方面，由于盘点制度的缺失或执行不力，存货数据失真，给公司的财务管理和决策带来了严重影响。

**二、案例具体情况**

存货账面价值：期末存货账面价值高达 8 000 万元。

盘点误差率：由于盘点制度不完善，公司无法准确统计存货的实际数量，估计盘点误差率可能超过 10%，即存在 800 万元以上的存货差异。

**三、分析**

1. 法律法规

根据《企业会计准则》和存货管理相关法规，企业应建立并严格执行存货盘点制度，以确保存货数据的准确性和完整性。

2. 影响

辉煌科技盘点制度的缺失或执行不力，导致存货数据失真，不仅影响了财务报表的准确性，还掩盖了存货的丢失、损坏或滞销等问题，给企业的资产管理带来重大风险。

3. 正确做法

公司应立即建立并完善存货盘点制度，明确盘点的时间、方法、责任人和处理流程。同时，加强对存货管理人员的培训，提高其专业素养和执行力。

4. 正确的会计处理

对于因盘点制度缺失或执行不力导致的存货差异，公司应进行全面的调查和分析。如属于制度缺失或执行不力，应调整存货账面价值，并借记“管理费用”等科目，贷记“待处理财产损溢”科目。同时，在财务报表附注中详细披露存货盘点情况及差异处理。

辉煌科技应尽快完善存货盘点制度，提高存货管理水平，以确保企业资产的安全和财务报表的准确性。

## 专题七十：是否存在通过虚增存货、降低结转成本等方式进行财务造假的行为

### 业务简介

**一、概念**

财务造假是指企业通过不合理、不合法的手段修改财务数据，以达到某种财务目的的行为。企业往往利用财务制度的不规范和不全面，选择不当的会计计量方法，甚至伪造和修改财务报表

以达到目的。财务造假的主要目的可能包括提升股价、满足上市条件或再融资需求、完成业绩对赌、利益输送等。

虚增存货是财务造假的一种常见手段，企业通过虚增存货的数量或价值，来人为地调整财务报表中的成本、利润等指标。而降低结转成本则是指企业未将已销售产品的成本如实转入成本项目，仍保留在存货项目中，从而人为地降低当期的营业成本，虚增毛利。

**二、基本规定与操作方式**

基本规定：会计准则和法规要求企业真实、准确地记录并报告其财务状况、经营成果和现金流量。虚增存货和降低结转成本的行为显然违反了这些规定，属于财务造假范畴。

操作方式主要包括以下几种。

1. 虚增存货数量或价值

企业可能通过虚构采购交易、伪造采购入库单等方式，虚增存货数量。

修改原材料的采购单价或数量，调整原材料计价成本，进而影响后续的成本结转。

在加工环节通过修改产出率调整加工成本，或改变在产品、完工产品之间的分配方法，延迟成本结转。

2. 降低结转成本

企业未将已销售产品的成本如实转入成本项目，仍将其保留在存货项目中。

通过改变存货的成本结转方法或数量，调整营业成本，从而达到虚增利润的目的。

**三、财务造假的影响与防范措施**

影响：财务造假严重扰乱资本市场秩序，动摇投资者信心，损害股东和债权人的利益。同时，这种行为也导致企业面临法律制裁和声誉损失。

防范措施主要如下。

建立健全的内部控制制度：明确组织分工，合理设置内部机构和岗位职责，严格执行不相容岗位相分离制度。

提升会计人员自身素质和职业道德水平：会计人员应切实履行好核算和监督职能，确保会计信息的真实性和准确性。

加强审计和监督：审计机构应定期对企业的财务报表进行审计，确保财务数据的真实性和合规性。同时，监管部门也应加大对财务造假的打击力度，提高违法成本。

**四、违规表现**

1. 虚增存货

（1）行为描述

虚增存货通常涉及伪造或夸大存货的数量或价值。企业可能通过虚构采购单据、入库单、存货盘点报告等手段来增加存货的账面价值。此外，还可能将已淘汰或过时的物资继续按原价计入存货，或虚构存货跌价准备的计提。

（2）目的与动机

提高资产总额：虚增存货能够直接增加企业的资产总额，从而美化财务报表，提升企业的市场形象和融资能力。

虚增利润：存货成本的结转直接影响销售成本，进而影响利润。虚增存货可以降低单位产品成本，从而在销售量不变的情况下虚增利润。

满足特定财务指标：如满足 IPO 或再融资条件中可能要求的存货周转率、毛利率等指标。

（3）后果

误导投资者：虚增存货导致财务报表失真，误导投资者和债权人，使他们做出错误的投资决策。

增加法律风险：企业将面临严重的法律处罚，包括高额罚款、市场禁入甚至刑事处罚。

导致信誉损失：财务造假曝光后，企业的市场信誉将受到严重损害，影响其未来的融资和业务发展。

2. 降低结转成本

（1）行为描述

降低结转成本主要涉及在存货发出时少计或不计成本，导致销售成本偏低，进而虚增利润。这可能通过更改存货计价方法、人为调节主营业务成本、滥用会计政策等手段实现。

（2）目的与动机

虚增利润：降低结转成本可以直接减少销售成本，从而在收入不变的情况下增加利润。

粉饰业绩：满足管理层业绩考核要求、完成业绩对赌等目的。

（3）后果

损害股东利益：虚增的利润会误导股东对企业真实盈利能力的判断，进而损害他们的利益。

增加税收风险：降低结转成本导致企业少缴税款，企业将面临补缴税款、缴纳滞纳金和罚款等风险。

长期经营受损：持续的财务造假会损害企业的长期经营能力，因为虚增的利润无法转化为真实的现金流和资产积累。

综上所述，虚增存货和降低结转成本是企业进行财务造假的两种常见手段。这些行为不仅违反了会计准则和法律法规，还会严重损害投资者、债权人和社会公众的利益。因此，监管部门应加大对企业财务报告的监管力度，严惩财务造假行为，维护资本市场的健康稳定发展。

## 法律法规

**一、《会计法》**

该法明确规定了会计核算、会计监督、会计机构和会计人员以及法律责任等内容。其中，第二十四条规定：“各单位进行会计核算不得有下列行为：（一）随意改变资产、负债、净资产（所有者权益）的确认标准或者计量方法，虚列、多列、不列或者少列资产、负债、净资产（所有者权益）；（二）虚列或者隐瞒收入，推迟或者提前确认收入；（三）随意改变费用、成本的确认标准或者计量方法，虚列、多列、不列或者少列费用、成本；……”

通过虚增存货、降低结转成本等方式进行财务造假，显然违反了上述规定。

**二、《证券法》**

该法主要规范证券发行、交易和上市公司的行为。其中，该法对信息披露有严格要求，上市公司必须真实、准确、完整、及时地披露信息。

如果上市公司通过虚增存货、降低结转成本等方式进行财务造假，导致信息披露不真实、不准确，将违反《证券法》的相关规定，面临行政处罚甚至刑事责任。

**三、《上市公司信息披露管理办法》**

该办法详细规定了上市公司信息披露的内容和格式要求，以及信息披露的监管和法律责任。

通过虚增存货、降低结转成本等方式进行财务造假，将直接影响上市公司信息披露的真实性和准确性，违反该办法的相关规定。

**四、《刑法》**

如果财务造假行为情节严重，将触犯刑法中的相关规定，如伪造、变造会计凭证、会计账簿，编制虚假财务会计报告等，构成犯罪。

具体法条如第一百六十一条：“依法负有信息披露义务的公司、企业向股东和社会公众提供虚假的或者隐瞒重要事实的财务会计报告，或者对依法应当披露的其他重要信息不按照规定披露，严重损害股东或者其他人利益，或者有其他严重情节的，对其直接负责的主管人员和其他直接责任人员，处五年以下有期徒刑或者拘役，并处或者单处罚金；情节特别严重的，处五年以上十年以下有期徒刑，并处罚金。”

## 合规程序与步骤

**一、合规程序**

确定检查目的与范围：明确检查的目的，即识别是否存在虚增存货和降低结转成本的财务造假行为。同时，确定检查的时间范围、涉及的会计科目及业务环节。

组建专业团队：组建由审计、财务、法律等专业人士组成的检查团队，确保具备足够的专业知识和经验。

收集基础资料：收集企业的财务报表、会计账簿、原始凭证、存货盘点记录、成本结转记录等相关资料。

制定检查计划：根据收集的资料，制定详细的检查计划，包括检查步骤、方法、时间安排等。

实施现场检查：按照计划进行现场检查，重点关注存货的实物盘点、成本结转记录、会计处理等关键环节。

分析评估：对收集到的数据和信息进行分析评估，识别可能存在的财务造假行为。

撰写检查报告：根据检查结果，撰写详细的检查报告，提出发现的问题、建议及改进措施。

后续跟踪：对检查中发现的问题进行后续跟踪，确保企业按照建议进行整改。

**二、具体方法与步骤**

1. 存货盘点

实地盘点：检查团队应亲自参与存货的实地盘点，确保账实相符。重点检查存货的数量、品种、状态是否与账面记录一致。

对比分析：将盘点结果与账面记录进行对比分析，识别是否存在账实不符的情况。

2. 成本结转检查

审查成本结转记录：检查成本结转的方法、依据是否合理，是否存在人为调整成本结转的情况。

分析成本波动：分析成本结转数据的历史波动情况，识别是否存在异常波动。

3. 会计政策与估计

审查会计政策：检查企业采用的会计政策是否恰当，是否存在滥用会计政策调节利润的情况。

评估存货跌价准备：评估企业计提存货跌价准备的合理性，防止企业通过不恰当的计提来增加或减少利润。

4. 关联交易与资金流

审查关联交易：检查企业是否存在通过关联交易虚构存货采购、生产及出库等行为。

分析资金流：结合资金流分析，识别企业是否存在通过在建工程等渠道虚增存货、转移资金的情况。

**三、可能的影响因素**

企业内部控制：企业内部控制的健全与否直接影响检查的效果。

审计人员专业素质：审计人员的专业素质和经验对识别财务造假行为至关重要。专业素质高的审计人员更可能发现隐藏的财务问题。

企业配合程度：企业的配合程度也影响检查的效果。企业应积极配合检查，提供真实、完整的资料，否则可能掩盖存在的问题。

法规环境：法规环境的变化可能影响检查的标准和方法。审计人员应密切关注相关法规的动态，确保检查工作的合规性。

## 案例分析 1：虚增存货

**一、案例**

以广州某公司虚增存货为例。该公司曾通过虚增近 20 亿元存货进行财务造假，引发市场广泛关注。

**二、背景**

该公司为掩盖经营不善，通过记录虚假存货数量，提升资产规模，以吸引投资者和维持市场信心。

**三、案例具体情况**

公司虚增近 20 亿元存货，这一金额远超其实际库存水平，导致财务报告严重失真。通过虚增存货，公司账面上的存货周转率下降，给人以经营稳健的假象。

**四、分析**

1. 法律法规

根据《会计法》及相关会计准则，企业应如实反映其财务状况、经营成果和现金流量，不得虚增资产、虚增利润。广州浪奇的行为明显违反了这些规定。

2. 影响

虚增存货不仅误导了投资者，还扰乱了市场秩序，损害了资本市场的公信力。同时，企业通过采取这种行为逃避了税收，侵害了国家利益。

3. 正确做法与会计处理

企业应建立健全的内部控制体系，确保存货的采购、入库、出库等环节均有据可查、账实相符。对于存货的计价和盘点，应严格按照会计准则执行，确保财务报告的真实性和准确性。一旦发现存货差异，应及时查明原因并进行相应的会计处理，不得随意调整或隐瞒。

综上所述，虚增存货是一种严重的财务造假行为，企业应引以为戒，加强内部管理，确保财务报告的真实可靠。

## 案例分析 2：降低结转成本

**一、案例**

以 DY 公司为例，该公司通过降低结转成本来虚增利润。

**二、背景**

DY 公司在营业收入下降的压力下，为了维持市场对其盈利能力的信心，选择了通过降低结转成本的方式进行财务造假。

**三、案例具体情况**

DY 公司在某年度单位生产成本实际增加的情况下，在结转时减少了单位生产成本的结转金额。某年单位生产成本比前一年增加了 0.32 元，但在结转时在前一年的基础上减少了 0.39 元，导致每支产品少结转了 0.71 元的成本。考虑到该年度的销售数量巨大，这一差异累积起来，使得公司隐瞒了高达数千万元的成本，进而虚增了当年利润。

**四、分析**

1. 法律法规

根据《会计法》及相关会计准则，企业应准确核算成本，确保财务报告的真实性。DY 公司通过人为调整成本结转金额来操纵利润的行为明显违反了这一原则。

2. 影响

这种行为不仅误导了投资者，还破坏了市场公平竞争的环境；长期来看，会严重损害企业的信誉和影响资本市场的健康发展。

3. 正确做法与会计处理

企业应严格按照会计准则进行成本核算和结转，确保成本的真实性和准确性。在面临经营压力时，应通过合法合规的方式提升竞争力，而非采取财务造假等不正当手段。对于已发生的成本差异，应及时查明原因，并在财务报告中如实披露，接受公众监督。

综上所述，通过降低结转成本进行财务造假是一种严重违规行为，企业应加强内部管理，确保财务报告的真实可靠。

# 第十二章
# 成本合规

## 专题七十一：主营业务成本和收入、产销量是否符合配比原则

### 业务简介

**一、概念**

1. 主营业务收入

主营业务收入是指企业在主要经营活动中通过销售商品、提供劳务实现的收入。它是企业财务报表中的重要指标，能够反映企业的核心经营能力和市场竞争力。

2. 主营业务成本

主营业务成本是指企业销售商品、提供劳务等经常性活动所发生的成本。这包括工业企业的产品销售成本、建筑业企业的工程施工成本等。主营业务成本是企业计算利润时必须考虑的重要因素，它直接影响了企业的盈利水平。

3. 配比原则

配比原则（Matching Principle）是指企业在确认收入和费用时，应当将同一会计期间内的收入与其相关的成本、费用相互配比，以正确计算当期损益。具体来说，配比原则要求企业在一定会计期间内，将为实现收入而发生的费用与收入进行匹配，确保财务报表能够真实反映企业的经营成果。

**二、基本规定**

1. 收入与成本的配比

企业在确认主营业务收入的同时，必须按照配比原则确认相应的主营业务成本。这意味着，收入与成本应在同一会计期间内确认，以确保利润计算的准确性。例如，在商品销售活动中，企业必须在销售商品时确认收入，并同时结转与销售商品相关的成本，实现销售收入与商品成本的配比。

2. 产销量与成本、收入的关联

企业的产销量与成本和收入之间存在着密切的关联。产销量决定了企业在一定时期内需要确认的收入和成本。具体来说，企业根据销售数量和销售价格确定主营业务收入，同时根据生产数量和生产成本确定主营业务成本。因此，企业在生产过程中需要合理控制产销量，以确保收入与成本的合理配比。

3. 会计准则要求

《企业会计准则》对收入与成本的确认和计量提出了明确要求。企业在进行会计核算时，必须严格遵守规定，确保收入与成本的配比符合会计准则的要求。同时，企业还需要建立健全的内部控制制度，加强对收入和成本的控制和管理，以确保财务报表的真实性和准确性。

**三、具体操作**

在企业经营过程中，确保主营业务成本和收入、产销量符合配比原则是非常重要的。以下是实现二者之间的配比的具体操作。

1. 收入确认

企业根据销售合同或协议约定的价格和条款确认主营业务收入。在确认收入时，企业需要确保商品已经交付给客户且收款权利已经确立。同时，企业还需要考虑是否存在退货、折扣等可能影响收入确认的因素。

2. 成本结转

在确认主营业务收入的同时，企业需要根据配比原则结转相应的主营业务成本。成本结转包括直接成本和间接成本的分配和计算。直接成本通常可以直接追溯到具体的产品或服务上，如原材料成本、直接人工等；而间接成本则需要通过合理的分配方法分摊到各个产品或服务上，如制造费用、管理费用等。

3. 产销量与成本、收入的关联分析

企业需要对产销量与成本、收入之间的关联关系进行分析。通过分析产销量数据，企业可以了解市场需求的变化情况，从而调整生产计划和销售策略。同时，企业还需要关注成本收入比的变化情况，以评估成本控制效果和盈利能力。如果发现成本收入比异常波动或偏离预期范围，企业需要及时采取措施进行调整和改进。

**四、违规表现**

1. 成本与收入不匹配

（1）行为描述

企业可能将不属于当期的成本计入当期，或将当期的成本延迟计入，导致主营业务成本与主营业务收入不匹配。例如，将未来期间的费用提前计入当期成本，或将已实现的收入对应的成本延迟确认。

（2）目的与动机

虚增利润：通过提前确认收入或延迟确认成本，企业可以在短期内虚增利润，以满足业绩考核要求、融资需求或塑造市场形象等。

平滑利润：为了避免利润波动过大，企业可能会通过调整成本确认时间来平滑利润，使财务状况看起来更加稳定。

（3）后果

误导投资者：成本与收入的不匹配会误导投资者对企业真实盈利能力的判断，影响他们的投资决策。

增加法律风险：违反配比原则触犯会计准则和法律法规，导致企业面临监管处罚和法律诉讼。

损害企业信誉：财务造假将严重损害企业的市场信誉和品牌形象。

2. 产销量与成本不匹配

（1）行为描述

企业为虚增利润或掩盖经营问题，人为调节成本分配，导致产量与成本脱节。具体表现为：少计生产成本、多计库存成本，或将当期成本延迟至后续期间确认，使产品成本与销量不匹配。这种行为违反配比原则和会计准则，导致财务报表失真，误导决策者，并可能引发税务和审计风险。

（2）目的与动机

满足特定指标要求：如为了达到销售目标、市场份额要求或满足政府补贴条件等，企业可能虚报产销量数据。

操纵利润：通过产销量与成本的不匹配来操纵利润，实现特定的财务目标。

（3）后果

财务数据失真：产销量与成本的不匹配将导致企业财务数据失真，无法真实反映企业的经营状况。

税收风险增加：虚报产销量涉及偷逃税款等违法行为，企业将面临严重的税收处罚。

供应链混乱：虚报产销量还会扰乱企业的供应链管理，导致生产、采购和库存等混乱。

## 法律法规

**一、会计原则与会计准则**

1. 配比原则的定义

配比原则，亦称配合原则，是指企业在进行会计核算时，收入与其相关的成本、费用应当在同一会计期间内确认，以便正确计算该期间的营业利润。这一原则要求收入与成本、费用的确认在时间上相一致，在计量上相匹配。

2. 具体会计准则的规定

《企业会计准则——基本准则》：虽然该准则未直接提及配比原则，但第三十五条规定，企业应当在确认产品销售收入、劳务收入等时，将已销产品、已提供劳务的成本等计入当期损益。这实际上体现了配比原则。

**二、税法规定**

1.《企业所得税法》

第八条规定：企业实际发生的与取得收入有关的、合理的支出准予在计算应纳税所得额时扣除。这里的"与取得收入有关的"即体现了配比原则，要求成本、费用与收入之间存在直接的因果关系。

2. 相关税务处理公告

如《国家税务总局关于企业所得税应纳税所得额若干税务处理问题的公告》（国家税务总局公告 2012 年第 15 号）等文件，进一步明确了成本、费用与收入配比的具体操作方式，如应扣除而未扣除或者少扣除的支出，准予追补至该项目发生年度计算扣除。

## 合规程序与方法

1. 理解配比原则

配比原则要求企业在某个会计期间或生产经营活动中，将取得的收入与为取得该收入所发生的成本相匹配。成本包括直接成本和间接成本。

2. 分析主营业务成本和收入数据

比较历史数据：分析当前年度与以前年度不同品种产品的主营业务成本和毛利率，关注异常变化，并查明原因。

行业对比：将企业的毛利率与同行业进行比较，分析差异并查明异常原因。

分析存货余额变动：分析当年与以前年度期末存货余额的变动趋势，关注异常变动，评估其对成本和收入配比的影响。

3. 审查主营业务成本结转明细

抽查清单：结合营业收入审计，抽查主营业务成本结转明细清单，核对成本品种、规格、数量与主营业务收入的口径是否一致，是否符合配比原则。

核对计算方法：检查主营业务成本的内容和计算方法是否符合会计准则的规定和企业会计制度，确保前后期一致。

4. 分析产销量数据

产量与销量对比：核对企业的实际产量与销售量，确保销售成本与实际销售数量相匹配，避免多转或少转成本的情况。

库存调整：关注库存商品的成本调整，确保调整合理且符合配比原则。

5. 识别并审计舞弊风险

详细审计：对识别出的有舞弊风险的成本事项进行详细审计，调取全业务流程资料，包括立项文件、投产计划、原始凭证、会计凭证、审批文件等。

合同与单据审查：对于涉及外协、外购的业务，审查合同审批表、合同文本、验收记录、入库单据、出库单据等，确保交易真实且成本合理。

6. 运用分析性复核

趋势分析：分析主营业务成本和收入的变动趋势，关注异常变动，评估其对企业整体财务状况的影响。

异常业务分析：分析购买退回、购货折扣、存货和销售成本调整等异常业务，查明原因并评估其对配比原则的影响。

## 案例分析 1：成本与收入不匹配

### 一、背景

以某电商平台为例，该平台在某一会计期间内，成本与收入出现了显著不匹配现象。随着市场竞争加剧，该电商平台为了吸引用户，采取了大规模的促销活动，导致营业收入激增。然而，在成本控制方面，该平台未能有效管理促销活动的成本支出，使得单位产品的成本也随之上升，但并未完全体现在收入上。

### 二、案例具体情况

在某季度，平台营业收入达到 1 亿元，同比增长 30%。但与此同时，营业成本却高达 8 000 万元，同比增长了 50%。这意味着成本的增长速度超过了收入的增长速度，导致成本与收入不匹配。进一步分析发现，促销活动的相关成本占据了营业成本的大部分，而这些成本并未能完全转化为相应的收入。

### 三、分析

1. 法律法规

相关法律法规要求企业在一定会计期间内，确保收入与其相关的成本和费用应当相互配比。该电商平台的行为违反了这一原则，导致财务报表无法真实反映其经营状况。

2. 影响

成本与收入的不匹配不仅误导了投资者和债权人，还影响企业的决策制定。长期来看，这种不匹配现象会损害企业的信誉和市场竞争力。

3. 正确做法与会计处理

企业应加强对成本的控制和管理，确保促销活动的成本支出与预期收入相匹配。同时，在会计处理上，应严格按照配比原则进行收入和成本的确认和计量，确保财务报表的真实性和准确性。对于已经发生的成本与收入不匹配现象，企业应及时调整会计处理方法，并在财务报告中如实披露相关情况。

## 案例分析 2：产销量与成本不匹配

### 一、背景

以某制造企业为例，该企业在某年度因市场需求预测失误，导致实际产销量与预期存在显著差异，进而引发主营业务成本与收入、产销量之间的配比失衡。具体来说，企业原计划在年初扩大产能以满足预期市场需求增长，但实际市场需求并未如预期般增长，导致产品库存积压，生产成本未能有效转化为销售收入。

### 二、案例具体情况

当期产量：10 000 件。

当期销量：8 000 件。

实际生产成本：500 万元。

单位生产成本：500 元 / 件。

当期确认生产成本：400 万元（仅确认与销量相关的成本）。

少计生产成本：100 万元（未确认的库存成本）。

虚增利润：100 万元（因少计成本导致利润虚增）。

**三、分析**

1. 法律法规

根据会计准则，企业的成本和产销量应遵循配比原则，即一定会计期间的产销量应与其相关的成本相配比。

2. 影响

利润扭曲：由于产销量与成本不匹配，导致企业利润被低估，因为部分成本未能转化为收入。

决策误导：错误的财务信息误导企业管理层的决策，如做出继续扩大产能或削减开支等决策。

投资者信心受损：财务报表的不实会引发投资者对企业经营能力的质疑，影响企业的股价和市场表现。

3. 正确做法与会计处理

加强市场调研：企业应加强对市场需求的调研和预测，以减少产销量与成本不匹配的风险。

灵活调整生产计划：根据市场需求变化及时调整生产计划，避免过度生产导致的库存积压和成本浪费。

准确核算成本：严格按照会计准则核算生产成本和销售成本，确保财务信息的真实性和准确性。

信息披露：在财务报告中充分披露产销量与成本不匹配的原因、影响及采取的应对措施，增强透明度。

通过以上措施，企业可以有效避免产销量与成本不匹配的问题，确保主营业务成本和收入、产销量之间的合理配比。

## 专题七十二：关联方是否替发行人承担成本、费用，向发行人输送利益

### 业务简介

**一、概念**

关联交易是指公司与其关联方之间转移资源或义务的交易。关联方通常包括公司的控股股东、实际控制人、董事、监事、高级管理人员及其直接或间接控制的企业等。根据《公司法》及相关会计准则，关联交易可能涉及购买或销售商品、提供或接受劳务、租赁、担保、资金拆借等多种形式。

利益输送是指控股股东或受公司控制的实体，通过不正当手段转移或挪用上市公司的资源和利润，从而损害上市公司及中小股东的利益。这种行为往往通过非公平的关联交易实现，导致上市公司运营能力降低，甚至濒临破产。

**二、基本规定**

公平性原则：关联交易必须遵循公平、公正、等价、有偿的原则，不得损害任何一方当事人的合法权益。关联方在交易过程中应避免利益冲突，确保交易价格合理反映市场价值。

信息披露：上市公司需按照相关规定，及时、准确、完整地披露关联交易信息，包括交易对方、交易内容、交易价格、交易目的等，以便投资者做出合理判断。

审议程序：根据《公司法》及公司章程，关联交易需经过适当的审议程序，如董事会、股东会的审议批准，关联股东需回避表决。

**三、违规表现**

1. 关联交易定价不公允

行为描述：在关联方与发行人之间的交易中，定价机制不透明或不合理，导致交易价格显著低于或高于市场价格，从而使得发行人获得不正当的利益。

目的与动机：关联方可能出于支持发行人业绩提升、满足融资条件或掩盖发行人真实财务状况等考虑，通过不公允的定价向发行人输送利益。

后果：这种行为会损害公司其他股东的利益，误导投资者对公司的真实财务状况和经营成果的判断，破坏资本市场的公平性和透明度，公司将接受监管处罚和承担法律责任。

2. 关联方承担非必要成本

行为描述：关联方为发行人承担原本应由发行人自行承担的非必要成本或费用，如市场推广费、研发费用等。

目的与动机：关联方可能为了提升发行人的利润水平、美化财务报表或满足特定财务指标要求，而主动承担这些费用。

后果：这种行为会扭曲发行人的真实盈利能力，误导投资者和监管机构，同时也会损害关联方自身的利益，特别是在关联方财务状况不佳时，可能引发连锁反应。

3. 虚假交易以掩盖真实成本

行为描述：通过构造虚假的交易或业务往来，关联方为发行人承担实际发生的成本或费用，但在财务报表中不反映这些交易的真实性质。

目的与动机：规避监管要求、满足融资条件或提升市场估值。

后果：这种行为严重违反法律法规，不仅会导致企业接受监管处罚和承担法律责任，还会严重损害投资者信心，破坏资本市场的稳定和健康发展。

4. 关联方资金占用

行为描述：关联方长期占用发行人的资金，用于自身经营或其他非发行人业务目的，且未支付相应的利息或费用。

目的与动机：关联方可能由于自身资金紧张或其他原因，通过占用发行人资金来缓解财务压力。

后果：这种行为会削弱发行人的资金实力和偿债能力，增加财务风险，同时也会引发公司治理问题和利益冲突。

## 法律法规

**一、《公司法》相关规定**

《公司法》虽然没有直接规定关联方替发行人承担成本、费用的具体情形，但它对关联关系和关联交易进行了定义，并明确了关联交易的公平性原则和相应的责任规则。

关联关系定义：《公司法》第二百六十五条规定了关联关系的概念，即关联关系是指公司控股股东、实际控制人、董事、监事、高级管理人员与其直接或者间接控制的企业之间的关系，以及可能导致公司利益转移的其他关系。

公平性原则：《公司法》要求关联交易的进行应当遵循公平、公正、公开的原则，不得损害公司利益。如果关联方替发行人承担成本、费用，且这种行为构成利益输送，则违反这一原则。

### 二、《证券法》相关规定

《证券法》及其配套规定对上市公司的信息披露和关联交易有更为详细的要求，特别是防止关联方通过不正当手段向上市公司输送利益。

信息披露要求：《证券法》及相关信息披露规定要求上市公司必须充分、及时、准确地披露关联交易信息，包括交易价格、交易对方、交易目的等，以便投资者能够了解交易的实质和潜在风险。

禁止利益输送：虽然《证券法》可能没有直接列出“关联方替发行人承担成本、费用”是禁止行为，但任何可能损害上市公司及其中小股东利益、导致不公平交易的行为都是《证券法》所规制的对象。

### 三、会计准则和信息披露准则

会计准则和信息披露准则对关联交易的会计处理和信息披露提出了具体要求，这些要求有助于识别和防止关联方替发行人承担成本、费用等行为。

《企业会计准则第 36 号——关联方披露》要求企业披露关联方关系及其交易，包括交易的性质、金额、定价政策等。如果关联方替发行人承担了成本或费用，且这种承担未在财务报表中恰当反映或披露，则违反该准则。

信息披露准则：如《公开发行证券的公司信息披露内容与格式准则》等文件，对上市公司招股说明书、年度报告等文件中的关联交易信息披露有具体要求，这些要求有助于投资者了解关联交易的真实情况。

## 合规程序与方法

### 一、合规程序与方法

1. 明确关联方定义与识别关联方

定义关联方：依据《公司法》《企业会计准则第 36 号——关联方披露》等相关规定，明确关联方的定义和范围。关联方通常包括企业的母公司、子公司、受同一母公司控制的其他企业、对企业实施共同控制的投资方、对企业施加重大影响的投资方、主要投资者个人及与其关系密切的家庭成员等。

识别关联方：通过查阅企业提供的关联方清单、股东名册、董事会及股东会会议记录、重大合同等资料，结合公开信息，全面识别企业的关联方。

2. 审查关联交易与成本、费用分担情况

分析关联交易：对识别出的关联方与企业之间的交易进行全面分析，包括交易类型、金额、定价政策等。特别关注是否存在非公允关联交易，即交易条件明显偏离市场条件，可能导致利益输送。

检查成本、费用分担：详细审查企业的成本、费用明细账及相关凭证，分析是否存在关联方替发行人承担成本、费用的情况。例如，关联方可能通过低价销售原材料、免费提供劳务或服务、承担广告宣传费用等方式，向发行人输送利益。

3. 评估关联交易的公允性和必要性

评估公允性：采用市场比较法、成本加成法等方法，评估关联交易的公允性。如果关联交易的价格、条件等与市场条件存在显著差异，且无合理解释，则可能表明存在利益输送。

评估必要性：分析关联交易的必要性，判断是否存在通过关联交易规避税收、转移利润等不当行为。如果关联交易并非出于正常商业需求，而是出于特定目的，则可能构成利益输送。

4. 获取并审查相关证据

获取证据：要求企业提供与关联交易，成本、费用分担相关的合同、协议、发票、付款凭证等资料，作为审计证据。

审查证据：对获取的证据进行详细审查，验证其真实性、完整性和合法性。特别注意是否存在伪造、篡改证据的情况。

5. 编制审计报告与提出改进建议

编制审计报告：根据审计结果，编制审计报告，明确说明企业是否存在关联方替发行人承担成本、费用，向发行人输送利益的情况。如果存在问题，应详细描述问题性质、影响范围及金额等。

提出改进建议：针对审计发现的问题，提出具体的改进建议。例如，建议企业加强关联交易的内部控制和风险管理，完善信息披露制度，提高财务透明度等。

**二、可能的影响因素**

内部控制健全状况：企业内部控制不健全，导致关联交易的审批、执行和记录等环节存在漏洞，为利益输送提供便利。

管理层意图：管理层可能出于特定目的（如粉饰财务报表、规避税收等）而安排非公允关联交易，导致利益输送。

市场环境变化：市场环境的变化可能影响关联交易的公允性评估，审计人员需要密切关注市场动态和价格趋势。

## 案例分析 1：关联交易定价不公允

**一、背景**

上市公司 A 与其控股股东 B 之间存在大量关联交易，涉及商品购销、资产租赁等。为美化 A 公司财务报表，B 公司故意以低于市场价的价格向 A 公司销售原材料，并高价购买 A 公司的产品，实质上承担了 A 公司的部分成本和费用。

**二、案例具体情况**

假设每吨原材料市场价为 10 万元，B 公司却以每吨 8 万元的价格销售给 A 公司，年交易量为 10 万吨。同时，A 公司以高于市场价 20% 的价格向 B 公司销售产品，市场价为每件 100 元，实际售价为每件 120 元，年销售量为 100 万件。这些非公允交易直接导致 A 公司年成本节约 0.2 亿元，利润虚增约 0.2 亿元。

**三、分析**

1. 法律法规

根据会计准则，关联交易应遵循公允原则，确保交易公平、透明，不损害公司及非关联方利益。上述案例中，B 公司的行为明显违反了公平交易原则。

2. 影响

非公允关联交易不仅误导了投资者，也损害了中小股东的利益，同时公司将面临监管部门的处罚。此外，这种操作长期来看不利于 A 公司的健康发展，掩盖了真实的经营问题。

3. 正确做法

A 公司应严格按照市场价格进行关联交易，确保交易的公允性。同时，A 公司应加强信息披露，及时、准确地公布关联交易详情，接受市场监督。

4. 正确的会计处理

对于已发生的非公允关联交易，A 公司应进行会计调整，冲回虚增的利润，并调整相应的成本和费用，以反映真实的财务状况和经营成果。

## 案例分析 2：关联方承担非必要成本

**一、背景**

制造业上市公司 C，其母公司 D 为了提升 C 的市场表现，决定通过承担非必要成本的方式向

C输送利益。具体而言，D公司主动承担了C公司的部分市场推广费用、研发失败项目的全部成本等，这些费用本应由C公司自行承担。

**二、案例具体情况**

在一年内，D公司承担的C公司市场推广费用共计5 000万元，这些费用若由C公司承担，将直接减少其净利润约30%。同时，D公司还全额承担了C公司一项研发失败项目的成本，金额为2 000万元。

**三、分析**

1. 法律法规

根据会计准则和证券法规，关联方之间的交易应遵循公平、公正、公开的原则，禁止通过承担非必要成本来输送利益，从而损害其他股东或投资者的权益。

2. 影响

这种做法虽然短期内可能提升了C公司的业绩表现，但长期来看，会掩盖C公司的真实经营状况和盈利能力，误导投资者决策，同时损害中小股东的利益。

3. 正确做法

关联方之间的交易应基于市场原则和独立交易原则进行，确保交易的真实性和合理性。C公司应自行承担经营活动中产生的成本和费用，避免依赖关联方的非必要支持。

4. 正确的会计处理

对于已发生的非必要成本承担，C公司应在财务报表中进行详细披露，并调整相关科目的会计处理，以真实反映公司的财务状况和经营成果。同时，加强内部控制和审计监督，防止类似情况再次发生。

## 案例分析3：虚假交易以掩盖真实成本

**一、背景**

科技公司E，为美化其财务报表，通过与其关联方F公司进行虚假交易，掩盖了部分真实成本，实际上由F公司承担了E公司的部分成本。E公司与F公司签订了一系列看似合理的采购合同，但实际上这些合同中的部分商品并未真实交付，而F公司却按照合同金额向E公司支付了款项。

**二、案例具体情况**

在一年内，E公司与F公司签订了总额为1亿元的虚假采购合同，涉及电子元器件等商品。这些合同中，约30%的交易是虚构的，即F公司向E公司支付了3 000万元，但实际上并未收到相应价值的商品。这3 000万元实质上是F公司替E公司承担的成本、费用，直接增加了E公司的净利润。

**三、分析**

1. 法律法规

根据会计准则和证券法规，企业不得通过虚假交易掩盖真实成本，否则严重违反了财务信息的真实性和完整性原则。

2. 影响

虚假交易不仅误导了投资者，还损害和影响了企业的声誉和长期发展。短期内，E公司的业绩看似好，但长期来看，这种财务舞弊行为将导致严重的法律后果和市场信任危机。

3. 正确做法

企业应严格遵守会计准则和法规要求，确保所有交易的真实性和合法性。对于关联方交易，更应加强信息披露和内部控制，防止利用关联关系进行不当利益输送。

4. 正确的会计处理

对于已发生的虚假交易，E公司应立即进行会计调整，冲回虚增的收入和利润，并调整相关成本、费用的会计处理。同时，加大内部审计和外部审计的监督力度，确保财务信息的真实可靠。

### 案例分析4：关联方资金占用

**一、背景**

房地产上市公司G，面临资金紧张和经营压力，因为其控股股东H公司利用其控制权，安排G公司向其控制的其他非上市公司提供无息贷款或预付款项，这些资金实际上被用于H公司的其他业务，但形式上表现为G公司的资金支出。

**二、案例具体情况**

在一年内，G公司向H公司控制的其他非上市公司提供了总计2亿元的无息贷款和预付款项。这些资金原本计划用于G公司的项目开发，但实际上被H公司用于偿还其债务和日常运营，G公司间接为H公司承担了部分成本和费用。这导致G公司的现金流紧张，影响了其正常业务运营。

**三、分析**

1. 法律法规

根据相关法律法规，控股股东不得通过关联方资金占用的方式侵占上市公司利益。这种行为不仅损害了上市公司的独立性和中小股东的利益，也扰乱了资本市场的正常秩序。

2. 影响

关联方资金占用导致G公司现金流紧张，影响其正常经营和项目开发进度。长期来看，这种行为会引发监管机构的调查和处罚，损害公司声誉和市场信任。

3. 正确做法

控股股东应尊重上市公司的独立性，避免通过关联方交易和资金占用等方式侵占上市公司利益。上市公司应建立健全的内部控制和审计机制，确保资金使用的合规性和透明度。

4. 正确的会计处理

对于已发生的关联方资金占用，G公司应调整相关会计科目，确保财务报表真实反映公司的财务状况和经营成果。同时，加强信息披露，及时向投资者和监管机构披露关联方交易和资金占用情况。

## 专题七十三：与合同成本相关的原始数据是否失真

### 业务简介

**一、概念**

企业合同成本原始数据失真，是指在合同管理过程中，与合同相关的各项成本数据（如材料费、人工成本、服务成本等）在记录、处理和报告阶段未能真实反映实际发生的成本。这种失真可能有多种原因，包括人为出错、故意造假、管理制度不完善等，其会影响企业的经济决策和财务报告的真实性。

**二、基本规定**

1. 数据录入与复核

准确性要求：原始数据的录入必须准确无误，任何与合同成本相关的单据（如采购单、入库单、出库单、工资单等）都需经过严格复核，确保数据的真实性和完整性。

责任明确：明确数据录入和复核的责任人，建立数据录入和复核的标准化流程，确保每个环节都有专人负责，并能追溯到具体责任人。

2. 成本分类与核算

成本分类：根据会计准则，合同成本应明确区分为直接成本和间接成本。直接成本是指可以直接归属于特定合同的成本，如特定项目的材料费、人工费等；间接成本则是指不能直接归属于特定合同，但由多个合同共同承担的成本，如项目管理费、设备折旧费等。

成本核算：企业应制定科学合理的成本核算方法，确保各项成本能够准确分配到相应的合同项目中。对于间接成本的分摊，应采用系统、合理的方法（如人工费用比例法、直接费用比例法等）进行分摊。

3. 内部控制与审计

内部控制：企业应建立健全的内部控制制度，对合同管理、成本核算等关键环节进行有效控制，防止数据失真和舞弊行为的发生。

定期审计：企业应定期对合同成本进行审计，检查成本核算的准确性和合规性。审计过程中应重点关注原始数据的真实性、成本核算方法的合理性以及内部控制制度的执行情况。

4. 法律法规与监管

遵守法律法规：企业在合同管理和成本核算过程中应严格遵守国家相关法律法规和会计准则的规定，确保数据的真实性和合法性。

接受监管：企业应接受政府和社会监督机构的监管，及时提供真实、完整的合同成本数据，配合相关部门的检查和审计工作。

**三、数据失真的原因及影响**

1. 原因

人为因素：包括故意造假、工作失误等。例如，为了追求利润最大化或满足特定目标，故意隐瞒或虚报成本数据；或因工作疏忽导致数据录入错误。

制度缺陷：企业内部管理制度不完善或执行不力，如成本核算方法不科学、内部控制制度不健全等。

外部因素：如市场环境变化、政策调整等也可能间接导致成本数据失真。

2. 影响

误导经济决策：失真的成本数据会误导企业的经济决策，如投资决策、融资决策等，可能导致企业错失市场机会或承担不必要的风险。

损害各方利益：成本数据失真不仅损害企业自身的利益，还损害股东、债权人、员工等利益相关方的利益。例如，通过虚假成本数据骗取银行贷款、偷逃税款等行为将严重损害债权人和国家的利益。

破坏市场秩序：失真的成本数据会扰乱市场秩序，破坏公平竞争的环境，影响整个行业的健康发展。

**四、违规表现**

1. 不区分经营性支出和非经营性支出，乱计成本

行为描述：不区分经营性支出和非经营性支出，将一些不能列入成本的非经营性支出（如资本性支出、营业外支出等）直接列入生产成本。

目的与动机：降低当期利润，以规避税收或满足特定的财务指标要求。企业可能希望通过这种方式来掩盖真实的经营状况。

后果：这种行为严重违反成本核算和管理制度，导致成本增多、利润减少，影响企业的财务健康和市场形象。同时，这种行为会引发税务风险和审计问题。

2. 不区分成本核算对象，乱计成本

行为描述：企业没有划清不同成本核算对象之间的界限，导致各成本核算对象归集的成本不实。

目的与动机：简化成本核算流程，或者出于某种特定的财务目的（如提高某一产品的盈利能力）。

后果：成本核算对象归集的成本不实，影响产品定价和利润分析，误导管理层做出错误的经营决策；此外，还会引发内外部审计问题，损害企业信誉。

3. 不区分会计期间，乱计成本

行为描述：企业没有划清本期与非本期成本之间的界限，没有严格按权责发生制的原则处理有关成本项目。

目的与动机：将本应计入其他会计期间的成本计入本期，以达到平滑利润或虚增利润的目的。

后果：本期成本不实，影响企业的财务报表的真实性和信息披露的准确性。同时，这种行为会导致税务风险和法律纠纷。

4. 根据领导意图随意调整成本

行为描述：企业领导要求财务人员根据自己的意图随意调整成本数据，如增加材料费、预提费用、多摊费用等。

目的与动机：领导可能为了表现自己的业绩、粉饰经营状况或满足特定的财务指标要求，而要求财务人员调整成本数据。

后果：这种行为严重违反会计准则和法律法规，会导致成本信息失真，误导管理层、投资者和监管机构；同时，会引发严重的法律后果和导致企业声誉受损。

## 法律法规

**一、《会计法》相关规定**

1. 真实性和完整性要求

第九条规定：“各单位必须根据实际发生的经济业务事项进行会计核算，填制会计凭证，登记会计账簿，编制财务会计报告。任何单位不得以虚假的经济业务事项或者资料进行会计核算。”这直接要求企业合同成本原始数据必须真实反映实际发生的经济业务。

2. 会计账簿和凭证的管理

第十四条规定：“会计凭证包括原始凭证和记账凭证。办理本法第十条所列的经济业务事项，必须填制或者取得原始凭证并及时送交会计机构。会计机构、会计人员必须按照国家统一的会计制度的规定对原始凭证进行审核，对不真实、不合法的原始凭证有权不予接受，并向单位负责人报告；对记载不准确、不完整的原始凭证予以退回，并要求按照国家统一的会计制度的规定更正、补充。”这意味着原始数据所依据的原始凭证，必须真实、完整，否则会计机构有权不予接受或要求更正。

3. 财务报告的真实性

第二十条规定：“财务会计报告应当根据经过审核的会计账簿记录和有关资料编制，并符合本法和国家统一的会计制度关于财务会计报告的编制要求、提供对象和提供期限的规定；其他法律、行政法规另有规定的，从其规定。财务会计报告由会计报表、会计报表附注和财务情况说明书组成。向不同的会计资料使用者提供的财务会计报告，其编制依据应当一致。有关法律、行政法规规定会计报表、会计报表附注和财务情况说明书须经注册会计师审计的，注册会计师及其所在的会计师事务所出具的审计报告应当随同财务会计报告一并提供。”企业成本原始数据的真实性直接影响到财务报告的真实性。

**二、会计准则相关规定**

会计准则是指导和规范企业会计核算的重要文件，对成本会计信息的处理提出了具体要求。例如，企业会计准则中关于成本核算、收入确认、费用分配等方面的规定，都要求企业按照实际发生的经济业务进行会计处理，确保成本信息的真实性和准确性。

**三、其他相关规定**

除了《会计法》和会计准则外，还有一些相关法律法规和部门规章对企业成本信息的真实性提出了要求。例如，《公司法》《证券法》等法律对企业财务报告的真实性、完整性有明确规定，而财务报告的编制依据之一就是企业成本原始数据。

## 合规程序

**一、合规程序概述**

合规程序主要包括制定检查计划、收集数据、审核分析、报告与整改四个关键步骤。这些步骤需遵循相关法律法规，以及企业内部规章制度。

**二、具体方法与步骤**

1. 制定检查计划

明确目标：确定检查范围，包括时间跨度、合同类型、关键成本项目等。

组建团队：成立由财务、审计、法务等部门人员组成的专项检查小组。

制定方案：明确检查标准、流程、时间表及责任分工。

2. 收集数据

全面收集：从 ERP 系统、财务软件、纸质档案等多渠道收集合同材料及其原始数据。

数据整理：对数据进行分类、编号、归档，确保数据具有完整性和可追溯性。

3. 审核分析

（1）核对原始数据

比对合同与发票：检查合同金额、发票金额与实际支付金额是否一致。

验证交易真实性：通过银行流水、物流单据等验证交易是否真实发生。

审核原始凭证：审核报销单、入库单、出库单等，确保与实际业务相符。

（2）分析成本构成

成本分类：区分经营性支出与非经营性支出、生产成本与管理费用等。

合理性评估：分析成本波动是否合理，如材料价格、人工成本等是否与市场公允价格相符。

（3）利用技术手段辅助

数据分析工具：利用大数据、人工智能等技术手段进行异常值检测、趋势分析。

电子审计系统：通过财务原始凭证电子化功能，实现在线审核，提高效率和准确性。

4. 报告与整改

编制报告：详细记录检查过程、发现的问题，分析原因及提出建议措施。

汇报沟通：向企业管理层汇报检查结果，必要时向监管部门报告。

整改落实：针对发现的问题，制定整改计划，明确责任人、时间表和具体措施。

跟踪验证：对整改情况进行跟踪验证，确保问题得到有效解决。

**三、可能的影响及应对措施**

人为因素：包括故意造假、工作失误等，需加强人员培训和监管。

制度缺陷：企业内部管理制度不健全，需完善内部控制体系。

外部环境：如法律法规变化、市场波动等，需密切关注并及时调整应对策略。

**四、确保程序解释内容准确、完整的措施**

依据法规：确保所有检查程序和方法均符合相关法律法规要求。

专业指导：聘请专业机构或专家进行指导，提高检查的专业性和准确性。

持续改进：根据检查结果和反馈，不断优化检查程序和方法，提高合规管理水平。

## 案例分析 1：不区分经营性支出和非经营性支出，乱计成本

### 一、背景

某制造企业为追求短期利润，采取乱计成本的方式，将非经营性支出错误计入生产成本中。该企业将一笔 500 万元的资本性支出（设备购置费）直接列入当月生产成本，以虚减利润，规避税收。

### 二、案例具体情况

该企业当月正常生产成本为 2 000 万元。

将 500 万元资本性支出计入生产成本，导致当月生产成本总额为 2 500 万元。

由于成本虚增，当月利润由 800 万元减少至 300 万元。

### 三、分析

1. 法律法规

根据会计准则，资本性支出应资本化，分期折旧或摊销，不应直接计入当期生产成本。

2. 影响

利润失真：该行为导致利润失真，误导投资者、债权人及管理层，影响决策准确性。

税收风险增加：虚减利润违反税法，企业将面临税务稽查。

内部管理混乱：成本信息失真，导致企业无法准确评估产品盈利能力和生产效率。

3. 正确做法

资本性支出应资本化。

加强内部审计，确保成本核算准确。

提高会计人员素质，明确成本核算界限。

4. 正确的会计处理

将 500 万元资本性支出从生产成本中剔除，调整至“固定资产”账户，并按规定年限计提折旧，确保成本信息真实反映企业生产经营状况。

## 案例分析 2：不区分成本核算对象，乱计成本

### 一、背景

某建筑公司在多个工程项目同时进行时，未严格区分各成本核算对象，将不同项目的成本随意混淆，导致成本数据失真。例如，将 A 项目的材料费用错误地记入 B 项目，以实现成本调节的目的。

### 二、案例具体情况

A 项目原计划成本：1 000 万元，其中材料费 400 万元。

B 项目原计划成本：800 万元，其中材料费 300 万元。

错误处理：将 A 项目的 100 万元材料费错误记入 B 项目。

A 项目实际记录成本：900 万元（材料费 300 万元）。

B 项目实际记录成本：900 万元（材料费 400 万元）。

### 三、分析

1. 法律法规

会计准则要求企业应明确区分不同成本核算对象，确保成本信息的准确性和可比性。

2. 影响

决策误导：管理层无法准确评估各项目盈利情况，影响资源配置决策。

成本控制失效：企业无法有效监控项目成本，可能导致成本超支。

财务报告失真：对外披露的财务报告信息不准确，损害投资者利益。

3. 正确做法

建立完善的成本核算体系，明确区分各成本核算对象。

提高项目间成本管理的独立性和透明度。

定期进行成本审核，确保数据准确性。

4. 正确的会计处理

调整错误计入的成本，将B项目中多计的100万元材料费转回A项目。

重新编制成本报表，确保各项目成本数据准确无误。

加强内部控制，防止类似错误再次发生。

## 案例分析3：不区分会计期间，乱计成本

**一、背景**

某制造公司在会计处理中，未严格区分不同会计期间的成本，将本应计入下一会计期间的成本提前至当前会计期间确认，以人为调整成本结构，影响当期利润。

**二、案例具体情况**

当前会计期间（第一季度）实际应计成本：800万元。

下一会计期间（第二季度）预计成本包含一笔400万元的广告宣传费。

错误处理：将第二季度预计的400万元广告宣传费提前计入第一季度成本中。

第一季度成本错误地显示为1 200万元。

第二季度成本相应减少400万元。

**三、分析**

1. 法律法规

会计准则要求企业按照权责发生制原则，正确划分不同会计期间的收入和成本。

2. 影响

利润失真：第一季度利润被人为压低，误导投资者和债权人。

经营决策失误：基于失真的成本数据制定的生产计划、营销策略偏离实际。

信任危机产生：乱计成本将损害企业信誉和市场形象。

3. 正确做法

严格遵守权责发生制原则，确保成本在正确的会计期间内确认。

加强内部审计，及时发现并纠正跨期成本确认错误。

4. 正确的会计处理

调整第一季度成本，剔除提前计入的400万元广告宣传费。

将该费用正确计入第二季度成本，确保各期间成本数据的准确性。

加强会计人员培训，提高其对权责发生制原则的理解和执行力。

## 案例分析4：根据领导意图随意调整成本

**一、背景**

为了完成年度利润目标，某建筑公司领导层指示财务部门对一份重要合同的成本数据进行调整，以降低账面成本，增加利润。背景是公司面临业绩压力，领导层希望通过会计手段达到预定的利润指标。

**二、案例具体情况**

合同原始成本：1 200万元。

领导指示调整金额：将成本降低200万元。

调整后成本：1 000万元。

实际利润（调整前）：500万元。

目标利润：700万元。

调整后利润：700万元。

**三、分析**

1. 法律法规

会计准则要求企业按照实际发生的交易和事项进行确认、计量和报告，不得随意调整成本数据。

2. 影响

成本信息失真：成本数据不能真实反映合同的实际成本。

决策失误：基于失真的成本数据做出的生产、定价等决策可能偏离实际。

法律风险增加：该行为违反会计准则和法规，企业面临监管处罚和声誉受损。

3. 正确做法

严格按照会计准则和法规进行成本确认和计量。

不得根据领导意图随意调整成本数据。

加强内部控制，确保成本信息的真实性和准确性。

4. 正确的会计处理

恢复原始的成本数据，不进行任何非实际的调整。

如需调整成本，应基于合理的商业理由和充分的证据。

加强与领导的沟通，解释会计准则和法规的要求，避免不当指示。

## 专题七十四：是否遗漏重要的成本项

### 业务简介

**一、概念**

企业遗漏重要成本项是指在成本核算和管理过程中，未能全面、准确地识别和记录所有与生产经营活动相关的成本支出。这些遗漏的成本项可能包括直接材料成本、直接人工成本、制造费用、管理费用、销售费用等，且往往对企业的盈利能力和财务状况产生重要影响。

**二、基本规定**

虽然具体的基本规定可能因行业、地区或企业规模的不同而有所差异，但以下是一些普遍适用的原则和指导方针。

1. 全面性原则

企业在成本核算时，应遵循全面性原则，确保所有与生产经营活动相关的成本项都被纳入核算范围。这包括直接成本和间接成本，以及固定成本和变动成本。

2. 准确性原则

成本核算应确保数据的准确性和可靠性。企业应建立健全的成本核算制度，明确成本核算的方法和流程，确保各项成本能够准确计量和分配。

3. 及时性原则

成本核算应及时进行，以便企业能够及时了解成本情况，为经营决策提供及时、准确的信息支持。

4. 合规性原则

企业在成本核算过程中应遵守相关法律法规和会计准则的规定，确保成本核算的合规性。

**三、常见的易遗漏的成本项及原因**

1. 无形资产成本

无形资产如知识产权、信息资源等。无形资产成本在当前的市场环境中越来越重要，但往往容易被企业忽略。

原因：无形资产的价值难以直接量化，且其对企业的影响具有长期性和不确定性。

2. 产品研发成本

部分企业在成本核算时主要关注人力成本，而忽略了产品研发阶段的其他投入，如市场调研、设计费用等。

原因：企业对产品研发成本的认识不足，或成本核算方法不够精细。

3. 生产前后成本

企业可能过分注重生产过程中的成本核算，而忽视了生产前（如原材料采购、生产准备）和生产后（如售后服务、产品运输）的成本。

原因：企业对成本的核算局限于生产过程，未能从全局角度考虑成本问题。

4. 隐性成本

隐性成本如风险损失成本、企业文化成本、效率损失成本、停滞资源成本等。

原因：这些成本难以直接计量和观察，且往往被企业视为非直接成本而忽略。

5. 特定业务成本

特定业务成本如无票采购业务成本、居间费等，是指由于无法取得有效凭证而无法入账的成本。

原因：业务本身的特殊性或供应商无法提供发票等原因导致成本无法核算。

**四、防止遗漏成本项的措施**

1. 加强成本核算意识

提高企业管理层和员工对成本核算重要性的认识，确保成本核算工作得到足够的重视。

2. 完善成本核算制度

制定科学合理的成本核算制度和方法，明确成本核算的范围、标准和流程。

3. 引入先进的信息系统

利用现代信息技术手段提高成本核算的效率和准确性，如采用ERP系统进行成本核算和管理。

4. 加强内部控制和审计

建立健全的内部控制制度和审计机制，对成本核算过程进行监督和检查，确保成本核算的合规性和准确性。

5. 注重对隐性成本的识别和管理

提高对隐性成本的认识和管理水平，通过优化流程、提高效率等方式降低隐性成本对企业的影响。

**五、违规表现**

1. 成本核算过程中的遗漏

（1）行为描述

企业在成本核算过程中，未将某些重要的成本计入总成本。这些遗漏的成本可能包括直接材料成本、直接人工成本、制造费用中的某些间接费用，以及可能计入产品成本的其他费用，如研发费用分摊、知识产权费用等。

（2）目的与动机

降低产品成本、提高利润水平或满足特定的财务指标要求。

（3）后果

成本核算不准确，导致财务报表无法真实反映产品的盈利能力。

影响企业的经营决策，导致企业做出错误的决策。

损害企业的市场形象，降低投资者和债权人的信任度。

2. 忽略无形资产摊销和固定资产折旧

（1）行为描述

企业在进行成本核算时，忽略无形资产（如专利权、商标权等）的摊销费用和固定资产的折旧费用。

（2）目的与动机

为了提高短期内利润水平，企业将这些资产的成本排除在当期费用之外。

（3）后果

利润虚高，无法真实反映企业的盈利能力。

违反会计准则和其他法律法规，企业面临税务风险和法律处罚。

影响企业的长期竞争力，因为无形资产和固定资产是企业持续发展的重要支撑。

3. 隐瞒或低估特定成本

（1）行为描述

企业为了某种目的（如逃税、避免监管等），故意隐瞒或低估某些特定的成本，如环境保护费用、安全生产费用等。

（2）目的与动机

减轻企业的税负或避免监管机构的处罚。

（3）后果

违反法律法规，企业面临税务风险和法律处罚。

损害企业的社会形象和声誉。

对企业的长期经营产生不利影响，如因环境保护不力导致环境污染问题，进而影响企业的可持续发展。

4. 重大事项遗漏

（1）行为描述

在企业的财务报告或披露的信息中，遗漏了与成本相关的重大事项，如重大合同的签订、重要原材料的采购价格变动等。

（2）目的与动机

故意隐瞒不利信息，以维护企业的市场形象或避免股价波动。

（3）后果

信息披露不充分，损害投资者的知情权。

导致投资者做出错误的投资决策。

引发监管机构的关注和调查，增加企业的合规风险。

## 法律法规

企业在进行成本核算和财务报告编制时，必须遵循相关法律法规和会计准则的规定，确保成本信息的真实、完整和准确。以下是一些涉及企业成本核算和财务报告编制的相关法律法规，这些规定间接要求企业不得遗漏重要的成本项。

**一、《会计法》**

1. 真实性和完整性要求

《会计法》第九条规定："各单位必须根据实际发生的经济业务事项进行会计核算，填制会计凭证，登记会计账簿，编制财务会计报告。任何单位不得以虚假的经济业务事项或者资料进行会计核算。"这要求企业在成本核算时，必须包括所有实际发生的成本项，不得遗漏。

2. 会计凭证的管理

《会计法》第十四条规定，会计机构、会计人员必须按照国家统一的会计制度的规定对原始凭证进行审核，对不真实、不合法的原始凭证有权不予接受，并向单位负责人报告；对记载不准确、不完整的原始凭证予以退回，并要求按照国家统一的会计制度的规定更正、补充。这间接要求企业在提供成本核算的原始凭证时，必须完整、准确，不得遗漏重要成本项。

**二、会计准则**

企业会计准则对成本核算提出了具体要求，包括成本确认、计量、记录和报告等方面的规定。虽然会计准则没有直接列出所有必须包括的成本项，但要求企业按照实际发生的经济业务进行成本核算，确保成本信息的真实性和完整性。

**三、其他相关法律法规**

1.《企业财务通则》

该通则对企业的财务管理提出了全面要求，包括成本核算和财务报告编制等方面。虽然没有直接列出必须包括的成本项，但强调企业必须遵循真实性、合法性和规范性的原则进行财务管理和会计核算。

2.《公司法》

《公司法》要求公司必须按照法律、行政法规和国务院财政部门的规定建立本公司的财务、会计制度，并在每一会计年度终了时编制财务会计报告，依法经审查验证后，于下一会计年度开始之日起十五日内报送公司登记机关，并公告。这要求公司在编制财务报告时，必须包括所有重要的成本项，确保财务报告的完整性和准确性。

3.《证券法》

对上市公司来说，《证券法》要求公司必须真实、准确、完整地披露财务信息。如果上市公司在成本核算中遗漏了重要的成本项，导致财务报告失真，则可能构成信息披露违法行为，受到证券监管机构的处罚。

## 合规程序与步骤

**一、合规程序与方法**

1. 确定成本对象与分类

明确企业的主要成本对象，如产品、项目或服务等，并将成本细分为直接成本和间接成本。直接成本（如原材料、直接人工）直接关联到特定产品，间接成本（如租金、设备折旧）则不直接关联到特定产品。

影响因素：成本分类的准确性直接影响后续成本分配的合理性，进而影响企业决策的有效性。

2. 收集成本数据

通过财务系统、财务报表、发票、采购单据等多种渠道全面收集成本数据。

合规性考量：确保所有成本数据真实、完整、可追溯，符合会计准则和税法规定。

3. 成本分析与比较

对收集到的成本数据进行详细分析，与历史数据、行业标准或预算进行对比，识别异常和遗漏的成本项。

方法：采用比率分析法、趋势分析法、成本构成分析法等方法，识别成本变动的原因和趋势。

影响因素：市场环境、技术进步、政策变化等都可能影响成本结构，需综合分析。

4. 现场核查与文件审核

组织成本管理部门和审计部门的专业人员，对关键业务环节进行现场核查，同时审核相关文件和记录。

现场核查：关注生产流程、仓储物流、采购等环节的成本控制情况。

文件审核：重点审查财务报表、采购合同、库存记录、薪酬制度等，确保成本记录的合规性和准确性。

合规性考量：确保核查和审核过程遵循内部审计准则和相关法规要求。

5. 识别可能遗漏的成本项

结合成本分析和现场核查的结果，识别可能遗漏的重要成本项，如未记录的损耗、不合理的费用分摊、遗漏的税费等。

方法：采用交叉验证、成本效益分析等方法，评估遗漏成本项对企业整体成本结构的影响。

6. 提出改进意见与措施

针对发现的遗漏成本项，提出具体的改进意见和建议，制定整改措施和时间表。

合规性考量：确保整改措施符合会计准则、税法及企业内部规章制度的要求。

7. 跟踪与评估

实施整改措施后，持续跟踪成本控制情况，定期评估整改效果，并根据实际情况调整成本管理策略。

方法：通过定期审计、成本分析报告等方式，监控成本变动趋势，确保成本管理的持续有效。

**二、可能的影响因素**

市场环境：原材料价格波动、劳动力成本上升等市场因素直接影响企业成本结构。

政策法规：税收政策、环保法规等变化可能增加企业合规成本。

内部管理：成本控制意识不强、管理流程不规范等内部因素可能导致成本遗漏。

## 案例分析 1：成本核算过程中的遗漏

**一、背景**

生产电子配件的 A 公司（一般纳税人）在税务稽查中被发现增值税和企业所得税税负偏轻。稽查组深入检查发现，A 公司在成本核算中存在显著遗漏。

**二、案例具体情况**

检查组发现，A 公司在成本核算中遗漏了知识产权使用费和环保支出。

知识产权使用费遗漏：年度应计知识产权使用费为 50 万元，实际未计入成本。

环保支出遗漏：年度环保处理费用实际发生 30 万元，但在成本核算中仅计入了 10 万元，遗漏了 20 万元。

**三、分析**

1. 法律法规

根据《企业会计准则》及税法规定，企业在生产经营过程中发生的相关费用应全额计入成本。知识产权使用费和环保支出均属企业必要支出，应如实反映在成本核算中。

2. 影响

遗漏重要成本项导致 A 公司成本偏低，进而使得利润虚高，影响企业内部的经营决策。

3. 正确做法

企业应建立健全成本核算体系，确保所有相关费用均纳入成本核算范围。对于知识产权使用费和环保支出等易遗漏项，应设立专项科目，明确记录并定期审核。

4. 正确的会计处理

对于遗漏的知识产权使用费和环保支出，应追溯调整以前年度损益，并相应调整“应交税费”等科目，确保成本核算的准确性和合规性。同时，加强内部培训和监督，提高成本核算人员的专业水平和责任意识。

## 案例分析 2：忽略无形资产摊销和固定资产折旧

### 一、背景

高科技企业 B 公司，专注于软件开发与销售，拥有一项重要的软件著作权，成本为 600 万元，预计使用寿命为 6 年。然而，在成本核算过程中，B 公司忽略了该无形资产的摊销。

### 二、案例具体情况

无形资产成本：600 万元。

预计使用寿命：6 年。

应计年摊销额：100 万元（600 万元 ÷6 年）。

实际计入成本：0 万元（因忽略摊销）。

### 三、分析

1. 法律法规

根据《企业所得税法实施条例》第六十七条，无形资产按直线法计算的摊销费用准予扣除，摊销年限不得低于 10 年。B 公司持有的软件著作权有明确的使用寿命，应按此期限摊销。

2. 影响

忽略摊销导致 B 公司前期利润虚高，后期利润大幅下滑，影响企业决策的准确性和税务合规性。同时，未摊销的无形资产成本影响企业的资产结构和财务指标。

3. 正确做法

B 公司应从取得无形资产当月起，在预计使用年限内按月平均摊销，计入当期损益。对于自用无形资产，摊销额应计入管理费用；若用于出租，则计入其他业务成本。

4. 正确的会计处理

B 公司应追溯调整前期财务报表，补提无形资产摊销额。具体会计分录为：借记“管理费用”或“其他业务成本”科目，贷记“累计摊销”科目。同时，加强内部控制，确保无形资产摊销的及时性和准确性。通过此调整，B 公司的财务报表将更加真实地反映其经营成果和财务状况。

## 案例分析 3：隐瞒或低估特定成本

### 一、背景

某制造企业 A 公司为了在年度财务报表中呈现较高的利润水平，采取了隐瞒或低估特定成本的违规操作。A 公司主要生产电子产品，其生产成本包括原材料、人工费用和制造费用。为了虚增利润，A 公司在核算成本时，故意隐瞒了部分原材料采购费用和制造费用，同时低估了人工成本。这一行为导致财务报表中的成本数据严重失真，利润虚增，掩盖了实际经营问题。此外，A 公司未按照会计准则要求披露成本核算方法，进一步加剧了财务信息的不透明性。

### 二、案例具体情况

实际生产成本：原材料费用 800 万元，人工费用 500 万元，制造费用 300 万元，总计 1 600 万元。

隐瞒或低估成本：隐瞒原材料费用 100 万元，低估人工费用 50 万元，总计 150 万元。

虚增利润：150 万元。

当期利润：虚增前利润为 400 万元，虚增后利润为 550 万元。

影响利润率：利润率从 10% 虚增至 13.75%。

**三、分析**

1. 法律法规

根据《企业会计准则第 1 号——存货》和《企业会计准则第 9 号——职工薪酬》，企业应准确核算生产成本，包括原材料、人工费用和制造费用，并按照实际发生额确认成本。此外，《中华人民共和国会计法》第十三条明确规定，企业必须依法设置会计账簿，保证会计资料的真实、完整。隐瞒或低估成本属于财务造假行为，违反了上述法规。

2. 影响

隐瞒或低估特定成本会导致以下影响：

财务报表失真：成本数据失真导致利润虚增，误导投资者、债权人和其他报表使用者。

经营决策失误：失真的财务信息可能导致管理层做出错误的经营决策，影响企业长期发展。

税务风险：虚增利润可能导致多缴所得税，但一旦被税务机关发现，企业需补缴税款并缴纳罚款。

审计问题：审计机构可能对成本数据的真实性提出质疑，甚至出具非标准审计报告，影响企业信誉。

3. 正确做法

企业应严格按照会计准则和法律法规的要求，准确核算和披露生产成本。具体措施包括：

完善成本核算制度：建立科学的成本核算体系，确保原材料、人工费用和制造费用的准确归集和分配。

加强内部控制：定期对成本核算流程进行内部审计，确保成本数据的真实性和完整性。

培训财务人员：提高财务人员的专业水平，确保其准确理解和执行成本核算政策。

充分披露信息：在财务报表附注中详细披露成本核算方法和具体数据，确保信息透明。

4. 正确的会计处理

成本归集：按照实际发生的原材料、人工费用和制造费用归集生产成本，借记“生产成本”科目，贷记“原材料”“应付职工薪酬”“制造费用”等科目。

成本分配：将生产成本合理分配到完工产品和在产品中，借记“库存商品”或“在产品”科目，贷记“生产成本”科目。

成本结转：销售产品时，按实际成本结转销售成本，借记“主营业务成本”科目，贷记“库存商品”科目。

差异调整：对于已发现的隐瞒或低估成本，应及时调整财务报表，补记相关成本，并追溯调整以前年度损益。

## 案例分析 4：重大事项遗漏

**一、背景**

建筑公司 D，在承建一项大型公共设施项目时，与某材料供应商签订了长期供货协议，约定了固定价格及数量，但此协议成本在成本核算中被遗漏，未计入项目总成本。

**二、案例具体情况**

供货协议总价：5 000 万元。

项目总预算：1.2 亿元。

实际总成本：1.7 亿元（考虑供货协议成本）。

预期利润：2 000 万元。

实际利润：−3 000 万元。

**三、分析**

1. 法律法规

根据《企业会计准则》及相关行业规定，企业在编制项目预算和进行成本核算时，应全面考虑所有相关成本，包括合同约定的长期供货成本。

2. 影响

D 公司因遗漏重大供货协议成本，导致项目总成本被严重低估，进而造成实际利润大幅亏损。这不仅影响了公司的财务状况，还可能引发资金链断裂的风险，损害公司信誉。

3. 正确做法

D 公司应在项目初期全面梳理所有合同和协议，确保所有相关成本均被纳入项目预算和成本核算中。同时，建立成本监控机制，定期核对实际成本与预算的差异，及时调整经营策略。

4. 正确的会计处理

对于已发生的遗漏成本，D 公司应及时进行会计调整，将遗漏的成本计入项目总成本，并调整相应的损益科目。同时，加强内部控制，防止类似问题再次发生。此外，D 公司还应向投资者和债权人充分披露此事项，维护市场信任。

## 专题七十五：固定成本和变动成本的变化趋势是否合理

### 业务简介

**一、概念**

（一）固定成本

1. 概念

固定成本是指在一定时期内，不随产量或销售量的变化而变化的成本。这些成本通常是企业在生产经营过程中必须支付的固定费用，与产量或销售量的增减无关。固定成本大部分是间接成本，如保险费、固定资产的折旧和维护费、办公费等。

2. 基本特征

总额稳定性：在特定时期内和一定业务量范围内，固定成本总额保持不变。

单位成本变动性：虽然总额固定，但单位业务量所承担的固定成本与业务量的增减呈反方向变动。即业务量大时，单位固定成本减少；业务量小时，单位固定成本增加。

分类：固定成本可分为约束性固定成本和酌量性固定成本。约束性固定成本如厂房租金、管理人员工资等，数额一经确定不易改变；酌量性固定成本如新产品开发费等，可根据经营情况调整。

3. 变化趋势

在长期内，随着技术创新和生产效率的提高，单位固定成本可能会逐渐下降，因为固定资产的利用效率提高，单位产品分摊的固定成本减少。

对于不断进行技术创新的企业，尤其是信息化企业，固定成本占总成本的比例可能上升，但单位固定成本仍可能因规模效应而下降。

（二）变动成本

1. 概念

变动成本是指随着产量或销售量的变化而变化的成本。这些成本通常与企业的生产或销售活动直接相关，会随着产量的增减而相应地增减。直接材料成本、直接人工成本以及随生产量变化的制造费用（如电费、水费）都属于变动成本。

2. 基本特征

总额变动性：变动成本总额随业务量的增减而变动，通常呈正方向变动。

单位成本稳定性：在一定业务量范围内，单位变动成本保持不变。但超出特定范围后，可能因规模效应或资源限制出现非线性变动。

分类：变动成本可分为技术性变动成本和酌量性变动成本。技术性变动成本由技术因素决定，如直接材料消耗；酌量性变动成本虽随业务量变动，但可通过管理决策调整。

3. 变化趋势

在正常生产条件下，变动成本随业务量的增加而增加，单位变动成本保持不变。

通过技术创新和流程优化，企业可以降低变动成本，如通过改进生产工艺减少材料消耗，通过提高员工效率降低人工成本等。

（三）具体情况

固定成本和变动成本的变化趋势是否合理，需要结合企业的具体情况进行分析。在技术创新和生产效率提升的背景下，固定成本比例上升但单位固定成本下降是合理的；同时，通过有效的成本控制措施，降低变动成本也是企业提升竞争力的关键。企业在制定经营策略、预算和长期规划时，应综合考虑固定成本与变动成本的影响，通过优化成本结构、提高资源利用效率等方式，实现更好的经济效益和提升市场竞争力。

**二、违规表现**

1. 过度投资导致固定成本激增

行为描述：企业在没有充分市场调研和风险评估的情况下，盲目扩大生产规模或购置高价值的固定资产，导致固定成本急剧上升。

目的与动机：追求短期市场份额或扩张。

后果：固定成本的增加使得企业在低产量或低销售量时面临巨大的成本压力，可能导致长期亏损甚至资金链断裂。此外，过高的固定成本还会影响企业的融资能力和投资价值。

2. 忽视固定成本的优化与控制

行为描述：企业对固定成本缺乏有效管理和控制，如设备利用率低、租金过高、管理费用冗余等，导致固定成本持续偏高。

原因：管理层可能因疏忽、短视或管理能力不足而忽视固定成本的优化。

后果：固定成本居高不下会侵蚀企业利润，降低盈利能力，影响企业的竞争力和可持续发展能力。

3. 人为操纵变动成本

行为描述：企业为了调节利润或其他目的，通过虚报材料消耗、工资支出等方式人为操纵变动成本。

目的与动机：避税、粉饰财务报表或满足外部融资条件等。

后果：人为操纵变动成本会破坏成本信息的真实性，误导管理层和外部利益相关者的决策，损害企业信誉，甚至引发法律纠纷。

4. 成本控制不力导致变动成本失控

行为描述：企业对原材料采购、生产效率、供应链管理等方面缺乏有效的成本控制措施，导致变动成本持续上升。

原因：管理层可能因管理不善、成本控制意识薄弱或供应链管理能力不足等原因未能有效控制变动成本。

后果：变动成本的失控会压缩企业的利润空间，降低产品竞争力，影响企业的市场地位和盈利能力。

5. 混合成本缺乏有效的分类和管理

虽然混合成本不属于严格意义上的固定成本或变动成本，但其管理不善也可能对企业造成不利影响。例如，混合成本中的某些部分可能因管理疏忽而呈现出不合理的变化趋势。

行为描述：企业对混合成本缺乏有效的分类和管理，导致成本信息混乱，难以准确分析成本构成和变动趋势。

原因：管理层可能因对混合成本认识不足或管理能力有限而未能给予其足够的重视。

后果：混合成本管理不善会影响企业成本控制的精确性和有效性，进而影响企业的盈利能力和决策质量。

综上所述，企业在管理固定成本和变动成本时，应严格遵守财务管理原则和规范，确保成本信息的真实性和准确性。同时，应加强对成本变化趋势的监控和分析，及时发现并纠正不合理的成本变化行为，以保障企业的盈利能力和可持续发展。

《企业会计准则——基本准则》（2023 年修订）第十二条：企业应当以实际发生的交易或者事项为依据进行会计确认、计量和报告，如实反映符合确认和计量要求的各项会计要素及其他相关信息，保证会计信息真实可靠、内容完整。第十六条：企业应当按照交易或者事项的经济实质进行会计确认、计量和报告，不应仅以交易或者事项的法律形式为依据。

因此固定成本和变动成本的核算应基于实际发生的经济活动，确保成本数据的真实性和完整性。企业需按照经济实质合理划分和核算成本，避免人为操纵成本数据。

《企业会计准则第 1 号——存货》（2023 年修订）第七条：存货成本包括采购成本、加工成本和其他使存货达到目前场所和状态所发生的支出。第八条：企业应当根据存货的性质和用途，合理确定存货成本的计算方法，并在财务报表附注中披露。

所以，变动成本（如原材料成本）的核算需符合存货成本的计算要求，确保成本数据的准确性和合理性。企业需披露成本计算方法，便于报表使用者分析成本变化趋势。

## 合规程序与步骤

### 一、合规程序与方法

1. 数据收集与整理

收集历史数据：获取过去数年的固定成本和变动成本数据，包括月度、季度或年度数据。

分类整理：将成本数据明确区分为固定成本和变动成本，确保分类准确。

2. 成本趋势分析

趋势图分析：使用图表（如折线图）展示固定成本和变动成本随时间变化的趋势。

比例分析：计算固定成本与变动成本占总成本的比例，分析比例变化是否合理。

敏感性分析：评估不同因素对成本的影响程度，特别是那些可能导致成本异常波动的因素。

3. 成本对比与评估

与行业标准对比：将企业的成本数据与同行业平均水平或标杆企业进行对比，评估企业的成本效率。

预算与实际对比：将实际成本与预算成本进行对比，分析差异原因，确保成本控制措施的有效性。

4. 盈亏平衡分析

计算盈亏平衡点，评估企业在不同产量或销售量下的盈利情况，确保成本结构支持企业的盈利目标。

### 二、步骤

确定分析范围与目标：明确分析的时间段、成本项目及目标。

数据收集与整理：确保数据的完整性和准确性。

趋势分析与比例计算：通过图表和比例分析，揭示成本变化趋势。

对比与评估：与行业、预算进行对比，找出差异原因。

制定改进措施：针对分析结果，制定成本控制和优化策略。

监控与调整：实施改进措施，并定期监控成本变化，适时调整策略。

**三、可能的影响因素**

市场环境变化：如原材料价格波动、劳动力成本上升等。

企业策略调整：如生产规模扩大、产品线调整等。

技术进步与创新：自动化、智能化生产会降低变动成本，但可能会增加固定成本。

法规政策变化：税收政策、环保要求等可能影响企业成本。

**四、确保解释内容准确、完整的方法**

采用标准成本方法：遵循会计准则，确保成本分类和计算方法的标准化。

使用专业工具：利用 Excel、ERP 系统等工具进行数据处理和分析，提高准确性和效率。

持续教育与培训：对财务人员进行定期培训，确保其掌握成本分析方法和法规政策。

内部审计与复核：定期进行内部审计，对成本分析过程和结果进行复核，确保合规性和准确性。

通过上述合规程序与方法，企业可以系统地检查固定成本和变动成本的变化趋势是否合理，并据此制定有效的成本控制策略，提升企业的竞争力和盈利能力。

## 案例分析 1：过度投资导致固定成本激增

**一、背景**

东方电气集团作为中国大型发电设备生产制造企业，在新能源领域进行了大量投资。然而，这些投资行为未能充分考虑市场需求变化，导致过度投资现象显著。

**二、案例具体情况**

东方电气在 2010—2015 年固定资产投资逐年增加，固定资产净值从 2013 年起上升幅度超过两倍，六年内固定资产投资平均值为 53.50 亿元，所产生的现金流量平均值为 18.98 亿元，总计 113.88 亿元。相比之下，经营活动产生的现金流量平均值为 15.83 亿元，且 2010 年、2011 年和 2015 年的经营现金流为负，表明公司依赖外部融资维持长期项目投资。

**三、分析**

1. 影响

过度投资导致固定成本激增，如设备购置和维护费用大幅上升，而市场需求未能同步增长，造成产能过剩，资金利用效率低下。这不仅增加了企业的财务风险，还降低了整体盈利能力。

2. 正确做法

企业应在进行投资决策前，充分进行市场调研和风险评估，确保投资规模与市场需求相匹配。同时，加强内部控制，避免管理层出于个人利益而盲目扩大投资规模。

3. 正确的会计处理

对于已形成的过度投资，企业应按照会计准则进行减值测试，对可能发生的资产减值损失进行确认和计量，真实反映企业资产状况。同时，优化资本结构，合理安排债务和股权融资比例，降低财务风险。

综上所述，东方电气集团的案例展示了过度投资导致的固定成本激增问题，强调了合理投资规划和内部控制的重要性。

## 案例分析 2：忽视固定成本的优化与控制

### 一、背景

某纺织企业近年来专注于扩大生产规模，以应对市场需求增长，但在扩张过程中，忽视了固定成本的优化与控制。企业连续几年大量购置新设备并扩建厂房，以期提高产能。

### 二、案例具体情况

假设该企业固定成本（包括设备折旧、厂房租金、维护费用等）从 2018 年的 5 000 万元增长到 2022 年的 8 000 万元，年增长率约为 15%。而同期，变动成本（原材料、人工成本等）随着产量增长，从 1.5 亿元增长至 2.2 亿元，年增长率约为 1.17%。然而，由于市场竞争激烈，产品价格并未同步上涨，导致利润率逐年下滑。

### 三、分析

1. 影响

忽视固定成本的优化与控制，导致固定成本快速增长，压缩了利润空间。企业未能充分利用现有设备产能，部分设备闲置，折旧费用却持续增加，造成资源浪费。

2. 正确做法

企业应在扩张前进行全面的成本效益分析，包括固定成本与变动成本的预测与控制。通过优化生产流程、提高设备利用率、合理租赁而非购买非必要设备等方式，有效控制固定成本增长。

3. 正确的会计处理

企业应采用科学的成本核算方法，如作业成本法，准确分配固定成本至各生产环节，避免成本扭曲。对于闲置资产，应及时进行减值测试，并按会计准则进行相应会计处理。

综上所述，该纺织企业忽视固定成本优化与控制的案例，凸显了合理控制固定成本对企业盈利的重要性。企业应在扩张过程中，平衡固定成本与变动成本的增长，以实现可持续发展。

## 案例分析 3：人为操纵变动成本

### 一、背景

某制造企业为了在短期内提升经营利润，管理层决定人为操纵变动成本数据，将部分本应计入变动成本的项目（如设备维护费）错误地归类为固定成本，以期在业务量增长时降低单位产品成本，从而美化财务报表。

### 二、案例具体情况

假设该企业原固定成本总额为 5 000 万元，变动成本率为 70%。通过人为操纵，企业将 1 000 万元的固定成本错误地计入变动成本，导致变动成本率上升至 75%，而表面上固定成本减少至 4 000 万元。在业务量增长 10% 的情况下，这种操作使得单位产品成本看似下降，经营利润虚增。

### 三、分析

1. 法律法规

根据会计准则，企业应准确记录和核算各项成本，不得人为操纵财务数据。案例企业的做法违反了公平、合法和诚实信用的原则。

2. 影响

人为操纵变动成本不仅误导了投资者和债权人，还影响企业的长期决策，如过度投资或削减必要的固定支出，最终损害企业价值。

3. 正确做法

企业应建立健全的成本核算体系，确保各项成本按成本习性正确分类，并通过内部控制机制防止数据操纵。

4. 正确的会计处理

对于已发生的人为操纵行为，企业应立即纠正，并追溯调整相关财务报表，确保信息的真实性和准确性。同时，企业应加强内部审计和外部审计，提高财务透明度。

综上所述，该制造企业通过人为操纵变动成本以美化财务报表的做法是不合理的，不仅违反了法规规定，还对企业造成长期负面影响。企业应遵循会计准则，确保财务数据的真实性和准确性。

## 案例分析 4：成本控制不力导致变动成本失控

### 一、背景

某食品加工企业由于成本控制不力，导致变动成本失控，进而影响了固定成本和变动成本的整体变化趋势。企业未能有效管理原材料采购、生产过程中的损耗以及物流成本等变动成本，导致成本结构失衡。

### 二、案例具体情况

假设该企业的固定成本在 2019—2021 年保持在每年 3 000 万元左右，而变动成本则从 2019 年的 5 000 万元激增至 2021 年的 8 000 万元，增长率高达 60%。其中，原材料成本上涨了 40%，物流成本上涨了 30%，生产损耗也增加了 20%。

### 三、分析

1. 法律法规

根据企业会计准则，企业应当建立健全的成本控制体系，合理控制和降低各项成本，以提高经济效益。

2. 影响

成本控制不力导致变动成本失控，不仅增加了企业的财务负担，还降低了产品的市场竞争力。长期来看，这将损害企业的盈利能力和可持续发展。

3. 正确做法

企业应加强成本控制，通过优化采购渠道、提高生产效率、降低物流损耗等措施，有效控制变动成本的增长。同时，应定期进行成本分析，及时发现并解决成本控制中的问题。

4. 正确的会计处理

对于已发生的变动成本超支，企业应按照会计准则进行会计处理，将其计入当期损益，并披露相关信息，以便投资者和债权人了解企业的真实财务状况。

综上所述，该食品加工企业因成本控制不力导致变动成本失控的案例表明，合理控制变动成本对企业的发展至关重要。企业应加强成本控制，优化成本结构，以提升经济效益和市场竞争力。

## 案例分析 5：混合成本缺乏有效的分类和管理

### 一、背景

某零售企业在成本管理上长期忽视混合成本的分类与管理，导致成本信息混乱，难以准确分析成本构成和变动趋势。混合成本中既包含固定成本，如设备折旧、租金等，也包含变动成本，如电费、维修费等，缺乏有效的分类会导致成本控制失效。

### 二、案例具体情况

假设该企业年度总成本为 1 亿元，其中混合成本占比高达 40%，即 4 000 万元。由于混合成本未得到有效分类，企业无法准确判断固定成本与变动成本的构成比例，导致在制定定价策略、成本控制措施时缺乏数据支持。

**三、分析**

1. 法律法规

根据企业会计准则，企业应对成本进行合理分类，确保成本信息的准确性和可靠性，以便进行有效的成本控制和财务分析。

2. 影响

混合成本缺乏有效的分类和管理，导致企业无法准确分析成本构成和变动趋势，进而影响定价策略、成本控制和财务决策的有效性。

3. 正确做法

企业应对混合成本进行详细分类，将固定成本和变动成本分开核算，以便准确分析成本构成和变动趋势，为制定有效的成本控制策略和财务决策提供数据支持。

4. 正确的会计处理

对于混合成本，企业应按照会计准则进行分摊处理，将其中的固定成本和变动成本分别计入相应的成本类别，确保成本信息的准确性和可靠性。

综上所述，该零售企业混合成本分类与管理不善的案例表明，合理分类和管理混合成本对企业成本控制和财务分析至关重要。

## 专题七十六：是否通过资金体外循环减少成本、费用

### 业务简介

**一、概念**

资金体外循环，又称为体外资金循环，是指大量资金（特别是现金）明显脱离财政部门、银行监管，在国家现金管理控制之外进行活动的现象。这通常涉及企业以非法或不合规的方式处理资金，以绕过正常的财务和税务监管流程，达到减少成本、费用或避税等目的。

**二、基本规定**

1. 法律规定

《公司法》第十四条：公司可以向其他企业投资，但一般不得成为对所投资企业的债务承担连带责任的出资人。这限制了公司对外投资的责任范围，以保护公司债权人的利益。第十五条：公司向其他企业投资或为他人提供担保需依照公司章程的规定，并由董事会或股东会决议。这确保了公司决策的合法性和透明度。

《中华人民共和国商业银行法》第四十八条：任何单位和个人不得将单位的资金以个人名义开立账户存储。这直接禁止了资金体外循环的常见操作方式之一。

2. 违规行为

资金体外循环通常涉及以下几种违规行为。

库存现金超出规定范围和不按规定使用现金结算：企业的库存现金可能超出规定范围，或在不适用现金结算的情况下使用现金结算，以规避银行监管。

**三、资金体外循环的操作方式**

供应商返点：供应商直接将返点转入企业老板的私人账户，这些资金随后可能用于支付其他费用或返点给客户，形成体外循环。

虚假交易：企业可能通过虚构的采购或销售合同，将资金以业务款的名义套出或套入企业，以达到虚增收入或减少成本的目的。

关联交易：企业通过受控主体（如关联公司或受企业控制的主体）进行虚假交易，使资金在体外循环，同时避免披露关联交易。

**四、影响和风险**

资金体外循环虽然可能短期内减少了企业的成本和费用，但长期来看，这种行为存在重大风险和负面影响。

法律风险：企业将面临严重的法律处罚，包括高额罚款、刑事责任等。

财务风险：体外循环的资金难以得到有效监管，导致资金流失、内部腐败等问题，影响企业的财务健康。

信誉风险：企业的违规行为将严重损害其市场信誉和品牌形象，影响长期发展。

经济秩序影响：资金体外循环扰乱了正常的经济秩序，导致资源配置效率低下、金融稳定性受损等问题。

**五、违规表现**

1. 虚构交易以虚减成本

行为描述：企业通过虚构交易，如虚构采购合同或销售合同，将资金以支付货款或收入的名义转出或转入，从而少计原材料采购数量及金额，以此虚减当期成本。

目的与动机：粉饰财务报表，提高利润，以吸引投资者或满足上市条件。

后果：这种行为导致财务报表失真，误导投资者和其他利益相关方。企业将面临罚款、声誉损失甚至法律诉讼。

2. 通过私人账户或第三方账户发放工资等

行为描述：企业将部分收入或利润不记入账簿，而是通过私人账户或第三方账户发放员工工资或福利，以此减少正式账簿中的人工成本。

目的与动机：降低人工成本。

后果：这种行为违反了税法，企业面临税务风险。此外，企业也会因财务不透明而失去投资者的信任。

3. 利用体外资金支付非经营性支出

行为描述：企业通过体外资金支付一些非经营性支出（如公关费等），将非经营性支出不纳入账簿，以此减少费用支出。

目的与动机：掩盖不合规的支出，同时减少费用以提高利润。

后果：这种行为不仅违反了相关法律法规，还会引发法律纠纷和监管处罚。此外，企业的形象和声誉也会受到严重损害。

4. 关联方交易体外循环

行为描述：企业通过关联方之间的虚假交易，在关联方之间转移资金，以此达到虚增收入、虚减成本或费用等目的。

目的与动机：粉饰财务报表，提高利润或满足特定财务指标。

后果：这种行为严重损害了财务报表的真实性和可靠性，误导投资者。企业将面临严厉的处罚，包括罚款、市场禁入等。

## 法律法规

**一、《公司法》相关规定**

1. 公司对外投资与担保

第十四条：公司可以向其他企业投资；但是，除法律另有规定外，不得成为对所投资企业的债务承担连带责任的出资人。这意味着公司在对外投资时，其责任范围通常限于其出资额，而不涉及公司的全部资产，从而保护公司债权人的利益。

第十五条：公司向其他企业投资或者为他人提供担保，依照公司章程的规定，由董事会或者股东会决议；公司章程对投资或者担保的总额及单项投资或者担保的数额有限额规定的，不得超过规定的限额。这一规定确保了公司对外投资和担保的决策程序合法、透明，并符合公司及股东的整体利益。

2. 公司借贷

虽然《公司法》没有直接规定对外借贷的具体条款，但公司借贷行为应遵守相关金融法规，并确保公司资金的安全与合规性。此外，公司借贷通常需要经过股东或董事会的同意，以确保决策程序的合法性和透明度。

**二、《税收征收管理法》相关规定**

《税收征收管理法》第六十三条明确规定了偷税行为及其法律后果，这对理解企业是否通过资金体外循环减少应缴税款至关重要。

第六十三条：纳税人伪造、变造、隐匿、擅自销毁账簿、记账凭证，或者在账簿上多列支出或者不列、少列收入，或者经税务机关通知申报而拒不申报或者进行虚假的纳税申报，不缴或者少缴应纳税款的，是偷税。对纳税人偷税的，由税务机关追缴其不缴或者少缴的税款、滞纳金，并处不缴或者少缴的税款百分之五十以上五倍以下的罚款；构成犯罪的，依法追究刑事责任。

**三、结论**

综上所述，企业是否通过资金体外循环减少成本、费用的问题，主要受到《公司法》和《税收征收管理法》等法律法规的约束。企业在进行任何财务操作时，都应严格遵守相关法律法规，确保决策的合法性和合规性。同时，监管部门也应加强对企业资金运作的监管力度，打击各类违法违规行为，维护市场秩序和公平竞争环境。

## 合规程序与方法

**一、合规程序**

1. 明确检查目标与范围

确定检查旨在识别并评估企业是否存在通过资金体外循环违规减少成本、费用的行为。

明确检查范围，包括但不限于财务报表、银行流水、内部交易记录等。

2. 组建专业团队

组建包含财务人员、审计人员、律师等专业人士的跨职能团队，确保检查工作的全面性和专业性。

3. 制定检查计划

根据企业规模和业务复杂性，制定详细的检查计划，明确时间节点、检查步骤和责任分配。

**二、检查方法与步骤**

1. 财务数据分析

审查财务报表：关注利润表、现金流量表等关键报表，分析成本、费用是否异常偏低。

比对银行流水：获取企业所有银行账户的对账单，与财务报表中的资金流动情况进行比对，识别未入账或异常的资金流动。

关注大额交易：对大额现金流入流出进行重点审查，确认其合理性和真实性。

2. 内部控制评估

评估内部控制体系：检查企业是否建立了有效的内部控制体系，特别是对资金流动的监控机制。

测试关键控制点：通过访谈、观察、测试等方式，验证关键控制点的有效性，如资金审批流程、财务复核制度等。

3. 关联交易审查

识别关联交易：通过工商登记、股东结构等信息，识别企业与其关联方之间的交易。

分析交易实质：评估关联交易的定价是否公允，是否存在通过关联交易转移成本、费用的行为。

4. 未达账项管理

核对未达账项：检查银行存款日记账与银行对账单之间的差异，确认未达账项的合理性和真实性。

关注大额未达账项：对大额未达账项进行重点审查，防止企业通过未达账项掩盖资金体外循环行为。

5. 法律与合规性审查

对照法规标准：检查企业行为是否符合《会计法》《企业财务通则》《企业会计准则》等相关规定。

评估法律风险：评估企业可能面临的法律风险，包括税务风险、合同风险等。

## 案例分析 1：虚构交易以虚减成本

### 一、背景

某制造业公司为减少发行成本，虚构了一系列交易以虚减生产成本。该公司通过设立关联空壳公司，伪造原材料采购合同，大量采购不存在的原材料，并在账面上虚减材料成本，同时利用这些虚假交易将资金转出至关联公司，实现资金体外循环。

### 二、案例具体情况

虚减成本金额：年度虚减原材料成本共计 5 000 万元。

资金体外循环规模：通过虚假交易，累计转出资金 6 000 万元，其中部分资金以“咨询费”“服务费”等名义回流至公司，用于其他支出。

### 三、分析

1. 法律法规

根据《企业会计准则》及反财务舞弊相关法律法规，企业应当如实反映财务状况和经营成果，虚构交易属违法行为。

2. 影响

此行为不仅误导投资者，损害其利益，还扰乱市场秩序，影响资本市场的健康发展。

3. 正确做法

企业应建立健全内部控制体系，确保财务数据的真实性和完整性。对于成本费用的确认，应严格遵循会计准则，不得虚构或伪造交易。

4. 正确的会计处理

对于已发生的成本，应如实记录，不得虚减。若发现前期错误，应及时进行会计调整，确保财务报表的准确性和可靠性。

## 案例分析 2：通过私人账户或第三方账户发放工资等

### 一、背景

某国有企业为规避监管，以及减少正式财务记录中的成本和费用，私设“小金库”，并利用这部分资金发放工资和奖金。具体操作为，通过虚开发票、截留项目资金等方式，将部分收入转入“小金库”，再以“绩效奖金”“加班补贴”等名义发放给员工，从而实现资金体外循环。

### 二、案例具体情况

“小金库”规模：“小金库”资金累计达 1 000 万元。

账外工资发放：通过“小金库”发放账外工资及奖金共计 600 万元。

**三、分析**

1. 法律法规

《会计法》及《财政违法行为处罚处分条例》明确规定，单位应如实反映财务状况，不得私设“小金库”用于违规支出。

2. 影响

此行为不仅导致国家财政收入流失，还破坏了公平分配原则，损害了企业声誉；同时，为腐败提供了温床，助长了不正之风。

3. 正确做法

企业应建立健全薪酬管理制度，确保所有工资、奖金发放均通过正规渠道进行，并接受内外部审计监督。

4. 正确的会计处理

对于已发生的“小金库”问题，企业应主动自查自纠，将相关资金纳入正规账簿，并按规定补缴税款或上缴财政。同时，对责任人进行严肃处理，防止类似问题再次发生。

## 案例分析 3：利用体外资金支付非经营性支出

**一、背景**

某上市公司为规避监管，以及减少公开披露的成本、费用，利用实际控制人的个人卡进行体外资金运作，支付非经营性支出，如高管个人消费支出、与业务无关的公关费用等。具体操作为，公司通过虚构业务往来，将公司资金转移至个人卡，再由个人卡支付这些非经营性费用。

**二、案例具体情况**

体外资金规模：累计通过个人卡转移体外资金达 800 万元。

非经营性支出：利用体外资金支付高管个人消费支出、与业务无关的公关费用等非经营性支出共计 500 万元。

**三、分析**

1. 法律法规

《公司法》及证券监管法规要求上市公司必须真实、准确、完整地披露财务信息，禁止利用体外资金支付非经营性支出以规避监管。

2. 影响

此行为严重损害了投资者利益，破坏了市场的公平、透明，导致公司股价波动，影响市场稳定；同时，也暴露了公司内部治理的薄弱和内部控制的缺失。

3. 正确做法

企业应建立健全内部控制体系，确保所有资金往来均通过正规渠道进行，并严格区分经营性支出与非经营性支出。对于非经营性支出，应建立严格的审批流程和报销制度，确保合规性。

4. 正确的会计处理

对于已发生的用体外资金支付非经营性支出的问题，企业应主动披露并进行会计调整，将相关支出纳入正规账目，并按规定补缴税款或进行其他财务处理。同时，加强内部审计和外部审计监督，防止类似问题再次发生。

## 案例分析 4：关联方交易体外循环

**一、背景**

某上市公司为减少公开披露的成本和费用，利用关联方交易进行资金体外循环。该公司通过其控制的关联公司虚构采购合同，高价购买原材料，同时将资金以预付款名义转出至关联公司账户。随后，关联公司再以咨询费、服务费等名义将部分资金回流至上市公司，实现体外循环，减少了上市公司账面上的成本和费用。

**二、案例具体情况**

虚假采购金额：上市公司年度虚假采购金额达2 000万元。

资金体外循环规模：通过关联方交易，累计转出资金2 500万元，其中1 500万元以咨询费、服务费名义回流至上市公司。

**三、分析**

1. 法律法规

《企业会计准则》及证券监管法规要求上市公司应真实、准确、完整地披露关联方关系及关联交易，禁止利用关联方交易进行资金体外循环以操纵财务报表。

2. 影响

此行为严重误导了投资者，破坏了市场公平透明原则，损害了资本市场的健康发展；同时，也暴露了公司内部治理的漏洞和内部控制的失效。

3. 正确做法

公司应建立健全关联方交易管理制度，确保所有关联方交易均按照公平、公正、公开的原则进行，同时，公司应严格履行信息披露义务。

4. 正确的会计处理

对于已发生的关联方交易体外循环问题，企业应主动披露并进行会计调整，将相关交易纳入正规账簿，调整财务报表以反映真实情况。同时，加强内部控制和外部审计监督，防止类似问题再次发生。

## 专题七十七：成本核算和结转方法是否同期保持一致

### 业务简介

**一、概念**

1. 成本核算

（1）概念

成本核算是指企业根据一定的原则和方法，对其生产经营过程中发生的各项费用进行归集、分配和计算，以确定产品总成本和单位成本的过程。这一过程包括确定成本核算对象（如产品品种、批次、生产步骤等）、收集成本数据、进行费用分配和成本计算等步骤。

（2）目的

正确计算产品成本：确保产品成本的准确性，为产品定价和利润分析提供依据。

提供成本信息：及时提供成本信息，支持企业的管理决策。

优化成本决策：通过成本核算，分析成本构成，找出降低成本的途径。

加强成本控制：促进成本责任制的巩固和发展，增强企业活力。

（3）方法

企业成本核算的方法多种多样，主要包括移动加权平均法、全月平均法、先进先出法、后进先出法（我国已不允许使用）、个别计价法、计划成本法。这些方法各有特点，适用于不同的企业和产品。

2. 成本结转

（1）概念

成本结转主要是指将已完工产品的成本从“生产成本”账户结转到“库存商品”账户，以及将已销售产品的成本从“库存商品”账户结转到“主营业务成本”账户的过程。这一过程是成本核算的延续，也是确认产品销售收入和计算销售利润的重要环节。

（2）目的

确保销售成本的准确性，反映企业的真实经营成果。

（3）方法

成本结转的方法主要包括先进先出法、加权平均法（包括移动加权平均法和月末一次加权平均法）和个别计价法。选用何种方法取决于企业的产品特点、生产流程以及管理需求。

3. 一致性原则

在成本核算和结转过程中，一致性原则是非常重要的。这个原则要求成本核算和结转的方式在一个会计期间内必须保持一致，以确保成本核算数据的前后连贯性和可比性。如果核算方式经常变动，会影响会计核算的一致性，使得各期的成本数据无法形成统一的核算基础，降低数据的可使用性。

为了确保成本核算和结转在同一会计期间内保持一致，企业应采取以下措施。

明确核算方法：在制定成本核算和结转制度时，应明确采用的具体方法，并在整个会计期间内严格执行。

培训相关人员：对参与成本核算和结转工作的人员进行培训，确保他们熟悉并掌握所采用的方法。

建立监督机制：建立成本核算和结转的监督机制，定期检查核算和结转工作是否按照既定方法执行，及时发现并纠正偏差。

采用信息系统：利用现代信息技术手段，建立成本核算和结转的信息系统，提高核算和结转的准确性和效率。

**二、违规表现**

1. 随意改变财产物资的计价和结转方法

行为描述：企业在不同会计期间内，无充分理由和未经必要程序，随意改变原材料、低值易耗品、包装物和固定资产等财产物资的计价和结转方法。

目的与动机：调节利润、规避税收或满足特定财务指标等。

后果：导致成本数据在不同期间不可比，影响财务报表的真实性和可靠性，误导投资者、债权人等利益相关者，同时违反相关法律法规，导致企业面临税务处罚和声誉损失。

2. 成本核算方法频繁变动

行为描述：企业在短时间内频繁更换成本核算方法，如从固定成本法改为变动成本法，或从作业成本法改为传统成本法。

目的与动机：企业可能为了在不同时期达到不同的利润目标或满足外部审计、融资等需求，通过更换成本核算方法来调整成本结构。

后果：成本核算方法的频繁变动使得成本数据缺乏连续性和稳定性，难以准确反映企业的实际经营状况，增加了内外部审计的难度，也会引发监管机构的关注和调查。

3. 成本分配方法不一致

行为描述：企业在分配间接成本（如制造费用）时，前后期采用的方法不一致，如前期按人工小时数分配，后期改为按机器小时数分配。

目的与动机：企业可能为了将成本更多地分配给高利润产品以提高整体盈利能力，或者为了平衡不同产品线的利润水平，而故意调整成本分配方法。

后果：成本分配方法的不一致导致产品成本失真，无法准确反映各产品的实际盈利能力，影响企业的定价策略和市场竞争力，同时也会导致内部管理决策失误。

## 法律法规

关于企业成本核算和结转方法是否同期保持一致，可以从相关的会计准则、会计制度以及成本核算原则中找到相关的依据和要求。以下是对此问题的详细分析。

**一、会计核算方法的一致性要求**

一贯性原则（一致性原则）：根据《企业会计准则》及会计核算的基本原则，企业的会计核算方法前后各期应当保持一致，不得随意变更。这是确保会计信息可比性的重要基础。

如有必要变更，应当将变更的内容和理由、变更的累积影响数，以及累积影响数不能合理确定的理由等，在会计报表附注中予以说明。这一要求体现了对会计核算方法变更的严格控制和信息披露的充分性。

**二、成本核算方法的一致性要求**

1. 成本核算方法的确定

企业应当根据产品生产过程的特点、生产组织的类型、产品种类的繁简和成本管理的要求，确定产品成本的计算方法。这种方法一旦确定，应在各期保持一致。

2. 成本核算方法的变更

企业成本核算中的各种处理方法，包括材料的计价、价差的调整、费用的分配、完工产品和在产品的成本计算以及销售产品成本的计算等，前后各期必须一致，不得任意变更。

如需变更，要报经主管部门批准，并将变更的原因及其对成本和财务状况的影响，在当期的会计报告中加以说明。

**三、结转方法的一致性要求**

结转方法通常指的是将某一会计期间的成本或费用从相关账户转入另一账户的过程，如将生产成本结转为库存商品成本，或将库存商品成本结转为经营业务成本。

结转方法的一致性要求与成本核算方法的一致性要求相同，即一旦确定，应在各期保持一致，以确保会计信息的可比性和准确性。

**四、实际操作中的注意事项**

在实际操作中，企业应根据自身的生产经营特点和成本管理要求，合理选择成本核算和结转方法，并确保其在各期保持一致。

如需变更，应严格按照相关规定和程序进行，并及时在会计报告中披露变更的原因及其对财务状况和经营成果的影响。

## 合规程序与步骤

**一、合规程序与方法**

1. 明确成本核算政策与程序

企业应制定明确的成本核算政策和程序，明确成本核算的对象、范围、方法及结转规则，并确保这些政策符合《会计法》《企业会计准则》等相关规定的要求。

2. 建立成本核算体系

构建完善的成本核算体系，包括设立材料明细账、工时单耗记录、费用分配表等，确保所有生产费用能够准确、及时地归集和分配。同时，明确成本计算对象和成本项目，如直接材料、直接人工、制造费用等，并据此开设产品成本明细账。

3. 定期审核与评估

生产费用支出的审核：对发生的各项生产费用进行严格审核，确保费用真实、合法，符合公司制度和国家法规。

成本核算方法的评估：定期评估成本核算方法的有效性和适用性，特别是在市场环境、生产规模、产品结构等发生变化时，需及时调整成本核算方法以保持其合理性。

4. 一致性检查

纵向一致性检查：比较前后各期的成本核算方法和结转规则是否一致，确保成本数据的连续性和可比性。

横向一致性检查：检查同一期间内不同产品或服务的成本核算方法是否一致，避免随意调整计价方法以操纵利润。

5. 采用合适的成本核算方法

根据企业的生产类型、规模、行业属性及管理需求，选择合适的成本核算方法，如品种法、分批法、分步法等。同时，对于存货计价，可依据实际情况选择先进先出法、移动加权平均法等。

**二、步骤**

收集资料：整理与成本核算相关的政策文件、账簿记录、费用分配表等。

对比分析：将当前成本核算方法与前期进行对比，检查是否存在差异及差异产生的原因。

评估合理性：结合市场环境、生产实际等因素，评估成本核算方法的合理性。

调整与改进：对于不合理或不一致的地方，及时调整成本核算方法和结转规则，并更新相关政策和程序。

记录与报告：详细记录检查过程、发现的问题及改进措施，并向管理层报告。

**三、可能的影响因素**

市场环境变化：原材料价格波动、人工成本变化等市场环境因素可能影响成本核算的准确性。

生产规模与结构变化：生产规模扩大或产品结构调整可能导致原有成本核算方法不再适用。

政策法规变动：会计政策、税法等相关法规的变动可能影响成本核算的合规性。

管理需求变化：成本控制、决策支持等管理需求的变化可能要求成本核算方法做出相应调整。

**四、结论**

企业要确保企业成本核算和结转方法同期保持一致，需要建立健全的成本核算体系，明确成本核算政策和程序，并定期进行审核与评估。同时，应密切关注市场环境、生产规模、政策法规等外部因素的变化，及时调整成本核算方法以保持其合理性和合规性。只有这样，才能为企业提供准确、可靠的财务信息，支持企业的健康发展。

## 案例分析 1：随意改变财产物资的计价和结转方法

**一、背景**

某制造企业A公司为了调节年度利润，在未充分披露和说明的情况下，随意改变了财产物资（如原材料、库存商品）的计价和结转方法。A公司原本采用加权平均法计算存货成本，但在年末为了降低销售成本、虚增利润，突然改为先进先出法（FIFO）。由于当年原材料价格呈上涨趋势，这一变更导致销售成本显著降低，利润虚增。此外，A公司未在财务报表中充分披露这一会计政策变更，进一步掩盖了其操纵利润的行为。

**二、案例具体情况**

存货计价方法变更：从加权平均法改为先进先出法。

原材料价格变动趋势：全年上涨10%。

变更前销售成本：采用加权平均法计算，销售成本为1 200万元。

变更后销售成本：采用先进先出法计算，销售成本为1 000万元。

虚增利润：200万元。

当期利润：虚增前利润为 800 万元，虚增后利润为 1 000 万元。

影响利润率：利润率从 16% 虚增至 20%。

**三、分析**

1. 法律法规

根据《企业会计准则第 1 号——存货》第十四条，企业应当根据存货的性质和用途，合理确定存货的计价方法，并在财务报表附注中披露。此外，《企业会计准则第 28 号——会计政策、会计估计变更和差错更正》规定，企业变更会计政策时，需在财务报表附注中披露变更的性质、原因及影响。随意变更存货计价方法且未披露，违反了上述规定。

2. 影响

随意改变财产物资的计价和结转方法会导致以下影响：

财务报表失真：变更计价方法导致销售成本和利润数据失真，误导投资者和债权人。

税务风险：虚增利润可能导致多缴所得税，但一旦被税务机关发现，企业需补缴税款并缴纳罚款。

审计问题：审计机构可能对会计政策变更提出质疑，甚至出具非标准审计报告，影响企业信誉。

决策失误：失真的财务信息可能导致管理层做出错误的经营决策，影响企业长期发展。

3. 正确做法

企业应严格按照会计准则和法律法规的要求，合理确定并一贯使用财产物资的计价和结转方法。具体措施包括：

制定会计政策：根据企业实际情况，合理确定存货计价方法，并报董事会批准。

一贯性原则：除非有充分理由，否则不得随意变更会计政策。如需变更，应充分披露变更原因及影响。

加强内部控制：定期对存货计价和结转方法进行内部审计，确保其合规性和一致性。

培训财务人员：提高财务人员的专业水平，确保其准确理解和执行会计政策。

4. 正确的会计处理

一贯性原则：企业应一贯使用确定的存货计价方法，不得随意变更。

会计政策变更：如需变更会计政策，应按照《企业会计准则第 28 号》的要求，在财务报表附注中披露变更的性质、原因及影响。

追溯调整：对于重大会计政策变更，应追溯调整以前年度财务报表，确保财务数据的连续性和可比性。

成本结转：按照确定的计价方法准确计算销售成本，借记“主营业务成本”科目，贷记“库存商品”科目。

## 案例分析 2：成本核算方法频繁变动

**一、背景**

某电子产品制造企业，由于市场环境快速变化及内部管理需求，频繁变更成本核算方法，从最初的品种法转变为分批法，后又尝试使用作业成本法，且每次变更均未经过充分论证和审批流程。

**二、案例具体情况**

1. 初始采用品种法（2021 年）

总成本：1 亿元。

产品 A 成本：3 000 万元。

产品 B 成本：7 000 万元。

2. 变更为分批法（2022 年）

总成本不变，但因批次划分不同，产品 A 成本增加至 3 500 万元，产品 B 成本减少至 6 500 万元。

3. 变更为作业成本法（2023 年上半年）

总成本重新分配，产品 A 成本进一步调整至 3 200 万元，产品 B 成本为 6 800 万元，同时识别出多项间接成本。

**三、分析**

1. 法律法规

《企业会计准则》要求企业采用的会计政策应当保持一贯性，不得随意变更。

2. 影响

成本信息可比性差，影响经营决策。

财务报表使用者难以评估企业真实盈利能力。

违反会计准则，影响企业信誉。

3. 正确做法

选择适合企业特点的成本核算方法，并保持相对稳定。

成本核算方法确需变更时，应充分论证变更的合理性和必要性，并按规定程序报批。

4. 正确的会计处理

在财务报表附注中详细披露成本核算方法的变更原因、影响及调整后的数据。

确保变更成本核算方法后的数据具有可比性，必要时进行追溯调整。

此案例强调成本核算方法稳定性的重要性，以及变更时需遵循的法律法规和正确的会计处理方式。

## 案例分析 3：成本分配方法不一致

**一、背景**

某化工企业，生产多种化学品，包括甲、乙、丙三种产品。由于生产流程复杂，涉及多个生产环节和共用资源，企业在成本分配上未保持一致性，对甲产品采用传统的工时分配法，而对乙、丙产品则使用作业成本法。

**二、案例具体情况**

1. 甲产品（工时分配法）

总工时：10 000 小时。

总制造费用：500 000 元。

甲产品分配的制造费用：200 000 元（基于甲产品的生产工时占总工时的 40%）。

2. 乙产品（作业成本法）

总作业成本池：600 000 元。

乙产品特定作业成本驱动因素分配：400 000 元。

3. 丙产品（同样采用作业成本法，但细节不同）

总作业成本池相同，但分配细节差异导致丙产品成本为 400 000 元。

**三、分析**

1. 法律法规

《企业会计准则》要求成本核算和分配方法应保持一贯性和合理性，确保成本信息的准确性和可比性。

2. 影响

成本信息混乱，不同产品的成本数据的可比性差。

影响产品定价策略和市场竞争力评估。

误导管理层决策，增加经营风险。

3. 正确做法

统一成本分配方法，确保所有产品采用相同的合理分配标准。

定期评估成本分配方法的适用性，必要时进行调整，但需保持一贯性。

4. 正确的会计处理

明确成本分配原则，并在财务报表附注中详细披露。

对于已采用不同分配方法的情况，进行追溯调整，确保数据具有可比性。

此案例展示了成本分配方法不一致带来的问题，强调了统一分配方法和合理披露的重要性。

## 专题七十八：能源支出、运输费用、研发费用在成本中的占比是否合理

### 业务简介

**一、能源支出在成本中的占比的合理性**

1. 概念

能源支出是指企业在生产经营过程中消耗的各种能源（如电力、煤炭、天然气、水等）所产生的费用。这些费用作为生产成本的一部分，对企业的盈利能力和市场竞争力具有重要影响。

2. 影响能源支出在成本中的占比的因素

行业特性：不同行业对能源的依赖程度不同，如重工业、化工业对能源的消耗较大，因此能源支出占比较高；而服务业、信息技术业对能源的依赖较小，能源支出占比较低。

生产规模：生产规模越大的企业，其能源消耗量通常也越大，从而导致能源支出在成本中的占比相对较高。

技术水平：技术先进的企业往往能更有效地利用能源，降低单位产品的能源消耗，从而降低能源支出在成本中的占比。

能源价格：能源市场价格波动直接影响企业的能源支出成本，进而影响其在总成本中的占比。

3. 如何判断能源支出在成本中的占比的合理性

行业比较：企业可以通过与同行业企业的能源支出占比进行比较，评估自身能源支出的合理性。如果占比接近或低于行业平均水平，通常认为较为合理。

能源利用效率分析：分析企业的能源利用效率，如果效率较高，说明能源支出得到了有效利用，占比可能相对合理。

成本效益分析：考虑能源支出与企业整体效益的关系，如果能源支出的增加能够带来更大的经济效益，那么该占比可能是合理的。

以大全公司为例，其能源成本在总成本中占比较高，并且存在一定的波动性。大全公司通过分析燃煤、天然气和电力等能源的消耗情况，采取了一系列措施来降低能源成本，如用天然气替代燃煤、加强节能管理等。这些措施有助于降低能源支出在成本中的占比，提高企业的经济效益。

**二、运输费用在成本中的占比的合理性**

1. 概念

运输费用是指企业在产品运输过程中产生的费用，包括运费、装卸费、保险费等。这些费用是销售成本的一部分，对企业的利润水平有直接影响。

2. 影响运输费用在成本中的占比的因素

物流距离：物流距离越长，运输费用通常越高。

运输方式：不同运输方式（如公路运输、铁路运输、水路运输、航空运输）的费用不同，且各有优缺点。

物资种类和规格：不同种类和规格的物资对运输方式和包装的要求不同，从而影响运输费用。

市场竞争状况：市场竞争激烈时，企业可能通过降低运输费用来吸引客户。

3. 如何判断运输费用在成本中的占比的合理性

成本结构分析：分析运输费用在总成本中的占比是否合理，需要考虑企业的成本结构特点。如果运输费用占比较低，且能够满足客户需求，通常认为较为合理。

市场竞争对比：与同行业企业进行比较，评估自身运输费用的合理性。如果占比接近或低于行业平均水平，同时又能保证产品及时送到客户手中，那么该占比可能是合理的。

运输效率与成本控制分析：关注运输效率的提升和运输成本的控制。通过优化运输路线、提高装载率、采用更经济的运输方式等措施来降低运输费用占比。

某机械产品生产企业，其加工时间只占生产过程的 10% 左右，而物流时间却占 90%。因此，很大一部分生产成本消耗在物流过程中。为了降低运输费用占比，该企业采取了科学合理的运输管理决策，如优化运输工具选择、减少运输环节等，从而提高了物流效益并降低了运输成本。

**三、研发费用在成本中的占比的合理性**

1. 概念

研发费用是指企业为进行新产品开发、技术升级等活动而投入的费用。这些费用是企业创新能力的体现，对企业的长期发展具有重要意义。

2. 影响研发费用在成本中的占比的因素

行业特性：高科技行业对研发的投入通常较大，而传统行业对研发的投入可能相对较小。

企业战略：企业根据自身发展战略和市场定位来决定研发投入的多少。

技术更新速度：技术更新速度快的行业需要更多的研发投入来保持竞争力。

市场需求：市场需求的变化也会影响企业的研发投入决策。

3. 如何判断研发费用在成本中的占比的合理性

行业标准对比：高新技术企业通常有一定的研发费用占比要求，如最近一年销售收入小于 5 000 万元的企业，研发费用占比不低于 5% 等。企业可以参照这些行业标准来评估自身研发费用占比的合理性。

研发投入产出比分析：分析研发投入与产出的关系，如果研发投入能够带来预期的技术创新成果和市场回报，那么该占比可能是合理的。

企业发展阶段分析：考虑企业所处的发展阶段。初创期企业可能需要更多的研发投入来支持技术创新和产品开发；而成熟期企业则可能更注重成本控制和市场拓展。

某高新技术企业根据自身销售收入情况制定了合理的研发费用占比目标，并通过加强研发项目管理、提高研发效率等措施来确保研发费用的有效投入和产出。同时，该企业还密切关注行业发展趋势和市场需求变化，及时调整研发方向和投入力度以保持竞争优势。

**四、违规表现**

1. 能源支出占比不合理

（1）行为描述

企业通过虚增或虚减能源支出，人为调节成本结构。例如，将非能源支出计入能源费用，或隐瞒实际能源消耗，导致能源支出占比异常，偏离行业合理水平。

（2）目的与动机

企业可能为虚增成本减少税负，或虚减成本美化利润。通过操纵能源支出占比，掩盖实际经营问题，满足业绩考核或融资需求，但违反成本核算的真实性原则。

（3）后果

经济后果：长期能源浪费导致成本上升，影响企业竞争力。

法律后果：违反法规，企业面临罚款甚至停产整顿。

环境后果：增加碳排放，加剧环境污染。

2. 运输费用占比不合理

（1）行为描述

运输费用占比过高可能是由于运输路线不合理、运输工具选择不当或运输管理不善；占比过低则可能涉及运输费用的虚报或瞒报。

（2）目的与动机

降低成本或掩盖运输效率低下问题；追求短期利润，忽视运输效率提升；或为美化财务报表而调整运输费用。

（3）后果

经济后果：运输效率低下导致总成本上升，影响产品竞争力。

管理后果：运输管理不善导致货物延误、损坏，影响客户满意度。

法律后果：若涉及虚报运输费用，将触犯财务造假相关法律。

3. 研发费用占比不合理

（1）行为描述

研发费用占比过高或过低均可能存在问题。占比过高可能是由于研发项目过多、管理不善或虚增研发费用；占比过低则可能表明研发投入不足，影响企业创新能力。

（2）目的与动机

提高税前扣除额（占比过高时）；降低当前成本（占比过低时）；追求短期税收优惠或提升利润表现，忽视长期研发投入对企业核心竞争力的影响。

（3）后果

经济后果：虚增研发费用导致企业面临税务处罚；研发投入不足则影响企业技术创新和长期发展。

法律后果：虚增研发费用构成财务造假，企业将受到证券监管机构和税务机关的双重处罚。

市场后果：研发投入不足导致产品竞争力下降，市场份额可能被竞争对手侵蚀。

综上所述，企业在管理能源支出、运输费用和研发费用时，应确保各项成本占比合理，既要考虑短期经济效益，也要兼顾长期战略目标和法律法规要求。任何不合理的占比都可能导致严重的经济、法律和市场后果。

## 合规程序与方法

检查企业能源支出、运输费用、研发费用在成本中的占比是否合理，是确保企业财务健康、合规运营的重要环节。这一过程涉及多个方面，包括成本分析、合规性审查以及相关的内部控制和审计程序。以下是一个详细的合规程序与方法解释。

1. 合规程序与方法概述

目标：确保企业成本分配合理，符合相关会计准则和法规，避免成本操纵或误报。

关键步骤如下。

数据收集与整理：收集相关成本数据，包括能源支出、运输费用和研发费用的详细记录。

成本分析：使用财务分析工具和方法，如比率分析、趋势分析等，评估各项成本在总成本中的占比的合理性。

合规性审查：对照会计准则、行业标准和相关法规，检查成本分配和记录的合规性。

内部控制评估：审查企业的成本控制和内部审计流程，确保有效性和合规性。

报告与建议：编写合规性报告，提出改进建议，以优化成本结构和提升合规水平。

2. 具体步骤与操作方法

（1）数据收集与整理

从企业财务系统中收集能源支出、运输费用和研发费用的历史数据。

对数据进行分类和整理，确保数据的准确性和完整性。

（2）成本分析

计算各项成本在总成本中的占比，分析成本结构是否合理。

使用趋势分析，比较不同时期的成本变化，识别异常波动。

进行比率分析，如分析能源支出与产量的比率、运输费用与销售额的比率等，以评估成本效率。

（3）合规性审查

对照会计准则，检查成本记录是否准确，企业是否有操纵成本的行为。

审查企业是否有违反行业特定法规或政府补贴政策的情况。

检查研发费用是否符合税法规定的加计扣除条件。

（4）内部控制评估

评估企业是否有有效的成本控制机制，如预算控制、成本审批流程等。

审查内部审计流程，确保成本数据的准确性和合规性得到定期验证。

（5）报告与建议

编写合规性报告，总结成本分析结果和合规性审查发现。

提出改进建议，如优化成本结构、加强内部控制、提升合规意识等。

3. 可能的影响因素

会计准则变更：会计准则的更新可能影响成本的分类和记录方式。

行业特定法规：某些行业可能有特定的成本合规要求，如环保法规对能源支出的要求。

税收政策变化：税法的变动可能影响研发费用的税务处理。

企业规模与复杂度：大型企业或业务复杂的企业可能面临更严峻的成本合规挑战。

## 案例分析 1：能源支出占比不合理

**一、背景**

云浮市某钢铁企业，作为典型的高能耗企业，在近年来的快速发展中，能源支出占比持续偏高，导致成本结构失衡。该企业主要依赖煤炭等传统能源，生产过程中的能耗控制不严，加之能源利用效率低下，使得能源支出在总成本中占据不合理的高比例。

**二、案例具体情况**

能源支出占比：2020 年，该企业能源支出占总成本的 45%，远超行业平均水平（30%）。

运输费用占比：由于能源供应地远离生产地，煤炭等原材料的运输费用占总成本的 10%，高于行业均值（8%）。

研发费用占比：相比之下，研发投入仅占总成本的 2%，远低于行业合理水平（5%~10%），限制了能效提升和清洁能源技术的引进。

**三、分析**

1. 法律法规

根据《固定资产投资项目节能审查办法》，企业需在开工前取得节能审查意见，并强化事中事后监管。该企业未严格执行，导致能耗超标。

2. 影响

高能源支出挤占了研发投入，影响技术升级；同时，高运输费用增加了成本，降低了企业竞争力。

3. 正确做法

企业应优化能源结构，增加清洁能源比例；加强节能技术改造，提高能效；合理规划生产布局，减少运输费用；加大研发投入，推动技术创新。

4. 正确的会计处理

准确核算各项成本，特别是能源支出和研发费用，确保成本结构透明合理，为管理层提供决策依据。同时，遵循会计准则，对能源支出进行精细化分类，区分可控与不可控成本，以便有效控制和管理。

## 案例分析 2：运输费用占比不合理

**一、背景**

某跨国汽车制造公司，在全球范围内采购原材料和零部件，并在多个国家设有生产基地。近年来，由于全球供应链的不稳定性和物流成本的上升，该公司的运输费用在总成本中的占比逐渐攀升，导致成本结构出现不合理现象。

**二、案例具体情况**

运输费用占比：2022 年，该公司的运输费用占总成本的 18%，而行业平均水平为 12%。

能源支出占总成本的 15%，与行业平均水平相当。

研发费用仅占总成本的 3%，远低于行业合理水平（5%~7%）。

**三、分析**

1. 法律法规

虽然直接针对运输费用占比的法规较少，但企业需遵循成本管理原则，确保各项成本在合理范围内。

2. 影响

高运输费用挤占了研发等其他关键领域的投入，影响了产品创新和长期竞争力。同时，过高的运输费用也降低了企业的盈利能力。

3. 正确做法

优化供应链管理，减少不必要的物流环节；采用更高效的运输方式和技术；加强与供应商的合作伙伴关系，共同降低运输费用。

4. 正确的会计处理

企业应准确核算运输费用，并将其细分为可控和不可控部分。对于可控部分，应设立专门的成本控制机制。同时，在财务报表中清晰披露运输费用的构成和变动趋势，以便管理层和投资者做出更明智的决策。

## 案例分析 3：研发费用占比不合理

**一、背景**

某制药企业，近年来面临新药研发压力和市场竞争加剧的双重挑战。然而，该企业过于注重短期利润，长期忽视研发投入，导致研发费用在总成本中的占比严重偏低，影响了企业的创新能力和长期发展。

**二、案例具体情况**

研发费用占比：2020—2022 年，该企业研发费用占总成本的平均比例为 2%，远低于行业平均水平（8%~10%）。

能源支出占总成本的12%，与行业平均水平相当。

运输费用占总成本的6%，也符合行业标准。

**三、分析**

1. 法律法规

虽然具体研发费用占比没有法定标准，但《企业会计准则》要求企业合理核算和分配各项成本，确保财务报表的真实性和准确性。

2. 影响

研发投入不足，导致新药研发进度缓慢，市场竞争力下降。长期缺乏创新，企业将难以维持市场地位。

3. 正确做法

企业应增加研发投入，至少达到行业平均水平，并考虑设立专门的研发基金，用于支持长期创新项目。

4. 正确的会计处理

准确核算研发费用，包括科研人员薪酬、实验材料费、设备折旧等，确保研发成本的全面和真实反映。在财务报表中，应单独列示研发费用，以便投资者和管理层评估企业的创新能力和未来发展潜力。

# 第十三章
# 期间费用合规

## 专题七十九：期间费用类别归集是否符合企业实际业务情况

### 业务简介

**一、概念**

期间费用是指企业在一定会计期间内发生的，不能直接归属于特定成本核算对象的费用。这些费用通常与企业的日常经营活动相关，但不直接参与产品的生产过程，而是为组织和管理整个生产经营活动所发生的。期间费用包括管理费用、销售费用和财务费用三大类。

**二、期间费用类别及具体内容**

1. 管理费用

定义：企业行政管理部门为组织和管理生产经营活动而发生的各项费用。

具体内容：包括公司经费（如行政管理部门职工工资、修理费、物料消耗、低值易耗品摊销、办公费和差旅费等）、工会经费、待业保险费、劳动保险费、董事会费（包括董事会成员津贴、会议费和差旅费等）、聘请中介机构费、咨询费（含顾问费）、诉讼费、业务招待费、技术转让费、资源税、无形资产摊销、职工教育经费、排污费、存货盘亏或盘盈（不包括应计入营业外支出的存货损失）等。

2. 销售费用

定义：企业在销售商品和材料、提供劳务的过程中发生的各种费用。

具体内容：包括包装费、展览费和广告费、商品维修费、预计产品质量保证损失、运输费、装卸费等，以及为销售本企业商品而专设的销售机构（含销售网点、售后服务网点等）的销售人员职工薪酬、业务费、折旧费、固定资产修理费用等。

3. 财务费用

定义：企业为筹集生产经营所需资金等而发生的费用。

具体内容：包括利息支出（减利息收入）、汇兑损失（减汇兑收益）、金融机构手续费等。

**三、期间费用类别归集是否符合企业实际业务情况的判断标准**

1. 准确性

费用分类清晰：确保各项费用能够准确归类到管理费用、销售费用或财务费用中，避免混淆。

数据真实可靠：费用数据应基于企业实际发生的业务活动进行记录，确保数据的真实性和可靠性。

2. 完整性

无遗漏：确保所有应计入期间费用的项目都被完整记录，无遗漏现象。

全面覆盖：费用归集应全面覆盖企业的各项日常经营活动，反映企业真实的经营状况。

3. 合理性

符合会计准则：费用归集应符合国家会计准则和相关法律法规的规定。

经济合理性：各项费用的发生应具有经济合理性，即费用支出应能够为企业带来相应的经济效益。

4. 一致性

前后一致：在不同会计期间内，费用归集的方法和标准应保持一致，以确保会计信息的可比性。

部门间协调：各部门之间在费用归集过程中应保持良好的沟通协调，确保费用归集的准确性和完整性。

**四、违规表现**

1. 费用归集不当

行为描述：企业将本应记入某一特定费用科目的支出错误地记入其他费用科目，如将销售费用误计入管理费用，或将管理费用误计入财务费用，等等。

目的与动机如下。

调节利润：通过不当归集费用，企业可以人为地减少当期费用虚增利润，以达到特定的财务目标或满足外部监管要求。

规避监管：某些费用科目可能受到更严格的监管或审查，企业通过不当归集费用来规避监管。

后果如下。

会计信息失真：不当归集费用导致会计信息无法真实反映企业的财务状况和经营成果，降低了会计信息的可靠性。

决策失误：基于失真的会计信息做出的决策会导致投资失误或资源错配。

法律风险增加：违反会计准则和监管要求的企业面临法律诉讼和监管处罚。

2. 虚构费用

行为描述：企业虚构不存在的费用支出，将其记入财务报表中的某一费用项目。

目的与动机如下。

转移资金：通过虚构费用，企业可以将资金从合法账户转移至非法账户或关联方账户。

偷逃税款：虚构费用可以增加企业的税前扣除额，从而降低应纳税额。

后果如下。

损害企业信誉：虚构费用的行为将严重损害企业的商业信誉和声誉。

面临法律制裁：偷逃税款等违法行为将使企业面临严重的法律制裁和经济处罚。

3. 费用资本化不当

行为描述：企业将本应计入当期费用的支出错误地资本化，计入资产成本中。

目的与动机如下。

虚增资产：通过费用资本化，企业可以虚增资产总额，改善资产负债表的结构。

平滑利润：将本应计入当期费用的支出资本化可以平滑利润波动，使企业的利润表现更加稳定。

后果如下。

资产价值被高估：费用资本化不当导致资产价值被高估，无法真实反映企业的资产状况。

信任危机产生：平滑利润的行为会引发市场对企业利润操纵的质疑，导致信任危机。

## 法律法规

《企业会计准则——基本准则》第三十三条至第三十五条对费用的定义、确认条件和计量方法进行了规定。

## 合规程序与方法

**一、目标与关键步骤**

目标：确保企业期间费用（如管理费用、财务费用、销售费用等）的归集准确反映实际业务情况，符合会计准则和法规要求。

编制报告与提出建议：基于检查结果，编制合规性报告，并提出改进建议。

**二、具体步骤与方法**

1. 明确期间费用定义与分类

查阅会计准则和相关法规，如《企业会计准则》等，明确期间费用的具体定义和分类标准。

理解各类期间费用的内涵和范围，如管理费用包括行政管理部门的职工薪酬、福利费、折旧费等。

2. 收集与分析数据

从企业财务系统中导出期间费用数据，包括明细账、总账等。

对数据进行分类整理，确保每项费用都能准确归入相应的类别。

分析费用数据的合理性，如是否存在异常波动或不合理分配情况。

3. 对比与核实

将归集的费用类别与企业实际业务发生情况进行对比，检查是否存在错归、漏归或多归现象。

核实费用发生的真实性和合规性，如检查相关凭证、发票等支持性文件。

4. 审查内部控制

评估企业在期间费用归集方面的内部控制制度是否健全有效。

检查费用审批流程、会计核算流程等是否合规，是否存在潜在风险点。

针对内部控制缺陷提出改进建议，确保费用归集的准确性和合规性。

5. 编制报告与提出建议

基于检查结果，编制详细的合规性报告，包括费用归集情况、发现的问题及改进建议等。

将报告提交给企业管理层和相关部门，以便及时采取措施进行整改。

## 案例分析 1：费用归集不当

**一、背景**

某电子产品制造企业，在会计核算过程中，存在销售费用、管理费用和财务费用之间的归集不当现象，导致期间费用类别归集不符合企业实际业务情况。特别是在市场推广费和日常办公费用上，未能准确区分销售费用和管理费用。

**二、案例具体情况**

调整前数据：销售费用被低估，实际应为 500 万元，但其中 200 万元被错误地计入管理费用中；管理费用被高估，实际应为 300 万元，错误记为 500 万元。

调整后数据：销售费用调整为 500 万元，管理费用调整为 300 万元。

**三、分析**

1. 法律法规

《企业会计准则》要求企业按照经济业务的实质进行会计处理，确保费用科目的准确分类和归集。

2. 影响

费用科目归集不当导致财务报表失真，影响内外部利益相关者的决策；同时，导致税务处理不当，增加企业税务风险。

3. 正确做法

企业应明确费用科目的核算范围和标准，加强会计人员的培训和监督，确保费用科目的准确分类和归集。

4. 正确的会计处理

对于市场推广活动产生的费用，应明确计入销售费用；对于日常办公费用，则应计入管理费用。会计人员需根据费用发生的实质和目的进行判断，避免混淆。同时，企业应建立健全的内部控制制度，确保会计处理的准确性和合规性。

## 案例分析 2：虚构费用

**一、背景**

某中小型制造企业，为了美化财务报表，虚构了部分销售费用。该企业希望通过此举吸引投资者，掩盖经营不善的事实。

**二、案例具体情况**

虚构前数据：实际销售费用为 200 万元。

虚构后数据：销售费用被虚增至 350 万元（虚构了 150 万元）。

**三、分析**

1. 法律法规

《会计法》明确规定，企业必须根据实际发生的经济业务事项进行会计核算，不得伪造、变造会计凭证、会计账簿，编制虚假财务会计报告。

2. 影响

虚构费用不仅违反了法律法规，还误导了投资者和债权人，损害了他们的利益。同时，这种行为破坏了市场公平竞争环境，长期来看对企业自身声誉和可持续发展造成不利影响。

3. 正确做法

企业应坚持诚信经营原则，严格按照实际发生的经济业务进行费用归集和会计核算。对于经营不善的情况，应通过加强管理、降低成本、开拓市场等合法合规手段加以改善。

4. 正确的会计处理

对于已虚构的费用，企业应立即进行账务调整，冲销虚假支出，并公开披露相关情况，接受社会监督。

## 案例分析 3：费用资本化不当

**一、背景**

某高科技企业，在研发新型电子产品过程中，为了提升当期利润，将本应计入当期损益的研发费用错误地进行了资本化处理，导致期间费用类别归集与企业实际业务发生情况不符。

**二、案例具体情况**

实际发生情况：2023 年度，该企业研发费用总额为 800 万元，按照会计准则，其中 600 万元应计入当期损益，200 万元符合资本化条件可计入无形资产。

不当处理：企业将 800 万元研发费用均进行了资本化处理，导致当期利润虚增。

**三、分析**

1. 法律法规

《企业会计准则》规定，研发费用应根据其性质及是否满足资本化条件进行合理划分，符合条件的可资本化，否则应计入当期损益。

2. 影响

费用资本化不当导致企业财务报表失真，误导了投资者和债权人的决策；此外，还引发税务风险，因为资本化的研发费用在未来摊销时可享受税前扣除，而费用化的研发费用则直接计入当期损益，影响所得税计算。

3. 正确做法

企业应严格按照会计准则规定，对研发费用进行合理划分，确保费用资本化的准确性和合规性。对于不符合资本化条件的研发费用，应及时计入当期损益。

4. 正确的会计处理

对于已错误资本化的研发费用，企业应进行账务调整，将不符合资本化条件的部分从无形资产中转出，计入当期损益。

## 专题八十：企业是否故意隐瞒费用以粉饰财务报表

### 业务简介

**一、概念**

财务报表粉饰是指企业管理层通过人为操纵，使财务报表反映良好的财务状况、经营业绩和现金流量的行为。隐瞒费用则是指企业在编制财务报表时，故意不记录或少记某笔实际发生的费用，以虚增利润或改善其他关键财务指标，从而达到美化财务报表的目的。

**二、动机**

企业隐瞒费用的动机多种多样，主要如下。

取得上市资格或满足配股条件：如 IPO 或后续配股时，企业需要满足特定的盈利条件。企业可能会通过隐瞒费用来虚增利润，以满足要求。

提升融资能力：在向银行贷款或吸引投资时，良好的财务表现能提高融资的成功率。隐瞒费用可以提升企业的盈利能力，从而有利于融资。

满足业绩考核指标要求：企业高层管理人员为了满足业绩考核指标要求，获取奖金、晋升机会等个人利益，可能采取隐瞒费用的手段。

避免退市：已上市公司若连续亏损可能面临退市风险，通过隐瞒费用来虚增利润，可以避免退市，保住上市资格。

**三、违规表现**

1. 延迟确认费用

行为描述：企业将本应计入当前会计期间的费用，通过调整会计政策或故意拖延记账时间，将其延迟至未来会计期间确认。

目的与动机：企业可能为了在短期内提升利润表现，满足业绩考核要求、吸引投资或维持上市资格，而选择隐藏当前期间的费用支出。

后果：这种行为导致财务报表反映的利润信息失真，误导投资者和债权人做出错误决策。企业不仅信誉受损，还面临法律诉讼、巨额罚款甚至退市风险。

2. 将费用资本化

行为描述：企业将本应计入当期损益的费用支出，错误地进行资本化处理，计入资产成本，从而避免或减少当期费用支出。

目的与动机：企业可能希望通过资本化费用来虚增资产价值，同时减少当期费用，进而提升利润表现。

后果：这种做法同样会导致财务报表失真，损害财务报告的可靠性和透明度；长期来看，不利于企业的可持续发展和市场竞争力的提升。

3. 利用关联交易转移费用

行为描述：企业与关联方之间进行非公允的关联交易，将本应由企业承担的费用转移给关联方，从而减少企业自身的费用支出。

目的与动机：企业可能利用关联交易来操纵利润，以达到粉饰财务报表的目的。关联方之间密切的关系使得这种操纵相对容易实现。

后果：关联交易的不透明性和非公允性严重损害了市场的公平性和公正性，不仅会导致企业信誉受损，还使其面临监管机构的严厉处罚。

4. 虚构费用报销

行为描述：企业通过虚构费用报销事项，将资金从公司账户转出。

目的与动机：企业可能为了套取现金、满足个人私利或进行其他非法活动而虚构费用报销。这种行为往往与贪污、腐败等违法行为紧密相连。

后果：虚构费用报销不仅违反了财务纪律和法律法规，还严重损害了企业的利益和社会形象。相关人员将承担刑事责任和民事赔偿。

**四、防范措施**

为防范隐瞒费用以粉饰财务报表的行为，企业可采取以下措施。

加强内部控制：建立完善的内部控制体系，确保财务报表编制过程的规范性和真实性。

强化外部审计：聘请独立的第三方审计机构对财务报表进行审计，确保审计结果的客观性和公正性。

提高信息披露透明度：企业应及时、准确、完整地披露相关信息，减少信息不对称现象。

加大惩处力度：加大对相关责任人的惩处力度，形成有效的威慑作用。

综上所述，企业故意隐瞒费用以粉饰财务报表的行为是一种严重的不诚信行为，将对市场、企业及相关利益方造成多方面的负面影响。因此，必须采取有效措施加以防范和惩治。

## 法律法规

**一、《刑法》相关规定**

根据《刑法》的相关规定，依法负有信息披露义务的公司、企业向股东和社会公众提供虚假的或者隐瞒重要事实的财务会计报告，严重损害股东或者其他人利益，或者有其他严重情节的，对其直接负责的主管人员和其他直接责任人员，将依法追究刑事责任。具体条款如下。

对直接负责的主管人员和其他直接责任人员，处五年以下有期徒刑或者拘役，并处或者单处罚金；情节特别严重的，处五年以上十年以下有期徒刑，并处罚金。

公司的控股股东、实际控制人实施或者组织、指使实施上述行为的，也依照前款规定处罚。

这些规定明确了对故意隐瞒费用以粉饰财务报表行为的刑事处罚。

**二、《会计法》相关规定**

《会计法》是规范企业会计行为的重要法律，其对编制虚假财务会计报告的行为有明确的规定。具体如下。

对于编制虚假财务会计报告的行为，由县级以上人民政府财政部门予以通报，可以对单位处以一定数额的罚款（如 20 万元以下），并对其直接负责的主管人员和其他直接责任人员处以一定数额的罚款（如 5 万元以下）。

这些规定体现了对违反会计法规行为的行政处罚力度。

**三、会计准则和内部控制制度**

除了上述法律法规外，会计准则和内部控制制度也是规范企业会计行为的重要依据。具体如下。

会计准则规定了企业编制财务报表的标准和程序，要求企业按照真实、公允的原则反映财务状况和经营成果。故意隐瞒费用以粉饰财务报表的行为显然违反了会计准则的要求。

内部控制制度是企业内部管理的重要组成部分，建立健全内部控制制度，可以强化监督职能，减少财务报表粉饰行为。因此，企业应当按照《企业内部控制应用指引》等规定，建立健全内部控制制度，防止故意隐瞒费用等违规行为的发生。

**四、总结**

综上所述，以上法律法规共同构成了对企业会计行为的全面监管体系，旨在保障财务报表的真实性和公允性，维护股东和其他利益相关者的合法权益。

## 合规程序与方法

**一、明确检查目的与范围**

明确检查的目的，即识别企业是否故意隐瞒费用以粉饰财务报表。确定检查的时间范围，通常包括特定会计期间或近期哪几个会计年度的财务报表。

**二、组建专业团队**

组建一个由财务专家、审计人员及法律顾问组成的专业团队。团队成员应具备丰富的会计、审计及法律知识，能够准确理解和应用相关法规和标准。

**三、收集与分析资料**

收集财务报表：获取企业的年度财务报表、季度报表及相关附注，特别是利润表、资产负债表和现金流量表。

分析费用项目：重点关注费用项目是否存在异常变动，如某些费用项目突然减少或连续多年保持在异常低水平。

比对行业标准：将企业的费用水平与同行业可比企业或行业标准进行对比，识别是否存在显著差异。

**四、实施详细审计**

审查会计记录：详细审查会计凭证、账簿及相关原始凭证，核实费用的真实性和完整性。特别关注可能用于隐瞒费用的科目，如“预付账款”“其他应收款”等科目。

询问与调查：对企业管理层及财务人员进行询问，向其了解费用处理政策及实际操作流程。对异常费用项目进行深入调查，要求提供合理解释和证据支持。

函证与实地核查：对重大费用项目涉及的供应商、客户进行函证，确认交易的真实性和金额的准确性。必要时进行实地核查，以获取第一手资料。

**五、运用专业方法识别粉饰行为**

异常利润剔除法：剔除企业利润总额中的非经常性损益项目，如投资收益、补贴收入等，分析剩余利润的稳定性，以判断企业是否通过隐瞒费用来虚增利润。

行业分析法：将企业的关键财务指标与同行业可比企业进行比较，识别是否存在显著差异，进而判断企业是否存在粉饰行为。

现金流量分析法：将现金流量表中的经营活动现金流量净额与利润表中的净利润进行比较，分析净利润的现金含量，识别是否存在利润挂账现象。

**六、评估影响与提出整改建议**

评估影响：分析隐瞒费用行为对企业财务状况、经营成果及投资者决策的影响。

提出整改建议：针对发现的问题，提出具体的整改建议，包括完善内部控制、加强会计政策执行、提高信息披露透明度等。

**七、确保合规与后续监督**

遵守法规：在整个检查过程中，严格遵守相关法律法规和会计准则，确保检查工作的合法性和有效性。

后续监督：建立后续监督机制，定期对企业的财务报表进行复查，确保整改措施得到有效执行，防止类似问题再次发生。

## 案例分析 1：延迟确认费用

**一、背景**

某零售企业，在面临年度业绩考核压力时，为了达成利润目标，决定延迟确认一笔大额广告费用（该费用本应计入当年销售费用），从而粉饰财务报表。

**二、案例具体情况**

实际发生费用：2020 年 12 月，该企业签订了一项价值 500 万元的年度广告合同，按合同约定，广告费用应在当年支付并计入销售费用。

延迟确认操作：企业高层指示财务部门，将该笔广告费用延迟至次年 1 月确认并计入次年销售费用，以减少当年销售费用，提升当年利润。

**三、分析**

1. 法律法规

《企业会计准则》要求企业按照权责发生制原则确认费用和收入，即费用应在相关经济利益很可能流出企业且金额能够可靠计量时确认。

2. 影响

延迟确认费用导致企业当年财务报表中的利润虚增，误导了投资者、债权人，损害了市场公平性和透明度。长期来看，这种行为会损害企业声誉和可持续发展能力。

3. 正确做法

企业应遵循会计准则，按照实际发生的经济业务及时、准确地确认费用和收入，不得人为调整以粉饰报表。

4. 正确的会计处理

对于已延迟确认的费用，企业应在发现后立即进行账务调整，将相关费用追溯调整至正确期间，并对外披露相关情况。同时，加强内部控制，确保费用确认的合规性和及时性。

## 案例分析 2：将费用资本化

**一、背景**

某医药研发企业，在研发一款新药过程中，为美化财务报表，将部分本应计入当期损益的研发费用错误地资本化，以隐藏真实的费用支出情况。

**二、案例具体情况**

实际研发费用：2023 年度，该企业研发费用总额为 1 亿元，其中仅 3 000 万元符合资本化条件，应计入无形资产成本。

错误处理：企业故意将剩余的 7 000 万元研发费用也进行了资本化处理，导致当期利润虚增，且资产负债表中的无形资产价值被人为抬高。

**三、分析**

1. 法律法规

《企业会计准则》明确规定，研发费用应根据其是否满足资本化条件进行资本化。仅当研发项目满足特定条件（如具有技术可行性、未来有经济利益流入等）时，相关支出才可资本化。

2. 影响

此行为严重扭曲了企业的财务状况和经营成果，误导了投资者和债权人的决策，损害了市场公平性和透明度；同时，也为企业未来的摊销费用和所得税计算埋下了隐患。

3. 正确做法

企业应严格按照会计准则规定，合理划分研发费用，确保费用资本化的准确性和合规性。对于不符合资本化条件的费用，应及时计入当期损益。

4. 正确的会计处理

对于已错误资本化的研发费用，企业应立即进行账务调整，将不符合条件的部分从无形资产中转出，计入当期损益，并对外披露调整情况。同时，加强内部控制，防止类似问题再次发生。

## 案例分析 3：利用关联交易转移费用

**一、背景**

某上市公司，为了提升年度业绩表现，通过与其控股股东控制下的另一家企业进行关联交易，将本应由自己承担的一笔大额维修费用转移至关联方，从而隐瞒了真实费用支出，粉饰了财务报表。

**二、案例具体情况**

原维修费用：上市公司原计划对生产线进行大规模维修，预计费用为 5 000 万元，该费用本应计入当期管理费用。

关联交易转移：通过与关联方签订虚假服务合同，上市公司将上述维修业务外包给关联方，并向关联方支付远低于市场价的费用（仅支付 1 000 万元），剩余 4 000 万元费用则未体现在上市公司财务报表中。

**三、分析**

1. 法律法规

关联交易应遵循公平、公正、公开的原则，交易价格应基于市场公允价值。同时，关联交易需充分披露，确保信息透明。

2. 影响

此行为导致上市公司财务报表失真，误导了投资者，破坏了市场诚信体系；长期来看，损害了企业声誉和股东利益。

3. 正确做法

企业应严格按照会计准则和法规要求，对关联交易进行真实、准确的记录和披露。费用承担应基于实际业务需求和公平交易原则。

4. 正确的会计处理

对于已发生的关联交易费用转移，上市公司应进行账务调整，将未计入的真实费用补计入当期损益，并向公众披露调整情况。同时，加强内部控制，防止类似不当关联交易再次发生。

## 案例分析 4：虚构费用报销

**一、背景**

某科技公司，为了掩盖一项因投资决策失误导致的高额亏损，指示财务部门虚构了一系列费用报销单，试图通过增加费用支出来避免亏损暴露。

**二、案例具体情况**

实际亏损：该科技公司因投资某项目失败，导致当季亏损高达 3 000 万元。

虚构报销：为掩盖这一亏损，公司虚构了多项费用报销，包括但不限于虚构的商务差旅费、会议费、咨询费等，总计金额约 1 500 万元。这些费用报销单上附有伪造的发票和行程单。

**三、分析**

1. 法律法规

根据《会计法》及相关财务规定，企业应当真实、完整地记录和反映其经济业务，严禁虚构费用报销等财务造假行为。

2. 影响

虚构费用报销严重扭曲了企业的财务状况，误导了投资者、债权人，破坏了市场诚信；长期来看，将损害企业声誉，企业面临法律制裁。

3. 正确做法

企业应如实反映其经营成果和财务状况，对于实际发生的亏损，应通过合法途径进行弥补或披露。

4. 正确的会计处理

对于已虚构的费用报销，企业应立即进行账务调整，冲销相关费用，调整财务报表，并对外披露真实情况。同时，加强内部控制，防止类似财务造假行为再次发生。对于相关责任人，应依法追究责任。

## 专题八十一：企业是否违规利用其他实体为企业承担费用

### 业务简介

**一、概念**

企业违规利用其他实体承担费用是指企业通过关联方、子公司或其他第三方实体，将本应由自身承担的费用转移至其他实体，以调节财务报表或逃避税务责任。例如，企业可能将高额管理费用、研发费用或营销费用转移至关联公司，从而减少自身报表中的费用支出，虚增利润或降低税负。这种行为不仅违反《企业会计准则》和《中华人民共和国会计法》关于费用确认和披露的规定，还可能构成财务造假或逃税，引发监管处罚和法律风险。

**二、运作方式**

关联交易：企业与其关联方（如母公司、子公司、控股公司等）之间进行交易，通过定价策略将费用从一方转移到另一方。这种转移可能是直接的，如直接支付服务费用；也可能是间接的，如调整商品或服务的价格。

外包服务：企业将非核心业务或职能外包给第三方服务提供商，由后者承担相关费用。例如，企业将人力资源、信息技术服务、物流配送等业务外包，从而避免直接承担这些领域的费用。

代付业务：在某些情况下，企业通过银行或第三方支付平台，利用代付功能将应支付给供应商、员工或其他方的款项，从其他经济实体的账户中直接扣除。这种方式常见于供应链金融、人力资源外包等领域。

设立影子公司：一些企业通过设立影子公司（即表面上与企业无直接关联，但实际上受企业控制的公司）来减少自身应承担的费用。这种操作往往涉及复杂的股权结构和财务安排，旨在规避监管或实现特定的财务目标。

**三、目的**

成本控制：通过转移费用，企业可以降低自身的直接成本，提高盈利能力。

税务筹划：合理利用关联交易、外包服务等手段，企业可以在合法合规的前提下进行税务筹划，优化税负结构。

风险分散：将部分费用转嫁给其他实体，有助于企业分散运营风险，提高经营的稳定性和可持续性。

**四、风险与合规性**

法律风险：企业利用其他实体承担费用可能涉及关联交易披露、反不正当竞争、反垄断等方面的法律问题。若操作不当，企业面临法律诉讼和处罚。

税务风险：税务机关对关联交易的定价、利润转移等问题高度关注。若企业未能遵循公平交易原则或合理分摊费用，则会面临税务调整、补税和罚款等风险。

声誉风险：企业利用其他实体承担费用以规避监管或逃税等行为，将严重损害其企业形象和声誉。

**五、合规性建议**

遵循法律法规：企业应严格遵守国家相关法律法规和政策要求，确保所有业务操作合法合规。

加强内部控制：建立健全内部控制体系，加强对关联交易、外包服务等业务的审批和监督，确保费用分摊合理、透明。

注重信息披露：对于关联交易等重大事项，企业应及时、准确地向投资者和监管机构披露相关信息，维护市场公平和投资者利益。

**六、违规表现**

1. 违规转嫁费用

行为描述：企业将本应自行承担的费用，通过某种违规方式转嫁给其他实体（如供应商、客户、合作伙伴或下属单位）。

目的与动机：减轻自身财务负担，避免费用支出，从而增加利润或将更多资金用于其他用途。

后果：这种行为不仅违反了相关法律法规，也增加了企业的负担，破坏了公平竞争的市场环境；长期来看，会导致市场信任度下降，影响企业的声誉和长期发展。

2. 设立“账外账”或“小金库”

行为描述：企业私设“小金库”或“账外账”，通过隐瞒收入、虚列支出等手段，将部分资金转移至账外，用于支付违规费用或进行其他非法活动。

目的与动机：逃避税收监管、隐匿非法所得或进行灰色交易。

后果：企业将面临严重的法律后果，包括高额罚款、补缴税款甚至刑事处罚。此外，这种行为还损害企业的内部管理和治理结构，影响企业的稳健发展。

3. 利用虚假合同或交易转移费用

行为描述：企业与其他实体签订虚假合同或进行虚假交易，将实际应由企业承担的费用转移至对方。

目的与动机：通过虚构交易来规避监管和税收，实现费用的非法转移和资金的隐蔽流动。

后果：这种行为违反了相关法律法规，可能构成欺诈罪。企业将面临罚款、补缴税款等多重处罚，同时企业的商业信誉和客户关系还会受损。

4. 利用第三方机构违规收费

行为描述：第三方机构（如咨询公司、评估公司等）向企业收取高额费用，而这些费用实际上是由企业与第三方机构事先约定好由第三方机构代为收取的。第三方机构往往与企业存在某种利益关系，从而成为费用转嫁的帮凶。

目的与动机：通过第三方机构规避直接收费的敏感性和监管力度，实现费用的隐蔽转移。

后果：这种行为不仅增加了企业的负担，还扰乱了市场秩序。企业及相关第三方机构都将面临法律制裁和经济处罚。

## 法律法规

**一、《公司法》相关规定**

1. 独立法人财产权

根据《公司法》，公司是法人，有独立的法人财产，享有法人财产权。公司以其全部财产对公司的债务承担责任。这意味着，原则上，公司应自行承担其费用，而不应由其他实体来承担。

2. 关联交易

公司法并未直接禁止企业利用关联方承担费用，但关联交易需要遵循公平、公正的原则，且企业通常需要披露相关信息，以避免利益输送和损害企业及其他股东的利益。

**二、反不正当竞争与反腐败法规**

企业利用其他实体为企业承担费用，如果涉及不正当竞争（如商业贿赂）或腐败行为（如利益输送），将受到《反不正当竞争法》及反腐败相关法律法规的制裁。

**三、结论**

企业应遵循公平、公正、透明的原则，确保所有交易和安排都符合法律法规的要求，并避免任何形式的利益输送和损害企业及其他利益相关者的利益。同时，企业也应密切关注相关法律法规的变化，及时调整和完善自身的合规管理体系。

## 合规程序与步骤

**一、合规程序与方法**

1. 确立检查目标与范围

明确检查的目标，即识别并评估企业是否利用其他实体（如关联公司、个人或其他第三方）为企业承担费用，以规避税务或监管。同时，界定检查的时间范围和业务范围，确保检查的全面性和针对性。

2. 收集与分析信息

财务资料审查：获取并审查企业的财务报表、会计账簿、银行对账单、发票等财务资料，特别关注大额或异常交易，以及与企业业务不直接相关的费用支出。

交易对手方调查：对与企业有资金往来的其他实体进行背景调查，了解其业务性质、关联关系及历史交易记录。

合同与协议审查：检查企业与第三方签订的合同、协议，确认费用承担的合理性、合法性和透明度。

3. 评估合规性

税务合规性：根据税法规定，评估企业是否存在利用其他实体转移费用以减轻税负的行为。

反洗钱合规性：检查企业是否存在利用第三方实体进行资金转移以掩盖资金来源或去向的行为。

4. 风险识别与应对

风险识别：基于收集到的信息和合规性评估结果，识别潜在的风险点和不合规行为。

风险应对：针对识别出的风险点，制定相应的应对措施，如要求企业调整费用承担方式、补缴税款、完善内部控制等。

**二、实施步骤**

组建专项检查团队：组建由财务、税务、法务及反洗钱等领域的专家组成的检查团队，确保检查工作的专业性和全面性。

制定详细检查计划：明确检查的时间表、任务分配、所需资源及预期成果。

执行检查计划：按照既定计划收集信息、进行分析和合规性评估。

编制检查报告：详细记录检查过程、发现的问题、风险评估结果及应对措施和建议。

跟踪整改情况：监督企业按照报告中的建议进行整改，并定期复查以确保问题得到有效解决。

## 案例分析 1：违规转嫁费用

**一、背景**

某制造企业 A 公司为了降低当期费用、虚增利润，违规将部分管理费用和研发费用转嫁给其关联公司 B 公司。A 公司与 B 公司为同一集团下的关联企业，A 公司通过虚构服务合同，将本应由自身承担的 500 万元管理费用和 300 万元研发费用转移至 B 公司。这一行为导致 A 公司当期费用减少 800 万元，利润虚增，同时掩盖了实际经营问题。此外，A 公司未在财务报表中充分披露这一关联交易，进一步加剧了财务信息的不透明性。

**二、案例具体情况**

转嫁费用总额：800 万元（管理费用 500 万元，研发费用 300 万元）。

A 公司当期费用减少：800 万元。

A 公司利润虚增：800 万元。

A 公司当期利润：虚增前利润为 1 000 万元，虚增后利润为 1800 万元。

影响利润率：利润率从 10% 虚增至 18%。

**三、分析**

1. 法律法规

根据《企业会计准则第 36 号——关联方披露》，企业应充分披露关联方交易的性质、金额和定价政策，确保交易公允。此外，《中华人民共和国会计法》第十三条明确规定，企业必须依法设置会计账簿，保证会计资料的真实、完整。违规转嫁费用属于财务造假行为，违反了上述法规。

2. 影响

违规转嫁费用会导致以下影响：

财务报表失真：费用减少导致利润虚增，误导投资者和债权人。

税务风险：虚增利润可能导致多缴所得税，但一旦被税务机关发现，企业需补缴税款并缴纳罚款。

审计问题：审计机构可能对费用数据的真实性提出质疑，甚至出具非标准审计报告，影响企业信誉。

决策失误：失真的财务信息可能导致管理层做出错误的经营决策，影响企业长期发展。

3. 正确做法

企业应严格按照会计准则和法律法规的要求，合理确认和披露费用。具体措施包括：

完善费用管理制度：明确费用的归集和分摊标准，确保费用数据的真实性和完整性。

加强关联交易管理：对关联方交易进行严格审核，确保交易公允并充分披露。

定期内部审计：对费用核算流程进行内部审计，及时发现和纠正违规行为。

培训财务人员：提高财务人员的专业水平，确保其准确理解和执行费用核算政策。

4. 正确的会计处理

费用确认：按照实际发生的经济业务确认费用，不得将本应由自身承担的费用转嫁给其他实体。

关联交易披露：在财务报表附注中详细披露关联方交易的性质、金额和定价政策，确保信息透明。

追溯调整：对于已发现的违规转嫁费用，应及时调整财务报表，补记相关费用，并追溯调整以前年度损益。

费用分摊：如果费用确实涉及多个实体，应按照合理标准进行分摊，并保留完整的分摊依据。

## 案例分析 2：设立“账外账”或“小金库”

**一、背景**

某大型国有企业，为规避财务监管和税务检查，通过截留部分销售收入和废旧物资处理收入，私自在单位账簿之外设立“小金库”。该企业领导层认为，此举可以为本单位谋取更多福利和灵活资金，同时还可以保持财务的隐蔽性。

**二、案例具体情况**

从 2015 年至 2020 年间，该企业截留销售收入和废旧物资处理收入共计 1 200 万元，全部存入以私人名义开设的银行账户中。其中，600 万元用于违规发放奖金、补贴和实物福利，剩余 600 万元则用于单位内部非公开的投资和借贷活动。

**三、分析**

1. 法律法规

根据《会计法》及《财政违法行为的处罚处分条例》等法律法规，各单位发生的经济业务事项必须在依法设置的会计账簿上统一登记、核算，不得私设“小金库”。

2. 影响

设立“小金库”不仅违反了财经纪律，扰乱了正常财经秩序，还导致预算管理失效，资金监管缺失。此外，滥发福利、违规投资和借贷等行为容易滋生腐败和构成经济犯罪。

3. 正确做法

企业应严格遵守财经法规，所有收入必须纳入账簿管理，并接受财务监管和税务检查。任何形式的“账外账”和“小金库”都应坚决取缔。

4. 正确的会计处理

对于已设立的“小金库”，应立即清理并上缴账外资金，调整相关会计账目，确保财务信息的真实性和完整性。同时，对直接负责的主管人员和其他直接责任人员依法依规进行处理。

## 案例分析 3：利用虚假合同或交易转移费用

**一、背景**

某科技企业 A 公司为了降低当期费用、虚增利润，通过虚构服务合同的方式，将本应由自身承担的研发费用和管理费用转移至其关联公司 B 公司。A 公司与 B 公司为同一集团下的关联企业，A 公司伪造了多份服务合同，将总计 600 万元的研发费用和 400 万元的管理费用转移至 B 公司。这一行为导致 A 公司当期费用减少 1 000 万元，利润虚增，同时掩盖了实际经营问题。此外，A 公司未在财务报表中充分披露这一关联交易，进一步加剧了财务信息的不透明性。

**二、案例具体情况**

转移费用总额：1 000 万元（研发费用 600 万元，管理费用 400 万元）。

A 公司当期费用减少：1 000 万元。

A 公司利润虚增：1 000 万元。

A 公司当期利润：虚增前利润为 1 500 万元，虚增后利润为 2 500 万元。

影响利润率：利润率从 15% 虚增至 25%。

**三、分析**

1. 法律法规

根据《企业会计准则第 36 号——关联方披露》，企业应充分披露关联方交易的性质、金额和定价政策，确保交易公允。此外，《中华人民共和国会计法》第十三条明确规定，企业必须依法设置会计账簿，保证会计资料的真实、完整。利用虚假合同转移费用属于财务造假行为，违反了上述法规。

2. 影响

利用虚假合同或交易转移费用会导致以下影响：

财务报表失真：费用减少导致利润虚增，误导投资者和债权人。

税务风险：虚增利润可能导致多缴所得税，但一旦被税务机关发现，企业需补缴税款并缴纳罚款。

审计问题：审计机构可能对费用数据的真实性提出质疑，甚至出具非标准审计报告，影响企业信誉。

决策失误：失真的财务信息可能导致管理层做出错误的经营决策，影响企业长期发展。

3. 正确做法

企业应严格按照会计准则和法律法规的要求，合理确认和披露费用。具体措施包括：

完善费用管理制度：明确费用的归集和分摊标准，确保费用数据的真实性和完整性。

加强关联交易管理：对关联方交易进行严格审核，确保交易公允并充分披露。

定期内部审计：对费用核算流程进行内部审计，及时发现和纠正违规行为。

培训财务人员：提高财务人员的专业水平，确保其准确理解和执行费用核算政策。

4. 正确的会计处理

费用确认：按照实际发生的经济业务确认费用，不得将本应由自身承担的费用通过虚假合同转移至其他实体。

关联交易披露：在财务报表附注中详细披露关联方交易的性质、金额和定价政策，确保信息透明。

追溯调整：对于已发现的虚假合同转移费用，应及时调整财务报表，补记相关费用，并追溯调整以前年度损益。

费用分摊：如果费用确实涉及多个实体，应按照合理标准进行分摊，并保留完整的分摊依据。

## 案例分析 4：利用第三方机构违规收费

### 一、背景

某大型企业在进行一项技术改造项目时，与一家咨询公司合作。该咨询公司实际上并未提供实质性的咨询服务，却向企业开具了高额的咨询服务费发票。企业将咨询服务费计入项目成本，从而将自身应承担的部分费用转嫁给咨询公司。

### 二、案例具体情况

咨询合同约定的服务费用为 500 万元，企业全额支付给了咨询公司。然而，咨询公司实际并未提供实质性的咨询服务。事后，咨询公司返还给企业 150 万元，企业实际承担的费用仅为 350 万元，但账面上却显示为 500 万元。

### 三、分析

1. 法律法规

根据《反不正当竞争法》和《税收征收管理法》，企业不得利用第三方机构进行违规收费，以逃避税收或转嫁费用。

2. 影响

此行为不仅损害了国家税收利益，还破坏了市场竞争秩序。企业内部可能因此出现腐败现象，且长期而言会损害企业的声誉和信誉。

3. 正确做法

企业应严格遵守法律法规，不得利用第三方机构进行违规收费。所有费用都应真实、合法，并接受财务监管和税务检查。

4. 正确的会计处理

企业应调整相关会计账目，将违规支付的费用从成本中剔除，并补缴相应的税款。同时，对涉及的人员进行严肃处理，确保企业财务活动的合规性。

## 专题八十二：期间费用税前扣除是否符合税法规定

### 业务简介

**一、概念**

企业期间费用：企业期间费用主要包括管理费用、销售费用和财务费用。这些费用是企业为组织和管理生产经营活动而发生的，不直接计入产品成本，而是在发生时直接计入当期损益。

税前扣除是指企业在计算应纳税所得额时，可以从收入总额中扣除符合税法规定的成本、费用、税金、损失和其他支出，以减少应纳税所得额，进而降低企业所得税的缴纳额。

税务处罚：当企业违反税收法律法规时，税务机关会依法对其进行处罚，包括罚款、追缴滞纳金等，以维护税收秩序和公平。

**二、税法规定**

根据《企业所得税法》及其实施条例，企业实际发生的与取得收入有关的、合理的支出，包括成本、费用、税金、损失和其他支出，准予在计算应纳税所得额时扣除。具体而言，期间费用如果与企业取得收入直接相关且合理，是可以在税前扣除的。

**三、扣除条件及限制**

真实性：费用必须真实发生，且具有合法有效的凭证。

相关性：费用必须与企业的生产经营活动有关，不能是个人消费或与企业无关的支出。

合理性：费用的金额必须合理，不能存在虚高或不合理的情况。

此外，特定类型的费用（如不合规的发票对应的费用、与取得收入无关的费用等）是不得在税前扣除的。

**四、可能面临的税务处罚**

当企业违反税前扣除的相关规定时，可能面临以下税务处罚。

调增应纳税所得额：税务机关在稽查中发现企业违规扣除费用，会要求企业调增应纳税所得额，补缴相应的企业所得税。

罚款：根据违规情节的严重程度，税务机关对企业处以一定比例的罚款。罚款金额通常与少缴的企业所得税税额相关。

加收滞纳金：对于逾期未补缴税款的企业，税务机关还会加收滞纳金，以惩罚其拖延行为。

**五、违规表现**

1. 虚报期间费用

行为描述：企业在申报税前扣除的期间费用时，故意夸大或虚构费用金额，如虚增广告费、业务招待费等。

目的与动机：企业希望通过虚报期间费用来减少应纳税所得额，从而减轻企业所得税负担，提高盈利水平。

后果：企业将面临税务处罚，包括补缴税款、缴纳滞纳金和罚款。情节严重者，还可能涉及刑事责任，影响企业信誉和后续经营。

2. 使用不合规发票

行为描述：企业在税前扣除期间费用时，以虚假发票、失控发票或发票抬头、税号等信息有误的发票作为凭证。

目的与动机：企业可能为了获取更多的税前扣除额度，而采用不合规的发票来支撑其费用申报。

后果：不合规发票无法作为税前扣除的有效凭证，企业需补缴相应的税款并缴纳滞纳金。同时，税务机关可能对企业进行处罚，并影响企业的纳税信用等级。

3. 将个人费用计入企业期间费用

行为描述：企业将一些与个人消费相关的费用（如个人旅游、家庭开支等）计入企业的期间费用中，进行税前扣除。

目的与动机：企业希望通过这种方式减轻企业所得税负担。

后果：与个人消费相关的费用不得在税前扣除，企业需补缴税款并接受处罚。此外，这种行为还损害企业的财务透明度和信誉。

4. 超比例扣除特定费用

行为描述：企业扣除手续费及佣金、广告费和业务宣传费等特定费用时，超过税法规定的扣除限额。

目的与动机：企业希望通过超额扣除这些费用来进一步降低应纳税所得额。

后果：超出规定比例扣除的费用不得在税前扣除，企业需补缴相应的税款。此外，税务机关会对企业进行处罚，并提醒企业加强税法学习和提高合规意识。

5. 未按规定保存和提供凭证

行为描述：企业在申报税前扣除的期间费用时，未能按照规定保存和提供合法有效的凭证和资料。

目的与动机：故意隐瞒真实情况。

后果：由于缺乏合法有效的资料，税务机关不认可企业的税前扣除申报，要求企业补缴税款并可能进行处罚。

## 法律法规

《企业所得税法》第八条：企业实际发生的与取得收入有关的、合理的支出，包括成本、费用、税金、损失和其他支出，准予在计算应纳税所得额时扣除。

《企业所得税法实施条例》第三十条：对企业发生的职工福利费、工会经费、职工教育经费等支出，明确了税前扣除的具体比例和标准。

《企业所得税税前扣除凭证管理办法》（国家税务总局公告 2018 年第 28 号）规定了税前扣除凭证的种类、管理要求等，确保费用的真实性和合法性。

## 合规程序与步骤

### 一、合规程序与方法

1. 了解税法规定

必须深入学习《企业所得税法》及其实施条例，特别是关于期间费用税前扣除的具体条款。

2. 明确期间费用范围

期间费用通常包括管理费用、销售费用和财务费用等。需明确这些费用的具体内容和范围，确保与税法规定一致。

3. 核实费用真实性与合理性

真实性：企业应能够提供合法有效的凭证，如发票、收据、银行对账单等，证明费用已真实发生。

合理性：费用应与企业的生产经营活动直接相关，且金额合理，不存在虚高或不合理的情况。

4. 审查费用与收入的关联性

根据税法，期间费用必须与企业取得的收入直接相关。因此，需审查费用发生的背景、目的及与收入的具体关联，确保符合税法要求。

5. 对照税法规定分析是否超限额扣除

部分期间费用（如业务招待费、广告费等）在税前扣除时有限额规定。需对照税法相关条款，核实企业是否超过限额扣除。

6. 实施风险评估

通过审查企业财务报表、税务申报资料等，评估企业可能存在的税务风险，对高风险领域进行重点检查。

**二、检查步骤**

收集资料：收集企业相关资料，包括财务报表、税务申报表、凭证、账簿等。

初步审查：对期间费用进行分类整理，初步判断其真实性、合理性和与收入的关联性。

深入核查：对初步审查中发现的问题进行进一步核查，包括现场查看、询问相关人员、核对原始凭证等。

形成结论：根据核查结果，形成关于期间费用税前扣除是否符合税法规定的结论。

提出处理意见：对于不符合税法规定的情况，提出相应的处理意见，包括补缴税款、加收滞纳金或进行税务处罚等。

**三、可能的影响因素**

税收政策变化：税收政策可能随时调整，影响期间费用的税前扣除。因此，需密切关注税法动态，确保检查工作的时效性。

企业内部管理：企业内部管理制度的完善程度直接影响期间费用的真实性和合理性。内部管理不规范的企业，其期间费用税前扣除存在较大风险。

外部审计与税务稽查：外部审计和税务稽查的结果可能对检查工作产生重要影响。企业需积极配合审计和稽查工作，及时整改发现的问题。

## 案例分析 1：虚报期间费用

**一、背景**

某制造企业为减轻所得税负担，虚报了 2022 年度的业务招待费，实际发生额为 50 万元，但企业账面上记载为 100 万元，意图通过增加税前扣除额来降低应纳税所得额。

**二、案例具体情况**

企业实际业务招待费 50 万元，账面记载为 100 万元。按照税法规定，业务招待费按发生额的 60% 扣除，但最高不得超过当年销售收入的 5‰。假设该企业当年销售收入为 1 亿元，则实际可扣除额为 30 万元（50 万元 ×60%），而企业虚报后试图扣除 50 万元（按销售收入的 5‰计算）。

**三、分析**

1. 法律法规

企业所得税法明确规定，企业发生的与生产经营活动有关的业务招待费支出，按照发生额的 60% 扣除，但最高不得超过当年销售（营业）收入的 5‰。

2. 影响

虚报费用导致企业多扣除了 20 万元（50 万元 −30 万元），少缴企业所得税，这违反了税法规定。

3. 正确做法

企业应如实记录并申报业务招待费，确保税前扣除符合税法规定。

4. 正确的会计处理

会计上应准确记录实际发生的业务招待费，并在申报企业所得税时，按照税法规定计算可扣除金额，确保税务处理的合规性。

此案例提醒企业，务必遵守税法规定，如实申报费用，避免不必要的税务风险和处罚。

## 案例分析 2：使用不合规发票

### 一、背景

某商贸公司于 2022 年度使用了一批不合规发票，用于报销业务招待费。

### 二、分析

1. 法律法规

根据《企业所得税税前扣除凭证管理办法》及《发票管理办法》，企业取得的税前扣除凭证必须合法、合规。不合规发票不得作为税前扣除凭证。

2. 影响

企业因使用不合规发票多扣除了费用，导致少缴企业所得税。税务机关在检查中发现后，不仅会要求企业补缴税款，还可能处以罚款，影响企业信誉。

3. 正确做法

企业应建立健全发票管理制度，确保所有发票均来自正规渠道，且符合税法规定。对于不合规发票，应及时退回并要求重开或不予报销。

4. 正确的会计处理

会计在处理费用报销时，应严格审核发票的合法性和合规性。对于不合规发票，应拒绝入账，并记录在案备查。同时，在企业所得税汇算清缴时，确保所有税前扣除项目均有合法凭证支持。

此案例警示企业，务必重视发票的合规性，避免因小失大，导致不必要的税务风险和损失。

## 案例分析 3：将个人费用计入企业期间费用

### 一、背景

某科技有限公司的法定代表人张先生在 2022 年将个人购买高档家具的费用、私人旅游费用等通过公司账户支付并取得抬头为公司的发票，试图将这些费用作为企业期间费用进行税前扣除。

### 二、分析

1. 法律法规

根据《企业所得税法》及其实施条例，企业所得税税前扣除的费用必须与企业生产经营活动直接相关。个人费用不得计入企业期间费用中进行税前扣除。

2. 影响

张先生的行为违反了税法规定。税务机关在核查中发现后，除要求企业补缴税款外，还可能对张先生及企业处以罚款，并追究相关法律责任。

3. 正确做法

企业应严格区分个人费用和企业费用，确保所有税前扣除项目均符合税法规定。对于个人费用，应使用个人资金支付，并不得开具抬头为公司的发票。

4. 正确的会计处理

会计人员在处理费用报销时，应仔细审核费用的性质和用途，确保费用的真实性和合规性。对于明显属于个人费用的项目，应拒绝入账，并要求相关人员使用个人资金支付。

此案例再次强调，公私分明是企业财务管理的基本原则，任何试图通过混淆费用来逃避税收的行为都将受到法律的严厉制裁。

## 案例分析 4：超比例扣除特定费用

**一、背景**

某软件公司为了减轻企业所得税负担，在 2023 年度将业务招待费进行了全额税前扣除。根据税法，业务招待费的税前扣除有限额规定，通常为发生额的 60%，最高不得超过当年销售收入的 5‰。该公司当年销售收入为 2 亿元，实际发生业务招待费 300 万元。

**二、案例具体情况**

销售收入：2 亿元。

实际发生的业务招待费：300 万元。

税法规定可扣除限额：100 万元（2 亿元 ×5‰）。

实际扣除额：300 万元。

超比例扣除额：200 万元（300 万元 −100 万元）。

**三、分析**

1. 法律法规

根据《企业所得税法》及相关规定，企业发生的与生产经营活动有关的业务招待费支出，按照发生额的 60% 扣除，但最高不得超过当年销售（营业）收入的 5‰。

2. 影响

公司因超比例扣除业务招待费 200 万元，导致少缴企业所得税。税务机关在税务稽查中发现后，将要求企业补缴税款，并处以相应的滞纳金和罚款，会增加企业的财务负担。

3. 正确做法

企业应严格按照税法规定计算业务招待费的税前扣除限额，并在企业所得税汇算清缴时进行纳税调整，确保税前扣除的合规性。

4. 正确的会计处理

会计人员在处理业务招待费时，应明确税法规定的扣除限额，并在编制企业所得税申报表时，准确计算可扣除金额和纳税调整金额。对于超比例扣除的部分，应在会计记录中明确标注，并在汇算清缴时进行调整。

此案例提醒企业，在享受税法规定的税收优惠时，必须严格遵守税法规定，避免超比例扣除等违规行为，以免引发税务风险和产生不必要的经济损失。

## 案例分析 5：未按规定保存和提供凭证

**一、背景**

某制造业公司在 2023 年度进行企业所得税汇算清缴时，未能提供充分的凭证来支持其列支的期间费用，特别是研发费用和广告费用，共计 500 万元。税务机关在审核过程中，要求公司提供相关费用的详细凭证和资料，但公司无法及时提供完整、合规的凭证。

**二、分析**

1. 法律法规

根据《企业所得税税前扣除凭证管理办法》及相关税法规定，企业在计算企业所得税应纳税所得额时，应取得并保存合法、有效的税前扣除凭证。这些凭证是证明费用真实性和合理性的重要依据。

2. 影响

由于公司未能按规定保存和提供凭证，导致税务机关无法核实相关费用的真实性和合理性，进而可能拒绝这部分费用的税前扣除。这不仅会增加企业的税款，还可能导致企业面临税务机关的罚款和其他行政处罚，影响企业的信誉和正常经营。

3. 正确做法

企业应建立健全的凭证管理制度，确保所有税前扣除项目均有合法、有效的凭证支持。在费用发生时，应及时取得并妥善保存相关凭证，如发票、合同、付款凭证等。同时，加强内部培训和审核，提高员工对凭证管理重要性的认识。

4. 正确的会计处理

会计人员在处理费用报销和税前扣除时，应严格审核凭证的合法性和合规性。对于无法提供合规凭证的费用，应及时与相关部门沟通，并要求补充提供。在编制企业所得税申报表时，应准确计算可扣除金额，并附上完整的凭证资料供税务机关审核。

此案例强调了凭证管理在企业税务合规中的重要性，提醒企业务必重视凭证的保存和提供工作，以免引发不必要的税务风险和损失。

## 专题八十三：期间费用是否存在跨期归集或异常波动情况

### 业务简介

**一、概念**

期间费用是指企业为组织和管理生产经营活动而发生的各项费用，包括管理费用、销售费用和财务费用。这些费用不直接计入产品成本，而是在发生时直接计入当期损益。

费用归集是指将企业在一定时期内发生的各项费用，按照其性质和用途进行分类、记录和汇总的过程。费用归集，可以清晰地反映企业各项费用的支出情况，为企业的成本控制和财务决策提供依据。

异常波动是指企业期间费用在某一会计期间内出现的显著不同于历史水平或行业平均水平的变化。这种变化可能是由于企业内部经营环境的改变、外部市场环境的变化或会计政策的调整等原因引起的。

**二、费用归集原则**

企业在进行费用归集时，应遵循以下原则。

权责发生制原则：费用应在发生时确认，而不是在支付时确认。这有助于更准确地反映企业各会计期间的经营状况。

受益原则：费用应根据其受益对象进行归集和分配。例如，管理部门的费用应计入管理费用，销售部门的费用应计入销售费用等。

配比原则：费用应与相关的收入或资产相配比。这有助于更准确地计算企业的利润和资产价值。

**三、异常波动情况的分析**

企业期间费用出现异常波动的原因如下。

内部经营环境的改变：如企业规模扩张、业务结构调整、管理效率提升等，都可能导致期间费用的增加或减少。

外部市场环境的变化：如市场竞争加剧、原材料价格波动、政策调整等，也可能对期间费用产生影响。

会计政策的调整：如折旧方法的变更、费用摊销期限的调整等，都可能导致期间费用的变化。

为了准确分析期间费用的异常波动情况，企业应采取以下措施。

加强财务管理和会计核算：建立健全的财务管理制度和内部控制制度，确保费用归集和分配的准确性和及时性。

定期分析费用变动趋势：通过对比分析历史数据、行业数据和预算数据等，及时发现费用的异常波动情况。

深入调查原因并采取措施：针对费用的异常波动情况，深入调查其原因并采取相应的措施加以改进和调整。

**四、期间费用跨期归集的违规表现**

1. 行为描述

企业将本应计入当前会计期间的费用，故意延迟至下一会计期间入账，或者将未来会计期间的费用提前计入当前会计期间。

2. 目的与动机

虚增利润：企业可能为了美化当期财务报表，将费用延迟入账，以虚增当期利润。

掩盖亏损：企业也可能为了掩盖当期的经营亏损，将费用提前计入，以增加亏损额。

3. 后果

会计信息失真：跨期归集导致会计信息无法真实反映企业的财务状况和经营成果，误导投资者和决策者。

税务风险增加：不符合税法规定的跨期费用处理引发税务机关的稽查和处罚。

内部管理问题产生：跨期归集往往反映了企业内部控制的缺陷和财务管理的不规范，将产生内部管理问题。

**五、期间费用异常波动的违规表现**

1. 行为描述

企业期间费用在连续会计期间内出现显著的不合理波动，且无合理原因。

2. 目的与动机

利润操纵：企业可能通过人为调整期间费用的金额和分布，来达到特定的利润目标。

逃避监管：企业试图掩盖某些不合规行为或逃避外部监管。

3. 后果

投资者信心下降：异常波动的财务状况会损害投资者的信心，影响企业的市场形象和价值。

监管关注增加：监管机构会对期间费用异常波动的企业进行重点关注和调查。

内部管理混乱：异常波动通常反映了企业内部管理的不稳定和混乱状态，将引发更多的问题和风险。

## 法律法规

**一、税法规定**

1. 权责发生制原则

根据《企业所得税法实施条例》第九条，企业应纳税所得额的计算以权责发生制为原则。这意味着，属于当期的收入和费用，无论款项是否收付，均作为当期的收入和费用处理；不属于当期的收入和费用，即使款项已经在当期收付，也不作为当期的收入和费用。因此，企业期间费用的归集应遵循权责发生制，确保费用与相应的收入在同一会计期间内确认。

2. 跨期费用的处理

对于跨期费用，企业需要在预缴季度所得税时暂按账面发生金额核算相关成本、费用，但在汇算清缴时必须补充提供这些成本、费用的有效凭证。对于在汇算清缴期间未取得合法有效凭证的费用，企业应调整增加对应年度的应纳税所得额。

**二、会计准则规定**

1. 期间费用的定义

期间费用是指企业日常活动发生的不能计入特定核算对象的成本，而应计入发生当期损益的费用。这些费用包括销售费用、管理费用和财务费用等。

2. 会计期间假设

会计期间假设要求企业将持续不断的生产经营过程划分为较短的、相对等距的会计期间。期间费用的计量与会计期间的划分密切相关，企业应确保费用在正确的会计期间内归集。

3. 费用的确认与计量

会计准则要求企业按照费用与收入的配比原则，以及费用的实际发生情况来确认和计量期间费用。对于跨期费用或异常波动的费用，企业需要进行合理的分摊或调整，以确保会计信息的真实性和准确性。

**三、财务制度规定**

1. 内部控制制度

企业应建立健全的内部控制制度，对期间费用的归集、审核、审批等环节进行严格控制。内部控制制度的实施，可以有效防止跨期费用或异常波动费用的发生，确保费用的合理性和合规性。

2. 预算管理

企业应制定科学合理的预算管理制度，对期间费用进行预算控制和考核。通过预算管理，企业可以对费用的发生情况进行实时监控和预警，及时发现并解决跨期费用或费用异常波动的问题。

## 合规程序与方法

**一、合规程序与方法**

1. 确定期间费用的范围与分类

明确期间费用的定义和范围，同时，根据企业的实际情况，对这些费用进行明细分类，以便后续检查。

2. 收集与审核相关的资料

收集企业财务报表、账簿记录、凭证单据等相关资料，特别是与期间费用归集相关的部分。审核这些资料的完整性和真实性，确保检查工作的基础数据可靠。

3. 分析期间费用的归集情况

步骤一：核对费用发生时间。

检查每项期间费用的发生时间是否与会计期间相匹配，确认是否存在跨期归集的情况。跨期归集可能表现为将本期的费用计入下期，或将下期的费用提前计入本期。

步骤二：分析费用波动情况。

对比历史数据，分析期间费用的波动趋势和幅度。异常波动可能表现为费用突然大幅增加或减少，与企业实际经营情况不符。

4. 实施截止测试

截止测试是检查跨期费用的重要手段。从资产负债表日后的凭证中选取项目，检查其是否已正确计入相应的会计期间。特别注意资产负债表日前后几天的费用记录，防止企业在期末与期初之间人为调整费用。

5. 评估内部控制有效性

评估企业关于期间费用归集的内部控制制度和流程是否健全有效。内部控制的缺失或失效可能导致费用归集的不准确和不合规。

6. 编制检查报告

根据检查结果，编制详细的检查报告，指出存在的问题和不足。对于跨期归集和异常波动情况，提出具体的调整建议和改进措施。

**二、可能的影响因素**

企业规模与复杂性：大型企业和业务结构复杂的企业，期间费用的归集难度大，容易出现跨期归集或异常波动情况。

内部控制水平：内部控制制度的健全性和执行情况直接影响期间费用归集的准确性和合规性。

外部环境变化：如市场环境、政策法规等外部因素的变化，可能对企业经营产生影响，进而间接影响期间费用的归集情况。

## 案例分析 1：期间费用跨期归集

**一、背景**

某零售连锁企业在 2023 年度末，为了调节当年利润水平，将本应计入 2024 年第一季度的部分广告费用和租金 200 万元，提前在 2023 年度列支。这一行为导致了企业期间费用跨期归集问题。

**二、案例具体情况**

提前列支的费用总额：200 万元。

其中：广告费用 100 万元，租金费用 100 万元。

2023 年度实际应列支的期间费用：800 万元。

提前列支后 2023 年度列支的期间费用：1 000 万元（800 万元 +200 万元）。

**三、分析**

1. 法律法规

根据《企业会计准则》和税法相关规定，企业应当按照权责发生制原则确认和计量费用，即费用应当在发生时计入当期损益，不得跨期列支或提前列支。

2. 影响

该企业的行为违反了权责发生制原则，导致 2023 年度利润水平失真，影响了财务报表的真实性和可比性；同时，引发了税务机关的关注和调查，增加了企业的税务风险。

3. 正确做法

企业应严格按照权责发生制原则确认和计量费用，确保费用的真实性和合理性。对于跨期费用，应根据受益期间进行合理分摊，避免费用的异常波动和跨期归集问题。

4. 正确的会计处理

会计人员在处理费用时，应仔细核对费用的发生时间和受益期间，确保费用的正确归集和计量。对于提前列支的费用，应及时进行调整，将其从当期损益中剔除，并在正确的会计期间进行列支。同时，加强内部控制和审计监督，防止类似问题的再次发生。

此案例提醒企业，在费用确认和计量过程中，务必遵循权责发生制原则，确保财务报表的真实性和准确性。

## 案例分析 2：期间费用异常波动

**一、背景**

某建筑企业在 2023 年度，为了平衡各季度利润水平，人为调整期间费用的归集，导致销售费用和管理费用在第四季度出现异常增长，而前三季度则相对较低。这种异常波动影响了费用的真实反映。

**二、案例具体情况**

全年销售费用实际总额：400 万元。

正常分布下每季度平均应计销售费用：100 万元。

实际各季度销售费用：第一季度为 80 万元，第二季度为 90 万元，第三季度为 85 万元，第四季度为 145 万元。

全年管理费用实际总额：300 万元。

正常分布下每季度平均应计管理费用：75 万元。

实际各季度管理费用：第一季度为 60 万元，第二季度为 70 万元，第三季度为 65 万元，第四季度为 105 万元。

**三、分析**

1. 法律法规

《企业会计准则》要求企业按照经济业务的实质进行会计确认和计量，确保会计信息的真实性和可靠性。期间费用的确认应遵循权责发生制原则，反映企业当期的经济活动。

2. 影响

期间费用的异常波动扭曲了企业的真实经营状况，影响了财务报表使用者的决策、判断；同时，引起了税务机关的关注，增加了企业的税务风险。

3. 正确做法

企业应合理预计和分配期间费用，确保其反映当期的实际经济活动。对于季节性或周期性波动较大的费用项目，应制定科学的预算和分配方案，避免人为调整导致的异常波动。

4. 正确的会计处理

会计人员在处理期间费用时，应严格按照会计准则和制度规定进行确认和计量。对于异常波动的情况，应及时查明原因并进行调整，确保会计信息的真实性和准确性。同时，加强内部审计和监督，防止类似问题的再次发生。

## 专题八十四：生产成本和期间费用之间是否存在任意调整情况

### 业务简介

**一、概念**

生产成本是指企业在生产过程中所消耗的直接材料、直接人工和制造费用等，这些费用最终会分摊到产品成本中，影响产品的定价和企业的盈利能力。

期间费用是指企业日常活动中发生的，不能直接归属于某个特定产品的费用，包括管理费用、销售费用和财务费用等。这些费用在发生时直接计入当期损益，不影响产品成本。

**二、基本规定**

会计准则的约束：企业必须遵循会计准则的规定。会计准则要求企业按照权责发生制原则确认和计量费用，确保费用的确认和计量符合经济业务的实质和会计信息的质量要求。

税法规定的限制：税法对企业费用列支和税前扣除有严格的规定。企业必须确保费用的列支符合税法规定，避免产生税务风险。例如，企业不得将应计入期间费用的支出计入生产成本，以逃避税收。

企业内部管理制度的要求：企业通常会制定内部管理制度，对生产成本与期间费用的核算和管理进行规范。这些制度要求企业合理划分生产成本与期间费用，确保费用的归集和分配准确、合理。

**三、违规表现**

1. 行为描述

将生产成本错误计入期间费用：企业将本应计入生产成本的直接材料、直接人工和制造费用等，错误地计入管理费用、销售费用或财务费用等期间费用。

将期间费用错误计入生产成本：企业将本应计入当期损益的期间费用，如广告费、差旅费等，错误地计入生产成本。

随意调整成本分配方法：企业分配成本时，不按照既定的成本分配原则和方法进行，而是随意调整，以达到特定的财务目标。

2. 目的与动机

操纵利润：操纵当期利润，以满足业绩考核、融资、税务筹划或市场形象等方面的要求。

掩盖经营问题：掩盖生产经营过程中的问题，如成本控制不力、效率低下等。

3. 后果

会计信息失真：会计信息无法真实反映企业的财务状况和经营成果，降低了会计信息的可靠性和相关性。

决策失误：基于失真的会计信息做出的经营决策偏离实际情况，导致资源浪费和机会成本增加。

税务风险增加：不符合税法规定的成本费用处理会引发税务机关的稽查和处罚，增加企业的税务负担和合规成本。

市场信任度下降：投资者和债权人对企业的信任度因会计信息失真而下降，影响企业的市场形象和融资能力。

内部管理混乱：任意调整生产成本和期间费用的行为通常反映了企业内部管理的不规范和混乱状态，会引发更多的问题和风险。

## 法律法规

**一、会计法规**

1. 权责发生制原则

《会计法》明确规定，企业应当以权责发生制为基础进行会计确认、计量和报告。这意味着，企业在归集生产成本和期间费用时，必须按照费用实际发生的期间进行确认，不得随意跨期调整。

2. 会计要素确认与计量

《企业会计准则》详细规定了会计要素的确认与计量原则，包括资产、负债、所有者权益、收入、费用和利润等。其中，费用类要素（包括生产成本和期间费用）的确认与计量应遵循实际发生原则，确保费用的真实性和准确性。

3. 会计政策一致性

企业一旦确定了生产成本和期间费用的核算方法，应保持各期的一致性，不得随意变更。如需变更，应经过有效审批并披露变更原因及影响。

**二、税务法规**

《企业所得税法》及其实施条例规定，企业应纳税所得额的计算应以权责发生制为原则。这意味着，企业在计算应纳税所得额时，生产成本和期间费用的确认应与会计确认保持一致，不得因税务筹划而任意调整。

**三、内部控制**

企业应建立健全内部控制制度，对生产成本和期间费用的归集、分配、核算等环节进行严格控制。通过实施内部控制制度，确保费用在正确的会计期间内归集，防止任意调整行为的发生。

## 合规程序与方法

1. 明确检查范围与目的

检查的范围包括生产成本和期间费用的所有相关账户和交易，目的是识别并纠正任意调整成本费用的行为。

2. 收集与审核相关的资料

步骤一：资料收集。

收集企业的财务报表、会计账簿、会计凭证、成本核算单等原始资料。

获取企业的内部管理制度、成本核算流程、费用分配方法等文件。

步骤二：资料审核。

审核资料的完整性和真实性，确保检查工作的基础数据可靠。

关注生产成本和期间费用的重大变动和异常情况。

3. 分析生产成本与期间费用的归集与分配

步骤一：生产成本分析。

检查生产成本账户，确认是否将所有与生产直接相关的费用正确归集。

分析生产成本在不同产品之间的分配是否合理，是否存在人为调整的情况。

步骤二：期间费用分析。

审核期间费用账户，确认是否将所有与生产经营活动无直接关系的费用正确归集。

分析期间费用的波动情况，识别是否存在异常波动，是否与生产成本调整相关。

4. 实施交叉核对与截止测试

交叉核对：将生产成本账户与原材料、应付职工薪酬、制造费用、库存商品、在产品等账户进行交叉核对，确保数据的一致性和准确性。

截止测试：从资产负债表日前后几天的凭证中选取项目，检查费用是否已正确计入相应的会计期间，防止跨期调整。

5. 评估内部控制有效性

评估企业关于生产成本和期间费用归集的内部控制制度是否健全有效，是否存在漏洞或执行不力的情况。

6. 编制检查报告

根据检查结果，编制详细的检查报告，指出存在的问题和不足。对于任意调整的行为，提出具体的调整建议和改进措施。

## 案例分析 1：将生产成本错误计入期间费用

**一、背景**

某制造企业为了减少当期产品成本，将本应计入生产成本的直接人工 50 万元错误地计入了管理费用。

**二、分析**

1. 法律法规

根据《企业会计准则》，企业应明确区分生产成本与期间费用，生产成本应直接计入或分配计入相关产品，而期间费用则直接计入当期损益。

2. 影响

此错误导致生产成本被低估，财务报表无法真实反映企业的生产经营状况；同时，会误导投资者、债权人等利益相关者的决策。

3. 正确做法

企业应严格按照会计准则的规定，正确区分生产成本与期间费用，确保成本费用的真实性和准确性。对于生产成本，应准确核算直接材料、直接人工和制造费用等，避免与期间费用混淆。

4. 正确的会计处理

对于已经发生的错误，企业应及时进行会计调整，将错误计入管理费用的直接人工转回生产成本，并相应调整管理费用。会计分录为：借记“生产成本”科目，贷记“管理费用”科目。同时，加强内部控制和审计监督，防止类似错误的再次发生。

## 案例分析 2：将期间费用错误计入生产成本

**一、背景**

某制造企业在 2023 年将本应计入期间费用的管理费用 50 万元错误地计入了生产成本。

**二、分析**

1. 法律法规

根据《会计法》及会计准则，期间费用（如管理费用）应直接计入当期损益，不应计入产品成本。这是保证会计信息真实性和完整性的基本原则。

2. 影响

成本扭曲：产品成本不实，影响产品定价决策和成本核算的准确性。

税务风险增加：企业面临税务处罚。

3. 正确做法与会计处理

（1）更正错误：将已计入生产成本的 50 万元管理费用调整回“管理费用”科目，同时调整库存商品成本。

会计分录如下。

借：管理费用　　500 000

　　贷：库存商品　　500 000

（2）后续处理：确保未来严格按照会计准则处理费用与成本，加强内部控制，避免类似错误再次发生。

通过实施上述措施，企业可以恢复会计信息的真实性，避免潜在的税务和法律风险，同时提升企业管理水平和决策准确性。

## 案例分析 3：随意调整成本分配方法

**一、背景**

某机械制造企业，为了调整财务报表，优化短期利润表现，随意调整成本分配方法。具体而言，该公司将部分本应计入生产成本的间接费用错误地计入期间费用，同时又将部分直接材料成本错误地分摊至多个产品线上。

**二、案例具体情况**

原成本分配：某月间接费用总额为 100 万元，按照正确分配方法应将 60 万元计入生产成本，将 40 万元计入期间费用。

调整后的成本分配：金辉公司将 60 万元间接费用全部计入期间费用，同时将某高利润产品线的直接材料成本 20 万元分摊至其他产品线。

**三、分析**

1. 法律法规

根据《企业会计准则》及相关法规，企业应按照合理的成本分配方法，确保成本信息的真实性和准确性。随意调整成本分配方法违反了会计信息的可比性原则和谨慎性原则。

2. 影响

利润失真：当期利润失真，误导投资者和债权人。

决策失误：成本信息不准确，影响产品定价、成本控制及业绩评价等方面的决策。

税务风险增加：增加被税务稽查的风险。

3. 正确做法与会计处理

（1）将错误分配的间接费用调整回生产成本，同时纠正直接材料成本的错误分摊。

会计分录如下。

借：生产成本　　600 000

　　贷：管理费用　　600 000

调整直接材料成本分摊的相关分录，确保各产品线成本合理分摊。

（2）加强内部控制：建立健全的成本核算和内部控制制度，确保成本分配方法合理且一致。

通过实施上述措施，企业可以保证成本信息的真实性，提高财务报表的可靠性，并降低潜在的税务风险。

## 专题八十五：费用及费率是否合理

### 业务简介

**一、概念**

费用是指企业在日常活动中发生的、会导致所有者权益减少的、与向所有者分配利润无关的经济利益的总流出。

费率合理性是指企业在计算和分摊费用时，所采用的费率是否符合会计准则、税法规定以及行业惯例，是否能够真实、准确地反映企业的成本结构和经营状况。

**二、费用合理性的判断**

数据来源：企业费用合理性的判断通常依赖于详细的财务数据，数据来源包括会计账簿、财务报表、费用报销单等。此外，还可以结合市场调研、行业分析报告等外部信息来辅助判断。

分析方法如下。

趋势分析：观察费用项目的历史变化趋势，识别异常波动。

对比分析：将企业的费用水平与同行业平均水平或竞争对手进行对比，找出显著差异。

结构分析：分析费用在总成本中的占比，以及各项费用之间的比例关系，判断是否合理。

因果分析：探究费用异常的原因，如是否存在内部管理漏洞、外部欺诈行为等。

**三、费率合理性的评估**

依据会计准则与税法规定：企业计算和分摊费用时应遵循会计准则和税法规定，确保费率的合法性和合规性。

参考行业惯例：参考同行业企业的费用分摊方式和费率水平，评估企业费率的合理性。

分析经济效益：结合企业的实际经营情况和经济效益，分析费率对企业成本结构和盈利能力的影响，判断费率是否经济合理。

**四、违规表现**

1. 虚构费用

行为描述：企业编造不存在的费用项目或夸大费用金额，如虚构差旅费、会议费、招待费等。

目的与动机：虚增费用、减少利润、逃避税收或满足特定的财务目标。

后果：导致会计信息失真，误导利益相关者，引发税务稽查、法律诉讼和信誉损失。

2. 不合理的大额费用

行为描述：企业支付明显超出行业平均水平或业务实际需要的大额费用，如高额的咨询费、广告费等。

目的与动机：利益输送或其他不正当目的。

后果：损害企业利益，增加经营成本，引发监管机构的关注和调查。

3. 费用归类错误

行为描述：企业将不属于某类费用的支出错误地归类到该类费用中，如将生产成本计入管理费用。

目的与动机：满足业绩考核要求或掩盖经营问题。

后果：导致财务报表无法真实反映企业的财务状况和经营成果，影响决策准确性。

4. 高费率服务合同

行为描述：企业与供应商或服务提供商签订费率明显高于市场平均水平的服务合同。

目的与动机：利益输送或其他不正当目的。

后果：增加企业不必要的经营成本，损害企业利益，引发外部监管机构的关注。

5. 费率变动异常

行为描述：企业在没有合理解释的情况下，频繁调整与供应商或服务提供商之间的服务费率。

目的与动机：操纵利润、掩盖资金流动或其他不正当目的。

后果：导致财务指标波动较大，降低会计信息的可比性和可靠性，影响利益相关者的决策、判断。

## 法律法规

**一、《会计法》**

该法规定了企业会计核算的基本要求、会计要素的确认与计量、会计报告的编制与披露等内容。企业应遵循《会计法》的规定进行费用的记录和披露。

**二、《企业会计准则》**

该准则为企业提供了具体的会计核算方法和程序指导。企业应按照准则的要求对费用进行分类、计量和披露。

**三、企业内部财务管理制度**

企业应建立健全内部财务管理制度，包括费用预算制度、费用报销制度、财务监控机制等。这些制度应明确费用的界定标准、处理程序和费率合理性要求等内容，以确保企业费用处理的合规性和合理性。

## 合规程序与步骤

**一、合规程序与方法**

1. 明确检查目标与范围

明确检查的目标，即识别并评估企业费用及费率的合理性和合规性。检查范围涵盖所有相关费用项目和交易，特别是那些金额大、变动频繁或存在潜在风险的费用项目。

2. 收集与整理资料

步骤一：资料收集。

收集企业的财务报表、会计账簿、会计凭证、费用报销单等原始资料。

获取企业的内部费用管理制度、费用预算、费用分配方法等文件。

步骤二：资料整理。

对收集到的资料进行分类整理，确保信息的有序性和可访问性。

识别关键费用项目和异常数据点，为后续分析奠定基础。

3. 费用明细与费率分析

步骤一：费用明细分析。

逐项审查费用明细，核对费用的真实性、合理性和合规性。

关注费用项目的描述是否清晰、金额是否准确、报销单据是否完整。

使用数据分析工具，对费用明细进行统计分析，识别异常波动和趋势。

步骤二：费率分析。

对比企业历史费率、行业标准费率和市场平均费率，评估企业费率的合理性。

分析费率变动的原因，判断其是否符合市场规律和业务实际情况。

关注费率计算方法和依据的合理性，确保费率的准确性和合规性。

4. 实施交叉核对与截止测试

交叉核对：将费用明细与相关的业务活动、采购订单、合同协议等进行交叉核对，确保费用发生的真实性和合理性。

截止测试：从资产负债表日前后几天的凭证中选取费用项目，检查费用是否已正确计入相应的会计期间，防止跨期调整。

5. 评估内部控制有效性

评估企业关于费用管理的内部控制制度是否健全有效，是否存在漏洞或执行不力的情况。关注费用审批流程、报销标准、监督机制等方面的合规性。

6. 编制检查报告

根据检查结果，编制详细的检查报告，指出存在的问题和不足，提出具体的整改建议和措施。

**二、可能的影响因素**

企业内部管理：企业管理层对费用管理的重视程度、内部控制制度的完善程度以及执行力度等因素，直接影响费用及费率的合理性和合规性。

外部环境变化：市场波动、政策调整、行业竞争加剧等外部环境变化，可能导致企业费用结构和费率的变动。

人为因素：个别员工可能出于个人利益考虑，故意虚报费用或操纵费率，给企业带来财务风险和合规风险。

## 案例分析 1：虚构费用

**一、背景**

某医药销售企业，为了掩盖真实经营情况并逃避税收，虚构了一系列销售费用。这些虚构的费用包括市场推广活动费、业务招待费以及运输费用。

**二、分析**

1. 法律法规

根据《会计法》及《企业所得税法》，企业应如实反映财务状况和经营成果，不得虚构费用。虚构费用不仅违反会计诚信原则，还涉及偷逃税款等违法行为。

2. 影响

财务信息失真：财务报表严重失真，误导投资者、债权人。

税收风险增加：企业将面临高额罚款甚至刑事处罚。

企业信誉受损：虚构费用行为使企业信誉受到严重损害。

3. 正确做法

冲回虚构费用：将虚构的市场推广活动费、业务招待费及运输费用全部予以冲销，调整相关会计科目。

加强内部控制：建立健全的费用审批和报销制度，确保每笔费用真实合理。

配合税务检查：如税务部门介入调查，应积极配合，如实提供相关资料，争取从轻处理。

## 案例分析 2：不合理的大额费用

**一、背景**

某科技公司，为了调节利润、粉饰财务报表，支付了一系列不合理的大额咨询费用。这些费用名义上用于技术咨询和市场调研，但实际上并未产生相应的服务或成果。

**二、案例具体情况**

不合理的大额费用总额：100 万元。

具体分配情况：其中 50 万元支付给一家关联咨询公司，该公司未提供实质性咨询服务；另外 50 万元用于聘请外部专家，但专家实际参与时间远少于合同约定，且部分工作成果与项目无关。

**三、分析**

1. 法律法规

根据《会计法》及会计准则，企业应确保会计信息的真实性和完整性，不得虚构交易和费用。不合理的大额费用支出违反了诚信原则。

2. 影响

财务信息失真：企业财务报表无法真实反映经营状况，误导投资者和债权人。

税务风险增加：虚构费用引发税务稽查，企业面临补缴税款和缴纳罚款。

企业信誉受损：企业的市场形象和信誉将严重受损。

3. 正确做法

冲回错误费用：将虚构的费用予以冲回，调整相关会计科目，确保费用支出的真实性。

加强内部控制：建立健全的费用审批和报销制度，对大额费用支出进行特别审查，防止类似问题再次发生。

合规经营：企业应增强法律意识，确保所有交易和费用支出均符合法律法规和会计准则的要求。

## 案例分析 3：费用归类错误

**一、背景**

某零售企业为了调整其财务报表，将本应记入“管理费用”科目的支出错误地记入“销售费用”科目。

**二、分析**

1. 法律法规

根据《会计法》和相关会计准则，企业必须按照交易或事项的经济实质进行会计确认、计量和报告，确保会计信息的真实性和准确性。费用的归类错误违反了这一原则。

2. 影响

财务报表失真：费用归类错误导致财务报表失真，误导投资者和债权人对企业经营状况的判断。

决策失误：管理层可能会基于错误信息做出错误的经营决策。

税务风险增加：企业面临税务稽查和处罚。

3. 正确做法

纠正错误归类：将错误归类的费用从销售费用调整至管理费用。

加强内部控制：完善费用归类和审批流程，确保费用按照其经济实质进行正确归类。

合规经营：增强法律意识，确保所有会计处理和交易都符合相关法规和会计准则。

## 案例分析 4：高费率服务合同

### 一、背景

某制造企业为了调节利润，与某咨询服务公司签订了一份高费率的服务合同。该合同约定的服务价格与市场价格相比明显偏高，且服务成果未能达到预期效果。

### 二、分析

1. 法律法规

根据《民法典》及公平交易原则，合同双方应基于平等、自愿的原则订立合同，合同内容应公平合理，不得损害国家、集体或第三人的利益。高费率服务合同违反了这一原则。

2. 影响

利润失真：企业通过高费率合同虚增费用，调节利润，误导投资者和债权人。

资源浪费：支付高额费用却未获得相应价值的服务，造成企业资源浪费。

商业信誉受损：此类行为将严重影响企业的商业信誉和市场形象。

3. 正确做法

合同审查：在签订合同前，应充分评估服务的必要性和价格的合理性，避免签订高费率合同。

会计处理：如已签订合同，应如实反映服务费用和成果，不得通过会计手段掩盖真实情况。

纠纷处理：如服务成果远低于预期，应及时与对方协商，采取法律手段维护自身权益。

## 案例分析 5：费率变动异常

### 一、背景

某物流企业为了调整其财务报表，突然对某项服务费率进行了大幅度的调整，导致企业费用明细出现异常波动，费率显得不合理。这一变动并未基于市场变化或成本变动等合理原因，而是为了操纵利润。

### 二、分析

1. 法律法规

根据《中华人民共和国价格法》（简称《价格法》）及相关会计准则，企业调整价格或服务费率应基于合理的商业理由，如成本变动、市场供需变化等，并确保会计信息的真实性和准确性。

2. 影响

财务报表失真：费率的异常变动导致企业费用明细和收入明细出现不合理波动，误导投资者和债权人。

客户流失：突然的高费率可能导致客户流失，影响企业的市场份额和长期盈利能力。

法律风险增加：若费率变动被视为价格欺诈或操纵市场，企业可能面临法律处罚。

3. 正确做法

合理定价：基于成本和市场情况合理定价，避免异常费率变动。

充分披露：如有费率变动，应在财务报告中充分披露变动原因和影响。

合规：确保费用收入的确认和计量符合会计准则，真实反映经营成果。

# 第十四章
# 毛利率合规

## 专题八十六：毛利率是否出现异常波动

### 业务简介

**一、概念**

企业毛利率是指企业在一定时期内，其销售收入与销售成本之间的差额占销售收入的比例，通常以百分比表示。毛利率的高低直接反映了企业产品或服务的盈利能力。当毛利率出现与常规趋势不符的显著波动时，就被视为异常波动。

**二、基本规定**

行业标准：不同行业的毛利率标准各不相同，这取决于行业的竞争程度、生产成本、市场定价策略等因素。

稳定性：在正常情况下，企业的毛利率应保持相对稳定，除非受到宏观经济环境、市场需求、原材料价格等外部因素的显著影响。

可比性：企业的毛利率应与同行业、同规模、同地区的企业进行比较，以评估企业盈利能力的高低。

**三、经常出现的违规问题**

财务造假：为了粉饰财务报表或达到特定目的，企业可能通过虚增收入、低估成本等手段人为提高毛利率。

不当关联交易：企业可能通过与其关联方进行不公平的交易，以转移利润或成本，从而影响毛利率的真实性。

滥用会计政策：企业可能滥用会计政策，如选择不恰当的存货计价方法、折旧方法等，以调节成本和利润，进而影响毛利率。

**四、违规表现**

当企业毛利率出现异常波动时，可能存在以下几种违规表现。以下是对每种表现的行为描述、目的与动机以及后果的详细解释。

1. 虚构或夸大收入以提高毛利率

行为描述：企业故意虚构不存在的销售交易或夸大与客户的实际交易金额，从而增加销售收入，进而提高毛利率。

目的与动机：提升股价、满足贷款条件、完成业绩目标、粉饰财务报表、掩盖真实的经营状况。

后果：误导投资者和债权人，损害他们的利益。损害企业的声誉和形象，降低市场信任度。企业将面临法律诉讼、缴纳罚款甚至退市。

2. 低估成本以提高毛利率

行为描述：企业故意低估产品或服务的成本，包括原材料成本、人工成本、制造费用等，从而提高毛利率。

目的与动机：掩盖经营不善，使财务报表看起来很健康。

后果：误导投资者，掩盖真实的经营状况。企业忽视成本控制和效率提升，长期损害企业的盈利能力。企业将面临法律处罚和声誉损失。

3. 通过不当关联交易影响毛利率

行为描述：企业与关联方进行不公平的交易，如低价采购、高价销售等，以转移利润或成本，从而影响毛利率。

目的与动机：进行利益输送、避税等。

后果：损害其他股东和债权人的利益，破坏公平竞争的市场环境。企业忽视真实的经营问题和市场需求，长期损害企业的竞争力。企业将面临法律处罚和声誉损失。

这些违规表现都可能导致企业毛利率出现异常波动，损害企业的声誉和形象，误导投资者，甚至导致企业面临法律处罚和退市。因此，企业应严格遵守会计准则和法律法规，确保财务数据的真实性和准确性。

## 法律法规

**一、《证券法》**

虽然没有直接针对企业毛利率异常波动的具体条款，但《证券法》对上市公司的信息披露提出了总体要求，即上市公司必须真实、准确、完整、及时地披露信息，不得有虚假记载、误导性陈述或者重大遗漏。毛利率作为上市公司财务报表中的一个重要指标，其异常波动可能涉及信息披露的真实性和准确性问题。

《证券法》中规定了上市公司未按照要求披露信息或者披露信息存在虚假记载、误导性陈述或重大遗漏的，可能面临的法律责任，包括罚款、警告、暂停或终止上市等。

**二、《公开发行证券的公司信息披露内容与格式准则第 26 号——上市公司重大资产重组（2018 年修订）》**

《企业会计准则第 1 号——存货》（2023 年修订）第七条：存货成本包括采购成本、加工成本和其他使存货达到目前场所和状态所发生的支出。第十四条：企业应当采用先进先出法、加权平均法或者个别计价法确定发出存货的实际成本。

所以，成本的准确计量是计算毛利率的基础。企业需合理确定存货成本，确保成本数据的真实性和完整性。

## 合规程序与方法

评估企业毛利率是否出现异常波动的合规程序与方法主要涉及对企业财务数据的监控、分析和报告。以下是详细的合规程序、方法以及可能的影响因素。

**一、合规程序**

1. 数据收集

收集企业财务数据，特别是与营业收入、营业成本、毛利率等相关的数据。

获取行业数据，包括同行业其他企业的毛利率水平，作为对比分析的基准。

2. 数据监控

设定毛利率的监控指标，如毛利率的波动范围等。

定期（如每季度、每年）监控毛利率的变动情况，并与设定的监控指标进行比较。

3. 异常识别

识别毛利率的异常波动，如突然的大幅上升或下降，导致与行业平均水平或企业历史数据存在显著偏离。

对异常波动进行深入分析，探究其原因。

4. 风险评估

评估异常波动对企业经营、财务状况和声誉的影响。

确定是否需要采取进一步措施，如内部调查、外部审计等。

5. 报告与沟通

将异常波动的情况、原因分析、风险评估结果等编制成报告。

向企业管理层、董事会、审计委员会等相关部门报告，并根据需要进行外部沟通，如向投资者、监管机构等披露。

**二、合规方法**

1. 趋势分析

通过绘制毛利率的时间序列图，观察其变化趋势，判断是否存在异常波动。

结合行业数据和历史数据，进行横向和纵向的比较分析。

2. 比较分析

如将毛利率与净利率比较、将毛利率与行业平均水平比较等。

通过比较分析，判断毛利率的合理性。

3. 因素分析

对影响毛利率的因素进行逐一分析，如原材料价格、销售价格、生产效率等。

确定各因素对毛利率的影响程度，找出导致异常波动的主要因素。

4. 内部控制

加强企业内部控制制度建设，确保财务数据的真实性和准确性。

对涉及毛利率的财务数据进行定期审计和复核，防止人为操纵和错误发生。

**三、影响因素**

1. 市场因素

市场需求的变化、竞争对手的策略调整等市场因素可能导致企业毛利率的异常波动。

2. 成本因素

原材料价格的波动、生产效率的变化等成本因素可能影响企业的毛利率水平。

3. 经营策略

企业的产品定价策略、销售策略等经营策略可能导致毛利率的异常波动。

4. 内部控制

企业内部控制失效可能导致财务数据的不真实和不准确，从而影响毛利率的准确性。

通过实施以上合规程序和方法，企业可以及时发现毛利率的异常波动，并采取相应的措施进行风险评估和报告沟通，确保企业财务数据的合规性和准确性。

## 案例分析 1：虚构或夸大收入以提高毛利率

**一、背景**

近年来，随着市场竞争的加剧和业绩压力的增加，一些企业为了维持或提升股价、吸引投资，可能会采取虚构或夸大收入的手段来提高毛利率。以某互联网公司（以下称“B 公司”）为例，该公司为了应对行业内的激烈竞争和满足投资者的期待，在财务报表中虚构了一部分收入。

**二、案例具体情况**

B 公司最近公布的财报显示，其当季收入达到了 3 亿元人民币，毛利率高达 45%。然而，经过审计机构的深入调查，发现其中存在虚构成分。实际上，B 公司当季真实收入应为 2.5 亿元人民币，但虚构了 5 000 万元的收入。

### 三、分析

1. 法律法规

根据《会计法》和相关会计准则，企业应当真实、完整地记录其经济业务，不得虚构或夸大收入。财务报表应当真实、公正地反映企业的财务状况和经营成果。

2. 收入确认条件

只有同时满足以下条件才能确认收入：商品或劳务已经提供；与收入相关的经济利益已经流入企业；收入的金额能够可靠计量。虚构或夸大收入的行为显然不满足这些条件。

3. 影响

B 公司虚构收入的行为导致了其毛利率的虚高，误导了投资者。这不仅损害了投资者的利益，还对企业的声誉和市场地位造成了负面影响。此外，B 公司将面临法律诉讼和罚款等严重后果。

4. 正确做法

企业应当严格遵守会计准则和法律法规，真实、完整地记录其经济业务。在面对业绩压力时，企业应当通过提高产品质量、降低成本、拓展市场等合法手段来提升盈利能力，而不是采取虚构或夸大收入等违法行为。

### 四、结论

虚构或夸大收入以提高毛利率是一种违法行为，不仅会对企业的财务状况和长期发展造成严重影响，还会引发法律风险和信任危机。因此，企业应当坚守诚信原则，确保财务数据的真实性和准确性。同时，监管机构也应加大监管力度，对违法行为进行严厉打击。

## 案例分析 2：低估成本以提高毛利率

### 一、背景

在激烈的市场竞争中，为了保持或提升毛利率水平，一些企业可能会采取低估成本的手段。这种手段会对企业的财务健康和市场信誉造成损害。以下以某制造公司（以下称“A 公司”）为例，详细分析这一行为。

### 二、案例具体情况

A 公司是一家生产精密仪器的企业，在最近公布的财报中，其毛利率较往年有显著增长。然而，经过深入调查，发现 A 公司存在低估成本的情况。具体来说，A 公司将其生产过程中使用的某些关键零部件的成本低估了 20%，从而使得其整体成本降低，毛利率提高。

根据 A 公司的财务数据，假设其某季度销售收入为 1 亿元人民币，原本应计入的成本为 5 000 万元，但由于低估成本，实际计入的成本仅为 4 000 万元。因此，A 公司的毛利率从原本的 50% 提高到了 60%。

### 三、分析

1. 法律法规

根据《会计法》和相关会计准则，企业应当真实、完整地记录其经济业务，不得低估或隐瞒成本。财务报表应当真实、公正地反映企业的财务状况和经营成果。

2. 成本确定条件

成本的确定应当基于实际发生的经济业务，并符合会计准则的规定。在确定成本时，企业应当充分考虑所有与产品或服务相关的直接和间接成本。

3. 影响

A 公司低估成本的行为导致了其毛利率的虚高，误导了投资者。这不仅损害了投资者的利益，还影响了企业的市场信誉和长期发展。此外，A 公司将面临法律诉讼和罚款等严重后果。

4. 正确做法

企业应当真实、完整地记录其成本数据，确保财务报表的真实性和准确性。在面对成本压力时，企业应当通过优化生产流程、提高生产效率、减少资源浪费等合法手段来降低成本，而不是采取低估成本等违法行为。

**四、结论**

低估成本以提高毛利率是一种违法行为，不仅会对企业的财务状况和长期发展造成严重影响，还会引发法律风险和信任危机。因此，企业应当坚守诚信原则，确保财务数据的真实性和准确性。同时，监管机构也应加大监管力度，对违法行为进行严厉打击。

## 案例分析 3：通过不当关联交易影响毛利率

**一、背景**

近年来，随着市场竞争的加剧，一些上市公司为了维持其业绩水平，会与其关联方进行不当的关联交易。这种关联交易往往是以非市场公允价格进行的，从而影响了公司的毛利率。以下是一个具体的案例，展示了一家零售企业（以下称“C 公司”）如何通过不当关联交易影响毛利率。

C 公司是一家在 A 股上市的零售企业，其控股股东拥有一家物流公司（以下称“D 公司”）。为了维持 C 公司的毛利率水平，C 公司与 D 公司之间进行了大量的不当关联交易。具体来说，D 公司以远低于市场价的价格向 C 公司提供物流服务，导致 C 公司的物流成本被严重低估，从而提高了其毛利率。

**二、案例具体情况**

根据 C 公司公布的财务数据，可以看到以下情况。

在过去一年中，C 公司从 D 公司获得的物流服务总成本为 5 亿元人民币，占其年度物流成本的 70%。

市场上类似物流服务的平均价格为每单 100 元，而 C 公司从 D 公司获得的物流服务的价格仅为每单 50 元。

由于物流成本被低估，C 公司的毛利率从 20% 提高到了 25%。

**三、分析**

1. 法律法规

根据《公司法》和《证券法》的规定，上市公司与关联方之间的交易应当遵循公平、公正、公开的原则，交易价格应当基于市场公允价格。非公允的关联交易会损害上市公司和中小股东的利益。

2. 影响

C 公司与 D 公司之间的不当关联交易导致 C 公司的物流成本被低估，从而提高了其毛利率。这种非公允的关联交易不仅损害了 C 公司的长期盈利能力，也误导了投资者，影响了市场的公平性。此外，这种行为还会引起监管部门的关注，导致公司面临法律风险和声誉损失。

3. 正确做法

为了避免不当关联交易对毛利率的影响，C 公司应该采取以下措施。

加强与 D 公司之间的价格谈判，确保物流服务价格基于市场公允价格。

建立健全的内部控制制度，对关联交易进行严格的审查和监管。

提高信息披露的透明度，及时向投资者披露关联交易的详细信息，包括交易价格、交易数量等。

通过实施以上措施，C 公司可以确保关联交易的公允性，维护公司和投资者的利益。

# 专题八十七：主营业务成本和收入是否符合配比原则

## 业务简介

**一、概念**

配比原则，也称为收入成本配比原则或配合原则，是会计原则之一。它要求企业在确认收入的同时，应当结转与收入相关的成本，确保收入和成本的合理配比。简言之，配比原则意味着“收入与成本相匹配”，即企业在一定会计期间内所确认的收入应当与为取得这些收入而发生的成本相匹配。

**二、基本的规定**

配比原则有三个方面的基本规定：

某产品的收入必须与该产品的耗费相匹配；

某会计期间的收入必须与该期间的耗费相匹配；

某部门的收入必须与该部门的耗费相匹配。

这些规定确保了会计信息的准确性和可靠性，反映了企业真实的经营状况。

**三、经常出现的违规问题**

在实际操作中，企业可能会违反配比原则，导致主营业务成本和收入不匹配。常见的违规问题如下。

成本分摊不当：企业可能未将成本合理分摊至不同的产品或项目，导致某些产品或项目的成本被低估或高估。

提前或延迟确认成本：企业可能为了调节利润，提前或延迟确认成本。

虚构成本或收入：企业可能虚构成本或收入，以掩盖真实的经营状况。

**四、违规表现**

1. 成本与收入不匹配

（1）行为描述

企业在确认主营业务收入时，未按照配比原则将相关的主营业务成本同时确认或分摊。例如，某企业销售了一批产品，但在确认销售收入时，未将这批产品的生产成本等相关成本计入当期成本，导致收入与成本不匹配。

（2）目的与动机

企业可能为了平滑利润波动、掩盖经营问题或达到特定的业绩目标，通过不匹配的成本和收入来调整财务报表。例如，当面临业绩压力时，企业可能通过少计成本来提高利润水平，以满足投资者或债权人的期望。

（3）后果

这种行为导致企业的财务报表失真，无法真实反映其经营状况；同时，也会误导投资者和管理层的决策，给企业带来长期的不利影响；此外，还会引发监管机构的关注，增加企业面临法律诉讼和处罚。

2. 提前或延迟确认成本

（1）行为描述

企业为了调节利润水平，人为提前或延迟主营业务成本的确认。例如，在销售旺季，为了保持较高的利润水平，企业可能将部分成本推迟到下一会计期间确认；而在销售淡季时，为了避免利润过低，可能提前确认部分成本。

（2）目的与动机

企业可能为了短期内提高利润水平、满足投资者或债权人的期望，通过提前或延迟成本的确认来操纵利润。

（3）后果

这种操纵行为会损害企业的信誉和声誉，影响企业的长期发展；此外，还会引发监管机构的调查，导致企业面临法律诉讼和处罚。

3. 虚构成本或收入

（1）行为描述

企业为了掩盖真实的经营状况或达到特定的财务目标，虚构主营业务成本或收入数据。例如，通过虚构销售合同、伪造发票等方式增加收入；或虚构费用支出以减少利润。

（2）目的与动机

企业可能为了掩盖真实的经营状况、逃避税收、骗取贷款或达到上市等，通过虚构成本或收入来粉饰财务报表。

（3）后果

这种行为严重违反法律法规和会计准则，导致企业面临法律诉讼、罚款甚至吊销营业执照等严重后果；同时，也会严重损害企业的市场声誉和投资者信心，给企业带来长期的负面影响；此外，还会引发监管机构的深入调查，进一步加剧企业的困境。

## 法律法规

判断企业主营业务成本和收入是否符合配比原则，主要遵循的是《企业会计准则》中的相关规定。配比原则作为会计原则之一，在企业财务管理和会计核算中扮演着重要角色。配比原则在企业会计准则中的具体体现，主要集中在以下几个方面。

**一、《企业会计准则——基本准则》**

第三十三条：企业发生的各项经济业务，应当在依法设置的会计账簿上统一登记、核算，不得违反本准则和国家统一的会计制度的规定私设会计账簿登记、核算。这确保了企业会计信息的完整性和准确性，为配比原则的实施提供了基础。

**二、《企业会计准则第 14 号——收入》**

该准则详细规定了收入的确认和计量原则，强调了收入与成本、费用的配比关系。要求企业在确认收入时，必须同时考虑与收入相关的成本和费用，确保收入和成本的合理配比。

## 合规相关内容

确保企业主营业务成本和收入符合配比原则的合规程序与方法，主要如下。

**一、合规程序**

1. 明确配比原则

企业应明确配比原则的概念和重要性，即收入与其成本、费用应当相互配比，确保同一会计期间内的各项收入和与其相关的成本、费用在该会计期间内确认。

2. 制定会计制度

企业应根据会计准则和自身经营特点，制定适合本企业的会计制度，明确收入和成本的确认标准、方法和程序。

3. 建立内部控制

企业应建立健全内部控制体系，确保会计信息的真实、准确和完整，防止收入和成本的错配、漏配和重配。

4. 定期审计与检查

企业应定期进行内部审计和外部审计，对收入和成本的配比情况进行检查和评估，确保符合配比原则和相关法律法规。

**二、合规方法**

1.. 直接配比法

根据收入与成本、费用之间的因果关系进行直接配比。例如，销售产品时，将产品销售收入与相应的生产成本、销售费用等直接匹配。

2. 间接配比法

根据收入与费用项目之间存在的时间上的一致关系进行间接配比。例如，对于某些间接费用，如管理费用、销售费用等，可以按照一定的比例或方法分摊到各个会计期间。

3. 持续监控与调整

企业应持续监控收入和成本的配比情况，及时发现并纠正配比不当的问题。同时，随着经营环境和市场条件的变化，企业应适时调整配比方法和标准，确保配比原则的合规性和有效性。

**三、步骤**

识别与计量：准确识别和计量主营业务收入和与其相关的成本、费用。

匹配与确认：根据配比原则，将收入和相关的成本、费用进行匹配和确认。

记录与报告：将匹配和确认的结果记录在会计账簿中，并编制相应的财务报表进行报告。

**四、可能的影响因素**

业务特性：不同行业、不同企业的业务特性不同，可能导致配比方法和标准的差异。

市场条件：市场价格的波动、客户需求的变化等市场条件可能影响收入和成本的配比情况。

法规政策：会计准则和相关法规政策的变化可能影响配比原则的合规性和有效性。

内部控制：内部控制体系的有效性直接影响配比原则的合规性和准确性。

综上所述，企业应通过明确的合规程序和方法，确保主营业务成本和收入的合规配比，同时关注可能的影响因素，及时调整和优化配比方法和标准。

## 案例分析 1：成本与收入不匹配

**一、背景**

A 公司近年来面临市场竞争加剧和原材料成本上升的双重压力。为了保持市场份额，A 公司决定通过加大营销投入和研发新产品来提高竞争力。然而，在实际操作中，A 公司出现了成本与收入不匹配的问题。

**二、案例具体情况**

2022 年 A 公司的财务数据如下。

营销投入：较上一年度增长了 30%，达到 1 亿元人民币。

研发投入：增加了 20%，达到 8 000 万元人民币。

销售收入：仅增长了 15%，达到 15 亿元人民币。

净利润：由于成本和费用增加，净利润率较上一年度减少了 5 个百分点。

**三、分析**

1. 法律法规

根据会计准则和税法规定，企业的成本和收入应当在相应的会计期间内合理匹配。即企业在确认收入时，应同时确认与收入相关的成本。

2. 影响

利润失真：营销和研发成本增加，而销售收入增长有限，导致净利润率下降。这使得 A 公司的盈利能力在财务报表上显得较低，导致投资者对 A 公司的真实价值产生误判。

税务风险增加：若 A 公司未按照税法规定合理分摊成本和费用，可能被税务稽查和处罚。

3. 正确做法

针对 A 公司成本费用与收入不匹配的问题，建议采取以下措施。

加强预算管理：制定科学合理的预算计划，确保营销和研发投入与销售收入相匹配。

优化成本结构：通过改进生产工艺、降低原材料成本等方式，降低产品成本，提高盈利能力。

严格财务审核：加强财务审核和内部控制，确保成本和费用的真实性、合理性和合规性。

加强税务筹划：在合法合规的前提下，通过合理的税务筹划减轻税负，提高税后利润。

**四、结论**

A 公司成本与收入不匹配的问题对企业经营产生了不良影响。为了改善这一状况，A 公司应加强预算管理、优化成本结构、严格财务审核和加强税务筹划等。这些措施的实施，将有助于 A 公司实现成本与收入的合理匹配，提高盈利能力并降低税务风险。

## 案例分析 2：提前或延迟确认成本

**一、背景**

B 公司近期承接了一项大型工程项目，合同金额高达 1 亿元人民币，预计工期为两年。由于市场竞争激烈，B 公司为了快速回笼资金并展示良好的财务状况，决定采取提前确认成本的方式，以便在财务报表中呈现出更高的利润。

**二、案例具体情况**

B 公司在项目开始后的第一个季度就确认了大部分成本，具体财务数据如下。

实际发生成本：在第一季度末，实际发生的成本为 2 000 万元。

提前确认成本：B 公司为了美化财务报表，将未来几个季度的预计成本也提前计入了本季度，共确认了 4 000 万元的成本。

销售收入：由于项目刚刚开始，第一季度几乎没有销售收入。

利润：由于提前确认了成本，B 公司第一季度的财务报表反映了 B 公司处于亏损状态，利润为 −2 000 万元。

**三、分析**

1. 法律法规

根据会计准则，企业应按照实际发生的成本和收入进行确认，确保财务报表的真实性和准确性。提前确认成本违反了这一原则。

2. 影响

误导投资者：由于财务报表显示亏损，投资者对 B 公司的经营状况和盈利能力产生误判，影响投资决策。

损害企业信誉：企业提前确认成本将严重损害企业的信誉和声誉。

3. 正确做法

针对提前确认成本的问题，建议采取以下措施。

严格遵守会计准则：企业应按照实际发生的成本和收入进行确认，确保财务报表的真实性和准确性。

加强内部控制：建立健全的内部控制体系，防止财务人员随意调整成本和收入数据。

提高财务人员素质：加强财务人员的培训和教育，提高其对会计准则和法规的理解和执行能力。

引入外部审计：定期聘请专业的会计师事务所进行外部审计，确保财务报表的合规性和准确性。

**四、结论**

B 公司提前确认成本的行为违反了会计准则和法律法规，导致财务报表失真，误导投资者并损害企业信誉。为了规范企业的财务管理和确保财务报表的准确性，B 公司应严格遵守会计准则、加强内部控制、提高财务人员素质并引入外部审计等。

## 案例分析 3：虚构成本或收入

### 一、背景

某制造企业 A 公司为了在年度财务报表中呈现较高的利润水平，采取了虚构成本和收入的违规操作。A 公司通过伪造销售合同、发票和发货单，虚增了 2 000 万元的收入，同时通过虚增原材料采购和生产成本，虚构了 1 500 万元的成本。这一行为导致财务报表中的收入和成本数据严重失真，利润虚增 500 万元，掩盖了实际经营问题。此外，A 公司未按照会计准则要求披露相关交易，进一步加剧了财务信息的不透明性。

### 二、案例具体情况

虚构收入金额：2 000 万元。

虚构成本金额：1 500 万元。

虚增利润：500 万元。

当期利润：虚增前利润为 1 000 万元，虚增后利润为 1 500 万元。

影响利润率：利润率从 10% 虚增至 15%。

### 三、分析

1. 法律法规

根据《企业会计准则第 14 号——收入》，企业应当在履行了合同中的履约义务时确认收入，且收入金额应反映企业因交付商品或服务而有权获得的对价。此外，《中华人民共和国会计法》第十三条明确规定，企业必须依法设置会计账簿，保证会计资料的真实、完整。虚构成本或收入属于财务造假行为，违反了上述法规。

2. 影响

虚构成本或收入会导致以下影响：

财务报表失真：收入和成本数据失真导致利润虚增，误导投资者和债权人。

税务风险：虚增收入可能导致多缴所得税，但一旦被税务机关发现，企业需补缴税款并缴纳罚款。

审计问题：审计机构可能对收入和成本数据的真实性提出质疑，甚至出具非标准审计报告，影响企业信誉。

决策失误：失真的财务信息可能导致管理层做出错误的经营决策，影响企业长期发展。

3. 正确做法

企业应严格按照会计准则和法律法规的要求，合理确认和披露收入和成本。具体措施包括：

完善收入确认制度：明确收入确认的条件和时点，确保收入数据的真实性和完整性。

加强成本管理：建立科学的成本核算体系，确保成本数据的准确归集和分配。

定期内部审计：对收入和成本核算流程进行内部审计，及时发现和纠正违规行为。

培训财务人员：提高财务人员的专业水平，确保其准确理解和执行收入和成本核算政策。

4. 正确的会计处理

收入确认：按照实际发生的交易确认收入，不得虚构销售合同或发票。

成本确认：按照实际发生的经济业务确认成本，不得虚增原材料采购或生产成本。

追溯调整：对于已发现的虚构收入或成本，应及时调整财务报表，冲减虚增收入或成本，并追溯调整以前年度损益。

财务报表披露：在财务报表附注中详细披露收入和成本的确认方法及具体数据，确保信息透明。

## 专题八十八：毛利率是否明显高于或低于同行业平均水平

### 业务简介

**一、概念**

毛利率是指企业销售收入扣除直接成本后的利润占销售收入的比例。当企业的毛利率明显高于或低于同行业平均水平时，通常会引起市场关注。

**二、基本规定**

毛利率的计算公式为：毛利率 =（销售收入 – 直接成本）/ 销售收入 ×100%。其中，销售收入是公司在一定期间内通过销售商品或提供服务获得的收入；直接成本，又称变动成本，是指与生产或销售活动直接相关的成本，包括原材料成本、直接劳动成本、直接费用等。

在正常情况下，同行业内的企业由于经营环境和产品特性相似，其毛利率水平也应大致相当。然而，当某企业的毛利率明显高于或低于同行业平均水平时，可能意味着该企业在成本控制、市场策略或经营管理等方面存在特殊情况。

**三、经常出现的违规问题**

利润虚增：企业为了美化财务报表或吸引投资者，可能通过虚构销售收入、隐瞒成本等方式虚增利润，导致毛利率异常偏高。

成本控制不当：企业在原材料采购、生产流程管理等方面存在漏洞，导致成本控制不当，使得毛利率异常偏低。

**四、违规表现**

毛利率明显高于或低于同行业平均水平的违规表现主要包括两种情况，下面将解释这两种情况的行为描述、目的与动机以及后果。

1. 毛利率明显高于同行业平均水平

（1）行为描述

企业在财务报表中显示的毛利率远高于同行业其他企业。这种情况可能通过虚增收入或虚减成本来实现。例如，企业可能通过虚假销售、提前确认收入或进行不规范关联方交易等手段来增加报表中的收入数额。同时，企业也可能通过少计原材料成本、人工成本或相关费用等方式来降低报表中的成本数额。

（2）目的与动机

提高企业的盈利能力指标，从而吸引更多的投资。

为企业创造更好的市场形象和声誉。

满足管理层或股东的业绩期望，获取更高的薪酬或股权激励。

（3）后果

企业将面临法律诉讼和监管处罚。

投资者信心受损，股价可能大幅下跌。

企业的声誉和信誉受到严重损害，影响未来的业务发展。

2. 毛利率明显低于同行业平均水平

（1）行为描述

企业在财务报表中显示的毛利率远低于同行业其他企业。这种情况可能由企业实际经营状况不佳、成本控制不力或存在大量的非正常损失等原因导致。然而，有时企业也可能故意低估收入或高估成本，以达到某种特定目的。

（2）目的与动机

通过低估收入和高估成本来减少应纳税额。

为未来业绩增长预留空间，通过前期低估来凸显后期的业绩增长。

满足某些特定的合同条件或监管要求，如与合作伙伴签订的协议约定的财务指标。

（3）后果

引起监管机构的关注，导致税务稽查或相关调查。

影响投资者的判断和投资决策，可能导致股价波动。

损害企业的长期竞争力，因为低毛利率可能意味着企业在成本控制、产品质量或市场定价方面存在问题。

综上所述，无论是毛利率明显高于还是低于同行业水平，都可能存在违规的嫌疑。投资者和分析师应密切关注企业的财务状况和经营表现，以便及时发现并应对潜在的风险。

## 法律法规

首先明确企业毛利率与同行业水平的关系。企业毛利率是指企业在一定时期内（如一年或一个会计期间）的毛利润与营业收入之比，通常用来衡量企业成本控制和经营的能力。同行业水平则是指相同行业或类似行业中其他企业的平均毛利率水平。

在大多数国家和地区的法律法规中，并没有直接针对“企业毛利率是否明显高于或低于同行业水平”设定具体的法规条款。这是因为毛利率的高低很大程度上受到企业的经营策略、成本控制、市场环境、竞争态势等多重因素影响，很难通过法律进行规定。

然而，虽然没有直接针对毛利率的法规条款，但有一些间接相关的法规和监管要求涉及毛利率的问题。

《反不正当竞争法》：如果企业的毛利率异常高，且这种高毛利率是通过不正当手段（如价格歧视、垄断等）获得的，那么就可能违反了《反不正当竞争法》。虽然这不是直接针对毛利率的规定，但高毛利率可能成为判定企业是否存在不正当竞争行为的一个考量因素。

会计准则和财务报告规定：企业需要按照会计准则和财务报告规定编制财务报表，其中包括了营业收入和成本。这些规定要求企业必须真实、准确、完整地披露财务信息，包括毛利率。如果企业故意虚报或隐瞒毛利率信息，就违反了会计准则和财务报告规定。

税收法规：税收法规通常规定了企业的应税收入和可抵扣成本，从而间接影响到企业的毛利率。如果企业偷税漏税，导致毛利率异常，就违反了税收法规。

## 合规程序与方法

判断企业毛利率是否明显高于或低于同行业平均水平的合规程序与方法涉及多个方面，以下将详细解释相关内容。

**一、确定同行业水平**

选择可比公司：选择与本企业业务模式、产品类型、销售区域、市场定位等相似的同行业公司作为比较对象。这要求在选择可比公司时，要充分考虑行业特性、产品特性以及市场特性。

收集数据：收集这些可比公司的毛利率数据，这通常可以通过公开的市场报告、财务报告、行业分析报告等渠道获得。

**二、计算本企业毛利率**

确定销售收入和成本：根据企业的财务报表，确定销售收入和成本。销售收入包括产品或服务的销售额，成本则包括直接生产成本、间接生产成本和其他相关费用。

计算销售毛利和毛利率：使用公式“销售毛利 = 销售收入 – 销售成本”计算销售毛利，然后使用公式“毛利率 = 销售毛利 / 销售收入 ×100%”计算毛利率。

**三、对比与分析**

直接对比：将本企业的毛利率与同行业可比公司的毛利率进行直接对比，观察是否存在显著差异。

分析差异原因：如果差异显著，需要进一步分析差异的原因。可能的原因包括定价策略、成本控制、产品质量、市场策略等方面存在差异。

**四、审查与解释**

内部审查：企业应建立内部审查机制，定期对毛利率进行审查，确保毛利率的计算和报告符合会计准则和法规要求。

外部审计：企业可以聘请外部审计机构进行审计，以验证毛利率的准确性和合规性。

解释与披露：如果毛利率与同行业水平存在显著差异，企业应在财务报告中进行充分的解释和披露，说明差异的原因和合理性。

政策影响：在某些情况下，国家的政策和制度可能会对企业的毛利率产生影响。例如，某些行业可能受到政府的支持和保护，从而形成了较高的毛利率。因此，在解释毛利率时，需要充分考虑政策因素。

**五、可能的影响因素**

市场经济行情：市场需求、供应状况、竞争程度等都会影响企业的定价和成本控制，进而影响毛利率。

季节性因素：某些行业可能受到季节性的影响，导致毛利率在不同季节之间存在差异。

产品特性：产品的独特性、技术含量、品牌影响力等都会影响产品的定价和毛利率。

成本结构：原材料成本、人工成本、制造成本等都会影响企业的成本结构，进而影响毛利率。

总之，企业在评估其毛利率是否明显高于或低于同行业水平时，需要遵循合规程序和方法，充分考虑各种影响因素，并进行充分的解释和披露。

## 案例分析 1：毛利率明显高于同行业平均水平

**一、背景**

某上市公司 B 主要从事高端电子元器件制造，近年来其毛利率持续维持在 50% 左右，远超同行业 30% 的平均水平。该公司在年报中解释称，高毛利率源于“技术领先和成本控制优势”，但未提供具体数据支持。后经监管机构调查发现，该公司存在以下问题：

虚增收入：通过关联方交易虚构销售，虚增营业收入；

少计成本：未合理确认研发费用及生产成本，部分成本被资本化或递延；

异常关联交易：以不合理高价向关联方销售产品，人为抬高毛利率。

最终，该公司因财务数据失真被证监会处罚，股价大幅下跌，投资者遭受损失。

**二、案例具体情况**

| 指标 | 公司 B 数据 | 行业平均水平 | 差异分析 |
|---|---|---|---|
| 营业收入（亿元） | 20.0 | 18.0 | 虚增 2 亿元（关联交易） |
| 营业成本（亿元） | 10.0 | 12.6 | 少计 2.6 亿元（资本化） |
| 毛利率 | 50% | 30% | 异常高出 20 个百分点 |
| 研发费用占比 | 3% | 8% | 显著低于行业，部分研发支出未费用化 |

**三、分析**

1. 法律法规

《企业会计准则第 14 号——收入》：企业应真实、完整地确认收入，不得虚构交易或通过关联交易操纵利润。

《企业会计准则第 6 号——无形资产》：研发支出需合理区分费用化与资本化，不符合资本化条件的研发支出应计入当期损益。

《上市公司信息披露管理办法》：公司需充分披露关联交易定价政策及对毛利率的影响。

2. 影响

财务影响：虚增利润导致 EPS（每股收益）被夸大，误导投资者决策；未来可能因财务调整导致业绩爆雷。

合规风险：可能被认定为财务舞弊，面临证监会处罚、交易所问询甚至退市风险。

市场影响：股价异常波动，投资者信心受损，融资成本上升。

3. 正确做法

收入确认：确保所有交易具有商业实质，关联交易价格公允，并完整披露。

成本核算：严格区分费用化与资本化支出，避免人为少计成本。

同业对比分析：若毛利率显著高于同行，需提供合理证据（如专利技术、规模效应等）。

4. 正确的会计处理

收入端：关联交易应按市场价确认收入，虚构交易应冲回：

借：营业收入（虚增部分）

贷：应收账款（或关联方往来款）

成本端：被不当资本化的研发费用应调整至当期损益：

借：研发费用

贷：无形资产（或存货）

披露要求：在财报附注中详细说明毛利率较高的原因及关联交易影响。

**四、结论**

毛利率异常高于行业平均水平可能隐藏财务操纵风险。企业应确保收入与成本的确认符合会计准则，避免通过关联交易、成本资本化等手段虚增利润。监管机构及投资者需关注毛利率的合理性，结合行业特点、公司商业模式等因素综合分析。若发现异常，应进一步核查收入真实性、成本完整性及关联交易公允性，以维护财务数据的可信度。

## 案例分析 2：毛利率明显低于同行业水平

**一、背景**

某上市公司 C 主要从事消费电子产品制造，近年来其毛利率持续维持在 15% 左右，显著低于同行业 25% 的平均水平。该公司在年报中解释称，毛利率较低是由于 " 市场竞争激烈和原材料成本上升 "，但未提供详细数据支持。后经审计机构核查发现，该公司存在以下问题：

成本核算不准确：部分直接材料成本未及时入账，导致当期成本被低估；

存货减值计提不足：对滞销产品未足额计提存货跌价准备；

收入确认政策激进：在客户未明确验收的情况下提前确认收入；

费用分摊不合理：将部分销售费用计入管理费用，影响毛利率计算。

**二、案例具体情况**

| 指标 | 公司 C 数据 | 行业平均水平 | 差异分析 |
| --- | --- | --- | --- |
| 营业收入（亿元） | 30.0 | 28.0 | 可能包含提前确认收入 |
| 营业成本（亿元） | 25.5 | 21.0 | 成本核算不准确 |
| 毛利率 | 15% | 25% | 显著低于行业水平 |
| 存货周转天数 | 120 天 | 90 天 | 存货积压严重 |
| 存货跌价准备率 | 2% | 5% | 减值计提不足 |

## 三、分析

1. 法律法规

《企业会计准则第 1 号——存货》：要求企业合理确定存货成本，对可能发生的存货跌价损失计提充分准备。

《企业会计准则第 14 号——收入》：规定收入确认应满足“商品所有权上的主要风险和报酬已转移”等条件。

《企业会计准则第 30 号——财务报表列报》：要求企业合理分类各项费用，确保财务数据可比性。

《上市公司信息披露管理办法》：要求公司对重大会计政策和估计进行充分披露。

2. 影响

财务影响：低估成本导致当期利润虚高，但可能在未来期间暴露出更大的亏损风险；

税务风险：成本核算不准确可能导致企业所得税计算错误，面临税务稽查风险；

经营决策误导：失真的毛利率数据可能误导管理层做出错误的生产和定价决策；

市场信任危机：持续偏低的毛利率可能引发投资者对公司经营能力的质疑。

3. 正确做法

成本核算：建立完善的成本归集和分配制度，确保所有生产成本及时、准确入账；

存货管理：定期评估存货状况，对滞销产品足额计提跌价准备；

收入确认：严格执行收入确认标准，避免提前确认收入；

费用分摊：按照业务实质合理划分销售费用和管理费用；

同业对比：对持续偏低的毛利率进行深入分析，找出真正原因并改进。

4. 正确的会计处理

成本调整：补记未入账的直接材料成本：

借：主营业务成本

贷：应付账款（或原材料）

存货减值：补提存货跌价准备：

借：资产减值损失

贷：存货跌价准备

收入调整：冲回提前确认的收入：

借：主营业务收入

贷：应收账款

费用重分类：调整费用分类：

借：销售费用

贷：管理费用

## 四、结论

毛利率持续低于行业平均水平往往反映企业存在成本控制不力或会计处理不当的问题。企业应当：

建立健全成本核算体系，确保成本数据真实完整；

严格执行会计准则，特别是存货减值和收入确认的相关规定；

定期进行同业对比分析，及时发现经营问题；

完善内部控制，防止人为调节利润的行为；

在财务报告中充分披露毛利率变动的原因及影响。

监管机构和投资者对持续偏低的毛利率应保持警惕，重点关注企业的成本构成、存货管理和收入确认政策，以准确评估企业的真实盈利能力。对于确实因经营效率低下导致的低毛利率，企业应当通过优化生产流程、加强供应链管理等措施提升竞争力。

## 专题八十九：境内外毛利率差异较大的情况是否合理

### 业务简介

**一、概念**

毛利率是反映企业经营成果的重要指标，反映了企业在销售商品或提供服务后，收入扣除直接成本后的利润占销售收入的比重。境内外毛利率差异较大，指的是企业在向境内和境外客户销售相同或类似产品时，所获得的毛利率存在显著差异。

**二、基本规定**

企业应基于公平交易原则，对境内外客户一视同仁，不应存在价格歧视现象。

企业应公开透明地披露其境内外销售的毛利率情况，并解释差异的合理原因。

监管机构要求企业在 IPO 或持续监管过程中，详细披露毛利率变动情况及原因，尤其是与同行业企业存在显著差异时。

**三、经常出现的违规问题**

数据操纵：企业可能故意操纵销售数据或成本数据，以人为地扩大境内外毛利率差异。

定价策略不透明：企业可能未充分披露其定价策略，导致境内外毛利率差异无合理解释。

转移定价：企业可能通过境内外关联方之间的转移定价，实现利润转移或避税目的。

**四、违规表现**

境内外毛利率差异较大的违规表现主要包括以下几种情况。

1. 虚构或操纵境内外交易

行为描述：企业可能通过虚构或操纵与境外客户的交易，例如虚报销售额、成本或相关费用，来制造境内外毛利率的差异。这种行为可能涉及伪造销售合同、发货单据或收款记录等。

目的与动机：提高境外业务的毛利率，以吸引外部投资和增强市场信心。掩盖真实的财务状况或经营问题。

后果：企业将面临法律制裁和监管处罚。投资者信心受损，企业股价和市场信誉会受到严重影响。

2. 利用转移定价操纵利润

行为描述：企业可能利用境内外关联方之间的交易，通过不合理的转移定价来人为调整不同区域的毛利率。例如，高价向境外关联方销售产品或低价从境外关联方采购原材料。

目的与动机：操纵财务报表，以实现或符合特定的业绩目标或市场预期；减轻整体税负。

后果：引起税务机构的关注和调查。影响企业声誉，损害股东和投资者的利益。

3. 区别定价且无合理解释

行为描述：企业对境内外客户采用显著不同的定价策略，导致毛利率差异较大，且这种差异无法用产品配置、市场需求、运输成本等合理解释。

目的与动机：在某个市场区域获取更高的利润；应对特定的市场竞争。

后果：无法提供合理解释，将引发监管机构的质疑和调查。影响企业的市场形象和客户关系。

4. 利用汇率波动进行财务操纵

行为描述：企业可能利用汇率波动来调整境内外毛利率，尤其是在货币价值波动较大的情况下。通过选择特定的结算货币和时间点，人为创造毛利率差异。

目的与动机：增加财务报表的灵活性，以达到特定的财务目标；对冲潜在的汇率风险。

后果：增加企业的财务风险和不确定性。企业将面临法律制裁。

这些违规表现都会对企业的财务状况、市场信誉和长期发展产生负面影响。因此，企业应遵循相关法规和会计准则，确保财务报告的透明度和准确性。

## 法律法规

关于企业境内外毛利率的相关法规规定，主要有企业所得税的处理办法，以及监管层在 IPO 审核过程中对毛利率审议的关注点。以下是相关内容。

1. 企业所得税处理办法

《房地产开发经营业务企业所得税处理办法》（国税发〔2009〕31 号）第九条规定，企业销售未完工开发产品取得的收入，应先按预计计税毛利率分季（或月）计算出预计毛利额，计入当期应纳税所得额。开发产品完工后，企业应及时结算其计税成本并计算此前销售收入的实际毛利额。

文件中还规定，企业销售未完工开发产品的计税毛利率由各省、自治区、直辖市国家税务总局、地方税务局确定，主管税务机关根据开发项目所在地将计税毛利率分为三个档次：不得低于 15%，10%、5%。对于经济适用房、限价房和危改房，计税毛利率不得低于 3%。

需要注意的是，虽然这一规定主要针对房地产开发企业，但其中的原则和方法对于其他行业企业也有一定的参考价值。

2.IPO 审核中对毛利率审议的关注点

监管层在 IPO 审核过程中，对毛利率的关注主要集中在三个方面：产品毛利率上升 / 下降的原因、毛利率高于 / 低于同行业可比公司的原因、毛利率波动较大的原因。

当企业境内外毛利率差异较大时，监管层可能会要求企业解释这种差异产生的原因，包括但不限于产品配置差异、定价政策差异、汇率因素等。

例如，如果境外销售的测试系统产品配置水平通常高于境内，或者境外客户的维护和技术服务难度和成本较高，这些因素都可能导致境内外产品毛利率的差异。

3. 特定行业的毛利率规定

对于特定行业，如房地产开发企业，不同地区的开发项目可能有不同的计税毛利率标准。如湖北省税务局规定，位于武汉市城区和郊区的开发项目，计税毛利率为 15%；位于其他地级市（市、州）城区及郊区的，计税毛利率为 10%；位于省直管县、神农架林区及其他地区的，计税毛利率为 5%。

综上所述，企业境内外毛利率差异较大情况的相关法律法规主要有企业所得税处理办法以及 IPO 审核中对毛利率的审议要求。企业应根据实际情况和法规要求，合理解释境内外毛利率差异产生的原因，并确保合规经营。

## 合规程序与方法

在检查企业境内外毛利率差异较大的情况是否合理时，应遵循以下合规程序与方法，以确保准确性和合规性。

**一、合规程序**

了解法律法规：了解与企业经营相关的财税法规、会计法规、证券法规等，特别是关于境内外业务差异、汇率波动等方面的规定。

建立内部审计机制：企业应建立有效的内部审计机制，对境内外业务的毛利率差异进行定期审查。审计团队应具备专业的财务和税务知识，以识别潜在的合规风险。

收集和分析数据：收集境内外客户的销售数据、定价策略、市场竞争情况等信息，分析毛利率差异的原因。特别关注汇率波动对毛利率的影响，以及企业是否采取了有效的风险管理措施。

与监管机构沟通：与税务、海关、外汇管理等方面的监管机构保持良好沟通，了解相关政策和监管要求，确保企业合规经营。

**二、合规方法**

比较分析法：对比境内外客户的毛利率水平，分析差异产生的原因。注意考虑地区差异、产品差异、市场竞争等因素。

趋势分析法：观察毛利率的历史变化趋势，分析是否存在异常波动。特别关注汇率波动对毛利率的影响。

风险评估法：对境内外业务的毛利率差异进行风险评估，识别潜在的合规风险，并制定相应的风险应对措施。

**三、步骤**

明确检查目标：确定检查的目的和范围，明确要检查的境内外客户和业务。

收集数据：收集相关销售数据、定价策略、市场竞争情况等信息。

分析数据：运用比较分析法、趋势分析法等方法分析数据，找出毛利率差异产生的原因。

评估风险：对毛利率差异进行风险评估，识别潜在的合规风险。

制定措施：根据风险评估结果，制定相应的风险应对措施和合规策略。

**四、可能的影响因素**

地区差异：不同地区的税收政策、市场需求、竞争状况等因素可能导致毛利率差异。

产品差异：不同产品的成本结构、技术含量、市场需求等因素可能导致毛利率差异。

汇率波动：汇率波动可能影响外销产品的定价和成本，进而影响毛利率。

市场竞争：激烈的市场竞争可能导致企业采取低价策略，降低毛利率。

**五、确保解释内容准确、完整的措施**

遵循法律法规：在解释过程中，确保遵循相关法律法规，确保解释结果的合法性和合规性。

综合考虑各因素：在解释毛利率差异时，综合考虑地区差异、产品差异、汇率波动、市场竞争等因素，确保解释结果的全面性和准确性。

与监管机构沟通：在解释过程中，与监管机构保持良好沟通，了解相关政策和监管要求，确保解释内容符合监管要求。

定期更新和审查：定期更新和审查毛利率差异的解释内容，确保其与最新的法律法规和市场环境保持一致。

## 案例分析 1：虚构或操纵境内外交易

**一、背景**

跨国制造企业 ABC 公司近年来为了达到盈利预期和满足股东要求，虚构或操纵了一系列境内外交易。ABC 公司在全球多个国家设有子公司和分支机构，主要生产和销售高端电子产品。近年来，由于市场竞争激烈和成本上升，ABC 公司的利润增长速度逐渐放缓。

**二、案例具体情况**

ABC 公司为了维持其高利润形象，虚构了多笔与海外子公司的交易。例如，在 2023 年度财报中，ABC 公司声称与位于某国的子公司 XYZ 公司签订了一份价值 1 亿美元的电子产品采购合同。然而，经调查发现，该合同并未真实发生，且 XYZ 公司的实际采购能力远不及此。

此外，ABC 公司还通过操纵交易价格来虚增利润。例如，在将产品销售给海外关联公司时，ABC 公司故意提高销售价格，从而在账面上形成更高的销售收入和利润。同时，关联公司再以较低的价格将产品销售给第三方，形成利润在关联公司之间的转移。

### 三、分析

1. 法律法规

根据国际财务报告准则和相关国家的会计准则，企业的财务报表必须真实、公允地反映其财务状况和经营成果。虚构或操纵交易属于严重的违规行为，不仅会导致企业财务报告的失真，还会误导投资者和其他利益相关者做出错误的决策。

2. 影响

ABC 公司通过虚构和操纵境内外交易，虚增了企业的收入和利润，导致财报数据失真。这会误导投资者，使其高估企业的盈利能力和投资价值。同时，这种行为也会损害企业的声誉和信誉，影响企业的长期发展。

3. 正确做法与会计处理

正确的做法是企业应按照会计准则和相关法规的规定，真实、公允地反映其财务状况和经营成果。在处理境内外交易时，企业应确保交易的真实性和合法性，并按照实际交易价格进行会计处理。

对于已发生的虚构或操纵交易，企业应立即进行纠正，并重新编制财务报告。同时，企业还应加强内部控制和风险管理，防止类似问题的再次发生。

### 四、结论

ABC 公司通过虚构和操纵境内外交易来虚增利润的行为是严重的违规行为。这种行为不仅会导致企业财务报告的失真，还会误导投资者和其他利益相关者做出错误的决策。为了维护企业的声誉和信誉，促进企业的长期发展，企业应严格遵守会计准则和相关法规的规定，真实、公允地反映其财务状况和经营成果。同时，加强内部控制和风险管理也是防止类似问题再次发生的关键。

## 案例分析 2：利用转移定价操纵利润

### 一、背景

跨国企业 XYZ 集团在全球多地设有子公司，主要从事电子产品的研发、生产和销售。近年来，为了规避税收、转移利润和粉饰财务报表，XYZ 集团通过转移定价策略，在集团内部子公司间进行利润操纵。

### 二、案例具体情况

XYZ 集团在欧洲的子公司 A 公司主要负责研发工作，而亚洲的子公司 B 公司则负责生产和销售。为了减轻 A 公司的税负并增加 B 公司的利润，XYZ 集团采取了以下转移定价策略。

高进低出：A 公司以高于实际成本的成本将研发成果转让给 B 公司，而 B 公司则以低于市场价格的价格从 A 公司采购这些研发成果。这样，A 公司的成本增加，利润减少，从而降低了其应缴纳的税款；而 B 公司的成本降低，利润增加，提高了其盈利能力。

具体财务数据如下。

A 公司：研发成果转让收入 1 亿美元（高于市场价格），成本 0.8 亿美元（虚构成本），利润 0.2 亿美元（远低于实际）。

B 公司：从 A 公司采购研发成果的成本为 0.6 亿美元（低于市场价格），销售收入 2 亿美元，利润 1.4 亿美元（远高于实际）。

### 三、分析

1. 法律法规

根据国际税收协定和各国税法，跨国企业应按照公平交易原则进行内部交易定价。利用转移定价操纵利润的行为不仅违反了税收公平原则，还涉及逃税和欺诈等违法行为。

2. 影响

税收流失：通过转移定价，企业减少在高税率国家的应税收入，导致税收减少。

市场扭曲：人为的转移定价会扭曲市场价格机制，影响公平竞争。

财务报表失真：转移定价导致的利润操纵会使企业的财务报表失真，误导投资者和其他利益相关者。

3. 正确做法

遵守公平交易原则：企业应按照公平交易原则进行内部交易定价，确保交易价格的合理性。

加强内部控制：企业应建立完善的内部控制体系，对转移定价行为进行监督和审查。

4. 正确的会计处理

在会计处理上，企业应按照实际交易价格记录收入和成本，确保财务报表的真实性和准确性。对于已发生的转移定价操纵行为，企业应及时进行纠正，并重新编制财务报表。

### 四、结论

通过转移定价操纵利润是跨国企业常见的避税手段之一，但这种行为不仅违反了税收公平原则，还对企业和社会造成负面影响。为了维护税收公平和市场竞争秩序，企业应遵守公平交易原则，加强内部控制和风险管理，确保财务报表的真实性和准确性。同时，监管部门也应加大对跨国企业的监管和打击力度，维护税收公平和市场竞争秩序。

## 案例分析 3：区别定价且无合理解释

### 一、背景

知名连锁超市乐购超市在其不同门店之间实施了区别定价策略，即对相同或相似的商品在不同门店设定了不同的销售价格，且未能提供合理的解释或依据。这一策略引起了消费者的广泛关注和质疑。

### 二、案例具体情况

乐购超市在其全国范围内的数百家门店中，对某款畅销的果汁饮料实施了区别定价策略。具体表现为：在位于城市中心的繁华地段的门店，该款果汁饮料的售价为 15 元 / 瓶；而在位于城市郊区或偏远地区的门店，售价则仅为 10 元 / 瓶。这些不同门店的同款果汁饮料的规格、品牌、生产日期等完全相同，但价格差异显著。

此外，乐购超市的财务报表显示，该公司近年来的盈利能力保持稳定，且并未出现明显的成本波动或市场竞争压力。因此，这种区别定价策略的实施并未得到合理的经济解释或市场依据。

### 三、分析

1. 法律法规

根据《价格法》等相关法律法规，企业在制定商品价格时应当遵循公平、合法和诚实信用的原则。对于相同或相似的商品，企业应当保持价格的相对稳定和一致性，避免对消费者造成误导或欺诈。

2. 影响

损害消费者利益：乐购超市的区别定价策略导致消费者在购买相同商品时需要支付不同的价格，损害了消费者的合法权益。

破坏市场秩序：这种无合理解释的区别定价策略扰乱了市场秩序，可能导致其他企业效仿，进一步加剧市场竞争的不公平性。

影响企业形象：该行为引起消费者的不满和投诉，进而影响乐购超市的企业形象和声誉。

3. 正确做法

保持价格一致：对于相同或相似的商品，企业应当保持价格的相对稳定和一致性，避免对消费者造成误导或欺诈。

提供合理解释：如果企业确实需要在不同门店实施区别定价策略，应当提供充分的合理解释或依据，如成本差异、市场需求等。

加强监管：相关监管部门应当加大对企业定价行为的监管力度，确保企业在定价时遵循公平、合法和诚实信用的原则。

4. 正确的会计处理

在会计处理方面，企业应当确保销售收入的记录与实际交易价格保持一致。对于区别定价策略所产生的销售收入差异，企业应当进行详细的记录和说明，并在财务报表中予以披露。同时，企业应当加大内部控制和审计力度，确保财务数据的真实性和准确性。

**四、结论**

乐购超市的区别定价策略无合理解释的行为违反了相关法律法规的规定，损害了消费者的合法权益和破坏了市场秩序。为了维护公平的市场竞争环境和保护消费者的合法权益，企业在定价时应当遵循公平、合法和诚实信用的原则，并提供充分的合理解释或依据。同时，相关监管部门也应当加大监管力度，确保企业遵循相关法律法规。

## 案例分析 4：利用汇率波动进行财务操纵

**一、背景**

近年来，随着全球化进程的加速和国际贸易的日益频繁，汇率波动成为影响企业财务状况的重要因素之一。一些企业为了谋取不正当利益，开始利用汇率波动进行财务操纵。以下是一个具体的案例，展示了企业如何利用汇率波动进行财务操纵。

跨国制造企业 XYZ 公司在全球多个国家设有子公司，主要从事电子产品的生产和销售。由于公司在不同国家之间进行频繁的跨国贸易，其财务状况受汇率波动的影响较大。为了提升公司的盈利能力和满足股东要求，XYZ 公司开始利用汇率波动进行财务操纵。

**二、案例具体情况**

XYZ 公司在与其子公司进行贸易往来时，故意选择在不同时间点进行结算，以利用汇率波动带来的差异。例如，当美元对人民币的汇率处于低位时，公司选择将美元收入兑换成人民币，从而增加人民币收入；而当汇率处于高位时，公司则选择将人民币支出以美元支付，从而减少人民币支出。通过这种方式，XYZ 公司成功地利用汇率波动增加了公司的账面利润。

假设在某一会计期间内，美元对人民币的汇率从 6.5 下降到 6.2。XYZ 公司在此期间与子公司进行了价值 1 亿美元的贸易往来。如果公司按照正常汇率进行结算，其人民币收入应为 6.5 亿元人民币。然而，公司选择在汇率下降后进行结算，将 1 亿美元收入兑换成人民币，此时人民币收入为 6.2 亿元人民币。相较于正常汇率结算，公司减少了 0.3 亿元人民币的账面利润。

**三、分析**

1. 法律法规

根据国际财务报告准则和相关国家的会计准则，企业的财务报表必须真实、公允地反映其财务状况和经营成果。利用汇率波动进行财务操纵属于违规行为，不仅会导致企业财务报告的失真，还会误导投资者和其他利益相关者做出错误的决策。

2. 影响

误导投资者：虚假的财务数据会误导投资者对企业盈利能力的判断，从而影响其投资决策。

损害企业声誉：财务操纵行为将严重损害企业的声誉和信誉，影响企业的长期发展。

法律风险：企业面临法律诉讼和监管处罚。

3. 正确做法

遵循会计准则：企业应按照会计准则和相关法规的规定，真实、公允地反映其财务状况和经营成果。

加强内部控制：企业应建立完善的内部控制体系，对汇率波动的影响进行客观评估，并采取相应的风险管理措施。

合理使用金融工具：企业可以利用远期外汇合约、期权合约等金融工具来锁定汇率，减少汇率波动对企业财务状况的影响。

4. 正确的会计处理

在进行外币交易时，企业应按照实际交易汇率进行会计处理，确保财务报表的准确性。

对于因汇率波动而产生的汇兑损益，企业应在财务报表中进行真实、准确的披露。

企业应定期评估汇率波动对企业财务状况的影响，并采取相应的风险管理措施。

## 专题九十：毛利率与应收账款周转率、存货周转率是否同方向变动

### 业务简介

**一、概念**

毛利率：企业的毛利润与销售收入之间的比率，用于衡量企业销售产品或服务时的盈利能力。毛利率越高，说明企业在销售过程中获得的利润越多。

应收账款周转率：反映企业应收账款变现速度和应收账款管理效率的指标，计算公式为营业收入除以平均应收账款余额。应收账款周转率越高，表明企业应收账款的收回速度越快，资金利用效率越高。

存货周转率：衡量企业销售能力及存货管理水平的综合指标，计算公式为销售成本除以平均存货余额。存货周转率越高，表明企业存货周转速度越快，销售能力越强。

**二、基本规定**

在正常情况下，毛利率、应收账款周转率和存货周转率应同方向变动。即毛利率提升时，应收账款周转率和存货周转率也应相应提升，反之亦然。这是因为毛利率的提升通常意味着企业销售产品或服务的能力增强，从而加快应收账款的收回速度和存货的周转速度。

**三、经常出现的违规问题**

当企业毛利率与应收账款周转率、存货周转率变化不一致时，可能存在财务造假或管理不善等问题。这种不一致性可能表现为毛利率升高而应收账款周转率、存货周转率下降，或毛利率下降而应收账款周转率、存货周转率升高。

**四、违规表现**

在财务分析中，毛利率、应收账款周转率和存货周转率是重要的财务指标。当这些指标的变动方向不一致时，可能暗示着企业财务状况存在异常，有时甚至涉及违规操作。以下是一些可能的违规表现。

1. 毛利率升高，而应收账款周转率下降

行为描述：企业在报告期内毛利率显著提升，但与此同时，应收账款周转率却出现下降。这可能是由虚增的应收账款导致的。

目的与动机：提升业绩表现。

后果：这种行为会导致财务报表失真，误导投资者和债权人，损害企业的信誉和市场竞争力。同时，虚增的应收账款会引发坏账风险，影响企业的资金流。

2. 毛利率升高，而存货周转率下降

行为描述：在企业毛利率提升的同时，存货周转率却在下降。这可能意味着企业存在少结转成本或隐藏成本在存货中的情况。

目的与动机：企业可能通过少结转销售成本来提高毛利率，或者将部分成本隐藏在存货中，

以在后续期间逐渐消化。

后果：这种做法会导致当期利润虚高，而存货积压可能引发存货跌价损失的风险。长期来看，这种行为会扭曲企业的真实盈利能力，并影响企业的决策和战略规划。

这些违规表现都涉及对企业财务状况的操纵和粉饰，旨在提升企业的业绩表现或掩盖真实的财务问题。然而，这些做法都是不可持续的，并且会带来严重的后果，包括法律诉讼、信誉受损以及长期的财务困境。因此，投资者等利益相关者应保持警惕，仔细分析企业的财务指标以识别潜在的违规行为。

## 法律法规

企业毛利率与应收账款周转率、存货周转率变化不一致的情况，在财务分析和监管中常常被视为潜在的财务风险。以下是对相关法律法规、政策文件和监管要求的详细解释。

**一、相关法律法规**

《会计法》：该法规定企业应当依据会计制度和会计准则，如实记录和报告财务状况和经营成果。若企业毛利率与应收账款周转率、存货周转率变化不一致，且合理解释，将违反该法规定的真实性和准确性原则。

《证券法》：对于上市公司，该法要求公司必须真实、准确、完整、及时地披露信息，不得有虚假记载、误导性陈述或重大遗漏。毛利率与应收账款周转率、存货周转率变化不一致的情况，若未如实披露，构成虚假陈述。

**二、政策文件**

《公开发行证券的公司信息披露内容与格式准则》：该准则要求公司在进行盈利能力分析时，应列表披露最近三年及一期公司综合毛利率、分行业毛利率的数据及变动情况，并对重大变化进行解释。

**三、监管要求**

监管层对毛利率异常的关注：监管层在 IPO 至上市后的持续监管过程中，均要求企业披露毛利率变动情况及原因。若存在毛利率异常情形，保荐人和审计机构需核查毛利率合理性。

对财务报表的审计要求：注册会计师在审计发行人财务报表时，需关注毛利率与应收账款周转率、存货周转率变化的一致性。若存在不一致情况，需进一步核查并发表意见。

对信息披露的监管：监管层要求公司必须真实、准确、完整、及时地披露信息，对于毛利率与应收账款周转率、存货周转率变化不一致的情况，若未如实披露，将面临监管处罚。

综上所述，企业毛利率与应收账款周转率、存货周转率变化不一致的情况，受到相关监管机构的严格监管。企业应当遵循相关规定，如实记录和报告财务状况和经营成果，确保信息披露的真实性和准确性。

## 合规程序与方法

在检查企业毛利率与应收账款周转率、存货周转率变化是否一致时，需要遵循一系列步骤，以确保分析的准确性和合规性。

**一、合规程序**

1. 收集数据

获取企业近期的财务报表，包括利润表、资产负债表等。

重点关注毛利率、应收账款和存货的相关数据。

2. 分析毛利率

计算毛利率，并与同行业平均水平进行比较，检查是否存在异常。

分析毛利率的变化趋势，检查是否与行业规律相符。

3. 分析应收账款

计算应收账款周转率，并转换为周转天数。

分析应收账款周转天数与信用政策的关系，检查是否存在逾期未收回的款项。

检查应收账款的账龄结构，分析坏账的可能性。

4. 分析存货

计算存货周转率，并转换为周转天数。

分析存货周转天数与行业平均水平的差距，以及存货周转率的变化趋势。

检查存货跌价准备的计提情况，分析存货价值是否真实可靠。

5. 综合比较

将毛利率、应收账款周转率和存货周转率的变化趋势进行综合比较，检查是否存在不一致。

如果存在不一致，需要深入分析原因，如是否存在虚构收入、存货积压等问题。

**二、合规方法**

1. 比较分析法

通过与同行业平均水平的比较，分析企业毛利率、应收账款周转率和存货周转率的合理性。

2. 趋势分析法

分析企业毛利率、应收账款周转率和存货周转率的变化趋势，检查是否存在异常波动。

3. 因素分析法

对影响毛利率、应收账款周转率和存货周转率的因素进行逐一分析，如销售政策、信用政策、行业特点等。

**三、可能的影响因素**

信用政策：宽松的信用政策可能导致应收账款周转率下降，而严格的信用政策则可能导致销售收入减少。

销售政策：现金销售政策有助于提高应收账款周转率，而赊销政策则可能降低应收账款周转率。

行业特点：不同行业的应收账款周转率和存货周转率可能存在较大差异，如快速消费品行业的周转率通常高于房地产等行业。

资金流量：企业资金流量充裕时，可能更容易及时收回应收账款，提高周转率。

**四、确保准确、完整和合规**

在进行分析时，应确保数据的准确性和完整性，避免使用错误或过时的信息。

遵守相关法律法规和会计准则，确保合规性。

如有需要，可向专业机构或人士咨询意见和请其复核。

## 案例分析 1：毛利率升高，而应收账款周转率下降

**一、背景**

A 公司近年来因技术创新和产品升级，其毛利率持续上升。然而，与此同时，其应收账款周转率却出现了下滑趋势。这一变化主要源于 A 公司为了扩大市场份额，采取了更为宽松的信用政策，导致应收账款增加，从而影响了应收账款的周转效率。

**二、案例具体情况**

毛利率数据如下。

2022 年：毛利率为 30%。

2023 年：毛利率为 35%。

应收账款周转次数数据如下。

2022 年：应收账款周转次数为 8 次。

2023 年：应收账款周转次数为 6 次。

从上述数据可以看出，A 公司的毛利率从 2022 年的 30% 上升到了 2023 年的 35%，而应收账款周转次数则从 2022 年的 8 次下降到了 2023 年的 6 次。

### 三、分析

1. 法律法规

根据会计准则和税法规定，企业应合理确定其信用政策，确保应收账款的及时收回，以维护企业的资金流动性和财务健康。

2. 影响

A 公司虽然通过宽松的信用政策增加了销售收入，从而提高了毛利率，但同时也导致了应收账款的增加和应收账款周转率的下降。这可能会带来以下影响。

资金占用成本上升：应收账款的增加意味着企业有更多的资金被占用在客户处，导致资金占用成本上升。

坏账风险增加：应收账款账龄长可能导致坏账风险增加，从而影响企业的资产质量。

盈利能力下降：虽然毛利率上升，但由于资金占用成本和坏账风险的增加，企业的实际盈利能力可能并未提升。

3. 正确做法

A 公司应综合考虑市场环境和自身经营状况，合理制定信用政策。在扩大市场份额的同时，加强应收账款管理，提高应收账款周转率。具体做法如下。

严格信用评估：对客户进行信用评估，根据评估结果确定信用额度和信用期限。

加强应收账款催收：建立完善的应收账款催收机制，确保应收账款及时收回。

合理利用金融工具：如采用保理、贴现等方式，加速应收账款的收回。

4. 正确的会计处理

A 公司应准确记录应收账款的变动情况，并及时进行坏账准备计提。同时，应定期对应收账款进行账龄分析，及时发现并解决潜在问题。

### 四、结论

A 公司毛利率的上升和应收账款周转率的下降，反映了其在扩大市场份额和应收账款管理之间的权衡。为了保持企业的持续健康发展，A 公司应进一步优化信用政策，加强应收账款管理，提高应收账款周转率。

## 案例分析 2：毛利率升高，而存货周转率下降

### 一、背景

B 公司近年来凭借其独特的设计和高质量的产品在市场上获得了良好的口碑，这导致其毛利率逐年上升。然而，与此同时，由于对市场需求的误判以及对新产品的过度投入，B 公司的存货周转率却出现了下降趋势。

### 二、案例具体情况

毛利率数据如下。

2022 年：毛利率为 40%。

2023 年：毛利率为 45%。

存货周转率数据如下。

2022 年：存货周转次数为 6 次。

2023 年：存货周转次数为 4 次。

从上述数据可以看出，B 公司的毛利率从 2022 年的 40% 上升到了 2023 年的 45%，而存货周转次数则从 2022 年的 6 次下降到了 2023 年的 4 次。

**三、分析**

1. 法律法规

根据会计准则，企业应合理控制存货规模，确保存货周转率处于合理水平，以维护企业的资金流动性和经营效率。

2. 影响

B公司毛利率的上升虽然表明其产品的盈利能力增强，但存货周转率的下降带来了以下问题。

资金占用成本增加：过多的存货占用了企业的资金，导致资金成本上升，降低了企业的盈利能力。

存货跌价风险增大：长时间的存货积压可能导致存货跌价，进一步侵蚀企业的利润。

经营风险增加：存货周转率下降还可能影响企业的运营效率，增加经营风险。

3. 正确做法

为了保持企业的持续健康发展，B公司应采取措施提高存货周转率，具体做法如下。

加强市场需求预测：通过市场调研和分析，更准确地预测市场需求，避免过度生产和存货积压。

优化产品结构：根据市场需求和消费者偏好，调整产品结构，提高畅销产品的生产比例，减少滞销产品的库存。

加强供应链管理：与供应商建立紧密的合作关系，确保原材料和零部件的及时供应，减少生产中断和存货积压的风险。

提高存货管理水平：建立完善的存货管理制度，加强存货的入库、出库和盘点等环节的管理，确保存货数据的准确性和完整性。

4. 正确的会计处理

B公司应准确记录存货的变动情况，并定期进行存货跌价准备的计提。同时，应加强存货的盘点工作，确保存货数据的真实性和准确性。在编制财务报表时，应准确反映存货的实际情况和存货周转率的变化情况。

**四、结论**

B公司毛利率的上升和存货周转率的下降反映了其在产品设计和市场策略方面的成功与在存货管理方面的不足。为了使公司持续健康发展，B公司应优化存货管理策略，提高存货周转率，降低经营风险。

## 专题九十一：不同销售渠道下的毛利率差异是否合理

### 业务简介

**一、概念**

不同销售渠道下的毛利率差异，指的是企业在采用不同的销售方式或途径（如直销、分销、电商销售等）时，其销售产品所获得的毛利率存在显著差异。

**二、基本规定**

公平交易：企业在不同销售渠道下的定价应基于公平交易原则，避免利用渠道差异进行不公平定价。

披露信息：企业应公开披露不同销售渠道下的毛利率信息，以便投资者、消费者和其他利益相关者了解。

遵守法律法规：企业在不同销售渠道下的经营活动应遵守相关法律法规，如《反不正当竞争法》《消费者权益保护法》等。

## 三、经常出现的违规问题

价格歧视：企业在不同销售渠道下对同一产品或服务设置不同的价格，构成价格歧视，损害消费者权益。

信息不透明：企业未充分披露不同销售渠道下的毛利率信息，导致投资者和消费者产生误解或疑虑。

不正当竞争：企业利用不同销售渠道进行不正当竞争，如通过低价倾销挤压竞争对手，破坏市场秩序。

## 四、违规表现

在不同销售渠道下，毛利率存在差异可能隐藏着一些违规表现。以下是一些可能的违规情况及其行为描述、目的与动机以及后果。

1. 线上销售渠道毛利率异常高于线下渠道

行为描述：企业通过线上销售渠道实现的毛利率显著高于通过传统线下渠道实现的毛利率，而这种差异无法用正常的成本差异或市场策略来解释。

目的与动机：企业可能通过虚构线上销售收入、少记或者不记线上销售成本或者将成本分摊给线下渠道，以提升线上渠道的毛利率，从而吸引更多投资者或消费者的关注。

后果：这种行为导致企业财务报表失真，误导投资者和其他利益相关者。长期来看，这种违规操作会损害企业的信誉，并引发监管机构的调查和处罚。

2. 特定销售渠道下毛利率的突然提升

行为描述：在某一特定销售渠道下，毛利率突然显著提升，而这种提升与企业整体的经营状况和市场环境不相符。

目的与动机：企业可能为了完成业绩目标或吸引投资，通过某一特定销售渠道进行不正当的财务操作，如虚增收入、低估成本等，以提高毛利率。

后果：这种操作会破坏企业财务信息的真实性和可靠性，损害投资者利益。同时，企业将面临法律风险和声誉损失。

3. 不同销售渠道间毛利的转移

行为描述：企业将一个销售渠道的高毛利通过财务手段转移到另一个销售渠道，使得后者呈现出不合理的毛利率提升。

目的与动机：企业可能试图通过转移毛利率来掩盖某些销售渠道的真实经营状况，或者为了提升某一特定渠道的市场形象。

后果：这种做法会导致企业各销售渠道的财务信息失真，影响管理层的决策和投资者的判断。长期来看，这种违规行为会阻碍企业的健康发展。

4. 利用关联交易操纵毛利率

行为描述：企业通过与关联方进行交易，以非市场公允价格进行商品或服务的交易，从而人为地提高或降低某一销售渠道的毛利率。

目的与动机：企业可能通过关联交易来粉饰财务报表，使得某一销售渠道的毛利率升高，以符合市场预期或满足特定的业绩要求。

后果：该行为导致资源的不合理分配和市场的不公平竞争。同时，这种行为也容易引发监管机构的关注和调查，给企业带来法律风险和声誉损害。

这些违规表现都涉及对企业财务数据的操纵和误导，旨在提升企业的业绩表现或掩盖真实的财务问题。投资者和监管机构应保持警惕，仔细审查企业的财务报表和销售数据，以识别潜在的违规行为。

## 法律法规

关于企业不同销售渠道下的毛利率差异是否合理，虽然并没有特定的法规或政策文件，但可以从多个方面来理解和分析这一问题。

首先，要明确的是，企业的毛利率受到多种因素的影响，包括市场环境、产品特性、销售渠道、成本控制等。因此，不同销售渠道下的毛利率存在差异在一定程度上是正常的。然而，这种差异是否合理，需要结合具体情况进行评估。

**一、相关法律法规**

《会计法》规定了企业应当依据会计制度和会计准则，如实记录和报告财务状况和经营成果。这意味着，企业在不同销售渠道下的毛利率应当基于真实的经营数据，不得有虚假记载或误导性陈述。

《证券法》要求上市公司必须真实、准确、完整、及时地披露信息。如果上市公司在不同销售渠道下的毛利率存在差异，且未如实披露，则构成虚假陈述，违反《证券法》规定。

**二、政策文件和监管要求**

信息披露指引：证监会发布的相关信息披露指引要求发行人在招股说明书等文件中详细披露毛利率等信息，并对异常变化进行合理解释。对于不同销售渠道下的毛利率差异，发行人应当结合实际情况，解释其合理性和影响。

审计和核查要求：注册会计师在审计发行人财务报表时，会关注毛利率等财务指标的变化情况。对于不同销售渠道下的毛利率差异，注册会计师会进行必要的核查和验证，确保其合理性和真实性。

监管机构的关注：监管机构（如证监会、财政部等）会关注企业的毛利率波动情况，特别是当波动较大或异常时。如果监管机构认为企业的毛利率波动不合理，会要求企业提供进一步的解释和说明，或者进行现场检查以核实相关情况。

综上所述，企业不同销售渠道下的毛利率存在差异在一定程度上是正常的，但是否合理需要结合具体情况进行评估。企业需要遵守相关法律法规和政策文件的规定，真实、准确、完整、及时地披露相关信息，并解释毛利率差异的合理性和影响。同时，监管机构也会关注企业的毛利率差异情况，并进行必要的核查和监管。

## 合规程序与方法

检查企业不同销售渠道下的毛利率差异是否合理的合规程序与方法如下。

**一、合规程序**

1. 确定检查目标和范围

明确目标：需要明确检查的目的，即评估企业不同销售渠道下的毛利率差异是否合理。

界定范围：确定需要检查的销售渠道范围，包括但不限于线上平台、实体店、批发渠道等。

2. 收集相关信息和数据

财务数据：收集企业近年来的财务报表、销售数据等，重点关注不同销售渠道下的销售收入、成本和毛利率等数据。

市场数据：收集市场相关数据，如竞争对手的销售情况、市场价格变化等，以作为参考。

3. 分析与比较数据

计算毛利率：根据收集到的数据，计算不同销售渠道下的毛利率。

对比分析：将计算得到的毛利率与行业平均水平、竞争对手数据等进行对比分析，以评估其合理性。

4. 识别并评估风险

识别风险：识别可能导致毛利率差异的不合理因素，如价格歧视、虚假销售等。

评估风险：对识别出的风险进行评估，确定其对企业的影响程度和潜在的法律后果。

5. 制定合规策略并审查

制定合规策略：针对识别出的不合理因素，制定相应的合规策略，如调整定价策略、加强内部控制等。

定期审查：建立定期审查机制，确保企业持续遵守相关法规和标准。

**二、合规方法**

1. 对比分析法

通过对比不同销售渠道下的毛利率数据，分析各渠道毛利率的变化趋势和差异，以评估其合理性。

将企业的毛利率数据与行业平均水平、竞争对手数据进行对比，以了解企业在市场中的竞争地位。

2. 成本结构分析法

对不同销售渠道下的成本结构进行详细分析，了解各渠道成本的主要组成部分和变化趋势。

通过成本结构分析，找出导致毛利率波动的主要成本因素，并制定相应的成本控制策略。

3. 定价策略分析法

分析企业不同销售渠道下的定价策略，了解定价策略对毛利率的影响。

根据市场需求、产品竞争力等因素，制定合理的定价策略，以确保毛利率的稳定和合理。

4. 趋势分析法

通过对历史数据进行分析，预测未来毛利率的变化趋势，为企业的战略决策提供参考。

关注市场变化、消费者需求变化等因素，及时调整销售渠道和定价策略，以适应市场变化。

**三、步骤**

1. 收集与整理数据

收集企业近年来的销售数据、财务数据等，确保数据的准确性和完整性。

对收集到的数据进行整理，按销售渠道进行分类，以便后续分析。

2. 计算毛利率

根据整理好的数据，计算不同销售渠道下的毛利率。

确保计算方法的准确性和一致性，以便进行后续对比分析。

3. 对比分析

将计算得到的毛利率数据与行业平均水平、竞争对手数据进行对比分析。

分析各渠道毛利率的差异和变化趋势，找出不合理因素。

4. 识别与评估风险

识别可能导致毛利率存在差异的不合理因素，如价格歧视、虚假销售等。

对识别出的风险进行评估，确定其对企业的影响程度和潜在的法律后果。

5. 制定合规策略

针对识别出的不合理因素，制定相应的合规策略，如调整定价策略、加强内部控制等。

确保合规策略的有效实施，并对实施效果进行定期评估。

**四、可能的影响因素**

1. 市场环境

市场需求变化：市场需求的增加或减少可能导致不同销售渠道下的毛利率存在差异。

竞争对手策略：竞争对手的定价策略、促销策略等可能影响企业的毛利率水平。

2. 产品特性

不同产品具有不同的成本结构和市场需求，可能导致不同销售渠道下的毛利率差异。

新产品的推出或老产品的淘汰也可能影响毛利率。

3. 销售渠道特性

不同销售渠道具有不同的销售成本和利润结构，如线上平台可能具有更低的销售成本但面临更高的物流费用。

销售渠道的拓展或收缩也可能影响毛利率。

4. 内部控制

内部控制的强弱直接影响企业毛利率的准确性和合规性。

缺乏有效的内部控制可能导致毛利率数据的失真和不合理波动。

5. 法律法规

相关的税收法规、会计准则等可能影响企业的成本计算和毛利率计算。

企业需要遵守相关法规和标准，确保毛利率的合规性。

**五、确保解释内容准确、完整并符合相关法律法规**

在进行数据分析和解释时，应确保数据的准确性和完整性，避免使用错误或过时的信息。

遵守相关的税收法规、会计准则等法律法规，确保解释内容的合规性。

如有需要，可咨询专业机构或人士的意见，并请其复核，以确保解释内容的准确性和完整性。

总之，检查企业不同销售渠道下的毛利率差异是否合理的合规程序与方法是一个涉及多个方面的复杂过程。明确检查目标和范围、收集相关信息和数据、分析与比较数据、识别并评估风险以及制定合规策略并审查等步骤和方法的应用，可以确保解释内容的准确、完整并符合相关法律法规。同时，还需要注意市场环境、产品特性、销售渠道特性、内部控制和法律法规等因素的影响。

## 案例分析 1：线上销售渠道毛利率异常高于线下渠道

**一、背景**

近年来，随着电子商务的迅猛发展，许多企业纷纷将销售重心转向线上渠道。以某知名电子产品制造企业为例，该企业在线下拥有广泛的实体店销售网络，但近年来，其线上销售渠道的毛利率却异常高于线下渠道，引发了业界的广泛关注。

**二、案例具体情况**

根据该企业公开的财务报告，可以看到，在过去一年中，线上销售渠道的毛利率高达 65%，而线下渠道的毛利率仅为 50%。具体数据如下。

1. 线上销售渠道

销售收入：10 亿元人民币。

销售成本：3.5 亿元人民币。

毛利率：65%。

2. 线下销售渠道

销售收入：8 亿元人民币。

销售成本：4 亿元人民币。

毛利率：50%。

从上述数据可以看出，线上销售渠道的销售收入略高于线下渠道，且由于销售成本较低，其毛利率远高于线下渠道。

### 三、分析

1. 法律法规

根据一般的会计准则和税法规定，企业在计算毛利率时应遵循公平、公正、合理的原则。线上线下渠道的毛利率差异应基于真实的销售成本和销售收入数据。

2. 影响及正确做法

（1）影响

误导投资者和公众：过高的线上销售渠道毛利率可能使投资者和公众对企业的真实经营状况产生误解，导致投资决策失误。

损害企业声誉：如果线上销售渠道毛利率异常高是由违规操作或财务造假所致，将严重损害企业的声誉和形象。

（2）正确做法

确保数据真实：企业应确保线上线下销售数据的真实性、准确性和完整性，避免任何形式的财务造假。

合理定价：企业应根据市场需求、产品成本、竞争状况等因素合理定价，确保线上线下销售渠道的毛利率处于合理水平。

公开透明：企业应定期公布线上线下销售渠道的财务数据，接受公众和监管机构的监督。

3. 正确的会计处理

在会计处理上，企业应遵循会计准则和税法规定，将线上线下销售渠道的销售收入和销售成本分别核算，并计算相应的毛利率。对于线上线下销售渠道之间可能存在的成本转移、价格歧视等问题，企业应通过合理的内部控制和审计程序加以防范和纠正。

### 四、结论

综上所述，该企业线上销售渠道毛利率异常高于线下销售渠道毛利率的现象可能是由多种因素所致的，包括销售成本、定价策略、市场需求等。然而，无论何种原因，企业都应遵循公平、公正、合理的原则计算毛利率，确保财务数据的真实性和准确性。同时，企业还应加强内部控制和审计程序，防范和纠正可能存在的财务问题。

## 案例分析 2：特定销售渠道下毛利率的突然提升

### 一、背景

近年来，随着数字化营销和跨境电商的兴起，许多企业开始探索新的销售渠道。以某知名服装品牌为例，该品牌在传统实体店销售的基础上，积极开拓了跨境电商销售渠道。在某一季度，其跨境电商销售渠道的毛利率突然提升，引起了业界的广泛关注。

### 二、案例具体情况

根据该品牌公布的财务报告，可以发现跨境电商销售渠道的毛利率在某一季度内实现了显著增长。以下是具体的财务数据。

上季度销售收入：5 000 万元人民币。

上季度销售成本：3 500 万元人民币。

上季度毛利率：30%。

本季度销售收入：7 000 万元人民币。

本季度销售成本：4 000 万元人民币。

本季度毛利率：42.86%。

从上述数据可以看出，跨境电商销售渠道在本季度的销售收入和销售成本均有所增长，但毛利率的提升幅度更为显著，从 30% 提升至 42.86%。

### 三、分析

1. 法律法规

在毛利率的计算和报告方面，企业应遵循相关的会计准则和税法规定。这些规定要求企业按照公平、公正、合理的原则计算毛利率，确保财务数据的真实性和准确性。

2. 影响

误导投资者和公众：如果毛利率的突然提升是由不当操作或财务造假所致，将误导投资者和公众对企业经营状况的判断，影响企业的声誉和股价。

监管风险：监管部门可能对企业的财务状况进行审计和调查，如果发现违规行为，将对企业进行处罚。

3. 正确做法

深入分析原因：企业应深入分析毛利率突然提升的原因，包括市场需求、成本控制、销售策略等方面的变化。

公开透明：企业应公开披露毛利率变化的原因和背景，接受投资者和公众的监督。

加强内部控制：企业应加强内部控制和审计，确保财务数据的真实性和准确性。

4. 正确的会计处理

在会计处理上，企业应按照会计准则和税法规定的要求，将跨境电商销售渠道的销售收入和销售成本分别核算，并计算相应的毛利率。对于毛利率的突然提升，企业应对其进行合理性测试，确保毛利率的计算符合会计准则和税法规定。

### 四、结论

综上所述，该服装品牌跨境电商销售渠道毛利率的突然提升可能是市场需求增长、成本控制优化、销售策略调整等多种因素共同作用的结果。然而，企业在享受毛利率提升带来的好处时，也应加强内部控制和审计程序，确保财务数据的真实性和准确性。同时，企业应公开披露毛利率变化的原因和背景，接受投资者和公众的监督。

## 案例分析 3：不同销售渠道间毛利的转移

### 一、背景

随着市场竞争的加剧，许多企业开始通过多元化的销售渠道来拓展市场。在此过程中，不同销售渠道间的毛利转移成了一个值得关注的现象。以某知名家电企业为例，该企业在传统的实体店销售基础上，积极拓展了电商平台和海外市场销售渠道。然而，随着电商平台的快速发展和海外市场的不断拓展，该企业不同销售渠道间的毛利发生了转移。

### 二、案例具体情况

该家电企业过去一年的销售数据显示，实体店销售渠道的毛利率逐渐下降，而电商平台和海外市场销售渠道的毛利率则呈现上升趋势。具体数据如下。

1. 实体店销售渠道

上一年度销售收入：10 亿元人民币。

上一年度销售成本：7.5 亿元人民币。

上一年度毛利率：25%。

本年度销售收入：9.5 亿元人民币（受市场竞争影响，销售收入下滑）。

本年度销售成本：7.3 亿元人民币（成本相对稳定）。

本年度毛利率：23.16%（毛利率下滑）。

2. 电商平台销售渠道

上一年度销售收入：2 亿元人民币。

上一年度销售成本：1.5 亿元人民币。

上一年度毛利率：25%。

本年度销售收入：3 亿元人民币（受益于电商发展，销售收入增长）。

本年度销售成本：1.8 亿元人民币（成本略有增加）。

本年度毛利率：40%（毛利率大幅提升）。

3. 海外市场销售渠道

上一年度销售收入：1 亿元人民币。

上一年度销售成本：0.8 亿元人民币。

上一年度毛利率：20%。

本年度销售收入：1.5 亿元人民币（海外市场拓展成功，销售收入增长）。

本年度销售成本：1.1 亿元人民币（成本有所增加）。

本年度毛利率：26.67%（毛利率有所提升）。

### 三、分析

1. 法律法规

企业在进行不同销售渠道间的毛利率转移时，应确保符合相关会计准则和税法规定，确保财务数据的真实性和准确性。

2. 影响

若企业为了追求短期利益，人为地转移不同销售渠道间的毛利率，可能导致财务数据的失真，误导投资者和公众，影响企业的声誉和长期发展。

正确做法：企业应基于市场实际情况，合理定价并控制成本，确保不同销售渠道间的毛利率反映真实的经营状况。

3. 正确做法

企业在处理不同销售渠道间的销售收入和销售成本时，应确保数据真实、准确、完整。对于毛利率的转移，企业应通过合理的内部控制和审计程序，确保其符合相关法规和会计准则。

### 四、结论

该家电企业不同销售渠道间毛利的转移，反映了市场竞争和销售渠道拓展对企业经营的影响。企业应关注市场变化，合理调整销售渠道策略，确保财务数据的真实性和准确性。同时，企业应加强内部控制和审计程序，防范财务风险。

## 案例分析 4：利用关联交易操纵毛利率

### 一、背景

近年来，关联交易在企业经营中愈发普遍，但一些企业为了美化财务报表或追求短期利益，开始利用关联交易来操纵毛利率。以某家上市公司为例，该公司通过与关联方的交易，实现了毛利率的提升，引起了市场的广泛关注。

### 二、案例具体情况

该上市公司主营业务为电子产品制造与销售，近年来市场竞争激烈，毛利率逐年下降。为了稳定股价和吸引投资者，公司管理层决定利用关联交易来操纵毛利率。

在违规进行关联交易前，公司主营业务毛利率为 20%，销售收入为 10 亿元人民币，销售成本为 8 亿元人民币。

公司将部分产品销售给关联方，价格明显高于市场价格。这些交易使得公司的销售收入增加到 12 亿元人民币。

由于部分产品销售价格的提高，公司的主营业务毛利率提升至 33.33%。

然而，这种毛利率的提升并非基于真实的经营能力，而是依赖于对关联交易的操纵。

**三、分析**

1. 法律法规

《公司法》和《证券法》等法律法规明确规定，上市公司应当确保财务信息的真实、准确、完整，不得通过关联交易等手段操纵财务指标。

关联交易应当遵循公平、公正、合理的原则，交易价格应当基于市场价格或合理的评估价格。

2. 影响

误导投资者：通过关联交易操纵毛利率，公司向市场传递了虚假的财务信息，误导了投资者对公司真实经营状况的判断。

损害公司声誉：公司将面临严重的声誉损失，影响其在市场上的形象和信誉。

增加法律风险：公司可能面临监管机构的处罚，包括罚款、责令改正、暂停上市等。

3. 正确做法

公司应当确保关联交易的公平、公正、合理，避免利用关联交易操纵财务指标。

关联交易应当基于市场价格或合理的评估价格，确保交易价格的公允性。

公司应当加强内部控制和审计程序，对关联交易进行严格的审批和监督，防止操纵行为的发生。

4. 正确的会计处理

公司应当按照会计准则的规定，对关联交易进行正确的会计处理。

关联交易的金额、价格、交易对象等信息应当详细记录并反映在财务报表中。

公司应当及时、准确、完整地披露关联交易的信息，确保投资者能够充分了解关联交易的性质和影响。

**四、结论**

通过关联交易操纵毛利率是一种违法违规行为，不仅误导投资者，损害公司声誉，还导致公司面临法律责任。因此，公司应当遵循法律法规和会计准则的规定，确保关联交易的公平、公正、合理，加强内部控制和审计，防止操纵行为的发生。同时，监管机构也应当加大对关联交易的监管力度，确保市场的公平、公正和透明。

## 专题九十二：毛利率计算是否按照正确的会计政策和方法

### 业务简介

**一、概念**

毛利率是企业在一定时期内销售收入与销售成本之间的差额占销售收入的百分比，用于反映企业在直接生产过程中的盈利能力。它是衡量企业经营效率的重要指标，体现了企业成本控制的成果。

**二、基本规定**

毛利率的计算公式为：毛利率 =（销售收入 – 销售成本）/ 销售收入 ×100%。在计算时，应遵循会计准则和会计制度的规定，确保销售收入和销售成本的确认和计量符合会计政策。

**三、违规表现**

在计算毛利率时，如果未按照正确的会计政策和方法，可能会出现多种违规表现。以下是一些可能的违规表现及其行为描述、目的与动机以及后果。

1. 虚增销售收入

行为描述：公司通过虚构销售交易、提前确认收入或滥用完工百分比法等方式，虚增销售收入。

目的与动机：提高毛利率，美化财务报表，从而吸引更多投资或提高公司声誉。

后果：这种行为会导致财务报表失真，误导投资者和债权人，导致公司信誉受损，甚至引起法律诉讼。

2. 低估或隐瞒成本

行为描述：公司可能通过不恰当地将某些成本资本化、延迟确认成本或将本应计入当期的成本计入其他期间等方式，低估或隐瞒当期成本。

目的与动机：通过低估或隐瞒成本来提高毛利率，从而美化财务报表。

后果：这种行为同样会导致财务报表不真实，影响投资者和债权人的决策。长期来看，这种行为会损害公司的持续盈利能力。

3. 操纵存货成本

行为描述：公司可能通过不恰当的存货计价方法来操纵存货成本，从而影响毛利率的计算。

目的与动机：调整存货成本以提高毛利率，以达到管理层的期望或市场预期。

后果：这种行为会扭曲公司的真实财务状况，误导外部利益相关者。同时，不恰当的存货计价方法会导致未来期间的成本波动，影响公司的长期稳健性。

4. 操纵关联方交易

行为描述：通过非公允的关联方交易来操纵销售收入和成本，从而影响毛利率。例如，以高于市场的价格向关联方销售商品或以低于市场的价格从关联方购买原材料。

目的与动机：通过关联方交易来人为地提高或降低毛利率，以达到某种财务目标或掩盖真实的财务状况。

后果：这种行为不仅违反了会计准则的公允性要求，还导致公司面临税务风险、法律风险和声誉风险。

综上所述，以上违规行为都是出于美化财务报表、误导投资者和债权人的目的而进行的。然而，这些行为最终都会损害公司的长期利益和声誉，甚至引发法律诉讼和监管处罚。因此，公司应严格遵守相关会计政策和法规，确保毛利率的准确性和真实性。

## 法律法规

企业毛利率的计算需要遵循正确的会计政策和方法，并受到相关法律法规、政策文件和监管要求的规范。以下是对此的详细解释。

**一、相关法律法规**

《会计法》规定企业必须根据实际发生的经济业务事项，按照国家统一的会计制度的规定确认、计量和记录资产、负债、所有者权益、收入、费用、成本和利润。这意味着毛利率的计算需要遵循国家统一的会计制度，确保计算结果的准确性和合规性。

**二、政策文件和监管要求**

会计准则：会计准则对毛利率的计算提供了具体的指导，如毛利率的计算公式为：（销售收入 – 销售成本）/ 销售收入 ×100%。这确保了企业在计算毛利率时采用统一的方法，便于比较和分析。

税务法规：税务法规对房地产开发企业等特定行业的毛利率有特定要求。例如，国家税务总局发布的文件可能规定了房地产开发企业预售收入的利润率等，企业在计算毛利率时需要考虑这些规定。

**三、计算和报告要求**

毛利率计算：企业应按照会计准则和税法规定，正确计算毛利率。在计算过程中，需要确保销售收入和销售成本的准确性和完整性，避免漏报或误报。

财务报表披露：企业应在财务报表中清晰披露毛利率的计算方法和结果。这有助于投资者和其他利益相关者了解企业的盈利能力和运营效率。

**四、合规性和内部控制**

合规性：企业应确保毛利率的计算符合相关法律法规和政策文件的要求，避免因计算错误或违规操作而引发的法律风险。

内部控制：企业应建立健全的内部控制体系，确保毛利率计算的准确性和合规性。这包括制定详细的计算流程、设置审批权限、进行定期审计等。

综上所述，企业计算毛利率时需要遵循正确的会计政策和方法，并受到相关法律法规、政策文件和监管要求的规范。企业应建立健全的内部控制体系，确保毛利率计算的准确性和合规性，以维护企业的声誉和利益。

## 合规程序与方法

毛利率是企业经营分析中的关键财务指标之一，反映了企业在扣除直接成本后，通过销售产品或服务所获得的利润水平。为了确保财务信息的准确性和公正性，企业需遵循一定的会计政策和方法进行毛利率的计算。

**一、合规程序与方法概述**

1. 了解适用的会计准则和法规

了解企业适用的会计准则和法规，如《企业会计准则》《国际财务报告准则》等。这些准则和法规为企业提供了计算毛利率的基本框架和原则。

2. 评估企业的会计政策和方法

评估企业的会计政策和方法是否遵循了适用的会计准则和法规。这包括检查企业对收入的确认、成本的计量和分配、存货的计价等关键会计处理的合规性。

3. 审核毛利率计算过程

详细审核毛利率计算过程，包括确认销售收入、计算销售成本、得出毛利润和计算毛利率等步骤。检查是否存在计算错误、数据不一致或违反会计准则的情况。

4. 对比同行业毛利率水平

将企业的毛利率水平与同行业企业进行对比，以评估其合理性和合规性。若企业的毛利率水平显著高于或低于同行业平均水平，则需要进一步分析原因。

5. 审查内部控制和审计程序

审查企业的内部控制和审计程序是否完善，能否确保毛利率计算的准确性和合规性。重点关注与毛利率计算相关的内部控制环节和审计程序。

**二、具体步骤详解**

1. 了解适用的会计准则和法规

（1）收集并研读适用的会计准则和法规，了解毛利率计算的基本要求和原则。

（2）关注与毛利率计算相关的会计准则和法规变化，确保企业的会计政策和方法与之保持一致。

2. 评估企业的会计政策和方法

（1）审查企业的会计政策手册，了解其在收入、成本、存货等方面的会计处理方法和原则。

（2）检查企业的会计政策是否遵循了适用的会计准则和法规，特别是与毛利率计算相关的要求。

（3）评估企业的会计政策是否适合其业务特点和经营环境，能否真实、准确地反映企业的财务状况和经营成果。

3. 审核毛利率计算过程

（1）确认销售收入的合规性：检查销售收入是否按照合同约定的金额和时间确认，是否存在提前或延迟确认收入的情况。同时，关注销售收入是否受非经常性项目或特殊交易的影响。

（2）检查销售成本的准确性：核实销售成本的计算方法是否符合会计准则和法规的要求，是否将直接成本（如原材料、直接人工等）和间接成本（如制造费用、销售费用等）正确分配至相关产品。同时，关注是否存在成本计算错误或遗漏的情况。

（3）计算毛利润和毛利率：根据确认的销售收入和销售成本，计算毛利润和毛利率。确保计算过程准确无误，并与同行业企业进行对比分析。

4. 对比同行业企业毛利率水平

（1）收集同行业企业的毛利率数据，了解行业平均水平及其波动范围。

（2）将企业的毛利率水平与同行业企业进行对比分析，评估其合理性和合规性。若企业的毛利率水平显著高于或低于同行业平均水平，则需要进一步分析原因并考虑调整会计政策或方法。

5. 审查内部控制和审计程序

（1）了解企业的内部控制体系是否完善，能否确保毛利率计算的准确性和合规性。重点关注与毛利率计算相关的内部控制环节，如销售收入确认、销售成本计算等。

（2）审查企业的审计程序是否有效执行，能否及时发现和纠正毛利率计算中的错误和违规行为。同时，关注审计机构对计算企业毛利率的意见和建议。

**三、可能的影响因素及应对措施**

会计政策变更：若企业变更了会计政策或方法，需要重新评估其对毛利率计算的影响，并确保新的会计政策或方法符合会计准则和法规。

外部环境变化：外部环境的变化（如市场竞争、原材料价格波动等）可能对企业的毛利率产生影响。因此，需要密切关注外部环境的变化，并及时调整会计政策或方法以应对这些变化。

内部控制缺陷：若企业的内部控制存在缺陷或不足，可能导致毛利率计算错误或相关违规行为。因此，需要加强内部控制的建设和完善，确保毛利率计算的准确性和合规性。

**四、结论**

上文详细阐述了检查企业毛利率计算是否按照正确的会计政策和方法的合规程序与方法。了解适用的会计准则和法规、评估企业的会计政策和方法、审核毛利率计算过程、对比同行业企业毛利率水平以及审查内部控制和审计程序等步骤，可以确保企业毛利率计算的准确性和合规性。同时，企业还需要关注会计政策变更、外部环境变化和内部控制缺陷等可能的影响因素，并采取相应的应对措施以应对这些挑战。

## 案例分析 1：虚增销售收入

**一、背景**

电子产品制造企业 A，为了提升市场形象并吸引投资者，在连续几个季度内通过不恰当的会计手段虚增了销售收入，进而影响了其毛利率的计算。A 公司在产品销售过程中，通过虚构销售合同、提前确认收入等方式，使得财务报表上的销售收入和利润数据显著高于实际水平。

**二、案例具体情况**

以下是 A 公司某季度财务报表的简化数据。

| 项目 | 数据（金额单位：万元） |
| --- | --- |
| 实际销售收入 | 500 |
| 虚构销售收入 | 200 |

续表

| 项目 | 数据（金额单位：万元） |
| --- | --- |
| 总销售收入（报表上） | 700 |
| 销售成本 | 350 |
| 报表上毛利率 | （700−350）/700×100%=50% |
| 实际毛利率 | （500−350）/500×100%=30% |

### 三、法律法规

根据国际财务报告准则和我国企业会计准则，销售收入的确认应当基于商品或服务的实际交付和收入的实现。提前确认未实现的销售收入，或虚构销售收入，都是违反会计准则和财务法规的行为。

### 四、分析

1. 影响

误导投资者：高毛利率可能会吸引投资者，但基于虚假数据的投资决策将充满风险。

误导市场：虚增的财务数据会扭曲市场对公司价值的判断，影响市场公平性。

增加法律风险：A 公司将面临法律诉讼和罚款。

2. 正确做法

遵守会计准则：确保销售收入的确认符合会计准则相关规定。

加强内部控制：加强内部控制，确保财务数据的真实性和准确性。

接受外部审计：定期接受外部审计，确保财务报表的合规性。

3. 正确的会计处理

A 公司应当仅确认实际的销售收入，并据此计算毛利率。对于已经虚增的销售收入，A 公司应当在后续期间进行更正，并调整相关财务报表。同时，A 公司应当披露这一调整，并向投资者和公众解释原因。

### 五、结论

公司毛利率的计算必须遵循正确的会计政策和方法，确保财务数据的真实性和准确性。任何虚增销售收入的行为都是违法的，不仅会误导投资者和市场，还会损害公司的声誉和长期发展。因此，公司应当加强内部控制，确保遵守会计准则和财务法规，维护公司和市场的公平和透明。

## 案例分析 2：低估或隐瞒成本

### 一、背景

制造企业 B，在市场竞争激烈和成本压力增大的情况下，为了维持其毛利率水平，采用了低估或隐瞒成本的方式，以在财务报表上呈现出较高的盈利水平。B 公司的主要成本包括原材料采购成本、人工成本和生产设备折旧等。

### 二、案例具体情况

以下是 B 公司某季度的简化财务数据。

| 项目 | 数据（金额单位：万元） |
| --- | --- |
| 实际销售收入 | 1 000 |
| 实际销售成本 | 600 |
| 隐瞒 / 低估的成本 | 100 |

续表

| 项目 | 数据（金额单位：万元） |
| --- | --- |
| 报表上的销售成本 | 500 |
| 报表上的毛利率 | （1 000−500）/1 000×100%=50% |
| 实际毛利率 | （1 000−600）/1 000×100%=40% |

**三、法律法规**

根据国际财务报告准则和我国企业会计准则，企业在计算销售成本时，应当准确、完整地记录所有与产品销售直接相关的成本，包括原材料、人工、制造费用等。任何低估或隐瞒成本的行为都是违反会计准则和财务法规的。

**四、分析**

1. 错误做法

B公司在生产过程中使用了大量原材料，但为了降低成本，公司决定采用质量较差的替代品，并将这部分成本差异隐瞒起来。此外，B公司还通过减少设备折旧年限或低估人工成本等方式来进一步降低销售成本。这些做法都导致了财务报表上销售成本的低估，进而提高了财务报表上的毛利率水平。

2. 影响

误导投资者：虚高的毛利率可能会吸引投资者，但基于错误数据的投资决策将充满风险。

误导市场：不准确的财务数据会扭曲市场对公司价值的判断，影响市场公平性。

增加风险：低估成本导致企业面临税务处罚和法律风险。

3. 正确做法

遵守会计准则：确保销售成本的计算符合会计准则相关规定，准确、完整地记录所有与产品销售直接相关的成本。

加强内部控制：加强内部控制，确保财务数据的真实性和准确性，防止低估或隐瞒成本的行为发生。

接受外部审计：定期接受外部审计，确保财务报表的合规性，及时纠正任何不合规的会计处理。

4. 正确的会计处理

B公司应当如实记录所有与产品销售直接相关的成本，包括原材料、人工、制造费用等。对于采用质量较差的原材料导致的成本差异，应当将其计入销售成本中，并反映在财务报表上。同时，公司应当按照合理的折旧年限和人工成本计算方法，准确计算并记录相关成本。

**五、结论**

低估或隐瞒成本是公司财务中常见的违规行为之一。这种行为不仅违反了会计准则和财务法规，也误导了投资者和市场对公司真实盈利能力的判断。因此，公司应当加强内部控制和外部审计，确保财务数据的真实性和准确性，维护公司和市场的公平和透明。

## 案例分析 3：操纵存货成本

**一、背景**

零售企业C，为了改善其短期财务状况，采用不恰当的会计方法操纵存货成本，进而影响了毛利率的计算。在市场竞争激烈和成本控制压力剧增的背景下，C企业选择通过低估存货成本来提高毛利率，以吸引投资者和维持市场形象。

## 二、案例具体情况

以下是C企业某会计期间的简化财务数据。

| 项目 | 数据（金额单位：万元） |
|---|---|
| 实际销售收入 | 1 500 |
| 实际存货成本 | 800 |
| 操纵后的存货成本 | 600 |
| 报表上的毛利率 | （1 500−600）/1 500×100%=60% |
| 实际毛利率 | （1 500−800）/1 500×100% ≈ 46.7% |

## 三、法律法规

根据国际财务报告准则和我国企业会计准则，企业在计算存货成本时，应当遵循历史成本原则，并合理估计存货的可变现净值。存货成本的低估或高估都是违反会计准则和财务法规的行为。

## 四、分析

1. 错误做法

C企业为了提升毛利率，选择了低估存货成本的做法。这可能包括采用不恰当的存货计价方法、忽视存货的损耗和过时损失或故意低估存货的采购成本等。

2. 影响

误导投资者：通过操纵存货成本提高的毛利率会误导投资者，使他们对企业的真实盈利能力产生误解。

误导市场：不准确的财务数据会扭曲市场对企业价值的判断，影响市场公平性。

增加风险：低估存货成本会导致企业面临税务处罚和法律风险。

3. 正确做法

遵守会计准则：企业应遵循会计准则中关于存货成本的会计政策和方法，确保存货成本的准确性和合规性。

合理选择存货计价方法：企业应根据实际情况选择合适的存货计价方法，如先进先出法、移动加权平均法等，并保持一致性。

考虑存货损耗和过时损失：企业应合理估计存货的损耗和过时损失，并将其计入存货成本中。

加强内部控制：企业应建立完善的内部控制体系，确保存货成本的计算和记录符合会计准则和财务法规的要求。

4. 正确的会计处理

C企业应按照历史成本原则记录存货成本，并考虑存货的损耗和过时损失。如果采用先进先出法或其他合理的存货计价方法，应确保方法的一致性，并在财务报表中准确披露存货成本的计算方法和结果。此外，企业还应加强内部控制，确保存货成本的准确性和合规性。

## 五、结论

操纵存货成本是企业常见的财务违规行为之一。这种行为不仅违反了会计准则和财务法规，还误导了投资者和市场对企业真实盈利能力的判断。因此，企业应严格遵守会计准则和财务法规，确保存货成本的准确性和合规性，维护企业和市场的公平和透明。

## 案例分析 4：操纵关联方交易

### 一、背景

近年来，一些企业为了美化财务报表，通过与关联方进行不透明或操纵性的交易来影响毛利率。这种行为违反了会计准则和财务法规，误导了投资者和市场对企业真实财务状况的判断。以下将通过一个具体的案例来详细分析这一现象。

### 二、案例具体情况

制造企业 D，为了维持或提升其毛利率水平，与其关联的销售公司 E 进行了一系列非正常的交易。D 企业以高于市场价的价格将产品销售给 E 公司，而 E 公司则以正常价格或较低的价格将这些产品再销售给第三方。

### 三、财务数据

| 项目 | 数据（金额单位：万元） |
| --- | --- |
| D 企业与 E 公司实际关联交易销售收入（按市场价） | 800 |
| D 企业实际销售成本 | 500 |
| D 企业实际毛利率 | （800−500）/800×100%=37.5% |
| D 企业与 E 公司关联交易销售收入 | 1 000 |
| D 企业关联交易中虚增的销售收入 | 200 |
| D 企业报表上的销售收入 | 1000 |
| D 企业报表上的毛利率 | （1 000−500）/1 000×100%=50% |

### 四、法律法规

企业会计准则明确规定了关联方交易的认定和披露要求。关联方交易应当遵循公平、公正、公开的原则，确保交易价格的公允性。任何通过关联方交易操纵财务报表的行为都是违法的。

### 五、分析

1. 影响

误导投资者：通过关联方交易操纵的毛利率导致投资者对企业的盈利能力产生误解，从而影响其投资决策。

损害市场公平性：这种行为扭曲了市场对企业价值的判断，损害了市场的公平性和透明度。

增加法律风险：企业将面临法律诉讼、罚款甚至退市等风险。

2. 正确做法

遵守会计准则：企业应确保关联方交易遵循公平、公正、公开的原则，交易价格应公允合理。

充分披露：企业应在财务报表中充分披露关联方交易的相关信息，包括交易对象、交易金额、交易价格等。

加强内部控制：企业应建立完善的内部控制体系，确保关联方交易的真实性和合规性。

3. 正确的会计处理

D 企业应按照实际销售价格和销售成本计算毛利率，并在财务报表中真实反映。对于与 E 公司的关联交易，D 企业应确保交易价格的公允性，并在财务报表中充分披露相关信息。此外，D 企业还应加强内部控制，确保关联方交易的真实性和合规性。

### 六、结论

通过关联方交易操纵毛利率是一种严重的财务违规行为，不仅违反了会计准则和财务法规，还误导了投资者和市场对企业真实财务状况的判断。因此，企业应严格遵守会计准则和财务法规，确保财务报表的真实性和合规性。同时，投资者也应保持警惕，仔细分析企业的财务报表和关联方交易情况，避免被误导。

## 专题九十三：毛利率数据披露是否不完整或模糊

### 业务简介

**一、概念**

企业毛利率数据披露是指上市公司或其他企业在其财务报告、招股说明书、定期公告等文件中，对其产品或服务的毛利率情况进行详细、准确、清晰的说明。

当企业披露的毛利率数据不完整或模糊时，意味着投资者、债权人等外部利益相关者无法准确了解企业的盈利能力和成本控制水平，从而难以做出合理的投资决策。

**二、基本的规定**

准确性：企业披露的毛利率数据必须真实、准确，不得有任何虚假记载或误导性陈述。

完整性：企业应当全面披露报告期内各业务类型、各模式下的毛利率情况，包括细分业务的毛利率数据及其变动原因。

清晰性：企业在披露毛利率数据时，应当采用简洁明了的语言和方式，便于投资者等外部利益相关者理解。

**三、经常出现的违规问题**

数据不实：企业故意夸大或缩小毛利率数据，以掩盖其真实盈利能力。

披露不全：企业未全面披露各业务类型、各模式下的毛利率情况，或未披露毛利率数据变动的原因。

描述模糊：企业在披露毛利率数据时，使用含糊不清的表述，导致投资者难以准确理解。

**四、违规表现**

在财务报告中，毛利率是一个重要的财务指标，用于衡量公司通过销售获得利润的能力。当毛利率数据的披露不完整或模糊时，会误导投资者，影响他们的决策。以下是关于毛利率数据披露的违规表现。

1. 不披露具体毛利率数据

行为描述：公司在财务报告中不直接提供具体的毛利率数据，而是用模糊的语言描述，如“毛利率保持稳定”或“毛利率有所提高”。

目的与动机：公司可能试图隐藏真实的盈利能力，以避免引起投资者、竞争对手或监管机构的过多关注。

后果：投资者难以准确评估公司的盈利状况和财务状况，导致投资决策失误。

2. 操纵毛利率数据

行为描述：公司通过违规手段来人为提高或降低毛利率，以吸引投资者。

目的与动机：提升公司股票的吸引力，进而影响股价，或者为了满足某些财务指标要求以获得更好的融资条件。

后果：公司将面临严重的法律后果，包括罚款、信誉受损，甚至可能引发股价暴跌。

3. 延迟披露毛利率变化

行为描述：当毛利率发生重大变化时，公司不及时在财务报告中披露相关信息。

目的与动机：公司试图通过延迟披露来避免可能立即产生的市场反应，特别是在毛利率下降的情况下。

后果：投资者无法及时了解公司的最新财务状况，导致投资决策的滞后或错误。

4. 选择性披露毛利率数据

行为描述：公司只披露部分产品或业务的毛利率数据，而隐瞒其他不利于公司的数据。

目的与动机：通过选择性披露来突出公司的优势，掩盖劣势部分。

后果：投资者难以获得公司全部财务信息，导致对公司整体盈利能力的误判。

5. 毛利率比较不恰当

行为描述：公司在进行毛利率比较时，使用不恰当的比较基准，如与不同行业、不同规模或不同业务模式的公司进行比较。

目的与动机：试图通过不恰当比较来提升自身的表现。

后果：投资者被误导，做出不准确的投资决策。

这些违规表现对投资者的决策产生负面影响，并损害市场的公平性和透明度。因此，监管机构应加强对财务报告的审核和监督，确保毛利率等关键财务数据的准确性和完整性。

## 法律法规

企业毛利率数据披露的完整性和清晰度是上市公司信息披露规范的重要组成部分，相关的法律法规、政策文件和监管要求主要体现在以下几个方面。

**一、法律法规**

公司法：作为上市公司信息披露的基础法律，公司法要求上市公司及时、真实、准确地披露与其公司治理结构、财务状况、经营业绩、风险因素等相关的重要信息。毛利率作为衡量企业财务状况的重要指标之一，自然也在披露的范围内。

证券法：证券法旨在维护证券市场的秩序和保护投资者权益。根据证券法，上市公司需要向证券交易所、证券监管机构和广大投资者披露具体的信息，包括财务报告、年度报告、重大事项公告等。毛利率数据作为财务报告的重要组成部分，其披露应满足证券法的要求。

**二、政策文件**

《公开发行证券的公司信息披露内容与格式准则》：证监会发布的这一系列准则规范了上市公司信息披露的内容和格式。例如，《公开发行证券的公司信息披露内容与格式准则第 26 号——上市公司重大资产重组（2018 年修订）》要求上市公司在进行重大资产重组时，应作盈利能力分析，并列表披露报告期交易标的综合毛利率、分行业毛利率的数据及变动情况。若报告期发生重大变化，还需用数据说明相关因素对毛利率变动的影响程度。

《关于首次公开发行股票并上市公司招股说明书中与盈利能力相关的信息披露指引》：该指引要求发行人在招股说明书中披露对其净利润有重大影响的信息，包括综合毛利率、分产品或服务的毛利率等。若与同行业公司存在显著差异，还需结合发行人经营模式、产品销售价格和产品成本等，披露原因及对发行人净利润的影响。

**三、监管要求**

信息披露的时限：上市公司应在相关信息发生之日起 15 个自然日内进行披露。这要求上市公司在编制和披露财务报告时，应确保毛利率数据的及时性和准确性。

信息披露的内容：上市公司信息披露的内容应真实、准确、全面。毛利率数据的披露应清晰明了，避免使用模糊或误导性的语言。

信息披露的责任：上市公司董事、高级管理人员、会计机构等均对信息披露的真实性、准确性、完整性负有法律责任。若因毛利率数据披露不完整或模糊而导致投资者损失，相关责任人将受到法律制裁。

综上所述，企业毛利率数据披露的完整性和清晰度受到公司法、证券法等相关法律法规的约束，同时也需要遵循证监会发布的政策文件和监管要求。上市公司应建立健全的信息披露制度，确保毛利率数据的真实、准确、完整和清晰。

## 合规程序与方法

在财务报告中，毛利率是反映企业盈利能力的重要指标之一。因此，企业对毛利率数据的披露应当清晰、完整，以确保投资者和其他利益相关者能够准确了解企业的盈利状况。

**一、合规程序概述**

1. 梳理法规与标准

梳理与企业毛利率数据披露相关的法规和标准，如《企业会计准则》《上市公司信息披露管理办法》等。这些法规和标准规定了企业披露毛利率数据的具体要求，是检查工作的基础。

2. 设定检查目标

明确检查的目标，即判断企业披露的毛利率数据是否完整、清晰，是否符合相关法规和标准的要求。

3. 制定检查计划

根据检查目标，制定详细的检查计划，包括检查的时间、范围、方法、人员等。

4. 实施检查

按照检查计划，对企业的毛利率数据披露进行逐项检查，记录发现的问题。

5. 整改与反馈

针对发现的问题，要求企业进行整改，并对整改情况进行跟踪和反馈。

6. 报告与总结

形成检查报告，总结检查结果，提出改进建议。

**二、检查方法详解**

1. 对比分析法

（1）与行业标准对比

通过收集同行业的毛利率数据，与企业的毛利率数据进行对比，判断企业毛利率水平是否合理。如果企业毛利率水平显著低于同行业水平，可能存在数据披露不完整或模糊的问题。

（2）与历史数据对比

对比企业过去几年的毛利率数据，分析毛利率的变化趋势。如果毛利率出现大幅波动或异常变化，需要进一步检查相关数据的披露情况。

2. 详细审查法

（1）审查报表附注

仔细阅读企业财务报表附注中关于毛利率的说明，了解毛利率的计算方法、数据来源等。如果附注中未对毛利率的计算方法或数据来源进行说明，或者说明不够清晰，可能存在数据披露不完整或模糊的问题。

（2）审查关联交易

关联交易可能影响企业的毛利率水平。因此，需要仔细审查企业与关联方之间的交易情况，判断是否存在通过关联交易调节毛利率的情况。如果存在这种情况，需要进一步检查相关数据的披露情况。

（3）审查异常项目

对财务报表中的异常项目进行审查，如营业外收入、营业外支出等。这些项目可能对毛利率产生影响，但往往容易被忽视。如果这些项目的金额较大或变化异常，需要进一步检查相关数据的披露情况。

3. 询问与沟通法

（1）询问企业管理层

通过询问企业管理层，了解他们对毛利率数据披露的理解和看法。如果管理层对毛利率数据披露存在模糊描述或故意隐瞒的情况，需要进一步加强沟通，并要求他们进行整改。

（2）与审计机构沟通

与企业的审计机构进行沟通，了解他们在审计过程中是否发现毛利率数据披露存在的问题。如果审计机构提出了相关问题或建议，需要重点关注并进行深入检查。

**三、检查步骤与操作**

1. 收集资料

收集企业的财务报表、附注、审计报告等相关资料，为检查工作提供数据支持。

2. 初步分析

对收集到的资料进行初步分析，了解企业的毛利率水平、变化趋势以及与同行业和历史数据的对比情况。

3. 深入检查

根据初步分析的结果，对可能存在问题的部分进行深入检查，包括详细审查法中的各项内容以及询问与沟通法中的相关环节。

4. 记录问题

在检查过程中，及时记录发现的问题，包括问题的性质、原因、影响等。

5. 整改与反馈

针对发现的问题，要求企业进行整改，并对整改情况进行跟踪和反馈。如果企业未能按时整改或整改不到位，需要采取进一步措施。

6. 报告与总结

形成检查报告，总结检查结果，提出改进建议。报告应清晰、完整地反映检查过程、发现的问题以及整改情况等内容。

**四、影响因素分析**

1. 企业内部因素

（1）管理层对毛利率数据披露的认识和态度

管理层对毛利率数据披露的认识和态度直接影响数据披露的质量。如果管理层存在模糊认识或故意隐瞒的情况，可能导致数据披露模糊或不完整。

（2）企业内部控制制度的完善程度

企业内部控制制度的完善程度对数据披露的质量也有重要影响。如果企业内部控制制度存在缺陷或执行不到位，可能导致数据披露出现错误或遗漏。

2. 外部因素

（1）法规与标准的完善程度

法规与标准的完善程度对数据披露的规范性和准确性有直接影响。如果相关法规和标准存在漏洞或不明确之处，可能导致企业在数据披露过程中出现偏差或误解。

（2）审计机构的独立性和专业性

审计机构的独立性和专业性对数据披露的合规性有重要影响。如果审计机构缺乏独立性或专业性不足，可能无法及时发现和纠正数据披露中存在的问题。

**五、结论与建议**

通过上文，我们可以明确检查企业毛利率数据披露是否不完整或模糊的合规程序与方法。在实际工作中，应综合运用对比分析法、详细审查法和询问与沟通法等多种方法，对企业的毛利率数据披露进行全面、深入的检查。同时，需要关注企业内部和外部因素对数据披露质量的影响，并采取相应的措施加以改进。为了提高数据披露的合规性和准确性，建议加强法规与标准的制定和完善工作，提高审计机构的独立性和专业性水平。

## 案例分析 1：不披露具体毛利率数据

### 一、背景

近年来，随着市场竞争的加剧，企业对信息披露的透明度要求越来越高。然而，仍有部分企业出于各种原因，在披露财务数据时避重就轻，特别是在毛利率这一关键指标上。以某知名电子产品制造商（以下称“A 公司”）为例，其在最近几年的年报中，对毛利率的披露就显得相对模糊。

### 二、案例具体情况

A 公司在过去三年的年报中，对毛利率的披露仅仅给出了一个大致的范围，如“毛利率在 20% 至 30% 之间”，而没有具体披露每一年的实际毛利率数据。与此同时，A 公司的营业收入和净利润数据却相对详细，如 2022 年营业收入为 100 亿元人民币，净利润为 10 亿元人民币。

### 三、分析

1. 法律法规

根据国际财务报告准则和企业会计准则的规定，企业应当真实、完整地披露与其财务状况、经营成果和现金流量有关的信息。毛利率作为反映企业盈利能力的重要指标之一，其数据的完整性和准确性对投资者和其他利益相关者来说至关重要。

2. 影响

A 公司不披露具体毛利率数据的做法，给投资者和其他利益相关者带来了诸多困扰。首先，投资者无法准确评估 A 公司的盈利能力，从而难以做出合理的投资决策。其次，这种做法掩盖了 A 公司在某些业务领域的真实经营状况，使得潜在的风险无法被及时发现。最后，这种做法也损害了 A 公司的市场声誉，降低了投资者对其的信任度。

3. 正确做法与会计处理

正确的做法应当是，A 公司在年报中详细披露每一年的毛利率数据，包括按产品或业务线划分的毛利率数据。这样可以使投资者和其他利益相关者更全面地了解 A 公司的盈利能力和经营状况。在会计处理上，A 公司应当遵循会计准则的要求，将营业收入和营业成本准确地记入相应的会计科目，并计算出真实的毛利率数据。

### 四、结论

A 公司不披露具体毛利率数据的做法显然违反了信息披露的透明度原则，给投资者和其他利益相关者带来了诸多困扰。为了提高信息披露的质量，A 公司应当改变这种做法，在年报中详细披露每一年的毛利率数据。同时，监管部门也应当加大对企业信息披露的监管力度，确保企业能够真实、完整地披露与其财务状况、经营成果和现金流量有关的信息。

通过上述分析，我们可以看到企业不披露具体毛利率数据的危害性，以及提高信息披露透明度的重要性。只有当企业真正做到信息披露的透明和真实时，才能赢得投资者的信任和支持，实现可持续发展。

## 案例分析 2：操纵毛利率数据

### 一、背景

近年来，一些企业为了掩盖真实的经营情况或吸引投资者，会采用操纵毛利率数据的手段来实现数据披露的不完整或模糊。B 公司是一家主营电子产品制造和销售的企业，由于市场竞争激烈，毛利率有所下滑，但 B 公司为了维持其市场形象，选择了操纵毛利率数据。

## 二、案例具体情况

B公司2022—2024年的实际毛利率数据如下。

| 年份 | 实际毛利率 |
| --- | --- |
| 2022 | 22% |
| 2023 | 20% |
| 2024 | 18% |

然而，在B公司公布的年报中，其披露的毛利率数据却有所不同。

| 年份 | 披露的毛利率 |
| --- | --- |
| 2022 | 22%~24% |
| 2023 | 21%~23% |
| 2024 | 19%~21% |

B公司通过给出毛利率的范围而非具体数值，使数据变得模糊，掩盖了实际毛利率下滑的趋势。

## 三、分析

1. 法律法规

根据《企业会计准则》和其他相关法律法规，企业应当真实、准确地披露其财务状况和经营成果，不得有虚假记载、误导性陈述或重大遗漏。毛利率作为重要的财务指标之一，对其的披露应当清晰、具体。

2. 影响

误导投资者：B公司模糊披露毛利率数据，使投资者对其盈利能力产生误解，从而做出错误的投资决策。

损害市场公平：这种操纵行为破坏了市场的公平性，使得其他规范披露的企业处于不利地位。

增加法律风险：B公司将面临法律责任，包括罚款等。

3. 正确做法

B公司应当遵循会计准则和其他法律法规的要求，真实、准确地披露其毛利率数据。在披露时，应明确具体的数值而非模糊的范围，以便投资者和其他利益相关者能够清晰地了解公司的盈利情况。

4. 正确的会计处理

在会计处理上，B公司应当遵循会计准则的相关规定，对营业收入和营业成本进行准确的核算，从而计算出真实的毛利率数据。同时，公司应建立完善的内部控制体系，确保财务数据的真实性和准确性。

## 四、结论

通过本案例的分析，我们可以看到企业操纵毛利率数据的不合法性和危害性。为了维护市场的公平性和保护投资者的权益，企业应严格遵守法律法规的要求，真实、准确地披露其财务状况和经营成果。同时，监管机构也应加大对企业的监管力度，确保企业能够遵循规范进行信息披露。

## 案例分析 3：延迟披露毛利率变化

### 一、背景

在上市公司中，定期披露财务报告是维护市场透明度和投资者权益的重要措施。然而，有些企业出于各种原因，可能会选择延迟披露毛利率变化等重要财务指标，以实现数据披露的不完整或模糊。C 公司是一家在 A 股市场上市的制造企业，近年来因市场竞争激烈，毛利率出现下滑趋势。

### 二、案例具体情况

C 公司原定于 2024 年 3 月 31 日披露其 2023 年度财务报告，其中包括毛利率等关键财务数据。然而，由于某些原因，C 公司决定将财务报告的披露时间推迟至 2024 年 4 月 30 日。以下是 C 公司 2022—2023 年的毛利率数据。

| 年份 | 毛利率 |
| --- | --- |
| 2022 | 30% |
| 2023 | 25% |

由于 C 公司延迟披露 2023 年度财务报告，投资者无法及时了解到毛利率下滑的具体情况，这导致了数据披露的不完整和模糊。

### 三、分析

1. 法律法规

根据《证券法》和《上市公司信息披露管理办法》等相关法规，上市公司应当按照规定的时间节点，真实、准确、完整、及时地披露其财务状况和经营成果。毛利率作为重要的财务指标之一，及时披露其变化情况对投资者了解公司盈利能力和经营状况具有重要意义。

2. 影响

误导投资者：C 公司延迟披露毛利率变化导致投资者无法及时了解公司的盈利能力和经营状况，从而做出错误的投资决策。

损害市场公平：延迟披露行为破坏了市场的公平性，使得其他规范披露的企业处于不利地位。

增加法律风险：C 公司面临监管机构的处罚，包括罚款、警告等。

3. 正确做法

C 公司应当严格按照法规规定的时间节点披露财务报告，确保投资者能够及时了解公司的财务状况和经营成果。在披露毛利率等关键财务指标时，应当清晰、具体地说明其变化情况，以便投资者做出准确的投资决策。

4. 正确的会计处理

C 公司应当建立完善的财务管理和内部控制体系，确保财务数据的真实性和准确性。在会计处理上，C 公司应当遵循会计准则的相关规定，对营业收入和营业成本进行准确的核算，从而计算出真实的毛利率数据。同时，公司应当加强内部审计和风险评估工作，及时发现和纠正可能存在的财务问题。

### 四、结论

通过本案例的分析，我们可以看到上市公司延迟披露毛利率变化对投资者和市场公平性的负面影响。为了维护市场的公平性和保护投资者的权益，上市公司应当严格按照法规规定的时间节点披露财务报告，确保数据披露的完整性和及时性。同时，监管机构也应当加大对上市公司的监管力度，确保企业能够遵循规范进行信息披露。

## 案例分析 4：选择性披露毛利率数据

**一、背景**

D 公司是一家在行业内颇具影响力的制造企业，近年来由于市场竞争加剧和成本上升，其毛利率面临下滑压力。为了维护公司形象和吸引投资者，D 公司采取了选择性披露毛利率数据的手段，以实现数据披露的不完整或模糊。

**二、案例具体情况**

D 公司在其 2023 年度报告中，详细披露了公司整体毛利率数据，但细分业务或产品线的毛利率数据却模糊和不完整。具体数据如下。

公司整体毛利率：25%。

细分业务 A 毛利率：未披露。

细分业务 B 毛利率：披露为“与行业平均水平相当”。

细分业务 C 毛利率：披露为“有所增长”。

从上述数据可以看出，D 公司对细分业务的毛利率数据进行了选择性披露，未提供具体的数值，而是以模糊的描述代替。

**三、分析**

1. 法律法规

根据《上市公司信息披露管理办法》等相关法规，上市公司应当真实、准确、完整、及时地披露信息，确保投资者能够全面、准确地了解公司的经营情况和财务状况。毛利率作为重要的财务指标之一，其披露应当遵循上述原则。

2. 影响

误导投资者：D 公司选择性披露毛利率数据导致投资者无法全面了解公司的盈利能力和经营状况，从而做出错误的投资决策。

损害市场公平：这种选择性披露行为破坏了市场的公平性，使得其他规范披露的企业处于不利地位。

增加法律风险：D 公司面临监管机构的处罚，包括罚款、警告等。

3. 正确做法

D 公司应当全面、准确地披露其毛利率数据，包括细分业务或各产品线的毛利率数据。在披露时，应当清晰、具体地说明各项数据的含义和计算方法，以便投资者能够全面、准确地了解公司的盈利能力和经营状况。

4. 正确的会计处理

在会计处理上，D 公司应当遵循会计准则的相关规定，对营业收入和营业成本进行准确的核算，从而计算出真实的毛利率数据。同时，公司应当加强内部审计和风险评估工作，确保财务数据的真实性和准确性。

**四、结论**

通过本案例的分析，我们可以看到上市公司选择性披露毛利率数据对投资者和市场公平性的负面影响。为了维护市场的公平性和保护投资者的权益，上市公司应当全面、准确地披露其毛利率数据，确保数据披露的完整性和真实性。同时，监管机构也应当加大对上市公司的监管力度，确保企业能够遵循规范进行信息披露。

## 案例分析 5：毛利率比较不恰当

**一、背景**

在市场竞争日益激烈的今天，一些企业为了吸引投资者或掩盖真实的经营情况，可能会通过不恰当地比较毛利率来实现毛利率数据披露的不完整或模糊。E 公司是一家食品制造企业，近期为了强调其产品的盈利能力，进行了不恰当的毛利率比较。

## 二、案例具体情况

E 公司在其财务报告中，披露了以下毛利率数据。

E 公司 2023 年度毛利率：35%。

行业平均毛利率（E 公司披露）：28%。

E 公司声称，其毛利率远高于行业平均水平，显示出其产品具有强大的盈利能力。然而，这一比较不恰当。

## 三、分析

1. 不恰当比较的背景

E 公司以一个相对较低的毛利率作为参照，未全面考虑行业内不同企业的毛利率差异。此外，E 公司故意选择了一个不包含行业内竞争力最强的企业的数据集合来计算行业平均毛利率，从而使得自己的毛利率看起来更高。

2. 不恰当比较的财务数据

实际上，真正的行业平均毛利率在 30%，甚至更高。而 E 公司所披露的 28% 的行业平均毛利率显然偏低，这导致了投资者对 E 公司毛利率的误解。

3. 法律法规

根据《上市公司信息披露管理办法》等相关法规，上市公司在披露信息时应当真实、准确、完整、及时，不得有虚假记载、误导性陈述或重大遗漏。不恰当毛利率比较显然违反了这一原则。

4. 影响

误导投资者：投资者可能会基于 E 公司不恰当的毛利率比较，对 E 公司的盈利能力产生过高的期望，从而做出错误的投资决策。

损害市场公平：不恰当比较破坏了市场的公平性，使得其他规范披露的企业处于不利地位。

增加法律风险：E 公司面临监管机构的处罚，包括罚款、警告等。

5. 正确做法

E 公司应当选择具有代表性、可比性且全面的行业数据作为参照，进行毛利率比较。

在披露毛利率数据时，应当说明数据来源和计算方法，以便投资者进行验证。

监管机构应当加大对上市公司信息披露的监管力度，防止类似不恰当比较的发生。

6. 正确的会计处理

在会计处理上，E 公司应当遵循会计准则的相关规定，对营业收入和营业成本进行准确的核算，从而计算出真实的毛利率数据。同时，公司应当加强内部审计和风险评估工作，确保财务数据的真实性和准确性。

## 四、结论

不恰当毛利率比较是一种不负责任的信息披露行为，它损害了投资者的权益并破坏了市场的公平性。为了维护市场的正常秩序和保护投资者的利益，上市公司应当遵循相关法规规定，真实、准确、完整、及时地披露信息。同时，监管机构也应当加大对上市公司信息披露的监管力度，确保市场信息的真实性和准确性。

# 第十五章
# 主要客户以及供应商合规

## 专题九十四：前十大客户、供应商变动是否合理

### 业务简介

**一、概念**

企业前十大客户、供应商变动是指企业在经营过程中，其前十大客户或供应商发生了显著的变化，这些变化可能源于市场竞争、企业战略调整、合作关系变动等多种因素。

**二、基本规定**

在正常的商业环境中，企业前十大客户、供应商的变动是常见的现象，但这种变动应基于合理的商业逻辑和法律法规。企业应当遵循公平、公正、透明的原则，与客户和供应商建立长期稳定的合作关系。

**三、经常出现的违规问题**

虚构客户或供应商：企业可能为了虚增销售收入或骗取资金，虚构与不存在的客户或供应商进行交易的情况。

非正常关联方交易：企业可能与关联方进行非正常的交易，以转移利润或规避税收。

利益输送：企业可能通过不合理的价格、条件等方式，向特定客户或供应商输送利益，损害其他股东或债权人的利益。

**四、违规表现**

以下是前十大客户、供应商变动的违规表现，包括行为描述、目的与动机以及后果。

1. 虚构客户

行为描述：公司捏造不存在的客户，以增加销售额或掩盖真实的销售情况。

目的与动机：提高公司的销售业绩，粉饰财务报表，吸引投资者或满足市场预期。

后果：公司信誉严重受损，面临法律诉讼和巨额罚款，投资者信心下降，股价波动。

2. 频繁更换前十大客户名单且无正当理由

行为描述：公司在没有合理解释的情况下，频繁更换其前十大客户名单。

目的与动机：掩盖与某些客户的非正常交易或利益输送。

后果：引起监管机构和投资者的怀疑，影响公司形象和市场信任度。

3. 虚构供应商

行为描述：公司制造虚假的供应商信息，或者与不存在的供应商进行虚假交易。

目的与动机：通过虚假交易套取资金，或掩盖真实的采购情况和成本结构。

后果：损害公司信誉，导致严重的法律后果和财务损失，同时影响供应链的稳定性和业务运营。

4. 与供应商勾结进行不正当利益输送

行为描述：公司与特定供应商之间存在不正当的利益关系。

目的与动机：获取非法利益。

后果：损害公司利益，导致内部腐败问题和法律风险的增加。

5. 频繁无理由更换主要供应商

行为描述：公司在没有充分理由的情况下频繁更换主要供应商。

目的与动机：规避监管、寻求更低价格或获取其他不正当利益。

后果：影响供应链的稳定性和采购效率，增加运营成本，同时引发市场对公司运营能力的质疑。

## 法律法规

与企业前十大客户、供应商变动的合理性相关的法规规定、政策文件和监管要求主要体现在以下几个方面。

**一、法律法规**

《公司法》：虽然该法没有直接涉及客户或供应商变动的具体条款，但它强调了公司应遵循的诚实信用、公平交易等原则，企业在变更客户、供应商时应遵循这些原则。

**二、政策文件**

供应商变更管理规定：虽然具体的供应商变更管理规定因行业、地区或企业而异，但通常这些规定会涉及供应商变更的评估、决策、执行和监控等流程，确保变更的合理性和合规性。

**三、监管要求**

备案和报告：根据相关规定，企业在变更前十大客户或供应商时需要向相关部门进行备案或报告，以确保变更的透明度和合规性。

审计和监管：企业的财务报告和经营活动受到审计和监管部门的监督。在客户、供应商变更方面，监管部门会关注企业是否遵循了相关的法律法规和政策文件，是否进行了充分的评估和决策等。

**四、合理性评估**

在判断企业前十大客户、供应商变动是否合理时，应综合考虑以下几个方面。

变更的原因：企业应明确变更的原因，如市场需求、产品调整、供应链优化等。这些原因应合理、充分，并符合企业的发展战略。

变更的影响：企业应评估变更对客户、供应商、员工、股东等相关方的影响，并制定相应的应对措施。

合规性：企业应确保变更过程符合相关的法律法规和政策文件的要求，避免因此产生法律风险和合规问题。

综上所述，判断企业前十大客户、供应商变动的合理性需要综合考虑法律法规、政策文件和监管要求等多个方面。企业在进行相关决策时，应充分评估各种因素，确保变更的合规性和合理性。

## 合规程序与方法

在企业的日常运营中，前十大客户与供应商的变动往往会对企业的财务状况、经营稳定性和市场地位产生深远影响。因此，对这些变动进行合规性检查显得尤为重要。合规性检查不仅涉及对企业内部流程的监控，还需要确保企业行为符合相关法规和标准。下文旨在详细阐述检查企业前十大客户、供应商变动是否合理的合规程序与方法。

**一、合规程序概述**

合规程序是指企业为确保其业务活动符合法律法规、行业准则和内部政策而制定的一系列步骤和流程。在检查前十大客户、供应商变动的合规性时，应遵循以下基本程序。

明确合规目标和范围：明确检查的目标和范围，即确定要检查的具体时间段、涉及的客户与供应商名单，以及需要关注的合规风险点。

收集相关信息：收集与客户、供应商变动相关的所有信息，包括合同、交易记录、财务报告、内部审批文件等。

分析信息：对收集到的信息进行深入分析，识别可能存在的合规风险点，如合同违规、利益输送、不正当竞争等。

评估风险：根据分析结果，对识别出的合规风险进行评估，确定其严重性和可能性，并制定相应的应对措施。

报告与整改：将检查结果形成报告，向企业管理层和相关监管部门报告，并根据报告内容制定整改计划，确保企业业务活动符合合规要求。

## 二、检查方法详解

### 1. 合同审查

合同是检查客户、供应商变动合规性的重要依据。在审查合同时，应关注以下几个方面。

（1）合同条款是否合规：检查合同条款是否符合法律法规和行业准则的要求，如价格条款、交货期限、质量标准等是否合法合规。

（2）合同签署过程是否规范：了解合同的签署过程，确保合同在签署前已经经过适当的内部审批和风险评估，避免未经授权或违规签署合同的情况。

（3）合同变更情况：关注合同变更情况，特别是涉及金额、期限等重要内容的条款变更，了解变更的原因和过程，确保变更的合规性。

### 2. 交易记录分析

分析交易记录，可以了解客户、供应商变动的实际情况和趋势。在分析交易记录时，应关注以下几个方面。

（1）交易金额和频率：检查客户、供应商的交易金额和频率与以往相比是否有异常变化，如有异常，需要进一步了解原因和背景。

（2）交易价格：比较客户、供应商的交易价格与市场价格的差异，了解价格是否合理，是否存在利益输送或价格欺诈等问题。

（3）交易方式：关注交易方式的变化，如从现金交易转为赊销、从线上交易转为线下交易等，了解变化的原因和合规性。

### 3. 财务报告分析

财务报告是反映企业经营状况和财务状况的重要文件。在分析财务报告时，应关注以下几个方面。

（1）收入与成本：检查与客户、供应商交易产生的收入和成本是否真实、准确，是否与合同和交易记录相符。

（2）应收账款与应付账款：分析应收账款和应付账款的变动情况，了解是否存在长期挂账、坏账等问题，以及是否与客户、供应商变动情况相符。

（3）关联方交易：关注关联方交易的情况，了解是否存在通过关联方交易进行利益输送或转移利润等问题。

### 4. 内部审批流程检查

内部审批流程是确保企业业务活动合规性的重要环节。在检查内部审批流程时，应关注以下几个方面。

（1）审批权限：了解不同层级的审批权限和范围，确保审批权限的合理性和有效性。

（2）审批流程：检查审批流程是否规范、完整，是否存在未经授权或越权审批的情况。

（3）审批记录：检查审批记录的真实性和完整性，了解审批过程中是否存在违规操作或疏漏。

5. 关联方关系核查

关联方关系是影响客户、供应商变动合规性的重要因素。在核查关联方关系时，应关注以下几个方面。

（1）关联方名单：获取企业关联方名单，了解关联方的具体情况和企业与其的关系。

（2）关联交易情况：检查关联交易的情况，了解是否存在通过关联交易进行利益输送或转移利润等问题。

（3）关联方变动情况：关注关联方的变动情况，了解变动的原因和背景，以及是否对企业业务活动产生重大影响。

**三、可能的影响因素**

在检查前十大客户、供应商变动的合规性时，还需要考虑以下可能的影响因素。

宏观经济环境：宏观经济环境的变化可能对企业经营产生重大影响，从而影响客户、供应商的变动情况。

行业竞争状况：激烈的市场竞争可能导致企业为了获取市场份额而采取不合规手段，从而影响客户、供应商的变动情况。

企业内部治理：企业内部治理的完善程度和执行情况也可能影响客户、供应商变动的合规性。

**四、结论**

检查企业前十大客户、供应商变动的合规性是企业日常运营中不可或缺的一环。明确合规目标和范围、收集相关信息、分析信息、评估风险以及报告与整改等步骤，可以确保企业业务活动的合规性。同时，采用合同审查、交易记录分析、财务报告分析、内部审批流程检查和关联方关系核查等方法，可以全面深入地了解客户、供应商变动的实际情况和合规性。在检查过程中，还需要考虑宏观经济环境、行业竞争状况和企业内部治理等可能的影响因素。通过合规检查和整改，企业可以确保业务活动的合规性，降低合规风险，提高市场竞争力。

## 案例分析 1：虚构客户

**一、背景**

近年来，某上市公司（以下称“A 公司”）的财务报告引起了监管机构的关注。A 公司是一家主营电子产品制造与销售的企业，其前十大客户和供应商名单在连续几个财报周期内出现了不合理的频繁变动。经过深入调查，监管机构发现 A 公司涉嫌虚构客户和供应商，以粉饰其财务数据和经营业绩。

**二、案例具体情况**

在 A 公司的最新财务报告中，其前十大客户名单较往年出现了较大的变动，其中有几家新客户突然跃居前列，贡献了显著的销售额。然而，在公开渠道中几乎无法查询到这些新客户的相关信息，且 A 公司披露的交易金额存在异常。例如，其中一家名为“B 科技”的客户，在短短一个季度内贡献了超过 A 公司总销售额 10% 的订单，但市场上并无该公司的显著业务活动记录。

进一步调查发现，A 公司的部分应收账款也与这些新客户相关，且账龄较短，但坏账风险却远高于正常水平。此外，A 公司的前十大供应商名单也出现了类似的情况，其中一些新供应商的采购金额异常，且采购物品与 A 公司的主营业务关联度不高。

**三、法律法规与影响**

根据《会计法》和相关会计准则，企业应当真实、准确地记录其经济业务和财务状况，不得虚构或隐瞒信息。A 公司虚构客户严重违反了这一原则。

这种行为对 A 公司及其股东、债权人、投资者等利益相关方均产生了负面影响。首先，它误导了市场对公司真实经营状况的判断，导致投资者做出错误的投资决策。其次，虚构的交易数据使A公司的应收账款和存货等资产虚增，进而虚增其利润和净资产，损害了债权人的利益。最后，这种行为还损害了A公司的声誉和信誉，影响其长期发展。

**四、正确做法与会计处理**

正确的做法应当是A公司真实、准确地记录其经济业务和财务状况，不得虚构或隐瞒信息。在记录前十大客户和供应商信息时，A公司应当依据实际交易情况进行披露，确保信息的真实性和准确性。

在会计处理上，A公司应当遵循会计准则的要求，对各项经济业务进行恰当的分类和计量。对于虚构的交易数据，A公司应当进行更正处理，并调整相关财务报表。同时，A公司还应当加强内部控制和风险管理，确保类似问题不再发生。

**五、结论**

A公司虚构客户和供应商的行为严重违反了会计法规的原则和要求。这种行为不仅误导了市场对公司真实经营状况的判断，还损害了公司及其利益相关方的利益。因此，监管机构应当对类似行为加强监管和打击，同时企业也应当加强内部控制和风险管理，确保财务信息的真实性和准确性。

## 案例分析2：与客户勾结进行虚假交易

**一、背景**

近年来，随着市场竞争的加剧，一些企业为了维持其良好的市场形象和股价表现，采取不正当手段来粉饰其财务报表。其中，企业与客户勾结进行虚假交易便是一种常见的手段。下面将以某制造企业（以下称“C公司”）为例，详细分析这一行为。

**二、案例具体情况**

C公司是一家知名的制造企业，其主营产品为高端机械设备。近年来，C公司的前十大客户频繁变动，引起了监管机构的关注。经过深入调查，监管机构发现C公司与部分客户存在勾结行为，C公司通过虚构交易来人为提升这些客户贡献的销售额，从而使其进入前十大客户名单。

具体来说，C公司与某客户（以下称“D客户”）达成协议，D客户在报告期内向C公司下达大量订单，但实际上并不支付货款，也不提货。C公司则将这些订单收入计入销售收入，从而虚增了公司的营收和利润。这种虚假交易导致C公司的前十大客户名单出现了不合理的变动。

根据C公司的财务报告，与D客户的交易金额高达数千万元，占公司总销售额的15%以上。然而，在实际操作中，D客户并未支付任何货款，且订单中的产品也并未实际交付。这种明显的异常交易引起了监管机构的注意。

**三、法律法规与影响**

根据《会计法》和相关会计准则，企业应当真实、准确地记录其经济业务和财务状况，不得虚构或隐瞒信息。C公司与D客户勾结进行虚假交易的行为严重违反了这一原则。

这种错误行为对C公司及其股东、债权人、投资者等利益相关方均产生了负面影响。首先，它误导了市场对公司真实经营状况的判断，导致投资者做出错误的投资决策。其次，虚假交易导致C公司的销售收入和利润虚增，进而可能引发股价泡沫和财务风险。最后，这种行为还损害C公司的声誉和信誉，影响其长期发展。

**四、正确做法与会计处理**

正确的做法应当是C公司严格遵守会计法规的规定，真实、准确地记录其经济业务和财务状况。在与客户进行交易时，C公司应当遵循市场规律和商业道德，不得虚构或隐瞒交易信息。

在会计处理上，C公司应当遵循会计准则的要求，对各项经济业务进行恰当的分类和计量。对于与客户勾结进行的虚假交易，C公司应当进行更正处理，并调整相关财务报表。具体而言，C公司应当将虚增的销售收入和利润予以冲销，并调整相应的应收账款和存货等资产项目。

此外，C公司还应当加强内部控制和风险管理，建立健全的财务管理制度，确保公司财务报表的真实性和准确性。同时，公司也应当加强员工培训和教育，提高员工的法律意识和职业道德水平，防止类似问题的再次发生。

## 案例分析3：频繁更换前十大客户名单且无正当理由

### 一、背景

近年来，有些企业为了掩盖其真实的经营状况或财务问题，会采取频繁更换前十大客户名单的手段。下面以一家名为E公司的制造企业为例，来详细分析这种行为。

E公司是一家中等规模的制造企业，主营产品为电子元器件。近年来，其前十大客户名单频繁更换，引起了市场的广泛关注和监管机构的注意。经过调查，发现E公司并没有合理的商业逻辑或市场变化来解释这种频繁的客户更换。

### 二、案例具体情况

在E公司近三年的财务报告中，前十大客户名单几乎每年都有较大的变动。例如，在第一年，某大型电子产品制造商（F公司）贡献的销售额占据了E公司总销售额的10%，位列前十大客户之首。然而，到了第二年，F公司突然从名单中消失，取而代之的是一家规模较小的分销商（G公司）。到了第三年，G公司也被替换为另一家不知名的企业（H公司）。

从财务数据上看，E公司与这些频繁更换的客户之间的交易的金额都相对较大，且占公司总销售额的比例较高。然而，这些客户在市场上的知名度、业务规模以及与E公司的业务匹配度等都存在较大的差异，这种不合理的变动显然难以用正常的商业逻辑来解释。

### 三、法律法规与影响

根据《中华人民共和国会计法》和相关会计准则，企业应当真实、准确地记录其经济业务和财务状况，确保财务信息的真实性和可靠性。E公司频繁更换前十大客户且无正当理由的行为，显然违反了这一原则。

这种错误行为对E公司及其股东、债权人、投资者等利益相关方均产生了负面影响。首先，它误导了市场对公司真实经营状况的判断，可能导致投资者做出错误的投资决策。其次，频繁更换客户可能导致公司供应链的不稳定，影响正常的生产经营活动。最后，这种行为还可能损害公司的声誉和信誉，影响其长期发展。

### 四、正确做法与会计处理

正确的做法应当是E公司遵循会计法规的规定，真实、准确地记录其经济业务和财务状况。在与客户进行交易时，应当基于真实的商业逻辑和市场情况来选择合作伙伴，确保交易的合理性和可持续性。

在会计处理上，E公司应当按照会计准则的要求，对各项经济业务进行恰当的分类和计量。对于前十大客户的变动，应当基于真实的交易数据和商业逻辑进行披露，不得虚构或隐瞒信息。如果发现存在虚假交易或误导性陈述的情况，应当及时更正并调整相关财务报表。

此外，E公司还应当加强内部控制和风险管理，建立健全的财务管理制度，确保财务信息的真实性和准确性。同时，公司也应当加强员工培训和教育，提高员工的法律意识和职业道德水平，防止类似问题的再次发生。

## 案例分析4：虚构供应商

### 一、背景

近年来，随着市场竞争的加剧，一些企业为了美化其财务报表或掩盖某些不当行为，会采取虚构供应商的手段。这种行为不仅扰乱了市场秩序，也损害了投资者的利益。下面将通过一个具体的案例来展示企业如何虚构供应商，并分析其影响。

上市公司F公司，为了掩盖其采购成本的异常增长和供应链的不稳定，虚构了多个供应商，使其进入了前十大供应商名单。对于这些虚构的供应商，在公开渠道中无法查询到真实的经营信息，且它们与F公司的业务关联度极低。

具体来说，F公司在其最新公布的财务报告中，将一家名为S公司的供应商列为第三大供应商。然而，经调查发现，S公司无工商注册信息，且其在市场上的知名度极低，与F公司的主营业务也并无直接关联。

**二、案例具体情况**

根据F公司的财务报告，S公司在报告期内为F公司提供了价值数千万元的原材料和零部件，占F公司总采购额的10%以上。然而，这一数据显然与实际不符。首先，S公司作为一个虚构的供应商，不可能有真实的供货能力；其次，即使S公司存在，其与F公司的业务关联度如此之低，也不太可能贡献如此大的采购金额。

这种明显的异常引起了监管机构的关注。经过深入调查，监管机构发现F公司为了美化其财务报表，虚构了S公司等多个供应商的信息，并伪造了相关的采购合同和发票等文件。这些虚构的供应商信息被用于掩盖F公司采购成本的异常增长和供应链的不稳定等问题。

**三、法律法规**

根据《会计法》和相关会计准则的规定，企业应当真实、准确地记录其经济业务和财务状况，确保财务信息的真实性和可靠性。虚构供应商信息并伪造相关文件的行为严重违反了这一原则。

**四、影响**

F公司虚构供应商的行为对市场和投资者产生了负面影响。首先，这种行为误导了市场对公司真实经营状况的判断，导致投资者做出错误的投资决策。其次，虚构供应商导致公司供应链的不稳定，进而影响其正常的生产经营活动。最后，这种行为还损害公司的声誉和信誉，影响其长期发展。

**五、正确做法与会计处理**

正确的做法应当是F公司遵循会计法规的规定，真实、准确地记录其经济业务和财务状况。在选择供应商时，应当基于真实的商业逻辑和市场情况来选择合作伙伴，确保交易的合理性和可持续性。

在会计处理上，F公司应当按照会计准则的要求，对各项经济业务进行恰当的分类和计量。对于供应商信息的披露，应当基于真实的交易数据和商业逻辑进行披露，不得虚构或隐瞒信息。如果发现存在虚构供应商的情况，应当及时更正并调整相关财务报表。

此外，F公司还应当加强内部控制和风险管理，建立健全的财务管理制度，确保财务信息的真实性和准确性。同时，公司也应当加强员工培训和教育，提高员工的法律意识和职业道德水平，防止类似问题的再次发生。

## 案例分析5：与供应商勾结进行不正当利益输送

**一、背景**

在复杂的商业环境中，一些企业为了维护其市场地位或追求更高的利润，会与供应商勾结进行不正当利益输送。这种行为不仅损害了市场的公平竞争，也威胁了企业的长期健康发展。下面将通过一个具体的案例来详细分析这一现象。

上市公司G公司，为了保持其在行业中的领先地位，与一家名为P公司的供应商勾结，通过不正当利益输送，使P公司成了G公司的前十大供应商之一。P公司虽然名义上是G公司的供应商，但实际上为G公司提供了一系列的非法利益，如提供资金回扣、开具虚假发票等。

### 二、案例具体情况

根据G公司的财务报告，P公司在过去一年内向G公司提供了价值数亿元人民币的原材料和零部件，占G公司总采购额的15%。然而，这一数据背后隐藏着不正当的利益输送。

首先，G公司与P公司签订了合同价高于市场价格的采购合同，导致G公司的采购成本大幅增加。但与此同时，P公司通过向G公司的管理层或关键岗位人员提供资金回扣等非法利益，使这些人员默许或纵容了这种不合理的交易。

其次，P公司还通过开具虚假发票等手段，帮助G公司虚增了部分成本，从而降低了G公司的应纳税所得额。这种行为不仅损害了国家的税收利益，也影响了G公司财务报表的真实性和准确性。

### 三、法律法规

根据《反不正当竞争法》和《会计法》等相关法律法规的规定，企业应当遵守公平竞争的原则，不得与供应商勾结进行不正当利益输送。同时，企业应当真实、准确地记录其经济业务和财务状况，确保财务信息的真实性和可靠性。

### 四、影响

G公司与P公司勾结进行不正当利益输送的行为，对市场和投资者产生了负面影响。首先，这种行为破坏了市场的公平竞争环境，导致其他供应商无法获得公平的竞争机会。其次，这种不正当的利益输送导致G公司的成本虚增、利润下降，进而影响其股价和市值。最后，这种行为还损害了G公司的声誉和信誉，降低了其长期竞争力。

### 五、正确做法与会计处理

正确的做法应当是G公司遵守相关法律法规的规定，与供应商进行公平、透明的交易。在选择供应商时，应当基于产品质量、价格、交货期等因素进行综合考虑，确保交易的合理性和可持续性。

在会计处理上，G公司应当按照会计准则的要求，对各项经济业务进行恰当的分类和计量。对于与供应商的交易，应当确保相关数据的真实性和准确性，不得虚构或隐瞒信息。同时，公司应当加强内部控制和风险管理，建立健全的财务管理制度，防止类似问题的再次发生。

## 案例分析6：频繁无理由更换主要供应商

### 一、背景

在商业实践中，企业通常会基于产品质量、价格、交货期等多种因素来选择合适的供应商。然而，一些企业出于不正当的动机，如掩盖真实的财务状况、追求不正当利益等，频繁无理由地更换主要供应商。下面将通过一个具体的案例来详细分析这一现象。

上市公司H公司，近年来频繁更换其主要供应商。这些更换行为并未基于合理的商业逻辑或市场变化，而是出于公司管理层的不正当动机。H公司原本与几家长期合作的供应商建立了稳定的合作关系，但近年来将这些供应商替换为新的、规模较小的或知名度较低的供应商。

### 二、案例具体情况

根据H公司的财务报告，可以发现其近年来主要供应商的变动情况。例如，在过去三年中，H公司的前五大供应商名单几乎每年都有较大的变动。第一年，某知名供应商A公司的采购额占据了H公司总采购额的20%，但到了第二年，A公司被一家新成立的B公司取代，而B公司的采购额仅占H公司总采购额的5%。到了第三年，B公司又被另一家不知名的C公司取代。

这种频繁的供应商更换在财务数据上表现为采购成本的波动。由于新供应商的采购价格可能高于或低于原供应商，因此H公司的采购成本在不同年份之间出现较大的波动。此外，频繁更换供应商还增加公司的运营成本和风险，如需要重新谈判合同条款、建立新的物流渠道等。

**三、法律法规**

根据《公司法》和《会计法》等相关法律法规的规定，公司应当遵守诚实信用原则，不得通过虚构或隐瞒交易、滥用职权等手段损害公司、股东和债权人的利益。频繁无理由更换主要供应商可能涉及虚构交易、滥用职权等违法行为，违反了以上规定。

**四、影响**

H 公司频繁无理由更换主要供应商的行为产生了多方面的负面影响。首先，这种行为掩盖了公司真实的财务状况和经营成果，误导了投资者和监管机构。其次，频繁更换供应商导致供应链的不稳定，增加了公司的运营成本和风险。最后，这种行为损害了公司的声誉和信誉，降低了其市场竞争力。

**五、正确做法与会计处理**

正确的做法是 H 公司应基于合理的商业逻辑和市场变化来选择供应商，并与其建立长期稳定的合作关系。在选择供应商时，应当综合考虑产品质量、价格、交货期等因素，并遵循诚实信用原则。

在会计处理上，H 公司应当按照会计准则的要求，真实、准确地记录与供应商的交易情况。对于供应商的变动，应当基于真实的商业逻辑和市场情况进行披露，不得虚构或隐瞒信息。如果发现存在虚构交易或滥用职权的情况，应当及时更正并调整相关财务报表。同时，公司应当加强内部控制和风险管理，确保财务信息的真实性和准确性。

## 专题九十五：客户与供应商重合是否合理

### 业务简介

**一、概念**

企业客户与供应商重合，指的是企业在日常经营中，其某些客户同时也扮演着供应商的角色，或者某些供应商同时也是企业的客户。这种情形在供应链管理和客户关系管理中较为常见，尤其是在产业链上下游关系紧密、产品互补性强或存在多元化战略的企业中更为普遍。

**二、基本规定**

在大多数情况下，企业客户与供应商重合并不违反法律法规，但企业应遵循透明、公平、公正的原则进行交易，确保不存在利益输送、价格歧视、内幕交易等不正当竞争行为。此外，企业还需确保内部审批和监控流程完善，防止利益冲突和违规操作。

**三、经常出现的违规问题**

尽管企业客户与供应商重合不一定违规，但在实际操作中，容易出现以下问题。

利益输送：企业可能通过不合理的价格或条件，将利润从一方转移到另一方，损害股东或其他利益相关者的权益。

内幕交易：企业人员可能利用职务之便，获取非公开信息，在与客户或供应商的交易中谋取不正当利益。

价格歧视：对于同样的产品或服务，企业可能给予不同客户或供应商不同的价格或条件，破坏市场公平竞争环境。

合规风险：在某些行业或地区，企业客户与供应商重合可能涉及特定的合规要求，如反腐败合规要求、反洗钱合规要求等。

**四、违规表现**

在客户与供应商重合的情形中，违规表现主要有以下几种。

1. 利益输送

行为描述：公司通过向特定的客户或供应商过度供应或购买，以创造利益输送的机会。这通常涉及通过不正当手段为特定客户提供利益，或者为特定的供应商提供不公平的优势。

目的与动机：维护或增进与特定客户或供应商的关系，或者是获取某种不正当的利益。

后果：这种行为会导致公司资源的浪费，损害公司的长期利益，同时违反法律法规，给公司带来法律风险。

2. 虚构交易

行为描述：公司通过夸大向特定客户的销售额或向特定供应商的采购额，以操纵财务数据和误导投资者。

目的与动机：这种行为通常是为了掩盖公司真实的财务状况，以吸引投资或提高公司的市场估值。

后果：虚构交易会导致投资者的误判，进而引发投资损失。同时，这种行为也违反了财务报告的准确性和公正性原则，公司面临监管机构的处罚。

3. 内幕交易

行为描述：当关键管理人员、董事、大股东或关联方与客户或供应商重叠时，利用内部信息进行不正当的交易活动。

目的与动机：获取非法的投资收益，或者操纵市场价格。

后果：内幕交易严重损害了市场的公平性和透明度，导致其他投资者的损失。同时，这种行为也是违法的，公司将面临严重的法律后果。

4. 不合理牟利

行为描述：供应商采用不合理手段牟取利益。

目的与动机：获取更多的经济利益。

后果：这种行为不仅损害了其他合作伙伴的利益，也导致公司声誉受损和法律风险增加。

5. 泄露客户信息

行为描述：协作供应商未经允许发布、泄露客户信息。

目的与动机：这种行为可能是出于恶意或疏忽，但无论哪种情况都严重侵犯了客户的隐私权。

后果：泄露客户信息不仅会导致客户信任的丧失，还会引发法律纠纷和巨额赔偿。

综上所述，客户与供应商重合的违规表现多种多样，其目的和动机也各不相同。然而，这些行为的后果都是严重的，不仅损害公司的经济利益和声誉，还引发法律风险和信任危机。因此，公司应建立健全的内部控制和合规机制，以防范和打击这些违规行为。

## 法律法规

企业客户与供应商重合的情形是否合理，需要从多个方面进行考量，包括但不限于商业合理性、交易定价的公允性，以及是否符合相关的法律法规和监管要求。以下是对这一问题的详细解释。

**一、商业合理性和交易定价的公允性**

商业合理性：客户与供应商重合的合理性主要取决于其背后的商业模式和商业逻辑。例如，在某些行业中，由于供应链的特殊性质或产品特性，客户与供应商的重合可能是合理的。例如，铜材加工企业可能同时向供应商采购铜材，并向其销售铜废料，因为铜的可回收性较强，这种交易具有商业合理性和符合行业惯例。

交易定价的公允性：在客户与供应商重合的交易中，交易定价的公允性至关重要。企业需要确保与供应商和客户之间的交易定价是公平、合理的，并且遵循市场规律。定价应基于市场价格、产品质量、交易数量等因素，避免价格操纵或利益输送。

**二、相关法律法规、政策文件和监管要求**

《企业会计准则》：企业在进行会计处理时，需要遵循《企业会计准则》的相关规定。例如，如果客户与供应商重合的交易属于委托加工业务，那么会计处理应符合《企业会计准则》中关于委托加工业务的规定。

证券法及监管要求：对上市公司或拟上市公司而言，客户与供应商重合的情况可能会受到证券监管机构的特别关注。监管机构可能会要求上市公司详细披露客户与供应商重合的具体情况、交易内容、定价依据等，并评估这种重合是否对上市公司的独立性、持续经营能力、财务状况等产生不利影响。

反不正当竞争法及反垄断法：客户与供应商重合的交易也可能涉及反不正当竞争和反垄断的问题。如果企业通过客户与供应商的重合来实施不公平的竞争行为或达成垄断协议，则可能会违反反不正当竞争法和反垄断法的相关规定。

**三、总结**

判断企业客户与供应商重合的情形是否合理，需要综合考虑商业合理性、交易定价的公允性以及是否符合相关的法律法规和监管要求。企业需要确保与客户和供应商之间的交易是公平、合理的，并且遵循市场规律和符合相关法律法规的规定。同时，企业还需要注意披露客户与供应商重合的具体情况，并接受监管机构的审查和评估。

## 合规程序与方法

在企业运营过程中，客户与供应商的重合情形可能引发一系列合规性和道德风险。因此，建立一套完善的合规程序与方法，用于检查和处理这种重合情形，显得尤为重要。下文将详细阐述相关的合规程序、方法、步骤以及可能的影响因素，以确保企业在此方面的操作既准确又完整，并符合相关法规和标准。

**一、合规程序概述**

1. 制定政策与标准

企业需要制定明确的政策与标准，规定客户与供应商重合情形的处理原则、范围和程序。这些政策与标准应基于相关法律法规、行业标准以及企业自身的规定。

2. 设立合规部门

企业应设立专门的合规部门或指定专人负责合规工作，负责监督客户与供应商重合情形的检查与处理。合规部门应具备专业的知识和技能，能够识别和处理潜在的合规风险。

3. 建立信息系统

企业应建立客户信息、供应商信息和交易信息的数据库，以便进行客户与供应商重合情形的查询和分析。同时，应确保信息系统的安全性和保密性，防止信息泄露和滥用。

4. 定期检查与评估

企业应定期对客户与供应商重合情形进行检查与评估，监控合规政策的执行情况。对于发现的问题，应及时进行处理和整改。

5. 报告与沟通

合规部门应定期向企业管理层报告客户与供应商重合情形的检查结果和合规风险，以便管理层做出决策。同时，应加强与各部门的沟通与合作，共同推动合规工作的落实。

**二、合规方法详解**

1. 识别客户与供应商重合情形

（1）定义重合情形：明确客户与供应商重合情形的定义和范围，例如同一实体同时作为客户和供应商、关联方之间的交易等。

（2）信息比对：通过信息系统对客户信息、供应商信息和交易信息进行比对，识别出可能存在的重合情形。

（3）人工审核：对于信息系统无法识别的重合情形，应进行人工审核，以确保准确性。

2. 评估合规风险

（1）分析重合原因：对识别出的重合情形进行深入分析，了解重合原因，以便评估合规风险。

（2）评估风险等级：根据重合情形的性质、规模和影响程度，评估合规风险等级，为制定处理措施提供依据。

（3）制定风险应对策略：针对不同等级的合规风险，制定相应的风险应对策略，包括加强内部控制、完善政策制度、加强培训等。

3. 处理与整改

（1）通知相关方：对于发现的客户与供应商重合情形，应及时通知相关方，要求其说明情况并提供证明材料。

（2）审核证明材料：对相关方提供的证明材料进行审核，确保其真实性和有效性。

（3）制定整改措施：对于存在合规风险的客户与供应商重合情形，应制定具体的整改措施，并要求相关方在规定时间内完成整改。

（4）监督整改情况：对整改情况进行跟踪和监督，确保整改措施得到有效执行。

（5）记录与报告：将与客户与供应商重合情形相关的检查、评估、处理和整改情况记录在案，并定期向企业管理层报告。

**三、合规步骤与流程**

准备工作：明确检查目的、范围和时间，收集相关法规和标准，制定检查计划和流程。

信息收集与整理：通过信息系统和人工审核的方式，收集客户、供应商和交易信息，并进行整理和分析。

识别重合情形：根据定义和比对方法，识别出可能存在的客户与供应商重合情形。

评估合规风险：对识别出的重合情形进行合规风险评估，确定风险等级和应对策略。

处理与整改：针对存在合规风险的客户与供应商重合情形，制定整改措施并监督实施情况。

报告与沟通：将检查结果和合规风险报告给企业管理层，并加强与各部门的沟通与合作。

持续改进：根据检查结果和合规风险的变化情况，不断完善合规政策和制度，提高合规管理水平。

**四、可能的影响因素**

法规变化：随着法规的不断更新和变化，企业应及时了解并适应新的法规要求，以确保工作的合规性。

行业发展：监管机构对不同行业的客户与供应商重合情形的态度和监管要求可能存在差异，企业应根据所处行业特点制定相应的合规策略。

企业内部因素：企业自身的规模、结构、文化等因素也可能影响客户与供应商重合情形的合规管理。例如，大型企业可能面临更多的合规挑战和更严格的监管要求；而一些特定行业或地区的企业可能受到特定的文化和道德准则的约束。

外部监督：监管机构、审计机构等外部监督力量也可能对企业的合规工作产生影响。企业应加强与这些机构的沟通与合作，共同推动合规工作的落实。

**五、结论**

检查企业客户与供应商重合情形的合规程序与方法是企业合规管理的重要组成部分。通过制定明确的政策与标准、设立合规部门、建立信息系统、定期检查与评估以及报告与沟通等措施，企业可以有效识别和处理客户与供应商重合情形中的合规风险。同时，企业还需要关注法规变化、行业发展、企业内部因素和外部监督等因素的影响，不断完善合规政策和制度，提高合规管理水平。只有这样，企业才能在竞争激烈的市场环境中稳健发展并赢得客户的信任和支持。

## 案例分析 1：利益输送

### 一、背景

大型制造企业 A，为了巩固其市场份额，决定通过利益输送的方式，将其部分产品销售给其关联企业 B，同时从 B 处采购原材料。这种操作使得 A 公司的客户与供应商在一定程度上重合，形成了所谓的“闭环交易”。

### 二、案例具体情况

A 公司年度报告显示，其向 B 公司销售产品的金额为 1 亿元人民币，同时从 B 公司采购的原材料价值 8 000 万元人民币。然而，这些交易的价格明显高于或低于市场价格，存在显著的利益输送现象。例如，A 公司销售给 B 公司的产品的价格比市场价格高 20%，而从 B 公司采购的原材料的价格则比市场价格低 15%。

### 三、分析

1. 法律法规

《公司法》和《证券法》等法律法规明确规定，上市公司的交易必须遵循公平、公正、公开的原则，防止利益输送和损害投资者利益。

《企业会计准则》也要求企业在进行交易时，应当准确、完整地披露相关信息，确保会计信息的真实性和可靠性。

2. 影响

损害股东利益：利益输送损害了非关联方股东的利益。

扰乱市场秩序：这种不公平的交易会破坏市场竞争的公平性，影响整个行业的健康发展。

增加财务风险：由于交易价格不透明，企业面临更高的财务风险，如坏账、存货积压等风险。

3. 正确做法

遵循市场规律：企业在进行交易时，应遵循市场规律，以公平的价格进行交易。

加强信息披露：企业应充分披露交易相关信息，包括交易价格、交易条件、交易对方等，确保信息的透明度和公正性。

建立独立审计制度：通过独立的审计机构对交易进行审计，确保交易的合规性和合法性。

4. 正确的会计处理

对于交易，企业应按照会计准则的规定进行会计处理。对于交易价格高于或低于市场价格的交易，应将价格调整至公允价格，并在财务报表中予以披露。

同时，企业还应设立专门的会计科目，用于记录交易的金额、价格等信息，以便于后续的审计和核查。

### 四、结论

企业的利益输送行为是不合理的，它违反了法律法规的规定，损害了股东利益，扰乱了市场秩序，并增加了企业的财务风险。为了避免这种情况的发生，企业应遵循市场规律进行交易，加强信息披露和独立审计制度的建设，确保交易的合规性和合法性。同时，在会计处理上，企业应按照会计准则的规定进行处理，确保会计信息的真实性和可靠性。

## 案例分析 2：虚构交易

### 一、背景

上市公司 C，为了美化其财务报告并维持股价稳定，通过虚构交易的方式，将部分销售收入记录为来自其关联企业D的采购，同时虚构从D处采购原材料的支出。这种操作使得C公司的客户和供应商在财务报告中呈现出高度重合的现象，但实际上这些交易并不真实存在。

**二、案例具体情况**

根据C公司发布的财务报告，C公司从D公司获得了高达2亿元人民币的销售收入，同时向D公司支付了1.5亿元人民币的原材料采购款。然而，经过调查，这些交易中存在以下问题。

C公司向D公司销售的产品并未实际交付，或者交付的产品数量与记录不符。

C公司从D公司采购的原材料并未收到，或者收到的原材料数量、质量与记录不符。

这些交易的价格与市场价格存在显著差异，没有合理的商业解释。

**三、分析**

1. 法律法规

《公司法》和《证券法》等法律法规明确规定，上市公司必须真实、准确、完整地披露其财务状况和经营成果，不得虚构交易或误导投资者。

《企业会计准则》要求企业按照实际发生的交易和事项进行会计处理，确保财务报告的真实性。

2. 影响

误导投资者：虚构交易会误导投资者的决策，损害其合法权益。

损害企业信誉：企业的不诚信行为会损害其声誉和形象，影响长期发展。

增加法律风险：虚构交易触犯法律法规，导致企业面临法律责任。

3. 正确做法

加强内部控制：企业应建立健全内部控制体系，确保财务报告的准确性和可靠性。

强化审计监督：通过独立的审计机构对企业的财务报告进行审计，确保财务报告的真实性和合规性。

提高信息披露质量：企业应按照法律法规和会计准则的要求，真实、准确、完整地披露自己的财务状况和经营成果。

4. 正确的会计处理

对于虚构的交易，企业应在财务报告中予以更正，并追溯调整相关会计期间的数据。

对于实际发生的但价格不合理的交易，企业应按照公允价格进行调整，并在财务报表附注中予以说明。

企业应设立专门的会计科目和账户，用于记录交易的金额、价格等信息，以便于后续的审计和核查。

**四、结论**

企业虚构交易的行为是不合理的，它违反了法律法规和会计准则的规定，误导了投资者，损害了企业的信誉和形象，并使企业面临法律风险。为了避免这种情况的发生，企业应加强内部控制和审计监督，提高信息披露质量，确保财务报告的真实性和合规性。同时，在会计处理上，企业应按照会计准则的规定进行处理，确保会计信息的真实性和可靠性。

## 案例分析3：内幕交易

**一、背景**

上市公司E，为了提升业绩和股价，通过内幕交易的方式，与其关联方F公司（既是客户又是供应商）进行不正当的交易安排。E公司的高管层在掌握未公开的重要信息后，利用这些信息进行内部交易，从而操控股价和业绩数据。

**二、案例具体情况**

E公司在某个季度末，面临业绩压力，于是与F公司进行了以下内幕交易。

E 公司向 F 公司销售了一批价值 1 亿元人民币的产品，价格远高于市场价格，为正常市场价格的 1.5 倍。

同时，E 公司从 F 公司采购了价值 8 000 万元人民币的原材料，价格远低于市场价格，仅为正常市场价格的 70%。

这些交易增加了 E 公司的销售收入和净利润，但并未反映真实的经营情况。

**三、分析**

1. 法律法规

《证券法》规定，禁止任何单位和个人利用内幕信息进行证券交易活动，损害投资者利益。

《公司法》和《上市公司治理准则》等法律法规也要求上市公司必须遵循公平、公正、公开的原则，确保信息披露的真实、准确、完整。

2. 影响

损害投资者利益：内幕交易使得投资者无法获得真实的市场信息，导致投资决策失误，损害其合法权益。

破坏市场秩序：内幕交易破坏了市场竞争的公平性，影响市场的健康发展。

损害企业声誉：企业的不诚信行为会损害其声誉和形象，影响长期发展。

3. 正确做法

加强信息披露：企业应真实、准确、完整地披露其财务状况和经营成果，确保投资者能够获得真实的市场信息。

加强内部控制：建立健全内部控制体系，防止内幕信息的泄露和滥用。

加强监管和处罚：监管机构应加大对内幕交易的监管和处罚力度，确保市场的公平、公正、公开。

4. 正确的会计处理

对于内幕交易，企业应在财务报告中予以特别说明，并追溯调整相关会计期间的数据。

如果内幕交易导致企业收入或费用的确认存在错误，企业应按照会计准则的规定进行调整，确保会计信息的真实性和可靠性。

企业应设立专门的会计科目和账户，用于记录交易的金额、时间、交易对方等信息，以便于后续的审计和核查。

**四、结论**

企业进行内幕交易的行为是不合理的，它违反了法律法规和会计准则的规定，损害了投资者的利益，破坏了市场的公平性和公正性，并给企业带来了严重的法律风险和声誉损失。为了避免这种情况的发生，企业应加强信息披露和内部控制，确保财务报告的真实性和合规性。同时，监管机构也应加大对内幕交易的监管和处罚力度，维护市场的公平、公正、公开。

## 案例分析 4：不合理牟利

**一、背景**

电子产品制造商 G 公司，为了迅速增加企业利润，与其关联的供应商 H 公司和客户 I 公司进行了非正常的交易安排。这些安排导致 G 公司的客户与供应商在某种程度上重合，且存在不正当的财务流动。

**二、案例具体情况**

G 公司的财务报表显示，其从关联客户 I 公司处获得了 2 亿元人民币的电子产品销售收入，同时向关联供应商 H 公司支付了 1.8 亿元人民币的原材料采购款。然而，深入分析后发现以下不合理之处。

G 公司向 I 公司销售的电子产品存在质量问题，但 I 公司仍然以高于市场价的价格购买，且

G公司未针对质量问题进行任何赔偿或提供折扣。

G公司从H公司采购的原材料，其实际价值远低于付款金额，H公司提供的原材料质量不达标，但G公司仍全额付款。

**三、分析**

1. 法律法规

《公司法》和《反不正当竞争法》等法规规定，企业应遵循公平、公正、诚信的原则进行经营，禁止利用关联方关系进行不正当牟利。

《企业会计准则》要求企业按照实际发生的交易和事项进行会计处理，确保财务报告的真实性和准确性。

2. 影响

损害股东和投资者利益：G公司虚增了企业的收入和利润，误导了股东和投资者的决策。

破坏市场秩序：G公司的行为扰乱了市场竞争秩序，对同行业其他企业造成不公平竞争。

增加法律风险：G公司的行为触犯法律法规，其将面临行政处罚甚至刑事处罚。

3. 正确做法

遵循市场规则：企业应按照市场规则进行交易，确保交易的公平性和公正性。

加强内部控制：建立健全内部控制体系，防止企业内部人员利用关联方关系进行不正当牟利。

加强审计监督：通过独立的审计机构对企业的财务报告进行审计，确保财务报告的真实性和准确性。

4. 正确的会计处理

对于存在质量问题或价格不合理的交易，企业应在财务报告中予以调整，按照实际发生的交易金额进行会计处理。

对于因质量问题导致的损失，企业应在财务报表中予以反映，并计提相应的损失准备。

对于关联方交易，企业应按照会计准则的要求进行披露，确保信息的透明度和公正性。

**四、结论**

企业不合理牟利的行为是不合理的，它违反了法律法规的规定，损害了股东和投资者的利益，破坏了市场秩序，并给企业带来了严重的法律风险和声誉损失。为了避免这种情况的发生，企业应遵循市场规则，加强内部控制和审计监督，确保财务报告的真实性和准确性。同时，监管机构也应加大对企业的监管和处罚力度，维护市场的公平、公正和透明。

## 案例分析5：泄露客户信息

**一、背景**

电商公司J，为了提升销售额和市场份额，擅自将其客户的信息泄露给旗下的关联供应商K公司，从而增加K公司的销售额和J公司的收入。然而，这种做法不仅违反了保护客户隐私的原则，也严重损害了客户的利益。

**二、案例具体情况**

J公司在过去一年中，泄露了10万名客户的个人信息，包括姓名、地址、联系方式和购物记录等。这些信息被直接提供给了K公司，用于K公司向这些客户推销产品。J公司通过这种方式，使得K公司的销售额增长了30%，达到1亿元人民币。同时，J公司也通过收取K公司的推广费用，实现了约500万元人民币的额外收入。

**三、分析**

1. 法律法规

《中华人民共和国个人信息保护法》明确规定，任何组织、个人不得非法收集、使用、加工、传输他人个人信息，不得非法买卖、提供或者公开他人个人信息。

《消费者权益保护法》规定，经营者收集、使用消费者个人信息，应当遵循合法、正当、必要的原则，明示收集、使用信息的目的、方式和范围，并经消费者同意。

2. 影响

损害客户利益：客户的个人信息被泄露，其隐私被侵犯，甚至面临被诈骗等风险。

破坏企业声誉：企业的不诚信行为会严重损害其声誉和形象，影响客户对企业的信任度和忠诚度。

增加法律风险：企业因违反相关法律法规而面临罚款、停业整顿等行政处罚，甚至可能承担刑事责任。

3. 正确做法

加强客户信息保护：企业应建立完善的客户信息保护制度，确保客户信息的安全。

合法合规经营：企业应遵守相关法律法规，不得非法收集、使用、泄露客户信息。

增强客户信任度：通过提供优质的产品和服务，增强客户对企业的信任度和忠诚度。

4. 正确的会计处理

虽然泄露客户信息不涉及直接的财务交易，但企业因泄露客户信息而获得的收入（如推广费用）应在财务报表中予以反映。

如果企业因泄露客户信息而面临法律诉讼或罚款，则相关费用也应在财务报表中予以计提和披露。

企业应建立专门的会计科目，用于记录因泄露客户信息而产生的收入、费用等事项，以便于后续的审计和核查。

**四、结论**

企业泄露客户信息的行为是极其不合理的，它违反了法律法规和伦理道德，严重损害了客户的利益和企业的声誉。为了避免这种情况的发生，企业应加强客户信息保护，合法合规经营，增强客户信任度。同时，监管机构也应加大对企业的监管和处罚力度，维护市场的公平、公正和透明。

## 专题九十六：企业与主要客户和供应商是否存在关联关系

### 业务简介

**一、概念**

企业与主要客户和供应商存在关联关系指的是企业与其主要客户或主要供应商之间存在某种形式的联系，这种联系可能表现为直接的股权关系、亲属关系、合同约束关系或其他形式的利益关系。

**二、基本规定**

在许多国家和地区，为了确保市场竞争的公平性和透明度，相关法律法规要求企业公开披露其与主要客户和供应商之间的关联关系。这些规定通常旨在防止企业通过关联关系进行不正当的市场竞争、利益输送或操纵市场。

**三、经常出现的违规问题**

未披露关联关系：企业故意隐瞒或未充分披露其与主要客户和供应商之间的关联关系，导致投资者和公众无法获得准确的信息。

不公平交易：利用关联关系进行不公平的交易，如给予关联客户优惠的价格或条件，或要求关联供应商提供不合理的价格或条件。

操纵市场：通过关联关系操纵市场价格或交易量，以获取不正当的利益。

**四、违规表现**

在企业与主要客户和供应商存在关联关系的情况下，可能会出现一些违规表现。以下是一些可能的违规表现及其行为描述、目的与动机以及后果。

1. 未按规定披露关联关系

行为描述：公司未按照相关法律法规，在财务报告或相关公告中充分披露与客户或供应商之间的关联关系。

目的与动机：掩盖真实的交易情况，避免引起监管机构的注意或投资者的质疑。

后果：导致信息披露不透明，损害投资者的知情权，引发监管机构的调查和处罚。

2. 利用关联关系进行利益输送

行为描述：公司利用与客户或供应商的关联关系，进行不正当的利益输送，如高价购买关联供应商的产品或服务，或以低价向关联客户销售产品。

目的与动机：可能是为了维护关联方的利益，也可能是为了获取关联方在其他方面的支持或回报。

后果：损害公司和中小股东的利益，扭曲市场竞争，引发法律纠纷和声誉风险。

3. 操纵交易价格

行为描述：公司通过与关联客户或供应商之间的交易，操纵交易价格，以达到虚增或虚减公司利润的目的。

目的与动机：可能是为了粉饰财务报表，误导投资者对公司业绩的判断，也可能是为了完成某些业绩考核指标。

后果：导致公司财务信息失真，损害投资者的利益，引发监管机构的调查和处罚。

4. 进行不必要的关联交易

行为描述：公司与关联客户或供应商之间进行不必要的交易，如频繁买卖、大额采购或销售等，而这些交易并非出于公司正常经营需要。

目的与动机：可能是为了转移资金、虚构业绩或进行其他不正当的操作。

后果：浪费公司资源，损害公司和股东的利益，同时违反相关法律法规。

5. 违反竞业禁止规定

行为描述：公司的关键人员（如董事、高管等）或其关联方在与公司有竞争关系的客户或供应商处担任重要职务，从而损害公司的利益。

目的与动机：可能是为了获取个人利益，也可能是为了削弱公司的竞争力。

后果：损害公司的核心竞争力，导致公司市场份额的下降和业绩的下滑。

综上所述，以上行为不仅损害了公司和中小股东的利益，还可能引发法律风险和声誉危机。因此，公司应加强内部控制和合规管理，确保关联交易的合法性和合规性。

## 法律法规

企业与主要客户和供应商之间是否存在关联关系，往往涉及企业运营的透明度、公平竞争以及反不正当竞争等重要领域，以下是相关法律法规。

**一、相关法律**

1.《公司法》

公司应当遵循公平、公正、公开的原则，进行经营活动。

公司与其关联方之间的交易，必须遵守公司章程和法律法规，不得损害公司和其他股东的利益。

2.《反不正当竞争法》

禁止经营者与交易相对人达成垄断协议，排除、限制竞争。

禁止经营者滥用市场支配地位，以不公平的高价销售商品或者以不公平的低价购买商品。

如果主要客户和供应商之间存在关联关系，且该关系被用于排除或限制竞争，可能构成不正当竞争行为。

3.《证券法》

上市公司应当真实、准确、完整、及时地披露信息，不得有虚假记载、误导性陈述或者重大遗漏。

上市公司对其与关联方之间的重大交易，应当按照规定进行披露。

**二、政策文件和监管要求**

1.《企业会计准则》

准则要求企业在财务报表中充分披露与关联方间的交易和金额。

关联方交易应当按照公允价值进行计量，除非有合理的商业理由采用其他计量方法。

2. 监管机构的指引和通知

监管机构会定期发布针对特定行业或市场的指引和通知，要求企业遵循特定的披露和报告要求。

如果企业与主要客户和供应商之间存在关联关系，且该关系可能对企业的经营产生重大影响，则企业需要按照监管要求进行充分披露。

3. 国际会计准则和惯例（如企业为跨国公司或在境外上市）

国际财务报告准则和美国公认会计原则等要求企业充分披露与关联方间的交易和金额。

如果企业遵守这些国际会计准则，也需要按照相关规定进行披露。

**三、总结**

以上规定旨在保护投资者的权益，维护公平竞争的市场秩序。如果企业与其关联方之间存在重大交易或关联关系，应当按照规定进行充分披露，以确保信息的透明度和公正性。同时，企业也应当遵守反不正当竞争法的规定，不得利用关联关系排除或限制竞争。

## 合规程序与方法

在商业活动中，企业与其主要客户和供应商之间的关系至关重要。这种关系不仅影响着企业的日常运营和财务状况，还可能涉及企业的合规性和风险管理。因此，检查企业与主要客户和供应商之间是否存在关联关系，是企业管理中不可或缺的一环。下文将详细解释检查关联关系的合规程序与方法，以确保企业运营的合规性和稳定性。

**一、关联关系的定义**

在探讨如何检查关联关系之前，我们首先需要明确关联关系的定义。关联关系通常指的是两个或多个实体之间存在的直接或间接的、可能导致利益冲突或影响决策的关系。这些关系可能基于股权、亲属关系、经济依赖、合同约束或其他形式的关联。

**二、合规程序与方法**

（一）合规程序

制定政策和程序：企业应制定明确的政策和程序，规定如何识别、评估和管理与客户和供应商之间的关联关系。这些政策和程序应明确责任分工、检查频率、报告要求等关键要素。

设立专门机构或委员会：企业可以设立专门机构或委员会，负责关联关系的检查和管理工作。该机构或委员会应由具备专业知识和经验的人员组成，以确保检查工作的专业性和准确性。

培训和宣传：企业应定期对员工进行关联关系方面的培训和宣传，提高员工对关联关系的认识和理解。同时，企业还应向员工宣传合规的重要性，鼓励员工积极报告可能存在的关联关系。

（二）检查方法

收集信息：企业应收集客户和供应商的基本信息，包括企业名称、注册资本、经营范围、股权结构、实际控制人等关键信息。这些信息有助于企业初步判断与客户和供应商之间是否存在关联关系。

关联关系识别：通过对比分析收集到的信息，企业可以初步识别出与客户和供应商之间可能存在的关联关系。这些关联关系可能包括股权关联、亲属关系、经济依赖等。

深入调查：对于初步识别出的关联关系，企业应进行深入调查。调查方式可以包括查阅相关文件、询问相关人员、进行实地考察等。通过深入调查，企业可以更准确地判断关联关系的性质和程度。

风险评估：在识别出关联关系后，企业应对这些关系进行风险评估。评估内容包括但不限于关联关系对企业运营的影响、可能存在的利益冲突、合规风险等。通过风险评估，企业可以制定相应的风险管理措施。

记录和报告：企业应记录关联关系检查的过程和结果，并定期向相关部门或委员会报告。报告内容应包括关联关系的性质、程度、风险评估结果以及风险管理措施等关键信息。

**三、具体步骤**

确定检查范围和对象：企业应明确检查的范围和对象，即需要检查的客户和供应商。通常情况下，企业应重点关注那些交易量较大、对企业经营影响较大的客户和供应商。

收集信息并初步分析：企业应收集客户和供应商的基本信息，并进行初步分析。企业可以通过对比股权结构、实际控制人等信息来识别出可能存在的关联关系。

深入调查并核实信息：对于初步识别出的关联关系，企业应进行深入调查并核实相关信息。调查方式可以包括查阅相关文件、询问相关人员、进行实地考察等。

进行风险评估并制定措施：在识别出关联关系后，企业应对这些关系进行风险评估，并制定相应的风险管理措施。风险管理措施可以包括限制交易金额、加强监督管理等。

记录和报告结果：企业应记录关联关系检查的过程和结果，并定期向相关部门或委员会报告。报告内容应包括关联关系的性质、程度、风险评估结果以及风险管理措施等关键信息。

**四、可能的影响因素**

法律法规：不同国家和地区的法律法规对关联关系有不同的规定。企业在进行检查时应遵守相关法律法规的要求，确保合规性。

企业文化和价值观：企业的文化和价值观对关联关系的处理方式有重要影响。一些企业可能更注重合规性和风险管理，而另一些企业可能更注重商业利益。因此，在制定关联关系政策和程序时，企业应充分考虑自身的文化和价值观。

经济环境：经济环境的变化可能会影响企业的运营和财务状况，进而影响关联关系的处理。例如，经济繁荣时期企业可能更倾向于扩大交易规模，而经济衰退时期则可能更注重风险管理。

技术和数据可用性：随着技术的发展和数据可用性的提高，企业可以更加准确地识别和管理关联关系。例如，企业通过大数据分析可以更加深入地了解客户和供应商的背景和关系网络。

**五、结论**

检查企业与主要客户和供应商之间的关联关系是企业管理中不可或缺的一环。通过制定明确的政策和程序、设立专门机构或委员会、收集和分析信息以及进行风险评估等措施，企业可以更加准确地识别和管理关联关系，确保企业运营的合规性和稳定性。同时，企业还应关注法律法规、企业文化和价值观、经济环境以及技术和数据可用性等因素对关联关系处理的影响，并制定相应的应对措施。

## 案例分析 1：未按规定披露关联关系

**一、背景**

X 科技有限公司（以下简称“X 公司”）在行业内崭露头角，以其独特的技术和优质的服务吸引了众多客户。然而，近期有媒体报道指出，X 公司在财务报告中存在未按规定披露关联关系的情况，其主要客户和供应商之间存在实质的关联关系。

根据媒体报道，X 公司的主要客户之一——Y 科技有限公司（以下简称“Y 公司”），其实际控制人与 X 公司的控股股东有亲属关系。同时，X 公司的主要供应商——Z 材料有限公司（以下简称“Z 公司”），其实际控制人也是 X 公司某位高管的直系亲属。这种关联关系在 X 公司的财务报告中并未得到明确披露。

**二、案例具体情况**

根据 X 公司近三年的财务报告，可以发现以下数据。

X 公司向 Y 公司的销售收入占其总收入的 30% 以上，且逐年增长。

X 公司从 Z 公司采购的原材料成本占其总采购成本的 45%，同样呈逐年增长趋势。

在 X 公司的财务报告中，X 公司并未提及其与 Y 公司和 Z 公司的关联关系，也未在“关联方交易”部分进行披露。

**三、分析**

1. 法律法规

《企业会计准则》和《上市公司信息披露管理办法》等明确规定，企业应当如实披露其与关联客户和供应商的交易情况，以及这些交易对企业财务状况和经营成果的影响。

2. 影响及正确做法

X 公司未按规定披露关联关系，导致投资者和监管机构对其财务报告的真实性和准确性产生怀疑，进而影响企业的市场声誉和股价表现。正确的做法应该是：在财务报告中明确披露 X 公司与 Y 公司和 Z 公司的关联关系，以及这些关联关系对 X 公司财务状况和经营成果的具体影响。

3. 正确的会计处理

在会计处理上，X 公司应当对与 Y 公司和 Z 公司的交易进行独立核算，并在财务报表中单独列示这些关联方交易的收入、成本和利润。同时，X 公司还应当对这些关联方交易的定价政策、交易条件等进行详细说明，以便投资者和监管机构了解这些交易是否公平合理。

**四、结论**

X 公司未按规定披露关联关系的行为，不仅违反了相关法律法规的要求，也损害了投资者的合法权益。为了维护市场公平和透明，X 公司应当立即纠正这一错误行为，并加强内部控制和风险管理，确保未来财务报告的真实性和准确性。同时，监管机构也应当加大对企业的监管力度，及时发现和纠正类似问题，保护投资者的合法权益。

## 案例分析 2：利用关联关系进行利益输送

**一、背景**

近年来，A 股份有限公司（以下简称“A 公司”）在行业内表现强劲，其主营业务涵盖高科技产品的研发与销售。然而，近期有媒体曝光 A 公司涉嫌利用关联关系进行利益输送，以谋取不正当利益。

据悉，A 公司的主要客户——B 科技有限公司（以下简称“B 公司”）的实际控制人与 A 公司的实际控制人有亲属关系。同时，A 公司的原材料主要供应商——C 材料有限公司（以下简称“C 公司”）的实际控制人则是 A 公司某位高管的直系亲属。这种隐蔽的关联关系使得 A 公司能够通过非公平交易的方式，将利润转移至关联方。

### 二、案例具体情况

A公司近三年的财务报告显示，B公司一直是其最大的客户，贡献的年销售额占比高达40%，且这一比例逐年上升。

同期，A公司从C公司采购的原材料成本占其总采购成本的55%，这一比例也呈现稳步增长的趋势。

A公司在与B公司和C公司的交易中，采用了不合理定价策略。例如，A公司向B公司销售产品时，定价往往比市场价格高10%~20%；而从C公司采购原材料时，价格则比市场价格低5%~10%。

### 三、分析

1. 法律法规

《公司法》《证券法》《企业会计准则》等均明确规定，企业应当如实披露其与关联客户和供应商的交易情况，以及这些交易对企业财务状况和经营成果的影响。同时，这些交易应当遵循公平、公正、公开的原则，不得损害企业和股东的利益。

2. 影响及正确做法

A公司利用关联关系进行利益输送的行为，严重违反了相关法律法规的规定，不仅损害了公司的声誉和形象，还对投资者的利益造成重大损害。正确的做法应当是：A公司应当如实披露与B公司和C公司的关联关系及交易情况，并遵循公平、公正、公开的原则进行交易。同时，监管机构也应当加大对此类行为的监管和惩罚力度，以维护市场的公平和秩序。

3. 正确的会计处理

在会计处理上，A公司应当对与B公司和C公司的交易进行独立核算，并在财务报表中单独列示这些关联方交易的收入、成本和利润。对于定价策略、交易条件等关键信息，A公司也应当进行详细披露，以便投资者和监管机构了解这些交易的实质内容和影响。

### 四、结论

A公司利用关联关系进行利益输送的行为，严重违反了相关法律法规的规定和市场的公平原则。为了维护市场的公平和秩序，A公司应当立即纠正这一错误行为，并加强内部控制和风险管理。同时，监管机构也应当加大对企业的监管力度，及时发现和纠正类似问题，保护投资者的合法权益。

## 案例分析3：操纵交易价格

### 一、背景

D科技有限公司（以下简称“D公司”）是一家专注于电子产品研发与销售的企业。近期，D公司被曝出涉嫌操纵交易价格。具体来说，D公司通过人为调整与其关联方——E销售公司和F材料供应公司的交易价格，以达到增加利润、粉饰财务报表的目的。

### 二、案例具体情况

根据D公司近三年的财务报告，可以发现以下数据。

D公司与E公司的交易：D公司将电子产品以明显高于市场价格的价格销售给E公司，使得D公司获得高额利润。例如，某型号电子产品的市场价为每台1 000元，但D公司以每台1 500元的价格销售给E公司。

D公司与F公司的交易：D公司从F公司采购原材料时，以明显低于市场价格的价格进行采购，从而降低了D公司的成本。例如，某种原材料的市场价为每吨5 000元，但D公司以每吨4 000元的价格从F公司采购。

通过这两方面的操作，D公司成功地提高了财务报表中的利润水平。

**三、分析**

1. 法律法规

《公司法》《证券法》《企业会计准则》等均明确规定，企业应当遵循公平、公正、公开的原则进行交易，不得通过操纵交易价格等方式损害企业和股东的利益。同时，企业应当如实披露其与关联客户和供应商的交易情况。

2. 影响及正确做法

D公司操纵交易价格的行为，严重违反了相关法律法规。这种行为不仅损害了公司的声誉和形象，还对投资者的利益造成了重大损害。正确的做法应当是：D公司应当遵循公平、公正、公开的原则进行交易，不得人为调整交易价格。同时，D公司应当如实披露其与关联客户和供应商的交易情况，以便投资者和监管机构了解公司的真实经营状况。

3. 正确的会计处理

在会计处理上，D公司应当对与E公司和F公司的交易进行独立核算，并在财务报表中单独列示这些关联方交易的收入、成本和利润。对于定价策略、交易条件等关键信息，D公司也应当进行详细披露，以便投资者和监管机构了解这些交易的实质内容和影响。

**四、结论**

D公司操纵交易价格的行为严重违反了相关法律法规。为了维护市场的公平和秩序，D公司应当立即纠正这一错误行为，并加强内部控制和风险管理。同时，监管机构也应当加大对企业的监管力度，及时发现和纠正类似问题，保护投资者的合法权益。

## 案例分析4：进行不必要的关联交易

**一、背景**

G集团是一家大型综合性企业，旗下拥有多家子公司，业务涵盖多个领域。近期，有媒体报道称G集团涉嫌进行不必要的关联交易，以获取不正当利益。

具体而言，G集团旗下的子公司H科技有限公司（以下简称“H公司”）与另一家子公司I材料有限公司（以下简称“I公司”）之间存在大量的关联交易。H公司作为G集团的核心子公司之一，主要从事电子产品的研发与销售，而I公司则是G集团的材料供应子公司，负责为H公司提供原材料。然而，这两家子公司之间的交易频率和金额远超过正常业务需求，且交易价格也存在异常。

**二、案例具体情况**

根据G集团近两年的财务报告，可以发现以下情况。

H公司与I公司的关联交易金额：在最近两年中，H公司从I公司采购的原材料金额占其总采购成本的60%以上，且这一比例逐年上升。同时，H公司向I公司销售电子产品的金额也呈现类似的增长趋势。

交易价格：H公司从I公司采购原材料的价格明显高于市场价格，而H公司向I公司销售电子产品的价格则明显低于市场价格。这种价格差异远超过正常的市场波动范围。

**三、分析**

1. 法律法规

根据《公司法》《证券法》等法律法规，企业应当遵循公平、公正、公开的原则进行交易，不得通过不必要的关联交易损害企业和股东的利益。同时，企业应当如实披露其与关联客户和供应商的交易情况。

2. 影响及正确做法

G集团进行不必要的关联交易的行为，违反了相关法律法规。这种行为导致以下问题。

损害公司利益：不必要的关联交易导致公司资源浪费，降低经营效率，从而损害公司和股东的利益。

误导投资者：通过不必要的关联交易粉饰财务报表，误导投资者对公司真实经营状况的判断。

正确的做法应当如下。

G集团应当遵循公平、公正、公开的原则进行交易，避免不必要的关联交易。

G集团应当加强内部控制和风险管理，确保交易的真实性和合理性。

G集团应当如实披露其与关联客户和供应商的交易情况，以便投资者和监管机构了解公司的真实经营状况。

3. 正确的会计处理

在会计处理上，G集团应当对H公司和I公司的关联交易进行独立核算，并在财务报表中单独列示这些关联方交易的收入、成本和利润。同时，G集团应当对交易价格、交易条件等关键信息进行详细披露，以便投资者和监管机构了解这些交易的实质内容和影响。

### 四、结论

G集团进行不必要的关联交易的行为违反了相关法律法规的规定。为了维护市场的公平和秩序，G集团应当立即纠正这一错误行为，并加强内部控制和风险管理。同时，监管机构也应当加大对企业的监管力度，及时发现和纠正类似问题，保护投资者和市场的合法权益。

## 案例分析5：违反竞业禁止规定

### 一、背景

J集团是一家主营电子产品研发与销售的大型企业。近年来，J集团为了扩大市场份额，采取了多元化战略，涉足多个与电子产品相关的领域。然而，在这一过程中，J集团涉嫌违反竞业禁止规定，以获取不正当的市场优势。

具体来说，J集团旗下的子公司K科技有限公司（以下简称“K公司”）原本专注于高端智能手机的研发与销售。然而，随着市场竞争的加剧，K公司开始涉足智能手表和智能家居领域。在此过程中，K公司与一家名为L科技有限公司（以下简称“L公司”）的初创企业建立了紧密的合作关系。L公司虽然规模较小，但在智能手表和智能家居领域拥有一定的技术优势和市场份额。然而，令人惊讶的是，L公司的实际控制人竟是K公司前高管的直系亲属，且该高管在离职时与J集团签订了竞业禁止协议。

### 二、案例具体情况

关联交易金额：根据J集团近两年的财务报告，K公司与L公司之间的关联交易金额逐年攀升。在最近一年，K公司从L公司采购的智能手表和智能家居产品金额占其总采购成本的30%，且这一比例有继续上升的趋势。

财务业绩：由于K公司从L公司采购的产品价格较低，且质量稳定，K公司的成本得到有效控制，进而提升了其整体财务业绩。财务报告显示，K公司在过去一年中的净利润同比增长了20%。

### 三、分析

1. 法律法规

根据《公司法》《中华人民共和国劳动合同法》（简称《劳动合同法》）等相关法规，企业在与员工签订劳动合同时，可以约定竞业禁止条款，以防止员工在离职后泄露企业商业秘密或利用所知悉的商业秘密从事与企业相竞争的业务。然而，这一条款的适用必须合理、合法，并且不能损害员工的合法权益。同时，企业也应当遵守公平竞争的原则，不得通过不正当手段获取市场优势。

2. 影响及正确做法

J集团违反竞业禁止规定的行为，严重违反了相关法律法规的规定。这种行为不仅导致公司商业秘密泄露，还损害公司的声誉和形象。同时，这种不正当的竞争手段扰乱了市场秩序，损害了其他竞争者的利益。

正确的做法应当是：J集团应当遵守竞业禁止条款的约定，确保员工在离职后不会泄露公司商业秘密或从事与公司相竞争的业务。同时，J集团也应当遵守公平竞争的原则，通过正当手段获取市场优势。

3. 正确的会计处理

在会计处理上，J集团应当对与L公司的关联交易进行独立核算，并在财务报表中单独列示这些关联方交易的收入、成本和利润。同时，J集团还应当对交易价格、交易条件等关键信息进行详细披露，以便投资者和监管机构了解这些交易的实质内容和影响。

**四、结论**

J集团违反竞业禁止规定的行为严重违反了相关法律法规的规定。为了维护市场的公平和秩序，J集团应当立即纠正这一错误行为，并加强内部控制和风险管理。同时，监管机构也应当加大对企业的监管力度，及时发现和纠正类似问题，保护投资者和市场的合法权益。

## 专题九十七：主要客户、供应商信息披露是否准确

### 业务简介

**一、概念**

企业主要客户、供应商信息披露的准确性，指的是企业在财务报告、公开声明、投资者关系文件等正式披露渠道中，对其主要客户和供应商的相关信息，如名称、交易量、交易金额、交易占比等内容的准确性进行真实、完整、及时的披露。这种信息披露对投资者、债权人、合作伙伴等外部利益相关者了解企业的经营状况、风险状况及市场地位至关重要。

**二、基本规定**

不同国家和地区的法律法规都对企业信息披露提出了明确要求。一般而言，企业应当遵循以下基本原则。

真实性：披露的信息必须真实，不得有虚假记载或误导性陈述。

完整性：应当全面披露所有影响投资者决策的重要信息，不得有重大遗漏。

及时性：应当在法定期限内或合理时间内披露信息，确保信息的时效性。

公平性：应当公平对待所有投资者，不得有选择性披露。

**三、经常出现的违规问题**

在主要客户、供应商信息披露方面，企业常见的违规问题如下。

虚增或夸大交易金额：为了提升业绩或营造繁荣假象，企业可能虚增与主要客户或供应商的交易金额。

隐瞒或遗漏重要信息：对于某些不利的信息，如与主要客户或供应商的交易纠纷、合作终止等，企业可能选择隐瞒或故意遗漏。

选择性披露：只向部分投资者或分析师披露敏感信息，造成信息的不公平传播。

**四、违规表现**

主要客户、供应商信息披露不准确的违规表现主要包括以下几种情况。

1. 营业收入披露不准确

行为描述：某公司通过不恰当的核算方法确认收入，导致半年报和年报中的营业收入数据不

准确。

目的与动机：美化财务报表，吸引投资者。

后果：这种行为会误导投资者对公司真实财务状况的判断，导致投资决策失误；同时，会引发监管机构的关注和处罚。

2. 主要供应商、客户情况披露错误

行为描述：在年报中披露的客户情况、供应商情况等信息存在错误。

目的与动机：掩盖真实交易情况、夸大销售业绩或供应商合作规模等。

后果：这种错误信息会误导投资者和合作伙伴对公司业务规模和合作关系的判断，损害公司的信誉和形象；同时，会导致公司面临法律风险和监管处罚。

3. 应披露而未披露重要信息

行为描述：公司未按照相关规定及时披露与主要客户或供应商的重大合同、交易或纠纷等信息。

目的与动机：维护股价稳定、避免负面影响或其他目的。

后果：这种行为剥夺了投资者的知情权，导致投资者无法做出正确的投资决策。同时，公司将面临严重的法律后果和信誉损失。

4. 虚假陈述或误导性陈述

行为描述：公司夸大与主要客户或供应商的交易规模、合作关系或业绩贡献等。

目的与动机：提升市场信心、吸引投资或推动股价上涨。

后果：这种行为严重损害了市场的公平性和透明度，误导了投资者的判断；导致公司股价暴跌、投资者损失惨重，并引发集体诉讼和监管机构的严厉处罚。

综上所述，主要客户、供应商信息披露不准确的违规表现多种多样，但无论何种形式，其目的和动机通常都是维护公司利益、吸引投资或掩盖真实情况。然而，这些行为都会带来严重的后果，包括误导投资者、损害公司信誉和形象以及法律风险和监管处罚等。因此，上市公司应严格遵守信息披露规定，确保所披露信息的真实性、准确性和完整性。

## 法律法规

判断企业主要客户、供应商信息披露是否准确的相关法规规定如下。

**一、法律法规**

《公司法》：作为公司运营的基本法律，该法要求公司应当真实、准确、完整、及时地披露重要信息，包括但不限于主要客户和供应商的信息。这些信息对投资者和其他利益相关方了解公司的经营情况和风险状况至关重要。

《证券法》：对上市公司而言，该法要求公司必须按照法律、行政法规和国务院证券监督管理机构的规定，真实、准确、完整、及时地披露信息，不得有虚假记载、误导性陈述或者重大遗漏。主要客户和供应商的信息作为公司经营的重要方面，自然也包括在披露范围之内。

**二、政策文件**

信息披露管理规定：此类规定通常强调信息披露的透明度、平等性和连续性。公司应当保持对主要客户和供应商信息披露的透明度，及时、准确地披露相关信息，确保投资者和其他利益相关方能够全面了解公司的真实情况。

上市公司信息披露管理办法：对上市公司而言，该办法详细规定了信息披露的内容、方式和程序。其中，主要客户和供应商的信息应当作为公司经营情况的重要组成部分进行披露，确保信息的真实、准确、完整和及时。

**三、监管要求**

证券监管机构的要求：证券监管机构通常会对上市公司的信息披露进行监管和检查。公司应当遵守监管机构的要求，及时、准确地披露主要客户和供应商的信息，确保信息的合规性和真实性。

交易所的要求：对在交易所上市的公司而言，交易所也会对其信息披露进行监管。公司应当遵守交易所的相关规定，按照要求披露主要客户和供应商的信息，确保信息的准确性和及时性。

**四、归纳**

综上所述，以上规定要求企业应当真实、准确、完整、及时地披露主要客户和供应商的信息，确保信息的透明度、合规性和真实性。同时，企业也应当建立健全的信息披露内部控制制度和风险管理机制，加强对信息披露的管理和监督，确保信息的准确性和可靠性。

## 合规程序与方法

在现代商业环境中，企业与其主要客户和供应商之间的关系至关重要。企业主要客户、供应商信息不仅是企业决策的基础，还直接关系到企业的财务状况和市场竞争力。因此，确保企业主要客户和供应商信息披露的准确性，不仅是企业内部管理的需要，也是遵循相关法律法规、保护投资者权益的必要举措。本部分将详细解释检查企业主要客户、供应商信息披露是否准确的合规程序与方法。

**一、合规程序**

1. 设立专门的合规部门

企业应设立专门的合规部门，负责监督和管理信息披露的合规性。合规部门应具备独立性和专业性，能够对企业的主要客户和供应商信息进行全面、深入的审查。

2. 制定信息披露政策

企业应制定详细的信息披露政策，明确信息披露的内容、频率、方式和标准。政策应涵盖主要客户和供应商的基本信息、交易情况、合作历史等方面，确保信息披露的全面性和准确性。

3. 收集和整理信息

企业应定期收集和整理主要客户和供应商的信息，包括合同、交易记录、财务报表等。这些信息应经过严格审核和筛选，确保其真实性和完整性。

4. 审查信息披露内容

合规部门应对企业披露的主要客户和供应商信息进行审查，确保其符合信息披露政策的要求。审查过程中，应重点关注信息的准确性、完整性和一致性。

5. 风险评估和预警

合规部门应对企业面临的信息披露风险进行评估，并建立预警机制。一旦发现信息披露存在问题或潜在风险，应立即采取措施进行纠正或预防。

6. 报告和沟通

合规部门应定期向企业高层和相关部门报告信息披露的合规情况，及时沟通存在的问题和解决方案。同时，还应与主要客户和供应商保持密切联系，确保信息沟通的顺畅和准确。

**二、方法与步骤**

1. 数据收集与核实

（1）收集主要客户和供应商的基本信息，包括名称、地址、联系方式、业务范围等。

（2）收集交易记录、合同和财务报表等文件，确保数据的真实性和完整性。

（3）对收集到的数据进行核实，包括与主要客户和供应商进行确认、对比历史数据等。

2. 信息披露内容审查

（1）审查信息披露的内容是否全面、准确，是否涵盖了主要客户和供应商的基本信息、交易情况、合作历史等方面。

（2）检查信息披露的格式和方式是否符合相关规定和标准，如是否使用了统一的模板、是否按照规定的频率进行披露等。

（3）对比不同来源的信息，确保信息披露的一致性和准确性。

3. 风险评估与应对

（1）评估信息披露可能面临的风险，如数据泄露、误导性陈述等。

（2）根据评估结果制定应对措施，如加强数据安全保护、完善内部控制流程等。

（3）建立预警机制，及时发现和解决信息披露中存在的问题或潜在风险。

4. 持续改进与培训

（1）定期回顾和评估信息披露的合规情况，总结经验教训并持续改进合规程序和方法。

（2）加强员工培训，提高员工对信息披露合规性的认识和重视程度。培训内容可以包括相关法律法规、信息披露政策、合规操作流程等。

**三、可能的影响因素**

1. 法律法规变化

随着法律法规的不断更新和完善，企业信息披露的合规要求也在不断变化。因此，企业应密切关注相关法律法规的变化，及时调整信息披露政策和合规程序。

2. 市场竞争压力

在激烈的市场竞争中，企业可能面临来自竞争对手的压力和诱惑，导致在信息披露方面出现违规行为。企业应保持独立性和公正性，坚决抵制不正当竞争行为。

3. 内部控制缺陷

企业内部控制缺陷可能导致信息披露的准确性和完整性受到影响。因此，企业应加强内部控制建设，完善内部控制流程和制度，确保信息披露的合规性。

4. 信息技术风险

随着信息技术的广泛应用，企业面临的信息安全风险也日益增加。数据泄露、系统瘫痪等事件可能导致企业信息披露受到严重影响。因此，企业应加强信息技术安全管理，确保信息系统的稳定性和安全性。

**四、结论**

检查企业主要客户、供应商信息披露是否准确是一个复杂而重要的任务。企业应设立专门的合规部门、制定详细的信息披露政策、收集和整理信息、审查信息披露内容、进行风险评估和预警以及报告和沟通。同时，企业还应关注可能的影响因素，如法律法规变化、市场竞争压力、内部控制缺陷和信息技术风险等，并采取相应的措施进行应对和改进。通过不断完善合规程序和方法，企业可以确保信息披露的准确性和合规性，保护投资者权益并提升企业的市场竞争力。

## 案例分析 1：营业收入披露不准确

**一、背景**

近年来，某知名电子设备制造商（以下称“A 公司”）因营业收入披露不准确而引发市场关注。A 公司在其年度财报中披露的营收数据与实际情况存在显著差异，尤其是与主要客户和供应商的交易金额存在误导性信息。这导致投资者和监管机构对 A 公司的财务状况和业务透明度产生怀疑。

**二、案例具体情况**

根据 A 公司最近一年的财报数据，公司披露的年度营业收入为 100 亿元人民币，同比增长 20%。然而，经过审计机构深入调查，发现 A 公司实际营业收入仅为 85 亿元人民币，与披露数据相差 15%。进一步分析发现，A 公司在与几家主要客户的交易中，虚增了销售收入约 8 亿元人民币，同时，在与部分供应商的交易中，存在成本被低估的问题。

**三、法律法规与影响**

根据《公司法》和《证券法》等相关法规，上市公司必须真实、准确、完整地披露其财务状况和经营成果。营业收入数据的准确性是投资者判断公司价值、评估投资风险的重要依据。A公司营业收入披露的不准确，不仅违反了法律法规，还误导了投资者，损害了市场公平和透明。

A公司的错误披露行为，对投资者造成了直接的经济损失。投资者基于不准确的营业收入数据做出投资决策，这可能导致投资失败或损失。此外，这也影响了A公司的市场声誉和信誉，对公司的长期发展不利。

**四、正确做法与会计处理**

为了纠正营业收入披露的不准确问题，A公司应首先进行内部自查，找出问题的根源，并采取相应的措施进行整改。公司应加强对财务人员的培训和教育，提高其对财务报表编制和披露的认识。同时，公司应建立健全的内部控制体系，确保财务报表的准确性和可靠性。

在会计处理上，A公司应对虚增的销售收入和低估的成本进行调整。具体而言，应将虚增的销售收入从营业收入中扣除，同时增加相应的成本。此外，公司还应根据审计机构的要求，对财务报表进行修正和补充披露，确保信息的真实、准确、完整。

**五、结论**

A公司的案例表明，营业收入披露的不准确不仅会对投资者造成经济损失，还会对公司的市场声誉和信誉产生负面影响。因此，上市公司应高度重视财务报表的编制和披露工作，确保信息的真实、准确、完整。同时，监管机构也应加大对上市公司的监管力度，对违规行为进行严厉打击，维护市场的公平和透明。

作为投资者，在投资决策时也应保持谨慎和理性，对公司的财务报表进行深入分析和研究，避免被误导。同时，投资者也应关注公司的内部控制体系和治理结构，选择那些治理规范、信息透明的公司进行投资。

## 案例分析2：主要供应商、客户情况披露错误

**一、背景**

近年来，某知名制药公司（以下称“B公司”）因其年报中主要供应商、客户情况的披露存在严重错误，引起了市场的广泛关注。B公司在其年报中披露的与几家主要供应商和客户的交易金额和占比存在错误，导致投资者和监管机构对公司的实际运营情况产生误判。

**二、案例具体情况**

根据B公司年报披露的信息，其主要客户之一C医院贡献的销售收入占公司销售收入的30%，达到了惊人的3亿元人民币。然而，经过第三方审计机构的深入调查，发现B公司与C医院的实际交易金额仅为1亿元人民币，占比仅为10%。同时，B公司还将一家小型供应商——D公司列为前五大供应商之一，披露的交易金额为5 000万元人民币，但实际交易金额仅为500万元人民币。

**三、法律法规**

根据《公司法》《证券法》以及相关的会计准则和监管要求，上市公司必须真实、准确、完整地披露其财务状况、经营成果以及主要客户和供应商的情况。这些信息对投资者评估公司的经营风险和未来发展至关重要。

**四、影响**

误导投资决策：投资者基于错误的信息做出投资决策，导致投资失败或损失。

损害市场公平：错误的信息披露破坏了市场的公平原则。

影响公司声誉：这种不诚信的行为损害了B公司的市场声誉和信誉，对公司的长期发展不利。

### 五、正确做法与会计处理

为了避免类似问题的发生，B 公司应采取以下措施。

加强内部控制：建立健全的内部控制体系，确保财务报表和相关信息披露的准确性和可靠性。

提高信息披露质量：加强对信息披露的审核，确保所披露的信息真实、准确、完整。

加强员工培训：提高员工对信息披露重要性的认识，增强他们的法律意识和职业道德。

在会计处理上，B 公司应对错误的供应商、客户情况披露进行更正。具体而言，应重新计算与 C 医院和 D 公司的实际交易金额和占比，并在后续的财务报告中予以更正。同时，公司还应向投资者和监管机构公开道歉，并承诺提升信息披露的质量和准确性。

### 六、结论

B 公司的案例提醒我们，信息披露的准确性和可靠性对上市公司至关重要。任何不真实、不准确的信息都可能对投资者和市场产生负面影响。因此，上市公司应高度重视信息披露工作，加强内部控制和员工培训，确保所披露的信息真实、准确、完整。同时，投资者也应保持谨慎和理性，对公司的财务报表和相关信息进行深入分析和研究，避免被误导。

## 案例分析 3：应披露而未披露重要信息

### 一、背景

近年来，某跨国食品制造公司（以下称“E 公司”）因未按规定披露与主要客户和供应商的重要交易信息，引发了市场的广泛关注和监管机构的调查。E 公司作为行业内的领军企业，其财务信息的透明度和准确性对投资者和市场至关重要。然而，E 公司在披露主要客户和供应商信息时，遗漏了一些关键数据，这引发了市场的质疑和担忧。

### 二、案例具体情况

根据 E 公司年报中的财务数据，E 公司与主要客户 F 零售集团和 G 餐饮连锁集团的交易金额分别占据了公司年销售额的 15% 和 10%，但 E 公司并未详细披露与这两家客户的具体交易金额、合同期限以及交易条件等重要信息。同时，E 公司在披露主要供应商信息时，也遗漏了与 H 农业合作社的合作关系，该合作社为 E 公司提供了大量原材料，但具体的采购金额和占比并未在年报中体现。

### 三、法律法规

根据《公司法》《证券法》以及相关的会计准则和监管要求，上市公司必须真实、准确、完整地披露其财务状况、经营成果以及与主要客户和供应商的交易情况。这些信息对投资者评估公司的经营风险和未来发展至关重要。未按规定披露重要信息属于违规行为，公司将受到监管机构的处罚。

### 四、影响

误导投资决策：投资者无法全面了解 E 公司的经营状况和财务状况，可能基于不完整的信息做出错误的投资决策。

损害市场公平：未披露的信息可能导致部分投资者获得不公平的信息优势，破坏了市场的公平原则。

影响公司声誉：这种不透明的信息披露方式损害了 E 公司的市场声誉和信誉，对公司的长期发展不利。

### 五、正确做法与会计处理

为了避免类似问题的发生，E 公司应采取以下措施。

加强信息披露管理：建立健全的信息披露管理制度，确保所有与主要客户和供应商的交易信息都得到充分披露。

提高信息披露质量：加强对信息披露的审核和把关，确保所披露的信息真实、准确、完整。对于重要信息，应提供详细的解释和说明。

加强内部控制：建立健全的内部控制体系，确保财务报告和相关信息披露的准确性和可靠性。

在会计处理上，E公司应对未披露的重要信息进行补充披露。具体而言，应在后续的财务报告中详细披露与F零售集团、G餐饮连锁集团和H农业合作社的交易金额、合同期限、交易条件等重要信息。同时，公司还应向投资者和监管机构公开道歉，并承诺提升信息披露的质量和准确性。

**六、结论**

E公司的案例提醒我们，信息披露的完整性和准确性对上市公司至关重要。任何遗漏或隐瞒重要信息的行为都可能对投资者和市场产生负面影响。因此，上市公司应高度重视信息披露工作，加强内部控制和员工培训，确保所披露的信息真实、准确、完整。同时，投资者也应保持谨慎和理性，对公司的财务报告和相关信息进行深入分析和研究，避免被误导。

## 案例分析4：虚假陈述或误导性陈述

**一、背景**

某知名科技公司（以下称"Z公司"）近期因在主要客户和供应商信息披露中涉及虚假陈述和误导性陈述，而受到了市场和监管机构的广泛关注。Z公司作为一家在行业内具有重要地位的企业，其财务报告和信息披露的准确性和透明度对投资者和市场至关重要。然而，Z公司却在披露主要客户和供应商信息时，故意提供虚假或误导性的数据，给投资者带来了困扰和损失。

**二、案例具体情况**

根据Z公司发布的财报，公司声称其与主要客户A集团的交易额占公司年度销售收入的30%，高达5亿美元。然而，经过监管机构的深入调查，发现A集团实际与Z公司的交易金额仅为1亿美元，占比仅为5%。此外，Z公司还宣称与B供应商建立了长期稳定的合作关系，采购金额达2亿美元，但实际上B供应商与Z公司的交易金额仅为5 000万美元。

**三、法律法规**

《公司法》《证券法》以及相关的会计准则和监管要求明确规定，上市公司必须真实、准确、完整地披露其财务状况、经营成果以及与主要客户和供应商的交易情况。虚假陈述或误导性陈述是严重的违规行为，不仅损害了投资者的利益，也破坏了市场的公平和透明。

**四、影响**

误导投资决策：投资者基于虚假或误导性的信息做出投资决策，导致投资失败或损失。

损害市场公平：虚假陈述破坏了市场的公平原则，使得一些投资者获得了不公平的信息优势。

影响公司声誉：这种不诚信的行为严重损害了Z公司的市场声誉和信誉，对公司的长期发展产生负面影响。

**五、正确做法与会计处理**

为了避免类似问题的发生，Z公司应采取以下措施。

加强信息披露的真实性：确保所披露的信息真实、准确、完整，不夸大、不隐瞒、不误导。

提高信息披露的透明度：对于主要客户和供应商的交易情况，应提供详细的解释和说明，包括交易金额、占比、合同期限等关键信息。

加强内部控制：建立健全的内部控制体系，确保财务报告和相关信息披露的准确性和可靠性。

在会计处理上，Z公司应对虚假陈述和误导性陈述进行更正。具体而言，应重新计算与A集团和B供应商的实际交易金额和占比，并在后续的财务报告中予以更正。同时，公司还应向投资者和监管机构公开道歉，并承诺提升信息披露的质量和准确性。

**六、结论**

Z公司的案例提醒我们，信息披露的真实性和准确性对上市公司至关重要。任何虚假陈述或误导性陈述都可能对投资者和市场产生负面影响。因此，上市公司应高度重视信息披露工作，加强内部控制和员工培训，确保所披露的信息真实、准确、完整。同时，投资者也应保持谨慎和理性，对公司的财务报告和相关信息进行深入分析和研究，避免被误导。

## 专题九十八：购销价格是否公允

### 业务简介

**一、概念**

企业购销价格公允性是指企业在采购和销售商品或服务时，价格基于市场供求关系、商品或服务的真实价值、行业惯例及法律法规等因素而设定，并经过公平、公正、合理的谈判和决策过程。公允的价格是市场经济秩序的重要组成部分，也是保护消费者权益、维护公平竞争的重要手段。

**二、基本规定**

遵循市场规律：企业购销价格应基于市场供求关系设定，反映商品或服务的真实价值。

公平交易：企业之间应通过公平、公正、合理的谈判确定购销价格，不得利用市场优势地位或信息不对称等手段进行价格操纵。

遵守法律法规：企业应遵守国家相关的法律法规，不得进行价格欺诈、价格歧视等违法违规行为。

**三、经常出现的违规问题**

价格欺诈：企业通过虚构原价、虚假优惠、隐瞒价格信息等手段误导客户。

价格歧视：企业对不同的客户实行不同的价格政策，导致不公平交易。

价格垄断：企业通过控制购销渠道、限制产量等手段，人为抬高或降低商品价格，破坏市场公平。

**四、违规表现**

企业购销价格不公允的表现主要包括以下几种情况。

1. 操纵市场价格

行为描述：企业与其他经营者相互串通，操纵市场价格。

目的与动机：获取更高的利润，或者排挤竞争对手，从而占据更大的市场份额。

后果：这种行为会损害其他经营者或者消费者的合法权益，破坏市场的公平竞争环境；长期来看，会导致市场资源配置效率降低，阻碍行业的健康发展。

2. 哄抬价格

行为描述：企业捏造、散布涨价信息，哄抬价格，推动价格过高上涨。

目的与动机：在短期内获取更多的利润，或者制造产品紧俏的假象。

后果：这种行为会导致市场价格紊乱，消费者利益受损，并引发社会不满和政府的监管干预。

3. 利用虚假宣传或误导性信息实现交易

行为描述：企业在购销过程中利用虚假宣传或者使人误解的信息，诱骗交易对方进行交易。

目的与动机：促成交易，从而获取不正当的利益。

后果：这种行为会破坏市场的诚信体系，损害交易对方的利益，并影响企业的声誉和长期发展。

4. 采购价格舞弊

行为描述：在采购过程中，企业与供应商勾结，通过虚报价格、凑数或作陪衬报价等手段进行舞弊。

目的与动机：获取更多的回扣、降低采购成本或掩盖真实的采购成本。

后果：这种行为会导致企业采购成本不真实，损害企业的经济利益，并引发内部腐败和法律风险。

5. 关联交易中的不合理定价

行为描述：企业在进行关联交易时，以不公允的价格进行购销活动。

目的与动机：偷税漏税、侵占中小股东利益或进行利益输送。

后果：这种行为会损害中小股东和债权人的利益，影响企业的信誉和市值，并触犯相关法律法规。

综上所述，企业购销价格不公允的表现多种多样，其目的和动机主要是获取不正当的利益或达到某种非法目的。这些行为不仅会损害相关方的利益，还会破坏市场的公平竞争环境和诚信体系，给企业的长期发展带来负面影响。因此，企业应严格遵守相关法律法规和市场规则，确保购销价格的公允性和合法性。

## 法律法规

判断企业购销价格是否公允的相关法律法规主要涉及《公司法》《民法典》《企业会计准则》以及相关的监管要求。以下是对这些规定的详细解释。

1.《公司法》

第二十二条：公司的控股股东、实际控制人、董事、监事、高级管理人员不得利用关联关系损害公司利益。这一规定是关联交易价格公允性的核心法律要求，旨在保护公司及其所有股东的利益，防止因关联交易而产生的不公平现象。

违反规定的后果：如果上述人员违反了上述规定，给公司造成损失的，应当承担赔偿责任。这一规定为受害公司提供了法律救济途径，使其能够追究违规者的法律责任，从而维护自身的合法权益。

2.《民法典》

第八十四条：营利法人的控股出资人、实际控制人、董事、监事、高级管理人员不得利用其关联关系损害法人的利益；利用关联关系造成法人损失的，应当承担赔偿责任。这一条款进一步强化了公司法中关于关联交易价格公允性的要求。

3.《企业会计准则》

《企业会计准则第 39 号——公允价值计量》：这一准则明确了公允价值的定义，即市场参与者在计量日发生的有序交易中，出售一项资产所能收到或者转移一项负债所需支付的价格。该准则为企业提供了公允价值计量的具体指导。

关于关联交易的规定：在判断关联交易是否公允时，企业应建立完善的内部控制机制，包括制定明确的关联交易审批流程、引入第三方评估机构对关联交易价格进行评估、定期对关联交易进行审计等。

4. 监管要求

关联交易认定标准：关联交易通常指在资金、经营、购销等方面存在直接或者间接的控制关系，或者直接或者间接地同为第三者控制，或者在利益上具有相关联的其他关系的交易。这些关系可能导致交易价格并非基于市场公允价格确定，因此需要特别关注。

监管措施：监管部门会对企业的关联交易进行监督检查，确保交易价格的公允性。如果发现企业存在违规行为，将采取相应的处罚措施，以维护市场秩序和公平竞争环境。

综上所述，判断企业购销价格是否公允的法律法规涵盖了公司法、民法典以及企业会计准则等多个方面。企业应严格遵守相关法律法规和政策文件的要求，建立完善的内部控制机制，确保关联交易价格的公允性。同时，监管部门也应加大监督检查力度，及时发现并纠正企业的不当行为。

## 合规程序与方法

在企业运营过程中，购销价格的公允性不仅关系到企业的经济利益，也影响到市场竞争的公平性。因此，对企业购销价格的公允性进行检查，是确保市场有序运行、维护企业合法权益的重要环节。下文旨在详细阐述检查企业购销价格是否公允的合规程序与方法，以确保解释内容准确、完整，并符合相关法规和标准。

**一、合规程序**

1. 设定检查目标

在开始检查之前，首先需要明确检查的目标，即确定要检查的具体购销业务、时间段和范围。这有助于确保检查的针对性和有效性。

2. 收集信息

收集与购销业务相关的各种信息，包括但不限于购销合同、发票、支付凭证、市场价格数据等。这些信息是后续分析的基础。

3. 初步分析

对收集到的信息进行初步分析，了解购销业务的基本情况，包括购销数量、价格、支付方式等。同时，对比市场价格数据，初步判断购销价格的合理性。

4. 深入调查

对初步分析中发现的问题进行深入调查，包括与供应商、客户进行沟通，了解他们的定价依据和策略；对购销业务涉及的内部流程进行审查，了解是否存在不合规操作等。

5. 风险评估

根据深入调查的结果，对购销业务的合规性进行风险评估，判断是否存在违反法律法规或市场规则的行为。

6. 制定整改措施

对于评估出的风险点，制定相应的防范措施，明确整改期限和责任人。同时，建立长效机制，防止类似问题再次发生。

7. 报告与反馈

将检查结果和整改措施形成书面报告，向企业高层和相关监管部门反馈。同时，接受监管部门的监督和指导，确保整改措施得到有效执行。

**二、检查方法**

1. 市场比较法

市场比较法是一种常用的检查购销价格公允性的方法。它通过将企业的购销价格与市场上的同类商品或服务的价格进行比较，来判断购销价格的合理性。在进行市场比较时，需要选择具有可比性的参照物，并考虑价格差异可能受到的各种因素的影响。

（1）收集市场价格数据

收集与购销业务相关的市场价格数据，包括同类商品或服务的价格、价格波动情况、市场竞争状况等。这些数据可以通过市场调查、公开数据查询等方式获取。

（2）确定参照物

选择与购销业务具有可比性的参照物，确保参照物的价格能够反映市场上同类商品或服务的真实价格水平。

（3）比较价格差异

将企业的购销价格与参照物的价格进行比较，分析价格差异的大小和原因。如果价格差异过大或无法合理解释，可能表明企业的购销价格存在不公允的情况。

（4）考虑影响因素

在分析价格差异时，需要考虑各种影响因素的作用，如市场供求关系、产品质量差异、运输成本等。这些因素可能导致购销价格与市场价格存在差异，但差异需要在合理范围内。

2. 成本加成法

成本加成法是一种基于企业成本来判断购销价格公允性的方法。它通过对企业的成本进行核算和分析，确定合理的成本加成率，进而计算出合理的购销价格。在使用成本加成法时，需要注意确保成本的准确性和完整性。

（1）核算成本

对企业的购销业务所涉及的成本进行核算，包括直接成本和间接成本。直接成本是指与购销业务直接相关的成本，如采购成本、销售成本等；间接成本是指与购销业务间接相关的成本，如管理费用、财务费用等。

（2）确定成本加成率

根据企业的实际情况和市场竞争状况，确定合理的成本加成率。成本加成率是指企业在成本基础上加收的利润率或费用率。在确定成本加成率时，需要考虑企业的盈利能力、市场竞争状况等因素。

（3）计算合理价格

将核算出的成本乘以成本加成率，计算出合理的购销价格。这个价格应该能够覆盖企业的成本和合理的利润、费用支出。

（4）比较实际价格

将计算出的合理价格与企业的实际购销价格进行比较，分析价格差异的大小和原因。如果实际价格过高或过低，可能表明企业的购销价格存在不公允的情况。

3. 专家咨询法

在某些情况下，可以邀请相关领域的专家进行咨询，以获取更专业的意见和建议。专家可以根据自身的经验和专业知识，对购销价格的公允性进行判断和评估。

**三、影响因素**

在检查企业购销价格是否公允时，需要考虑以下影响因素。

市场供求关系：市场供求关系是影响购销价格的重要因素之一。当供大于求时，价格可能下降；当求大于供时，价格可能上涨。因此，在判断购销价格是否公允时，需要考虑市场供求关系的变化情况。

产品质量差异：不同质量的产品具有不同的价格水平。在比较购销价格时，需要考虑产品质量差异对价格的影响。如果产品质量差异较大，则购销价格可能存在差异。

运输成本：购销业务涉及的运输成本也可能影响价格的公允性。运输成本的高低会直接影响企业的成本水平和利润水平，进而影响购销价格的制定。

市场竞争状况：市场竞争状况是影响购销价格的重要因素之一。在激烈的市场竞争中，企业可能需要降低价格以吸引客户；而在竞争较弱的市场中，企业则可能提高价格以获得更高的利润。因此，在判断购销价格是否公允时，需要考虑市场竞争状况的影响。

### 四、结论

检查企业购销价格是否公允是一项复杂而重要的工作。设定明确的目标、收集充分的信息、采用合适的检查方法并考虑各种影响因素，可以确保检查的准确性和有效性。同时，企业也需要建立长效机制，加大内部管理和监管力度，确保购销价格的合规性和公允性。

## 案例分析 1：操纵市场价格

### 一、背景

近年来，随着市场竞争的加剧，一些企业为了获取更大的市场份额和利润，开始采用不正当手段操纵市场价格。其中，一家名为“华信科技”的上市公司，就涉嫌通过虚假交易、价格串通等方式，人为抬高其产品的购销价格，以实现购销价格不公允。

华信科技主营电子产品的研发与销售，在市场上享有一定的知名度。然而，随着市场竞争的加剧，公司面临业绩增长的压力。为了维持股价和股东利益，公司高层决定采取操纵市场价格的方式，以提高产品的销售价格。

### 二、案例具体情况

根据公开资料，华信科技在过去三年的销售收入持续增长，但净利润率却波动较大。特别是在实施价格操纵行为的第二年，公司的销售收入同比增长了 30%，但净利润率却减少了 10 个百分点。进一步分析发现，公司在这一年里，通过虚假交易和价格串通，将产品的销售价格平均提高了 20%。

以下是具体的财务数据对比。

| 年份 | 销售收入（亿元） | 净利润（亿元） | 净利润率 |
|---|---|---|---|
| 操纵前一年 | 50 | 5 | 10% |
| 操纵当年 | 65 | 5.5 | 8.5% |
| 操纵后一年 | 70 | 6 | 8.6% |

从表中可以看出，虽然销售收入在增长，但净利润率总体却在下降，这反映出公司在操纵市场价格后，虽然提高了销售收入，但由于成本上升和市场竞争加剧，实际净利润率并未得到相应增长。

### 三、分析

1. 法律法规

根据《反不正当竞争法》等相关法律法规，企业不得以虚假交易、价格串通等手段操纵市场价格，损害其他经营者和消费者的合法权益。

2. 影响

华信科技的价格操纵行为不仅损害了市场竞争的公平性，也损害了消费者和其他经营者的利益。同时，这种行为也违反了法律法规，华信科技将面临严重的法律后果。

3. 正确做法

企业应通过提高产品质量、降低生产成本、加强市场营销等合法手段，提高市场竞争力，实现业绩增长。同时，企业应遵守法律法规，维护市场的公平竞争秩序。

4. 正确的会计处理

对于华信科技的价格操纵行为，应进行追溯调整。具体而言，公司应将因价格操纵而增加的收入和成本进行调整，以反映真实的经营情况。同时，公司还应加强内部控制，防止类似行为再次发生。

**四、总结**

华信科技的价格操纵行为是一种不道德、不合法的行为，不仅损害了市场竞争的公平性，也损害了消费者和其他经营者的利益。企业应遵守法律法规，通过合法手段提高市场竞争力，实现业绩增长。同时，监管部门也应加大监管力度，及时发现和打击类似行为，维护市场的公平竞争秩序。

## 案例分析 2：哄抬价格

**一、背景**

近年来，由于全球供应链紧张、原材料价格上涨等因素，一些企业面临成本上升的压力。在这种情况下，部分企业选择通过哄抬价格来转嫁成本。其中，一个典型的案例是康宁医疗。

康宁医疗主要生产高端医疗设备和耗材，在行业内享有一定的市场份额。然而，由于近期原材料价格大幅上涨，公司面临巨大的成本压力。为了维持利润水平，康宁医疗决定哄抬产品价格，将成本压力转嫁给下游医疗机构和消费者。

**二、案例具体情况**

以下是康宁医疗哄抬价格前后的财务数据对比。

| 时间段 | 原材料成本（万元） | 销售价格（万元 / 台） | 销售量（台） | 销售收入（万元） | 净利润（万元） |
|---|---|---|---|---|---|
| 哄抬前 | 1 000 | 50 | 100 | 5 000 | 1 000 |
| 哄抬后 | 1 200 | 70 | 80 | 5 600 | 1 100 |

从数据中可以看出，哄抬价格后，虽然康宁医疗的销售收入略有增加，但由于销售价格的提高，销售量下降了 20%。然而，由于价格上涨的幅度较大，公司的净利润仍然有所增加。

**三、分析**

1. 法律法规

根据《价格法》和《中华人民共和国反垄断法》（简称《反垄断法》）等相关法律法规，企业不得哄抬价格，扰乱市场价格秩序，损害消费者和其他经营者的合法权益。

2. 影响

损害消费者利益：康宁医疗哄抬价格后，医疗机构和消费者需要支付更高的价格购买医疗设备和耗材，增加了医疗成本。

破坏市场竞争：哄抬价格的行为破坏了市场的公平竞争原则，可能导致其他企业效仿，进一步推高市场价格。

损害企业声誉：康宁医疗的哄抬价格行为将严重影响其声誉和品牌形象，不利于长期发展。

3. 正确做法

加强成本控制：企业应通过提高生产效率、优化采购渠道等方式降低原材料成本，以应对成本上升的压力。

加强研发创新：通过研发创新，提高产品的技术含量和附加值，从而增加产品的竞争力，而不是仅仅依靠价格优势。

合规经营：企业应严格遵守法律法规，不哄抬价格、不扰乱市场价格秩序，维护市场的公平竞争。

4. 正确的会计处理

对于哄抬价格带来的额外收入，企业应在财务报表中如实反映，并进行相应的会计处理。同时，企业应加强内部控制，防止类似行为再次发生。对于因哄抬价格而引发的潜在法律风险和声誉损失，企业也应计提相应的准备金。

**四、总结**

康宁医疗哄抬价格的行为是一种不道德、不合法的行为，不仅损害了消费者利益，也破坏了市场竞争秩序。企业应遵守法律法规，通过合法手段应对成本上升的压力，实现长期发展。同时，监管部门也应加大监管力度，及时发现和打击哄抬价格等违法行为，维护市场的公平竞争秩序。

## 案例分析 3：利用虚假宣传或误导性信息实现交易

**一、背景**

在当今的商业环境中，有些企业为了获取不正当的利益，会采取虚假宣传或误导性信息实现交易，从而导致购销价格不公允。以“光明食品”为例，这是一家主营食品生产和销售的企业，近期被曝出利用虚假宣传和误导性信息来提高产品的购销价格。

光明食品在市场推广中，宣称其某款新产品使用了特殊的健康食材，并具有独特的保健功能。然而，经过调查，这些宣传内容并不属实，企业实际上并未使用宣传中所说的特殊食材，且产品并不具备所宣传的保健功能。通过这种虚假宣传，企业成功吸引了大量消费者的关注，进而提高了产品的购销价格。

**二、案例具体情况**

以下是光明食品虚假宣传前后的财务数据对比。

| 时间段 | 广告宣传费用（万元） | 产品销售价格（元 / 件） | 销售量（万件） | 销售收入（万元） | 净利润（万元） |
|---|---|---|---|---|---|
| 虚假宣传前 | 200 | 50 | 100 | 5 000 | 1 000 |
| 虚假宣传后 | 300（含虚假宣传费用） | 70 | 150 | 10 500 | 2 000 |

从数据中可以看出，在虚假宣传后，光明食品的销售量和销售收入均大幅增长，净利润也翻了一番。然而，这种增长并非基于真实的产品价值或市场需求，而是建立在虚假宣传的基础上。

**三、分析**

1. 法律法规

根据《反不正当竞争法》和《消费者权益保护法》等相关法律法规，企业在进行广告宣传时，必须确保所宣传的内容真实、准确，不得含有虚假或误导性信息。违反这些规定的企业将受到法律的制裁。

2. 影响

损害消费者权益：消费者在购买产品时，受到虚假宣传的误导，购买了价格不公允的产品，造成了经济损失。

破坏市场秩序：虚假宣传扰乱了市场的公平竞争秩序，导致其他企业难以通过正当手段进行竞争。

损害企业声誉：企业的声誉将受到严重损害，不利于长期发展。

3. 正确做法

诚信经营：企业应坚持诚信经营的原则，确保广告宣传内容的真实性和准确性。

加强内部管理：企业应建立完善的内部管理制度，防止虚假宣传等不当行为的发生。

遵守法律法规：企业应严格遵守相关法律法规，不得采取任何违法违规的行为。

4. 正确的会计处理

对于因虚假宣传而带来的额外收入，企业应在财务报表中进行披露，并计提相应的风险准备金。同时，对于因虚假宣传而引发的法律诉讼和赔偿等费用，企业也应进行相应的会计处理。

**四、总结**

光明食品利用虚假宣传手段提高购销价格的行为是不道德且违法的。企业应遵守相关法律法规，坚持诚信经营的原则，通过真实、准确的广告宣传来吸引消费者。同时，监管部门也应加大监管力度，打击虚假宣传等不当行为，维护市场的公平竞争秩序。

## 案例分析 4：采购价格舞弊

**一、背景**

在市场竞争日益激烈的今天，一些企业为了获取更高的利润，不惜采取各种手段来降低成本，其中包括采购价格舞弊。企业通过操纵采购价格，使得购销价格不公允，从而损害了消费者以及合规供应商的利益。下面将结合一个具体案例，详细分析企业采购价格舞弊的行为。

**二、案例描述**

制造公司“辉煌工业”近期在原材料采购过程中被曝出存在价格舞弊行为。该公司为了降低成本，与供应商“诚信贸易”串通，通过虚报原材料价格、伪造采购合同等手段，使得采购价格远低于市场价格，从而实现了购销价格的不公允。

**三、财务数据**

| 项目 | 正常采购价格（元/吨） | 舞弊采购价格（元/吨） | 舞弊期间采购量（吨） | 节省成本（万元） |
|---|---|---|---|---|
| 原材料 A | 5 000 | 3 000 | 1 000 | 200 |
| 原材料 B | 6 000 | 4 000 | 800 | 160 |
| 合计 | — | — | — | 360 |

从上述数据可以看出，通过采购价格舞弊，辉煌工业在原材料 A 和 B 的采购上共节省了 360 万元的成本。这些节省的成本实际上是通过损害合规供应商和消费者利益来实现的。

**四、分析**

1. 法律法规

《反不正当竞争法》规定，禁止经营者与交易相对人串通，以排挤竞争对手为目的，损害其他经营者合法权益的行为。

《公司法》和《刑法》也有相关规定，禁止公司管理人员利用职务之便，侵占公司财产或损害公司利益。

2. 影响

损害公司利益：这种舞弊行为会损害公司的声誉和信誉，影响公司的长期发展。

损害供应商利益：供应商损失了应得的利润，可能导致其经营困难甚至破产。

损害消费者利益：采购价格的不公允，可能导致产品质量下降，最终损害消费者利益。

3. 正确做法

加强内部控制：建立健全的内部控制体系，对采购过程进行严格的监督和审计，防止舞弊行为的发生。

公开透明：确保采购过程的公开透明，引入竞争机制，降低采购成本，同时保障供应商和消费者的利益。

合规经营：严格遵守相关法律法规，不采取任何违法违规的采购行为。

4. 正确的会计处理

对于已经发生的舞弊行为，应如实反映在财务报表中，并计提相应的风险准备金。

对于因舞弊行为而节省的成本，应予以剔除，并调整相关财务指标。

加强内部审计和财务监管，确保会计信息的真实性和准确性。

**五、总结**

企业采购价格舞弊是一种严重的违法行为，不仅损害了供应商和消费者的利益，还影响了市场的公平竞争秩序。因此，企业应加强内部控制和合规经营，确保采购过程的公开透明和合规性。同时，监管部门也应加大监管力度，严厉打击采购价格舞弊等违法行为。

## 案例分析 5：关联交易中的不合理定价

**一、背景**

在企业运营中，关联交易是一种常见的交易形式，特别是在集团公司内部。然而，关联交易中的不合理定价可能导致购销价格不公允，损害股东和债权人的利益。以下将结合一个具体案例，详细分析企业关联交易中的不合理定价问题。

**二、案例描述**

大型集团公司“华宇集团”旗下有两家子公司，分别为“华宇科技”和“华宇材料”。华宇科技是集团的核心子公司，主要从事高科技产品的研发和销售；而华宇材料则负责为华宇科技提供原材料。近期，华宇集团旗下两家子公司被曝出在关联交易中存在不合理定价问题。

**三、财务数据**

以下是华宇科技与华宇材料之间某次关联交易的财务数据。

| 项目 | 数据 |
|---|---|
| 原材料名称 | 特殊合金 |
| 市场价格（元 / 千克） | 100 |
| 关联交易价格（元 / 千克） | 60 |
| 交易量（吨） | 100 |
| 关联交易金额（万元） | 600 |
| 市场交易金额（万元）（按市场价格计算） | 1 000 |

从上述数据可以看出，华宇科技从华宇材料采购的特殊合金的关联交易价格远低于市场价格，导致购销价格不公允。

**四、分析**

1. 法律法规

《公司法》规定，公司应当遵守法律、行政法规和公司章程，不得损害社会公共利益和股东、债权人的合法权益。

《企业会计准则》要求，关联交易的定价应当遵循公平、公正、公开的原则，确保交易价格的公允性。

2. 影响

损害股东利益：关联交易中的不合理定价会导致集团内部利润的转移，从而损害小股东的利益。

影响公司形象：这种行为会引发公众和监管机构的质疑，影响公司的声誉和形象。

扰乱市场秩序：不合理定价的关联交易会扰乱正常的市场秩序，影响公平竞争。

3. 正确做法

制定公平定价原则：集团公司应制定关联交易定价原则，确保交易价格的公平性和合理性。

加强内部控制：建立健全的内部控制体系，对关联交易进行严格的监督和审计。

引入第三方评估机构：对于重大的关联交易，可以引入第三方评估机构对交易价格进行评估，确保价格的公允性。

4. 正确的会计处理

对于关联交易中的不合理定价部分，应在财务报表中进行披露，并说明原因。

根据《企业会计准则》的要求，企业应对不合理定价部分进行相应的会计处理，确保会计信息的真实性和准确性。

**五、总结**

企业关联交易中的不合理定价是一种违法行为，不仅损害了股东和债权人的利益，还影响企业的声誉和形象。因此，企业应严格遵守相关法律法规的要求，制定公平定价原则，加强内部控制和审计，确保关联交易的公平性和合理性。同时，监管机构也应加大对企业关联交易的监管力度，及时发现和纠正不合理定价行为。

## 专题九十九：投标文件中是否存在虚假信息

### 业务简介

**一、概念**

企业投标文件中的虚假信息指的是在参与投标过程中，企业为了获取中标资格或提高中标概率，故意在投标文件中提供不真实、不准确、不完整或误导性的信息。这些信息可能涉及企业的资质、业绩、财务状况、技术方案、信用状况等方面。

**二、基本规定**

根据《中华人民共和国招标投标法》（简称《招标投标法》）及其实施条例，企业在参与投标时必须遵守诚实信用的原则，确保投标文件的真实性、准确性和完整性。任何以欺诈、伪造、变造等手段提供虚假信息的行为都是违法的，将受到法律的制裁。

**三、经常出现的违规问题**

资质造假：企业使用伪造、租借或非法获取的资质证书参与投标。

业绩不实：企业夸大或虚构业绩，以不符合实际的业绩证明文件参与投标。

财务报表作假：企业在投标文件中提供虚假的财务报表，掩盖企业的真实财务状况。

技术方案抄袭或篡改：企业抄袭他人的技术方案或篡改技术规格，以不符合实际的技术方案参与投标。

信用造假：企业提供虚假的信用信息或隐瞒信用违约记录。

**四、违规表现**

企业投标文件中存在虚假信息的表现包括但不限于以下几种情况。

1. 虚构企业资质

行为描述：在投标文件中提供虚假的企业资质证明，如夸大企业规模、业绩、技术实力等。

目的与动机：通过夸大企业实力，提升企业在招标方心目中的形象，增加中标可能性。

后果：企业信誉受损，被列入黑名单，甚至面临法律责任。

2. 伪造项目经验

行为描述：编造或夸大过往项目经验，包括项目规模、完成情况和客户评价等。

目的与动机：借此展示企业具有较强的项目执行能力和优秀的服务质量，以提高中标机会。

后果：该行为将严重影响企业的声誉，可能导致其未来失去投标资格。

3. 虚报财务状况

行为描述：提供虚假的财务报表，如夸大资产、收入或利润等。

目的与动机：通过优化财务数据来显示企业良好的经济状况，增强招标方对企业的信心。

后果：财务造假是严重的违法行为，企业将受到法律制裁，且企业信誉将严重受损。

4. 编造技术人员资质

行为描述：在投标文件中提供虚假的技术人员资质证明，如学历、专业资格等。

目的与动机：旨在表明企业拥有高素质的技术团队，能够满足项目的技术要求。

后果：企业声誉受损，甚至可能因此失去投标资格。

5. 虚报产品或服务质量

行为描述：夸大产品或服务的质量标准、性能指标等。

目的与动机：在众多竞争者中脱颖而出，吸引招标方的注意。

后果：如果产品或服务的质量达不到所宣称的标准，将严重影响项目的执行，甚至可能导致合同违约。

6. 提供虚假的客户反馈或推荐信

行为描述：通过伪造客户的好评或推荐信来增强企业的信誉。

目的与动机：通过正面的客户反馈来提升企业在招标方心目中的形象。

后果：该行为将严重损害企业的诚信度和商业道德评价。

以上违规表现都是企业为了中标而采取的不正当手段。在现实中，企业应坚守诚信原则，真实、准确地提供投标文件，以维护公平竞争的市场环境。

## 法律法规

判断企业投标文件中是否存在虚假信息，是招投标活动中一个至关重要的环节，涉及多个方面的法律法规、政策文件以及监管要求等。以下是对此问题的详细解释。

**一、相关法律法规**

《招标投标法》及其实施条例是规范招投标活动的主要法律文件。其中，《招标投标法》第三十三条明确规定，投标人不得以低于成本的报价竞标，也不得以他人名义投标或者以其他方式弄虚作假，骗取中标。而《招标投标法实施条例》第四十二条则进一步细化了这一规定，列举了包括使用伪造、变造的许可证件，提供虚假的财务状况或者业绩，提供虚假的项目负责人或者主要技术人员简历、劳动关系证明，提供虚假的信用状况等在内的多种弄虚作假行为。

《刑法》：对于在招投标活动中存在的严重违法行为，如伪造、变造、买卖国家机关公文、证件、印章等，或者串通投标等，可能构成犯罪，需要依法追究刑事责任。

**二、政策文件**

国家发展改革委等部门发布的《关于严格执行招标投标法规制度进一步规范招标投标主体行为的若干意见》等文件，进一步强调了招投标活动的规范性和严肃性，要求投标人依法诚信参加投标，自觉维护公平竞争秩序。同时，该文件还提出加大对违法投标行为的打击力度，严格依法实施行政处罚并按照规定纳入信用记录。

**三、监管要求**

资格审查：在招投标过程中，采购人或者采购代理机构应当依法对投标人的资格进行审查，确保投标人具备参与项目的资格。这一过程中，需要严格审查投标人提交的各种证明材料，如营业执照、资质证书、财务报表等，防止虚假信息的出现。

技术响应审查：除了资格审查外，还需要对投标人的技术响应进行审查。这包括检查投标文件中的技术方案、产品质量、业绩等是否符合要求。在这一过程中，也需要警惕投标人可能存在的虚假信息，如伪造检测报告、修改合同内容等。

信用记录：为了加强对投标人的监管，许多地方都建立了信用记录制度。对于存在违法违规行为的投标人，会被记入信用记录，影响其今后的招投标活动。

行政处罚：对于在招投标活动中存在违法行为的投标人，相关部门会依法进行行政处罚，如罚款、取消中标资格、取消投标资格等。对于情节严重的，还会依法追究刑事责任。

综上所述，相关法律法规、政策文件以及监管要求都对招投标活动做出了明确规定和要求，旨在维护招投标活动的公平、公正和有序进行。

## 合规程序与方法

在招投标过程中，确保投标文件的真实性和准确性是维护公平竞争、保护招标人利益的重要环节。因此，检查企业投标文件中是否存在虚假信息成为一项至关重要的任务。本部分旨在详细阐述检查企业投标文件中是否存在虚假信息的合规程序与方法，以确保投标过程的公正性和透明度。

**一、合规程序概述**

合规程序是指为确保投标文件真实、准确而采取的一系列措施和步骤。这些程序应遵循相关法律法规和标准，包括但不限于《招标投标法》《中华人民共和国政府采购法》（简称《政府采购法》）等。合规程序通常包括以下几个阶段。

接收投标文件阶段：招标人或招标代理机构在接收投标文件时，应对投标文件的完整性、规范性进行初步审查，确保投标文件符合招标文件的要求。

初步审查阶段：对投标文件进行初步审查，重点关注投标文件中的基本信息、资质证书、业绩证明、技术方案等内容，判断是否存在明显的虚假信息或疑点。

深入调查阶段：对初步审查中发现的疑点进行深入调查，包括向相关部门核实信息、要求投标方提供补充材料或解释、进行实地考察等。

决策处理阶段：根据调查结果，对投标文件中存在的虚假信息进行处理，包括取消投标资格、没收保证金、追究法律责任等。

**二、检查方法详解**

1. 核实基本信息

（1）企业名称、地址、联系方式等基本信息的核实：通过网络搜索、查询企业信用信息公示系统等方式，核实投标文件中的企业名称、地址、联系方式等基本信息是否与企业实际情况一致。

（2）企业注册信息核实：查询企业工商注册信息，核实投标文件中的注册资本、经营范围、企业类型等是否与企业工商注册信息相符。

（3）企业法定代表人信息核实：核实投标文件中的法定代表人姓名、身份证号等信息是否与企业法定代表人实际信息一致。

2. 检查资质证书

（1）证书编号、颁发日期、有效期等信息的核实：通过查询相关权威部门网站或数据库，核实投标文件中提供的资质证书编号、颁发日期、有效期等信息是否真实有效。

（2）证书内容的核实：对比投标文件中的资质证书与权威部门颁发的证书原件或复印件，核实证书内容是否一致，是否存在涂改、伪造等情况。

（3）证书颁发机构的核实：确认投标文件中提供的资质证书是否由具有相应资质的机构颁发。

3. 审查业绩证明

（1）业绩项目核实：通过查询项目合同、竣工验收报告等文件，核实投标文件中提供的业绩项目是否真实存在，是否与投标方有关。

（2）业绩金额核实：对比投标文件中的业绩金额与项目合同、竣工验收报告等文件中的金额，判断是否存在夸大业绩金额的情况。

（3）业主评价核实：联系项目业主，了解投标方在项目执行过程中的表现，核实投标文件中提供的业主评价是否真实可信。

4. 审查技术方案

（1）技术方案内容核实：对比投标文件中的技术方案与招标文件要求的技术指标、功能需求等，判断投标方案是否满足要求，是否存在虚假宣传或误导的情况。

（2）技术实现路径核实：通过询问投标方技术人员或专家评审，核实投标文件中的技术实现路径是否可行、合理。

（3）技术团队能力核实：了解投标方技术团队的组成、经验、技术水平等，判断其是否具备完成投标项目的能力。

5. 审核合同和协议

（1）合同金额核实：对比投标文件中的合同金额与招标文件要求的金额范围，判断是否存在异常低价或高价的情况。

（2）合同条款核实：仔细审查合同中的关键条款，如有关履约保证金、违约责任等的条款，判断是否存在对招标人不利的条款或模糊表述。

（3）合同双方权利义务核实：确认合同双方的权利义务是否明确、合理，是否存在损害招标人利益的情况。

6. 实地考察

对于重大项目或涉及高额投资的招标项目，应进行实地考察。通过现场了解投标方的生产设施、管理团队、技术实力等情况，进一步核实投标文件的真实性。

**三、可能的影响因素**

法律法规变化：随着法律法规的不断更新和完善，检查企业投标文件中是否存在虚假信息的合规程序与方法也需要相应调整。因此，需要密切关注相关法律法规的变化，及时更新合规程序和方法。

技术手段发展：随着技术手段的不断进步，如大数据、人工智能等技术的应用，可以更高效、准确地检查企业投标文件中的虚假信息。因此，需要不断学习和掌握新的技术手段，提高检查效率和准确性。

投标方行为变化：随着市场竞争的加剧和监管力度的加大，投标方的行为也在不断变化。因此，需要密切关注投标方的行为变化，及时调整检查方法和策略。

**四、结论**

检查企业投标文件中是否存在虚假信息是招投标过程中的重要环节。遵循合规程序、采用有效的检查方法、关注可能的影响因素等措施，可以确保投标过程的公正性和透明度，维护招标人的利益。同时，也需要不断完善和更新合规程序和方法，以适应不断变化的市场环境和法律法规要求。

## 案例分析 1：虚构企业资质

**一、背景**

近年来，随着建筑市场竞争的日趋激烈，一些企业为了中标，不惜采取虚构企业资质的手段来欺骗招标人。以下是一个具体案例。

某建筑工程有限公司（以下称“A 公司”）为了中标一项大型市政工程项目，在投标文件中虚构了自身的一级建筑施工总承包资质。实际上，A 公司仅具备二级建筑施工总承包资质，但其为了增加中标机会，在投标文件中伪造了一级资质的证明材料。

**二、案例具体情况**

A公司在投标文件中提供的虚假财务报告显示，其2020—2022年的营业收入分别为：2020年5亿元人民币，2021年6亿元人民币，2022年7亿元人民币。同时，该公司还提供了虚假的资产负债表和利润表，虚假的财务报表显示其财务状况良好，具有较强的偿债能力和盈利能力。

然而，经调查核实，A公司的实际财务数据与投标文件中提供的数据存在巨大差异。实际上，该公司2020—2022年的营业收入远低于虚假报告中的数据，且存在大量未偿还的债务和不良资产。

**三、分析**

1. 法律法规

根据《招标投标法》及其实施条例的规定，投标人在投标过程中应提供真实、准确的材料和信息。虚构企业资质属于严重的违法行为，不仅会导致中标无效，还将导致企业面临行政处罚和法律追究。

2. 影响及正确做法

A公司虚构企业资质的行为，严重破坏了公平竞争的市场秩序，损害了其他守法企业的利益；同时，也给招标人带来了极大的风险。正确的做法应该是诚实守信，按照法律法规的要求提供真实、准确的材料和信息，通过提升自身实力和服务质量来赢得市场竞争。

3. 正确的会计处理

企业在投标过程中，应严格按照会计准则和财务制度的要求进行会计处理。对于财务报表的编制和披露，应确保数据的真实性和准确性。同时，企业还应加强内部控制制度建设，防止财务舞弊和虚假报告的发生。

**四、结论**

A公司虚构企业资质的行为是严重违反法律法规的行为，必须予以严厉打击和惩处。同时，这也提醒广大企业要加强诚信建设，遵守法律法规和道德规范，以诚信赢得市场和社会认可。

在未来的发展中，企业应以诚信为基石，不断提升自身实力和服务质量，积极参与市场竞争。同时，监管部门也应加大监管力度，加大对违法行为的查处力度，维护公平竞争的市场秩序和消费者的合法权益。

## 案例分析2：伪造项目经验

**一、背景**

在工程建设领域，有的企业为了提升竞争力，在投标文件中夸大或伪造自身的项目经验。以下是一个具体的案例。

B公司为了中标一个价值数亿元的公共建筑项目，在投标文件中声称自己曾成功完成多个类似规模和复杂度的项目。然而，经过深入调查，发现B公司实际上并未参与这些项目。这些项目经验是B公司为了提升中标率而伪造的。

**二、案例具体情况**

在B公司的投标文件中，列举了以下项目经验。

在一个价值5亿元的综合性商业大厦建设项目中，B公司声称自己为主要承包商，负责整体设计与施工。

在一个价值3亿元的市政公园改造工程中，B公司声称自己负责了其中的绿化和景观设计部分。

然而，根据行业内的公开数据和项目资料，这些项目的主要承包商和参与者并不包含B公司。同时，B公司提供的财务报表也显示出其近年来并未有大规模的类似项目收入。

**三、分析**

1. 法律法规

根据《招标投标法》及其实施条例，投标人在投标过程中应提供真实、准确的材料和信息。伪造项目经验属于提供虚假信息，是严重的违法行为。企业将面临行政处罚、中标无效等后果，并可能被列入失信企业名单。

2. 影响及正确做法

B公司伪造项目经验的行为，不仅损害了招标人的利益，还扰乱了市场秩序，对其他诚实守法的企业造成了不公平竞争。正确的做法应该是诚实投标，客观陈述自身的项目经验和实力，通过提升服务质量和专业水平来赢得市场竞争。

3. 正确的会计处理

在投标过程中，企业应按照会计准则和财务制度的要求进行会计处理。对于项目经验的描述，应基于实际发生的情况进行如实记录。同时，企业应加强内部控制，确保投标文件中的财务数据真实、准确，防止财务舞弊和虚假报告的发生。

**四、结论**

B公司伪造项目经验的行为严重违反了法律法规，损害了市场公平竞争的原则。这一案例提醒广大企业，在投标过程中应诚实守信，如实陈述自身的项目经验和实力。同时，监管部门也应加大监管力度，加大对违法行为的查处力度，维护市场的公平和秩序。在未来的发展中，企业应以诚信为基石，不断提升自身的专业能力和服务水平，为社会的建设和发展做出更大的贡献。

## 案例分析3：虚报财务状况

**一、背景**

在竞争激烈的建筑市场中，为了中标，一些企业可能会采取虚报财务状况的策略，以展现其强大的经济实力和偿债能力。以下是一个具体的案例。

C公司为了中标一个价值数亿元的桥梁建设项目，在投标文件中虚报了其财务状况。该公司夸大了自身的营业收入、利润以及净资产等关键财务指标，以证明其具备足够的资金实力来完成项目。

**二、案例具体情况**

在投标文件中，C公司提供的财务数据如下。

营业收入：近三年分别为8亿元、10亿元和12亿元，呈稳步增长趋势。

净利润：近三年分别为1亿元、1.2亿元和1.5亿元，同样呈现稳定增长趋势。

净资产：达到5亿元，显示公司具有雄厚的资本实力。

然而，经过深入调查，发现C公司的实际财务数据与投标文件中的信息存在严重不符。实际上，该公司近三年的营业收入和利润远低于虚报的数据，且净资产也远未达到5亿元。这种虚报财务状况的行为，旨在误导招标人，使其相信C公司具有强大的经济实力和偿债能力。

**三、分析**

1. 法律法规

根据《招标投标法》及其实施条例，投标人在投标过程中应提供真实、准确的材料和信息。虚报财务状况属于提供虚假信息的违法行为，将受到法律的制裁。此外，《公司法》等法律法规也对企业的财务信息披露提出了明确要求，企业必须遵守相关规定，确保财务信息的真实性和准确性。

2. 影响及正确做法

C公司虚报财务状况的行为，不仅损害了招标人的利益，还扰乱了市场秩序，破坏了公平竞争的环境。对其他诚实守信的企业来说，这种行为将导致不公平竞争，损害其合法权益。

正确的做法应该是企业诚实守信，按照法律法规的要求提供真实、准确的财务信息。在投标过程中，企业应客观陈述自身的经济实力和偿债能力，通过提升服务质量、提高技术水平等方式来增强竞争力。

3. 正确的会计处理

在投标过程中，企业应按照会计准则和财务制度的要求进行会计处理。对于财务数据的编制和披露，应确保数据的真实性和准确性。同时，企业应加强内部控制制度建设，防止财务舞弊和虚假报告的发生。对于发现的财务舞弊和虚假报告行为，应及时予以纠正并追究相关责任人的责任。

**四、结论**

C 公司虚报财务状况的行为严重违反了法律法规和市场规则，损害了公平竞争的环境和招标人的利益。这一案例提醒广大企业，在投标过程中应诚实守信，遵守法律法规和市场规则，确保提供真实、准确的财务信息。同时，监管部门也应加大监管力度，加大对违法行为的查处力度，维护市场的公平和秩序。

## 案例分析 4：编造技术人员资质

**一、背景**

在工程建设和技术服务领域，技术人员的资质往往是企业竞争力和专业能力的体现。然而，一些企业为了中标，可能会编造技术人员的资质信息，以展示其强大的技术团队和实力。以下是一个具体的案例。

D 公司为了中标一个对技术要求较高的工业项目，在投标文件中编造了技术人员的资质。该公司在文件中宣称拥有一支由多名高级工程师和资深技术人员组成的团队，其中不乏国家一级建造师和高级工程师等高端人才。然而，经调查核实，这些所谓的“高端人才”的资质证书均是伪造的，D 公司实际上并不具备如此强大的技术团队。

**二、案例具体情况**

在投标文件中，D 公司提供的技术人员资质信息如下。

国家一级建造师：5 名。

高级工程师：10 名。

资深技术人员：20 名。

同时，D 公司还提供了虚假的财务数据，以支持其拥有这样一支技术团队的说法。例如，公司声称近年来在技术研发和人才培养方面投入了大量资金，每年的研发费用占营业收入的比例高达 10% 以上。

然而，经过深入调查，发现 D 公司的实际财务数据与投标文件中的信息存在严重不符。公司的研发投入远低于虚报的数据，且技术人员的资质也均为伪造。这种编造技术人员资质的行为，旨在误导招标人，使其相信 D 公司具备强大的技术实力和专业能力。

**三、分析**

1. 法律法规

根据《招标投标法》及其实施条例，投标人在投标过程中应提供真实、准确的材料和信息。编造技术人员资质属于提供虚假信息的违法行为，企业将受到法律的制裁。此外，相关法律法规也对技术人员的资质认定和管理提出了明确要求，企业必须遵守相关规定，确保技术人员资质的真实性和合法性。

2. 影响及正确做法

D 公司编造技术人员资质的行为，不仅损害了招标人的利益，还扰乱了市场秩序，破坏了公平竞争的环境。对其他诚实守信的企业来说，这种行为将导致不公平竞争，损害其合法权益。

正确的做法应该是企业诚实守信，按照法律法规的要求提供真实、准确的技术人员资质信息。在投标过程中，企业应客观陈述自身的技术实力和专业能力，通过提升技术水平和服务质量来增强竞争力。

3. 正确的会计处理

虽然本案例主要涉及技术人员资质的编造，但正确的会计处理同样重要。企业应按照会计准则和财务制度的要求进行会计处理，确保财务数据的真实性和准确性。对于研发投入等关键财务指标，应基于实际发生的情况进行如实记录和披露，避免财务舞弊和虚假报告的发生。

**四、结论**

D公司编造技术人员资质的行为严重违反了法律法规和市场规则，损害了公平竞争的环境和招标人的利益。这一案例提醒广大企业，在投标过程中应诚实守信，遵守法律法规和市场规则，确保提供真实、准确的技术人员资质信息。同时，监管部门也应加大监管力度，加大对违法行为的查处力度，维护市场的公平和秩序。

## 案例分析5：虚报产品或服务质量

**一、背景**

在产品和服务市场竞争激烈的今天，一些企业为了中标，可能会虚报其产品或服务的质量，以吸引招标人的注意。以下是一个具体的案例。

E公司为了中标一个大型公共机构的信息系统建设项目，在投标文件中虚报了其软件产品的质量和服务水平。该公司声称其开发的软件产品稳定性高、安全性强、用户体验佳，并承诺提供24小时不间断的技术支持服务。然而，实际上，该公司的产品在过去的项目中曾多次出现故障，且技术支持服务也未能达到承诺的标准。

**二、案例具体情况**

在投标文件中，E公司关于产品或服务质量的描述如下。

软件产品稳定性：99.9%的连续无故障运行时间。

安全性：通过多项国际安全认证，无重大安全漏洞。

客户体验：客户满意度高达98%。

技术支持服务：提供24小时不间断的在线支持，响应时间不超过1小时。

为了支持其产品或服务质量的高标准，E公司还在投标文件中提供了一些虚假的数据，如高昂的研发投入、专业的测试团队规模等。

然而，经过深入调查，发现E公司的实际情况与投标文件中的描述存在显著差异。该公司的软件产品在过去的项目中频繁出现故障，且多次被客户投诉技术支持服务不到位。同时，公司的研发投入和测试团队规模也远未达到投标文件中所述的水平。

**三、分析**

1. 法律法规

根据《招标投标法》及其实施条例，投标人在投标过程中应提供真实、准确的材料和信息。虚报产品或服务质量属于提供虚假信息的违法行为，将受到法律的制裁。此外，相关法律法规也要求企业对其产品或服务的质量进行如实宣传，不得夸大其词或误导消费者。

2. 影响及正确做法

E公司虚报产品或服务质量的行为，不仅损害了招标人的利益，还可能对公共机构的信息系统建设造成安全隐患。这种行为扰乱了市场秩序，破坏了公平竞争的环境，对其他诚实守信的企业造成了不公平竞争。

正确的做法应该是企业诚实守信，按照法律法规的要求提供真实、准确的产品或服务质量信息。在投标过程中，企业应客观陈述自身的产品或服务优势，通过提升产品或服务的质量和性能来增强竞争力。

3. 正确的会计处理

虽然本案例主要涉及产品或服务质量的虚报，但正确的会计处理同样重要。企业应按照会计准则和财务制度的要求进行会计处理，确保财务数据的真实性和准确性。对于研发投入、测试团队规模等与产品或服务质量相关的数据，应基于实际发生的情况进行如实记录和披露，避免财务舞弊和虚假报告的发生。

**四、结论**

E 公司虚报产品或服务质量的行为严重违反了法律法规和市场规则，损害了公平竞争的环境和招标人的利益。这一案例提醒广大企业，在投标过程中应诚实守信，遵守法律法规和市场规则，确保提供真实、准确的产品或服务质量信息。同时，监管部门也应加大监管力度，加大对违法行为的查处力度，维护市场的公平和秩序。

## 案例分析 6：提供虚假的客户反馈或推荐信

**一、背景**

在招投标过程中，客户反馈和推荐信往往是评价企业实力和信誉的重要依据。然而，一些企业为了中标，可能会提供虚假的客户反馈或推荐信来美化自己的形象。以下是一个具体的案例。

F 公司为了中标一家大型企业的废水处理项目，在投标文件中提供了虚假的客户反馈和推荐信。该公司声称自己曾成功为多家知名企业提供优质的废水处理设备和服务，并得到了客户的高度评价。为了证明这一点，F 公司提供了几份看似来自知名企业的推荐信和客户反馈。然而，经过核实，这些推荐信和客户反馈均为伪造，F 公司并未与这些企业有过实际合作。

**二、案例具体情况**

在投标文件中，F 公司提供的虚假客户反馈和推荐信如下。

客户反馈：共有五份，均表示对 F 公司的废水处理设备和服务非常满意，其中一份提到“F 公司的设备效果卓越，服务周到，是我们最信赖的合作伙伴”。

推荐信：来自三家知名企业，均强烈推荐 F 公司参与废水处理项目，并承诺如 F 公司中标，将与其建立长期合作关系。

为了支持虚假的客户反馈和推荐信，F 公司还在投标文件中提供了一些相关的数据，如与这些企业的合作金额、合作期限等。然而，这些数据同样是伪造的。

**三、分析**

1. 法律法规

根据《招标投标法》及其实施条例，投标人在投标过程中应提供真实、准确的材料和信息。提供虚假的客户反馈或推荐信属于提供虚假信息的违法行为，企业将受到法律的制裁。此外，相关法律法规也要求企业在招投标过程中保持诚实信用原则，不得采取欺诈、伪造等手段。

2. 影响及正确做法

F 公司提供虚假的客户反馈和推荐信的行为，严重损害了招标人的利益，同时也扰乱了招投标市场的公平竞争秩序。这种行为不仅导致招标人做出错误的决策，还对其他诚实守信的企业造成不公平竞争。

正确的做法应该是企业诚实守信，提供真实、准确的客户反馈和推荐信。在投标过程中，企业应如实陈述自己的实力和信誉，通过展示真实的合作案例和客户评价来增强竞争力。

3. 正确的会计处理

虽然本案例主要涉及客户反馈和推荐信的虚假性，但正确的会计处理同样重要。企业应按照会计准则和财务制度的要求进行会计处理，确保财务数据的真实性和准确性。在招投标过程中，企业不应通过伪造财务数据来支持虚假的客户反馈和推荐信。

**四、结论**

F公司提供虚假的客户反馈和推荐信的行为严重违反了法律法规和市场规则，损害了公平竞争的环境和招标人的利益。这一案例提醒广大企业，在招投标过程中应诚实守信，遵守法律法规和市场规则，确保提供真实、准确的客户反馈和推荐信。同时，监管部门也应加大监管力度，加大对违法行为的查处力度，维护市场的公平和秩序。

## 专题一百：供应商异常低价竞标是否合理

### 业务简介

**一、概念**

企业供应商异常低价竞标，指的是在招标采购过程中，某些供应商为了获取中标资格，故意以远低于市场正常价格或成本的价格进行投标。这种行为通常伴随着对原材料、产品质量、服务标准等的妥协，以达到降低成本、提高中标率的目的。

**二、基本规定**

法律法规：根据《招标投标法》等相关法律法规，投标人的报价不得低于成本价，否则将被视为不正当竞争行为。

招标要求：招标文件中通常会明确规定投标报价的合理性，要求投标人在保证产品和服务质量的前提下，合理报价。

**三、经常出现的违规问题**

低于成本价投标：供应商为了中标，故意降低报价至成本以下，牺牲产品质量和服务。

价格欺诈：在投标过程中，供应商提供虚假的价格信息，误导招标人和其他投标人。

恶意竞争：供应商之间通过低价策略进行恶意竞争，扰乱市场秩序。

**四、违规表现**

1. 低于成本价竞标

行为描述：供应商以低于产品或服务实际成本的报价参与竞标。

目的与动机：通过低价策略提高中标概率，进而签订项目合同。企业可能采用“低价中标，高价索赔”的策略，在中标后以项目变更、索赔等手段提高价格。

后果：这种行为可能导致产品或工程建设质量下降，因为供应商可能会采用价格低廉但质量较差的材料或服务来降低成本。同时，低价竞标也容易引发偷工减料，甚至埋下安全隐患。此外，它还会影响企业创新研发的积极性，破坏市场的公平竞争原则。

2. 恶意低价竞标扰乱市场

行为描述：供应商故意以异常低价竞标，旨在扰乱正常的市场竞争秩序。

目的与动机：打击竞争对手；通过低价获取市场份额后，再提高价格获取更高利润。

后果：这种行为会破坏市场的价格体系，导致其他诚信经营的供应商难以生存，进而影响整个行业的健康发展。

3. 缺乏履约能力的低价竞标

行为描述：供应商在明知自身缺乏必要的技术、资金等履约能力的情况下，仍以低价竞标。

目的与动机：先签订项目合同，再考虑如何解决履约问题，或者寄希望于后续变更合同内容以增加利润。

后果：这种行为极易导致项目无法按时完成或无法达到预期标准，给招标方带来巨大损失，同时也损害了供应商的信誉和口碑。

4. 提供虚假信息的低价竞标

行为描述：供应商在竞标过程中提供虚假信息，如虚假的成本构成、技术参数等，以支持其低价策略。

目的与动机：通过提供虚假信息来掩盖其低价竞标的真实成本和风险，从而增加中标机会。

后果：这种行为不仅违反了诚信原则，还可能导致项目执行过程中出现严重问题，如质量不达标、发生安全事故等。同时，供应商将面临法律责任和声誉损失。

综上所述，异常低价竞标不合理的表现多种多样，但无论哪种形式，都会对市场秩序、项目质量和企业信誉造成不良影响。因此，招标方应严格审查投标人的报价和资质，确保其合理性，避免接受不合理的低价竞标。同时，相关监管部门也应加强对招投标活动的监督和管理，维护市场的公平竞争环境。

## 法律法规

对企业供应商异常低价竞标是否合理进行判断，涉及多个方面的法律法规、政策文件和监管要求，具体如下。

**一、相关法律法规**

《招标投标法》：根据该法第四十一条，中标人的投标应当满足招标文件的实质性要求，并且经评审的投标价格最低；但是，投标价格低于成本的除外。这意味着，低价中标是合法的，但前提是投标价格不低于成本。同时，第三十三条明确规定，投标人不得以低于成本的报价竞标，这是为了防止恶意低价竞争，确保招标活动的公平性和合理性。

《政府采购法》及其实施条例：这些法律法规并未直接对“异常低价竞标”进行定义，但强调了政府采购应遵循公开、公平、公正和诚实信用的原则，以及保证采购质量的原则。

**二、政策文件**

《安徽省住房和城乡建设厅关于切实加强全省房屋建筑和市政基础设施工程招标投标活动管理的通知》该通知明确了对异常低价投标的管理要求，例如投标报价下浮超过一定比例（如10%）的，将被认定为异常低价。招标控制价的组价编制文件应与招标文件同时发布，严禁违规上浮或下调招标控制价。

财政部发布的《政府采购货物和服务招标投标管理办法》（财政部令第 87 号）：该办法第六十条规定，投标人的报价明显低于其他通过符合性审查投标人的报价，且可能影响产品质量或者不能诚信履约的，被认为属于异常低价，投标人对此种情况下报价的合理性负有证明义务。

**三、监管要求**

实质性要求：无论是综合评分法还是最低评标价法，中标的前提都是供应商的投标应满足招标文件全部实质性要求。这包括对货物或服务的质量、技术参数等的实质性要求。

评标委员会的职责：评标委员会有权对投标人的报价进行合理性评估，并有权认定异常低价投标无效。如果投标人的报价明显低于成本或明显低于其他合格投标人的报价，且不能合理解释其报价的合理性，评标委员会可以否决其投标。

监管机构的监督：监管机构（如财政部门、审计部门等）会对政府采购活动进行监督，确保采购活动的公开、公平、公正和诚实信用。如果发现供应商存在异常低价竞标等违规行为，监管机构会采取相应的处罚措施。

总之，企业供应商异常低价竞标是否合理需要根据相关法律法规、政策文件和监管要求进行综合判断。在政府采购活动中，应坚持公开、公平、公正和诚实信用的原则，确保采购活动的质量和效率。

## 合规程序与方法

检查企业供应商异常低价竞标是否合理，是一项复杂而关键的任务。这不仅涉及对供应商投标价格的评估，还需要综合考虑多个因素，包括供应商的成本结构、生产能力、履约能力、行业市场状况等。以下将详细解释这一合规程序与方法。

**一、合规程序概述**

检查企业供应商异常低价竞标是否合理的合规程序通常包括以下步骤。

收集信息：收集与供应商相关的所有信息，包括其历史投标记录、财务状况、生产能力、技术水平、行业地位等。

初步评估：对供应商的投标价格进行初步评估，判断其是否明显低于行业平均水平或成本价。

深入调查：对初步评估中发现的异常低价投标进行深入调查，包括与供应商沟通了解其报价依据、成本构成、利润水平等。

综合分析：结合收集的信息和调查结果，对供应商的异常低价投标进行综合分析，评估其合理性。

决策与行动：根据分析结果，做出是否接受该供应商投标的决策，并采取相应行动，如要求供应商提供补充材料、重新报价或拒绝投标等。

**二、合规方法详解**

1. 设定合理的价格阈值

在评估供应商的投标价格时，需要设定一个合理的价格阈值。这个阈值可以根据行业平均水平、项目成本预算、市场价格波动等因素来确定。当供应商的投标价格低于该阈值时，即被视为异常低价投标。

设定价格阈值的方法如下。

（1）参考历史数据：分析过去类似项目的投标价格数据，确定一个合理的价格范围。

（2）考虑成本因素：根据项目的成本预算和成本构成，估算出合理的成本价，并将其作为价格阈值的下限。

（3）考虑市场价格波动：根据市场价格变化情况和趋势，对价格阈值进行适当调整。

2. 深入调查供应商成本结构

当供应商的投标价格低于价格阈值时，需要对其成本结构进行深入调查。这可以通过以下方式实现。

（1）要求供应商提供详细的成本构成表，包括原材料、人工、设备折旧、管理费用等各项成本。

（2）对供应商提供的成本构成表进行核实和验证，确保其真实性和准确性。

（3）与供应商沟通了解其成本控制措施和成本降低途径，以判断其投标价格的合理性。

3. 评估供应商履约能力

除了考虑价格因素外，还需要评估供应商的履约能力。这包括供应商的生产能力、技术水平、质量控制能力、交货期保障能力等方面。具体评估方法如下。

（1）考察供应商的生产现场和生产线，了解其生产能力和技术水平。

（2）查阅供应商的质量管理体系认证证书和产品质量检验报告，评估其质量控制能力。

（3）与供应商沟通了解其交货期保障措施和售后服务体系，评估其交货期保障能力。

4. 考虑行业市场状况

在评估供应商的异常低价投标时，还需要考虑行业市场状况。如果整个行业都面临原材料成本上升、人工成本增加等压力，而供应商的投标价格却异常低，那么就需要特别警惕。此外，还需要关注行业内的竞争状况和市场趋势，以判断供应商的投标价格是否合理。

5. 遵循相关法律法规和标准

在检查企业供应商异常低价竞标是否合理的合规程序中，必须遵循相关法律法规和标准。例如，《招标投标法》规定投标人不得以低于成本的报价竞标；《政府采购法》及其实施条例要求采购人应当对供应商的投标价格进行合理性评估。此外，还需要参考相关的行业标准和惯例，以确保合规程序的准确性和完整性。

**三、影响因素分析**

在检查企业供应商异常低价竞标是否合理的合规程序中，可能会受到以下因素的影响。

市场竞争状况：市场竞争的激烈程度会影响供应商的投标价格策略。在竞争激烈的市场中，供应商可能会采取低价策略以获取订单。

供应商的成本控制能力：供应商的成本控制能力不同，其投标价格也会有所差异。成本控制能力较强的供应商可能会报出更低的价格。

项目需求和技术要求：不同的项目需求和技术要求会对供应商的成本和报价产生影响。一些技术要求较高的项目可能需要更高的成本和更专业的技术支持，从而导致投标价格较高。

法律法规和政策环境：法律法规和政策环境的变化也会对供应商的投标价格产生影响。例如，税收政策的调整、环保要求的提高等都可能增加供应商的成本和投标价格。

综上所述，检查企业供应商异常低价竞标是否合理需要综合考虑多个因素，并遵循相关法律法规和标准。设定合理的价格阈值、深入调查供应商成本结构、评估供应商履约能力、考虑行业市场状况以及遵循相关法律法规和标准等方法，可以确保合规程序的准确性和完整性，从而保障企业的利益和促进市场公平竞争。

## 案例分析 1：低于成本价竞标

**一、背景**

近年来，随着市场竞争的加剧，一些企业为了获取市场份额或快速扩张，采取低于成本价竞标的策略。以建筑工程公司 A 为例，为了在激烈的招投标市场中获取一个大型公共项目的承包权，A 公司提出了远低于市场平均成本价的竞标价格。

**二、案例具体情况**

项目概况：该公共项目预计总投资额为 1 亿元人民币，包含多个分项工程，工期为两年。

A 公司竞标价格：A 公司提交的竞标价格为 8 000 万元人民币，较市场平均成本价低了约 20%。

**三、财务数据**

市场平均成本价分析：根据行业数据，类似项目的平均成本价在 9 500 万元至 1.05 亿元人民币之间。其中，直接材料成本约占 40%，人工成本约占 30%，其他间接费用约占 20%，税金和利润约占 10%。

A 公司成本分析：若 A 公司按照竞标价格承接项目，其直接材料成本将减少至市场价的 80%，人工成本也将面临压缩，这将极大地影响项目的质量和进度。

**四、法规规定**

根据《招标投标法》第三十三条规定，投标人不得以低于成本的报价竞标。这意味着，企业在竞标时，其报价必须能够覆盖其成本，否则将被视为违法行为。此外，《评标委员会和评标方法暂行规定》也明确指出了对低于成本报价的处理办法。

**五、影响**

工程质量下降：由于成本被大幅压缩，A 公司可能采取降低材料质量、减少人工投入等手段来降低成本，这将严重影响项目的质量。

工期延误：资金不足可能导致工程进度受阻，造成工期延误。

企业信誉受损：若项目出现质量问题或工期延误，A 公司的信誉将受到严重损害，影响其未来在市场上的竞争力。

市场混乱：低于成本价竞标会扰乱市场秩序，导致其他企业难以生存。

**六、正确做法**

科学评估成本：企业在竞标前应对项目成本进行科学评估，确保报价能够覆盖成本并有一定的利润空间。

注重质量和服务：在竞标过程中，企业应注重展示自身的技术实力、管理水平和服务能力，而非仅仅追求低价。

合规经营：企业应严格遵守相关法律法规，不得采取低于成本价竞标等违法手段。

**七、正确的会计处理**

若企业发现其竞标价格低于成本，应及时调整报价策略，避免违法行为的发生。同时，在项目执行过程中，企业应严格按照会计准则进行会计核算和成本控制，确保项目的经济效益和社会效益。

**八、结论**

综上所述，企业低于成本价竞标是不合理的。这不仅违反了相关法律法规，而且会对企业的长期发展造成不利影响。因此，企业应注重合规经营，科学评估成本，注重质量和服务，以实现可持续发展。

### 案例分析 2：恶意低价竞标扰乱市场

**一、背景**

在竞争激烈的市场环境中，有些企业为了快速获取市场份额或排挤竞争对手，可能会采取恶意低价竞标的策略，通过远低于成本的价格进行投标，从而扰乱市场。以下是一个具体的案例。

**二、案例具体情况**

企业情况：B 科技公司（以下称“B 公司”）是一家专注于电子产品生产与销售的企业，近期为了抢占市场份额，对某一大型电子产品采购项目进行了恶意低价竞标。

项目概况：该电子产品采购项目预计采购量为 10 万台，市场平均单价为 2 000 元 / 台，项目总价值为 2 亿元。

B 公司竞标价格：B 公司提交的竞标价格为 1 200 元 / 台，远低于市场平均单价，甚至低于其生产成本。

**三、财务数据**

B 公司生产成本分析：根据 B 公司内部数据，该电子产品的生产成本约为 1 500 元 / 台（包括原材料、人工成本、管理费用等）。

竞标价格与成本对比：B 公司的竞标价格比其生产成本低了 300 元 / 台，若中标，每销售一台产品将亏损 300 元。

**四、法律法规**

《反不正当竞争法》明确规定，经营者不得以排挤竞争对手为目的，以低于成本的价格销售商品。此外，《招标投标法》也规定，投标人不得以低于成本的报价竞标。这些法律法规旨在维护市场的公平竞争秩序，防止恶意低价竞标扰乱市场。

**五、影响**

损害企业利益：恶意低价竞标虽然能暂时获取市场份额，但长期来看，企业将面临巨大的亏损，甚至可能因此倒闭。

扰乱市场秩序：恶意低价竞标会破坏市场的公平竞争环境，导致其他企业难以生存，进而影响整个行业的健康发展。

损害消费者利益：低价产品往往伴随着质量问题，消费者购买后可能面临安全隐患和售后服务难题。

**六、正确做法**

加强行业自律：企业应加强自律意识，遵守法律法规和行业规范，不进行恶意低价竞标。

注重产品质量和服务：企业应重视产品质量和服务水平的提升，通过提高产品附加值来增强竞争力。

合理定价：企业应根据市场情况和自身成本进行合理定价，确保价格既能覆盖成本又包含一定的利润。

**七、正确的会计处理**

对于恶意低价竞标导致的亏损，企业应在会计处理上如实反映。具体来说，应将亏损计入当期损益，并在财务报表中予以披露。同时，企业应加强对成本控制和财务管理的监管，避免类似情况再次发生。

**八、结论**

总之，企业恶意低价竞标扰乱市场是不合理的。这种行为不仅违反法律法规，还会对企业、市场和消费者造成严重的负面影响。因此，企业应遵守法律法规和行业规范，注重产品质量和服务水平提升，实现可持续发展。

## 案例分析 3：缺乏履约能力的低价竞标

**一、背景**

在招投标过程中，有时一些企业会以异常低价竞标，但实际上其缺乏相应的履约能力。这种情况不仅损害了招标人的利益，也扰乱了市场秩序。以下是一个具体的案例，用以说明这种情况的不合理性。

**二、案例具体情况**

企业情况：C 公司是一家小型建筑工程公司，近期参与了一个价值 5 000 万元的公共建筑项目竞标。

竞标价格：C 公司的竞标价格为 3 500 万元，远低于其他竞标者，也明显低于其正常施工成本。

履约能力分析：经过调查，发现 C 公司在过去几年中财务状况不佳，多次出现资金链断裂的情况，且近年来承接的项目多数存在延期交付和质量问题。

**三、财务数据**

C 公司近三年财务报表显示，C 公司连续三年净利润为负，且负债总额逐年增加，资产负债率已接近警戒线。

项目成本估算：根据行业标准和类似项目的成本数据，该项目的正常施工成本应在 4 500 万元至 5 000 万元之间。

**四、分析**

1. 法律法规

《招标投标法》规定，投标人应当具备承担招标项目的能力，包括专业技术能力、资金能力、管理能力等。

投标人不得以低于成本的报价竞标，以扰乱市场秩序或损害招标人利益。

2. 影响

对招标人：若 C 公司中标，可能因资金不足、管理不善等原因导致项目延期、质量不达标，给招标人带来重大损失。

对市场：C 公司的低价竞标行为会扰乱市场秩序，影响其他正常经营企业的利益，形成“劣币驱逐良币”的恶性竞争环境。

对企业自身：缺乏履约能力的低价竞标虽然可能暂时使企业赢得项目，但长期来看，会损害企业的声誉和信誉，导致企业难以在市场中立足。

3. 正确做法

企业在参与竞标前，应充分评估自身的履约能力，确保能够按时、按质完成项目。

企业应遵守法律法规和行业规范，不进行恶意低价竞标等不正当竞争行为。

招标人在选择中标人时，应综合考虑投标人的价格、质量、工期、服务等因素，选择最符合项目需求的供应商。

4. 正确的会计处理

若企业以低价竞标且履约能力不足，出现违约或延期交付等情况，应在财务报表中如实反映相关损失和费用。

**五、结论**

企业应加强内部控制和风险管理，提高财务管理水平，确保财务数据的真实性和准确性。

综上所述，企业缺乏履约能力的低价竞标是不合理的。这种行为不仅违反了法律法规和行业规范，也会给招标人、市场和企业自身带来严重的负面影响。因此，企业应注重自身能力的建设，遵守市场规则，实现可持续发展。

## 案例分析 4：提供虚假信息的低价竞标

**一、背景**

在商业竞争中，一些企业为了中标，可能会采取提供虚假信息的手段，以低价竞标吸引招标方。这种行为不仅损害了其他竞标者的利益，也破坏了市场的公平竞争环境。以下是一个具体的案例，用于说明企业提供虚假信息的低价竞标的不合理性。

**二、案例具体情况**

企业情况：D 公司是一家电子产品生产企业，近期参与了一个大型政府采购项目的竞标。

竞标过程：D 公司以远低于市场平均价格的竞标价格吸引了招标方的注意。在竞标文件中，D 公司提供了虚假的财务数据、技术规格和产品质量保证，以证明其有能力以低价提供高质量的产品。

**三、财务数据**

实际财务数据：D 公司近三年的财务报表显示，其毛利率一直在 15% 左右，而竞标价格远低于其正常生产成本。

虚假财务数据：在竞标文件中，D 公司提供了伪造的财务报表，显示其毛利率高达 30%，从而营造出低价竞标仍有利可图的假象。

**四、分析**

1. 法律法规

《招标投标法》明确规定，投标人不得以他人名义投标或者以其他方式弄虚作假，骗取中标。

《反不正当竞争法》也规定，经营者不得对其商品的性能、功能、质量、销售状况、用户评价、曾获荣誉等进行虚假或者引人误解的商业宣传，欺骗、误导消费者。

2. 影响

损害招标方利益：如果 D 公司中标，由于其实际履约能力不足，可能导致项目延期、质量不达标等问题，给招标方带来损失。

扰乱市场秩序：D 公司的行为破坏了市场的公平竞争环境，可能导致其他企业也采取类似手段进行不正当竞争。

损害企业声誉：D公司被查实提供虚假信息后，D公司的声誉将受到严重损害，影响其未来的商业活动。

3. 正确做法

企业应严格遵守法律法规，不得提供虚假信息进行竞标。

企业应诚信经营，注重产品质量和服务水平，通过提高核心竞争力来赢得市场。

招标方应加强对投标文件的审核和验证，确保投标信息的真实性和准确性。

4. 正确的会计处理

如果企业因提供虚假信息被查实并受到处罚，相关损失和费用应在财务报表中如实反映。

企业应建立健全内部控制体系，加强财务管理和审计监督，确保财务信息的真实性和完整性。

**五、结论**

企业提供虚假信息的低价竞标是不合理的。这种行为违反了法律法规和行业规范，不仅损害了招标方和其他竞标者的利益，也破坏了市场的公平竞争环境。因此，企业应诚信经营，遵守法律法规和行业规范，通过提高核心竞争力来赢得市场。

## 专题一百零一：产品和服务质量是否存在问题

### 业务简介

**一、概念**

企业产品和服务质量是指企业提供给市场的产品或服务满足顾客需求、符合相关标准、具备可靠性和稳定性的程度。当产品或服务未能达到标准时，即视为存在质量问题。

**二、基本规定**

符合标准：企业生产和销售的产品必须符合国家、行业或企业自行设定的质量标准。

满足需求：产品或服务应满足顾客明示或隐含的需求和期望。

可靠性：产品在使用过程中应具有稳定性，不易出现故障或失效。

可追溯性：产品或服务的生产、销售、使用等环节应具有可追溯性，以便在出现问题时能够迅速找到原因。

**三、经常出现的违规问题**

不符合标准：企业在生产或销售过程中未能严格遵守国家或行业标准，导致产品或服务的质量低下。

虚假宣传：企业为吸引顾客，对产品或服务进行夸大宣传，误导消费者。

偷工减料：为降低成本，企业在生产过程中减少原材料的使用或采用劣质材料，导致产品质量下降。

售后服务不到位：企业未能提供及时、有效的售后服务，影响顾客的满意度。

**四、违规表现**

企业产品和服务质量存在问题的表现主要包括以下几种。

1. 对发现的质量问题不分类，无区别对待

行为描述：企业在面对产品质量问题时，未能根据问题的严重程度进行分类处理，对所有问题采取同样的处理方式。

目的与动机：简化处理流程、节省成本。

后果：这种做法可能导致轻微问题被过度处理，而严重问题却得不到足够的重视，从而影响

产品质量和消费者满意度。

2. 跟踪质量问题整改效果不严谨、不到位

行为描述：企业在对质量问题进行整改后，未能严谨地跟踪和验证整改效果，导致同样的问题可能再次发生。

目的与动机：节省时间、人力成本。

后果：这种做法可能使企业陷入反复处理相同质量问题的循环中，不仅影响产品和服务的质量，还增加企业的运营成本。

3. 生产假冒伪劣产品

行为描述：企业使用劣质原材料和粗糙工艺制造出外观近似但品质低劣的产品，以低价格吸引消费者。

目的与动机：降低成本，获取更大的利润空间；通过低价策略吸引消费者，提高市场份额。

后果：损害合法正规经营企业的利益；给消费者的健康和安全带来风险；破坏市场秩序和消费者信心。

4. 虚假宣传

行为描述：企业通过夸大产品功效、隐瞒产品缺陷和危害等手段误导消费者，以获取更多的市场份额。

目的与动机：提升产品的竞争力，吸引更多消费者购买，从而增加销售额和利润。

后果：欺骗消费者；扰乱市场经济秩序；损害企业信誉和长期利益。

5. 将不合格产品流入市场

行为描述：企业为了降低成本和缩短生产周期，将未通过质量检验的不合格产品流入市场。

目的与动机：降低成本、提高生产效率、快速占领市场或满足交货期限要求。

后果：无法满足消费者的需求；对消费者的生命安全构成威胁；降低整个行业的质量水准；影响消费者的信心和企业的长期发展。

6. 掺杂、掺假，以假充真，以次充好

行为描述：企业在产品中掺杂、掺假，或以不合格产品冒充合格产品，欺骗消费者。

目的与动机：获取更高的利润，掩盖产品质量问题，提升产品的市场竞争力。

后果：企业被责令停止生产、销售；违法生产、销售的产品被没收；面临罚款甚至吊销营业执照的法律风险；严重损害企业形象和消费者信任。

## 法律法规

企业产品和服务质量是否存在问题的相关法律法规涉及多个层面，包括法律法规、政策文件以及监管要求等，具体如下。

**一、法律法规**

《产品质量法》：该法明确规定了生产者对其生产的产品质量负责，要求产品不存在危及人身、财产安全的不合理危险，并符合相关的国家标准、行业标准，以及产品应当具备一定的使用性能。此外，生产者不得掺杂、掺假，不得以假充真、以次充好，不得以不合格产品冒充合格产品。

《消费者权益保护法》：该法旨在保护消费者的合法权益，规定了经营者在提供产品或者服务时应当履行的义务，包括保障产品或者服务的质量、性能、用途和有效期限等。

《中华人民共和国标准化法》：该法规定了国家标准、行业标准、地方标准和企业标准的制定、修订和实施，要求企业按照标准组织生产经营活动，保证产品和服务质量。

**二、政策文件**

《进一步提高产品、工程和服务质量行动方案（2022—2025 年）》：该文件是多部门发布的

关于提高产品和服务质量的行动方案，要求企业树立质量第一的强烈意识，加强质量管理，提升产品和服务质量水平。

其他相关部门的政策文件：如工业和信息化部、商务部等部门发布的关于产品质量提升、品牌建设等方面的政策文件，也对企业产品和服务质量提出了明确要求。

**三、监管要求**

质量标准与认证：企业应当制定适用于其产品的质量标准，并通过认证机构进行评估和认证。这有助于确保产品符合一定的质量要求，提高消费者信心。

质量检测与测试：企业应当建立完善的质量检测机制，对产品进行严格的检测和测试。这包括原材料和成品的抽样检测，以确保产品的质量符合标准和规定。

生产过程监控：企业应当对生产过程进行常态监控，以及时发现和纠正可能存在的质量问题。监控生产设备和操作流程，可以减少质量缺陷的发生，提高产品的整体品质。

供应链管理：企业应当对供应链进行有效的管理和监控，确保所有供应商和合作伙伴都遵守质量要求。供应链管理包括合同管理、供应商评估和风险管理等措施，以降低供应链中质量风险的发生。

消费者投诉和召回管理：企业应当建立完善的投诉处理机制，及时处理消费者的投诉，并采取必要的措施解决问题。在发现产品质量问题时，企业应迅速进行产品召回，保护消费者的权益和安全。

法规合规：企业应当严格遵守相关的法律法规和政策文件，确保产品的生产、销售和使用符合法律要求。这包括产品标签和说明书的合规性、环境保护要求等方面的遵守。

总之，企业产品和服务质量是否存在问题的相关法律法规涵盖了法律法规、政策文件以及监管要求等多个方面。企业应当认真学习和遵守这些规定，加强质量管理，提升产品和服务质量水平，以满足消费者的需求和期望。

## 合规程序与方法

检查企业产品和服务质量是一个复杂且系统的过程，它要求企业全面、深入地审视其产品和服务，以确保它们符合相关法律法规、行业标准以及客户要求。以下将详细解释这一过程，包括合规程序、检查方法、检查步骤以及可能的影响因素。

**一、合规程序**

1. 规划与准备

在规划和准备阶段，企业需要明确检查的目标和要求。首先，企业应深入研究并了解与产品和服务质量相关的法律法规、行业标准以及客户要求。这包括产品质量法、消费者权益保护法、行业质量标准等。其次，企业应制定详细的检查计划，明确检查的时间、范围、人员以及所需资源。最后，企业应组织相关人员进行培训，确保他们了解检查的程序、方法以及要求。

2. 实施检查

在实施检查阶段，企业应按照检查计划，对产品和服务的各个环节进行全面、深入的检查。这包括原材料采购、生产过程、产品检验、包装运输以及售后服务等。企业应运用各种检查方法，如抽样检验、现场观察、数据分析等，对产品和服务的质量进行全面评估。同时，企业还应关注客户反馈和投诉，以便及时发现并解决问题。

3. 整改与改进

在发现问题后，企业应立即进行整改。首先，企业应分析问题产生的原因，制定相应的整改措施。其次，企业应明确整改的责任人和时间节点，确保问题得到及时解决。再次，企业应对整改结果进行跟踪和验证，确保问题得到彻底解决。最后，企业还应根据检查结果和客户反馈，不断改进产品和服务质量，提升客户满意度。

4. 持续改进

企业应建立持续改进的机制，定期对产品和服务质量进行检查和评估。通过收集和分析数据，企业可以了解产品和服务质量的变化趋势，发现潜在问题并采取相应措施。同时，企业还应关注行业发展和技术变革，及时调整产品和服务相关策略，以满足客户需求和应对市场变化。

**二、检查方法**

1. 抽样检验

抽样检验是一种常用的检查方法，它通过对部分产品进行检验来推断整体产品的质量状况。企业应根据产品特点和检验要求，制定合理的抽样方案。在抽样过程中，企业应确保样品的代表性和随机性，避免人为干扰和误差。在检验过程中，企业应严格按照相关标准和要求进行操作，确保检验结果的准确性和可靠性。

2. 现场观察

现场观察是一种直观、有效的检查方法，它通过对生产现场的观察来了解产品和服务质量的实际情况。企业可以组织专业人员对生产现场进行定期或不定期的巡视和检查，关注生产过程中的关键环节和质量控制点。通过现场观察，企业可以及时发现生产过程中的问题并采取相应的措施进行改进。

3. 数据分析

数据分析是一种基于数据的检查方法，它通过对大量数据的收集、整理和分析来评估产品和服务质量。企业可以建立质量数据库，收集与产品和服务质量相关的数据，如生产数据、检验数据、客户反馈数据等。通过对这些数据进行分析，企业可以了解产品和服务质量的分布情况、变化趋势以及存在的问题。同时，企业还可以利用数据分析工具和方法，对产品和服务质量进行预测。

**三、检查步骤**

1. 明确检查目标和要求

在进行检查之前，企业应明确检查的目标和要求。这包括了解相关法律法规、行业标准以及客户要求，明确检查的范围、重点和时间节点等。

2. 制定检查计划

企业应制定详细的检查计划，明确检查的时间、人员、资源以及具体步骤和要求。同时，企业还应组织相关人员进行培训，确保他们了解检查的程序、方法以及要求。

3. 实施检查

按照检查计划，企业应对产品和服务的各个环节进行全面、深入的检查。在检查过程中，企业应运用各种检查方法，如抽样检验、现场观察、数据分析等，对产品和服务的质量进行全面评估。

4. 发现问题并整改

在检查过程中，如发现问题，企业应立即进行整改。首先，企业应分析问题产生的原因，制定相应的整改措施。其次，企业应明确整改的责任人和时间节点，确保问题得到及时解决。最后，企业应对整改结果进行跟踪和验证，确保问题得到彻底解决。

5. 持续改进

企业应建立持续改进的机制，定期对产品和服务质量进行检查和评估。通过收集和分析数据，企业可以了解产品和服务质量的变化趋势，发现潜在问题并采取相应措施进行改进。同时，企业还应关注行业发展和技术变革，及时调整产品和服务策略以满足客户需求和市场变化。

**四、可能的影响因素**

1. 法律法规变化

法律法规的变化可能对产品和服务质量产生重大影响。因此，企业应密切关注相关法律法规的更新和变化，及时调整产品和服务策略以满足新的法律法规要求。

2. 行业标准变化

行业标准的变化也可能对产品和服务质量产生影响。企业应关注行业标准的更新和变化，及时调整产品和服务质量以满足新的标准要求。

3. 客户需求变化

客户需求的变化是产品和服务质量改进的重要驱动力。企业应关注客户反馈和投诉，及时了解客户需求的变化并采取相应的措施进行改进。

4. 技术进步

技术进步为产品和服务质量的提升提供了可能。企业应关注新技术的发展和应用，积极探索新的产品和服务模式以满足客户需求。

5. 供应链管理

供应链管理对产品和服务质量具有重要影响。企业应建立完善的供应链管理体系，确保原材料和零部件的质量和供应稳定性。同时，企业还应与供应商建立长期稳定的合作关系以确保产品和服务质量的稳定性和可靠性。

综上所述，检查企业产品和服务质量是一个复杂且系统的过程。企业需要全面、深入地审视其产品和服务质量以确保它们符合相关法律法规、行业标准以及客户期望。通过制定详细的检查计划、运用各种检查方法以及建立完善的持续改进机制，企业可以不断提升产品和服务质量，满足客户需求，并在市场中取得竞争优势。

## 案例分析 1：对发现的质量问题不分类，无区别对待

**一、背景**

近年来，随着市场竞争的加剧和消费者对产品和服务质量要求的提高，某电子产品制造企业（以下称“A 公司”）在快速扩张的过程中，逐渐暴露出对质量问题处理不当的问题。A 公司一度将质量问题视为日常运营中的“小插曲”，未能根据问题的严重性和影响程度进行分类处理，导致产品和服务质量出现严重下滑，客户投诉率飙升，市场份额逐渐缩小。

**二、案例具体情况**

A 公司在生产过程中，发现部分手机存在电池发热、屏幕闪烁等问题。然而，由于公司内部对质量问题的处理缺乏统一标准，这些问题并未得到及时有效的分类和处理。具体而言，A 公司对不同严重程度的质量问题，采取了“一刀切”的处理方式，即对所有问题均采取简单的退换货处理，而未深入分析产生问题的根本原因，并采取针对性的纠正措施。

**三、财务数据**

根据 A 公司 2020—2022 年的财务报告，由于质量问题导致的退换货成本逐年增加，从 2020 年的 500 万元人民币增长到 2022 年的 2 000 万元人民币，增长了近三倍。同时，由于质量问题导致的客户流失和市场份额下降，使得公司销售收入也呈现下滑趋势，从 2020 年的 10 亿元人民币下降到 2022 年的 7 亿元人民币。

**四、法律法规**

根据《产品质量法》的相关规定，企业应当对其生产、销售的产品质量负责，对于存在质量问题的产品，应当及时采取修理、更换、退货等措施，并依法承担相关责任。同时，企业应当建立健全质量管理体系，加强产品质量控制，确保产品质量符合相关标准和要求。

**五、影响及正确做法**

A 公司对发现的质量问题不分类、无区别对待的处理方式，导致了以下负面影响。

增加了公司的运营成本，降低了经济效益。

损害了公司的品牌形象和声誉，降低了客户信任度。

未能从根本上解决质量问题，导致问题反复出现。

正确的做法如下。

建立完善的质量管理体系，明确质量问题的分类和处理标准。

对于严重程度不同的质量问题，采取不同的处理措施，如修理、更换、退货等，并深入分析产生问题的根本原因，采取针对性的纠正措施。

加强与供应商的合作与沟通，确保原材料和零部件的质量符合标准。

提高员工的质量意识，加强质量培训和教育，确保员工能够熟练掌握质量控制技能。

**六、正确的会计处理**

对于因质量问题导致的退换货成本，A 公司应当按照相关会计准则进行会计处理。具体而言，应将退换货成本计入营业成本或销售费用等，并在财务报表中如实披露相关信息。同时，公司还应加强内部控制，确保退换货成本的核算准确、完整。

**七、结论**

综上所述，A 公司对发现的质量问题不分类、无区别对待的处理方式，导致了严重的经济后果和品牌形象损失。为了提升产品和服务质量，A 公司应当建立完善的质量管理体系，加强质量控制和员工培训，确保问题得到及时有效的解决。

## 案例分析 2：跟踪质量问题整改效果不严谨、不到位

**一、背景**

某知名汽车制造商（以下称“B 公司”）在近年来因产品质量问题频发而备受关注。尽管 B 公司在问题发生时采取了相应的整改措施，但由于对整改效果的跟踪不严谨、不到位，导致部分问题未能得到根本解决，产品和服务质量持续存在问题。

**二、案例具体情况**

B 公司曾在其主力车型中发现发动机漏油问题，并立即启动了整改计划。然而，在整改过程中，B 公司未能对整改效果进行严格的跟踪和评估。具体而言，B 公司仅仅更换了存在问题的发动机零部件，并未对更换后的零部件进行长期的质量跟踪和性能测试。此外，B 公司也未能对生产过程中的质量控制环节进行彻底的审查和改进，导致类似问题在后续生产中继续出现。

**三、财务数据**

由于对质量问题整改效果跟踪不严谨、不到位，B 公司遭受了巨大的经济损失。财务报告显示，因发动机漏油问题导致的客户投诉费用和召回成本逐年上升，从 2020 年的 1 000 万元人民币激增至 2022 年的 5 000 万元人民币。此外，由于品牌形象受损，B 公司的市场份额也呈现下滑趋势，销售额由 2020 年的 50 亿元人民币下降至 2022 年的 35 亿元人民币。

**四、法律法规**

根据《产品质量法》的规定，企业应当对其生产、销售的产品质量负责，并在发现问题后采取有效的整改措施。同时，企业应当对整改效果进行跟踪和评估，确保问题得到根本解决。此外，企业还应建立健全质量管理体系，加强质量控制和员工培训，提高产品和服务质量。

**五、影响及正确做法**

B 公司对质量问题整改效果跟踪不严谨、不到位的做法带来了以下负面影响。

增加了公司的运营成本，降低了经济效益。

损害了公司的品牌形象和声誉，降低了客户信任度。

未能从根本上解决质量问题，导致问题反复出现。

正确的做法如下。

在启动整改计划时，明确整改目标和预期效果，并制定详细的跟踪和评估计划。

对整改过程中的每个环节进行严格的监督和检查，确保整改措施得到有效执行。

对整改后的产品进行长期的质量跟踪和性能测试，确保问题得到根本解决。

深入分析产生问题的根本原因，并采取针对性的纠正措施，防止类似问题再次发生。

加强与供应商的合作与沟通，确保原材料和零部件的质量符合标准。

**六、正确的会计处理**

对于因质量问题导致的召回成本和客户投诉费用，B 公司应当按照相关会计准则进行会计处理。具体而言，应将召回成本计入营业成本或销售费用等，并在财务报表中如实披露相关信息。同时，公司还应加强内部控制，确保相关费用的核算准确、完整。此外，对于因质量问题导致的销售收入减少，公司也应在财务报表中进行相应的调整。

## 案例分析 3：生产假冒伪劣产品

**一、背景**

近年来，随着市场竞争的加剧和消费者对产品质量要求的提高，一些不法企业开始采用生产假冒伪劣产品的方式来降低成本，获取非法利润。这些假冒伪劣产品不仅损害了消费者的权益，也扰乱了市场秩序，对合规企业的声誉和利益造成了严重损害。以下是一个具体的案例，展示了企业生产假冒伪劣产品的危害性。

**二、案例具体情况**

某电子产品制造商（以下称“C 公司”）为了降低成本，提高市场竞争力，开始生产并销售假冒的知名品牌电子产品。C 公司通过采购低质廉价的原材料和零部件，模仿知名品牌产品的外观和功能，生产出一批外观相似但性能较差的假冒伪劣产品。这些假冒伪劣产品在市场上以低价销售，吸引了一部分不明真相的消费者。

**三、财务数据**

由于 C 公司生产的假冒伪劣产品的性能较差，导致客户投诉率居高不下。根据 C 公司的财务报告，因假冒伪劣产品引发的退货率从 2020 年的 5% 上升到 2022 年的 15%，退货金额从 500 万元人民币增加到 2 000 万元人民币。同时，由于品牌形象受损，C 公司的市场份额逐年下降，销售额从 2020 年的 2 亿元人民币下降到 2022 年的 1 亿元人民币。

**四、法律法规**

《产品质量法》明确规定，禁止生产、销售不符合保障人体健康和人身、财产安全的标准和要求的工业产品。同时，《反不正当竞争法》规定，经营者不得采用虚假或者引人误解的手段欺骗、误导消费者。C 公司生产销售假冒伪劣产品的行为，明显违反了上述法律法规的规定。

**五、影响及正确做法**

C 公司生产销售假冒伪劣产品的行为带来了以下负面影响。

损害了消费者的权益，对消费者的健康和安全构成威胁。

扰乱了市场秩序，破坏了公平竞争的市场环境。

损害了合规企业的声誉和利益，影响了整个行业的健康发展。

正确的做法如下。

严格遵守国家法律法规，不生产、销售假冒伪劣产品。

加强质量管理和控制，确保产品符合相关标准和要求。

提高企业诚信意识，树立诚信经营的良好形象。

加强与消费者和监管部门的沟通与合作，积极履行社会责任。

**六、正确的会计处理**

对于因生产销售假冒伪劣产品而引发的退货和赔偿等费用，C 公司应当按照会计准则和税法规定进行会计处理。具体而言，退货费用应计入销售费用或营业外支出等；赔偿费用应计入营业外支出等。同时，C 公司还应加强内部控制和审计，确保相关费用的核算准确、完整。

### 七、结论

总之，C 公司生产销售假冒伪劣产品的行为不仅损害了消费者的权益和市场秩序，也对公司自身的发展造成了严重损害。因此，公司应当严格遵守国家法律法规和道德准则，加强质量管理和控制，树立诚信经营的良好形象。

## 案例分析 4：虚假宣传

### 一、背景

近年来，随着市场竞争的加剧，一些企业为了快速吸引消费者，采用虚假宣传的手段来夸大其产品或服务的性能和质量。这种行为不仅误导了消费者，也对整个市场的公平竞争环境造成了负面影响。以下是一个具体的案例，展示了企业虚假宣传的危害性。

### 二、案例具体情况

某健康食品公司（以下称“D 公司”）为了提升产品销量，通过其官方网站、社交媒体平台以及线下宣传册等多种渠道，宣称其生产的某种健康食品具有“神奇疗效”，能够治疗多种慢性疾病，甚至声称具有“抗癌”效果。然而，经过相关部门的调查，发现 D 公司的这些宣传内容并未经过科学验证，且与实际效果存在严重出入。

### 三、财务数据

由于 D 公司的虚假宣传，其销售额在短时间内得到了迅速提升。根据 D 公司的财务报告，2022 年该产品的销售额达到了 1 亿元人民币，相比 2021 年增长了 50%。然而，随着消费者对产品实际效果的质疑和投诉增多，D 公司的退货率和赔偿费用也大幅增加。据统计，2022 年 D 公司的退货率达到了 20%，退货金额高达 2 000 万元人民币；同时，因虚假宣传引发的赔偿费用也达到了 1 000 万元人民币。

### 四、法律法规

《反不正当竞争法》第八条规定：“经营者不得对其商品的性能、功能、质量、销售状况、用户评价、曾获荣誉等作虚假或者引人误解的商业宣传，欺骗、误导消费者。”此外，《中华人民共和国广告法》第三条明确规定：“广告应当真实、合法，以健康的表现形式表达广告内容，符合社会主义精神文明建设和弘扬中华民族优秀传统文化的要求。”D 公司的虚假宣传行为明显违反了上述法律法规的规定。

### 五、影响及正确做法

D 公司的虚假宣传行为带来了以下负面影响。

误导了消费者，使消费者对产品的实际效果产生误解，从而损害了消费者的权益。

破坏了市场的公平竞争环境，使其他遵守法律法规、诚信经营的企业受到不公平竞争的影响。

损害了企业的声誉和形象，降低了消费者对企业的信任度。

正确的做法如下。

严格遵守国家法律法规，不进行任何虚假宣传，确保宣传内容的真实性和准确性。

加强产品质量管理和控制，确保产品符合相关标准和要求，提高产品的质量和性能。

加强与消费者的沟通和交流，及时解答消费者的疑问，增强消费者的信任度和满意度。

### 六、正确的会计处理

对于因虚假宣传而引发的退货和赔偿等费用，D 公司应当按照会计准则和税法规定进行会计处理。具体而言，退货费用应计入销售费用或营业外支出等；赔偿费用应计入营业外支出等。同时，D 公司还应加强内部控制和审计，确保相关费用的核算准确、完整。

## 案例分析 5：将不合格产品流入市场

**一、背景**

在招投标领域，企业的诚信和产品质量是至关重要的。然而，一些企业为了中标，不惜采用各种手段，包括将不合格产品流入市场并在投标文件中提供虚假信息。这种行为不仅损害了消费者的权益，也破坏了招投标市场的公平竞争环境。以下是一个具体的案例，展示了将企业不合格产品流入市场的危害性。

**二、案例具体情况**

某建筑材料公司（以下称“E 公司”）在参与一项大型基础设施建设的招投标活动中，为了中标，故意将一批不合格的建筑材料流入市场，并在投标文件中提供虚假的质量证明和检测报告。E 公司声称这批材料符合国家标准，具有优异的性能和质量。然而，在后续的施工过程中，这些材料被发现存在严重的质量问题，如强度不达标、易碎等，给工程质量和安全带来了极大的隐患。

**三、财务数据**

E 公司由于将不合格产品流入市场并中标，非法获得了高达 5 000 万元人民币的合同金额。然而，随着材料问题的暴露，E 公司不得不面临一系列的赔偿和罚款。据统计，E 公司因质量问题导致的赔偿费用达到了 1 000 万元人民币，同时因违反招投标法规被处以罚款 500 万元人民币。此外，由于声誉受损，E 公司在未来的招投标活动中也受到了严重的限制和排挤。

**四、法律法规**

《产品质量法》明确规定，生产者、销售者应当对其生产、销售的产品质量负责，不得生产、销售不符合保障人体健康和人身、财产安全的标准和要求的工业产品。《招标投标法》规定，投标人不得以低于成本的报价竞标，不得以他人名义投标或者以其他方式弄虚作假，骗取中标。E 公司的行为明显违反了上述法律法规的规定。

**五、影响及正确做法**

E 公司的行为带来了以下负面影响。

损害了消费者的权益，给工程质量和安全带来了极大的隐患。

破坏了招投标市场的公平竞争环境，使其他诚信经营的企业受到不公平的竞争压力。

损害了 E 公司的声誉和形象，降低了其在市场中的竞争力。

正确的做法如下。

严格遵守国家法律法规，不生产、销售不合格产品，确保投标文件中的信息真实、准确、完整。

加强产品质量管理和控制，提高产品质量和性能，确保产品符合相关标准和要求。

在招投标过程中，坚持诚信经营，不采用任何弄虚作假、骗取中标的行为。

**六、正确的会计处理**

对于因不合格产品流入市场而引发的赔偿和罚款等费用，E 公司应当按照会计准则和税法规定进行会计处理。具体而言，赔偿费用应计入营业外支出或营业成本等；罚款费用应计入营业外支出。同时，E 公司还应加强内部控制和审计，确保相关费用的核算准确、完整。此外，为了预防类似事件的发生，E 公司还应加强内部管理，提高员工的法律意识和诚信意识。

## 案例分析 6：掺杂、掺假，以假充真，以次充好

**一、背景**

在招投标领域，一些企业为了中标，可能会采取掺杂、掺假，以假充真，以次充好等手段，并在投标文件中提供虚假的质量信息。这种行为不仅损害了消费者的权益，也破坏了招投标市场

的公平竞争环境。以下是一个具体的案例，展示了这种行为的危害性。

**二、案例具体情况**

某建材公司（以下称“F公司”）为了中标某大型工程项目，在投标文件中声称其提供的建材产品均符合国家标准，具有优异的性能和质量。然而，在实际生产过程中，F公司却采取了掺杂、掺假的方式，将劣质材料混入产品中，以降低成本并提高竞争力。此外，F公司还伪造了相关质量证明文件和检测报告，以证明其产品符合投标要求。

**三、财务数据**

由于F公司的掺杂、掺假行为，其实际生产成本被显著降低。F公司内部数据显示，其使用劣质材料替代优质材料后，每吨产品的成本降低了约20%。然而，这种成本降低是以牺牲产品质量为代价的。在实际施工中，F公司的建材产品出现了大量问题，如强度不足、易碎等，给工程质量和安全带来了极大的隐患。

由于产品质量问题，F公司不仅面临了高额的赔偿费用，还受到了相关监管部门的处罚。据统计，F公司因质量问题导致的赔偿费用达到了500万元人民币，同时因违反招投标法规被处以罚款300万元人民币。此外，F公司的声誉也受到了严重损害，其未来的招投标活动将受到极大的限制。

**四、法律法规**

《产品质量法》第四十九条明确规定：“在产品中掺杂、掺假，以假充真，以次充好，或者以不合格产品冒充合格产品的，责令停止生产、销售，没收违法生产、销售的产品，并处违法生产、销售产品货值金额百分之五十以上三倍以下的罚款；有违法所得的，并处没收违法所得；情节严重的，吊销营业执照；构成犯罪的，依法追究刑事责任。”

**五、影响及正确做法**

F公司的行为带来了以下负面影响。

损害了消费者的权益，给工程质量和安全带来了极大的隐患。

破坏了招投标市场的公平竞争环境，使其他诚信经营的企业受到不公平的竞争压力。

损害了F公司的声誉和形象，降低了其在市场中的竞争力。

正确的做法如下。

严格遵守国家法律法规，不掺杂、掺假，确保产品的质量和安全。

加强内部管理，建立完善的质量控制体系，确保产品质量符合相关标准和要求。

在招投标过程中，坚持诚信经营，不提供任何虚假信息，确保投标文件的真实性和准确性。

**六、正确的会计处理**

对于因掺杂、掺假行为而引发的赔偿和罚款等费用，F公司应当按照会计准则和税法规定进行会计处理。具体而言，赔偿费用应计入营业外支出或营业成本等；罚款费用应计入营业外支出。同时，F公司还应加强内部控制和审计，确保相关费用的核算准确、完整。此外，为了预防类似事件的发生，F公司还应提升员工的法律意识和诚信意识。

## 专题一百零二：是否存在扰乱市场秩序的行为

### 业务简介

**一、概念**

扰乱市场秩序的行为，是指企业在市场经济活动中，违反国家法律法规，通过不正当手段，破坏公平、公正、有序的市场竞争环境，损害其他经营者和消费者的合法权益，从而影响市场正常运行的行为。

**二、基本规定**

根据《反不正当竞争法》等相关法律法规，企业应当遵循自愿、平等、公平、诚信的原则，遵守公认的商业道德，不得从事扰乱市场秩序的行为。具体规定包括但不限于：

不得采用虚假宣传、误导性陈述等手段欺骗、误导消费者；

不得捏造、散布虚假信息，损害竞争对手的商业信誉、商品声誉；

不得通过搭售、附加不合理条件等手段限制交易；

不得实施价格歧视、低价倾销等不正当价格行为；

不得侵犯他人的商业秘密、知识产权等合法权益。

**三、经常出现的违规问题**

虚假宣传：企业夸大产品性能、效果，发布虚假广告，误导消费者。

商业贿赂：企业以提供回扣、佣金等手段，向交易对方或其工作人员提供利益，以获取交易机会。

侵犯商业秘密：企业非法获取、披露或使用他人的商业秘密，破坏公平竞争。

实施不正当价格行为：企业实施价格歧视、低价倾销等不正当价格行为，扰乱市场价格秩序。

**四、违规表现**

企业存在扰乱市场秩序的行为的表现主要包括以下几种。

1. 损害竞争对手的商业信誉、商品声誉

行为描述：企业通过捏造并散布虚假信息，对竞争对手的商业信誉或商品声誉进行损害。

目的与动机：通过这种方式，企业试图削弱竞争对手的市场地位，从而为自己争取更多的市场份额。

后果：这种行为可能导致被攻击企业的声誉受损，进而影响其销售和市场份额，同时也破坏了市场的公平竞争环境。

2. 非法经营

行为描述：企业违反国家规定，进行非法经营，如未经许可经营法律、行政法规规定的专营、专卖物品，或者买卖进出口许可证、进出口原产地证明等。

目的与动机：获取更高的利润，规避某些法规限制。

后果：这种行为严重破坏了市场的秩序，导致国家经济损失，同时也会影响企业的声誉和发展。

3. 强迫交易

行为描述：企业可能使用暴力、威胁等手段强买强卖商品，强迫他人提供或者接受服务，或者强迫他人参与或者退出投标、拍卖等。

目的与动机：快速达成交易，扩大市场份额；获取某种特定的利益。

后果：这种行为严重侵犯了其他市场参与者的自主选择权，破坏了市场的公平竞争原则，同时也可能引发社会不满和冲突。

4. 欺诈

行为描述：企业在商业交易中采取虚假宣传、隐瞒重要信息等欺诈手段，欺骗其他市场参与者。

目的与动机：通过欺诈手段获取不正当利益，提高销售业绩，扩大市场份额。

后果：这种行为会损害消费者的权益，破坏市场的信任机制，导致市场秩序混乱。

5. 不正当竞争

行为描述：企业通过侵犯他人商业秘密、恶意诋毁竞争对手、操纵市场价格等不正当手段进行竞争。

目的与动机：获取竞争优势，打压竞争对手，从而夺取更多的市场份额和利润。

后果：不正当竞争会破坏市场的公平竞争环境，损害其他企业的利益，同时也可能影响消费者的利益。

6. 价格垄断

行为描述：企业通过串通、协定、操纵市场价格等手段限制市场竞争，导致价格过高或过低。

目的与动机：获取更高的利润，控制市场份额。

后果：价格垄断会破坏市场的价格机制，导致资源配置效率下降，同时也会损害消费者的利益。

## 法律法规

企业在经营过程中，必须遵守一系列法律法规、政策文件和符合监管要求，以确保市场秩序的稳定和公平。以下是一些关于企业是否存在扰乱市场秩序行为的法规规定。

**一、法律法规**

《反不正当竞争法》：该法明确禁止了多种不正当竞争行为，如虚假宣传、商业贿赂、侵犯商业秘密等。企业若采取这些手段获取竞争优势，将构成扰乱市场秩序的行为。

《反垄断法》：该法旨在防止和限制企业滥用市场支配地位，排除、限制竞争。企业若通过合并、收购等方式获取市场支配地位，进而实施垄断行为，将扰乱市场秩序。

《中华人民共和国治安管理处罚法》：该法第二十三条明确规定了扰乱企业、事业单位秩序的行为和处罚措施。对于扰乱经营场所正常经营秩序的行为，根据情节轻重，企业可能受到警告、罚款、拘留等处罚。

**二、政策文件**

《关于在市场监管领域全面推行部门联合“双随机、一公开”监管的意见》：该文件要求加强市场监管，通过随机抽取检查对象、随机匹配执法检查人员、及时公开抽查检查结果等方式，提高监管效率和公正性，防止企业扰乱市场秩序。

《关于促进市场公平竞争维护市场正常秩序的若干意见》：该文件强调要建立健全市场公平竞争机制，加强反垄断和反不正当竞争执法，严厉打击各种扰乱市场秩序的行为。

**三、监管要求**

加大执法力度：监管部门应加大对企业的监管力度，对发现的扰乱市场秩序的行为依法进行查处，维护市场公平竞争秩序。

完善监管机制：建立健全市场监管机制，加强部门之间的协调配合，形成监管合力，提高监管效率。

加强宣传教育：加强对企业和公众的宣传教育，提高其对市场秩序重要性的认识，共同维护良好的市场环境。

总之，企业在经营过程中必须严格遵守相关法律法规、政策文件和符合监管要求，不得采取任何扰乱市场秩序的行为。同时，监管部门也应加大监管和宣传教育力度，共同维护良好的市场环境。

## 合规程序与方法

检查企业是否存在扰乱市场秩序的行为，是维护公平竞争、保障消费者权益和市场健康发展的重要环节。为了确保这一过程的准确性、完整性和合规性，需要遵循一套明确的合规程序与方法。以下将详细解释这一过程的各个环节。

## 一、合规程序

检查企业是否存在扰乱市场秩序的行为，一般包括以下几个主要程序：明确合规要求、建立合规检查团队、制定检查计划、实施检查、分析检查结果、整改与完善、持续改进与监督。

### （一）明确合规要求

研究法律法规：企业需要深入研究国家法律法规，明确与企业经营活动相关的合规要求。这包括但不限于《反不正当竞争法》《价格法》《消费者权益保护法》等。

制定合规标准：在研究法律法规的基础上，企业需结合自身实际情况，制定符合企业特点的合规标准。这些标准应明确界定扰乱市场秩序的行为范围，如虚假宣传、价格欺诈、垄断行为等。

### （二）建立合规检查团队

团队组建：企业应组建专门的合规检查团队，团队成员应具备法律、财务、审计、业务等多方面的专业知识。团队成员应经过专业培训，熟悉相关法律法规和合规标准。

职责划分：明确团队成员的职责和权限，确保检查工作能够有序进行。例如，法律顾问负责提供法律咨询和风险评估，内部审计人员负责财务和业务流程的审查，业务部门负责人负责自查和整改工作等。

### （三）制定检查计划

确定检查范围：根据企业的经营范围和合规要求，确定检查的范围和重点。这包括企业的财务管理、市场营销、合同管理、供应链管理等方面。

确定检查时间和频率：根据企业的实际情况和法律法规的要求，确定检查的时间和频率。一般来说，企业应定期进行合规检查，如每季度或每年进行一次。

选择检查方式和方法：选择合适的检查方式和方法，如现场检查、远程检查、内部审计等。同时，应充分利用现代科技手段，如数据分析工具、合规软件等，提高检查的效率和准确性。

### （四）实施检查

数据收集：收集与企业经营活动相关的数据和信息，包括财务报表、销售记录、合同文件、宣传资料等。这些数据和信息是判断企业是否存在扰乱市场秩序的行为的重要依据。

实地调查：对企业进行现场调查，了解企业的实际运营情况和合规状况。实地调查可以通过观察、询问、检查等方式进行。

风险评估：根据收集到的数据和信息，对企业的合规风险进行评估。评估结果将作为后续整改和完善的依据。

### （五）分析检查结果

问题识别：对检查结果进行仔细分析，识别出企业存在的合规问题。这些问题可能包括虚假宣传、价格欺诈、垄断行为等。

问题分类：将识别出的问题进行分类，按照问题的性质、严重程度和影响范围进行划分。这有助于企业更好地了解问题的整体情况和制定有针对性的整改措施。

报告编制：将检查结果和分析结果编制成合规检查报告，向企业高层领导和相关部门汇报。报告应客观、准确、全面地反映企业的合规状况和问题。

### （六）整改与完善

制定整改计划：针对识别出的问题，制定具体的整改计划。整改计划应明确整改目标、措施、责任人和时间表等要素。

落实整改措施：按照整改计划的要求，落实各项整改措施。这可能包括修改宣传资料、调整价格策略、优化合同管理等。

监督与评估：对整改过程进行监督和评估，确保整改措施得到有效执行并取得预期效果。如果发现问题整改不彻底或存在新的合规风险，应及时调整和完善整改计划。

（七）持续改进与监督

合规培训：加强对员工的合规培训和教育，提高员工的合规意识和能力。培训内容包括法律法规、行业规范、企业内部制度等。

合规文化建设：将合规理念融入企业文化中，形成全员参与、共同维护合规的良好氛围。

监督机制建立：建立合规监督机制，对企业的合规状况进行定期检查和评估。发现问题及时报告并督促整改。

持续改进：根据检查结果和整改情况，不断调整和完善合规程序和方法，提高合规检查的效率和准确性。同时，关注法律法规和行业规范的变化，及时更新合规标准。

**二、可能的影响因素**

法律法规变化：国家法律法规和行业规范的变化可能会影响企业的合规要求。企业需要密切关注这些变化，及时调整和完善合规标准。

企业经营策略调整：企业经营策略的调整可能会影响企业的合规状况。例如，企业进入新的市场领域或推出新的产品时，需要评估这些活动是否符合相关法律法规。

市场竞争状况：市场竞争状况的变化可能会影响企业的合规行为。在激烈的市场竞争中，一些企业可能会采取不正当手段来获取竞争优势，从而扰乱市场秩序。因此，企业需要加强合规检查和监督，确保自身行为的合规性。

总之，检查企业是否存在扰乱市场秩序的行为需要遵循一套明确的合规程序与方法。通过明确合规要求、建立合规检查团队、制定检查计划、实施检查、分析检查结果、整改与完善以及持续改进与监督等步骤，企业可以确保检查的准确性、完整性和合规性。同时，关注法律法规变化、企业经营策略调整和市场竞争状况等影响因素，及时调整和完善合规程序和方法，有助于提高企业的合规水平和市场竞争力。

## 案例分析 1：损害竞争对手的商业信誉、商品声誉

**一、背景**

在竞争激烈的市场环境中，一些企业为了获取更多的市场份额或打击竞争对手，采取损害竞争对手的商业信誉、商品声誉的手段，从而达到扰乱市场秩序的目的。以下是一个具体的案例，展示了这种行为。

**二、案例具体情况**

某电子产品制造商（以下称“A 公司”）为了打击其竞争对手 B 公司，雇用了一家网络公关公司，策划并实施了一系列针对 B 公司的负面宣传活动。这些活动包括在网络上发布虚假信息，声称 B 公司的产品质量存在严重问题，售后服务不到位，甚至捏造了 B 公司使用不合格原材料等信息。这些虚假信息迅速传播，对 B 公司的商业信誉和商品声誉造成了严重损害。

A 公司为此次负面宣传活动支付了 ×× 万元人民币的费用。该活动实施后，B 公司的销售额在短短几个月内下降了 ××%，市场份额也减少了 ×× 个百分点。同时，B 公司为了应对此次危机，投入了大量资源进行公关和危机管理，额外支出了 ×× 万元人民币。

**三、法律法规**

《反不正当竞争法》明确规定，经营者不得捏造、散布虚假信息，损害竞争对手的商业信誉、商品声誉。A 公司的行为不仅违反了法律法规，也破坏了市场公平竞争的原则。

**四、影响及正确做法**

A 公司损害 B 公司商业信誉、商品声誉的行为带来了以下负面影响。

破坏了 B 公司的商业信誉和商品声誉，导致消费者对其产品的信任度下降，进而影响了 B 公司的销售额和市场份额。

扰乱了市场秩序，使得市场竞争变得不公平，损害了诚信经营企业的利益。

增加了社会的交易成本，消费者需要花费更多的时间和精力去辨别产品的真伪和质量。

正确的做法如下。

遵守法律法规，不进行任何损害竞争对手商业信誉、商品声誉的行为。

提高自身产品的质量和售后服务水平，通过提供优质的产品和服务来赢得消费者的信任和支持。

在市场竞争中，采取正当的竞争手段，如提高产品性能、降低成本、优化营销策略等，来提高自身的竞争力。

**五、正确的会计处理**

A公司对于支付的负面宣传活动费用，应将其记入“销售费用”科目中。这笔费用是A公司为了打击竞争对手而支出的，不属于正常的生产经营成本，因此不能计入生产成本。

同时，B公司为了应对此次危机而支出的公关和危机管理费用，也应根据其性质记入相应的费用科目中。这些费用是为了维护公司的商业信誉和商品声誉而支出的，属于公司的正常经营成本。

需要指出的是，企业在经营过程中应遵守法律法规和道德准则，不进行任何损害他人利益的行为。只有这样，企业才能赢得消费者的信任和支持，实现长期可持续的发展。

## 案例分析2：非法经营

**一、背景**

在市场竞争日益激烈的环境下，一些企业为了快速获取利润，采取了非法经营的手段，这不仅损害了消费者的权益，也严重扰乱了市场秩序。以下是一个具体的案例，展示了企业非法经营行为。

**二、案例具体情况**

某药品生产企业（以下称“C公司”）为了降低成本，擅自更改了药品的生产工艺和配方，使用了不符合标准的原材料进行生产。同时，C公司还通过虚假宣传，夸大药品的治疗效果，诱导消费者购买。这些行为严重违反了药品管理的相关法律法规，扰乱了药品市场的正常秩序。

C公司在非法经营期间，共生产了××万瓶药品，销售额达到了××万元人民币。然而，由于药品质量不合格，导致大量消费者出现不良反应，C公司因此被消费者投诉，并赔偿了××万元人民币。此外，C公司还因违法生产药品被相关部门处以××万元人民币的罚款。

**三、法律法规**

《中华人民共和国药品管理法》明确规定，药品生产企业必须按照批准的生产工艺和配方进行生产，使用符合标准的原材料，确保药品的质量和安全。同时，药品生产企业不得进行虚假宣传，误导消费者。C公司的行为严重违反了这些规定，扰乱了药品市场的正常秩序。

**四、影响及正确做法**

C公司的非法经营行为带来了以下负面影响。

损害了消费者的权益，导致消费者出现不良反应，甚至危及生命。

扰乱了市场秩序，破坏了公平竞争的市场环境，损害了诚信经营企业的利益。

降低了公众对药品行业的信任度，影响了整个行业的声誉。

正确的做法如下。

严格遵守药品管理的相关法律法规，按照批准的生产工艺和配方进行生产，使用符合标准的原材料，确保药品的质量和安全。

不进行虚假宣传，真实、准确地宣传药品的疗效和用途，避免误导消费者。

加强企业的内部管理，建立健全的质量管理体系和风险控制机制，确保企业的合法经营。

**五、正确的会计处理**

对于C公司的非法经营行为，在会计处理上应当注意以下几点。

非法经营所得应当计入非法收入，不得作为企业的合法收入进行核算。

赔偿给消费者的款项应当计入营业外支出，反映企业因做出非法经营行为而承担的经济责任。

被相关部门处以的罚款应当计入营业外支出，并作为企业的成本进行核算。

综上所述，企业应当严格遵守相关法律法规，诚信经营，避免通过采取非法经营手段来获取利润。只有这样，才能确保企业的长期发展，维护市场的稳定。

## 案例分析3：强迫交易

**一、背景**

在市场经济中，企业间的竞争日益激烈，但也有一些企业为了快速获取利益，采取了强迫交易的行为，严重扰乱了市场秩序。以下是一个具体的案例，展示了企业强迫交易行为。

**二、案例具体情况**

某建材公司（以下称“D公司”）为了扩大市场份额，采取了强迫交易的手段。该公司通过低价策略吸引客户签订长期合同，但在合同履行过程中，却单方面提高产品价格，并威胁客户如果不接受高价，将停止供货，甚至采取法律手段追究违约责任。许多客户因为害怕失去供货渠道，被迫接受了D公司的不合理要求。

D公司在过去一年里，通过这种方式强迫交易的客户数量达到了××家，涉及金额高达××万元人民币。其中，D公司单方面提高的价格幅度平均为××%，导致客户额外支付了××万元人民币。这些行为不仅损害了客户的利益，也扰乱了建材市场的正常秩序。

**三、法律法规**

《刑法》第二百二十六条规定：“以暴力、威胁手段，实施下列行为之一，情节严重的，处三年以下有期徒刑或者拘役，并处或者单处罚金；情节特别严重的，处三年以上七年以下有期徒刑，并处罚金：（一）强买强卖商品的；（二）强迫他人提供或者接受服务的……。”D公司的行为明显违反了这一规定，属于强迫交易行为。

**四、影响及正确做法**

D公司的强迫交易行为带来了以下负面影响。

损害了客户的合法权益，使客户在交易中处于不利地位。

扰乱了市场秩序，破坏了公平竞争的市场环境，阻碍了市场的健康发展。

降低了企业的信誉和声誉，不利于企业的长期发展。

正确的做法如下。

遵守法律法规，不进行任何强迫交易行为。企业应通过提高产品质量、优化服务、降低成本等方式来提高竞争力，而不是通过非法手段来获取利益。

加强内部管理，建立健全的合同管理制度和风险控制机制。企业在与客户签订合同时，应明确双方的权利和义务，避免在合同履行过程中出现纠纷。

加强行业自律，共同维护市场秩序。企业应与同行业企业加强合作与交流，共同抵制强迫交易等不正当竞争行为，维护行业的健康发展。

**五、正确的会计处理**

对于D公司的强迫交易行为，在会计处理上应当注意以下几点。

对于通过强迫交易手段获得的收入，企业应当如实反映在财务报表中，并注明其来源和性质。

对于因强迫交易行为而产生的罚款或赔偿金等支出，企业应当计入营业外支出，并在财务报表中单独列示。

企业应当加强内部控制和风险管理，确保财务报表的真实性和准确性，避免违法违规行为带来的财务风险。

## 案例分析 4：欺诈

**一、背景**

在市场竞争中，一些企业为了获取不正当利益，采取欺诈手段，这不仅损害了消费者的权益，也严重扰乱了市场秩序。以下是一个具体的案例，展示了企业的欺诈行为。

**二、案例具体情况**

某房地产开发商（以下称“E 公司”）为了快速回笼资金，采取了一系列欺诈手段。首先，E 公司在楼盘销售过程中，虚构了多个热销场景，通过虚假广告宣称楼盘销售火爆，房源紧张，诱骗消费者尽快下单。同时，E 公司还故意隐瞒了楼盘存在的重大质量问题，如地基不稳、建筑材料不达标等，使消费者在不知情的情况下购买了存在安全隐患的房产。

**三、具体数据**

E 公司通过欺诈手段，成功吸引了 ×× 名消费者购买其楼盘，销售额达到了 ×× 亿元人民币。

事后，由于质量问题被曝光，E 公司被迫退还了 ×× 名消费者的购房款，并支付了 ×× 亿元人民币的赔偿金。

此外，E 公司还因欺诈行为被相关部门处以 ×× 亿元人民币的罚款。

**四、法律法规**

根据《刑法》第二百六十六条的规定，诈骗公私财物，数额较大的，处三年以下有期徒刑、拘役或者管制，并处或者单处罚金。E 公司的行为已经构成了诈骗罪，应受到法律的制裁。

**五、影响**

该行为损害了消费者的权益和利益。

该行为扰乱了市场秩序，破坏了公平竞争的市场环境。

该行为损害了企业的声誉和信誉，影响长期发展。

**六、正确做法**

企业应遵守法律法规，诚信经营，不做出任何欺诈行为。

企业应提供真实、准确的信息，确保消费者的知情权和选择权。

企业应加强内部管理，建立健全的质量控制体系，确保产品质量和安全。

**七、正确的会计处理**

对于通过欺诈手段获得的收入，企业应如实反映在财务报表中，并注明其来源和性质。

对于因欺诈行为而产生的赔偿金、罚款等支出，企业应计入营业外支出，并在财务报表中单独列示。

企业应加强内部控制和风险管理，确保财务报表的真实性和准确性，避免违法违规行为带来的财务风险。

## 案例分析 5：不正当竞争

**一、背景**

在市场经济中，企业间的竞争是常态，但一些企业为追求短期利益，采取了不正当竞争手段，严重扰乱了市场秩序。以下是一个具体的案例，用于展示企业不正当竞争行为。

**二、案例具体情况**

四川安东机电有限责任公司（简称“安东机电”）为了获取竞争对手的核心技术信息，采取了非法手段，包括勾结竞争对手员工、偷拍核心技术参数等，以期在市场竞争中取得不正当优势。

**三、具体数据**

安东机电通过非法手段获取了权利人线圈制造图纸等技术信息，并给予好处费 1 万余元。

安东机电擅自进入权利人保密区域，对核心技术参数进行偷拍。

案件涉及罚款共计 39 万元，其中对安东机电处罚款 20 万元。

**四、法律法规**

根据《反不正当竞争法》第九条第一款第（一）、（三）、（四）项及第二款、第三款规定，经营者不得采取不正当手段获取、披露、使用或允许他人使用权利人的商业秘密。

《反不正当竞争法》第二十一条规定了对违反该法行为的处罚措施。

**五、影响**

安东机电的行为不仅侵犯了权利人的商业秘密，还破坏了市场的公平竞争环境。

权利人因商业秘密被窃取，可能面临技术泄露、市场份额减少等损失。

市场上其他诚信经营的企业也可能因安东机电的不正当竞争行为而遭受不公平竞争，导致市场秩序混乱。

**六、正确做法**

企业应尊重他人的商业秘密，不进行任何形式的非法获取、披露或使用。

企业应加强内部管理和员工培训，提高员工的知识产权保护意识，避免侵犯他人商业秘密。

企业应通过正当竞争手段提高自身实力，如加强研发、提高产品质量和服务水平等，以赢得市场份额。

**七、正确的会计处理**

对于因不正当竞争行为产生的违法所得，企业应如实反映在财务报表中。

对于因不正当竞争行为而支付的罚款或赔偿金等支出，企业应计入营业外支出，并在财务报表中单独列示。

企业应加强内部控制和风险管理，确保财务报表的真实性和准确性，避免违法违规行为带来的财务风险。

**八、总结**

安东机电等主体侵犯商业秘密案是一个典型的企业不正当竞争案例。安东机电不仅侵犯了权利人的合法权益，还扰乱了市场秩序。企业应遵守法律法规，尊重他人商业秘密，通过正当竞争手段提高自身实力，以维护市场的公平竞争环境。

## 案例分析 6：价格垄断

**一、背景**

在市场经济中，价格机制是调节市场供需关系的重要工具。然而，一些企业为了获取超额利润，通过价格垄断行为扰乱市场秩序，损害消费者和其他经营者的利益。以下是一个具体的案例，用于展示企业价格垄断行为。

**二、案例具体情况**

某钢铁企业（以下称“A 公司”）作为国内钢铁市场的龙头企业之一，利用其在市场中的支配地位，与部分经销商达成价格垄断协议，共同提高钢铁价格。这一行为严重扰乱了钢铁市场的正常秩序，损害了消费者和其他经营者的利益。

**三、具体数据**

A 公司与 ×× 家经销商达成价格垄断协议，共同将钢铁价格提高 ××%。

此次价格垄断行为导致钢铁市场价格整体上涨 ×× 元/吨，销量减少 ×× 万吨。

A 公司通过价格垄断获得的超额利润约为 ×× 亿元人民币。

**四、法律法规**

《反垄断法》明确禁止经营者与交易相对人达成固定向第三人转售商品的价格、限定向第三人转售商品的最低价格的垄断协议。

同时，该法也规定了经营者滥用市场支配地位，以不公平的高价销售商品或者以不公平的低价购买商品的行为属于违法行为。

**五、影响**

A公司的价格垄断行为导致钢铁市场价格虚高，使得消费者和其他经营者无法获得合理的价格。

限制了市场竞争，使得其他钢铁企业难以进入市场或扩大市场份额。

损害了消费者和其他经营者的利益，降低了市场效率。

**六、正确做法**

企业应遵守法律法规，不进行任何形式的价格垄断行为。

企业应通过提高产品质量、优化服务、降低成本等方式提高竞争力，而不是通过价格垄断来获取超额利润。

政府应加大监管力度，打击价格垄断等不正当竞争行为，维护市场秩序和促进公平竞争。

**七、正确的会计处理**

对于因价格垄断行为获得的超额利润，企业应如实反映在财务报表中。

如果企业因价格垄断行为受到处罚，应将相关支出计入营业外支出，并在财务报表中单独列示。

企业应加强内部控制和风险管理，确保财务报表的真实性和准确性，避免违法违规行为带来的财务风险。

**八、总结**

A公司的价格垄断案是一个典型的企业扰乱市场秩序的案例。A公司通过价格垄断行为获取了超额利润，但严重损害了消费者和其他经营者的利益，扰乱了市场秩序。企业应遵守法律法规，不进行任何形式的价格垄断行为，并通过正当手段提高竞争力。政府也应加大监管力度，维护市场秩序和促进公平竞争。

## 专题一百零三：是否虚构或夸大与真实客户的交易金额

### 业务简介

**一、概念**

企业虚构或夸大与真实客户的交易金额，是指在财务报表、经营数据或商业宣传中，企业捏造或夸大与真实存在的客户之间的交易金额，以达到虚增收入、美化财务报表、误导投资者或消费者等不正当目的的行为。

**二、基本规定**

根据《会计法》及相关法律法规，企业应当真实、准确地记录和报告其财务状况和经营成果，不得虚构或夸大交易金额。此外，《发票管理办法》也规定，任何单位和个人不得有虚开发票的行为，这包括为他人、为自己开具与实际经营业务情况不符的发票。

**三、经常出现的违规问题**

虚增销售收入：企业通过与真实客户达成虚假交易或夸大实际交易金额，来增加销售收入。

虚开发票：企业开具与真实交易金额不符的发票，以达到虚增收入的目的。

**四、违规表现**

企业虚构或夸大与真实客户的交易金额的违规表现主要包括以下几种。

1. 虚假交易或夸大交易金额

行为描述：企业通过制造不存在的交易记录，或者夸大实际交易的金额，来虚增其营业额。

目的与动机：提升企业的财务表现，吸引投资者，以获得更多的投资、贷款或提升市场声誉。

后果：虚假交易或夸大交易金额会严重损害金融市场的稳定性和透明度，误导投资者对企业真实财务状况的判断，并导致投资者遭受经济损失。同时，企业也会面临法律风险和信誉损失。

2. 虚构用户评价、流量数据等

行为描述：除了交易金额，企业还可能虚构用户评价、收藏量、点赞量等数据，以营造产品受欢迎或服务质量高的假象。

目的与动机：企业试图通过这种方式，增强消费者对其产品或服务的信心，提高市场竞争力，并可能借此提高销售额。

后果：虚构的用户评价和流量数据会破坏市场的公平竞争环境，损害消费者的知情权和选择权。该行为被揭穿后，企业的信誉将受到严重损害，甚至可能面临法律诉讼。

3. 虚开发票

行为描述：企业在真实交易的基础上，通过虚开发票来增加营业额。例如，某贸易公司在真实交易的同时，虚构了部分交易金额并开具了相应的发票。

目的与动机：逃税、套取资金或支付回扣等。通过虚开发票，企业可以降低应纳税额或套取现金用于其他用途。

后果：虚开发票会导致国家税收流失，破坏税收征管秩序。同时，这种行为也会增加企业的财务风险和法律风险。被税务机关查处后，企业将面临罚款、补缴税款等处罚措施。

综上所述，企业虚构或夸大与真实客户的交易金额的违规表现多种多样，但无论哪种形式，其目的都是获取不正当利益。然而，这些行为不仅违法违规，而且会给企业带来严重的法律风险和信誉损失。因此，企业应坚持诚信经营原则，遵守相关法律法规和市场规则，以维护良好的市场秩序和企业形象。

## 法律法规

企业虚构或夸大与真实客户的交易金额涉及以下规定。

1.《会计法》

该法明确规定了会计机构和会计人员的职责，要求其依法进行会计核算，实行会计监督。

法律规定任何单位或个人不得以任何方式授意、指使、强令会计机构、会计人员伪造、变造会计凭证、会计账簿和其他会计资料，提供虚假财务会计报告。

对于违反会计法的行为，法律会给予相应的处罚，包括罚款、行政处分等。

2.《企业国有资产交易监督管理办法》等国有资产交易流转制度

这些制度在推动国有资产规范流转、防止国有资产流失方面发挥了重要作用。

对于涉及政府或国有资产监督管理机构主导推动的国有资本布局优化和结构调整等重大事项，有明确的交易方式和监管要求。

如果企业虚构或夸大与真实客户的交易金额，可能导致国有资产流失，违反相关法规和政策。

3. 税收监管

税务部门对企业的税收缴纳情况进行监管，包括对企业的销售收入、成本、利润等进行核查。

如果企业虚构或夸大与真实客户的交易金额，将影响企业的纳税金额和税务申报情况，可能导致税务风险和法律责任。

4. 银行监管

银行对企业的资金流动进行监管，包括对企业账户的交易金额、频率等进行监控。

如果企业虚构或夸大与真实客户的交易金额，将影响企业的资金流动和账户管理情况，可能带来相关风险。

5. 监管要求

监管部门要求企业遵守相关法律法规和政策文件，确保交易的真实性和合法性。

对于涉嫌虚构或夸大交易金额的企业，监管部门将进行调查和处理，并可能给予相应的处罚。

综上所述，为了确保企业的合法经营和稳健发展，企业应严格遵守相关规定，确保交易的真实性和合法性。

## 合规程序与方法

在当今日益复杂的商业环境中，确保企业交易的合规性对维护市场秩序、保护投资者权益和防范金融风险具有重要意义。其中，检查企业是否虚构或夸大与真实客户的交易金额，是财务合规性检查的关键环节之一。下文将详细解释检查企业是否虚构或夸大与真实客户交易金额的合规程序与方法，以确保解释内容准确、完整，并符合相关法规和标准。

**一、合规程序概述**

明确合规目标：需要明确检查企业是否虚构或夸大与真实客户交易金额的合规目标，即确保企业财务报告的准确性和真实性，防止财务舞弊行为的发生。

制定合规计划：根据合规目标，制定详细的合规计划，包括检查范围、检查时间、检查人员、检查方法等。同时，需要确保合规计划符合相关法规和标准的要求。

收集资料：收集与企业交易金额相关的所有资料，包括合同、发票、银行流水、客户确认函等。这些资料将作为后续检查的依据。

实施检查：按照合规计划，对企业的交易金额进行逐笔检查，重点关注是否存在虚构或夸大的情况。同时，需要关注交易对手的真实性和交易背景的合理性。

风险评估：根据检查结果，对企业的财务舞弊风险进行评估。对于存在较高风险的企业，需要采取进一步的措施进行监控和整改。

报告与反馈：将检查结果以报告的形式呈现给企业管理层和相关监管机构，并提出相应的整改建议。同时，需要跟踪整改情况，确保企业及时纠正违规行为。

**二、检查方法详解**

1. 合同与发票核对法

（1）方法概述：合同与发票核对法是指通过核对企业的合同和发票，检查是否存在虚构或夸大的交易金额。这种方法主要关注交易的真实性和金额的准确性。

（2）具体步骤：首先，收集企业的合同和发票资料；其次，对合同和发票进行逐笔核对，检查合同金额与发票金额是否一致；再次，核对合同和发票上的客户信息与实际交易对手是否一致；最后，对核对结果进行分析，判断是否存在虚构或夸大的情况。

（3）注意事项：在核对过程中，需要关注合同和发票的完整性、真实性和合规性。同时，需要关注交易对手的真实性和交易背景的合理性。

2. 银行流水分析法

（1）方法概述：银行流水分析法是指通过分析企业的银行流水，检查是否存在虚构或夸大的交易金额。这种方法主要关注企业的资金流动情况。

（2）具体步骤：首先，收集企业的银行流水记录；其次，对银行流水进行逐笔分析，检查每笔交易的金额、时间、对手方等信息；再次，将银行流水与合同、发票等资料进行比对，检查是否存在不一致的情况；最后，对分析结果进行汇总和评估，判断是否存在虚构或夸大的情况。

（3）注意事项：在分析过程中，需要关注银行流水的真实性和完整性。同时，需要关注交易对手的资金实力和信誉状况，以及交易背景的合理性。

3. 客户确认函法

（1）方法概述：客户确认函法是指向交易对手发送客户确认函，要求其确认交易金额和交易背景的真实性。这种方法主要关注交易对手的反馈和确认情况。

（2）具体步骤：首先，设计客户确认函模板，明确需要确认的内容和要求；其次，向交易对手发送客户确认函，并要求其在规定时间内回复；再次，对收到的回复进行逐一核实和分析，判断是否存在虚构或夸大的情况；最后，将核实结果以报告的形式呈现给企业管理层和相关监管机构。

（3）注意事项：在发送客户确认函时，需要确保函件内容准确、清晰、具有法律效力。同时，需要关注交易对手的回复时间和回复内容的真实性。对于未及时回复或回复内容存在疑问的交易对手，需要采取进一步的措施进行核实和调查。

**三、影响因素分析**

法规变化：相关法规的变化可能会对合规程序和方法产生影响。因此，企业需要密切关注法规变化，及时调整合规策略和方法。

技术发展：随着技术的不断发展，新的合规工具和方法不断涌现。企业可以积极采用新技术和新方法，提高合规检查的效率和准确性。

企业文化：企业文化对合规性具有重要影响。一个重视合规、注重诚信的企业文化将有助于减少财务舞弊行为的发生。

监管环境：监管环境对企业的合规性具有直接影响。严格的监管环境将促使企业加强合规管理，提高财务信息的准确性和透明度。

**四、结论**

检查企业是否虚构或夸大与真实客户的交易金额是财务合规性检查的重要环节之一。通过制定详细的合规计划、采用有效的检查方法和关注影响因素的变化，企业可以确保财务报告的准确性和真实性，防止财务舞弊行为的发生。同时，企业需要加强内部控制和风险管理，提高合规意识和诚信水平，为企业的持续健康发展奠定坚实基础。

## 案例分析 1：虚假交易或夸大交易金额

**一、背景**

某电子产品制造公司（以下称“A 公司”）在近年来市场竞争日趋激烈的环境下，为了维持其市场地位并吸引投资者，决定通过虚构或夸大与真实客户的交易金额来提高销售业绩。在 2022 年第四季度，A 公司高层管理人员指使财务部门与销售部门联手，策划并执行了一系列虚假交易活动。

**二、案例具体情况**

根据 A 公司内部审计部门的初步调查，发现以下财务数据存在明显异常。

销售额：在 2022 年第四季度，A 公司的公开财报显示其销售额同比增长了 50%，达到 1 亿元人民币。然而，内部审计部门发现，其中有 3 000 万元为虚构的交易金额，实际销售额仅为 7 000 万元。

客户信息：在虚构的交易中，A 公司伪造了多家客户的交易记录，包括合同、发票和物流信息等。这些客户中，有部分为真实存在的客户，但交易金额被夸大；而另一部分则完全是虚构的客户。

资金流动：为了掩盖虚假交易的资金流动，A公司利用多个银行账户进行资金转移，同时伪造了相关的银行流水记录。

**三、分析**

1. 法律法规

根据《反不正当竞争法》第八条第一款的规定，经营者不得对其商品的性能、功能、质量、销售状况、用户评价、曾获荣誉等作虚假或者引人误解的商业宣传，欺骗、误导消费者。A公司通过虚构交易金额来夸大销售业绩，显然违反了这一规定。

2. 影响

A公司的虚假交易行为对其自身、投资者以及整个市场都产生了负面影响。首先，这种行为损害了公司的声誉和信誉，降低了投资者的信心；其次，虚假交易误导了市场判断，扰乱了市场秩序；最后，这种行为还引发了监管机构的调查和法律制裁。

3. 正确做法

企业应严格遵守相关法律法规，确保财务报表的真实性和准确性。在市场竞争中，企业应通过提高产品质量、优化服务等方式来赢得客户和市场认可，而不是通过虚构交易等不正当手段来谋取利益。

4. 正确的会计处理

对于已发生的虚假交易，企业应立即停止并纠正相关行为，同时按照会计准则和法规的要求进行会计处理。具体而言，企业应调整相关会计科目的余额，将虚构的交易金额从销售额中剔除，并追溯调整相关成本和费用。此外，企业还应加强内部控制和审计监督，防止类似问题再次发生。

**四、结论**

综上所述，A公司的虚假交易行为严重违反了相关法律法规和市场规则，不仅损害了公司的声誉和信誉，还引发了法律制裁和市场惩罚。因此，企业应严格遵守法律法规和市场规则，确保财务报表的真实性和准确性，以赢得客户和市场的认可。

## 案例分析2：虚构用户评价、流量数据等

**一、背景**

近年来，随着电子商务的迅猛发展，用户评价和流量数据成为衡量企业声誉和市场影响力的重要指标。然而，一些企业为了迅速提升品牌形象和销售额，采取虚构用户评价、流量数据等手段来夸大其市场表现。以下是一家名为“B公司”的电商企业通过虚构用户评价和流量数据来虚构或夸大与真实客户的交易金额的案例。

B公司是一家主营时尚服饰的电商企业。为了在短时间内提升品牌知名度和销售额，公司高层决定通过虚构用户评价和流量数据来营造热销假象。

虚构用户评价：B公司雇用了一批网络“水军”，在各大电商平台上发布虚假的好评和晒单。这些评价内容通常夸大了产品质量、服务态度和物流速度，以吸引更多消费者购买。

虚构流量数据：B公司利用技术手段，伪造了大量的访问量、点击量和收藏量等流量数据。这些虚假数据让外界误以为B公司的网站和产品受到了广泛关注和喜爱，从而提高了潜在消费者的购买意愿。

**二、案例具体情况**

经过调查，发现B公司在过去六个月内通过虚构用户评价和流量数据，实现了以下财务数据。

销售额：虚构的用户评价和流量数据使得B公司的销售额在短短六个月内增长了30%，达到

5 000 万元人民币。然而，其中约 1 500 万元为虚构交易金额，实际销售额仅为 3 500 万元。

用户评价：B 公司共发布了约 1 万条虚假好评，占总评价数量的 30%。这些虚假好评极大地提升了产品的整体评分和口碑。

流量数据：B 公司伪造的访问量、点击量和收藏量等流量数据达到了每日数万次，远高于实际水平。这些虚假数据使得 B 公司的网站在搜索引擎排名和推荐算法中获得了更高的权重。

三、分析

1. 法律法规

根据《反不正当竞争法》第八条的规定，经营者不得对其商品的性能、功能、质量、销售状况、用户评价、曾获荣誉等作虚假或者引人误解的商业宣传，欺骗、误导消费者。B 公司的行为明显违反了这一规定。

2. 影响

B 公司的虚构行为不仅欺骗了消费者，还扰乱了市场秩序。这种不正当的竞争手段导致其他诚信经营的企业受到了不公平的竞争压力，损害了整个行业的健康发展。

3. 正确做法

企业应通过提升产品质量、优化服务等方式来赢得消费者和市场认可。同时，应建立健全的用户评价和流量数据监管机制，确保数据的真实性和公正性。

4. 正确的会计处理

对于已发生的虚构交易金额，B 公司应如实调整财务报表，将虚构部分从销售额中剔除，并追溯调整相关成本和费用。同时，加强内部控制和审计监督，防止类似问题再次发生。

## 案例分析 3：虚开发票

一、背景

近年来，一些企业为了虚构或夸大与真实客户的交易金额，采取虚开发票的手段进行财务造假。这种行为不仅违反了税收法规，还严重损害了企业信誉和市场秩序。以下是一个具体的案例，展示了企业利用虚开发票来实现虚构或夸大交易金额的违规行为。

某建材公司（以下称“C 公司”）为了掩盖其真实经营状况不佳的事实，决定通过虚开发票来虚构与真实客户的交易金额。C 公司的高层管理人员与财务部门勾结，利用空壳公司或关联公司虚构交易，并开具大量虚假发票。

二、案例具体情况

税务部门经过调查，发现 C 公司过去一年内的虚开发票金额高达 5 000 万元人民币，占其年度销售总额的 30%。具体数据如下。

虚开发票数量：C 公司共虚开发票 1 000 余份，涉及多个省份的客户。

虚开发票金额：累计虚开发票金额达到 5 000 万元人民币，其中涉及增值税专用发票和普通发票。

虚构交易对象：C 公司利用多家空壳公司或关联公司虚构交易，以掩盖真实交易情况。

三、分析

1. 法律法规

根据《税收征收管理法》和《发票管理办法》的规定，任何单位和个人不得虚开、伪造、变造、转让、介绍他人虚开发票。C 公司的行为明显违反了这些法规，属于严重的税收违法行为。

2. 影响

C 公司的虚开发票行为带来了多方面的影响。首先，它导致国家税收流失，损害了国家利益。其次，这种行为扰乱了市场秩序，破坏了公平竞争的环境。最后，C 公司的信誉受损，可能面临法律制裁和市场惩罚。

3. 正确做法

企业应严格遵守税收法规，确保发票的真实性和合法性。在经营过程中，企业应通过提高产品质量、优化服务等方式来赢得客户和市场认可，而不是通过虚开发票等不正当手段来谋取利益。同时，企业应建立健全的内部控制和审计机制，加强对财务活动的监督和管理，防止类似问题的发生。

4. 正确的会计处理

对于已发生的虚开发票行为，C公司应主动向税务部门报告并积极配合调查。在会计处理上，C公司应如实调整相关账目和报表，将虚开发票金额从销售收入中剔除，并补缴相应的税款和滞纳金。同时，C公司还应加强财务管理和内部监督，确保今后的财务活动合规合法。

**四、结论**

总之，企业利用虚开发票来实现虚构或夸大与真实客户的交易金额是一种严重的税收违法行为。企业应严格遵守税收法规和相关制度要求，加大内部管理和监督力度，确保财务活动的真实性和合法性。

## 专题一百零四：是否提前或延迟确认客户收入

### 业务简介

**一、概念**

提前确认收入：企业在商品或服务尚未完全交付给客户，或者合同约定的收款条件尚未满足时，即在财务报表上预先确认收入。

延迟确认收入：企业在商品或服务已经交付给客户，且合同约定的收款条件已经满足时，并未立即在财务报表上确认收入，而是将其推迟至以后期间确认。

**二、基本规定**

根据企业会计准则和税法规定，企业应当在商品或服务交付给客户，并且收款条件满足时确认收入。这要求企业不仅要关注合同的形式，还要关注交易的实质，如所有权凭证的转移、实物的交付等。同时，税法规定，企业对发出的商品，最迟三个月后确认收入，但在实际操作中，延迟确认收入不存在明确的最长期限。

**三、经常出现的违规问题**

提前确认收入：企业为了美化财务报表、提高利润，可能在未满足收入确认条件的情况下提前确认收入。

延迟确认收入：企业为了平滑收入、规避税务风险或满足特定财务目标，可能故意延迟确认已满足条件的收入。

**四、违规表现**

企业提前或延迟确认客户收入的违规表现主要包括以下几种。

1. 提前确认收入

（1）行为描述

企业在尚未完成服务或商品尚未交付时，就提前确认了收入。例如，在订阅服务中，企业可能在用户尚未实际使用服务或产品的情况下，就将预期的收入提前计入财务报表。

（2）目的与动机

美化财务报表，避免税务机关征税或满足考核要求。

平衡利润使其更准确地反映业务的真实状况，避免利润波动过大。

（3）后果

导致财务报告不准确，误导投资者和其他利益相关者。

增加企业的资金压力，甚至可能造成资金链断裂，因为企业需要提前缴纳税款和其他费用。

违反税收法规和企业会计准则，损害企业的声誉和信誉。

2. 延迟确认收入

（1）行为描述

企业在提供服务或交付商品后，故意推迟确认相应的收入。例如，企业将实际已实现的交易收入延迟到下一个会计期间确认。

（2）目的与动机

延迟纳税，通过推迟收入的确认来推迟税款的缴纳。

人为调节收入和利润，以满足特定的财务目标或承包需求。

（3）后果

导致企业财务报表不真实，无法准确反映企业的实际经营状况。

企业面临税务违规的指控，需要支付滞纳金和罚款。

损害企业的信誉，影响投资者和其他利益相关者的决策。

总的来说，企业提前或延迟确认客户收入的违规表现都会对企业的财务报告准确性、税务合规性以及企业声誉产生负面影响。因此，企业应遵循相关会计准则和税收法规，准确、及时地确认收入，以维护企业的长期利益和市场信誉。

## 法律法规

在解释企业是否提前或延迟确认客户收入的相关法规规定时，我们需要从以下几个方面进行阐述。

**一、相关法律法规**

在财务领域，企业的收入确认受到相关法律法规的严格规范。具体来说，主要如下。

《会计法》：该法规定了会计核算的基本原则和要求，包括收入确认的基本准则。它要求企业应当按照交易或事项的实质和经济实质进行会计核算，确保会计信息的真实、准确、完整。

《企业会计准则》：这是具体指导企业会计核算的规范性文件。其中，对收入确认有明确的规定，要求企业在满足一定条件时才能确认收入，如商品已交付、服务已完成、收款权利已确立等。

**二、政策文件**

除了法律法规外，政策文件也对企业收入确认提出了要求。例如，税务部门发布的税收政策和征管措施，可能会对企业确认收入的时点、方式等产生影响。这些政策文件通常要求企业按照税法规定的时间和方式确认收入，以确保税收的及时、足额征收。

**三、监管要求**

监管机构（如证监会等）对企业的收入确认也有严格的监管要求。这些监管要求主要体现在以下几个方面。

信息披露要求：企业需要定期披露财务报告，其中包括收入的确认情况。监管机构会对企业的财务报告进行审查，确保收入确认的合规性。

内部控制要求：企业需要建立完善的内部控制体系，确保收入确认的准确性和合规性。监管机构会对企业的内部控制体系进行评估和监督，以确保其有效运行。

审计要求：企业需要接受外部审计机构的审计，以验证其财务报告的真实性和准确性。审计机构会对企业的收入确认情况进行重点审计，确保其符合相关法规和政策的要求。

**四、总结**

综上所述，企业在确认客户收入时必须严格遵守相关法律法规、政策文件和监管要求。无论是提前还是延迟确认收入，都需要确保有充分的依据和合规性。同时，企业需要建立完善的内部控制体系和接受外部审计机构的审计，以确保财务报告的真实、准确和完整。

## 合规程序与方法

检查企业是否提前或延迟确认客户收入是一个复杂而细致的过程，需要深入理解相关的会计准则、税法规定以及企业特定的业务模式。以下将详细阐述这一过程的合规程序、方法、步骤以及可能的影响因素。

**一、合规程序概述**

检查企业是否提前或延迟确认客户收入的合规程序主要包括以下几个步骤：明确收入确认的标准、审查合同条款、核实交易记录、比对会计记录和税务申报资料、评估内部控制环境以及形成最终结论与报告。

**二、详细方法与步骤**

1. 明确收入确认的标准

在开始检查之前，必须明确收入确认的标准。这通常涉及对会计准则的深入理解，以及对关于收入确认的税法规定的熟悉。这些标准通常要求收入在商品或服务已经提供、风险已经转移且收款权利已经确立时确认。

2. 审查合同条款

合同是确认收入的重要依据。审查合同时应关注以下要点：合同各方是否已批准并承诺履行各自义务；合同是否明确了与所转让商品或服务相关的权利和义务；合同是否有明确的支付条款；合同是否具有商业实质，即履行该合同是否将改变企业未来现金流量的风险、时间分布或金额；企业有权取得的对价是否很可能收回。

3. 核实交易记录

核实交易记录是检查收入确认合规性的关键步骤。这包括检查商品或服务的交付记录、发票、收据、银行对账单等。比对这些记录，可以确认交易是否真实发生、价格是否合理、收款是否可靠等。

4. 比对会计记录和税务申报资料

比对会计记录和税务申报资料是检查收入确认合规性的重要环节。企业应确保其会计记录和税务申报资料中的数据一致，并符合相关法规和准则的要求。如果发现差异，应进一步调查原因并采取相应的纠正措施。

5. 评估内部控制环境

内部控制环境对收入确认的合规性具有重要影响。评估内部控制环境应包括检查企业的组织结构、职责划分、审批流程、风险管理措施等。评估内部控制环境，可以发现潜在的违规行为和风险点，并采取相应的措施加以改进。

6. 形成最终结论与报告

在完成上述步骤后，应形成最终结论并编写合规性报告。报告应详细阐述检查过程、发现的问题、采取的措施以及建议的改进方案。如果发现企业存在提前或延迟确认收入的行为，应进一步分析原因并评估其对企业财务的影响。

**三、可能的影响因素**

在检查企业是否提前或延迟确认客户收入时，以下因素可能对检查结果产生影响。

会计准则和税法的变化：会计准则和税法的变化可能导致收入确认标准的调整。因此，检查人员应密切关注相关法规的变化，并及时更新检查方法和标准。

企业业务模式的多样性：不同企业的业务模式可能存在差异，这可能导致收入确认方式的多样性。检查人员应深入了解企业的业务模式，并根据实际情况制定相应的检查方法和标准。

内部控制环境的有效性：有效的内部控制环境可以降低发生违规行为的风险。然而，如果企业的内部控制环境存在缺陷或不足，可能导致提前或延迟确认收入的行为。因此，检查人员应重点关注企业的内部控制环境，并评估其有效性。

外部审计机构的意见：外部审计机构对企业的财务状况等进行审计，并发表独立意见。检查人员可以借鉴外部审计机构的意见，以更好地了解企业的收入确认情况。

**四、确保解释内容准确、完整并符合相关法规和标准的措施**

为确保解释内容准确、完整并符合相关法规和标准，可以采取以下措施。

深入研究相关法规和标准：检查人员应深入研究相关的会计准则、税法规定以及行业规范等，以确保对收入确认的合规性有全面而准确的理解。

寻求专业咨询：在检查过程中遇到复杂或不确定的问题时，可以寻求专业咨询机构的帮助和支持。这些机构通常具有丰富的经验和专业知识，可以为检查人员提供有价值的建议和意见。

建立完善的合规性管理制度：企业应建立完善的合规性管理制度，明确收入确认的标准和程序，并加强内部控制和风险管理。这有助于降低违规风险并确保收入的合规性。

加强培训和教育：加强对企业员工的培训和教育，提高他们对收入确认合规性的认识和重视程度。这有助于形成全员参与、共同维护收入确认合规性的良好氛围。

总之，检查企业是否提前或延迟确认客户收入是一个复杂而细致的过程。实施明确收入确认的标准、审查合同条款、核实交易记录、比对会计记录和税务申报资料、评估内部控制环境以及形成最终结论与报告等步骤，可以确保检查的准确性和完整性。同时，深入研究相关法规和标准、寻求专业咨询、建立完善的合规性管理制度以及加强培训和教育等措施，可以进一步提高检查的合规性和有效性。

## 案例分析 1：提前确认收入

**一、背景**

软件开发公司 ABC，与客户签订了一份价值 100 万元的软件定制开发合同。合同规定，软件开发周期为 6 个月，完成后客户验收合格即支付全款。为了提升公司当季度的业绩表现，ABC 公司的会计在软件开发仅完成 80% 时，就提前确认了全部 100 万元的收入。

**二、案例具体情况**

合同总价：100 万元。

开发进度：80%。

提前确认的收入金额：100 万元。

**三、分析**

根据《企业会计准则第 14 号——收入》的规定，企业应当在履行了合同中的履约义务，即在客户取得相关商品或服务控制权时确认收入。在本案例中，软件开发尚未完成，客户尚未验收，因此客户并未取得软件的控制权，此时提前确认收入是不符合会计准则的。

1. 收入确认的原则

收入应在企业履行了合同中的履约义务、客户取得相关商品控制权时确认。在本案例中，由于软件开发还未完成，客户也未进行验收，因此商品（即软件）的控制权尚未转移给客户。

2. 收入确认的条件

除了控制权转移外，收入确认还需要满足其他条件，如收入金额能够可靠计量、相关经济利益很可能流入企业等。虽然合同金额是确定的（100 万元），但由于项目未完成，无法确定相关经济利益很可能流入企业。

3. 影响

提前确认收入会导致当期的收入和利润虚高，不能真实反映企业的财务状况和经营成果。同时，这也会误导投资者和其他利益相关者对企业的真实经营状况的判断。

4. 正确做法

ABC 公司应按照完工百分比法或在项目完成并验收合格后，根据实际的完成进度或客户验收情况来确认收入。例如，如果采用完工百分比法，则可以在软件开发过程中，根据实际完成的百分比来分期确认收入。

综上所述，ABC 公司在软件开发仅完成 80% 时就提前确认全部收入的行为违反了企业会计准则中关于收入确认的规定。正确的做法应该是根据实际完成进度和合同约定的条件来分期或一次性确认收入。

## 案例分析 2：延迟确认收入

### 一、背景

某电子产品销售公司（以下称“A 公司”）在 2024 年 6 月与一家大型企业（以下称“B 公司”）签订了一份销售合同。合同约定，A 公司向 B 公司销售 1 000 台最新型号的智能手机，每台手机售价为 5 000 元，合同总金额为 500 万元。合同中同时约定，B 公司需在合同签订后支付 250 万元作为预付款，尾款 250 万元在手机全部交付并经过 7 天质量检验期后支付。

### 二、案例分析

1. 合同交易价格

合同明确规定了交易的总价格为 500 万元，其中 250 万元为预付款，剩余 250 万元为产品交付并通过质检后的尾款。

2. 收入确认时点

根据企业会计准则，收入应在控制权转移时确认。在本案例中，虽然 B 公司已经支付了预付款，但手机的所有权（控制权）并未完全转移给 B 公司，因为合同中规定了 7 天的质量检验期。因此，A 公司不能在收到预付款时立即确认全部收入。

3. 延迟确认收入

由于存在质量检验期，A 公司需要等待手机全部交付并通过 7 天质量检验期后才能确认尾款部分的收入。这是典型的“延迟确认收入”情况。

4. 会计处理

收到预付款时：

借：银行存款　　2 500 000 元

　　贷：预收账款　　2 500 000 元

此时，由于手机尚未交付，控制权未转移，因此不确认收入。

手机交付并通过 7 天质量检验期后：

借：预收账款　　2 500 000 元

　　银行存款　　2 500 000 元（尾款）

　　贷：主营业务收入　　5 000 000 元

此时，手机已经交付并通过质量检验，控制权已经转移给 B 公司，因此可以确认全部收入。

### 三、结论

在企业财务合规中，“延迟确认收入”是常见的会计处理手法。本案例中，A 公司严格按照企业会计准则的规定，在控制权转移时确认了收入，确保了财务信息的准确性和合规性。这种做法有助于保护投资者和债权人的利益，同时也有助于维护企业的声誉和长期发展。

# 专题一百零五：是否正确记录或处理客户的退货和折扣

## 业务简介

**一、概念**

退货指客户在购买商品或服务后，由于各种原因（如商品质量问题、不满意等）要求退回商品并获得退款或退货的行为。

折扣指企业为实现吸引客户、促进销售或处理库存等目的，给予客户的价格优惠。折扣可能以现金折扣、商业折扣或数量折扣等形式出现。

**二、基本的规定**

退货处理：企业应当建立健全的退货管理制度，明确退货的条件、流程和责任。在退货发生时，应及时进行验收、记录和处理，确保退货商品的质量和数量符合规定，并及时退还客户货款或提供退换货服务。

折扣处理：企业应当在销售合同中明确折扣的条件和方式，并在财务报表中准确反映折扣的金额。折扣的会计处理应当符合会计准则的规定，确保财务报表的真实性和准确性。

**三、经常出现的违规问题**

退货处理不当：企业可能未按照规定的流程和条件进行退货处理，导致退货商品的质量或数量不符合要求，或者未能及时退还客户货款。

折扣处理不规范：企业可能未按照合同规定或会计准则的要求进行折扣处理，导致折扣金额不准确或未能在财务报表中正确反映。

**四、违规表现**

企业不正确记录或处理客户的退货和折扣的违规表现主要包括以下几种情况。

1. 不正确记录退货

（1）行为描述

退货不入账，形成账外物资。当客户退回商品时，企业未将相关商品正确记录入账，导致该部分退回的商品成为账外物资。

（2）目的与动机

简化账务处理流程，减少工作量。

隐瞒真实的退货情况，以维持销售额。

（3）后果

导致账务不透明，影响存货管理的效率和准确性。

造成财务报表失真，误导投资者和监管机构。

长期而言，会引发更大的财务和管理风险。

2. 未冲减产品销售收入

（1）行为描述

发生销售退回后，企业未相应冲减产品销售收入。

（2）目的与动机

保持销售收入的稳定增长，以符合市场预期或内部业绩目标。

（3）后果

虚增收入，导致财务报表不真实。

违反相关法律法规，引发法律风险。

3. 虚构销售退回

（1）行为描述

企业虚构销售退回，将退回的商品重新作为新商品销售，或者根本不存在退货而伪造退货记录。

（2）目的与动机

掩盖真实的销售情况，粉饰财务报表。

私吞销售货款或进行其他舞弊行为。

（3）后果

严重损害财务报表的真实性和可信度。

导致内部管理混乱，增加企业运营风险。

企业和相关人员需承担相应的法律责任。

4. 不正确处理折扣

（1）行为描述

企业未按照实际发生的折扣进行账务处理，或者虚构销售折扣。

（2）目的与动机

调节销售收入，以达到特定的财务或业绩目标。

通过虚构折扣来套取资金或进行其他不正当操作。

（3）后果

影响财务报表的准确性，误导外部利益相关者。

引发税务风险和法律纠纷。

损害企业的声誉和长期利益。

综上所述，企业不正确记录或处理客户的退货和折扣会导致财务报表失真、管理混乱以及法律风险增加等严重后果。因此，企业应建立完善的内部控制系统，确保退货和折扣的正确处理和记录。

## 法律法规

企业在处理客户的退货和折扣时，必须遵循一系列相关的法律法规、政策文件和监管要求，以确保合规性和准确性。以下是关于企业正确处理客户退货和折扣的法律法规。

**一、相关法律法规**

《消费者权益保护法》：该法明确规定了消费者的权益，包括退货权。该法明确规定消费者在收到商品后七日内有权无条件退货，且无须说明理由。但特定商品如定制品、鲜活易腐品等不在此列。

《会计法》：作为会计领域的基本法律，它要求企业必须按照真实、准确、完整的原则进行会计核算，包括退货和折扣的会计处理。

《企业会计准则》：具体指导了企业会计核算，包括退货和折扣的会计处理。企业应在退货发生时冲减销售收入，并在发生销售折让时冲减销售收入。

**二、政策文件**

《网络购买商品七日无理由退货暂行办法》：该办法详细规定了网络购买商品七日无理由退货的具体条件和流程，要求商家在商品页面明确标注退货政策，并保障消费者的退货权益。

《增值税专用发票使用规定》：规定了销售货物并向购买方开具增值税专用发票后，发生退货和销售折让时的处理流程。企业需根据规定开具红字增值税专用发票，并作为扣减当期销项税额的凭证。

**三、监管要求**

信息披露要求：企业需要定期披露财务报告，其中应包括退货和折扣的详细情况。监管机构会对企业的财务报告进行审查，确保其合规性和准确性。

内部控制要求：企业应建立完善的内部控制体系，确保退货和折扣的处理流程规范、准确。退货商品应在接收后及时处理，并在规定时间内完成质检和退款操作。

审计要求：企业需接受外部审计机构的审计，以验证其退货和折扣处理的合规性和准确性。审计机构会对企业的退货和折扣处理流程进行重点审计，确保其符合相关法规和政策的要求。

**四、退货和折扣处理的要点**

退货处理：企业应确保退货商品在接收后 24 小时内处理，并在 2 个工作日内完成质检和向财务部门反馈，进行退款操作。应维护退货商品的整体外观，避免二次损害。

折扣处理：企业在发生销售折让时，应冲减销售收入。同时，企业需要注意增值税税额的处理，按照相关法规和政策的要求进行扣减。

**五、总结**

企业在处理客户退货和折扣时，必须严格遵守相关法律法规、政策文件和监管要求。企业应建立完善的内部控制体系，确保退货和折扣的处理流程规范、准确。同时，企业还需接受外部审计机构的审计，以确保其合规性和准确性。

## 合规程序与方法

检查企业是否正确记录或处理客户的退货和折扣，是确保企业财务报告准确性的重要步骤。以下将详细解释这一过程的合规程序、方法、步骤，可能的影响因素，以及确保解释内容准确、完整并符合相关法规和标准的措施。

**一、合规程序概述**

检查企业退货和折扣处理的合规程序主要包括以下几个步骤：明确退货和折扣政策、审查退货和折扣记录、核对账务处理和税务影响、评估内部控制环境以及形成最终结论与报告。

**二、详细方法与步骤**

1. 明确退货和折扣政策

在开始检查之前，需要明确企业的退货和折扣政策。这通常涉及查阅企业的相关文件和制度，确保对退货和折扣的条件、处理方式、期限等有清晰的了解。退货政策应明确说明何种情况下可以退货、退货流程是什么、退货的期限是多久等。折扣政策应明确折扣的条件、方式、金额等。

2. 审查退货和折扣记录

在明确退货和折扣政策后，需要审查企业的退货和折扣记录。这包括查阅退货申请表、退货验收单、退货入库单、折扣协议等相关文件。在审查过程中，应关注以下几点：

退货原因是否合理，是否符合企业的退货政策；

退货产品是否经过适当的检查和验收，确保退货产品确实存在质量问题或不符合要求；

退货数量、金额是否与记录一致，是否存在异常；

折扣是否经过审批，是否符合企业的折扣政策；

折扣金额、方式是否与协议一致，是否存在异常。

3. 核对账务处理和税务影响

在审查退货和折扣记录后，需要核对企业的账务处理和税务影响。这包括检查企业的会计记录、财务报表和税务申报表等。在核对过程中，应关注以下几点：

退货是否已正确记录在会计账簿中，是否已冲减相应的销售收入和成本；

退货是否已正确反映在财务报表中，是否已影响企业的财务状况和经营成果；

折扣是否已正确计入销售收入中，是否已影响企业的利润和税负；

退货和折扣的税务处理是否符合税法规定，是否存在税务风险。

4. 评估内部控制环境

内部控制环境对退货和折扣处理的合规性具有重要影响。评估内部控制环境应包括检查企业的组织结构、职责划分、审批流程、风险管理措施等。在评估过程中，应关注以下几点：

退货和折扣处理是否有明确的职责划分和审批流程；

相关人员是否了解退货和折扣政策，是否具备必要的技能和知识；

是否有有效的风险管理和内部审计机制来监督和控制退货和折扣处理过程；

是否存在发生利益冲突或舞弊的风险。

5. 形成最终结论与报告

在完成上述步骤后，应形成最终结论并编写合规性报告。报告应详细阐述检查过程、发现的问题、采取的措施以及建议的改进方案。如果发现企业存在退货和折扣处理不合规的行为，应进一步分析原因并评估其对企业财务状况等的影响。

**三、可能的影响因素**

在检查企业退货和折扣处理的合规性时，以下因素可能对检查结果产生影响。

退货和折扣政策的制定和执行情况：企业的退货和折扣政策是否明确、合理，是否得到有效执行，将直接影响退货和折扣处理的合规性。

内部控制环境的有效性：有效的内部控制环境可以降低退货和折扣处理不合规的风险。然而，如果企业的内部控制环境存在缺陷或不足，可能导致退货和折扣处理不合规。

外部审计机构的意见：外部审计机构对企业的财务状况等进行审计，并发表独立意见。检查人员可以借鉴外部审计机构的意见，以更好地了解企业的退货和折扣处理情况。

相关法规和标准的变化：随着相关法规和标准的变化，企业的退货和折扣处理政策也可能需要进行调整。因此，检查人员应密切关注相关法规和标准的变化，并及时更新检查方法和标准。

**四、确保解释内容准确、完整并符合相关法规和标准的措施**

为确保解释内容准确、完整并符合相关法规和标准，可以采取以下措施。

深入研究相关法规和标准：检查人员应深入研究相关的会计准则、税法规定以及行业规范等，确保对退货和折扣处理的合规性有全面而准确的理解。

寻求专业咨询：在检查过程中遇到复杂或不确定的问题时，可以寻求专业咨询机构的帮助和支持。这些机构通常具有丰富的经验和专业知识，可以为检查人员提供有价值的建议和意见。

加强内部培训和宣传：企业应加强对员工的内部培训和宣传，提高员工对退货和折扣处理合规性的认识和重视程度。这有助于形成全员参与、共同维护退货和折扣处理合规性的良好氛围。

建立健全的内部控制机制：企业应建立健全的内部控制机制，明确退货和折扣处理的职责划分、审批流程、风险管理措施等。这有助于降低退货和折扣处理不合规的风险并保障企业的财务报告准确性。

实施以上步骤和措施，可以确保企业退货和折扣处理的合规性，同时也提高了企业的财务报告的准确性和合规性。

## 案例分析 1：不正确记录退货

**一、背景**

在企业经营过程中，退货是常见的业务场景，尤其是在制造业、零售业等行业。退货涉及收入确认、存货管理、税务处理等多个财务环节，若记录不当，可能导致财务报表失真、税务风险增加，甚至引发合规问题。根据《企业会计准则第 14 号——收入》及相关税法规定，企业需在退货发生时准确调整收入、成本及存货价值，以确保财务信息的真实性和完整性。

然而，部分企业为美化财务报表或简化流程，可能采取延迟记录退货、错误分类退货成本等方式，影响财务数据的准确性。此外，若企业与主要客户或供应商的退货条款不清晰，也可能导致争议或合规风险。本案例将分析一家企业因不正确记录退货而引发的财务合规问题，并探讨正确的会计处理方法。

## 二、具体案例情况

某电子产品制造企业A公司与主要客户B公司签订年度销售合同，约定B公司可因质量问题在收货后30天内退货。2022年第四季度，A公司向B公司销售一批价值500万元的货物，B公司在验收后发现部分产品存在瑕疵，退回价值100万元的货物。

A公司财务部门为维持当季收入规模，未在2022年财务报表中确认退货，而是将退回的货物计入2023年第一季度的销售成本。这一操作导致2022年收入虚增100万元，同时2023年成本虚增100万元，影响了两个会计期间的利润真实性。

税务稽查时，税务机关发现A公司2022年销售收入与增值税申报表不一致，进一步核查后认定A公司存在推迟确认退货、虚增收入的行为，要求补缴税款及滞纳金，并处以罚款。

## 三、法律法规与影响

1. 会计准则要求

《企业会计准则第14号——收入》规定，企业应在退货发生时冲减当期收入，并调整存货及成本。

若退货权利构成单项履约义务（如质保条款），企业需合理估计退货率并确认负债。

2. 税法规定

《增值税暂行条例》要求销售方在退货发生时开具红字发票，并冲减当期销项税额。

若企业未及时调整收入，可能导致增值税、企业所得税申报不实，面临补税、罚款等风险。

3. 影响

财务影响：虚增收入误导投资者及管理层决策，损害报表可靠性。

合规影响：可能被认定为财务舞弊，面临监管处罚或信誉损失。

税务影响：补缴税款、滞纳金及罚款，增加企业成本。

## 四、正确做法与会计处理

1. 退货政策明确化

与客户签订合同时，需明确退货条件、时间限制及会计处理方式，避免后续争议。

2. 会计处理流程

退货发生时：

冲减当期收入：

借：主营业务收入　100万元
　　应交税费——应交增值税（销项税额）　13万元
　　贷：应收账款　113万元

调整存货成本（若退回商品可继续销售）：

借：库存商品　80万元（假设成本率为80%）
　　贷：主营业务成本　80万元

若退货涉及减值：需计提存货跌价准备。

税务合规：

及时开具红字发票，并在增值税申报表中冲减销项税额。

在企业所得税汇算清缴时，确保收入与成本匹配，避免纳税调整。

内部控制加强：

建立退货审批流程，确保财务部门及时获取退货信息。

定期与客户对账，核对退货记录与实际发生情况。

## 案例分析 2：未冲减产品销售收入

### 一、背景

某服装销售公司（以下称“B 公司”）近期被曝出存在未冲减产品销售收入（处理客户退货和折扣时）的不规范操作。在竞争激烈的市场环境下，B 公司为吸引客户，提供了灵活的退货和折扣政策。然而，在实际操作中，B 公司财务部门在处理退货和折扣时，未按照会计准则和税法规定冲减相应的销售收入，导致公司账目失真，并引发税务风险。

### 二、案例具体情况

在 2023 年销售季，B 公司推出了一系列新款服装。为吸引客户，公司承诺购买新款服装的客户在一个月内可享受无理由退货，并对部分商品提供折扣优惠。然而，在实际操作中，B 公司财务部门在处理退货和折扣时，并未按照会计准则冲减相应的销售收入。

例如，一位客户购买了一件价值 1 000 元的新款上衣，后因颜色不合适在规定时间内办理了退货。同时，该客户还购买了一条价值 500 元的裤子，享受了 10% 的折扣优惠。在会计处理上，B 公司仅将上衣的退货款 1 000 元记入“销售退回”科目，而未冲减上衣的销售收入；对于裤子的折扣部分（50 元），B 公司也未冲减相应的销售收入。

### 三、法律法规与影响

根据《会计法》和《税收征收管理法》的相关规定，企业应当如实记录每一笔交易，包括销售收入、退货和折扣等。对于退货和折扣，企业应当冲减相应的销售收入，以确保账目的真实性和准确性。

B 公司未冲减产品销售收入的行为违反了上述法规规定，可能导致以下影响。

账目失真：由于未冲减销售收入，B 公司的财务报表无法真实反映公司的经营状况和盈利能力。

税务风险增加：未冲减的销售收入可能导致公司多缴或少缴税款，从而引发税务风险。

客户权益受损：客户在享受退货和折扣政策时，未得到应有的权益保障，引发客户不满和投诉。

### 四、正确做法与会计处理

针对上述问题，B 公司应当采取以下措施进行整改。

加强内部控制：建立健全内部控制体系，确保销售部门、财务部门等部门之间的信息沟通畅通无阻。明确各部门的职责和权限，防止类似问题再次发生。

规范退货和折扣处理：制定明确的退货和折扣政策，并在实际操作中严格执行。对于退货和折扣部分，应当冲减相应的销售收入。

纠正错误记录：对于已经发生的错误记录，B 公司应当及时调整账目数据，确保财务报表的真实性和准确性。

在会计处理上，B 公司应当按照以下步骤进行处理。

对于退货部分，应当将退货款计入“销售退回”科目，并冲减相应的销售收入。

对于折扣部分，应当将折扣金额计入“销售费用”科目，并冲减相应的销售收入。

调整相关科目的余额，确保财务报表的准确性和合规性。

## 案例分析 3：虚构销售退回

### 一、背景

在商业交易中，销售退回是常见的业务情形，通常由产品质量问题、运输损坏或市场需求变化引起。规范的销售退回处理对确保财务信息真实性至关重要。然而，部分企业可能通过虚构销售退回来调节利润、规避税收或掩盖前期虚增的销售收入，这种行为严重违反会计准则和税法规定。近年来，监管机构对销售退回的真实性审查日益严格，企业需要建立完善的内部控制机制来防范此类风险。

**二、具体案例情况**

某医疗器械生产企业G公司为完成年度业绩考核指标，在2023年12月与经销商H公司合谋虚构销售退回业务。具体操作如下：

G公司在2023年11月向H公司销售价值300万元的医疗设备；

12月底双方虚构"质量问题"退货，冲减当期收入；

2024年1月，该批设备又以相同价格"重新销售"给H公司；

整个过程中货物实际并未退回，仍存放在H公司仓库。

审计时发现该笔业务存在以下异常：

缺少退货物流单据和质量检测报告；

退货时间与重新销售时间间隔过短；

仓库库存记录与账面不符。

**三、财务数据**

| 项目 | 错误处理（万元） | 正确处理（万元） | 差异分析 |
| --- | --- | --- | --- |
| 2023年11月销售收入 | 300 | 300 | 初始确认正确 |
| 2023年12月销售退回 | 300 | 0 | 虚构退回 |
| 2023年净收入 | 0 | 300 | 虚减收入300万 |
| 2024年1月重新销售 | 300 | 0 | 重复确认收入 |
| 增值税影响（13%） | 多退39万 | 正常缴纳39万 | 造成税款流失 |
| 企业所得税（25%） | 少缴75万 | 正常缴纳75万 | 逃避纳税义务 |

**四、法律法规**

1. 会计准则方面

《企业会计准则第14号——收入》明确规定销售退回必须基于真实交易。

要求企业合理估计退货可能性并确认预计负债。

2. 税收法规

《增值税暂行条例》规定无真实交易的销售退回不得开具红字发票。

《税收征收管理法》将虚构退回认定为偷税行为。

3. 监管规定

《证券法》对上市公司财务造假行为有严格处罚规定。

《企业内部控制基本规范》要求建立销售退回审批制度。

**五、影响**

1. 财务影响

导致连续两个会计期间收入失真。

虚增存货价值，影响资产真实性。

需要追溯调整财务报表。

2. 税务影响

需补缴增值税及滞纳金约45万元。

企业所得税补缴及罚款约90万元。

可能被列入税务稽查重点监控名单。

3. 合规风险

面临证监会行政处罚风险。

企业信用评级可能下调。

主要管理人员可能被追责。

### 六、正确做法与会计处理

1. 合规处理流程

建立销售退回的审批制度，需经质量、物流、财务多部门确认。

保留完整的退货凭证和质量检测报告。

定期与客户核对退货记录。

2. 正确会计处理

真实退货时：

借：主营业务收入　　300 万

　　应交税费——应交增值税（销项）　　39 万

　　贷：应收账款　　339 万

借：库存商品　　210 万（假设成本率 70%）

　　贷：主营业务成本　　210 万

3. 税务处理要点

凭有效证明文件开具红字发票。

在退货当期增值税申报表中冲减销项税。

企业所得税汇算时相应调减收入。

4. 内控优化建议

实施销售与退货的 ERP 系统联动控制。

建立异常退货的预警机制。

加强销售人员的合规培训。

## 案例分析 4：不正确折扣处理

### 一、背景

商业折扣（如批量折扣、季节性促销）和现金折扣（如提前付款优惠）是企业常见的销售策略，旨在促进销售或加速回款。然而，折扣的会计处理涉及收入确认、税务合规及财务报告准确性，若操作不当，可能导致收入虚增、税务风险或审计问题。

根据《企业会计准则第 14 号——收入》，企业需在交易发生时合理确认折扣影响，确保收入计量准确。同时，税法对折扣的税务处理（如发票开具、增值税计算）有严格规定，错误操作可能被认定为逃税或虚开发票。本案例将分析某企业因折扣处理不当引发的财务合规问题。

### 二、具体案例情况

某家电零售企业 E 公司为冲刺年度销售目标，在 2023 年 12 月推出“满 10 万元减 1 万元”的促销活动，并与主要客户 F 公司达成一笔 100 万元的销售合同。合同约定：

F 公司若在 10 日内付款，可享受 2% 的现金折扣（即支付 98 万元）；

同时适用“满 10 万减 1 万”的商业折扣，最终成交价应为 90 万元。

但 E 公司财务人员错误处理如下：

未区分商业折扣与现金折扣，直接按 100 万元确认收入，未在发票上体现折扣；

实际收款 90 万元，但未调整应收账款，导致账实不符；

未在增值税申报中冲减折扣部分，多缴税款。

2024 年审计时发现该笔交易收入确认不准确，被税务机关要求补税并调整账务。

## 三、财务数据

| 项目 | 错误处理（万元） | 正确处理（万元） | 差异（万元） |
| --- | --- | --- | --- |
| 合同总金额 | 100 | 100 | 0 |
| 商业折扣（满减） | 未扣除 | 10 | +10 |
| 现金折扣（2%） | 未确认 | 1.8（90×2%） | +1.8 |
| 收入确认金额 | 100 | 88.2 | +11.8 |
| 增值税（13%） | 13 | 11.47 | +1.53 |
| 应收账款余额 | 100 | 88.2 | +11.8 |

## 四、法律法规

1. 会计准则

《企业会计准则第 14 号——收入》：商业折扣应在交易发生时扣除，现金折扣按“净价法”或“总价法”处理（通常采用总价法，实际发生时计入财务费用）。

2. 税法规定

《增值税暂行条例》：商业折扣需在同一张发票“金额栏”注明，否则不得冲减销售额；现金折扣不得冲减增值税销项税。

《企业所得税法》：现金折扣作为财务费用税前扣除，商业折扣直接减少收入。

3. 发票管理

未按规定开具折扣发票可能被认定为虚开发票或隐瞒收入。

## 五、影响

1. 财务影响

收入虚增 11.8 万元，利润虚增，误导管理层决策；

应收账款账实不符，影响资金管理。

2. 税务风险

多缴增值税 1.53 万元，企业所得税（按 25% 税率）多缴 2.95 万元；

若被认定为故意逃税，可能面临 0.5~5 倍罚款。

3. 审计与合规风险

审计调整导致财报重述，影响企业信誉；

可能触发监管关注（如上市公司）。

## 六、正确做法与会计处理

1. 区分折扣类型

商业折扣：直接在交易金额中扣除，按净额确认收入。

借：应收账款　　101.7 万元（90×1.13）

　　贷：主营业务收入　　90 万元

　　应交税费——应交增值税（销项税额）　　11.7 万元

现金折扣：实际发生时计入财务费用。

借：银行存款　　88.2 万元（90×98%）

　　财务费用　　1.8 万元

　　贷：应收账款　　90 万元

2. 税务合规

商业折扣必须在发票上注明“折扣后金额”；

现金折扣不得冲减增值税，仅影响企业所得税。

3. 内控措施

建立折扣审批流程，确保合同、发票、账务一致；

定期核对销售系统与财务数据，避免差异累积。

## 专题一百零六：是否未经审批或违反合同约定向供应商支付款项

### 业务简介

**一、概念**

企业未经审批或违反合同约定向供应商支付款项，是指企业在未经内部审批流程审批通过的情况下或未按照双方签订的采购合同约定的支付条件、支付时间、支付金额等，擅自向供应商支付款项的行为。这种行为违反了企业的内部控制制度和与供应商之间的合同契约精神，可能引发一系列法律、财务和经营风险。

**二、基本规定**

内部审批流程：企业通常设有严格的财务支付审批制度，包括但不限于请购审批、合同审批、付款审批等环节，以确保资金的合理使用和防范财务风险。

合同约定：企业与供应商应在签订的采购合同中明确约定支付条款，包括支付条件、支付时间、支付金额、支付方式等。

法律法规：企业的支付行为还需遵守相关的法律法规，确保支付活动的合法性和合规性。

**三、经常出现的违规问题**

未经审批擅自支付：企业内部人员在未经审批通过或未遵循审批流程的情况下，擅自向供应商支付款项。

违反合同约定支付：企业违反与供应商签订的采购合同中的支付条款，如提前支付、超额支付、改变支付方式等。

虚假支付：企业为达到某种目的（如套取资金、逃避税收等），虚构采购事项或夸大采购金额，进行虚假支付。

**四、违规表现**

1. 擅自改变合同支付条款

行为描述：企业在未经过合同双方书面协议的情况下，单方面修改支付金额、支付时间等合同条款，并直接向供应商支付款项。

目的与动机：迅速完成交易、避免烦琐的审批流程。

后果：这种行为可能导致企业内部财务管理混乱，资金流不可控，甚至引发合同纠纷和法律风险。

2. 虚列支出进行支付

行为描述：企业通过虚构采购支出，如不存在的采购项目或超额支出等，向供应商支付款项。

目的与动机：掩盖真实的财务情况，向特定供应商输送利益。

后果：这种行为会损害企业的财务透明度，导致企业面临税务风险和被追究法律责任，同时也会影响企业的信誉。

3. 未经审批流程直接支付

行为描述：企业未经内部规定的审批流程，直接向供应商支付款项。

目的与动机：加快支付进度，避免因审批延误而影响业务进展。

后果：这种行为违反企业内部管理制度，导致资金使用的不合规和浪费，同时也可能引发内部审计或外部监管的问题。

4. 未按照合同约定时间或方式支付

行为描述：企业未按照合同约定的支付时间或支付方式向供应商支付款项。

目的与动机：可能是出于对企业现金流的考虑，或者是与供应商之间的特殊安排。

后果：这种行为导致合同违约，影响企业与供应商之间的合作关系，引发法律纠纷和赔偿责任。

综上所述，企业应严格遵守合同约定和内部审批流程，确保支付款项的合规性和透明度，以维护企业的财务健康和信誉。

## 法律法规

企业未经审批或违反合同约定向供应商支付款项的行为，涉及较多法律法规、政策文件和监管要求，具体如下。

**一、法律法规**

《民法典》第五百七十七条：当事人一方不履行合同义务或者履行合同义务不符合约定的，应当承担继续履行、采取补救措施或者赔偿损失等违约责任。这意味着，如果企业未按照合同约定向供应商支付款项，即构成合同违约，需要承担相应的法律责任。

**二、政策文件**

1.《保障中小企业款项支付条例》（2020 年 9 月 1 日起施行）

该条例明确规定了机关、事业单位和大型企业采购货物、工程、服务支付中小企业款项的相关要求。

第八条规定，机关、事业单位从中小企业采购货物、工程、服务，应当自货物、工程、服务交付之日起 30 日内支付款项；合同另有约定的，付款期限最长不得超过 60 日。大型企业采购时也应合理约定并及时支付款项。

第十三条禁止以法定代表人或主要负责人变更、履行内部付款流程等为由拒绝或迟延支付中小企业款项。

这些规定旨在保护中小企业的合法权益，确保款项及时支付，防止大型企业利用优势地位拖欠款项。

2. 其他相关政策文件

国家根据不同时期的发展需要，还出台了其他与供应商款项支付相关的政策文件，这些文件通常会强调合同履约的重要性，并规定相应的监管措施和处罚标准。

**三、监管要求**

1. 政府部门监管

各级政府部门（如市场监管局）负责对企业支付供应商款项的行为进行监管。一旦发现企业存在未经审批或违反合同约定支付款项的行为，将依法依规进行处理。

政府部门可能通过抽查、专项检查等方式，加大对企业支付行为的监管力度，确保企业遵守相关法律法规的规定。

2. 行业协会监管

行业协会在推动行业自律方面发挥着重要作用。它们通常会制定行业规范、交易习惯等标准，引导企业诚信经营、规范支付行为。同时，行业协会还会对违反行业规范的企业进行惩戒或通报批评等处理。

3. 处罚措施

未经审批或违反合同约定向供应商支付款项的企业，根据相关法律法规和政策文件的规定，可能面临多种处罚，包括但不限于：责令改正、支付违约金、赔偿损失、罚款、列入失信名单等。情节严重的还可能构成犯罪，被追究刑事责任。

综上所述，企业在支付供应商款项时必须严格遵守相关法律法规、政策文件和监管要求的规定。未经审批或违反合同约定支付款项的行为将受到法律的制裁和监管部门的处理。因此，企业应建立健全内部审批制度和财务管理制度，确保支付行为的合法性和合规性。

## 合规程序与方法

检查企业是否未经审批或违反合同约定向供应商支付款项是一个复杂而细致的过程，涉及财务管理、内部控制、合同管理及法律合规等多个方面。以下将详细阐述这一过程的合规程序、方法、步骤以及可能的影响因素，确保内容准确、完整且符合相关法规和标准。

**一、合规程序概述**

实施合规程序旨在确保企业支付行为符合内部审批流程、合同条款及国家法律法规的要求，防止未经授权或违规支付的发生。该程序通常包括以下几个关键步骤。

制定明确的支付政策和流程：建立详细的付款审批制度，明确各级审批权限、审批标准和审批流程。

合同管理：确保所有与供应商的交易均签订正式合同，并详细规定支付条款、付款条件及违约责任。

内部控制：实施有效的内部控制措施，如岗位分离、权限控制、审计监督等，防止内部舞弊。

定期审查与监督：定期对支付流程、合同执行情况及财务记录进行审查，确保合规性。

教育与培训：加强对财务、采购及其他相关人员的合规意识培训，提高其识别和处理违规支付的能力。

**二、具体方法与步骤**

1. 制定明确的支付政策和流程

（1）制定支付政策

明确支付原则：确立“先审批后支付”“按合同支付”等基本原则。

设定审批层级：根据支付金额的大小和风险程度，设定不同的审批层级，如部门经理、财务主管、公司高层等。

规定审批时限：明确各级审批的时限要求，确保支付流程高效运行。

（2）建立支付流程

付款申请：员工或部门负责人需向财务部门提交付款申请，注明付款原因、金额、收款方信息、合同编号等。

审批流程：财务部门收到申请后，按照既定流程进行多级审批，确保付款申请的合法性、合规性和预算可行性。审批过程中，应保留书面记录以备查。

资金划拨：审批通过后，财务部门进行资金划拨，确保资金准确、及时、安全地到达收款方账户。

记录与对账：完成资金划拨后，财务部门需在财务系统中记录付款信息，并进行对账，确保账目准确无误。

2. 加强合同管理

（1）合同起草与审核、签订

明确合同目的等：根据业务需求，明确合同目的、关键条款和期望结果。

法律审核：由法务部门或外部法律顾问对合同进行法律审核，确保合同条款合法、合规、公平合理。

双方确认：合同双方就合同条款达成一致后，正式签署合同。

（2）合同执行与监控

履约跟踪：建立合同履约跟踪机制，定期检查合同执行情况，确保供应商按合同约定提供服务或产品。

支付管理：根据合同约定的支付条款和付款条件，安排支付计划，确保按时足额支付款项。

变更管理：如合同需变更，应严格按照规定的程序进行审批，确保变更合法合规。

3. 实施有效的内部控制

（1）岗位分离

实行岗位分离制度，确保支付流程中的不相容岗位由不同人员担任，如出纳与会计分离、审批与执行分离等。

（2）权限控制

设定明确的权限控制机制，确保各级审批人员只能在授权范围内进行审批操作。

采用电子审批系统，记录审批过程和结果，提高审批透明度和可追溯性。

（3）审计监督

设立内部审计部门或聘请外部审计机构，定期对支付流程、合同执行情况及财务记录进行审计，发现问题及时整改。

4. 定期审查与监督

（1）定期审查

定期对支付流程、合同档案、财务记录等进行全面审查，确保各项支付活动均符合内部政策和法律法规要求。

（2）监督执行

建立监督机制，对支付流程中的关键环节进行实时监控，确保支付活动有序进行。

对发现的问题进行跟踪处理，确保整改措施得到有效执行。

5. 加强教育与培训

（1）制定培训计划

根据业务需求和人员情况，制定详细的培训计划，明确培训目标、内容和方式。

（2）实施培训

组织财务、采购及其他相关人员参加合规培训，提高其对支付政策、合同管理及内部控制的理解和执行能力。

（3）效果评估

对培训效果进行评估，了解参训人员的掌握情况，及时调整培训计划和内容。

**三、可能的影响因素**

1. 内部因素

企业文化：企业文化对合规意识的形成具有重要影响。积极向上的企业文化有助于培养员工的合规意识。

组织架构：合理的组织架构有助于明确职责分工和权限控制，提高内部控制的有效性。

人员素质：财务、采购及其他相关人员的专业素质和合规意识直接影响支付活动的合规性。

2. 外部因素

法律法规：国家法律法规对支付活动具有直接约束力。企业应密切关注相关法律法规的变化，及时调整内部政策和流程。

市场环境：市场环境的变化可能影响企业的支付策略和风险管理措施。例如，经济下行期企业可能更加关注成本控制和资金安全。

供应商关系：供应商关系稳定与否可能影响支付活动的顺利进行。企业应加强与供应商的沟通和合作，建立长期稳定的合作关系。

**四、结论**

检查企业是否未经审批或违反合同约定向供应商支付款项是一个系统工程，需要企业从制定明确的支付政策和流程、加强合同管理、实施有效的内部控制、定期审查与监督以及加强教育与培训等多个方面入手。通过实施这些措施，企业可以确保支付活动的合规性，降低财务风险和法律风险，维护企业的形象和声誉。同时，企业还应密切关注内外部环境的变化，及时调整和完善合规程序与方法，以适应不断变化的业务需求和市场环境。

## 案例分析 1：擅自改变合同支付条款

**一、背景**

某建筑工程有限公司（以下称“A 公司”），在 2018 年至 2022 年期间，为了加速资金周转并减少财务成本，擅自修改了与多家供应商的合同条款，特别是支付条款。这一行为最终引起了税务机关的注意，并被查处。

在 A 公司与某材料供应商 B 公司的合同中，原约定付款方式为项目完工后一次性支付全部款项。然而，在项目实施过程中，A 公司因资金紧张，单方面将支付条款修改为分阶段支付，并在未获得 B 公司书面同意及内部审批的情况下，提前支付了部分款项。

**二、案例具体情况**

原合同金额：10 000 000 元。

原约定支付时间：项目完工后（假设为 2022 年底）。

擅自修改后支付情况如下。

2021 年 6 月支付金额：3 000 000 元。

2021 年 12 月支付金额：2 000 000 元。

剩余应付：5 000 000 元（至 2022 年底）。

**三、法律法规**

根据《民法典》第五百七十七条，当事人一方不履行合同义务或者履行合同义务不符合约定的，应当承担继续履行、采取补救措施或者赔偿损失等违约责任。同时，《税收征收管理法》第六十三条明确指出，纳税人伪造、变造、隐匿、擅自销毁账簿、记账凭证，或者在账簿上多列支出或者不列、少列收入，进行虚假的纳税申报，不缴或者少缴应纳税款的，是偷税行为。

**四、影响**

财务成本增加：由于提前支付，A 公司损失了资金的时间价值。

税务风险增加：擅自改变支付条款并提前支付，导致在账簿上多列支出，最终造成少缴企业所得税，A 公司面临税务处罚。

法律风险增加：A 公司单方面修改合同条款，违反了与 B 公司的合同约定，引发法律纠纷和赔偿。

**五、正确做法**

执行内部审批流程：任何合同条款的修改都应经过严格的内部审批流程，确保合法合规。

与供应商协商：如需修改支付条款，应与供应商充分沟通，并取得其书面同意。

合规会计处理：按照实际支付情况和合同约定进行会计处理，确保账簿真实反映经济业务。

### 六、正确的会计处理

按照原合同约定的支付时间和金额进行会计处理，未支付部分继续作为应付账款。

若确需提前支付，应首先与B公司协商并签订补充协议，明确提前支付的条件和后果。

在账簿上准确记录每一笔支付，确保收入与支出相匹配，避免多列支出或少列收入。

### 七、结论

A公司擅自改变合同支付条款的行为，不仅增加了财务成本，还引发了税务风险和合同违约问题。企业应严格遵守相关法律法规和合同约定，确保财务处理的合规性和准确性。同时，严格执行内部审批流程和加强与供应商的沟通，是预防此类问题发生的关键。

## 案例分析2：虚列支出进行支付

### 一、背景

某电子产品制造公司（以下称“C公司”），近年来为了扩大市场份额，加快产品研发进度，采取了较为激进的财务管理策略。在资金紧张的情况下，C公司管理层决定通过虚列支出的方式，绕过正常的审批流程，向关键供应商D公司提前支付货款，以确保原材料供应不受影响。

C公司与D公司签订了一份为期一年的原材料供应合同，合同总金额为800万元人民币，约定按月结算货款。然而，由于市场竞争激烈，C公司急需D公司提供的某款核心部件以加速新产品上市。在未经公司高层审批及与D公司重新协商的情况下，C公司决定通过虚列一项名为“市场调研费用”的支出，从公司账户中划拨了300万元人民币至D公司账户，作为提前支付的货款。

### 二、案例具体情况

合同总金额：800万元人民币。

原约定支付安排：按月结算，每月约66.67万元人民币（假设均匀分布）。

虚列支出项目：虚列市场调研费用，金额为300万元人民币。

提前支付时间：合同生效后第三个月月初。

### 三、法律法规

根据《会计法》第九条，各单位必须根据实际发生的经济业务事项进行会计核算，填制会计凭证，登记会计账簿，编制财务会计报告。任何单位不得以虚假的经济业务事项或者资料进行会计核算。此外，《公司法》及企业内部控制规范也明确规定了企业应当建立健全的财务审批制度和内部控制体系，确保资金支付的合规性。

### 四、影响

财务风险增加：虚列支出导致财务报表失真，影响投资者和债权人的决策，增加企业的财务风险。

法律风险增加：虚列支出违反会计法和其他相关法律法规，企业面临税务稽查、行政处罚乃至刑事处罚。

内部控制失效：以上行为绕过审批流程，破坏了企业的内部控制体系，为滋生腐败等违规行为提供了温床。

供应商关系受损：虽然以上行为短期内可能保证了原材料供应，但长期来看，损害了与供应商的诚信合作关系。

### 五、正确做法

加强内部管理：建立健全的财务审批制度和内部控制体系，确保所有资金支付都经过严格的审批流程。

充分沟通：如确需提前支付或变更合同条款，应与供应商充分沟通，并签订补充协议，明确双方权利和义务。

真实反映经济业务：严格按照实际发生的经济业务进行会计核算，杜绝虚列支出等违规行为。

**六、正确的会计处理**

不应虚列市场调研费用，而应通过正规途径申请提前支付货款，并获得相应的审批和授权。

若审批通过，应在财务报表中如实反映提前支付的货款，并调整应付账款的余额。

同时，与D公司签订补充协议，明确提前支付的金额、时间、利息（如有）及后续货款的支付方式等。

**七、结论**

C公司虚列支出的行为严重违反了会计法和其他相关法律法规，给企业带来了财务风险和法律风险。企业应严格遵守法律法规，加强内部管理，确保资金支付的合规性和真实性。同时，应与供应商建立长期稳定的合作关系，共同维护市场的公平和秩序。

## 案例分析 3：未经审批流程直接支付

**一、背景**

某制造业企业（以下称“E公司”），在运营过程中，为了应对紧急的生产需求，其财务部门在未经过正规审批流程的情况下，直接向长期合作的原材料供应商F公司支付了一笔大额货款。这一行为不仅违反了公司内部的财务管理制度，也违反了与F公司之间的合同条款，引发潜在的法律风险。

E公司与F公司签订了一份为期半年的原材料供应合同，合同总金额为500万元人民币，约定按月结算货款，每月支付83.33万元。然而，在生产高峰期，E公司发现某种关键原材料库存告急，急需向F公司紧急补货以维持生产。为了尽快获得原材料，E公司财务部门负责人决定绕过正常的审批流程，直接从公司账户向F公司支付了150万元人民币，作为提前支付的货款。

**二、案例具体情况**

合同总金额：500万元人民币。

原约定支付安排：按月结算，每月支付83.33万元人民币。

未经审批的支付金额：150万元人民币。

支付时间：合同生效后第二个月月初。

**三、法律法规**

根据《公司法》及企业内部控制规范，企业应当建立严格的财务管理制度和审批流程，确保资金支付的合规性和安全性。未经审批流程直接支付款项，不仅违反了企业内部规定，也可能触犯相关法律法规，如《会计法》中关于会计核算真实性的要求。

**四、影响**

内部控制失效：未经审批流程直接支付，破坏了企业的内部控制体系，为财务舞弊等违规行为提供了机会。

法律风险增加：以上行为违反了与F公司的合同约定，引发合同纠纷和诉讼。同时，企业也可能因违反会计法和其他相关法律法规而面临税务稽查和行政处罚。

资金风险增加：未经审批的支付导致企业资金流失，影响其他重要项目的资金需求。

信任危机产生：以上行为损害企业与供应商F公司的信任关系，对长期合作产生不利影响。

**五、正确做法**

建立健全审批流程：企业应制定并严格执行资金支付的审批流程，确保每一笔支付都经过合法合规的审核和批准。

建立应急处理机制：对于紧急情况下的支付需求，应建立应急处理机制，明确审批权限和流程，确保在保障生产的同时不违背法律法规和公司规定。

加强与供应商的沟通：与供应商保持密切沟通，及时了解其生产能力和供货情况，避免因信息不对称导致的紧急支付需求。

**六、正确的会计处理**

首先，财务部门应意识到未经审批支付的严重性，并立即向上级汇报。

随后，企业应启动内部调查程序，查明未经审批支付的原因和责任人。

对于已支付的款项，企业应与F公司协商，明确该款项的性质（是预付款、借款还是其他），并签订补充协议以规范后续支付和结算。

在财务报表中，应如实反映该笔支付，并调整相关科目的余额。

同时，企业应加强内部控制，防止类似情况再次发生。

**七、结论**

E公司未经审批流程直接支付的行为，严重违反了公司内部的财务管理制度和相关法律法规。企业应从中吸取教训，建立健全的审批流程和内部控制体系，确保资金支付的合规性和安全性。同时，加强与供应商的沟通与合作，共同维护市场的公平和秩序。

## 案例分析4：未按照合同约定时间或方式支付

**一、背景**

某食品生产企业（以下称“G公司”），因市场需求激增，急需扩大生产规模以满足订单需求。在此过程中，G公司与原材料供应商H公司签订了一份为期一年的原材料供应合同，合同中明确规定了支付条款，包括支付时间和支付方式。然而，在实际执行过程中，G公司因资金链紧张，未经内部审批，未按照合同约定的支付时间和方式，向H公司支付了部分货款。

**二、案例具体情况**

合同总金额：1 200万元人民币。

支付方式：银行转账。

支付时间：每月末支付当月货款的80%，剩余20%在合同结束后一个月内付清。

实际情况：G公司在未经内部审批的情况下，于第3个月月初通过银行转账向H公司支付了500万元人民币，远超当月应支付的金额（假设第3个月应支付96万元人民币，即1 200万元×80%/12）。同时，G公司还以商业承兑汇票的形式支付剩余货款，这与合同约定的银行转账方式不符。

**三、法律法规**

根据《中华人民共和国合同法》第六十条，当事人应当按照约定全面履行自己的义务。G公司擅自改变合同约定的支付时间和方式，显然违反了这一原则。此外，《会计法》和《税收征收管理法》等相关法律法规也要求企业应按照实际发生的经济业务进行会计核算和纳税申报，任何虚假或不合规的支付都可能引发法律风险。

**四、影响**

财务成本增加：提前支付和变更支付方式导致G公司的资金利用效率下降，增加财务成本。

法律风险增加：违反合同约定将引发与H公司的合同纠纷，导致企业面临诉讼和赔偿。

内部控制失效：未按照支付条款支付破坏了G公司的内部控制体系，引发其他违规行为。

供应商关系受损：不诚信的支付行为可能损害企业与H公司的长期合作关系。

**五、正确做法**

加强内部管理：建立健全的财务管理制度和审批流程，确保所有支付都符合合同约定和公司规定。

严格履行合同：按照合同约定的时间和方式支付，避免违反合同条款。

与供应商沟通：如遇特殊情况需变更支付条款，应及时与供应商沟通并签订补充协议。

**六、正确的会计处理**

对于已支付的500万元人民币，G公司应在财务报表中如实反映，并调整应付账款的余额。

同时，G公司应尽快与H公司沟通，明确该笔款项的性质和后续处理方式。如果H公司同意以该笔款项作为预付款或同意变更支付方式，双方应签订补充协议以明确双方权利和义务。

对于以商业承兑汇票支付的部分，如果H公司不接受该方式，G公司应撤销该支付指令，并继续按照合同约定的银行转账方式支付剩余货款。

**七、结论**

G公司未按照合同约定时间或方式支付的行为，不仅增加了自身的财务成本和法律风险，还损害了与供应商的合作关系。企业应严格遵守合同条款和法律法规要求，加强内部管理和与供应商的沟通合作，共同维护市场的公平和秩序。

## 专题一百零七：企业与供应商之间是否有真实业务支持

### 业务简介

**一、概念**

企业与供应商之间的真实业务支持，是指双方基于实际的市场需求、生产需要及合法合规的交易原则，进行商品或服务的买卖、合作开发、技术支持等经济活动。这种业务关系建立在诚实信用、公平交易的基础上，能保障双方权益，促进供应链的稳定与发展。

**二、基本规定**

合法合规：所有业务活动必须遵守国家法律法规，包括但不限于民法典、税法、反不正当竞争法等。

真实交易：业务交易需有真实的市场需求和商品或服务的实际交付，不得虚构交易、虚开发票等。

价格合理：交易价格应基于市场价格，体现公平合理原则，避免价格欺诈或恶意压价。

信息透明：双方应相互披露必要信息，确保交易过程透明，便于监督和管理。

长期合作：鼓励建立长期稳定的合作关系，共同应对市场变化，实现双赢。

**三、经常出现的违规问题**

虚假交易：企业为达到某种非法目的，与供应商串通虚构交易，虚开发票。

**四、违规表现**

企业与供应商之间缺乏真实业务支持的违规表现如下。

1. 虚构交易或业务

行为描述：企业与供应商制造并不存在的交易记录，包括虚假的采购订单、发票等文件。

目的与动机：虚增企业的营业收入、成本或利润，以满足特定的财务目标或市场期望。

后果：这种行为导致企业财务报表失真，误导投资者和债权人，进而引发法律诉讼、监管处罚以及声誉损害。

2. 合同欺诈

行为描述：企业与供应商之间签订虚假或误导性的合同，例如故意隐瞒重要信息、设置不合理的条款或故意模糊责任范围。

目的与动机：获取不正当的利益，如价格优惠、收取回扣，或逃避某些法律责任。

后果：这种行为导致合同无效或被撤销，企业需要承担违约责任，甚至面临法律追究和刑事处罚。

3. 价格操纵或虚报成本

行为描述：企业与供应商串通，通过虚报成本、操纵价格等方式来获取不正当利益。

目的与动机：提高利润率、降低成本或获取更多的市场份额。

后果：这种行为会破坏市场竞争的公平性，损害其他诚信经营者的利益。

4. 伪造或篡改交易文件

行为描述：企业伪造或篡改与供应商之间的交易文件，如订单、收据、发货单等，以掩盖真实的交易情况。

目的与动机：逃避税务监管、掩盖非法交易或满足特定的审计要求。

后果：这种行为将严重损害企业的信誉和合规形象，企业将面临法律处罚和严重的商业风险。

这些违规表现不仅损害了企业与供应商之间的信任关系，也破坏了市场的公平竞争环境。因此，企业应坚持诚信经营原则，加强内部控制和合规管理，以确保与供应商之间的业务往来真实、合法且透明。

## 法律法规

企业与供应商之间是否存在真实业务支持，是一个涉及商业诚信、合同法律效力和市场秩序的重要问题。以下是相关法律法规。

**一、法律法规**

1.《反不正当竞争法》

该法律禁止任何损害竞争对手的商业信誉、商品声誉，或者采取虚假手段进行市场竞争的行为。企业与供应商之间的业务合作应当遵循公平竞争原则，不得通过虚假交易等手段来误导市场或损害其他企业的利益。

2. 税法

在税务方面，税法要求企业和供应商之间的交易应当有真实的交易背景和合理的商业目的。税务机关有权对涉嫌虚假交易的企业进行调查，并依法追究其法律责任。

**二、政策文件**

1.《政府采购促进中小企业发展管理办法》

该办法规定，在政府采购活动中，中小企业提供的货物、工程或服务符合一定条件时，可以享受相关扶持政策。这要求企业与供应商之间的业务合作必须是真实的，以支持中小企业的发展。

2. 关于规范市场经济秩序的相关文件

政府部门发布的多项文件强调，要规范市场经济秩序，促进公平竞争。这些文件要求企业和供应商之间的交易必须遵守法律法规，不得进行虚假交易等不正当行为。

**三、监管要求**

1. 市场监管部门的监管

市场监管部门负责对企业和供应商之间的交易进行监管，确保交易的真实性和合法性。监管部门有权对涉嫌虚假交易的企业进行调查，并依法采取相应措施。

2. 行业协会的监管

行业协会在促进企业和供应商之间的合作中发挥着重要作用。行业协会通常会制定行业规范和自律准则，要求成员企业遵守，并通过行业自律来维护市场秩序和公平竞争。

综上所述，企业与供应商之间是否存在真实业务支持，受到以上法律法规的约束，同时企业还需要遵守《政府采购促进中小企业发展管理办法》等政策文件的要求，并接受市场监管部门的监管和行业协会的自律管理。这些规定和要求共同构成了确保企业与供应商之间业务合作的真实性和合法性的法律框架和监管体系。

## 合规程序与方法

检查企业与供应商之间是否存在真实业务支持是一个复杂而重要的过程，它涉及多个方面，包括供应商资格的初步审核、业务交易的持续监控、合规风险的评估与管理等。以下将详细解释这一过程，包括相关的合规程序、方法、步骤以及可能的影响因素。

**一、合规程序概述**

1. 确定合规目标与范围

企业需要明确合规检查的目标和范围。这包括确定哪些供应商需要接受检查，以及检查的具体内容和标准。目标应明确指向确保供应商与企业之间的业务往来真实、合法、合规。

2. 制定合规计划

根据合规目标和范围，企业应制定详细的合规计划，包括检查的时间表、参与人员、所需资源、检查方法等。计划应全面、系统、可操作性强。

3. 组建合规团队

合规团队应由跨部门人员组成，包括法务、财务、采购、供应链管理等部门的专家。团队成员应具备丰富的专业知识和实践经验，以确保检查的全面性和准确性。

**二、合规检查方法**

1. 供应商资格审查

（1）资料审核

基本资料：要求供应商提供有效的法人营业执照、自然人身份证明、法定代表人或负责人的身份证明、受托代理人的有效授权委托书等。

业务资质：检查供应商是否具备合作业务所需的资质或许可证明文件，如 ISO 认证、行业许可证等。

履约能力：评估供应商的财务状况、生产能力、技术水平等，以判断其是否具备按时按质完成合同的能力。

合规记录：了解供应商近年来是否受到过相关主管行政机关或行业协会的处罚或处分，评估其合规管理能力。

（2）现场考察

通过实地考察供应商的生产基地、办公地点等，了解其实际运营情况。重点关注生产设备与工艺、员工素质与管理制度、环境与安全等方面。

2. 业务交易监控

（1）交易记录审查

审查企业与供应商之间的交易记录，包括合同、发票、验收单、付款凭证等。核对交易记录的真实性、完整性和准确性，确保交易行为符合法律法规和企业规定。

（2）价格与成本分析

分析供应商提供的产品或服务的价格是否合理，是否存在异常波动。同时，评估企业的采购成本是否控制在合理范围内，防止因供应商提价而增加企业成本压力。

（3）交易模式分析

分析企业与供应商之间的交易模式是否符合行业惯例和市场规律。关注是否存在虚假交易、不当关联交易等违规行为。

3. 合规风险评估与管理

（1）风险评估

通过问卷调查、访谈等方式，收集供应商在合规管理方面的信息。评估供应商在反腐败、反洗钱、贸易制裁、环境保护等方面的合规风险。

（2）风险应对

针对评估出的合规风险，制定具体的应对措施。如要求供应商改进合规管理制度、加强员工培训、提供合规承诺书等。对于高风险供应商，可考虑暂停合作或终止合作。

（3）持续监控

建立定期或不定期的供应商合规审核机制，持续监控供应商的合规情况。对于发现的问题和风险，及时采取措施进行整改和应对。

**三、合规检查步骤**

1. 准备阶段

明确合规检查的目标、范围和要求。

制定详细的合规计划，包括检查的时间表、参与人员、所需资源等。

组建合规团队，并进行必要的培训。

2. 实施阶段

进行供应商资格审查，收集并审核供应商提供的资料。

开展现场考察，了解供应商的实际运营情况。

审查交易记录，分析交易的真实性和合规性。

进行合规风险评估，识别并评估潜在的合规风险。

3. 整改与验证阶段

针对发现的问题和风险，制定具体的整改措施。

要求供应商在规定时间内进行整改，并提交整改报告。

对供应商的整改情况进行跟踪验证，确保问题得到有效解决。

4. 总结与反馈阶段

对合规检查过程进行总结，分析检查中发现的问题和不足之处。

向相关部门和人员反馈检查结果，提出改进建议。

将检查结果纳入供应商管理档案，作为后续合作的重要参考依据。

**四、可能的影响因素**

1. 法规与政策变化

随着全球化和供应链的复杂化，各国和地区的法规与政策不断变化。企业需要密切关注相关法规和政策的变化，及时调整合规策略和方法。

2. 供应商合作意愿与配合度

供应商的合作意愿和配合度直接影响合规检查的效果。部分供应商可能出于保护自身利益的目的，隐瞒不利信息或提供虚假资料。因此，企业需要建立有效的沟通机制，加强与供应商的沟通与合作。

3. 企业内部管理与协作

企业内部不同部门之间的协作与沟通对合规检查的效果至关重要。如果部门间沟通不畅或协作不力，可能导致合规检查出现漏洞或重复劳动。因此，企业需要建立统一的合规管理标准和流程，明确各部门的职责和协作方式。

4. 信息技术应用水平

信息技术在合规检查中的应用越来越广泛。然而，不同企业的信息技术应用水平存在差异。信息技术应用水平较低的企业可能难以实现高效、准确的合规检查。因此，企业需要不断提升自身的信息技术应用水平，为合规检查提供有力支持。

**五、结论**

检查企业与供应商之间是否存在真实业务支持是一个复杂而重要的过程。企业需要制定详细的合规计划、组建专业的合规团队、采用多种检查方法和技术手段，确保检查过程的全面性和准确性。同时，企业还需要密切关注法规与政策的变化、加强与供应商的沟通与合作、提升内部管理与协作水平以及提高信息技术应用水平等，以确保合规检查的有效性和可持续性。通过这些努力，企业可以降低与供应商相关的风险，维护供应链的稳定性和可持续性，提升企业的竞争力和品牌形象。

## 案例分析 1：虚构交易或业务

### 一、背景

某科技公司（以下称“A 公司”），为了美化财务报表，提升公司业绩，在面临业绩压力时，决定通过虚构交易的方式增加公司的营业收入和利润。这种操作方式不仅违反了商业道德，也触犯了相关法律法规。

A 公司为了完成年度销售目标，决定与一家并不存在的 B 公司进行虚构的原材料采购交易。A 公司通过伪造合同、发票、入库单等财务凭证，将一笔虚构的原材料采购业务记入公司财务报表。

### 二、案例具体情况

虚构交易金额：800 万元人民币。

伪造合同数量：1 份。

伪造发票数量：若干。

伪造入库单数量：若干。

虚增营业收入：800 万元人民币。

虚增利润（假设毛利率为 20%）：160 万元人民币。

### 三、法律法规

根据《会计法》第九条，各单位必须根据实际发生的经济业务事项进行会计核算，填制会计凭证，登记会计账簿，编制财务会计报告。任何单位不得以虚假的经济业务事项或者资料进行会计核算。此外，《公司法》及相关财务法规也明确规定，企业应确保财务报表的真实性和准确性，不得虚构交易或业务以误导投资者和债权人。

### 四、影响

财务失真：虚构交易导致 A 公司的财务报表严重失真，无法真实反映公司的经营状况和财务状况。

法律风险增加：A 公司的行为违反了会计法和相关法律法规，导致 A 公司面临税务稽查、行政处罚乃至刑事处罚。

信任危机产生：投资者和债权人将对公司失去信任，影响公司的市场声誉和融资能力。

内部控制失效：虚构交易破坏了 A 公司的内部控制体系，为其他违规行为的发生提供了土壤。

### 五、正确做法

加强内部控制：建立健全的内部控制体系，确保所有交易和业务都经过严格的审核和审批流程。

确保业务真实性：所有交易和业务都应有真实的合同、发票、入库单等财务凭证作为支撑。

提高财务透明度：加强财务信息披露，确保财务报表的真实性和准确性，维护投资者和债权人的合法权益。

### 六、正确的会计处理

撤销所有与虚构交易相关的会计凭证和账簿记录。

调整财务报表，剔除虚增的营业收入和利润。

对相关责任人进行问责，并采取措施防止类似事件再次发生。

如已涉及税务问题，应主动向税务机关申报并补缴税款及滞纳金。

### 七、结论

A公司通过虚构交易美化财务报表的行为，严重违反了会计法和其他相关法律法规。这种行为不仅导致公司财务报表失真，还引发法律风险、信任危机和内部控制失效。公司应引以为戒，加强内部控制，确保所有交易和业务的真实性，维护财务报表的真实性和准确性。同时，监管部门也应加大对公司财务报表的监管力度，严惩虚构交易等违规行为，维护市场的公平和秩序。

## 案例分析2：过度依赖某几个供应商

### 一、背景

以中科磁业为例，该公司是一家专注于稀土新材料生产的企业，其主要原材料采购高度依赖几家特定的供应商，如宁波复能稀土新材料股份有限公司、赣州晨光稀土新材料有限公司等。近年来，中科磁业对前五大供应商的采购集中度较高，其中某些年份的采购金额占采购总额的比例超过60%，显示出明显的供应商依赖问题。

### 二、案例具体情况

以2020年为例，中科磁业前五大供应商的采购金额合计为1.39亿元，占采购总额的52.25%。其中，宁波复能稀土新材料股份有限公司作为其主要供应商之一，采购金额达到数千万元，占比很高。这种高度集中的采购模式在带来供应链稳定的同时，也埋下了巨大的风险隐患。

### 三、分析

1. 法律法规

《上市公司治理准则》

第八十二条：上市公司应当建立科学的供应商选择机制，避免对单一供应商形成重大依赖

第八十三条：上市公司与供应商之间的重大交易应当履行必要的审批程序和信息披露义务

《企业会计准则第36号——关联方披露》

第十条：企业与关联方发生交易的，应当在附注中披露该关联方关系的性质、交易类型及交易要素

以上法律法规从反垄断、招投标管理、公司治理、内控规范等多个角度对企业的供应商管理提出了合规要求。企业在经营过程中应当注意：

避免形成对单一供应商的过度依赖

建立多元化的供应商体系

对重大供应商交易履行必要的审批程序

做好相关信息披露工作

防范与供应商之间的不正当利益输送

2. 影响

风险集中：过度依赖单一或少数供应商，一旦这些供应商出现质量问题、产能不足或经营困难，中科磁业将面临供应链中断的风险，严重影响生产经营。

议价能力减弱：高度集中的采购使中科磁业在价格谈判中处于不利地位，难以获得更有利的采购条件。

财务稳定性受影响：高度集中的采购可能导致采购成本上升、交货延误，进而影响中科磁业的财务状况和市场竞争力。

3. 正确做法

多元化供应商策略：中科磁业应积极寻求并开发新的供应商，建立多元化的供应商体系，以降低对单一供应商的依赖。例如，增加与国内外其他稀土新材料供应商的合作，确保多渠道获得

原材料。

加强供应链管理：建立严格的供应商评估体系，从质量、成本、交付、服务等多个维度对供应商进行全面评估。同时，加强对供应商的日常管理和监督，确保供应商能够持续稳定地提供高质量的产品和服务。

提高自主研发能力：中科磁业应加大在稀土新材料领域的研发投入，提高自主创新能力，减少对外部供应商的依赖。通过掌握核心技术，提升企业的核心竞争力。

4. 正确的会计处理

在会计处理上，中科磁业应确保与供应商之间的交易真实、合法、合规。对于与供应商之间的采购业务，应严格按照会计准则进行确认和计量，确保财务信息的真实性和准确性。同时，对于可能存在的风险点，如供应商集中度过高、议价能力减弱等，应在财务报表附注中进行充分披露，以便投资者和监管机构了解公司的实际情况和风险状况。

**四、结论**

综上所述，中科磁业在稀土新材料生产领域面临的供应商依赖问题是一个值得警惕的风险点。通过实施多元化供应商策略、加强供应链管理和提高自主研发能力等措施，中科磁业可以有效降低对单一供应商的依赖风险，提升企业的竞争力和抗风险能力。同时，在会计处理上应确保真实、合法、合规，充分披露潜在风险点，为公司的持续健康发展奠定坚实基础。

## 案例分析 3：合同欺诈

**一、背景**

科技公司 A，主营软件开发与系统集成业务，为维持市场形象和掩盖内部经营不善的问题，A 公司采取合同欺诈手段，虚构与供应商 B 之间的业务往来，以营造公司业务繁荣的假象。供应商 B 实际上是一家与 A 公司有关联关系的空壳公司，双方并无真实的业务合作需求。

案例概述：A 公司为了向投资者、银行及合作伙伴展示其具有强大的业务能力和稳定的供应链关系，虚构了一系列与供应商 B 的采购合同。这些合同涵盖了高价值的技术设备、软件授权及原材料采购等，总金额高达 5 000 万元人民币。然而，A 公司与供应商 B 实际上并未发生任何真实交易，A 公司单方面通过虚假的银行转账记录和伪造的收货单据来掩盖真相。

**二、案例具体情况**

虚构合同金额：5 000 万元人民币（高端服务器 2 000 万元人民币，软件授权 1 500 万元人民币，原材料 1 500 万元人民币）。

虚假的银行转账记录：A 公司向供应商 B 的银行账户转入 5 000 万元人民币，随后这些资金通过复杂的财务操作回流至 A 公司或其控制的其他账户，形成资金闭环。

**三、分析**

1. 法律法规

根据《刑法》第二百二十四条，合同诈骗罪是指以非法占有为目的，在签订、履行合同过程中，采取虚构事实或者隐瞒真相等欺骗手段，骗取对方财物的行为。A 公司的行为明显违反了这一规定，通过虚构交易来骗取投资者、银行和合作伙伴的信任，构成合同诈骗。

2. 影响

法律后果：A 公司及其相关责任人将面临刑事指控，可能被判处有期徒刑等。

经济损失：虽然资金最终回流至 A 公司，但伪造文件和操作过程中的费用、法律风险成本等均为实际损失。

信誉损害：该行为被曝光后，A 公司的声誉将受到严重损害，影响未来业务合作和融资能力。

市场混乱：此类行为扰乱了市场秩序，对其他企业和投资者造成不公平竞争和误导。

3. 正确做法

诚信经营：企业应坚持诚信为本，确保所有业务活动真实、合法、合规。

内部控制：建立健全的内部控制制度，加强对合同签订、资金流转等关键环节的监督和管理。

信息披露：真实、准确、完整地披露企业经营信息和财务状况，增强透明度。

合规培训：定期对员工进行法律法规和职业道德培训，提高全员合规意识。

4. 正确的会计处理

在会计处理上，A 公司应立即纠正错误行为，撤销所有虚构的财务记录和交易凭证。对于已经发生的虚假支出和收入，应按照会计准则进行差错更正处理，调整相关会计科目和报表项目。同时，加强财务审计和内部控制审计，确保会计信息的真实性和准确性。对于涉及的法律责任和经济损失，应如实反映并承担相应的法律责任。

**四、结论**

综上所述，企业合同欺诈不仅违反法律法规，还会给企业带来严重的法律后果和经济损失。企业应坚持诚信经营原则，加强内部控制和合规管理，确保所有业务活动真实、合法、合规。同时，在会计处理上应严格遵守会计准则和法规要求，确保会计信息的真实性和准确性。

## 案例分析 4：价格操纵或虚报成本

**一、背景**

制造业企业 C，为了掩盖其产品线中某一关键部件的供应链断裂问题，同时维持市场对其产品竞争力的信任，采取了价格操纵与虚报成本的策略。C 公司与供应商 D（实际为 C 公司的关联方）签订了一系列虚假的采购合同，通过抬高采购成本，来维持产品的高售价，掩盖实际供应链困境。

案例概述：C 公司产品中的关键部件原应由正规供应商提供，但由于供应链断裂，C 公司无法以合理价格采购到该部件。为保持市场竞争力，C 公司与供应商 D 签订虚假采购合同，将采购成本抬高至市场价的 2 倍，即将每件部件的成本从原本的 100 元抬高到 200 元。随后，C 公司将这些抬高的成本转嫁到产品价格上，将产品售价从原本的 1 000 元提高到 1 200 元。

**二、案例具体情况**

实际采购成本：每件部件 100 元。

虚假采购成本：每件部件 200 元。

产品原价：1 000 元。

提价后的产品售价：1 200 元。

虚增成本导致的额外利润：每件产品额外增加利润 100 元。

年度总销量：10 万件。

年度总虚增利润：1 000 万元（100 元 / 件 ×10 万件）。

**三、分析**

1. 法律法规

根据《价格法》第十四条及《价格违法行为行政处罚规定》，经营者不得相互串通，操纵市场价格，损害其他经营者或者消费者的合法权益。C 公司的行为明显违反了这一规定，通过虚构交易和虚报成本来操纵市场价格，属于不正当价格行为。

2. 影响

法律风险增加：C 公司面临监管部门的处罚，包括责令改正、没收违法所得、罚款，甚至吊销营业执照等。

市场信任度下降：C 公司的欺诈行为将对其品牌和市场信誉造成严重影响。

供应链风险加剧：长期以虚构交易掩盖供应链问题，会进一步削弱C公司的真实供应链能力，增加未来经营风险。

股东和投资者利益受损：虚高的成本和售价导致公司财务报表失真，误导投资者决策，损害其利益。

3. 正确做法

透明化供应链管理：加强与真实供应商的合作，确保供应链的稳定性和透明度。

诚信定价：根据市场实际情况和成本结构，合理定价，避免价格操纵和欺诈行为。

加强内部控制：建立健全的内部控制体系，确保财务数据的真实性和准确性。

合规培训：对员工加强价格法和相关法规的培训，提高合规意识。

4. 正确的会计处理

C公司应立即纠正其虚报成本和价格操纵的行为，对已经发生的虚假交易和财务数据进行差错更正处理。具体而言，应调整相关会计科目的余额，冲销虚增的成本和利润，确保财务报表的真实性和准确性。同时，加强财务审计和内部控制审计，防止类似问题再次发生。对于已经产生的违法所得，应如实向相关部门报告并接受处理。

**四、结论**

综上所述，企业价格操纵与虚报成本是严重违反法律法规的行为，将给企业带来严重的法律后果和经济损失。企业应坚持诚信经营原则，加强内部控制和合规管理，确保所有业务活动的真实性和合法性。在会计处理上，应严格遵守会计准则和法规要求，确保会计信息的真实性和准确性。

## 案例分析5：伪造或篡改交易文件

**一、背景**

在2015年至2017年期间，上市公司E为了维持其高增长的市场形象，掩盖实际业绩下滑的真相，与虚构的供应商F进行了一系列虚假交易。E公司通过伪造或篡改交易文件，虚构了大量的采购和销售业务，以此提高财务报表中的收入和利润，误导了投资者。

案例概述：E公司主营业务为电子产品制造，但由于市场竞争激烈和技术更新快速，公司实际业绩逐年下滑。为了维持股价稳定并吸引投资者，E公司决定采取虚假交易手段。E公司虚构了供应商F，并通过伪造销售发票、入库单、付款凭证等交易文件，虚构了一系列不存在的交易。

**二、案例具体情况**

虚构采购金额：每年虚构采购额约5亿元人民币。

虚增收入：每年虚增收入约6亿元人民币。

虚增利润：每年虚增利润约1亿元人民币。

财务报表：连续三年，E公司的财务报表显示收入和利润稳步增长，而实际上公司已陷入困境。

**三、分析**

1. 法律法规

根据《会计法》和相关会计准则，企业应当保证会计资料的真实性和完整性，不得伪造、变造会计凭证、会计账簿和其他会计资料。E公司的行为明显违反了这一规定，通过伪造和篡改交易文件来操纵财务报表，属于严重的财务舞弊行为。

2. 影响

法律风险增加：E公司面临证券监管机构等的严厉处罚，包括罚款、市场禁入甚至刑事处罚。

造成投资者损失：虚假财务报表误导了投资者，导致他们基于错误信息进行投资决策，遭受经济损失。

造成市场信任度下降：E 公司的欺诈行为将严重损害其在市场中的信誉和形象，影响未来的融资和经营。

造成资源浪费：公司资源被用于伪造交易和应对调查，而非实际的生产经营和研发创新。

3. 正确做法

诚信经营：企业应坚持诚信为本的经营理念，确保所有业务活动的真实性和合法性。

加强内部控制：建立健全的内部控制体系，对交易文件的生成、审批、保管等环节进行严格管理，防止伪造和篡改交易文件的行为的发生。

透明化信息披露：及时、准确、完整地披露公司的财务状况和经营成果，确保投资者和监管机构能够获取真实信息。

4. 正确的会计处理

E 公司应立即停止伪造和篡改交易文件的行为，并对已经发生的虚假交易进行差错更正处理。具体而言，应调整相关会计科目的余额，冲销虚增的收入和利润，并计提相应的资产减值准备。同时，加强财务审计和内部控制审计，确保会计信息的真实性和准确性。对于已经产生的违法所得，应如实向相关部门报告并接受处理。

此外，E 公司还应加强对员工的职业道德教育和法律法规培训，提高员工的诚信意识和合规意识。E 公司应通过建立健全的举报机制和奖励制度，鼓励员工积极举报违规行为，共同维护公司的诚信经营环境。

## 四、结论

综上所述，企业伪造或篡改交易文件是一种严重的财务舞弊行为，将给企业带来严重的法律后果和经济损失。企业应坚持诚信经营原则，加强内部控制和合规管理，确保所有业务活动的真实性和合法性。在会计处理上，应严格遵守会计准则和法规要求，确保会计信息的真实性和准确性。

# 第十六章
# 重大投资决策合规

## 专题一百零八：重大投资决策的制度和程序等是否有效

### 业务简介

**一、概念**

企业重大投资决策的制度与程序，是指为确保投资决策的科学性、合理性和稳定性，企业制定并实施的一系列规则、流程和管理机制。这些制度涵盖了从项目选定、可行性研究、投资评估、决策审批到实施监督及效果评估等各个环节，旨在降低投资风险，保障投资安全及可持续发展。

**二、基本规定**

决策流程：明确项目选定、可行性研究、投资评估、决策审批、实施监督及效果评估等关键步骤。

决策标准：明确投资回报率、风险评估、市场前景、技术可行性等量化指标，作为决策的重要依据。

参与者角色与责任：明确不同层级、部门决策者的职责与权限，确保决策过程有序进行。

信息收集与分析：规定信息收集的渠道、方式及分析方法，确保决策基于充分、准确的信息。

审批与监督机制：建立严格的审批程序和有效的监督机制，确保决策合法合规，执行到位。

**三、经常出现的违规问题**

1. 制度不健全或执行不力

行为描述：企业未建立完善的投资决策制度，或虽有制度但执行不严格，如跳过某些必要的评估环节，直接进行决策。

目的与动机：可能是为追求效率而忽视风险管理。

后果：增加投资风险，可能导致投资失败，影响企业整体经营成果和市场竞争力。

2. 决策程序倒置或省略

行为描述：在决策过程中，先执行后决策，或省略某些必要的决策环节，如未经充分评估即投入资金。

目的与动机：可能是赶时间、抢市场机会，也可能是避免烦琐的程序。

后果：决策缺乏科学依据，可能导致资源浪费，甚至给企业带来重大损失。

3. 信息收集与分析不充分

行为描述：在决策前未进行充分的市场调研、风险评估和技术论证，或收集的信息不全面、不准确。

目的与动机：降低成本、节约时间。

后果：决策基于错误或片面的信息，增加投资风险，影响决策效果。

4. 审批与监督流于形式

行为描述：审批程序走过场，未严格审查项目材料，或监督机制形同虚设，未能及时发现和纠正问题。

目的与动机：进行利益输送。

后果：导致不合格项目上马，增加企业运营风险，损害企业形象和股东利益。

5. “三重一大”制度不细化

行为描述：“三重一大”（重大事项决策、重要干部任免、重要项目安排、大额资金使用）制度未细化到具体操作层面，导致执行过程中存在模糊地带。

目的与动机：规避监管、粉饰业绩、谋取私利降低决策风险。

后果：影响决策效率和效果，增加决策失误的可能性，进而影响企业整体经营成果。

**四、违规表现**

企业重大投资决策的制度和程序等无效的违规表现可以归纳为以下几点。

1. 未按规定开展尽职调查

行为描述：在进行重大投资决策前，企业未按规定对投资项目或目标公司进行详尽的尽职调查，或尽职调查过程中未进行充分的风险分析。

目的与动机：节省时间、成本，或是由于对相关风险认识不足，忽视了尽职调查的重要性。

后果：导致投资决策基于不完整或错误的信息，进而造成投资失败，甚至引发法律纠纷，给企业带来重大经济损失。

2. 违反合同约定提前支付并购价款

行为描述：企业在并购过程中，未按照合同约定的支付时间和条件，提前支付了并购价款。

目的与动机：加速并购进程，或是出于对对方的信任而提前履行支付义务。

后果：提前支付可能使企业面临资金流动性风险，若对方存在违约行为，企业将面临更大的经济损失和法律风险。

3. 投资决策程序执行不到位

行为描述：企业在进行重大投资决策时，未严格按照既定的投资决策程序执行，如未编制投资方案草案或未对项目的可行性进行充分评审。

目的与动机：可能是由于决策层对投资决策流程的忽视，或是出于急于求成的心态。

后果：投资决策的随意性和不严谨性可能导致投资项目失败，损害企业的长期利益。

4. 投后跟踪管理不到位

行为描述：企业在完成投资后，未对投资项目进行有效的跟踪管理，如缺乏必要的机制和措施，以确保对外投资符合既定投资目的并有效维护企业利益。

目的与动机：可能是企业对投后管理的重要性认识不足，或是由于管理资源有限而忽视了投后管理。

后果：投后跟踪管理的缺失可能导致投资项目偏离既定目标，无法达到预期收益，甚至造成投资损失。

5. 利用关联交易输送利益

行为描述：企业利用与关联方的交易，以非公允的价格进行资产转让、服务提供等，从而实现利益的输送。

目的与动机：维护关联方的利益，或是出于某种利益交换的考虑。

后果：这种行为损害了企业的利益，导致企业资产的流失和股东权益的受损；同时，会引发法律风险和监管问题。

综上所述，企业在重大投资决策过程中应严格遵守相关制度和程序，确保决策的合法性和有效性。任何违规行为都可能给企业带来重大的经济损失和法律风险。

## 法律法规

企业重大投资决策的制度和程序是否有效，受到多个层面的法律法规、政策文件和监管要求的制约，具体如下。

**一、相关法律法规**

1.《公司法》

作为企业治理的基本法律，公司法规定了公司股东会、董事会、监事会的职权和议事规则，明确了投资决策的层级和程序。例如，董事会作为公司常设决策机构，负责审议批准公司的重大投资计划。

2.《企业国有资产监督管理暂行条例》

针对国有企业，特别是国有资产的监督管理，该条例及其地方实施细则详细规定了国资委对国有企业投资活动的监督职责，包括投资决策的程序、风险防控、投资效益评估等。

3.《证券法》及相关交易所规则

对于上市公司，其重大投资决策还需遵守《证券法》及上市地证券交易所（如上海证券交易所、深圳证券交易所、香港联合交易所等）的相关规则，如信息披露要求、股东会议事规则、董事会审议程序等。

**二、政策文件**

1. 国务院及各部委发布的指导意见和通知

如《关于深化国有企业改革的指导意见》等文件，明确了国有企业改革的方向和重点，包括优化投资决策机制、加强风险防控等内容。

2. 地方政府及国资委发布的规范性文件

各地政府及国资委会根据本地实际情况，发布具体的投资监督管理办法或指导意见，如台州市国资委发布的《关于进一步规范市属国有企业股权类重大投资项目决策机制的通知》，详细规定了市属国有企业股权类重大投资项目的决策程序、风险评估、专家评审等要求。

**三、监管要求**

1. 投资决策程序的规范性

监管机构要求企业建立健全投资决策程序，明确投资决策的层级和职责分工，确保投资决策的合法合规性。例如，重大投资项目需经过董事会或股东会审议批准，并形成规范的会议纪要。

2. 风险评估与防控

企业在进行重大投资决策前，需进行充分的风险评估，包括市场风险、财务风险、法律风险等。对于高风险项目，需制定详细的风险防控措施，并报经相关机构备案或审核。

3. 信息披露与透明度

上市公司及部分非上市公众公司需按照相关法律法规和交易所规则，及时、准确、完整地披露重大投资信息，确保市场参与者的知情权和公平性。

4. 后评价与监督

监管机构要求企业对重大投资项目进行后评价，通过对比分析项目实际结果与预期目标的差异，总结经验教训，提高投资决策的科学性和有效性。同时，监管机构还会对项目执行情况进行监督检查，确保项目按照既定方案顺利实施。

综上所述，企业应建立健全内部决策机制和管理制度，加强风险防控和信息披露工作，确保投资决策的科学性、合法性和合规性。

## 合规程序与方法

检查企业重大投资决策的制度和程序是否有效，是一个复杂而全面的过程，旨在确保投资决策的合规性、科学性和有效性。这一过程不仅涉及企业内部规章制度的健全性，还涵盖了对投资决策流程、风险评估、合规审查、监督执行等多个环节的全面考察。以下将详细解释这一合规程序与方法，包括相关步骤、确保内容准确完整的策略及可能的影响因素和应对策略。

**一、相关步骤**

（一）建立健全的合规审查机制

1. 制定明确的合规政策与指引

企业应首先制定企业合规管理指引或类似文件，明确重大投资决策的合规标准和流程。这些文件应参考《中央企业合规管理指引（试行）》等法规，具体规定合规审查的范围、程序、责任部门及责任人等。例如，该指引第二十条要求将合规审查作为重大事项决策的必经程序，确保所有重大投资决策均经过严格的合规性评估。

2. 设立专门的合规管理部门

企业应设立专门的合规管理部门（如法务风控部门），负责全面参与企业重大投资决策的合规审查工作。该部门需具备专业的法律、财务、风险管理等知识背景，能够独立、客观地评估投资决策的合规性。

（二）制定详细的投资决策流程和制度

1. 明确决策范围和权限

企业应明确哪些投资决策属于重大事项规定的融资、重大购买、购销合同、对外投资等。同时，应详细划分不同层级决策机构的权限和责任，确保决策过程符合“三重一大”决策制度的要求。

2. 制定投资决策流程

企业应制定详细的投资决策流程，包括项目筛选、尽职调查、风险评估、投资建议、内部审批、合同签署、资金拨付、执行监控及后评估等各个环节。每个环节都应明确责任部门、责任人及完成时限，确保投资决策的科学性和效率。

（三）实施严格的合规审查

1. 形式审查与实质审查相结合

合规审查应包括形式审查和实质审查两个方面。形式审查主要检查送审材料的完整性和合规性，如决策依据、背景资料、风险评估报告等是否齐全、合规。实质审查则深入评估投资决策的合法合规性、风险可控性及经济效益等。

2. 引入专家评审和第三方评估

对于重大投资项目，企业可引入外部专家或中介机构进行评审和评估，以提高审查的专业性和客观性。专家评审可针对项目的技术可行性、市场前景、竞争格局等方面提出专业意见；第三方评估则可从法律、财务、税务等角度对投资决策进行全面评估。

3. 风险评估与防控

企业应建立完善的风险评估机制，对投资决策可能面临的市场风险、信用风险、操作风险等进行全面评估，并制定相应的风险防控措施。风险评估应贯穿投资决策的全过程，确保企业在决策前能够充分了解并控制潜在风险。

（四）加强内部审批与监督

1. 严格内部审批流程

企业应建立严格的内部审批流程，确保所有重大投资决策均经过适当的审批程序。审批流程应明确各级审批机构的职责和权限，确保决策过程公开、透明、可追溯。同时，应建立快速响应机制，确保能迅速做出紧急或重要的投资决策。

2. 强化监督与问责

企业应加强对投资决策执行情况的监督与问责。合规管理部门应定期或不定期地对投资决策的执行情况进行检查，确保各项决策得到有效执行。对于违反规定或造成损失的行为，应依法依规追究相关责任人的责任。

**二、确保合规程序与方法的准确性和完整性的策略**

1. 持续更新法规知识

合规管理部门应密切关注国家法律法规、行业规范及监管政策的变化，及时更新合规审查的标准和流程。通过组织培训、交流学习等方式，提高合规管理人员的专业素养和业务能力。

2. 建立反馈与改进机制

企业应建立合规审查的反馈与改进机制，鼓励员工对合规审查工作提出意见和建议。通过收集和分析反馈信息，不断优化合规审查的流程和方法，提高审查的准确性和效率。

3. 引入信息技术手段

企业可以引入信息技术手段，如建立合规管理系统、使用大数据分析等，提高合规审查的自动化和智能化水平。信息技术手段的应用，可以帮助企业更加高效地收集和分析数据，提高审查的准确性和及时性。

**三、可能的影响因素及应对策略**

1. 外部环境变化

外部环境的变化（如政策法规调整、市场波动等）可能对投资决策的合规性产生影响。企业应密切关注外部环境的变化，及时调整合规审查的标准和流程，确保投资决策的合规性。

2. 内部资源限制

内部资源限制（如人力资源不足、专业知识匮乏等）可能影响合规审查的质量和效率。企业应通过加强培训、引进人才等方式提升内部资源水平，确保合规审查工作的顺利开展。

3. 决策执行偏差

决策执行过程中可能出现偏差或违规行为，影响投资决策的效果。企业应加强对决策执行情况的监督与检查，及时发现并纠正偏差或违规行为，确保投资决策得到有效执行。

**四、结论**

检查企业重大投资决策的制度和程序是否有效是一个复杂而重要的工作。企业应采取建立健全的合规审查机制、制定详细的投资决策流程和制度、实施严格的合规审查、加强内部审批与监督等措施，确保投资决策的合规性、科学性和有效性。同时，企业还应关注外部环境变化、内部资源限制及决策执行偏差等可能的影响因素，并采取相应的应对策略以确保合规程序与方法的准确性和完整性。通过实施这些措施，企业可以更加稳健地推进重大投资决策工作，为企业的持续健康发展提供有力保障。

## 案例分析 1：未按规定开展尽职调查

**一、背景**

国有企业 A 计划通过并购一家私营高新技术企业 B，以快速拓展和增强其业务范围和技术实力。A 公司作为一家在行业内具有重要地位的企业，此次并购被视为其战略转型的关键一步。然而，在并购过程中，A 公司未能严格遵守《中央企业投资监督管理办法》及相关企业内部管理规定，未充分开展尽职调查，导致并购决策存在重大疏漏。

**二、案例具体情况**

并购估值：B 公司账面价值为 1 亿元人民币，A 公司基于初步了解给出的并购估值为 1.5 亿元。然而，后经专业机构详细评估，B 公司的实际公允价值仅为 8 000 万元，存在高达 7 000 万元的估值偏差。

财务损失：由于并购价格过高，A 公司在并购后首年即面临巨额商誉减值，导致合并财务报表中净利润减少 6 000 万元，占 A 公司当年净利润的 20%。

融资成本：A 公司为完成此次并购，通过银行贷款融资 1 亿元，年利率为 5%，预计每年需支付 500 万元的利息费用。

**三、法律法规**

根据《中央企业投资监督管理办法》，国有企业在进行重大投资决策前，必须开展必要的尽职调查，包括对财务状况、市场前景、技术实力等多方面进行全面评估，并充分考虑风险因素，制定风险防范预案。

**四、影响**

财务损失增加：由于估值偏差，A 公司支付了远高于实际价值的并购对价，导致合并后资产减值，直接影响公司利润和股东权益。

信誉风险增加：并购失败使得市场对公司管理层的决策能力产生怀疑，影响公司市场形象和股价表现。

融资成本增加：高额的融资费用进一步加重了公司的财务负担，限制了其他潜在投资项目的开展。

**五、正确做法**

开展全面尽职调查：在并购前，A 公司应组建专业团队，对 B 公司进行详细的财务、法律、技术及市场尽职调查，确保信息的真实性和完整性。

风险评估与预案：充分考虑并购过程中可能遇到的各种风险，制定详细的风险防范预案，确保决策的科学性和合理性。

合规审批：严格按照企业内部管理规定和国家法律法规，履行决策和审批程序，确保并购活动的合法合规性。

**六、正确的会计处理**

准确估值：基于尽职调查结果，合理确定并购价格，避免估值偏差导致的财务损失。

商誉处理：并购完成后，根据会计准则要求，对形成的商誉进行定期减值测试，及时发现并处理潜在的减值风险。

信息披露：真实、准确、完整地披露并购相关信息，包括尽职调查情况、并购价格、风险评估及防范措施等，维护市场信心和股东权益。

**七、结论**

A 公司未按规定开展尽职调查导致重大投资决策失误的案例，充分说明了尽职调查在并购活动中的重要性。企业应严格遵守相关法律法规和内部管理规定，确保尽职调查的充分性和有效性，以规避潜在风险，保障投资活动的顺利进行和股东权益的最大化。同时，正确的会计处理和充分的信息披露也是维护企业形象和市场信任度的关键。

## 案例分析 2：违反合同约定提前支付并购价款

**一、背景**

大型国有企业 C 计划通过并购一家具有独特技术资源的民营企业 D，以增强其市场竞争力。双方签订了详细的并购协议，明确规定了支付条件、时间和方式。然而，在并购执行过程中，C 公司出于急于获取 D 公司技术资源的迫切心理，未经充分论证和内部审批，擅自违反了合同约定，提前支付了全部并购价款。

**二、案例具体情况**

并购总价：双方协议约定的并购总价为 2 亿元人民币，原计划在合同签订后一年内分三期支付完毕。

提前支付金额：C 公司未经允许，在合同签订后仅两个月内，就一次性支付了 2 亿元人民币的并购价款。

资金成本：由于提前支付了并购价款，C公司丧失了原本可用于其他投资项目或短期理财的资金，假设这部分资金的市场年化收益率为4%，则提前支付导致的资金成本损失约为320万元（按剩余十个月计算）。

机会成本：同时，C公司也失去了利用这笔资金进行其他可能带来更高收益的投资机会，具体机会成本难以精确量化，但提前支付无疑对公司整体财务表现产生了负面影响。

**三、法律法规**

根据《民法典》及国有企业相关管理规定，企业在进行重大投资活动时，必须严格遵守合同条款，未经双方协商一致，不得擅自变更支付条件。此外，国有企业还需遵循严格的内部审批流程，确保投资决策的合规性和科学性。

**四、影响**

财务压力增大：提前支付并购价款导致C公司现金流紧张，增加了公司的财务压力，可能影响其他正常运营和投资活动。

合同风险增加：违反合同约定可能引发法律纠纷，损害公司信誉，并可能导致公司面临违约责任和赔偿要求。

决策失误：此举反映了C公司在投资决策上的草率和不严谨，可能对公司长期发展战略产生不利影响。

**五、正确做法**

严格履行合同：企业应严格遵守合同条款，按照约定的时间和方式支付并购价款，确保交易的合法性和合规性。

执行内部审批流程：重大投资决策应经过严格的内部审批流程，充分论证项目的可行性和风险，确保决策的科学性和合理性。

风险管理：建立健全的风险管理机制，对提前支付可能导致的各种风险进行充分识别和评估，制定有效的风险防范措施。

**六、正确的会计处理**

准确记录支付情况：按照实际支付时间和金额准确记录并购价款的支付情况，确保会计信息的真实性和完整性。

资金成本损失核算：对提前支付导致的资金成本损失进行合理估算，并在财务报表中予以体现，以便管理层了解真实的财务状况和投资效果。

或有事项披露：对于因违反合同约定而可能引发的法律纠纷和赔偿责任，应在财务报表附注中进行充分披露，提醒投资者和利益相关者关注相关风险。

**七、结论**

C公司违反合同约定提前支付并购价款的案例，凸显了公司在重大投资决策中严格遵守合同条款和内部审批流程的重要性。公司应以此为鉴，加强内部管理，提高决策的科学性和合规性，以维护公司的财务健康和市场信誉。同时，正确的会计处理和充分的信息披露也是保障投资者利益和维护市场信任度的关键。

## 案例分析3：投资决策程序执行不到位

**一、背景**

云南沃森生物技术股份有限公司（以下简称“云南沃森”）在对横琴沃森的投资过程中，暴露出投资决策程序执行不到位的严重问题，导致重大投资决策的制度和程序形同虚设。这一案例不仅揭示了企业在投资决策过程中的管理漏洞，也为企业界提供了深刻的教训。

**二、案例具体情况**

案例概述：云南沃森在未严格按照公司内部投资决策程序与规则进行充分论证和评审的情况

下，对横琴沃森进行了大额投资。然而，投资后横琴沃森通过多层私募基金进行对外投资，使得云南沃森难以有效监控资金流向和投资效益，最终导致投资未达到既定目的，且上市公司资金在一定期限内被第三方使用而未及时收回。

具体财务数据：假设云南沃森对横琴沃森的投资总额为3亿元人民币。根据公开信息，这笔投资在投后两年内未产生任何显著的经济效益，相反，横琴沃森的多层投资结构导致上市公司（云南沃森）资金流动性受限，资产负债率由投资前的40%上升至60%。同时，由于投资失败，云南沃森的年度净利润下滑了约30%，从上一财年的1亿元人民币降至7 000万元人民币。

**三、分析**

1. 法律法规

根据《企业内部控制应用指引第6号——资金活动》及相关规定，企业在进行重大投资决策时，应建立科学、合理的决策机制，确保投资决策程序合规、透明，并充分评估投资风险。云南沃森在此次投资决策过程中明显违反了这些法规要求。

2. 影响

资金链紧张：投资失败导致云南沃森资金链紧张，增加了企业的财务风险。

资产负债率上升：由于投资未能如期产生回报，企业不得不通过借贷维持运营，导致资产负债率大幅上升。

利润下滑：投资效益低下直接导致企业的整体利润水平下降。

信誉受损：投资决策的失误也对云南沃森的市场形象和信誉造成了负面影响。

3. 正确做法

完善投资决策制度：企业应建立细致、可行的投资方案可行性研究和审查程序，确保投资决策的科学性和合理性。

强化投后管理：对投资项目进行持续的跟踪和管理，确保资金安全并有效维护企业利益。

风险评估与控制：建立风险评估机制，对可能存在利益输送风险的投资项目设置风险评估和控制措施。

4. 正确的会计处理

针对此次投资决策失误，云南沃森应及时调整会计处理，对投资损失进行准确计量和确认。具体而言，应将投资损失计入当期损益，同时在资产负债表中调整相关资产和负债的账面价值，以真实反映企业的财务状况和经营成果。

**四、结论**

云南沃森对横琴沃森的投资决策程序执行不到位案例，深刻揭示了企业在投资决策过程中可能面临的风险和挑战。通过这一案例，企业应认识到完善投资决策制度、强化投后管理、建立风险评估机制的重要性。同时，对于投资决策失误带来的财务影响，企业应及时进行会计处理，确保财务信息的真实性和准确性。未来，云南沃森及类似企业应引以为戒，避免发生类似失误。

## 案例分析4：投后跟踪管理不到位

**一、背景**

以兴业信托的筑地D015集合资金信托计划为例，该计划因投后跟踪管理不到位导致重大投资决策的制度和程序失效。筑地D015计划总募集金额4.549 5亿元，投资于浙江省杭州市的一个房地产项目，并由旭辉集团承担对赌回购责任。然而，由于兴业信托在投后跟踪管理中未能有效监控项目进展和资金流动，导致项目未能按期兑付，引发投资者信任危机。

**二、案例具体情况**

筑地D015计划本应于2022年10月20日到期，但受房地产市场低迷等因素影响，旭辉集团未能按时履行回购义务，导致信托计划违约。截至当时，信托计划项下尚未收到应支付的标的股权回购款，投资者面临资金损失风险。此外，兴业信托在投后管理中未能及时披露项目风险信息，也加剧了投资者的不安。

**三、分析**

1. 法律法规

根据《信托公司集合资金信托计划管理办法》等法规，信托公司应对信托计划实施有效管理，及时披露项目信息和风险状况。兴业信托在投后跟踪管理中违反了相关法规要求。

2. 影响

投后跟踪管理不到位导致项目违约，投资者资金受损，信托公司信誉下降。同时，也暴露出信托公司在风险管理和内部控制方面的不足。

3. 正确做法

信托公司应建立健全的投后跟踪管理制度，加强对项目进展和资金流动的监控，及时披露项目信息和风险状况，确保投资者权益得到保障。

4. 正确的会计处理

对于筑地 D015 计划的违约情况，兴业信托应按照会计准则进行会计处理，确认投资损失并计提相应的减值准备，以真实反映信托计划的财务状况和经营成果。

## 案例分析 5：利用关联交易输送利益

**一、背景**

以某上市公司（假设为“XYZ 公司”）为例，该公司通过与其控股股东控制下的关联方进行一系列复杂的关联交易，实现了利益输送，导致重大投资决策的制度和程序形同虚设。XYZ 公司计划投资一项新业务，但为规避市场风险和监管审查，选择通过关联交易将资金间接注入关联方，再由关联方实际运营该项目。

**二、案例具体情况**

假设 XYZ 公司原计划投资金额为 5 亿元人民币。通过关联交易，XYZ 公司以高于市场价的价格向关联方采购原材料或设备，金额达 3 亿元人民币，同时以低于市场价的价格向关联方出售产品或服务，金额约 1 亿元人民币。此外，XYZ 公司还向关联方提供无息或低息贷款 1 亿元人民币。这一系列关联交易实质上将 XYZ 公司的资金和资源转移至关联方，用于其实际运营的新业务，而 XYZ 公司的投资决策程序未能有效识别和阻止这种行为。

**三、分析**

1. 法律法规

根据《公司法》和《证券法》的相关规定，公司不得通过关联交易损害公司和其他股东的利益，关联交易必须遵循公平、公正、透明的原则。XYZ 公司的行为明显违反了这些法规规定。

2. 影响

该行为损害了中小股东的利益，因为关联交易中的不公平价格导致公司资产流失。

该行为扰乱了市场秩序，关联交易掩盖了公司的真实财务状况和经营成果。

该行为降低了投资者的信心，影响公司的市场形象和股价表现。

3. 正确做法

公司应建立健全的关联交易管理制度和内部控制机制，确保关联交易的决策程序和披露要求符合法规规定。同时，加强内部审计和监督，及时发现和纠正违规关联交易行为。

4. 正确的会计处理

对于已发生的违规关联交易，公司应按照会计准则进行追溯调整，确保财务报表真实反映公司的财务状况和经营成果。同时，对于因违规关联交易造成的损失，公司应及时计提减值准备并披露相关信息。

# 专题一百零九：公司在现金流充足的情况下为优先投资建设募投项目而进行的融资是否有必要

## 业务简介

**一、概念**

在企业运营中，募投项目（即募集资金投资项目）是指企业为特定目的（如扩大产能、技术研发、市场拓展等）通过融资手段筹集资金并进行投资建设的项目。然而，当公司现金流本身充足时，是否仍有必要通过外部融资来优先投资建设募投项目，是一个值得深入探讨的问题。这涉及企业资金管理的战略选择、融资成本与收益的平衡，以及法律法规的合规性等多个方面。

**二、基本的规定**

融资合规性：根据《公司法》及相关金融法规，企业融资需遵循合法合规的原则，确保资金来源合法、用途明确，并按照规定进行信息披露。

募投项目管理：募投项目需经过严格的论证、审批程序，确保项目符合国家产业政策、环保要求及企业发展战略。同时，项目资金需专款专用，不得挪作他用。

现金流管理：企业应建立健全的现金流管理制度，确保现金流的充足性和安全性，以应对突发事件和经营风险。

**三、经常出现的违规问题**

在现金流充足的情况下，企业仍选择通过融资来优先投资建设募投项目，可能涉及以下违规问题。

资金挪用：将原本用于募投项目的资金挪作他用，如补充流动资金、偿还债务等，导致项目资金不足，影响项目进度和效果。

虚假融资：为了获得更多资金或满足特定目的（如粉饰财务报表、提升市场形象等），企业可能虚构募投项目或夸大项目效益，进行虚假融资。

违规操作：在融资过程中，可能存在违反法律法规的行为，如未履行信息披露义务、隐瞒重要信息等。

**四、违规表现**

在现金流充足的情况下，企业为优先投资建设募投项目而进行的融资若存在违规表现，则通常表现如下。

1. 过度融资

行为描述：企业在已有充足现金流的情况下，仍通过发行债券、贷款或其他融资方式筹集资金，金额远超过募投项目所需数额。

目的与动机：囤积更多资金以备不时之需，或是出于对未来市场不确定性的担忧而进行预防性融资。

后果：过度融资会增加企业的财务成本，降低资金利用效率，甚至可能导致资金闲置。此外，过高的债务水平可能影响企业的信用评级和未来的融资能力。

2. 违规担保或质押

行为描述：企业为获得更多融资，可能违规使用已有资产进行多次担保或质押，甚至可能涉及虚假担保或超过资产实际价值的质押。

目的与动机：获取更低的融资成本或更高的融资额度。

后果：这种违规操作会增加企业的财务风险，一旦无法按时偿还，可能导致资产被强制执行，进而影响企业的正常运营。

3. 通过关联方违规进行资金拆借

行为描述：企业可能通过关联方进行违规的资金拆借，以获取更低成本的资金用于募投项目。

目的与动机：降低融资成本，提高资金利用效率。

后果：这种行为导致企业财务报表失真，损害投资者利益。同时，若关联方无法按时收回资金，可能引发连锁的财务风险。

4. 虚构或夸大募投项目的资金需求

行为描述：企业可能虚构或夸大募投项目的资金需求，以获取更多的融资。

目的与动机：囤积资金或进行其他非募投项目的投资。

后果：这种行为涉嫌欺诈，将严重损害企业的信誉和市值；同时，导致企业面临法律诉讼和监管处罚。

5. 违反内部融资决策程序

行为描述：企业在融资过程中可能违反内部融资决策程序，如未经适当审批或未进行充分的风险评估。

目的与动机：加快融资进度或规避某些监管要求。

后果：这种行为可能导致企业融资决策失误，增加财务风险。同时，企业还面临法律责任。

综上所述，企业在现金流充足的情况下为优先投资建设募投项目而进行的融资中，若存在上述违规表现，将给企业带来严重的财务风险和法律后果。因此，企业应严格遵守相关法律法规和内部融资决策程序，确保融资行为的合法性和合规性。

## 法律法规

在探讨公司在现金流充足情况下，是否仍有必要通过融资来优先投资建设募投项目时，我们需要从多个维度进行考量，包括相关法律法规、政策文件以及监管要求等。

**一、法律法规**

1.《公司法》

公司对外投资：根据《公司法》第十四条，公司可以向其他企业投资，但不得成为对所投资企业的债务承担连带责任的出资人。这为公司进行募投项目投资提供了法律基础，但并未直接规定现金流充足时是否必须融资。

股东出资与分红：第二百一十条规定股份有限公司按照股东所持有的股份比例分配利润，公司章程另有规定的除外，但并未涉及公司是否应因现金流充足而避免融资。

2.《贷款通则》等融资法规

这些法规主要规范了贷款行为，包括贷款期限、利率、担保等，但并未直接规定公司在现金流充足时是否应融资。

**二、政策文件与监管要求**

1. 证监会相关文件

证监会对上市公司融资行为有严格的监管要求，特别是在募投项目的审核上。证监会关注募投项目的合理性、必要性、市场前景以及与发行人主营业务的关系等。尽管公司现金流充足，但如果募投项目对未来发展具有战略意义，或者能显著提升公司核心竞争力，那么通过融资来加速项目实施可能是有必要的。

例如，证监会发布的《关于严把发行上市准入关从源头上提高上市公司质量的意见（试行）》中明确提出，要督促企业按照发展实际需求合理确定募集资金投向和规模，同时提到将从严监管高价超募。这反映了证监会对募集资金使用效率和合规性的高度重视。

2. 财政部通知

财金〔2018〕23 号通知针对国有金融企业的融资行为提出了具体要求，包括不得违规为地方政府及其部门提供融资、加强资本金审查等。这些规定虽然主要针对金融企业，但也体现了国家对于融资行为的严格监管态度。

3. 再融资时间间隔与募集资金用途限制

修订后的《监管问答》对再融资时间间隔和募集资金用途进行了明确规定。例如，允许前次募集资金基本使用完毕或募集资金投向未发生变更且按计划投入的上市公司，申请增发、配股、非公开发行股票不受 18 个月融资间隔限制，但相应间隔原则上不得少于 6 个月。同时，对募集资金用于补充流动资金和偿还债务的比例也进行了限制。这些规定旨在防止企业过度融资和资金滥用。

**三、综合考虑**

必要性分析：即使公司现金流充足，如果募投项目对公司未来发展具有重大战略意义或能显著提升公司核心竞争力，那么通过融资来加速项目实施可能是有必要的。此时，融资的必要性更多是基于项目本身的战略价值和市场前景，而非单纯的现金流状况。

合规性要求：无论公司现金流状况如何，募投项目的融资行为都必须符合相关法律法规和监管要求。这包括募投项目的合理性、必要性论证、市场前景分析以及募集资金的具体用途等。

风险管理：在决定是否融资时，公司还需要考虑风险管理因素。例如，如果募投项目存在较大的不确定性或风险，那么通过融资来分散风险可能是一个合理的选择。

综上所述，公司在现金流充足情况下是否优先投资建设募投项目的融资需求，需要根据项目本身的战略价值、市场前景、合规性要求以及风险管理等因素进行综合考虑。在符合相关法律法规和监管要求的前提下，如果募投项目对公司未来发展具有重大意义，那么通过融资来加速项目实施可能是有必要的。

## 合规程序与方法

检查企业在现金流充足的情况下，为优先投资建设募投项目而进行的融资是否有必要，涉及一系列复杂而细致的合规程序与方法。这一过程不仅关乎企业财务稳健，还涉及法律法规的遵循、资金使用的效率与透明度，以及企业战略目标的实现。以下是对此过程的详细解释。

**一、合规程序**

1. 现金流评估与分析

（1）现金流预算制定

企业需基于历史财务数据、市场趋势及未来业务规划，制定详细的现金流预算。这包括预测经营活动、投资活动和筹资活动产生的现金流入与流出，以评估当前及未来一段时间内的现金流状况。

（2）现金流充足性判断

通过对比募投项目的资金需求与现有及预测的现金流水平，判断现金流是否足以支持项目的实施。若现金流充足，则进一步分析是否仍有必要通过融资来增强资金储备或优化资本结构。

2. 募投项目可行性分析

（1）项目评估

对募投项目进行全面的可行性研究，包括市场需求、技术可行性、经济效益、风险评估等方面。确保项目符合企业战略方向，具有良好的市场前景和盈利潜力。

（2）成本效益分析

通过计算项目的投资回报率（ROI）、净现值（NPV）、内部收益率（IRR）等指标，评估项目的经济效益。同时，考虑资金的时间价值，确保项目能够为企业带来持续的价值增长。

3. 融资需求必要性分析

（1）资金缺口分析

即使现金流充足，也应分析是否存在潜在的资金缺口，如市场波动、政策变化等不可预见因素可能导致的资金需求增加。

（2）融资优势评估

评估融资可能带来的优势，如降低财务风险、优化资本结构、增强企业信用等。同时，考虑融资成本、融资方式（股权融资、债务融资等）及还款能力等因素。

（3）内部资金与融资的权衡

综合考虑内部资金的使用效率、融资成本及融资对企业经营的影响，权衡是否需要通过融资来满足募投项目的资金需求。

**二、合规方法**

（1）法律与政策合规

确保募投项目及融资活动符合国家法律法规、产业政策及监管要求。特别关注融资渠道的合法性、融资文件的合规性以及信息披露的充分性。

（2）内部审批流程

建立健全的内部审批流程，确保募投项目及融资需求经过充分的内部讨论、评估与审批。涉及重大事项的，应提交董事会或股东会审议。

（3）信息披露与透明度

按照相关法律法规及监管要求，及时、准确、完整地披露募投项目及融资相关信息，保障投资者及利益相关方的知情权。

（4）风险评估与应对

对募投项目及融资过程中可能面临的风险进行全面评估，并制定相应的风险应对措施。包括市场风险、财务风险、政策风险等方面的应对策略。

**三、可能的影响因素**

市场环境变化：市场波动、政策调整等可能影响募投项目的市场需求和经济效益。

融资环境：资本市场状况、利率水平等可能影响融资成本和融资难度。

企业内部管理：财务管理水平、内部控制有效性等可能影响资金使用的效率和合规性。

综上所述，检查企业在现金流充足的情况下为优先投资建设募投项目而进行的融资是否有必要，需要经历一系列严谨的合规程序与方法。通过全面评估现金流状况、募投项目可行性及融资需求必要性，结合法律与政策合规、内部审批流程、信息披露与透明度以及风险评估与应对等方面的要求，确保企业能够科学、合规地推进募投项目及其融资活动。

## 案例分析 1：过度融资

**一、背景**

假设某科技企业（以下称“A 公司”）计划投资建设一条新的生产线，预计总投资额为 10 亿元人民币。在项目建设初期，A 公司账面现金流充裕，自有资金及经营性现金流已足够覆盖项目首期投资需求。然而，为了加速项目进度并扩大产能规模，A 公司决定通过发行债券和银行贷款等方式过度融资 20 亿元人民币。

**二、具体数据与财务分析**

自有资金及经营性现金流：5 亿元人民币。

项目首期投资需求：10 亿元人民币。

实际融资额：20 亿元人民币。

多余资金：10 亿元人民币（实际融资额超出项目首期投资需求）。

多余的资金并未有效用于提升项目效率或企业整体运营能力，反而增加了财务成本。债券利息和银行贷款利息支出显著增加，降低了企业的净利润率。同时，过度融资可能引发市场对企业资金利用效率的质疑，影响投资者信心。

三、分析

1. 法律法规

根据《公司法》及金融监管相关规定，企业融资应遵循必要性、合理性和效率性原则，确保融资规模与项目需求相匹配，避免过度融资增加企业负担。

2. 影响

财务成本增加：多余的融资成本成为企业负担。

市场信心下降：投资者担忧资金利用效率，影响股价表现。

资金闲置：未有效利用的资金可能产生机会成本。

3. 正确做法

企业应根据项目实际需求合理确定融资规模，优先使用自有资金及经营性现金流。如有必要，可通过适度融资补充资金缺口，同时加强资金管理，确保资金高效利用。

4. 正确的会计处理

对于过度融资部分，企业应严格按照会计准则进行会计处理，计提相应的财务费用，并在财务报表中充分披露融资用途、资金闲置情况及对财务状况和经营成果的影响。同时，加强内部审计，确保会计处理的准确性和合规性。

## 案例分析 2：违规担保或质押

一、背景

某制造业企业（以下称“B 公司”），计划投资扩建一条生产线，预计总投资额为 8 亿元。在项目建设初期，B 公司账面现金流充足，自有资金及经营性现金流合计达到 6 亿元，足以覆盖大部分初期投资。为追求更快的建设进度，B 公司违规以公司核心资产为质押，为关联方的一笔非募投项目贷款提供担保，融资额达 4 亿元。

二、具体数据与财务分析

自有资金及经营性现金流：6 亿元。

项目初期投资需求：8 亿元。

违规担保融资额：4 亿元（非募投项目）。

违规担保不仅增加了不必要的融资成本，还导致企业面临资产被查封的风险。

三、分析

1. 法律法规

《公司法》及金融监管政策明确规定，企业对外担保需遵循谨慎性原则，不得损害公司及股东利益，且不得出于非法目的提供担保。

2. 影响

财务风险增加：违规担保可能导致公司核心资产被查封，影响正常运营。

信用受损：市场及金融机构对公司治理能力产生怀疑，影响后续融资能力。

法律风险增加：公司可能面临监管处罚及法律诉讼。

3. 正确做法

企业应严格按照法规要求，审慎评估担保风险，优先使用自有资金及通过合规渠道融资。对于募投项目，应确保融资用途合法合规，避免违规担保行为。

4. 正确的会计处理

对于违规担保事项，企业应在财务报表附注中充分披露，包括担保对象、金额、风险评估及应对措施等。同时，计提可能的或有负债，确保会计信息的真实性和完整性。此外，企业应加强内部控制，防止类似违规行为再次发生。

## 案例分析 3：通过关联方违规进行资金拆借

**一、背景**

某集团公司（以下称“C 集团”），旗下拥有多家子公司，现金流整体充裕。为加速推进一募投项目，C 集团在未充分评估内部资金调配能力的情况下，违规通过关联方无息拆借资金共计 3 亿元。此时，C 集团自有资金及经营性现金流合计已超过募投项目初期资金需求。

**二、具体数据与财务分析**

集团自有资金及经营性现金流：5 亿元。

募投项目初期资金需求：4 亿元。

违规拆借资金：3 亿元（来自关联方）。

多余资金成本：虽未直接产生利息支出，但违规拆借可能引发税务风险及监管处罚。

**三、分析**

1. 法律法规

《公司法》及相关税法规定，企业间资金拆借应遵循公平交易原则，防止利益输送。关联方交易需特别披露，确保透明度和合规性。

2. 影响

税务风险：无息拆借可能视同销售，需补缴增值税及企业所得税。

监管风险：违规拆借易引发监管关注，影响企业形象及未来融资能力。

内部治理问题：违规拆借损害非关联方股东利益，破坏公司治理结构。

3. 正确做法

企业应优先使用自有资金及通过合规渠道融资，确保募投项目资金来源合法合规。对于确需向关联方拆借的，应严格履行审批程序，签订正式合同，明确利息条款，并按税法规定处理税务事宜。

4. 正确的会计处理

对于通过关联方拆借资金，企业应在财务报表中详细披露交易性质、金额、利率及还款计划等信息。若涉及视同销售，应按规定计提增值税及企业所得税。同时，加强内部审计，确保会计处理的准确性和合规性。

## 案例分析 4：虚构或夸大募投项目的资金需求

**一、背景**

某上市公司（以下称“D 公司”），在账面现金流充足的情况下，为吸引更多投资并提升股价，虚构了一个高回报的募投项目。声称该项目将带来巨额利润增长，但实际并无具体实施方案及市场调研支持。D 公司通过夸大项目前景，成功融资 5 亿元。

**二、具体数据与财务分析**

公司账面现金流：3 亿元。

虚构募投项目融资额：5 亿元。

实际资金需求：无须额外融资，因自有资金已足够覆盖运营需求。

**三、分析**

1. 法律法规

《证券法》及相关信息披露规定要求上市公司必须真实、准确、完整地披露募投项目信息，不得有虚假记载、误导性陈述或重大遗漏。

2. 影响

市场信任危机：投资者发现真相后，公司信誉受损，股价大幅下跌。

法律责任：公司面临证监会处罚，包括罚款、市场禁入等。

资金浪费：虚构项目导致资金低效使用或闲置。

3. 正确做法

企业应基于实际经营需求合理规划募投项目，确保项目真实可行，并严格按照法规要求进行信息披露。在现金流充足的情况下，应优先考虑内部资金调配，避免不必要的外部融资。

4. 正确的会计处理

对于虚构募投项目所筹集的资金，若已投入实际运营但效果不佳，应按实际发生的费用进行会计处理，并在财务报表中充分披露相关风险及损失。同时，对于虚构项目导致的潜在法律赔偿，应计提预计负债。企业应加强内部控制，防止类似违规行为再次发生。

## 案例分析 5：违反内部融资决策程序

**一、背景**

某制造业企业（以下称“E 公司”），在现金流充足（自有资金及经营性现金流共 6 亿元）的情况下，为加速推进一个非紧急募投项目，高层管理者绕过内部融资决策程序，直接决定通过银行短期贷款筹集 3 亿元资金。该项目虽然前景良好，但当前并无紧迫需求，且内部资金已足够支持。

**二、具体数据与财务分析**

公司账面现金流：6 亿元。

非紧急募投项目资金需求：理论上无须额外融资，因现有资金充足。

违规融资额：3 亿元（银行短期贷款）。

额外融资成本：预计年利息支出约 1 500 万元。

**三、分析**

1. 法律法规

公司内部治理准则通常要求重大融资决策需经董事会或股东会审议通过，确保决策的科学性和民主性。

2. 影响

成本：不必要的短期贷款增加了企业的财务负担。

治理风险：违反内部决策程序，损害公司治理结构，降低决策透明度。

市场信心：投资者可能担忧公司内部管理混乱，影响股价稳定。

3. 正确做法

企业应严格遵守内部融资决策程序，确保所有重大融资行为均经过充分论证和审批。在现金流充足的情况下，应优先考虑内部资金调配，避免盲目融资。

4. 正确的会计处理

对于违规融资所筹集的资金，企业应按照实际用途进行会计处理，并在财务报表附注中披露融资决策程序违规情况、额外融资成本及对公司财务状况的影响。同时，加强内部控制，防止类似违规行为再次发生。

# 专题一百一十：重大投资决策前的风险评估是否不足

## 业务简介

**一、概念**

公司重大投资决策前的风险评估是指企业在做出大规模投资（如并购、新项目开发、大额资本支出等）之前，对可能涉及的风险进行全面、系统的识别、量化和评估的过程。这一过程旨在确保企业决策基于充分的信息和数据支持，以降低不确定性带来的损失，保障投资决策的科学性和合理性。

**二、基本规定**

明确评估对象和范围：确定需要进行风险评估的具体投资项目，包括项目的规模、性质、目标等。

收集信息和分析数据：广泛收集与投资项目相关的历史数据、行业数据、市场趋势、政策环境等信息，并进行深入分析。

识别风险因素：通过信息分析，识别出可能影响项目成功的风险因素，如市场风险、技术风险、财务风险、法律风险等。

评估风险大小：对识别出的风险因素进行量化评估，确定其发生的概率和可能造成的损失。

制定应对措施：基于风险评估结果，制定详细的预防措施、控制措施和应急计划。

持续监控与调整：在项目执行过程中持续监控风险因素，及时调整应对策略。

**三、经常出现的违规问题**

风险评估流于形式：仅进行表面上的风险评估，未深入分析和量化风险，导致评估结果不准确。

信息收集不全：忽视或故意省略关键信息的收集，如市场趋势、竞争对手动态等，影响评估的全面性。

风险评估方法不科学：采用不恰当或过于简化的风险评估方法，导致评估结果偏离实际情况。

应对措施不足：即使识别出风险，也未制定有效的应对措施或措施执行不力。

**四、违规表现**

企业在重大投资决策前的风险评估不足，可能会导致一系列违规表现，以下是一些具体的违规表现，包括行为描述、目的与动机以及后果。

1. 风险评估程序流于形式

行为描述：企业在进行重大投资决策前，虽然执行了风险评估程序，但只是表面上的工作，没有深入挖掘和识别项目所面临的各种风险。例如，在亏损情况下仍以利润指标为基准确定财务报表整体重要性水平，而未考虑其他更为关键的风险因素。

目的与动机：企业可能为了节省时间、成本或避免烦琐的分析过程，而选择简化风险评估程序。

后果：这种流于形式的风险评估导致企业未能准确识别投资项目中的关键风险点，进而造成投资决策失误，给企业带来经济损失。

2. 未充分识别风险事项

行为描述：企业在风险评估过程中未能充分识别所有相关的风险事项。例如，未将收入确认评价为风险因素，也未记录相关原因，从而忽视了某些潜在的风险。

目的与动机：可能是由于风险评估人员的疏忽或专业知识不足，导致未能全面识别风险。

后果：未充分识别风险事项会使企业在投资决策时缺乏全面的考量，增加投资失败的可能性。

3. 风险评估结论与实际情况不符

行为描述：企业的风险评估结论与项目的实际情况存在显著差异。例如，将未开展业务识别为重大错报风险，或者对高风险领域的评估过于乐观。

目的与动机：这可能是由于风险评估方法的不当使用或数据信息的失真所导致的。

后果：风险评估结论与实际情况不符会导致企业基于错误的信息做出投资决策，进而引发投资失败的风险。

4. 缺乏专业的风险评估人员和项目分析人员

行为描述：企业在进行风险评估时，缺乏专业的风险评估人员和项目分析人员。

目的与动机：这可能是由于企业对风险评估的重视程度不够，或者出于成本考虑而未聘请专业人员。

后果：缺乏专业人员的参与会降低风险评估的准确性和科学性，增加投资决策的风险性。

综上所述，企业在重大投资决策前的风险评估不足的违规表现主要包括风险评估程序流于形式、未充分识别风险事项、风险评估结论与实际情况不符以及缺乏专业的风险评估人员和项目分析人员等。这些违规表现都可能导致企业做出错误的投资决策，进而给企业带来经济损失和其他不良后果。因此，企业应高度重视风险评估工作，确保在投资决策前能够全面、准确地识别和评估各种风险。

## 法律法规

对企业在重大投资决策前的风险评估是否足够进行判断，涉及法律、政策、公司治理及市场实践等多个方面。以下从相关法律法规、政策文件以及公司治理的角度进行详细解释。

**一、法律法规**

1.《公司法》

《公司法》通常要求企业在进行重大投资决策时，需经过严格的内部决策程序，包括但不限于董事会、股东会的审议。这些程序本身虽不直接规定风险评估的具体要求，但决策过程需要确保决策的科学性、合理性和合法性，间接要求了企业应进行充分的风险评估。

2.《证券法》

对于上市公司或拟上市公司，其重大投资决策可能受到《证券法》的约束。《证券法》要求上市公司及时、准确、完整地披露相关信息，包括投资决策的风险评估情况，以保障投资者的知情权和利益。

3.《企业内部控制基本规范》及配套指引

财政部等联合发布的《企业内部控制基本规范》及配套指引，要求企业建立健全内部控制体系，对投资决策等关键业务活动进行风险评估和控制。企业应根据这些规范，制定适合自身的风险评估和控制措施。

**二、政策文件**

1. 国家监管部门相关政策

对于国有企业，国家监管部门通常会发布一系列政策文件，规范其投资决策行为。例如，山西省人民政府办公厅转发的《关于加强和改进省属国有企业投资决策的若干意见》中，明确提出了“坚持依法合规、科学决策”的原则，要求省属国有企业完善投资管理制度，优化投资决策程序，充分征求意见、周密研究论证，并强调投资决策前应进行充分的风险评估。

2. 行业监管政策

不同行业可能有特定的监管政策，对投资决策前的风险评估提出具体要求。例如，金融、能源、交通等关键行业，其投资决策往往涉及国家安全、社会稳定等重大问题，因此需要更加严格的风险评估程序。

**三、公司治理**

1. 公司章程和内部管理制度

企业应在其章程和内部管理制度中明确规定重大投资决策的决策程序、风险评估要求等内容。这些制度应确保投资决策的科学性、民主性和合法性，防止“一言堂”和“拍脑袋决策”。

2. 风险管理体系

企业应建立健全风险管理体系，包括风险识别、评估、监控和应对等环节。在进行重大投资决策前，企业应通过风险管理体系对投资项目进行全面、深入的风险评估，确保投资决策建立在科学、可靠的基础上。

3. 专业机构和人员

企业应聘请专业的风险评估机构和人员，对投资项目进行独立、客观的风险评估。这些机构和人员应具备丰富的专业知识和实践经验，能够准确识别、评估项目风险，并提出有效的风险防范措施。

综上所述，企业在重大投资决策前的风险评估受到相关法律法规、政策文件以及企业治理等多个方面的约束和要求。企业应严格遵守这些规定和要求，建立健全风险管理体系和内部控制制度，确保投资决策的科学性、合理性和合法性。

## 合规程序与方法

检查企业重大投资决策前的风险评估是否充足，是确保投资决策合规性、合理性和可持续性的关键步骤。以下将详细解释这一过程的合规程序、方法及可能的影响因素。

**一、合规程序与方法概述**

1. 确定评估范围与目的

企业应明确本次重大投资决策风险评估的范围，包括但不限于投资项目的行业背景、市场环境、财务状况、技术可行性、法律合规性等。同时，明确评估的目的，即识别潜在风险、评估风险影响程度及制定应对策略。

2. 组建专业评估团队

为确保评估的客观性和专业性，企业应组建包含行业专家、财务分析师、法律顾问等多领域专业人士的评估团队。团队成员需具备丰富的经验和专业知识，能够全面、深入地分析投资风险。

3. 收集与分析信息

评估团队需通过查阅资料、市场调研、专家访谈等多种方式收集相关信息。这些信息包括但不限于以下方面。

行业前景：分析行业发展趋势、市场规模、竞争格局等。

财务状况：审查投资对象的财务报表，评估其盈利能力、偿债能力、运营效率等。

法律合规性：检查投资项目是否符合国家法律法规、政策导向及监管要求。

技术可行性：评估投资项目的技术成熟度、创新性和市场竞争力。

4. 辨识与评估风险

运用多种风险评估方法，如风险度评价法、专家调查法（如德尔菲法）、模糊数学法等，对收集到的信息进行风险辨识与评估。具体包括以下方面。

风险辨识：识别投资项目可能面临的各种风险，如市场风险、财务风险、法律风险等。

风险分析：对识别出的风险进行深入分析，包括风险的性质、发生概率、影响程度等。

风险评价：根据分析结果，评估风险对企业实现投资目标的影响程度，确定风险等级。

5. 制定风险应对策略

针对评估出的高风险点，制定具体、可行的风险应对策略。这些策略应涵盖风险规避、风险降低、风险转移和风险接受等多个方面，确保企业能够在风险发生时迅速响应，降低损失。

6. 编制风险评估报告

将评估过程、结果及应对策略编制成风险评估报告，提交给企业管理层及决策机构审阅。报告应清晰、准确地反映投资项目的风险状况及应对策略，为决策提供有力支持。

**二、可能的影响因素**

信息准确性：信息收集的完整性和准确性直接影响风险评估的结果。因此，需确保信息来源的可靠性，并进行交叉验证。

专家意见的主观性：专家调查法等方法可能受到专家个人经验、偏好等主观因素的影响。企业应确保聘请的专家具有广泛性和代表性，以减少主观偏差。

法律法规的变动：法律法规的变动可能导致投资项目的合规性发生变化。因此，企业需密切关注相关法律法规的更新情况，及时调整风险评估策略。

市场环境的变化：市场环境的变化可能对投资项目的盈利能力和风险状况产生重大影响。企业需保持对市场动态的敏感性，及时对风险评估进行动态调整。

综上所述，检查企业重大投资决策前的风险评估是否充足是一个复杂而系统的过程，需要企业从多个角度、多个层面进行深入分析和评估。通过遵循合规程序、采用科学方法、组建专业团队并密切关注外部环境变化，企业可以更加准确地评估投资风险，为决策提供有力支持。

## 案例分析 1：风险评估程序流于形式

**一、背景**

某矿业企业在考虑投资一海外金矿项目时，其风险评估程序明显流于形式。该企业急于扩张，未对金矿项目的地质条件、市场需求及潜在环境风险进行充分评估，仅基于初步的市场调研和乐观的盈利预测，便匆忙做出投资决策。

**二、案例具体情况**

项目预计总投资额为 5 亿美元，预期年回报率高达 25%。然而，实际地质勘探数据显示，金矿储量远低于预测，且开采难度极大。同时，国际市场金价波动幅度较大，项目实际年化收益率可能仅为 5% 至 10%。企业未对这些关键数据进行深入分析，仅依据乐观的会计预测进行决策。

**三、分析**

根据《企业内部控制基本规范》，企业应对重大投资进行全面风险评估。该企业违反了这一原则，导致决策失误。决策失误造成的影响包括资金浪费、股东价值受损及市场信任度下降。

正确做法：应组建跨部门风险评估小组，结合地质专家、财务分析师及法律顾问意见，采用德尔菲法、风险矩阵等工具，对项目进行全面、科学的评估。会计处理上，应基于实际勘探数据和谨慎性原则，合理预计投资成本与收益，避免过度乐观地估计。

**四、结论**

综上所述，企业风险评估流于形式不仅违反法规，还带来严重经济损失。企业应建立严格的风险评估机制，确保投资决策的科学性和有效性。

## 案例分析 2：未充分识别风险事项

**一、背景**

某科技公司计划投资一项新兴的人工智能技术研发项目，预期将显著提升其核心竞争力。然而，在重大投资决策前，企业未充分识别潜在风险事项，导致风险评估不足。

该项目预算高达 1 亿元人民币，预期在两年内完成研发并实现商业化。但公司过于乐观，未充分考虑技术难度、市场竞争及政策变动等风险。特别是，未识别到关键技术专利已被竞争对手抢先申请，存在侵权风险。

**二、案例具体情况**

项目初期预计研发成本为 8 000 万元，预期市场回报可达 3 亿元。然而，由于技术障碍和专利问题，实际研发成本超支至 1.2 亿元，且产品上市推迟，市场份额被抢占，最终市场回报仅实现 1.5 亿元。

**三、分析**

1. 法律法规

根据《企业内部控制基本规范》，企业应全面识别与业务相关的内外部风险。

2. 影响

投资超支、市场份额减少、利润下滑，股东价值受损。

3. 正确做法

应组建专业团队，利用 SWOT 分析、PESTEL 模型等工具，全面识别技术、市场、法律等风险。

4. 正确会计处理

对潜在损失应计提减值准备，确保财务报表真实反映项目风险。

**四、总结**

综上所述，企业未充分识别风险事项导致投资决策失误，财务损失严重。企业应建立健全的风险评估机制，确保投资决策的科学性和稳健性。

## 案例分析 3：风险评估结论与实际情况不符

**一、背景**

陕西宝莱家人造板有限公司在投资扩大其人造板加工项目前，委托内蒙古兴安泰安全科技有限公司进行了粉尘爆炸风险专项评估。评估报告显示该项目不存在重大生产安全事故隐患，符合相关安全规定。然而，国务院安委会办公室的暗查暗访组在后续检查中发现，实际情况与评估报告严重不符。

**二、案例具体情况**

评估报告未能揭示企业存在的多项重大隐患，如干湿除尘系统未规范采取控爆措施、风管未设置火花探测报警装置、除尘器未采取可靠的防范点燃源措施等。这些隐患若未及时发现并消除，可能导致严重的粉尘爆炸事故。同时，由于风险评估不足，企业在投资决策时可能未充分考虑安全成本，导致实际投资超出预算。

**三、分析**

1. 法律法规

根据《中华人民共和国安全生产法》等相关法律法规，企业在进行重大投资决策前必须进行全面的风险评估，确保安全生产条件。

2. 影响

风险评估结论与实际情况不符，不仅导致投资决策失误，还可能引发严重的安全生产事故，给企业和社会带来巨大损失。

3. 正确做法

企业应建立科学的风险评估体系，确保评估过程的独立性和客观性。同时，加强对评估机构的监管，确保其具备相应的资质和能力。

4. 正确的会计处理

对于因风险评估不足而导致的额外投资成本，企业应按照会计准则进行如实处理，并计提相应的减值准备。

**四、总结**

综上所述，企业风险评估结论与实际情况不符是重大投资决策前风险评估不足的重要表现。企业应加强风险评估工作，确保投资决策的科学性和稳健性。

### 案例分析 4：缺乏专业的风险评估人员和项目分析人员

**一、背景**

中型制造企业 A 公司，为了多元化发展，决定投资进入一个全新的高科技领域。然而，在重大投资决策过程中，A 公司并未配备专业的风险评估人员和项目分析人员，而是依赖于公司高层的主观判断和部分非专业员工的初步调研。

**二、案例具体情况**

投资规模：A 公司计划投资总额为 1 亿元人民币。

预期收益：基于非专业评估，公司预期该项目在三年内实现年化收益率 20%，即总回报为 1.6 亿元。

实际结果：由于缺乏专业分析，项目在实施过程中遇到技术瓶颈、市场需求不足等多重问题，实际成本超支至 1.2 亿元，且项目延期一年完成。最终市场反馈不佳，仅实现销售收入 8 000 万元，远低于预期。

**三、分析**

1. 法律法规

根据《企业内部控制基本规范》等相关法规，企业在进行重大投资决策时应确保风险评估和项目分析的独立性和专业性。

2. 错误影响

财务损失：投资超预算、收益远低于预期，导致企业财务状况恶化。

战略失误：多元化战略失败，可能影响企业整体发展方向。

信誉受损：市场对企业管理能力产生怀疑，影响未来融资和合作机会。

3. 正确做法

组建专业团队：成员包括风险评估专家、行业分析师等，确保评估的准确性和全面性。

采用科学方法：运用 SWOT 分析、敏感性分析、情景模拟等工具进行项目评估。

强化内部培训：提升现有员工的专业技能和风险管理意识。

4. 正确的会计处理

对超支部分进行准确核算，及时调整项目预算。

根据实际销售情况调整收入，确保财务报表的真实性。

对可能发生的损失计提减值准备，反映项目的真实风险状况。

## 专题一百一十一：重大投资决策中的资金管理是否不当

### 业务简介

**一、概念**

公司重大投资决策中的资金管理不当，指的是公司在进行大规模投资活动时，未能有效管理、控制和监督资金的筹集、分配、使用及收回过程，导致资金利用效率低下、成本增加、风险加剧等不利后果的行为。资金管理是确保投资项目顺利实施并实现预期目标的关键环节。

## 二、基本规定

资金筹集：公司应根据投资项目的实际需求，合理确定资金筹集方式和规模，确保资金来源合法、合规、稳定。

资金分配：根据投资项目的优先级和资金需求，合理分配资金，确保关键环节和重点任务有充足的资金支持。

资金使用：严格执行资金使用计划，确保资金按照既定用途和预算使用，防止资金挪用、浪费等现象。

资金收回：建立有效的资金收回机制，确保投资项目产生的现金流能够及时、足额收回，以支持企业的持续运营和发展。

内部控制：建立健全的内部控制体系，对资金管理过程进行全方位、全流程的监控和审计，确保资金管理的合规性、有效性和安全性。

## 三、经常出现的违规问题

资金管理制度不健全：企业缺乏完善的资金管理制度或制度执行不力，导致资金管理混乱。

资金使用随意性强：投资决策过程中缺乏科学论证和合理规划，资金使用随意性强，造成资金浪费和效率低下。

资金监督不到位：对资金使用的监督力度不够，存在资金挪用、侵占等违规行为。

财务信息不透明：财务信息披露不全面、不及时、不准确，导致投资者和管理层难以掌握真实的财务状况。

## 四、违规表现

1. 挪用投资资金

行为描述：企业将原本用于特定投资项目的资金挪作他用，如用于日常运营、偿还债务或其他非计划内的支出项目。

目的与动机：缓解短期的资金压力，或是追逐其他看似更有利可图的项目。

后果：这种行为会导致原投资项目资金不足，影响项目的正常推进，甚至可能导致项目失败；同时，也损害了企业的信誉和投资者的信心。

2. 虚假出资或抽逃出资

行为描述：企业在投资决策中承诺出资，但实际上并未将资金注入项目，或者在注入资金后秘密撤回。

目的与动机：骗取其他投资者的信任，以获取更多的投资机会或利益。

后果：这种行为会严重损害合作伙伴和投资者的利益，破坏市场秩序，并可能导致企业面临法律诉讼和声誉损失。

3. 违规担保或贷款

行为描述：企业可能未经适当审批或违反规定，为投资项目提供违规担保或贷款。

目的与动机：推动投资项目的进行，或是向相关方输送利益。

后果：这种行为会增加企业的财务风险，一旦投资项目出现问题，企业可能面临重大的经济损失和信誉损害。

4. 缺乏透明的资金管理和监督机制

行为描述：企业在投资决策过程中缺乏透明的资金管理和监督机制，导致资金使用情况不明朗。

目的与动机：可能是由于企业内部管理不善或存在腐败行为。

后果：这种行为会削弱投资者和合作伙伴的信任，影响企业的声誉和长期发展；同时，也可能导致企业资金被滥用或流失。

综上所述，企业在重大投资决策中必须严格遵守资金管理规定，确保资金的合法、合规使用。任何违规的资金管理行为都可能给企业带来严重的财务和法律后果。

## 法律法规

企业重大投资决策中的资金管理是否不当，是一个涉及法律法规、公司治理及财务规范等多个方面的问题。以下将进行详细解释。

**一、相关法律法规**

1.《财政违法行为处罚处分条例》

该条例明确规定了资金管理中的违法行为及其处罚措施。具体而言，若企业在重大投资决策中资金管理不当，可能涉及以下违法行为。

以虚报、冒领等手段骗取财政资金。如果企业在申请或使用与投资决策相关的财政资金时，通过虚假报告或冒领的方式获取资金，将构成骗取财政资金的行为。

截留、挪用财政资金。若企业在投资决策过程中擅自截留或挪用财政资金，用于其他非规定的用途，将违反该条例的规定。

滞留应当下拨的财政资金。如果企业故意拖延或滞留与投资决策相关的应当下拨的财政资金，导致资金不能按时到达指定账户或用于规定项目，也将构成违规行为。

违反规定扩大开支范围，提高开支标准。在投资决策的资金使用过程中，如果企业超出规定的开支范围或提高开支标准，同样会被视为违反资金管理规定。

这些违法行为将受到相应的法律制裁，包括责令改正、调整会计账目、追回财政资金、给予相关责任人员处分等。

2.《公司法》

虽然《公司法》未直接对资金管理不当进行具体规定，但它要求公司建立健全的内部控制制度和财务管理制度，确保公司资产的安全和完整。因此，企业重大投资决策中的资金管理不当行为可能违反《公司法》中关于内部控制和财务管理的原则性规定。

3.《企业内部控制基本规范》及其配套指引

财政部等联合发布的《企业内部控制基本规范》及其配套指引，要求企业建立健全内部控制体系，对资金管理等关键业务活动进行风险评估和控制。企业在重大投资决策中不当管理资金，可能违反了这些规范中关于资金活动控制、风险评估等方面的具体要求。

此外，企业重大投资决策中的资金管理还可能涉及《会计法》《预算法》等相关法律法规。例如，《会计法》要求企业保证会计资料的真实、完整，不得伪造、变造会计凭证、会计账簿等；而《预算法》则对预算的编制、执行、调整等进行了规定，企业在进行重大投资决策时，应确保资金管理符合预算法的相关规定。

**二、企业治理与财务规范**

除了法律法规的约束外，企业还应遵循良好的公司治理和财务规范，确保重大投资决策中的资金管理合规、透明。企业应建立健全的财务管理制度，明确资金使用的审批程序、监督机制和责任追究制度，确保资金的安全和有效使用。

总之，企业在进行重大投资决策时，应严格遵守相关法律法规和公司治理、财务规范的要求，确保资金管理的合规性和有效性。如有违反相关规定的行为，将受到法律的制裁和市场的惩罚。

## 合规程序与方法

检查企业重大投资决策中的资金管理是否不当，是确保投资决策合规性、资金安全性和效益性的重要环节。以下将详细解释这一过程的合规程序、方法以及可能的影响因素。

**一、合规程序与方法概述**

1. 建立健全的资金管理制度

企业应制定并不断完善资金管理制度，明确资金使用的权限、责任和流程。这包括资金管理的基本原则、资金审批流程、资金监控机制、资金使用报告制度等，确保资金管理的规范性和有效性。

2. 审查投资决策的资金预算

在投资决策过程中，企业应编制详细的资金预算，包括投资项目的资金需求、资金来源、资金使用计划等。审查资金预算时，需关注预算的合理性、可行性和合规性，确保资金预算与投资决策相匹配，避免资金浪费和滥用。

3. 评估资金的合规性

评估资金的合规性，主要关注以下几个方面。

资金来源的合法性：确保投资资金来源于合法渠道，避免使用非法资金进行投资。

资金使用的合规性：检查资金是否按照预算和计划使用，是否存在挪用、截留、侵占等违规行为。

资金管理的规范性：评估资金管理流程是否完善，是否存在管理漏洞和潜在风险。

4. 实施资金监控与审计

企业应建立资金监控机制，对投资项目的资金使用情况进行实时监控和跟踪。同时，定期进行内部审计和外部审计，检查资金管理的合规性和有效性。审计内容包括但不限于资金使用的真实性、合规性、效益性等。

5. 应对资金管理中的不当行为

在检查过程中，一旦发现资金管理中的不当行为，企业应立即采取措施进行纠正和整改。对于严重违规行为，应依法依规追究相关人员的责任，确保资金管理的严肃性和权威性。

**二、可能的影响因素**

内部控制机制：内部控制机制的完善程度直接影响资金管理的合规性和有效性。若内部控制机制不健全或执行不力，可能导致资金管理出现漏洞和不当行为。

人员素质：资金管理人员的专业素质和道德水平对资金管理的合规性具有重要影响。若管理人员缺乏专业知识和职业道德，可能导致资金管理出现失误和违规行为。

外部环境变化：市场环境、政策法规等外部环境的变化可能对资金管理产生影响。企业需密切关注外部环境变化，及时调整资金管理策略和措施。

技术手段：信息化技术手段的应用可以提高资金管理的效率和准确性。若企业缺乏先进的信息化技术手段或技术手段应用不当，可能影响资金管理的合规性和有效性。

综上所述，检查企业重大投资决策中的资金管理是否不当是一个复杂而系统的过程。企业需要建立健全的资金管理制度、审查资金预算、评估资金的合规性、实施资金监控与审计，并应对资金管理中的不当行为。同时，企业还需关注内部控制机制、人员素质、外部环境变化和技术手段等因素对资金管理的影响，确保资金管理的合规性、安全性和效益性。

## 案例分析 1：挪用投资资金

**一、背景**

科技公司B，计划投资5 000万元用于研发一款新型智能设备，以提升市场竞争力。然而，在公司运营过程中，由于资金链紧张，高层决定挪用部分原计划用于该项目的投资资金以解燃眉之急，用于支付日常运营费用和偿还短期债务。

**二、案例具体情况**

原计划投资：5 000万元，专项用于智能设备研发。

挪用金额：1 500 万元，被挪用至日常运营和债务偿还。

剩余资金：3 500 万元，不足以支撑原计划的研发周期和规模。

项目结果：研发进度严重滞后，关键技术突破受阻，产品上市推迟一年，市场竞争力下降。

**三、分析**

1. 法律法规

根据《公司法》及《刑法》相关规定，公司管理人员不得滥用职权挪用公司资金，尤其是专项投资资金，否则将承担法律责任。

2. 影响

项目受阻：研发资金不足，影响项目进度和质量。

市场竞争力下降：产品上市推迟，错失市场先机。

法律风险增加：公司高层可能面临挪用资金罪的刑事指控。

3. 正确做法

严格资金管理：确保专项投资资金专款专用，避免挪用。

优化资金配置：通过融资、成本控制等方式缓解资金压力。

加强内部控制：建立健全的财务审批和监控机制，防止类似事件再次发生。

4. 正确的会计处理

对挪用资金进行追溯调整，确保财务报表真实反映公司财务状况。

对因资金挪用导致的项目损失进行合理估计和计提减值准备。

加强内部审计，确保会计处理的合规性和准确性。

## 案例分析 2：虚假出资或抽逃出资

**一、背景**

房地产开发公司 C，为了竞拍一块价值高昂的土地，决定增加注册资本至 2 亿元以展示其财务实力。公司股东通过借款方式完成了注册资本的实缴，但在成功竞拍土地后不久，股东们便通过各种关联交易将大部分出资抽回，实际用于项目开发的资金远少于注册资本。

**二、案例具体情况**

注册资本：从 1 亿元增加至 2 亿元，全部为货币出资。

抽逃出资金额：约 1.5 亿元，通过虚构采购合同、支付工程款等方式转出。

实际项目资金：仅剩约 5 000 万元用于项目开发，导致资金链紧张，项目进度缓慢。

**三、分析**

1. 法律法规

《公司法》明确规定，公司成立后股东不得抽逃出资。抽逃出资行为不仅违反公司法，情节严重还可能构成犯罪。

2. 影响

增加项目风险：资金不足影响项目按时交付，可能面临违约赔偿。

损害债权人利益：公司偿债能力下降，损害债权人合法权益。

造成法律后果：股东可能面临刑事责任和民事赔偿责任。

3. 正确做法

真实出资：股东应按约定真实缴纳注册资本，不得虚假出资或抽逃出资。

合理规划资金：根据项目实际需求规划资金，避免资金链断裂。

加强内部控制：建立健全的财务管理和内部控制体系，防止资金被挪用。

4. 正确的会计处理

对抽逃出资行为进行追溯调整，确保财务报表真实反映公司财务状况。

对因抽逃出资导致的损失进行合理估计和计提减值准备。

加强内部审计，确保会计处理的合规性和准确性，并及时向相关监管机构报告。

## 案例分析 3：违规担保或贷款

### 一、背景

制造业集团 D，为了支持其子公司 E 扩展海外市场，决定为 E 公司提供一笔巨额贷款担保。然而，在未经充分风险评估和董事会批准的情况下，集团高层私自决定提供担保，且担保金额远超集团可承受范围。

### 二、案例具体情况

担保金额：5 亿元，占集团净资产的 30%。

贷款用途：用于子公司 E 的海外市场项目。

风险问题：E 公司海外市场项目进展不顺，盈利能力远低于预期，无法按时偿还贷款。

集团影响：因承担连带保证责任，集团需代偿巨额债务，导致集团自身资金链紧张，信用评级下降。

### 三、分析

1. 法律法规

《公司法》要求公司对外提供担保需经董事会或股东会决议，并充分评估风险。违规担保将损害公司及股东利益。

2. 影响

集团发生财务危机：巨额代偿导致集团资金压力骤增，影响其他业务运营。

信用受损：信用评级下降，融资成本上升，融资难度增加。

造成法律后果：集团可能面临监管处罚和投资者诉讼。

3. 正确做法

严格审批流程：对外担保需经严格的风险评估和内部审批。

合理控制风险：确保担保金额在公司可承受范围内，避免过度担保。

加强内部控制：建立健全的担保管理制度和风险控制机制。

4. 正确的会计处理

对违规担保进行追溯调整，准确反映公司财务状况。

计提预计负债，反映可能承担的代偿责任。

加强信息披露，确保投资者和监管机构及时了解公司风险状况。

# 第十七章
# 银行流水合规

## 专题一百一十二：银行流水是否存在异常

### 业务简介

**一、概念**

公司银行流水异常，指的是公司在银行账户中的交易金额出现不符合常规或法律法规规定的情形。这些异常情形可能涉及资金流转不透明、账务处理不规范、财务舞弊或欺诈等问题，从而影响公司的财务状况、税务合规性和法律合规性。

**二、基本规定**

核查标准

一般来说，关联自然人 5 万元以上的交易需要逐笔核查，发行人及子公司等关联法人核查标准为 20 万元。这些标准可根据公司业务规模、检查风险高低进行调整。

核查范围包括控股股东、实际控制人、持股 5% 以上的自然人股东、主要关联方、董事（独立董事除外）、监事、高管、关键岗位人员等开立或控制的银行账户资金流水。

**三、经常出现的违规问题**

1. 资金闭环回流

资金在发行人、关联方、客户、供应商之间形成闭环，以虚增销售收入或承担成本费用，掩盖真实的财务状况。

2. 体外资金循环

资金在体外循环，形成虚假的销售回款或承担成本费用，绕过公司内部控制和财务核算体系。

3. 第三方回款

公司通过非直接交易对手方进行资金回笼，可能存在隐瞒交易真实背景、逃税等问题。

4. 不合理的报销和工资发放

关联方之间通过报销费用、发放工资等方式转移资金，可能存在未披露的关联方资金占用和关联交易。

5. 大额交易未报告

超过规定金额的大额交易未按规定向金融机构报告，可能涉及洗钱、恐怖融资等犯罪活动。

6. 账户管理不规范

银行账户开立、使用、注销未按规定进行，可能导致资金流失、内部控制失效等问题。

7. 税务合规问题

银行流水交易异常可能引发税务部门的关注，导致税务稽查、处罚和声誉损失。

**四、违规表现**

1. 短期内资金的大额快进快出

行为描述：企业在短期内（如几天或几周内）有大量资金迅速转入，随后又迅速转出，这种交易模式与企业的正常经营业务不相符。

目的与动机：制造虚假的交易量，以此来粉饰财务报表或吸引投资；也可能是洗钱、逃避税务监管或其他非法目的。

后果：这种行为被视为逃税、漏税等行为的迹象，将引发税务稽查，从而导致企业面临税务处罚，并损害企业的声誉和信用。

2. 频繁与同一对象进行大额交易

行为描述：企业在短期内与同一对象（个人或企业）频繁发生大额资金收付，且交易金额接近或达到大额交易的标准。

目的与动机：虚构业务往来，掩盖真实的资金流向，或是进行利益输送、内部交易等。

后果：这种行为容易被监管部门识别为异常行为，可能导致企业受到相关部门的调查和处罚。

3. 长期闲置账户突然启用并用于大额交易

行为描述：一个长期未使用的企业账户突然开始活跃，并且出现大额的资金流入和流出。

目的与动机：隐藏真实的交易活动，或是利用该账户进行非法的资金转移。

后果：这种行为会触发银行的风险预警系统，可能导致账户被冻结或企业受到相关部门的审查。

4. 与避税型离岸金融中心存在频繁的资金往来

行为描述：企业与避税型离岸金融中心之间的资金往来活动在短时间内明显增加，或频繁发生大量的资金收付。

目的与动机：逃避税收监管，将利润转移至低税或免税地区，以减轻企业的税负。

后果：这种行为将引发税务部门的重点关注，企业将面临严重的税务处罚和声誉损失。

## 法律法规

检查企业银行流水是否存在异常涉及多项法律法规，特别是与反洗钱、反恐怖融资、税收征管以及金融机构大额交易和可疑交易报告等相关的法律法规。以下是对这些法律法规的详细解释。

**一、反洗钱和反恐怖融资相关法规**

《反洗钱法》：该法规定了金融机构应当履行的反洗钱义务，包括客户身份识别、大额和可疑交易报告等。金融机构在发现客户交易金额、频率、流向等存在异常，或者有合理理由怀疑交易与洗钱、恐怖融资等犯罪活动相关的，应当提交可疑交易报告。

《金融机构大额交易和可疑交易报告管理办法》（中国人民银行令〔2016〕第3号）：该办法明确了大额交易和可疑交易的报告标准。对于大额交易，如当日单笔或者累计交易人民币5万元以上（含5万元）的现金收支，以及非自然人客户银行账户与其他的银行账户发生当日单笔或者累计交易人民币200万元以上（含200万元）的款项划转等，金融机构应当报告。对于可疑交易，金融机构发现或者有合理理由怀疑交易与洗钱、恐怖融资等犯罪活动相关的，不论所涉资金金额或者资产价值大小，都应当提交可疑交易报告。

**二、税收征管相关法规**

《税收征收管理法》：该法规定了企业应当履行的税收申报和缴纳义务。企业银行流水是税务机关评估企业税收合规性的重要依据。如果交易异常，可能被视为存在逃税、漏税等行为，从而引发税务稽查。

**三、金融机构监管相关法规**

《中华人民共和国银行业监督管理法》：该法规定了银行业金融机构应当遵守的审慎经营规则，以及国务院银行业监督管理机构对银行业金融机构的监管措施。如果银行业金融机构违反审慎经营规则，或者其行为严重危及该机构的稳健运行、损害存款人和其他客户合法权益的，监管机构可以采取包括责令暂停部分业务、停止批准开办新业务等在内的多项措施。

**四、其他相关法规**

《公司法》：该法规定了公司应当依照法律、行政法规和国务院财政部门的规定建立本公司的财务、会计制度。如果企业银行流水异常，可能表明公司的财务、会计制度存在问题，如资金流转不透明、账务处理不规范等，从而引发外部监管机构的介入。

## 合规程序与方法

检查企业银行流水是否存在异常，是确保企业财务合规、预防腐败及洗钱等风险的重要步骤。以下将详细阐述合规程序、方法、步骤及可能的影响因素，确保内容准确、完整并符合相关法规和标准。

1. 合规依据

检查需遵循《中华人民共和国监察法实施条例》等相关法律法规，特别是关于监察机关可以依法查询、冻结涉案单位和个人财产的规定（如第一百零四条）。同时，应参考银行业内部规定及反洗钱、反腐败等相关政策，确保检查过程合法合规。

2. 检查方法

（1）数据收集

获取银行流水：通过正规渠道获取企业银行流水，包括客户账号、交易日期、交易金额、余额、对方户名、摘要备注等关键信息。

跨系统比对：如企业使用多个银行账户，需汇总各账户流水，以便全面分析。

（2）数据分析

个人/企业收入规律分析：计算资产规模和资金总量，梳理收入来源、类型和获取时间规律，对比实际收入与应得收入是否相符，识别可疑收入。

日常支出规律分析：统计资金开支大小，研究支出习惯，注意异常大笔资金转进转出、集中转入分散转出等情况，评估是否涉嫌洗钱等违法活动。

人际交往规律分析：梳理交易对手情况，分类整理，分析其日常经济往来规律，识别特殊交易对手或异常交易模式。

（3）异常识别

异常金额：关注小额但频繁或不合理的交易，如水电费、煤气费等小额支出背后可能隐藏的腐败行为。

异常时间：特别留意节假日、敏感日期（如涉案人员生日）前后的资金流动，这些时间点往往是违纪违法行为的高发期。

异常摘要：仔细审查摘要或备注信息，识别以“借款”为名掩盖的行受贿行为等。

3. 检查步骤

准备阶段：明确检查目的、范围、方法，收集相关法律法规及企业内部规定。

数据收集：获取银行流水数据，确保数据的完整性和准确性。

初步分析：对银行流水进行初步筛选，识别可能的异常点。

深入调查：对识别出的异常点进行深入分析，结合其他证据材料（如发票、合同等）进行综合研判。

报告与反馈：编写检查报告，提出处理建议，并向相关部门或领导汇报。

4. 可能的影响因素

技术因素：不同银行系统间的数据格式差异可能影响数据汇总和分析的便捷性。

人为因素：数据录入错误、故意隐瞒或篡改数据等行为可能影响检查结果的准确性。

法律法规变化：相关法律法规的更新可能影响检查程序和方法。

5. 确保准确性与完整性的措施

设立数据管控职责：明确数据负责人，确保数据质量的监管职责。

制定标准与规范：制定关于数据准确性和完整性的标准和指引，如数据录入规范、核对流程等。

强化培训与双人核对：提高员工对数据准确性的认识，引入双人核对制度，减少错误。

定期备份与审查：制定规范的数据备份计划，定期进行数据核对和审查，确保数据的完整性和准确性。

## 案例分析 1：短期内资金的大额快进快出

**一、背景**

某商贸公司（以下称 A 公司）在 2023 年 1 月至 3 月期间，短期内频繁发生大额资金快进快出现象。该公司注册于江苏徐州，主营业务为电子产品销售。其间，A 公司银行账户显示多笔来自不同下游企业的大额汇入，随即迅速分散转出至多个个人账户，存在资金回流嫌疑。

**二、案例具体情况**

收入总额：三个月内累计收入达 5 000 万元，平均每笔交易金额超过 200 万元。

资金转出：几乎所有大额收入均在到账后 1~3 日分多笔转出，转至个人账户的资金占比高达 80%。

账户余额：账户日终余额长期保持在较低水平，平均不足 10 万元。

**三、分析**

1. 法律法规

根据《金融机构大额交易和可疑交易报告管理办法》，大额资金流动需符合正常经营逻辑，并提供合理交易依据。A 公司行为触及监管底线，存在洗钱、逃税等嫌疑。

2. 影响

此举不仅导致银行流水异常，增加账户被冻结风险，还导致企业面临税务稽查、法律诉讼等后果，严重影响企业信誉和正常经营。

3. 正确做法

企业应确保资金流动符合经营实际，大额交易需提供贸易合同、发票等凭证，并合理控制资金流向，避免频繁快进快出。

4. 正确会计处理

严格区分经营收入与个人支出，确保所有交易通过正规渠道进行，及时准确记录每一笔交易，保持账实相符。

## 案例分析 2：频繁与同一对象进行大额交易

**一、背景**

制造企业 B 公司，位于广东深圳，主要生产汽车零部件。近期，B 公司银行账户频繁与贸易公司 C 发生大额交易，这引起了银行监管机构注意。这些交易看似采购原材料，但实际交易模式与 B 公司日常经营不符。

**二、案例具体情况**

交易频率：在三个月内，B 公司与 C 公司共发生 50 笔交易，平均每笔交易金额达 500 万元。

资金流向：所有款项均从 B 公司账户直接汇入 C 公司账户，随后部分资金通过不同途径回流至 B 公司关联账户。

交易合理性：根据 B 公司年报及行业平均成本，此类大额采购远超其正常生产需求，且部分原材料并非其主营业务所需。

三、分析

1. 法律法规

根据《反洗钱法》及银行账户管理规定，企业间频繁大额交易需有真实贸易背景，且资金流动需符合商业逻辑。B公司与C公司的交易模式明显异常，可能涉及洗钱、虚开发票等违法行为。

2. 影响

此类行为不仅会导致B公司银行账户被监控甚至被冻结，还可能引发税务稽查、法律诉讼，严重损害公司信誉及影响企业正常经营。

3. 正确做法

公司应确保每一笔交易都有真实的贸易背景，避免与单一对象频繁进行大额无实质内容的交易。同时，加强内部控制，确保资金流向合理合法。

4. 正确的会计处理

对于每一笔交易，会计应严格审核相关合同、发票等凭证，确保交易的真实性。在账务处理上，应清晰记录每一笔交易的对方单位、金额、用途等信息，以便后续审计和核查。

## 案例分析3：长期闲置账户突然启用并用于大额交易

### 一、背景

科技公司D，注册于北京，主营业务为软件开发。其名下有一银行账户自2018年起长期处于闲置状态，无资金流动记录。然而，在2023年初，该账户突然启用，并发生多笔大额交易，这引起银行监管人员注意。

### 二、案例具体情况

账户状态：闲置近五年，无任何交易记录。

大额交易：2023年1月，账户突然收到一笔1亿元的汇入款项，随后几天内分多笔转出至多个个人账户和关联公司账户，每笔交易金额从几百万元到上千万元不等。

资金用途不明：交易对手方与D公司过往无业务往来，且资金用途在交易记录中未明确标注。

### 三、分析

1. 法律法规

根据《金融机构大额交易和可疑交易报告管理办法》，长期闲置账户突然启用并发生大额交易，且资金用途不明，属于可疑交易范畴，金融机构需上报并调查。

2. 影响

此类行为存在洗钱、逃税等嫌疑，导致企业账户被冻结，甚至面临法律诉讼，严重影响企业声誉和正常运营。

3. 正确做法

企业应定期审查银行账户状态，避免长期闲置。对于确需启用的账户，应确保所有交易均有合法合规的贸易背景，并及时向银行说明情况。

4. 正确的会计处理

对于此类大额交易，会计应严格审核相关凭证，确保交易的真实性和合法性。同时，在账务处理上，应详细记录交易对方、金额、用途等信息，便于后续审计和核查。此外，企业还应加强内部控制，防范内部人员利用闲置账户进行非法交易。

## 案例分析 4：与避税型离岸金融中心存在频繁的资金往来

**一、背景**

跨国贸易公司 E，总部位于上海，业务遍布全球。近年来，E 公司与某避税型离岸金融中心 F 频繁发生大额资金往来，涉及账户众多，交易模式复杂，这引起国内外税务和金融监管机构的关注。

**二、案例具体情况**

交易金额：在过去一年中，E 公司与 F 中心相关账户的资金往来总额超过 10 亿美元，单笔交易金额从数百万美元至数千万美元不等。

交易频率：资金流动频繁，几乎每日都有交易发生，且存在明显的快进快出现象。

资金用途：部分资金被标记为贸易结算，但实际上难以匹配到具体的贸易合同和发票，存在虚构交易嫌疑。

**三、分析**

1. 法律法规

我国及国际税收法规均对跨境资金流动有严格规定，特别规定企业与避税型离岸金融中心的交易需高度透明，防止税基侵蚀和利润转移。

2. 影响

此类行为不仅构成逃税、洗钱等违法行为，还会损害企业声誉，影响正常业务合作。同时，企业将面临巨额罚款甚至法律诉讼。

3. 正确做法

企业应合规经营，避免与避税型离岸金融中心进行无实质经济活动的资金往来。跨境交易应确保真实合法，并及时向税务和金融监管机构报告。

4. 正确的会计处理

对于跨境资金流动，会计应严格按照国际会计准则和当地税法规定进行账务处理。确保每笔交易都有充分的凭证支持，并准确记录资金流向和用途。同时，加强内部控制，防范财务风险。

## 专题一百一十三：银行流水交易频率是否在短时间内显著提高

## 业务简介

**一、概念**

公司银行流水交易频率是指在一定时间内，公司银行账户中发生的各类交易（如存款、取款、转账、支付等）的次数。这些交易记录构成了公司的银行流水，是反映公司资金流动情况的重要数据。当交易频率在短时间内显著增加时，可能意味着公司的业务活动发生了显著变化，如业务量增加、经营策略调整或市场环境变化等。

**二、基本规定**

合法合规：公司交易必须遵守国家法律法规和银行规定，确保交易的真实性和合法性。

资金安全：银行有责任确保公司账户资金的安全，防止非法资金流入和流出。

信息披露：公司应按规定向银行披露相关信息，如交易背景、资金来源和用途等，以便银行进行合规审查和风险管理。

监控与报告：银行会对公司银行流水进行监控，对异常交易进行预警和报告，以防范洗钱、逃税等违法行为。

**三、经常出现的违规问题**

虚假交易：为了掩盖真实经营情况或逃避监管，公司可能虚构交易，导致银行流水交易频率异常提高。这种行为不仅违反了法律法规，还损害公司信誉和投资者利益。

资金挪用：公司可能将银行账户中的资金挪作他用，如用于非法投资、关联方交易等，导致交易频率异常提高。这种行为不仅违反了公司财务管理规定，还引发法律风险和财务风险。

洗钱行为：洗钱者可能利用公司银行账户进行洗钱活动，通过频繁的资金转移和交易来掩盖非法资金的来源和性质。这种行为不仅违反了反洗钱法律法规，还对公司的声誉和正常经营造成严重影响。

利益输送：公司可能通过银行流水进行利益输送，如向关联方或特定人员支付不合理费用、转移利润等。这种行为不仅损害了公司和其他股东的利益，还引发法律纠纷和监管处罚。

内部违规：公司员工可能利用职务之便，进行违规操作或非法交易，导致银行流水交易频率异常增加。这种行为不仅违反了公司内部控制规定，还引发法律风险和道德风险。

**四、应对措施**

加强内部控制：公司应建立健全内部控制制度，规范财务管理和交易流程，防止内部违规和非法交易的发生。

提高合规意识：公司应加强对员工的合规培训和教育，提高员工的合规意识和风险意识，确保交易的真实性和合法性。

加强监控和报告：公司应建立健全监控和报告机制，对银行流水进行实时监控和预警，对异常交易进行及时报告和处理。

积极配合监管：公司应积极配合监管机构的监管工作，如实披露相关信息，接受监管机构的检查和指导。

**五、违规表现**

1. 频繁的大额交易

行为描述：企业在短时间内（如几天或几周内）进行大量且频繁的大额交易，这些交易可能涉及多个账户或多个交易对手。

目的与动机：这种行为的动机可能是迅速转移资金、洗钱、逃避税务监管或虚构交易以粉饰财务报表。通过频繁的大额交易，企业可能试图掩盖真实的资金流向或制造虚假的繁荣景象。

后果：这种异常交易行为很容易触发银行和监管机构的反洗钱或反欺诈预警，导致企业账户被冻结或限制交易；此外，还会引起税务部门的关注，进而导致企业面临税务稽查和税务处罚。

2. 与多个可疑账户进行高频交易

行为描述：企业与多个可疑或高风险账户进行高频率的交易，这些账户可能涉及洗钱、诈骗或其他非法活动。

目的与动机：企业可能通过与这些可疑账户进行交易以获取非法利益，或者试图通过这种方式转移、隐藏或洗钱。

后果：与可疑账户的高频交易将使企业面临极高的法律风险。企业将面临严重的法律后果，包括罚款、资产冻结甚至刑事处罚。同时，这种行为也会严重损害企业的声誉和信誉。

3. 短期内频繁开设和关闭账户

行为描述：企业在短时间内频繁开设新的银行账户，并在使用一段时间后迅速关闭，同时伴随着高频率的交易活动。

目的与动机：逃避监管、隐匿资金流动或进行非法活动。通过不断更换账户，企业试图掩盖其真实的交易历史和资金流向。

后果：频繁开设和关闭账户的行为极易引起监管机构的注意。企业将面临账户被冻结、资金被查扣等后果。同时，这种行为也会对企业的信誉和声誉造成严重影响。

## 法律法规

企业银行流水交易频率在短时间内显著提高，可能引发银行及相关监管机构的关注，这主要是基于反洗钱、防范金融犯罪以及确保金融稳定的考虑。以下是对相关法律法规的详细解释。

1. 反洗钱相关法律法规

《反洗钱法》：该法规定，金融机构应当对客户的交易进行监测，发现大额交易或可疑交易时，应及时向反洗钱监测分析中心报告。其中，“大额交易”和“可疑交易”的具体标准由中国人民银行另行制定。

中国人民银行发布的相关规定：例如，短期内资金分散转入、集中转出或相反模式，以及资金收付频率、金额、流向与企业经营明显不符等情况，均可能被视为可疑交易，金融机构需要报告。

2. 金融监管与合规要求

《中华人民共和国商业银行法》：该法要求商业银行应当按照规定进行账户管理，对客户的身份进行核实，并对交易进行监测。对于大额和可疑交易，银行有义务进行报告。

《公司法》及相关法规：虽然这些法律主要规范公司治理和内部行为，但其中关于董事、高级管理人员不得挪用企业资金、进行非法交易等规定，也间接要求企业保持银行流水的合规性。

3. 税务与财务管理规定

《税收征收管理法》：该法规定，企业与其关联方之间的业务往来，应当按照独立企业之间的业务往来收取或支付价款、费用。不按照独立企业之间的业务往来收取或支付价款、费用，而减少其应纳税的收入或所得额的，税务机关有权进行合理调整。这意味着，如果企业的银行流水交易频率异常提高，且无法合理解释资金来源和用途，可能会引发税务稽查。

## 合规程序与方法

检查企业银行流水交易频率是否在短时间内显著提高，是确保企业财务活动合规性、防范欺诈与洗钱等风险的重要环节。以下是详细的合规程序、方法及影响因素。

**一、合规程序与方法概述**

1. 明确检查目的与范围

确定检查目的：明确是为了审计、风险控制、反洗钱监控还是其他合规需求。

设定时间范围：界定“短时间”的具体时间段，如过去一个月、三个月或半年等。

选择账户范围：确定需要检查的银行账户，包括基本户、一般存款账户、专用存款账户等。

2. 收集与整理银行流水数据

获取银行流水：通过银行系统或银行提供的对账单，获取指定时间段的全部银行流水数据。

数据整理：将银行流水数据整理成表格或数据库形式，包括交易时间、金额、对手方名称、交易摘要等信息。

3. 分析交易频率变化

统计交易次数：对指定时间范围内的每一笔交易进行统计，计算出总的交易次数。

与历史数据对比：将当前时间段的交易次数与过去相同时间段（或更长时间段）的交易次数进行对比，分析是否存在显著增加。

识别异常交易：特别注意大额交易、频繁交易、交易对手方变化显著等情况，这些可能是风险增加的信号。

4. 深入核查与分析

核实交易真实性：通过查看合同、发票、物流信息等资料，核实交易的真实性和合理性。

分析交易对手方：对交易对手方进行背景调查，了解是否与企业存在关联关系或高风险特征。

检查内部转账：注意企业内部账户之间的频繁转账，特别注意是否存在循环转账、虚假交易等情况。

5. 制定应对措施

风险预警：对发现的风险点进行预警，及时通知相关部门和人员。

调查与整改：对异常交易进行深入调查，查明原因，并采取相应的整改措施。

完善制度：根据检查结果，完善企业内部控制制度和风险管理体系，防止类似问题再次发生。

6. 确保合规性与准确性

遵循法规：在整个检查过程中，确保遵循相关法律法规和监管要求，如《反洗钱法》《金融机构大额交易和可疑交易报告管理办法》等。

专业咨询：在必要时，可向外部专业机构或律师寻求咨询，以确保检查工作的准确性和合规性。

**二、影响因素**

银行业务系统更新：银行业务系统的更新可能导致数据格式变化，企业需提前了解并适应。

企业内部管理：企业内部管理制度的完善程度直接影响银行流水数据的准确性和合规性。

外部环境变化：市场环境、政策法规的变化可能对企业的银行流水产生间接影响，企业需持续关注并适应。

通过以上程序和方法，相关监管机构系统地检查企业银行流水交易频率是否在短时间内显著提高，并采取相应的合规措施，确保企业财务活动的合规性和稳健性。

## 案例分析 1：频繁的大额交易

**一、背景**

制造企业 H，位于广东东莞，近期为美化财务报表，提升融资能力，通过频繁的大额交易在短时间内显著提高了银行流水交易频率。

**二、案例具体情况**

交易频率：在一个月内，H 公司银行账户交易次数从以往的日均 10 笔激增至日均超过 100 笔，交易频率短时间内显著上升。

交易金额：单笔交易金额多在几百万元至数千万元人民币之间，累计交易总额接近 2 亿元人民币。

资金流向：资金多在同日或隔日内完成快进快出，交易对手方涉及多家看似无关的企业和个人账户。

**三、分析**

1. 法律法规

根据《金融机构大额交易和可疑交易报告管理办法》，企业频繁的且无明显商业背景的大额交易，可能触发反洗钱监管，需上报并接受调查。

2. 影响

H 公司的行为不仅可能导致银行账户被冻结，还可能因涉嫌虚假交易、逃税等导致公司面临法律制裁，严重损害企业信誉。

3. 正确做法

企业应诚信经营，避免通过虚假交易提升融资能力。真实反映财务状况是获取融资和信任的基础。

4. 正确的会计处理

会计应确保每笔交易的真实性和合法性，拒绝参与任何形式的虚假交易。对于异常交易，应及时向上级汇报并协助调查。同时，加强内部控制，防范财务风险，确保财务报表的真实性和准确性。

## 案例分析 2：与多个可疑账户进行高频交易

**一、背景**

投资公司 I，为了营造资金活跃的假象以吸引投资者，近期与多个可疑账户进行了高频交易，导致银行流水交易频率在短时间内显著提高。

**二、案例具体情况**

交易频率：在两周内，I 公司银行账户交易次数从日均 50 笔飙升至日均超过 500 笔，增幅超过 10 倍。

交易对手：涉及的交易对手账户多达 30 个，其中多个账户存在历史可疑交易记录，如频繁大额转账、快进快出等。

交易金额：单笔交易金额从几十万元到数百万元不等，累计交易总额超过 1 亿元人民币。

**三、分析**

1. 法律法规

《金融机构大额交易和可疑交易报告管理办法》要求金融机构对频繁与可疑账户交易的行为进行监控和报告。I 公司的行为可能触发反洗钱监管机制。

2. 影响

此举将严重损害公司信誉，导致公司面临法律制裁和巨额罚款。

3. 正确做法

公司应诚信经营，通过合法合规的方式提升竞争力。避免与可疑账户进行高频交易，维护良好的市场形象。

4. 正确的会计处理

会计应严格审核每笔交易的真实性和合法性，拒绝参与任何形式的虚假交易。对于与可疑账户的交易，应及时向上级汇报并协助调查，确保财务报表的真实性和准确性。同时，加强内部控制，防范财务风险。

## 案例分析 3：短期内频繁开设和关闭账户

**一、背景**

贸易公司 J，为掩盖真实财务状况，通过短期内大量开设和关闭银行账户，人为制造高频率的银行流水交易，试图吸引融资或合作伙伴。

**二、案例具体情况**

账户数量：在一个月内，J 公司新开设银行账户 50 个，随后迅速关闭了其中 45 个，仅剩 5 个活跃账户。

交易频率：新开设账户期间，每日交易次数平均达到 200 笔，远高于行业平均水平，交易频率短时间内急剧上升。

交易金额：累计交易总额约 8 000 万元人民币，单笔交易金额不等，但多数为小额交易，以营造资金频繁流动的假象。

**三、分析**

1. 法律法规

《人民币银行结算账户管理办法》规定，银行账户的开设和关闭应遵循真实、合规的原则。J

公司的行为涉嫌违规操作，将受到金融监管机构的处罚。

2. 影响

短期内大量开设和关闭账户不仅增加了银行管理成本，还引发监管机构的注意，将严重影响企业信誉，甚至导致业务合作中断。

3. 正确做法

企业应合法合规经营，根据实际业务需求合理开设和管理银行账户，避免不必要的账户操作。

4. 正确的会计处理

会计应确保所有账户交易的真实性和合法性，记录清晰、准确。对于异常账户操作，应及时向上级汇报并协助调查，确保财务报表真实反映企业财务状况。同时，加强内部控制，防范财务风险。

## 专题一百一十四：交易对手方是否不明或频繁变更

### 业务简介

**一、概念**

公司交易对手方是指与公司进行银行交易（如转账、支付等）的另一方实体或个人。当交易对手方不明或频繁变更时，意味着公司的银行流水中出现了交易对象的模糊性或高度的变动性。这种情况可能反映出公司的业务模式、经营策略或风险管理方面存在问题。

**二、基本规定**

透明度和清晰度：银行流水应清晰、准确地反映每一笔交易的对手方信息，包括名称、账号等，以便进行账务核对和风险管理。

合规性：所有交易必须符合国家法律法规和银行规定，确保交易的真实性和合法性。交易对手方的不明或频繁变更可能引发合规风险。

内部控制：公司应建立健全的内部控制制度，对交易对手方进行严格的审核和管理，防止与不明或高风险对手方进行交易。

**三、经常出现的违规问题**

掩盖虚假交易和洗钱行为：交易对手方不明或频繁变更可能是为了掩盖虚假交易或洗钱行为。通过频繁更换交易对手方，犯罪分子可以逃避监管和追踪，将非法资金混入合法经济活动中。

利益输送：公司可能通过与关联方或特定人员进行频繁的资金往来，来故意隐瞒或模糊交易对手方信息，以达到输送利益的目的。这种行为损害了公司的独立性和公正性，违反公司治理和证券监管规定。

逃避监管和税务：一些公司可能通过频繁变更交易对手方来逃避监管和税务责任。它们可能将资金转移到难以追踪的账户或地区，以规避税收和法律约束。

谋取私利：公司员工可能利用职务之便，与不明或高风险对手方进行违规交易，以谋取私利。这种行为不仅损害了公司的利益，还会引发法律风险和声誉风险。

**四、应对措施**

加强内部控制：公司应建立健全的内部控制制度，对交易对手方进行严格的审核和管理。在交易前，应对交易对手方的身份、信用和经营状况进行尽职调查，确保交易的真实性和合法性。

提高透明度和信息披露水平：公司应主动提高交易透明度和信息披露水平，及时、准确地披露交易对手方信息。这有助于增强投资者和监管机构的信任，降低合规风险。

加强监控和审计：公司应建立健全的监控和审计机制，对银行流水进行实时监控和定期审计。通过数据分析和风险评估，及时发现和纠正异常交易行为。

加强员工培训和合规意识教育：公司应加强对员工的培训和合规意识教育，使员工充分认识到交易对手方不明或频繁变更的风险和后果。同时，应建立健全的举报和惩罚机制，对违规行为进行严肃处理。

**五、违规表现**

1. 交易对手方信息模糊或缺失

行为描述：在企业银行流水中，部分交易记录的交易对手方信息不完整、模糊。

目的与动机：企业可能试图通过这种方式掩盖真实的交易对手，以避免监管机构的审查或追踪。同时，这也可能是为了隐藏与某些敏感或高风险实体的交易关系。

后果：这种行为导致监管机构对企业进行更严格的审查，企业因违反透明度和信息披露要求而受到处罚。此外，这也影响企业的信誉和投资者信心。

2. 交易对手方频繁变更且无合理解释

行为描述：企业在短时间内频繁更换交易对手方，且这些变更缺乏合理的商业解释或逻辑。

目的与动机：企业可能试图通过频繁变更交易对手方来混淆视线，以掩盖其与特定实体的不当交易或利益输送。此外，这也可能是为了逃避税务或法律监管。

后果：频繁且无正当理由的交易对手方变更可能引发监管机构的警觉，导致更深入的调查和审查。同时，这也损害企业的声誉和客户关系。

3. 与空壳公司或不存在的实体进行交易

行为描述：企业银行流水中出现与空壳公司或不存在的实体进行交易的记录。

目的与动机：制造虚假的交易背景，以掩盖真实的资金流向或进行欺诈活动。通过与这些虚构的实体进行交易，企业可以更容易地操控财务报表和资金流向。

后果：企业将面临严重的法律后果。此外，这种行为也将严重损害企业的信誉和市值。

4. 利用第三方支付平台进行隐蔽交易

行为描述：企业通过第三方支付平台进行资金转移，以隐藏真实的交易对手方和资金流向。

目的与动机：更容易地逃避监管机构的追踪和审查，也可能是为了进行非法活动或隐藏不当利益输送。

后果：这种行为可能导致监管机构对企业进行更严格的监控和调查。此外，如果涉及非法活动，企业还将面临法律制裁和声誉损害。

综上所述，企业银行流水交易对手方不明或频繁变更的违规表现多种多样，背后可能隐藏着复杂的动机和目的。为了维护市场秩序和投资者利益，监管机构应密切关注这些异常交易行为并采取必要的监管措施。

## 法律法规

**一、反洗钱相关法律法规**

1.《反洗钱法》

该法规定，金融机构应当对客户的身份进行识别，确保交易的真实性和可追溯性。对于交易对手方不明或频繁变更的情况，金融机构有义务进行进一步的尽职调查，以了解交易的真实背景和目的。

金融机构还需要对客户的交易进行监测，发现大额交易、可疑交易或交易对手方频繁变更等异常情况时，应及时向反洗钱监测分析中心报告。

2. 中国人民银行发布的相关规定

中国人民银行会根据实际情况，制定并更新大额交易和可疑交易报告的具体标准。这些标准通常包括交易金额、交易频率、交易对手方变化等因素。

对于交易对手方不明或频繁变更的情况，如果符合可疑交易的特征，金融机构需要按照规定进行报告。

**二、金融监管与合规要求**

1.《中华人民共和国商业银行法》

该法要求商业银行遵守审慎经营规则，建立健全内部控制制度，确保业务活动的合法性和合规性。

商业银行应当对客户的交易进行监测，发现异常情况时，应及时采取措施进行核查和处理。

2. 其他金融监管机构的规定

其他金融监管机构也会发布相关规定，要求金融机构加强对客户交易的监测和管理，特别是对交易对手方不明或频繁变更的情况要给予特别关注。

**三、税务管理**

1.《税收征收管理法》

该法规定，纳税人有义务按照税法规定进行纳税申报和缴纳税款。对于银行流水交易对手方不明或频繁变更的情况，税务机关可能会要求纳税人提供相关的交易凭证和证明材料，以核实其纳税义务的履行情况。

2. 反避税和反洗钱在税务领域的协同

税务机关和金融监管机构之间会加强合作，共同打击利用银行账户进行避税和洗钱等违法行为。对于交易对手方不明或频繁变更的情况，税务机关可能会与金融监管机构共享信息，加强联合监管。

**四、公司法与内部管理**

1.《公司法》

公司法要求公司建立健全的财务管理制度，确保资金的安全和合规使用。对于交易对手方不明或频繁变更的情况，公司应当加强内部控制和风险管理，防止资金被挪用或用于非法活动。

2. 内部管理制度

公司应当制定并执行严格的内部管理制度，对银行流水交易进行规范和管理。对于交易对手方不明或频繁变更的情况，公司应当进行严格的审批和核查，确保交易的合法性和合规性。

## 合规程序与方法

**一、合规程序**

明确检查目的与范围：需要明确检查的目的，如审计、反洗钱监控等，并确定检查的时间范围和涉及的银行账户。

收集银行流水数据：通过银行系统或银行提供的对账单，收集指定时间段的银行流水数据，确保数据的完整性和准确性。

制定检查标准：根据相关法律法规和内部规章制度，制定检查标准，明确何为“不明”交易对手方和“频繁变更”的标准。

**二、检查方法**

1. 交易对手方识别

核对信息：将银行流水中的交易对手方信息与企业的客户档案、供应商名单等进行核对，确认其身份是否明确。

查询公开信息：对于无法直接识别的交易对手方，可以通过企业信用信息公示系统、天眼查等公开渠道查询其基本信息，以确认其身份和合法性。

2. 交易对手方变更分析

统计变更次数：统计指定时间段内交易对手方的变更次数，判断是否达到“频繁变更”的标准。

分析变更原因：对于频繁变更的交易对手方，进一步分析其变更原因，如是否属于正常业务调整、是否存在异常交易等。

3. 异常交易识别

关注大额交易：特别关注与不明或频繁变更的交易对手方之间的大额交易，分析其是否存在洗钱、腐败等风险。

检查交易模式：分析交易模式是否异常，如是否存在反复转账、虚假交易等情况。

**三、检查步骤**

数据整理与分类：将银行流水数据按交易对手方进行分类整理，便于后续分析。

身份识别与核对：逐一核对交易对手方的身份信息，确认其是否明确。

变更情况统计与分析：统计交易对手方的变更次数，分析变更原因和模式。

异常交易识别与报告：识别异常交易，编制检查报告，并向相关部门报告。

**四、可能的影响因素**

数据准确性：银行流水数据的准确性直接影响检查结果的可靠性。因此，在收集数据时需确保数据的完整性和准确性。

法规变化：相关法律法规的变化可能导致检查标准和方法的变化。因此，需密切关注相关法律法规的更新和变化。

企业内部管理：企业内部管理制度的完善程度和执行情况也可能影响检查结果。例如，企业缺乏有效的内部控制机制，可能导致交易对手方身份不明或频繁变更的风险增加。

**五、确保解释内容准确、完整的措施**

遵循法规：在检查过程中，始终遵循相关法律法规和监管要求，确保检查工作的合法性和合规性。

多方验证：对于无法直接确认的交易对手方信息，通过多种渠道进行验证和确认，以提高检查结果的准确性。

持续跟踪：对于发现的问题和异常情况，持续跟踪并采取相应的措施进行整改和防范。

## 案例分析 1：交易对手方信息模糊或缺失

**一、背景**

科技公司 K，为了规避监管和隐藏真实交易情况，故意在银行流水中使用模糊或缺失的交易对手方信息，导致交易对手方频繁变更且难以追踪。

**二、案例具体情况**

交易对手方变更频率：在过去半年内，K 公司的银行流水记录中，交易对手方频繁变更，平均每月变更次数超过 20 次，远高于行业正常水平。

交易金额：涉及交易总额约 1 亿元人民币，单笔交易金额从几万元到数百万元不等，但多数交易对手方信息不全或难以辨认。

模糊信息示例：部分交易对手方名称仅为“个人 A”“公司 B”等模糊性名称，甚至存在大量无名称的交易记录。

**三、分析**

1. 法律法规

《金融机构客户身份识别和客户身份资料及交易记录保存管理办法》要求金融机构对客户的身份信息和交易对手方信息进行充分识别和记录。K 公司的行为违反了该规定，可能面临监管处罚。

2. 影响

模糊和频繁变更交易对手方信息不仅增加了银行的风险管理难度，也为企业自身带来了潜在的法律和财务风险，将严重影响企业的信誉和融资能力。

3. 正确做法

企业应诚实守信，确保所有交易对手方信息的真实性和完整性。在银行流水中清晰记录交易对手方名称、账号等关键信息，便于监管和内部核查。

4. 正确的会计处理

会计应严格审核每一笔交易的对手方信息，确保准确无误。对于信息模糊或缺失的交易，应及时要求业务部门补充完整信息，并在财务报表中做出相应披露。同时，加强内部控制，防范财务风险。

## 案例分析 2：交易对手方频繁变更且无合理解释

**一、背景**

供应链公司 L，为了掩盖真实的资金流向和用途，其频繁变更交易对手方，且无法提供合理的商业解释，导致交易对手方信息不明。

**二、案例具体情况**

交易对手方变更次数：在过去三个月内，L 公司银行流水中的交易对手方变更次数超过 100 次，每天变更 3 次以上。

交易金额：累计交易总额约 5 000 万元人民币，涉及多个行业领域的交易对手方，但多数交易对手方在仅发生一次或少数几次交易后即不再出现。

无合理解释：面对监管询问，L 公司未能就交易对手方的频繁变更提供充分的商业逻辑和合理解释。

**三、分析**

1. 法律法规

《会计法》及《反洗钱法》等相关法律法规要求企业确保交易的真实性和合法性，对交易对手方的信息应进行充分披露。L 公司的行为涉嫌违反法规规定。

2. 影响

频繁变更交易对手方且无合理解释，不仅增加了监管难度，也可能引发税务、反洗钱等部门的深入调查。一旦查实，企业将面临法律制裁和声誉损失。

3. 正确做法

企业应建立规范的财务管理制度，确保交易对手方信息的真实性和稳定性。对于必要的交易对手方变更，应提前报备并说明合理原因。

4. 正确的会计处理

会计应严格审核交易对手方信息，确保每笔交易的对手方明确且合理。对于频繁变更且无合理解释的交易，应及时向上级汇报并协助调查，确保财务报表的真实性和合规性。同时，加强内部控制，防范财务风险。

## 案例分析 3：与空壳公司或不存在的实体进行交易

**一、背景**

北京数知科技股份有限公司（简称“数知科技”）被曝出与多家空壳公司进行关联交易。数知科技的实际控制人张志勇通过中介设立了深圳奕明弘信商业保理有限公司等四家空壳公司，这些公司的银行账户和公章均由张志勇控制。

二、案例具体情况

关联交易金额：数知科技及子公司向这些空壳公司转出资金共计 175 076 万元，收回资金 129 870 万元，交易总额达 304 946 万元。

违规占用资金：截至 2020 年 11 月 30 日，张志勇占用数知科技及其子公司的资金数额为 56 967 万元。

信息披露滞后：上述交易直到 2020 年 12 月 23 日才被数知科技披露，严重违反了信息披露的及时性要求。

三、分析

1. 法律法规

《证券法》及《上市公司信息披露管理办法》要求上市公司及时、准确、完整地披露关联交易信息。数知科技的行为明显违反了这些规定。

2. 影响

这种行为不仅损害了中小股东的权益，也扰乱了市场秩序，降低了资本市场的透明度。数知科技因此受到证监会的严厉处罚。

3. 正确做法

企业应严格遵守信息披露规定，确保所有关联交易的真实性和及时性。对于与空壳公司进行交易等潜在风险点，应建立有效的内部控制机制进行防范。

4. 正确的会计处理

会计应严格审核关联交易的真实性和合理性，确保相关交易的会计处理符合会计准则和法规要求。对于异常交易，应及时向上级汇报并协助调查。

## 案例分析 4：利用第三方支付平台进行隐蔽交易

一、背景

外贸企业 M，为规避外汇监管和隐藏真实交易对象，频繁利用第三方支付平台（如某知名跨境支付工具）进行交易，导致银行流水中的交易对手方信息模糊或频繁变更。

二、案例具体情况

交易总额：过去一年内，M 公司通过第三方支付平台完成的交易总额约为 8 000 万美元。

交易对手方变更次数：由于第三方支付平台的匿名性，M 公司的交易对手方在银行流水中频繁变更，无法明确对应实际交易对象，变更次数超过 300 次。

资金流向：资金在多个第三方支付账户间流转，最终流向难以追踪，增加了监管难度。

三、分析

1. 法律法规

《非银行支付机构网络支付业务管理办法》及《反洗钱法》等法规要求支付机构对客户身份和交易信息进行实名认证和有效监控。M 公司的行为涉嫌违反这些规定。

2. 影响

隐蔽交易不仅可能导致企业面临外汇管理处罚，还可能被用于洗钱、逃税等违法犯罪活动，损害国家利益和社会公共利益。

3. 正确做法

企业应合规使用第三方支付平台，确保交易的真实性和合法性。对于跨境交易，应严格遵守外汇管理规定，及时申报相关信息。

4. 正确的会计处理

会计应审核通过第三方支付平台的每笔交易，确保交易对手方信息清晰可辨，并在财务报表中准确披露。对于异常交易，应及时向上级汇报并协助调查。同时，加强内部控制，防范财务风险。

# 专题一百一十五：资金在银行账户中是否快进快出

## 业务简介

**一、概念**

公司资金在银行账户中快进快出，是指公司通过银行账户在短时间内将大量资金频繁地转入和转出，形成资金流动的快速循环。这种行为通常表现为资金在银行账户中的停留时间极短，可能不超过一天甚至更短的时间。快进快出行为可能涉及多个银行账户或多个交易对手方，旨在提高资金利用效率或进行某些特定的财务操作。

**二、基本规定**

合规性：公司资金在银行账户中的快进快出行为必须符合相关的法律法规，包括但不限于反洗钱、反恐怖融资等要求。银行通常会对大额交易和可疑交易进行监控和报告，以确保交易的合规性。

风险控制：银行会要求公司建立健全的风险控制机制，对资金流动进行有效的监控和管理，以防止资金被非法转移或用于违法活动。

透明度和信息披露：公司应确保资金流动的透明度和信息披露的充分性，以便银行、监管机构和其他利益相关者了解公司的财务状况和经营情况。

**三、目的或动机**

洗钱和转移非法资金：快进快出行为可能被用于洗钱或转移非法资金。犯罪分子可能通过频繁的资金流动来掩盖资金来源和去向，以逃避监管和追踪。

逃避税务和监管：一些公司可能利用快进快出行为来逃避税务和监管。它们可能将资金转移到低税率地区或难以监管的账户中，以减轻税负或避免法律约束。

谋取私利：公司员工可能利用职务之便，通过快进快出行为进行违规操作以谋取私利。这种行为不仅损害了公司的利益，还引发法律风险和声誉风险。

**四、应对措施**

加强内部控制：公司应建立健全的内部控制制度，对资金流动进行严格的监控和管理。通过制定明确的资金使用计划和审批流程，确保资金的流入和流出符合公司的经营策略和风险承受能力。

提高透明度和信息披露水平：公司应主动提高资金流动的透明度和信息披露水平，及时向银行、监管机构和其他利益相关者披露相关信息。这有助于增强投资者和监管机构的信任，降低合规风险。

加强合规培训和意识教育：公司应加强对员工的合规培训和意识教育，使员工充分认识到快进快出行为的风险和后果。通过提高员工的合规意识和风险意识，减少违规操作的可能性。

与银行和监管机构合作：公司应积极与银行和监管机构合作，共同打击洗钱、转移非法资金等违法行为。通过建立良好的合作关系和沟通机制，及时获取监管信息和指导，确保公司的资金流动符合法律法规和监管要求。

**五、违规表现**

1. 短期内大额资金的快速转入与转出

行为描述：企业在极短的时间内（如几分钟、几小时或几天内）接收到大额的资金转入，随后又迅速将这些资金转出。

目的与动机：迅速完成资金的过账，以避免长时间的资金沉淀，从而减少被监管部门发现的风险。

后果：这种快进快出的行为模式极易触发银行和监管机构的反洗钱预警，导致企业账户被重点关注甚至冻结。同时，企业也可能因此面临税务稽查和法律风险。

2. 频繁的跨地区或跨境资金转移

行为描述：企业资金在短时间内频繁地在不同国家或地区之间进行转移。

目的与动机：利用不同地区的监管差异进行套利，隐藏资金的真实来源和去向，跨境洗钱或逃避外汇管制。

后果：频繁的跨地区或跨境资金转移很容易引起监管机构的注意，从而引发更为严格的审查和调查。企业可能因此面临外汇违规、洗钱等指控，以及相应的法律后果。

3. 资金在多个账户之间快速流转

行为描述：企业的资金在多个银行账户之间快速流转，形成一个复杂的资金网络。

目的与动机：分散监管机构的注意力，使得资金的来源和去向更加难以追踪，以逃避税务监管。

后果：复杂的资金流转网络增加了监管机构的调查难度，但一旦被发现存在违规行为，企业将面临严重的法律后果和声誉损失。此外，这种行为也可能导致银行账户被冻结或限制交易。

4. 利用虚假交易进行资金快进快出

行为描述：企业通过虚构交易背景或伪造交易单据来进行资金的快速转入和转出。

目的与动机：掩盖真实的资金流向和用途，以逃避监管机构的审查和税务稽查；进行欺诈活动或非法集资。

后果：企业将面临严重的法律制裁和声誉损害。此外，这种行为还可能导致企业被列入监管机构的黑名单，其未来的金融活动受限制。

## 法律法规

### 一、反洗钱相关法律法规

1.《反洗钱法》

该法要求金融机构建立客户身份识别制度、客户身份资料和交易记录保存制度以及大额交易和可疑交易报告制度。对于企业资金在银行账户中的快进快出行为，如果符合可疑交易的特征（如短期内资金分散转入、集中转出或相反，资金收付频率及金额与企业经营规模明显不符等），金融机构有义务进行监测并报告给反洗钱监测分析中心。

2. 中国人民银行发布的相关规定

中国人民银行会根据实际情况，制定并更新大额交易和可疑交易报告的具体标准。这些标准通常包括交易金额、交易频率、交易对手方变化以及资金在账户中的停留时间等因素。对于快进快出的行为，如果达到大额交易或可疑交易的报告标准，金融机构需要按照规定进行报告。

### 二、金融监管与合规要求

1.《中华人民共和国商业银行法》

该法要求商业银行遵守审慎经营规则，建立健全内部控制制度，确保业务活动的合法性和合规性。对于企业客户资金的快进快出行为，商业银行应当加强监测和管理，防止资金被用于非法活动或洗钱等违法行为。

2. 其他金融监管机构的规定

其他金融监管机构也会发布相关规定，要求金融机构加强对企业客户资金流动的监测和管理。这些规定通常会强调对客户交易行为的持续监控和风险评估，以确保资金流动的合法性和合规性。

### 三、银行内部管理规定

1. 转账限额与审批制度

银行会根据企业的注册资金大小、经营需求以及风险评估结果等因素，核定企业银行结算账户的转账限额。对于超过限额的转账交易，银行可能会要求企业到银行网点线下办理并提供相关证明文件。这种制度有助于控制企业资金的快进快出行为。

2. 可疑交易识别与报告

银行会建立可疑交易识别机制，对企业资金流动进行持续监控。一旦发现可疑交易行为（如快进快出、频繁变更交易对手方等），银行会及时采取措施进行核查并报告给相关部门。

**四、其他相关规定**

除了上述法律法规和银行内部管理规定外，还存在其他与企业资金快进快出行为相关的规定。例如，税务管理部门可能会要求企业提供银行流水等证明材料以核实其纳税义务的履行情况；工商管理部门也可能会对企业的资金流动进行监管以防止虚假交易和欺诈行为等。

## 合规程序与方法

**一、合规程序**

明确检查目的与范围：明确检查的目的，如识别潜在的洗钱风险、评估企业资金流动状况等，并确定检查的时间范围和涉及的银行账户。

收集数据：从银行获取指定时间段内的企业银行账户交易记录，包括资金的流入流出情况、交易对手方信息、交易时间等。

制定检查标准：根据相关法律法规（如《反洗钱法》《支付结算办法》等）和内部规章制度，制定快进快出行为的定义和判断标准。一般来说，快进快出可能涉及短期内大额资金的频繁转入转出，且交易对手方多变或不明确。

**二、检查方法**

交易频率分析：统计特定时间段内账户的交易次数，特别是大额交易的频率，识别是否存在异常高频的交易行为。

资金流转分析：分析资金的流入流出情况，关注短时间内大额资金的快速进出，以及资金在多个账户间的快速转移。

交易对手方分析：检查交易对手方的身份信息和交易记录，识别是否存在与不明或高风险账户的交易。

模式识别：利用数据分析工具和技术手段，识别账户交易中的异常模式，如定期、定额的转入转出，或频繁变更交易对手方等。

风险评估：根据分析结果，评估账户存在的快进快出风险，确定风险等级和可能的影响范围。

**三、检查步骤**

数据准备：收集并整理银行账户交易记录，确保数据的完整性和准确性。

初步筛选：通过简单的数据分析，筛选出可能存在快进快出行为的账户或交易记录。

深入分析：对筛选出的账户或交易记录进行更深入的分析，包括交易频率、资金流转、交易对手方等方面。

风险评估与报告：根据分析结果，评估风险等级，并编制检查报告，向相关部门或管理层报告。

**四、可能的影响因素**

数据质量：银行账户交易记录的质量直接影响检查结果的准确性。因此，在收集数据时需确保数据的完整性和准确性。

法规变化：相关法律法规的变化可能导致快进快出行为的定义和判断标准发生变化。因此，需密切关注相关法规的更新和变化。

企业内部管理：企业内部管理制度的完善程度和执行情况也可能影响检查结果。例如，如果企业缺乏有效的内部控制机制，可能导致快进快出行为的发生。

**五、确保解释内容准确、完整的措施**

遵循法规：在检查过程中，始终遵循相关法律法规和监管要求，确保检查工作的合法性和合规性。

多方验证：对于疑似快进快出的交易行为，可以通过多种渠道进行验证和确认，以提高检查结果的准确性。

持续跟踪：对于发现的问题和异常情况，应持续跟踪并采取相应的措施进行整改和防范，确保企业资金流动的合规性和稳健性。

## 案例分析 1：短期内大额资金的快速转入与转出

**一、背景**

某公司为掩盖真实的资金用途和逃避税务监管，在短期内进行了大额资金的快速转入与转出。该公司通过操作多个银行账户，使得资金在账户间频繁流动，形成快进快出的现象。

**二、案例具体情况**

转入金额：在一个月内，公司银行账户累计转入资金达 1 亿元人民币，单笔转入金额多在 500 万至 2 000 万元之间。

转出金额：同期，公司迅速将大部分资金转出，转出总额接近转入金额，转出频率高，单笔转出金额不等，部分直接转回至转出账户。

快进快出特征：资金在账户内停留时间极短，有的甚至在当天内完成转入转出，且交易对手方多变，无明确商业逻辑支撑。

**三、分析**

1. 法律法规

《金融机构大额交易和可疑交易报告管理办法》规定，金融机构应对大额交易进行监控和报告。该公司的行为可能触发可疑交易报告机制，导致公司面临监管调查。

2. 影响

这种行为不仅增加了税务风险，还可能构成洗钱、逃税等违法行为。一旦查实，企业将面临严重的法律后果和财务损失。

3. 正确做法

企业应合理规划资金，避免大额资金的无意义快速流动。所有交易应基于真实商业需求，并保留完整的交易记录和凭证。

4. 正确的会计处理

会计应严格审核每一笔大额资金的转入转出，确保其符合会计准则和法规要求。对于异常交易，应及时向上级汇报并协助调查，确保财务报表的真实性和合规性。

## 案例分析 2：频繁的跨地区或跨境资金转移

**一、背景**

跨国贸易公司 Z，为规避外汇监管和资金追踪，频繁进行跨境资金转移，利用不同国家和地区的银行账户实现资金的快进快出。这种操作模式使得资金来源和去向难以明确，增加了监管难度。

**二、案例具体情况**

跨境转入总额：在三个月内，Z 公司从境外账户向境内多个银行账户累计转入资金达 5 000 万美元。

跨境转出总额：同期，Z 公司迅速将大部分资金从境内账户转回境外账户，转出总额接近转入金额，单笔转出金额从数百万到上千万美元不等。

快进快出特征：资金跨境流动频繁，部分资金在账户内停留的时间不超过24小时，交易对手方涉及多个国家和地区。

**三、分析**

1. 法律法规

根据《中华人民共和国外汇管理条例》及国际反洗钱规定，跨境资金流动需符合监管要求，并需进行必要的申报和审核。Z公司的行为可能违反相关法律法规。

2. 影响

此类操作不仅增加了企业的合规风险，还可能被用于洗钱、逃税等非法活动，影响企业声誉和市场信任度。

3. 正确做法

企业应严格遵守跨境资金流动的相关规定，合理规划资金运作，确保每笔跨境交易的真实性和合法性。

4. 正确的会计处理

会计应对跨境资金流动进行详细记录和审核，确保所有交易符合会计准则和法规要求。对于异常跨境交易，应及时向上级汇报并协助调查，确保财务报表的准确性和合规性。同时，加强与银行、外汇管理局等监管机构的沟通与合作，共同维护金融秩序的稳定和安全。

## 案例分析3：资金在多个账户之间快速流转

**一、背景**

科技公司A，为规避银行监管和隐藏真实财务状况，利用其控制的多个银行账户进行频繁且快速的资金流转，形成快进快出的现象。这些账户分布在不同银行，甚至包括离岸账户。

**二、案例具体情况**

账户数量：A公司控制国内及离岸账户共计10个。

资金流转总额：在一个月内，这些账户间累计发生资金流转超过3亿元人民币，单笔流转金额从数百万到数千万元人民币不等。

快进快出特征：资金在这些账户间快速循环，部分资金在单一账户内停留的时间不超过24小时，且无明显商业逻辑支撑其流转。

**三、分析**

1. 法律法规

根据《人民币银行结算账户管理办法》及反洗钱相关法规，企业账户间的资金流转需符合监管要求，确保交易的真实性和合法性。A公司的行为可能引发监管机构的关注。

2. 影响

这种行为不仅增加了企业的财务风险和合规成本，还可能被用于洗钱、逃税等非法活动，损害企业声誉。

3. 正确做法

企业应建立规范的资金管理制度，明确账户使用目的和范围，避免无意义的快速资金流转。所有交易应基于真实商业需求，并保留完整的交易记录和凭证。

4. 正确的会计处理

会计应对每笔资金流转进行严格审核和记录，确保符合会计准则和法规要求。对于异常交易，应及时向上级汇报并协助调查，确保财务报表的真实性和合规性。同时，加强内部控制，防止内部人员利用职务之便进行非法操作。

## 案例分析 4：利用虚假交易进行资金快进快出

**一、背景**

贸易公司 B，为掩盖非法资金来源或逃避税务检查，虚构了一系列商品交易合同，通过多个银行账户进行资金的快速转入与转出，营造出资金快进快出的假象。

**二、案例具体情况**

虚假交易总额：在两个月内，B 公司虚构交易总额达 8 000 万元人民币。

资金流转情况：资金通过多个账户在短时间内完成快速流转。例如，某日从某账户转 2 000 万元至另一账户，随后几小时内又全额转出至第三个账户。

快进快出特征：资金流转频繁，每笔交易金额大，且与实际商品交易情况不符，缺乏物流、发票等支撑文件。

**三、分析**

1. 法律法规

根据《会计法》及反洗钱相关规定，企业不得虚构交易进行资金流转。B 公司的行为严重违反了法律法规。

2. 影响

此行为可能涉及洗钱等严重犯罪行为，损害企业信誉，导致企业面临法律制裁。

3. 正确做法

企业应确保所有交易的真实性和合法性，禁止利用虚构交易进行资金操作。加强内部控制，确保资金流向清晰透明。

4. 正确的会计处理

会计应严格审核每笔交易的真实性，拒绝处理任何虚假交易。对于可疑交易，应及时向上级汇报并协助调查。确保财务报表的真实性和合规性，维护企业和投资者的利益。

## 专题一百一十六：是否与高风险客户或机构有交易往来

## 业务简介

**一、概念**

银行流水是指企业在银行账户中的存取款、转账、结息等业务交易清单明细，它详细记录了企业在一定时间内的资金流动情况。当银行流水显示企业与高风险客户或机构有交易往来时，这意味着企业与存在较高信用风险、洗钱风险、恐怖融资风险或其他违法违规行为的客户或机构进行了资金交易。

**二、基本规定**

1. 反洗钱和反恐怖融资法规

根据《中国人民银行办公厅关于进一步加强反洗钱和反恐怖融资工作的通知》（银办发〔2018〕130 号）等文件，银行在与高风险客户或机构建立业务关系或进行交易时，需采取强化身份识别、交易监测等控制措施。

若发现可疑交易，银行需及时提交可疑交易报告，必要时可拒绝提供金融服务或终止业务关系。

2. 客户分类管理

根据《金融机构洗钱和恐怖融资风险评估及客户分类管理指引》（银发〔2013〕2 号），银行应对客户进行风险等级分类，对高风险客户采取更严格的尽职调查和交易监测措施。

高风险客户包括但不限于：负债率很高、频繁申请贷款、征信记录差、来自高风险国家或地区、涉及洗钱或恐怖融资活动的个人或企业。

3. 交易真实性审核

银行需对高风险客户或机构的交易背景进行深入调查，了解交易目的或交易动机，确保交易的真实性和合法性。

**三、违规表现**

1. 与高风险客户或机构进行异常大额交易

行为描述：企业与被识别为高风险的客户或机构进行显著超过正常业务规模的大额资金往来。

目的与动机：转移资金、逃避监管或进行其他不正当的交易活动。

后果：这种行为会引起监管机构的注意，导致企业面临合规调查。同时，如果涉及非法活动，还可能引发法律诉讼和财务损失。

2. 频繁与高风险客户或机构进行小额交易

行为描述：企业频繁与高风险客户或机构进行小额资金交易，这些交易可能看似正常，但实则存在洗钱或其他非法活动的嫌疑。

目的与动机：掩盖非法资金转移行为，逃避监管机构的调查和处罚。

后果：这种行为同样会触发监管机构的警报，导致企业受到调查和处罚；此外，如果被发现涉及非法活动，将严重影响企业的声誉和信用。

3. 利用企业账户为高风险客户或机构进行资金过渡

行为描述：企业允许高风险客户或机构利用其银行账户进行资金的临时存放或转移。

目的与动机：高风险客户或机构可能利用这种方式来隐藏资金来源或流向，逃避法律监管。

后果：企业因协助非法资金流动而面临法律责任。同时，这种行为也会损害企业的声誉，影响其与正规商业伙伴的合作关系。

4. 虚构交易以掩盖与高风险客户或机构的真实往来

行为描述：企业为了掩盖与高风险客户或机构的真实往来，可能会虚构交易记录或合同。

目的与动机：通过伪造文件来逃避监管机构的审查，同时隐藏可能存在的非法活动。

后果：虚构交易是严重的违法行为，企业将面临严重的法律后果，包括罚款甚至刑事处罚。

综上所述，企业应严格遵守相关法律法规和监管要求，确保银行流水的合法性和合规性。同时，企业应建立完善的内部控制机制和风险管理体系，以识别和防范与高风险客户或机构的违规交易往来。

## 法律法规

**一、反洗钱相关法律法规**

1.《反洗钱法》

该法明确规定，金融机构应当建立健全反洗钱内部控制制度，履行客户身份识别、客户身份资料和交易记录保存、大额交易和可疑交易报告等反洗钱义务。

对于与高风险客户或机构的交易往来，金融机构应当采取更为严格的身份识别、交易监测和报告措施，以防止洗钱等犯罪活动。

2. 中国人民银行发布的相关规定

中国人民银行会根据国际反洗钱标准和国内实际情况，制定并更新反洗钱相关规章和规范性文件。

这些规定通常会明确高风险客户或机构的识别标准、交易监测的具体要求以及可疑交易报告的程序等。

例如，中国人民银行发布的《金融机构大额交易和可疑交易报告管理办法》中，就规定了金融机构应当报告的大额交易和可疑交易的具体情形，其中就包括了与高风险客户或机构的交易往来。

**二、金融监管与合规要求**

1.《中华人民共和国银行业监督管理法》

该法要求银行业金融机构应当遵守审慎经营规则，建立健全风险管理、内部控制、资本充足、资产质量、损失准备金、风险集中、关联交易、资产流动性等业务管理和风险控制制度。

银行业金融机构应当有效识别、计量、监测和控制各类风险，确保业务稳健运行和持续发展。

2. 其他金融监管机构的规定

其他金融监管机构也会发布相关规定，要求金融机构加强对高风险客户或机构的交易监测和管理。

这些规定通常会强调对高风险交易的持续监控、风险评估和报告要求，以确保金融机构的合规经营和风险防范能力。

**三、银行内部风险管理规定**

1. 客户风险评估与分类管理

银行会根据客户的身份信息、交易行为、资金来源等因素，对客户进行风险评估和分类管理。

对于高风险客户或机构，银行会采取更为严格的身份识别、交易监测和报告措施，以降低洗钱等犯罪活动发生的可能性。

2. 交易监测与异常交易报告

银行会建立交易监测系统，对客户的交易行为进行实时监测和分析。

一旦发现企业与高风险客户或机构的交易往来存在异常或可疑情况，银行会立即采取措施进行核查并报告给相关部门。

## 合规程序与方法

检查企业银行流水以确认企业是否与高风险客户或机构存在交易往来，是确保企业合规运营、防范金融风险的重要环节。以下是详细的合规程序、方法及可能的影响因素。

**一、合规程序与方法概述**

1. 确立合规政策与标准

企业应制定明确的合规政策，明确界定高风险客户或机构的定义、识别标准以及交易监控的阈值。这些标准应基于国内外反洗钱、反恐怖融资等法律法规的要求，并结合企业实际情况制定。

2. 获取银行流水数据

完整性：确保获取企业所有银行账户的完整流水数据，包括基本户、一般存款账户、专用存款账户等。

真实性：本人前往银行或使用银行官方渠道下载流水数据，确保数据的真实性和未经篡改。

3. 预处理与清洗数据

格式统一：由于不同银行提供的流水格式可能不同，需对数据进行预处理，统一格式，便于后续分析。

数据清洗：去除重复、无效或错误的数据条目，确保分析基础数据的准确性。

4. 识别高风险客户与机构

名单比对：将银行流水中的交易对手与国内外反洗钱、反恐怖融资监管机构的黑名单进行比对，识别是否存在高风险客户或机构。

交易特征分析：利用大数据分析技术，识别异常交易特征，如大额交易、频繁交易、集中转入转出、与高风险地区或行业的交易等。

5. 深入调查与评估风险

交易对手调查：对识别出的高风险交易对手进行深入调查，了解其背景、经营范围、信用状况等。

风险评估：基于调查结果，评估交易的风险等级，判断是否构成合规风险。

6. 报告与应对

报告机制：建立内部报告机制，将识别出的高风险交易及时上报给合规管理部门或高级管理层。

应对措施：根据风险评估结果，制定相应的应对措施，如暂停交易、终止合作、报告给监管机构等。

7. 持续改进与监督

定期审查：定期对银行流水监控程序进行审查，确保其有效性和适应性。

培训与教育：加强对员工的高风险客户识别、交易监控等方面的培训，提高其合规意识和能力。

技术升级：关注金融科技的发展，适时引入新技术、新工具，提升监控效率和准确性。

**二、可能的影响因素**

法规变化：国内外反洗钱、反恐怖融资等法律法规的不断更新和完善，可能影响高风险客户识别标准和监控要求。

技术挑战：随着金融科技的发展，新型支付工具和交易方式不断涌现，给银行流水监控带来新的挑战。

数据隐私与安全：在收集、处理和分析银行流水数据时，需严格遵守数据保护法规，确保客户隐私和数据安全。

综上所述，检查企业银行流水以确认是否与高风险客户或机构存在交易往来，需要企业建立完善的合规政策、流程和技术手段，并持续关注法规变化和技术发展，以确保合规运营和风险防范的有效性。

## 案例分析 1：与高风险客户或机构进行异常大额交易

**一、背景**

贸易公司 A 为提升银行流水，以展示其业务活跃度和资金实力，与被列入国际反洗钱监控名单的高风险企业 B 进行了一笔异常大额交易。B 企业因涉及可疑金融活动而知名，但其提供的商品正是 A 公司急需的原材料。

**二、案例具体情况**

A 公司向 B 企业一次性转账人民币 800 万元，用于购买一批原材料。该笔交易的金额远超 A 公司以往月均交易额（约 200 万元），且未遵循常规供应链采购流程，未进行充分的市场调研和供应商评估。

**三、分析**

1. 法律法规

根据《金融机构大额交易和可疑交易报告管理办法》，单笔或累计交易超过一定金额需报告，且涉及高风险客户时应加强审核。A 公司的行为显然违反了这一原则。

2. 影响

A 公司可能因此被银行列为重点监控对象，甚至被要求提供详细交易背景说明。长远来看，此行为可能损害公司信誉，影响未来融资和合作伙伴关系。

3. 正确做法

在进行大额交易前，应充分评估交易对方的风险等级，确保合规性。同时，建立健全的内部控制机制，确保所有交易符合法律法规要求。

4. 正确的会计处理

对于此类高风险交易，应在会计记录中明确标注，保留完整交易凭证和背景资料，以备监管检查。同时，考虑设置风险准备金，以应对可能的损失或处罚。

综上所述，企业应严格遵守反洗钱和反恐怖融资相关法规，避免与高风险客户进行异常大额交易，以维护自身声誉和有利于长远发展。

## 案例分析 2：频繁与高风险客户或机构进行小额交易

**一、背景**

小微企业 C，为提升银行流水以便申请贷款，频繁与被金融机构列为高风险企业的小额贷款公司 D 进行小额交易。D 公司因多次涉及非法集资和违规放贷而被监管部门警告。C 公司通过与 D 公司进行多笔小额借款与还款操作，试图增加其银行账户的活跃度。

**二、案例具体情况**

在三个月内，C 公司向 D 公司进行了 20 笔小额借款，每笔金额在 5 万至 10 万元之间，累计借款总额达 150 万元。随后，C 公司又分多次小额偿还这些借款，每次还款金额不等，总计还款额略高于借款额，以制造资金流动假象。

**三、分析**

1. 法律法规

根据反洗钱相关规定，频繁与高风险客户进行交易，即使金额较小，也可能触发可疑交易报告机制。金融机构需对此类交易进行监控，确保资金流动的合法性。

2. 影响

C 公司的行为不仅可能使其银行账户被银行列为重点关注对象，还可能因涉及高风险交易而影响自己的信用评级，进而影响未来的融资能力。

3. 正确做法

企业应通过正规渠道提升银行流水，如增加真实业务交易、优化财务管理等，而非通过与高风险客户频繁进行小额交易来制造虚假流水。

4. 正确的会计处理

对于此类交易，会计人员应严格区分正常业务交易与高风险交易，对后者进行特别标注，并保留完整交易记录和凭证，以便监管检查。同时，加强内部控制，防止类似行为再次发生。

## 案例分析 3：利用企业账户为高风险客户或机构进行资金过渡

**一、背景**

科技公司 E，为了协助其高风险合作伙伴 F（一家涉及可疑金融活动的投资机构）进行资金过渡，将自身企业账户作为中转站。F 机构因涉及多起违规资金操作而被监管机构密切关注，直接交易风险极高。因此，F 请求 E 协助其完成一系列小额资金划转，以规避监管。

**二、案例具体情况**

在一个月内，E 公司账户接收了来自 F 机构的五笔转入款项，每笔金额在 200 万至 300 万元之间，总计 1 200 万元。随后，E 公司再将这些资金分多次、小额转出至 F 机构指定的多个第三方账户，每次转出金额从几十万到上百万元不等，总转出金额略高于转入金额，以模拟正常交易流水。

三、分析

1. 法律法规

根据反洗钱和反恐怖融资相关法规，企业不得为高风险客户提供资金过渡服务，存在此类行为的企业需承担法律责任。

2. 影响

E公司的行为不仅使其自身面临法律风险和声誉损失，还可能因协助洗钱活动而被重罚，甚至被吊销营业执照。此外，这种行为也扰乱了金融市场秩序，损害了公平竞争环境。

3. 正确做法

企业应严格遵守反洗钱法规，拒绝为高风险客户提供任何形式的资金过渡服务。同时，建立健全的内部控制机制，加强对客户身份和交易背景的尽职调查，确保所有交易的真实性和合法性。

4. 正确的会计处理

对于涉及高风险客户的资金过渡交易，会计人员应坚决拒绝处理，并立即向管理层报告。同时，保留相关交易记录和凭证，以备监管检查。此外，企业应加强对会计人员的反洗钱培训，提高其风险识别和防范能力。

## 案例分析4：虚构交易以掩盖与高风险客户或机构的真实往来

一、背景

制造业企业G，为掩盖与涉及非法集资的高风险金融机构H的真实资金往来，虚构了一系列采购和销售交易。H机构因频繁涉及非法金融活动，其账户受到严格监控，直接交易将暴露G企业的风险敞口。因此，G企业通过虚构交易的方式，制造了与多家无关第三方企业的业务往来记录，以此掩盖与H机构的真实资金流动。

二、案例具体情况

在半年内，G企业虚构了价值5 000万元的原材料采购合同，并对应生成了虚假的销售发票，实现销售收入4 800万元（含增值税）。这些交易在G企业的银行流水上留下了活跃的交易记录，但实际上，大部分资金最终流向了H机构。

三、分析

1. 法律法规

根据会计准则和反洗钱法规，企业应如实记录所有交易，不得虚构业务以掩盖真实资金流动。G企业的这种行为严重违反了会计信息的真实性和完整性原则。

2. 影响

G企业的行为不仅导致其财务报表失真，损害投资者利益，还可能因涉及洗钱活动而受到法律制裁。此外，这种行为破坏了市场公平竞争环境，损害了企业声誉。

3. 正确做法

企业应严格遵守会计准则和反洗钱法规，确保所有交易的真实性和合法性。对于与高风险客户的交易，应加强内部控制，进行充分的尽职调查，并考虑报告给相关监管机构。

4. 正确的会计处理

对于虚构交易，会计人员应坚决拒绝处理，并立即向管理层报告。同时，对已发生的虚构交易，应进行调整和纠正，确保会计信息的准确性和可靠性。此外，企业应加强对会计人员的职业道德教育和专业培训，提高其风险意识和合规意识。

## 专题一百一十七：银行流水反映的交易类型是否与实际业务不符

### 业务简介

**一、概念**

银行流水反映的交易类型与实际业务不符，指的是企业在银行账户中的交易类型与其实际经营业务或客户交易习惯存在明显差异，或者这些交易无法合理解释为企业正常经营活动的一部分。这种不符可能暗示着企业存在违规行为。

**二、基本的规定**

1. 真实性原则

企业在进行银行交易时，必须确保交易的真实性和合法性，即交易应与其实际经营业务相符。

银行在为客户提供服务时，也有责任对交易的真实性进行审核，以防范风险。

2. 账户管理规定

企业应按照银行的要求开立和使用账户，不得将账户用于非法活动或超出其经营范围的交易。

银行应对企业的账户使用情况进行监控，对异常交易进行预警和调查。

3. 反洗钱和反恐怖融资法规

根据相关法律法规，银行需对可疑交易进行识别和报告，这些可疑交易可能包括与业务不符的交易。

银行需建立反洗钱和反恐怖融资内部控制制度，对客户进行尽职调查，对交易进行监测和报告。

**三、违规表现**

1. 虚构交易类型

行为描述：企业银行流水反映的交易类型与实际发生的业务不符，例如，将非贸易款项伪装成货款或服务费。

目的与动机：规避税收、隐藏真实资金流向或满足某些财务指标要求。

后果：这种行为违反相关法律法规，同时损害企业声誉，影响投资者和合作伙伴的信任。

2. 滥用账户收支功能

行为描述：企业利用银行账户进行与其业务不相关的资金收支，如使用对公账户进行个人资金转账等。

目的与动机：方便资金操作、逃避监管或进行不正当的资金转移。

后果：滥用账户收支功能可能触犯反洗钱法规，引发监管机构的调查，甚至导致账户被冻结或撤销。

3. 违规资金归集

行为描述：企业通过不正当手段将不同来源的资金归集到同一账户，以掩盖资金的真实来源或用途。

目的与动机：简化资金流程、隐瞒非法收入或进行资金池操作以获取更高收益。

后果：违规资金归集触犯金融管理法规，导致企业面临罚款、业务限制等法律后果。

4. 套取银行信用

行为描述：企业通过虚构交易背景或伪造合同等方式，套取银行信用，如获取不应得的贷款或信用额度。

目的与动机：获取更多的资金支持，以扩大经营规模或进行其他投资活动。

后果：企业可能面临信用降低、贷款收回、法律追责等严重后果。

## 法律法规

**一、反洗钱与金融监管规定**

1.《反洗钱法》

该法要求金融机构建立客户身份识别制度，确保交易的真实性和合法性。如果企业银行流水反映的交易类型与客户声明的业务性质明显不符，金融机构有义务进行进一步的尽职调查，以确认是否存在洗钱或其他非法活动的风险。

金融机构还需履行大额交易和可疑交易报告义务，对于与客户业务不符的异常交易，应及时报告给中国人民银行等监管部门。

2. 金融监管机构的规定

证监会等金融监管机构会根据各自职责范围，发布针对金融机构的监管规定，要求金融机构加强对客户交易行为的监测和分析，确保交易的真实性和合规性。

这些规定通常会强调对异常交易的识别、报告和处理机制，包括与客户业务不符的交易类型。

**二、税法相关法规**

税法规定企业应当按照实际发生的业务进行会计核算和纳税申报。如果企业银行流水中的交易类型与客户业务不符，可能涉及虚开发票、逃税等违法行为。

税务部门在稽查过程中，会关注企业银行流水与财务报表、纳税申报表等的一致性，以核实企业的纳税情况。

**三、银行内部合规管理**

1. 客户身份识别与交易监测

银行在为客户提供服务时，会进行客户身份识别和交易监测。如果银行发现企业银行流水反映的交易类型与业务不符，会启动内部合规程序，包括进一步调查、风险评估和报告等。

银行会根据自身的风险管理政策和内部控制流程，制定相应的应对措施，以降低潜在的风险。

2. 内部合规管理制度

银行会建立内部合规管理制度，明确对客户交易行为的监测标准、报告流程和处理机制。这些制度通常会涵盖与业务不符的交易类型，并规定相应的处理措施和责任人。

## 合规程序与方法

**一、合规程序与方法概述**

1. 明确检查目标与范围

需要明确检查的目标，即确认企业银行流水反映的交易类型是否与其主营业务相符。同时，确定检查的时间范围，通常涵盖最近一个或多个财务周期。

2. 收集企业基本信息与业务资料

企业基本信息：包括企业注册信息、经营范围、主营业务等。

业务资料：收集企业的财务报表、合同、发票、销售记录等，以了解企业的实际经营情况。

3. 获取银行流水数据

通过企业网银系统或银行柜台，获取指定时间范围内的银行流水数据。确保数据的完整性和真实性，避免遗漏或篡改。

4. 分析银行流水交易类型

分类整理：将交易按照类型进行分类，如收入、支出、转账、取现等。

对比分析：将分类后的交易与企业基本信息和业务资料进行对比，识别是否存在不符的交易类型。

5. 深入调查与风险评估

交易对手分析：对不符交易类型的交易对手进行调查，了解其与企业之间的关系，判断交易的真实性和合理性。

风险评估：基于交易类型不符的情况，评估可能存在的风险，如财务造假、洗钱、挪用资金等。

6. 报告与应对

编制报告：将检查过程中发现的问题、风险评估结果及建议措施编制成报告，提交给相关部门或高级管理层。

应对措施：根据风险评估结果，制定相应的应对措施，如要求企业解释不符原因、提供补充资料、加强内部控制等。

7. 后续跟进与监督

跟进处理：对企业采取的应对措施进行跟进，确保问题得到有效解决。

持续监督：建立定期监督机制，对企业银行流水进行持续监控，防止类似问题再次发生。

**二、可能的影响因素**

企业配合度：企业的配合程度直接影响检查工作的顺利进行。若企业不配合或提供虚假资料，将增加检查难度和风险。

数据质量：银行流水数据的质量直接影响分析结果的准确性。若数据存在遗漏、错误或篡改，将导致误判或漏判。

法规变化：随着金融法规和监管政策的不断变化，对交易类型的要求和标准也可能发生变化。因此，需要密切关注法规变化，及时调整检查方法和标准。

## 案例分析 1：虚构交易类型

**一、背景**

贸易公司J，主要从事电子产品进出口业务。为提升交易类型的多样性，以符合某些贷款或融资条件中对交易类型多样性的要求，J公司虚构了一系列与主营业务不符的交易记录。

**二、案例具体情况**

在三个月内，J公司银行流水显示其向五家不同企业支付了共计800万元的技术服务费和咨询费，每笔交易金额在100万至200万元之间。然而，这些交易在J公司的财务报表和业务合同中均无相应体现，且J公司的主营业务成本中并未包含此类服务费用。

**三、分析**

1. 法律法规

根据《会计法》和相关会计准则，企业应如实反映其交易内容和性质，不得虚构交易类型以误导报表使用者。这种行为违反了会计信息的真实性原则。

2. 影响

虚构交易类型不仅导致J公司的财务报表失真，还影响其信用评级和融资能力。同时，这种行为也损害了市场公平竞争环境，J公司将面临法律制裁和声誉损失。

3. 正确做法

企业应确保所有交易记录的真实性和合法性，禁止虚构交易类型以迎合特定要求。在需要提升交易类型多样性的情况下，应通过增加实际业务种类或优化现有业务模式来实现。

4. 正确的会计处理

对于已发生的虚构交易，会计人员应协助管理层进行调整和纠正，确保会计信息的准确性。

同时，加强内部控制和审计，防止类似行为再次发生。此外，加强对会计人员的职业道德教育和专业培训，提高其合规意识和风险识别能力。

## 案例分析 2：滥用账户收支功能

### 一、背景

零售企业 K，主营业务为服装销售，为了吸引投资者或获取银行贷款，滥用其银行账户的收支功能，将本应归类为销售收入的资金以“投资收益”“租金收入”等名义入账。这种操作导致银行流水反映的交易类型与实际业务严重不符。

### 二、案例具体情况

在一年时间内，K 公司银行流水显示其“投资收益”达到 1 200 万元，占总流水比例的 20%，而实际上，K 公司并未进行任何重大的投资活动；同时，“租金收入”也高达 800 万元，但 K 公司仅拥有少量自用门店，并未对外出租大量物业。相比之下，其主营业务收入的增长却相对平缓，与银行流水中的非主营业务收入形成鲜明对比。

### 三、分析

1. 法律法规

根据《会计法》及相关会计准则，企业应确保会计信息的真实性和完整性，不得随意改变交易性质以误导报表使用者。银行账户的收支应真实反映企业的经济活动。

2. 影响

K 公司的行为严重扭曲了其财务状况和经营成果，导致投资者做出错误的投资决策，损害其利益。同时，这种行为也可能使 K 公司在申请银行贷款或融资时面临更高的审查门槛和更严格的条件。此外，K 公司还可能面临法律制裁和声誉损失。

3. 正确做法

企业应严格按照会计准则和法规要求记录每一笔交易，确保银行流水与实际业务相符。对于需要提升财务形象或吸引投资的情况，应通过改善经营管理、提高盈利能力等合法合规的方式来实现。

4. 正确的会计处理

对于已发生的滥用账户收支功能的行为，K 公司应立即进行自查自纠，调整相关会计分录和财务报表，确保会计信息的准确性。同时，加强内部控制和审计监督，防止类似问题再次发生。会计人员应提高职业道德素养和专业能力，确保会计处理的合规性和准确性。

## 案例分析 3：违规资金归集

### 一、背景

集团公司 L，旗下拥有多家子公司，涉及不同业务领域。为了集中管理资金，提高资金使用效率，L 公司违规进行了资金归集操作，即将各子公司的销售收入直接划入集团总部账户，而未按照各子公司的实际业务类型进行分类处理。这一行为导致银行流水中的交易类型与子公司业务严重不符。

### 二、案例具体情况

假设在某一季度内，L 公司通过违规资金归集方式，从 A、B、C 三家子公司分别归集了 500 万元、300 万元和 200 万元的资金。这些资金本应分别反映为 A 公司的电子产品销售收入、B 公司的软件服务收入和 C 公司的原材料贸易收入。然而，在 L 集团的银行流水中，这些资金统一被归类为“集团内部调拨”，未能真实反映各子公司的业务实质。

### 三、分析

1. 法律法规

根据《公司法》及相关财务管理规定，企业应建立健全的内部控制体系，确保资金管理的合规性和有效性。集团公司与子公司之间的资金往来应遵循合法合规的原则，不得随意改变交易性质以规避监管。

2. 影响

L公司的违规资金归集行为不仅违反了相关法规规定，还导致各子公司的财务报表失真，影响投资者和债权人的决策判断。此外，这种行为还损害子公司的独立性和自主性，影响子公司的正常经营和发展。

3. 正确做法

集团公司应建立规范的资金管理制度，明确资金归集的条件、程序和审批流程。对于子公司之间的资金往来，应按照实际业务类型进行分类处理，并在财务报表中真实反映。同时，加强内部审计和监督，确保资金管理的合规性和有效性。

4. 正确的会计处理

对于已发生的违规资金归集行为，L公司应立即进行整改，调整相关会计分录和财务报表，确保会计信息的真实性和准确性。同时，加强对会计人员的培训和指导，提高其业务水平和合规意识，防止类似问题再次发生。

## 案例分析4：套取银行信用

### 一、背景

制造企业M，想扩大生产规模但自有资金不足，因此采取虚构交易的方式套取银行信用，通过频繁申请短期贷款并快速偿还，以营造活跃的银行流水记录，试图掩盖其真实资金需求和经营困境。这些短期贷款的实际用途与业务（即制造业生产）严重不符，多数被用于偿还旧债或填补资金缺口。

### 二、案例具体情况

在半年时间内，M公司向多家银行申请了总额达3 000万元的短期贷款，平均每笔贷款金额在500万元，贷款期限多为3~6个月。这些贷款名义上用于“原材料采购”或“设备升级”，但实际上，M公司的原材料采购和设备升级支出远未达到此规模。银行流水显示，M公司频繁进行大额资金转入转出，但实际业务增长缓慢，反映出交易类型与实际业务明显不符。

### 三、分析

1. 法律法规

根据《贷款通则》及相关法律法规，借款人应如实提供贷款申请资料，确保贷款用途真实合法。虚构交易套取银行信用的行为违反了诚实信用原则，可能构成骗取贷款罪。

2. 影响

这种行为不仅损害了银行的信贷资产安全，扰乱了金融市场秩序，还可能因资金链断裂导致企业破产，影响社会稳定。同时，虚假繁荣的银行流水误导了投资者和债权人，造成市场资源配置扭曲。

3. 正确做法

企业应诚实守信，根据自身实际资金需求合理申请贷款，确保贷款用途真实合法。在资金紧张时，应积极寻求合法合规的融资渠道，如股权融资、发行债券等。

4. 正确的会计处理

对于已发生的套取银行信用行为，企业应主动向银行披露真相，积极整改，并调整相关会计记录，确保会计信息的真实性和准确性。同时，加强内部控制和风险管理，防止类似问题再次发生。

# 第十八章
# 勾稽关系合规

## 专题一百一十八：营业收入增长与固定资产原值变动是否匹配

### 业务简介

**一、概念**

营业收入是指企业在一定时期内通过销售商品或提供劳务等经营活动所取得的收入总额。它包括销售货物收入、提供劳务收入等，是企业利润的主要来源。营业收入的大小受市场状况、销售策略、销售能力、定价策略以及商品或劳务的交付情况等多种因素影响。

固定资产原值，也称固定资产原始价值或原始购置成本，是指企业购置固定资产时所支付的原始成本，包括购买价、安装费、运输费等与固定资产购置直接相关的费用。固定资产原值反映了企业在固定资产方面的投资规模，是计算固定资产折旧的基础，不随企业的经营活动而频繁变动。

**二、基本规定**

营业收入与固定资产原值的关系如下。

无直接数量关系：在一般情况下，营业收入与固定资产原值之间不存在直接的数量关系。营业收入是反映企业经营活动成果的指标，而固定资产原值是反映企业资产投资状况的指标。

相互影响：虽然不存在直接的数量关系，但固定资产原值的变动（如增加投资）可能会间接影响营业收入。例如，企业可能会通过增加固定资产投资来扩大生产规模，从而提高营业收入。然而，这种增加并非直接相关，而是通过提高产能、增加产量和销量等间接实现的。

匹配性分析：在财务分析中，需要关注固定资产原值的变动与营业收入增长之间的匹配性。理想的匹配关系应该是固定资产原值的增加能够驱动产能提升，进而促进产量和销量的增加，最终实现营业收入的增长。

**三、经常出现的违规问题**

1. 虚增收入和固定资产

虚增收入是指企业为了实现抬高股价、骗取贷款或其他目的，在财务报表中虚构或夸大销售收入。这种行为违反了营业收入的真实性原则，可能构成虚报注册资本等违法行为。

虚增固定资产是指企业在财务报表中虚构或夸大固定资产的原值。这种行为同样违反了会计准则和法律法规，会误导投资者和债权人，给企业带来严重的法律后果。

2. 不匹配问题

固定资产增长与营业收入增长不匹配：如果固定资产原值大幅增长，但营业收入并未相应增长，可能表明企业的固定资产投资并未有效转化为生产能力或市场竞争力。这可能是由投资决策失误、市场需求不足、产能利用率低等原因造成的。

固定资产结构不合理：固定资产的结构应与企业的经营业务密切相关。如果固定资产的结构与企业的经营特点不匹配，如轻资产行业过多投资于机器设备，或重资产行业缺乏必要的生产设施，则可能会导致固定资产原值与营业收入增长之间的不匹配。

**四、违规表现**

1. 虚增营业收入

行为描述：企业通过虚构销售交易、提前确认收入或夸大销售数量等手段，使得营业收入虚高，而实际上并无支撑这种收入增长的固定资产原值的增长。

目的与动机：提升业绩、吸引投资或提高市场信誉。

后果：这种行为会导致企业财务报告失真，损害投资者和债权人的利益，导致企业面临法律诉讼和监管处罚，严重影响企业声誉。

2. 隐瞒或延迟确认固定资产原值的增加

行为描述：企业在营业收入增长的同时，故意隐瞒或延迟确认固定资产原值的增加，以维持表面上营业收入与固定资产原值的匹配。

目的与动机：避免显示出过度投资或资产效率低下。

后果：这种做法会扭曲企业的财务状况，使得投资者和其他利益相关者无法准确评估企业的真实价值和风险，长期来看会对企业经营造成负面影响。

3. 非法处置固定资产

行为描述：企业在营业收入增长的过程中，未经适当程序或未进行充分披露，就非法处置或低估固定资产原值。

目的与动机：操纵利润表，使收入与资产变动看起来更为匹配，或者为了谋取私利。

后果：这种行为违反了会计准则和法规要求，会导致企业面临法律风险，包括但不限于监管处罚、投资者诉讼。

4. 利用关联方交易操纵收入与资产

行为描述：企业通过与关联方的非公平交易来人为调节营业收入和固定资产原值，以达到某种预期的财务效果。

目的与动机：粉饰财务报表、进行利益输送或规避税收等。

后果：这种行为会损害企业及其股东的利益，破坏市场公平竞争，将严重影响企业信誉，并可能引发法律纠纷和监管干预。

## 法律法规

**一、关于固定资产的会计准则**

1. 固定资产的确认与计量

固定资产的原始价值（即原值）通常根据企业购建该资产时实际发生的全部费用支出确定，包括买价、运杂费、安装费等。这一原则确保了会计信息的可靠性和客观性。

当增加固定资产时，企业应按照实际发生的全部费用支出确定增加固定资产的成本，并更新固定资产原值以反映企业资产的总体规模和投资价值。

2. 固定资产的折旧

企业应当按照固定资产的性质和使用情况，合理确定固定资产的使用寿命和预计净残值。固定资产的使用寿命、预计净残值一经确定，不得随意变更。

固定资产的折旧应当采用直线法计算，需要采用其他折旧方法的，需要经过当地税务机关的审核批准。

**二、关于固定资产的税收政策**

1. 固定资产的计税基础

固定资产的计税基础根据资产的来源不同而有所区别。例如，外购的固定资产以购买价款和支付的相关税费为计税基础；自行建造的固定资产以竣工结算前发生的支出为计税基础。

对于改建、扩建、修缮的固定资产，其计税基础也会因支出的增加而发生变动。

2. 固定资产的处置与税收

企业处置固定资产时，可能会涉及增值税、企业所得税等的缴纳。具体税额的计算和缴纳标准会根据固定资产的购入时间、处置方式等有所不同。

**三、有关营业收入与固定资产原值匹配的法规**

虽然没有直接规定营业收入增长与固定资产原值变动必须匹配的法规，但以下法规间接对其做出了规定。

《企业财务会计报告条例》规定了资产在资产负债表上的列示要求，包括固定资产应按照其流动性分类分项列示。这要求企业在编制资产负债表时，应准确反映固定资产的原值及变动情况。

《企业会计准则》为企业的会计核算提供了基本框架和原则，其中关于固定资产的确认、计量、折旧等规定都会影响到固定资产与营业收入的关系。

综上所述，企业营业收入增长与固定资产原值变动是否匹配，需要综合考虑会计准则、税收政策以及企业自身的经营策略和财务状况等多个方面。在实际操作中，企业应根据自身情况制定合理的经营策略，并遵循相关法规规定进行会计核算和税务处理。

## 合规程序与方法

**一、合规程序与方法概述**

1. 明确目标与范围

需明确分析的目标，即验证营业收入增长是否与固定资产原值的变动相匹配。同时，确定分析的时间范围，通常选择连续几个会计年度进行比较，以消除季节性波动的影响。

2. 收集数据

营业收入数据：从企业财务报表中获取各期营业收入的数值，包括主营业务收入和其他业务收入。

固定资产原值数据：同样从财务报表中获取各期末固定资产的原值，包括房屋、建筑物、机器设备等。

其他相关数据：如生产成本、销售成本、毛利率、存货周转率等，这些指标有助于深入理解营业收入与固定资产之间的关系。

3. 数据分析与比较

趋势分析：绘制营业收入和固定资产原值的趋势图，观察两者的变化趋势是否一致或存在某种相关性。

比率分析：计算固定资产周转率（营业收入 / 平均固定资产原值），分析该比率的变化趋势，以评估固定资产的使用效率。

因果分析：结合企业的扩张计划、市场策略、技术升级等因素，分析固定资产原值变动对营业收入增长的具体影响。

4. 识别异常与解释

识别异常：若发现营业收入增长与固定资产原值变动不匹配，需进一步分析原因。

合理解释：考虑是否存在市场变化、销售策略调整、技术革新、资产处置或投资等非正常因素导致的不匹配。

**二、可能的影响因素**

市场环境：市场需求、竞争态势等外部环境变化可能影响营业收入。

企业战略：企业的扩张计划、市场定位、产品策略等内部决策直接影响固定资产投资和营业收入。

运营效率：高效的运营管理能提升固定资产的使用效率，促进营业收入增长。

技术进步：技术升级可能增加固定资产投入，同时提高生产效率和产品质量，进而推动营业收入增长。

会计政策：不同的会计政策可能影响固定资产的计价和折旧方法，进而影响营业收入与固定资产原值的匹配度。

## 案例分析 1：虚增营业收入

**一、背景**

某上市公司为提升股价、吸引投资者，决定虚增营业收入。公司管理层通过虚构销售合同、提前确认收入等手段，实现了短期内营业收入的大幅增长。然而，这一增长并未伴随固定资产原值的相应变动，因为实际生产能力和资产规模并未显著扩大。

**二、案例具体情况**

假设该公司在过去一年中虚增营业收入 1 亿元，同比增长率高达 50%，而同期固定资产原值仅增加了 500 万元，同比增长率仅为 3%。这一数据对比明显不匹配，因为通常营业收入的大幅增长应伴随着固定资产（如生产设备、厂房等）的相应增加。

**三、分析**

1. 法律法规

根据《会计法》及相关会计准则，企业应确保财务信息的真实性和完整性，虚增营业收入违反了这一原则。

2. 影响

虚增营业收入误导了投资者，导致股价虚高，一旦真相曝光，公司信誉受损，股价暴跌，投资者损失惨重。同时，公司面临法律处罚。

3. 正确做法

企业应通过合法途径提升业绩，如技术创新、市场拓展等，确保营业收入增长与固定资产原值变动相匹配。

4. 正确会计处理

对于已发生的虚增收入，企业应按照会计差错更正原则进行调整，追溯重述相关财务报表，确保信息的真实性。

## 案例分析 2：隐瞒或延迟确认固定资产原值的增加

**一、背景**

以某制造业公司为例，该公司在 2020 年为扩大生产规模，斥资 1 亿元购入先进生产设备，但为美化财务报表，管理层决定隐瞒该固定资产新增价值的确认。

**二、案例具体情况**

隐瞒前固定资产原值：2019 年末，固定资产原值为 5 亿元。

实际投资：2020 年新增投资 1 亿元，但公司未将其计入固定资产。

隐瞒后报表显示：2020 年末，固定资产原值仍为 5 亿元，而营业收入与固定资产原值不匹配，显得异常高。

**三、分析**

1. 法律法规

根据《企业会计准则》，企业应在固定资产达到预定可使用状态时确认固定资产。隐瞒或延迟确认违反会计准则。

2. 影响

此举导致财务报表失真，误导投资者和债权人，影响企业信誉。同时，隐瞒大额投资可能使企业面临税务风险。

3. 正确做法

应及时、准确地将新增固定资产投资计入固定资产，反映企业真实经营情况。

4. 正确会计处理

2020 年新增设备达到预定可使用状态时，应借记“固定资产”科目 1 亿元，贷记“银行存款”等科目 1 亿元，确保固定资产原值真实反映企业资产状况。

## 案例分析 3：非法处置固定资产

### 一、背景

某上市公司为提升短期业绩，非法处置了一批尚具使用价值的固定资产，包括生产线设备和办公楼部分楼层，以此获得的资金被用于虚构销售收入，从而营造出营业收入增长与固定资产原值减少相匹配的假象。

### 二、案例具体情况

处置前固定资产原值：假设为 10 亿元，其中包括价值 2 亿元的生产线设备和 1 亿元的办公楼。

非法处置：公司未经适当程序，以远低于市场价的 5 000 万元处置了价值 2 亿元的生产线设备，并以 3 000 万元处置了办公楼部分楼层。

报表显示：处置后，固定资产原值骤减至 7.2 亿元，而同时公布的营业收入因虚构销售而大幅增长，试图掩盖固定资产非法处置的真相。

### 三、分析

1. 法律法规

企业处置固定资产应遵循相关法律法规，确保处置过程合法、透明，并准确反映在财务报表中。

2. 影响

非法处置固定资产不仅损害了企业长期利益，还严重误导投资者，导致企业面临法律诉讼和监管处罚。

3. 正确做法

应依法依规进行资产评估，通过公开招标等方式确保处置价格合理，并及时在财务报表中披露处置损益。

4. 正确的会计处理

处置固定资产时，应通过“固定资产清理”科目核算，确认处置损益，并调整资产负债表和利润表的相关项目，确保报表真实反映企业财务状况和经营成果。

## 案例分析 4：利用关联方交易操纵收入与资产

### 一、背景

某上市公司为美化财务报表，通过与其母公司进行一系列复杂的关联方交易，虚构销售收入并操纵固定资产处置，以营造营业收入增长与固定资产原值变动相匹配的假象。具体而言，公司高价向母公司销售产品，同时低价将不良资产转让给母公司，以此增加利润并减少固定资产账面价值。

### 二、案例具体情况

虚构销售收入：公司当年向母公司销售商品，确认收入 2 亿元，占全年总收入的 30%，而实际市场价格仅为 1 亿元。

不良资产处置：公司以 5 000 万元的价格将账面价值 1 亿元的闲置设备转让给母公司，导致固定资产原值减少。

报表显示：通过上述操作，公司年报显示营业收入大幅增长，同时固定资产原值有所减少，看似匹配，实则人为操纵。

三、分析

1. 法律法规

关联方交易应遵循公平、公正、公开的原则，交易价格应基于市场公允价格。

2. 影响

此行为严重误导投资者，损害市场信心，增加监管风险，并导致企业面临法律诉讼。

3. 正确做法

企业应建立健全内部控制机制，确保关联方交易的透明度和公允性，及时披露相关信息。

4. 正确的会计处理

关联方交易应按照市场公允价值进行计量，确保会计信息的真实性和可靠性。对于不合理的价格偏离，应调整会计记录并披露调整原因。

## 专题一百一十九：收入与其他业务数据是否匹配

### 业务简介

**一、概念**

企业收入与其他业务数据的匹配，是指企业在日常经营活动中，其确认的收入需要与相关的成本、费用以及交易数据在金额、时间和项目上相互对应和一致。这一匹配过程不仅涉及财务会计的准确性和合规性，还关系到企业决策的有效性和市场竞争力。具体来说，它要求企业在确认收入时，能够准确地将这些收入与产生这些收入的直接成本、费用以及其他相关的业务数据进行匹配，以反映企业真实的经营状况和财务状况。

**二、基本的规定**

金额匹配：企业在确认收入时，需要确保收入的金额与其他业务数据相匹配。例如，销售商品时，收入的确认应与商品的成本确认相匹配，确保利润计算的准确性。

时间匹配：收入与成本、费用的发生时间应当相互匹配。即企业在一定期间内实现的收入，应当与该期间内发生的与实现收入有直接关系的费用相匹配。这有助于企业准确反映各个会计期间的经营成果。

项目匹配：企业在确认收入时，还需要确保收入的项目与相应的成本、费用项目相匹配。这有助于企业分析不同业务或产品的盈利能力，为决策提供有力支持。

法律法规遵守：企业在进行收入确认和其他业务数据匹配时，必须严格遵守国家相关的法律法规，如《会计法》《企业会计准则》等，确保数据的真实性和合法性。

**三、经常出现的违规问题**

收入确认不准确：企业可能为了美化财务报表或达到特定的业绩目标，而提前或延迟确认收入。这种行为会导致收入与其他业务数据不匹配，影响财务报表的准确性和可靠性。

成本、费用分摊不合理：企业在将成本、费用分摊到各个产品或项目上时，可能存在分摊不合理的情况。例如，将大量期间费用错误地分摊到某个产品上，导致该产品的成本虚高，收入与成本不匹配。

发票管理不规范：发票是企业进行收入确认和成本、费用核算的重要依据。然而，一些企业可能存在发票开具错误、虚开发票或发票丢失等问题，导致收入与成本、费用在金额、时间和项目上无法准确匹配。

内部控制失效：有效的内部控制是企业确保收入与其他业务数据匹配的重要保障。然而，一些企业可能由于内部控制失效，导致数据录入错误、审核不严等问题，进而影响数据的准确性和匹配性。

**四、违规表现**

1. 收入与开票金额不一致

行为描述：企业确认的收入金额与开具的发票金额存在显著差异。例如，企业可能为了避税而低开发票金额，或者为了虚增业绩而高报收入。

目的与动机：通过操纵收入和开票金额，企业可能试图逃避税收、提高信用评级或吸引投资。

后果：这种行为违反税收法规，引发税务部门的调查和处罚。同时，不符实际的收入会误导投资者和债权人，损害他们的利益。

2. 收入与纳税申报不符

行为描述：企业在纳税申报时，所报的收入与其财务报表中的收入不一致。

目的与动机：减轻税负是企业少报收入的直接动机。通过减少纳税基数，企业可以节省税款支出。

后果：税务部门发现此类违规行为后，将对企业进行税务稽查和处罚。此外，企业的信誉也会受到损害，影响与合作伙伴和投资者的关系。

3. 收入与销售合同不匹配

行为描述：企业确认的收入与销售合同上的金额不一致。这可能是因为企业在合同履行过程中未按照约定进行收款或存在其他违规行为。

目的与动机：企业可能为了虚增收入或隐藏真实收入情况而故意使收入与销售合同不匹配。

后果：这种行为可能导致合同纠纷、法律诉讼以及企业信誉受损。同时，投资者和合作伙伴可能会对企业的真实性和可靠性产生怀疑。

4. 收入与库存变动不符

行为描述：企业的收入增长与库存变动情况不相符。例如，收入大幅增长，但库存却未明显减少，或者收入下降而库存异常减少。

目的与动机：企业可能通过操纵库存数据来掩盖真实的销售情况或虚增利润。

后果：这种行为导致财务报表失真，误导投资者和债权人。同时，异常的库存变动会引起监管机构的关注，进而引发调查和处罚。

## 法律法规

1. 企业会计准则

在中国，企业会计准则是规范企业会计核算和报告行为的主要依据。与收入和其他业务数据匹配相关的具体准则如下。

《企业会计准则第 14 号——收入》：该准则详细规定了企业如何确认和计量收入，包括收入确认的时点、金额的确定等，确保收入与其他业务数据的匹配性。

《企业会计准则第 6 号——无形资产》和《企业会计准则第 1 号——存货》：这些准则规范了无形资产和存货的确认、计量和报告，间接影响到收入与其他业务数据的匹配，因为无形资产和存货的摊销或销售成本将影响企业的利润。

2.《会计法》

《会计法》是会计工作的基本法律，它规定了会计核算的基本要求、会计机构和会计人员、会计监督等内容。虽然该法没有直接规定收入与其他业务数据的匹配性，但其要求企业保证会计资料的真实、完整，间接要求企业遵循配比原则和“三单”匹配原则，确保收入与其他业务数据的匹配。

3. 特定行业的监管规定

除了上述一般性的法规和准则外，特定行业可能还有专门的监管规定，对收入和其他业务数据的匹配性有更具体的要求。例如，金融行业、电信行业等有专门的会计准则或监管指引，对收入的确认和计量有更严格的规定。

## 合规程序与方法

1. 明确核查目标与范围

目标：确保企业主营业务收入与销售记录、库存变动、应收账款、应付账款等数据相匹配，且符合会计准则和税法规定。

范围：涵盖企业所有与收入相关的业务流程，包括但不限于销售、库存管理等。

2. 制定核查计划

规范性核查：检查企业财务管理制度、业务流程及财务核算流程是否符合会计准则和税法规定。

完整性核查：分析主营业务收入的总体完整性，确保所有销售收入均已正确记录。

真实性核查：通过对比实际销售数据与财务数据，验证收入的真实性。

3. 执行核查步骤

（1）规范性核查

核查收入确认原则：检查企业是否按照会计准则和税法规定确认收入，确保前后期一致。

特殊销售行为处理：核查如委托代销、分期收款销售等特殊销售行为是否按税法规定处理。

收入分类与税法对比：确保应税收入在不同税目之间、应税与减免税项目之间准确划分。

（2）完整性核查

销货与收款循环分析：采集与主营业务收入相对应的科目同期发生额，分析收入的完整性。

凭证核对：检查发运凭证、销售发票等是否完整登记入账，并通过抽样方式抽查销售发票存根联，与主营业务收入明细账及应收账款明细账进行核对。

（3）真实性核查

获取各类情况表：如员工岗位设置表、销售收入成本毛利率分析表等，分析生产经营能力与销售收入是否匹配。

对比数据：将本年度主营业务收入与上年度及年内各月进行比较，分析异常变动原因。

特殊销售行为核查：对委托代销、分期收款销售等特殊销售行为进行专项核查。

关联交易核查：检查关联企业之间的交易是否按正常交易原则定价，是否存在价格偏低的情况。

4. 应用合规性判断方法

规则匹配法：检查稽核样本的内容是否与企业有关规则严格匹配，如市场部门新产品定价是否依据工作流程上报审批。

价值评估法：评估企业出台的各类收入管理政策、新产品、新业务等是否完善、可实现。

5. 确保数据安全和合规

数据保护政策：制定明确的数据保护政策，确保数据收集、使用、存储的合规性。

数据分类与分级：对数据进行分类和分级，根据重要性和敏感程度采取不同的保护措施。

安全防护体系：建立完善的数据安全防护体系，包括数据加密、访问控制、安全审计等措施。

## 案例分析 1：收入与开票金额不一致

**一、背景**

某零售企业为达到特定的财务指标，调整开票金额，导致收入与开票金额的不匹配。

**二、案例具体情况**

实际销售收入：某季度实际销售收入为 8 000 万元。

开票金额：同期开具的发票金额仅为 6 500 万元，存在 1 500 万元的差额。

**三、分析**

1. 法律法规

根据《发票管理办法》，企业应当按照实际经营业务情况如实开具发票，不得虚开、少开或多开发票。

2. 影响

此行为导致财务报表失真，误导投资者和债权人，影响企业信誉；同时，触发税务稽查，导致企业面临税务处罚。

3. 正确做法

企业应严格按照实际交易情况开具发票，确保收入与开票金额一致，真实反映企业经营状况。

4. 正确的会计处理

对于已确认收入但未开票的部分，企业应设置相应的应收账款科目进行核算，待开票后冲减该科目。同时，加强内部控制，确保销售、开票、收款等环节的有效衔接和准确记录。

## 案例分析 2：收入与纳税申报不符

**一、背景**

某科技公司在运营过程中，为了粉饰财务报表和减轻税负，采取了隐瞒部分销售收入、少计利润的手段，导致公司实际收入与纳税申报数据严重不符。

**二、案例具体情况**

实际销售收入：某年度公司实际实现销售收入 1.2 亿元。

纳税申报收入：公司在进行年度纳税申报时，仅申报了 9 000 万元的销售收入，隐瞒了 3 000 万元。

利润差异：由于隐瞒收入，公司账面利润相应减少。

**三、分析**

1. 法律法规

根据《税收征收管理法》，纳税人必须依照法律、行政法规规定或者税务机关依照法律、行政法规的规定确定的申报期限、申报内容如实办理纳税申报，报送纳税申报表、财务会计报表等纳税资料。

2. 影响

此行为不仅违反了税收法规，还导致企业财务报表失真，误导投资者和债权人，损害企业信誉；长期来看，引发税务稽查，导致企业面临高额罚款甚至刑事处罚。

3. 正确做法

企业应严格按照实际经营情况如实申报纳税，确保收入与纳税申报数据一致。同时，加强内部控制和财务管理，提高财务数据的准确性和透明度。

4. 正确的会计处理

对于隐瞒的收入，企业应在发现后及时进行调整，补记相关账目，并按照规定补缴税款及滞纳金。同时，加强对会计人员的培训和管理，确保会计处理的合规性。

## 案例分析 3：收入与销售合同不匹配

**一、背景**

某制造企业为了提高业绩指标，在未完全履行合同义务的情况下，违规提前确认了部分销售收入，导致企业收入与销售合同实际执行情况严重不匹配。

**二、案例具体情况**

合同总额：企业与某客户签订了一份总额为 5 000 万元的销售合同，约定分三期交付产品并收款。

提前确认收入：企业在仅完成第一期交付（价值 1 500 万元）的情况下，违规提前确认了 5 000 万元的收入。

影响：此举导致企业当期收入虚增，与实际销售成本、应收账款等业务数据不匹配，毛利率异常偏高。

**三、分析**

1. 法律法规

根据《企业会计准则》和税法相关规定，企业应在满足收入确认条件时确认收入，这通常要求商品所有权上的主要风险和报酬已转移给购货方，且收入金额能够可靠计量。

2. 影响

此行为不仅违反了会计准则和税法规定，还导致企业财务报表失真，误导投资者和债权人，损害企业信誉。同时，企业面临税务稽查和财务调整。

3. 正确做法

企业应严格按照合同条款和会计准则的规定确认收入，确保收入与销售合同实际执行情况一致。加强内部控制，完善收入确认流程，确保财务数据的真实性和准确性。

4. 正确的会计处理

对于已提前确认但尚未满足收入确认条件的收入，企业应在后续会计期间进行冲回调整，并追溯调整相关财务报表。同时，加强与客户的沟通，确保合同履行进度与收入确认相符。

## 案例分析 4：收入与库存变动不符

**一、背景**

某贸易公司在运营中，为追求短期利润增长，采取了虚增销售收入而不相应减少库存的策略，导致公司收入与库存变动严重不符。

**二、案例具体情况**

虚增收入：公司在某季度虚增销售收入 3 000 万元，但实际并未发生相应数量的商品销售。

库存变动：同期，公司库存商品账面余额仅减少了 500 万元，与公司确认的销售收入严重不符。

影响：由于收入虚增而库存减少不足，导致公司毛利率异常偏高，与同行业平均水平及历史数据不符。

**三、分析**

1. 法律法规

根据《会计法》及相关会计准则，企业应如实反映其财务状况和经营成果，确保收入与库存变动等财务数据的真实性和一致性。

2. 影响

此行为不仅违反了会计法规和准则，还导致企业财务报表失真，误导投资者和债权人，损害企业信誉；同时，引发税务稽查和监管处罚。

3. 正确做法

企业应严格按照实际业务情况确认收入和减少库存，确保收入与库存变动相匹配。加强内部控制和财务管理，提高财务数据的准确性和透明度。

4. 正确的会计处理

对于已虚增的收入，企业应在发现后及时进行调整，冲回相关账目，并调整库存余额，以反映真实的经营情况。同时，加强对会计人员的培训和管理，确保会计处理的合规性。

## 专题一百二十：公司员工数量变动情况与营业收入变动情况是否匹配

### 业务简介

**一、概念**

公司员工数量变动情况与营业收入变动情况的匹配性，是评估公司运营效率、业务增长健康度以及管理有效性的重要指标。它主要关注公司在不同时间段内，随着业务规模的扩大或缩小，员工数量是否相应地增加或减少，以及这种变动是否与营业收入的变动趋势相一致。

**二、基本规定**

同方向变动趋势：在理想情况下，公司的营业收入增长应该伴随着员工数量的相应增加，以支持业务的扩展和运营。同样，如果营业收入减少，员工数量也可能相应减少，以降低成本和适应市场变化。

合理配比：员工数量的增加或减少应与营业收入的增长或减少保持合理的比例关系。这取决于公司的业务模式、行业特性、自动化程度以及运营效率等多个因素。

透明度与披露：上市公司应在其年报、季报等财务报告中详细披露员工数量的变动情况及其与营业收入的匹配情况，以供投资者和监管机构参考。

**三、经常出现的违规问题**

数据不真实：为了美化财务报表或掩盖经营问题，部分公司可能会虚报员工数量或营业收入数据，导致两者之间的不匹配。例如，在营业收入增长的情况下，故意隐瞒员工数量的增加。

不匹配性：在一些情况下，公司的员工数量变动与营业收入变动存在显著的不匹配性。例如，营业收入大幅增长而员工数量却保持不变或仅有小幅增长，这可能表明公司存在过度依赖外包、运营效率不佳等问题。反之，营业收入大幅下降而员工数量却未相应减少，则可能意味着公司存在冗员过多、成本控制不力等问题。

信息披露不充分：部分公司可能在财务报告中未充分披露员工数量变动与营业收入变动之间的匹配情况，或者披露的信息过于笼统、模糊，报表使用者难以准确评估公司的运营效率和业务健康度。

**四、评估方法**

为了评估公司员工数量变动情况与营业收入变动情况的匹配性，投资者和监管机构可以采用以下方法。

对比分析：将公司不同时间段（如年度、季度）的员工数量变动与营业收入变动进行对比分析，观察两者之间的趋势是否一致。

比率分析：计算员工数量增长率与营业收入增长率之间的比率，评估两者的匹配程度。如果比率接近 1，则表明两者之间的匹配性较好；如果比率与“1”之间的差距较大，则可能需要进一步分析原因。

行业对比：将公司的员工数量变动与营业收入变动情况与同行业其他可比公司进行对比分析，以评估公司的运营效率和业务健康度。

深入分析：结合公司的业务模式、行业特性、自动化程度以及运营效率等多个因素进行深入分析，以更准确地评估员工数量变动与营业收入变动之间的匹配关系。

**五、违规行为**

1. 虚增员工数量以夸大公司规模

行为描述：公司为了提升形象或吸引投资，故意在财务报表或相关披露中虚增员工数量，使得外界误以为公司规模较大。

目的与动机：通过虚增员工数量来增强投资者和合作伙伴的信心，进而提升公司的市场地位和融资能力。

后果：这种行为可能导致投资者做出错误的投资决策，将严重损害公司的信誉，甚至可能导致公司面临法律诉讼。

2. 虚减员工数量以减少社保支出

行为描述：公司为了减少社保支出，故意在报表中减少员工数量。

目的与动机：通过少报员工人数来降低社保成本，增加公司利润。

后果：这种行为违反相关法规，公司将面临社保补缴要求，甚至可能引发更严重的法律后果。

3. 通过操纵员工数量来操纵利润

行为描述：公司可能通过人为调整员工数量来影响营业收入和利润的核算，例如，在业绩不佳时虚增员工成本以降低账面利润，或在业绩良好时虚减员工成本以增加账面利润。

目的与动机：通过操纵员工数量来平滑利润波动，使财务报表更加美观。

后果：这种行为会误导投资者和监管机构，对公司的长期信誉和股价稳定造成负面影响。

4. 利用员工数量变动掩盖财务造假

行为描述：公司通过大幅度调整员工数量来掩盖其他财务造假行为，如虚构交易、夸大收入等。

目的与动机：通过复杂的财务操作来隐藏真实的财务状况，以达到欺骗投资者、分析师和监管机构的目的。

后果：这种行为严重损害了市场的公平性和透明度，将引发严重的法律后果，包括罚款、刑事责任。

## 法律法规

1. 劳动合同与雇佣关系

根据《中华人民共和国劳动法》（简称《劳动法》）和《劳动合同法》，企业需与员工签订劳动合同，明确双方的权利和义务。虽然这些法律并未直接规定员工数量与营业收入之间的匹配关系，但它们要求企业在用工过程中必须遵守法律，合理安排人力资源，保障员工的合法权益。如果企业确需调整员工数量，应依法进行，如提前通知员工、支付经济补偿等。

2. 财务报告与信息披露

上市公司及部分非上市公司需按照《证券法》及相关会计准则的要求，编制和披露财务报告。这些报告包括营业收入、员工薪酬、员工总数等关键信息。虽然财务报告本身并不直接规定员工数量与营业收入之间的匹配关系，但对这些数据进行分析，可以间接了解企业的运营效率和人力资源配置情况。如果企业的员工数量变动与营业收入变动不匹配，可能会引起监管机构的关注，进而可能需要进行进一步的解释或说明。

3. 公司法与公司治理

《公司法》对公司的设立、运营、治理等方面进行了全面规范。其中，虽然没有直接提及员工数量与营业收入之间的匹配性，但公司法要求公司必须建立健全的治理结构，确保公司的决策科学、合理、合法。在决策过程中，公司应充分考虑各种因素，包括员工数量、营业收入等，以确保公司的长期稳定发展。

4. 行业规范与监管要求

不同行业可能有不同的监管要求和行业规范。例如，对于金融行业，监管机构可能会更加关注员工数量与业务规模之间的匹配性，以防止出现过度扩张或风险集中等问题。对于制造业等劳动密集型行业，监管机构可能会关注企业的用工合规性和员工权益保障等问题。这些行业规范和监管要求虽然不直接针对员工数量与营业收入之间的匹配性，但会对企业的运营和人力资源配置产生一定影响。

## 合规程序与方法

1. 数据收集

（1）员工数据收集

时间范围：确定分析的时间段，如年度、季度或月度。

数据来源：人力资源部提供员工入职、离职、转岗等详细记录，包括员工总数、岗位分布等。

（2）营业收入数据收集

财务数据：财务部门提供相应时间段的营业收入数据，确保数据的准确性和完整性。

细分数据：如果可能，收集按业务线、地区或产品分类的营业收入数据，以便深入分析。

2. 数据比对与差异分析

（1）数据比对

趋势分析：将员工数量变动趋势与营业收入变动趋势进行图表化展示，观察两者是否存在同步性。

比例分析：计算员工数量与营业收入之间的比例，如员工人均产值，分析该比例的变化情况。

（2）差异分析

差异识别：若员工数量与营业收入变动不匹配，需识别具体差异点，如某些地区、业务线或产品线的异常情况。

原因分析：深入分析造成差异的原因，如市场变化、业务调整、技术升级、政策影响等。

3. 合规性验证

（1）规则匹配

内部规则：检查公司内部的规章制度、工作流程等，确保员工数量与业务规模的调整符合公司规定。

外部法规：确保所有调整均符合劳动法、税法等相关法律法规的要求。

（2）风险评估

合规风险：评估员工数量变动可能带来的合规风险，如劳动纠纷、税务问题等。

经营风险：分析不匹配情况对企业长期经营的影响，如对成本结构、竞争力等的影响。

4. 影响因素评估

（1）外部因素评估

市场环境：考虑市场需求、竞争格局、政策变化等外部因素对员工数量和营业收入的影响。

技术革新：评估新技术、新工艺的应用对员工数量及工作效率的影响。

（2）内部因素评估

战略调整：分析企业战略调整对员工数量及业务布局的影响。

运营效率：考察企业运营效率提升对员工数量的影响。

5. 结论与建议

（1）总结报告

报告撰写：将分析过程、发现的问题、原因、风险评估结果及建议等整理成书面报告。

建议提出：针对发现的问题，提出具体的改进建议，如优化人员结构、调整业务布局、加强内部管理等。

（2）制定实施计划并监控

制定实施计划：制定实施计划，明确责任部门、时间节点及预期效果。

持续监控：建立长效监控机制，定期评估员工数量与营业收入的匹配情况，及时调整策略。

## 案例分析 1：虚增员工数量以夸大公司规模

### 一、背景

某保险公司分支机构为了完成总部下达的增员任务，通过虚假入职、虚假考勤等手段，虚增员工数量，以夸大公司规模，掩盖实际经营不善的问题。这些虚增的员工并未实际参与工作，仅用于满足考核要求，套取公司奖励和费用。

### 二、案例具体情况

该分支机构在 2019 年，通过虚假增员方式，虚增员工人数约 20 人，每人每月平均领取薪酬 5 000 元，全年因此虚增人工成本达 120 万元。而同期，该机构的营业收入仅增长 5%，远低于行业平均水平，且明显与虚增的员工数量不匹配。

### 三、分析

1. 法律法规

根据《企业所得税法》及《税收征收管理法》，企业应当如实申报纳税，不得虚列成本、费用。

2. 影响

虚增员工不仅增加了企业不必要的成本支出，还导致税务机关的稽查和处罚，包括补缴税款、罚款等；此外，也损害了企业的信誉和市场形象。

3. 正确做法

企业应依法合规经营，真实反映经营状况。对于增员任务，应通过提升员工福利、优化招聘流程等合法合规的方式完成。

4. 正确会计处理

企业应如实记录员工入职、考勤及薪酬发放情况，确保财务报表的真实性和准确性。对于虚增的员工成本，应及时调整会计记录，并在纳税申报时如实申报。

## 案例分析 2：虚减员工数量以减少社保支出

### 一、背景

某知名餐饮连锁企业，为了降低社保成本，采取虚减员工数量的策略。该企业实际雇用了 500 名员工，但在缴纳社保时，仅申报了 400 名员工，以此减少部分社保支出。

### 二、案例具体情况

该企业在某年度实际营业收入为 1 亿元，若按 500 名员工计算，人均营业收入为 20 万元。但企业在报税时，仅按 400 名员工计算，导致人均营业收入虚增至 25 万元。此外，由于少报了 100 名员工，该企业少缴了相应的社保费用，节省了数十万元的社保支出。

### 三、分析

1. 法律法规

根据《税收征收管理法》与《中华人民共和国社会保险法》（简称《社会保险法》），企业应如实申报员工数量与营业收入，并按规定缴纳社保。

2. 影响

虚减员工数量不仅损害了员工的权益，还导致企业面临税务机关的查处和补缴社保、缴纳罚款等后果。同时，这种行为也损害了企业的声誉。

3. 正确做法

企业应依法合规经营，真实反映员工数量与营业收入，按规定缴纳社保，维护员工权益。

4. 正确的会计处理

企业应如实记录员工信息与营业收入，确保财务报表的真实性与准确性。在缴纳社保时，应提供真实的员工数量与营业收入数据。

## 案例分析 3：通过操纵员工数量来操纵利润

**一、背景**

某科技公司在面临业绩压力时，为了向投资者展示更强的盈利能力，决定通过操纵员工数量来操纵利润。具体做法是，在财报发布前临时减少员工数量，以降低人工成本，从而提升利润水平。

**二、案例具体情况**

该公司某季度实际员工人数为 500 人，但为了在财报中展示更高的利润，公司在财报发布前裁员 100 人，使得财报中记录的员工人数降至 400 人。假设每位员工的平均薪酬为每月 1 万元，那么通过操纵员工数量，该公司该季度少计算了 300 万元（100 人 ×1 万元 / 月 ×3 个月）的薪酬支出，进而使得利润虚增了 300 万元。

**三、分析**

1. 法律法规

根据会计准则和证券法规，公司应真实、准确地反映其财务状况和经营成果，不得通过操纵员工数量等手段来操纵利润。

2. 影响

操纵员工数量以操纵利润是一种严重的财务造假行为，会误导投资者和债权人，损害公司的声誉和信誉。公司将面临法律处罚和声誉损失。

3. 正确做法

公司应坚守诚信原则，真实反映其财务状况和经营成果，不得通过任何手段来操纵利润。

4. 正确的会计处理

公司应按照实际员工数量和薪酬支出进行会计处理，确保财务报表的真实性和准确性。在财报中，应如实披露员工数量和薪酬支出情况。

## 案例分析 4：利用员工数量变动掩盖财务造假

**一、背景**

某零售企业近年来业绩持续下滑，为了掩盖这一事实并吸引投资者，该企业高层决定通过操纵员工数量来掩盖真实的财务状况。他们计划在财报发布前大量裁员，以降低人工成本，从而虚增利润。

**二、案例具体情况**

该企业某年度实际员工人数为 800 人，但为了在财报中展示盈利，企业在财报发布前裁员 300 人，使得财报中记录的员工人数降至 500 人。假设每位员工的平均薪酬及福利为每年 6 万元，那么通过操纵员工数量，该公司该年度少计算了 1 800 万元（300 人 ×6 万元 / 人）的薪酬支出。同时，该公司还虚增了营业收入，使得财报上的利润看起来更加可观。

**三、分析**

1. 法律法规

企业应按照会计准则真实、准确地反映其财务状况和经营成果，不得通过操纵员工数量等手段掩盖财务问题。

2. 影响

这种做法严重损害了投资者的利益，破坏了市场的公平性。企业将面临法律处罚、声誉损失以及投资者的信任危机。

3. 正确做法

企业应坚守诚信原则，真实反映其财务状况，不得通过任何手段掩盖财务问题。面对业绩下滑，应积极寻求转型或改进经营策略。

4. 正确的会计处理

企业应按照实际员工数量和薪酬支出进行会计处理，确保财务报表的真实性和准确性。对于任何财务造假行为，都应坚决抵制并及时披露。

## 专题一百二十一：业务信息与存货结构的逻辑是否合理

### 业务简介

**一、概念**

公司业务信息与存货结构的逻辑合理性是指公司在日常运营过程中，其业务活动所产生的数据与存货管理结构之间应当保持一致的逻辑关系。这种逻辑关系不仅体现在财务报表的准确性上，还涵盖了存货管理效率、成本控制、销售策略等多个方面。公司业务信息包括销售收入、成本、利润等财务数据，而存货结构则是指公司存货的组成和分布，如原材料、在产品、产成品等。

**二、基本规定**

1. 财务报表的准确性

公司的财务报表（如资产负债表、利润表、现金流量表）应准确反映公司的业务活动和财务状况。

存货的计价应遵循会计准则，通常采用先进先出法，并在报表中合理反映存货的账面价值和可变现净值。

2. 存货管理的规范性

存货管理应遵循一定的制度和流程，包括采购、入库、存储、领用、出库等各个环节。

对于存货，应分类清晰，标识明确，定期盘点，确保账实相符。

3. 业务与存货的匹配性

公司的销售收入应与存货的减少相匹配，毛利率应与存款结构相协调。

存货结构应合理，避免过多的呆滞库存和缺货风险，以提高存货周转率和资金使用效率。

**三、经常出现的违规问题**

1. 财务报表不实

虚增收入或隐瞒成本，导致财务报表不能真实反映公司的经营状况。

存货计价不准确，如随意调整存货成本，以调节利润。

2. 存货管理不规范

存货账实不符，如账面上有存货但实际已不存在，或实际有存货但账面未记录。

存货分类不清晰，标识不明确，导致盘点困难，无法准确掌握存货情况。

3. 业务与存货不匹配

销售收入与存货减少不匹配，可能存在虚增收入或提前确认收入的情况。

毛利率异常波动，可能由于成本计算不准确或存在其他舞弊行为。

4. 存货结构不合理

呆滞库存过多，占用大量资金，降低存货周转率。

缺货风险高，影响销售计划的执行和客户满意度。

5. 内部控制缺失

内部控制制度不健全或执行不力，导致存货管理出现漏洞。

采购、保管、销售等环节缺乏相互制约和监督机制，容易发生舞弊行为。

6. 存货信息管理不完善

存货信息管理系统落后或不完善，无法及时准确地提供存货信息。

存货信息统计不准确或不及时，影响公司的决策和运营效率。

**四、违规表现**

1. 存货核算账务不清

行为描述：公司在核算存货时，可能存在账务不清晰的情况。例如，将本应直接计入各种材料的采购成本不直接计入，导致各种原材料的采购成本核算不实。

目的与动机：简化核算过程、节省时间或掩盖真实的采购成本。

后果：这种行为会导致公司财务报表失真，影响决策者对公司真实财务状况的判断；同时，会引发税务风险和审计问题。

2. 存货量占企业总资产比重过大

行为描述：公司存货量占企业总资产的比重过大，可能是由于生产过程中没有充分利用残余材料，导致存货中的废品增多，提高了资金占用率。

目的与动机：可能是为了追求生产规模而忽视了对存货的有效管理。

后果：过多的存货会占用公司大量的流动资金，影响公司的运营效率和盈利能力。同时，废品率的提高也会提高生产成本，降低公司整体竞争力。

3. 存货管理信息化进展缓慢

行为描述：公司存货管理的信息化进展缓慢，基础核算局限于会计的核算环节以及基础的采购记录的数字环节，缺乏先进的存货管理模式。

目的与动机：可能是由于对信息化建设的重视程度不够或资金投入不足。

后果：存货管理信息化进展缓慢会导致存货管理效率低下，增加发生人为错误的风险；同时，也会影响公司对市场需求的快速响应能力，降低客户满意度。

4. 呆滞库存所占比重较高

行为描述：公司库存中存在大量的呆滞库存，这表明库存结构存在严重问题。

目的与动机：可能是由于市场需求预测不准确、采购策略不当或库存管理不善等原因导致的。

后果：呆滞库存会占用大量的仓储空间和资金成本会对公司的盈利能力产生负面影响。

5. 库存结构和利润的不匹配

行为描述：公司库存结构与利润之间存在不匹配的情况。例如，某些高库存的商品可能并不具备较强的盈利能力，而某些低库存的商品反而具有较大的利润空间。

目的与动机：可能是由于市场调研不足、采购策略失误或销售策略不当等原因导致的。

后果：这种不匹配会导致公司资金被占用在低效或无效的库存上，降低公司的整体盈利能力；同时，会引发库存积压和滞销风险。

## 法律法规

1. 内部控制相关法规

（1）《会计法》

该法规定了公司必须建立健全内部会计控制制度，确保会计资料的真实、完整。虽然它没有直接提及存货结构的合理性，但要求公司内部控制能够有效防止和纠正错误与舞弊，从而间接要求公司对存货结构进行合理管理。

（2）《企业内部控制基本规范》

这些规范进一步细化了内部控制的具体要求，包括存货的取得、验收入库、仓储保管、领用发出、盘点处置等环节的管理。它们要求公司建立存货管理岗位责任制，明确内部相关部门和岗位的职责权限，确保存货管理全过程的风险得到有效控制。这些规定有助于确保存货结构的合理性，因为合理的内部控制能够减少存货冗余和短缺的情况，提高存货的周转效率。

一些公司可能会根据《企业内部控制基本规范》等文件，制定具体的存货管理办法。这些办法通常会明确存货的定义、分类、计价方法、盘点程序、处置方式等，以确保存货管理的规范性和有效性。这些规定要求公司对存货结构进行定期分析和调整，以确保其与公司业务信息相匹配，避免出现呆滞库存或断货风险。

2.《企业会计准则》

该准则规定了企业编制财务报告的基本要求和原则，包括存货的计价和披露。根据准则要求，企业需要在财务报告中披露存货的账面价值、跌价准备等信息，并说明存货的计价方法和变动情况。这些信息有助于外部投资者和其他利益相关者了解公司的存货结构和管理状况，从而评估公司的经营风险和盈利能力。

3. 逻辑关系合理性的判断标准

虽然没有直接的法规规定公司业务信息与存货结构的逻辑合理性，但可以根据以下标准进行判断。

存货与销售收入的匹配性：存货的增减变动应与销售收入的增长或减少趋势相匹配。

存货周转率的合理性：存货周转率应保持在合理范围内，过高或过低都可能表明存货结构存在问题。

原材料与产成品的比例：原材料与产成品的比例应与公司生产计划和市场需求相适应。

呆滞库存和断货风险的评估：定期对存货进行分析，评估呆滞库存和断货风险，并采取相应的管理措施。

综上所述，虽然没有直接的法律法规规定公司业务信息与存货结构的逻辑合理性，但相关法规要求为评估业务信息与存货结构的逻辑合理性提供了指导原则和监管要求。公司应建立健全的内部控制体系，加强存货管理，确保存货结构的逻辑合理性，以提高经营效率和盈利能力。

## 合规程序与方法

### 一、合规程序概述

明确目标与范围：明确检查的目标，即验证公司业务信息与存货结构的逻辑合理性，并确定检查的具体范围，如特定时间段、产品线或业务单元。

建立检查标准：基于会计准则、税法规定及公司内部政策，建立检查的标准和指标，如存货计价方法、存货周转率、库存差异率等。

组建专业团队：成立由财务、审计、供应链等多部门组成的专项检查小组，确保检查工作的专业性和全面性。

收集资料与数据：收集公司业务信息、财务报表、存货台账、采购及销售记录等相关资料和数据。

执行检查与分析：按照既定程序和方法，对收集到的资料和数据进行分析比对，识别潜在的问题和不合规之处。

编制检查报告：根据检查结果，编制详细的检查报告，指出存在的问题、提出改进建议，并明确责任部门和整改期限。

跟踪整改情况：对整改措施的执行情况进行跟踪，确保问题得到有效解决，并评估整改效果。

**二、检查方法与步骤**

1. 盘点法

通过实地盘存，检查存货的数量、品种、规格、金额等实际情况，与账面记录进行比对，验证存货数据的准确性和完整性。

步骤：制定盘点计划、组织盘点人员、实施盘点、记录盘点结果、比对盘点差异、分析原因并处理。

2. 审阅法

审阅公司的财务报表、会计凭证、存货管理制度等文件，检查存货的计价方法、存货分类、存货跌价准备计提等是否符合会计准则和税法规定。

步骤：收集相关文件、逐项审阅、识别潜在问题、记录审阅结果、提出改进建议。

3. 数据分析法

运用财务比率分析、趋势分析等方法，对公司的存货周转率、存货占总资产比例、库存差异率等关键指标进行分析，评估存货结构的合理性和运营效率。

步骤：选取关键指标、收集历史数据、进行计算分析、与行业标准或历史数据进行比对、识别异常情况并深入分析。

## 案例分析 1：存货核算账务不清

**一、背景**

某制造业企业近年来业务快速发展，但存货管理一直较为混乱。企业存货种类繁多，但账务记录不准确，导致业务信息与存货结构之间的逻辑关系不清晰。

**二、案例具体情况**

该企业年度财报显示存货总额为 1 亿元，但实际盘点时发现存货价值仅为 8 000 万元，存在 2 000 万元的差额。进一步分析发现，由于账务不清，部分原材料、半成品和成品被重复计算或遗漏，导致存货结构与实际情况严重不符。

**三、分析**

1. 法律法规

根据会计准则，企业应准确核算存货，确保账务清晰，反映真实的存货状况。

2. 影响

存货核算账务不清会导致企业无法准确了解存货状况，影响生产和销售决策。同时，账务不清还可能掩盖存货管理中的问题，如存货积压、损耗等，进而影响企业的盈利能力。

3. 正确做法

企业应加强存货管理，建立完善的存货核算制度，确保账务清晰、准确。定期进行存货盘点，及时发现并处理账务与实际不符的问题。

4. 正确的会计处理

对于存货的核算，企业应按照会计准则进行，确保存货的计价、分类和记录都准确无误。对于发现的账务差额，应及时调整账务，确保账务与实际相符。同时，企业还应加强内部控制，防止类似问题再次发生。

## 案例分析 2：存货量占企业总资产比重过大

### 一、背景

某制造企业近年来为了应对市场需求波动，采取了保守的生产策略，大量囤积原材料和成品。然而，随着市场环境的变化，部分产品出现滞销，导致存货积压严重，存货量占企业总资产比重过大。

### 二、案例具体情况

截至某年末，该企业总资产为 5 亿元，其中存货总额高达 2.5 亿元，占比达到 50%。与行业平均水平相比（如制造业存货占比通常为 30%~40%），该企业存货占比明显偏高。进一步分析发现，滞销产品占存货总额的 30%，占据了大量资金。

### 三、分析

1. 法律法规

虽然会计准则并未直接规定存货量占企业总资产的具体比重，但过高的存货占比往往反映了企业资产管理效率低下，违反了资产有效利用的原则。

2. 影响

存货量占比过大导致企业资金流动性减弱，增加了财务风险。同时，滞销产品占用资金，减少了可用于新产品开发、市场拓展等方面的资金，影响企业的长期竞争力。此外，高额的存货成本还可能吞噬企业利润，降低盈利能力。

3. 正确做法

企业应加强市场预测和分析能力，根据市场需求合理安排生产计划和采购计划，避免盲目囤积存货。同时，优化库存管理策略，提高存货周转率，减少资金占用。对于滞销产品，应积极采取促销措施或调整产品结构，降低存货积压风险。

4. 正确的会计处理

企业在进行会计处理时，应严格按照会计准则进行存货计价和核算，确保存货信息的真实性和准确性。对于存货减值等风险事项，应及时进行会计处理和信息披露，保护投资者利益。

## 案例分析 3：存货管理信息化进展缓慢

### 一、背景

某零售企业近年来业务规模迅速扩大，但存货管理信息化进展缓慢，导致企业业务信息与存货结构之间的逻辑关系不清晰。企业仍依赖传统的手工记账和盘点方式，无法实时掌握存货状况。

### 二、案例具体情况

该企业年度财报显示，存货周转次数为 2 次，远低于行业平均水平（如零售行业存货周转次数通常为 4~6 次）。进一步分析发现，由于信息化程度低，企业无法准确追踪存货的流动情况，导致部分商品过期、损坏或丢失，造成约 500 万元的存货损失。

### 三、分析

1. 法律法规

虽然会计准则并未直接规定企业必须实现存货管理信息化，但信息化是提高存货管理效率、确保账务清晰的重要手段。企业应遵循现代企业管理原则，积极推进信息化建设。

2. 影响

存货管理信息化进展缓慢导致企业无法实时掌握存货状况，影响销售和采购决策的准确性。同时，信息化程度低还增加了存货损失的风险，降低了企业的盈利能力。

3. 正确做法

企业应加大投入，推进存货管理信息化建设，如引入先进的存货管理系统、实现存货信息的实时更新和共享等。这有助于提高存货管理效率、减少存货损失，并为企业提供更准确的业务信息支持。

4. 正确的会计处理

在进行会计处理时，企业应确保存货信息的准确性和完整性。对于因信息化程度低而导致的存货损失，应及时进行会计处理，并在财报中进行充分披露。

## 案例分析 4：呆滞库存所占比重较高

### 一、背景

某电子产品企业近年来面临市场竞争加剧和消费者需求多变的挑战。由于预测不准确和供应链管理不善，企业出现了大量的呆滞库存，严重影响了业务运营和财务状况。

### 二、案例具体情况

截至某年末，该企业存货总额为 2 亿元，其中呆滞库存占比 30%。这意味着有 6 000 万元的存货是长期未售出的。与行业平均水平相比，该企业呆滞库存占比均明显偏高。

### 三、分析

1. 法律法规

会计准则要求企业合理估计存货的可变现净值，并及时处理损失。虽然法规未直接规定呆滞的比重，但高比例显然违背了资产有效管理和市场响应的原则。

2. 影响

呆滞库存占用了大量资金，增加了仓储成本，并可能因技术更新或市场需求变化而贬值。

3. 正确做法

企业应加强市场预测和供应链协同，实施精益库存管理，减少呆滞库存。对于呆滞库存，可以通过促销、降价或转型利用等方式处理。

4. 正确的会计处理

企业应按照会计准则对呆滞库存进行减值测试，并及时计提存货跌价准备。

## 案例分析 5：库存结构和利润的不匹配

### 一、背景

某服装企业近年来快速扩张，但库存结构管理不善，导致高库存与低利润并存。企业大量生产并囤积了某些款式的服装，然而市场需求迅速变化，这些款式很快过时，造成大量库存积压。

### 二、案例具体情况

该企业年度财报显示，存货总额为 1 亿元，其中某系列服装占比 40%，但该系列服装的销售额仅占总收入的 20%。进一步分析发现，该系列服装的毛利率远低于企业平均水平，导致整体利润率下降。存货周转次数行业平均水平为 3 次，但该企业仅为 1.5 次，显示出库存管理与销售之间的严重不匹配。

### 三、分析

1. 法律法规

会计准则要求企业合理计价存货，并反映其真实价值。库存结构与利润的不匹配可能违反了相关性原则，即会计信息应与使用者的经济决策相关。

2. 影响

不匹配的库存结构导致企业资金被低效利用，增加了仓储和管理成本。同时，过时的库存可能不得不以低价销售或报废，进一步压缩了利润空间。

3. 正确做法

企业应优化库存结构，减少低利润或过时产品的库存量。通过加强市场调研和预测，实现按需生产，提高库存周转率。

4. 正确的会计处理

企业应对存货进行定期评估，及时计提存货跌价准备，以反映其真实价值。同时，在财报中充分披露库存结构和存货管理风险，以便投资者做出明智的决策。

## 专题一百二十二：耗用量、产量、销量的勾稽关系是否合理

### 业务简介

**一、概念**

公司耗用量、产量、销量的勾稽关系是指在企业生产经营过程中，原材料耗用量、产品产量以及产品销售量之间存在的相互关联和制约的关系。这种关系体现了从原材料采购、生产加工到产品销售的完整流程，对企业的成本控制、库存管理、生产计划以及销售预测具有重要意义。

**二、基本的规定**

1. 耗用量与产量的关系

生产预算中的预计销售量乘以单位产品的预计耗材量得到预计材料耗用量。这反映了在生产过程中，为了完成一定的产品产量，需要消耗相应数量的原材料。

材料预算中的期初材料库存、本期预计材料采购量、期末材料库存量分别乘以单位材料的成本，得出期初、预计材料采购成本以及期末库存材料的成本。这有助于企业合理安排采购计划，控制库存成本。

2. 产量与销量的关系

产成品预算表中的本期预计完工品金额为销货成本预算中的本期完工品金额提供了数据来源。这表示企业生产的产品量应与市场销售需求相匹配，避免库存积压或供不应求的情况。

用完工品成本金额除以预计销售量可得到单位产品的完工品成本金额，再用其乘以期末产品库存量就可得到销货成本预算中的期末产品库存金额。这有助于企业准确计算产品成本，为定价策略提供依据。

3. 销量与收入的关系

产品销售量越高，销售收入通常也越高。这要求企业密切关注市场需求变化，灵活调整销售策略，以实现销售收入的持续增长。

**三、经常出现的违规问题**

1. 虚增产量或销量

企业为了美化财务报表，可能通过虚增产量或销量的方式来提高业绩。这种行为会破坏耗用量、产量、销量之间的正常勾稽关系，导致数据失真。

例如，某公司在招股说明书中披露的产销量数据与实际库存净增加额存在显著差异，可能存在虚增收入的嫌疑。

2. 库存数据不实

企业可能通过调整库存数据来掩盖实际的生产和销售情况。例如，为了降低库存成本，企业可能故意减少期末库存量；或者为了增加销售收入，企业可能将未销售的产品提前计入销量。

3. 成本计算不准确

在计算产品成本时，企业可能故意低估或高估原材料耗用量、人工费用等成本项目，以达到调节利润的目的。这会导致产品成本与实际不符，进而影响企业的定价策略和盈利能力分析。

4. 产销存数据不一致

由于管理不善或人为操作失误，企业可能出现产销存数据不一致的情况。例如，生产记录与库存记录不匹配、销售记录与发货记录不符等。这种不一致性会破坏勾稽关系，影响企业的决策制定和风险管理。

**四、违规表现**

1. 虚报耗用量

行为描述：公司故意夸大生产过程中的原材料耗用量。

目的与动机：掩盖生产效率低下、浪费严重或偷盗原材料等问题，增加成本以减少纳税额。

后果：虚报耗用量会导致财务报表失真，影响投资者和债权人的决策。同时，这种行为也可能引发税务风险和法律诉讼。

2. 产量与销量不匹配

行为描述：公司报告的产量与销量之间存在明显的不匹配，如销量远高于产量，却没有合理的库存积累或销售解释。

目的与动机：夸大公司的生产能力，以吸引投资或提高公司估值；掩盖产品销售不畅或市场需求下降的事实。

后果：这种不匹配会引起投资者和监管机构的怀疑，将严重损害公司的信誉。同时，这也可能导致公司资金链紧张，增加经营风险。

3. 操纵库存数据

行为描述：公司通过调整库存数据来影响耗用量、产量和销量的勾稽关系，如故意低估库存以减少耗用量。

目的与动机：掩盖真实的库存情况，以达到粉饰财务报表或逃税的目的。

后果：操纵库存数据会导致财务报表不真实，误导投资者和监管机构。此外，这种行为还可能引发税务稽查和法律风险。

4. 虚假销售

行为描述：公司制造虚假的销售记录，以增加销量数据，而实际上这些销售并未真实发生。

目的与动机：提高公司的业绩表现，吸引投资者或提升股价。

后果：虚假销售会严重损害公司的信誉和投资者利益。公司将面临法律诉讼和缴纳巨额罚款。

5. 转移成本或收入

行为描述：公司通过不正当手段将成本或收入在不同期间或不同产品之间进行转移，以操纵耗用量、产量和销量的勾稽关系。

目的与动机：平滑利润波动、掩盖某些产品的真实盈利能力或达到特定的财务目标。

后果：这种行为会导致财务报表失真，误导投资者和监管机构；同时，也可能引发内部腐败和利益输送等问题。

## 法律法规

1. 会计核算的准确性

根据《会计法》和相关会计准则，公司必须保证会计核算的准确性和真实性。耗用量、产量、销量之间的勾稽关系是公司财务报表中的重要内容，其合理性直接影响到财务报表的准确性和可靠性。

因此，公司需要建立科学的生产计划和销售预测体系，确保耗用量、产量、销量之间的数据能够相互验证，形成合理的勾稽关系。

2. 内部控制的有效性

内部控制是公司为实现经营目标、保护资产安全完整、保证财务报告真实可靠等而实施的一系列政策和程序。耗用量、产量、销量之间的勾稽关系是公司内部控制的重要组成部分。

公司需要建立健全的内部控制制度，确保耗用量、产量、销量的数据收集、处理、报告等各个环节都符合内部控制的要求，从而形成合理的勾稽关系。

3. 信息披露的充分性

根据相关法律法规和会计准则的要求，公司需要充分披露与耗用量、产量、销量相关的财务信息。这些信息的披露有助于外部投资者、债权人等利益相关者了解公司的经营状况和财务状况。

因此，公司在编制财务报表时，需要详细披露耗用量、产量、销量的数据来源、计算方法、勾稽关系等信息，以便外部利益相关者进行验证和分析。

## 合规程序与方法

### 一、合规程序

1. 收集基础数据

生产数据：包括预计生产量、实际生产量、期初及期末产品库存量等。

材料数据：期初材料库存、本期材料采购量、本期耗用量、期末库存量及其单位成本等。

财务数据：从财务报表中获取直接材料成本、直接人工成本、制造费用、销货成本等。

2. 确定勾稽关系

生产与销售的关系：检查预计销售量与生产预算中的预计产量是否一致，实际销售量与期末库存量之和是否等于期初库存量与本期生产量之和。

耗用量与生产的关系：根据产品单位耗材量，验证生产量与材料耗用量之间的合理性。

耗用量与销售的关系：确认各项成本（如直接材料、直接人工、制造费用）是否按合理比例分摊至产品，并与销售收入相匹配。

3. 执行比对分析

对比各报表中的数据，如生产报表中的产量与材料报表中的耗用量、销售报表中的销量与损益表中的销货成本等。

使用比率分析、趋势分析等方法，检查数据的合理性和一致性。

4. 识别异常与差异

对发现的任何异常或差异进行深入调查，查找原因。

评估异常是否由合理的业务变动引起，如季节性波动、生产调整、原材料价格变动等。

5. 制定调整措施

根据分析结果，提出必要的调整建议，如改进生产工艺、优化库存管理、调整销售策略等。

确保调整措施符合相关法规和公司政策。

6. 记录与报告

详细记录检查过程、发现的问题、分析结论及调整措施。

向管理层提交报告，说明勾稽关系的合理性及建议的改进措施。

### 二、方法与步骤

1. 建立检查模型

设计一套涵盖耗用量、产量、销量等关键指标的检查模型，确保所有相关因素均被纳入分析范围。

2. 数据核对

逐项核对各报表中的数据，确保数据的准确性和完整性。

使用 Excel 等工具进行数据处理和比对分析。

3. 运用勾稽关系公式

如：期初库存 + 本期采购量 = 本期耗用量 + 期末库存（材料预算）；期初产品库存 + 本期完工品入库金额 = 本期销货成本 + 期末产品库存（销货成本预算）。

4. 敏感性分析

对关键数据进行敏感性分析，评估其变动对整体勾稽关系的影响。

5. 合规性审查

确保所有检查过程和方法均符合会计准则、税法等相关法律法规的要求。

## 案例分析 1：虚报耗用量

### 一、背景

某制造企业为提升财报表现，故意虚报原材料耗用量，以期通过增加生产成本来间接提高产品销量和产量的勾稽关系合理性。该企业主要生产电子产品，市场竞争激烈，为吸引投资，管理层决定采取不正当手段。

### 二、案例具体情况

实际原材料耗用量：月度耗用 100 吨，成本价 5 万元 / 吨。

虚报后原材料耗用量：月度耗用 150 吨，虚增 50%。

虚报对成本的影响：直接材料成本从 500 万元虚增至 750 万元，成本上升 50%。

销量与产量：实际月产量 1 万台，销量 9 000 台；虚报耗用量后，因成本上升，财报显示月产量为 1.2 万台，销量为 1 万台，误导投资者认为该产品的市场需求旺盛。

### 三、分析

1. 法律法规

会计准则要求财务报表真实反映企业经营状况，虚报耗用量违反《会计法》及《企业会计准则》中关于真实性、准确性的规定。

2. 影响

误导投资者：虚增耗用量导致利润下降，但虚假的销量会吸引不明真相的投资者。

税收风险增加：成本虚增引发税务稽查，企业面临罚款及声誉损失。

内部管理混乱：长期虚报导致库存管理、成本控制失效。

3. 正确做法

真实记录耗用量，确保财务报表准确无误。

加强内部控制，防止管理层操纵财务数据。

提升透明度，定期审计，接受外部监督。

4. 正确的会计处理

根据实际耗用量记录成本，确保成本与收入匹配，真实反映企业盈利能力和经营效率。

## 案例分析 2：产量与销量不匹配

### 一、背景

某汽车制造企业近年来面临市场萎缩和竞争加剧的双重压力。为了维持生产线的运转和避免固定资产闲置，企业持续按照原计划大量生产，然而市场需求并未如预期增长，导致产量远超销量。

### 二、案例具体情况

该企业某年度财报显示，汽车产量为 10 万辆，但销量仅为 8 万辆，存货积压达到 2 万辆。与此同时，直接材料耗用量却按照 10 万辆的产量进行核算，导致成本计算不准确。

三、分析

1. 法律法规

会计准则要求企业按照实际发生的交易和事项进行确认、计量和报告，确保会计信息的真实性和准确性。产量与销量的不匹配违反了这一原则。

2. 影响

成本扭曲：由于产量超过销量，按照产量核算的成本会导致单位成本虚高，利润被低估。

资金占用：存货积压占用大量资金，影响企业的资金流动性和偿债能力。

决策误导：不准确的会计信息误导管理层做出错误的生产和销售决策。

3. 正确做法

根据市场需求合理调整生产计划，避免过量生产。

定期评估存货水平，及时处理积压存货。

按照实际销量核算成本，确保会计信息的真实性。

4. 正确的会计处理

存货应按照可变现净值进行计价，计提必要的存货跌价准备。

成本应按照实际产量进行分摊，确保单位成本的准确性。

财报中应充分披露产量与销量的不匹配情况及其对企业财务状况的影响。

## 案例分析 3：操纵库存数据

**一、背景**

以某电线电缆生产企业为例，该企业在特定年度内面临市场需求波动，为美化财务报表，管理层决定操纵库存数据，使得产量与销量的勾稽关系合理，以掩盖实际销售不佳的情况。

**二、案例具体情况**

据该企业公布的数据，某年度电线电缆总产量为 1 亿米，但市场销量仅为 8 000 万米。为保持产销平衡，企业人为减少了库存商品，将年末实际库存从应有的 2 000 万米调整为 500 万米，制造虚假销售数据。

三、分析

1. 法律法规

会计准则要求企业如实反映经济业务，不得虚构或隐瞒交易事项。操纵库存数据显然违反了这一原则，损害了会计信息的真实性和可靠性。

2. 影响

误导投资者：虚假的财务数据会误导投资者和债权人，影响市场对企业价值的判断。

内部管理混乱：长期操纵数据会导致企业内部管理混乱，无法准确评估经营状况，进而影响战略决策。

法律风险增加：企业将面临严重的法律后果，包括罚款、诉讼甚至退市。

3. 正确做法

真实反映产销情况，不人为操纵数据。

加强内部控制，确保财务数据的准确性和完整性。

提高透明度，及时披露重大经营风险和不确定性因素。

4. 正确的会计处理

按照实际发生的交易和事项进行会计处理，确保库存记录的真实性和准确性。

定期对库存进行盘点，及时发现并纠正差异。

在财务报表中充分披露库存变动的原因和影响。

## 案例分析 4：虚假销售

### 一、背景

某电子产品制造商为了维持市场地位和吸引投资者，采取了虚假销售策略。该公司通过虚构销售订单、提前确认收入等方式，人为地提高了销量数据，以匹配其生产量和耗用量，从而营造出产销两旺的假象。

### 二、案例具体情况

假设该公司某季度实际生产电子产品 10 万台，但真实销量仅为 6 万台。为了美化财务报表，公司将销量数据虚增至 10 万台，与产量保持一致。同时，相应的耗用量数据也被篡改以匹配虚假销量。

### 三、分析

1. 法律法规

根据《消费者权益保护法》及会计法规，企业应当如实披露销售信息，不得进行虚假宣传或伪造销售记录。虚假销售严重违反了这一原则，破坏了和损害了市场公平竞争环境和消费者权益。

2. 影响

误导投资者和消费者：虚假销售数据会导致投资者对企业的真实经营状况做出错误判断，同时欺骗消费者。

损害企业信誉：企业将面临严重的信誉危机，甚至可能面临法律诉讼和罚款。

扰乱市场秩序：虚假销售行为破坏了市场的公平竞争环境，对其他诚信经营的企业构成不公平竞争。

3. 正确做法

企业应诚信经营，如实披露销售信息。

加强内部控制，防止销售数据的虚假记录。

建立健全的审计和监督机制，确保财务数据的真实性和准确性。

4. 正确的会计处理

销售收入应在产品实际交付并收到或确认能收到价款时确认，不得提前确认收入。

对于已确认的虚假销售收入，应及时进行冲销处理，并调整相关财务报表。

加强与审计机构的沟通与合作，确保会计处理的合规性和准确性。

## 案例分析 5：转移成本或收入

### 一、背景

某制造企业为了优化财务报表，提高利润表现，采取了转移成本或收入的方式，试图通过转移成本和收入，来平衡耗用量、产量与销量之间的勾稽关系。例如，在市场需求低迷时，企业可能延迟确认收入或提前确认成本，以平滑利润波动。

### 二、案例具体情况

假设某年度，该企业实际产量为 100 万台产品，销量为 80 万台，但由于市场需求下滑，企业担心当期利润下滑影响市场信心。因此，企业决定将本应计入当期的 1 000 万元生产成本延迟至下一年度确认，同时提前确认了部分预收账款，作为当期收入，从而实现了报表上的“产销平衡”。

### 三、分析

1. 法律法规

根据《企业会计准则》等相关法规，企业应按照实际发生的交易和事项进行会计确认、计量和报告，确保会计信息的真实性和可靠性。转移成本或收入违反了这一原则，扭曲了企业的真实经营状况。

2. 影响

误导决策：虚假的财务数据会误导企业管理层和投资者做出错误的经营和投资决策。

损害信誉：长期来看，企业的信誉将受到损害，企业将面临法律风险和市场信任危机。

造成市场不公平竞争：通过财务手段人为美化报表，扰乱了市场公平竞争环境。

3. 正确做法

企业应坚持诚信经营，严格按照会计准则进行会计处理。

加强内部控制，确保成本分摊和收入确认的合规性和准确性。

提高财务透明度，及时披露重大会计政策变更和估计调整。

4. 正确的会计处理

成本应在实际发生时计入当期损益，不得随意延迟或提前确认。

收入应在满足收入确认条件时确认，确保与交易的经济实质相符。

对于已发生的会计差错，应及时进行更正处理，并调整相关财务报表。

## 专题一百二十三：固定资产与产能是否匹配

### 业务简介

**一、概念**

固定资产是企业用于生产、经营活动的长期资产，通常包括生产设备、机器、生产线、厂房等，具有使用期限长、价值高、可重复使用的特点。产能则是指企业在一定时间内，利用现有生产设备和技术水平所能产出的产品数量，是衡量企业生产能力的重要指标。固定资产与产能的匹配关系，是指企业固定资产的规模和结构与其生产能力之间的协调程度，直接关系到企业的运营效率、成本控制和竞争力。

**二、基本规定**

总量匹配：企业的固定资产总额与其业务规模之间应保持适当的比例关系。固定资产过多可能导致资产闲置和资金浪费，而固定资产不足则可能限制企业的业务发展。因此，企业应根据自身的业务规模和预期来合理规划固定资产投资规模。

结构匹配：企业不同类型固定资产的比例应与其业务结构保持一致。不同类型的企业和产品对固定资产的需求是不同的。例如，生产高端产品的企业可能需要更多的高精度设备和研发投入，而生产大路货的企业则可能更注重生产线的规模和效率。企业应确保固定资产的结构与业务结构相匹配，以优化资源配置和提高生产效率。

设备利用率：设备利用率是衡量生产设备使用效率的重要指标。企业应确保其设备利用率与产能相匹配，以充分发挥生产设备的作用。设备利用率过低可能导致产能过剩和浪费，而设备利用率过高则可能导致设备过度磨损和提前报废。企业需要根据实际生产情况和市场需求来调整设备利用率，确保其与产能的匹配。

产能规划与固定资产投资：企业应根据市场需求和自身发展战略制定产能规划，并据此进行相应的固定资产投资。产能规划的合理性与固定资产投资的有效性密切相关。企业应确保其产能规划与市场需求和自身实力相匹配，避免产能过剩或不足。

**三、经常出现的违规问题**

固定资产过度投资：部分企业在追求规模扩张时，可能盲目增加固定资产投资，导致固定资产总额超过实际业务需求，造成资产闲置和资金浪费。这不仅增加了企业的财务成本，还可能影响企业的盈利能力和市场竞争力。

固定资产结构不合理：一些企业在配置固定资产时，未充分考虑业务结构和产品特点，导致固定资产结构与企业实际需求不匹配。例如，过度投资于某些非核心业务或产品的生产线和设备，而忽视了核心业务或产品的产能需求。这种不匹配可能导致资源错配和浪费，降低企业的运营效率。

设备利用率低下：部分企业在生产过程中，由于生产计划不合理、设备维护保养不到位等原因，导致设备利用率低下。这不仅影响了企业的产能发挥，还可能增加设备的磨损和维修成本。企业需要加强生产计划和调度管理，提高设备利用率，以确保固定资产的效益最大化。

产能规划与市场需求脱节：一些企业在制定产能规划时，未充分考虑市场需求的变化和自身的实际情况，导致产能规划与市场需求脱节。这可能导致产能过剩或不足，影响企业的市场竞争力和盈利能力。企业需要加强市场调研和需求分析工作，确保产能规划与市场需求相匹配。

**四、违规表现**

1. 固定资产投资过度

行为描述：公司购置了远超出实际产能需要的固定资产，如购买了过多的生产设备或建设了过大的生产线。

目的与动机：提升公司形象，显示公司实力；获取更多的政府补贴、税收优惠等。

后果：过度投资导致资金浪费，影响公司的资金流动性。同时，闲置的固定资产会造成资源浪费，并可能影响公司的盈利能力。

2. 固定资产投资不足

行为描述：公司在扩大产能时，未相应增加必要的固定资产投资，导致生产设备、设施等无法满足新增产能的需求。

目的与动机：节省成本，或者是由于对市场需求的误判。

后果：投资不足会限制产能的提升，影响公司的生产效率和市场竞争力。同时，过度使用现有固定资产可能导致设备损坏加速，增加维护成本。

3. 虚报固定资产价值

行为描述：公司为了获取更多的融资或提高公司估值，虚报固定资产的价值。

目的与动机：扩大公司的资产规模，从而更容易获取银行贷款或吸引投资者。

后果：虚报价值会导致财务报表失真，误导投资者和债权人。该行为将损害公司的信誉，并可能导致公司面临法律诉讼。

4. 固定资产与产能数据造假

行为描述：公司故意篡改固定资产与产能数据，以掩盖真实的运营情况。

目的与动机：逃避税务稽查、掩盖经营不善或追求特定的财务目标。

后果：数据造假会严重损害公司的诚信和声誉。同时，这种行为也可能引发税务风险和法律诉讼。

5. 固定资产闲置或低效使用

行为描述：公司购置的固定资产长时间闲置或未能得到高效利用，与产能需求严重脱节。

目的与动机：可能是由于市场变化、技术更新或管理不善等原因导致的。

后果：固定资产的闲置或低效使用会造成资源浪费和成本增加，影响公司的盈利能力和市场竞争力。

## 法律法规

1. 企业所得税法

折旧政策：该法规定了固定资产的折旧政策，允许企业在计算应纳税所得额时扣除按照规定计算的固定资产折旧。这间接影响了企业固定资产的投资决策和产能规划，因为折旧政策会影响企业的成本结构和利润水平。

税收优惠：对于特定类型的固定资产，如用于环境保护、节能节水、安全生产等的专用设备，企业可以享受税额抵免等税收优惠政策。这鼓励了企业投资这些类型的固定资产，从而可能间接促进固定资产与产能的匹配。

2.《税收征收管理法》

该法规定了税务主管部门和其他相关部门的职责，确保税收的合法、公正、及时征收。虽然不直接涉及固定资产与产能的匹配，但税收政策的执行和监管对企业固定资产投资和产能规划具有重要影响。

3.《企业会计准则》

《企业会计准则第 4 号——固定资产》详细规定了固定资产的确认、计量、处置等会计处理原则。这些原则有助于企业准确反映固定资产的价值和状况，为管理层提供决策依据，从而间接影响固定资产与产能的匹配。

## 合规程序与方法

### 一、具体步骤与方法

1. 制定检查计划

明确目标：确定检查的目的、范围和时间表。

组建团队：成立由财务、生产、技术等部门人员组成的专项检查小组。

收集资料：收集公司固定资产清单、产能数据、生产计划、市场需求等信息。

2. 分析固定资产情况

登记与核算：审计固定资产的登记与核算情况，确保数据的准确性和完整性。

结构分析：分析固定资产的结构，如机器设备、房屋建筑物等，评估其与公司业务特点的匹配性。

维修与保养：检查固定资产的维修与保养记录，评估其对产能的影响。

3. 评估产能情况

产能规划：回顾公司的产能规划，确认其与市场需求和公司战略的匹配度。

产能利用率：计算产能利用率，分析实际产出与生产能力之间的差距。

产量、销量与固定资产规模的匹配情况：分析产量、销量与固定资产规模的匹配性，验证固定资产投资的合理性。

4. 对比与分析

横向对比：将公司的固定资产、产能数据与同行业可比公司进行对比，评估是否存在较大差异。

纵向分析：分析公司历史数据，评估固定资产规模与产能变化的匹配性。

5. 识别问题与风险

不匹配情况：识别固定资产与产能不匹配的具体环节和原因。

风险评估：评估不匹配可能带来的经营风险，如产能过剩、产能不足等。

6. 制定改进措施

优化投资：根据分析结果，提出优化固定资产投资的建议。

提升产能：制定提升产能的具体措施，如技术改造、生产线优化等。

完善管理：加强固定资产管理和内部控制，确保合规性和有效性。

7. 实施与监督

实施计划：按照改进措施实施计划，逐步调整固定资产和产能。

监督检查：定期对实施情况进行监督检查，确保改进措施得到有效执行。

**二、可能的影响因素**

市场需求变化：市场需求波动会影响产能规划和固定资产投资决策。

技术更新：新技术和新设备的出现可能改变固定资产的配置和产能需求。

政策环境：政府政策、法规的变化可能影响固定资产的购置和使用。

内部管理：固定资产管理不善、内部控制失效等内部因素可能影响固定资产与产能的匹配性。

**三、确保准确性与完整性的措施**

数据核实：确保所有数据来源可靠、准确无误。

法规遵循：严格遵守相关法律法规和公司内部规章制度。

专业咨询：在必要时寻求专业机构或专家的咨询意见。

持续改进：根据检查结果和市场变化不断调整和优化固定资产与产能的匹配关系。

## 案例分析 1：固定资产投资过度

**一、背景**

海航集团曾因其激进的扩张策略而闻名，其中包括对固定资产的过度投资。为了迅速扩大和提高业务规模和市场占有率，海航集团大规模购置飞机、建设机场等，然而，随着市场环境的变化和竞争加剧，这些投资并未有效转化为相应的产能，导致固定资产与产能不匹配。

**二、案例具体情况**

据公开数据，海航集团在某一时期内的固定资产投资额急剧增长，例如，在 2016 年和 2017 年，其固定资产支出分别达到高峰，其中购买飞机和建设机场的投资占比较大。然而，同期其旅客运输量和货运量的增长并未跟上固定资产投资的步伐，导致产能利用率低下。

**三、分析**

1. 法律法规

虽然会计准则对固定资产投资没有直接限制，但企业应基于实际需求和市场前景进行合理投资，避免盲目扩张和资源浪费。

2. 影响

资金压力增加：过度投资导致企业资金紧张，增加财务风险。

固定资产闲置：未能充分利用固定资产，造成资源浪费。

竞争力下降：高额的折旧和利息支出侵蚀利润，影响企业的持续竞争力。

3. 正确做法

根据市场需求和自身能力合理规划固定资产投资规模。

加强项目管理，确保投资项目的经济效益和社会效益。

提高资产利用率，通过优化运营和管理减少闲置资产。

4. 正确的会计处理

严格按照会计准则对固定资产进行初始计量和后续计量。

合理计提折旧，反映固定资产的损耗情况。

对于长期闲置或无法产生经济效益的固定资产，及时进行减值测试并计提减值准备。

## 案例分析 2：固定资产投资不足

**一、背景**

中型制造企业 A，主要生产精密机械零部件。随着市场需求的增长，企业原有的生产线已无法满足订单需求，但由于资金紧张和保守的投资策略，A 企业未能及时增加必要的固定资产投资来提升产能。

**二、案例具体情况**

假设A企业在2023年的年销售额为5亿元，而产能利用率已达到95%以上，接近饱和状态。根据市场预测，次年销售额有望增长至6亿元。然而，A企业在该年度仅投入了约1 000万元用于设备维护和零星更新，远不足以支持新生产线的建设。

**三、分析**

1. 法律法规

虽然无法规强制要求企业必须达到某一产能水平，但《企业会计准则》要求企业根据业务需求合理规划固定资产投资，确保固定资产规模与产能相匹配。

2. 影响

错失市场机遇：由于产能不足，A企业无法承接更多订单，导致市场份额下降。

客户流失：长期无法满足客户需求可能导致客户转向竞争对手。

收入增长受限：产能瓶颈限制了企业的收入增长潜力。

3. 正确做法

进行详尽的市场调研和产能规划，预测未来需求。

根据需求增长合理增加固定资产投资，提升产能。

优化现金流管理，确保投资资金充足。

4. 正确的会计处理

对新增固定资产进行准确计量和记录。

按照折旧政策合理计提折旧，反映资产损耗。

若因产能不足导致收入减少或成本增加，应在财务报表中恰当披露，并分析其影响。

综上所述，A企业因固定资产投资不足导致固定资产与产能不匹配，进而影响了其市场竞争力和未来发展潜力。通过加强市场预测、合理规划投资和优化财务管理，企业可以避免此类问题，实现可持续发展。

## 案例分析3：虚报固定资产价值

**一、背景**

尔康制药在2013年至2016年期间，通过虚报固定资产价值的方式，掩盖了其实际产能不足的问题。该公司为了维持高利润率和市场形象，虚构了部分固定资产的购置和投入，使得财务报表上的固定资产规模远超实际水平。

**二、案例具体情况**

据调查，尔康制药在此期间虚增了大量固定资产，如生产设备、研发设施等，总金额高达数亿元。这些虚增的固定资产并未实际产生相应的产能，导致固定资产规模与产能严重不匹配。例如，某年度尔康制药在财报中披露的固定资产总额为10亿元，但实际可用于生产的固定资产仅约6亿元。

**三、分析**

1. 法律法规

《会计法》和《企业会计准则》均要求企业如实反映财务状况和经营成果，不得虚报资产价值。虚报固定资产价值违反了这一基本原则。

2. 影响

误导投资者：虚高的固定资产价值误导了投资者对企业实际经营能力的判断。

损害企业信誉：财务造假行为将严重损害企业的市场信誉和品牌形象。

面临法律责任：相关责任人可能面临行政处罚甚至刑事处罚。

3. 正确做法

严格遵守会计法律法规，确保财务报表的真实性和准确性。

加强内部控制，建立健全的固定资产管理制度，防止资产虚增。

提高信息披露透明度，及时、准确地向投资者和市场传递企业真实的经营状况。

4. 正确的会计处理

对虚增的固定资产进行追溯调整，恢复其真实价值。

调整相关会计期间的利润和资产负债表项目，确保财务报表的准确性和可比性。

在财务报表附注中详细披露虚增固定资产的原因、影响及纠正措施。

## 案例分析 4：固定资产与产能数据造假

**一、背景**

以迈瑞医疗为例，这是一家中国知名的医疗设备制造商。在 2012 年，迈瑞医疗被曝出固定资产与产能数据造假的丑闻。为了夸大公司的资产规模和盈利能力，迈瑞医疗通过虚构设备到货、虚构设备投产等手段，将大量未完成安装和投入使用的设备作为固定资产，从而虚增了公司的产能数据。

**二、案例具体情况**

据报道，迈瑞医疗在 2011 年虚增了约 1.2 亿元的固定资产，导致公司负债净额由原本的负数变为正数。此外，在 2012 年的财报中，迈瑞医疗又虚增了约 1.1 亿元的固定资产，进一步夸大了公司的资产规模和利润水平。这些虚增的固定资产并未实际产生相应的产能，导致固定资产与产能数据严重不匹配。

**三、分析**

1. 法律法规

根据《会计法》及相关会计准则，公司应如实反映其财务状况和经营成果，不得虚报资产和产能数据。迈瑞医疗的行为明显违反了这一规定。

2. 影响

误导投资者和监管机构，损害市场信心。

损害公司声誉和品牌形象，导致股价下跌。

相关责任人面临法律责任，公司被罚款。

3. 正确做法

严格遵守相关法律法规，确保财务报表的真实性和准确性。

加强内部控制，建立健全的固定资产和产能管理制度。

提高信息披露透明度，及时、准确地向投资者和监管机构披露公司真实经营状况。

4. 正确的会计处理

对虚增的固定资产和产能数据进行追溯调整。

调整相关会计期间的利润和资产负债表项目，确保财务报表的准确性。

在财务报表附注中详细披露造假的原因、影响及纠正措施。

## 案例分析 5：固定资产闲置或低效使用

**一、背景**

制造企业 B，在经历了一段时间的快速扩张后，由于市场需求变化和技术更新，部分生产线和设备逐渐闲置或低效使用。企业 B 未能及时调整生产计划和资产配置，导致固定资产规模与产能严重不匹配。

二、案例具体情况

假设企业B在2023年末拥有固定资产总额10亿元，其中闲置和低效使用的固定资产占比达到30%，即3亿元。这些闲置资产包括已停产的生产线、过时的机器设备以及未能充分利用的厂房等。由于这些资产无法有效贡献产能，企业B的实际产能利用率仅为60%，远低于行业平均水平。

三、分析

1. 法律法规

虽然法律法规未直接规定固定资产的使用效率，但《企业会计准则》要求企业合理计提固定资产折旧，反映资产的实际损耗情况。闲置和低效使用的固定资产仍需计提折旧，这增加了企业的财务成本。

2. 影响

财务负担加重：闲置和低效使用的固定资产持续计提折旧，增加了企业的财务负担。

资源浪费：大量资产未能得到有效利用，造成资源浪费。

市场竞争力下降：由于产能不足或配置不合理，企业可能错失市场机遇，导致竞争力下降。

3. 正确做法

定期评估固定资产的使用情况，及时调整生产计划和资产配置。

对于闲置资产，可考虑出租、出售或改造升级，以提高其使用效率。

加强内部管理，优化生产流程，提高资产利用率。

4. 正确的会计处理

对于闲置和低效使用的固定资产，继续按照会计准则计提折旧。

在财务报表中如实披露闲置资产的情况，包括数量、账面价值、原因及处理方式等。

考虑对闲置资产进行减值测试，如有必要，计提减值准备以反映资产的实际价值。

## 专题一百二十四：采购价格变动与市场价格变动是否匹配

### 业务简介

一、概念

公司采购价格变动与市场价格变动的匹配性，是指企业在进行物资采购时，其支付的价格是否随着市场上同类商品或服务价格的波动而相应调整，以保持采购成本的合理性和市场竞争力。这种匹配性不仅关系到企业的成本控制能力，还直接影响到企业的盈利水平和市场竞争力。简单来说，就是企业的采购策略应能灵活应对市场价格的起伏，确保采购价格既不过高也不过低。

二、基本规定

市场调研与价格分析：企业应定期进行市场调研，收集并分析同类商品或服务的市场价格信息，包括但不限于供应商报价、市场价格指数、行业报告等，以准确把握市场价格动态。

制定采购价格策略：基于市场调研结果，企业应制定科学的采购价格策略，明确采购价格的调整机制，如价格区间、调整频率、触发条件等。同时，考虑维护长期合作关系，合理设定价格谈判空间和议价策略。

供应商管理与评估：建立并维护供应商评估体系，定期评估供应商的供货质量、价格竞争力、交货期等因素。对于价格表现异常的供应商，及时沟通了解其背后的原因，并视情况调整合作策略或寻找替代供应商。

内部审批与监督：建立严格的采购价格审批流程，确保采购价格的合理性和透明度。同时，加强内部审计和财务监督，对采购价格变动进行定期审查和分析，及时发现并纠正可能存在的问题。

合规性与风险管理：遵守国家相关法律法规和行业标准，确保采购活动合法合规。同时，加强风险管理，对市场价格波动可能带来的风险进行预测和评估，制定相应的应对措施。

**三、经常出现的违规问题**

价格串通：供应商之间或企业与供应商之间可能存在价格串通行为，通过操纵市场价格来损害其他竞争者或消费者的利益。

价格欺诈：供应商可能提供虚假报价信息，误导企业做出不合理的采购决策。

利益输送：采购人员可能因收受回扣、贿赂等不正当利益，而故意抬高或压低采购价格，损害企业利益。

内部监管缺失：缺乏有效的内部审批和监督机制，导致采购价格变动缺乏透明度，容易滋生腐败问题。

市场信息滞后：企业对市场价格变动的反应迟钝，未能及时调整采购价格策略，导致采购成本偏高或错失市场机遇。

**四、违规表现**

1. 采购价格高于市场价格

行为描述：公司在采购时支付的价格明显高于当前市场价格。

目的与动机：可能是由于采购人员与供应商之间存在不正当的利益关系，或者采购流程缺乏透明度和竞争机制。

后果：公司成本增加，利润空间被压缩，甚至可能导致产品质量问题，影响公司声誉和客户满意度。

2. 采购价格固定不变

行为描述：无论市场价格如何波动，公司的采购价格始终保持不变。

目的与动机：简化采购流程或避免频繁调整价格带来的麻烦；隐藏不正当的利益输送或回扣等问题。

后果：公司可能无法享受到市场价格下降带来的成本节约，同时在市场价格上升时可能面临供应链中断的风险。

3. 采购价格变动方向与市场价格变动方向相反

行为描述：当市场价格上升时，公司采购价格下降，或市场价格下降时，公司采购价格反而上升。

目的与动机：这种情况可能表明采购过程中存在操纵价格的违规行为，或者采购人员对市场价格变动缺乏敏感性和判断力。

后果：公司可能因此遭受经济损失，同时这种异常的价格变动也可能引起监管机构的注意，给公司带来法律风险。

4. 采购价格变动滞后于市场价格变动

行为描述：公司采购价格的调整总是滞后于市场价格的变动。

目的与动机：可能是由于采购流程的烦琐、决策层对市场价格变动的反应迟钝或者故意为之以谋取私利。

后果：公司可能无法及时应对和抓住市场价格变动带来的挑战和机遇，导致成本控制的失效或错失市场机会。

5. 虚构采购价格以匹配虚假市场价格

行为描述：为了掩盖真实的采购价格或达到某种财务目标，公司可能虚构采购价格以使其与虚假的市场价格相匹配。

目的与动机：粉饰财务报表、逃避税务稽查或误导投资者和监管机构。

后果：这种行为严重损害了公司的诚信和声誉，并可能导致法律诉讼和重大经济损失。同时，虚构的价格无法反映真实的成本情况，可能影响公司的决策效率和效果。

## 法律法规

**一、《民法典》**

1. 合同履行与价格调整

第五百一十三条：执行政府定价或政府指导价的，在合同约定的交付期限内政府价格调整时，应按照交付时的价格计价。这一条款为材料差价调整提供了基本的法律依据。如果逾期交付标的物，价格上涨时按原价格执行，价格下降时按新价格执行。这一规定适用于因供应商原因导致材料交付延迟的情况。

诚信原则：合同的双方需遵循诚信原则，不得利用合同进行欺诈或损害他人利益。这意味着采购价格的变动应当基于诚实信用的原则，不应损害合同对方的合法权益。

2. 买卖合同

买卖合同是采购活动的基础法律形式，双方的权利义务通过合同条款来确定。合同内容应包括标的物名称、数量、质量、价款等关键要素。当市场价格发生变动时，如果合同中有明确的价格调整条款，应依据合同条款进行调整；如果合同未明确约定，双方应基于诚信原则进行协商。

**二、《政府采购法》**

1. 政府采购合同的签订与履行

政府采购合同适用合同法的原则，双方权利义务平等自愿协商确定。采购价格的变动应当遵循合同法的规定，确保采购活动的合法性和合规性。

政府采购合同应采用书面形式，并明确必备条款，包括标的、数量、质量、价格、履行期限、验收方式等。如果市场价格发生显著变动，且合同中有价格调整机制，采购方和供应商应依据合同条款进行调整。

2. 违法行为与争议解决

《政府采购法》对采购过程中的违法行为和争议解决机制也有明确规定。如果采购价格的变动违反法律法规或合同约定，采购方或供应商可以依法提起诉讼或申请仲裁。

**三、其他相关法律法规和规范性文件**

《关于调整工程造价价差的若干规定》：该文件规定了工程造价价差调整和造价指数测定工作应遵循的原则，包括国家价格法规、政策以及有关工程造价管理的规定等。这些规定对建筑安装工程费、设备及工器具购置费用和工程建设其他费用的价格调整具有指导意义。

《建设工程工程量清单计价标准》（GB/T50500–2024）：该规范对建设工程发承包双方在合同中约定材料价格风险及调整办法有明确要求。如果合同中未对材料价格风险进行约定或约定不明确，双方可按照规范中的相关规定进行协商调整。

## 合规程序与方法

1. 确立基准与标准

市场价格信息收集：通过市场调研、行业报告、公开数据库等多种渠道收集目标物资的市场价格信息，确保数据的全面性和时效性。

内部价格标准制定：基于历史采购数据、成本分析及市场趋势，制定公司内部合理的采购价格标准或参考范围。

2. 采购价格审核流程

内部比较法：在公司内部不同采购组织间进行价格比较，以判断待审采购价格的合理性。

市场询价法：针对拟采购物资，向多个供应商询价，并对比报价，确保采购价格处于市场合理水平。建议至少调查三个供应商的价格信息。

综合比价法：综合考虑物资的进价、运输费、税费等相关费用，确定最优采购价格。

3. 采购价格审批与监控

价格审批制度：建立严格的采购价格审批流程，确保采购价格的合理性和合规性。审批流程应遵循“分权”原则，避免单一人员或部门过度集权。

定期复审与反馈：定期对采购价格进行复审，确保价格变动与市场价格变动保持一致。同时，建立采购价格反馈机制，及时收集供应商、内部部门及市场反馈，调整采购策略。

4. 引入第三方审计

外部审计：定期聘请第三方审计机构对采购价格进行审计，确保采购活动的公正性和透明度。外部审计可以提供独立的视角和专业的建议，帮助公司发现并纠正潜在问题。

5. 合同与协议管理

设置灵活条款：在采购合同中设置价格调整机制、价格封顶或底价等灵活条款，以应对市场价格波动。

签订长期合作协议：与供应商建立长期合作关系，通过签订长期合作协议来稳定采购价格，降低价格波动带来的风险。

## 案例分析 1：采购价格高于市场价格

**一、背景**

某地方政府机构在采购一批办公计算机时，由于采购流程不透明且缺乏充分的市场调研，最终采购价格显著高于市场价格。该批计算机市场价约为每台 5 000 元，但实际采购价格为每台 6 500 元，采购总量为 100 台。

**二、案例具体情况**

市场价总成本：5 000 元 / 台 ×100 台 =500 000 元。

实际采购总成本：6 500 元 / 台 ×100 台 =650 000 元。

超额成本：650 000 元 −500 000 元 =150 000 元。

**三、分析**

1. 法律法规

《政府采购法》要求采购过程公开透明，价格合理。本案例中，采购价格明显高于市场价，违反了公平竞争原则。

2. 影响

增加政府财政负担。

损害政府公信力，引发公众质疑。

可能存在腐败行为，破坏市场秩序。

3. 正确做法

加强市场调研，了解产品价格范围。

扩大信息发布面，吸引更多供应商参与竞争。

严格执行招投标程序，确保公平公正。

4. 正确的会计处理

对于超额成本，应如实反映在财务报表中，并作为异常支出处理，同时加强内部控制，防止类似情况再次发生。

综上所述，该案例揭示了采购价格高于市场价格带来的多重负面影响，强调了遵循法规、加强市场调研和确保采购过程透明的重要性。

## 案例分析 2：采购价格固定不变

**一、背景**

某大型制造企业与其关键原材料供应商签订了一份长期供应合同，约定了未来三年的固定采购价格，未考虑市场价格的波动。然而，在合同履行期间，由于全球供应链紧张和原材料价格上涨，市场价格急剧上升。

**二、案例具体情况**

合同约定价格：原材料单价为 10 元 / 千克。

市场价格上涨后价格：15 元 / 千克。

年采购量：1 000 吨，即 1 000 000 千克。

合同约定总成本：10 元 / 千克 ×1 000 000 千克 =10 000 000 元。

按市场价格总成本：15 元 / 千克 ×1 000 000 千克 =15 000 000 元。

潜在额外成本：15 000 000 元 −10 000 000 元 =5 000 000 元。

**三、分析**

1. 法律法规

虽然无法律法规规定采购价格必须随市场价格波动调整，但长期固定价格可能违反公平交易原则，且不利于企业成本控制。

2. 影响

增加企业运营成本，降低盈利能力。

影响供应链稳定性，可能导致供应商违约或寻找更高价客户。

降低企业在市场中的竞争力。

3. 正确做法

定期审视合同条款，根据市场变化协商调整价格。

采用灵活的采购策略，如建立多个供应商体系，分散风险。

加强市场预测能力，提前准备应对价格波动。

4. 正确的会计处理

对于因固定价格导致的额外成本，应计入当期损益，并在财务报表中明确披露，以便管理层和投资者了解实际经营状况。同时，企业应加强内部控制，确保会计处理的准确性和合规性。

## 案例分析 3：采购价格变动方向与市场价格变动方向相反

**一、背景**

某医院在采购一批医疗耗材时，由于供应商垄断地位及信息不对称，导致采购价格不降反升，而同期市场价格因技术进步和竞争加剧呈下降趋势。这批耗材的市场价格从每单位 100 元降至 80 元，但医院采购价格却维持在 110 元不变。

**二、案例具体情况**

市场价格变动前：每单位 100 元。

市场价格变动后：每单位 80 元。

医院采购价格：始终为每单位 110 元。

采购量：10 000 单位。

市场价格变动后应支付的总额：80 元 / 单位 ×10 000 单位 =800 000 元。

实际支付总额：110 元 / 单位 ×10 000 单位 =1 100 000 元。

额外成本：1 100 000 元 −800 000 元 =300 000 元。

### 三、分析

1. 法律法规

《价格法》要求经营者进行价格活动应遵守法律法规，不得利用市场支配地位操纵价格。医院应积极维护自身权益，避免被不合理定价。

2. 影响

增加医疗成本，间接加重患者经济负担。

损害医院经济利益和声誉。

阻碍医疗资源合理配置。

3. 正确做法

加强市场调研，了解真实市场价格。

引入竞争机制，打破供应商垄断。

建立价格监督机制，确保采购透明、公正。

4. 正确的会计处理

对于因采购价格不合理导致的额外成本，应计入当期损益，并在财务报表中详细披露。同时，医院应调整未来采购策略，避免类似情况再次发生。

## 案例分析 4：采购价格变动滞后于市场价格变动

### 一、背景

某化工企业长期依赖一家主要供应商提供关键原料，由于双方合作关系紧密且合同调整周期较长，导致采购价格变动显著滞后于市场价格变动。在市场需求下降、原料价格普遍下滑的背景下，该企业仍按旧合同价格采购，而市场价格已下跌 20%。

### 二、案例具体情况

市场价格：下跌前为 1 000 元 / 吨，下跌后为 800 元 / 吨。

采购价格：仍为 1 000 元 / 吨（未及时调整）。

年采购量：5 000 吨。

按市场价格应支付的总额：800 元 / 吨 ×5 000 吨 =4 000 000 元。

实际支付总额：1 000 元 / 吨 ×5 000 吨 =5 000 000 元。

额外成本：5 000 000 元 −4 000 000 元 =1 000 000 元。

### 三、分析

1. 法律法规

虽无法律法规规定采购价格必须实时随市场价格变动而变动，但企业应合理控制成本，避免不必要的损失。

2. 影响

增加企业运营成本，降低盈利能力。

影响企业市场竞争力。

可能损害与供应商的长期合作关系。

3. 正确做法

建立灵活的价格调整机制，缩短合同调整周期。

加强市场监测，及时获取价格变动信息。

与供应商保持沟通，协商合理的价格调整方案。

4. 正确的会计处理

对于因采购价格滞后导致的额外成本，应计入当期损益，并在财务报表中详细披露。同时，企业应加强内部控制，确保采购价格调整的及时性和合理性。

## 案例分析 5：虚构采购价格以匹配虚假市场价格

**一、背景**

某电子产品制造商为了美化财务报表，虚构了关键零部件的采购价格，并与虚构的市场价格相匹配，以营造成本稳定、经营良好的假象。实际上，该零部件的市场价格因产能过剩而大幅下降，但制造商在公开报告中仍采用高价采购的表述。

**二、案例具体情况**

真实市场价格：50 元 / 件。

虚构市场价格：80 元 / 件。

真实采购价格：55 元 / 件。

虚构采购价格：80 元 / 件。

年采购量：100 000 件。

真实采购成本：55 元 / 件 ×100 000 件 =5 500 000 元。

虚构采购成本：80 元 / 件 ×100 000 件 =8 000 000 元。

虚增成本：8 000 000 元 −5 500 000 元 =2 500 000 元。

**三、分析**

1. 法律法规

《会计法》和《反不正当竞争法》规定，企业不得虚构财务数据，误导投资者和公众。

2. 影响

误导投资者，损害股东利益。

影响企业声誉和市场信任度。

企业可能面临法律制裁和罚款。

3. 正确做法

真实反映采购成本和市场价格变化。

加强内部控制，确保财务数据的准确性和透明度。

建立有效的监督机制，防止虚构财务数据。

4. 正确的会计处理

一旦发现虚构行为，企业应立即更正财务报表，调整相关账目，并披露虚增成本的具体情况。同时，企业应加强合规培训，防止类似事件再次发生。对于因此产生的税务影响，也应及时与税务机关沟通并妥善处理。

# 专题一百二十五：期间费用率是否与经营规模和收入变化匹配

## 业务简介

**一、概念**

期间费用率是指企业在某一会计期间内，其期间费用（主要包括销售费用、管理费用、研发费用和财务费用等）占营业收入的比例。期间费用率是衡量企业经营管理效率和控制成本能力的重要指标之一，反映了企业在运营过程中非直接生产成本所占的比重。

**二、基本规定**

1. 期间费用的定义

销售费用：企业在销售商品、提供劳务过程中发生的各项费用，如广告费、运输费、包装费、销售人员薪酬等。

管理费用：企业为组织和管理生产经营活动而发生的各项费用，如行政管理部门工资、办公费、业务招待费等。

研发费用：企业为研究开发新产品、新技术等发生的各项费用，包括人工费用、材料费用、设备折旧等。

财务费用：企业为筹集生产经营所需资金而发生的各项费用，如利息支出、汇兑损益、手续费等。

2. 期间费用率的计算

期间费用率 = 期间费用总额 / 营业收入 × 100%

该比率越高，表示企业在非直接生产成本上的投入越多，反之则越少。

3. 经营规模和收入变化对期间费用率的影响

（1）经营规模

一般来说，随着企业经营规模的扩大，期间费用的绝对金额可能会增加，但期间费用率的变化取决于收入的增长速度和期间费用增长速度的相对关系。如果收入增长速度快于期间费用增长速度，期间费用率可能会下降；反之，则可能上升。

规模经济效应：在达到一定规模后，某些期间费用（如管理费用中的固定费用部分）可能会因分摊到更多的营业收入中而降低，从而有助于降低期间费用率。

（2）收入变化

收入增长是降低期间费用率的有效途径之一。当企业收入增长时，如果期间费用没有同比例增长，或者增长速度慢于收入增长速度，期间费用率就会下降。

收入下降时，如果期间费用未能得到有效控制，期间费用率可能会上升，进一步压缩企业利润空间。

**三、经常出现的违规问题**

1. 虚增费用

部分企业通过虚构业务、虚开发票等方式，将不合规的费用记入账簿，从而增加期间费用总额，影响期间费用率的真实性。这种行为不仅违反了会计准则和税法规定，还会引发严重的合规风险。

虚增差旅费、推广费、劳务派遣费、咨询费等是常见的违规行为。

2. 费用分类不当

企业可能将本应计入营业成本或资本性支出的费用错误地计入期间费用，导致期间费用率虚高。这不仅会扭曲企业的经营成果，还会误导投资者和监管机构。

3. 费用管控不力

部分企业在费用管控方面存在漏洞，导致期间费用增长过快，无法与收入增长相匹配。这不仅会侵蚀企业利润，还影响企业的市场竞争力和可持续发展能力。

**四、违规表现**

1. 期间费用虚高

行为描述：公司期间费用率异常增高，与实际经营规模和收入水平不相符。例如，将超法规支出、非经营性支出等列入管理费用，或者虚报销售费用。

目的与动机：掩盖真实的财务状况，通过增加费用来降低税前利润，从而减少纳税额；套取公司资金。

后果：导致公司财务报表失真，损害公司利益和股东权益；同时，引发税务风险和法律责任。

2. 费用与收入不匹配

行为描述：公司在收入增长的情况下，期间费用率却大幅下降，或者收入下降时，费用率仍然保持在高位。

目的与动机：操纵利润，故意调整费用以符合特定的财务目标或市场预期。

后果：影响公司财务报表的真实性和可信度，误导投资者和监管机构，对公司声誉造成负面影响。

3. 虚构费用

行为描述：公司通过虚构业务事项、虚开发票等方式，增加不存在的费用支出。

目的与动机：套取现金、转移公司资产或者制造虚假的财务报表。

后果：严重损害公司利益，导致公司资产流失；同时，触犯法律，引发严重的法律后果。

4. 将资本性支出列入期间费用

行为描述：公司将原本应计入固定资产等资产的资本性支出，错误地列入期间费用中。

目的与动机：调节利润、减轻当期税负或者简化会计处理。

后果：导致公司财务报表失真，影响决策者对公司真实财务状况的判断；同时，引发税务风险和审计问题。

## 法律法规

《公司法》：这部法律主要规定了企业的设立、组织、运营和终止等基本事项，为企业的经营管理提供了法律框架。虽然《公司法》没有直接规定期间费用率的具体标准或匹配性要求，但它强调了企业应当建立健全的财务管理制度，确保财务信息的真实、准确和完整。因此，企业在制定期间费用率政策时，应当遵循《公司法》关于财务管理的相关规定，确保费用支出的合理性和合规性。

《会计法》：该法律规范了会计核算、会计监督、会计机构和会计人员以及会计工作管理体制等方面的内容。企业在制定期间费用率政策时，需要依据《会计法》的规定，确保会计信息的真实性和完整性，对费用进行准确核算和分类，以便真实反映企业的经营状况和管理水平。

《企业所得税法》：这部法律规定了企业所得税的征收和管理。虽然它并不直接涉及期间费用率的问题，但企业在进行所得税申报时，需要依据税法规定对费用进行税前扣除。因此，企业在制定期间费用率政策时，需要考虑税法对费用扣除的规定，确保费用支出的合法性和合规性。

行业规范和标准：除了上述法律法规外，企业还需要关注所在行业的规范和标准。不同行业的企业在经营过程中面临的费用结构和规模可能存在差异，因此行业规范和标准可以为企业制定期间费用率政策提供参考依据。企业可以通过与同行业企业进行比较和分析，了解自身期间费用率在行业中的水平，从而制定合理的费用控制策略。

## 合规程序与方法

1. 定义期间费用率与经营规模

期间费用率指期间费用（包括管理费用、销售费用和财务费用等）与营业收入的比率，反映了企业每单位收入所承担的费用水平。

经营规模通常以企业的总资产、主营业务收入或从业人员数量来衡量，分为小型、微小型、中小型、中型、大型、特大型等。

2. 确定检查目标与范围

检查的目标是验证期间费用率是否随经营规模和收入变化而合理变动，确保费用支出与经营成果相匹配。检查范围应覆盖过去一定时期（如三年）的财务数据。

3. 收集与整理数据

财务数据：收集公司近三年的财务报表，包括利润表、资产负债表、现金流量表等，重点关注期间费用数据和营业收入数据。

经营规模数据：收集公司同期的总资产、主营业务收入、从业人员数量等反映经营规模的数据。

4. 分析与比较数据

计算期间费用率：根据利润表中的期间费用总额和营业收入计算每年的期间费用率。

分析期间费用率变动趋势：对比过去几年的期间费用率，分析其变动趋势和幅度。

匹配经营规模与收入变化：将期间费用率变动与经营规模（如总资产、主营业务收入）和收入变化（如同比增长率）进行关联分析。检查期间费用率变动是否与经营规模的扩大或缩小、收入的增减相匹配。

5. 识别异常与原因

识别异常变动：如果发现期间费用率异常波动，如与经营规模和收入变化明显不符，需进一步分析原因。

分析原因：检查费用构成项目是否存在异常或大幅变动，如某项费用突然增加或减少；分析公司销售策略、管理模式等是否发生重大变化；评估是否存在隐匿费用、跨期支出等不合规行为。

6. 合规性评估与整改

合规性评估：结合行业标准和法律法规，评估公司期间费用率是否合理，是否符合合规要求。

制定整改措施：针对发现的问题，制定具体的整改措施，如优化费用结构、加强费用控制、完善审批制度等。

跟踪整改效果：实施整改措施后，持续跟踪并评估其效果，确保期间费用率与经营规模和收入变化相匹配。

7. 考虑影响因素

市场环境：市场竞争的激烈程度、行业发展趋势等可能影响公司销售策略和费用支出。

内部管理：公司治理结构、内部控制体系等是否健全，直接影响费用管理的有效性。

法律法规：法律法规等的变化可能对期间费用率产生影响，需及时关注并调整合规策略。

8. 结论与报告

撰写报告：将检查结果、分析过程、发现的问题及整改措施等详细记录在报告中。

汇报与沟通：向管理层和相关部门汇报检查结果，确保信息透明，问题被解决。

实施以上步骤，企业可以系统地检查期间费用率是否与经营规模和收入变化匹配，确保财务合规和运营效率；同时，也为企业持续改善费用管理、提升经营绩效提供了有力支持。

## 案例分析 1：期间费用虚高

**一、背景**

某制造企业为提升业绩表现，采取虚增期间费用的方式，以掩盖实际经营效率低下的问题。该企业面临市场竞争加剧、产品销售不畅的困境，为维持表面上的财务健康，管理层决定违规调整费用结构。

**二、案例具体情况**

收入情况：2022 年营业收入为 1 亿元，较上年增长 5%。

费用情况如下。

销售费用：从去年的 1 500 万元增至 2 500 万元，增长了 66.7%。

管理费用：从去年的 800 万元增至 1 200 万元，增长了 50%。

期间费用率（期间费用 / 营业收入 ×100%）从 23% 骤升至 37%。

**三、分析**

1. 法律法规

根据会计准则，企业应真实反映经营成果，费用应与实际经济活动相匹配，不得虚增。

2. 影响

费用虚高导致期间费用率与经营规模和收入变化不匹配，误导投资者和债权人，损害企业信誉，长期来看不利于企业的可持续发展。

3. 正确做法

企业应通过优化内部管理、提升产品竞争力、合理控制费用等措施，实现真正的业绩提升。

4. 正确的会计处理

企业应严格按照会计准则记录费用，确保费用与实际经济活动相符，不得人为调整以粉饰财务报表。

此案例表明，期间费用虚高不仅违反会计法规，还会给企业的长远发展带来负面影响，企业应坚持诚信经营，通过正当手段提升业绩。

## 案例分析 2：费用与收入不匹配

**一、背景**

某零售企业在过去一年中，由于市场竞争加剧和内部管理不善，导致销售收入下滑，但期间费用却异常增长，造成费用与收入严重不匹配。该企业试图通过增加营销投入来提振销售，然而这些费用并未带来相应的收入增长。

**二、案例具体情况**

去年收入：1 亿元。

本年收入：8 000 万元（下滑 20%）。

去年期间费用：2 000 万元（占收入的 20%）。

本年期间费用：2 800 万元（占收入的 35%，增长 40%）。

**三、分析**

1. 法律法规

会计准则要求企业费用应与收入相匹配，反映真实经营状况。

2. 影响

费用与收入不匹配导致期间费用率异常上升，误导投资者和债权人，损害企业信誉，增加财务风险。

3. 正确做法

企业应合理控制费用，确保费用与收入相匹配，通过优化内部管理、提高运营效率来降低成本。

4. 正确的会计处理

按照会计准则，企业应真实记录收入和费用，不得人为调整以掩盖经营不善。对于异常的费用增长，应进行详细披露并解释原因。

此案例表明，费用与收入不匹配是企业管理不善的表现，企业应通过正当手段提升业绩，确保财务数据真实可靠，以维护企业信誉和促进企业长期发展。

## 案例分析 3：虚构费用

**一、背景**

某建筑企业为了掩盖实际经营利润下滑的事实，虚构了一系列费用项目，包括不存在的维修费、咨询费等，从而误导投资者和银行。

**二、案例具体情况**

实际年利润：原为2 000万元，虚构费用后为1 000万元。

虚构费用总额：1 000万元，包括虚构的维修费500万元、咨询费300万元及其他杂费200万元。

期间费用率：虚构前应为10%，虚构后上升至15%。

**三、分析**

1. 法律法规

《会计法》等法规规定，企业必须如实反映财务状况和经营成果，不得虚构费用。

2. 影响

虚构费用导致财务报表失真，误导利益相关者的决策，损害企业信誉，长远来看可能引发法律纠纷和财务风险。

3. 正确做法

企业应通过加强内部管理、优化成本结构、提高经营效率等合法手段来改善财务状况。

4. 正确的会计处理

企业应立即更正财务报表，调整相关账目，并向相关监管机构报告。同时，加强内部控制，防止类似事件再次发生。

此案例警示企业，虚构费用违法，会对企业造成损害。企业应坚持诚信经营，确保财务数据的真实性和准确性。

## 案例分析4：将资本性支出列入期间费用

**一、背景**

某制造业公司为了短期内降低期间费用率，吸引投资者关注，将本应资本化的设备购置支出直接列入了当期期间费用。该公司购买了一套价值高昂的生产设备，本应作为固定资产进行资本化处理，并在未来多个会计期间内通过折旧方式逐渐转化为费用。

**二、案例具体情况**

设备购置支出：1 000万元。

原应计入固定资产：该设备作为长期资产，在未来5年内按直线法折旧，每年折旧200万元。

错误处理：将1 000万元全部计入当期管理费用，导致期间费用率异常上升。

当年收入：2亿元。

错误处理后的期间费用率：假设当年本无期间费用，5%（1 000万元/2亿元×100%），远高于正常水平。

**三、分析**

1. 法律法规

根据会计准则，资本性支出应予以资本化，不得直接计入当期损益。

2. 影响

财务报表失真，误导投资者和债权人。

利润被低估，影响企业市场估值。

可能导致企业面临税务风险和法律诉讼。

3. 正确做法

将设备购置支出资本化，确认为固定资产，并在未来多个会计期间内按合理方法计提折旧。

4. 正确的会计处理

购买设备时，借记“固定资产”科目，贷记“银行存款”等科目。

每个会计期末，根据折旧政策计提折旧，借记“管理费用”等科目，贷记“累计折旧”

科目。

此案例表明，将资本性支出错误地列入期间费用会严重扭曲企业的财务状况和经营成果，企业应严格遵守会计准则，确保会计处理的准确性和合规性。

## 专题一百二十六：经营活动现金流量净额与净利润是否匹配

### 业务简介

**一、概念**

经营活动现金流量净额是指企业在一定会计期间内，通过经营活动产生的现金流入与流出之间的差额。这个指标反映了企业在日常经营活动中现金及现金等价物的净增加或减少情况，是评价企业现金流状况的重要指标之一。

净利润则是指企业在一定会计期间内，通过经营活动所实现的总收入扣除各种费用和税金后的余额。净利润是衡量企业经营成果和盈利能力的主要指标。

**二、基本规定**

在理想情况下，经营活动现金流量净额与净利润应保持相对一致。这是因为净利润的增加通常意味着企业经营活动的盈利能力增强，进而应带来现金流量的增加。然而，在实际操作中，由于多种因素的影响，两者往往存在差异。

在正常情况下，经营活动现金流量净额应基本等于净利润加上固定资产折旧、无形资产摊销等不需要付出现金，但按照权责发生制原则应计入生产成本的费用项目。这意味着，如果企业的经营性应收、应付款金额比例保持稳定，经营活动现金流量净额一般会大于或等于净利润。

**三、影响因素**

1. 非经营性因素

投资活动与筹资活动：企业在进行投资或筹资活动时，会产生额外的现金流量变动，这些变动与经营活动无关，但会影响现金流量净额与净利润的匹配情况。

非经常性项目：如资产处置收益、政府补助等非经常性项目，也会对企业的净利润产生影响，但不一定会带来相应的现金流入。

2. 会计政策

不同的会计政策对收入和费用的确认时间、资产的折旧与摊销方法等有不同规定，会计政策的选择情况会直接影响现金流量净额与净利润的匹配情况。

3. 销售信用额度与应收账款

企业为了促进销售，可能会给予客户一定的信用额度，导致销售收入的确认与实际现金流入存在时间差。如果应收账款大量增加且未能及时收回，就会导致经营活动现金流量净额与净利润不匹配。

4. 内部控制问题

内部控制失效或管理不善也可能导致经营活动现金流量净额与净利润不匹配。例如，企业可能存在虚构销售、提前确认收入等违规行为，以虚增净利润，但并没有实际的现金流入。

**四、违规表现**

1. 经营活动现金流量净额持续为负

行为描述：公司长期出现经营活动现金流量净额为负的情况，即现金流出大于现金流入。

目的与动机：扩大市场份额、增加投资。

后果：可能导致公司资金链紧张，影响正常运营，甚至面临破产风险。

2. 净利润远高于经营活动现金流量净额

行为描述：公司报告的净利润显著高于经营活动产生的现金流量净额。

目的与动机：美化财务报表，吸引投资者。

后果：这种差异可能表明存在利润造假。若存在利润造假，将导致公司信誉受损，公司可能面临法律诉讼和股价暴跌。

3. 异常增加的应付账款

行为描述：公司应付账款异常增加。

目的与动机：缓解短期现金流压力。

后果：这种行为会影响公司的供应链稳定性，损害公司信誉，并可能导致法律纠纷。

4. 大量使用票据结算导致现金流与净利润不匹配

行为描述：公司大量使用银行承兑汇票等票据进行结算，导致现金流量表上的现金流入与流出与净利润产生较大差异。

目的与动机：优化现金流管理，隐藏真实的现金流状况。

后果：若过度依赖票据结算，一旦票据出现问题，可能导致公司现金流断裂，影响正常经营。

5. 通过关联交易操纵现金流

行为描述：公司通过与关联方进行交易，人为调节现金流，使得经营活动现金流量净额与净利润出现不匹配。

目的与动机：掩盖真实的经营状况，进行利益输送。

后果：这种行为会损害中小投资者的利益，影响市场的公平性和透明度。

## 法律法规

### 一、会计准则

权责发生制与收付实现制：净利润的计算遵循权责发生制原则，即收入和费用的确认基于权利和责任的发生，而非现金的收付。而经营活动现金流量净额的计算则基于收付实现制原则，即只考虑实际收到的现金和支付的现金。计算原则的差异是导致净利润与经营活动现金流量净额可能不匹配的主要原因。

会计准则的具体要求：如《企业会计准则》要求企业合理计提各项资产减值准备，真实反映企业资产的损失情况。这些计提的减值准备会减少净利润，但不一定会影响经营活动现金流量。同时，准则还规定了折旧额和摊销额等非付现费用的处理方法，这些也会影响净利润与经营活动现金流量的差异。

### 二、财务报告编制规范

现金流量表的编制：根据《企业会计准则》的要求，企业需要编制现金流量表，以反映企业一定会计期间内现金和现金等价物的流入和流出情况。现金流量表分为经营活动产生的现金流量、投资活动产生的现金流量和筹资活动产生的现金流量三个部分，其中经营活动现金流量净额是评估企业经营活动现金生成能力的重要指标。

间接法与直接法：企业同时采用直接法和间接法反映经营活动产生的现金流量。间接法以净利润为起点，通过对有关项目的调整，转换为按照收付实现制计算出的经营活动发生的现金流量净额。这种调整有助于理解净利润与经营活动现金流量净额之间的差异。

### 三、监管要求

信息披露：监管机构要求企业充分披露其财务状况、经营成果和现金流量等信息，以便投资者和其他利益相关者能够全面了解企业的运营情况。因此，企业在编制财务报告时，需要详细说明净利润与经营活动现金流量净额之间的差异及其原因。

审计监督：会计师事务所对企业的财务报告进行审计，确保财务报告的真实性和准确性。审计过程中，审计师会关注净利润与经营活动现金流量净额之间的差异，评估其合理性和合规性。

## 合规程序与方法

1. 合规程序

（1）遵循会计准则

确保所有财务数据的记录和处理均遵循《企业会计准则》及其他相关法律法规，如《会计法》等，以保证数据的准确性和合规性。

（2）内部审核

建立严格的内部审核制度，对财务数据进行定期审查，确保数据的真实性和完整性。内部审计部门应独立于财务部门，以避免利益冲突。

2. 方法与步骤

（1）资料收集

收集财务报表：获取公司的现金流量表和利润表等。

收集非财务资料：收集与经营活动相关的非财务资料，如销售合同、存货变动等，以辅助分析。

（2）对比分析

直接对比：将经营活动现金流量净额与净利润进行直接对比，观察是否存在显著差异。

趋势分析：分析多个会计期间的数据，观察经营活动现金流量净额与净利润的变化趋势是否一致。

结构分析：分析现金流量表中各项经营活动现金流量的构成，看是否有异常项目导致不匹配。

（3）差异分析

识别原因：对于发现的差异，进一步分析其产生原因。可能的原因包括非经营性因素（如投资、筹资活动）、会计政策差异、销售信用政策、应收账款变动等。

评估影响：评估差异对公司财务状况和经营成果的影响，判断是否存在潜在的风险。

（4）调整与确认

调整项目：根据会计准则和实际情况，对可能影响经营活动现金流量净额与净利润匹配度的项目进行适当调整。

确认结果：经过调整后，重新对比经营活动现金流量净额与净利润，确认是否已实现合理匹配。

## 案例分析 1：经营活动现金流量净额持续为负

**一、背景**

某科技公司近年来为了快速扩张市场份额，采取了激进的销售策略，导致应收账款大幅增加，同时研发投入也持续高涨。这种经营策略下，公司的净利润保持增长，但经营活动现金流量净额却持续为负。

**二、案例具体情况**

净利润：2022 年全年净利润为 5 000 万元，同比增长 10%。

经营活动现金流量净额：−3 000 万元，连续两年为负。

应收账款：年末余额为 1.2 亿元，较年初增长 50%。

研发投入：全年研发投入 8 000 万元，占营业收入的 15%。

**三、分析**

1. 法律法规

会计准则要求企业真实反映经营活动的现金流入流出情况，合理解释经营活动现金流量净额与净利润的不匹配情况。

2. 影响

投资者可能担忧公司的资金流动性，影响市场信心。

长期现金流为负可能导致资金链断裂，影响企业持续经营能力。

3. 正确做法

加强应收账款管理，提高收款效率，减少坏账损失。

优化投资策略，确保研发投入与现金流相匹配。

披露清晰的现金流管理计划，增强市场透明度。

4. 正确的会计处理

如实反映应收账款增加对现金流的影响，通过现金流量表补充资料说明净利润与经营活动现金流量净额的差异。

对于研发投入，进行合理资本化或费用化处理，避免对现金流造成过大压力。

此案例表明，企业在追求业绩增长的同时，必须关注现金流的健康状况，确保经营活动现金流量净额与净利润的合理匹配，以维护企业的长期稳定发展。

## 案例分析 2：净利润远高于经营活动现金流量净额

**一、背景**

某建筑公司近年来承接了大量工程项目，由于工程周期长、结算滞后，导致应收账款大量积压，尽管项目利润丰厚，但经营活动现金流量净额却远低于净利润。

**二、案例具体情况**

净利润：2022 年全年净利润为 1 亿元，同比增长 20%。

经营活动现金流量净额：2 000 万元，仅为净利润的 20%。

应收账款：年末余额为 3 亿元，较年初增长 40%，占营业收入的 50%。

存货：年末存货余额为 1 亿元。

**三、分析**

1. 法律法规

会计准则要求企业准确反映经营活动的现金流量情况，合理披露净利润与经营活动现金流量净额的不匹配情况。

2. 影响

投资者可能质疑公司的现金流管理能力，影响股价表现。

可能限制公司扩张，增加财务风险。

3. 正确做法

加强应收账款管理，加快工程结算进度，提高应收账款收回率。

优化存货管理，减少在建工程资金占用，提高资金周转率。

披露清晰的现金流改善计划，增强市场信心。

4. 正确的会计处理

准确记录应收账款和存货的增加对现金流的影响，通过现金流量表补充资料详细说明净利润与经营活动现金流量净额的差异。

对于长期未结算的应收账款，考虑计提坏账准备，以反映潜在风险。

此案例表明，建筑等行业因业务特性易导致净利润与经营活动现金流量净额不匹配。公司需采取有效措施改善现金流状况，确保业务健康发展。同时，透明的信息披露和合规的会计处理对维护市场信任至关重要。

## 案例分析 3：异常增加的应付账款

**一、背景**

某零售企业近年来为了扩大市场份额，采取了激进的采购策略，大量增加库存以备销售。然而，由于销售未达预期，导致库存积压，应付账款也随之异常增加，进而使得经营活动现金流量净额与净利润出现不匹配。

**二、案例具体情况**

净利润：2022 年全年净利润为 8 000 万元，同比增长 15%。

经营活动现金流量净额：3 000 万元，同比下降 30%。

应付账款：年末余额为 2.5 亿元，较年初增长 70%，远超过销售收入的增长率。

存货：年末存货余额为 3 亿元，较年初增长 50%，占用了大量资金。

**三、分析**

1. 法律法规

会计准则要求企业真实、准确地反映财务状况，包括应付账款和存货的变动。

2. 影响

异常的应付账款增加可能导致供应商信任度下降，影响供应链稳定。

现金流的紧张可能影响企业的日常运营和偿债能力。

3. 正确做法

优化库存管理，减少不必要的库存积压，提高存货周转率。

与供应商协商更合理的付款条款，减轻短期现金流压力。

加强销售预测和计划，避免过度采购。

4. 正确的会计处理

准确记录应付账款和存货的增加，确保财务报表的真实性和准确性。

对于长期未付的应付账款，考虑计提相应的准备金，以反映潜在风险。

此案例表明，异常增加的应付账款可能是企业运营策略不当的信号。企业应加强内部控制和财务规划，确保财务状况的稳健和可持续发展。同时，合规的会计处理和信息披露对维护企业信誉和吸引投资至关重要。

## 案例分析 4：大量使用票据结算导致现金流与净利润不匹配

**一、背景**

某制造业企业，由于其行业特性，与客户及供应商之间的交易大量采用票据结算方式。随着业务规模的扩大，票据使用量激增，导致经营活动现金流量净额与净利润出现显著不匹配。

**二、案例具体情况**

净利润：2022 年全年净利润为 1 亿元，同比增长 10%。

经营活动现金流量净额：−2 000 万元，连续两年为负。

票据结算金额：全年票据结算总额达 5 亿元，占营业收入的 60%。

应收账款中票据金额所占比例：年末应收账款中，票据金额的占比高达 80%。

**三、分析**

1. 法律法规

会计准则要求企业准确反映现金流入流出情况，但现行准则对票据结算的现金流处理存在模糊地带。

2. 影响

现金流短缺可能误导投资者对企业资金状况的判断。

票据背书转让不产生现金流，导致经营活动现金流量净额被低估。

3. 正确做法

加强票据管理，提高票据结算效率，缩短资金占用时间。

披露票据结算对现金流的影响，增加财务透明度。

考虑将票据贴现或背书转让计入现金流分析，以更真实地反映企业资金状况。

4. 正确的会计处理

明确票据背书转让的会计处理规则，确保现金流量表准确反映企业实际现金流情况。

对于票据贴现产生的财务费用，合理分摊至各期，避免对净利润造成过大影响。

此案例说明，大量使用票据结算的企业需特别关注现金流与净利润的不匹配问题。通过加强票据管理、提高财务透明度及优化会计处理，企业可以更准确地反映自身资金状况，为投资者提供有价值的决策信息。

## 案例分析 5：通过关联交易操纵现金流

### 一、背景

某上市公司，为了美化财务报表，通过与其关联企业之间频繁进行非公允关联交易，操纵现金流，使得经营活动现金流量净额与净利润之间出现显著不匹配。

### 二、案例具体情况

净利润：2022 年全年净利润为 8 000 万元，同比增长 20%，但其中约 30% 来自关联交易利润。

经营活动现金流量净额：仅为 2 000 万元，远低于净利润，且较去年大幅下降。

关联交易金额：全年关联交易总额达 4 亿元，占营业收入的 30% 以上。

应收账款中关联方账款占比：年末应收账款中，关联方账款占比高达 50%。

### 三、分析

1. 法律法规

证券法规严格禁止上市公司通过非公允关联交易操纵财务数据，损害中小股东利益。

2. 影响

误导投资者对公司真实经营状况和盈利能力的判断。

损害市场公平性和透明度，长期损害公司声誉。

3. 正确做法

加强关联交易管理，确保交易公允性，避免操纵财务数据。

披露详细的关联交易信息，提高财务透明度。

强化内部控制，防止管理层利用关联交易谋取私利。

4. 正确的会计处理

对关联交易进行独立审计，确保交易的真实性和公允性。

在财务报表中详细披露关联交易的性质、金额及对公司财务状况的影响。

## 专题一百二十七：产品或服务的规模与客户的业务需求和资金实力等是否匹配

### 业务简介

**一、概念**

产品与服务规模指的是企业所提供的产品种类、数量、服务范围、技术复杂度及市场覆盖能力等维度的总和。它反映了企业能够满足市场需求的广度和深度。

客户需求是客户为实现其业务目标或解决特定问题而提出的具体要求，包括但不限于功能需求、性能要求、成本效益、交付时间等。

资金实力指客户可用于购买产品或服务的财务资源，包括现金储备、信贷额度、投资预算等，直接影响客户的购买能力和支付意愿。

匹配性指企业产品或服务的规模与客户的业务需求和资金实力之间的契合程度。理想状态下，这种匹配应确保客户能够以合理的成本获得满足其需求的产品或服务，同时企业也能实现盈利。

**二、基本规定**

市场调研：企业应定期进行市场调研，了解目标客户群体的具体需求和资金状况，以便精准定位产品与服务。

定制化策略：根据不同客户的业务需求和资金实力，提供灵活多样的解决方案，包括产品配置、价格策略、服务支持等。

风险评估：在接洽新客户或拓展新业务领域时，进行风险评估，确保项目或交易的可行性，避免超出客户承受能力的合作。

透明沟通：与客户保持开放、诚实的沟通，明确产品或服务的各项条款、费用及潜在风险，确保双方对合作有清晰的认识。

持续评估与调整：合作过程中，定期评估产品与服务的实际表现与客户反馈，及时调整策略以维持良好的匹配性。

**三、经常出现的违规问题**

夸大宣传：为了吸引客户，企业可能夸大产品或服务的性能、效果，导致客户基于错误信息做出决策，最终无法满足自己的实际需求或超出资金预算。

隐瞒费用：在报价或合同中故意隐瞒或模糊某些费用项目，如隐藏成本、额外费用等，导致客户在后续阶段面临资金压力。

不匹配推荐：不顾客户实际需求和资金实力，强行推销高端产品或高成本服务，造成资源浪费和客户不满。

服务缩水：为降低成本，企业可能在实际交付中降低服务标准或产品质量，损害客户利益。

不透明合同：合同条款复杂难懂，包含不公平条款或陷阱条款，客户难以在签约前全面了解并评估风险。

**四、违规表现**

1. 过度销售

行为描述：公司销售人员为了达成销售目标，向客户夸大产品或服务的功能、效果，或者推销不符合客户实际业务需求的产品。

目的与动机：提高销售业绩，获取更高的销售提成或奖金。

后果：客户可能因为购买了不必要或过量的产品而造成资金浪费，从而对公司产生不信任感，影响公司声誉和后续合作。

2. 忽视客户资金实力推销高价产品

行为描述：公司在不了解客户资金实力的情况下，向客户推销高价产品或服务。

目的与动机：追求更高的利润。

后果：客户可能因为无法承担高昂的费用而产生经济压力，甚至导致合同违约，从而对公司产生负面印象。

3. 提供不适当的产品或服务

行为描述：公司向客户提供与其业务需求不匹配的产品或服务，如向小型企业推销大型企业级解决方案。

目的与动机：提高销售业绩。

后果：客户可能因为产品或服务不适用而造成资源浪费，从而影响公司的客户满意度。

4. 利用信息不对称进行误导销售

行为描述：公司利用客户对产品或服务信息的不了解，故意隐瞒或误导客户，使其购买不适合的产品或服务。

目的与动机：追求销售业绩，获取更高的利润。

后果：客户在发现被误导后可能会要求退货或索赔，甚至提起诉讼，严重损害公司声誉和客户信任度。

5. 捆绑销售或附加不合理条件

行为描述：公司在销售过程中强制客户购买不需要的产品或服务，或者附加不合理的条件，如高昂的维护费用、长期的合同绑定等。

目的与动机：增加销售额和利润，提高客户黏性。

后果：客户可能因为被捆绑或附加条件而感到不满和束缚，降低对公司的忠诚度和满意度。

## 法律法规

1. 投资者适当性管理规定

《证券期货投资者适当性管理办法》（证监会令第 130 号）第 3 条：要求经营机构了解客户信息、投资目标、风险承受能力等，确保产品或服务与投资者匹配。这意味着防止向风险承受能力不足的投资者销售高风险产品。

《商业银行理财业务监督管理办法》（银保监会令 2018 年第 6 号）第 26 条：商业银行应对客户风险承受能力进行评估，并销售相应风险等级的理财产品。所以避免误导销售，保护投资者权益。

2. 产品或服务分级管理规定

产品分级制度：部分法规要求金融机构对其提供的产品或服务进行风险等级划分，并明确各等级产品的风险特征和投资者准入条件。这样，金融机构可以根据客户的风险承受能力推荐相应的产品，避免客户购买超出其风险承受能力的产品。

3.《消费者权益保护法》

《消费者权益保护法》及相关规定：这些法律强调了对消费者权益的保护，包括知情权、选择权、公平交易权等。在金融领域，这要求金融机构在提供产品或服务时，必须充分披露产品信息，不得误导消费者，确保消费者能够基于充分的信息做出决策。

4. 特定行业规定

银行业、证券业、保险业等行业的特定规定：这些行业通常有其专门的监管法规和规定，对产品和服务的规模、风险、客户资金实力等方面有具体要求。例如，银行在提供贷款服务时，会评估客户的还款能力和信用状况；证券公司在提供证券交易服务时，会要求客户满足一定的资金门槛和交易经验要求。

5.《民法典》

《民法典》为金融交易提供了基本的法律框架和原则。在金融交易中，合同是双方权利义务的重要依据。因此，金融机构在提供产品或服务时，必须与客户签订合法有效的合同，明确双方的权利义务，确保交易的真实性和合法性。

6. 监管要求

监管机构发布的各类通知、指引和规范性文件：监管机构会根据市场情况和监管需要，不定期发布各类通知、指引和规范性文件，对金融机构的产品或服务提出具体的监管要求。这些要求可能涉及产品规模、客户资金实力、风险控制等多个方面。

## 合规程序与方法

### 一、合规程序

1. 明确审查目标与范围

确立审查的核心目标，即评估公司产品 / 服务的规模与客户业务需求、资金实力的匹配度。

确定审查的具体范围，包括产品 / 服务的特性、市场规模、目标客户群体、客户需求分析、客户资金实力评估等。

2. 收集与分析资料

收集客户的基本信息，如企业规模、经营状况、财务状况、历史交易记录等。

分析客户的业务需求，包括但不限于产品 / 服务类型、需求量、使用场景等。

评估客户的资金实力，考虑其现金流、负债情况、信用评级等因素。

3. 产品 / 服务匹配度评估

对比公司产品 / 服务的特性与客户需求，分析公司产品 / 服务是否能够满足客户的特定需求。

评估产品 / 服务的供应量与客户需求量之间的匹配度，确保既能满足客户需求，又不造成资源浪费。

考虑价格因素，确保产品 / 服务的定价在客户的承受范围内。

4. 风险评估与应对

识别可能存在的风险点，如客户资金流动性风险、市场需求变化风险等。

制定相应的风险应对措施，包括调整产品 / 服务策略、加强客户信用管理、建立风险预警机制等。

5. 报告与决策

编写审查报告，详细记录审查过程、发现的问题、评估结果及建议措施。

将报告提交给相关部门或管理层进行审议，根据审议结果做出决策。

### 二、合规方法

1. 市场调查

采用访问法（结构式访问、无结构式访问）、问卷法等方法，收集目标市场的客户信息及需求数据。

分析市场趋势，预测未来需求变化，为产品 / 服务调整提供依据。

2. 财务分析

对客户的财务报表进行审阅和分析，评估其资金实力及偿债能力。

采用比率分析、趋势分析等方法，识别潜在的财务风险点。

3. 客户访谈

与客户进行深入交流，了解其实际业务需求、使用反馈及未来规划。

依据访谈收集的信息，验证市场调查结果的准确性，并发现潜在的市场机会或问题。

4. 合规性审查

检查产品 / 服务是否符合相关法律法规、行业标准及企业内部规章制度的要求。

评估产品 / 服务在特定市场或客户群体中的合规风险，并制定相应的合规策略。

## 案例分析 1：过度销售或过度承诺

**一、背景**

某 IT 解决方案提供商，为了迅速扩大市场份额，对某大型企业客户进行了过度销售和承诺，提供了远超其业务需求和资金实力的 IT 系统解决方案。最终导致项目交付延期，客户满意度下降，并引发财务纠纷。

**二、案例具体情况**

合同金额：与客户签订的合同金额为 1 亿元，超过客户年度预算的 50%。

项目成本：项目实际成本超出预算 20%，达到 1.2 亿元。

应收账款：由于客户支付能力有限，年末应收账款余额高达 8 000 万元，占公司总应收账款的 60%。

利润损失：由于项目延期和额外成本，公司预计利润损失达 2 000 万元。

**三、分析**

1. 法律法规

商业法规要求企业在销售过程中遵循诚实守信原则，不得进行误导性或虚假的宣传和承诺。

2. 影响

损害公司声誉，影响长期客户关系。

导致财务损失，包括应收账款坏账风险增加和利润下降。

公司可能面临法律诉讼和罚款。

3. 正确做法

充分了解客户需求和资金实力，提供合理的解决方案。

加强销售管理和培训，确保销售承诺的可行性和合规性。

与客户保持透明沟通，共同管理项目风险和期望。

4. 正确的会计处理

对过度承诺导致的额外成本进行准确记录，反映在财务报表中。

对应收账款进行严格管理，计提必要的坏账准备。

## 案例分析 2：忽视客户资金实力推销高价产品

**一、背景**

某高端医疗设备公司，为了推广其最新款的高价医疗设备，忽视了对客户资金实力的充分评估，向一家资金并不充裕的中型医院进行了推销，并最终成功售出。然而，该中型医院由于资金紧张，无法按时支付设备款项，导致双方陷入财务纠纷。

**二、案例具体情况**

设备售价：该医疗设备售价为 1 000 万元，远超中型医院的年度设备采购预算。

该中型医院的年度设备采购预算：中型医院年度设备采购预算仅为 300 万元。

应收账款：由于医院支付困难，该医疗设备公司年末应收账款余额中，该医院的应收账款占比高达 70%，约为 700 万元。

财务成本：因应收账款收回困难，公司不得不计提坏账准备，增加财务成本约 100 万元。

**三、分析**

1. 法律法规

法律法规商业行为应遵循诚实守信、公平交易的原则，不得损害客户利益。

2. 影响

损害公司声誉，影响未来销售。

导致财务损失，包括应收账款坏账风险和额外财务成本。

公司可能面临法律诉讼和客户关系破裂。

3. 正确做法

充分评估客户资金实力和支付能力，确保产品或服务与客户需求和资金状况相匹配。

加强销售管理和培训，注重长期客户关系和可持续发展。

提供灵活的支付方案，帮助客户解决资金困难。

4. 正确的会计处理

对应收账款进行严格管理，及时计提坏账准备。

准确记录因销售不当产生的额外财务成本。

## 案例分析 3：提供不适当的产品或服务

**一、背景**

某软件开发公司，为了扩大业务规模，向一家小型企业推销了一套复杂且昂贵的 ERP 系统，尽管该系统远超该企业的实际业务需求。小型企业因缺乏专业评估能力而接受了推荐，结果系统实施后，不仅使用效率低下，还增加了企业的运营成本。

**二、案例具体情况**

ERP 系统售价：50 万元，远超小型企业年度预算。

实施成本：额外投入定制化开发和培训费用共计 15 万元。

运营成本增加：系统上线后，由于操作复杂，企业需增加两名 IT 人员，年增加人力成本约 20 万元。

预期收益未实现：系统未能显著提升企业管理效率，预期的业务流程优化收益未实现。

**三、分析**

1. 法律法规

《消费者权益保护法》等法律法规要求经营者提供的产品或服务应与消费者需求相匹配，不得误导消费者。

2. 影响

客户满意度下降，影响公司口碑。

客户财务负担加重，可能导致长期合作关系破裂。

软件公司自身声誉受损，未来销售受阻。

3. 正确做法

提供符合客户实际需求和资金实力的产品或服务。

加强售前咨询，确保客户充分理解产品功能和适用性。

提供灵活的服务方案，支持客户逐步升级。

4. 正确的会计处理

对因提供不适当产品或服务产生的额外费用进行准确记录。

评估潜在损失，如预期收益未实现或合同违约风险，并计提相应准备金。

## 案例分析 4：利用信息不对称进行误导销售

### 一、背景

某金融科技公司，利用客户对复杂金融产品的不了解，向不具备高风险承受能力的中老年客户推销高风险的理财产品。这些客户往往对金融知识了解有限，被高收益宣传所吸引，未充分理解产品风险。

### 二、案例具体情况

理财产品销售额：当月销售额达到 5 000 万元，其中中老年客户贡献的销售额占比高达 60%。

预期收益率与实际亏损：理财产品预期年化收益率高达 10%，但实际因市场波动，最终平均亏损率达到 5%。

客户损失：中老年客户群体平均投资额为 50 万元，平均每位客户亏损 2.5 万元，总计亏损约 60×2.5=150 万元。

### 三、分析

1. 法律法规

《消费者权益保护法》等法律法规要求经营者提供真实、全面的产品信息，不得利用信息不对称误导消费者。

2. 影响

客户遭受经济损失，信任度下降。

金融科技公司面临法律诉讼和监管处罚风险。

市场整体信誉受损，影响行业健康发展。

3. 正确做法

加强投资者教育，提高客户对金融产品的风险识别能力。

在销售过程中充分披露产品信息，确保客户充分知情。

根据客户风险承受能力推荐合适的产品。

4. 正确的会计处理

对因误导销售产生的客户赔偿进行准确记录。

评估法律诉讼和监管处罚的潜在财务影响，并计提相应准备金。

反思并调整销售策略，避免类似问题再次发生。

## 案例分析 5：捆绑销售或附加不合理条件

### 一、背景

浙江越星汽车有限公司，作为北京奔驰品牌汽车的 4S 店，在销售过程中涉嫌捆绑销售及附加不合理条件。该公司在 2015 年 3 月至 2017 年 2 月期间，要求部分购买者在购车时额外购买一定额度的“精品销售”项目，如全车贴膜、镀晶等，并对按揭贷款购买者额外收取履约保证金。

### 二、案例具体情况

捆绑销售金额：平均每位购买者额外支付“精品销售”费用约 1 万元。

履约保证金：按揭贷款购买者额外支付履约保证金，平均每人几千元至二万元不等。

罚款：该公司因违反《浙江省反不正当竞争条例》，被责令改正并罚款 6 万元。

### 三、分析

1. 法律法规

《反不正当竞争法》及《消费者权益保护法》规定，经营者不得违背消费者意愿搭售商品或附加不合理条件。

2. 影响

侵犯消费者自主选择权，损害消费者权益。

影响企业声誉，可能导致客户流失。

企业面临法律处罚，增加企业成本。

3. 正确做法

在销售过程中应充分尊重消费者意愿，不得强制捆绑销售。

提供清晰透明的价格和服务信息，保障消费者的知情权。

加强内部管理，确保合规经营。

4. 正确的会计处理

对因捆绑销售产生的额外收入进行单独核算，确保财务数据的真实性。

对因违规行为产生的罚款进行准确记录，并计入当期损益。

# 第十九章
# 行业对标合规

## 专题一百二十八：销售收入、销量、价格、收入核算是否与同行业可比上市公司存在重大差异

### 业务简介

**一、概念**

1. 销售收入

定义：销售收入是企业通过销售产品或提供服务所获得的全部收入总额，是企业在特定时间段内销售活动的主要衡量指标，用于评估企业的销售业绩和经营状况。

构成：销售收入包括主营业务收入和其他业务收入。主营业务收入主要通过正常经营活动如销售产品、提供服务获得；其他业务收入则包括出租共收入、代理服务收入等非主营业务收入。

2. 销量

定义：销量是指在特定时间段内实际销售出去的产品或提供的服务的数量。

销量通过销售记录、订单数据、库存管理系统等渠道获取，是评估市场需求和企业生产能力的重要指标。

3. 价格

定义：价格是指每个产品或每项服务的售价，通过产品定价策略、市场调研和竞争情况等因素确定。

影响因素：价格变动受到产品成本、市场需求、竞争态势、促销策略等多种因素影响。

4. 收入核算

定义：收入核算是指企业根据销售合同或协议的规定，确认客户购买产品后产生的权益，并计入企业的收入。

方法：收入核算方法包括完工法和分期法。完工法适用于产品一次性交付给客户的情况；分期法适用于产品分期交付给客户的情况。

**二、基本规定**

1. 销售收入确认原则

权责发生制：企业应在销售产品或提供服务时，根据合同约定确认收入，而非收到款项时确认。

确认收入需满足以下条件：商品所有权上的主要风险和报酬已转移给买方；企业既没有保留通常与所有权相联系的继续管理权，也无法对已售出的商品实施有效控制；收入的金额能够可靠地计量；相关的经济利益很可能流入企业；相关的已发生或将发生的成本能够可靠地计量。

2. 销量与价格管理

销量管理：企业应建立科学的销量预测和计划体系，确保生产与销售之间的平衡。

价格管理：企业应根据市场情况、产品成本、竞争态势等因素制定合理的价格策略，并定期对价格进行评估和调整。

3. 收入核算规定

合规性：收入核算需遵循会计准则和税法规定，确保核算结果的合规性和准确性。

准确性：企业应对销售收入进行准确核算，避免虚增或漏报收入。

及时性：企业应按照规定的时间节点完成收入核算工作，确保核算结果的及时性。

**三、与同行业可比上市公司的差异分析**

1. 销售收入差异

市场定位与产品结构：不同的市场定位、产品结构和销售策略，会导致销售收入存在显著差异。

市场份额与品牌影响力：市场份额大、品牌影响力强的公司往往能获得更高的销售收入。

2. 销量与价格差异

市场需求与竞争态势：市场需求旺盛、竞争态势有利的公司往往能实现更高的销量和更好的价格表现。

销售策略与促销力度：不同的销售策略和促销力度也会对销量和价格产生影响。

3. 收入核算差异

会计准则与税法规定：不同公司可能因遵循的会计准则和税法规定不同，导致收入核算方法存在不同。

内部控制与审计质量：内部控制健全、审计质量高的公司往往能提供更准确、可靠的收入核算结果。

**四、违规表现**

1. 销售收入方面的违规表现

行为描述：公司未按权责发生制确认销售收入，而是以收到货款为实现销售的依据。这种做法导致销售收入未及时入账。

目的与动机：延迟纳税或人为调节收入确认时点，以粉饰财务报表。

后果：这种行为可能导致偷税漏税，同时影响公司财务报表的真实性和可比性，误导投资者和监管机构。

2. 销量方面的违规表现

行为描述：公司虚报销量数据，即通过虚构销售交易、重复计算销量或将其他非销售行为计入销量。

目的与动机：提升公司的市场表现，吸引投资者关注，或达到市场预期。

后果：虚报销量会严重损害公司信誉，公司将面临法律处罚和投资者信任危机。

3. 价格方面的违规表现

行为描述：公司利用虚假定价手段进行交易，如虚假折扣、虚构原价等。

目的与动机：提高销售额，增加公司利润，或抢占市场份额。

后果：这种行为会扰乱市场秩序，损害消费者权益，同时可能引发价格战，降低行业整体利润率。

4. 收入核算方面的违规表现

行为描述：公司在收入核算过程中随意改变确认标准或计量方法，如提前或推迟确认收入等。

目的与动机：平滑利润波动，掩盖真实的财务状况或达到特定的财务指标。

后果：这种行为会导致公司财务报表失真，影响投资者决策和监管机构评估，甚至可能引发法律诉讼。

## 法律法规

### 一、会计方面的规定

1. 销售收入确认

根据《企业财务会计报告条例》及相关会计准则（如《企业会计准则第 14 号——收入》），销售收入的确认需要满足以下条件：

商品所有权上的主要风险和报酬已经转移给购货方；

企业既没有保留通常与所有权相联系的继续管理权，也没有对已售出的商品实施有效控制；

收入的金额能够可靠地计量；

相关的经济利益很可能流入企业。

对上市公司而言，其销售收入的确认还需遵循更为严格的会计准则和监管要求，确保财务数据的真实性和准确性。

2. 销量与价格

销量和价格是构成销售收入的两个基本要素。在会计上，销量通常以销售数量来计量，而价格则是指商品或服务的单价。这两者的乘积加上可能的其他收入来源形成了销售收入。上市公司需要确保销量和价格的记录准确无误，以反映真实的销售情况。

3. 收入核算

收入核算是指对销售收入进行确认、计量、记录和报告的过程。上市公司需要制定完善的销售核算制度，以确保销售收入的准确性和可靠性。这包括确定销售收入的核算对象、核算方法（如总额法或净额法）、核算流程以及内部控制等。

### 二、税务方面的规定

在税务方面，销售收入是增值税计算的基础。根据《中华人民共和国增值税法》等规定，纳税人销售货物、劳务、服务、无形资产、不动产等应税销售行为的应纳税额，为当期销项税额抵扣当期进项税额后的余额。因此，销售收入的确认对增值税的计算具有重要影响。

### 三、证券监管方面的规定

对上市公司而言，其销售收入、销量、价格及收入核算还需要接受证券监管机构的监管。证券监管机构会要求上市公司按照相关会计准则和法规要求编制财务报告，并对其进行审查。如果发现上市公司在销售收入、销量、价格或收入核算方面存在重大差异或违规行为，将依法进行处罚。

### 四、相关法律法规

《会计法》：规定了会计核算、会计监督、会计机构和会计人员以及法律责任等方面的内容。

《企业财务会计报告条例》：规范了企业财务会计报告的编制、对外提供和法律责任等事项。

《企业会计准则》：包括了一系列具体的会计准则，如收入准则、建造合同准则等，对销售收入的确认、计量和报告等进行了详细规定。

《中华人民共和国增值税法》：规定了增值税的征收范围、税率、应纳税额的计算等事项。

《证券法》：对上市公司的信息披露、财务报告编制和监管等进行了规定。

## 合规程序与方法

### 一、明确检查目标与范围

确定检查目标：明确检查旨在识别并评估公司在销售收入、销量、价格及收入核算方面与同行业可比上市公司的差异是否构成重大差异。

界定同行业范围：根据行业分类标准（如证监会行业分类、Wind 行业分类等），确定同行业上市公司的样本范围。

**二、收集与整理数据**

内部数据收集：从公司财务部门获取最新的销售收入、销量、价格及收入核算的详细数据，包括财务报表、销售记录、价格清单等。

外部数据收集：通过公开渠道（如证券交易所网站、财经数据服务平台等）收集同行业可比上市公司的财务数据，确保数据的权威性和准确性。

**三、对比与分析数据**

1. 销售收入与销量对比

计算公司与同行业可比上市公司在相同时间段内的销售收入总额和销量，并进行横向对比。

分析差异产生的原因，包括市场策略、产品定位、销售渠道等因素。

2. 价格差异分析

对比公司产品与同行业同类产品的平均售价，分析价格差异是否合理。

考虑成本结构、品牌定位、市场需求等因素对价格的影响。

3. 收入核算方法对比

检查公司收入确认政策是否符合《企业会计准则》及相关法规要求。

对比同行业可比上市公司的收入核算方法，评估是否存在显著差异及原因。

**四、执行实质性程序与评估风险**

1. 执行实质性程序

通过函证、访谈、现场检查等方式，验证销售数据的真实性和准确性。

核查销售合同、发票、物流单据等支持性文件，确认交易的真实性。

2. 评估舞弊风险

分析公司是否存在通过虚构交易、提前或延迟确认收入等方式操纵财务报表的舞弊风险。

结合行业特点、市场环境及公司内部治理情况，综合评估舞弊风险。

**五、撰写报告与提出建议**

1. 撰写检查报告

汇总检查结果，包括差异分析、风险评估及实质性程序执行情况。

明确指出公司销售收入、销量、价格及收入核算方面与同行业可比上市公司的差异及可能的影响。

2. 提出改进建议

针对发现的问题，提出具体的改进建议，如优化销售策略、调整价格策略、完善收入核算政策等。

## 案例分析 1：销售收入与同行业可比上市公司存在重大差异

**一、背景**

浙江世佳科技股份有限公司在申请创业板上市过程中，被深交所上市审核中心重点关注其部分月份收入异常增长及毛利率与同行业可比上市公司存在差异的问题。

**二、案例具体情况**

据披露，发行人 2020 年 3—5 月的间接出口贸易业务收入及 12 月境内经销收入较往年同期显著增长。同时，其除草剂产品毛利率和内销毛利率均高于同行业可比上市公司，但未给出充分合理的解释。例如，2020 年第四季度境内经销收入大幅增长，其中主要客户杭州林源为发行人前员工之父控制的企业，引发市场对其销售真实性的质疑。

**三、分析**

1. 法律法规

《上市公司信息披露管理办法》（证监会令第182号）第三条：上市公司应真实、准确、完整、及时披露财务信息，不得有虚假记载、误导性陈述或重大遗漏。若收入差异导致财报重大异常，可能涉及虚假陈述或财务舞弊风险。

《公开发行证券的公司信息披露编报规则第15号——财务报告的一般规定》（证监会公告〔2014〕54号）第五十二条：上市公司应披露同行业可比数据，说明重大差异原因。若未合理披露收入差异原因，可能违反信息披露透明度要求。

2. 影响

未能合理解释收入异常增长及毛利率差异，不仅影响发行人的上市进程，还可能损害投资者利益，引发市场质疑。

3. 正确做法

发行人应完善内部控制制度，确保销售收入的真实性和合理性，并对异常增长给出详细的市场分析、客户背景调查及价格策略说明。

4. 正确的会计处理

严格按照《企业会计准则》进行收入确认和成本计量，确保财务报表的真实性和准确性。同时，加强与审计机构的沟通，确保审计程序的充分性和有效性。

## 案例分析2：销量与同行业可比上市公司存在重大差异

**一、背景**

东岳硅材某一报告期的硅材料销量与同行业主要上市公司如合盛硅业等相比存在显著差异。这一现象引起了市场的广泛关注。

**二、案例具体情况**

以2016年为例，东岳硅材被披露为合盛硅业的第四大客户，但合盛硅业从东岳硅材获得的销售收入为1.78亿元，而东岳硅材同期披露的采购金额却与这一数字相差236.06万元，显示出较大的数据不一致性。

**三、分析**

1. 法律法规

根据《证券法》及相关信息披露规则，上市公司需确保财务数据的真实、准确、完整，及时披露可能影响投资者决策的重大信息。

2. 影响

销量数据的重大差异可能误导投资者，影响市场对公司价值的判断，甚至可能引发监管问询或调查，对公司的声誉和股价造成负面影响。

3. 正确做法

公司应及时核查销量数据存在差异的原因，无论是统计错误还是其他原因，都应尽快更正并公开披露。同时，加强内部控制，确保销售数据的准确性和完整性。

4. 正确的会计处理

在会计处理上，公司应遵循《企业会计准则》，确保销售收入的确认符合规定，避免人为调整数据以粉饰业绩。对于发现的差异，应及时进行账务调整，确保财务报表真实反映公司经营状况。

## 案例分析 3：价格与同行业可比上市公司存在重大差异

**一、背景**

远大智能（股票代码：002689）在近期出现了股票价格异常波动的情况，这一现象引起了市场的广泛关注。其股价与同行业可比上市公司的股价相比，存在显著差异，这引发了投资者对公司基本面及市场定价合理性的质疑。

**二、案例具体情况**

根据公开信息，远大智能在出现异常波动前，其股价相对稳定。然而，在某一特定时间段内，其股价突然大幅上涨或下跌，与同行业可比上市公司的股价走势形成鲜明对比。其市盈率、市净率等指标也与同行业可比上市公司存在显著差异。

**三、分析**

1. 法律法规

根据《证券法》及相关信息披露规则，上市公司需及时、准确、完整地披露可能影响股价的重大信息，确保市场公平、公正、公开。

2. 影响

股价异常波动可能误导投资者，损害中小投资者的利益，影响市场的稳定；同时，也可能引发监管机构的关注，对公司形象造成负面影响。

3. 正确做法

公司应及时核查股价异常波动的原因，如是否存在未披露的重大信息、市场传闻、投机炒作等因素。对于确实存在的问题，应及时向市场披露，并采取相应措施稳定股价。

4. 正确的会计处理

虽然本案例主要涉及股价波动而非直接的会计处理问题，但公司应确保财务报告的真实性和准确性，避免任何可能误导投资者的会计处理行为。同时，公司应加强内部控制，提高财务透明度，以维护投资者信心。

需要注意的是，由于本案例的具体财务数据（如具体股价、市盈率、市净率等）未直接给出，以上分析基于假设情境。在实际情况下，投资者应结合公司发布的公告、财务报告等公开信息进行全面分析。

## 案例分析 4：收入核算与同行业可比上市公司存在重大差异

**一、背景**

以 A12 会计师事务所对 B12 公司 2020 年年报审计为例，该案例展示了收入核算与同行业可比上市公司存在重大差异的情况。B12 公司主要从事凹版印刷机及其成套设备的研发、生产及销售，于 2011 年在深圳证券交易所上市。在 2020 年年报审计中，A12 会计师事务所未能识别 B12 公司收入确认不准确的问题，导致审计结果与同行业可比上市公司的收入核算存在显著差异。

**二、案例具体情况**

2020 年，B12 公司实现营业收入 73 951.77 万元，比 2019 年增加 46 497.61 万元。

同期，B12 公司的收入增长率远超行业平均水平。

**三、分析**

1. 法律法规

根据《企业会计准则》及《中国注册会计师审计准则》，企业应当合理确认收入，确保财务报表的真实性和准确性。

注册会计师在执行审计工作时，应保持职业怀疑，充分关注收入确认的合理性，并获取充分、适当的审计证据。

2. 影响

A12会计师事务所未能识别B12公司收入确认不准确的问题，导致审计报告未能真实反映B12公司的财务状况和经营成果。

这不仅损害了投资者的利益，也影响了市场的公平性和透明度。

3. 正确做法

注册会计师在执行审计工作时，应严格按照审计准则的要求，保持职业怀疑，对收入确认进行充分的风险评估和实质性测试。

对于与同行业可比上市公司存在显著差异的收入数据，应特别关注其合理性和真实性，必要时实施追加审计程序。

4. 正确的会计处理

企业应按照《企业会计准则》的规定，合理确认收入。对于与同行业可比上市公司存在显著差异的收入核算数据，应仔细分析其原因，确保收入的确认符合会计准则的要求。

如发现收入确认存在错误，应及时进行更正和调整，确保财务报表的真实性和准确性。

综上所述，本案例是一个典型的收入核算与同行业上市公司存在重大差异的案例。通过对该案例的分析，我们可以看到严格遵守审计准则和会计准则的重要性，以及保持职业怀疑态度在审计工作中的关键作用。

## 专题一百二十九：客户集中度是否符合行业特征

### 业务简介

**一、概念**

客户集中度是指公司业务量占比前五名的客户所产生的业务量总和占公司所有业务量的比重。当这一比例较高时，即认为公司客户较为集中。

**二、基本规定**

在评估公司客户集中度是否符合行业特征时，通常需要遵循以下基本规定和原则。

商业合理性：分析客户集中度是否具有商业合理性，比如是否因行业特性导致市场需求集中于少数几个大客户。

行业比较：结合同行业可比公司的客户集中度情况，评估公司客户集中度是否处于行业正常水平。

客户质量：考察主要客户的行业地位、市场透明度、经营状况及是否存在重大不确定性风险。

合作稳定性：分析公司与主要客户的合作历史、业务稳定性及可持续性，以及是否存在长期合作的潜力和可能性。

定价公允性：评估公司与主要客户之间的交易价格是否公允，是否存在关联交易或非市场化定价的情况。

**三、行业特性**

不同行业的客户集中度可能因行业特性而异。

高科技行业：由于技术门槛高、市场集中度高，客户集中度可能相对较高，少数几家大客户的业务量之和占总业务量的比例较大。

制造业：部分制造业行业，尤其是零部件供应行业，可能因下游行业客户集中度高而导致供应商客户集中度也较高。

服务业：某些服务业如金融、咨询等，客户集中度可能相对较低，因为服务对象广泛且多样。

**四、商业合理性**

客户集中度高的商业合理性主要体现在以下几个方面。

市场需求集中：某些行业市场需求本身就集中在少数几个大客户身上，公司主要满足这些大客户的需求，这自然会导致客户集中度较高。

战略合作关系：公司与大客户之间可能建立了长期稳定的战略合作关系，这种关系有助于公司稳定市场份额和获取持续的业务增长。

规模效应：大客户通常采购量大，有助于公司降低成本、提高生产效率，从而实现规模效应。

**五、潜在影响**

客户集中度较高可能对公司产生以下影响。

风险集中：过度依赖少数几个大客户可能导致公司业务风险集中，一旦这些客户出现经营问题或合作关系中断，将对公司业务产生重大影响。

议价能力下降：大客户可能具有较强的议价能力，导致公司在定价上处于不利地位。

业务拓展受限：过于依赖少数大客户可能使公司在拓展新业务、开发新客户方面缺乏动力和资源。

**六、违规表现**

1. 客户集中度过高

行为描述：公司的业务高度依赖于少数几个大客户，这些客户的业务量总和占据了公司总业务量的绝大部分。例如，在某一行业中，通常客户应该是分散的，但公司与几个大客户的交易额占据了极大比例。

目的与动机：稳定业务、保证销售额和利润，维护与大客户的特殊关系或进行利益输送。

后果：这种高度依赖可能导致公司在市场竞争中失去灵活性，一旦这些大客户出现经营问题或转向其他供应商，公司的业务将受到严重影响。同时，这也可能引发监管机构的关注，以调查公司是否存在不正当的交易或利益输送。

2. 隐瞒或虚报客户信息

行为描述：公司为了掩盖客户集中度过高的事实，可能故意隐瞒或虚报客户信息。例如，将一个大客户的业务量分散报告为多个小客户的业务量，或者虚构不存在的客户来平衡业务比例。

目的与动机：符合行业特征、避免监管机构的调查或投资者的质疑。

后果：这种行为将严重损害公司的信誉和形象。同时，公司可能面临法律处罚和投资者的索赔。此外，隐瞒或虚报客户信息还可能导致公司内部的腐败和管理混乱。

3. 与客户存在不正当利益交换

行为描述：公司可能与客户存在不正当的利益交换，如以低于市场价的价格向客户提供产品或服务，或者从客户处获得超出正常范围的利益。

目的与动机：维持与大客户的关系、确保业务量或者获取额外的利益，而与客户进行不正当的利益交换。

后果：这种行为将严重损害市场的公平竞争原则，同时可能导致公司资源的浪费和内部腐败。公司将面临严重的法律后果和声誉损失。

## 法律法规

1. 反垄断法

虽然反垄断法主要关注的是企业间的垄断行为，如价格垄断、市场分割等，但它也间接影响到客户集中度的问题。如果公司的客户集中度过高，且存在利用市场地位进行不公平竞争的行为，就可能触犯反垄断法。

然而，反垄断法并不直接规定客户集中度的具体标准，而需要相关人员根据市场情况和具体行为进行判断。

2. 证券法规

对上市公司而言，证券法规（如《证券法》等）要求公司必须披露相关信息，包括客户集中度等。监管机构在审核 IPO 或再融资等事项时，会关注公司的客户集中度情况，以评估公司的业务稳定性和风险。

在这种情况下，公司需要解释客户集中度较高的原因、商业合理性、是否符合行业特征以及是否采取有效措施降低依赖度等。

3. 会计准则与信息披露

会计准则要求公司必须按照规定的方法和程序进行会计核算和信息披露。在客户集中度方面，公司需要按照会计准则的要求披露相关信息，以便投资者和监管机构了解公司的经营状况和潜在风险。

## 合规程序与方法

1. 资料收集

客户信息整理：收集并整理公司现有客户的基本信息，包括客户数量、交易金额、合作年限等，以评估客户集中度。

行业报告研究：获取并研究相关行业的市场报告、政策文件及法律法规，了解行业平均客户集中度水平及监管要求。

2. 行业分析

行业特点识别：分析行业特性，如市场结构、产品特性、客户需求等，判断客户集中度对行业发展的影响。

竞争对手对比：对比同行业主要竞争对手的客户集中度情况，评估公司客户集中度在行业中的位置。

3. 风险评估

市场风险：评估客户集中度过高可能带来的市场风险，如供应链中断、需求波动等。

法律风险：分析是否可能触犯反垄断法、反不正当竞争法等法律法规，特别是当客户集中度接近或超过行业监管红线时。

经营风险：考虑客户集中度对公司经营稳定性的影响，如过度依赖单一或少数客户可能导致的经营风险。

4. 合规审查

内部审查：组织内部团队或聘请第三方专业机构，对公司客户集中度进行合规审查，评估其是否符合行业特征及法律法规要求。

政策对比：对照相关法律法规、行业标准，识别潜在的不合规风险点。

5. 制定整改措施

风险应对：针对识别出的不合规风险点，制定具体的整改措施，如分散客户群、优化销售链、加强市场营销等。

完善制度：修订和完善公司合规管理制度，明确客户集中度管理的标准和流程，确保合规管理的持续性和有效性。

6. 后续监控与报告

持续监控：建立客户集中度监控机制，定期对公司客户集中度进行监测和分析，及时发现并应对潜在风险。

定期报告：向公司管理层及监管部门定期报告客户集中度情况及合规管理进展，确保信息透明和沟通顺畅。

## 案例分析 1：客户集中度过高

**一、背景**

鸿富瀚，一家主要从事消费电子功能性器件和自动化设备的设计、研发、生产与销售的公司，在筹备 IPO 过程中，其客户集中度问题引起了广泛关注。鸿富瀚的九成以上收入均来自前五大客户，这一比例远超行业均值，显示出其客户集中度过高。

**二、案例具体情况**

据招股说明书，鸿富瀚在报告期（2018 年至 2020 年）内，前五大客户销售收入占比分别为 90.83%、90.74%、91.04%，显示出极高的客户集中度。

**三、分析**

1. 法律法规

虽然相关规定未直接要求客户必须分散，但监管层会关注客户集中度是否符合行业特点及其合理性。深交所《深圳证券交易所创业板股票发行上市审核业务指引第一号——审核关注要点》明确指出，需重点核查客户集中度问题。

2. 影响

鸿富瀚高度依赖少数大客户，增加了经营风险。一旦大客户需求波动或合作关系中断，将对公司业绩产生重大影响。

高客户集中度还可能限制公司的议价能力，影响利润空间。

3. 正确做法

公司应逐步降低客户集中度，通过多元化客户策略分散风险。

加强与现有大客户的合作深度，同时积极开拓新客户，特别是行业内其他重要客户。

提升自身产品竞争力和创新能力，减少对少数几个客户的依赖。

4. 正确的会计处理

对于客户集中度过高可能带来的潜在损失，应合理计提坏账准备，并在财务报表中充分披露相关风险。

综上所述，鸿富瀚客户集中度过高的问题不仅不符合行业特征，还给公司经营带来了显著风险。公司应采取有效措施降低客户集中度，提升抗风险能力。

## 案例分析 2：隐瞒或虚报客户信息

**一、背景**

某财产保险公司深圳分公司在开展业务时，为追求客户数据的集中管理或出于其他不正当目的，隐瞒或虚报了部分客户信息。国家金融监督管理总局深圳监管局在检查中发现，该公司在承保的车险和意健险业务中，存在大量客户联系电话不真实的情况。

**二、案例具体情况**

检查结果显示，车辆商业险业务中客户联系电话不真实的保单有 340 件，占承保保单总数的 2.62%；意健险组合产品保险业务中客户联系电话不完整的保单高达 7 714 件，占 2.33%。这些不实信息直接影响了客户服务的有效性和监管机构的监督能力。

**三、分析**

1. 法律法规

根据《中华人民共和国保险法》及相关监管规定，保险公司应确保客户信息的真实性和完整性。隐瞒或虚报客户信息不仅违反了法律法规，也损害了客户的合法权益。

2. 影响

客户无法及时获得保险服务，影响客户满意度和忠诚度。

监管机构难以实施有效监督，增加市场风险。

公司可能因此面临行政处罚，损害公司声誉。

3. 正确做法

加强内部管理，确保客户信息采集、录入、更新的真实性和准确性。

定期核查客户信息，及时发现并纠正不实信息。

提高员工合规意识，加强培训和教育。

4. 正确的会计处理

对于因隐瞒或虚报客户信息而产生的任何费用或损失，公司应如实计入当期损益，并在财务报表中充分披露相关风险。同时，对于监管部门的罚款等行政处罚，也应及时进行会计处理，确保财务数据的准确性和合规性。

## 案例分析 3：与客户存在不正当利益交换

### 一、背景

某药品销售公司，为在竞争激烈的市场中保持或提升市场份额，采取了与客户进行不正当利益交换的手段，以实现客户的相对集中。该公司通过向医院关键人员提供回扣、赞助旅游、赠送高档礼品等方式，诱导医院采购其药品，从而排挤了其他竞争对手。

### 二、案例具体情况

据内部调查资料，该公司在过去三年内，为维持与某大型医院的合作关系，每年向医院关键人员支付的回扣及额外费用高达数百万元，占公司总销售费用的 10% 以上。这些费用并未在公司财务报表中如实反映，而是通过从客户处获取的不正当利益进行支付。

### 三、分析

1. 法律法规

《反不正当竞争法》明确禁止经营者采用财物或其他手段进行贿赂以销售商品。该药品销售公司的行为显然违反了这一法律规定。

2. 影响

破坏了市场公平竞争环境，损害了其他合法经营者的利益。

增加了公司运营成本，长期来看不利于公司的健康发展。

严重损害公司声誉，甚至导致公司面临法律制裁。

3. 正确做法

遵守法律法规，通过提升产品质量、优化服务、加强品牌建设等正当手段竞争。

建立完善的内部控制体系，防止员工参与不正当利益交换。

加强合规文化建设，提高员工的法律意识和道德水平。

4. 正确的会计处理

对于已经发生的不正当利益交换行业，公司应主动向税务机关和监管部门报告，并按规定进行纳税调整和接受处罚。同时，在未来的财务处理中，应严格遵守会计准则和税法规定，确保财务数据的真实性和合规性。对于可能涉及的会计差错或舞弊行为，应及时进行更正和披露。

# 专题一百三十：毛利率与同行业可比公司相比是否存在重大差异

## 业务简介

**一、概念**

毛利率是指企业销售收入与销售成本之间的差额占销售收入的百分比。

其中，销售成本包括直接与销售相关的成本，如原材料、劳工成本、制造费用、库存物流费用等。毛利率直接反映企业核心业务的盈利能力和成本控制效率，是衡量企业盈利能力的重要指标。

**二、基本规定**

计算要求：如上所述，毛利率的计算基于销售收入和销售成本，确保数据的准确性和可比性是计算过程中的关键。

行业差异：不同行业的毛利率水平存在显著差异，这主要受行业特性、竞争程度、成本结构等因素的影响。例如，高科技行业往往具有较高的毛利率，而传统制造业的毛利率则相对较低。

内部分析：企业通常会将自身当前的毛利率与历史数据进行比较，以评估盈利能力的变化趋势。

**三、与同行业可比公司比较**

行业特性：理解所在行业的特性是分析毛利率差异的基础。不同行业由于商业模式、产品特性、市场需求等因素不同，毛利率水平也会有所差异。

竞争程度：竞争程度是影响毛利率的重要因素。在竞争激烈的行业中，企业为了争夺市场份额，可能会降低价格，从而导致毛利率下降。而在垄断或寡头垄断的行业中，企业则可能通过提高价格来提高毛利率。

成本结构：成本结构的不同也会导致毛利率的差异。固定成本占比较高的行业，如高科技行业，其毛利率可能相对较高；而变动成本占比较高的行业，如传统制造业，其毛利率可能相对较低。

产品与服务：企业所提供的产品和服务的附加值也会影响毛利率。高附加值的产品和服务往往能带来更高的毛利率。

商业模式：不同的商业模式也会影响毛利率。例如，ToB（面向企业）的商业模式中，由于客户数量相对较少但订单金额较大，毛利率差异可能较小；而ToC（面向消费者）的商业模式中，由于客户数量众多且需求多样，毛利率差异可能较大。

期间费用：除了销售成本外，企业的销售费用、管理费用等期间费用也会影响毛利率。这些费用的高低会直接影响企业的净利润率。

**四、违规表现**

1. 毛利率远高于同行业平均水平

行为描述：在业务模式、产品类别基本相同的情况下，公司的毛利率远高于同行业的平均水平。例如，同行业可比公司的平均毛利率为20%，而公司的毛利率高达40%或更高。

目的与动机：故意虚增毛利率，以显示出其超强的盈利能力和市场竞争力，以吸引投资者关注。此外，也可能存在为了达到特定的财务指标要求或满足某些融资条件而人为提高毛利率的情况。

后果：虚高的毛利率将严重损害公司的信誉和股价；同时，可能导致公司面临监管机构的调查和处罚，甚至可能引发投资者的集体诉讼。此外，过高的毛利率也可能导致公司内部的腐败和管理混乱。

2. 毛利率大幅波动或其变动趋势与行业趋势不符

行为描述：公司的毛利率在短时间内出现大幅波动，或者其变动趋势与同行业其他公司存在显著差异。例如，在行业毛利率普遍下降的情况下，该公司的毛利率却逆势上升。

目的与动机：操纵财务报表或迎合市场预期。

后果：毛利率的大幅波动或异常变动可能引发投资者和监管机构的关注，进而对公司的股价和声誉造成负面影响。如果调查发现公司存在财务造假等违规行为，公司将面临严重的法律后果。

3. 不同客户的销售毛利率不一致

行为描述：公司不同客户的销售毛利率存在显著差异，特别是关联方或大客户的销售毛利率明显高于其他客户。

目的与动机：向特定客户输送利益或进行利益交换。

后果：不同客户的销售毛利率不一致可能引发监管机构的关注和调查。如果调查发现公司存在不正当的交易或利益输送行为，公司将面临法律处罚和声誉损失。同时，这种差异也可能导致公司内部资源的不合理分配和管理混乱。

## 法律法规

**一、信息披露要求**

对于已上市公司，信息披露相关法规要求其在信息披露文件中列示毛利率，并分析其变动情况。虽然不要求直接与同行业可比公司进行对比，但公司应充分说明毛利率的主要影响因素及变化趋势，以便投资者和监管机构评估公司的盈利能力和风险水平。

虽然对非上市公司在信息披露方面的要求没有上市公司那么严格，但非上市公司在经营过程中也需要关注自身毛利率与同行业可比公司的差异，以便及时调整经营策略，保持竞争力。

**二、对比分析的必要性**

在评估公司毛利率与同行业可比公司是否存在重大差异时，对比分析是必要的。这种分析有助于揭示公司在行业中的相对地位、盈利能力以及可能存在的风险。

投资者和监管机构通常会关注公司的毛利率水平及其变化趋势，并将其与同行业可比公司进行对比，以评估公司的经营状况和未来发展潜力。

**三、关于毛利率差异的规定**

目前，我国法律法规并没有直接规定公司毛利率与同行业可比公司必须保持多大的差异才被视为合理或合法。然而，如果公司毛利率出现异常波动或与同行业可比公司存在显著差异，则可能会引发监管机构的关注，甚至进行进一步的调查。在这种情况下，公司需要准备充分的解释和证明材料，以说明毛利率差异的形成原因和合理性。如果公司无法提供合理解释或证明材料，可能会面临监管风险或法律责任。

## 合规程序与方法

**一、合规程序**

1. 确立审计目标与范围

明确审计目的，即检查公司毛利率与同行业可比公司的差异是否在合理范围内。

确定审计范围，包括公司的主要产品、服务、区域市场、审计时间的时间跨度等。

2. 收集行业数据

查阅同行业上市公司的年报、季报、招股说明书等公开资料，获取行业平均毛利率、主要竞争对手的毛利率数据。

分析行业报告、市场研究报告，了解行业趋势、竞争格局及成本结构。

3. 审查内部数据

审查公司的财务报表，特别是利润表、成本明细表等，计算公司各产品、服务的毛利率。

验证销售数据、成本数据的真实性和准确性，确保无虚假记录或遗漏。

4. 对比分析

将公司的毛利率与行业平均毛利率、主要竞争对手的毛利率进行对比分析，识别差异大小和趋势。

分析差异产生的原因，如产品结构、价格策略、成本控制等。

5. 评估风险与形成结论

评估差异对公司财务状况和经营成果的影响，判断是否存在重大异常。

根据分析结果，形成审计结论，并提出改进建议。

**二、方法**

1. 数据收集与整理

通过公开渠道收集同行业可比公司的财务数据，建立数据库。

对公司内部数据进行整理，确保数据的一致性和可比性。

2. 定量分析

计算公司及同行业可比公司的毛利率，并进行横向和纵向对比。

分析毛利率变动的趋势和差异形成的原因，如原材料价格波动、人工成本变化、市场需求变化等。

3. 定性分析

访谈公司管理层、销售人员、财务人员等，了解公司的经营策略、市场定位、成本控制措施等。

分析公司的竞争优势和劣势，以及行业发展趋势对公司毛利率的影响。

4. 综合评估

将定量分析和定性分析的结果相结合，综合评估公司毛利率与行业平均水平的差异是否重大。

考虑可能存在的风险因素，如市场竞争加剧、成本上升等，评估差异对公司未来经营的影响。

5. 报告与建议

编写审计报告，详细记录审计过程、发现的问题、分析结论及改进建议。

将审计报告提交给公司管理层和相关监管机构，确保信息的透明度和合规性。

## 案例分析 1：毛利率远高于同行业平均水平

**一、背景**

某科技公司（以下称“科技 A 公司”）在 IPO 审核过程中，被发现毛利率显著高于同行业平均水平，引发了监管关注。科技 A 公司主要从事智能设备研发与销售，其报告期内的毛利率分别为 50%、55%、60%，而同行业可比公司平均毛利率均约为 35%。

**二、案例具体情况**

科技 A 公司连续三年毛利率持续上升，与行业趋势不符。其高毛利率主要源于高端智能设备销售占比高，但该类产品市场占比小，且竞争激烈。

**三、分析**

1. 法律法规

IPO 审核中，毛利率异常是重点关注问题，公司需合理解释毛利率高于行业平均水平的原因及合理性。

2. 影响

若毛利率异常无合理解释，可能被视为财务造假或业务模式不可持续，影响 IPO 进程及公司信誉。

3. 正确做法

科技 A 公司应详细披露其高端产品的技术优势、市场需求、成本控制措施等，证明高毛利率的合理性。同时，需说明未来市场变化对毛利率的可能影响及应对措施。

4. 正确的会计处理

确保收入、成本确认符合会计准则。此外，加强内部控制，确保财务数据真实、准确。

## 案例分析 2：毛利率大幅波动或其变动趋势与行业趋势不符

### 一、背景

某制造业公司（以下称“制造 B 公司”），主要从事汽车零部件生产，近年来其毛利率出现大幅波动，与行业普遍稳定或微降的趋势明显不符。这一异常现象引起了监管机构和投资者的关注。

### 二、案例具体情况

2018 年：毛利率为 20%，与行业平均水平相当。

2019 年：毛利率骤升至 35%，远超行业平均水平。

2020 年：毛利率又迅速下滑至 15%，低于行业平均水平。

### 三、分析

1. 法律法规

上市公司需确保财务数据的真实性和合理性，毛利率的大幅波动需有充分合理解释，以符合行业规定和会计准则。

2. 影响

投资者信心受损：怀疑公司业绩的真实性和可持续性。

监管风险增加：公司可能面临监管机构的深入调查和处罚。

融资难度加大：银行和其他金融机构对公司贷款或融资的审批更为谨慎。

3. 正确做法

详细披露：详细解释毛利率波动的原因，如原材料价格波动、产品结构调整、市场策略变化等。

风险管理：建立有效的内部控制机制，及时应对市场变化，保持毛利率的相对稳定。

合规经营：确保所有财务处理符合会计准则和监管要求。

4. 正确的会计处理

准确确认收入与成本：遵循权责发生制原则，确保收入与成本的匹配。

审计监督：聘请独立第三方进行定期审计，确保财务数据的真实性和准确性。

制造 B 公司需通过加强内部管理、详细披露和合规经营，来恢复市场信心并降低监管风险。

## 案例分析 3：不同客户的销售毛利率不一致

### 一、背景

某环保科技公司（以下称“环保 C 公司”），专注于垃圾分类处理设备的研发与销售。在 IPO 审核过程中，监管人员发现其针对不同客户群体的销售毛利率存在显著差异，与行业对标原则不符。特别是，关联方和大客户的销售毛利率明显高于非关联方和中小客户。

### 二、案例具体情况

对非关联方销售：毛利率为 30%，符合行业平均水平。

对关联方销售：毛利率为45%，显著高于非关联方销售毛利率。

对大客户销售：毛利率为40%，也高于非关联方销售毛利率。

**三、分析**

1. 法律法规

关联交易需遵循公平、公正原则，定价需合理，避免利益输送。

上市公司需确保所有销售交易的透明度，避免通过不同客户实现特定财务目标。

2. 影响

损害市场公平竞争环境。

引发投资者和监管机构的质疑，影响公司声誉和IPO进程。

可能涉及财务造假或利益输送，导致公司面临法律风险。

3. 正确做法

建立健全的关联交易管理制度，确保定价公允。

加强内部控制和审计，确保所有销售交易的合规性。

透明披露关联交易信息，包括交易对象、定价依据及对公司业绩的影响。

4. 正确的会计处理

严格按照会计准则确认关联交易收入与成本。

在财务报表中详细披露关联交易情况，包括销售额、毛利率等关键指标。

环保C公司需重新审视其销售策略和关联交易管理，确保所有销售交易的合规性和透明度，以符合行业对标原则和监管要求。

## 专题一百三十一：利润增长与同行业可比公司相比是否存在重大差异

### 业务简介

**一、概念**

公司利润增长是指公司在一定时期内（如一年）的净利润相对于前一时期（如上一年）的增长情况。净利润是公司总收入扣除所有费用（包括营业成本、税金及附加等）后的剩余部分，是衡量公司经营成果的核心指标。合理的利润增长反映了公司盈利能力的提升和市场占有率的提高，是公司健康发展的重要标志。

**二、基本规定**

计算方法：利润增长通常通过比较两个时期的净利润额来计算，增长额或增长率是衡量利润增长的具体指标。增长率计算公式为：利润增长率 =（本期净利润 – 上期净利润）/ 上期净利润 × 100%。

行业比较：在评估公司利润增长时，需要将其与同行业可比公司进行比较，以了解公司在行业中的相对位置和竞争力。同行业可比公司应指在同一或相似业务领域、面临相同或相似市场环境的公司群体。

可持续性：对于利润增长，不仅要关注短期内的表现，更要关注其长期可持续性。公司需要建立稳定的盈利模式、优化成本结构、提高运营效率，以确保利润增长的稳定性和持续性。

**三、违规表现**

1. 虚增利润

行为描述：公司通过虚构交易、夸大收入或降低成本等方式，人为地提高利润增长率。例如，某公司在业绩预告中披露的净利润与实际净利润存在较大差异，且盈亏性质发生变化，这可能涉及虚增利润的行为。

目的与动机：吸引投资者、提高股价、满足融资条件或达到市场预期。

后果：虚增利润会导致公司财务报表失真，损害投资者利益。公司将面临法律处罚、声誉受损和投资者信任危机。

2. 隐瞒或延迟确认损失

行为描述：公司可能故意隐瞒或延迟确认某些损失，如坏账损失、存货跌价损失等，从而虚增利润。

目的与动机：保持利润增长的稳定性或避免股价波动。

后果：隐瞒或延迟确认损失会误导投资者对公司真实财务状况的判断。长期来看，这种行为可能导致公司突然面临巨大的财务困境，甚至破产。

3. 利用关联交易操纵利润

行为描述：公司可能通过与关联方进行不公允的交易来操纵利润，如以高于市场价的价格向关联方销售产品或以低于市场价的价格从关联方购买原材料。

目的与动机：粉饰财务报表或实现特定的财务目标。

后果：利用关联交易操纵利润会损害公司和股东的利益，破坏市场公平竞争秩序。公司将面临严重的法律后果和声誉损失。

4. 确认收入

行为描述：公司可能通过提前确认未来收入来平滑利润波动曲线。例如，在年底前突击确认大量收入以提升全年利润。

目的与动机：稳定股价、满足市场预期或达到内部业绩目标。

后果：提前或推迟确认收入会导致公司财务报表失真，影响投资者对公司未来盈利能力的判断。长期来看，这种行为可能损害公司的信誉和市场竞争力。

## 法律法规

### 一、财务报告编制

公司需要按照会计制度或会计准则的要求编制财务报告，包括资产负债表、利润表、现金流量表等。这些报表反映了公司的财务状况、经营成果和现金流量情况。通过对比公司与同行业可比公司的财务报告，可以分析出利润增长是否存在重大差异。

### 二、信息披露

信息披露的要求：上市公司需要按照相关法律法规的要求进行信息披露，包括定期报告（如年度报告、半年度报告）和临时报告（如重大事项公告）。信息披露的内容应当真实、准确、完整，不得有虚假记载、误导性陈述或重大遗漏。

对上上市公司，投资者和监管机构可能与同行业可比公司进行对比。如果公司的利润增长与同行业可比公司存在重大差异，可能会引起投资者和监管机构的关注，进而要求公司做出解释或采取相应措施。

## 合规程序与方法

### 一、合规程序概述

1. 法律法规与标准理解

必须深入理解与公司经营及利润增长相关的法律法规、会计准则及行业标准。这包括但不限于税法、会计法、证券法及行业监管规定等。

2. 数据收集与整理

收集公司自身及同行业可比公司可比期间内的财务数据，包括利润表、资产负债表、现金流量表等关键报表。确保数据的真实性、完整性和可比性。

3. 合规性检查

检查公司财务操作是否遵循了相关法律法规，确保没有违法违规的财务操作。

4. 差异分析

对比公司利润增长与同行业可比公司的数据，识别并分析存在的差异及其原因。

5. 风险评估与应对

评估差异可能带来的风险，并制定相应的合规策略和应对措施。

6. 报告与披露

将分析结果及合规性检查情况形成报告，向管理层、董事会及监管机构披露。

**二、具体方法与步骤**

1. 同行业可比公司确定

选择与公司业务相似、规模相当、市场环境相近的同行业公司作为比较对象。

考虑行业分类、市场地位、业务模式等因素，确保可比性。

2. 财务数据收集

从公司年报、季报、财务报表附注等公开资料中收集财务数据。

确保数据的时效性、准确性和一致性。

3. 利润增长分析

计算公司利润增长率，并与同行业可比公司的平均利润增长率进行对比。

分析利润增长的主要原因，如销售额增长、成本控制、价格提升等。

4. 差异识别与原因分析

识别利润增长与同行业可比公司存在的重大差异。

分析差异的形成原因，可能包括市场策略、成本结构、运营效率、技术创新等因素。

5. 合规性检查

检查公司财务数据是否真实反映了业务活动，是否存在虚增利润、隐瞒成本等违规行为。

审核财务报表的编制是否符合会计准则和法规要求。

6. 风险评估

评估差异可能带来的合规风险、市场风险和财务风险。

分析风险对公司经营和未来发展的潜在影响。

7. 制定合规策略与应对措施

针对识别出的合规风险，制定具体的合规策略和应对措施。

加强内部控制，完善财务管理制度，确保合规性。

8. 报告与披露

将分析结果、合规性检查情况及应对策略形成书面报告。

向管理层、董事会及监管机构披露相关信息，接受监督和指导。

## 案例分析 1：虚增利润

**一、背景**

某上市公司（以下称“公司 X”），为了维持其市场地位和股价表现，采取了一系列财务手段虚增利润，导致其利润增长率显著高于同行业可比公司，引发了市场的广泛关注和监管机构的调查。

**二、案例具体情况**

公司 X 的利润增长率：连续三年达到 50%，远超行业平均水平。

同行业可比公司的平均利润增长率：连续三年稳定在 10%。

虚增部分：经调查发现，公司 X 通过虚构销售业务、提前确认收入、少计费用等方式，累计虚增利润数亿元。

三、分析

1. 法律法规

《公司法》及证券相关法律法规要求上市公司确保财务数据的真实性和准确性，禁止虚增利润等财务造假行为。

2. 影响

误导投资者，损害其利益。

损害公司声誉，长期影响市场对公司的信任。

公司可能面临监管机构的严厉处罚，包括高额罚款、市场禁入等。

3. 正确做法

严格遵守财务法规，确保财务报告的真实性和透明度。

加强内部控制和审计，及时发现和纠正财务违规行为。

提高公司治理水平，建立有效的激励约束机制，防止管理层出于个人利益而操纵利润。

4. 正确的会计处理

按照会计准则正确确认和计量收入、成本和费用。

对于发现的虚增利润部分，应及时进行会计调整，并在财务报告中予以披露。

公司 X 的案例警示所有上市公司，必须坚守诚信底线，确保财务数据的真实性，以维护市场的公平、公正和透明。

## 案例分析 2：隐瞒或延迟确认损失

一、背景

某制造企业（以下称“企业 A”），为维持其市场形象及股价稳定，选择隐瞒部分生产损失及延迟确认一些已发生的成本，这导致其在财务报告中展示的利润增长率远高于同行业平均水平，吸引了大量投资者关注，但随后被监管机构揭露其财务造假行为。

二、案例具体情况

企业 A 年度利润增长率高达 25%，而同行业平均利润增长率仅为 10%。

隐瞒或延迟确认的损失：经调查，企业 A 隐瞒了因产品质量问题导致的退货损失约 5 000 万元，并延迟确认了原材料损耗成本约 3 000 万元。

三、分析

1. 法律法规

根据《会计法》及证券法规，企业应如实反映其财务状况和经营成果，不得隐瞒或延迟确认损失。

2. 影响

误导投资者决策，损害其利益。

破坏市场公平竞争环境，影响行业健康发展。

企业面临法律制裁，包括罚款、市场禁入等。

3. 正确做法

建立健全内部控制体系，确保财务信息的真实性和完整性。

加强风险管理，及时识别并处理潜在损失。

提高企业透明度，主动披露重大风险及损失情况。

4. 正确的会计处理

按照会计准则规定，及时、准确地确认和计量各项损失。

对已发生的损失，无论大小，均应在当期财务报表中予以反映。

对于前期差错，应进行追溯调整，并在财务报告中详细披露调整原因及影响。

企业A的案例强调了遵循会计准则和法规的重要性，任何试图通过隐瞒或延迟确认损失以提升利润的行为，最终都将受到市场的惩罚和法律的制裁。

## 案例分析3：利用关联交易操纵利润

**一、背景**

紫鑫药业，一家中药制药企业，被曝出通过复杂的关联交易操纵其利润，以实现利润增长，其利润显著高于同行业平均水平。这些关联交易涉及虚构销售。

**二、案例具体情况**

虚增收入：紫鑫药业分别在2017年和2018年通过向其关联方销售产品，虚增营业收入近9 400万元和2亿元。

虚增利润：对应上述虚增收入，紫鑫药业涉嫌虚增利润约8 500万元和9 500万元。

同行业平均利润利润率：同行业平均利润利润率为10%，而紫鑫药业通过关联交易操纵利润后，利润利润率远超此水平。

**三、分析**

1. 法律法规

根据《公司法》及证券法规，公司不得利用其关联关系损害公司利益，关联交易应遵循公平、公正原则，确保交易价格合理。

2. 影响

误导投资者，损害中小股东利益。

扰乱市场秩序，影响行业公平竞争。

公司面临法律处罚，包括高额罚款和市场禁入。

3. 正确做法

关联交易应透明，确保交易条件公平合理。

建立健全内部控制体系，防止利用关联交易操纵利润。

4. 正确的会计处理

对关联交易进行独立审计，确保交易的真实性和公允性。

如发现前期差错，应及时进行追溯调整，并在财务报告中详细披露。

紫鑫药业的案例警示企业，任何试图通过关联交易操纵利润的行为都将受到监管机构的严格审查和法律制裁。企业应严格遵守相关法律法规，确保关联交易的合法性和透明度。

## 案例分析4：提前确认收入

**一、背景**

某科技公司（以下称“X公司”），为提升年度业绩以满足投资者期望和市场融资需求，选择提前确认尚未实现的销售收入，导致其年度利润显著增长，与同行业可比公司相比存在重大差异。

**二、案例具体情况**

提前确认收入金额：X公司在某年度提前确认了约1亿元的销售收入，而根据合同条款，这些收入本应在下一年度确认。

利润增长率：由于提前确认收入，X公司该年度利润增长率达到50%，远高于同行业平均水平。

**三、分析**

1. 法律法规

根据《企业会计准则》，企业应按照权责发生制原则确认收入，即在商品或服务控制权转移给客户时确认收入。

2. 影响

误导投资者和债权人，影响市场信心。

企业面临监管机构处罚，包括罚款、市场禁入等。

损害企业长期信誉和可持续发展能力。

3. 正确做法

严格遵守会计准则，确保收入确认的合规性和真实性。

加强内部控制，防止管理层出于业绩压力而操纵利润。

4. 正确的会计处理

对已提前确认的收入进行追溯调整，并在财务报表中详细披露调整原因及影响。

X 公司的案例再次强调了合规确认收入的重要性。企业应坚持原则，抵制短期利益的诱惑，确保财务信息的真实可靠，以维护市场公平和促进自身长远发展。

## 专题一百三十二：应收账款周转率与同行业可比公司相比是否存在重大差异

### 业务简介

**一、概念**

应收账款周转率是企业在一定时期内赊销净收入与平均应收账款余额之比。它反映了企业应收账款的周转速度和管理效率，是衡量企业应收账款变现能力的重要指标。应收账款周转率越高，说明企业应收账款收回速度越快，资金利用效率越高；反之，则表明企业资金收回速度较慢，可能存在资金占用过多的问题。

**二、基本规定**

应收账款周转率的计算公式通常为：

营业收入 ÷ 应收账款平均余额，其中，应收账款平均余额为（期初应收账款余额 + 期末应收账款余额）÷ 2

其中，赊销收入净额是指扣除销售退回、销售折让和折扣后的销售收入净额。应收账款周转率也可以用周转次数或周转天数来表示。周转次数表示应收账款一年中周转的次数，而周转天数则表示从销售开始到收回现金平均需要的天数。

**三、影响因素**

销售模式：企业的销售模式直接影响应收账款周转率。例如，直销模式下，企业可能给予客户较长的信用期，导致应收账款余额较大，周转率相对较低；而经销模式下，可能采用预付款的方式，应收账款收回较快，周转率较高。

行业特性：不同行业的经营模式、客户群体和市场竞争状况不同，应收账款周转率也会有所不同。例如，快消品行业由于销售周期短、客户数量多，应收账款周转率相对较高；而重型机械、工程设备等行业由于销售周期长、客户数量少，应收账款周转率相对较低。

企业规模：规模较大的企业通常拥有更多的客户和更广泛的销售渠道，应收账款周转率相对较高；而规模较小的企业可能面临客户数量少、销售渠道有限等问题，导致应收账款周转率较低。

客户信用管理：完善的客户信用管理制度可以降低坏账风险，提高应收账款周转率。如果企业缺乏信用管理，可能导致坏账率上升，影响应收账款周转率。

内部管理：企业内部管理的效率也影响应收账款周转率。例如，财务流程的优化、销售人员的收款积极性、应收账款的跟踪和催收等都会影响应收账款的收回速度。

当一家公司的应收账款周转率与同行业可比公司存在重大差异时，这往往反映了该公司与同行业可比公司在销售模式、客户管理、内部管理等方面的不同。例如，如果某公司的应收账款周转率远高于同行业平均水平，可能是因为该公司采用了更严格的信用管理政策、更高效的内部管理制度或更灵活的销售模式等。相反，如果某公司的应收账款周转率远低于同行业平均水平，则可能意味着该公司在客户信用管理、销售模式或内部管理方面存在问题，需要加以解决。

**四、违规表现**

1. 虚假销售与应收账款挂账

行为描述：企业可能通过虚假销售和应收账款挂账来美化财务报表。这种做法通常涉及伪造销售合同、发货单等文件，以此来提高应收账款的数额。

目的与动机：达到特定的销售目标、完成利润指标或提升企业的市场表现。

后果：这种做法会导致应收账款周转率下降，因为虚假的应收账款增加了平均应收账款余额。长期来看，这会影响企业的信誉，并可能导致法律风险。

2. 利用应收账款平衡账目

行为描述：当企业账目不平衡时，财会人员通过随意调整应收账款来平衡账目。

目的与动机：掩盖财务管理上的问题，避免引起外界对企业财务状况的质疑。

后果：这种行为会导致财务报表失真，影响投资者和债权人的决策。

3. 人为调节坏账准备

行为描述：企业可能通过多提或少提坏账准备来调节利润。例如，扩大、缩小坏账准备的计提比例。

目的与动机：在不同年度间平滑利润，以达到特定的财务目标或市场期望。

后果：这种行为会扭曲企业的真实财务状况，影响投资者对企业盈利能力的判断，并可能导致未来坏账损失的实际情况与预期不符。

4. 违规延长或缩短应收账款周转天数

行为描述：企业可能故意延长或缩短应收账款的周转天数，以符合其特定的财务策略或目标。

目的与动机：延长应收账款周转天数可能是为了增加销售额（如通过提供更宽松的信用政策），而缩短应收账款周转天数则可能是为了降低坏账风险或提高资金利用效率。

后果：异常的应收账款周转天数会影响企业的现金流和资金使用效率，进而影响企业的盈利能力和市场竞争力。

## 法律法规

1. 财务信息披露的准确性

根据《会计法》及相关会计准则，企业应当如实反映其财务状况、经营成果和现金流量，确保财务信息的真实性和准确性。

在编制财务报表时，企业应当遵循一致性和可比性原则，确保不同期间和同行业之间的财务信息具有可比性。

2. 财务信息披露的完整性

企业财务报表应当包括资产负债表、利润表、现金流量表及其附注等，全面反映企业的财务状况和经营成果。

对于可能影响投资者决策的重要信息，企业应当在财务报表附注中进行充分披露。

## 合规程序与方法

1. 确定检查目的

明确检查应收账款周转率与同行业可比公司是否存在重大差异的目的是评估公司应收账款管理效率，识别潜在风险，确保财务报告的准确性和真实性，检查公司财务操作是否符合相关法律法规的要求。

2. 收集基础数据

公司数据：收集公司近年的财务数据，特别是营业收入、平均应收账款余额等关键数据。

行业数据：通过行业报告、证券交易所公告、专业数据库等渠道，获取同行业可比公司的应收账款周转率数据。

3. 计算应收账款周转率

应收账款周转率的计算公式为：应收账款周转率 = 营业收入 / 平均应收账款余额。首先，根据收集的数据，分别计算公司自身及同行业可比公司的应收账款周转率。

4. 行业对比分析

直接对比：将公司应收账款周转率与同行业可比公司进行对比。

趋势分析：观察公司历年应收账款周转率的变化趋势，并与行业趋势进行对比，以评估公司应收账款管理的稳定性和效率。

5. 识别差异形成原因

若公司应收账款周转率与同行业可比公司存在重大差异，需进一步分析原因。

信用政策：检查公司的信用政策是否过于宽松或严格，导致应收账款收回速度不同。

业务模式：分析公司业务模式是否独特，其可能影响应收账款周转率。

市场环境：考虑宏观经济环境、行业周期等因素对应收账款周转率的影响。

客户结构：评估公司客户群的信用状况、支付习惯等，分析其是否导致回款速度存在差异。

6. 风险评估与应对措施

风险评估：基于差异形成原因的分析，评估公司应收账款管理可能存在的风险，如坏账风险、资金链紧张等。

应对措施：制定针对性的改进措施，如调整信用政策、优化客户结构、加强应收账款催收等。

7. 合规性审查

会计准则遵循：确保应收账款周转率的计算方法和披露符合会计准则的要求。

内部控制：检查公司内部控制体系是否健全，能否有效保障应收账款管理的合规性和效率。

信息披露：在财务报告或相关公告中，准确、完整地披露应收账款周转率及其与同行业可比公司的对比情况，避免误导投资者。

8. 持续改进与监控

建立监控机制：定期（如每季度或每年）复查应收账款周转率，跟踪改进措施的实施效果。

持续优化：根据市场环境变化和公司发展需要，不断调整和优化应收账款管理策略。

注意事项如下。

数据准确：确保收集的数据准确无误，避免因数据错误导致分析结论失真。

全面分析：在对比和分析时，要综合考虑多种因素，避免片面结论。

保持合规意识：始终保持高度的合规意识，确保所有操作符合相关法律法规的要求。

通过以上合规程序与方法，系统地检查公司应收账款周转率与同行业可比公司是否存在重大差异，并采取相应的措施来优化应收账款管理，提高公司的财务健康度和经营效益。

## 案例分析 1：虚假销售与应收账款挂账

**一、背景**

欣泰电气在 2011 年至 2016 年期间，通过虚假销售与应收账款挂账，虚增利润，导致应收账款周转率与同行业可比公司间存在显著差异。这一行为旨在美化财务报表，吸引投资者，但最终引发市场广泛关注及监管处罚。

**二、案例具体情况**

据公告，欣泰电气在这四年间，每期虚构的应收账款在 7 000 多万元到 2 亿元之间，导致应收账款急剧增加，应收账款周转率显著下降。例如，2016 年其应收账款周转率仅为 0.121，远低于行业平均值（7.8），这表明大量应收账款未能及时收回，资金流动性差。

**三、分析**

1. 法律法规

根据《企业所得税法》及《公司法》，企业收入应真实，会计资料需完整准确。欣泰电气的行为违反了这些规定，影响了企业所得税的计算和缴纳，且会计资料失真。

2. 影响

虚假销售不仅误导投资者，还导致企业资金被长期占用，现金流紧张，影响企业正常运营和偿债能力。此外，企业还面临法律处罚和声誉损失。

3. 正确做法

企业应确保销售真实，应收账款及时清理，避免长期挂账。通过加强内部控制和财务审计，确保财务数据真实可靠。

4. 正确会计处理

对应收账款进行定期核对和催收，对于无法收回的款项应及时进行坏账处理，确保会计利润和应纳税所得额的真实性。

欣泰电气的案例警示企业，财务造假不仅违法，还会带来长远的负面影响，合规经营才是企业可持续发展的基石。

## 案例分析 2：利用应收账款平衡账目

**一、背景**

某制造企业为提升财务报表表现，利用应收账款进行账目调整。

**二、案例具体情况**

假设该企业在 2024 年，将虚构销售交易的虚假收入计入应收账款，导致年末应收账款总额激增。同时，通过延迟确认部分已收回款项，进一步拉低应收账款周转率。数据显示，该年度企业应收账款总额较上年增长 50%，而应收账款周转率从 4 次下降至 1.5 次，与行业平均水平的 4 次形成鲜明对比。

**三、分析**

1. 法律法规

根据《会计法》及相关会计准则，企业应如实反映财务状况和经营成果，不得虚构交易或延迟确认收入。

2. 影响

此举严重扭曲了企业的真实经营情况，误导了投资者、债权人等利益相关方，损害了企业信誉。同时，长期挂账的应收账款增加了坏账风险，影响企业资金流动性。

3. 正确做法

企业应建立健全内部控制制度，确保会计记录真实可靠。对于应收账款，应加强客户信用管理，定期核对账目，及时催收款项，避免长期挂账。

4. 正确的会计处理

对应收账款进行准确分类和核算，确保每一笔交易都有据可查。对于无法收回的款项，应及时计提坏账准备，真实反映企业资产质量。

此案例警示企业，通过应收账款平衡账目将严重损害企业利益，合规经营才是正道。

## 案例分析 3：人为调节坏账准备

**一、背景**

辽宁振隆特产有限公司（以下简称“辽宁振隆”）被揭露存在人为调节坏账准备以粉饰财务数据的行为。

**二、案例具体情况**

据调查，辽宁振隆的应收账款周转率明显低于同行业平均水平。同时，公司通过第三方公司回款或用其他外销客户回款调节应收账款的账龄，存在人为减少坏账准备的行为。虽然无法直接给出精确的坏账准备操纵金额，但可以推测，通过减少坏账准备，辽宁振隆在一定程度上虚增了应收账款的可回收性，从而间接提升了应收账款周转率。

**三、分析**

1. 法律法规

根据《企业会计准则》及相关法规，企业应合理估计并计提坏账准备，确保财务报告的真实性和准确性。人为调节坏账准备违反了这一原则。

2. 影响

辽宁振隆的行为误导了投资者和债权人，掩盖了公司真实的财务状况和经营风险。长期来看，这种行为将损害公司的市场信誉和可持续发展能力。

3. 正确做法

公司应建立健全的坏账准备计提制度，根据客户的信用状况、历史还款记录等因素合理估计坏账损失，并严格按照会计准则进行会计处理。

4. 正确的会计处理

在计提坏账准备时，公司应采用科学的方法（如账龄分析法、余额百分比法等），确保计提金额的准确性和合理性。同时，对于已确认无法收回的应收账款，应及时进行核销处理，避免长期挂账。

综上所述，辽宁振隆人为调节坏账准备的行为是错误且违法的。企业应严格遵守会计准则和其他法律法规，确保财务报告的真实性和准确性。

## 案例分析 4：违规延长或缩短应收账款周转天数

**一、背景**

某制造企业为掩盖其销售下滑、回款困难的实际情况，违规延长应收账款周转天数，进而使得应收账款周转率与同行业可比公司存在显著差异。这种操作旨在误导投资者和债权人，维持企业的市场形象。

**二、案例具体情况**

假设该企业在过去一年中，销售收入为 10 亿元，而年末应收账款余额高达 5 亿元，较上年增长了 30%。根据应收账款周转天数的计算公式（应收账款周转天数 =360× 平均应收账款余额 / 销售收入），该企业的应收账款周转天数为 180 天，远高于行业平均水平（60 天）。这表明企业从销售商品到收回现金所需的时间过长，资金回笼效率低下。

**三、分析**

1. 法律法规

根据《企业会计准则》及相关法规，企业应如实反映其财务状况和经营成果，不得通过虚假记录或延迟确认等手段操纵财务指标。

2. 影响

延长应收账款周转天数，虽然短期内可能掩盖了企业的经营问题，但长期来看，将加剧企业的资金压力，增加坏账风险，损害企业的信用评级和融资能力。

同时，这种行为也会误导投资者和债权人，破坏市场的公平性和透明度。

3. 正确做法

企业应加强应收账款管理，提高收款效率，缩短应收账款周转天数。

企业应通过优化销售政策、加强客户信用评估、完善应收账款催收机制等措施，确保销售收入的及时回笼。

4. 正确的会计处理

企业应严格按照会计准则进行会计处理，确保应收账款的真实性和准确性。

对于无法收回的应收账款，应及时计提坏账准备并进行核销处理，避免长期挂账导致财务报表失真。

综上所述，某制造企业违规延长应收账款周转天数是一种违反会计准则和其他法律法规的行为。企业应正视自身存在的问题，加强应收账款管理，提高资金回笼效率，以维护自身的市场形象和可持续发展能力。

## 专题一百三十三：坏账准备政策与同行业可比公司相比是否存在重大差异

### 业务简介

**一、概念**

坏账准备是指企业为了弥补未来可能产生的坏账损失，而提前按一定比例从应收账款中减计的金额，以减少风险和保护企业的利益。这是企业会计工作中的重要环节之一，也是财务管理中的基本内容。

**二、基本规定**

1. 法律依据

坏账准备政策的制定与执行需遵循《企业会计准则第22号——金融工具确认和计量》及相关解释文件的规定。根据准则要求，企业应以预期信用损失模型为基础，对金融资产（如应收账款）的减值风险进行评估，并合理计提坏账准备。此外，《企业所得税法》及其实施条例对坏账损失的税前扣除作出了限制性规定，要求企业必须符合税法规定的条件（如逾期年限、催收记录等）方可税前扣除。企业需确保会计处理与税务规定的协调，避免因政策差异引发税务风险。

2. 计提原则

坏账准备的计提应遵循“谨慎性”和“匹配性”原则。谨慎性原则要求企业充分评估应收款项的回收风险，对可能发生的损失提前确认；匹配性原则强调坏账费用应与相关收入在同一会计期间配比。企业需结合历史经验、债务方信用状况、行业风险等因素，合理判断预期信用损失。对于不同账龄、不同信用风险的应收款项，应采用差异化的计提标准，确保坏账准备金额能够真实反映资产的可回收性。

3. 计提方法

企业通常采用“账龄分析法”或“迁徙率模型”计提坏账准备。账龄分析法根据应收款项的逾期时间划分风险等级，对不同账龄段设置递增的计提比例；迁徙率模型则基于历史坏账率数据，预测未来信用损失。对于风险较高的客户或特定行业（如房地产、建筑），可结合“个别认定法”单独评估减值风险。企业应定期复核计提方法的合理性，并根据经济环境、行业趋势等因素动态调整参数，确保坏账准备计提的准确性。

4. 坏账准备的会计处理

坏账准备的会计处理包括计提、转回和核销三个环节。计提时，借记“信用减值损失”，贷记“坏账准备”；实际发生坏账时，冲减“坏账准备”并核销应收账款。若已核销的款项后期收回，需先恢复应收账款，再记录收款。企业需在财务报表附注中披露坏账准备的计提政策、方法及变动情况，确保信息透明。此外，需注意会计与税务处理的差异：会计上按预期损失计提，而税务上仅在实际发生损失时方可抵扣，可能产生递延所得税资产或负债。

**三、与同行业可比公司的差异**

1. 计提比例差异

不同行业的经营模式、资产构成不同，因此对坏账准备计提的标准有很大差异。例如，大部分行业中账龄在 1 年以内的应收款项，坏账准备计提比例通常为 3%；而建筑业由于回款周期较长，账龄在 1 年以内的应收款项的坏账准备计提比例可能仅为 2%。此外，同一行业的不同上市公司之间，标准也会有所差异。

2. 计提方法差异

虽然税法规定主要采用应收账款余额百分比法，但部分行业或企业可能根据实际情况采用账龄分析法、销货百分比法或个别认定法等多种方法计提坏账准备。这种差异使得不同企业在坏账准备计提上更具灵活性和针对性。

**四、违规表现**

1. 违规核销坏账

行为描述：公司可能违规核销本不应核销的坏账，或者核销金额远超实际坏账金额。例如，某公司为了减轻税负，在一年内违规核销了大量坏账。

目的与动机：减轻税负、调节利润或掩盖真实的财务状况。

后果：此举会导致财务报表失真，影响投资者决策，并会引起税务部门和监管机构的注意，最终导致公司受到处罚。

2. 坏账准备计提不审慎

行为描述：公司可能未按照相关会计准则对应收账款进行充分的坏账准备计提，或者计提比例显著低于同行业其他公司。如某公司未对合同资产中已完工未结算资产部分计提减值准备。

目的与动机：公司可能试图通过减少坏账准备的计提来增加账面利润，从而吸引投资者或提高市场评级。

后果：这种做法会使投资者高估公司的资产和利润，一旦坏账实际发生，将导致公司利润大幅下降，甚至可能出现亏损，严重影响公司的信誉和市场地位。

3. 随意变更坏账准备计提方法和比例

行为描述：公司可能随意变更坏账准备的计提方法和比例，而不是遵循一贯的会计政策。例如，某公司为了调节利润，随意变更了坏账准备计提方法。

目的与动机：在不同报告期间平滑利润，应对外部审计和监管调查。

后果：频繁变更坏账准备计提方法和比例会降低财务报表的可比性和可信度，影响投资者的判断，同时可能触犯相关会计准则和其他法律法规。

4. 利用坏账准备进行财务舞弊

行为描述：公司可能利用坏账准备进行财务舞弊，如虚构坏账损失、将可收回的应收账款作为坏账处理等。

目的与动机：粉饰财务报表、骗取公司资产或挪用公款等。

后果：这种行为严重违反会计准则和其他法律法规，相关负责人将面临严重的法律后果，包括罚款、降级甚至刑事处罚。同时，公司的声誉和信誉也将受到极大损害。

## 法律法规

**一、《企业会计准则》**

该准则规定，企业应当在期末分析各项应收款项的可收回性，并预计可能产生的坏账损失。对预计可能发生的坏账损失，计提坏账准备。

企业计提坏账准备的方法由企业自行确定，企业还需要明确计提坏账准备的范围、提取方法、账龄的划分和提取比例，且需按照规定报有关各方备案。

坏账准备计提方法一经确定，不得随意变更。如需变更，应当在会计报表附注中予以说明。

**二、《企业所得税税前扣除办法》**

除另有规定者外，坏账准备金提取比例一律不得超过年末应收账款余额的5‰。这一规定与会计制度在计提比例上存在差异。

**三、法规遵从与信息披露**

上市公司需要遵循更为严格的法规要求，其坏账准备政策及计提情况需要详细披露在财务报告中，以便投资者和监管机构了解。

对于非上市公司和非公众公司，虽然法规要求可能相对宽松，但也需要遵循基本的会计准则和规定，确保财务信息的真实性和准确性。

## 合规程序与方法

**一、深入理解坏账准备政策**

查阅公司政策文件：应详细查阅公司的坏账准备政策文件，包括计提标准、计提范围、计提方法等，确保对政策有全面准确的理解。

理解会计准则：坏账准备的计提需遵循相关会计准则，如《企业会计准则》第五十三规定，企业应定期或至少于每年年度终了对应收款项进行全面检查，预计可能发生的坏账并计提坏账准备。

**二、与同行业可比公司比较**

收集同行业数据：通过行业报告、上市公司年报、专业数据库等渠道，收集同行业可比公司的坏账准备计提政策和方法。

对比计提方法：将公司的计提方法与同行业可比公司进行比对，关注是否存在显著差异。

分析计提比例：将公司的坏账准备计提比例与同行业平均水平或特定公司的比例进行比较，评估是否存在异常。

**三、合规性审查**

检查计提范围：确认公司计提坏账准备的范围是否符合会计准则和公司内部政策，是否涵盖了所有应计提的应收款项。

审核计提依据：检查计提坏账准备的依据是否充分，是否有确凿的证据支持计提的金额。这包括债务人的信用状况、还款能力、历史欠款记录等。

评估计提合理性：结合行业特点、经济环境、客户关系等因素，评估公司计提坏账准备的合理性。例如，在经济低迷时期，适当提高计提比例可能是合理的。

**四、影响因素分析**

债务人信用状况：债务人的信用状况直接影响坏账准备的计提金额。对于信用状况较差的债务人，坏账准备计提比例应相应提高。

行业风险：不同行业的坏账风险存在差异。高风险行业如金融业、制造业等，通常需要计提更高比例的坏账准备。

经济环境：经济环境的变化也会对坏账准备的计提产生影响。在经济低迷时期，客户违约风险增加，企业应相应提高坏账准备的计提比例。

客户关系：与长期合作且信用良好的客户相比，对新客户或信用状况较差的客户应计提更高比例的坏账准备。

企业应通过以下措施确保坏账准备计提的合规性。

内部审计：定期进行内部审计，检查坏账准备政策的执行情况和计提的合规性。

外部审计：聘请专业审计机构进行外部审计，确保公司坏账准备计提的合规性和准确性。

信息披露：在财务报表中充分披露坏账准备的计提政策、方法、金额及与同行业可比公司的比较情况，增强透明度。

持续监控：建立持续监控机制，关注市场环境、行业趋势及公司内部情况的变化，及时调整坏账准备政策。

## 案例分析 1：违规核销坏账

### 一、背景

某银行在处理一笔涉及关联企业的贷款时，为规避监管和掩盖不良贷款，违规核销了高达 1 亿元的坏账。该关联企业因经营不善长期亏损，无力偿还贷款，银行内部管理层为美化财务报表，决定将其作为坏账核销，但未遵循正规程序和法规要求。

### 二、案例具体情况

贷款总额：1 亿元。

坏账核销金额：1 亿元。

同期同行业平均坏账率：2%。

该银行同期坏账率（含违规核销前）：5%。

### 三、分析

1. 法律法规

根据《企业会计准则》及金融监管要求，坏账核销需经严格审查，确保真实性、合法性，并需报监管部门备案。关联企业间的坏账核销更应谨慎，避免利益输送。

2. 影响

违规核销导致银行财务报表失真，掩盖了真实的资产质量风险，误导投资者和监管机构，增加了系统性金融风险；同时，损害了银行信誉，影响了市场对其风险管理能力的评价。

3. 正确做法

银行应严格按照法规要求，对坏账进行真实性审查，确保每一笔核销都符合规定。关联企业贷款更应公开透明，避免利益冲突。对于无法收回的贷款，应通过合法途径追讨，必要时采取法律手段。

4. 正确的会计处理

在确认贷款确实无法收回时，应按照会计准则计提坏账准备，并在获得充分证据后，经内部审批及监管部门备案，方可进行坏账核销。同时，应披露相关信息，保持透明度。

## 案例分析 2：坏账准备计提不审慎

### 一、背景

某科技公司近年来为美化财务报表，在不充分评估客户信用风险和还款能力的情况下，采取了较为宽松的坏账准备计提政策。相较于同行业可比公司，该公司的坏账准备计提比例显著偏低，尤其是在市场环境恶化、部分客户出现经营困难时，仍未及时调整坏账准备计提政策。

## 二、案例具体情况

同行业平均坏账准备计提比例：5%。

该公司历史坏账准备计提比例：2%。

市场环境恶化后，该公司应计提的坏账准备金额：5 000 万元。

实际计提的坏账准备金额：1 000 万元。

## 三、分析

1. 法律法规

根据《企业会计准则》，企业应基于谨慎性原则，合理估计可能发生的坏账损失，并计提相应的坏账准备。计提比例应根据客户信用状况、历史坏账率等因素综合确定。

2. 影响

不审慎的坏账准备计提导致公司财务报表未能真实反映其资产质量风险，误导投资者和债权人。长期来看，若坏账集中爆发，将对公司资金链造成巨大压力，甚至引发财务危机。

3. 正确做法

公司应建立健全的信用风险评估体系，定期评估客户信用状况，并根据评估结果调整坏账准备计提政策。在市场环境发生变化时，应及时响应，确保计提比例合理反映潜在风险。

4. 正确的会计处理

公司应根据谨慎性原则，合理估计并计提坏账准备。在发现计提不足时，应及时补提，以确保财务报表的真实性和准确性。同时，应加强内部控制，防止类似问题再次发生。

# 案例分析 3：随意变更坏账准备计提方法和比例

## 一、背景

科龙公司在 2002 年通过随意变更坏账准备计提方法和比例，实现了净利润的显著增长。起初，科龙公司采用较为保守的坏账准备计提政策，但在 2002 年，为提升业绩表现，公司大幅调低了坏账准备计提比例，并变更了计提方法，从而增加了净利润。

## 二、案例具体情况

2001 年坏账准备计提金额：6.87 亿元。

2002 年原应计提的坏账准备金额（假设未变更政策）：约 4 亿元。

2002 年实际计提的坏账准备金额：大幅减少至不足 1 亿元。

因此 2002 年增加的净利润：约 3 亿元。

## 三、分析

1. 法律法规

根据会计准则，坏账准备的计提方法和比例一经确定，不得随意变更。如需变更，应经过充分论证并在财务报表附注中详细说明。

2. 影响

科龙公司的行为导致会计信息失真，误导了投资者和监管机构。长期来看，这种粉饰报表的行为会损害公司信誉，影响市场对其真实财务状况的判断。

3. 正确做法

公司应根据实际情况，合理确定坏账准备的计提方法和比例，并保持一致性。在需要调整时，应充分论证其合理性和必要性，并按规定程序进行审批和披露。

4. 正确的会计处理

对于已计提的坏账准备，公司应根据实际发生的坏账损失进行冲销，并确保财务报表真实反映公司的财务状况和经营成果。对于随意变更计提方法和比例的行为，监管部门应予以查处，并追究相关责任人的法律责任。

### 案例分析 4：利用坏账准备进行财务舞弊

**一、背景**

以欣泰电气为例，该公司为了美化财务报表，通过不恰当的方式计提坏账准备。欣泰电气经营状况不佳，面临巨大的财务压力，为维持上市地位，公司采取了财务舞弊手段。

**二、案例具体情况**

应计提坏账准备的比例：50%。

实际计提比例：约 5%，远低于应计提水平。

少计提金额：四年间，欣泰电气少计提坏账准备共计 2 988 万元。

财务影响：通过少计提坏账准备，欣泰电气虚增了净利润，掩盖了真实的财务状况。

**三、分析**

1. 法律法规

根据《会计法》及相关会计准则，公司应合理估计坏账损失，并计提相应的坏账准备。计提方法和比例一经确定，不得随意变更。

2. 影响

误导投资者：虚假的财务报表误导了广大投资者，使他们对公司的真实财务状况和经营成果做出错误判断。

损害市场公平：财务舞弊破坏了市场的公平竞争原则，损害了其他遵守规则的公司的利益。

影响公司信誉和声誉：舞弊行为被揭露后，将严重损害公司的信誉和声誉。

3. 正确做法

公司应严格按照会计准则和其他相关法规计提坏账准备，确保财务报表的真实性和准确性。

加强内部控制，防止管理层出于不良动机进行财务舞弊。

4. 正确的会计处理

对于已发生的坏账损失，应及时确认。

对于已计提的坏账准备，在后续期间如有证据表明部分或全部已确认的坏账能够收回，应及时转回并调整相关科目的余额。

## 专题一百三十四：期间费用率与同行业可比公司相比是否存在重大差异

### 业务简介

**一、概念**

期间费用率是指企业在某一会计期间内，其期间费用占营业收入的比率。期间费用主要包括销售费用、管理费用和财务费用等，这些费用是企业为了维持正常运营和发展所必须发生的，但不能直接计入产品或服务的成本中。期间费用率的计算公式为：期间费用率 = 期间费用 / 营业收入 × 100%。

同行业可比公司指的是在同一行业领域内从事相似或相关业务的企业。由于同一行业内的企业面临相似的市场环境、竞争态势和监管要求，因此其期间费用率水平往往具有一定的可比性。

**二、基本规定**

1. 期间费用的构成

销售费用：企业在销售产品、自制半成品和提供劳务等过程中发生的各项费用，如广告费、运输费、包装费、销售人员工资等。

管理费用：企业行政管理部门为组织和管理生产经营活动而发生的各项费用，如办公费、差旅费、办公设备折旧费等。

财务费用：企业在生产经营过程中为筹集资金而发生的筹资费用，如利息支出、汇兑损益、金融机构手续费等。

2. 期间费用率的分析

纵向分析：将企业当前期间的期间费用率与历史同期进行比较，分析费用的变化趋势。

横向分析：将企业的期间费用率与同行业可比公司的平均水平进行比较，评估企业在行业中的成本控制能力和盈利能力。

3. 重大差异的判断

行业基准：首先需要确定同行业可比公司的期间费用率平均水平，这通常通过行业报告、公开数据或专业分析机构的研究报告获得。

差异标准：一般来说，如果企业的期间费用率与同行业平均水平相比存在显著差异（如显著超过或低于平均水平），则可以认为存在重大差异。

原因分析：发现重大差异后，需要进一步分析其原因，如差异是否由市场环境变化、企业经营策略调整、成本控制能力差异等因素导致。

**三、违规表现**

1. 虚增管理费用

行为描述：公司将非管理费用计入管理费用，或者虚构管理费用，导致期间费用中的管理费用异常增高。

目的与动机：掩盖真实的经营成本，或者通过增加费用来减轻税负。

后果：这种行为会导致公司的财务报表失真，使得投资者和债权人难以准确评估公司的经营效率和盈利能力。同时，公司可能会面临法律风险和行政处罚。

2. 少计销售费用

行为描述：公司故意少计或延迟确认销售费用，以降低期间费用率。

目的与动机：提高公司的短期业绩表现，吸引投资者或提升股价。

后果：这种做法会导致财务报表不真实，误导投资者对公司销售能力和市场前景的判断。长期来看，这种行为会损害公司的信誉，并可能引发法律诉讼和监管处罚。

3. 操纵财务费用

行为描述：公司通过不恰当的资本结构调整、利息费用资本化或虚构财务费用等手段来操纵财务费用，从而影响期间费用率。

目的与动机：优化债务结构以获取更好的融资条件，或者通过财务费用的调整来平滑利润波动。

后果：这种行为会破坏财务报表的透明度和可比性，使得外部利益相关者难以准确评估公司的财务风险和偿债能力。公司将面临严重的信誉损失和法律后果。

4. 利用关联方交易转移费用

行为描述：公司通过关联方交易将费用转移到其他实体，以降低本公司的期间费用率。

目的与动机：提升公司自身的业绩表现，向关联方输送利益。

后果：这种行为会导致公司财务报表失真，损害投资者和其他利益相关者的利益。同时，如果关联方交易不透明或存在不公平定价，还可能引发法律纠纷和监管关注。

## 法律法规

**一、财务报告编制的要求**

企业需要按照会计准则和相关法规编制财务报告，确保财务信息的真实、准确和完整。

财务报告中的期间费用数据和营业收入数据应经过审计或验证，以确保其可靠性。

**二、同行业比较分析的参考**

在进行同行业公司期间费用率比较时，可以参考行业平均水平、行业标杆企业等数据，以评估公司在行业中的相对位置。

需要注意的是，不同公司的经营策略、市场环境、产品特性等因素可能导致期间费用率存在差异，因此在进行比较时需要考虑这些因素的影响。

**三、监管机构的关注**

如果公司的期间费用率与同行业公司存在显著差异，且这种差异无法合理解释或存在异常情况，可能会引起监管机构的关注。

监管机构可能会要求公司提供更详细的解释或进行进一步的调查，以确保公司财务报告的准确性和合规性。

## 合规程序与方法

**一、合规程序与方法概述**

1. 明确分析目的与范围

明确分析的目的，即评估公司期间费用率在同行业中的水平，识别是否存在异常或不合理之处。同时，确定分析的时间范围（如年度、季度）和行业范围（如特定子行业或全部相关行业）。

2. 收集基础数据

公司内部数据：收集公司历年来的财务报表，特别是利润表，以获取期间费用（包括销售费用、管理费用及财务费用）的具体数值。

同行业可比公司数据：通过公开渠道（如证券交易所网站、行业研究报告、财经数据库等）收集同行业可比公司的同期财务数据，确保数据的可比性和权威性。

3. 计算期间费用率

使用公式“期间费用率 = 期间费用 / 营业收入 ×100%”计算公司及同行业可比公司的期间费用率。

4. 对比分析

纵向对比：分析公司自身期间费用率的历史变化趋势，判断是否存在异常波动。

横向对比：将公司期间费用率与同行业可比公司进行对比，识别是否存在显著差异。可以计算同行业平均期间费用率或中位数，作为比较的基准。

5. 探究差异产生原因

费用构成分析：将期间费用率拆解为销售费用率、管理费用率及财务费用率等，逐一分析各项费用的情况，找出差异的主要来源。

业务模式与策略分析：结合公司的业务模式、市场策略、产品特性等因素，分析期间费用率差异的合理性。

外部环境分析：考虑宏观经济环境、行业发展趋势、政策变化等外部因素对期间费用率的影响。

6. 合规性审查

费用管理制度审查：检查公司费用管理制度是否健全，费用支出是否经过适当审批，是否存在违规支出。

预算执行情况审查：分析公司年度费用预算的制定及执行情况，确认预算执行的合理性和有效性。

原始凭证审查：抽查与期间费用相关的会议纪要、合同、发票、审批单、银行回单等原始凭证，验证费用发生的真实性和合规性。

7. 编制分析报告

将上述分析过程、结果及结论整理成书面报告，包括公司期间费用率的变化趋势、与同行业可比公司对比的情况、差异原因分析、合规性审查结果等。报告应客观、准确、清晰地反映公司期间费用率的真实状况。

**二、可能的影响因素**

数据质量：数据的准确性和完整性直接影响分析结果的可靠性。

行业定义：不同行业或子行业的定义可能导致比较基准的差异。

宏观环境：经济波动、政策变化等外部因素可能影响期间费用率的变化。

公司特定因素：如业务模式、市场策略、内部管理等，也可能对期间费用率产生显著影响。

## 案例分析 1：虚增管理费用

**一、背景**

某医药公司在 2023 年度为美化财务报表，通过虚增管理费用（如虚构办公用品采购、夸大差旅费等）的方式降低期间费用率，以显示其费用管控能力优于同行业可比公司。

**二、案例具体情况**

该公司实际管理费用应为 3 000 万元，但虚增至 4 500 万元。同期营业收入为 10 亿元，按实际管理费用计算，期间费用率为 3%；而虚增后，期间费用率升至 4.5%。同行业平均期间费用率约为 3.5%。

**三、分析**

1. 法律法规

根据《企业所得税法》第八条，企业实际发生的与取得收入有关的、合理的支出才准予在计算应纳税所得额时扣除。虚增管理费用属于非实际发生的支出，不得税前扣除。

2. 影响

虚增管理费用使公司的费用控制能力看似较强，实则掩盖了真实的经营状况，误导投资者；长期来看，将损害公司信誉和市场价值。

3. 正确做法

公司应建立严格的内部控制体系，确保费用报销的真实性和合理性，定期进行内部审计，防止虚增费用。

4. 正确的会计处理

一旦发现虚增费用，应立即冲销相关账目，调整当期损益，确保财务报表的真实性。同时，加强对财务人员的合规培训，提高识别与防范虚增费用的能力。

综上所述，虚增管理费用是一种违法行为，公司应依法合规经营，确保财务数据的真实性和完整性。

## 案例分析 2：少计销售费用

**一、背景**

某科技公司为了吸引投资者关注，通过少计销售费用的方式，人为降低期间费用率，使其显著低于同行业平均水平。该公司主要销售高科技产品，但为了展示更强的盈利能力，决定在财务报表中隐瞒部分销售费用。

**二、案例具体情况**

假设同行业平均销售费用率约为 10%，该公司实际销售费用为 1 亿元，营业收入为 10 亿元，实际销售费用率应为 10%。然而，公司通过少计 0.5 亿元销售费用，使得报表上的销售费用仅为 0.5 亿元，期间费用率降至 5%。

**三、分析**

1. 法律法规

根据《企业会计准则》，企业应当根据实际发生的交易或事项进行会计确认、计量和报告，不得随意调整费用以操纵利润。

2. 影响

少计销售费用会误导投资者和债权人，使其高估企业的盈利能力和运营效率。长期来看，这种做法会损害企业声誉，影响资本市场对其的信任度。

3. 正确做法

企业应遵循会计准则，如实反映销售费用，确保财务报表的真实性和可靠性。同时，加强内部控制，防止人为操纵财务数据。

4. 正确的会计处理

一旦发现少计销售费用，企业应立即进行会计调整，将遗漏的费用补计入当期损益，确保财务报表的准确性。此外，还应加强对财务人员的培训，提高其合规意识和专业素养。

综上所述，少计销售费用是一种违规行为，不仅违反会计准则，还会损害企业声誉和投资者利益。企业应依法合规经营，确保财务数据的真实性和完整性。

## 案例分析 3：操纵财务费用

**一、背景**

某制造业公司在面临业绩压力时，通过操纵财务费用，如不记录实际发生的借款利息，人为降低了期间费用率，以吸引投资者关注。公司采取这种做法旨在提升公司的盈利能力，使其与同行业可比公司相比显得更为优秀。

**二、案例具体情况**

假设同行业平均财务费用率约为 3%，该公司实际借款利息支出为 5 000 万元，营业收入为 20 亿元，实际财务费用率应为 2.5%。但公司通过不记录这 5 000 万元利息支出，使得财务报表上的财务费用为零，财务费用率为零，显著异于行业平均水平。

**三、分析**

1. 法律法规

根据《企业会计准则》，企业应如实反映生产经营活动中发生的各项费用，包括财务费用。不记录实际发生的借款利息违反了会计准则的诚信原则。

2. 影响

操纵财务费用不仅误导投资者和债权人，还引起监管机构的关注，导致法律风险和声誉损失。长期来看，这种做法会破坏企业的市场信誉，影响未来的融资能力。

3. 正确做法

企业应严格按照会计准则记录财务费用，确保财务报表的真实性和可靠性。面对业绩压力，企业应通过提升运营效率、优化成本结构等合法合规手段来改善经营状况。

4. 正确的会计处理

一旦发现财务费用被操纵，企业应立即进行会计调整，将遗漏的利息支出补计入当期损益，并对外披露相关情况。同时，加强内部控制和审计监督，防止类似问题再次发生。

综上所述，操纵财务费用是一种违规行为，不仅损害企业的市场形象，还引发法律风险。企业应坚持诚信经营，确保财务数据的真实性和完整性。

### 案例分析 4：利用关联方交易转移费用

**一、背景**

某汽车制造集团（以下称“集团 A”），旗下拥有多家子公司，其中一家零部件生产公司（以下称“子公司 B”）长期向集团内其他制造公司提供零部件。为减轻集团整体税负，集团 A 通过调整子公司 B 与关联方的交易价格，人为降低子公司 B 的收入，导致子公司 B 的期间费用率显著高于同行业可比公司。

**二、案例具体情况**

子公司 B 的期间费用率连续三年维持在 30% 以上，而同行业平均期间费用率约为 15%。

在与集团内关联方的交易中，子公司 B 的零部件销售价格显著低于市场公允价，平均折扣率高达 30%。

同期，集团 A 整体利润率保持稳健增长。

**三、分析**

1. 法律法规

根据《企业会计准则第 36 号——关联方披露》，关联方交易应遵循独立交易原则，确保交易的公平性和透明度。

2. 影响

不合理的关联交易价格，导致子公司 B 财务报表失真，误导投资者和债权人，同时违反税收法规，子公司 B 面临税务调整风险。

3. 正确做法

集团 A 应重新评估关联交易定价策略，确保符合市场公平交易规则。同时，加强内部控制，确保关联交易的真实性和合理性。

4. 正确的会计处理

对于显失公允的关联交易，应调整会计记录，将多计或少计的收入、成本予以纠正，并披露相关信息，确保财务报表的准确性和可比性。

综上，通过调整关联交易价格实现费用转移损害子公司利益，影响企业信誉，并引发法律风险。

## 专题一百三十五：员工薪酬与同行业可比公司相比是否存在重大差异

### 业务简介

**一、概念**

员工薪酬：企业为获得员工提供的服务或解除劳动关系而给予的各种形式的报酬或补偿，包括但不限于基本工资、奖金、津贴、补贴、社会保险费、住房公积金、非货币性福利等。薪酬是员工劳动价值的直接体现，也是企业激励员工、提升绩效的重要手段。

同行业可比公司薪酬水平：在同一行业领域内，可比公司为员工提供的薪酬水平。

薪酬差异：企业员工薪酬与同行业可比公司薪酬水平之间的比较结果，可能表现为高于、低于或相当。薪酬差异的存在反映了企业在人力资源市场上的竞争力和吸引力。

**二、基本规定**

1. 薪酬管理的基本原则

公平性原则：确保薪酬制度内部公平和外部公平，即员工之间的薪酬差异应基于工作价值、绩效表现和市场薪酬水平。

激励性原则：通过薪酬制度激发员工的工作积极性和创造力，提高个人和组织的绩效水平。

合法性原则：薪酬制度必须符合国家和地方的法律法规要求，如最低工资标准、社会保险缴纳等。

灵活性原则：薪酬制度应具有一定的灵活性，以适应市场变化和企业发展需要。

2. 确定薪酬的基本方法

市场调查：通过收集同行业可比公司的薪酬数据，了解市场薪酬水平，为企业制定薪酬策略提供参考。

职位评估：对企业内部职位进行价值评估，确定不同职位的薪酬区间。

绩效考核：根据员工的工作绩效表现，确定薪酬调整和奖励方案。

薪酬结构设计：合理设计薪酬结构，包括基本工资、奖金、津贴、福利等部分，确保薪酬体系的科学性和合理性。

3. 薪酬的影响因素

行业特性：不同行业由于市场环境、竞争态势、业务模式等不同，其薪酬水平也会有所不同。例如，高科技行业和金融行业的薪酬水平往往较高。

企业规模：大型企业通常具有更强的盈利能力和更高的薪酬支付能力，因此其薪酬水平往往高于中小型企业。

地域差异：不同地区的经济发展水平不同，因此不同地域企业的薪酬水平也不同。

人才供求关系：某些行业对高素质人才的需求较高，而这类人才的供给相对较少，这导致这些行业的薪酬水平上升。

4. 薪酬的管理策略

制定科学的薪酬策略：根据企业发展战略、市场环境和人才需求等因素，制定科学合理的薪酬策略，确保薪酬具有竞争力和吸引力。

优化薪酬结构：合理设计薪酬结构，确保薪酬体系的公平性和激励性。同时，根据员工需求和企业实际情况，提供多样化的福利和激励措施。

加强沟通：在薪酬方面，与员工保持充分的沟通，解释薪酬制度的原理、标准和调整原因，增强员工的信任感和归属感。

灵活调整薪酬水平：根据市场变化和企业发展需要，灵活调整薪酬水平，保持企业在人力资源市场上的竞争力。

**三、违规表现**

1. 多发薪酬

行为描述：个别员工或部门的薪酬由于人为操作失误或系统错误而多发。

目的与动机：这种情况通常不是出于某种特定的不良目的，而是由于管理或技术上的问题导致的。

后果：给企业造成经济负担，影响企业的财务状况和利润分配。如果长期未被发现或纠正，可能导致企业资金流失，甚至引发内部的不公平感和员工之间的矛盾。

2. 少发薪酬

行为描述：某些员工的薪酬低于行业平均水平。

目的与动机：故意压低员工薪酬以降低成本。

后果：员工可能感到不公平和沮丧，导致工作积极性下降，甚至离职，影响企业的稳定和发展。

3. 薪酬差异过大

行为描述：同等绩效表现的员工的薪酬存在巨大差异。

目的与动机：可能是由于评定绩效的标准不统一，或者存在主观上的偏袒或不公；激励某些关键员工而给予特殊待遇。

后果：这种差异可能导致员工之间的不满和矛盾，破坏团队氛围，降低整体工作效率；同时，也可能引发员工对管理层的不信任和质疑。

4. 违规设定薪酬

行为描述：员工违反相关规定给自己或者他人确定工资、津贴、奖金等薪酬，如国有企业负责人违反规定自行确定本人或他人薪酬。

目的与动机：谋取不正当利益。

后果：这种行为严重损害了企业的利益和公平性，导致国有资产的流失；同时，也会破坏企业的内部管理制度和秩序，损害企业的公信力和社会形象。

5. 异地薪酬差异

行为描述：不同地区的同样岗位的员工的薪酬有明显差异。

目的与动机：可能是由于地区之间的薪酬标准不一致、地区补贴政策不同或者是吸引和留住特定地区的员工。

后果：虽然这种差异在一定程度上可能具有合理性，但如果差异过大且缺乏透明度和合理解释，则可能引发员工的不满和质疑。长期来看，这不利于企业的稳定和发展。

## 法律法规

**一、法律基础**

1.《劳动法》

第四十六条：工资分配应当遵循按劳分配原则，实行同工同酬。这意味着在同一单位内，从事相同工作、付出等量劳动且取得相同成绩的劳动者，应当获得相同的劳动报酬。

第五十条：工资应当以货币形式按月支付给劳动者本人。不得克扣或者无故拖欠劳动者的工资。

2.《劳动合同法》

该法规定了劳动合同的订立、履行、变更、解除和终止等方面的内容，但并未直接对同行业公司间的薪酬差异进行具体规定。然而，它强调了劳动合同的公平性和双方权利义务的明确性，为劳动者提供了维权的法律基础。

**二、薪酬差异的合法性分析**

1. 企业内部薪酬差异

在同一企业内部，根据员工的个人能力、工作经验、工作绩效等因素设定不同的工资等级是合法的。这种差异是基于员工之间的实际差异，体现了按劳分配的原则。

2. 同行业公司间薪酬差异

同行业公司间的薪酬差异可能由多种因素导致，包括但不限于公司规模、经营状况、地理位置、行业地位、人才竞争策略等。这些因素都可能影响公司的薪酬水平和结构。

从法律角度来看，只要这种差异不是性别、年龄、种族、宗教信仰等因素导致的，且公司内部遵循了同工同酬的原则，那么同行业公司间的薪酬差异就是合法的。

**三、薪酬差异的违法情况**

1. 歧视性薪酬差异

如果同一岗位的薪酬差别很大，且这种差别并非基于员工的个人能力、工作经验、工作绩效等合理因素，而是由于性别、年龄、种族、宗教信仰等因素导致的，那么这种薪酬差异就是违法的。

2. 未公开薪酬制度

如果企业未公开薪酬制度，导致同工不同酬的现象存在，且无法合理解释这种差异的原因，也可能构成违法。

**四、应对策略**

1. 内部协商

员工如果认为自己受到了不公正对待，那么可以尝试与企业进行协商，了解薪酬差异的具体原因，并寻求合理的解决方案。

2. 法律途径

如果协商无果，员工可以向劳动行政部门举报，或者申请劳动仲裁。根据《中华人民共和国劳动争议调解仲裁法》的相关规定，劳动仲裁机构会对员工的申请进行受理、调查和裁决。如果员工对仲裁结果不满，还可以依法向人民法院提起诉讼。

## 合规程序与方法

**一、合规程序与方法概述**

1. 明确目的与范围

明确检查的目的，即评估公司薪酬体系是否与同行业公司保持相对合理的一致性，以及是否存在重大差异。同时，界定检查的范围，明确哪些职位、哪些地区以及哪些时间段的薪酬数据将被纳入分析。

2. 收集数据

收集内部数据：获取公司当前各职位的薪酬数据，包括基本工资、奖金、津贴、福利等所有形式的薪酬组成部分。确保数据的准确性和时效性。

收集外部数据：通过行业报告、薪酬调查机构、公开招聘信息等渠道，收集同行业公司相似职位的薪酬数据。注意选择可靠的数据来源，并确保数据的可比性和代表性。

3. 清洗与整理数据

对收集到的数据进行清洗，去除异常值、错误数据和重复数据。将数据整理成统一格式，便于后续分析。同时，确保数据的保密性和安全性，避免泄露敏感信息。

4. 分析与对比数据

数据分析：利用统计工具和方法，对内部和外部薪酬数据进行深入分析。可以采用平均值、中位数、标准差等指标来衡量薪酬水平的高低和离散程度。

对比分析：将公司内部各职位的薪酬数据与同行业可比公司的相应数据进行对比，识别是否存在显著差异。特别注意高薪酬和低薪酬职位的对比情况，以及整体薪酬结构的合理性。

5. 评估合规性

法规遵循：检查公司薪酬制度是否符合《劳动合同法》《劳动法》等相关法律法规的要求。特别是关于劳动报酬的支付、调整、变更等方面的规定。

公平性与合理性：评估公司薪酬制度是否体现了公平性和合理性原则。即薪酬是否与工作绩效、岗位职责、个人能力等因素相匹配，是否存在同工不同酬、性别歧视等不公平现象。

6. 报告与建议

根据分析结果和合规性评估结果，撰写详细的检查报告。报告应包括薪酬数据对比情况、合规性评估结果、存在的问题以及改进建议等内容。建议应具体、可行，旨在优化公司薪酬体系，提高薪酬管理的合规性和有效性。

**二、可能的影响因素**

行业差异：不同行业的薪酬水平受市场供需、行业利润水平等因素影响，存在较大差异。在对比时需考虑行业特性。

地区差异：同一行业在不同地区的薪酬水平也会有所不同。需根据地区经济发展水平、生活成本等因素进行适当调整。

公司规模与性质：公司规模、经济效益、文化等因素也会影响薪酬水平。在对比时需考虑这些因素对薪酬差异的影响。

个人能力与发展：员工个人能力、经验、绩效等因素也是影响薪酬的重要因素。在评估时需考虑这些因素对薪酬水平的贡献。

## 案例分析 1：多发薪酬

**一、背景**

某科技公司为吸引和留住高端技术人才，决定在年度薪酬调整中，对关键研发部门员工实施多发薪酬策略，以期与同行业竞争对手拉开薪酬差距，增强员工忠诚度。然而，在实际操作中，由于薪酬管理系统的错误配置，部分非关键岗位员工的薪酬也被大幅上调。

**二、案例具体情况**

原计划：关键研发部门员工平均薪酬上调 30%，年薪 50 万元。

实际执行：由于系统错误，部分非关键岗位员工（如行政助理）的薪酬也上调了相同比例，部分员工年薪从原计划的 20 万元增至 26 万元，与行业内同等职位平均薪酬（约 22 万元）相比，存在显著差异。

**三、分析**

1. 法律法规

《劳动合同法》要求用人单位按约定支付劳动报酬，多发部分虽非故意，但仍需依法处理。

2. 影响

以上行为会引发内部的不公感，影响团队士气；同时，增加了企业成本负担。

3. 正确做法

应立即纠正系统错误，调整薪酬至合理水平，并与受影响员工沟通解释，必要时可采取一次性补偿或未来薪酬调整等策略。

4. 正确的会计处理

多发部分应借记“其他应收款”科目，贷记“应付职工薪酬”科目，待员工退回或调整后，再相应调整会计分录，确保财务报表的准确性。

通过上述措施，企业不仅能纠正薪酬管理失误，还能维护内部薪酬体系的公平性和合规性。

## 案例分析 2：少发薪酬

**一、背景**

某制造业公司为应对市场萎缩和成本上升的压力，决定采取降低员工薪酬的策略，以期减少开支并保持盈利能力。然而，在实施过程中，公司未能充分考虑同行业薪酬水平，导致员工薪酬与同行业可比公司存在重大差异。

**二、案例具体情况**

全体员工薪酬降低 10%，平均年薪从 40 万元降至 36 万元。

同行业可比公司平均年薪为 45 万元，降低后的薪酬水平显著低于行业标准。

**三、分析**

1. 法律法规

根据《劳动合同法》，用人单位应保证劳动者获得不低于当地最低工资标准的报酬，且薪酬调整需合法合规，不得损害员工权益。

2. 影响

少发薪酬导致员工满意度下降，影响其工作积极性和留任意愿，损害公司声誉和竞争力。

3. 正确做法

公司应重新评估薪酬策略，确保员工薪酬与同行业水平保持合理竞争力。若需降低薪酬，应与员工充分沟通，解释原因，并寻求其他成本节约措施。

4. 正确的会计处理

若公司决定调整薪酬策略并补发薪酬，应将补发金额借记“应付职工薪酬”科目，贷记“银行存款”科目，确保会计处理准确反映薪酬变动。

综上所述，公司在制定薪酬策略时，应充分考虑法律法规和行业标准，确保员工薪酬合理公平，以维护员工权益和公司长期发展。

## 案例分析 3：薪酬差异过大

**一、背景**

某金融公司为了激励高层管理人员和核心业务团队，实施了高额的绩效奖金计划，导致公司内部薪酬差异显著增大。与此同时，公司未能及时调整其他员工的薪酬水平，使得普通员工薪酬与同行业可比公司相比存在较大差距。

**二、案例具体情况**

高层管理人员：年薪平均 200 万元，其中绩效奖金占比高达 60%。

核心业务团队：年薪平均 120 万元，绩效奖金占比 40%。

普通员工：年薪平均 40 万元，远低于同行业平均薪酬（60 万元）。

**三、分析**

1. 法律法规

根据《劳动法》和《劳动合同法》，公司应保证薪酬体系的公平性和合理性，避免过大的薪酬差异导致员工权益受损。

2. 影响

薪酬差异过大可能导致普通员工满意度下降，影响团队合作和整体效率；同时，可能引发内部矛盾，损害公司形象。

3. 正确做法

公司应定期评估薪酬体系，确保各层级员工薪酬与市场水平保持一致，并适时调整薪酬结构，缩小不必要的薪酬差异。

4. 正确的会计处理

对于薪酬调整，公司应将增加的薪酬支出借记“应付职工薪酬”科目，贷记“银行存款”科目。同时，确保薪酬相关会计处理符合会计准则和法规要求。

综上所述，公司在制定薪酬策略时，应充分考虑内部公平性和市场竞争力，避免薪酬差异过大带来的负面影响。

## 案例分析 4：违规设定薪酬

**一、背景**

某互联网公司为了迅速吸引高端技术人才，违规设定了高于市场水平的薪酬标准，以期望在短时间内构建起强大的技术团队。然而，这种做法未考虑公司长期财务承受能力和内部薪酬体系的平衡，导致员工薪酬与同行业可比公司存在重大差异。

**二、案例具体情况**

技术部门新员工：年薪平均 80 万元，远高于同行业平均薪酬（60 万元）。

其他部门员工：年薪平均 40 万元，远低于技术部门，且低于同行业平均水平。

三、分析

1. 法律法规

根据《劳动合同法》及相关规定，公司应依法设定薪酬，不得违反公平、公正原则，损害员工或企业利益。

2. 影响

违规设定高薪导致公司财务负担加重，长期难以维持。同时，内部薪酬不平衡可能引发员工不满和团队矛盾。

3. 正确做法

公司应依据市场薪酬数据和内部薪酬体系，合理设定员工薪酬。对于高端人才，可通过股权激励、绩效奖金等方式进行激励，而非简单提高固定薪酬。

4. 正确的会计处理

对于已违规发放的高额薪酬，公司应将其视为非正常支出，在财务报表中进行适当披露，并考虑在未来期间进行逐步调整。

综上所述，公司在设定员工薪酬时，应严格遵守法律法规，确保薪酬体系的公平性和可持续性。违规设定薪酬可能带来短期利益，但长期而言将损害公司和员工的共同利益。

## 案例分析5：异地薪酬差异

一、背景

某跨国公司在我国设有多个分支机构，由于地域经济发展水平和消费水平的差异，各分支机构的员工薪酬存在显著差异。特别是位于一线城市与二、三线城市的员工，薪酬水平相差较大，引发了员工对内部公平性的质疑。

二、案例具体情况

一线城市员工：年薪平均60万元。

二、三线城市员工：年薪平均40万元，远低于一线城市员工，但略高于当地同行业平均薪酬（35万元）。

三、分析

1. 法律法规

根据《劳动合同法》及相关规定，公司应保证薪酬体系的公平性和合理性，避免地域等因素导致的不合理薪酬差异。

2. 影响

异地薪酬差异过大可能导致员工满意度下降，影响团队合作和整体效率；长期而言，可能损害公司形象和员工忠诚度。

3. 正确做法

公司应制定统一的薪酬政策，并考虑地域经济差异，通过调整薪酬结构（如增加住房补贴、交通补贴等）来缩小异地薪酬差异。

4. 正确的会计处理

对于因地域差异而调整的薪酬支出，公司应将其记入“应付职工薪酬”科目，并在财务报表中进行适当披露，以确保透明度和合规性。

综上所述，公司在制定薪酬策略时，应充分考虑异地薪酬差异的影响，确保薪酬体系的公平性和合理性。通过合理的薪酬结构和会计处理，平衡异地薪酬差异，维护员工权益和公司长期发展。

# 专题一百三十六：折旧、摊销与同行业可比上市公司相比是否存在显著差异

## 业务简介

**一、概念**

折旧是指固定资产（如房屋、机器设备等）因使用、自然磨损或其他原因导致其价值逐渐减少的过程。在会计上，折旧指将固定资产的原始成本在其预计使用寿命内逐年分摊到各个会计期间，以反映资产在使用过程中的价值损耗。

摊销指将无形资产（如专利权、商标权、土地使用权等）的成本和长期待摊费用（如开办费、租入固定资产改良支出等）在其预计受益期内分摊到各个会计期间。摊销与折旧类似，都是将成本合理地分摊到多个会计期间，以反映资产或费用在各个会计期间的实际消耗。

**二、基本规定**

1. 折旧年限

折旧年限的确定通常依据相关法律法规和会计准则。在中国，《企业所得税法实施条例》第六十条对各类固定资产的折旧年限做出了明确规定，如房屋、建筑物的折旧年限最低为20年，机器、机械和其他生产设备的最低折旧年限为10年等。企业应根据实际情况，结合法规要求，合理确定固定资产的折旧年限。

2. 折旧方法

折旧方法有多种，包括直线法、工作量法、双倍余额递减法和年数总和法等。直线法是常用的方法，它将固定资产的原值按照预计使用年限平均分摊到各期。其他方法则根据固定资产的实际使用情况或经济效益变化进行调整。

3. 摊销方法

摊销方法主要包括直线法和加速法。直线法是将无形资产或长期待摊费用的成本平均分摊到其预计受益期内；加速法则是在资产使用初期分摊较多的费用，后期分摊较少。摊销期限通常不会超过资产的预计受益期或合同规定的期限。

**三、与同行业可比上市公司的对比分析**

1. 折旧与摊销方法的差异

不同公司在处理折旧与摊销时可能采用不同的方法。例如，有的公司可能采用直线法折旧，而有的公司则可能采用加速折旧法。同样，摊销方法的选择也可能因公司而异。然而，在同行业中，由于资产类型和业务模式的相似性，大多数公司可能会采用类似的折旧与摊销方法。

2. 折旧年限的差异

折旧年限的确定受到多种因素的影响，包括资产的性质、使用情况、技术进步速度以及法律法规的规定等。在同行业中，由于资产类型和业务模式的相似性，折旧年限的确定往往也具有一定的共性。然而，不同公司可能根据自身的实际情况和经营策略对折旧年限进行微调。例如，一些公司可能会因为技术进步快而缩短某些设备的折旧年限，以更准确地反映资产的实际价值变化。

3. 对财务状况和投资者决策的影响

折旧与摊销的计提会直接影响公司的财务状况和盈利能力。通过对比分析同行业上市公司的折旧与摊销政策，投资者可以了解不同公司在处理资产成本分摊方面的差异，进而评估这些差异对公司财务状况和盈利能力的影响。同时，投资者还可以根据这些信息做出更明智的投资决策。

**四、违规表现**

1. 违规调整折旧方法和期限

行为描述：公司不遵守会计准则，随意变更折旧方法（如从直线法改为加速折旧法）或随意

调整折旧期限，导致折旧费用与同行业相比存在显著差异。

目的与动机：通过调整折旧方法和期限来减少或增加当期折旧费用，从而影响净利润。

后果：这种行为会扭曲财务报表，使投资者难以准确评估公司的真实财务状况；同时，会引起税务部门和监管机构的关注，导致公司面临法律风险和信誉损失。

2. 不按规定提取固定资产折旧

行为描述：公司未按照会计准则和相关规定提取固定资产折旧，或者折旧计提不足，导致资产账面价值虚高。

目的与动机：美化财务报表，提高资产价值，从而吸引投资者或获取更多融资。

后果：这种行为会导致财务报表失真，影响投资者决策。同时，公司可能面临法律诉讼和监管处罚。

3. 摊销处理不当

行为描述：公司在处理无形资产或其他长期资产的摊销时，未遵循会计准则，导致摊销处理不当，如摊销期限不合理、摊销方法不当等。

目的与动机：通过调整摊销来处理和调节各期利润水平。

后果：不当的摊销处理会影响财务报表的准确性和可比性，误导投资者对公司未来盈利能力的判断。

4. 利用折旧和摊销进行财务舞弊

行为描述：公司通过折旧和摊销进行财务舞弊，如虚构资产、虚增摊销费用等。

目的与动机：掩盖真实的财务状况，粉饰财务报表，获取某些不当利益。

后果：这种行为严重违反会计准则和其他法律法规，公司将面临严重的法律后果和信誉损失。同时，这种行为也会破坏市场的公平竞争环境。

## 法律法规

**法规依据**

1.《企业所得税法》及其实施条例

（1）折旧年限规定

房屋、建筑物的最低折旧年限为 20 年。

飞机、火车、轮船、机器、机械和其他生产设备的最低折旧年限为 10 年。

与生产经营活动有关的器具、工具、家具等的最低折旧年限为 5 年。

飞机、火车、轮船以外的运输工具的最低折旧年限为 4 年。

电子设备的最低折旧年限为 3 年。

（2）折旧方法

固定资产按照直线法计算的折旧，准予扣除。

对于由于技术进步等原因确需加速折旧的固定资产，可以缩短折旧年限或者采取加速折旧的方法，如双倍余额递减法或年数总和法。

2.《企业会计准则》

企业应当根据固定资产的性质和使用情况，合理确定固定资产的使用寿命和预计净残值。

固定资产的使用寿命、预计净残值一经确定，不得随意变更。

## 合规程序与方法

1. 数据收集与整理

（1）收集财务报表

从目标公司及其同行业可比上市公司的官方渠道（如证券交易所网站、公司年报等）收集最新的财务报表，包括资产负债表、利润表。

特别注意固定资产、无形资产的原值、累计折旧 / 摊销、净值等数据。

（2）整理折旧与摊销政策

查阅公司年报中的会计政策部分，了解公司采用的折旧方法和摊销政策，包括折旧年限、残值率等关键参数。

对比同行业可比上市公司的类似政策，以识别是否存在差异。

2. 对比分析

（1）计算折旧与摊销额

根据公司披露的折旧与摊销政策，自行计算或验证公司折旧与摊销额的计算是否准确。

采用相同方法计算同行业可比上市公司的折旧与摊销额，确保对比分析的一致性。

（2）横向对比

将目标公司的折旧与摊销额与同行业可比上市公司的数据进行横向对比，分析是否存在显著差异。

特别注意不同公司间折旧方法、折旧年限、残值率等参数的差异对折旧与摊销额的影响。

3. 合规性与合理性分析

（1）检查合规性

确保公司折旧与摊销政策符合《企业会计准则》及相关税法规定。

检查公司是否对折旧与摊销政策进行了恰当的披露，并遵循了信息披露的准确性和完整性要求。

（2）评估合理性

分析公司折旧与摊销政策的合理性，包括政策是否基于固定资产的实际使用情况、技术进步速度等因素制定。

评估公司是否存在通过调整折旧与摊销政策来操纵利润的情况。

4. 影响因素分析

（1）考虑行业特性

分析行业特性对折旧与摊销政策的影响，如技术进步速度、资产更新换代周期等。

评估公司折旧与摊销政策是否与行业惯例相符，若不符，是否存在合理的差异化理由。

（2）关注外部环境变化

关注宏观经济环境、政策变化等因素对公司折旧与摊销政策可能产生的影响。

分析这些因素如何影响公司折旧与摊销额的计算和披露。

5. 总结与建议

（1）形成结论

基于以上分析，形成关于公司折旧与摊销与同行业可比上市公司相比是否存在显著差异的结论。

若存在，明确指出差异的具体表现、可能的原因以及合规性与合理性评估结果。

（2）提出建议

针对发现的差异和问题，提出具体的改进建议或进行风险提示。

建议公司优化折旧与摊销政策、加强信息披露或遵循相关法规要求。

分析人员在进行合规分析的过程中，应保持客观、公正的态度，避免受到任何利益相关方的影响。

应严格遵守保密协议和法律法规要求，确保信息的安全性和合规性。

必要时可咨询专业会计师或法律顾问的意见，以确保分析的准确性和合规性。

分析人员可通过以上合规程序与方法，全面、准确地检查公司折旧、摊销与同行业可比上市公司相比是否存在显著差异，并为相关决策提供有力支持。

## 案例分析 1：违规调整折旧方法和期限

### 一、背景

某上市公司 A 主要从事机械设备制造，为降低当期成本、虚增利润，管理层在未充分披露的情况下，擅自将部分关键设备的折旧方法由年限平均法改为工作量法，并延长折旧年限。这一调整导致当期折旧费用大幅减少，利润虚增，误导了投资者和监管机构。后经审计发现，该公司因财务数据不实被证监会立案调查，最终受到行政处罚。

### 二、案例具体情况

调整前：采用年限平均法，设备原值 1 亿元，预计使用年限 10 年，残值率 5%，年折旧额 950 万元。

调整后：改为工作量法，并延长折旧年限至 15 年，年折旧额降至约 570 万元。

影响：当年利润虚增 380 万元，占净利润的 12%，导致 EPS（每股收益）被夸大，股价短期上涨。

### 三、分析

1. 法律法规

根据《企业会计准则第 4 号——固定资产》规定，企业应合理选择折旧方法（年限平均法、工作量法、双倍余额递减法等），并保持一致性，不得随意变更。如需变更，须符合会计准则要求，并在财务报表附注中充分披露变更原因及影响。

2. 影响

财务影响：虚增利润，误导投资者，影响股价；未来折旧费用可能集中增加，导致后续业绩波动。

合规风险：可能构成财务舞弊，面临监管处罚（如证监会警告、罚款）和投资者诉讼。

市场信任度：损害公司信誉，增加融资成本。

3. 正确做法

折旧方法和年限的变更需基于合理商业理由（如设备实际使用情况变化），并履行董事会审批程序。

在财务报表附注中详细披露变更原因、影响金额及会计政策调整，确保信息透明。

4. 正确会计处理

如确需变更，应按照《企业会计准则第 28 号——会计政策、会计估计变更和差错更正》处理，采用未来适用法，不追溯调整前期数据，仅影响当期及以后期间。

会计分录示例（假设变更后年折旧额减少 380 万元）：

借：制造费用 / 管理费用（折旧费）　　570 万元

　　贷：累计折旧　　570 万元

同时，在附注中披露："因设备使用模式变化，本年折旧方法由年限平均法变更为工作量法，影响当期利润增加 380 万元。"

## 案例分析 2：不按规定提取固定资产折旧

### 一、背景

某知名制造企业，为了美化财务报表，决定不按规定提取其生产线的固定资产折旧。该企业的生产线是其主要资产，按照行业惯例和会计准则，应每年按照一定的比例进行折旧。

### 二、案例具体情况

该企业的生产线原值为 5 亿元，按照 10 年的使用寿命和直线法折旧，每年应折旧 5 000 万元。但在过去的两年中，该企业都没有进行任何折旧提取，导致这两年的利润分别虚增了 5 000 万元。

**三、分析**

1. 法律法规

按照《企业会计准则》和相关税法规定，企业必须按照资产的预期使用寿命和合理的折旧方法来提取折旧。

2. 影响

不提取折旧会导致企业的资产价值被高估，利润被虚增。这不仅误导了投资者和债权人，还给企业带来了税务风险。

3. 正确做法与会计处理

企业应按照规定的折旧方法和年限进行折旧提取。对于此案例，企业应立即补提过去两年的折旧，并对财务报表进行相应的调整。

**四、结论**

不按规定提取固定资产折旧是一种短视且违规的行为。企业应当坚守会计准则，确保财务信息的真实性和准确性，从而维护其长期声誉和利益。

## 案例分析 3：摊销处理不当

**一、背景**

某科技公司为了美化财务报表，对其一项重要的无形资产——专利权的摊销处理进行了不当操作。该专利权是公司核心竞争力的体现，按照会计准则和相关法规，应在其预计使用寿命内进行摊销。然而，为了短期利益，公司决定延长摊销期限，从而减少每年的摊销费用。

**二、案例具体情况**

该专利权原值为 1 亿元，按照 10 年的预计使用寿命进行摊销，每年应摊销 1 000 万元。但公司将摊销期限延长至 20 年，每年摊销费用减少至 500 万元，导致每年利润虚增 500 万元。

**三、分析**

1. 法律法规

根据《企业会计准则》和相关税法规定，无形资产应在其预计使用寿命内进行摊销，以反映其经济利益的消耗。

2. 影响

摊销处理不当导致公司资产价值被高估，利润被虚增。这不仅误导了投资者和债权人，还引发了税务风险和法律诉讼。

3. 正确做法与会计处理

公司应按照准则和法规规定，对无形资产进行正确的摊销处理。对于此案例，公司应立即纠正摊销期限，按照 10 年的预计使用寿命进行摊销，并对财务报表进行相应调整。

**四、结论**

摊销处理不当是一种违反会计准则和法规的行为，会严重损害公司的长期利益和声誉。公司应坚守会计准则，确保财务信息的真实性和准确性。

## 案例分析 4：利用折旧和摊销进行财务舞弊

**一、背景**

以青岛市即墨区城市开发投资有限公司（以下简称“即墨城投”）为例，该公司在无形资产摊销方面存在财务舞弊行为。即墨城投在未实际取得停车收费经营权、未进行收费改造且未获价格主管部门核准的情况下，将政府授予的停车泊位收费经营权以评估价计入无形资产，并进行摊销，这一做法显著偏离了同行业可比公司的常规会计处理。

## 二、案例具体情况

即墨城投将未实际产生的停车收费经营权以评估价44.46亿元计入无形资产，并在财务报表中进行了摊销。这一做法导致公司资产和利润的不实增加，与同行业可比公司相比存在重大差异。

## 三、分析

1. 法律法规

根据会计准则，无形资产的确认应基于其经济利益的实现可能性，且摊销应反映其经济利益的消耗。即墨城投的做法显然违反了这一原则。

2. 影响

首先，这导致了公司财务报表的失真，误导了投资者和其他利益相关者。其次，这种行为可能触发监管机构的调查，给公司带来法律风险和声誉损失。最后，长期而言，这种财务舞弊行为将损害公司的长期利益和可持续发展能力。

3. 正确做法与会计处理

即墨城投应严格遵循会计准则，确保无形资产的确认和摊销符合法规要求。对于未实际取得经济利益的无形资产，不应进行确认和摊销。同时，公司应加强内部控制，防止类似财务舞弊行为的再次发生。

## 四、结论

利用折旧和摊销进行财务舞弊是一种严重的违规行为，将对公司和投资者造成重大损害。公司应坚守诚信原则，确保财务信息的真实性和准确性。

# 第二十章
# 关联交易合规

## 专题一百三十七：关联方的认定是否合规

### 业务简介

**一、概念**

关联方，通常指在资金、经营、购销等方面存在直接或者间接的拥有或控制关系，或者直接或间接地同为第三者所拥有或控制，以及其他在利益上相关联的企业或个人。根据《公司法》《企业会计准则第 36 号——关联方披露》《银行保险机构关联交易管理办法》等法律法规和会计准则，关联方包括但不限于以下几类。

母公司、子公司、受同一母公司控制的其他企业：这是常见的关联方类型，如母子公司之间、同一母公司的子公司之间。

主要投资者个人、关键管理人员或与其关系密切的家庭成员：这些人员及其家庭成员通过投资、任职等方式与企业形成关联关系。

主要投资者个人、关键管理人员或与其关系密切的家庭成员控制、共同控制或施加重大影响的其他企业：这些企业可能通过股权、协议或其他方式与企业产生关联。

存在其他关联关系的企业：如通过特定手段（如资产、合同、人事等）形成的企业群体，以及为达到特定经济目的而联合的企业。

**二、基本规定**

关联方的认定程序通常包括以下几个步骤。

信息收集：通过内部调查和外部数据收集，了解企业的股权结构、管理层构成、业务往来等信息。

关联性分析：根据收集到的信息，分析企业间是否存在控制关系、重大影响或利益关联。

认定决策：基于分析结果，确定关联方名单，并报请企业高层或董事会审批。

信息披露：按照相关法律法规和会计准则的要求，在财务报表和其他公开文件中披露关联方及关联交易信息。

**三、合规性要求**

为确保关联方认定的合规性，企业需要做到以下几点。

全面准确：确保关联方认定的全面性和准确性，不遗漏任何可能的关联方。

及时披露：按照法律法规和会计准则的要求，及时、充分披露关联方及关联交易信息。

防范风险：建立健全的关联交易管理制度和风险控制机制，防范关联交易可能带来的风险。

独立审计：定期聘请独立审计机构对关联方认定及关联交易进行审计，确保合规性。

**四、违规表现**

1. 利用关联交易转移资产

行为描述：公司通过关联交易，将优质资产以非市场公允价格转移到控股股东或其他关联方手中。

目的与动机：重新配置资产，获取私人利益。

后果：导致其他子公司承受不必要的负担或风险，损害公司和其他股东的利益。

2. 通过关联交易规避监管

行为描述：公司利用关联交易转移利润或掩盖亏损，以逃避监管政策的约束。

目的与动机：规避税务或其他监管要求。

后果：导致公司面临法律风险和声誉损害，同时影响市场的公平竞争。

3. 非公允关联交易

行为描述：关联方之间进行的交易不符合市场公平原则，如价格等明显偏离市场标准。

目的与动机：向特定关联方输送利益，操纵公司的财务报表。

后果：损害公司和其他非关联股东的利益，损害市场信心。

4. 频繁且无合理商业理由的关联交易

行为描述：公司在短期内进行大量无合理商业理由的关联交易。

目的与动机：提高公司业绩或达到其他财务目标。

后果：导致公司财务报告失真，影响投资者决策，并引发监管机构的调查。

5. 关联方担保过度

行为描述：公司通过关联方向外部债权人提供过度的担保。

目的与动机：获取额外的利益，帮助关联方获取信贷。

后果：增加公司的信用风险，影响其长期融资能力，甚至可能导致公司陷入财务困境。

## 法律法规

**一、主要法律依据**

1.《公司法》

《公司法》第二百六十五条对“关联关系”进行了定义，即公司控股股东、实际控制人、董事、监事、高级管理人员与其直接或者间接控制的企业之间的关系，以及可能导致公司利益转移的其他关系。但国家控股的企业之间不仅因为同受国家控股而具有关联关系。

公司的控股股东、实际控制人、董事、监事、高级管理人员不得利用其关联关系损害公司利益，若给公司造成损失的，须承担赔偿责任。此外，董事、监事、高级管理人员须对公司负有忠实义务，若有违反，所得收入应归公司所有。

2. 其他相关法律法规

如《民法典》中关于债权转让和债务转让的规定，也间接影响到关联公司之间的交易行为。根据《民法典》的相关规定，关联公司的债权依法可以转让，但需协商一致并通知债务人；债务转让则需取得债权人同意，未通知债务人的，转让对债务人不发生效力。

**二、关联方的认定标准**

1. 股份与控制权

关联方直接或间接持有的股份累计达到一定比例（如 5% 以上），或者关联方能在企业运营和交易中实施实质性控制。

2. 资金与经营控制

关联方在资金、经营、购销等方面存在直接或者间接的控制关系。

3. 利益关联

关联方之间的委托借款金额占被借款方实收资本的比例超过一定数额（如 50%），以及其他在利益上相关联的关系。

**三、合规性要求**

1. 信息披露

关联交易的存在及其详情需按照相关法律法规的要求进行及时、深入、完全、准确的披露。这是保护投资者利益、维护市场公平的重要措施。

2. 公平性审查

对关联交易需进行公平性审查，确保交易价格、条件等符合市场公允标准，避免损害公司及其他股东的利益。

3. 禁止性规定

某些类型的关联交易受到法律的明确禁止，如利用关联交易进行利益输送、违法避税等行为。

## 合规程序与方法

1. 了解相关法律法规

深入理解并熟悉相关法律法规，主要包括《公司法》《企业会计准则》《企业所得税法实施条例》及证监会和交易所的监管规定等，特别是《企业会计准则第 36 号——关联方披露》和《证券法》中关于关联方认定的详细规定。

2. 定义关联方

根据法律法规，关联方主要包括以下几类：

控股股东、实际控制人及其控制的企业；

董事、监事、高级管理人员及其关系密切的家庭成员；

持有公司 5% 以上股份的股东及其一致行动人；

同受一方控制、共同控制或重大影响的其他企业；

企业的合营企业、联营企业。

3. 收集并核对信息

股东名册：检查股东持股情况，特别是持股比例超过 5% 的股东。

公司治理结构：了解董事会、监事会及高级管理人员的构成及其背景。

企业财务报告：分析报告中披露的关联方信息及关联交易情况。

对外投资及股权结构：通过企业信用信息公示系统、工商登记资料等，核查企业的对外投资及股权结构。

4. 评估关联方关系

控制关系：检查是否存在直接或间接的控制关系，如持股、协议控制等。

共同控制或重大影响：评估是否存在共同控制或重大影响的关系，如共同投资决策、高级管理人员的委派等。

其他利益关联：考察是否存在借贷、担保、特许权利提供、原材料供应控制、产品销售控制等利益关联。

5. 实施审计程序

询问与函证：向关联方及可能存在的第三方发送询证函，确认关联关系的存在及交易的真实性。

检查文件与记录：审查合同、协议、会议纪要、财务报表等文件，验证关联交易的合规性和公允性。

实地调查：必要时进行现场考察，了解关联方实际运营情况。

6. 编制合规报告

基于收集到的信息和审计结果，编制详细的关联方合规报告，包括关联方认定情况、关联交易描述、合规性评估及建议等。

## 案例分析 1：利用关联交易转移资产

**一、背景**

S 仪器公司在税务核查中被发现存在利用关联交易转移资产以逃避税务责任的行为。公司法定代表人张某利用个人账户收取销售款，未依法申报纳税。税务机关深入调查后，发现部分资金流向了由张某亲属设立的 S1 公司。

**二、案例具体情况**

经稽查，S 仪器公司应补缴税款、缴纳滞纳金及罚款共计 101.8 万元。调查期间，S 仪器公司声称因经营困难，资产和账户余额不足以执行税务机关的决定。然而，通过税警协作，确认 S 仪器公司非法转移资产至 S1 公司，虽具体转移金额未详细披露，但足以显示其逃避税务责任的严重性。

**三、分析**

根据《公司法》第二百六十五条，关联关系指公司控股股东、实际控制人等与其直接或间接控制的企业之间的关系。S 仪器公司通过关联交易转移资产，违反了该规定，损害了公司利益及国家税收权益。

1. 影响及正确做法

此类行为不仅导致国家税收流失，还破坏了市场秩序和公平竞争环境。正确做法是企业应严格遵守税务法规，即使面临经营困难，也应依法申报纳税。同时，关联交易应履行必要的信息披露和审批程序，确保交易的合法性和公平性。

2. 正确的会计处理

企业在进行关联交易时，应确保交易的真实性和公允性，及时、准确地进行会计记录和披露。对于涉及资产转移的交易，需经过股东会或董事会的批准，并在财务报告中详细披露相关信息，接受外部审计的监督。

综上所述，企业应避免利用关联交易进行非法资产转移，确保交易的合法合规性，维护市场秩序和自身信誉。

## 案例分析 2：通过关联交易规避监管

**一、背景**

跨国公司 A，在国内设有全资子公司 B，从事打印机生产与销售。为了规避国内对关联交易的严格监管，A 公司设计了一套复杂的交易结构。A 公司先将打印机半成品以低价出售给非关联的第三方加工公司 C，C 公司简单加工后再以市场价销售给 A 公司的另一家非关联分销商 D，最终这些打印机产品大部分流向了 A 公司在国内的市场。

**二、案例具体情况**

假设 A 公司每年向 C 公司销售半成品 1 亿元，成本价为 0.8 亿元，而 C 公司加工后售价为 1.2 亿元。若 A 公司直接销售给分销商 D，则售价可能为 1.1 亿元。通过此关联交易，A 公司表面上减少了直接关联交易金额，但实际利润通过 C 公司间接转移，规避了监管。

**三、分析**

根据《企业所得税法》及其实施条例，关联交易应遵循独立交易原则，确保价格公允。A 公司的做法违反了这一原则，其通过中间环节转移利润，规避了税务监管和信息披露要求。

1. 影响及正确做法

这种做法不仅损害了国家税收利益，也影响了市场公平竞争。正确做法是企业应直接、透明地进行关联交易，确保交易价格公允，并依法履行信息披露义务。同时，税务部门应加强监管，通过大数据分析和实地核查等手段，揭露并惩处此类违规行为。

2. 正确的会计处理

企业应确保关联交易的真实性和完整性，在财务报表中准确披露关联方关系和交易细节。对于涉及中间环节的复杂交易，应明确各环节的定价依据和利润分配机制，确保会计处理符合会计准则和税法规定。

## 案例分析 3：非公允关联交易

**一、背景**

上市公司 Z，拥有多家子公司，其中子公司 A 负责原材料采购，子公司 B 负责产品生产。为了调节上市公司业绩，Z 公司通过非公允关联交易，以远低于市场价的价格从 A 公司采购原材料，再以高价销售给 B 公司，导致上市公司 Z 利润虚增。

**二、案例具体情况**

假设市场同类原材料价格为每吨 5 万元，但 Z 公司以每吨 8 万元的价格从 A 公司采购；同时，Z 公司以低于市场价 10% 的价格将产品销售给 B 公司。一年内，涉及关联交易金额达 10 亿元，直接增加上市公司 Z 净利润约 2 亿元。

**三、分析**

根据《公司法》及证监会相关规定，关联交易应遵循公平、公正、公开原则，确保交易价格公允。Z 公司的行为显然违反了这一原则，通过非公允关联交易操纵利润，误导投资者。

1. 影响及正确做法

此行为不仅损害了中小股东利益，也破坏了证券市场秩序。正确做法是公司应建立健全的关联交易管理制度，确保交易的真实性和公允性，并充分披露关联交易信息。同时，监管部门应加强监管，严厉打击此类违规行为。

2. 正确的会计处理

对于非公允关联交易，会计处理应基于实际交易情况，调整相关账务记录，确保财务报表真实反映企业经营状况。对于虚增的利润部分，应予以冲回，并追溯调整以前年度报表。此外，企业还应加强内部控制，防止类似问题再次发生。

## 案例分析 4：频繁且无合理商业理由的关联交易

**一、背景**

大型集团 X，旗下拥有多家子公司，包括金融、地产、制造业等多个板块。近年来，X 集团频繁进行子公司间的关联交易，如金融子公司高息贷款给亏损的制造业子公司，且贷款用途不明确，缺乏合理的商业理由。

**二、案例具体情况**

在过去一年中，金融子公司向制造业子公司提供了总计 10 亿元人民币的高息贷款，年利率远高于市场平均水平，达到 15%，而同期市场平均贷款利率约为 6%。制造业子公司使用该资金后，并未显著改善经营状况，反而增加了财务负担。

**三、分析**

根据《公司法》及相关监管规定，关联交易应遵循公平、公正原则，且需具备合理的商业目的。X 集团的此类关联交易显然违反了这些原则，缺乏合理商业理由的高息贷款不仅损害了集团整体利益，也可能对中小股东造成不公平影响。

1. 影响及正确做法

此类行为可能导致集团内部资源错配，损害集团整体竞争力。正确做法应是严格审查每笔关联交易的必要性和合理性，确保交易价格公允，并充分披露相关信息。同时，加强内部控制，防止不当关联交易的发生。

2. 正确的会计处理

对于此类不合理的关联交易，会计处理上应严格区分正常交易与关联交易，确保财务报表真实反映企业经营状况。对于高息贷款部分，应调整相关财务费用，确保利润计算准确。此外，加强审计监督，确保会计处理的合规性。

### 案例分析 5：关联方担保过度

**一、背景**

集团 Y，旗下拥有多家子公司，涉及金融、制造等多个领域。为了支持业绩不佳的子公司 C，集团 Y 通过其他盈利子公司频繁为 C 公司提供高额担保，导致集团整体担保风险急剧上升。

**二、案例具体情况**

在过去两年内，集团 Y 累计为子公司 C 提供了总额达 20 亿元人民币的担保，占集团净资产的比例超过 30%。这些担保大部分用于支持 C 公司的日常运营和债务偿还，而 C 公司的经营状况并未因此显著改善，反而陷入更深的财务困境。

**三、分析**

根据《公司法》及相关金融监管规定，公司对外提供担保应遵循谨慎性原则，确保不会对公司自身经营造成重大不利影响。集团 Y 过度为子公司 C 提供担保的行为，显然违反了这一原则，增加了集团整体的财务风险。

1. 影响及正确做法

此行为可能导致集团 Y 的信用评级下降，融资成本上升，甚至引发连锁反应，影响集团其他子公司的正常运营。正确做法应是严格评估每笔担保的风险和收益，确保担保行为符合集团整体利益，并建立健全的风险管理机制。

2. 正确的会计处理

在会计处理上，应准确记录每笔担保的详细信息，包括担保金额、期限、被担保方财务状况等，并在财务报表中充分披露担保情况。同时，加强内部控制，确保担保决策的合规性和合理性。对于已经出现风险的担保，应及时计提减值准备，确保财务报表的真实性。

## 专题一百三十八：企业与关联方的交易是否公平

### 业务简介

**一、概念**

企业与关联方的交易，简称关联交易，是指在企业与其关联方之间发生的转移资源或义务的事项，而不论是否收取价款。关联方通常指一方控制、共同控制另一方或对另一方施加重大影响，以及两方或两方以上同受一方控制、共同控制或重大影响的实体或个人。这些交易可能涉及商品购销、资产转让、劳务提供、资金借贷、担保、租赁、研究与开发项目的转移等多种形式。

**二、基本规定**

1. 公平性原则

关联交易应遵循公平、公正、公开的原则。交易条件和价格应当与独立第三方之间的交易相当，确保不损害任何一方的利益。控股股东、实际控制人等关联方不得利用其地位或影响力迫使公司进行不公平的交易。

2. 信息披露要求

公司必须对关联交易进行及时、准确、完整的披露。这有助于保护投资者的利益，确保他们充分了解公司的经营状况和潜在风险。关联交易披露的内容通常包括交易双方、交易内容、交易金额、定价原则及依据等。

3. 税务处理

关联交易的税务处理需遵守《税收征收管理法》等相关税收法律法规。例如，关联企业之间借款的涉税问题，需要签定借款合同并取得税务机关代扣的利息票据，同时借款数量和利息支付必须符合相关规定。

4. 审批程序

对于重大关联交易，公司需要按照公司章程和证券交易所的规定履行相应的审批程序。通常，这类交易需要由股东会作出决议，并经出席会议的股东所持表决权的三分之二以上通过。

**三、违规表现**

1. 价格操纵

行为描述：企业在与关联方进行交易时，故意设定高于或低于市场公允价格的价格。

目的与动机：通过价格操纵，企业可能试图向关联方输送利益，或是从关联方获取不正当的利益。

后果：这种行为会扭曲市场竞争，损害其他非关联方的利益，并可能导致企业面临法律诉讼和声誉损害。

2. 排他性交易

行为描述：企业为与关联方进行交易，不让其他非关联方参与，即使这些非关联方可能提供更有竞争力的产品或服务。

目的与动机：保护关联方的商业利益，确保企业从关联方处获取特定的利益。

后果：这种排他性做法限制了市场竞争，剥夺了其他潜在供应商的机会，可能违反了反垄断法。

3. 隐瞒或误导性信息披露

行为描述：企业在公开披露与关联方的交易信息时，故意隐瞒重要细节或提供误导性信息。

目的与动机：掩盖不公平交易的事实，误导投资者和监管机构。

后果：导致投资者做出错误的投资决策，损害市场的公平性和透明度，并可能使企业面临证券法违规的指控。

4. 设置条件不公的合同条款

行为描述：在与关联方的交易合同中，设置对企业明显不利的条款，如过长的付款期限、不合理的违约责任等。

目的与动机：关联方利用其对企业的控制或影响力，从企业处谋取私利。

后果：加重企业的财务负担，限制企业的经营自由度，并可能影响企业的长期发展。

5. 交易未经适当审批

行为描述：企业与关联方进行重大交易时，未按照公司治理结构和法律规定进行适当审批。

目的与动机：绕过正常的决策程序，迅速完成与关联方的交易。

后果：破坏企业的内部治理机制，增加决策风险，并可能导致法律纠纷和监管处罚。

## 法律法规

**一、《公司法》**

第二十二条明确规定了公司的控股股东、实际控制人、董事、监事、高级管理人员不得利用其关联关系损害公司利益。违反此规定给公司造成损失的，应当承担赔偿责任。

第二百六十五条对关联关系进行了定义，即公司控股股东、实际控制人、董事、监事、高级管理人员与其直接或者间接控制的企业之间的关系，以及可能导致公司利益转移的其他关系。

**二、《企业会计准则第 36 号——关联方披露》**

该准则对关联方及关联交易的定义、信息披露等进行了详细规定，要求企业在财务和经营决策中，如果一方控制、共同控制另一方或对另一方施加重大影响，以及两方或两方以上同受一方控制、共同控制或重大影响的，应视为关联方。关联方之间发生转移资源或义务的事项，不论是否收取价款，均被视为关联交易。

## 合规程序与方法

1. 遵循法律法规

明确并遵循相关的法律法规，如《企业所得税法实施条例》《企业会计准则第 36 号——关联方披露》等，这些法规详细规定了关联方交易的披露要求和公平性原则。

2. 关联方识别与关系梳理

识别关联方：根据法规定义，识别企业的所有关联方，包括控股股东、实际控制人、董事、监事、高级管理人员及其关系密切的家庭成员，以及同受一方控制、共同控制或重大影响的其他企业等。

梳理关系：明确企业与各关联方之间的具体关系，包括控制关系、共同控制关系、重大影响关系等，并了解这些关系如何影响交易。

3. 交易审查与评估

交易审查：详细审查企业与关联方之间的所有交易，包括购销活动、劳务支出、租赁业务、资金往来、担保抵押、研究开发项目等，确保交易的真实性和完整性。

定价评估：采用合理的定价方法（如可比非受控价格法、再销售价格法、成本加成法等），评估关联交易的定价是否公允。特别关注是否存在价格转移、利益输送等不公平现象。

条款审查：审查交易合同的条款，确保合同条款的公平性、合理性和合法性，避免存在对一方不利的条款。

4. 内部控制与审计

内部控制：评估企业的内部控制制度是否健全有效，特别是与关联方交易相关的控制措施，如授权审批、记录保留、信息披露等。

审计：设计并执行审计程序，包括抽样测试、函证、访谈等，以验证交易的真实性和定价的公允性。审计师应保持独立性，避免产生利益关系。

5. 报告与披露

编制报告：根据审计结果，编制详细的关联方交易审计报告，包括交易概述、定价评估、内部控制评估、审计发现及建议等内容。

信息披露：按照法规要求，在财务报告中对关联方交易进行充分披露，包括交易的性质、金额、定价政策、对财务状况和经营成果的影响等。

## 案例分析 1：价格操纵

**一、背景**

XX 公司，一家知名的电子产品制造商，被指控通过价格操纵，在与关联方进行的交易中获得了不公平的优势。该公司被怀疑在与一家子公司进行原材料交易时，故意提高交易价格，以此转移利润。

**二、案例具体情况**

在涉及的一项特定交易中，XX 公司以高于市场价 30% 的价格向子公司销售了一批电子元件。这批元件的市场价格为 1 000 万元，但交易价格高达 1 300 万元。

**三、分析**

1. 法律法规

根据相关法规，企业之间的交易应当基于公平原则，不得通过价格操纵等手段损害任何一方利益，特别是关联方交易更应公开透明。

2. 影响

XX 公司通过高价销售电子元件给子公司，损害了子公司的利益，同时误导了投资者和外部审计，对市场竞争也造成了不良影响。

3. 正确做法

XX 公司应与子公司进行公平交易，以市场价格或接近市场价格的价格进行交易，确保交易的公正性。

4. 正确的会计处理

会计记录应准确反映交易的真实情况，按照市场价格记录交易成本，不得虚增或虚减交易金额。

XX 公司的行为显然违反了公平交易的原则，将面临监管机构的审查。企业应遵守相关法律法规，确保所有交易的公正性和透明度，以维护企业声誉和市场的公平竞争环境。同时，正确的会计处理也是保障企业信息透明、投资者利益不受损害的关键。

## 案例分析 2：排他性交易

**一、背景**

YZ 公司，一家在行业内具有较大影响力的企业，近期被揭露与其关联方进行排他性交易，限制其他供应商的参与，从而实现不公平的关联方交易。

**二、案例具体情况**

YZ 公司与其关联方签订的排他性合同中，规定在未来三年内，YZ 公司将从关联方独家采购某关键零部件，年采购额预计达 5 000 万元。然而，该零部件的市场平均采购成本为每件 100 元，而 YZ 公司从关联方采购的价格高达每件 150 元。

**三、分析**

1. 法律法规

根据相关法律法规，公司间的交易应遵循公平、公正的原则，不得利用排他性交易等手段限制市场竞争，损害其他供应商和消费者的利益。

2. 影响

YZ 公司通过排他性交易，不仅限制了其他供应商的参与，还以高于市场价的价格从关联方采购零部件，这不仅损害了公司自身的利益，也破坏了市场竞争的公平性。同时，这种不公平的关联方交易还对公司的声誉和长期发展造成了负面影响。

3. 正确做法

YZ 公司应取消排他性交易合同，向所有符合条件的供应商开放采购渠道，通过市场竞争来确定合理的采购价格。同时，公司应建立完善的采购管理制度，确保采购过程的公开、透明和公正。

4. 正确的会计处理

在财务记录中，YZ 公司应按照实际采购成本入账，确保财务数据的真实性和准确性。对于因排他性交易而产生的额外费用或损失，应进行合理的会计处理，并在财务报表中进行充分披露。

**四、结论**

综上所述，YZ 公司的排他性交易行为违反了公平交易的原则，应予以纠正。企业应遵守相关法律法规，维护市场竞争的公平性，确保自身和关联方交易的公正性和透明度。

## 案例分析 3：隐瞒或误导性信息披露

### 一、背景

宁波东力，一家主要从事减速器等传动设备制造的公司，曾因涉嫌信息披露违法违规被证监会调查。调查发现，宁波东力在重大资产重组阶段存在隐瞒关联关系及关联交易的行为。

### 二、案例具体情况

据报道，宁波东力重组标的年富供应链在 2014 年 7 月至 2018 年 3 月期间，通过虚增收入和利润的方式，虚增营业收入达到 34.82 亿元，虚增营业利润 4.36 亿元。同时，年富供应链还隐瞒了与关联方的交易。

### 三、分析

1. 法律法规

根据相关法规，上市公司必须真实、准确、完整、及时地披露信息，特别是关联交易，以避免误导投资者和损害市场公平性。

2. 影响

宁波东力通过隐瞒和误导性信息披露，实现了与关联方的不公平交易，这不仅损害了投资者的利益，也破坏了市场的公平性和透明度。此外，这种行为还导致公司声誉受损，甚至面临法律诉讼和监管处罚。

3. 正确做法

公司应严格遵守信息披露规定，充分披露与关联方的交易信息，包括交易的性质、金额、定价依据等。同时，公司应建立有效的内部控制机制，防止类似行为的发生。

4. 正确的会计处理

公司应按照会计准则和法规要求，准确记录和处理与关联方的交易。任何虚增收入或隐瞒收入的交易都应被纠正，以确保财务报表的真实性和准确性。

### 四、结论

综上所述，宁波东力的案例揭示了企业隐瞒或误导性信息披露以实现不公平关联交易的严重后果。公司应以此为鉴，加强信息披露的透明度和准确性，以维护市场的公平和投资者的利益。

## 案例分析 4：设置条件不公的合同条款

### 一、背景

某科技公司（以下称“A 公司”）与其控股股东控制的一家原材料供应商（以下称“B 公司”）签订了一份长期供应合同。合同中包含多项对 A 公司不利的条款，以实现利益从 A 公司向 B 公司的输送。

### 二、案例具体情况

合同规定，B 公司提供的原材料价格显著高于市场平均价，高出部分约为市场价的 20%。此外，合同还约定了不合理的付款条件和违约责任，如 A 公司需提前支付全款且无折扣，以及违约时需支付高额罚金。

### 三、分析

1. 法律法规

根据《民法典》及《公司法》等，关联交易应遵循公平、公正、公开的原则，合同条款不得损害公司利益。本案例中，合同条款显失公平，违反了上述原则。

2. 影响

这种不公平的合同条款直接损害了 A 公司的经济利益，减少了公司利润，同时也可能影响到其他股东和债权人的权益；长期来看，会削弱公司的市场竞争力，损害公司声誉。

3. 正确做法

关联交易合同条款应经过严格审查，确保公平合理。公司应建立独立的董事会或关联交易委员会，对关联交易进行审批和监督。同时，加强信息披露，确保所有股东和利益相关方能够及时了解交易情况。

4. 正确的会计处理

对于不公平关联交易产生的额外成本，A公司应在财务报表中予以充分披露，并在利润表中作为非经常性损失列示。同时，对于因不公平条款导致的潜在损失，应进行合理的会计估计和计提相应的准备。

**四、结论**

综上所述，本案例揭示了不公平合同条款对企业利益输送的影响，强调了合规性和内部控制的重要性。

## 案例分析5：交易未经适当审批

**一、背景**

跨境通在20×4年12月与上海优壹及香港优妮酷分别签署了《借款协议》，提供了借款。然而，在20×8年1月，上海优壹和香港优妮酷成为跨境通的全资子公司，同年4月，跨境通聘任了原借款人周敏为公司副总经理，这使得原本的借款行为构成了关联交易。但跨境通未及时对这笔关联交易进行审议和披露，直到20×8年8月才进行补充确认。

**二、案例具体情况**

根据协议，上海优壹向周敏借款不超过1亿元人民币，香港优妮酷向周敏借款不超过2 000万美元。这些借款在跨境通收购上海优壹和香港优妮酷之前就已经发生，且金额较大，对跨境通的财务状况产生了显著影响。

**三、分析**

1. 法律法规

根据《公司法》及证券交易所的相关规定，关联交易必须经过适当的审批程序，并及时进行信息披露。跨境通未及时履行这些义务，违反了相关法规。

2. 影响

未经适当审批和披露的关联交易可能导致投资者对公司财务状况产生误解，损害自己的利益。同时，这也可能引发监管机构的处罚，影响公司的声誉和股价。

3. 正确做法

跨境通应在与关联方发生交易前进行充分的审议和审批，确保交易的公平性和合理性。同时，严格按照法规要求进行信息披露，保障所有股东的知情权。

4. 正确的会计处理

对于这笔关联交易，跨境通应在发生时及时确认，并在财务报表中予以披露。同时，根据会计准则的要求，对交易涉及的借款、利息等财务数据进行准确的会计处理。

**四、结论**

综上所述，跨境通的案例揭示了未经适当审批的关联交易对企业和投资者可能造成的负面影响，强调了合规性和透明度的重要性。

## 专题一百三十九：关联交易是否会对企业的独立性产生不利影响

### 业务简介

**一、概念**

关联交易是指在企业与其关联方之间发生的资源或义务的转移，而不论是否收取价款。根据《企业会计准则第 36 号——关联方披露》和《上市公司信息披露管理办法》等规定，关联方通常包括一方控制、共同控制另一方或对另一方施加重大影响，以及两方或两方以上同受一控制、共同控制的实体或个人。常见的关联方包括母公司、子公司、同一母公司下的其他子公司、主要投资者个人、关键管理人员及其关系密切的家庭成员等。

**二、基本规定**

信息披露要求：上市公司在进行关联交易时，需要按照相关法律法规的要求进行信息披露，确保所有投资者能够公平地获取相关信息。这包括交易的性质、金额、定价原则、对公司财务状况和经营成果的影响等。

公平交易原则：关联交易应当遵循公平、公正、公开的原则，确保交易价格、条件等符合市场公允水平，避免损害公司及非关联方的利益。

审批程序：部分重大关联交易需要经过董事会、股东会等内部机构的审批，以确保交易的合法性和合规性。

**三、关联交易对企业独立性可能产生的不利影响**

信息不对称：关联交易可能导致信息在关联方之间不对称，即关联方可能获得企业内部的非公开信息，而其他利益相关方则难以获取。这种信息不对称会影响企业的财务报告和业绩评估的客观性，从而损害企业的独立性。

利益冲突：如果关联交易的定价、条件等不公平，可能导致企业的利益受到损害。关联方可能利用其优势地位，通过关联交易转移利润、逃避税收或进行其他不利于企业的行为。这种利益冲突会影响企业的决策独立性，使企业可能为了满足关联方的利益而做出不利于企业整体利益的决策。

财务报告操纵：在极端情况下，关联方可能通过虚假交易或利益转移来操纵企业的财务报告，以达到特定的财务目标或隐藏真实的财务状况。这种行为将严重损害企业的独立性和客观性，使财务报告失去可靠性。

经营风险增加：过多的关联交易可能使企业过分依赖关联方，降低其独立经营能力和抗外部风险能力。例如，当企业的原材料采购和产品销售主要依赖于关联方时，其经营自主权将受到很大限制。一旦关联方出现问题，企业可能面临巨大的经营风险。

市场形象受损：大量关联交易的发生可能对企业的市场形象产生负面影响，使潜在客户减少，进而影响企业的长期发展。此外，不公平的关联交易还可能引发监管机构的关注和处罚，进一步损害企业的声誉和利益。

**四、违规表现**

1. 关联交易未经审批

行为描述：部分关联交易未经公司董事会或股东会的正式审批，直接由关联方或公司高层决定执行。

目的与动机：关联方或公司高层可能出于便捷性或利益输送的考虑，绕过正规审批程序，以快速达成交易。

后果：这种违规行为不仅违反了公司治理原则和法律法规，还导致公司决策过程不透明，损害公司独立性，进而影响中小股东和其他利益相关者的权益。同时，未经审批的关联交易可能隐藏着不公平交易的风险，降低公司财务信息的真实性和可信度。

2. 不等价关联交易

行为描述：关联方之间的交易价格显著偏离市场价格，存在明显的不公平性。

目的与动机：关联方可能利用其在公司中的地位或影响力，以低于或高于市场价的价格与公司进行交易，从而转移利润或成本，实现利益输送。

后果：不等价交易直接损害了公司的经济利益，减弱了公司的盈利能力。长期来看，这种不公平的交易模式会削弱公司的市场竞争力和独立性，使公司过分依赖关联方，增加经营风险。同时，这种行为也会引发投资者和监管机构的质疑，对公司的声誉和信誉造成负面影响。

3. 信息披露不完整或不及时

行为描述：对于关联交易的相关信息，公司未按照法律法规要求进行完整、及时的披露。

目的与动机：公司可能出于保护商业秘密、避免股价波动或掩盖不公平交易等考虑，故意隐瞒或延迟披露关联交易信息。

后果：信息披露的不完整或不及时严重违反了信息披露制度，剥夺了投资者和其他利益相关者的知情权。这种违规行为不仅会导致公司财务信息的失真，损害投资者的利益，还会降低公司的透明度和公信力，影响公司的市场形象和声誉；在极端情况下，还可能引发法律风险和监管处罚。

4. 通过关联交易进行税款转移

行为描述：关联方之间通过精心设计的交易安排，利用税收优惠政策或税法漏洞，实现税款的不合理转移。

目的与动机：关联方旨在通过关联交易减轻整体税负，增加公司利润。这种行为往往涉及不合规的税务筹划和财务操作。

后果：虽然短期内可能为公司带来一定的经济利益，但这种行为严重损害了国家的税收利益，扰乱了市场秩序。长期来看，税款转移行为会削弱公司的市场竞争力，降低公司的独立性和可持续发展能力。同时，这种行为也可能引发监管机构的调查，给公司带来不必要的法律风险和声誉损失。

## 法律法规

1.《公司法》

《公司法》第二十二条明确规定：“公司的控股股东、实际控制人、董事、监事、高级管理人员不得利用关联关系损害公司利益。违反前款规定，给公司造成损失的，应当承担赔偿责任。”这一条款直接禁止了关联方利用其特殊地位损害公司利益的行为，体现了对关联交易可能损害公司独立性的高度关注。

2. 公平、公正、诚实信用的原则

除了直接禁止性规定外，关联交易还应当遵循公平、公正、诚实信用的原则。这意味着关联交易的定价、条件等应当符合市场规律，不得通过关联交易进行利益输送或损害公司利益。

3. 信息披露和审批程序

为了保障公司利益，法律还要求关联交易应当履行信息披露和审批程序。公司应当及时、准确地向股东和投资者披露关联交易的相关信息，确保信息透明度。同时，关联交易往往需要经过公司内部适当的决策程序，如董事会、股东会的审议和批准，关联董事或股东应当回避表决。

## 合规程序与方法

1. 定义关联方与关联交易

明确关联方的定义是关键。根据《公司法》《企业会计准则》及证券监管规则，关联方通常包括公司的控股股东、实际控制人、董事、监事、高级管理人员及其直接或间接控制的公司，以及持有公司一定比例股份的自然人或法人。关联交易则是指公司与关联方之间发生的资源或义务转移事项。

2. 制定关联交易管理制度

公司应制定详尽的关联交易管理制度，明确关联交易的决策权限、决策程序和定价机制，规定关联股东和关联董事在决策中的回避表决原则。这有助于确保关联交易在制度框架内进行，避免利益输送和不公平交易。

3. 审查关联交易的必要性与公允性

对每一笔关联交易，都应进行必要性和公允性的审查。必要性审查关注交易是否为公司正常经营所需，无法避免；公允性审查则关注交易价格是否遵循市场原则，与市场价格偏差不大，且不存在影响定价的不当因素。

4. 强化信息披露

企业应按照相关法律法规的要求，及时、准确、完整地披露关联交易信息，包括交易内容、金额、定价依据、决策程序等，确保投资者充分知情，避免信息不对称。

5. 引入第三方评估

对于重大关联交易，企业可委托第三方评估机构进行评估，以独立第三方的视角验证交易的公平性和合理性，增强交易的透明度和公信力。

## 案例分析 1：关联交易未经审批

**一、背景**

某上市公司 A 与其控股股东 B 公司之间存在频繁的业务往来。2022 年度，A 公司向 B 公司采购原材料累计金额达 1.2 亿元，占 A 公司全年采购总额的 15%。该交易未履行必要的关联交易审批程序及信息披露义务，亦未在年度报告中充分披露交易细节及定价依据。后经审计发现，交易价格显著高于市场同类产品均价（约高出 8%~12%），存在利益输送嫌疑。此案例涉及关联交易合规性、公司治理及财务信息披露问题。

**二、案例具体情况**

交易金额：2022 年 A 公司向 B 公司采购原材料 1.2 亿元，占同类交易比例的 15%；

价格差异：B 公司供货单价为 5 800 元 / 吨，市场均价为 5 200 元 / 吨，溢价率达 11.5%；

利润影响：若按市场价核算，A 公司当年成本将减少 960 万元，净利润相应增加（税后影响约 720 万元）；

披露瑕疵：年报中仅模糊表述为“关联方采购”，未披露定价机制及独立董事意见。

**三、分析**

1. 法律法规

违反《公司法》第 21 条（关联交易不得损害公司利益）及《上市公司信息披露管理办法》第 45 条（重大关联交易需披露定价原则及审议程序）；

未履行《企业会计准则第 36 号——关联方披露》要求的充分披露义务；

不符合《上市公司治理准则》第 74 条（独立董事对关联交易发表意见）的规定。

2. 影响

财务层面：虚增成本导致利润失真，可能引发税务风险及年报重述；

治理层面：暴露内控缺陷（缺失关联交易分级审批制度），损害中小股东权益；

监管风险：面临证监会警告、罚款或立案调查，公司信用评级可能下调。

3. 正确做法

程序合规：交易前需经董事会 / 股东大会审议（根据金额分级审批），独立董事出具书面意见；

定价公允：采用可比非受控价格法（CUP）等市场化定价方式，并保存第三方评估报告；

披露完整：在财务报告附注中单独披露交易金额、定价依据及审议程序。

4. 会计处理

更正分录（若需追溯调整）：

借：应付账款——B 公司　　960 万元

　　贷：以前年度损益调整　　720 万元

　　　　应交税费——企业所得税　　240 万元

后续处理：建立关联方交易台账，定期与市场价比对，纳入内控审计重点。

## 案例分析 2：不等价关联交易

### 一、背景

莱钢股份与子公司山东瑞达再生资源有限公司（简称“山东瑞达”）之间存在不等价关联交易，这种交易模式通过不公平的定价机制，影响了莱钢股份的独立性和市场竞争力。山东瑞达因经营废旧物资享受税收优惠政策，而莱钢股份通过高价购买或低价销售的方式与山东瑞达进行交易，以实现税款转移或其他利益输送。

### 二、案例具体情况

假设莱钢股份以高于市场价 50% 的价格从山东瑞达采购废旧物资，年采购额为 2 亿元。按此计算，莱钢股份每年多支付的金额约为 1 亿元。这部分额外支出直接减少了莱钢股份的利润，影响了其财务状况和独立性。同时，山东瑞达因此获得了超额利润，假设其净利润因此增加了 6 000 万元。

### 三、分析

1. 法律法规

《公司法》规定，公司的控股股东、实际控制人等不得利用其关联关系损害公司利益。不等价关联交易显然违反了这一原则。

2. 影响

不等价关联交易损害了莱钢股份的独立性，使其过度依赖关联方，降低了市场竞争力；同时，也损害了中小股东和债权人的利益，因为不公平的定价机制直接减少了公司的利润和资产价值。

3. 正确做法

公司应建立公平、透明的关联交易定价机制，确保所有交易均基于市场价格和公平原则。对于重大关联交易，应经过严格的审批程序，并向所有股东披露相关信息。

4. 正确的会计处理

对于不等价关联交易，公司应按照会计准则进行调整，确保财务报表真实反映公司的财务状况和经营成果。对于因不等价交易导致的利润减少或资产损失，应及时进行会计处理，并向投资者充分披露。

## 案例分析 3：信息披露不完整或不及时

### 一、背景

通策医疗股份有限公司（以下简称“通策医疗”）因存在关联交易未披露、财务资助及投资出资情况披露不准确等违规行为，被浙江监管局责令改正。其中，通策医疗与实际控制人吕建明控制的企业之间存在非经营性资金往来，涉及金额高达 1.43 亿元，且未按规定履行信息披露义务。

**二、案例具体情况**

非经营性资金往来涉及金额1.43亿元，这意味着相关交易对上市公司而言是一笔重大交易。由于未及时披露，市场投资者无法获取这一关键信息，影响了他们对公司财务状况和独立性的准确判断。

**三、分析**

1. 法律法规

《上市公司信息披露管理办法》等法律法规要求上市公司必须真实、准确、完整、及时地披露信息，特别是涉及关联交易的重大事项。通策医疗的行为违反了这一原则。

2. 影响

信息披露不完整、不及时导致市场信息不对称，损害了中小投资者的利益；同时，也削弱了通策医疗的市场信誉和独立性，可能引发监管部门的进一步调查和处罚。

3. 正确做法

上市公司应建立健全信息披露制度，确保所有关联交易均经过严格审批并及时、完整地向市场披露。对于重大事项，应及时发布临时公告，以便投资者及时了解公司动态。

4. 正确的会计处理

对于已发生的关联交易，上市公司应按照会计准则进行会计处理，并在财务报告中准确反映相关交易对公司财务状况和经营成果的影响。对于因信息披露违规导致的会计差错，应及时进行更正并披露更正后的财务数据。

**四、结论**

综上所述，通策医疗的案例警示我们，上市公司必须严格遵守信息披露法规，确保信息披露的完整性、及时性和准确性，以维护市场公平、保护投资者利益并保障公司的独立性。

## 案例分析4：通过关联交易进行税款转移

**一、背景**

某上市公司为了减轻税负，通过与其关联方进行一系列复杂的交易安排，将利润从税款较高的环节转移到税款较低的环节。例如，公司高价向关联方采购原材料，再以低价将产品销售给关联方，以此方式减少应纳税所得额，实现税负转移。

**二、案例具体情况**

假设上市公司年销售额为10亿元，其中与关联方的交易额为2亿元。通过关联交易，公司多支付了1 000万元的原材料采购费用，同时少确认了2 000万元的销售收入。这一安排直接导致公司减少了750万元的应纳所得税（假设税率为25%）。

**三、分析**

1. 法律法规

《企业所得税法》等法规要求企业按照独立交易原则进行关联交易，禁止通过关联交易进行不合理的税款转移。上述案例中的行为显然违反了这一原则。

2. 影响

首先，这种行为损害了国家税收利益；其次，它削弱了上市公司的独立性，使公司过度依赖关联方，削弱了市场竞争力和抗风险能力；最后，它也损害了中小股东的利益，因为不公平的关联交易可能隐藏了公司的真实财务状况。

3. 正确做法

公司应遵循独立交易原则进行关联交易，确保交易价格公允合理。对于可能涉及税款转移的交易，应主动向税务机关申报并接受监管。

4. 正确的会计处理

对于关联交易，公司应按照会计准则进行正确的会计处理，确保财务报表真实反映公司的财务状况和经营成果。对于因关联交易导致的税款转移，应在财务报告中充分披露相关信息，以便投资者和监管机构了解。

## 专题一百四十：企业是否存在通过关联交易进行利益输送

### 业务简介

**一、概念**

关联交易是指公司与其关联方之间进行的交易。关联方通常包括公司的控股股东、实际控制人、董事、监事、高级管理人员及其家属，以及他们直接或间接控制的其他企业。这些交易可能涉及购买或销售商品、提供或接受劳务、租赁、担保、资金提供等多种经济行为。

利益输送指的是控股股东或受公司控制的实体，通过不正当手段转移或挪用上市公司的资源和利润，导致上市公司运营能力降低，甚至濒临破产。这种行为往往损害了其他股东和公司的利益。

**二、利益输送的方式**

企业通过关联交易进行利益输送的方式多种多样，主要如下。

1. 应收账款占用

大股东长期无偿占用上市公司的应收账款，将公司资产转移到自己手中。

2. 资产购销

利用关联交易中的非公允价格进行资产转移，关联方可以根据自身意愿确定不公允的交易价格，从而侵占上市公司资产。

3. 定向增发

通过定向增发的方式，以低于市价的价格向大股东发行新股，增加大股东的持股比例和控制权，同时可能涉及资产注入等复杂交易，进一步巩固大股东的利益。

4. 资金占用与提供

大股东通过关联交易占用上市公司资金，或要求上市公司为关联方提供担保、贷款等，增加了上市公司的财务风险。

5. 代理、租赁等

通过代理、租赁等方式，以不公平的价格进行交易，使关联方获得不正当利益。

**三、违规表现**

1. 不公平定价

（1）行为描述

在关联交易中，交易价格显著偏离市场价格，通常表现为以低价向关联方出售资产或以高价从关联方购买资产。

（2）目的与动机

企业控股股东、实际控制人或高级管理人员利用其对公司的控制权，通过不公平定价将公司资产或利润转移至关联方，从而实现利益输送。

（3）后果

这种行为直接损害了公司及中小股东的利益，降低了公司的盈利能力和市场竞争力。同时，不公平定价还可能引发监管机构的关注和调查，甚至导致公司面临法律处罚。

2. 应收账款占用

（1）行为描述

大股东或关联方长期占用上市公司的应收账款，不进行及时结算或归还。

（2）目的与动机

通过占用应收账款，关联方可以无偿使用上市公司的资金，缓解自身资金压力，实质上是将上市公司的资产转移至关联方。

（3）后果

应收账款占用导致上市公司资金回笼不及时，影响公司的正常运营和资金周转。长期占用还可能引发上市公司的财务风险，损害公司及股东的利益。

3. 利用资产购销进行利益输送

（1）行为描述

在资产购销过程中，关联方利用内部价格机制或信息不对称，以不公允的价格进行交易。

（2）目的与动机

通过不公允的资产购销交易，关联方可以低价获取上市公司优质资产或高价出售劣质资产给上市公司，从而实现资产和利润的转移。

（3）后果

这种行为不仅损害了上市公司的资产质量和盈利能力，还可能引发市场对公司治理能力的质疑，影响公司的市场形象和声誉。

4. 利用定向增发进行利益输送

（1）行为描述

上市公司在进行定向增发时，以不合理的价格向关联方发行股份，或定向增发后关联方通过非公开发行方式获取上市公司控制权。

（2）目的与动机

通过定向增发，关联方可以以较低的成本获取上市公司股份或控制权，进而实现利益输送或加强对上市公司的控制。

（3）后果

定向增发中的利益输送行为可能引发市场对公司估值合理性的质疑，影响公司的股价表现。同时，关联方过度控制上市公司还可能损害公司的独立性和决策效率，进而影响公司的长期发展。

5. 信息披露违规

（1）行为描述

在关联交易过程中，公司未按照法律法规要求及时、准确、完整地披露相关信息。

（2）目的与动机

公司可能出于保护商业秘密、避免股价波动或掩盖不公平交易等考虑，故意隐瞒或延迟披露关联交易信息。

（3）后果

信息披露违规不仅违反了法律法规要求，还剥夺了投资者和其他利益相关者的知情权。这种行为可能引发市场对公司治理能力的质疑和投资者的不信任，进而影响公司的市场形象和融资能力。同时，监管机构还可能对公司进行处罚，进一步加剧公司的经营困境。

## 法律法规

### 一、《公司法》

第二百六十五条对关联关系进行了定义，即关联关系是指公司控股股东、实际控制人、董事、监事、高级管理人员与其直接或者间接控制的企业之间的关系，以及可能导致公司利益转移的其他关系。

第二十二条明确禁止公司的控股股东、实际控制人、董事、监事、高级管理人员利用其关联关系损害公司利益。违反此规定，给公司造成损失的，应当承担赔偿责任。

**二、其他相关法规**

《中华人民共和国信托法》《信托公司管理办法》等对信托公司等金融机构的关联交易行为进行了规范。

## 合规程序与方法

1. 定义关联方与关联交易

明确关联方和关联交易的定义是基础。关联方通常包括企业的控股股东、实际控制人、董事、监事、高级管理人员及其关系密切的家庭成员，以及这些人员直接或间接控制的其他企业。关联交易则是指企业与关联方之间发生的资源或义务转移事项。

2. 建立关联交易管理制度

企业应建立完善的关联交易管理制度，明确关联交易的审批流程、定价机制和信息披露要求。制度应确保关联交易在公平、透明的基础上进行，防止利益输送。

3. 审查关联交易的必要性与合理性

必要性审查：评估关联交易是否为企业正常经营所需，企业是否无法从非关联方处获得相同或更优惠的条件。

合理性审查：分析关联交易的价格、条款等是否合理，是否与市场交易条件相一致。必要时，可引入第三方评估机构进行验证。

4. 定价机制

确保关联交易定价遵循市场原则，与同类交易的市场价格无显著差异。对于交易价格偏高市场价格的关联交易，应提供充分的定价依据和合理性说明。

5. 信息披露

企业应按照相关法律法规的要求，及时、准确、完整地披露关联交易信息，包括交易内容、金额、定价依据、决策程序等。这有助于投资者和监管机构了解企业运营情况，监督关联交易是否合规。

6. 内部控制与审计

内部控制：建立有效的内部控制体系，对关联交易进行事前审批、事中监控和事后审计，确保交易的真实性和合规性。

审计：定期进行关联交易专项审计，评估交易是否遵循了既定制度和流程，是否存在利益输送等不合规行为。

7. 持续监控与风险评估

建立持续监控机制，对关联交易进行动态跟踪和风险评估。一旦发现潜在风险或不合规行为，应立即采取措施进行整改或报告给相关监管机构。

## 案例分析 1：不公平定价

**一、背景**

高斯贝尔（股票代码：002848），主营数字电视软硬件产品，于 2017 年上市。上市后不久，公司便以高价收购实控人刘潭爱旗下的深圳市高斯贝尔家居智能电子有限公司（简称“高斯贝尔家居”），引发市场关注。

**二、案例具体情况**

截至2017年6月30日，高斯贝尔家居净资产为4 306.38万元，而高斯贝尔计划以2.5亿元收购，溢价率高达480.53%。相比之下，高斯贝尔家居在2016年的估值甚至低于其注册资金，显示出此次收购价格显著不合理。

**三、分析**

1. 法律法规

根据《企业会计准则》及关联交易相关法规，关联交易定价应公允，不得损害公司及中小股东利益。

2. 影响

此次高价收购涉嫌利益输送，严重损害了上市公司及中小股东的权益，导致公司股价大幅下跌，市场信任度降低。

3. 正确做法

上市公司应建立独立的关联交易审批机制，确保交易定价公允透明。同时，加强内部控制和审计，避免不公平交易的发生。

4. 正确的会计处理

对于关联交易，应严格按照市场公允价格进行会计处理，确保财务报表真实反映公司财务状况和经营成果。对于高溢价收购，应充分披露其合理性和必要性，必要时引入第三方评估机构进行评估。

**四、结论**

综上所述，高斯贝尔案例警示我们，关联交易中的不公平定价将严重损害公司及股东利益，必须严格依法依规进行，确保交易公平、透明。

## 案例分析2：应收账款占用

**一、背景**

上市公司A，主营业务涵盖制造业与服务业，其大股东持有大量非流通股，并通过控制关联企业B进行业务往来。近年来，市场注意到A公司对B公司的应收账款持续增长，引发了市场质疑。

**二、案例具体情况**

根据公开财务报告，A公司对B公司的应收账款从2019年的5 000万元激增至2022年的2亿元，占A公司总应收账款的比例从10%上升到30%。2019—2022年，B公司的营业收入并未显著增加，且其还款能力受到质疑。此外，A公司在与B公司的交易中，多采用长期挂账方式处理应收账款，导致A公司现金流紧张。

**三、分析**

1. 法律法规

根据《公司法》及会计准则，关联交易应遵循公平、公正原则，不得损害公司及中小股东利益。应收账款的确认与收回应遵循实质重于形式的原则。

2. 影响

A公司通过应收账款长期挂账，将公司资金无偿提供给关联方B公司使用，构成利益输送，损害了上市公司及中小股东的利益。同时，这也影响了A公司的资金周转效率和财务健康。

3. 正确做法

上市公司应建立严格的关联交易审批和应收账款管理制度，确保交易公平合理，及时收回应收账款。对于长期挂账的应收账款，应进行详细审查并采取有效措施追回。

4. 正确的会计处理

应收账款的确认应以实际发生的交易为基础，确保其真实性和可收回性。对于关联交易产生的应收账款，应特别关注其定价公允性和收回风险，并在财务报表中充分披露相关信息。

**四、结论**

综上所述，A公司通过应收账款占用实现关联交易利益输送的案例警示我们，必须加强对关联交易的监管和对应收账款的管理，确保上市公司财务健康和市场公平。

## 案例分析3：利用资产购销进行利益输送

**一、背景**

九州通医药集团（简称“九州通”），作为国内领先的医药流通企业，于2010年上市。2012年，九州通宣布以远低于市场价的1.4亿元出售其全资子公司九州通置业100%股权给武汉楚昌投资有限公司（简称“武汉楚昌”），而武汉楚昌的实际控制人与九州通的实际控制人存在亲属关系。

**二、案例具体情况**

据公开资料，九州通置业的核心资产包括两栋建筑物，按周边平均房价计算，其市值至少为6.06亿元。然而，九州通仅以1.4亿元的价格出售，交易价格远低于市场价。这一交易引发了市场对关联交易是否存在利益输送的质疑。

**三、分析**

1. 法律法规

根据《公司法》及证券法规，关联交易应遵循公平、公正、公开原则，确保交易价格公允，不得损害公司及中小股东利益。

2. 影响

九州通以低价向关联方出售核心资产，涉嫌利益输送，严重损害了上市公司及中小股东的利益，影响了市场对公司治理的信任度。

3. 正确做法

上市公司在进行关联交易时，应建立严格的审批和定价机制，确保交易公平合理。同时，加强信息披露，让市场充分了解交易的真实情况。

4. 正确的会计处理

对于关联交易中的资产购销，应严格按照会计准则进行会计处理，确保交易的真实性和公允性。对于明显低于市场价的交易，应进行充分的减值测试，并在财务报表中充分披露相关信息。

**四、结论**

综上所述，九州通利用资产购销中的关联交易进行利益输送的案例警示我们，必须加强对关联交易的监管，确保交易公平合理，维护上市公司及中小股东的利益。

## 案例分析4：利用定向增发进行利益输送

**一、背景**

亿利洁能，一家主要从事清洁能源生产的企业，在2010年进行了第二次定向增发，主要收购大股东旗下的东博煤炭项目及乌拉山煤炭集配物流项目。此次增发过程涉及关联交易，引发了市场质疑。

**二、案例具体情况**

亿利洁能原计划以每股12.55元的价格定增募集30亿元，但由于东博煤炭资产评估价格过高，最终增发价格调整为每股5.35元，远低于原计划。此次定向增发完成后，大股东通过注入资产及后续操作，获取了显著利益。例如，通过高比例现金分红，将部分业绩补助款回流至大股东手中。

**三、分析**

1. 法律法规

定向增发应遵循公平、公正原则，关联交易需确保定价公允，不得损害中小股东利益。

2. 影响

亿利洁能定向增发中的关联交易，涉嫌向大股东输送利益，严重损害了中小股东的利益，影响了市场信心。

3. 正确做法

上市公司在进行定向增发及关联交易时，应建立严格的审批、定价和信息披露机制，确保交易公平透明。同时，监管部门应加大对定向增发及关联交易的监管力度。

4. 正确的会计处理

对于定向增发中的关联交易，应确保资产评估的公允性，并在财务报表中详细披露交易价格、资产评估方法及潜在风险等信息。对于后续的现金分红等操作，应充分考虑公司财务状况及中小股东利益。

**四、结论**

综上所述，亿利洁能利用定向增发中的关联交易进行利益输送的案例，凸显了加强监管和确保交易公平透明的重要性。

## 案例分析 5：信息披露违规

**一、背景**

某上市公司（以下称“A 公司”），其控股股东通过一系列复杂的关联交易进行利益输送，涉嫌信息披露违规。A 公司在未充分披露关联方关系及交易细节的情况下，与关联方进行了大额的资金往来和资产交易，严重损害了中小股东的利益。

**二、案例具体情况**

据公开报道，A 公司在 2018 年至 2020 年期间，与关联方 B 公司进行了多笔大额交易，涉及金额高达数十亿元。这些交易包括但不限于商品购销、资产转让及资金拆借等。然而，A 公司在相关年度报告及临时公告中，对关联方关系及交易内容的披露极为有限，甚至存在故意隐瞒的情况。例如，某笔高达 5 亿元的资产转让交易，A 公司仅以“日常经营所需”为由简单披露，未提及交易对方的身份及交易的具体条件。

**三、分析**

1. 法律法规

根据《证券法》及《上市公司信息披露管理办法》等相关法律法规，上市公司在进行关联交易时，必须遵循公平、公正、公开的原则，充分披露关联方关系及交易详情，确保中小股东的知情权和决策权不受侵害。

2. 影响

A 公司信息披露不充分的行为，严重违反了证券法律法规，损害了资本市场的公平性和透明度。同时，该行为也导致中小股东无法准确评估公司价值，做出了错误的投资决策，遭受了经济损失。

3. 正确做法

上市公司应建立健全的信息披露制度，确保关联交易的公平性和透明度。在进行关联交易时，上市公司应严格按照法律法规的要求进行披露，包括但不限于关联方身份、交易内容、定价依据及对公司的影响等。同时，监管部门也应加大对上市公司信息披露的监管力度，对违规行为进行严厉查处。

4. 正确的会计处理

对于关联交易中的资产购销、资金往来等交易事项，上市公司应按照会计准则的要求进行会计处理。对于存在公允价格的关联交易，应确保交易价格的合理性；对于非公允关联交易产生的损益，应作为非经常性损益在财务报表中单独列示，并充分披露其对公司财务状况和经营成果的影响。

## 专题一百四十一：企业与关联方之间发生的应收款项是否计提坏账准备

### 业务简介

**一、概念**

企业与关联方之间发生的应收款项指的是企业与其关联方之间因业务活动而产生的应收款项。

坏账准备是企业为应对可能无法收回的应收款项而提前计提的一种准备金。其目的是确保企业在面临坏账损失时，财务状况相对稳定，能够持续经营。

**二、基本规定**

1. 会计制度规定

根据《企业会计准则》及相关规定，企业对所有应收款项（包括关联方应收款项）都应当遵循谨慎性原则，合理计提坏账准备。具体而言，企业应当定期分析各项应收款项的可收回性，对预计无法收回的应收款项应当计提坏账准备。对于关联方应收款项，虽然其信用风险可能低于非关联方款项，但仍需按照统一的标准进行评估。制度特别强调，不得因交易对方是关联方就免除坏账准备的计提义务。企业应当建立完善的坏账准备计提政策，明确关联方应收款项的评估方法和计提标准，并在财务报表附注中充分披露关联交易情况及坏账准备计提政策。此外，对于长期挂账的关联方应收款项，即使未到约定的还款期限，也应当根据实际情况评估其可收回性。

2. 会计准则规定

《企业会计准则第 22 号——金融工具确认和计量》对金融资产减值（包括应收款项坏账准备）作出了明确规定。根据该准则，企业应当采用预期信用损失模型对所有应收款项（含关联方应收款项）计提减值准备。对于关联方应收款项，企业不能仅凭其关联方身份就假定其信用风险较低，而应当基于实际交易背景、关联方的财务状况和还款能力等因素进行专业判断。准则要求，企业应当将关联方应收款项纳入统一的信用风险管理体系，按照 " 三阶段 " 模型进行评估：对于信用风险自初始确认后未显著增加的（阶段一），按 12 个月预期信用损失计提；对于信用风险显著增加的（阶段二），按整个存续期预期信用损失计提；对于已发生减值的（阶段三），按整个存续期预期信用损失计提，并按摊余成本计量。

3. 税务处理

在税务处理方面，《企业所得税法》及其实施条例对关联方应收款项的坏账准备扣除有特殊规定。根据税法，企业计提的坏账准备一般不得在税前扣除，只有实际发生的坏账损失经税务机关批准后方可扣除。对于关联方之间的应收款项，税务机关审查更为严格。若关联方应收款项逾期三年以上且确实无法收回，企业需提供充分证据（如对方破产证明、清偿证明等）并经税务机关专项申报批准后，方可作为资产损失税前扣除。特别需要注意的是，税务机关对关联交易秉持“独立交易原则”，若认定关联方应收款项的定价或条款不符合市场常规，可能调整应纳税所得额。因此，企业应当妥善保存与关联方应收款项相关的合同、支付凭证、催收记录等资料，以应对可能的税务检查。

1. 分析可收回性

企业应在每个会计期末，对与关联方之间的应收款项进行可收回性分析，考虑关联方的财务状况、经营情况、信用记录等因素，评估应收款项的收回风险。

2. 计提坏账准备

根据可收回性分析结果，预计可能发生的坏账损失，并计提相应的坏账准备。计提方法包括余额百分比法、账龄分析法、个别认定法等，企业可以根据自身情况选择合适的计提方法。

3. 信息披露

企业应在财务报表中充分披露与关联方之间发生的应收款项的详细情况，包括应收款项金额、坏账准备计提情况、关联方名称及关系等，确保信息透明，满足投资者和监管机构的需求。

**三、违规表现**

1. 直接忽视关联方应收款项的坏账风险

行为描述：企业在处理与关联方的应收款项时，未按照会计准则要求对可能无法收回的款项计提坏账准备。

目的与动机：美化财务报表、提高利润水平，此外，管理层可能出于个人利益或满足特定业绩指标的需求，选择不计提坏账准备。

后果：这种行为导致企业财务报告失真，无法真实反映企业的资产状况和经营风险。投资者和债权人因此受到误导，影响其决策。同时，企业面临监管机构的处罚，包括财务报告调整、税务处罚甚至承担法律责任。

2. 误认为关联方应收款项无风险

行为描述：企业将关联方应收款项视为无信用风险组合。

目的与动机：企业可能基于与关联方的特殊关系，错误地认为这些应收款项能够全额收回，从而不计提坏账准备。

后果：这种行为同样会导致企业财务信息失真，误导外部利益相关者。一旦关联方出现财务问题导致应收款项无法收回，企业将直接面临财务损失，甚至可能面临资金链断裂等严重后果。

3. 虚构交易金额并不计提应收款项坏账准备

行为描述：企业通过与关联方进行虚假交易，人为制造应收款项，并在会计处理上不计提坏账准备，以此虚增利润。

目的与动机：满足上市条件、维持股价稳定、获取银行贷款或其他融资便利。

后果：这种行为不仅严重违反会计准则和法律法规，还会严重损害企业的信誉和声誉。企业将面临严厉的处罚，包括高额罚款、市场禁入甚至刑事处罚。同时，投资者和债权人也可能因此遭受重大损失。

4. 延迟计提或计提不足

行为描述：企业虽然对关联方应收款项计提了坏账准备，但故意延迟计提时间，或者计提比例远低于实际风险水平。

目的与动机：平滑利润波动、避免短期内利润大幅下降。

后果：这种行为同样会导致企业财务报告失真，无法准确反映企业的资产状况和经营风险。长期来看，这种行为将降低企业的财务稳健性，增加潜在的财务风险。一旦关联方应收款项出现大规模坏账，企业将面临巨大的财务压力。

## 法律法规

**一、《企业会计准则》**

1. 计提坏账准备的一般原则

《企业会计准则》第十八条规定，企业应于期末时对应收款项（不包括应收票据）计提坏账准备。这意味着，无论关联方还是非关联方的应收款项，在期末时都需要进行可收回性分析，并预计可能发生的坏账损失，计提相应的坏账准备。

2. 关联方应收款项的特殊处理

根据《企业会计准则》及相关解答，企业与关联方之间发生的应收款项一般不能全额计提坏账准备。但如果有确凿证据表明关联方（债务单位）已撤销、破产、资不抵债、现金流量严重不足等，并且不准备对应收款项进行重组或无其他收回方式的，则对预计无法收回的应收关联方的款项也可以全额计提坏账准备。

**二、《企业所得税法》及其实施条例**

1. 坏账损失的税前扣除

《企业所得税法》第八条规定，企业实际发生的与取得收入有关的、合理的支出，包括成本、费用、税金、损失和其他支出，准予在计算应纳税所得额时扣除。这里的“损失”包括坏账损失。

《企业所得税法实施条例》第三十二条进一步明确了这一点，规定企业所得税法第八条所称损失，包括坏账损失。

2. 未经核定的准备金支出的处理

《企业所得税法实施条例》第五十五条规定，未经核定的准备金支出，是指不符合国务院财政、税务主管部门规定的各项资产减值准备、风险准备等准备金支出，这些支出在计算应纳税所得额时不得扣除。因此，企业在计提坏账准备时，需要确保符合税法规定，以便在税前扣除。

## 合规程序与方法

1. 定义与识别关联方

定义关联方：依据企业会计准则，关联方包括母子公司、同一母公司下的子公司、存在控制关系的企业、合营企业、联营企业、主要投资者个人、关键管理人员及其关系密切的家庭成员控制的企业等。

识别关联方：查阅企业股权结构、重要会议记录、以往审计报告等，询问管理层和关键人员，以全面识别关联方。

2. 评估关联方交易

通过审阅合同、协议、发票、银行对账单等文件，确认关联方交易的真实性和完整性。特别关注资产负债表日前后确认的交易，以及大额、异常交易。

3. 确定坏账准备计提的合理性

评估应收款项的可收回性：结合关联方的财务状况、历史还款记录等因素，评估应收款项的收回可能性。

审查计提比例：检查企业计提坏账准备的比例是否合理，是否符合税法和企业会计准则的要求。

复核计提过程：重新计算坏账准备金额，验证企业计提过程的准确性。

4. 评估关联方交易信息的披露情况

核对披露信息：将企业披露的关联方交易信息与审计过程中收集的证据进行核对，确保披露的完整性和准确性。

关注重大遗漏：特别注意是否存在应披露而未披露的关联方交易，防止企业通过隐瞒关联方交易来粉饰财务报表。

## 案例分析 1：直接忽视关联方应收款项的坏账风险

### 一、背景

上市公司 A 与其控股股东 B 存在大量关联方交易，A 公司长期向 B 公司提供原材料，形成大额应收账款。为美化财务报表，A 公司决定直接忽视这部分关联方应收款项的坏账风险，不对其计提坏账准备。

### 二、案例具体情况

关联方应收账款总额：1 亿元人民币。

账龄分析：其中，账龄超过一年的占 50%，即 5 000 万元人民币。

市场同类坏账率：同行业平均坏账率为 3%。

### 三、分析

1. 法律法规

根据《企业会计准则第 22 号——金融工具确认和计量》，企业应对所有应收款项（包括关联方应收款项）进行可收回性分析，并预计可能发生的坏账损失，计提相应坏账准备。直接忽视关联方坏账风险的做法违反了会计准则。

2. 影响

财务报表失真：不计提坏账准备导致 A 公司财务报表利润虚高，误导投资者和债权人。

税务风险增加：不计提关联方应收款项的坏账准备会引发税务稽查。

信用评级下降：大量未计提坏账的应收账款可能影响 A 公司的信用评级，增加融资难度。

3. 正确做法与会计处理

A 公司应在期末对关联方应收账款进行全面分析，按照账龄、关联方财务状况等因素合理估计坏账损失，计提相应的坏账准备。例如，根据账龄和同类坏账率，A 公司应至少对账龄超过一年的应收账款计提 150 万元（5 000 万元 ×3%）的坏账准备。正确的会计处理能真实地反映企业财务状况，维护投资者和债权人利益。

## 案例分析 2：误认为关联方应收款项无风险

### 一、背景

某制造业上市公司 X 与其控股子公司 Y 之间存在大量业务往来。2021—2023 年期间，X 公司累计向 Y 公司销售产品形成应收账款 2.8 亿元，账龄普遍超过 1 年。X 公司财务部门认为关联方交易具有“刚性兑付”特性，未对该笔应收账款计提任何坏账准备。2023 年审计发现，Y 公司已连续两年亏损，资产负债率超过 85%，主要资产已被抵押，实际偿付能力存在重大不确定性。此案例暴露出企业对关联方信用风险评估的严重疏漏，以及坏账准备计提政策执行不到位的问题。监管部门在年报问询函中重点质疑了该会计处理的合理性，要求公司说明不计提准备的依据及合规性。

### 二、案例具体情况

应收账款规模：2023 年末对 Y 公司应收账款余额 2.8 亿元，占 X 公司应收总额的 32%，其中 1—2 年账龄 1.6 亿元，2 年以上 1.2 亿元；

Y 公司财务状况：2023 年净利润 −4 500 万元，资产负债率 87%，流动比率 0.6，银行贷款逾期 3 000 万元；

同业对比：同行业非关联客户同类账龄应收账款坏账计提比例（1–2 年 10%，2 年以上 30%）；

审计调整：按谨慎性原则应补提坏账准备 5 320 万元（1–2 年按 10% 计提 1 600 万元，2 年以上按 30% 计提 3 600 万元，个别认定减值 120 万元）。

### 三、分析

1. 法律法规

该做法直接违反《企业会计准则第22号》第40条“企业应当以预期信用损失为基础计提金融资产减值准备”的规定，同时违背《上市公司信息披露管理办法》第3条“披露信息应当真实、准确、完整”的要求。关联交易特殊披露规则（《企业会计准则第36号》第10条）也未得到遵守。证监会《会计监管风险提示第8号》明确禁止因关联关系而豁免减值测试的行为。

2. 影响

财务层面导致2023年虚增利润5 320万元（税后影响3 990万元），净资产虚增同等金额；监管层面可能引发年报重述、交易所纪律处分；市场层面损害投资者信心，公司股价审计意见披露次日下跌7%。长期来看，暴露出公司治理缺陷和内控失效问题。

3. 正确做法

企业应建立关联方信用风险独立评估机制，包括：①定期获取关联方经审计财报；②设置关联方授信限额；③按账龄与个别认定相结合计提坏账。对于高风险关联方应收款，应当提高计提比例或全额计提，并在年报“重要会计政策”部分专项说明关联方坏账政策。

4. 会计处理：审计调整分录如下：

借：资产减值损失　　　　5320万元

　　贷：坏账准备－关联方　　　　5320万元

同时需追溯调整2022年报表（如影响重大），并在报表附注中补充披露：①关联方应收账款账龄分析表；②Y公司财务恶化情况；③坏账准备计提方法变更说明。公司后续应每季度复核关联方信用状况，动态调整计提比例。

## 案例分析3：虚构交易金额并不计提应收款项坏账准备

### 一、背景

上市公司E，为了维持其良好的市场形象和股价，利用与其控股股东F之间的关联方交易操纵利润。E公司长期以高于市场价格的价格向F公司销售产品，形成大额应收账款，并错误地认为这些款项无需计提坏账准备，因为F公司作为控股股东会按时支付。

### 二、案例具体情况

关联销售总额：1亿元人民币。

高于市场价部分：假设高出市场价20%，即额外收入2 000万元人民币。

关联方应收账款：1亿元人民币。

行业平均坏账率：假设为1%。

### 三、分析

1. 法律法规

根据《企业会计准则》和税法规定，关联方交易应遵循公平交易原则，且对应收账款需根据信用风险合理计提坏账准备。E公司错误地认为关联方交易无信用风险，未计提坏账准备，违反了会计准则。

2. 影响

决策失误：E公司虚增了收入和利润，误导投资者做出错误的决策。

财务报表失真：不计提坏账准备导致公司的资产和利润虚增，影响财务信息的真实性和准确性。

信任危机产生：真相曝光后，将严重损害公司信誉和投资者信心，产生信任危机。

3. 正确做法与会计处理

E公司应对关联方交易进行独立审计，确保交易价格公允，并对关联方应收账款按照行业平均坏账率或更高比例计提坏账准备。正确的会计处理是，反映真实的交易成本和信用风险，增强财务信息的透明度和可靠性。同时，加强内部控制和监管，防止利用关联方交易进行利润操纵。

## 案例分析 4：延迟计提或计提不足

**一、背景**

科技公司 G，为了保持短期内的利润稳定增长，对关联方 H 公司的应收账款采取了延迟计提或计提坏账准备不足的策略。G 公司认为，由于 H 公司是长期合作伙伴且关联关系紧密，因此即使应收账款账龄增长，也无须急于计提或足额计提坏账准备。

**二、案例具体情况**

关联方应收账款总额：5 000 万元人民币。

账龄分布：其中，账龄超过一年的占 60%，即 3 000 万元人民币。

行业平均坏账率：对于账龄超过一年的应收款项，行业平均坏账率为 3%。

G 公司实际计提坏账准备：人民币 50 万元（远低于应计提的 90 万元，即 3 000 万元 × 3%）。

**三、分析**

1. 法律法规

根据《企业会计准则》和税法相关规定，企业应对所有应收款项，包括关联方应收款项，根据信用风险合理计提坏账准备。延迟计提或计提不足均违反了会计准则的谨慎性原则。

2. 影响

利润虚增：G 公司通过延迟或不足额计提坏账准备，在短期内维持了较高的利润水平，但长期来看，掩盖了真实的财务风险。

决策失误：财务报表未能真实反映公司的财务状况，误导了投资者和债权人的决策。

税务风险增加：在税务处理上，公司可能存在因坏账准备计提不足而导致的税务调整风险。

3. 正确做法与会计处理

G 公司应定期对关联方应收账款进行全面检查，根据账龄、关联方财务状况等因素合理估计坏账损失，并及时足额计提坏账准备。例如，对账龄超过一年的应收账款，应至少计提 90 万元的坏账准备。正确的会计处理能够真实反映公司的财务状况和风险水平，增强财务信息的透明度和可靠性。同时，G 公司还应加强内部控制和风险管理，确保遵守会计准则和税法规定。

# 专题一百四十二：关联交易相关内部控制制度是否缺失，执行是否不力

## 业务简介

**一、概念**

关联交易：企业与其关联方之间发生的资源、劳务或义务转移的行为，无论是否收取价款。关联方通常指一方控制、共同控制另一方或对另一方施加重大影响，以及两方或两方以上同受一方控制、共同控制或重大影响的个人或组织。

关联交易内部控制制度：企业为规范关联交易行为、防范风险、保护投资者利益而制定的一系列内部控制措施和流程，旨在确保关联交易的公平、公正、透明，并符合国家法律法规和企业内部规章制度的要求。

**二、基本规定**

关联方的界定：企业应明确关联方的认定标准，包括直接控制、间接控制、共同控制或施加重大影响等情形，确保关联方名录的完整性和准确性。

交易原则：关联交易应遵循公平、公正、公开的原则，确保交易定价合理，避免利润转移或资产侵占。交易价格应为市场公允价格或依据合理的成本加成原则确定的价格。

审批流程：所有关联交易均需经过适当的审批程序，确保交易决策的科学性和合法性。应明确各级审批权限和责任，防止越权审批。

信息披露：企业应按照国家统一的会计准则和其他法律法规的要求，及时、准确、完整地披露关联交易信息，包括交易对象、交易内容、交易金额、定价政策等。

合同管理：关联交易应签订书面合同，明确交易双方的权利和义务，确保合同的合法性和可执行性。合同内容应符合相关法律法规和企业内部规章制度的要求。

监督与审计：企业应建立关联交易监督机制，定期对关联交易进行审计和评估，确保交易行为的合规性和有效性。审计结果应及时上报至董事会和管理层报告。

**三、执行现状及潜在问题**

执行现状：尽管许多企业已建立了关联交易内部控制制度，但在实际执行过程中仍存在不少问题。例如，关联方名录识别不全、关联交易缺乏计划安排和未经决策审批、关联交易价格不公允、关联交易信息统计不及时和不准确等。

潜在问题如下。

制度缺失或不完善：部分企业可能尚未建立完善的关联交易内部控制制度，或现有制度存在漏洞和不足，无法有效规范关联交易行为。

执行不力：即使建立了完善的制度，如果执行不力或监督不到位，也可能导致关联交易内部控制失效。例如，管理层有意违反制度规定或不遵循审批流程等。

信息披露问题：部分企业在关联交易信息披露方面存在形式重于实质的问题，披露内容不完整、不准确或不及时，影响投资者的判断和决策。

关联交易过多：过多的关联交易可能削弱企业的独立性和竞争力，甚至导致重大财务风险。

**四、违规表现**

1. 关联交易未经审批

行为描述：部分关联交易未经过董事会或股东会的审批，直接由相关部门或人员执行。

目的与动机：简化流程、提高效率，或者出于获取某些特定利益的考虑，规避审批。

后果：此类行为违反了相关法律法规和公司章程，导致交易的不透明和不公平，损害股东和其他利益相关者的权益，增加企业的合规风险。

2. 关联交易信息披露不完整、不及时

行为描述：在关联交易中，企业未能及时、完整地披露相关信息，导致外部投资者和监管部门无法充分了解交易的真实情况。

目的与动机：隐藏某些不利信息，保持股价稳定或避免不必要的市场波动。

后果：信息披露的缺失和不及时会加剧信息不对称，损害投资者的知情权，可能导致市场反应过度，影响股价和声誉，甚至引发法律诉讼。

3. 关联交易价格不公允

行为描述：关联交易的定价与市场公允价格存在明显偏离，未遵循公平、公正的原则。

目的与动机：进行利益输送，使特定关联方获得不正当利益，或者通过非公允交易提升企业业绩，达到特定的财务目标。

后果：不公允的关联交易会损害企业和中小股东的利益，扭曲企业的财务状况和经营成果，影响投资者的决策，同时触犯相关法律法规，导致公司面临法律处罚。

4. 关联交易未签订书面协议

行为描述：部分关联交易未签订书面协议，仅凭口头约定或内部文件执行。

目的与动机：简化手续、节省成本，或者出于规避监管的考虑。

后果：未签订书面协议会导致交易缺乏法律保障，一旦出现纠纷，难以维护企业的合法权益。同时，这也违反了企业内部控制制度的基本要求，增加了企业的运营风险。

5. 关联方名录识别不全

行为描述：企业未能准确识别所有关联方，导致部分关联交易未能纳入内部控制制度的监管范围。

目的与动机：避免披露和审批相关交易。

后果：关联方名录识别不全会导致关联交易信息的遗漏和不完整披露，损害投资者的知情权，增加企业的合规风险。同时，这也可能为企业内部人员提供了进行违规操作的空间。

## 法律法规

**一、企业关联交易的内部控制制度**

制定企业关联交易的内部控制制度的主要目的是确保关联交易的合法性、公允性和合理性，保护股东和企业的合法权益。该制度通常包括以下几个方面的内容。

1. 关联方的界定

根据《企业会计准则第 36 号——关联方披露》及《公司法》的相关规定，关联方是指在企业财务和经营决策中，一方有能力直接或间接控制、共同控制另一方或对另一方施加重大影响的企业或个人。这包括公司的控股股东、实际控制人、董事、监事、高级管理人员及其关系密切的家庭成员。

2. 关联交易的识别与披露

企业应建立关联交易识别机制，明确哪些交易属于关联交易，并及时进行披露。披露内容通常包括交易的性质、金额、定价政策及决策程序等，以确保透明度和公正性。

3. 审批与回避制度

企业应建立严格的关联交易审批制度，确保关联交易经过适当的授权和审批。同时，在关联交易的审批过程中，利益相关方应回避表决，以防止利益冲突。

4. 公平交易原则

企业应确保关联交易的定价政策公平合理，不得损害企业和非关联方的利益。关联交易应遵循市场原则，定价应参照市场公允价格。

**二、相关法规规定**

1.《公司法》

《公司法》第二十二条第一款明确规定：“公司的控股股东、实际控制人、董事、监事、高级管理人员不得利用关联关系损害公司利益。”这一规定体现了法律对关联交易的基本态度，即禁止不公正的关联交易。

2.《企业会计准则》

《企业会计准则第 36 号——关联方披露》详细规定了关联方的界定、关联交易的识别与披露要求。企业会计准则侧重于会计处理和信息披露的规范性，要求企业准确记录和披露关联交易信息。

3. 其他规范性文件

除了《公司法》和企业会计准则外，还有一些部门规章和规范性文件对关联交易进行了规范。例如，证监会、财政部和国家税务总局等部门发布的相关规定，对上市公司的关联交易行为进行了更为详细的规定和约束。

## 合规程序与方法

1. 制度审查

审查企业是否制定了明确的关联交易内部控制制度，制度内容是否全面、具体，是否涵盖了关联交易的识别、审批、执行、披露等各个环节。

检查制度是否与相关法律法规、行业标准保持一致。

2. 流程检查

跟踪关联交易的审批流程，检查是否存在越权审批、审批手续不全等问题。

检查交易执行过程是否遵循了内部控制制度的规定，如定价是否合理、合同是否规范等。

3. 信息披露审查

检查企业是否按照相关法律法规的要求，及时、准确、完整地披露了关联交易信息。

审查披露的信息是否与实际情况相符，是否存在虚假披露或重大遗漏。

4. 风险评估

对关联交易可能带来的风险进行评估，包括法律风险、财务风险、市场风险等。

根据评估结果，提出相应的风险防范措施。

5. 访谈与问卷调查

通过访谈相关人员，了解他们对关联交易内部控制制度的认知程度和执行情况。

设计问卷调查，收集更广泛的意见和建议。

## 案例分析 1：关联交易未经审批

**一、背景**

制造业上市公司 A，拥有多家上下游关联公司。为优化成本结构，A 公司与其主要原材料供应商——关联方 B 公司签订了一项大额采购合同，总价值达 1 亿元人民币。然而，这笔交易在签订前未经董事会或股东会的正式审批流程，直接由管理层决策执行。

**二、案例具体情况**

关联交易金额：1 亿元人民币。

市场价格对比：同类原材料市场平均价格为每吨 8 000 元人民币，而 A 公司与 B 公司的交易价格为每吨 7 500 元人民币，低于市场价 6.25%。

内部利润影响：A 公司节省成本约 500 万元人民币。

**三、分析**

1. 法律法规

根据《企业内部控制基本规范》及《上市公司治理准则》，上市公司与关联方之间的重大交易需经过严格的审批程序，确保交易的公正、公平和透明，防止利益输送。

2. 影响

内部控制失效：未经审批的关联交易破坏了公司的内部控制体系，削弱了董事会的监督职能。

决策失误：交易信息未及时、充分披露，误导投资者和监管机构。

法律风险增加：关联交易未经审批违反相关法律法规，公司面临监管处罚。

3. 正确做法与会计处理

A 公司应建立严格的关联交易审批制度，确保所有重大关联交易均经过董事会或股东会审批。对于已发生的未经审批交易，应立即进行内部自查，评估交易公允性，并向投资者和监管机构充分披露相关信息。同时，调整会计处理，如有必要，对交易价格进行调整，以反映市场公允价值，并计提相应的减值准备（如适用）。

通过以上措施，A公司可以恢复内部控制的有效性，提升公司治理水平，维护投资者利益和市场信心。

## 案例分析2：关联交易信息披露不完整、不及时

**一、背景**

上市公司C，与其控股股东D之间存在频繁的关联交易。在最近的一个财年中，C公司向D公司销售了一批产品，交易金额高达5 000万元人民币，占C公司当年营业收入的10%。然而，C公司在其定期报告中并未及时、完整地披露这笔关联交易的相关信息，仅提及了交易金额，未披露交易的具体条款、定价政策及交易对C公司财务状况的影响。

**二、案例具体情况**

关联交易金额：5 000万元人民币。

关联交易金额占营业收入的比例：10%。

按市场同类产品平均价格计算C公司少确认的收入：若按市场同类产品平均价格计算，该笔交易可能使C公司的收入减少约500万元人民币。

**三、分析**

1. 法律法规

根据《企业会计准则》和《上市公司信息披露管理办法》，上市公司应及时、完整、准确地披露所有关联交易的信息，包括交易金额、定价政策、交易目的及交易对上市公司财务状况和经营成果的影响等。

2. 影响

决策失误：不完整、不及时的信息披露误导投资者对C公司财务状况和经营成果的判断。

市场监管风险增加：C公司会面临监管机构的处罚，公司声誉受损。

3. 正确做法与会计处理

C公司应立即补充披露该笔关联交易的所有相关信息，包括交易的具体条款、定价政策及交易对C公司财务状况的具体影响。同时，C公司应对该笔交易进行复核，确保交易价格公允，如存在价格不公允的情况，应进行相应的会计调整，如计提减值准备等。此外，C公司还应加强关联交易管理和信息披露的内部控制制度建设，确保类似问题不再发生。

## 案例分析3：关联交易价格不公允

**一、背景**

上市公司E，与其关联企业F之间存在一项重要的商品销售关联交易。根据公开信息，E公司以远低于市场价格的价格向F公司销售产品，这一行为引起了市场及监管机构的关注。据悉，该笔关联交易涉及金额高达8 000万元人民币，而市场上同类产品的平均售价为每件100元人民币，但E公司与F公司的交易价格仅为每件80元人民币。

**二、案例具体情况**

关联交易金额：8 000万元人民币。

市场上同类产品的平均售价：每件100元人民币。

关联交易售价：每件80元人民币。

价格差异：每件差异20元人民币，总差异达2 000万元人民币。

**三、分析**

1. 法律法规

根据《公司法》《企业会计准则》《上市公司信息披露管理办法》等相关法律法规，上市公司与关联方之间的交易应遵循公平、公正、公开的原则，交易价格应反映市场公允价值。

2. 影响

损害中小股东利益：不公允的关联交易价格可能导致上市公司利益向关联方转移，损害中小股东的利益。

产生市场信任危机：长期的不公允关联交易会损害公司的市场声誉，引发投资者信任危机。

引发监管处罚风险：监管机构对公司进行处罚，影响公司的正常运营。

3. 正确做法

完善内部控制制度：建立健全关联交易管理制度，明确审批流程和信息披露要求。

公平定价：关联交易价格应参考市场公允价格，确保公允性。必要时可引入第三方评估机构进行评估。

及时、准确披露：按照法律法规要求，及时、准确、完整地披露关联交易信息，包括交易价格、定价依据及交易对上市公司的影响等。

4. 正确会计处理

对于已发生的不公允关联交易，应根据会计准则进行会计处理，如计提减值准备等，以反映交易的真实经济后果。

通过以上措施，E 公司可以有效防范和纠正关联交易价格不公允的问题，维护公司和投资者的合法权益。

## 案例分析 4：关联交易未签订书面协议

**一、背景**

制造业上市公司 G，与其关联方 H 公司长期存在原材料采购和产品销售的业务往来。近期，为应对市场变化，双方决定增加一项新的业务合作，即 G 公司委托 H 公司进行某产品的加工生产。然而，在实际业务开展过程中，双方并未正式签订书面协议，仅口头约定了合作细节。

**二、案例具体情况**

预计合作金额：3 000 万元人民币（基于初步估算的加工费和产品销售额）。

已发生但未结算金额：1 200 万元人民币（截至分析时点的已完成业务但未正式结算部分）。

**三、分析**

1. 法律法规

根据《公司法》及《企业内部控制基本规范》等相关法律法规，上市公司与关联方之间的交易应当签订书面协议，明确双方的权利义务、交易价格、结算方式等关键条款，以确保交易的合法性和规范性。

2. 影响

风险增加：未签订书面协议可能导致交易的法律效力存疑，增加纠纷风险。

内部控制缺失：仅口头约定合作细节，无法形成有效的内部控制机制，难以保证交易的透明度和合规性。

信息披露不完整：缺乏书面协议使得关联交易的信息披露不完整，可能误导投资者和监管机构。

3. 正确做法

签订书面协议：上市公司 G 应与关联方 H 公司立即签订正式的书面协议，明确交易的所有关键条款。

完善内部控制制度：建立健全关联交易管理制度，确保所有关联交易均经过严格的审批流程并签订书面协议。

及时披露信息：按照法律法规要求，及时、准确、完整地披露关联交易信息，包括交易金额、交易对象、交易内容等。

4. 正确会计处理

对于已发生的关联交易，无论是否签订书面协议，均应按照会计准则进行会计处理，确保财务信息的真实性和准确性。对于未签订书面协议的部分，应特别注明其法律风险和内部控制缺失情况，并采取相应的补救措施。

通过以上措施，上市公司G可以纠正关联交易未签订书面协议的错误做法，完善内部控制制度，降低法律风险和内部控制缺失带来的不利影响。

## 案例分析5：关联方名录识别不全

**一、背景**

上市公司J，在运营过程中，由于内部控制体系的不完善，存在关联方名录识别不全的问题。具体而言，J公司未能及时将一家新成立的、由其主要股东间接控制的子公司K纳入关联方名录。随后，J公司与K公司发生了一系列关联交易，包括资金拆借、商品购销等，但这些交易在发生时均未按照关联交易的标准进行审批和披露。

**二、案例具体情况**

未披露的关联交易总额：2 000万元人民币。

资金拆借金额：800万元人民币，年利率低于市场平均水平。

商品购销差额：由于采购价格偏高，导致J公司多支付成本约400万元人民币。

**三、分析**

1. 法律法规

根据《企业会计准则第36号——关联方披露》及《上市公司信息披露管理办法》等法规，上市公司应当准确、完整地识别并披露所有关联方及其交易，确保交易的透明度和公平性。

2. 影响

信息披露违规：未将K公司纳入关联方名录并披露相关交易，违反了信息披露的法规要求。

利益输送风险增加：由于关联方名录识别不全，可能导致不公允的关联交易发生，损害公司及中小股东利益。

监管处罚风险增加：监管机构可能对公司进行处罚，影响公司声誉和市场形象。

3. 正确做法

完善关联方名录：建立健全关联方识别机制，确保所有关联方都被及时、准确地纳入关联方名录。

加强审批与披露：对关联交易进行严格审批，并按照法规要求及时、准确、完整地披露相关信息。

4. 正确会计处理

对于已发生的未披露关联交易，应根据实际情况进行会计处理，确保财务信息的真实性和准确性。例如，对于资金拆借的利率差异部分，可能需要补提利息费用或确认利息收入；对于商品购销的差额部分，可能需要调整存货成本或销售收入。

通过以上措施，上市公司J可以纠正关联方名录识别不全的错误做法，加强关联交易的内部控制管理，降低信息披露违规和利益输送的风险。

# 专题一百四十三：关联交易的披露是否合规

## 业务简介

**一、概念**

关联交易是指公司或其附属公司与在本公司直接或间接占有权益、存在利害关系的关联方之间所进行的交易。关联方包括自然人和法人，主要指上市公司的发起人、主要股东、董事、监事、高级管理人员及其家属，以及上述各方所控股的公司。关联交易的种类繁多，包括但不限于购买或销售产品、提供或接受劳务、租赁、担保、资金提供等。

**二、关联交易披露的基本规定**

1. 披露的必要性

关联交易由于存在潜在的利益冲突，可能导致交易条件不公平，从而损害公司或少数股东的利益。因此，各国法律法规普遍要求必须全面、准确、及时地披露关联交易，以便投资者和其他利益相关者能够评估关联交易对公司财务状况和经营成果的影响。

2. 披露的内容

根据相关法律法规和会计准则，关联交易的披露内容通常包括以下方面。

关联方关系：明确披露关联方的身份、与公司的关系以及关联关系的性质。

交易类型及金额：详细描述关联交易的类型、交易金额、交易条款和条件等关键信息。

定价政策：说明关联交易的定价依据和合理性，确保交易价格的公允性。

决策程序：披露关联交易是否经过董事会、股东会等决策机构的审议和批准，以及关联方在决策过程中的回避情况。

3. 披露的时机与方式

关联交易的披露通常应在交易发生时或在定期报告中及时披露。具体披露方式包括在会计报表附注中详细披露，或在招股说明书、上市公证书、定期报告和临时报告中披露。

**三、具体的合规要求**

1. 合规风险评估

企业应建立关联交易合规风险评估机制，对潜在的关联交易进行全面的合规性评估，确保交易符合法律法规和内部规章制度的要求。

2. 建立关联交易申报和信息披露系统

建立关联交易申报和信息披露系统，实现关联交易的电子化申报、备案、审批与信息披露，确保信息的及时、准确和完整。系统应能够根据不同监管机构的要求自动生成相关报表，提高信息披露的效率和准确性。

3. 加强内部控制与审计

加强关联交易的内部控制，确保交易的真实性和合规性。同时，定期聘请外部审计机构对关联交易进行审计，验证披露信息的真实性和准确性。

4. 违规处理与责任追究

对于违反关联交易披露规定的行为，企业应依据内部规章制度和相关法律法规进行处理，并追究相关责任人的责任。同时，及时向投资者和监管机构报告违规情况，采取补救措施，维护公司和投资者的合法权益。

**四、违规表现**

1. 未及时披露关联交易信息

行为描述：企业未按照法律法规或会计准则规定的时间节点披露关联交易信息，导致信息滞后。

目的与动机：隐瞒不利信息，避免股价波动，或者出于内部操作便利的考虑。

后果如下。

损害投资者利益：投资者无法及时获取关键信息，导致做出错误的投资决策。

增加监管风险：监管机构可能因此对企业采取监管措施，甚至处罚。

影响企业声誉：市场可能质疑企业的信息透明度和诚信度，损害企业形象。

2. 披露信息不完整

行为描述：企业在披露关联交易信息时，故意或无意地遗漏了重要细节，如交易金额、交易条件、关联方关系等。

目的与动机：掩盖某些敏感信息，避免引起市场关注，或者出于简化披露流程的考虑。

后果如下。

误导投资者：不完整的信息可能导致投资者做出错误的投资决策。

增加合规成本：监管机构可能要求企业补充披露相关信息，增加企业的合规成本。

引发信任危机：市场可能对企业的信息披露质量产生怀疑，引发信任危机。

3. 披露信息不准确

行为描述：企业披露的关联交易信息与实际情况不符，存在虚假记载或误导性陈述。

目的与动机：美化财务报表，提升公司业绩，吸引投资者。

后果如下。

承担法律责任：企业可能面临证券监管机构的行政处罚，甚至被追究刑事责任。

赔偿损失：投资者可能因依赖不准确的信息而遭受损失，要求企业赔偿。

遭到市场排斥：市场可能对企业的不诚信行为产生排斥心理，影响企业的融资和业务拓展。

4. 利用关联方交易进行利益输送

行为描述：企业通过关联交易将利益不当地转移给关联方，损害公司和其他股东的利益。

目的与动机：支持关联方的经营、获取关联方的支持或实现其他非商业目的。

后果如下。

损害企业利益：长期利益输送会削弱企业的盈利能力和竞争力。

导致企业面临法律制裁：监管部门会对此类行为进行严厉打击，包括罚款、市场禁入等措施。

5. 规避审批和披露要求

行为描述：企业通过设计复杂的交易结构或采用其他手段规避关联交易审批和披露要求。

目的与动机：避免烦琐的审批流程、降低信息披露成本或掩盖某些敏感信息。

后果如下。

合规风险增加：企业将面临更严重的合规问题。

内部治理混乱：长期规避审批和披露要求可能导致企业内部治理机制失效。

市场负面评价增加：市场可能认为企业缺乏信息透明度和规范运作的能力，给予其负面评价。

## 法律法规

### 一、《公司法》

根据《公司法》第二百六十五条，关联关系是指公司控股股东、实际控制人、董事、监事、高级管理人员与其直接或者间接控制的企业之间的关系，以及可能导致公司利益转移的其他关系。

《公司法》第二十二条明确规定，公司的控股股东、实际控制人、董事、监事、高级管理人员不得利用关联关系损害公司利益。违反此规定给公司造成损失的，应当承担赔偿责任。

《公司法》第一百八十二条规定，董事、监事、高级管理人员（简称“董监高”）直接或者间接与本公司订立合同或者进行交易，应当就相关事项向董事会或者股东会报告，并按照公司章程的规定经董事会或者股东会决议通过。这一规定同样适用于董监高的近亲属、董监高或其近亲属控制的企业，以及与董监高有关联关系的关联人。

**二、会计准则的相关规定**

《企业会计准则第 36 号——关联方披露》对关联方关系及关联交易的定义、信息披露等做了详细规定。主要内容如下 。

在企业财务和经营决策中，如果一方控制、共同控制另一方或对另一方施加重大影响，以及两方或两方以上同受一方控制、共同控制或重大影响的，构成关联方。

企业应当在财务报表中披露关联方关系及其交易的相关信息，包括关联方关系的性质、交易类型及其交易要素（如交易金额、定价政策等）。这些信息有助于投资者了解关联交易的实质和影响。

**三、证券交易所的规则**

对上市公司而言，还需要遵守证券交易所关于关联交易披露的具体规则。这些规则通常包括以下方面。

1. 关联交易的分类

根据交易对公司及股东权益影响的大小，关联交易可分为轻微关联交易、普通关联交易和重要关联交易等。

2. 披露要求

上市公司需要按照证券交易所的规定，及时、准确、完整地披露关联交易的相关信息。例如，某些大额或重要的关联交易可能需要事先经过股东会或董事会的批准，并在相关报告中详细披露。

3. 违规处罚

对于未按规定披露关联交易或披露不实信息的上市公司，证券交易所可能会采取监管措施或给予相应的处罚。

## 合规程序与方法

**一、合规程序与方法**

1. 明确披露要求

明确相关法律法规和会计准则对关联交易披露的具体要求。《公司法》《企业会计准则第 36 号——关联方披露》《上市公司信息披露管理办法》等文件中有相应规定。例如，根据《企业会计准则第 36 号——关联方披露》，企业应披露关联方的性质、交易类型、交易要素及交易金额等信息。

2. 收集披露信息

收集企业对外披露的财务报告、临时公告、重大合同等文件中关于关联交易的信息。这些信息应全面反映企业关联交易的实际情况，包括但不限于交易对象、交易内容、交易金额、定价政策等。

3. 对比披露信息与实际情况

将收集到的披露信息与企业的实际情况进行对比分析，检查披露是否完整、准确、及时。重点关注以下几个方面。

完整性：检查是否所有应披露的关联交易都已披露，无遗漏。

准确性：核实披露的交易金额、定价政策等信息是否与实际情况一致。

及时性：评估企业是否在规定的时间内披露了关联交易信息。

4. 评估披露的合规性

根据相关法律法规的要求，评估企业关联交易的披露是否合规。特别注意以下几点。

交易性质的判断：准确识别哪些交易属于关联交易，避免遗漏或误判。

定价政策的合理性：检查关联交易定价是否公允，是否存在利益输送的情况。

审批流程的合规性：核实关联交易的审批流程是否符合企业内部规定和外部监管要求。

**二、披露过程**

准备阶段：明确检查目的、范围和方法，收集相关法律法规和会计准则等依据。

实施阶段：收集企业披露的关联交易信息，与企业实际情况进行对比分析，评估披露的合规性。

报告阶段：编制检查报告，总结检查发现的问题，提出改进建议。

跟踪阶段：监督企业对问题的整改情况，确保披露问题得到有效解决。

## 案例分析 1：未及时披露关联交易信息

**一、背景**

以三圣股份（002742）为例，该公司在关联交易信息披露方面存在不合规行为。2019 年 5 月，三圣股份与实际控制人控制的其他公司共同借款 1 亿元，用于实际控制人偿还借款及其他公司日常经营，资金未流入三圣股份。然而，三圣股份未及时披露此借款事项，也未在定期报告中提及。

**二、案例具体情况**

该笔借款占三圣股份 2019 年经审计净资产的 5.69%，借款行为属于重大事项。此外，2021 年 9 月至 2022 年 3 月，关联方累计向三圣股份提供财务资助 13 396.85 万元，占其 2020 年经审计净资产的 7.63%，但三圣股份同样未及时披露相关关联交易。

**三、分析**

根据《证券法》规定，信息披露义务人应按规定及时、公平披露信息。三圣股份的行为违反了《证券法》第七十八条、第八十条，构成信息披露违法行为。该违法行为导致信息不对称，公司面临价格操纵风险及监管处罚。

正确做法应是，在发生关联交易时，依据公允价值原则进行计量，并在财务报告附注、年度报告等中及时、准确披露交易金额、条件及潜在风险。同时，加强内部控制，确保关联交易的真实性和透明度，维护投资者权益。

会计处理上，应严格按照会计准则记录关联交易，做好账务处理，确保会计信息的准确可靠。以上措施，可以有效避免类似的信息披露不合规行为。

## 案例分析 2：披露信息不完整

**一、背景**

以上市公司 A 为例，该公司在披露与关联方 B 的交易信息时存在披露信息不完整的问题。A 公司与 B 公司进行了一笔大额的原材料采购交易，但在公开披露时，A 公司仅披露了交易金额，未披露交易的具体条款、定价政策以及交易对公司财务状况和经营成果的具体影响。

**二、案例具体情况**

该笔交易金额为 5 000 万元，占 A 公司当年营业成本的 10%。由于未披露具体的定价政策，无法判断该交易价格是否公允。若按市场平均价格计算，该笔交易使 A 公司多支付了 500 万元。

**三、分析**

根据《企业会计准则》和《上市公司信息披露管理办法》，上市公司应完整、准确地披露所有关联交易的全部信息，包括交易金额、定价政策、交易目的以及交易对公司财务状况和经营成果的影响。A 公司的行为违反了这一规定。

影响在于，不完整的信息披露可能导致投资者对 A 公司的财务状况和经营成果产生误解，进而做出错误的投资决策。同时，这也损害了 A 公司的声誉，并引发了监管机构的关注与处罚。

正确的做法是，A 公司应补充披露该笔关联交易的所有相关信息，包括交易的具体条款、定价政策以及交易对公司财务状况的具体影响。在会计处理上，若交易价格不公允，A 公司应进行相应的会计调整，如计提减值准备等。通过加强内部控制和提高信息披露的合规性，A 公司可以避免类似的问题。

## 案例分析 3：披露信息不准确

### 一、背景

上市公司 C 与其关联方 D 进行了一笔资产转让交易，但在披露该交易信息时，C 公司提供了不准确的数据。具体而言，C 公司在公告中声称该笔交易金额为 1 亿元，而实际交易金额为 1.2 亿元。这不准确的信息披露构成了关联交易披露的不合规行为。

### 二、案例具体情况

虚报的 2 000 万元差额占 C 公司上一年度经审计净资产的 5%，这一比例足以影响投资者的决策判断。

### 三、分析

根据《企业会计准则》和《上市公司信息披露管理办法》，上市公司应确保所披露信息的真实性、准确性和完整性。C 公司的行为显然违反了这一规定。

不准确的信息披露可能导致投资者对 C 公司的财务状况产生误解，进而做出错误的投资决策。这不仅损害了投资者的利益，也可能导致 C 公司面临监管处罚和声誉损失。

正确的做法是，C 公司应立即更正披露相关信息，并公开道歉，解释出现错误的原因，同时承诺加强内部控制，防止类似事件再次发生。在会计处理上，C 公司应确保交易金额的真实反映，若之前的会计处理有误，应及时进行更正。

通过加强内部控制和提高信息披露的准确性，C 公司可以重建投资者信任，并避免未来的合规风险。

## 案例分析 4：利用关联方交易进行利益输送

### 一、背景

苏州太湖雪丝绸股份有限公司（以下简称“太湖雪”）在筹备上市过程中，被发现存在大量与关联方之间的非公允关联交易，涉嫌通过此类交易进行利益输送。太湖雪的主营业务为丝绸相关产品的设计、研发、生产与销售，但在报告期内，其向关联方采购桑蚕丝棉的金额巨大且不断增长，如 2019 年至 2021 年，向苏州震泽丝绸之路农业科技发展有限公司（控股股东英宝投资控制的主体）采购的金额分别为 89.21 万元、687.93 万元、702.84 万元。

### 二、案例具体情况

太湖雪在报告期内不仅关联交易金额巨大，且存在利用银行贷款进行现金分红的行为，这可能涉及利益输送。例如，2021 年太湖雪进行了 2 511 万元的现金分红，尽管其资金并不充裕，甚至同年还向银行贷款了 3 500 万元。这种在资金不充裕情况下仍进行大额分红的行为，很可能是通过银行贷款实现的，而这是违反相关法规的。

### 三、分析

1. 法律法规

根据《公司法》及证券监管规定，上市公司应确保关联交易的公允性，并及时、准确、完整地披露相关信息。太湖雪的行为显然违反了这些原则。

2. 影响

太湖雪的不合规披露和利益输送行为可能导致投资者对公司的财务状况和经营成果产生误解，损害投资者利益，同时也会影响公司的声誉和市场形象。

3. 正确做法

太湖雪应确保关联交易的公允性，遵循市场定价原则，避免利益输送。同时，应及时、准确、完整地披露关联交易信息，包括交易金额、定价政策、交易目的及交易对公司财务状况的影响等。

4. 正确的会计处理

对于关联交易，太湖雪应按照会计准则的规定进行会计处理，确保交易的真实性和准确性。对于非公允的关联交易，应进行必要的会计调整，以反映交易的真实经济实质。

综上所述，太湖雪通过关联方交易进行利益输送的行为不仅违反了相关法规，也损害了投资者利益和公司声誉。正确的做法是确保交易的公允性和信息披露的合规性。

## 案例分析 5：规避审批和披露要求

### 一、背景

上市公司 E 为了规避关联交易审批和披露的烦琐程序，与其实际控制人控制的关联方 F 进行了一系列隐性关联交易。这些交易涉及商品采购、资产转让等多个方面，但均未按照相关规定履行审批和披露程序。

### 二、案例具体情况

以其中一笔商品采购交易为例，E 公司从 F 公司采购了价值 5 000 万元的原材料，占 E 公司当年同类原材料采购总额的 30%。由于未公开披露，投资者无法了解该交易的真实情况，包括交易价格是否公允、是否存在利益输送等。

### 三、分析

1. 法律法规

根据《证券法》和《上市公司信息披露管理办法》等相关法规，上市公司与其关联方之间的交易必须遵循公平、公正、公开的原则，且需履行相应的审批和披露程序。E 公司的行为显然违反了这些规定。

2. 影响

E 公司规避审批和披露要求的行为严重损害了投资者的知情权，可能导致投资者基于不完整或不准确的信息做出投资决策。此外，这种行为还可能滋生利益输送、内幕交易等违法行为，进一步损害资本市场的公平性和透明度。

3. 正确做法

上市公司应严格遵守相关法律法规，对于与关联方之间的交易，无论金额大小，均应按照规定的程序履行审批和披露义务。同时，应建立健全内部控制机制，确保关联交易的真实性和公允性。

4. 正确的会计处理

对于已发生的关联交易，上市公司应按照会计准则的规定进行会计处理，确保交易的真实反映。对于因规避审批和披露要求而可能产生的会计差错，应及时进行更正和调整。

综上所述，规避审批和披露要求的关联交易行为不仅违反了相关法律法规，也损害了资本市场的公平性和透明度。上市公司应引以为戒，严格遵守规定，确保关联交易的合规性。

# 专题一百四十四：企业是否存在通过关联交易规避税收的情况

## 业务简介

**一、概念**

关联交易是指企业与其关联方之间发生的交易。关联方可以是企业的母公司、子公司、受同一母公司控制的其他企业、对企业实施共同控制的投资方、对企业施加重大影响的投资方，以及企业主要个人投资者、关键管理人员或与其关系密切的家庭成员控制、共同控制或施加重大影响的其他企业。由于关联方之间存在某种程度的控制或影响关系，关联交易可能在价格、条件等方面存在不公允性，进而被用来操控利润和规避税收。

利用关联交易避税则指利用不同国家和地区之间或同一国家内不同地区之间的税法差异，通过关联交易安排，达到减轻企业整体税负的目的。这种避税行为通常涉及转让定价、费用分摊、资本弱化等手段。

**二、基本规定**

1. 企业所得税法规定

依据《企业所得税法》第八条，企业在计算应纳税所得额时，只有实际发生的与取得收入相关且合理的支出才能被扣除。这意味着，如果关联交易中的支出不符合这些条件，税务部门有权进行调整，以防止企业通过关联交易进行避税。

2. 税收征收管理法规定

根据《税收征收管理法》第三十六条，企业与其关联企业之间的业务往来，应当按照独立企业之间的业务往来收取或支付价款、费用。如果不按照这一原则进行，而减少了应纳税所得额，税务机关有权进行合理调整。这是反避税的重要措施，旨在确保关联交易的公平性和透明度。

**三、实际操作中的关键点**

1. 遵守独立交易原则

独立交易原则是关联交易税务管理的核心，要求关联企业之间的交易价格应当遵循市场公允价格，确保关联交易价格的公平性和合理性。

2. 披露关联方交易

企业必须在财务报表和其他公开披露信息中详细披露所有关联方交易，包括交易的性质、关联方的身份、涉及的金额以及交易的条款和条件。这是提高信息透明度、防止税收流失的重要手段。

3. 合理的转让定价

确定转让定价是关联交易中的关键环节。企业必须遵守严格的转让定价规则和文件要求，确保关联方交易的价格符合公平交易原则。不合理的转让定价可能导致税务调整和高额罚款。

4. 税务风险评估与管理

企业应对关联交易进行税务风险评估，制定风险管理计划。企业可通过引入第三方税务服务机构进行转让定价分析、税务合规咨询等，降低税务风险。

5. 应对税务稽查与反避税调查

一旦企业被税务机关启动反避税调查程序，企业应积极配合并提供相关证据材料。企业可以通过提交同期资料、接受税务机关的质询等方式证明关联交易的公平性和合理性。

**四、违规表现**

1. 不合理的关联交易定价

行为描述：关联企业之间在商品购销、劳务提供、资产转让等交易中，采用高于或低于市场价格的定价策略，人为调节成本和利润。

目的与动机：通过不合理的定价，将利润从高税率地区转移到低税率地区，或减少应纳税所得额，从而达到避税目的。

后果：避税行为被税务机关查实后，企业将面临补缴税款、缴纳滞纳金和罚款等后果，严重时可能涉及刑事责任。此外，企业的信誉也会受损，影响未来的融资和合作。

2. 虚构关联交易

行为描述：企业与其关联方签订虚假合同，虚构交易事项，如虚构商品购销、劳务提供等，以此转移资金或利润。

目的与动机：通过虚构关联交易来掩盖真实的资金流动和利润分配，达到逃避税收的目的。

后果：虚构关联交易行为被揭露后，企业将面临严厉的税务处罚，包括补缴税款、缴纳高额罚款，甚至可能被追究刑事责任。同时，企业的商业信誉和市场地位也会受到严重影响。

3. 利用关联企业拆借资金

行为描述：关联企业之间通过无息或低息贷款方式进行资金拆借，以此减少利息支出，降低应纳税所得额。

目的与动机：通过关联企业间的资金拆借，减轻税负。

后果：税务机关会对这类交易进行严格审查，若认定其不符合独立交易原则，将要求企业调整应纳税所得额并补缴税款。此外，不合规的资金拆借还可能引发其他法律风险，如违反金融法规等。

4. 利用“税收洼地”

行为描述：企业在低税率地区设立关联公司，将利润转移到这些关联公司，以享受税收优惠政策，从而减轻整体税负。

目的与动机：利用不同地区的税率差异和税收优惠政策，通过关联交易将利润转移到税负较轻的地区，实现税收利益最大化。

后果：虽然这种策略在某些情况下可能合法，但一旦税务机关认定企业存在避税目的，将采取相应的反避税措施，如特别纳税调整等。此外，滥用“税收洼地”还会损害企业的声誉和信誉。

## 法律法规

### 一、主要法律法规

1.《企业所得税法》

第八条规定企业在计算应纳税所得额时，只有实际发生的与取得收入相关且合理的支出才能被扣除。这意味着，如果关联交易中的支出不符合这些条件，税务部门有权进行调整，以防止企业通过关联交易进行避税。

2.《税收征收管理法》

第三十六条明确企业与其关联企业之间的业务往来，应当按照独立企业之间的业务往来收取或支付价款、费用。如果不按照这一原则进行，而减少了应纳税的收入或所得额，税务机关有权进行合理调整。这一规定是关于反避税的重要规定，旨在确保关联交易的公平性和透明度。

### 二、法律责任

根据《刑法》第二百零一条的规定，纳税人采取欺骗、隐瞒手段进行虚假纳税申报或者不申报，逃避缴纳税款数额较大并且占应纳税额百分之十以上的，将受到刑事处罚。

## 合规程序与方法

1. 关联方识别

审查企业股权结构、高管任职情况，识别潜在的关联方。

分析企业日常经营中的交易对象，识别是否存在未披露的关联方。

2. 定价合理性分析

比较关联交易的定价与市场同类交易的价格，评估定价是否合理。

分析关联交易的利润率水平，与企业历史数据、行业平均水平进行对比，识别是否存在定价异常的情况。

3. 资金流向与利润转移，费用分析

追踪关联交易的资金流向，分析是否存在通过关联交易将利润转移至低税地区或关联方的情况。

关注企业向关联方支付的管理费、服务费等费用，评估其合理性和必要性。

4. 内部控制与合规性评估

审查企业关联交易的内部控制制度，评估其是否健全有效。

检查企业是否按照相关法律法规和会计准则的要求进行关联交易披露。

## 案例分析 1：不合理的关联交易定价

**一、背景**

跨国公司 G 集团，旗下拥有境内子公司 A 和境外全资子公司 D。D 公司主要负责境外采购与物流，同时向境内子公司 A 销售商品。为规避税收，G 集团进行不合理的关联交易定价。

**二、案例具体情况**

D 公司向 A 公司销售商品的毛利率高达 19%，而销售给集团本部同类商品的毛利率为 7%。

考虑到两地企业所得税税率差异（D 公司企业所得税税率为 16.5%，A 公司企业所得税税率为 25%），该定价策略导致 A 公司向 D 公司转移利润，减轻境内企业所得税负担。

经查，被检查年度内，通过此方式，A 公司向 D 公司转移利润约 4.45 亿元，导致 G 集团少计缴应纳所得税 3 782.5 万元。

**三、分析**

1. 法律法规

根据独立交易原则，关联交易定价应反映无关联第三方在相同或类似条件下的交易价格。G 集团的定价显然不符合此原则。

2. 影响

不合理的关联交易定价不仅损害了国家税收利益，也扰乱了市场秩序，影响公平竞争。

3. 正确做法

企业应依据市场公允价格进行关联交易定价，确保定价透明、合理。同时，应加强内部控制，避免利用关联交易进行避税。

4. 正确的会计处理

企业应调整关联交易定价，确保符合独立交易原则，并据实申报纳税。对于已发生的避税行为，应主动补缴税款及缴纳滞纳金，避免法律风险。

综上所述，不合理的关联交易定价是企业规避税收的常见手段，但加强监管、完善法规及加强自律，可以有效遏制此类行为。

## 案例分析 2：虚构关联交易

**一、背景**

外商独资企业 B，在中国设立，主要业务是从国外母公司进口原材料并加工后出口。为规避高额企业所得税，B 公司虚构了一系列关联交易。

**二、案例具体情况**

B 公司宣称从母公司按高于国际市场价 10% 的价格进口原材料，成本显著增加。

同时，B 公司将产成品以低于国际市场价 20% 的价格销售给母公司，导致销售收入大幅减少。

通过这种"高进低出"的方式，账面上 B 公司连续多年处于巨额亏损状态，从而避免了高额税款。

**三、分析**

1. 法律法规

根据《企业所得税法》及《税收征收管理法》，B 公司虚构关联交易的行为明显违反了这一原则。

2. 影响

虚构关联交易不仅导致国家税收流失，还破坏了市场的公平竞争环境，影响其他企业的正常经营。

3. 正确做法

企业应确保所有交易真实、合法，并主动向税务机关申报关联交易情况。

4. 正确的会计处理

对于已虚构的关联交易，B 公司应主动更正账目，补缴税款及缴纳滞纳金，并调整未来的会计处理流程，确保所有交易的真实性和合规性。同时，应加强内部控制，防止类似情况再次发生。

综上所述，虚构关联交易是企业规避税收的非法手段，不仅损害国家税收利益，还对企业自身形象和信誉造成负面影响。企业应严格遵守税收法规，确保交易的真实性和合规性。

## 案例分析 3：利用关联企业拆借资金

**一、背景：**

A 公司为一家从事制造业的母公司，其全资控股 B 公司（贸易企业）和 C 公司（科技企业）。A 公司近年来利润较高，企业所得税税率为 25%，而 B 公司因享受区域性税收优惠政策，实际税率为 15%。为降低集团整体税负，A 公司通过无息或低息方式向 B 公司拆借大额资金，B 公司将资金用于对外投资或高息转贷给第三方企业，获取投资收益。税务机关在稽查中发现，A 公司与 B 公司的资金往来频繁且未按市场利率收取利息，存在转移利润、逃避税收的嫌疑。

**二、案例具体情况**

资金拆借情况：

2022 年度，A 公司向 B 公司无偿拆借资金累计 1.2 亿元，借款期限为 1 年。

同期银行贷款年利率为 5%，但 A 公司未收取任何利息。

税务影响：

若按市场利率 5% 计算，A 公司应确认利息收入：1.2 亿元 ×5%=600 万元，需补缴企业所得税：600 万元 ×25%=150 万元。

B 公司实际将资金以 8% 利率转贷给第三方，获得利息收入 960 万元，仅按 15% 税率缴纳所得税 144 万元。

集团整体税负减少：150 万元（A 公司少缴）−144 万元（B 公司多缴）=6 万元，同时 B 公司通过高息转贷进一步获利。

**三、分析**

1. 法律法规

《企业所得税法》第四十一条：企业与其关联方之间的业务往来，不符合独立交易原则而减少应纳税收入的，税务机关有权按合理方法调整。

《特别纳税调整实施办法》（国税发〔2009〕2号）：明确关联方资金拆借应按照可比非受控价格法（市场利率）核定利息收入。

《税收征收管理法》第三十六条：关联交易需遵循“独立交易原则”，否则税务机关可进行纳税调整。

2. 影响

税务风险：企业可能面临利息收入调增、补缴税款及滞纳金，甚至被认定为偷税漏税。

财务失真：无偿拆借导致母公司收入低估、子公司成本虚减，扭曲财务报表真实性。

信誉损失：可能引发税务机关的重点监管，影响企业信用评级。

3. 正确做法

签订书面协议：关联企业间资金拆借需签订借款合同，明确利率（参考同期同类贷款市场利率）、期限及还款方式。

独立交易原则：利率应不低于银行同期贷款利率，或参照国债利率、SHIBOR等市场化基准。

合规申报：母公司需按权责发生制确认利息收入，子公司凭合法凭证列支利息费用。

4. 正确的会计处理

A公司（借出方）：

借：其他应收款——B公司　　1.2亿元

　　贷：银行存款　　1.2亿元

年末确认利息收入：

借：应收利息　　600万元

　　贷：财务费用——利息收入　　600万元

B公司（借入方）：

借：银行存款　　1.2亿元

　　贷：其他应付款——A公司　　1.2亿元

年末计提利息支出：

借：财务费用——利息支出　　600万元

　　贷：应付利息　　600万元

税务申报：A公司需将利息收入纳入应纳税所得额，B公司支付的利息需取得合规发票方可税前扣除。

## 案例分析4：股权低价转让

### 一、背景

集团公司F，旗下拥有两家子公司G和H。为优化集团结构并规避税收，F集团决定将其持有的G公司的股权转让给H公司，但采用明显低于市场价的转让价格。

### 二、案例具体情况

G公司净资产评估值为1亿元，按市场公允价值，股权转让价格应在9 000万元至1.1亿元之间。

然而，F集团与H公司签订的股权转让协议中，转让价格仅为5 000万元，远低于市场价。

通过此次低价转让，F集团至少成功规避了1 000万元的企业所得税（假设税率为25%）。

### 三、分析

1. 法律法规

根据《企业所得税法》及相关法规，股权转让应以公允价值为基础确定转让价格，防止通过低价转让规避税收。

2. 影响

低价转让股权不仅导致国家税收流失，还破坏了市场的公平交易原则，影响其他投资者的利益。

3. 正确做法

股权转让应遵循独立交易原则，以公允价值为基础确定转让价格，并依法申报缴纳企业所得税。

4. 正确的会计处理

企业应在股权转让时，依据公允价值进行会计处理，确保资产和权益的准确反映。对于已发生的低价转让行为，应主动向税务机关说明情况，补缴税款，并调整相关会计记录。同时，企业应加强内部控制，防止类似情况再次发生。

## 案例分析 5：利用“税收洼地”

**一、背景**

制造企业 M，为减轻税收负担，在“税收洼地”——新疆霍尔果斯注册成立了一家销售子公司 N。在霍尔果斯的符合条件的企业可享受在五年内（自取得第一笔生产经营收入所属纳税年度起）免征企业所得税的优惠政策。

**二、案例具体情况**

M 企业每年销售产品，销售额约 3 亿元，若按其适用的税率（25%）计算，应交企业所得税约为 7 500 万元。

由于 M 企业通过 N 公司销售，N 公司位于霍尔果斯且符合相关条件，享受企业所得税免征政策，实际缴纳企业所得税为 0。

通过此操作，M 集团整体每年节约企业所得税约 7 500 万元。

**三、分析**

1. 法律法规

《企业所得税法》要求企业按照实际经营情况缴纳税款，利用“税收洼地”进行避税可能违反独立交易原则。

2. 影响

此行为导致国家税收流失，影响税收公平，且可能引发税务稽查风险。

3. 正确做法

企业应合理合法利用税收优惠政策，避免通过虚假交易或转移利润至“税收洼地”来规避税收。同时，应加强税务合规管理，确保所有交易的真实性和合规性。

4. 正确的会计处理

企业应准确记录关联交易，按照税法规定进行纳税申报。对于利用“税收洼地”进行的避税行为，应及时调整账目，补缴税款，并加强内部控制，防止类似情况再次发生。同时，加强对财务人员的税法培训，提高税务合规意识。

# 第二十一章
# 资金管理合规

## 专题一百四十五：资金是否用于原定的用途

### 业务简介

**一、概念**

资金是否用于原定的用途，是指在实际执行过程中，资金的使用是否符合最初计划要求或达到预算中指定的目的。这涉及对资金流向、使用效率以及资金的使用是否符合特定项目或活动需求的评估。

**二、基本规定**

资金的使用要遵循专款专用原则。企业在使用资金时，必须严格遵守国家法律法规的相关规定。例如，《金融机构大额交易和可疑交易报告管理办法》等法规对大额资金的交易和报告有明确规定，企业需按照这些规定进行资金的交易和使用。

企业应建立健全内部控制制度，对资金的使用进行严格的监管和控制。通过制定完善的资金使用流程和审批制度，确保每一笔资金的使用都经过适当的审批和记录。同时，加强内部审计和监督，定期对资金的使用情况进行检查和评估，及时发现并纠正问题。

企业应实行严格的预算管理制度，将资金的使用纳入预算控制范围。在制定预算时，应充分考虑资金的使用需求，确保预算的合理性和科学性。预算一经批准，应严格执行，如需调整，需按照规定的程序进行审批。通过预算管理，实现对资金使用的事前控制和事中监督。

企业应提高资金使用的透明度。对于大额资金的使用情况，应及时向相关部门和利益相关者进行披露，确保他们了解资金的使用情况。同时，通过提高信息透明度，增强外部对企业的监督，促进企业的合规经营。

对于违反资金使用规定的行为，企业应建立明确的责任追究机制。对责任人进行相应的处罚，以警示他人并维护企业的合规文化。

**三、违规表现**

挪用资金是指未经许可，擅自将特定用途的资金用于其他用途。这种行为违反了资金使用的规定，具体表现如下。

1. 将专项资金用于非指定用途

行为描述：企业或个人在未经批准或违反相关规定的情况下，擅自将原本用于特定项目或活动的专项资金挪用到其他非原定的项目或活动上。

目的与动机：部分人员可能出于个人利益的考虑，如获取不正当的收益等，而将专项资金用于非指定用途。在面临经营困境或资金压力时，为了维持单位或企业的运营，部分人员可能会选择挪用专项资金来填补资金缺口。为了逃避相关部门的监管和审查。

后果：专项资金被挪用后，原定的项目或活动因资金不足而受阻或无法实施，导致预期的社会效益和经济效益无法实现。对单位或企业来说，违规使用专项资金可能导致其财务状况恶化，出现资金短缺、资金链断裂等问题。资金违规使用行为将严重损害单位或企业的声誉和形象，影响其长期发展和社会信任度。违规使用专项资金触犯法律法规，导致单位或企业面临法律诉讼和处罚，甚至引发刑事责任。部分专项资金是用于支持社会公共事业发展的，如教育、医疗、社会保障等，将这些资金挪用于非指定用途，将直接损害社会公共利益，影响社会的和谐稳定与发展。

2. 违规投资

行为描述：企业或个人在未遵守相关法律法规或合同约定的情况下，进行投资活动。

目的与动机：企业为了追求更高的投资回报，不惜冒险进行违规投资，尤其是投资那些承诺高额回报但风险极高的项目。一些企业可能通过违规投资来掩盖其经营不善、资金紧张等问题，试图通过投资活动转移公众视线或缓解资金压力。部分管理人员可能出于个人私利考虑，利用职权进行违规投资，以谋取不正当利益。为了逃避相关部门的监管和审查，部分企业选择进行违规投资活动。

后果：违规投资导致资金损失，企业面临经济压力甚至破产风险，同时，这些损失还可能进一步影响相关产业链和供应链的稳定。违规投资行为触犯法律法规，企业将面临法律诉讼和处罚，如罚款、没收违法所得，甚至被追究刑事责任等。违规投资行为将严重损害投资者和企业的声誉和形象。这种声誉损害可能长期存在，影响未来的业务发展和合作机会。违规投资行为会扰乱市场秩序，破坏公平竞争环境。这将影响其他合规投资者的信心和参与意愿，进而对整个金融市场的稳定和发展造成不利影响。

3. 扩大支出范围

行为描述：企业或个人在未经批准或违反相关规定的情况下，擅自超出原定的预算或扩大支出范围。

目的与动机：部分人员可能出于个人利益的考虑，如获取不正当的收益等，而故意扩大支出范围，以便从中谋取私利。在面临经营困境或资金压力时，为了维持单位或企业的运营，部分人员可能会选择扩大支出范围，以获取更多的资金用于日常运营或偿还债务。

后果：扩大支出范围导致项目实际支出超出预算，造成项目资金缺口，影响项目的顺利实施和完成。对单位或企业来说，扩大支出范围可能导致其财务状况恶化，出现资金短缺、资金链断裂等问题，进而影响其长期发展和运营。扩大支出范围的行为将严重损害单位或企业的声誉和形象，影响其社会信任度和市场竞争力。扩大支出范围可能触犯法律法规，导致单位或企业面临法律诉讼和处罚，甚至被追究刑事责任。扩大支出范围可能导致社会资源的浪费和不合理配置，影响社会经济的健康发展。

## 法律法规

《流动资金贷款管理办法》第九条：贷款人应与借款人约定明确、合法的贷款用途。流动资金贷款不得用于借款人股东分红，以及金融资产、固定资产、股权等投资；不得用于国家禁止生产、经营的领域和用途。对向地方金融组织发放流动资金贷款另有规定的，从其规定。

## 合规程序与方法

检查资金是否按照规定的用途使用是确保资金有效利用、防止资金滥用和确保项目顺利进行的重要环节。以下是根据相关法律法规和实际操作经验总结的合规程序与方法。

### 一、预算编制与审批

1. 合理编制预算

根据项目需求、经营计划或政策要求，合理编制资金预算，明确资金用途、金额和预期效果。

2. 执行审批流程

资金预算需经过财务部门、业务部门等的审核，确保预算的合理性和可行性。审批流程应严格按照公司或机构的内部规定执行，涉及重大资金支出的还需经过高级管理层或董事会的审批。

**二、资金拨付与使用**

1. 按照规定拨付资金

经过审批的资金预算，应按照规定的程序和时间节点拨付到指定的账户或项目。拨付过程中需确保资金的安全性和及时性。

2. 资金专款专用

资金应严格按照预算规定的用途使用，不得挪用或改变用途。为此，可以设立专款专用账户，对资金进行专项管理。

**三、资金使用计划实施与监控**

1. 确保资金使用计划按照计划实施

在项目实施过程中，应严格按照项目计划和资金使用计划执行，确保资金使用的合规性。

2. 建立资金监控机制

建立资金使用的监控机制，定期对资金使用情况进行检查和评估，确保资金用途符合预算规定，并及时发现和纠正违规行为。

**四、项目验收与结算**

1. 项目验收

项目完成后，应进行项目验收，评估项目成果和资金使用效果。验收过程中应重点关注资金使用的合规性和效果。

2. 资金结算

根据项目验收结果和资金使用情况，进行资金结算。如有剩余资金，应按照相关规定进行处理。

**五、建立健全内部控制制度**

1. 明确资金使用权限

根据组织结构和职责划分，明确不同层级和部门的资金使用权限。确保每个部门和岗位都清楚其资金使用职责和限制。

2. 加强内部控制

组织定期的资金使用合规性培训，提高员工的合规意识。分享合规和不合规的案例，增强员工的实际操作能力。确保资金使用的申请、审批、执行和监控等职责由不同人员或部门承担。

3. 建设和改进信息化系统

利用 ERP、财务管理软件等信息化工具，提高资金管理的效率和准确性。通过数据分析，及时发现资金使用中的异常和潜在风险。

**六、强化财务审计与监督**

1. 定期进行内外部审计

定期进行内部审计和外部审计，对资金使用情况进行全面检查和评估，确保资金使用的合规性和效益性。

2. 监控资金使用

加强财务监督，对资金使用的全过程进行监控，及时发现和纠正违规行为。

**七、加强人员培训与教育**

对相关人员进行资金使用合规性的培训和教育，提高其对资金合规使用的认识和重视程度。加强法律意识培训，确保相关人员了解并遵守相关法律法规和内部规定。

## 案例分析 1：将专项资金用于非指定用途

### 一、背景

D 公司作为一家高新技术企业，于 2023 年成功向政府部门申请了“智能制造研发专项资金”500 万元，该笔资金明确限定用于智能生产线升级改造项目，并签订了具有法律约束力的资金使用协议，严格规定必须专款专用，不得擅自改变用途。然而，在实际运营过程中，由于公司面临短期流动性压力，管理层在未经审批的情况下，将其中 300 万元资金用于支付日常经营所需的供应商货款和员工薪酬等非指定用途，仅将剩余的 200 万元用于原定的研发项目。2024 年，在审计部门的专项检查中，这一违规使用资金的行为被发现，导致企业面临资金追回、罚款以及信誉受损等多重风险。

### 二、案例具体情况

1. 专项资金收支情况

政府部门于 2023 年 3 月将 500 万元专项资金拨付至 D 公司设立的专用账户，根据协议约定，该资金使用期限为两年（2023 年 3 月至 2025 年 3 月）。从资金使用明细来看，其中 200 万元按照约定用途使用，包括 150 万元用于采购智能生产设备，50 万元用于支付研发人员工资；而另外 300 万元则被违规挪用，其中 200 万元用于支付普通供应商货款，100 万元用于发放非研发部门员工薪酬。

2. 潜在的财务影响

根据相关财政法规，D 公司可能面临多重财务后果：首先，被挪用的 300 万元专项资金可能被要求全额退还；其次，按照《财政专项资金管理办法》的规定，企业可能面临挪用金额 10% 至 30% 的罚款，即 30 万元至 90 万元的行政处罚；最后，由于专项资金被违规使用，相应支出可能不得税前扣除，需就 300 万元挪用资金补缴 25% 的企业所得税，合计 75 万元。更严重的是，此次违规行为可能导致企业被列入财政资金使用黑名单，影响未来政府补助的申请资格。

### 三、分析

1. 法律法规分析

从现行法律法规体系来看，该案例主要涉及三个层面的规范要求：首先，《财政专项资金管理办法》明确规定，获得专项资金的企业必须严格按照申报用途使用资金，确保专款专用，对于擅自改变资金用途的行为，财政部门有权收回资金并处以罚款；其次，《企业会计准则第 16 号——政府补助》要求企业对政府补助资金进行单独核算，确保资金流向清晰可追溯；最后，在情节严重的情况下，如挪用金额较大或造成严重后果，可能触犯《刑法》第 273 条关于挪用特定款物罪的规定，相关责任人需承担刑事责任。这些法律法规共同构成了对企业使用专项资金的严格约束体系。

2. 综合影响评估

该违规行为对 D 公司可能产生多维度的负面影响：在财务层面，企业不仅面临资金追回和罚款的直接经济损失，还可能因补缴税款而加重税务负担；在经营管理层面，现金流突然收紧可能影响正常运营，特别是当需要退还大额资金时；在信用层面，被列入财政黑名单将严重影响企业声誉，不仅可能失去未来申请政府补助的资格，还可能影响银行贷款等融资渠道；在法律责任层面，若被认定为情节严重，相关责任人可能面临行政处罚甚至刑事追责。这些影响相互叠加，可能对企业长期发展造成深远的不利后果。

3. 合规管理建议

为确保专项资金使用的合规性，企业应当建立完善的管理机制：首先，必须在银行开设专项资金专用账户，实现资金的物理隔离，避免与经营资金混同；其次，建立严格的资金使用审批流程，所有专项资金支出需经过财务部门审核、审计部门复核以及管理层审批的多重控制；再次，定期编制资金使用报告，主动向拨款部门报备资金使用情况，自觉接受监管；最后，加强内部培训，确保相关人员充分理解专项资金管理的政策要求和违规后果。通过这套完整的管控体系，可以有效防范资金挪用风险。

4. 规范的会计处理

在会计处理方面，企业应当遵循以下原则：当收到专项资金时，应借记“银行存款－专项资金账户”500万元，贷记“递延收益”500万元，以准确反映资金的专项属性；在使用资金时，如用于购置设备，应借记“固定资产”150万元，贷记“银行存款－专项资金账户”150万元，同时将对应的递延收益结转至损益，借记“递延收益”150万元，贷记“其他收益”150万元；对于违规挪用的部分，虽然在账务处理上可能仍按常规分录记录，但在税务处理上必须将挪用资金确认为应税收入，及时补缴相应税款。规范的会计处理不仅能满足监管要求，还能为企业提供清晰的资金使用轨迹，便于应对可能的审计检查。

## 案例分析2：违规投资

### 一、背景

G公司作为国内环保设备制造行业的领军企业，于2022年通过定向增发方式成功募集资金3亿元。根据其向监管部门报备的募集说明书，该笔资金将专项用于“智能化生产线扩建项目”，并明确承诺在24个月的期限内完成全部投资。然而在实际执行过程中，由于项目前期论证不足、施工进度管理不善等原因，导致项目建设严重滞后。在此情况下，G公司管理层未按照监管要求履行变更审批程序，擅自决定将1.2亿元募集资金用于购买某私募股权基金产品。经查证，该基金主要投向与公司主营业务无关的房地产领域，且属于较高风险等级的投资品种。2023年底，证监会在例行的现场检查中发现这一重大违规行为，认定G公司存在擅自改变募集资金用途的违规事实。

### 二、案例具体情况

从资金使用情况来看，G公司募集资金的实际使用存在严重偏差。截至2023年12月的监管检查时点，3亿元募集资金中仅有1.5亿元投入原定的智能化生产线项目，仅完成计划投资的50%，项目进度较原定计划滞后达12个月。更严重的是，有1.2亿元资金被违规用于购买私募股权基金产品，该基金虽取得约5%的年化收益率，使投资账面价值增长至1.26亿元，但完全背离了募集资金的既定用途。剩余0.3亿元资金则处于闲置状态，未能发挥应有的效益。这种资金使用状况不仅违反了募集承诺，更反映出公司在资金管理方面存在重大缺陷。

### 三、分析

1. 法律法规层面

根据我国现行监管规定，《上市公司监管指引第2号》第十二条明确要求上市公司必须严格按照招股说明书或募集说明书的承诺使用募集资金，原则上不得擅自变更用途。如确需变更，必须履行完整的内部决策程序，包括董事会审议、股东大会批准，并及时进行信息披露。同时，《证券法》第八十四条对擅自改变募集资金用途的行为设定了明确的罚则。在本案例中，G公司既未履行必要的变更审批程序，也未及时进行信息披露，其将募集资金投向高风险私募基金的行为，明显违反了上述法律法规的强制性规定。特别是考虑到房地产领域属于宏观调控的重点行业，这种违规投资行为还可能导致额外的政策风险。

2. 综合影响评估

该违规行为对G公司可能产生的负面影响是多方面且深远的。在法律后果方面，公司及相关责任人员将面临证监会的行政处罚，包括但不限于警告、罚款，情节严重的还可能被采取市场禁入措施。在财务影响方面，公司不仅需要限期收回违规投资资金，可能承担提前赎回带来的损失，还要面对原项目延期导致的预期收益损失。更严重的是，这种违规行为将严重损害公司在资本市场的形象，可能导致股价下跌、市值缩水，进而影响未来的融资能力。从长远来看，此类违规记录将使公司被列入监管重点关注名单，对后续的再融资审批产生持续的负面影响。

3. 规范管理建议

为防范此类违规风险，上市公司应当建立完善的募集资金管理制度。当出现资金暂时闲置的情况时，可选择的合规处理方式包括：投资于安全性高、流动性好的保本型理财产品；或者经董事会审议后用于临时补充流动资金，但需注意单次使用期限不得超过12个月。如果确实需要变更资金用途，则必须严格履行完整的变更程序，包括充分的立项论证、董事会审议、股东大会批准、信息披露等环节。在制度建设方面，建议建立募集资金专项管理制度，重点包括：开立专项存储账户、签订三方监管协议、建立资金使用台账、实施定期专项审计等。这些措施将有效保障募集资金的规范使用。

4. 会计处理规范

在会计处理方面，必须确保募集资金使用的准确核算和完整反映。募集资金到账时，应当确认为股本或资本公积；项目实际投入时，及时计入在建工程等资产科目。对于违规投资行为，不仅要在账面上进行更正处理，还应当计提相应的资金占用成本。具体而言，需要将违规投资从其他应收款科目调整至交易性金融资产科目，并按照同期银行贷款利率计提资金占用利息。在收回投资时，应当准确核算投资收益，并将资金及时归集至募集资金专户。规范的会计处理不仅是合规经营的要求，更是防范风险的重要手段。

## 案例分析 3：扩大支出范围

### 一、背景

H公司是一家从事新能源技术研发的高新技术企业，2021年成功申请到省级“绿色技术创新专项资金”2 000万元，专项资金管理办法明确规定该资金仅能用于“新型储能电池研发项目”的直接研发支出，包括材料费、测试费和研发人员薪酬等。但在实际执行过程中，H公司财务部门将部分资金用于支付行政办公大楼的装修费用、高管海外考察差旅费以及市场营销推广等非研发支出，合计金额达450万元。2023年省科技厅专项审计时发现该违规行为，认定H公司存在扩大专项资金支出范围的违规事实。

### 二、案例具体情况

专项资金总额：2 000万元（2021年12月到账）。

合规使用金额：1 550万元。

研发材料费：820万元。

测试认证费：430万元。

研发人员薪酬：300万元。

违规支出金额：450万元。

行政办公装修：280万元。

高管海外考察：120万元。

市场推广费用：50万元。

资金使用率：100%。

项目验收情况：因资金挪用导致研发进度滞后30%。

### 三、分析

1. 法律法规

根据《中央财政科技计划（专项、基金等）资金管理办法》（财教〔2021〕178号）第二十五条规定，项目承担单位应当严格按照任务书约定的支出范围和标准使用资金，不得擅自调整外拨资金，不得利用项目资金支付各种罚款、捐款、赞助、投资等。同时，《省级科技专项资金管理办法》第十三条明确规定，专项资金必须专款专用，任何单位和个人不得截留、挤占或挪用。本案例中H公司将研发专项资金用于行政装修、高管考察等非研发支出，明显违反了上述规定中关于支出范围的限制性条款。

2. 综合影响评估

该违规行为对H公司造成的影响是全方位且深远的。在行政监管方面，公司面临被追回违规资金、取消未来三年专项资金申请资格的风险，同时可能被处以违规金额10%~30%的罚款。在税务处理方面，违规支出部分不得作为研发费用加计扣除，需补缴企业所得税及滞纳金约112.5万元。在研发管理方面，资金挪用导致研发进度滞后，可能影响核心技术突破和专利申报。在企业声誉方面，该违规记录将被纳入科研诚信档案，严重影响公司在行业内的形象和后续融资能力。更严重的是，如果被认定为恶意骗取财政资金，还可能面临刑事责任追究。

3. 规范管理建议

为确保专项资金使用的合规性，企业应当建立完善的管理体系。首先必须建立专项资金专用账户，实行物理隔离管理，从源头上杜绝资金混用可能。其次要制定详细的资金使用实施细则，明确各项支出的审批权限和流程，特别是对大额支出要实行联签制度。在预算管理方面，应当建立项目支出明细台账，定期与预算进行比对分析。同时要完善内部监督机制，由审计部门每季度对资金使用情况进行专项检查。当确实需要调整支出范围时，必须严格按照规定程序办理，包括：技术可行性论证、董事会决议、主管部门审批等环节，任何个人都不得擅自决定资金用途变更。

4. 会计处理规范

在会计核算方面必须确保专项资金的全流程准确反映。收到专项资金时应借记“银行存款－专项账户”2 000万元，贷记“递延收益”2 000万元。合规研发支出发生时，如支付材料费应借记“研发支出－材料费”820万元，贷记“银行存款－专项账户”820万元，同时按比例结转递延收益。对于违规支出部分，应当进行账务调整：首先将已计入研发支出的违规金额冲回，然后根据实际用途重新分类，如行政装修费用应调整至“管理费用－装修费”科目。在税务处理上，违规支出部分不得享受加计扣除优惠，需做纳税调增处理。同时，应当就违规使用资金计提资金占用费，按照同期银行贷款利率计算利息支出。

## 专题一百四十六：企业融资渠道是否合理

### 业务简介

**一、概念**

融资渠道指的是企业或个人在进行资金筹集时，可以选择的融资途径和方式。它是协助企业或个人获取资金来源的重要渠道，对企业的成长和个人财富的积累具有重要意义。

**二、基本规定**

企业或个人在筹集资金时，必须严格遵守国家相关的法律法规，确保融资活动的合法性和合规性。

在选择融资渠道时，企业或个人应对各种融资渠道的风险、融资成本和资金来源的稳定性进行充分评估，尽可能通过多元化的融资渠道筹集资金，避免过度依赖单一融资渠道。

**三、违规表现**

1. 非法筹集资金

行为描述：企业通过欺骗性手段，如虚构投资项目、承诺高额回报等，向社会公众非法筹集资金。

目的与动机：获取大量资金，用于扩大经营、偿还债务或其他用途。

后果：导致社会公众面临资金损失，扰乱金融秩序，破坏社会稳定。企业面临法律制裁，包括罚款、吊销营业执照等，甚至可能引发社会群体性事件。

2. 违规贷款

行为描述：利用虚假材料骗取银行贷款，将贷款资金挪作他用。

目的与动机：掩盖自身财务状况不佳的事实满足利益输送、关系维护或其他不合规需求。

后果：可能导致企业承担不必要的财务风险和法律责任，损害企业信誉。如果企业无法偿还贷款，还会引发银行坏账，对金融系统造成冲击。

3. 隐瞒信息或披露虚假信息

行为描述：企业在融资过程中故意隐瞒重要信息或披露虚假信息。

目的与动机：吸引投资者和降低融资成本，掩盖自身经营不善的事实。

后果：可能导致投资者和债权人基于错误的信息做出决策，遭受经济损失。同时，也可能损害企业的声誉和信用，导致市场信任度下降。

## 法律法规

《企业会计准则第 22 号——金融工具确认和计量》的相关规定如下。

第九条：企业成为金融工具合同的一方时，应当确认一项金融资产或金融负债。

第十条：对于以常规方式购买或出售金融资产的，企业应当在交易日确认将收到的资产和为此将承担的负债，或者在交易日终止确认已出售的资产，同时确认处置利得或损失以及应向买方收取的应收款项。以常规方式购买或出售金融资产，是指企业按照合同规定购买或出售金融资产，并且该合同条款规定，企业应当根据通常由法规或市场惯例所确定的时间安排来交付金融资产。

## 合规程序与方法

确保企业融资渠道合理，是企业融资过程中至关重要的环节。以下是一些关键步骤和方法，旨在帮助企业实现合规融资。

**一、明确融资需求和目标**

1. 分析资金需求

企业需详细分析当前的资金状况、未来发展规划以及所需资金的具体用途，明确融资的总体目标。

2. 确定融资额度与期限

根据企业实际需求和偿债能力，合理确定融资额度和融资期限。

**二、选择合适的融资渠道**

常见的融资渠道如下。

1. 银行贷款

向银行等金融机构申请贷款。需准备完整的贷款申请材料，并按照银行要求进行审批。

2. 股权融资

通过发行股票吸引投资者注资，增加企业资本金。在股票发行、信息披露的过程中需遵循《公司法》《证券法》等相关法律法规。

3. 债券融资

发行企业债券，向投资者筹集资金。需满足债券发行的条件，并按照债券市场的监管要求进行信息披露和债券兑付。

4. 融资租赁

通过租赁设备等方式获得融资。需与融资租赁公司签订租赁合同，明确租赁期限、租金支付方式等条款。

5. 选择其他合适的融资渠道

其他融资渠道包括民间借贷、供应链融资、典当融资等，企业需根据自身实际情况和法律法规要求，谨慎选择。

**三、遵循相关法律法规**

企业在融资过程中，需严格遵守《公司法》《证券法》《贷款通则》等相关法律法规的规定，确保融资活动的合法合规性。企业应按照《企业会计准则》等相关会计准则的要求，对融资活动进行会计处理和信息披露，确保财务信息的真实、准确、完整。

**四、完善融资资料与审批流程**

1. 准备融资资料

根据所选融资渠道的要求，准备完整的融资申请材料，包括企业基本情况介绍、财务报表、融资项目可行性研究报告等。

2. 建立健全内部融资审批流程

建立健全企业内部融资审批流程，确保融资决策的科学性和合理性。融资方案在经企业内部相关部门审核通过后，方可提交外部审批机构。

**五、加强风险管理与合规监控**

1. 进行风险评估

对融资过程中可能存在的风险进行评估，包括市场风险、信用风险、操作风险等，制定相应的风险应对措施。

2. 建立合规监控系统

建立合规监控系统，对融资活动的合规性进行持续监控和评估，确保融资活动始终符合相关法律法规。

**六、与专业机构合作**

企业可以与律师事务所、会计师事务所等机构合作，让其提供融资咨询、法律审查、财务审计等服务，确保融资过程的合规性和专业性。

## 案例分析 1：某科技公司进行股权融资

**一、背景**

某科技公司是一家专注于人工智能领域的新兴企业，随着市场的不断扩大，公司急需资金以支持产品研发和市场推广。公司选择了股权融资，通过引入知名风险投资机构，成功完成了数千万美元的 A 轮融资。

**二、分析**

1. 合理性

股权融资为该科技公司带来了长期稳定的资金支持，且公司无须承担固定的利息支出，且不会增加负债压力。同时，风险投资机构的加入不仅带来了资金，还带来了行业资源和管理经验，有助于公司的快速发展。

2. 优势

股权融资提升了公司的市场估值，增强了品牌影响力，为后续的融资和上市打下了坚实基础。

3. 潜在风险

股权融资可能导致原有股东的控制权减弱，且未来若无法实现预期收益，可能会影响投资人的信心。

### 案例分析 2：某中小企业进行银行贷款

**一、背景**

某中小企业主要从事传统制造业，因扩大生产规模需要，面临资金短缺问题。企业向当地银行申请了流动资金贷款。

**二、分析**

1. 合理性

银行贷款是企业常见的融资渠道之一，尤其适合中小企业。该方式审批流程相对简单，资金到位快，能够迅速满足企业的短期资金需求。

2. 优势

贷款成本相对可控，且原控股股东仍保留对企业的控制权。

3. 潜在风险

贷款利率较高，企业需承担一定的利息负担，且还款压力较大。若企业经营不善，可能导致资金链断裂，影响企业的生存和发展。

### 案例分析 3：某农业企业进行债券融资

**一、背景**

某农业企业为扩大种植规模和提高生产效率，计划筹集大量资金用于基础设施建设和设备更新。企业选择发行债券，面向公众投资者筹集资金。

**二、分析**

1. 合理性

债券融资适合需要大额、长期资金的企业。农业企业的项目周期长、资金需求大，通过债券融资可以筹集到较多且还款期限长的资金。

2. 优势

债券融资利率相对较低，且可以发挥财务杠杆作用，提高资金使用效率。同时，债券公开交易，有助于提升企业的市场知名度。

3. 潜在风险

企业需要承担固定的利息支付义务，且在债券到期时需要偿还本金，财务风险较高。此外，债券市场的波动也可能影响企业的融资成本。

企业融资渠道的选择应根据企业的实际情况、资金需求、成本承受能力等多方面因素综合考虑。股权融资适合成长期企业，能够带来长期稳定的资金支持；银行贷款适合中小企业，能满足短期资金需求；债券融资适合需要大额、长期资金的企业。在选择融资渠道时，企业应权衡利弊，选择最适合自己的方式，以实现可持续发展。

## 专题一百四十七：企业是否存在投资不当情形

### 业务简介

**一、概念**

企业投资是指企业作为一级投资主体，为了获取未来收益，将资金、技术、人力等资源投入生产、经营活动中，或者购买其他企业的股权、债权等经济行为。它是企业扩大规模、提高效益和实现发展的重要手段。从广义上讲，企业投资是特定经济主体以收回本金并获利为基本目的，将货币、实物资产等作为资本投放于某一个具体对象，以在未来较长期间内获取预期经济利益的经济行为。

**二、基本规定**

企业投资的主要目的是扩大业务规模、提高市场竞争力、获取更高收益等。企业在投资决策时，应充分评估投资项目的风险与收益，考虑项目的长期效益和企业的长远发展，遵守国家法律法规，确保投资活动的合法性和合规性，确保在可承受的风险范围内追求最大化收益。

**三、违规表现**

1. 投资未经充分论证和审批

行为描述：企业在投资决策过程中，未经过充分的市场调研、风险评估和内部审批程序，盲目投资。

目的与动机：追求快速扩张、抢占市场份额。

后果：导致投资失败或资金损失，损害企业财务状况，影响企业声誉和投资者信心，可能导致法律纠纷和监管处罚。

2. 违规投资

行为描述：企业在投资决策时，忽视国家法律法规，投资于禁止或限制进入的领域。

目的与动机：追求高额利润、规避市场竞争。

后果：导致企业面临法律风险和政策风险，投资项目被叫停，企业被罚款甚至被吊销执照等，损害企业形象和投资者利益。

3. 挪用投资资金

行为描述：企业可能将原计划用于投资项目的资金挪作他用，如用于弥补经营亏损、支付高管薪酬等。

目的与动机：缓解短期资金压力、满足内部利益分配或掩盖经营不善。

后果：投资项目资金不足，影响项目进展和效益，可能导致投资失败和资金损失，损害投资者利益和企业声誉。

4. 超范围、超比例投资

行为描述：个别企业未按规定范围投资，违规投资监管禁止的行业产业；或者企业的大类资产投资比例或集中度风险比例超出监管规定。

目的与动机：追求多元化经营、规避监管限制或获取特殊利益。

后果：增加投资风险，可能导致投资损失和财务困境，损害投资者利益和企业稳定性，导致企业面临监管处罚和声誉损失。

5. 隐瞒重要信息

行为描述：企业在投资过程中，可能故意隐瞒或延迟披露与投资项目相关的重要信息。

目的与动机：吸引投资者、避免市场恐慌或掩盖投资风险。

后果：误导投资者和监管机构，损害投资者利益和市场公平性，可能导致法律纠纷和监管处罚，损害企业声誉。

6. 虚假陈述

行为描述：部分企业为了吸引投资者或满足监管要求，可能夸大投资项目的收益。

目的与动机：筹集资金、提升股价或满足业绩考核要求。

后果：误导投资者和监管机构，损害投资者利益和市场稳定性，可能导致法律纠纷、监管处罚和股价暴跌等严重后果。

7. 内幕交易

行为描述：企业高管或相关人员可能利用内幕信息进行投资交易。

目的与动机：谋取不正当利益，如获取超额收益或避免损失。

后果：损害其他投资者的合法权益，破坏市场公平性，可能导致法律纠纷、监管处罚和声誉损失。

8. 利益输送

行为描述：企业可能通过关联交易等方式，将投资项目的利益输送给关联方或特定人员。

目的与动机：满足内部利益分配、掩盖不当行为或规避监管。

后果：损害企业和其他股东的利益，破坏公司治理结构，可能导致法律纠纷、监管处罚和投资者信心丧失。

9. 管理不善

行为描述：企业在投资项目实施过程中，可能因管理不善导致项目进度延误、成本超支等问题。

目的与动机：可能是由于企业内部管理效率低下、缺乏有效的监管机制或人为失误等原因。

后果：影响投资效益，可能导致投资失败和资金损失，损害投资者利益和企业声誉。

10. 未履行持续监管义务

行为描述：企业可能未对投资项目进行持续的监管和评估。

目的与动机：可能是由于企业内部监管机制不健全、忽视项目运营风险或节省成本等。

后果：未能及时发现和纠正项目运营中的问题，导致投资风险增加，可能影响投资效益和企业稳定性，损害投资者利益。

## 法律法规

《企业会计准则第 2 号——长期股权投资》的相关规定如下。

第一条：为了规范长期股权投资的确认、计量，根据《企业会计准则——基本准则》，制定本准则。

第二条：本准则所称长期股权投资，是指投资方对被投资单位实施控制、重大影响的权益性投资，以及对其合营企业的权益性投资。

在确定能否对被投资单位实施控制时，投资方应当按照《企业会计准则第 33 号——合并财务报表》的有关规定进行判断。投资方能够对被投资单位实施控制的，被投资单位为其子公司。投资方属于《企业会计准则第 33 号——合并财务报表》规定的投资性主体且子公司不纳入合并财务报表的情况除外。

重大影响，是指投资方对被投资单位的财务和经营政策有参与决策的权力，但并不能够控制或者与其他方一起共同控制这些政策的制定。在确定能否对被投资单位施加重大影响时，应当考虑投资方和其他方持有的被投资单位当期可转换公司债券、当期可执行认股权证等潜在表决权因素。投资方能够对被投资单位施加重大影响的，被投资单位为其联营企业。

在确定被投资单位是否为合营企业时，应当按照《企业会计准则第 40 号——合营安排》的有关规定进行判断。

## 合规程序与方法

企业投资的合规程序是为确保企业投资活动合法、合规而进行的一系列步骤和流程。以下是一个详细的企业投资合规程序。

**一、项目立项与初步调研**

1. 确定投资意向

企业在制定发展战略时，会结合市场分析的结果，明确投资的方向和目标。这包括确定投资的行业、地域、规模以及预期的投资回报等。企业高层会根据这些信息，形成初步的投资意向。

2. 市场调研

在确定投资意向后，企业会组织专业的市场调研团队，对投资项目所在行业进行深入的研究。这包括了解行业的市场规模、增长趋势、竞争格局以及相关法律法规等。同时，还会对目标市场和潜在竞争对手进行全面的分析，以收集必要的投资信息。

3. 初步进行可行性评估

基于市场调研的结果，企业会对投资项目进行初步的可行性评估。这包括评估项目的市场前景、技术可行性、财务效益以及潜在的风险等。通过初步的可行性评估，企业可以判断投资项目是否符合其发展战略和投资目标。

**二、内部审批与决策**

1. 编制投资方案

在初步可行性评估通过后，企业会开始编制详细的投资方案，这包括明确投资目标、投资规模、投资方式（如股权投资、债权投资等）、预期收益以及投资期限等。投资方案还需要包括详细的资金筹措和使用计划，以及项目的实施计划和时间表。

2. 内部审批

编制完成的投资方案会提交给企业内部的相关部门进行审批，主要包括：财务部，负责审核投资方案的财务可行性和资金筹措计划；法务部，负责审查投资方案的合法性和合规性；以及业务部，负责评估投资方案与企业发展战略的契合度和市场前景。各部门会根据自己的专业知识和职责范围，对投资方案进行细致的审查和评估。

3. 组织决策会议

在内部审批完成后，企业会组织投资决策会议。会议由企业高层领导主持，各相关部门负责人参加。会议会对投资方案进行深入的讨论和审议，确保决策的科学性和合理性。同时，会议还会确保决策过程符合企业内部的“三重一大”决策制度，即重大事项决策、重要干部任免、重要项目安排和大额度资金的使用，必须经集体讨论做出决定。

**三、外部审批与备案**

1. 政府审批

根据投资项目的性质和投资规模，企业可能需要向相关的政府部门提交审批申请。这包括发展改革部门、工商行政部门、税务部门等。企业需要按照政府部门的要求，提交相关的申请材料和证明文件，只有在获取批准文件后才能进行后续的投资活动。

2. 国资监管审批

对国有企业来说，除了政府审批外，还需要将投资方案提交给国资监管部门进行审批和备案。国资监管部门会对投资方案的合规性、可行性以及与企业发展战略的契合度进行审查。通过国资监管部门的审批和备案后，国有企业才能进行后续的投资活动。

**四、尽职调查与合同谈判**

1. 尽职调查

在投资决策做出后，企业会对投资目标进行深入的尽职调查。这包括对投资目标的财务状况、法律状况、市场状况以及管理团队等进行全面的了解和评估。尽职调查的目的是发现投资目标可能存在的风险和隐患，并为后续的合同谈判和投资决策提供依据。

2. 合同谈判

在尽职调查完成后，企业会与投资目标或其代表进行合同谈判。谈判的内容包括明确双方的权利和义务、投资金额和支付方式、投资期限和回报要求等。通过合同谈判，企业可以确保自己的投资权益得到充分保障，并降低潜在的投资风险。

**五、合同审查、签订与执行**

1. 合同审查

在合同谈判完成后，企业会对投资合同进行法律审查。这包括审查合同条款的合法性、合规性以及公平性。企业会聘请专业的法律顾问或律师对合同进行细致的审查，以确保合同条款的严密性和可执行性。

2. 合同签订

在合同审查通过后，双方会达成一致并签署投资合同。合同签订是投资活动的重要环节，标志着双方合作关系的正式建立。在合同签订过程中，企业需要确保合同条款的清晰明确，并为后续的投资活动提供法律保障。

3. 合同履行

在合同签订后，企业需要按照合同条款履行投资义务。这包括支付投资款项、提供必要的资源和技术支持等。同时，企业还需要确保投资项目的顺利实施，并按照计划进行项目管理和运营。在合同履行过程中，企业需要与投资目标保持密切的沟通和协作，以确保投资活动的顺利进行。

**六、投资后管理与监督以及风险评估与应对**

1. 项目管理

在投资项目实施过程中，企业需要对项目进行日常管理。这包括制定详细的项目实施计划、监督项目的进度和质量、协调各方资源等。通过有效的项目管理，企业可以确保投资项目按照计划顺利进行，并实现预期的投资目标。

2. 财务监督

企业还需要定期对投资项目的财务状况进行审查和监督。这包括审查项目的财务报表、分析项目的盈利能力和现金流状况等。通过财务监督，企业可以及时发现投资项目可能存在的财务风险和问题，并采取相应的措施进行应对和解决。

3. 风险评估与应对

在投资项目实施过程中，企业还需要进行持续的风险评估。这包括对市场风险、技术风险、管理风险等进行全面的评估和监控。同时，企业还需要制定相应的风险应对措施，以降低潜在的投资风险并确保投资项目的顺利进行。

**七、投资退出与收益分配**

1. 投资退出计划

在投资项目达到预期目标或需要退出时，企业需要制定详细的投资退出计划。这包括确定退出的方式（如股权转让等）、退出的时间表和价格等。通过制定投资退出计划，企业可以确保在合适的时机以合适的方式退出投资项目，并实现投资收益的最大化。

2. 收益分配

在退出投资后，企业需要按照投资合同和企业内部规定进行投资收益的分配。这包括将投资收益分配给投资者、企业留存部分收益用于再投资等。通过合理的收益分配机制，企业可以激励投资者继续参与企业的投资活动，并促进企业的长期发展。

## 案例分析 1：盲目扩张导致的资金链断裂

**一、背景**

某初创科技公司，凭借其在人工智能领域的独特技术优势，成功吸引了大量风险投资。

在初期，公司发展迅速，市场份额逐步提升。然而，随着市场竞争的加剧，公司管理层为了迅速占领市场，决定在全国范围内大规模开设研发中心和分支机构，并投入大量资金进行广告宣传。然而，由于扩张速度过快，公司的运营成本急剧上升。尽管收入也在增长，但收入增长速度远远跟不上运营成本的攀升速度。这导致公司的资产负债率迅速攀升，现金流变得紧张。最终，公司无法偿还到期的债务，资金链断裂，被迫进行破产清算。

**二、分析**

该公司在投资决策上存在明显的不当之处。首先，公司缺乏充分的市场调研和财务规划，盲目追求规模扩张，而忽视了盈利能力和现金流的重要性。其次，公司未能有效控制成本，导致运营成本过高，进一步加剧了资金链的紧张状况。这种投资不当最终导致了公司的失败，给投资者带来了巨大的损失。

### 案例分析 2：技术路线选择失误

**一、背景**

一家专注于新能源汽车电池研发的企业，将全部资金和精力投入一种新型电池技术的研发中。这种技术路线在当时看似具有巨大的潜力，但实际上存在较大的不确定性。与此同时，竞争对手正在探索其他更成熟、更稳定的技术路线。当该企业遭遇技术瓶颈、研发进度严重滞后时，竞争对手已经通过采用不同技术路线取得了市场突破。由于该企业没有备选方案，导致项目无法按期完成，投资无法产生预期收益。这使得企业在市场上的竞争力大幅下降，面临着严峻的生存挑战。

**二、分析**

该企业在投资决策上忽视了技术路线的多样性和市场的不确定性。将所有资源投入一个高风险、高不确定性的技术路线上，缺乏多元化的投资策略和风险控制措施。这种投资不当使得企业无法有效应对技术瓶颈和市场变化，最终导致了投资的失败和企业的困境。

### 案例分析 3：关联交易导致的利益输送

**一、背景**

某上市公司与其控制的子公司频繁进行关联交易，以低价向子公司销售产品或高价从子公司采购原材料。这些关联交易并未经过充分的市场竞争和价格谈判，而是由上市公司高层直接决定。这些关联交易导致上市公司向子公司输送利益，损害了上市公司股东的利益。同时，由于关联交易价格不公允，也影响了上市公司的财务报表的真实性和准确性。这使得投资者无法准确了解上市公司的真实财务状况和经营成果，进而影响了投资决策的合理性。

**二、分析**

该上市公司在投资决策上存在严重的关联交易不当情形。其通过不公平的关联交易，实现了利益输送和财务造假。这种行为不仅违反了证券市场的公平、公正原则，也损害了投资者的利益。监管部门应对此类行为进行严厉打击，并追究相关责任人的法律责任。同时，投资者也应该提高警惕，注意防范上市公司通过关联交易进行利益输送的风险。

### 案例分析 4：未进行尽职调查的投资并购

**一、背景**

一家多元化集团公司，在寻求新的增长点时，将目光投向了一家新兴企业。这家新兴企业在市场上表现出色，看似拥有广阔的前景和巨大的潜力。集团公司高层在初步接触后，对这家新兴企业产生了浓厚的兴趣，并决定进行投资并购。然而，在这个过程中，集团公司犯下了一个致命的错误——未进行充分的尽职调查。在投资并购完成后，集团公司才发现这家新兴企业存在严重的财务造假和管理混乱问题。原来，这家新兴企业的财务报表都是经过精心包装的，以掩盖其真实的财务状况。同时，其内部管理也极为混乱，存在大量的不合规行为和潜在的法律风险。这些问题在尽职调查过程中本应该被发现，但由于集团公司的疏忽，最终导致了投资并购的失败。

**二、分析**

该集团公司在投资决策上存在明显的尽职调查不当情形。尽职调查是投资并购过程中至关重要的环节，它有助于投资者全面了解目标企业的真实状况，发现潜在的风险和问题，并为投资决策提供重要的依据。然而，该集团公司忽视了这一环节的重要性，没有进行充分的尽职调查，导致对目标企业的真实状况一无所知。这种投资不当不仅导致了投资并购的失败，还给集团公司带来了巨大的经济损失和声誉损害。

## 专题一百四十八：企业是否建立资金监控与风险控制制度

### 业务简介

**一、概念**

企业资金监控与风险控制制度是指企业为确保资金的安全、合规和高效使用而建立的一套系统化管理框架。该制度旨在通过跟踪、监测、分析和控制企业资金的流动和使用情况，及时发现并应对潜在的资金风险，保障企业的财务健康和可持续发展。资金监控不仅涵盖了资金的筹集、分配、使用及收回再利用的全过程，还涉及与资金相关的风险评估、预警及应对措施的制定与执行。风险控制则侧重于识别、评估企业运营过程中可能遇到的各种资金风险，并采取相应的预防和控制措施，以减少风险对企业的不利影响。

**二、基本规定**

建立企业资金监控与风险控制制度的主要目的是加强企业资金管理，防范财务风险，确保资金安全、合规和高效使用。该制度适用于企业所有部门及员工，特别是财务部门、行政管理部门以及其他与资金运作直接相关的岗位。

**三、违规表现**

1. 资金管理不规范

行为描述：未制定或未严格执行预算管理制度，资金支付审批流程不严谨，导致资金使用无计划、无控制，随意变更预算。这种行为表现为企业在资金管理上的松懈和随意，没有明确的预算规划和严格的审批流程，使得资金的流入和流出缺乏有效的监控和管理。

目的与动机：这种行为可能源于企业对资金管理的重视程度不足，或者是对短期利益的过度追求。企业可能为了快速响应市场变化或满足短期资金需求，而忽视了长期、稳定的资金管理策略。此外，也可能是因为企业内部缺乏有效的资金管理机制或相关人员的专业能力不足。

后果：这种行为可能导致企业资金使用的混乱和无序，增加资金浪费和流失的风险。同时，由于缺乏计划和控制，企业可能无法准确预测和应对未来的资金需求，从而影响自身的业务发展和市场竞争力。长期来看，资金管理不规范还可能损害企业的信誉和声誉，降低投资者和合作伙伴的信任度。

2. 内部控制缺失

行为描述：内部审计或监督机构形同虚设，对资金运作缺乏有效的监督和控制。这种行为表现为企业内部控制体系的失效或缺失，使得资金运作过程中可能出现违规行为或风险且无法得到及时的发现和纠正或应对。

目的与动机：这种行为可能源于企业对内部控制的重视程度不足，或者是对成本控制的过度追求。企业可能为了节省成本而削减内部审计或监督机构的预算和人员，或者是因为高层管理人员对内部控制的认识不足，认为其无法带来直接的经济效益。

后果：内部控制缺失可能导致企业资金运作过程产生违规行为或风险且得不到有效的控制和管理，增加资金损失或舞弊的风险。同时，由于缺乏有效的监督和控制，企业可能无法及时发现和解决资金运作中的问题，导致问题逐渐累积并最终引发更大的风险事件。此外，内部控制缺失还可能损害企业的治理结构和声誉，降低投资者和市场的信任度。

3. 风险防范意识薄弱

行为描述：未建立或未有效执行风险评估机制，对潜在风险认识不足。这种行为表现为企业在风险管理上的疏忽和忽视，没有建立有效的风险评估机制来识别和应对潜在的资金风险。

目的与动机：这种行为可能源于企业对风险管理的重视程度不足，或者是对业务发展的过度追求。企业可能认为风险管理无法带来直接的经济效益，或者是因为缺乏专业的风险管理人才和技术而无法建立有效的风险评估机制。

后果：风险防范意识薄弱可能导致企业对潜在的资金风险缺乏足够的认识和有效的应对措施，增加风险事件的发生概率和损失程度。同时，由于缺乏有效的风险评估机制，企业可能无法及时发现和应对资金运作中的潜在风险，导致风险逐渐累积并最终引发严重的资金问题。此外，风险防范意识薄弱还可能损害企业的风险承受能力和市场竞争力，降低其在复杂多变的市场环境中的生存能力。

## 法律法规

《会计法》第二十五条规定，各单位应当建立、健全本单位内部会计监督制度。单位内部会计监督制度应当符合下列要求：

①记账人员与经济业务事项和会计事项的审批人员、经办人员、财物保管人员的职责权限应当明确，并相互分离、相互制约；

②重大对外投资、资产处置、资金调度和其他重要经济业务事项的决策和执行的相互监督、相互制约程序应当明确；

③财产清查的范围、期限和组织程序应当明确；

④对会计资料定期进行内部审计的办法和程序应当明确。

## 合规程序与方法

**一、完善资金管理制度**

为了保障企业资金的安全和高效使用，必须制定一套完善的资金管理制度。这包括以下几个方面。

1. 制定详细的资金管理规定

明确资金申请、审批、支付、收款等各个环节的操作流程和标准，确保每一步都有明确的规范和指导。

设立专门的资金管理岗位，负责资金的日常管理和监督，确保资金流动的合规性和准确性。

2. 建立预算管理制度

制定年度、季度、月度等不同层次的预算计划，确保资金使用有计划、有控制。

严格控制预算变更，任何预算调整都需要经过严格的审批程序，避免随意变更预算导致的资金浪费。

3. 强化现金管理

限制大额现金交易，鼓励使用银行转账等安全支付方式，减少现金流失和被盗的风险。

定期对现金进行盘点和核对，确保现金账实相符，及时发现和纠正现金管理中的问题。

**二、加强内部控制建设**

内部控制是企业防范风险、保障资金安全的重要手段。为了加强内部控制建设，需要做到以下几点。

1. 分离不相容职位并设立复核岗位

确保出纳、会计等关键岗位相互制约，避免权力过于集中导致的舞弊风险。

设立独立的复核岗位，对资金支付等关键业务进行复核，确保业务处理的准确性和合规性。

2. 严格财务印章管理

财务印章与法人印鉴应分开保管，使用需经必要审批和登记，确保印章使用的合规性和安全性。

定期对印章进行盘点和核对，及时发现和纠正印章管理中的问题。

3. 建立健全内部审计机制

设立独立的内部审计部门或委员会，定期对资金运作情况进行审计和监督，确保资金使用的合规性和效益性。

内部审计部门应具有独立性和权威性，能够及时发现和纠正资金运作中的问题。

**三、建立风险评估与预警机制**

为了有效防范资金风险，企业需要建立风险评估与预警机制，具体包括以下几个方面。

1. 定期风险评估

对企业资金运作中的潜在风险进行全面评估，识别关键风险点，为制定应对措施提供依据。

风险评估应涵盖资金筹集、投资、运营等各个环节，确保风险识别的全面性和准确性。

2. 设置预警指标

根据风险评估结果，设置合理的预警指标和阈值，如资金流动比率、负债率等。

当实际指标接近或超过预警阈值时，应及时发出预警信号，以便企业及时采取应对措施。

3. 制定应对措施

针对识别出的风险点，制定相应的预防措施和应对方案，如建立风险准备金、调整投资策略等。

应对措施应具有针对性和可操作性，确保在风险事件发生时能够及时有效地应对。

**四、提高员工风险意识与专业能力**

员工是企业资金管理的直接执行者，他们的风险意识和专业能力直接影响到资金管理的效果。为了提高员工的风险意识和专业能力，需要做到以下几点。

1. 加强风险教育

定期对员工进行风险教育，提高他们对资金风险的认识和防范能力。

通过案例分析、模拟演练等方式，让员工更加深入地了解资金风险的危害和防范措施。

2. 开展专业培训

针对财务、审计等关键岗位员工开展专业培训，提升他们的专业素质和业务水平。

培训内容应包括资金管理规定、内部控制要求、风险评估方法等，确保员工能够熟练掌握资金管理的核心知识和技能。

3. 建立举报机制

鼓励员工积极举报违规行为，对举报属实的员工给予物质和精神上的奖励。

设立专门的举报渠道和受理机构，确保举报的及时性和有效性，同时保护举报人的合法权益。

**五、强化外部监管与合规性审查**

外部监管和合规性审查是企业资金管理的重要保障。为了强化外部监管和合规性审查，需要做到以下几点。

1. 遵守法律法规

确保企业资金运作符合国家相关法律法规的要求，避免违规操作带来的风险。

定期对资金管理制度进行合规性审查，确保制度的合法性和有效性。

2. 接受外部审计

定期邀请外部审计机构对企业财务状况进行审计，确保财务信息的真实性和准确性。

积极配合外部审计机构的工作，提供必要的审计资料和协助，确保审计工作的顺利进行。

3. 加强信息披露

按照相关法律法规的要求，及时、准确、完整地披露企业财务信息，增强透明度和公信力。

信息披露，让投资者和公众更加了解企业的财务状况和经营成果，提高企业的市场形象和信誉度；同时，也有助于企业及时发现和纠正财务管理中的问题，进一步提高资金管理的水平和效果。

综上所述，企业建立资金监控与风险控制制度是一项复杂而重要的任务。通过完善资金管理制度、加强内部控制建设、建立风险评估与预警机制、提高员工风险意识与专业能力以及强化外部监管与合规性审查等措施，企业可以有效防范资金风险，保障资金的安全和高效使用，为企业的可持续发展奠定坚实基础。

## 案例分析：华为公司的资金监控与风险控制实践

### 一、背景

华为作为全球领先的通信技术解决方案供应商，其业务遍布全球，资金流动频繁且复杂。为了确保财务稳健和资金安全，华为公司建立了全面的资金监控与风险控制制度。

1. 资金监控方面

全球统一的资金管理平台：华为采用先进的财务管理软件，建立了全球统一的资金管理平台，实现对全球范围内资金流动的实时监控。该平台集成了现金流监控、财务报表分析、风险预警等功能，确保管理层能够随时掌握资金动态。

精细化的成本核算与管理：华为对每一个生产环节进行详细的成本核算，通过精细化管理发现潜在的节约成本机会，并及时采取优化措施。这种精细化管理不仅提高了资金使用效率，还增强了成本控制能力。

财务指标定期分析：华为设定了一系列关键的财务指标，如资本充足率、负债比率等，并进行定期分析。这些指标反映了公司的财务健康状况，为管理层提供了决策依据。

2. 风险控制方面

多元化融资渠道：华为通过发展多元化的融资渠道，降低对单一资金来源的依赖。与多家银行建立合作关系，发行债券等，确保资金的充足性和灵活性。

详细的资金规划与预算：华为制定了详细的资金规划和预算，并根据实际情况进行调整。通过合理的资金规划，公司能够更有效地利用资金，适应市场环境的变化。

风险分散策略：华为将资金分散投资于不同的项目和市场，以降低集中风险。这种策略有助于公司在面对市场波动时保持财务稳定。

### 二、分析

华为公司的案例表明，建立全面的资金监控制度是企业财务稳健的重要保障。通过实时监控资金流动、精细化成本核算和定期分析财务指标，企业能够及时发现并解决资金运作中的问题，确保资金的安全和有效利用。这不仅有助于提高企业的运营效率，还能增强企业的市场竞争力。

风险控制制度是企业防范财务风险、保障资金安全的关键。华为公司通过多元化融资渠道、详细的资金规划与预算以及风险分散策略，有效地降低了财务风险和市场波动对公司的影响。这些措施不仅提高了公司的资金利用效率，还增强了公司的抗风险能力。

华为公司的成功经验还表明，制度的执行和持续优化同样重要。即使建立了完善的资金监控与风险控制制度，如果得不到有效执行或不能根据市场变化进行适时调整，也难以发挥其应有的作用。因此，企业需要不断加强内部管理，提高制度执行力，并根据实际情况对制度进行持续优化和完善。

综上所述，华为公司通过建立全面的资金监控与风险控制制度，成功实现了财务稳健和资金安全的目标。这一案例为企业界提供了宝贵的借鉴经验，强调了资金监控与风险控制制度在企业发展中的重要作用。

# 第二十二章
# 非货币性资产出资合规

## 专题一百四十九：企业是否存在出资不实

### 业务简介

**一、概念**

出资不实，是指公司股东在设立公司或增加注册资本时，所承诺的出资额与实际出资的非货币财产价值之间存在显著差异，即股东实际交付的非货币财产的价值远低于其宣称的价值。这种行为不仅违反了公司法的相关规定，也损害了公司、其他股东以及债权人的利益。

**二、基本规定**

根据《公司法》及其他相关法律法规，股东出资是公司设立和运营的基础，股东应当按照公司章程的规定，足额缴纳认缴的出资额。股东可以用货币出资，也可以用实物、知识产权、土地使用权等可以用货币估价并可以依法转让的非货币财产作价出资。对于作为出资的非货币财产，应当依法进行评估作价，确保其价值真实可靠，不得高估或低估。

**三、违规表现**

1. 虚报非货币性资产的价值

行为描述：股东在出资时，故意虚报其提供的非货币性资产（如知识产权、实物资产等）的价值，使其高于实际价值，从而达到少缴出资的目的。

目的与动机：股东希望通过虚报财产价值，减少个人出资压力，同时保持或增加在公司中的股权比例。

后果：这种行为不仅损害了公司和其他股东的利益，还可能导致公司注册资本不实，影响公司的信用和融资能力；长期来看，还可能引发债权人追偿困难，损害公司债权人利益。

2. 未办理财产权转移手续

行为描述：股东以实物、知识产权等非货币财产出资时，未依法办理财产权转移手续，导致出资财产仍掌握在股东手中，公司无法实际支配和使用。

目的与动机：股东可能出于保留对出资财产的控制权或规避出资义务的考虑，故意不办理财产权转移手续。

后果：公司无法有效利用出资财产进行经营活动，影响公司的正常运营和发展。同时，这种行为也违反了公司法关于出资财产应当由公司所有的规定，可能导致公司面临法律风险。

### 法律法规

《公司法》的相关规定如下。

第五十条：有限责任公司设立时，股东未按照公司章程规定实际缴纳出资，或者实际出资的非货币财产的实际价额显著低于所认缴的出资额的，设立时的其他股东与该股东在出资不足的范围内承担连带责任。

第五十一条：有限责任公司成立后，董事会应当对股东的出资情况进行核查，发现股东未按期足额缴纳公司章程规定的出资的，应当由公司向该股东发出书面催缴书，催缴出资。

未及时履行前款规定的义务，给公司造成损失的，负有责任的董事应当承担赔偿责任。

第五十二条：股东未按照公司章程规定的出资日期缴纳出资，公司依照前条第一款规定发出书面催缴书催缴出资的，可以载明缴纳出资的宽限期；宽限期自公司发出催缴书之日起，不得少于六十日。宽限期届满，股东仍未履行出资义务的，公司经董事会决议可以向该股东发出失权通知，通知应当以书面形式发出。自通知发出之日起，该股东丧失其未缴纳出资的股权。

依照前款规定丧失的股权应当依法转让，或者相应减少注册资本并注销该股权；六个月内未转让或者注销的，由公司其他股东按照其出资比例足额缴纳相应出资。

股东对失权有异议的，应当自接到失权通知之日起三十日内，向人民法院提起诉讼。

第五十三条：公司成立后，股东不得抽逃出资。

违反前款规定的，股东应当返还抽逃的出资；给公司造成损失的，负有责任的董事、监事、高级管理人员应当与该股东承担连带赔偿责任。

第五十四条：公司不能清偿到期债务的，公司或者已到期债权的债权人有权要求已认缴出资但未届出资期限的股东提前缴纳出资。

## 合规程序与方法

### 一、严格评估非货币财产价值

1. 选择专业评估机构

为确保准确评估非货币财产价值，公司应聘请具有相关资质和丰富经验的独立评估机构。这些机构应具备良好的声誉和专业能力，能够确保评估工作的公正性和专业性。

2. 明确评估标准和方法

根据相关法律法规和公司章程，明确非货币财产的评估标准，并选择合适的评估方法。常用的评估方法包括市场比较法、收益法等，应根据非货币财产的具体类型和特性进行选择。

3. 进行全面评估

评估机构应对非货币财产进行全面、客观、公正的评估。应详细记录评估过程，包括评估方法的选择、评估过程的实施、评估结果的得出以及评估依据的说明。这有助于确保评估工作的透明度和可追溯性。

4. 出具评估报告

评估机构在完成评估后，应出具正式的评估报告，并签字盖章确认。报告应详细说明评估结果，包括非货币财产的价值、评估过程中考虑的因素以及任何可能影响评估结果的特殊情况。

5. 审核和确认评估结果

公司相关部门应对评估报告进行审核，确保其准确性和合理性。如有必要，可请第三方机构对评估结果进行复核，以确保评估工作的公正性和准确性。

### 二、办理财产权转移手续

1. 签订出资协议

股东与公司应签订出资协议，明确出资财产的类型、数量、价值以及转移方式等关键条款。这有助于确保双方对出资事宜有清晰的理解和达成约定。

2. 办理权属变更登记

根据相关法律法规，办理财产权的变更登记手续。这包括向相关政府部门提交必要的文件，以确保出资财产的所有权或使用权从股东名下合法转移至公司名下。

3. 交付出资财产

股东应按照出资协议的约定，将出资财产实际交付给公司。这可以包括物理财产的交付或相关权益的转让。

4. 确认财产权转移

公司应确认收到出资财产，并核实财产权已经合法转移。这可以通过审查相关文件、进行实地检查或聘请专业机构进行验证等方式实现。

5. 更新公司记录

在公司账簿和记录中及时更新出资财产的信息，包括财产的类型、数量、价值以及权属变更情况等。这有助于确保公司资产的准确性和完整性。

**三、加强内部监督与审计**

1. 建立内部控制制度

制定详细的内部控制制度，明确股东出资的流程、规范和责任。这有助于确保出资过程的合规性和有效性。

2. 设立内部审计部门

设立独立的内部审计部门或岗位，负责股东出资的审计和核查工作。该部门应具有足够的独立性和权威性，以确保审计工作的公正性和有效性。

3. 进行定期审计

对股东出资情况进行定期审计，以确保出资的真实性和合规性。审计过程中应重点关注出资财产的价值评估、权属变更以及是否存在违规行为等。

4. 及时纠正违规行为

如发现存在出资不实、虚假出资或抽逃出资等违规行为，应及时纠正并追究相关责任人的责任。这有助于维护公司的合法权益和股东的正当利益。

5. 提高员工合规意识

加强对员工的培训和教育，提高其对出资合规性的认识和重视程度。这可以通过定期举办培训课程、发布内部通知或建立激励机制等方式实现。

**四、完善信息披露制度**

1. 制定信息披露政策

制定详细的信息披露政策，明确公司应披露的内容、方式、时间等关键要素。这有助于确保投资者和公众能够及时、准确地获取公司的重要信息。

2. 建立披露渠道

建立多种信息披露渠道，如公司网站、投资者关系部门、新闻发布会等。这有助于扩大信息的传播范围，提高公司的透明度和公信力。

3. 定期披露财务信息

定期披露公司的财务状况和经营情况，包括股东出资情况、资产负债表、利润表等。这有助于投资者和公众了解公司的经营状况和盈利能力。

4. 加强与投资者沟通

定期召开投资者会议或路演活动，与投资者进行面对面的沟通和交流。这有助于回应和解决投资者的关切和疑问，增强投资者对公司的信任和支持。

5. 确保披露准确性

在披露信息时，应确保所披露的信息准确无误，避免误导投资者或公众。为此，公司应建立严格的信息审核机制，对披露的信息进行多轮审核和校对，以确保其准确性和完整性。

## 案例分析 1：某科技公司出资不实

**一、背景**

在某科技公司设立时，股东甲以一项知识产权作为出资，宣称其价值为 1 000 万元。然而，经专业评估机构评估后，该知识产权的实际价值仅为 200 万元。公司登记机关在审核过程中发现了这一问题，并责令公司改正。公司登记机关依法对该公司处以虚报注册资本金额百分之十的罚款，即 100 万元。同时，要求股东甲补足出资差额 800 万元，并由其他股东承担连带责任。

**二、分析**

本案中，股东甲虚报知识产权价值的行为属于典型的出资不实行为。公司登记机关依法对公司进行了行政处罚，并要求股东甲补足出资差额，体现了对出资不实行为的严厉打击态度。同时，其他股东需承担连带责任，这有助于维护公司的注册资本真实性和股东之间的诚信关系。

### 案例分析 2：某贸易公司抽逃出资

**一、背景**

某贸易公司成立后不久，其股东乙利用其控制地位，将公司账户中的大部分资金以虚假交易的方式转移至其个人账户。公司因资金链断裂而无法正常运营，最终陷入困境。

公安机关介入调查后，认定股东乙的行为构成抽逃出资罪。人民法院依法判处股东乙有期徒刑三年，并处抽逃出资金额百分之五的罚金。同时，公司登记机关撤销了公司的登记。

**二、分析**

本案中，股东乙利用控制地位抽逃出资的行为严重损害了公司的利益和债权人的权益。人民法院依法对股东乙进行了刑事处罚，体现了对抽逃出资行为的严厉打击态度。同时，公司登记机关撤销公司登记的决定也向市场传递了一个明确的信号：任何损害公司利益和债权人权益的行为都将受到法律的制裁。

通过以上案例可以看出，出资不实和抽逃出资行为不仅违反了公司法的相关规定，也严重损害了公司、其他股东以及债权人的利益。因此，公司应当加强内部管理和监督机制建设，确保股东依法履行出资义务；同时监管部门也应当加大执法力度和惩处力度，维护市场秩序和公平竞争环境。

## 专题一百五十：企业出资是否足额缴纳

### 业务简介

**一、概念**

企业出资足额缴纳是指在企业设立或增资过程中，股东按照相关法律法规和公司章程的规定，以正确的方式和金额，准时向企业缴纳认缴的出资额。这些出资额可以是货币，也可以是非货币财产，如实物、知识产权、土地使用权等。足额缴纳出资不仅是股东的基本义务，也是保障企业正常运营和债权人利益的重要基础。企业出资足额缴纳体现了企业的法律意识和诚信经营态度，是企业社会责任的重要组成部分。

**二、基本规定**

1. 出资方式

股东可以以货币出资，也可以以非货币财产出资。以货币出资的，应当将货币出资足额存入公司在银行开设的账户；以非货币财产出资的，应当依法办理其财产权的转移手续，确保公司能够实际支配和使用这些财产。非货币财产的价值应当经过专业评估机构的评估，以确保出资额的准确性。

2. 违规责任

如果股东未按照公司章程的规定足额缴纳出资，将可能面临法律责任。一方面，公司有权要求未实缴的股东履行出资义务，补缴差额；另一方面，未实缴的股东还可能向已按期足额缴纳出资的股东承担违约责任。此外，在特定情况下，如公司破产清算，未实缴的股东还需在认缴出资范围内对公司债务承担连带责任。

**三、违规表现**

1. 虚假出资

行为描述：股东在出资过程中，故意以不符合实际情况的财产或金额进行出资，或者通过伪造、变造出资证明文件等手段骗取公司登记。

目的与动机：减少自己的实际出资额，或者通过虚假出资获取更多的股权比例和控制权，逃避出资义务，追求个人利益最大化等。

后果：虚假出资不仅损害了公司的利益，也侵犯了其他股东的合法权益。它可能导致公司注册资本不实，影响公司的正常运营和债权人利益的保护。此外，虚假出资还可能引发法律纠纷和诉讼，给公司带来不必要的经济损失和声誉损害。

2. 出资不实

行为描述：股东在出资过程中，未按照公司章程或法律法规的规定足额缴纳出资额，或者出资的非货币财产的实际价值显著低于评估价值。

目的与动机：减轻个人出资负担或追求个人利益最大化。动机可能包括资金短缺、对出资义务的认识不足等。

后果：出资不实会导致公司注册资本不实，影响公司的信用评级和融资能力。此外，出资不实还可能使公司在面临债务清偿时缺乏足够的资本支持，从而损害债权人的利益。长期来看，出资不实还可能影响公司的市场竞争力和可持续发展能力。

## 法律法规

《公司法》的相关规定如下。

第五十条：有限责任公司设立时，股东未按照公司章程规定实际缴纳出资，或者实际出资的非货币财产的实际价额显著低于所认缴的出资额的，设立时的其他股东与该股东在出资不足的范围内承担连带责任。

第五十一条：有限责任公司成立后，董事会应当对股东的出资情况进行核查，发现股东未按期足额缴纳公司章程规定的出资的，应当由公司向该股东发出书面催缴书，催缴出资。

未及时履行前款规定的义务，给公司造成损失的，负有责任的董事应当承担赔偿责任。

第五十二条：股东未按照公司章程规定的出资日期缴纳出资，公司依照前条第一款规定发出书面催缴书催缴出资的，可以载明缴纳出资的宽限期；宽限期自公司发出催缴书之日起，不得少于六十日。宽限期届满，股东仍未履行出资义务的，公司经董事会决议可以向该股东发出失权通知，通知应当以书面形式发出。自通知发出之日起，该股东丧失其未缴纳出资的股权。

依照前款规定丧失的股权应当依法转让，或者相应减少注册资本并注销该股权；六个月内未转让或者注销的，由公司其他股东按照其出资比例足额缴纳相应出资。

股东对失权有异议的，应当自接到失权通知之日起三十日内，向人民法院提起诉讼。

第五十三条：公司成立后，股东不得抽逃出资。

违反前款规定的，股东应当返还抽逃的出资；给公司造成损失的，负有责任的董事、监事、高级管理人员应当与该股东承担连带赔偿责任。

第五十四条：公司不能清偿到期债务的，公司或者已到期债权的债权人有权要求已认缴出资但未届出资期限的股东提前缴纳出资。

## 合规程序与方法

### 一、严格评估非货币财产价值

1. 选择评估机构

为确保非货币财产价值的准确评估，公司应谨慎选择具有专业资质和丰富经验的评估机构。这些机构应具备良好的声誉，能够提供公正、客观的评估服务，确保评估工作的专业性和独立性。

2. 明确评估标准和程序

在与评估机构沟通的基础上，公司应明确评估的标准、方法和程序。这包括确定评估的基准日、选择合适的评估方法（如市场法、收益法等）、制定详细的评估计划等。同时，要确保评估过程符合相关法律法规的要求，确保评估结果的合法性和有效性。

3. 进行全面评估

评估机构应对非货币财产进行全面、客观、公正的评估。这包括财产的质量、性能、使用寿命、市场价值等多个方面。评估过程中，应充分考虑财产的实际状况和潜在价值，确保评估结果的准确性和合理性。

4. 出具评估报告

评估机构在完成评估后，应出具详细的评估报告。报告应包括评估方法、过程、结果以及评估依据等关键信息。同时，评估报告应由评估机构签字盖章确认，确保其权威性和可信度。

5. 审核与确认

公司相关部门应对评估报告进行审核，确保其准确性和合理性。审核过程中，应重点关注评估方法的适用性、评估结果的合理性以及是否存在潜在风险等。审核通过后，应由公司高层进行最终确认，确保评估结果的权威性和有效性。

6. 记载于公司章程中

将评估结果和出资额明确记载于公司章程中，作为股东出资的依据。这有助于确保公司资本的稳定性和股东权益的合法性；同时，也有助于提高公司的透明度和公信力。

### 二、办理财产权转移手续

1. 准备权属证明文件

股东应提供出资财产的权属证明文件，如产权证、专利证书等。这些文件是证明财产权属的重要依据，也是办理财产权转移手续的必要文件。

2. 签订转移协议

公司与股东应签订财产权转移协议，明确双方的权利和义务。协议应包括出资财产的类型、数量、价值、转移方式等关键条款，确保双方对出资事宜有清晰的理解和约定。

3. 办理权属变更登记

公司应协助股东办理权属变更登记手续，将财产权从股东名下转移至公司名下。这包括向相关政府部门提交必要的文件、办理相关手续等。确保出资财产的所有权或使用权合法转移至公司。

4. 确认权属转移

在权属变更登记完成后，公司应确认已成为出资财产的合法所有者。这可以通过审查相关文件、进行实地检查或聘请专业机构进行验证等方式实现。确保公司已成为出资财产的合法所有者，并享有相应的权益。

5. 更新公司资产记录

将出资财产纳入公司资产记录，进行妥善管理和使用。这包括在公司的财务报表中反映出资财产的价值、建立相应的资产管理制度等。确保出资财产得到妥善管理和使用，为公司创造更大的价值。

**三、加强内部监督与审计**

1. 建立内部控制制度

制定详细的内部控制制度，明确股东出资的流程和规范。这包括出资的申请、审批、评估、登记等环节，确保出资过程的合规性和有效性。

2. 设立内部审计部门或岗位

设立专门的内部审计部门或岗位，负责定期对股东出资情况进行审计和核查。该部门或岗位应具有足够的独立性和权威性，能够确保审计工作的公正性和有效性。

3. 制订审计计划

审计部门应制订详细的审计计划，包括审计范围、方法、时间表等。这有助于确保审计工作的有序进行，提高审计效率和质量。

4. 执行审计程序

审计部门应按照审计计划执行审计程序，对股东出资情况进行全面核查。这包括审查出资文件的真实性、合规性，核实出资财产的价值和权属等。

5. 出具审计报告

审计部门应根据审计结果出具详细的审计报告，包括审计发现的问题、建议和改进措施等。这有助于公司及时了解和应对股东出资过程中存在的问题和风险。

6. 跟踪与整改

公司对审计报告中提出的问题应进行跟踪和整改，确保股东出资行为的合规性。这包括制定整改措施、明确整改责任人和时间表等，确保问题得到及时有效的解决。

**四、完善信息披露制度**

1. 制定信息披露政策

制定详细的信息披露政策，明确披露的内容、方式、时间等。这有助于确保投资者和公众能够及时、准确地获取公司的重要信息，提高公司的透明度和公信力。

2. 建立信息披露渠道

建立多种信息披露渠道，如公司网站、投资者关系部门等。这有助于扩大信息的传播范围，提高公司的知名度和影响力。

3. 定期披露财务信息

按照法律法规要求，定期披露公司的财务状况、经营成果和重大事项等信息。这有助于投资者和公众了解公司的经营状况和盈利能力，做出更明智的投资决策。

4. 加强与投资者的沟通

建立与投资者的沟通机制，定期召开投资者会议或路演活动。这有助于增强投资者对公司的信任和支持，促进公司与投资者之间的良性互动。

5. 回应和解决投资者的关切和疑问

及时回应和解决投资者的关切和疑问，增加公司的透明度和公信力。这可以通过发布公告、举办投资者见面会等方式实现，确保投资者能够及时获取公司的最新信息和动态。

6. 持续监测与改进

持续监测信息披露的效果，并根据投资者反馈进行改进和优化。这包括定期评估信息披露政策的有效性、完善信息披露渠道等，确保信息披露制度能够不断适应公司发展的需要和投资者的期望。

## 案例分析 1：沈某抽逃出资

### 一、背景

沈某为 A 公司股东，向 A 公司增资 1 000 万元。验资完成次日，沈某即以借款名义将 1 000 万元转出。后因 A 公司未能清偿对外债务，债权人起诉要求沈某在抽逃出资范围内承担赔偿责任。沈某辩称该款项为其向 A 公司的借款，并非抽逃出资。经查，沈某的借款行为并无借款合同依据，未经股东会决议，沈某亦未返还。人民法院最终认定沈某的行为构成抽逃出资，判决其在抽逃出资范围内对 A 公司的债务承担赔偿责任。

### 二、分析

本案中，沈某在验资完成后即将出资款转出，且未能提供充分的证据证明该行为为借款而非抽逃出资。人民法院根据事实和法律规定，认定沈某的行为构成抽逃出资。这一案例警示我们，股东在出资后应严格遵守法律法规和公司章程的规定，不得擅自撤回出资或挪用公司资金。

## 案例分析 2：陈某出资不实

### 一、背景

陈某为 B 公司股东，在 B 公司验资完成当日即将出资款 500 万元转出。现 B 公司要求陈某补足出资。陈某辩称其在公司经营过程中通过向 B 公司注入流动资金的方式已补足出资。经查，陈某多次向 B 公司转账，但公司账册中仅记载为“往来款、划款”，陈某亦未能提供合同或其他材料证明款项性质。人民法院最终认定陈某的行为构成出资不实，判决其补足出资并承担相应的违约责任。

### 二、分析

本案中，陈某虽然向 B 公司转了一定金额的资金，但未能提供充分的证据证明这些资金是用于补足出资的。人民法院根据事实和法律规定，认定陈某的行为构成出资不实。这一案例提醒我们，股东在出资过程中应确保资金的合法性和合规性，避免出现出资不实等违规行为。同时，公司也应加强内部管理和审计监督，确保股东出资的真实性和有效性。

通过以上案例分析可以看出，出资足额缴纳对企业运营和债权人利益保护至关重要。企业应加强相关法律法规的学习和培训，提高员工的法律意识和素养；建立健全的财务管理体系和完善内部控制机制；加强与税务部门的沟通和联系，及时了解政策变化和要求；培养良好的企业文化，强调诚信经营和合规管理的重要性。只有这样才能确保企业出资的合规性和稳健发展。

# 专题一百五十一：出资资产产权转移手续是否已办妥，出资资产是否存在重大权属纠纷

## 业务简介

### 一、概念

出资资产产权转移指的是在公司设立或增资扩股过程中，股东将其所持有的资产作为出资，并将这些资产的所有权或使用权转移给公司，同时办理相关的权属变更登记手续的过程。出资资产产权转移是确保公司资本真实、合法，以及维护股东和公司权益的重要环节。在这一过程中，需关注的是这些出资资产是否涉及所有权或使用权的争议或纠纷，这可能对公司资本的稳定性和股东权益产生重大影响。

### 二、基本规定

关于出资资产产权转移手续及权属纠纷，我国相关法律法规有明确的规定。根据公司法等相

关法律法规，股东出资的资产应当权属清晰、无权利瑕疵，并且出资资产的产权转移手续应当合法、有效。这些规定旨在保护公司、股东以及债权人的合法权益，确保公司资本的稳定性和合法性。

具体来说，股东在出资时，需要与公司签订出资协议，明确出资资产的类型、数量、价值以及权属状况等信息。同时，股东还需要按照相关法律法规和规范性文件的要求，办理出资资产的权属变更登记手续，如：房产、土地使用权等需要办理过户手续，知识产权等需要办理转让登记手续。只有完成了这些手续，才能确保出资资产真正属于公司，股东也才能因此获得相应的股东权益。

**三、违规表现**

1. 未办理或未完全办理出资资产产权转移手续

行为描述：股东在出资时，未按照相关法律法规和规范性文件的要求，办理出资资产的产权转移手续，或仅办理了部分手续而未完成全部流程。例如，股东将一处房产作为出资，但未办理房产过户手续，房产所有权仍然保留在股东名下。

目的与动机：股东可能出于多种目的和动机而故意不办理或不完全办理出资资产产权转移手续。例如，规避税费、简化流程、保留资产的控制权等。

后果：未办理或未完全办理出资资产产权转移手续可能导致一系列严重的后果。首先，公司资本可能不真实、不合法，影响公司的正常运营和发展。其次，这可能损害其他股东和公司的权益，因为未办理产权转移手续的资产仍然属于股东个人，而非公司。最后，这也可能引发权属纠纷和法律风险，给公司带来不必要的损失。

2. 隐瞒出资资产存在的重大权属纠纷

行为描述：股东在出资时，故意隐瞒出资资产存在的重大权属纠纷，如资产被抵押、查封、冻结等，导致公司无法实际取得或使用该资产。

目的与动机：股东可能出于多种目的和动机而隐瞒出资资产存在的重大权属纠纷。例如，骗取公司注册、掩盖资产的真实状况、避免权属纠纷对公司的影响等。

后果：隐瞒出资资产存在的重大权属纠纷可能导致一系列严重的后果。首先，公司可能因无法实际取得或使用出资资产而遭受损失。其次，这可能引发权属纠纷和法律诉讼，给公司带来不必要的法律风险和经济损失。最后，这也可能损害公司的声誉和信用，对公司的长期发展产生负面影响。

## 法律法规

《公司法》的相关规定如下。

第四十八条：股东可以用货币出资，也可以用实物、知识产权、土地使用权、股权、债权等可以用货币估价并可以依法转让的非货币财产作价出资；但是，法律、行政法规规定不得作为出资的财产除外。

对作为出资的非货币财产应当评估作价，核实财产，不得高估或者低估作价。法律、行政法规对评估作价有规定的，从其规定。

## 合规程序与方法

**一、明确出资资产的要求和流程**

1. 研究相关法律法规

深入研究《公司法》相关法律法规，确保对出资资产的法律要求和规定有清晰、准确的理解。

2. 确定出资资产类型

根据公司的实际需求和股东的协商结果，明确出资资产的具体类型。这可能包括货币、实物资产（如设备、库存）、知识产权（如专利、商标）、土地使用权等多种形式的资产。

3. 制定出资流程

设计一套详细、系统的出资流程，确保每一步都有明确的操作指南。流程应包括股东之间的协商、资产评估的委托与进行、出资协议的签订、资产的交付与验资、公司章程的相应修改、股东会的决议等环节。

4. 编制出资指南

编制一份出资指南或手册，作为内部操作的指导文件。这份指南应详细列出每个步骤的具体要求、所需准备的文件以及时间节点，以便相关人员能够准确、高效地执行。

5. 培训与沟通

对公司内部涉及出资流程的人员进行专门的培训，确保他们充分理解并遵循出资要求。同时，保持与股东之间的有效沟通，确保他们对出资流程有清晰的认识。

**二、严格审查出资资产**

1. 建立审查机制

建立一套完善的出资资产审查机制，明确审查的标准、具体的审查流程以及负责审查的责任部门。

2. 审查资金来源

对股东出资资金的来源进行严格的审查，确保资金是合法、合规的，避免使用借贷资金或其他非法来源的资金进行出资。

3. 审查资产评估报告

对股东提供的资产评估报告进行细致的审查，确保其评估过程是客观、公正的，评估结果准确且符合市场价值。

4. 审查法律合规性

审查出资资产是否符合相关法律法规的规定，对一些特定资产，如知识产权、土地使用权的合规性进行重点审查。

5. 出具审查报告

根据审查结果，出具一份详细的出资资产审查报告，明确列出审查的意见和建议，作为后续决策的依据。

**三、办理权属变更登记手续**

1. 准备权属变更文件

根据出资资产的类型和性质，准备相应的权属变更登记文件。这可能包括转让协议、资产评估报告、股东会决议等关键文件。

2. 提交登记申请

将准备好的权属变更登记文件提交给相关的登记机构，如工商部门、知识产权局等，并按照要求缴纳相应的费用。

3. 跟踪审核进度

跟踪登记机构的审核进度，及时补充或修改提交的文件，确保权属变更登记能够顺利进行。

4. 领取权属证书

在权属变更登记完成后，及时领取新的权属证书，作为出资资产已正式转移给公司的法律证明。

5. 归档管理

将权属变更登记的相关文件进行归档管理，确保这些重要文件的完整性和可追溯性，以备后续查证。

**四、加强内部监督与审计**

1. 建立监督制度

建立一套完善的出资资产内部监督制度，明确监督的职责、频率和具体方式，确保出资资产的使用和管理符合规定。

2. 开展定期审计

内部审计部门应定期对出资资产的使用、管理等进行审计，确保其合规性和真实性，及时发现并纠正问题。

3. 发现问题与整改

在内部监督和审计的过程中若发现出资资产存在问题，应立即进行整改和纠正，确保问题的及时解决。

4. 建立反馈机制

建立问题反馈机制，鼓励公司员工积极报告出资资产使用和管理中的问题，以便及时进行处理和改进。

5. 持续改进

根据内部监督和审计的结果，不断对出资资产的管理和监督制度进行改进和完善，提高管理水平和效率。

**五、寻求专业法律意见**

1. 识别法律问题

敏锐地识别出资资产可能涉及的法律问题或风险，确保合规性。

2. 选择专业律师

选择具有丰富经验和专业资质的律师或律师事务所进行咨询，确保能获得准确的法律意见。

3. 获取法律意见

就出资资产的合法性、合规性以及相关法律文件进行详细的咨询，确保所有操作都符合法律法规的规定。

4. 处理法律纠纷

如出资资产存在法律纠纷或争议，应及时寻求专业律师的帮助，进行妥善的处理和解决。

5. 建立法律顾问制度

考虑建立长期的法律顾问制度，为公司提供定期的法律咨询和支持，确保公司不产生法律风险。

综上所述，通过遵循以上步骤，公司可以确保出资资产的合规性、真实性和稳定性，从而保护公司的资产和股东的利益。

## 案例分析 1：股东 A 以个人的房产出资

**一、背景**

在某公司的设立过程中，股东 A 以其拥有的一处房产出资。然而，公司在办理权属变更登记手续时，发现该房产已被 A 抵押给银行并办理了抵押登记。由于该房产存在权属纠纷，无法办理权属变更登记手续。经公司内部审计和核查，发现股东 A 在出资前未告知该房产已抵押的情况。最终，公司决定要求股东 A 解除该房产的抵押并办理权属变更登记手续，或者提供其他合适的担保措施。

**二、分析**

在这个案例中，股东 A 违反了相关法律法规的规定，未办理出资资产的产权转移手续，并故意隐瞒资产真实状况。这一行为导致公司资本不真实、不合法，并可能引发法律诉讼和公司解散等严重后果。公司通过内部审计和核查及时发现了问题，并采取了相应的措施进行纠正和处理。

## 案例分析 2：股东 B 以个人的专利技术出资

**一、背景**

在某公司的增资扩股过程中，股东 B 以其持有的一项专利技术出资。然而，公司在办理权属变更登记手续时，发现该专利技术存在权属纠纷，因为 B 并非该专利技术的唯一权利人，还有其他共同权利人。由于权属纠纷无法解决，公司无法实际取得和使用该专利技术。最终，公司决定要求股东 B 承担相应的违约责任和赔偿责任。

**二、分析**

在这个案例中，股东 B 违反了相关法律法规的规定，出资的资产存在重大权属纠纷。这一行为导致公司无法实际取得和使用出资资产，并可能引发权属纠纷和法律诉讼。公司通过审查和核查出资资产及时发现了问题，并采取了相应的措施进行纠正和处理。同时，也要求股东 B 承担相应的违约责任和赔偿责任。

综上所述，出资资产产权转移手续及权属纠纷是公司设立和增资扩股过程中需要重点关注的问题。通过明确相关概念、了解基本规定、分析违规问题、掌握相关法律规定、制定合规程序与方法以及分析相关案例，我们可以更好地理解和应对这一问题，确保公司资本的稳定性和合规性，维护股东和公司的权益。

## 专题一百五十二：出资的非货币性资产的评估作价是否合规

## 业务简介

**一、概念**

出资的非货币性资产的评估作价，是指在公司设立或增资过程中，股东以非货币性资产（如实物、知识产权、土地使用权等）作为出资时，需要对这些资产进行评估并确定其价值的过程。这一过程的合规性对确保公司资本的真实性、维护股东权益以及保护债权人的利益具有重要意义。

**二、基本规定**

关于出资的非货币性资产的评估作价，我国相关法律法规有明确的规定。根据公司法等相关法律法规，股东以非货币性财产出资的，应当依法办理其财产权的转移手续，并由依法设立的验资机构验资及出具证明。同时，相关法律法规还规定了出资的非货币性资产应当评估作价，核实财产，不得高估或者低估作价。这些规定旨在确保出资的非货币性资产的价值真实、准确，防止股东通过高估或低估资产价值来损害公司、其他股东或债权人的利益。

**三、违规表现**

1. 未进行评估

行为描述：股东以非货币性资产出资时，未按照相关法律法规的要求进行价值评估。

目的与动机：股东可能出于多种目的和动机而故意不进行评估，如规避税费、简化流程、掩盖资产的真实价值等。

后果：未进行评估可能导致一系列严重的后果。首先，公司资本可能不真实，因为出资的非货币性资产的价值未经核实。其次，这可能损害其他股东和公司的权益，因为未经过评估的资产可能存在价值不真实的情况。最后，这也可能引发法律风险和诉讼，给公司带来不必要的经济损失和声誉损害。

2. 评估程序不合规

行为描述：在非货币性资产的价值评估过程中，没有严格按照相关法律法规或公司内部规定的程序执行。

目的与动机：节省评估费用、避免监管机构的严格审查。

后果：评估程序不合规可能产生不真实的评估结果，进而误导投资者，导致他们做出错误的投资决策。这种不合规的评估行为将严重损害公司的信誉和形象。评估程序不合规可能违反相关法律法规，导致公司面临法律诉讼和罚款等风险。在涉及重大资产重组、并购等市场活动时，不合规的评估可能引发市场波动等。

3. 评估价值不真实

行为描述：股东在出资的非货币性资产的价值评估过程中，采取了操纵评估数据、提供虚假资料等手段，导致评估价值不真实。

目的与动机：股东可能出于多种目的和动机而操纵评估价值。例如，获取更多的股份、掩盖资产的真实状况、规避税费等。

后果：评估价值不真实可能导致一系列严重的后果。首先，公司资本可能不真实，因为出资的非货币性资产的价值被人为地高估或低估。其次，这可能损害其他股东和公司的权益，因为不真实的评估价值可能导致股份分配不公或公司资产流失。最后，这也可能引发法律风险和诉讼，给公司带来不必要的经济损失和声誉损害。同时，公司还可能面临相关监管部门的处罚。

## 法律法规

《中华人民共和国公司法》（2018 年修正）第二十七条明确规定，股东可以用实物、知识产权、土地使用权等非货币财产作价出资，但必须进行评估作价且不得高估或低估。第二十八条进一步要求非货币财产出资必须办理财产权转移手续。《资产评估法》（2016 年施行）第三条将涉及国有资产或公共利益的评估列为法定评估，必须委托专业评估机构进行。财政部令第 86 号（2017 年）第二十一条特别规定，法定资产评估业务必须由至少两名资产评估师承办，确保评估的专业性和公正性。

在企业会计准则方面，《企业会计准则第 6 号》（2006 年）第十二条规定投资者投入无形资产应按合同约定价值确定成本，但需确保价值公允。《企业所得税法实施条例》（2019 年修订）第五十八条明确非货币性资产投资的计税基础以公允价值为准。财税〔2014〕116 号文进一步规定了非货币性资产投资所得可在 5 年内分期纳税的政策，为企业提供了税务处理依据。这些规定共同构成了非货币性资产出资的会计处理和税务合规框架。

## 合规程序与方法

**一、明确评估要求和流程**

1. 收集相关信息

深入查阅国家及地方的相关法律法规以及公司内部政策，全面了解关于非货币性资产评估的具体要求、规定及最佳实践。

关注最新的政策变动，确保评估工作的合规性。

2. 制定评估流程

基于收集到的信息，详细规划评估流程，包括但不限于评估的启动条件、具体执行步骤、报告编制标准、审核程序及时间节点。

确保流程设计科学合理，便于操作且能有效控制风险。

3. 保持内部沟通

组织跨部门会议，与财务部门、法务部门、资产管理部门等关键部门及人员进行充分沟通，确保评估要求和流程得到全面理解和认可。

建立反馈机制，及时解答疑问，调整不合理之处。

4. 记录文档

将评估要求和流程以正式文档形式记录，包括流程图、操作手册等，便于后续参考、执行及审计。

定期更新文档，确保其时效性。

**二、选择有资质的评估机构**

1. 市场调研

广泛进行市场调研，深入了解具有非货币性资产评估资质的机构，重点考察其专业背景、行业经验及市场口碑。

收集并验证评估机构的资质证明、过往业绩案例、客户评价等信息。

2. 比较并选择评估机构

基于市场调研结果，综合比较不同评估机构的资质等级、专业经验、服务内容的全面性和价格合理性。

选择最符合公司需求、性价比最高的评估机构。

3. 签订合同

与选定的评估机构签订正式合同，明确评估的具体范围、时间进度、费用结构、双方权利与义务等关键条款。

确保合同条款清晰、无歧义，保护公司合法权益。

4. 备案记录

将选定的评估机构信息及其合同详情进行备案记录，建立档案管理制度，便于后续跟踪、管理和审计。

**三、核实评估数据和资料**

1. 数据收集

系统性地收集非货币性资产的相关数据和资料，涵盖财务报表、市场分析报告、技术文档、历史交易记录等。确保数据的全面性和时效性。

2. 初步核实

对收集到的数据进行初步核实，通过交叉验证、逻辑检查等手段，确保数据的完整性和准确性。

剔除错误或不一致的信息，减少评估误差。

3. 与评估机构沟通

将核实后的数据和资料提供给评估机构，并与其进行深入沟通，确保双方对数据和资料的理解一致。

解答评估机构可能提出的疑问，提供必要的补充信息。

4. 最终确认

在评估机构进行正式评估前，再次确认数据和资料的准确性和完整性，确保评估基础牢固。

**四、关注评估方法和结果**

1. 了解评估方法

向评估机构详细了解所采用的评估方法，包括市场法、收益法、成本法等，确保其科学合理且符合行业标准。

询问选择方法的依据，理解其适用性和局限性。

2. 监控评估过程

对评估过程进行全程监控，确保评估方法的正确实施，关注评估过程中可能出现的问题或偏差。

定期检查评估进度，确保按时完成。

3. 审查评估结果

仔细审查评估结果，与其市场价值或公允价值进行对比分析，验证评估结果的准确性和合理性。

如有必要，要求评估机构提供详细的计算过程和依据。

4. 反馈与调整

如发现评估结果存在疑问或不合理之处，及时向评估机构提供反馈意见，并要求其进行必要的调整或解释。

确保最终评估结果的科学性和公正性。

**五、加强内部监督与审计**

1. 设立监督机构

设立专门的内部监督机构或岗位，负责监督非货币性资产评估的全过程，确保评估工作的规范性和合规性。

2. 定期审计

定期对评估工作进行审计，检查评估要求的执行情况、评估方法的合理性以及评估结果的准确性。

审计范围应涵盖评估流程的每个环节。

3. 问题整改

对审计中发现的问题进行及时整改，制定具体的改进措施。

追究相关责任人的责任，强化内部管理。

4. 持续改进

基于审计结果和反馈意见，持续优化内部监督和审计流程，提高评估工作的质量和效率。

**六、寻求专业法律意见**

1. 法律咨询

在非货币性资产评估过程中，遇到法律问题时，及时咨询专业律师或法律顾问，确保评估工作的合法合规。

重点关注资产评估、产权转让、税收等方面的法律问题。

2. 审查合同和报告等

对评估合同、评估报告等法律文件进行严格审查，确保其内容合法合规，符合相关法律法规的要求。

避免法律风险，保护公司合法权益。

3. 法律支持

在处理与评估相关的法律纠纷时，积极寻求法律支持，通过法律途径维护公司权益。

与外部法律机构建立长期合作关系，提高应对法律风险的能力。

4. 法律培训

定期对相关人员进行法律培训，增强其法律意识和风险防控能力。

培训内容应涵盖与资产评估相关的法律法规、案例分析等，提升员工的法律素养。

## 案例分析 1：股东 A 以专利技术出资

**一、背景**

在某公司的设立过程中，股东 A 以其持有的一项专利技术出资。然而，公司在评估作价过程中，发现该专利技术存在权属纠纷，且评估价值被人为地高估。公司经过进一步调查，发现股东 A 与评估机构存在不正当关系，导致评估结果不真实。最终，公司决定要求股东 A 重新进行评估并补缴出资差额，同时解除与该评估机构的合作关系。

**二、分析**

在这个案例中，股东A违反了相关法律法规的规定，通过操纵评估价值来损害公司和其他股东的利益。同时，评估机构也存在违规行为，导致评估结果不真实。公司通过内部审计和核查及时发现了问题，并采取了相应的措施进行纠正和处理。这也提醒我们在选择评估机构时要谨慎，并确保评估过程的公正性和透明度。

### 案例分析2：股东B以房产出资

**一、背景**

在某公司的增资扩股过程中，股东B以其持有的一处房产出资。然而，公司在评估作价过程中，发现该房产的评估价值明显高于市场价值。公司经过进一步调查，发现股东B为了获取更多的股份而故意高估了房产的价值。最终，公司决定要求股东B按照市场价值重新进行评估并补缴出资差额。

**二、分析**

在这个案例中，股东B违反了相关法律法规的规定，通过高估资产价值来获取更多的股份。这一行为损害了公司和其他股东的利益。公司通过审计和核查及时发现了问题，并采取了相应的措施进行纠正和处理。这也提醒我们在评估作价过程中要关注市场价值和公平性原则，确保出资的非货币性资产的价值真实、准确。

综上所述，出资的非货币性资产的评估作价合规性是公司设立和增资扩股过程中需要重点关注的问题。通过明确相关概念、了解基本规定、分析违规问题、掌握相关法律法规、制定合规程序与方法以及分析相关案例，我们可以更好地理解和应对这一问题，确保公司资本的真实性和合规性，维护股东和公司的权益。同时，该案例也提醒我们在实际操作中要谨慎选择评估机构、核实评估数据和资料、关注评估方法和结果以及加强内部监督与审计等。

## 专题一百五十三：非货币性资产出资是否符合法律法规及公司章程的规定

### 业务简介

**一、概念**

非货币性资产出资是指公司设立或增资过程中，股东以非货币形式的资产（如实物、知识产权、土地使用权、股权等）作为出资，投入公司中，以获取公司股份的行为。这种出资方式相较于货币出资，具有多样性和复杂性，因此需要特别关注其是否符合法律法规及公司章程的规定。

**二、基本规定**

股东以非货币财产出资的，应当依法办理其财产权的转移手续，确保出资财产的真实性和合法性，并由依法设立的验资机构验资并出具证明。若出资的非货币财产的实际价值显著低于公司章程所定价额，应当由交付该资产的股东补足其差额；公司设立时的其他股东承担连带责任。

非货币性资产出资必须经过评估作价，核实财产，不得高估或者低估作价。评估作价是确定非货币性资产出资额的重要依据，也是保护公司和其他股东权益的必要措施。

**三、违规表现**

在实际操作中，非货币性资产出资方面经常出现一些违规问题。以下是一些常见的违规问题及相关分析。

1. 出资财产不符合法定条件

行为描述：股东以法律、行政法规规定的不得作为出资的财产（如未办理土地使用权出让手续的土地使用权、存在权利瑕疵的股权等）出资。

目的与动机：规避税费、简化流程或掩盖资产真实状况等。

后果：该出资行为无效，公司有权要求股东更换出资或补足出资差额。同时，该行为可能损害公司和其他股东的权益，引发法律纠纷和经济损失。

2. 未依法办理财产权转移手续

行为描述：股东以非货币性资产出资时，未按照相关法律法规的要求办理财产权转移手续。

目的与动机：保留资产控制权、规避税费或简化流程等。

后果：该出资行为可能被视为未履行出资义务，公司有权要求股东补充办理财产权转移手续并承担违约责任。同时，该行为可能损害公司和其他股东的权益，影响公司的正常运营和发展。

3. 评估作价不真实

行为描述：股东在非货币性资产评估过程中，采取操纵评估数据、提供虚假资料等手段，导致评估价值不真实，高估或低估资产价值。

目的与动机：获取更多股份、掩盖资产真实状况或规避税费。

后果：该出资行为可能因评估价值不真实而被视为未履行出资义务，损害公司和其他股东权益。公司有权要求股东重新评估并补缴出资差额，同时该行为可能引发法律纠纷和经济损失。

## 法律法规

《中华人民共和国公司法》（2023 年修订）构建了非货币性资产出资的基本法律框架。第四十三条明确规定了可出资的非货币财产范围，包括实物、知识产权、土地使用权等可货币估价且可依法转让的财产，同时排除了法律、行政法规禁止的财产类型。第四十四条确立了评估作价的基本原则，要求必须进行专业评估且不得高估或低估价值。第四十五条则规定了财产权转移的程序性要求，确保出资的真实性和有效性。这些条款共同构成了非货币性资产出资的法律基础，要求企业在出资过程中必须严格遵循评估作价和权属转移的双重要求。

对于上市公司，《上市公司章程指引》（2023 年修订）和《上市公司监管指引第 8 号》（2023 年）制定了更严格的规范，要求必须聘请具有证券资质的评估机构，并规定了评估报告的有效期等具体要求。2023 年财政部和市场监管总局联合发布的《关于规范非货币财产出资评估工作的通知》代表了最新的监管趋势，强调评估机构的资质要求、评估报告要素的完整性，以及建立备案核查机制等监管创新。这些规定反映了监管部门对非货币资产出资真实性、公允性的持续关注，企业应当及时跟进最新监管要求，确保出资行为完全合规。

## 合规程序与方法

### 一、明确出资方式和条件

1. 研究法律法规

仔细研读相关法律法规以及公司章程，确保对所有允许的出资方式和具体的出资条件有深入的理解。

注意法律法规的变动，确保出资方式和条件符合最新的法律法规要求。

2. 确定出资方式

根据公司的实际需求和股东的意愿，灵活确定具体的出资方式。

常见的出资方式包括货币出资、非货币性资产出资等，应选择最适合公司当前发展阶段的出资方式。

3. 明确出资条件

对于每种出资方式，详细列出并明确满足法律、行政法规和公司章程规定的条件。

确保所有出资条件都是清晰、具体且可操作的。

4. 编制出资方案

基于对法律法规和出资条件的研究，编制详细的出资方案。

出资方案应包括出资方式、条件、时间表等关键信息，并提交给相关部门和股东进行审议，确保方案的可行性和合规性。

**二、选择有资质的评估机构**

1. 市场调研

进行广泛的市场调研，了解具有非货币性资产评估资质的机构。

收集这些评估机构的资质证明、业绩案例、客户评价等信息，以便进行全面的比较和选择。

2. 资质审查

对候选评估机构的资质进行严格审查，确保其具备从事非货币性资产评估的法定资质。

审查评估机构的专业经验、人员构成、历史业绩等，确保其具有丰富的经验和良好的声誉。

3. 比较选择

基于市场调研和资质审查结果，比较不同评估机构的专业能力、服务质量和价格。

选择最适合公司需求的评估机构，确保评估工作的准确性和公正性。

4. 签订委托合同

与选定的评估机构签订正式的委托合同，明确评估范围、时间、费用、双方责任等条款。

确保合同条款清晰明确，避免后续合作中出现纠纷。

**三、收集并核实评估数据和资料**

1. 收集数据和资料

全面收集非货币性资产的相关数据和资料，包括财务报表、市场报告、技术文档等。

确保数据的完整性和准确性，以便进行后续的评估工作。

2. 初步核实

对收集到的数据进行初步核实，确保数据的真实性和一致性。

剔除错误或不一致的信息，确保评估工作的准确性。

3. 与评估机构沟通

将核实后的数据和资料提供给评估机构，并与其进行深入的沟通。

确保双方对数据和资料的理解一致，以便评估机构能够准确地进行评估。

4. 最终确认

在评估机构进行正式评估前，最终确认数据和资料的准确性和完整性。

签署确认文件，确保评估工作的顺利进行。

**四、办理财产权转移手续**

1. 准备转移文件

根据出资方式和相关法律法规的要求，准备财产权转移所需的文件。

常见的文件包括产权证书、过户申请表、股东决议等。

2. 提交申请

将准备好的转移文件提交给相关政府部门或机构，申请办理财产权转移手续。

确保申请材料的完整性和准确性，以便顺利通过审批。

3. 跟踪进度

定期跟踪财产权转移的进度，确保手续能够按时办理完成。

与政府部门或机构保持沟通，及时解决办理过程中出现的问题。

4. 完成转移

在收到相关政府部门或机构的通知后，确认财产权已经成功转移至公司名下。

妥善保管相关证明文件，以备后续使用。

**五、加强内部监督与审计**

1. 设立监督机构

设立专门的内部监督机构或岗位，负责监督出资和财产权转移的全过程。

确保监督机构的独立性和权威性，以便其能够有效地履行职责。

2. 定期审计

定期对出资和财产权转移工作进行审计，检查相关要求的执行情况。

评估结果的准确性和手续办理的合规性也是审计的重要内容。

3. 问题整改

对审计中发现的问题进行及时整改，确保出资和财产权转移工作的规范性。

追究相关责任人的责任，强化内部管理。

4. 持续改进

基于审计结果和反馈意见，持续改进内部监督和审计流程。

提高出资和财产权转移工作的规范性和效率，降低潜在的风险。

**六、寻求专业法律意见**

1. 法律咨询

在出资和财产权转移过程中，遇到法律问题时，及时咨询专业律师或法律顾问。

确保法律问题的及时解决，避免潜在的法律风险。

2. 审查合同等文件

对出资合同、评估报告、财产权转移协议等法律文件进行严格的审查。

确保这些文件的合法合规性，并符合相关法律法规的要求。

3. 法律支持

在处理与出资和财产权转移相关的法律纠纷时，积极寻求法律支持。

维护公司的合法权益，确保公司的利益不受损害。

4. 法律培训

定期对相关人员进行法律培训，增强其法律意识和风险防控能力。

确保出资和财产权转移工作的合法性和规范性，降低潜在的法律风险。

## 案例分析：股东A以专利技术出资

**一、背景**

在某科技公司的设立过程中，股东A以其持有的一项专利技术出资。然而，在办理出资手续时，股东A未按照相关法律法规的要求办理专利技术的财产权转移手续，也未聘请有资质的评估机构对专利技术进行评估作价。公司成立后，其他股东发现该问题，并要求股东A补办相关手续并承担违约责任。

**二、分析**

在这个案例中，股东A以专利技术出资，但未办理财产权转移手续和未评估作价，违反了相关法律法规和公司章程的规定。该出资行为因此被视为未履行出资义务，公司有权要求股东A补办相关手续并承担违约责任。这也提醒我们在非货币性资产出资过程中，必须严格遵守相关法律法规和公司章程的规定，确保出资行为的合规性和有效性。同时，公司也应加强内部监督与审计，及时发现和应对出资行为中存在的问题和风险。

# 第二十三章
# 税务合规

## 专题一百五十四：发票管理是否规范

### 业务简介

**一、概念**

发票管理，是指企业在日常经营活动中，在发票的领购、开具、保管、缴销等各个环节进行的一系列规范化操作，以确保发票的真实性、合法性及有效性。发票作为购销商品、提供或接受服务以及从事其他经营活动的收付款凭证，不仅是企业会计核算的原始依据，也是税务部门征收税款的重要依据。因此，发票管理的规范性直接关系到企业的财务管理水平、税收遵从度以及法律风险防控能力。

**二、基本规定**

发票分为增值税专用发票和增值税普通发票等多种类型，每种发票的基本联次包括存根联、发票联、记账联等，用于不同的用途。增值税专用发票还包括抵扣联，供收执方作为抵扣税款的凭证。

依法办理税务登记的单位和个人，在领取税务登记证件后，可向主管税务机关申请领购发票。开具发票时，必须按照规定的时限、顺序、栏目，一次性如实开具全部联次，并加盖单位财务印章或发票专用章。

企业和个人应当妥善保管发票，不得丢失或擅自损毁。已经开具的发票存根联和发票登记簿，应当保存一定年限（通常为5年）以备查。发票保存期满后，应按照税务机关的要求进行缴销处理。

随着信息技术的发展，电子发票逐渐普及。电子发票与纸质发票具有同等法律效力，但其在领购、开具、保管、缴销等方面有其特殊规定，如需要经主管税务机关批准，并使用税务机关统一监制的机外发票等。

**三、违规表现**

1. 虚开发票

行为描述：在没有真实交易的情况下开具发票，或者开具的发票金额与实际交易金额不符。

目的与动机：逃避税收、套取现金、骗取报销等。企业或个人可能出于降低成本、增加利润等考虑，采取虚开发票的手段。

后果：虚开发票不仅违反了国家税收法律法规，还导致企业面临严重的法律风险和财务损失。企业将面临罚款、补缴税款，甚至承担刑事责任等后果。

2. 不按规定开具发票

行为描述：不按规定开具发票包括未按时开具发票、发票内容填写不完整、发票联次不全等。

目的与动机：企业或个人可能由于疏忽大意、管理不善或故意逃避监管等原因，不按规定开具发票。

后果：不按规定开具发票可能导致发票无效，无法作为财务报销凭证或税收抵扣依据；同时，还可能引起税务机关的关注和调查，增加企业的法律风险和成本。

3. 丢失或擅自损毁发票

行为描述：企业和个人未能妥善保管发票，导致发票丢失或被损毁。

目的与动机：丢失或擅自损毁发票可能是由于管理不善、疏忽大意或故意销毁证据等原因造成的。

后果：丢失或擅自损毁发票可能导致企业无法提供完整的财务记录，影响会计核算和税务申报的准确性；同时，还可能引发税务机关的调查和处罚，增加企业的法律风险和成本。

## 法律法规

**一、《发票管理办法》**

第十六条：需要临时使用发票的单位和个人，可以凭购销商品、提供或者接受服务以及从事其他经营活动的书面证明、经办人身份证明，直接向经营地税务机关申请代开发票。依照税收法律、行政法规规定应当缴纳税款的，税务机关应当先征收税款，再开具发票。税务机关根据发票管理的需要，可以按照国务院税务主管部门的规定委托其他单位代开发票。

禁止非法代开发票。

第十八条：销售商品、提供服务以及从事其他经营活动的单位和个人，对外发生经营业务收取款项，收款方应当向付款方开具发票；特殊情况下，由付款方向收款方开具发票。

第十九条：所有单位和从事生产、经营活动的个人在购买商品、接受服务以及从事其他经营活动支付款项，应当向收款方取得发票。取得发票时，不得要求变更品名和金额。

第二十条：不符合规定的发票，不得作为财务报销凭证，任何单位和个人有权拒收。

第二十一条：开具发票应当按照规定的时限、顺序、栏目，全部联次一次性如实开具，开具纸质发票应当加盖发票专用章。

任何单位和个人不得有下列虚开发票行为：

①为他人、为自己开具与实际经营业务情况不符的发票；

②让他人为自己开具与实际经营业务情况不符的发票；

③介绍他人开具与实际经营业务情况不符的发票。

**二、《税收征收管理法》**

第二十一条：税务机关是发票的主管机关，负责发票印制、领购、开具、取得、保管、缴销的管理和监督。

单位、个人在购销商品、提供或者接受经营服务以及从事其他经营活动中，应当按照规定开具、使用、取得发票。

发票的管理办法由国务院规定。

第二十二条：增值税专用发票由国务院税务主管部门指定的企业印制；其他发票，按照国务院税务主管部门的规定，分别由省、自治区、直辖市税务机关指定企业印制。

未经前款规定的税务机关指定，不得印制发票。

## 合规程序与方法

为了确保发票管理的规范性，企业应当采取以下合规程序与方法。

**一、建立健全发票管理制度**

1. 制定发票管理政策

详细明确发票的种类、使用范围、开具要求、存放条件以及作废处理等事项，确保发票管理的规范性和统一性。政策应涵盖增值税发票等各类发票，并对不同发票的使用场景和开具标准做出具体规定。

2. 设立发票管理岗位

指定具有专业知识和责任心的人员专门负责发票的领购、开具、保管和缴销等工作。设立明确的岗位职责和工作流程，确保发票管理的专业性和高效性。同时，对发票管理岗位进行定期轮换以防止舞弊行为。

3. 建立发票管理档案

对发票的领购、开具、保管和缴销等环节进行详细记录，包括发票号码、开具日期、购买方信息、商品或服务详情等，形成完整的发票管理档案。档案应电子化存储，并定期进行备份，以便后续查询和审计。

**二、加强发票领购与开具管理**

1. 严格发票领购程序

按照税务部门的规定，办理发票领购手续，确保发票的来源合法、有效。领购前应进行需求预测，避免过多或过少领购导致的管理问题。领购后应及时记录并更新发票库存。

2. 规范发票开具行为

要求开具发票时，必须填写完整、准确的购买方信息、商品或服务名称、数量、单价等，确保发票的真实性和有效性。同时，发票开具应遵循时效性原则，及时为购买方开具发票。

3. 实行发票开具审批制度

对于大额或特殊发票的开具，需经过相关部门或领导的审批，确保发票开具的合规性。审批流程应明确、简洁，以提高工作效率。

**三、完善发票保管与缴销制度**

1. 建立发票保管制度

对开具的发票进行妥善保管，确保发票的完整性和安全性。发票应存放在专门的保险柜或锁柜中，并定期进行防潮、防虫等处理。

2. 定期盘点发票库存

定期对发票库存进行盘点，确保发票的数量与记录相符。盘点过程中如发现发票丢失或损毁的情况，应及时上报并处理。

3. 规范发票缴销程序

对于保存期满的发票，按照税务部门的规定进行缴销处理。缴销前应核对发票信息与实际情况是否一致，确保发票的合法性和有效性。

**四、推广使用电子发票**

1. 宣传电子发票的优势

向企业和个人广泛宣传电子发票的便捷性、环保性等优点，鼓励其积极使用电子发票。可以通过线上线下相结合的方式进行宣传，提高公众对电子发票的认知度和接受度。

2. 提供电子发票开具服务

为企业和个人提供便捷的电子发票开具服务，包括在线申请、自动生成、电子签名等功能。确保用户能够方便地获取和使用电子发票，降低其使用成本。

3. 建立电子发票管理平台

建立统一的电子发票管理平台，对电子发票的开具、传输、存储等环节进行统一管理。平台应具备高度的安全性和可追溯性，确保电子发票的数据安全和法律效力。

**五、加强内部监督与审计**

1. 设立内部审计部门

设立独立的内部审计部门，负责对发票管理制度的执行情况进行监督和审计。审计部门应具有高度的独立性和权威性，确保审计结果的客观性和公正性。

2. 定期开展内部审计

定期对发票管理制度的执行情况进行内部审计，包括发票的领购、开具、保管和缴销等环节。审计过程中如发现问题，应及时整改并追究相关责任人的责任。

3. 加强员工培训与考核

加强对发票管理人员的培训和考核，提高其专业素养和职业道德水平。培训内容包括发票管理相关法律法规、操作技能等。考核应定期进行，并将结果与员工的绩效挂钩，以激励其更好地履行职责。

## 案例分析：某餐饮企业未按照规定开具发票

**一、背景**

某餐饮企业在日常经营过程中，为了吸引顾客和增加收入，采取打折促销的方式吸引顾客消费。然而，在开具发票时，该企业未按照规定如实开具发票金额，而是根据顾客的要求开具了低于实际消费金额的发票。该行为被税务机关查处后，企业面临严重的法律风险和财务损失。

**二、分析**

在这个案例中，该餐饮企业未按照规定如实开具发票金额的行为违反了国家税收法律法规的规定。虽然该企业可能出于吸引顾客和增加收入的考虑而采取这种行为，但其后果是严重的。该行为被税务机关查处后，企业将面临罚款、补缴税款等处罚措施，甚至企业的声誉和正常经营也会受到影响。这个案例提醒我们，在发票管理过程中必须严格遵守相关法律法规的规定，确保发票的真实性和合法性。任何违规行为都可能带来严重的法律风险和财务损失。因此，企业应当加强内部管理和监督，建立健全发票管理制度和内部控制机制，确保发票管理的规范性和有效性。

# 专题一百五十五：税收优惠和政府补助的享受是否符合国家的相关法律法规规定

## 业务简介

**一、概念**

税收优惠，是指国家在税收方面给予纳税人和征税对象的各种优待的总称。政府补助，则是指企业从政府无偿取得货币性资产或非货币性资产，但不包括政府作为企业所有者投入的资本。税收优惠和政府补助都是企业可能获得的财务利益，但它们的性质、来源和适用条件有所不同。税收优惠主要关注税收减免、返还等方面，而政府补助则更多涉及财政资金的直接支持。

**二、基本规定**

税收优惠通常针对特定行业、地区或项目，并设有一定的条件。税收优惠有减税、免税、出口退税、先征后退、加计扣除等多种形式，这些优惠措施旨在鼓励企业开展投资、创新、出口等活动，促进经济发展。

政府补助包括财政拨款、财政贴息、税收返还等多种形式。这些补助旨在支持企业的发展和创新活动。财政部门负责政府补助的管理和监督工作，包括审核企业是否符合补助条件、监督企业使用补助资金的情况等。

**三、违规表现**

在税收优惠和政府补助的享受方面，企业可能会出现一些违规问题。以下是一些常见的违规问题及分析。

1. 违规享受税收优惠

行为描述：企业未经税务机关批准或不符合条件而擅自使用税收优惠政策。

目的与动机：减轻税负、增加利润。

后果：企业将面临税务机关的处罚，包括补缴税款、缴纳滞纳金等，并且企业的声誉和信用记录会受影响。

2. 违规获取政府补助

行为描述：企业通过虚假申报、挪用资金等手段违规获取政府补助。

目的与动机：获取更多的财政资金。

后果：企业将面临财政部门的处罚，包括罚款等，并且企业的未来发展会受影响。

## 法律法规

《税收征收管理法》第三十三条：纳税人可以依照法律、行政法规的规定办理减税、免税。

减税、免税的申请须经法律、行政法规规定的减税、免税审查批准机关审批。地方各级人民政府、各级人民政府主管部门、单位和个人违反法律、行政法规规定，擅自作出的减税、免税决定无效，税务机关不得执行，并向上级税务机关报告。

## 合规程序与方法

为了确保合规享受税收优惠和政府补助，企业应遵循以下程序和方法。

**一、了解相关法律法规**

1. 设立专门小组

成立税务政策研究小组或指定税务专员，负责全面关注和研究税收法律法规的变化。

明确小组成员的职责和分工，确保工作有序进行。例如，有人负责信息收集，有人负责整理分析，还有人负责内部传达等。

2. 收集与整理信息

定期访问国家税务总局网站、其他政府部门网站等，及时从官方渠道获取最新的税收法律法规。

特别关注与税收优惠和政府补助相关的政策，确保企业能够及时享受到政策红利。

3. 内部培训与传达

组织内部培训或研讨会，邀请税务专家或政府官员进行政策解读和案例分享。

准备详细的培训材料，包括政策原文、解读文章、案例集锦等，确保相关部门和人员能够深入理解新政策。

4. 建立政策更新档案

记录每次政策变动的内容、时间和影响，形成完整的政策变动历史。

定期回顾和更新档案，删除过时信息，添加新政策内容，确保信息的时效性和准确性。

**二、评估自身条件**

1. 比对条件

根据最新政策要求，逐一分析企业的经营范围、财务状况、技术水平等条件是否适合相关政策。

列出符合条件和不符合条件的项目或业务，形成清晰的比对结果。

2. 准备证明材料

为符合条件的项目准备充分的证明材料或数据支持，如财务报表、审计报告、技术专利证书等。

确保证明材料的真实性和完整性，避免出现虚假材料或数据不全的情况。

3. 制定改进计划

对于不符合条件但有可能改进的项目，制定具体的改进计划，包括改进目标、措施、时间节点等。

跟踪改进计划的执行情况，及时调整计划以适应政策变化或企业发展需求。

4. 定期重新评估

每季度或每年重新评估自身条件，以适应政策变化或企业发展带来的新情况。

更新评估结果，并作为后续申请税收优惠和政府补助的重要依据。

**三、申请和审批**

1. 准备申请材料

根据政策要求，准备完整的申请材料，包括企业基本情况介绍、项目详细介绍、财务报表等关键文件。

确保申请材料的格式和内容符合政策要求，避免出现格式混乱或内容缺失的情况。

2. 提交申请

按照规定的申请流程和时间节点，将申请材料提交给相关的税务机关或财政部门。

记录提交时间和提交方式（如线上提交、邮寄等），以便后续查询和跟踪审批进度。

3. 配合审批

积极配合审批部门的审核工作，及时提供补充材料或解答疑问。

与审批部门保持良好的沟通，确保审批进度顺利进行，及时了解审批过程中的任何反馈或要求。

4. 关注审批进度与后续操作

定期关注审批进度，并通过官方渠道查询审批状态。

获得批准后，按照要求执行相关的后续操作，如签订协议、领取补助资金等。确保企业能够顺利享受到政策带来的优惠。

**四、会计处理和披露**

1. 会计处理

根据会计准则和相关规定，对政府补助进行正确的会计处理，确保资金入账和使用的合规性。

避免违规操作，如将政府补助用于非指定用途或进行不当的资金管理等。

2. 财务报表披露

在企业的财务报表中，对政府补助进行适当的披露，包括补助的金额、用途、对财务状况的影响等关键信息。

确保披露内容的准确性和完整性，便于投资者和监管机构了解企业获得政府补助的情况。

3. 附注与说明

对于需要特别说明或解释的政府补助项目，提供详细的附注或说明，增强财务报表的透明度和可读性。

通过附注和说明，解释政府补助的背景、目的、使用计划等，帮助投资者和监管机构更好地理解企业的财务状况和经营成果。

4. 自查与复审

定期对政府补助的会计处理和披露进行自查和复审，确保符合最新的会计准则和监管要求。

及时发现并纠正存在的问题，如会计处理错误、披露不准确等，确保企业能够合规地享受政府补助带来的优惠。

## 案例分析：关于企业是否享受合规税收优惠政策的分析

**一、背景**

某高科技企业A近年来享受了多项税收优惠，包括研发费用加计扣除、高新技术企业所得税减免等。然而，税务部门近期发现，A企业部分交易可能不满足税收优惠的享受条件。

**二、分析**

我国税法规定，企业可享受的税收优惠需严格符合国家产业政策和税收法规。A企业部分交易若未满足条件，则不能享受相关税收优惠。A企业需补缴税款，还需缴纳滞纳金，甚至可能受到税务行政处罚。正确的做法应是，A企业应事先对交易性质进行充分评估，确保符合法规要求后再进行税务处理。

会计处理方面，A企业应遵守会计准则，并确保税收优惠的会计处理合规。对于违规享受的部分，应及时调整账务，补缴税款。

**三、结论**

综上所述，税务合规对企业至关重要。A企业应加强税法学习，提高税务合规意识，确保在享受税收优惠的同时，不违反国家法律法规，避免不必要的税务风险。通过合规经营，企业不仅能维护自身声誉，还能实现可持续发展。

## 专题一百五十六：未来是否能够持续享受税收优惠，相关风险揭示和披露是否充分

### 业务简介

**一、概念**

税收优惠，是指国家为了鼓励特定行业、地区或企业的发展，给予纳税人减免、返还等税收上的优待。这种优惠可以减轻企业的税负，增强其盈利能力，进而促进经济的发展。然而，税收优惠并非一成不变，它会随着国家经济政策的调整而变动。因此，企业是否能够持续享受税收优惠，以及相关的风险揭示和披露是否充分，成为企业需要关注的重要议题。

**二、基本规定**

税收优惠政策的制定权属于国家，具体由国务院及其财政、税务主管部门负责，同时地方各级人民政府及其财政、税务部门也有权在法定权限内制定某些税收优惠政策。这些政策通常针对特定行业、地区或项目，如高新技术企业、西部地区企业、环保项目等，旨在鼓励这些行业、地区或企业的发展。税收优惠政策往往设有一定的期限，如几年或十几年，期限结束后企业可能不再享受税收优惠。由于国家经济政策的变化，税收优惠政策也可能随之调整，因此企业需要密切关注政策的变化，以便及时调整自己的经营策略。此外，企业在享受税收优惠时，还需要充分揭示和披露相关风险，包括政策变动的风险、企业是否能享受税收优惠的风险等，企业需要在财务报表和附注中进行充分的披露，以便投资者和其他利益相关者了解企业的真实情况。

**三、违规表现**

在税收优惠的享受方面，企业可能会出现一些违规问题。以下是一些常见的违规问题及分析。

1. 违规享受税收优惠

行为描述：企业在不符合享受税收优惠条件的情况下，仍然违规享受了税收优惠。例如，某企业并非高新技术企业，但享受了高新技术企业的税收优惠。

目的与动机：减轻税负、增加利润。

后果：企业面临税务机关的处罚，包括补缴税款、缴纳滞纳金等。此外，企业的声誉和信用记录也可能受到影响，导致投资者和其他利益相关者的信任度降低。

2. 未充分揭示和披露税收优惠相关风险

行为描述：企业在享受税收优惠时，未充分揭示和披露相关风险。例如，某企业在财务报表中未提及税收优惠政策的变动风险。

目的与动机：掩盖潜在风险或吸引投资者。

后果：企业面临投资者的质疑和诉讼。如果投资者因为未充分了解税收优惠相关风险而遭受损失，他们可能会向人民法院提起诉讼，要求企业赔偿损失。此外，企业的声誉和信用记录也可能受到影响。

## 法律法规

《税收征收管理法》第三条：税收的开征、停征以及减税、免税、退税、补税，依照法律的规定执行；法律授权国务院规定的，依照国务院制定的行政法规的规定执行。

任何机关、单位和个人不得违反法律、行政法规的规定，擅自作出税收开征、停征以及减税、免税、退税、补税和其他同税收法律、行政法规相抵触的决定。

## 合规程序与方法

**一、了解政策与准备资料**

1. 学习相关政策

纳税人在享受税收优惠政策前，应投入足够的时间和精力来全面了解政策的具体内容和享受条件。这包括政策的适用范围、优惠幅度、执行期限以及享受税收优惠的具体条件等。纳税人可以通过税务机关的官方网站、公告、宣传册等渠道获取相关政策信息，也可以参加税务机关组织的政策宣讲会或培训活动，以加深对政策的理解和把握。

2. 准备纳税、减税资料

在了解了政策的具体内容和享受条件后，纳税人需要根据政策要求准备相关资料和证明文件。这些资料可能包括财务报表、纳税申报表、减免税申请报告、相关合同或协议、资质证书等。准备资料时，纳税人应确保资料的真实性和完整性，并按照税务机关的要求进行整理和归档。

**二、申请与审批**

1. 提交申请

按照税务机关的要求，纳税人需要提交减免税申请和相关资料。在提交申请前，纳税人应仔细核对资料的完整性和准确性，并确保申请表格的填写规范。部分政策可能需要纳税人进行备案或经过特定的审批程序后方可享受优惠，因此纳税人需要按照政策要求完成相应的备案或审批手续。

2. 审批

税务机关会对纳税人提交的申请进行审核，确认其是否符合政策要求。审核过程中，税务机关可能会要求纳税人补充相关资料或进行进一步的说明。如果纳税人的申请符合政策要求，税务机关将批准其享受相应的税收优惠政策，并出具相关的批准文件或证明。

**三、合规申报与持续监控**

1. 合规申报

在享受税收优惠政策期间，纳税人应严格按照规定进行纳税申报和缴纳税款。这包括按照政策要求填写纳税申报表、准确计算应纳税额、按时缴纳税款等。纳税人还应保留好相关的申报资料和缴税证明，以备税务机关核查。

2. 持续监控

纳税人应持续关注税收政策动态和税务机关的通知要求，确保及时了解政策变化和调整情况。这可以通过定期访问税务机关的官方网站、关注税务机关的微信公众号或订阅税务机关的电子邮件通知等方式实现。同时，税务机关也会加大对纳税人的监管力度，通过定期或不定期的核查、审计等方式，确保税收政策的合规执行。纳税人应积极配合税务机关的监管工作，及时提供所需的资料和说明，以确保自身享受税收优惠政策的合规性。

## 案例分析 1：某公司因违规享受税收优惠被处罚

**一、背景**

A 公司，是一家从事普通制造业的企业。在享受国家针对高新技术企业的税收优惠政策期间，A 公司未能达到高新技术企业的认定标准，但仍然通过虚假申报等手段违规享受了相应的税收优惠。税务机关在后续的税务稽查中发现了这一问题，并对 A 公司进行了严厉的处罚。

**二、分析**

A 公司的违规行为主要体现在两个方面：一是伪造或篡改相关申报材料，以使其表面上符合高新技术企业的认定标准；二是通过在账簿上少列收入、进行虚假申报等手段，减少应纳税额。这些行为直接违反了《税收征收管理法》及相关税收优惠政策的规定。A 公司违规享受税收优惠的动机显然是减轻税负，进而提升企业的盈利能力。在激烈的市场竞争中，降低成本、提高利润确实是企业生存和发展的重要手段之一。然而，A 公司却选择了通过错误的方式来实现这一目标，即通过违规手段享受不正当的税收优惠。对此，税务机关依法对 A 公司进行了处理，不仅追缴了其少缴的税款，还加收了滞纳金，并对其处以了罚款。这些经济处罚无疑加重了 A 公司的财务负担。同时，A 公司的违规行为被曝光后，其声誉也受到了严重影响。投资者、合作伙伴以及社会公众都可能对 A 公司的诚信度和合规性产生怀疑，进而对其未来的业务发展和市场拓展造成不利影响。此外，A 公司还可能面临更严重的法律风险，如果其违规行为构成犯罪，相关责任人还可能被追究刑事责任。这一事件也暴露了 A 公司在内部管理上存在的问题，如果企业内部缺乏有效的监督机制和控制措施，类似违规行为很可能再次发生。

## 案例分析 2：某公司因未充分揭示税收优惠相关风险引发投资者诉讼

**一、背景**

B 公司，在享受国家税收优惠政策期间，未在财务报表中充分揭示与税收优惠政策相关的风险。后来，由于国家经济政策的调整，税收优惠政策发生了变化，导致 B 公司不再享受相应的税收优惠。这一变化对 B 公司的财务状况产生了重大影响，进而引发了投资者的广泛关注和诉讼。

**二、分析**

B 公司的行为主要表现为在财务报表中未能充分揭示税收优惠政策变动的风险。尽管深知税收优惠政策具有时效性和变动性，但出于维护公司形象和稳定股价的考虑，B 公司选择隐瞒了这一重要风险。在资本市场上，企业的财务状况和盈利能力是投资者关注的焦点。如果 B 公司充分揭示了税收优惠政策变动的风险，可能会导致投资者对公司的未来盈利能力产生担忧，进而影响股价的稳定。

然而，由于 B 公司未充分揭示税收优惠政策变动的风险，投资者在做出投资决策时未能充分考虑这一重要因素。当 B 公司不再享受税收优惠后，其财务状况恶化，投资者因此遭受了损失，并纷纷提起诉讼，要求 B 公司赔偿。B 公司的股价出现了大幅波动，这不仅损害了投资者的利益，也严重影响了 B 公司的市场形象和信誉。

对此，证券监管机构可能对 B 公司的行为进行调查，并采取相应的处罚措施。如果认定 B 公司存在信息披露违规行为，将对其处以相应的罚款或采取其他必要的监管措施。

# 专题一百五十七：以前年度是否存在成本费用列支混乱的情况

## 业务简介

**一、概念**

成本费用列支，是指企业在生产经营过程中，将发生的各种耗费按照一定的对象和方式进行归类和记录，以便核算产品的成本和期间费用。它是企业财务管理的重要环节，直接关系到企业的盈利水平和税务合规性。然而，在实际操作中，由于各种原因，企业可能存在成本费用列支混乱的情况，这不仅影响企业的财务准确性，还可能引发税务风险和法律风险。

**二、基本规定**

企业必须依照国家统一的会计制度规定，对原始凭证进行严格审核，以确保其真实性、合法性和准确性。企业必须基于真实且合法的交易来记录和核算成本费用。《企业会计准则》针对成本费用的确认、计量、记录和报告制定了详尽的规定。企业务必遵循这些准则，对产生的成本费用进行合理分类与准确计量，并在财务报表中做出适当披露。此外，企业只能在税收法律法规所允许的框架内进行成本费用的税前扣除，否则将面临税务调整的风险。

**三、违规表现**

1. 虚构成本费用

行为描述：企业虚构不存在的成本费用，如虚构采购支出、员工工资等。

目的与动机：企业通过虚构成本费用，减少应纳税所得额，从而减轻税负。

后果：企业将面临补缴税款、缴纳滞纳金和罚款。此外，虚构成本费用还会导致企业的财务报表失真，损害投资者的利益，进而影响企业的声誉和信用。

2. 成本费用归类不当

行为描述：企业将本应资本化的支出一次性计入成本费用，如将应计入固定资产的支出直接计入生产成本。

目的与动机：企业通过不当归类成本费用，调节利润水平，从而达到特定的财务目标或避税目的。

后果：成本费用归类不当将导致企业的财务报表不真实，无法准确反映企业的财务状况和经营成果。此外，税务机关还可能对企业进行税务调整，要求企业补缴税款和缴纳滞纳金。

3. 成本费用分摊不合理

行为描述：企业在多个产品或多个部门之间分摊成本费用时，分摊方法不合理或分摊比例不恰当。

目的与动机：企业通过不合理的成本费用分摊，调节不同产品或部门的盈利状况。

后果：成本费用分摊不合理将导致企业的财务报表失真，无法准确反映不同产品或部门的真实盈利状况。此外，不合理的分摊还可能引发内部矛盾或利益冲突，损害企业的整体利益。

## 法律法规

《税收征收管理法》第五十二条：因税务机关的责任，致使纳税人、扣缴义务人未缴或者少缴税款的，税务机关在三年内可以要求纳税人、扣缴义务人补缴税款，但是不得加收滞纳金。

因纳税人、扣缴义务人计算错误等失误，未缴或者少缴税款的，税务机关在三年内可以追征税款、滞纳金；有特殊情况的，追征期可以延长到五年。

对偷税、抗税、骗税的，税务机关追征其未缴或者少缴的税款、滞纳金或者所骗取的税款，不受前款规定期限的限制。

## 合规程序与方法

对于以前年度的成本费用列支混乱的情况，进行合规处理时需要遵循以下合规程序和步骤，以确保财务数据的准确性和合规性。

**一、成立专项工作组**

1. 组建团队

为了全面梳理和整改成本费用列支混乱的问题，企业应成立一个由财务、审计、法务等部门精英组成的专项工作组。这个团队将具备跨部门的协作能力，以确保能够从多个角度对成本费用列支问题进行深入的分析和整改。

2. 明确职责

在工作组成立后，企业将对每个成员进行明确的职责划分和任务分配。财务部门的成员将负责收集和分析财务数据，审计部门的成员将负责进行合规性审核，而法务部门的成员则将提供法律支持和建议。这样的分工，可以确保工作有序进行，每个成员都能在自己的专业领域内发挥最大的作用。

**二、全面梳理成本费用列支情况**

1. 收集资料

专项工作组将全面收集以前年度的会计凭证、账簿、报表等相关资料。这些资料将作为梳理成本费用列支情况的基础，确保工作组能够全面了解成本费用列支的实际情况。

2. 逐项审核

在收集完相关资料后，工作组将对成本费用列支项目进行逐项审核。他们将重点关注发票问题，确保所有成本费用都有合规的发票支持；同时，他们还将对成本费用分摊进行审查，确保分摊的合理性；此外，往来账项的核对也是审核的重要环节，工作组将确保账实相符，避免任何潜在的财务风险。

**三、识别问题并制定整改方案**

1. 识别问题

通过逐项审核，工作组将能够识别出成本费用列支混乱的具体问题。这些问题可能包括发票不合规、成本费用跨期入账、往来账项不清等。识别这些问题的过程将是一个深入剖析和诊断的过程，需要工作组具备丰富的专业知识和敏锐的洞察力。

2. 制定方案

在识别出具体问题后，工作组将针对每个问题制定详细的整改方案。这些方案将明确整改措施、责任人和完成时限，以确保整改工作的有序进行。制定方案时还应考虑企业的实际情况和可操作性，确保整改措施能够得到有效执行。

**四、实施整改措施**

1. 发票管理

企业应确保所有成本费用都有合规的发票支持。对于不合规的发票，企业应及时补开或替换，以避免任何潜在的税务风险。

2. 分摊成本费用

企业应严格按照权责发生制原则分摊成本费用，避免跨期入账问题。这将有助于确保成本费用的准确性和合理性，提高企业的财务管理水平。

3. 核对往来账项

为了确保账实相符，企业应定期与客户、供应商核对往来账项。这将有助于及时发现并解决任何潜在的财务问题，确保企业的财务稳健。

4. 调整账务处理

根据整改方案，企业应对以前年度的账务处理进行调整。这包括纠正错误的账务处理、补充缺失的财务信息等。通过调整账务处理，企业将确保财务数据的准确性，为未来的决策提供可靠的数据支持。

**五、完善内部控制制度**

1. 建立成本费用管理制度

为了规范成本费用列支行为，企业应根据相关法律法规和企业实际情况，建立健全成本费用管理制度。这包括明确成本费用列支的范围、标准和审批流程，确保所有成本费用列支都符合规定。

2. 加强内部控制

企业应加强内部控制，确保成本费用列支的合规性和真实性。这包括定期对内部控制制度执行情况进行检查和评估，及时发现并纠正问题。通过加强内部控制，企业可以降低财务风险，提高财务管理的效率和准确性。

**六、接受外部审计和监管**

1. 配合外部审计

企业应积极配合外部审计机构进行审计，提供真实、完整的财务资料和信息。这将有助于外部审计机构对企业的财务状况进行准确评估，并为企业提供有价值的改进建议。

2. 接受监管

企业应主动接受相关监管部门的监督和检查，确保企业合规经营。这包括遵守相关法律法规、执行监管部门的要求等。通过接受监管，企业可以树立良好的企业形象，并为企业的长期发展奠定坚实基础。

**七、持续监控与改进**

1. 建立监控机制

为了确保成本费用列支的持续合规性，企业应建立成本费用列支的持续监控机制。这包括定期对成本费用列支情况进行检查和分析，及时发现并解决任何潜在问题。

2. 持续改进

企业应根据监控结果和实际情况，不断优化成本费用列支管理流程和方法。这包括改进发票管理、优化成本费用分摊、加强往来账项核对等。通过持续改进，企业可以提高财务管理水平，为企业的稳健发展提供有力保障。

## 案例分析 1：企业成本费用列支混乱

**一、背景**

某制造企业在年度审计中发现，其 2022 年度成本费用列支严重混乱。该企业为达到利润目标，虚增了修理费用，将部分工程项目的工程款错误地记入“管理费用”科目，导致成本费用不实，影响了财务报表的真实性。

**二、分析**

根据《企业所得税法》及其实施条例，企业实际发生的与取得收入有关的合理支出才准予税前扣除。虚增修理费用违反了成本费用列支的真实性和合理性原则。这种做法不仅误导了投资者和债权人，还导致企业面临税务处罚和声誉损失。同时，错误的成本费用数据也会影响企业管理层的经营决策。

企业应立即纠正错误，将虚增的修理费用从成本费用中剔除，并调整至正确的科目。正确的会计处理应是将工程款项记入“在建工程”或“固定资产”科目，而非“管理费用”科目。同时，企业应加强内部控制，明确成本费用的核算流程和审批权限，确保类似问题不再发生。

通过上述措施，企业可以恢复财务数据的真实性，提高税务合规性，为企业的持续健康发展奠定基础。

## 案例分析 2：某制造企业采购成本不明确

**一、背景**

中等规模的制造企业 A，主要生产钢铁配件。在过去几年中，公司一直保持着较好的盈利状态。然而，在最近一次财务报告出炉后，A 公司发现自己的利润率持续下降。深入分析后发现，公司的成本管理严重混乱，尤其是采购成本不明确。公司没有统一的采购流程，不同的采购员在采购时使用的价值参考不一，甚至有时并不知道其他采购员已经采购了同样的物料，导致同一种物料的进货单价存在较大差异以及重复采购。

**二、分析**

此案例主要涉及企业内部管理问题，未直接违反外部法规，但根据企业会计准则，企业应确保成本费用的合理性和准确性。采购成本不明确会导致成本计算不准确，进而影响公司的盈利能力，可能导致公司产生大量不必要的损失，甚至损害公司形象和市场竞争力。因此，公司应建立统一的采购流程和价值参考体系，对所有采购物料的采购价值进行比较和分析，以避免重复采购和不合理的采购，确保采购成本的合理性。同时，还应加强内部审计，对采购成本进行定期审查和调整，以确保财务数据的准确性和合规性。

## 专题一百五十八：是否存在漏报、错报以及申报不及时的情况

### 业务简介

**一、漏报**

1. 概念

漏报是指纳税人或扣缴义务人在规定的申报期限内，未将全部或部分应申报的纳税事项向税务机关进行申报的行为。

2. 基本规定

根据《税收征收管理法》的相关规定，纳税人必须依照法律、行政法规规定或税务机关确定的申报期限、申报内容，如实办理纳税申报，并报送相应的纳税申报表、财务会计报表等税务资料。扣缴义务人也必须按照规定的期限和内容，如实报送代扣代缴、代收代缴税款报告表及其他相关资料。

3. 处理措施

对于漏报行为，税务机关有权责令纳税人限期改正，并可能处以罚款。根据情节轻重，罚款金额可从二千元以下提升至二千元以上一万元以下。此外，纳税人还需补缴漏报的税款及可能产生的滞纳金。

**二、错报**

1. 概念

错报是指纳税人或扣缴义务人在纳税申报过程中，由于计算错误、理解偏差或数据录入错误等，导致申报的纳税事项与实际情况不符的行为。

2. 基本规定

纳税人或扣缴义务人发现申报错误后，应及时进行更正申报。更正申报需要全员全额进行，差额部分进行扣款。如果更正申报后涉及补缴税款，还需按规定缴纳滞纳金。同时，纳税人应保留相关证据资料，以备查证和证明之用。

3. 处理措施

对于因计算错误导致的申报错误，纳税人或扣缴义务人应及时更正，并按规定处理。如果错误是由税务机关的失误导致的，纳税人或扣缴义务人可以与税务机关进行协商，要求税务机关进行更正，并在三年内补缴税款（不加收滞纳金）。

**三、申报不及时**

1. 概念

申报不及时是指纳税人或扣缴义务人未按照法律法规或税务机关确定的申报期限，按时办理纳税申报或报送相关税务资料的行为。

2. 基本规定

根据《税收征收管理法》的规定，纳税人或扣缴义务人必须按照规定的期限进行纳税申报。对于未按时申报的行为，税务机关将依法进行处理。

3. 处理措施

对于申报不及时的行为，税务机关将责令纳税人限期改正，并可能处以罚款。罚款金额根据情节轻重而定，一般从二千元以下开始，情节严重时可提升至二千元以上一万元以下。此外，纳税人还需缴纳可能产生的滞纳金。为弥补这一过失，纳税人应尽快前往税务机关进行补申报，并携带必要的资料如营业执照、经办人身份证明及相应税种申报表等。

**四、违规表现**

1. 漏报

行为描述：纳税人在规定的纳税申报期限内，未按照税法规定申报其应纳税的全部或部分收入、扣除、抵免等纳税信息。

目的与动机：纳税人可能出于多种目的和动机进行漏报，如逃避税收或故意隐瞒收入等。

后果：漏报可能导致税务机关对纳税人进行处罚。漏报还可能引发税务审计、法律诉讼甚至刑事处罚。此外，漏报还会损害纳税人的信用记录，影响其未来的贷款、商业合作等。

2. 错报

行为描述：纳税人在纳税申报时，由于计算错误、理解偏差或故意提供虚假信息，导致申报的纳税信息不准确。

目的与动机：纳税人可能试图通过错报来减少应纳税额。

后果：错报同样可能导致税务机关的处罚，包括缴纳罚款和滞纳金。如果错报被认定为故意行为，还可能引发更严重的法律后果。此外，错报也会损害纳税人的声誉和信用记录。

3. 申报不及时

行为描述：纳税人在税法规定的申报期限内未按时提交纳税申报表和相关资料。

目的与动机：纳税人可能试图通过延迟申报来获得额外的时间来准备资金或规避税收。

后果：申报不及时将导致税务机关对纳税人进行处罚，还可能引发税务审计和法律诉讼。此外，不及时的申报也会损害纳税人的信用记录，并可能影响其与供应商、客户和金融机构的关系。

## 法律法规

**一、《企业所得税汇算清缴管理办法》**

第十条明确规定，纳税人在汇算清缴期内发现当年企业所得税申报有误的，可在汇算清缴期内重新办理企业所得税年度纳税申报。这意味着，如果纳税人在申报过程中出现了漏报或错报的情况，他们有机会在规定的期限内进行更正。

**二、《税收征收管理法》**

第三十二条规定，税务机关除责令限期缴纳外，从滞纳税款之日起，按日加收滞纳税款万分之五的滞纳金。这意味着，逾期未缴税款不仅会导致罚款，还会产生额外的滞纳金。

第六十二条规定，纳税人未按照规定的期限办理纳税申报和报送纳税资料的，由税务机关责令限期改正，可以处二千元以下的罚款；情节严重的，可以处二千元以上一万元以下的罚款。这一条款明确规定了未按期办理纳税申报的法律后果。

## 合规程序与方法

**一、纳税申报的合规程序与方法**

1. 明确申报义务与期限

熟悉税务法规：纳税人应熟悉《税收征收管理法》及其他相关法律法规，明确自己的申报义务和期限。

关注申报期限：密切关注税务机关发布的各类税种的申报期限，确保在规定时间内完成申报。

2. 准备申报材料

收集数据：提前收集、整理财务报表、开票信息、受票认证信息等必要数据，确保数据准确、完整。

核对信息：核对税种、税率、减免政策等信息，避免理解偏差或错误。

3. 选择合适的申报途径

目前有网上申报、现场申报等申报途径。

网上申报：利用电子税务局等在线平台进行申报，方便快捷，但需保证网络畅通和申报系统稳定。

现场申报：前往税务机关办税服务厅进行现场申报，该途径适用于不熟悉在线操作或需要特殊处理的纳税人。

4. 准确填写申报表

填写规范：按照税务机关的要求和格式填写申报表，确保数据的真实性和准确性。

核对无误：在提交前仔细核对申报表，避免漏报、错报。

5. 按时进行申报并缴纳税款

提交申报表：在规定时间内提交申报表，并确保系统或窗口接收成功。

缴纳税款：根据申报结果，及时缴纳税款，避免产生滞纳金。

**二、处理漏报、错报及申报不及时的方法**

1. 漏报的处理方法

发现漏报：通过自查或税务机关的提醒发现漏报情况。

及时补报：按照税务机关的要求，及时补报漏报的税种，并缴纳相应的税款滞纳金和罚款。

2. 错报的处理方法

发现错报：通过自查或税务机关的审核发现错报情况。

更正申报：前往税务机关或在线更正申报表，并重新计算税款，确保数据的准确性。

缴纳差额：如有税款差额，需及时补缴。

3. 申报不及时的处理方法

立即补报：一旦发现申报逾期，应立即补报，并缴纳税款滞纳金和罚款。

申请缓缴：如因经济困难无法按时缴纳税款、滞纳金和罚款，可向税务机关提出申请，请求缓缴税款、滞纳金和罚款。

**三、可能的影响因素**

1. 内部管理不善

数据管理不规范、员工疏忽等内部因素可能导致漏报、错报和申报不及时。

2. 税务政策变化

税务政策频繁变化可能导致企业难以及时调整，出现理解偏差或错误。

3. 系统故障或网络问题

在线申报系统故障或网络问题可能导致申报受阻或延迟。

4. 外部干扰

自然灾害等不可抗力也可能影响纳税申报的及时性。

## 案例分析 1：漏报

**一、背景**

某小规模企业在规定的纳税申报期限内，未按照税法规定申报其全部收入。该企业在季度报税时，故意隐瞒了部分销售收入，以避免缴纳更多的税款。

**二、案例具体情况**

企业实际销售收入为 100 万元，但申报时仅申报了 80 万元。

隐瞒的销售收入为 20 万元，涉及未申报的增值税税额约为 0.2 万元（假设成按 1% 征收率征收增值税）。

**三、分析**

1. 法律法规

根据《税收征收管理法》和相关税法规定，纳税人必须在规定的纳税申报期限内，如实申报其应纳税的全部收入、扣除、抵免等纳税信息。

纳税人不得隐瞒、谎报或者拒绝申报其应纳税款。

2. 影响

隐瞒销售收入导致国家税款流失，损害了国家税收利益。

企业不仅要补缴税款，还面临税务机关的处罚，包括缴纳滞纳金和罚款。

企业的信誉受损，可能影响其未来的经营和合作。

3. 正确做法

企业应严格遵守税法规定，如实申报全部销售收入和其他纳税信息。

在报税期限内，及时向税务机关报送准确的纳税申报表。

如发现之前报税存在错误或遗漏，应主动向税务机关报告并更正。

4. 正确的处理

企业应建立完善的会计制度和内部控制机制，确保财务数据的准确性和完整性。

会计人员应按照国家统一的会计制度进行会计核算和财务处理。

在编制财务报表时，应真实、准确地反映企业的财务状况和经营成果。

## 案例分析 2：错报

**一、背景**

某企业在申报增值税时，由于会计人员对税收政策的理解偏差，将部分应税服务误填为货物销售，导致申报的税额不准确。

**二、案例具体情况**

按照错误的申报方式，企业少缴了增值税 10 万元。

**三、分析**

1. 法律法规

根据《税收征收管理法》和相关税收政策，纳税人必须准确申报纳税信息，并按照规定的税率缴纳税款。任何故意或过失导致的申报错误都可能构成违规行为。

2. 影响

由于申报错误，企业少缴了税款，这可能导致企业面临税务机关的处罚，包括缴纳滞纳金和罚款。

企业的信誉受到损害，影响其在市场上的形象和竞争力。

企业未来可能面临更严格的税务审查和监管。

3. 正确做法

企业应加强对会计人员的税收政策和法规培训，确保其准确理解和运用相关政策。

在申报前进行多次复核，确保数据的准确性和完整性。

如发现申报错误，应立即向税务机关报告并更正，以避免面临更严重的违规后果。

4. 正确的会计处理

对应税服务和货物销售进行准确分类，并按照规定的税率计算税额。

及时调整和更正错误的申报数据，确保财务报表和纳税申报的准确性。

建立完善的内部控制体系，防止类似错误的再次发生。

## 案例分析 3：申报不及时

**一、背景**

某公司在 2023 年 12 月未按照规定的纳税期限办理纳税申报和报送纳税资料。

**二、案例具体情况**

违规行为：该公司未在规定的时间内提交纳税申报表和相关财务资料。

涉及税种：虽然案例未详细说明，但通常这类违规行为可能涉及增值税、企业所得税等主要税种。

**三、分析**

1. 法律法规

根据《税收征收管理法》第二十五条，纳税人必须依照法律、行政法规规定或者税务机关依照法律、行政法规的规定确定的申报期限、申报内容如实办理纳税申报，报送纳税申报表、财务会计报表以及税务机关根据实际需要要求纳税人报送的其他纳税资料。

2. 影响

法律后果：该公司可能面临税务机关的处罚，包括但不限于罚款、加收滞纳金等。

信誉损害：税务违规影响公司的商业信誉，对合作伙伴和投资者的信心造成负面影响。

影响经营管理：未按时申报导致公司无法及时了解自身的税务状况，影响经营决策的准确性。

3. 正确做法

建立税务管理制度：公司应建立完善的税务管理制度，明确纳税申报的流程、责任人和时间节点。

及时申报与咨询：确保在税法规定的期限内完成纳税申报，如遇疑问或困难，应及时咨询税务机关或专业税务顾问。

保留相关记录：妥善保存所有与税务相关的文件和记录，以备税务机关查询。

4. 正确的会计处理

准确核算：按照会计准则和税法规定，准确核算应纳税额和相关税务数据。

合规记录：确保所有与税务相关的会计凭证、账簿和报表都合规、完整。

# 专题一百五十九：是否存在偷税、抗税、骗税，以及受到税务处罚的情形

## 业务简介

**一、概念**

偷税指纳税人故意违反税收法规，采用欺骗、隐瞒等方式逃避纳税义务的行为。

抗税指纳税人以暴力、威胁等手段拒不缴纳税款或者阻挠税务机关依法实施税务稽查执法行为的行为。

骗税指纳税人用假报出口等虚构事实或隐瞒真相的方法，经过公开的合法的程序，利用国家税收优惠政策，骗取减免税或者出口退税的行为。

税务处罚指税务机关依法对违反税收法规的纳税人或扣缴义务人进行的行政制裁，包括罚款、没收违法所得、加收滞纳金等。

**二、基本规定**

《税收征收管理法》对偷税、抗税、骗税行为及税务处罚均有明确规定。其中，第六十三条详细阐述了偷税行为的定义、处罚措施，追缴税款、滞纳金，以及处以罚款的相关规定；第六十七条则规定了以暴力、威胁等方法拒不缴纳税款或即抗税行为；第六十六条及相关的出口退税管理规定明确了骗税行为的定义、处罚措施及追缴税款的相关规定；同时，《税收征收管理法》的多个条款还规定了对各种税收违法行为的处罚措施、程序以及执行等规定。

**三、违规表现**

1. 偷税

行为描述：偷税行为通常表现为纳税人通过隐瞒收入、虚列成本、伪造账目等手段，故意少缴或不缴应纳税款。

目的与动机：减轻税收负担，增加个人或企业的经济利益。

后果：偷税行为被发现后，纳税人将面临税务机关的严厉处罚，包括缴纳滞纳金和罚款。同时，偷税行为还可能引发税务稽查、审计等后续监管措施，对纳税人的声誉和信用造成严重影响。

2. 抗税

行为描述：抗税行为通常表现为纳税人以暴力、威胁等手段拒不缴纳税款或者阻挠税务机关依法实施税务稽查执法行为。

目的与动机：抗拒税收法规的约束，逃避纳税义务。

后果：抗税行为是严重的税收违法行为，纳税人将受到法律的严厉制裁。纳税人可能面临刑事处罚、行政处罚以及社会声誉的严重损害。同时，抗税行为还可能引发社会不稳定因素，破坏税收秩序和公共安全。

3. 骗税

行为描述：骗税行为通常表现为纳税人通过虚构事实或隐瞒真相等手段，利用国家税收优惠政策骗取减免税或者出口退税。

目的与动机：获取不正当的经济利益，减轻税收负担。

后果：骗税行为被发现后，纳税人将面临税务机关的严厉处罚，包括追缴滞纳金和罚款。同时，骗税行为还可能引发税务稽查、审计等后续监管措施，对纳税人的声誉和信用造成严重影响。此外，骗税行为还可能破坏国家的税收优惠政策和出口退税制度，损害国家的经济利益和国际形象。

## 法律法规

《税收征收管理法》的相关规定如下。

第三十条：扣缴义务人依照法律、行政法规的规定履行代扣、代收税款的义务。对法律、行政法规没有规定负有代扣、代收税款义务的单位和个人，税务机关不得要求其履行代扣、代收税款义务。

扣缴义务人依法履行代扣、代收税款义务时，纳税人不得拒绝。纳税人拒绝的，扣缴义务人应当及时报告税务机关处理。

税务机关按照规定付给扣缴义务人代扣、代收手续费。

第五十二条：因税务机关的责任，致使纳税人、扣缴义务人未缴或者少缴税款的，税务机关在三年内可以要求纳税人、扣缴义务人补缴税款，但是不得加收滞纳金。

因纳税人、扣缴义务人计算错误等失误，未缴或者少缴税款的，税务机关在三年内可以追征税款、滞纳金；有特殊情况的，追征期可以延长到五年。

对偷税、抗税、骗税的，税务机关追征其未缴或者少缴的税款、滞纳金或者所骗取的税款，不受前款规定期限的限制。

第六十一条：扣缴义务人未按照规定设置、保管代扣代缴、代收代缴税款账簿或者保管代扣代缴、代收代缴税款记账凭证及有关资料的，由税务机关责令限期改正，可以处二千元以下的罚款；情节严重的，处二千元以上五千元以下的罚款。

第六十二条：纳税人未按照规定的期限办理纳税申报和报送纳税资料的，或者扣缴义务人未按照规定的期限向税务机关报送代扣代缴、代收代缴税款报告表和有关资料的，由税务机关责令限期改正，可以处二千元以下的罚款；情节严重的，可以处二千元以上一万元以下的罚款。

第六十三条：纳税人伪造、变造、隐匿、擅自销毁账簿、记账凭证，或者在账簿上多列支出或者不列、少列收入，或者经税务机关通知申报而拒不申报或者进行虚假的纳税申报，不缴或者少缴应纳税款的，是偷税。对纳税人偷税的，由税务机关追缴其不缴或者少缴的税款、滞纳金，并处不缴或者少缴的税款百分之五十以上五倍以下的罚款；构成犯罪的，依法追究刑事责任。

扣缴义务人采取前款所列手段，不缴或者少缴已扣、已收税款，由税务机关追缴其不缴或者少缴的税款、滞纳金，并处不缴或者少缴的税款百分之五十以上五倍以下的罚款；构成犯罪的，依法追究刑事责任。

第六十四条：纳税人、扣缴义务人编造虚假计税依据的，由税务机关责令限期改正，并处五万元以下的罚款。

纳税人不进行纳税申报，不缴或者少缴应纳税款的，由税务机关追缴其不缴或者少缴的税款、滞纳金，并处不缴或者少缴的税款百分之五十以上五倍以下的罚款。

第六十五条：纳税人欠缴应纳税款，采取转移或者隐匿财产的手段，妨碍税务机关追缴欠缴的税款的，由税务机关追缴欠缴的税款、滞纳金，并处欠缴税款百分之五十以上五倍以下的罚款；构成犯罪的，依法追究刑事责任。

第六十六条：以假报出口或者其他欺骗手段，骗取国家出口退税款的，由税务机关追缴其骗取的退税款，并处骗取税款一倍以上五倍以下的罚款；构成犯罪的，依法追究刑事责任。

对骗取国家出口退税款的，税务机关可以在规定期间内停止为其办理出口退税。

第六十七条：以暴力、威胁方法拒不缴纳税款的，是抗税，除由税务机关追缴其拒缴的税款、滞纳金外，依法追究刑事责任。情节轻微，未构成犯罪的，由税务机关追缴其拒缴的税款、滞纳金，并处拒缴税款一倍以上五倍以下的罚款。

第六十八条：纳税人、扣缴义务人在规定期限内不缴或者少缴应纳或者应解缴的税款，经税务机关责令限期缴纳，逾期仍未缴纳的，税务机关除依照本法第四十条的规定采取强制执行措施追缴其不缴或者少缴的税款外，可以处不缴或者少缴的税款百分之五十以上五倍以下的罚款。

第六十九条：扣缴义务人应扣未扣、应收而不收税款的，由税务机关向纳税人追缴税款，对扣缴义务人处应扣未扣、应收未收税款百分之五十以上三倍以下的罚款。

第七十条：纳税人、扣缴义务人逃避、拒绝或者以其他方式阻挠税务机关检查的，由税务机关责令改正，可以处一万元以下的罚款；情节严重的，处一万元以上五万元以下的罚款。

## 合规程序与方法

对于偷税、抗税、骗税等税务违法行为，企业内部应采取一系列合规程序来预防和纠正这些问题，确保税务合规性，具体如下。

**一、建立合规文化与意识**

1. 加强合规教育

企业应定期对员工进行税务合规培训，提高员工对税法的认识和合规意识，确保员工了解并遵守国家税收法律法规。

2. 建立合规文化

通过制定合规政策、流程和指南，建立合规文化，鼓励员工主动报告潜在的税务合规风险和问题。

**二、完善内部控制体系**

1. 明确职责分工

企业应明确各职能部门的税务合规职责，确保税务事务得到妥善处理。例如，财务部门负责税务数据的准确录入和整理，税务部门负责纳税申报和税务事宜。

2. 建立审核机制

设立内部审核机制，对税务申报、发票管理、成本费用分摊等关键环节进行定期审核，确保数据的准确性和合规性。

3. 风险管理

定期进行税务风险评估，识别潜在的税务合规风险，并制定相应的风险控制措施。

**三、规范税务管理流程**

1. 发票管理

加强发票管理，确保列支的所有成本费用均有合规的发票支持。建立发票审核制度，对发票的真实性、合法性和合规性进行严格把关。

2. 税务申报

按时申报和缴纳各类税款，确保申报数据的准确性和合规性。使用专业的税务软件，提高申报效率和准确性。

3. 税务筹划

在合法合规的前提下，合理进行税务筹划，减轻税务负担。禁止采取偷税、抗税、骗税等违法行为。

**四、应对税务违法行为**

1. 自查自纠

一旦发现偷税、抗税、骗税等税务违法行为，企业应立即启动自查自纠程序，对违法行为进行全面调查和处理。

2. 配合调查与整改

积极配合税务机关的调查工作，提供真实、完整的财务资料和信息。对于税务机关指出的问题，认真整改并补正。

3. 追究责任

对涉及税务违法行为的责任人进行严肃处理，追究其法律责任。同时，加强内部管理，防止类似问题再次发生。

**五、持续改进与监督**

1. 建立合规监督机制

企业应建立合规监督机制，对税务合规管理情况进行定期检查和评估。确保合规政策和流程得到有效执行。

2. 持续改进

根据检查和评估结果，不断优化和完善税务合规管理体系。针对发现的问题和漏洞，及时制定改进措施并落实到位。

企业内部应通过建立合规文化与意识、完善内部控制体系、规范税务管理流程、应对税务违法行为以及持续改进与监督等措施来确保税务合规性。这些措施的实施将有助于降低企业的税务风险，提高企业的合规管理水平，为企业的稳健发展提供保障。

## 案例分析 1：H 贸易公司隐匿收入

**一、背景**

H 贸易公司是一家在 L 电商平台上经营的小型商贸企业，主要从事日用百货的销售。近期，该公司因隐匿销售收入、偷逃税款被税务部门查处，成为一起典型的偷税案例。

2022 年 10 月，嘉兴市税务稽查局收到一封匿名举报信，信中详细列出了 H 贸易公司在 L 电商平台的网店名称、使用的 ERP 软件名称等具体信息，指控该公司通过私人账户收款方式大量隐匿收入，存在偷逃税情况。税务部门随即对此展开调查。

税务检查人员首先通过征管系统核实了 H 贸易公司的纳税申报信息，发现其年均营业收入较低，且处于亏损状态。随后，检查人员在 L 电商平台上找到了举报信中提到的两家网店，并通过销量统计估算出这些网店的实际销售收入远超其纳税申报金额。

为确认销售收入是否通过私人账户隐匿，检查组依托多部门协作机制，调取了 H 贸易公司及其相关人员的大量银行账号资金流水数据。经过复杂的数据分析，检查人员发现这些资金最终与一个名为"M 银行电子商务交易资金待清算专户"的账户密切相关。该账户是 L 电商平台在 M 银行开设的平台专用结算账户，用于存放消费者支付的货款。在获取"店铺 ID"后，检查组联系 L 电商平台并取得了 H 贸易公司在平台中注册的所有网店的电子销售订单数据。通过比对分析，确认这些销售收入确实被转入了公司法定代表人及相关人员的私人账户，且未依法申报纳税。

在掌握充分证据后，检查组对 H 贸易公司进行了突击检查，成功调取了企业 ERP 软件数据和账簿凭证等财务核算资料，以及网店后台的电子销售订单数据。在充分的证据面前，公司负责人最终承认了通过私人账户收款、隐匿销售收入的违法事实。

经税务机关依法认定，H 贸易公司在 2020 年至 2022 年期间通过经营 4 家网店共取得销售收入 3.22 亿元，未依法申报纳税。因 H 贸易公司为增值税小规模纳税人且账证资料残缺不全，税务机关依法对其采取核定征收方式，追缴税费款、加收滞纳金并处罚款共计 924 万元。目前，涉案企业税款已全部补缴入库。

**二、分析**

本案例是一起典型的利用电商平台隐匿销售收入、偷逃税款的案例。随着电商行业的快速发展，此类偷税手段日益隐蔽和复杂。税务部门通过加强数据分析、跨部门协作和突击检查等手段，成功揭露并查处了此类违法行为，有效维护了税收经济秩序和社会公平正义。

对纳税人而言，依法纳税是基本义务。企业应建立健全内部控制制度，加强员工税收法规培训和教育，定期进行税务自查和整改，确保财务和税收事务的合规性。同时，应积极配合税务机关的监管和检查，如实提供相关资料和信息，避免因偷逃税款而承担法律责任和经济损失。

## 案例分析 2：某企业暴力阻挠税务稽查

**一、背景**

在某市，一家知名企业因涉嫌税收违规行为被税务机关立案稽查。然而，在稽查过程中，该企业不仅不配合税务机关的工作，还采取暴力手段阻挠税务人员的正常执法，构成了一起严重的抗税案件。

202× 年 × 月，该市税务机关接到举报，称某知名企业存在偷逃税款等税收违规行为。税务机关随即立案，并派遣稽查小组前往该企业进行调查。

在稽查过程中，税务人员发现该企业存在多笔未申报的销售收入，以及虚列成本、偷逃税款等违法行为。然而，当税务人员要求该企业提供相关账簿、凭证等财务资料时，却遭到了企业负责人的拒绝。不仅如此，该企业还纠集了一批社会闲散人员，对税务人员进行围攻、辱骂和威胁。其中，一名税务人员甚至遭到了殴打，导致身体多处受伤。

面对该企业的暴力抗税行为，税务机关立即向公安机关报案。公安机关迅速介入，将涉案人员全部抓获，并依法进行了处理。经过审理，该企业负责人因抗税罪被判处有期徒刑，并处罚金。同时，税务机关也对该企业的税收违法行为进行了查处，追缴了偷逃的税款，并加收了滞纳金和罚款。

**二、分析**

本案例是一起典型的抗税案件，该企业不仅存在税收违法行为，还采取暴力手段阻挠税务机关的正常执法。这种行为严重破坏了税收秩序，挑战了法律的权威，必须依法予以严厉打击。

对纳税人而言，依法纳税是应尽的义务。在面对税务机关的稽查时，企业应该积极配合，如实提供相关资料和信息。任何试图通过暴力、威胁等手段阻挠税务机关执法的行为，都是违法的，都将受到法律的制裁。

此案例也提醒税务机关，在加强税收监管和稽查的同时，也要注重保护税务人员的合法权益。对于暴力抗税等违法行为，要及时向公安机关报案，依法追究涉案人员的刑事责任。同时，也要加强宣传教育，提高纳税人的税收法律意识和合规意识，共同维护良好的税收秩序和社会环境。

## 案例分析 3：某企业虚构出口业务骗取退税款

**一、背景**

在某市，一家外贸企业利用虚构的出口业务，骗取国家出口退税款，金额巨大，构成了一起严重的骗税案件。

202× 年，该市税务机关在进行出口退税审核时，发现某外贸企业申报的出口退税数据存在异常。经过进一步调查，税务机关发现该企业实际上并没有真实的出口业务，而是通过伪造出口合同、虚构出口货物、虚开增值税专用发票等手段，骗取国家出口退税款。为了掩盖其骗税行为，该企业还通过非法手段购买了其他企业的出口信息，并将这些信息用于其虚假的出口退税申报。通过这种方式，该企业骗取了大量的出口退税款，给国家造成了巨大的经济损失。

税务机关在查明该企业存在骗税事实后，立即将案件移送公安机关处理。经过公安机关的侦查和审理，该企业负责人因骗税罪被判处有期徒刑，并处罚金。同时，税务机关也对该企业进行了严厉的税务处罚，追缴了其骗取的退税款，并加收了罚款。

**二、分析**

本案例是一起典型的骗税案件，该企业通过虚构出口业务、伪造出口合同、虚开增值税专用发票等手段，骗取国家出口退税款，行为极其恶劣。这种行为不仅严重破坏了税收秩序，还损害了国家的经济利益和国际形象。

对纳税人而言，依法纳税是应尽的义务，而骗税行为则是对法律的严重践踏。任何试图通过虚构业务、伪造凭证等手段骗取国家税款的行为，都是违法的，都将受到法律的制裁。

此案例也提醒税务机关，要加强对出口退税的审核和管理，严格把关退税申报的真实性和合法性。同时，也要加强宣传教育，提高纳税人的税收法律意识和合规意识，共同维护良好的税收秩序和国家经济利益。

## 专题一百六十：企业税务登记是否及时

### 业务简介

**一、概念**

企业税务登记，是指企业在设立或发生应税行为时，依照税收法律、行政法规的规定，向税务机关申请办理税务登记的法定手续。它是企业依法履行纳税义务、享受税收优惠政策的基础，也是税务机关对企业进行税收管理、提供纳税服务的前提。

**二、基本规定**

企业，企业在外地设立的分支机构和从事生产、经营的场所，个体工商户和从事生产、经营的事业单位（简称“从事生产、经营的纳税人”）自领取营业执照之日起30日内，持有关证件，向税务机关申报办理税务登记。税务机关应当于收到申报的当日办理登记并发给营业执照。

从事生产、经营的纳税人应当自领取营业执照或者发生纳税义务之日起15日内，按照国家有关规定设置账簿，并自领取营业执照之日起15日内，将其财务、会计制度或者财务、会计处理办法报送主管税务机关备案。

**三、违规表现**

在企业税务登记实践中，由于各种原因，常常会出现一些违规问题，以下是对这些问题的分析。

1. 延迟税务登记

行为描述：企业在设立或发生应税行为后，未按照税收法律、行政法规的规定及时申请办理税务登记。

目的与动机：逃避纳税义务、利用时间差进行不正当经营等。

后果：延迟税务登记可能导致企业面临税务机关的处罚，包括罚款、追缴滞纳金等。同时，未及时进行税务登记的企业可能无法享受税收优惠政策，甚至可能影响到企业的正常运营和信誉。在严重的情况下，延迟税务登记还可能构成税收违法行为，引发更严重的法律后果。

2. 提供虚假信息进行税务登记

行为描述：企业在申请办理税务登记时，提供虚假信息或隐瞒真实情况。

目的与动机：获取不正当的税收利益或逃避税收监管。例如，企业可能通过虚报注册资本、经营范围、经营地址等信息，以享受税收优惠政策或逃避纳税义务。

后果：提供虚假信息进行税务登记的企业将面临税务机关的严厉处罚，包括撤销税务登记、罚款、追缴滞纳金等。同时，这种行为还可能引发税务机关对企业进行进一步调查，甚至可能构成税收犯罪行为。此外，提供虚假信息的企业将失去社会信誉，影响到其正常的经营和发展。

3. 未按规定进行变更或注销税务登记

行为描述：企业在发生变更或注销时，未按照税收法律、行政法规的规定及时申请办理变更或注销税务登记。

目的与动机：继续享受税收优惠政策、规避税收检查等。

后果：未按规定进行变更或注销税务登记的企业将面临税务机关的处罚，包括罚款、追缴滞纳金等。同时，这种行为可能导致企业无法及时享受税收优惠政策或面临不必要的税收风险。在严重的情况下，未按规定进行变更或注销税务登记还可能构成税收违法行为，给企业带来更大的法律风险和导致企业陷入经营困境。

### 法律法规

《税收征收管理法》的相关规定如下。

第十五条：企业，企业在外地设立的分支机构和从事生产、经营的场所，个体工商户和从事生产、经营的事业单位（以下统称从事生产、经营的纳税人）自领取营业执照之日起三十日内，持有关证件，向税务机关申报办理税务登记。税务机关应当自收到申报之日起三十日内审核并发给税务登记证件。

工商行政管理机关应当将办理登记注册、核发营业执照的情况，定期向税务机关通报。

本条第一款规定以外的纳税人办理税务登记和扣缴义务人办理扣缴税款登记的范围和办法，由国务院规定。

第十六条：从事生产、经营的纳税人，税务登记内容发生变化的，自工商行政管理机关办理变更登记之日起三十日内或者在向工商行政管理机关申请办理注销登记之前，持有关证件向税务机关申报办理变更或者注销税务登记。

第十七条：从事生产、经营的纳税人应当按照国家有关规定，持税务登记证件，在银行或者其他金融机构开立基本存款账户和其他存款账户，并将其全部账号向税务机关报告。

银行和其他金融机构应当在从事生产、经营的纳税人的账户中登录税务登记证件号码，并在税务登记证件中登录从事生产、经营的纳税人的账户账号。

税务机关依法查询从事生产、经营的纳税人开立账户的情况时，有关银行和其他金融机构应当予以协助。

第十八条：纳税人按照国务院税务主管部门的规定使用税务登记证件。税务登记证件不得转借、涂改、损毁、买卖或者伪造。

## 合规程序与方法

### 一、深入了解税收法规和政策

1. 设立专门岗位

为确保对税收法规和政策的精准把握，企业应设立税务专员或构建税务管理团队。这一团队的核心职责是持续跟踪国家税务部门发布的最新税收法规和政策，确保企业能够迅速应对税务环境的变化。

2. 内部培训与研讨

为提升全体员工的税务合规意识，企业应定期组织内部税务培训或研讨会。企业可邀请税务专家进行新法规和政策的解读，使员工能够更好地理解和应用这些规定，从而在日常工作中自觉遵守。

3. 建立法规库

为了方便员工随时查阅相关税收法规和政策文件，企业应建立并维护一个税收法规与政策库。这个库应收集、整理并分类存储所有与企业税务活动相关的法规和政策，确保企业税务活动的合法性和合规性。

4. 动态更新与应对

针对法规和政策的不断变化，企业应制定灵活的税务策略调整机制。这意味着，一旦有新的税务法规或政策出台，企业应迅速评估其影响，并相应地调整税务策略，以确保企业能够快速适应新的税务环境。

### 二、建立健全的内部管理制度

1. 制定管理制度

基于税收法规和政策，企业应制定一套详细的税务管理制度。这套制度应涵盖税务登记、申报、缴税、发票管理等关键流程，确保企业税务活动的规范性和有序性。

2. 设立内部审计

为评估税务合规性并发现潜在风险，企业应设立内部审计岗位。通过定期对税务管理进行审计，内部审计团队可以提出改进建议，帮助企业不断完善税务管理制度。

3. 档案管理

企业应建立税务档案管理制度，确保所有税务相关资料的完整性、准确性和保密性。这不仅有助于税务机关的审查，也便于企业内部的税务管理。

4. 违规处罚

为维护税务管理制度的严肃性和有效性，企业应制定明确的税务违规行为处罚措施，并严格执行。这将对员工形成有效的约束，促使他们自觉遵守税务规定。

**三、加强员工培训和教育**

1. 定期培训

企业应制定年度税务培训计划，针对不同岗位的员工开展定期的税务知识和合规培训。这将帮助员工不断更新税务知识，提高合规意识。

2. 个性化培训

考虑到员工岗位和职责的不同，企业应制定个性化的培训计划。这将确保每个员工都能掌握与岗位相关的税收知识和操作技能，提高工作效率和合规性。

3. 外部培训鼓励

为提升员工的专业素养和竞争力，企业应鼓励员工参加外部税务培训或考取相关税务证书。这将为员工提供更多的学习机会和发展空间。

4. 考核机制

为确保员工真正掌握税务知识，企业应建立员工税务知识考核机制。通过考试、测试等方式定期评估员工的税务知识掌握情况，并根据考核结果进行相应的奖惩。

**四、定期进行自查和整改**

1. 制定自查计划

企业应制定年度税务自查计划，明确自查的时间、范围、重点和责任人。这将确保自查工作的有序进行和有效性。

2. 组建专业自查团队

为确保自查的全面性和细致性，企业应组建专业的税务自查团队。这个团队将对企业的税务活动进行全面检查，发现潜在的税收违规行为和风险点。

3. 整改

针对自查发现的问题，企业应制定具体的整改措施和时间表。同时，应明确整改责任人和监督人，确保问题得到及时解决和有效跟踪。

4. 跟踪复查

为确保整改措施的有效执行，企业应对整改结果进行跟踪和复查。这将有助于及时纠正整改过程中出现的问题，确保企业税务活动的合规性。

**五、积极配合税务机关的监管和检查**

1. 提供必要协助

在税务机关进行税务稽查或审计时，企业应提供必要的协助。这包括提供相关资料、解答疑问等，以确保税务机关能够顺利进行工作。

2. 如实提供信息

企业应如实提供税务机关要求的相关资料和信息，不隐瞒、不造假。这将有助于税务机关准确了解企业的税务状况，避免不必要的误解和纠纷。

3. 积极整改反馈

针对税务机关提出的问题和建议，企业应积极进行整改，并向税务机关反馈整改结果。这将展示企业的合规意愿和行动，增强税务机关对企业的信任度。

4. 建立沟通机制

为确保企业税务活动的合规性，企业应与税务机关建立良好的沟通机制。通过定期交流，企业可以及时了解和掌握最新的税收监管要求，以便及时调整和完善税务管理策略。

## 案例分析 1：延迟税务登记

**一、背景**

某小型私营企业，成立于 2019 年初，主要从事电子产品销售业务。该企业主要通过线下渠道销售产品，员工人数较少，财务状况相对简单。然而，直到 2021 年底，该企业仍未进行税务登记和纳税申报。

该企业自成立以来，虽然销售额稳步增长，但管理层对税务管理的重视程度不足。企业负责人认为，由于企业规模较小，销售额不高，且主要通过现金交易，因此税务登记和纳税申报并非当务之急。此外，他们也担心税务登记和纳税申报程序烦琐，会增加企业的运营成本和时间成本。因此，该企业一直未办理税务登记手续。

**二、分析**

企业负责人对税务管理的重要性认识不足，缺乏必要的税务知识和经验，未能意识到税务登记和纳税申报是企业合法经营的基础。企业担心税务登记和纳税申报程序复杂、耗时，且可能涉及额外的成本，因此选择了拖延。

根据税收法律法规，企业未按期进行税务登记和纳税申报将面临缴纳罚款、滞纳金甚至接受行政处罚的风险。这不仅会给企业带来经济损失，还可能影响企业的声誉和信誉。未进行税务登记可能导致企业的经营被税务机关限制，无法正常开展业务。税务机关有权对违规企业采取税收监管和限制措施，如查封、冻结企业账户等，这将严重影响企业的正常运营。延迟税务登记会给企业的信誉造成负面影响，降低合作伙伴的信任度，进而影响企业的业务发展和市场拓展。

延迟税务登记是一种严重的违法行为，会给企业带来法律、经营和信誉等多方面的风险和损失。企业应加强对税务管理的学习和了解，及时办理税务登记并建立健全的纳税申报机制，与税务机关保持良好的合作关系，以确保企业的税收合规和可持续发展。同时税务机关也应加强对企业的宣传和指导，提供便捷和简化的税务登记和纳税申报服务，减轻企业的负担，促进经济发展和社会稳定。

## 案例分析 2：提供虚假信息进行税务登记

**一、背景**

某中型制造企业，成立于 2015 年，主要从事机械设备的生产和销售。近年来，由于市场竞争激烈，企业经营压力逐渐增大。为了获取更多的税收优惠和政策支持，该企业决定在税务登记时提供虚假信息。在 2022 年的税务登记过程中，该企业故意提供了虚假的财务报表和经营数据，以掩盖其实际经营状况。具体来说，企业夸大了生产成本和研发投入，以降低应税所得额，并虚构了一些不存在的税收优惠项目，以期获得更多的税收减免。此外，企业还隐瞒了部分销售收入，以进一步减少应纳税额。

**二、分析**

企业为了获取更多的税收优惠和政策支持，不惜违反税收法律法规，提供虚假信息进行税务登记。面对市场竞争和经营压力，企业试图通过不正当手段减轻税收负担，以维持其运营和盈利能力。这说明企业管理层对税收法律法规的重视程度不足，缺乏必要的法律意识和风险意识。

企业提供虚假信息进行税务登记是一种严重的违法行为，不仅将导致企业面临法律制裁和经济损失，还将导致企业信誉受损和经营受限。因此，企业应坚守诚实守信的原则，加强法律意识，按照实际经营状况进行税务登记和纳税申报。同时，税务机关也应加强对企业的宣传和指导，提供便捷和简化的税务服务，促进企业税收合规和可持续发展。

## 案例分析 3：未按规定进行变更或注销税务登记

**一、背景**

某科技公司，成立于2010年，主要从事软件开发和技术服务。近年来，随着业务的发展，公司经历了多次股权变更和组织结构调整。然而，在这些变更发生后，公司并未及时到税务机关进行相应的税务登记变更。2022年初，当地税务机关在对该公司进行例行检查时，发现公司的税务登记信息与实际情况不符。具体来说，公司的股权结构、法定代表人以及经营范围等关键信息均发生了变更，但税务登记信息未做相应更新。税务机关随即对此展开了调查。

**二、分析**

公司管理层在股权变更和组织结构调整后，未意识到需要及时进行税务登记变更，疏忽了这一重要环节。财务部门对税务登记变更的具体流程和要求不够熟悉，未能及时准备并提交相关变更资料。部门之间沟通不畅，导致税务登记变更的信息传递不及时。

公司未按规定进行税务登记变更是一种严重的违法行为，不仅导致公司面临法律制裁和经济损失，还可能给公司的正常运营带来严重影响。因此，公司应加强对税务登记变更的管理和重视，确保在关键事件发生变更后能够及时进行税务登记。同时，税务机关也应加强对企业的宣传和指导，提高企业对税务登记变更的认识和重视程度。

## 专题一百六十一：自然人股东是否履行纳税义务

### 业务简介

**一、概念**

自然人股东纳税义务，指的是自然人作为公司股东，在参与公司股权转让、转增股本、利润分配以及公司整体变更为股份有限公司等经济活动时，根据税收法律法规规定，应当履行的纳税义务。这包括但不限于个人所得税、印花税等相关税费的申报与缴纳。

**二、基本规定**

自然人股东转让其持有的公司股权时，应就转让所得缴纳个人所得税。同时，《股权转让所得个人所得税管理办法（试行）》对股权转让的纳税义务、计税依据、申报缴纳等具体事项进行了详细规定。

当公司以未分配利润、盈余公积、资本公积转增股本时，自然人股东应就新增股本部分缴纳个人所得税。自然人股东从公司获得的利润分配（如红利、股息等），同样需要缴纳个人所得税。

**三、违规表现**

1. 股权转让未申报纳税

行为描述：自然人股东在转让其持有的公司股权时，未按照税收法律法规的规定申报并缴纳个人所得税。

目的与动机：逃避纳税义务、获取不正当的税收利益等。

后果：税务机关有权对未申报纳税的股权转让行为进行调查，并依法要求自然人股东补缴税款、滞纳金，并可能处以罚款。严重的情况下，未申报纳税的股权转让行为还可能构成税收违法行为，引发更严重的法律后果，如影响个人征信、导致个人被税务机关列入黑名单等。

2. 转增股本未申报纳税

行为描述：在公司以未分配利润、盈余公积、资本公积转增股本时，自然人股东未就新增股本部分申报并缴纳个人所得税。

目的与动机：与股权转让未申报纳税类似，可能是逃避纳税义务等。

后果：税务机关同样有权对未申报纳税的转增股本行为进行调查，并要求自然人股东补缴税款、滞纳金，并可能处以罚款。此外，这种行为还可能影响公司的税务合规性，甚至引发税务机关对公司进行全面税务检查。

3. 利润分配未申报纳税

行为描述：自然人股东未就从公司获得的利润分配（如红利、股息等）申报并缴纳个人所得税。

目的与动机：逃避纳税义务等。

后果：税务机关可以对未申报纳税的利润分配行为进行调查，并要求自然人股东补缴税款、滞纳金，并可能处以罚款。这种行为同样可能影响公司的税务合规性和声誉。

## 法律法规

《中华人民共和国个人所得税法》的相关规定如下。

第三条：特许权使用费所得，利息、股息、红利所得，财产租赁所得，财产转让所得，偶然所得和其他所得，适用比例税率，税率为百分之二十。

根据第六条的规定，应纳税所得额的计算如下。

（1）个体工商户的生产、经营所得，以每一纳税年度的收入总额减除成本、费用以及损失后的余额，为应纳税所得额。

（2）劳务报酬所得、稿酬所得、特许权使用费所得、财产租赁所得，每次收入不超过四千元的，减除费用八百元；四千元以上的，减除百分之二十的费用，其余额为应纳税所得额。

（3）财产转让所得，以转让财产的收入额减除财产原值和合理费用后的余额，为应纳税所得额。

## 合规程序与方法

**一、加强税收法规学习**

1. 识别学习需求

企业需深入剖析其业务活动，明确涉及的税种，如增值税、企业所得税、个人所得税等，并密切关注相关法规的变动情况。这一步骤要求企业具备高度的敏感性和前瞻性，以确保学习的针对性和实效性。

2. 组织学习资源

企业应积极利用官方税务网站、专业税务书籍、在线课程、税务研讨会等多种渠道，获取最新的税收法规及其变动信息。同时，企业应建立学习资源库，对获取的信息进行整理、分类和存储，以便员工随时查阅和学习。

3. 开展培训活动

企业应根据学习需求和学习资源，制定详细的培训计划，包括培训时间、地点、参与人员、培训内容等。培训计划应确保覆盖所有关键税务知识点，并邀请税务专家或内部资深税务人员进行讲解。培训过程中应注重互动和实践，以提高员工的学习兴趣和参与度。

4. 效果评估与反馈

培训结束后，企业应通过考试、问卷调查等方式评估员工对税收法规的掌握程度。同时，企业应积极收集员工对培训内容和形式的反馈意见，以便不断优化和改进培训计划。对于掌握程度较低的员工，企业应提供额外的辅导和支持，以确保其能够跟上税务法规的更新步伐。

## 二、建立完善的税务管理制度

1. 制度设计

企业应根据其规模、业务复杂性、税务风险等因素，设计一套涵盖税务筹划、纳税申报、税款缴纳、风险管理等方面的制度框架。制度设计应注重实用性和可操作性，确保能够满足企业实际的税务管理需求。

2. 详细规划

在制度框架的基础上，企业应进一步明确税务登记、发票管理、纳税申报、税务审计等具体流程，并制定详细的操作手册。同时，企业应明确各岗位的税务职责和权限，确保税务管理工作的有序进行。

3. 内部审批与发布

设计好的税务管理制度应提交给企业管理层进行审批，以确保制度的合理性和可行性。审批通过后，企业应正式发布税务管理制度，并通过培训、宣传等方式确保所有相关部门和人员都了解并遵守。

4. 执行与监督

企业应严格实施税务管理制度，并通过内部审计、定期检查等方式监督执行情况。对于发现的问题和违规行为，企业应及时进行纠正和处理。同时，企业应根据业务变化和税法更新对制度进行适时调整和完善。

## 三、及时申报与缴纳

1. 识别申报义务

企业应明确其应缴纳的税种、税率、申报周期等关键信息，并建立申报义务台账，以确保不遗漏任何申报义务。

2. 准备申报材料

财务部门应负责收集、整理与税务申报相关的财务数据、发票、合同等关键资料，并进行仔细核对，以确保数据的准确性和完整性。

3. 按时申报

企业应利用税务申报软件或手工填写申报表，确保所有信息准确无误。同时，企业应在税法规定的期限内将申报表提交给税务机关，以避免逾期申报产生滞纳金和罚款。

4. 缴纳税款

根据申报结果，企业应计算应缴税款，并通过银行转账等方式及时缴纳。企业应确保税款缴纳的准确性和及时性，以避免因逾期缴纳而产生的滞纳金和信誉损失。

## 四、寻求专业税务咨询

1. 识别咨询需求

当面临复杂的税务问题、税务筹划、税务争议解决等情况时，企业应及时识别出咨询需求，并明确咨询的具体目标和预期成果。

2. 选择咨询机构

企业应通过市场调研、同行推荐等方式，选择具有良好声誉、专业资质和丰富经验的税务咨询机构。在选择过程中，企业应注重咨询机构的专业能力和服务质量。

3. 明确咨询内容

与选定的咨询机构进行深入沟通，明确咨询的具体范围、目标、预期成果等关键信息。同时，企业应向咨询机构讲述业务背景和提供必要的税务资料，以便其更好地为企业提供咨询服务。

4. 实施咨询并应用

接受咨询机构的专业服务，包括提供税务筹划建议、进行税务风险评估等。企业应认真听取咨询机构的建议，并将其应用于实际的税务管理和决策中。同时，企业应定期对咨询结果进行评估和反馈，以确保咨询服务的有效性和持续改进。

**五、定期进行税务自查并整改**

1. 制定自查计划

企业应根据其实际情况和税法变动情况，制定定期税务自查计划。自查计划应明确自查的范围、方法、责任人等关键信息，如年度自查、专项自查等。

2. 执行自查程序

按照自查计划，企业应组织相关部门和人员对税务申报、发票使用、税务筹划等方面进行全面审查。自查过程中应注重细节和准确性，确保所有税务活动都符合税法规定。

3. 识别问题与风险

在自查过程中，企业应仔细分析税务数据，识别潜在的税务问题和风险点。对于发现的问题和风险，企业应及时进行记录和分类，以便后续整改。

4. 整改与改进

针对发现的问题和风险，企业应制定具体的整改措施。整改措施应注重实效性和可操作性，确保问题能够得到彻底解决。同时，企业应持续改进税务管理流程和方法，以提升税务合规性和管理效率。应将整改结果和改进措施记录下来，作为未来税务管理和自查的参考依据。

## 案例分析 1：某自然人股东未就股权转让所得申报纳税

**一、背景**

自然人股东 A 在某公司持有 10% 的股权，202× 年将这部分股权转让给了另一家公司，获得了 1 000 万元的转让款。然而，A 并未就这笔转让款申报并缴纳个人所得税。税务机关在后续的税务检查中发现了这一问题，要求 A 补缴税款、滞纳金，并处以了相应的罚款。

**二、分析**

在这个案例中，自然人股东 A 未履行关于股权转让的纳税义务，构成了违规行为。税务机关依法对其进行了处罚，并要求补缴税款和滞纳金。这一案例提醒自然人股东在转让股权时务必注意履行纳税义务，避免类似的违规行为。

## 案例分析 2：某公司整体变更为股份有限公司时自然人股东未申报纳税

**一、背景**

某有限责任公司整体变更为股份有限公司，涉及自然人股东 B 的权益变动。然而，B 并未就这部分权益变动申报并缴纳个人所得税。税务机关在审查公司的税务合规性时发现了这一问题，要求 B 补缴税款、滞纳金，并处以了罚款。

**二、分析**

在这个案例中，自然人股东 B 在公司整体变更为股份有限公司时未履行其纳税义务，构成了违规行为。税务机关依法对其进行了处罚，并要求补缴税款和滞纳金。这一案例进一步强调了自然人股东在公司股权变动时要注意履行纳税义务。

# 第二十四章
# 社保合规

## 专题一百六十二：企业是否未按时足额缴纳社保费用

### 业务简介

**一、概念**

企业未按时足额缴纳社会保险费用（简称“社保费用”），指的是用人单位未按照国家法律法规规定的时间和标准，为员工缴纳社保费用的行为。社保费用通常包括养老保险、医疗保险、失业保险、工伤保险和生育保险等五项基本社会保险的费用。未按时足额缴纳可能表现为缴费时间滞后、缴费基数低于实际工资水平、缴费比例不足等多种形式。

**二、基本规定**

用人单位应当自行申报、按时足额缴纳社保费用，非因不可抗力等法定事由不得缓缴、减免。职工应当缴纳的社保费用由用人单位代扣代缴，用人单位应当按月将缴纳社保费用的明细情况告知本人。

社保费用的缴费标准通常由国家或地方政府根据经济发展水平和职工平均工资等因素制定。具体来说，缴费标准包括缴费基数和缴费比例两个方面。缴费基数一般按照职工本人上一年度月平均工资确定，但不得低于当地职工月平均工资的60%，也不得高于当地职工月平均工资的300%。缴费比例则根据不同类型的社会保险而有所不同，具体比例由当地政府根据实际情况确定。

企业未按时足额缴纳社保费用是一种违法行为，将承担相应的法律责任。为了保障员工的合法权益和促使企业长远发展，企业应严格遵守国家法律法规的规定，按时足额为员工缴纳社保费用。同时，政府和社会各界也应加强对企业社保缴费行为的监管和督促工作，共同维护社会保险制度的公平性和可持续性。

**三、违规表现**

1. 缴费时间滞后

行为描述：企业未按照规定的缴费时间（如每月的固定日期）将社保费用缴纳至相关部门。

目的与动机：企业可能因为资金周转问题、管理疏忽或对社保政策理解不足等原因，导致未能及时缴纳社保费用。

后果：社保机构将对企业进行催缴，并可能加收滞纳金；员工的社保权益受到影响，如医疗报销、养老金领取等可能受阻；企业可能面临行政处罚，损害企业信誉。

2. 缴费基数低于实际工资水平

行为描述：企业在申报社保费用时，故意将员工的缴费基数报低，缴费基数低于员工的实际工资水平。

目的与动机：降低社保费用，减轻财务负担。

后果：员工社保权益受损，如养老金、医疗报销等金额减少；社保机构可能对企业进行查处，要求补缴差额并交罚款；企业可能面临员工投诉和法律诉讼。

3. 缴费比例不足

行为描述：企业未按照规定的缴费比例为员工缴纳社保费用，如只缴纳了部分险种的费用或缴纳比例低于法定标准。

目的与动机：节省成本。

后果：员工的社保权益受损，如缺失某些险种的保障；社保机构将要求企业补缴差额并处罚款；企业可能面临员工的不满和离职，影响企业稳定。

4. 故意隐瞒员工人数或工资情况

行为描述：企业在申报社保费用时，故意隐瞒实际员工人数或员工的真实工资情况，以减少社保缴费金额。

目的与动机：逃避社保缴费责任，降低经营成本。

后果：社保机构将对企业进行查处，要求补缴差额并处罚款；员工的社保权益受到严重损害；企业可能面临严重的法律后果和社会声誉损失。

## 法律法规

一、**《劳动法》**

第七十条：国家发展社会保险事业，建立社会保险制度，设立社会保险基金，使劳动者在年老、患病、工伤、失业、生育等情况下获得帮助和补偿。

第七十一条：社会保险水平应当与社会经济发展水平和社会承受能力相适应。

第七十二条：社会保险基金按照保险类型确定资金来源，逐步实行社会统筹。用人单位和劳动者必须依法参加社会保险，缴纳社会保险费。

第七十三条：劳动者在下列情形下，依法享受社会保险待遇：

（一）退休；

（二）患病、负伤；

（三）因工伤残或者患职业病；

（四）失业；

（五）生育。

劳动者死亡后，其遗属依法享受遗属津贴。

劳动者享受社会保险待遇的条件和标准由法律、法规规定。

劳动者享受的社会保险金必须按时足额支付。

第七十四条：社会保险基金经办机构依照法律规定收支、管理和运营社会保险基金，并负有使社会保险基金保值增值的责任。

社会保险基金监督机构依照法律规定，对社会保险基金的收支、管理和运营实施监督。

社会保险基金经办机构和社会保险基金监督机构的设立和职能由法律规定。

任何组织和个人不得挪用社会保险基金。

第七十五条：国家鼓励用人单位根据本单位实际情况为劳动者建立补充保险。

国家提倡劳动者个人进行储蓄性保险。

第七十六条：国家发展社会福利事业，兴建公共福利设施，为劳动者休息、休养和疗养提供条件。

用人单位应当创造条件，改善集体福利，提高劳动者的福利待遇。

二、**《社会保险法》**

第十条：职工应当参加基本养老保险，由用人单位和职工共同缴纳基本养老保险费。

第十二条：用人单位应当按照国家规定的本单位职工工资总额的比例缴纳基本养老保险费，记入基本养老保险统筹基金。

第二十三条：职工应当参加职工基本医疗保险，由用人单位和职工按照国家规定共同缴纳基本医疗保险费。

第三十三条：职工应当参加工伤保险，由用人单位缴纳工伤保险费，职工不缴纳工伤保险费。

第四十四条：职工应当参加失业保险，由用人单位和职工按照国家规定共同缴纳失业保险费。

第五十三条：职工应当参加生育保险，由用人单位按照国家规定缴纳生育保险费，职工不缴纳生育保险费。

第六十二条：用人单位未按规定申报应当缴纳的社会保险费数额的，按照该单位上月缴费额的百分之一百一十确定应当缴纳数额；缴费单位补办申报手续后，由社会保险费征收机构按照规定结算。

第六十三条：用人单位未按时足额缴纳社会保险费的，由社会保险费征收机构责令其限期缴纳或者补足。

用人单位逾期仍未缴纳或者补足社会保险费的，社会保险费征收机构可以向银行和其他金融机构查询其存款账户；并可以申请县级以上有关行政部门作出划拨社会保险费的决定，书面通知其开户银行或者其他金融机构划拨社会保险费。用人单位账户余额少于应当缴纳的社会保险费的，社会保险费征收机构可以要求该用人单位提供担保，签订延期缴费协议。

用人单位未足额缴纳社会保险费且未提供担保的，社会保险费征收机构可以申请人民法院扣押、查封、拍卖其价值相当于应当缴纳社会保险费的财产，以拍卖所得抵缴社会保险费。

## 合规程序与方法

确保企业按时足额缴纳社保费用的合规程序与方法涉及多个方面，包括自查、补缴、报告、接受监督以及后续的管理与预防等。以下是对这一过程的详细解释。

**一、自查与发现问题**

1. 内部审核

企业应定期进行社保缴纳的内部审核，核对社保缴纳记录与实际支付情况，确保数据的准确性和完整性。

2. 对照法规

将企业的社保缴纳情况与《社会保险法》《社会保险费征缴暂行条例》等相关法律法规进行对照，检查是否存在未按时或未足额缴纳的情况。

**二、补缴程序**

1. 计算补缴金额

根据发现的未缴纳或未足额缴纳的社保费用，计算需要补缴的具体金额。这通常包括欠缴的本金、利息（如有）以及可能的滞纳金。

2. 提交补缴申请

向当地社保经办机构提交补缴申请，并附上相关的证明材料，如财务报表、工资单等。

3. 办理补缴手续

按照社保经办机构的要求，办理具体的补缴手续，包括缴纳补缴金额、填写相关表格等。

**三、报告与备案**

1. 书面报告

在完成补缴后，企业应向社保经办机构提交书面报告，详细说明补缴的原因、过程及结果。

2. 备案存档

社保经办机构将对企业提交的补缴材料进行审核，并办理备案存档手续。这将作为企业已履行补缴义务的证明。

**四、接受监督与检查**

1. 配合检查

企业应积极配合社保经办机构的监督和检查工作，提供必要的协助和支持。

2. 整改落实

对于在监督和检查过程中发现的问题，企业应按照社保经办机构的要求进行整改落实，确保问题得到及时解决。

**五、后续管理与预防**

1. 完善社保管理制度

企业应建立完善的社保管理制度，明确社保缴纳的责任部门、责任人和缴纳流程，确保社保缴纳工作的规范性和准确性。

2. 加强培训与宣传

加强对员工的社保培训和宣传，提高员工对社保政策的认识和重视程度。同时，也应对负责社保缴纳工作的人员进行专业培训，提升其业务能力和合规意识。

3. 定期自查与审计

企业应定期进行社保合规自查与审计，及时发现并纠正和应对潜在的问题和风险。这有助于确保企业社保缴纳工作的持续合规性。

## 案例分析 1：某大型制造业企业因资金链紧张未按时缴纳社保费用

**一、背景**

某大型制造业企业，近年来由于市场竞争激烈，原材料价格波动大，导致企业利润下滑。为了维持日常运营和研发投入，企业资金链逐渐紧张。在此情况下，企业为了优先保障生产和支付供应商款项，连续三个月未按时缴纳社保费用。

**二、分析**

根据《社会保险法》的明确规定，企业应当按时且足额地缴纳社保费用。然而，该企业却连续三个月未按时履行这一法定责任，显然已经违反了相关法律法规。

这一违规行为直接影响了员工的社保权益，可能导致他们的医疗、养老等社会保障中断，进而给员工的日常生活带来诸多不便和困扰。

同时，企业也可能因此面临社保经办机构的严厉处罚，包括被要求缴纳滞纳金和罚款，这些都将对企业的财务状况造成进一步的压力。更为严重的是，这一行为还可能影响企业的信用记录，损害其在市场上的声誉和形象。

此外，未按时缴纳社保费用还可能引发员工对企业的不满和信任度下降，进而对企业的内部稳定造成负面影响，甚至可能导致企业与员工关系紧张。

因此，企业应当合理规划自身的财务状况，确保社保缴纳的稳定性。在资金紧张的情况下，可以考虑调整经营策略、积极寻求外部融资，或者与社保经办机构进行协商，共同制定更为灵活的缴纳方案。同时，企业也应加强与员工的沟通，向他们讲明企业当前的困境，并明确承诺在财务状况改善后将立即补缴社保费用，以保障员工的合法权益。

## 案例分析 2：某知名餐饮企业为降低成本未足额缴纳社保费用

**一、背景**

某知名餐饮企业，为了降低成本、提高利润，长期按照最低工资标准为员工缴纳社保费用，而实际上员工的工资远高于最低工资标准。企业认为这样可以节省大量社保费用，增强企业的竞争力。

**二、分析**

企业未按照员工的实际工资足额缴纳社保费用，这一行为明显违反了《社会保险法》中关于社保缴纳基数的明确规定。由此，员工的社保权益遭受了严重损害，他们的养老、医疗等社会保障待遇将大幅缩减，这对员工的长期福利构成了显著影响。

若此事被公之于众，企业必将面临公众的广泛质疑和严厉批评，其品牌形象和声誉也将因此受损。更为严重的是，此事件可能导致企业面临员工的集体投诉和社保经办机构的处罚，甚至有可能引发法律诉讼，给企业带来更大的法律风险和经济损失。

因此，企业应严格按照员工的实际工资足额缴纳社保费用，以确保员工的社保权益得到充分保障。这不仅是企业的法律责任，更是维护员工权益、体现企业社会责任的重要方面。为此，企业应加强内部管理和培训，提高员工的社保意识和企业的合规意识，确保企业上下都深刻认识到足额缴纳社保费用的重要性和必要性。

### 案例分析 3：某初创企业因人事变动和疏忽导致未及时缴纳社保费用

**一、背景**

某初创企业，由于快速发展和人事变动频繁，导致企业内部管理出现疏漏。近期，人事部门由于疏忽，未及时缴纳部分员工近半年的社保费用。

**二、分析**

由于内部管理存在疏漏，企业未能按时完成社保缴纳，这一行为违反了《社会保险法》中关于按时缴纳社保费用的明确规定。因此，员工的社保权益受到了严重影响，医疗、工伤等社会保障被迫中断，给员工的日常生活带来了极大的不便和困扰。

此事件可能导致企业面临员工的法律诉讼和社保经办机构的处罚，从而给企业带来不必要的法律纠纷和经济损失。更为严重的是，这一事件还可能影响企业在员工和潜在合作伙伴中的形象，对企业的信誉造成损害。

为了防范类似事件再次发生，企业应加强内部管理和培训，特别是针对人事部门的管理和培训，以确保社保缴纳工作的准确性和及时性。同时，对于人事变动等可能导致社保缴纳不及时的情况，企业应制定相应的应对措施和补救方案，例如建立社保缴纳提醒系统、定期进行社保缴纳审核等。

此外，企业还应加强与员工的沟通，对社保缴纳不及时的情况进行及时解释和道歉，并明确承诺立即补缴社保费用，以保障员工的合法权益，同时维护企业的良好形象。

## 专题一百六十三：企业是否未办理社会保险登记

### 业务简介

**一、概念**

企业未办理社会保险登记，指的是企业作为用人单位，未按照相关法律法规的规定，为其员工办理社会保险登记手续，从而使员工未被纳入社会保险体系，无法享受相应的社会保障权益。社会保险登记是企业及其员工参与社会保险制度的基础，是确保员工社会保险权益得以实现的重要环节。

**二、基本规定**

用人单位应当在成立之日起的三十日内，凭借营业执照、登记证书或单位印章，主动向当地的社会保险经办机构提交申请，办理社会保险登记手续。社会保险登记的内容涵盖了企业的基本信息、员工名册以及缴费基数等关键要素，这些信息是社会保险经办机构为企业及其员工提供精准、高效的社会保险服务的重要基石。

根据《社会保险法》的明确规定，若用人单位未能按时足额缴纳社会保险费，社会保险费征收机构将依法责令其限期缴纳或补足，并从欠缴之日起，按日加收万分之五的滞纳金。若逾期仍未缴纳，有关行政部门将对其处以欠缴数额一倍至三倍的罚款，以彰显法律的严肃性。

针对未办理社会保险登记的企业，社会保险经办机构有权要求其限期改正。若逾期仍未改正，将对用人单位处以应缴社会保险费数额一倍至三倍的罚款，并对其直接负责的主管人员和其他直接责任人员处以五百元至三千元的罚款，以确保社会保险制度的顺利实施和员工的合法权益得到维护。

办理社会保险登记是企业作为用人单位不可推卸的法定义务。企业应自觉遵守相关法律法规，及时为员工办理社会保险登记手续，并按时足额缴纳社会保险费。这不仅是对员工权益的有力保障，更是企业履行社会责任的重要体现，彰显了企业对员工和社会的关怀与责任。

**三、违规表现**

企业未办理社会保险登记的违规表现及其分析如下。

1. 未在规定时限内向社会保险经办机构提交登记申请

行为描述：企业在完成注册后，未按照《社会保险法》等法律法规的要求，在法定时限内向当地社会保险经办机构提交社会保险登记申请。

目的与动机：为了节省成本，故意拖延或逃避为员工办理社会保险登记。

后果：员工无法被及时纳入社会保险体系，无法享受应有的社会保障权益；企业可能面临社会保险行政部门的责令改正和罚款处罚；企业形象和声誉受损，员工对企业的信任度和忠诚度降低。

2. 未凭借有效证件办理社会保险登记手续

行为描述：企业在申请社会保险登记时，未能提供营业执照、登记证书或单位印章等有效证件，导致无法完成登记手续。

目的与动机：企业可能故意隐瞒或提供虚假信息，以逃避缴纳社会保险的责任。

后果：社会保险经办机构无法为企业及其员工提供精准、高效的社会保险服务；企业可能因提供虚假信息或隐瞒真实情况而面临严厉的法律处罚；员工权益受损，无法享受社会保险保障。

3. 未将全部员工纳入社会保险体系

行为描述：企业虽然办理了社会保险登记，但未按照规定将全部员工纳入社会保险体系。

目的与动机：为了降低成本，选择只为部分员工办理社会保险。

后果：未纳入社会保险体系的员工将无法享受医疗保险、养老保险等社会保障权益；企业可能面临社会保险行政部门的罚款和滞纳金处罚；员工对企业的不满情绪可能加剧，导致劳动关系紧张或引发劳动争议。

## 法律法规

《社会保险法》

第五十七条：用人单位应当自成立之日起三十日内凭营业执照、登记证书或者单位印章，向当地社会保险经办机构申请办理社会保险登记。社会保险经办机构应当自收到申请之日起十五日内予以审核，发给社会保险登记证件。

用人单位的社会保险登记事项发生变更或者用人单位依法终止的，应当自变更或者终止之日起三十日内，到社会保险经办机构办理变更或者注销社会保险登记。

市场监督管理部门、民政部门和机构编制管理机关应当及时向社会保险经办机构通报用人单位的成立、终止情况，公安机关应当及时向社会保险经办机构通报个人的出生、死亡以及户口登记、迁移、注销等情况。

第五十八条：用人单位应当自用工之日起三十日内为其职工向社会保险经办机构申请办理社会保险登记。未办理社会保险登记的，由社会保险经办机构核定其应当缴纳的社会保险费。

自愿参加社会保险的无雇工的个体工商户、未在用人单位参加社会保险的非全日制从业人员以及其他灵活就业人员，应当向社会保险经办机构申请办理社会保险登记。

国家建立全国统一的个人社会保障号码。个人社会保障号码为公民身份号码。

## 合规程序与方法

**一、了解法律法规要求**

1. 查阅相关法律法规

首先企业应查阅《社会保险法》及相关配套法规，明确社会保险登记的具体要求、时限以及所需材料。这些法律法规是企业办理社会保险登记的基本依据。

2. 关注政策动态

由于社会保险政策可能随着时间的推移而发生变化，企业应关注当地社会保险经办机构的官方网站或相关政府部门发布的最新政策动态，确保及时了解最新的社会保险登记要求。

**二、准备登记材料**

1. 营业执照及登记证书

企业需提供有效的营业执照副本、登记证书或其他核准执业证件的原件及复印件。

2. 法定代表人身份证明

企业应提供法定代表人的身份证明原件及复印件。

3. 其他相关材料

根据当地社会保险经办机构的具体要求，企业可能还需提供其他相关材料，如银行开户许可证等。

**三、提交登记申请**

1. 选择提交方式

企业可以选择线上或线下两种方式提交社会保险登记申请。线上方式通常是通过当地社会保险公共服务平台或政府官方网站进行在线申请；线下方式则是携带相关材料到社会保险经办机构窗口进行现场申请。

2. 填写申请表格

无论选择哪种提交方式，企业都需要填写社会保险登记申请表格，并确保所填信息真实、准确、完整。

3. 提交申请材料

将准备好的登记材料连同申请表格一并提交给社会保险经办机构。线上提交时，需按照系统提示上传电子版材料；线下提交时，则需将纸质材料递交给窗口工作人员。

**四、配合审核与登记**

1. 接受审核

社会保险经办机构在收到企业的登记申请后，将对企业提交的材料进行审核。企业需积极配合社会保险经办机构的工作，及时提供补充材料或说明情况。

2. 完成登记

审核通过后，社会保险经办机构将为企业办理社会保险登记手续，并颁发社会保险登记证或相关证明文件。企业应妥善保管这些证件和文件，以备后续使用。

**五、履行缴费义务**

1. 了解缴费标准

完成社会保险登记后，企业应按照当地社会保险政策的规定，了解并掌握各项社会保险的缴费标准。

2. 按时足额缴费

企业应按照规定的缴费标准和时限，按时足额缴纳社会保险费。可以通过银行代扣、网上缴费等方式进行缴费操作。

**六、持续监督与合规管理**

1. 建立内部管理制度

企业应建立健全社会保险管理制度，明确社会保险登记、缴费、待遇享受等环节的流程和要求，确保社会保险管理的规范化和制度化。

2. 加强员工培训

定期对员工进行社会保险法律法规的培训和教育，提高员工对社会保险的认识和遵守意识。

3. 定期自查自纠

企业应定期对社会保险登记和缴费情况进行自查自纠，及时发现并纠正存在的问题，确保社会保险管理的合规性。

## 案例分析 1：某公司未依法为职工办理社会保险登记

**一、背景**

公司 B 在运营过程中，未按照《社会保险法》及相关法律法规的规定，为全体职工办理社会保险登记。职工在发现自身社保权益受损后，多次与公司协商要求办理社保登记，但公司一直未予理会。最终，职工集体向当地劳动保障监察部门进行了投诉。

劳动保障监察部门接到投诉后，立即展开了调查。通过调取公司的人事档案、工资发放记录等证据材料，确认了公司未为职工办理社会保险登记的事实。

同时，监察部门还与公司负责人进行了谈话，听取了公司的辩解意见，但公司未能提供合法有效的免责证据。根据调查结果，劳动保障监察部门依法向公司下达了《劳动保障监察责令改正指令书》，责令公司在规定期限内为全体职工办理社会保险登记，并补缴欠缴的社会保险费用。在劳动保障监察部门的监督下，公司最终在规定期限内完成了社会保险登记工作，并为职工补缴了欠缴的社会保险费用。

**二、分析**

公司未依法为职工办理社会保险登记，违反了《社会保险法》的相关规定，侵害了职工的合法权益。根据法律规定，公司不仅需要为职工补办社会保险登记并补缴社会保险费用，还可能面临劳动保障监察部门的行政处罚，如罚款等。同时，公司的违法行为还可能引发劳动纠纷，影响企业的声誉和稳定。

**三、结论**

企业应高度重视社会保险登记工作，建立健全社保管理制度，确保为职工及时、足额缴纳社会保险费用。加强与职工的沟通协商，及时解决职工在社保方面的合理诉求，维护企业的和谐稳定。提高法律意识，定期组织管理层和职工参加社会保险法律法规的培训，确保企业依法合规运营。

## 案例分析 2：某食品厂未为试用期职工缴纳社会保险

**一、背景**

李先生在济宁市中区某食品厂工作了 4 年，双方约定试用期为半年。试用期满后，李先生与食品厂签订了正式的劳动合同，并约定食品厂为其缴纳基本养老保险、失业保险、医疗保险和工伤保险。然而，当李先生因家庭原因需要辞职并转移社会保险档案时，发现食品厂在李先生试用期内未为其缴纳任何社会保险费用。李先生多次与食品厂协商无果后，向济宁市劳动和社会保障部门进行了投诉。

李先生带着疑问来到济宁市劳动和社会保障部门咨询，询问食品厂在试用期内未为其缴纳社会保险是否合理。

劳动和社会保障部门工作人员明确告知李先生，根据《劳动法》及相关规定，用工单位必须为员工缴纳养老、失业、医疗、工伤四项社会保险，缴纳时间从试用期开始算起，直到劳动合同终止。因此，食品厂在试用期内未为李先生缴纳社会保险的行为是违法的。在确认食品厂的违法行为后，劳动和社会保障部门依法向食品厂下达了整改通知书，责令其在规定期限内为李先生补缴应在其试用期内为其缴纳的社会保险费用，并提醒食品厂今后要依法为所有职工缴纳社会保险。

**二、分析**

用人单位为职工缴纳社会保险是其法定义务，这一义务不因职工处于试用期而免除。因此，食品厂在试用期内未为李先生缴纳社会保险的行为明显违反了相关法律法规。社会保险是保障职工基本生活权益的重要制度。食品厂未为李先生缴纳社会保险费用，导致李先生在试用期内无法享受到应有的社会保障待遇，损害了其合法权益。

劳动和社会保障部门作为监管部门，在接到职工投诉后依法进行了调查和处理，确保了法律法规的贯彻执行和职工权益的有效维护。同时，通过责令整改通知书的形式督促企业及时纠正违法行为并履行法定义务。

## 专题一百六十四：企业是否伪造、篡改社保数据

### 业务简介

**一、概念**

企业伪造、篡改社保数据，是指企业在社会保险登记、缴费、待遇享受等过程中，故意制造虚假的社保数据或者对已有的社保数据进行非法修改，以达到规避法律责任、减少社保缴费、获取不当利益等目的的行为。

**二、基本规定**

企业应当按照社会保险法律法规的规定，真实、准确地为职工办理社会保险登记、缴费和待遇享受等手续，不得伪造、篡改社保数据。企业应妥善保管社保数据，不得泄露或非法使用，确保社保数据的安全性和保密性。

**三、违规表现**

1. 伪造职工名册

行为描述：企业为了规避社保缴费责任，故意制造虚假的职工名册。

目的与动机：减少社保缴费金额，降低企业运营成本；追求不正当的经济利益，规避法律责任。

后果：损害了职工的合法权益，因为他们可能无法享受到应有的社保待遇。破坏了社会保险制度的公平性和可持续性。企业将面临法律处罚，包括罚款、吊销营业执照等。

2. 篡改缴费基数

行为描述：企业非法修改职工的缴费基数，通常是将高收入职工的缴费基数降低。

目的与动机：减少社保缴费金额。

后果：高收入职工的社保权益受损，因为他们未来的社保待遇将基于较低的缴费基数计算。企业面临法律处罚，包括罚款等。

3. 虚报社保待遇

行为描述：企业故意虚报职工的社保待遇，如虚报工伤、虚报医疗费用等。

目的与动机：获取不当的社保基金支付，并将这些资金用于企业运营或其他非法目的。追求不正当的经济利益，利用社保制度漏洞进行欺诈。

后果：损害了社保基金的安全性和可持续性，因为虚报导致基金流失。影响了真正需要社保待遇的职工的权益，因为社保基金被非法占用。企业将面临严重的法律后果，包括罚款、刑事责任等。

4. 隐瞒社保信息

行为描述：企业故意隐瞒重要的社保信息，如职工的实际工资水平、工作时间等。

目的与动机：规避社保缴费责任，通过隐瞒真实信息来减少缴费金额。追求不正当的经济利益，利用信息不对称来逃避法律责任。

后果：损害了职工的合法权益，因为他们可能无法获得与实际工资水平相匹配的社保待遇。破坏了社保制度的公平性和透明度。企业面临法律处罚，包括罚款等。

5. 利用技术手段篡改数据

行为描述：企业利用技术手段直接篡改社保数据库中的数据。

目的与动机：减少社保缴费、获取不当社保待遇等。

后果：严重损害了社保数据的安全性和完整性。影响了社保制度的正常运行和职工的合法权益。企业将面临严厉的法律处罚，包括刑事责任、高额罚款等。同时，企业的声誉也将受到严重损害。

## 法律法规

《社会保险法》的相关规定如下。

第八十八条：以欺诈、伪造证明材料或者其他手段骗取社会保险待遇的，由社会保险行政部门责令退回骗取的社会保险金，处骗取金额二倍以上五倍以下的罚款。

第八十九条：社会保险经办机构及其工作人员有下列行为之一的，由社会保险行政部门责令改正；给社会保险基金、用人单位或者个人造成损失的，依法承担赔偿责任；对直接负责的主管人员和其他直接责任人员依法给予处分：

（一）未履行社会保险法定职责的；

（二）未将社会保险基金存入财政专户的；

（三）克扣或者拒不按时支付社会保险待遇的；

（四）丢失或者篡改缴费记录、享受社会保险待遇记录等社会保险数据、个人权益记录的；

（五）有违反社会保险法律、法规的其他行为的。

第九十条：社会保险费征收机构擅自更改社会保险费缴费基数、费率，导致少收或者多收社会保险费的，由有关行政部门责令其追缴应当缴纳的社会保险费或者退还不应当缴纳的社会保险费；对直接负责的主管人员和其他直接责任人员依法给予处分。

## 合规程序与方法

为了确保企业社保数据的真实性和合规性，企业可以采取以下措施来预防和避免相关违法行为的发生。

**一、加强法律法规学习**

1. 组织培训

企业应定期组织员工（特别是负责社保管理的人员）参加社会保险法律法规的培训。这类培训应涵盖社保政策的最新动态、对法律法规的解读以及合规操作的具体要求，旨在提高员工的法律意识和合规意识。企业通过专业的讲解和案例分析，使员工深刻理解遵守社保法律法规的重要性和违反规定可能带来的严重后果。

2. 宣传教育

企业应通过内部宣传栏、企业网站、微信群等多种渠道，向全体员工普及社会保险知识。宣传教育的内容可以包括社保制度的基本原理、员工权益保障、企业责任以及伪造、篡改社保数据的严重后果等。通过这种方式，增强员工的法律意识和自我保护能力，营造全员关注社保合规的良好氛围。

**二、建立健全内部管理制度**

1. 制定内部管理制度

企业应结合实际情况，制定一套完善、细致的社保管理制度。该制度应明确社保数据的采集、录入、审核、存储等各个环节的流程和要求，确保每一步操作都有章可循、有据可查。同时，制度还应规定相关人员的职责和权限，形成责任明晰、分工合作的管理体系。

2. 设置权限管理

为了防止社保数据被非法访问和修改，企业应对社保管理系统进行严格的权限设置。只有被授权的人员才能访问和修改社保数据，不同级别的人员应有不同的操作权限。通过权限管理，确保社保数据的安全性和保密性。

3. 定期审计

企业应建立社保数据的定期审计机制，对社保数据进行全面的核查和比对。审计的频率可以根据企业的实际情况和数据变动情况来确定，但至少应每年进行一次。通过审计，及时发现并纠正社保数据中的错误和异常情况，确保数据的真实性和准确性。

**三、采用技术手段保障数据安全**

1. 使用专业软件

为了提高处理社保数据的准确性和效率，减少发生人为错误的可能性，企业应采用专业的社保管理软件。这类软件通常具有强大的数据处理能力和完善的安全防护措施，能够有效保障社保数据的安全性和完整性。

2. 加强数据加密

为了防止社保数据在存储和传输过程中被泄露和篡改，企业应对社保数据进行加密处理。采用先进的加密算法和技术手段，确保社保数据在存储和传输过程中的安全性和保密性。同时，还应定期对加密算法和密钥进行更新和更换，以防止被破解和攻击。

3. 建立备份机制

为了防止社保数据丢失或损坏，企业应定期对社保数据进行备份。备份的频率可以根据数据的变动情况和重要性来确定，但至少应每周进行一次。通过备份机制，确保社保数据的完整性和可恢复性，以在数据丢失或损坏时能够及时恢复。

**四、积极配合政府部门监管**

1. 主动申报

企业应按照法律法规的规定，主动向社会保险经办机构申报社保数据。申报的数据应真实、准确、完整，能够反映企业的社保缴费情况和员工的社保权益。通过主动申报，展示企业的合规意识和诚信态度。

2. 接受检查

企业应积极配合社会保险行政部门和其他政府部门的监督检查工作。在检查过程中，如实提供相关资料和情况说明，不隐瞒、不谎报。对于政府部门提出的整改要求和建议，企业应认真对待并按时完成整改任务。

**五、建立举报奖励机制**

1. 鼓励内部举报

为了鼓励员工积极举报伪造、篡改社保数据等违法行为，企业应建立内部举报奖励机制。对于提供有效线索和证据的员工，企业应给予一定的奖励和表彰，以激发员工的正义感和参与热情。

2. 保护举报人权益

为了确保举报人的权益不受损害，企业应严格保密举报人的信息。对于泄露举报人信息或打击报复举报人的行为，企业应依法严肃处理并追究相关人员的责任。通过保护举报人权益，营造全员参与、共同维护社保合规的良好氛围。

## 案例分析：某制造企业篡改社保数据

**一、背景**

某制造企业，为了降低运营成本，提高企业利润，决定采取非法手段减少社保缴费金额。该企业通过伪造职工名册、篡改缴费基数、虚报社保待遇以及利用技术手段篡改社保数据库数据等多种方式，以达到规避法律责任、减少社保缴费金额的目的。该企业将实际未在企业工作的人员列入职工名册，同时，对于已经离职的职工，企业并未及时从名册中删除，而是继续为其缴纳社保，但实际上这些费用并未真正缴纳，企业只在账目上做了虚假记录。为了进一步减少社保缴费金额，该企业将高收入职工的缴费基数进行了篡改，将其降低至最低缴费基数，从而大幅减少了应为这些职工缴纳的社保费用。该企业还通过虚报工伤、虚报医疗费用等方式，骗取社保基金支付，并非法占为已有。随着信息化的发展，该企业还利用技术手段直接篡改社保数据库中的数据，以达到非法目的。

**二、分析**

该企业的行为严重违反了社会保险法律法规，属于伪造、篡改社保数据的违法行为。此行为不仅损害了职工的合法权益，也破坏了社会保险制度的公平性和可持续性。该企业的主要目的是减少社保缴费金额，降低企业运营成本。动机是追求不正当的经济利益，规避法律责任。然而，这种行为最终将导致企业面临严重的法律后果和声誉损失。该企业的违法行为被社保部门查处后，企业将面临高额的罚款。同时，企业的声誉也受到了严重损害，影响了其在市场上的竞争力和发展前景。更重要的是，该企业的行为损害了职工的合法权益，让职工对未来的社保待遇产生了不信任感。

企业应严格遵守社会保险法律法规，真实、准确地为职工办理社会保险登记、缴费和待遇享受等手续。任何伪造、篡改社保数据的行为都是违法的，将受到法律的制裁。

企业应加强内部管理，建立健全社保管理制度，确保社保数据的真实性和准确性。同时，企业也应加强对职工的宣传和教育，提高职工的社保意识和法律意识。

社保部门应加大监管力度，对企业的社保数据进行定期检查和审核，及时发现和查处违法行为。同时，社保部门也应加强对企业的指导和帮助，提高企业的社保管理水平和法律意识。

# 专题一百六十五：企业是否违规委托他人代缴社保

## 业务简介

**一、概念**

企业违规委托他人代缴社保是指企业通过委托与企业员工不存在实质劳动关系的第三方机构或个人，代企业缴纳社会保险费的行为。这种行为通常涉及伪造劳动关系、提供虚假材料等手段，企业试图通过这种行为达到逃避法律责任、享受社保待遇或获取其他不当利益的目的。

**二、基本规定**

用人单位和个人应当依法缴纳社会保险费。用人单位应当为其职工办理社会保险登记，并按月足额缴纳社会保险费。

企业禁止通过非法渠道或欺诈手段为与企业无劳动关系的人代缴社保。禁止通过伪造、变造证明材料或其他手段骗取社会保险待遇。

**三、违规表现**

1. 伪造劳动关系

行为描述：企业通过伪造或篡改文件以伪造劳动关系。这可能包括提供虚假的合同、出勤记录、工资单或其他相关文档。

目的与动机：规避法律义务，节省成本，获取某种资格或福利（如社保待遇）。

后果：该行为会导致严重的法律后果，包括但不限于罚款、监禁。同时，任何由此获得的利益都可能被追回，企业可能面临进一步的赔偿要求。

2. 骗取社保待遇

行为描述：企业通过欺诈手段享受不应享有的社会保险待遇。这可能包括提供虚假证明文件、夸大或虚构病情以获取更高的补偿等。

目的与动机：获取不正当利益。

后果：这种行为是严重的违法行为，将受到严厉打击。企业不仅要上交所有非法所得，还可能面临刑事起诉和罚款。

## 法律法规

《社会保险法》第六十条：用人单位应当自行申报、按时足额缴纳社会保险费，非因不可抗力等法定事由不得缓缴、减免。职工应当缴纳的社会保险费由用人单位代扣代缴，用人单位应当按月将缴纳社会保险费的明细情况告知本人。

无雇工的个体工商户、未在用人单位参加社会保险的非全日制从业人员以及其他灵活就业人员，可以直接向社会保险费征收机构缴纳社会保险费。

## 合规程序与方法

确保企业社保合规的程序主要涉及以下几个方面。

**一、了解法律法规要求**

企业应全面、深入地了解《社会保险法》及相关配套法规，确保对社保缴纳的主体责任、缴纳方式、缴费比例、缴费期限以及违规代缴的法律后果等有清晰的认识。这些法律法规是企业判断自身社保缴纳行为是否合规的基本依据，也是保障员工社保权益、维护企业合法权益的重要基石。企业应当密切关注法律法规的变动，及时调整和完善自身的社保缴纳策略和管理制度。

**二、自查社保缴纳情况**

1. 确认缴纳主体

企业应仔细核对社保的开户和缴费单位是否为本企业。如果企业通过第三方机构代缴社保，而该机构并非与劳动者建立劳动关系的实际用人单位，那么这种代缴行为违规，企业应立即纠正。

2. 核实劳动关系

企业应核实与员工之间是否存在真实的劳动关系。代缴社保往往涉及虚构劳动关系，这是违法行为。企业应通过查看劳动合同、工资发放记录、考勤记录等方式，确保与员工之间的劳动关系真实有效。

3. 检查缴费基数

企业应检查社保缴费基数是否按照员工实际工资确定，而非按照最低工资标准缴纳。按照最低工资标准缴纳社保是不合规的行为，会损害员工的社保权益。企业应按照员工实际工资水平确定缴费基数，并按时足额缴纳社保费用。

**三、纠正违规行为**

1. 停止违规代缴

一旦发现存在违规代缴社保的行为，企业应立即纠正，改为由企业直接为员工缴纳社保。这样可以确保社保缴纳的合规性，避免法律风险。

2. 补缴社保费用

对于已经违规代缴的社保费用，企业应按照法律法规的规定进行补缴。补缴时，企业应确保补缴的社保费用与员工实际工资水平相符，以保障员工的社保权益不受损害。

3. 内部整改

针对违规代缴社保的问题，企业应进行内部整改，包括完善社保缴纳管理制度、加强内部监管、提高员工合规意识等措施。通过整改，企业可以规范自身的社保缴纳行为，防止类似问题再次发生。

**四、配合政府部门监管**

企业应积极配合社会保险行政部门和其他政府部门的监管工作。在监管过程中，企业应如实提供相关资料和情况说明，不得隐瞒或提供虚假信息。对于政府部门提出的整改要求，企业应认真对待并按时完成整改任务。通过积极配合政府部门的监管工作，企业可以确保自身的社保缴纳行为符合法律法规的要求。

**五、建立合规机制**

1. 完善管理制度

企业应制定完善的社保缴纳管理制度。这些制度应明确社保缴纳的流程、标准和责任分工，确保各个环节都有明确的制度和规范可循。通过完善管理制度，企业可以规范自身的社保缴纳行为，提高管理效率和质量。

2. 加强员工培训

企业应定期对员工进行社保法律法规和缴纳制度的培训。通过培训，员工可以了解社保法律法规的基本要求和缴纳制度的具体内容，提高自身的合规意识和操作能力。这样可以帮助企业更好地执行社保缴纳制度，减少违规行为的发生。

3. 建立监督机制

企业应设立专门的监督部门或岗位，负责对企业社保缴纳情况进行定期检查和监督。通过监督机制的运行，企业可以及时发现和纠正社保缴纳过程中存在的问题和不足，确保各项制度得到有效执行。同时，监督机制还可以对员工的社保缴纳行为进行监督和约束，提高员工的合规意识和自律性。

## 案例分析：企业违规委托他人代缴社保

**一、背景**

知名企业A，为了降低运营成本并规避部分法律责任，长期通过一家第三方机构B为其员工代缴社会保险。这种代缴行为并未基于真实的劳动关系，且代缴社保费用时也并未完全按照员工实际工资水平进行缴纳。近期，社会保险行政部门在对A企业进行常规检查时，发现了这一违规行为。社会保险行政部门依法对A企业进行了行政处罚，责令其改正违规行为，并处罚款。A企业被要求按照员工实际工资水平补缴社保费用，以保障员工的社保权益。

**二、分析**

A企业通过第三方机构B代缴社保，而B并非与A企业员工建立劳动关系的实际用人单位，违反了《社会保险法》中关于用人单位应自行申报、按时足额缴纳社会保险费的规定。

A企业并未完全按照员工实际工资水平委托B缴纳社保费用，而是选择了较低的缴费基数，以降低成本，这同样违反了社保法律法规的要求。

此次违规行为被公开后，对A企业的声誉造成了一定程度的损害，影响了其在市场上的形象和信誉。企业应严格遵守《社会保险法》及相关配套法规，确保社保缴纳的合规性。任何违规代缴社保的行为都可能面临严重的法律后果。

## 专题一百六十六：企业社保基金财务管理是否不规范

### 业务简介

**一、概念**

企业社保基金财务管理不规范指的是企业在管理和运营社会保险基金的过程中，未能严格遵守国家相关法律法规，导致社保基金的安全、完整和有效运行受到威胁。这种行为可能涉及资金的筹集、使用、核算、监督等多个环节，不仅影响员工的社保权益，还损害企业的信誉和长远利益。

**二、基本规定**

《社会保险法》《社会保险基金财务制度》等，明确了社保基金筹集、使用、管理的基本原则和具体要求；规定了社保基金财务管理的基本制度，包括会计核算方法、账户设置、资金划拨、“收支两条线”管理等；建立了包括财政、审计、社会监督在内的多层次监督机制，对社保基金的筹集、使用和管理进行全程监控。

**三、违规表现**

1. 缴费基数或比例不足

行为描述：企业未按照员工的实际工资水平确定缴费基数，或者未按照规定的比例缴纳社保费用，导致社保基金收入减少。

目的与动机：降低成本，减轻财务负担；获取更多的利润。

后果：员工的社保待遇受到影响，社保基金收入减少，可能导致社保基金无法按时足额支付各项社保待遇，损害员工的权益。同时，企业也可能因违规行为面临社保部门的处罚。

2. 缴费时间滞后

行为描述：企业未按照规定的时间缴纳社保费用，导致社保基金收入不能及时到位。

目的与动机：获取更多的资金时间价值。

后果：社保基金的正常运作受到影响，可能导致社保待遇无法按时支付。同时，企业也可能因延迟缴费而面临处罚。

3. 账户管理不规范

行为描述：社保基金账户管理存在多头开户、不及时对账、资金划转不规范等问题。

目的与动机：方便资金使用、掩盖违规行为或者获取不正当利益。

后果：社保基金的资金安全受到威胁，可能导致资金被挪用、侵占或者资金损失。同时，企业也可能因账户管理不规范而面临社保部门和监管机构的处罚。

4. 会计核算不准确

行为描述：社保基金会计核算存在纰漏，如未按规定计提基金利息、未及时调整基金余额等。

目的与动机：掩盖真实的财务状况、逃避法律责任或者获取不正当利益。

后果：社保基金的财务报表不真实、不准确，可能导致决策失误和资金损失。同时，企业也可能因会计核算不准确而面临税务和社保部门的处罚。

5. 违规使用和挪用社保基金

行为描述：部分企业和个人利用职务之便，违规使用或挪用社保基金，用于非社保支出或谋取私利。

目的与动机：获取不正当利益、解决资金周转问题或者满足其他非法需求。

后果：社保基金的安全和完整受到严重损害，可能导致社保待遇无法按时支付。同时，企业或个人也可能因违规使用和挪用资金而面临严重的法律后果。

6. 政策执行不力

行为描述：部分企业在执行社保政策时存在“打折扣”“搞变通”等行为，如选择性参保、少报员工人数等。

目的与动机：降低成本、减轻财务负担或者为了获取更多的利润，而故意不严格执行社保政策。

后果：社保基金的收入减少，员工的社保权益受到损害。同时，企业也可能因政策执行不力而面临社保部门的处罚和声誉损失。

## 法律法规

《社会保险法》的相关规定如下。

第六十条：用人单位应当自行申报、按时足额缴纳社会保险费，非因不可抗力等法定事由不得缓缴、减免。职工应当缴纳的社会保险费由用人单位代扣代缴，用人单位应当按月将缴纳社会保险费的明细情况告知本人。

无雇工的个体工商户、未在用人单位参加社会保险的非全日制从业人员以及其他灵活就业人员，可以直接向社会保险费征收机构缴纳社会保险费。

第六十一条：社会保险费征收机构应当依法按时足额征收社会保险费，并将缴费情况定期告知用人单位和个人。

第六十二条：用人单位未按规定申报应当缴纳的社会保险费数额的，按照该单位上月缴费额的百分之一百一十确定应当缴纳数额；缴费单位补办申报手续后，由社会保险费征收机构按照规定结算。

第六十三条：用人单位未按时足额缴纳社会保险费的，由社会保险费征收机构责令其限期缴纳或者补足。

用人单位逾期仍未缴纳或者补足社会保险费的，社会保险费征收机构可以向银行和其他金融机构查询其存款账户；并可以申请县级以上有关行政部门作出划拨社会保险费的决定，书面通知其开户银行或者其他金融机构划拨社会保险费。用人单位账户余额少于应当缴纳的社会保险费的，社会保险费征收机构可以要求该用人单位提供担保，签订延期缴费协议。

用人单位未足额缴纳社会保险费且未提供担保的，社会保险费征收机构可以申请人民法院扣押、查封、拍卖其价值相当于应当缴纳社会保险费的财产，以拍卖所得抵缴社会保险费。

## 合规程序与方法

### 一、建立健全财务管理制度

1. 制定财务管理制度

企业应依据《社会保险法》《社会保险费征缴暂行条例》《社会保险基金财务制度》等相关法律法规，制定详细的社保基金财务管理制度。

2. 明确职责分工

制度中应明确财务部门、人力资源部门、审计部门等相关部门的职责分工，确保各环节有人负责，有权有责。

3. 完善内部控制制度

建立健全内部控制机制，包括不相容职务相分离、授权审批、会计系统控制、财产保护控制等措施，防范财务风险和舞弊行为。

**二、规范基金筹集与缴纳**

1. 确定缴费基数和比例

企业应根据国家法律法规和政策规定，合理确定员工的缴费基数和缴费比例，确保缴费基数的真实性和缴费比例的合规性。

2. 及时足额缴纳

企业应按照规定的时间和方式，及时足额地向社保部门缴纳社保费用，避免因延迟缴费而产生的滞纳金和罚款。

3. 建立缴费台账

企业应建立详细的缴费台账，记录缴费情况和相关凭证，确保缴费数据的准确性和完整性，便于日后核查和审计。

**三、加强账户管理与资金监控**

1. 设立专户

企业应设立专门的社保基金账户，实现“收支两条线”管理，确保资金的专款专用。

2. 定期对账与审计

财务部门应定期与银行、社保部门等进行对账，确保账户余额与实际收支情况相符。同时，企业应接受内外部审计机构的审计，及时发现和纠正问题。

3. 加强资金监控

企业应建立完善的资金监控机制，对社保基金的流向进行实时监控，防止资金被挪用或侵占。

**四、严格财务管理与核算**

1. 预算编制与执行

企业应根据社保基金的实际需求和预测情况，编制合理的年度预算，并严格按照预算执行。同时，企业应对预算执行情况进行定期分析和评估，及时调整预算方案。

2. 成本核算与财务分析

企业应加强成本核算和财务分析工作，对社保基金的收支情况进行全面、准确的核算和分析，提高资金使用的效率和效益。

3. 规范会计核算

企业应按照《会计法》及相关会计准则的要求，规范社保基金的会计核算工作，确保会计信息的真实性和准确性。

**五、加强信息披露与公众监督**

1. 加强信息披露

企业应按照相关规定及时、准确地向相关部门和公众披露社保基金的财务状况和运营情况，接受社会各界的监督。

2. 接受公众监督

企业应建立有效的沟通机制，积极回应公众关切的问题和建议，不断改进和完善社保基金财务管理工作。

**六、配合监管部门的检查与审计**

1. 接受检查与审计

企业应积极配合社保部门、财政部门等监管机构的检查和审计工作，提供真实、完整、准确的财务数据和资料。

2. 整改落实

对于监管部门提出的问题和建议，企业应认真整改落实，及时纠正和弥补存在的问题和不足之处。

## 案例分析：某制造业企业社保基金财务管理不规范

**一、背景**

某制造业企业，近年来业务规模迅速扩大，员工数量也随之增加。然而，在快速发展的过程中，该企业社保基金财务管理逐渐暴露出不规范的问题，给企业运营和员工权益带来了严重影响。企业未设立专门的社保基金账户，而是将社保基金与企业日常运营资金混用，导致资金流向不明，难以追踪。社保基金管理不严格，存在多个部门和个人随意动用社保基金的情况。并且企业为降低成本，经常拖延缴纳社保费用，甚至存在少缴、漏缴的情况。这不仅损害了员工的社保权益，还导致企业缴纳滞纳金和罚款。企业未建立完善的社保基金财务管理制度，相关岗位职责不明确，内部控制机制不健全。缺乏有效的预算管理和成本核算机制，社保基金的使用缺乏计划和监督。企业也未按照相关规定及时、准确地向员工和相关部门披露社保基金的财务状况和运营情况。对于员工关于社保基金管理的询问和投诉，企业往往采取回避或敷衍的态度，加剧了信息不对称的问题。

**二、分析**

社保基金账户管理混乱和缴费不及时、不足额的行为严重违反了国家法律法规，导致企业面临法律风险和处罚。财务管理制度缺失和内部控制机制不健全使得社保基金面临被挪用、侵占的风险，损害了员工的合法权益和企业的社会形象。信息披露不透明加剧了企业与员工之间的信任危机，可能导致员工流失和劳资关系紧张。

员工社保权益受损，可能导致员工对企业的不满和投诉增加，影响企业的稳定运营和发展。企业面临滞纳金、罚款等经济损失，同时企业可能因违规行为受到监管部门的处罚和舆论谴责。长期来看，不规范的社保基金财务管理将削弱企业的竞争力和可持续发展能力。

企业应立即整改不规范行为，设立专门的社保基金账户，确保资金专款专用。完善财务管理制度，明确岗位职责和内部控制机制，加强预算管理和成本核算工作。提高信息披露透明度，及时向员工和相关部门披露社保基金的财务状况和运营情况，积极回应员工关切和投诉。加强与监管部门的沟通与合作，接受监管部门的指导和监督，确保社保基金管理工作的合法合规性。

# 专题一百六十七：企业是否违规使用社保基金

## 业务简介

**一、概念**

企业违规使用社保基金是指企业在管理和使用社会保险基金（包括养老保险、医疗保险、失业保险、工伤保险、生育保险等基金）的过程中，违反国家法律法规，擅自改变基金用途、挪用基金、侵占基金利益或进行其他违法违规操作的行为。

**二、基本规定**

企业应按照规定的缴费基数和比例，及时足额地向社保部门缴纳社保费用。社保基金应专款专用，只能用于支付规定的社会保险待遇和费用，不得挪作他用。建立健全的财务管理制度和内部控制机制，确保社保基金的安全和完整。

**三、违规表现**

1. 挪用社保基金

行为描述：企业将社保基金用于非社保支出，如企业日常运营、项目投资等，或将社保基金转入企业其他账户，与其他资金混用。

目的与动机：缓解资金压力、弥补经营亏损或进行其他投资活动。

后果：挪用社保基金导致基金安全受到威胁，无法按时足额支付员工的社会保险待遇。同时，企业可能面临法律制裁、声誉损失以及员工的不满和投诉。

2. 缴费管理存在疏漏

行为描述：企业未按照规定的缴费基数和比例及时足额缴纳社保费用，或存在漏缴、错缴现象。

目的与动机：降低成本、减轻财务负担或逃避社保缴费责任。

后果：缴费管理存在疏漏会损害员工的社保权益，导致员工无法享受应有的社会保险待遇。同时，企业可能面临社保部门的处罚，以及员工的集体投诉和劳资纠纷。

3. 账户管理混乱

行为描述：企业未设立专门的社保基金账户，或账户管理不严格，导致多个部门或个人随意动用社保基金，资金流向不明。

目的与动机：追求操作便利。

后果：账户管理混乱会增加社保基金被滥用、侵占的风险，损害基金的安全和完整。同时，企业可能面临监管部门的处罚和声誉损失。

4. 虚假申报以骗取基金

行为描述：企业通过虚假申报等手段骗取社保基金，如虚报员工人数、缴费基数等。

目的与动机：获取不正当的经济利益或弥补经营亏损。

后果：虚假申报会严重损害员工的社保权益，导致社保基金支出不合理、不公平。同时，企业可能面临法律制裁、声誉损失以及员工的信任危机。

5. 内部控制机制薄弱

行为描述：企业内部控制机制不健全，无法有效监控社保基金的使用和管理情况，如缺乏审计、监督等环节。

目的与动机：企业可能为了降低管理成本，导致内部控制机制薄弱。

后果：内部控制机制薄弱会使得社保基金的使用和管理缺乏有效监督和制约，增加违规操作的风险。同时，企业可能面临监管部门的处罚和声誉损失。

6. 信息披露不充分

行为描述：企业未按照相关规定向员工和相关部门充分披露社保基金的财务状况和运营情况，如隐瞒基金收支情况、拒绝提供相关信息等。

目的与动机：掩盖违规使用社保基金的行为、逃避监管或维护自身利益等。

后果：信息披露不充分会导致员工无法及时了解自己的社保权益和基金的使用情况，加剧企业与员工之间的信息不对称。同时，企业可能面临监管部门的处罚和声誉损失，以及员工的不信任和投诉。

## 法律法规

《社会保险法》的相关规定如下。

第六十条：用人单位应当自行申报、按时足额缴纳社会保险费，非因不可抗力等法定事由不得缓缴、减免。职工应当缴纳的社会保险费由用人单位代扣代缴，用人单位应当按月将缴纳社会保险费的明细情况告知本人。

无雇工的个体工商户、未在用人单位参加社会保险的非全日制从业人员以及其他灵活就业人员，可以直接向社会保险费征收机构缴纳社会保险费。

第六十一条：社会保险费征收机构应当依法按时足额征收社会保险费，并将缴费情况定期告知用人单位和个人。

第六十二条：用人单位未按规定申报应当缴纳的社会保险费数额的，按照该单位上月缴费额的百分之一百一十确定应当缴纳数额；缴费单位补办申报手续后，由社会保险费征收机构按照规定结算。

第六十三条：用人单位未按时足额缴纳社会保险费的，由社会保险费征收机构责令其限期缴纳或者补足。

用人单位逾期仍未缴纳或者补足社会保险费的，社会保险费征收机构可以向银行和其他金融机构查询其存款账户；并可以申请县级以上有关行政部门作出划拨社会保险费的决定，书面通知其开户银行或者其他金融机构划拨社会保险费。用人单位账户余额少于应当缴纳的社会保险费的，社会保险费征收机构可以要求该用人单位提供担保，签订延期缴费协议。

用人单位未足额缴纳社会保险费且未提供担保的，社会保险费征收机构可以申请人民法院扣押、查封、拍卖其价值相当于应当缴纳社会保险费的财产，以拍卖所得抵缴社会保险费。

## 合规程序与方法

**一、建立健全内部管理制度**

1. 制定社保基金管理政策

企业应制定明确的社保基金管理政策，明确社保基金的筹集、使用、管理和监督流程，确保所有操作均有章可循。

2. 设立专门账户

企业应设立专门的社保基金账户，实行专款专用，确保社保基金与企业其他资金分开管理，避免混用。

3. 完善内部控制机制

建立健全的内部控制机制，包括财务审批、审计监督、风险评估等环节，确保社保基金的使用和管理过程受到有效监控。

**二、遵守相关法律法规**

1. 了解并遵守《社会保险法》

企业应深入学习《社会保险法》及其配套法规，明确社保基金的筹集、支付和管理要求，确保所有操作均符合法律规定。

2. 执行《社会保险费征缴暂行条例》

按照条例规定及时足额缴纳社保费用，避免出现少缴、漏缴现象。

3. 遵循《社会保险基金行政监督办法》

接受并配合社保基金行政监督机构的监督检查，如实提供相关资料和信息，确保社保基金的使用和管理合法合规。

**三、加强信息披露和透明度建设**

1. 定期披露社保基金财务状况

企业应定期向员工和相关部门披露社保基金的财务状况和运营情况，包括基金收支情况、投资收益等，增强透明度。

2. 建立沟通机制

建立与员工和相关部门的沟通机制，及时解答和回应员工和社会公众对社保基金使用和管理的疑问和关切。

**四、配合监管部门监督检查**

1. 接受定期检查

企业应主动接受社保基金行政监督机构的定期检查，如实提供检查所需资料和信息。

2. 及时整改问题

对于检查中发现的问题，企业应认真对待并及时整改，确保问题得到有效解决。

**五、加强员工培训和建立举报机制**

1. 开展社保法规培训

定期对员工进行社保法规培训，提高员工的法律意识和合规意识。

2. 建立举报机制

鼓励员工对社保基金使用和管理中的违规行为进行举报，并对举报人给予适当保护。

## 案例分析：企业违规使用社保基金

**一、背景**

某知名企业，近年来因业务扩张迅速，资金压力逐渐增大。为缓解资金紧张状况，该企业开始违规使用社保基金，将部分社保基金用于企业日常运营和项目投资，而非按照规定用于支付员工的社会保险待遇。该企业将社保基金转入企业其他账户，与企业自有资金混同使用，用于支付企业运营成本和项目投资。为降低成本，该企业未按照规定的缴费基数和比例及时足额缴纳社保费用，导致员工社保权益受损。为获取更多社保基金支持，该企业还存在虚假申报员工人数和缴费基数的情况。

**二、分析**

该企业违规使用社保基金的主要目的是缓解资金压力，弥补经营亏损，并追求不正当的经济利益。

该企业对社保法律法规缺乏足够的了解和重视，导致在资金压力下选择了违规使用社保基金，这反映出企业在法律法规意识方面的淡薄和缺失。该企业社保基金管理存在严重漏洞，如账户管理混乱、缴费管理存在疏漏等，这反映出企业在内部管理方面的不足和缺陷。企业为追求不正当的经济利益，选择了违规使用社保基金。这种短视行为不仅损害了员工权益，也对企业自身造成了严重的负面影响。

# 第二十五章
# 财务独立性合规

## 专题一百六十八：财务部门人员与公司董监高、控股股东及实际控制人是否具有亲属关系

### 业务简介

**一、概念**

财务部门人员与公司董监高（董事、监事、高级管理人员）、控股股东及实际控制人具有亲属关系，可能影响到公司的财务独立性、内部控制的有效性以及信息披露的透明度。

**二、基本规定**

为确保财务信息的真实性和完整性，法律法规及公司内部规定强调财务部门的独立性。这包括财务部门人员不应与公司董监高、控股股东及实际控制人存在可能影响其独立判断的关系。一些公司内部管理制度或行业规范中也包含任职回避原则，要求财务部门的关键岗位人员与公司董监高、控股股东及实际控制人之间不得存在亲属关系，以防止潜在的利益冲突和舞弊行为。上市公司及部分非上市公众公司在公开披露财务信息时，需要遵循相关法律法规和证券交易所的规定，对可能影响公司财务状况和经营成果的重大事项进行充分披露。如果财务部门人员与公司董监高、控股股东及实际控制人之间存在亲属关系，且该关系可能对公司财务产生重大影响，则需要进行相应的信息披露。

**三、违规表现**

1. 财务舞弊

行为描述：公司董监高、控股股东及实际控制人与财务部门人员具有亲属关系时，可能会利用这种关系进行财务舞弊。他们可能通过虚构交易、伪造凭证、篡改账目等手段，操纵财务数据，以达到掩盖真实财务状况、粉饰业绩、逃避监管等目的。

目的与动机：获取不正当的经济利益，如虚增业绩以获取奖金、掩盖亏损以逃避责任等。

后果：财务舞弊行为会严重损害公司的声誉和信誉，导致投资者和市场的信任度下降。同时，财务舞弊行为还可能引发法律纠纷和监管处罚，给公司带来巨大的经济损失。此外，舞弊行为还会破坏公司的内部控制体系，导致财务信息失真，影响公司的正常运营和决策。

2. 内部控制失效

行为描述：当公司董监高、控股股东及实际控制人与财务部门人员存在亲属关系时，他们可能利用这种关系绕过正常的审批程序和内部控制流程。例如，他们可能未经授权就进行资金支付、擅自更改财务政策或忽略重要的财务审核步骤。

目的与动机：追求个人便利或满足亲属的利益需求。

后果：内部控制失效会导致公司的财务风险增加，容易导致舞弊行为。这可能会损害公司的资产安全，影响财务信息的准确性和可靠性。同时，失效的内部控制还会降低和削弱公司的管理效率和决策能力，对公司的长期发展产生负面影响。

3. 信息披露不透明

行为描述：公司未充分披露财务部门人员与公司董监高、控股股东及实际控制人之间的亲属关系及其对公司财务的影响。

目的与动机：掩盖亲属关系可能带来的负面影响，或避免引发投资者和监管机构的关注。

后果：信息披露不透明会损害投资者的知情权，导致他们无法准确评估公司的财务状况和经营风险。这可能会引发投资者的不满和信任危机，导致股价下跌、市值缩水等。同时，不透明的信息披露还可能引发监管机构的调查和处罚，给公司带来法律风险和声誉损失。

## 法律法规

《公司法》第一百八十二条规定，董事、监事、高级管理人员，直接或者间接与本公司订立合同或者进行交易，应当就与订立合同或者进行交易有关的事项向董事会或者股东会报告，并按照公司章程的规定经董事会或者股东会决议通过。

董事、监事、高级管理人员的近亲属，董事、监事、高级管理人员或者其近亲属直接或者间接控制的企业，以及与董事、监事、高级管理人员有其他关联关系的关联人，与公司订立合同或者进行交易，适用前款规定。

## 合规程序与方法

**一、信息披露**

公司在首次公开发行、年度报告以及其他关键信息披露文件中，应当全面、真实地披露财务部门人员与公司董事、监事、高级管理人员、控股股东及实际控制人之间的亲属关系情况。这一做法不仅遵循了相关法律法规的要求，还体现了公司对透明度和诚信原则的坚守。通过详尽的信息披露，投资者可以更加清晰地了解公司的治理结构，评估潜在的内部控制风险，从而做出更加明智的投资决策。同时，这也是公司树立良好市场形象，增强投资者信任的重要途径。

**二、建立健全内部控制体系**

1. 岗位不兼容原则的严格执行

公司应制定明确的岗位不兼容规定，确保存在亲属关系的员工不被安排在可能产生直接利益联系的岗位上，特别是财务部门与高层管理、关键决策部门之间，以防止内部交易、信息泄露等不合规行为。

2. 财务内部稽核制度的强化实施

建立健全的财务内部稽核制度，定期对财务工作进行全面检查，确保财务数据的真实性、准确性和完整性。同时，稽核过程应注重识别潜在的风险点，及时采取措施进行防范和纠正。

3. 定期轮岗制度的推广

对于财务部门的关键岗位，实施定期轮岗制度，以减少因长期任职可能滋生的舞弊风险和思维定式，提升部门内部的活力和促进创新。

**三、制定并执行亲属关系管理制度**

1. 亲属关系申报的规范化

明确要求所有员工在入职时，以及亲属关系发生任何变化时，必须如实向公司申报与公司董监高、控股股东及实际控制人之间的亲属关系，确保信息的全面性和准确性。

2. 审查亲属关系并予批准

人力资源部门或指定的管理部门负责审查员工申报的亲属关系信息，确保其真实性，并将审查结果上报公司高层进行最终批准。

3. 持续监控机制的建立

设立专门的机制，定期或不定期地对财务部门人员的亲属关系进行复查，及时更新信息，确保亲属关系数据的准确性和时效性，有效防范潜在风险。

**四、提高合规培训的深度与广度**

公司应定期组织合规培训，特别是针对财务部门人员，培训内容应涵盖相关法律法规、公司内部控制制度、职业道德规范等多个方面，旨在提升员工的合规意识和风险识别能力。通过培训，确保财务部门人员充分了解并自觉遵守合规要求，树立正确的职业道德观念，为公司营造良好的合规文化氛围。

**五、积极配合与响应外部审计与监管**

公司应持开放态度，积极配合外部审计机构和监管机构的审计和监管工作，及时、准确、完整地提供所需资料和信息，确保审计和监管工作的顺利进行。对于审计和监管机构在检查过程中提出的问题和建议，公司应高度重视，迅速制定整改措施并落实到位，同时，将整改情况及时反馈给相关机构，展现公司对合规性的高度重视和持续改进的决心。

### 案例分析：财务部门人员与公司董监高、控股股东及实际控制人具有亲属关系

**一、背景**

上市公司A，在近期的一次内部审计中，发现其财务部门的关键员工B与公司的董事C存在直系亲属关系。这一发现立即引起了公司管理层的高度重视，因为B所担任的职务涉及公司的核心财务业务，而C作为公司董事，对公司的经营决策具有重要影响。

**二、分析**

B作为财务部门的关键员工，直接接触公司的财务信息并拥有处理权。如果B利用这一职务之便，为C或C所代表的利益团体提供便利，那么公司的财务信息就可能被滥用，导致内部控制失效。

公司治理结构的完善和有效执行是保障公司长期稳健发展的基础。任何可能破坏公司治理结构的因素都应被及时关注和妥善处理。有效的内部控制是公司防范风险、保护投资者利益的重要手段。公司应建立健全的内部控制制度，并确保其得到有效执行。透明度是维护投资者信任和确保公司治理结构平衡的关键因素。公司应及时、准确、全面地披露相关信息，以维护其市场形象和投资者关系。

A公司应立即向投资者和监管机构披露这一亲属关系，以维护公司治理的透明度和投资者的知情权。为了避免潜在的利益冲突，公司应将B调离当前的财务部门关键岗位，或者对C的董事职务进行适当调整。加强对财务部门的内部稽核，确保财务信息的真实性和准确性，并防范任何可能的舞弊行为。公司要进一步完善其亲属关系管理制度，确保所有员工在入职时及亲属关系发生变化时都能如实申报，并经过严格的审查和批准流程。

## 专题一百六十九：企业与其股东、关联方等之间是否出现资金混同

### 业务简介

**一、概念**

企业与其股东、关联方之间的资金混同是指企业与股东、关联方等之间的资金界限模糊不清，导致企业资产、负债和权益无法明确区分的一种状态。具体表现为企业与股东、关联方共用银行账户、资金混用、财务记录不真实或不完整等，使得企业的财务独立性受到严重损害。

**二、基本规定**

企业应当保持其财产的独立性，不得与股东或其他关联方的财产混同。

企业股东应当遵守法律、行政法规和公司章程，依法行使股东权利，不得滥用企业法人独立

地位和股东有限责任损害企业债权人的利益。如果股东滥用这些权利，导致企业财产与股东财产混同，严重损害企业债权人利益，股东应当对企业债务承担连带责任。

**三、违规表现**

1. 共用银行账户和资金混用

行为描述：企业与股东、关联方之间共用同一个银行账户，或者将资金在不同账户间频繁、无序地转移，导致资金界限模糊，无法明确区分各自的资金来源和用途。

目的与动机：方便资金调配和使用，减少转账手续费或时间成本；掩盖某些不合规的资金流动，逃避监管。

后果：损害了企业的财务独立性，使得企业的财务状况和经营成果难以被准确评估；增加了企业资金被盗用、挪用或非法转移的风险；可能导致企业在法律纠纷中处于不利地位，因为无法提供清晰的资金流动证据。可能导致企业面临法律制裁和声誉损失。

2. 非法占用和挪用资金

行为描述：股东或关联方未经合法程序，擅自将企业的资金用于个人或关联方的生产经营活动或其他用途。

目的与动机：满足个人或关联方的资金需求，缓解资金压力；谋取不正当利益，如将资金用于高风险投资以获取高额回报。

后果：严重损害了企业的利益，可能导致企业资金链断裂，无法正常运营；破坏了企业的法人独立地位和股东有限责任原则，使得企业债权人面临更大的风险；可能导致股东或关联方承担法律责任，包括民事赔偿和刑事处罚。

## 法律法规

《公司法》的相关规定如下。

第三条：公司是企业法人，有独立的法人财产，享有法人财产权。公司以其全部财产对公司的债务承担责任。

公司的合法权益受法律保护，不受侵犯。

第二十一条：公司股东应当遵守法律、行政法规和公司章程，依法行使股东权利，不得滥用股东权利损害公司或者其他股东的利益。

公司股东滥用股东权利给公司或者其他股东造成损失的，应当承担赔偿责任。

## 合规程序与方法

**一、建立健全内部控制制度**

1. 建立完善的账户管理制度

为确保企业资金与其股东、关联方的资金清晰分离，避免任何形式的资金混同，企业必须与其股东、关联方分别开设并使用独立的银行账户。这一措施从根本上防止了因共用账户而导致的资金混淆，确保企业资金的独立性和透明度。同时，企业应建立完善的账户管理制度，明确账户的开设、使用、变更和注销流程，确保账户管理的规范性和有效性。

2. 严格执行财务审批流程

企业应建立一套严格、完善的财务审批流程，确保每一笔资金的流动都经过合法、合规的审批程序。审批流程应明确审批权限、审批程序和审批责任，确保资金流向的合法性和合规性。同时，企业应加强对资金流动的监控，及时发现并纠正不合规的资金流动。

3. 定期进行内部审计

为及时发现并应对潜在的资金混同风险，企业应设立内部审计部门或聘请专业的第三方审计机构，定期对企业的财务状况进行全面、细致的审计。审计内容应包括企业的财务报表、资金流动、内部控制制度的执行情况等，确保企业财务状况的合规性和透明度。

**二、提高财务透明度**

1. 确保财务记录真实、完整

企业应确保其财务记录真实、完整，能够准确、全面地反映企业的经营活动和财务状况。企业应建立完善的财务记录制度，明确财务记录的编制、审核、保管和销毁流程，确保财务记录的合规性和可靠性。同时，企业应加强对财务记录的监控，及时发现并纠正虚构交易或篡改数据等不正当行为。

2. 及时披露关联交易

对于与股东、关联方之间的交易，企业应按照相关法律法规的要求及时披露，确保交易的透明度和公允性。企业应建立完善的关联交易披露制度，明确关联交易的识别、审批、披露和监控流程，确保关联交易的合规性和透明度。

3. 加大外部审计力度

企业应积极配合外部审计机构的工作，提供必要的财务资料和信息，接受其独立、客观的审计监督。企业应建立完善的外部审计配合制度，明确与外部审计机构的沟通、协调、配合和反馈流程，确保外部审计工作的顺利进行。

**三、加强合规培训与教育**

1. 定期培训

为提高企业员工的合规意识和防范能力，企业应定期为其员工，特别是财务和管理人员提供合规培训。培训内容应包括合规要求、合规风险、合规操作等，确保员工能够深入了解合规要求，掌握合规操作技能。

2. 普及法律法规知识

为确保企业员工知晓并遵守与公司治理、财务透明度及合规性相关的法律法规，企业应向员工普及相关法律法规知识。企业可以通过举办讲座、发放宣传资料等方式，向员工普及法律法规知识，提高员工的法律意识和合规意识。

**四、建立风险预警机制**

1. 监测资金流动

为及时发现并处理异常的资金流动，企业应利用财务软件或系统对资金流动进行实时监测。监测内容应包括资金的来源、去向、金额、时间等，确保资金流动的合规性和透明度。一旦发现异常流动，企业应立即触发预警机制，并进行调查处理。

2. 监控关联方交易

为防止关联方交易导致的资金混同风险，企业应建立关联方交易监控机制。监控内容应包括关联方的身份、交易类型、交易金额、交易时间等，确保关联方交易的合规性和透明度。对于异常的关联方交易，企业应进行重点关注和审查。

3. 定期评估风险

为全面评估企业的合规风险，企业应定期进行风险评估。评估内容应包括企业的财务状况、内部控制制度的执行情况、外部环境的变化等，识别潜在的资金混同风险点。针对识别出的风险点，企业应制定有效的应对措施，以降低风险发生的可能性和影响程度。

**五、建设合规文化**

1. 树立合规意识

为在企业内部营造合规经营的良好氛围，企业应树立强烈的合规意识。企业可以通过制定合规政策、宣传合规理念、倡导合规行为等方式，将合规文化融入企业的日常管理和运营中。同时，企业应加强对员工的合规教育，提高员工的合规意识和防范能力。

2. 建立举报机制

为鼓励员工积极举报违规行为，企业应设立举报渠道和奖励机制。举报渠道可以包括内部举报邮箱、举报电话等，方便员工进行举报。对于举报的违规行为，企业应及时进行调查处理，并给予举报人一定的奖励和保护。

## 案例分析：某科技公司与股东及关联方的资金纠葛

**一、背景**

某科技公司（以下称“A公司”）是一家在高科技领域具有显著影响力的企业。近年来，由于市场扩张和新产品研发的需要，A公司频繁与其股东及关联方进行资金往来。然而，在这一过程中，A公司的财务管理出现了严重疏漏，导致企业资金与股东、关联方资金发生混同，引发了一系列法律和财务风险。A公司与其主要股东B公司以及关联方C公司共用一个银行账户，导致资金难以区分，无法准确判断资金的来源和去向。A公司在资金流动方面缺乏严格的审批程序，股东和关联方可以随意调动资金，使得资金流向失去控制。A公司与股东B公司及关联方C公司之间的交易频繁且复杂，但这些交易并未按照相关法律法规的要求进行及时披露，导致交易的透明度和公允性受到质疑。

由于资金混同，A公司在面临法律诉讼时，无法提供清晰的财务证据来证明自身财务状况的独立性，导致公司在法律纠纷中处于不利地位。资金混同使得A公司的财务状况变得模糊不清，无法准确评估公司的资产和负债情况，给公司的财务决策带来了极大的不确定性。

资金混同事件被曝光后，A公司的声誉受到了严重损害，投资者和合作伙伴对公司的信任度大幅下降，对公司的长期发展造成了不利影响。

**二、分析**

A公司未能建立健全的内部控制制度，特别是在账户管理和财务审批方面存在严重疏漏，为资金混同提供了温床。A公司及其股东、关联方在资金往来中缺乏合规意识，未能遵守相关法律法规的要求，导致交易不透明、不公允。外部监管机构对A公司的财务监督不够严格，未能及时发现并纠正资金混同的问题。

企业应确保与其股东、关联方分别开设独立的银行账户，并实行严格的财务审批流程，以防止资金混同的发生。保持真实的财务记录，及时披露关联交易，接受外部审计机构的监督，以提高财务透明度。加强员工的合规培训和教育，普及法律法规知识，确保员工知晓并遵守相关规定。利用财务软件或系统对资金流动进行实时监测，建立关联方交易监控机制，并定期进行风险评估，以便及时发现并处理潜在的资金混同风险。

# 专题一百七十：企业为股东、关联方等提供的担保是否合规

## 业务简介

**一、概念**

企业为股东、关联方提供合规担保是指企业在为股东、关联方等提供担保时，遵守相关法律法规的规定。

**二、基本规定**

公司向其他企业投资或者为他人提供担保，需依照公司章程的规定，由董事会或者股东会决议。为公司股东或者实际控制人提供担保的，必须经股东会决议，且受担保的股东或受实际控制人支配的股东不得参加表决，该项表决由出席会议的其他股东所持表决权的过半数通过。

公司章程对投资或者担保的总额及单项投资或者担保的数额有限额规定的，不得超过规定的

限额。

公司股东应当遵守法律、行政法规和公司章程，不得滥用股东权利损害公司或其他股东的利益，也不得利用关联关系损害公司利益。否则，应当依法承担赔偿责任。

**三、违规表现**

1. 担保未经内部决策机构批准

行为描述：实际控制人、董事长或其他有权人士直接指使相关人员在担保合同上加盖公司公章，而这一过程并未经过任何内部决策机构（如董事会、股东会）的批准。

目的与动机：绕过烦琐的审批流程，快速完成担保交易；隐瞒某些不当交易，避免内部决策机构的审查和监管。

后果：担保行为可能违反公司章程和相关法律法规，导致公司面临法律风险；损害公司治理结构的完整性和透明度，影响投资者和合作伙伴的信任。

2. 决策机构层级不合规

行为描述：应该由股东会审议的担保事项，却仅由董事会决议通过，导致决策层级不符合公司章程或相关法律法规的规定。

目的与动机：节省时间，避免召开股东会的烦琐程序；为隐瞒某些对股东不利的担保交易，避免股东会的审查和否决。

后果：担保行为可能因决策层级不够而无效，导致公司面临合同违约风险；损害股东利益，特别是中小股东的知情权和表决权。

3. 担保额超过限额

行为描述：公司提供的担保总额或单项担保数额超过了公司章程或相关法律法规规定的限额。

目的与动机：满足股东或关联方的资金需求。

后果：担保行为可能因担保额超过限额而无效，导致公司面临合同违约风险；损害公司财务状况的稳定性，增加公司的财务风险和偿债压力。

4. 利用违规担保转移公司资产逃避债务

行为描述：通过违规担保，股东或关联方可能转移公司资产、逃避债务，从而损害公司及中小股东的利益。

目的与动机：实现个人利益或关联方利益。

后果：导致公司资产流失、财务状况恶化，影响公司的持续经营和发展；损害股东利益，特别是中小股东的合法权益，破坏市场的公平交易原则。

5. 违规担保隐蔽性增强

行为描述：违规担保的隐蔽性逐渐增强，担保主体由上市公司“下沉”至其控股子公司，债权人由商业银行转向小额贷款公司等非银行金融机构。

目的与动机：躲避监管机构的审查和市场的关注；利用控股子公司或非银行金融机构的监管漏洞，进行不当的利益输送。

后果：使得违规担保更加难以被发现和监管，增加了公司的法律风险和财务风险。损害公司治理结构的完整性和透明度，破坏市场的公平交易原则，影响投资者和合作伙伴的信任。

## 法律法规

《公司法》相关规定如下。

第十五条：公司向其他企业投资或者为他人提供担保，按照公司章程的规定，由董事会或者股东会决议；公司章程对投资或者担保的总额及单项投资或者担保的数额有限额规定的，不得超过规定的限额。

公司为公司股东或者实际控制人提供担保的，应当经股东会决议。

前款规定的股东或者受前款规定的实际控制人支配的股东，不得参加前款规定事项的表决。该项表决由出席会议的其他股东所持表决权的过半数通过。

## 合规程序与方法

**一、明确合规原则**

企业在为股东、关联方等提供担保时，必须严格遵守国家法律法规、监管要求以及公司章程，确保所有担保行为合法、合规。这是企业稳健经营、防范风险的重要基石。企业应当定期组织法律培训和合规宣传，提高全体员工的法律意识和合规意识，确保担保业务在合法合规的轨道上运行。

**二、完善内部决策机制**

建立健全的内部决策机制是企业规范担保行为的关键。企业应明确担保事项的审批流程和责任部门，确保担保决策经过充分论证和合规审查。担保事项需由董事会或股东会根据公司章程的规定进行决议，确保决策的科学性和民主性。特别是为股东或实际控制人提供担保时，必须经股东会决议，且相关股东不得参与表决，以防止利益输送和损害公司利益的行为发生。

**三、执行限额管理**

1. 严格执行公司章程

企业应严格执行公司章程中关于担保总额和单项担保数额的限额规定，防止过度担保引发的风险。公司章程是公司治理的基本规范，对担保业务具有指导和约束作用。企业应确保担保业务不超过公司章程规定的限额，以维护公司的财务稳健性。

2. 定期审查

企业应定期对担保情况进行审查，确保担保总额不超过限额。通过定期审查，企业可以及时发现并纠正担保业务中的问题，确保担保业务在限额内有序进行。同时，企业还可以根据审查结果调整担保策略，以更好地适应市场变化和满足企业经营需求。

**四、明确股东责任与义务**

明确股东在担保事项中的责任与义务是企业防范风险的重要环节。股东作为企业的投资者和决策者，应当遵守法律、行政法规和公司章程，不得滥用股东权利损害企业利益。特别是当股东利用关联关系进行违规担保时，应依法承担赔偿责任，以维护公司的合法权益和股东的整体利益。

**五、实施合规审查与监督**

1. 实施严格的合规审查

在审批担保事项的过程中，企业应实施严格的合规审查，确保担保行为符合法律法规和公司章程的规定。合规审查是防范风险的第一道防线，企业应确保所有担保业务都经过合规审查，以防止违规担保行为的发生。

2. 全面评估

企业应对担保对象的资信状况、还款能力等进行全面评估，以确保担保业务的安全性。同时，企业还应审查担保合同的合法性和合规性，确保合同条款明确、合法、有效。通过全面评估和审查，企业可以降低担保业务的风险，提高担保业务的质量。

**六、建立违规担保责任追究机制**

建立违规担保责任追究机制是企业防范风险、维护合规文化的重要保障。企业应对违规担保行为进行严肃处理，追究相关责任人的责任，并对违规担保行为造成的损失进行追偿。通过责任追究机制，企业可以强化员工的合规意识，提高担保业务的合规水平，确保企业的稳健经营和持续发展。

## 案例分析：违规为关联方提供担保

**一、背景**

盛运环保是一家在环保领域具有一定影响力的上市公司。然而，近年来，该公司频繁为控股股东及其关联方、子公司及子公司参股企业提供违规担保，导致公司陷入严重的财务危机和法律纠纷。截至2018年底，盛运环保的担保余额高达61.36亿元，占公司净资产的2 978.64%。这些担保中，非法担保金额高达23.73亿元，占净资产的1 151.94%。这些违规担保主要存在以下问题。

未经合规程序：盛运环保在提供这些担保时，未按照公司章程和相关法律法规的规定，履行董事会和股东会的审批程序。这些担保大多是由公司实际控制人擅自决定，并违规签署的。

关联方利益输送：担保对象主要是控股股东及其关联方、子公司及子公司参股企业，这些担保实质上构成了对关联方的利益输送，损害了上市公司及中小股东的利益。

缺乏风险评估：盛运环保在提供担保时，缺乏对担保对象信用资格的评估，一旦担保对象出现还款困难，上市公司需履行连带保证责任，从而增加了公司的信用风险。

**二、分析**

巨额的违规担保导致盛运环保面临巨大的财务风险。一旦担保对象无法按时还款，盛运环保需承担连带责任，这将严重影响公司的现金流和财务状况。由于违规担保行为，盛运环保涉及多起法律诉讼，这不仅增加了公司的法律成本，还损害了公司的声誉和形象。

违规担保信息的披露导致公司股价大幅下跌，中小股东损失惨重。这不仅损害了投资者的利益，也影响了资本市场的稳定。

盛运环保的违规担保事件暴露出公司高层合规意识淡薄。公司应当严格遵守法律法规和公司章程的规定，确保所有担保行为都经过合规审查和审批。该事件也反映出盛运环保内部控制机制的失效。公司应当建立健全的内部控制体系，加强对关联交易的监管和审批，防止内部人利用职权进行利益输送。盛运环保在违规担保问题上信息披露不透明，未能及时、准确地向投资者披露相关信息。这导致投资者无法对公司的真实财务状况和风险状况做出准确判断，从而损害了投资者的利益。

**三、总结**

盛运环保的违规担保事件给企业和投资者带来了深刻的教训。企业应当加强合规意识，建立健全的内部控制机制，确保所有担保行为都符合法律法规和公司章程的规定。同时，企业还应当提高信息披露的透明度，及时、准确地向投资者披露相关信息，保障投资者的合法权益。此外，监管部门也应当加大对企业违规担保行为的监管和处罚力度，维护资本市场的健康稳定发展。

# 专题一百七十一：企业与关联方之间的交易是否透明

## 业务简介

**一、概念**

企业与关联方之间的交易透明度，是指这些交易在信息披露方面的清晰度和公开程度。透明度高的关联交易意味着相关信息能够被及时、准确、全面地披露给所有利益相关者，包括股东、债权人、监管机构等，从而确保交易的公平性和公正性。

**二、基本规定**

企业的控股股东、实际控制人、董事、监事、高级管理人员等与其直接或间接控制的企业之间的交易，应当遵循公平、公正的原则，不得损害公司利益。

企业应当在财务报表附注中披露关联方关系的性质、交易类型及其交易要素，包括交易金额、定价政策等。这些规定旨在提高关联交易的透明度，保护投资者的利益。

上市公司需要按照证券交易所的要求，及时、准确地披露关联方关系及关联交易信息。

**三、违规表现**

1. 信息披露不充分

行为描述：部分企业在披露关联交易信息时，存在隐瞒、遗漏或模糊处理的情况。它们可能选择性地披露信息，或者对关键信息进行模糊处理，使得投资者和其他利益相关者难以全面了解交易的真实情况。

目的与动机：掩盖某些不利于自身形象或业绩的交易，避免触发特定的监管要求。

后果：信息披露不充分导致投资者和其他利益相关者无法做出明智的决策，因为他们无法获得全面、准确的信息。这可能会损害市场的公平性，降低投资者对企业的信任度，并可能导致股价波动或市场混乱。

2. 定价不公允

行为描述：在关联交易中，关联方可能通过转移定价等手段，将利润从一方转移到另一方。这种定价方式未能反映市场公允价值，而是受到了关联方之间特殊关系的影响。

目的与动机：操纵利润、避税、转移资金或获取其他不正当利益。

后果：定价不公允会损害交易双方的利益，特别是中小股东和债权人的利益。它还会破坏市场的公平性和有效性，降低市场的透明度和可信度。此外，这种行为还可能触发监管机构的调查和处罚。

3. 非关联化操作

行为描述：一些企业可能通过复杂的股权结构或交易安排，将实质上的关联交易非关联化。它们可能通过解除关联方关系、设置“跳板”公司或利用会计准则的漏洞来实现这一目的。

目的与动机：规避相关法律法规和会计准则的约束，避免披露关联交易信息或触发特定的监管要求。

后果：非关联化操作会严重损害市场的透明度和公平性。它使得投资者和其他利益相关者无法了解交易的真实情况，可能导致他们做出错误的决策。此外，这种行为还可能触发监管机构的调查和处罚，损害企业的声誉和利益。

4. 利益输送

行为描述：控股股东或实际控制人可能利用其对公司的控制权，通过关联交易向公司输送利益或侵占公司资源。这种行为可能涉及不正当的资金转移、资产交易或其他形式的利益交换。

目的与动机：获取个人利益、操纵公司业绩、转移资金或规避监管。

后果：利益输送行为会严重损害中小股东和债权人的利益。它可能导致公司资源的浪费、股价的异常波动。此外，这种行为还可能触发监管机构的调查和处罚，损害企业的声誉和长期利益。在极端情况下，它甚至可能导致企业的破产或倒闭。

## 法律法规

《公司法》第二十二条：公司的控股股东、实际控制人、董事、监事、高级管理人员不得利用关联关系损害公司利益。

违反前款规定，给公司造成损失的，应当承担赔偿责任。

## 合规程序与方法

**一、关联方的识别与编制关联方名单**

1. 定义关联方

根据《公司法》《企业会计准则第 36 号——关联方披露》等相关法律法规，明确关联方的定义和范围，包括控股股东、实际控制人、董事、监事、高级管理人员及其直接或间接控制的企业等。

2. 编制关联方名单

企业应定期编制并及时更新关联方名单，确保关联方信息的完整性和准确性。这有助于在交易发生时快速识别关联方关系，从而采取相应的信息披露和审批程序。

**二、关联交易的审批**

1. 建立分级授权审批制度

企业应建立分级授权审批制度，对不同金额和性质的关联交易，设定不同的审批权限和流程。一般来说，重大关联交易需经董事会或股东会审批，并可能需要独立董事或外部专业机构的审核意见。

2. 建立回避制度

关联交易的审批过程中，关联方应回避表决，以确保审批的公正性。这包括关联股东在股东会上的回避表决，以及有关联关系的董事在董事会上的回避表决。

**三、关联交易的定价与公允性评估**

1. 定价

关联交易应遵循公平、公正、合理的定价原则，应优先选择政府指导价或市场价格。在没有市场价格的情况下，应按照不偏离市场独立第三方价格或收费标准确定交易价格。

2. 公允性评估

企业应对关联交易的定价进行公允性评估，确保交易价格合理反映市场价值。必要时，可聘请独立财务顾问或评估机构提供专业意见。

**四、信息披露**

1. 及时披露

企业应根据法律法规的要求，及时披露关联交易信息，确保投资者和其他利益相关者能够及时了解交易情况。

2. 披露内容

信息披露应全面、准确、完整，包括关联方关系、交易内容、交易金额、定价政策、审批程序等关键信息。同时，对于重大关联交易，还应披露独立董事或外部专业机构的审核意见。

3. 披露渠道

企业应在指定的信息披露渠道（如证券交易所网站、公司官方网站等）发布关联交易信息，确保信息的广泛传播和易于获取。

**五、内部控制与审计监督**

1. 建立内部控制制度

企业应建立健全内部控制制度，对关联交易进行全过程的监控和管理，确保交易的合规性和透明度。

2. 加强审计监督

内部审计部门或外部审计机构应对关联交易进行定期或不定期的审计监督，评估交易的真实性、合规性和公允性，并提出改进建议。

**六、合规培训与文化建设**

1. 合规培训

企业应定期对员工进行关联交易合规培训，提高员工的合规意识和风险防控能力。

2. 文化建设

倡导诚信、合规的企业文化，鼓励员工主动报告和纠正关联交易中的违规行为，形成全员参与、共同维护交易透明度的良好氛围。

## 案例分析：某上市公司与关联方交易透明度问题

**一、背景**

上市公司A，主要从事高端电子设备制造与销售，近年来业绩稳步增长。A公司拥有一家全资子公司B，专注于电子零部件研发与生产，为A公司提供关键原材料。此外，A公司的控股股东C还持有另一家同行业公司D的部分股权，D公司与A公司在市场上存在一定的竞争关系。

近期，市场上有传言称A公司与其关联方B公司和潜在竞争方D公司之间存在不透明的关联交易，涉嫌通过不公平定价转移利润，损害中小股东利益。具体表现如下。

信息披露不充分：A公司在年度报告中仅简要提及与B公司的日常关联交易总额，未详细披露交易的具体内容、定价依据及对公司财务状况的影响。

定价不公允：市场质疑A公司从B公司采购关键原材料的价格远低于市场价，且A公司未提供充分的成本加成或市场比较依据，涉嫌通过低价采购转移B公司利润至A公司。

潜在利益输送：有报道称A公司的控股股东C可能利用其对D公司的影响力，促使D公司在某些项目中让利于A公司，以间接提升A公司的业绩，从而维护股价稳定。

**二、分析**

根据《证券法》及证券交易所的相关规则，上市公司应如实、准确、完整地披露关联方关系及其交易情况。A公司未充分披露与B公司的关联交易细节，违反了信息披露的充分性原则。关联交易应遵循公平、公正、合理的定价原则。A公司与B公司之间的原材料采购价格若显著低于市场价且缺乏合理解释，则可能构成定价不公允，损害公司及中小股东利益。控股股东C应避免利用其对公司的控制权进行利益输送。B公司与D公司若确实存在对A公司的利益倾斜，则可能构成违规利益输送，会引起监管机构和投资者的关注。

A公司应严格按照法律法规要求，全面、详细披露与关联方的交易情况，包括交易内容、定价依据、对公司财务状况的影响等关键信息，确保投资者能够充分了解交易的真实情况。

**三、结论**

综上所述，企业应建立独立的关联交易定价委员会或聘请第三方机构对关联交易进行公允性评估，确保交易价格合理反映市场价值。应加强内部审计监督，定期对关联交易进行审计核查。应建立健全内部控制制度，对关联交易的审批、执行、监督等环节进行全面管理。应加强员工合规培训，提高全员合规意识，防范利益输送等违规行为的发生。监管机构应加大对上市公司关联交易的监管力度，对违规行为进行严厉查处，维护市场的公平、公正和公开。同时，应鼓励投资者积极参与公司治理，发挥外部监督作用。

## 专题一百七十二：企业披露财务信息是否规范

### 业务简介

**一、概念**

企业披露财务信息是否规范，主要指的是企业在对外公布其财务状况、经营绩效或发展前景等信息时，是否遵循了相关法律法规的要求，确保所披露信息的真实性、准确性、完整性、及时性和公平性。规范的财务信息披露有助于投资者和其他利益相关者做出明智的决策，维护资本市场的稳定和公平。

**二、基本规定**

企业要按照《证券法》规定的内容、格式、时间进行信息披露。按照会计准则进行会计核算、编制财务报表以及披露相关信息，确保财务信息的真实性和可比性。

### 三、违规表现

1. 信息披露不真实

行为描述：企业为了吸引投资者或掩盖真实的财务状况，采取故意夸大或虚构经营成果和财务状况的手段，使得对外披露的财务信息不真实。

目的与动机：通过美化财务报表来吸引更多的投资者，或者掩盖不利的财务状况以避免市场产生消极反应。

后果：信息披露不真实会误导投资者，导致他们基于不真实的信息做出投资决策，进而可能遭受经济损失。同时，这会损害企业的声誉，长期来看可能导致信任危机和法律诉讼。

2. 信息披露不准确

行为描述：由于会计政策选择不当、会计估计错误或计算失误等原因，企业披露的财务信息存在误差或误导性陈述。

目的与动机：企业可能并非出于故意误导的目的，而是由于疏忽、缺乏专业知识或会计处理的复杂性导致错误。

后果：不准确的信息披露同样会误导投资者，影响他们的决策。此外，这可能导致监管机构对企业进行处罚，损害企业的信誉，并可能影响企业与投资者、债权人等利益相关者的关系。

3. 信息披露不完整

行为描述：企业未按照法律法规和监管机构的要求，全面披露所有应披露的信息，存在遗漏或隐瞒重要事实的情况。

目的与动机：掩盖不利事实、避免市场过度反应或保护商业秘密等。

后果：不完整的信息披露会剥夺投资者获取全面信息的机会，影响他们的判断。这可能导致投资者对企业失去信任，损害企业的声誉，并可能引发法律纠纷和监管处罚。

4. 信息披露不及时

行为描述：企业未在规定的时间内披露财务信息，导致投资者无法及时了解企业的最新情况。

目的与动机：由于内部流程不畅、管理层决策延误或故意拖延等原因导致信息披露不及时。

后果：不及时的信息披露会使投资者处于信息劣势，无法及时做出调整。这可能导致投资者利益受损，损害市场公平性，并可能引发监管机构的处罚和投资者的法律诉讼。

5. 信息披露不公平

行为描述：企业在披露财务信息时，未同时向所有投资者公开披露相同的信息，导致部分投资者能够获取内幕信息并据此进行交易。

目的与动机：进行利益输送、维护特定投资者关系或配合特定的市场策略等。

后果：不公平的信息披露会严重损害其他投资者的利益，破坏市场公平性。这可能导致投资者丧失信心，市场波动加剧，并可能引发严重的法律后果，包括内幕交易指控和监管处罚。

## 法律法规

《公司法》第四十条规定，公司应当按照规定通过国家企业信用信息公示系统公示下列事项：

（一）有限责任公司股东认缴和实缴的出资额、出资方式和出资日期，股份有限公司发起人认购的股份数；

（二）有限责任公司股东、股份有限公司发起人的股权、股份变更信息；

（三）行政许可取得、变更、注销等信息；

（四）法律、行政法规规定的其他信息。

公司应当确保前款公示信息真实、准确、完整。

## 合规程序与方法

**一、信息披露事务管理制度的制定**

1. 制度建立

公司应根据《公司法》《证券法》《上市公司信息披露管理办法》等法律法规，结合公司实际情况，制定信息披露事务管理制度。

2. 责任明确

制度中应明确信息披露的第一责任人（通常为董事长）和直接责任人（如董事会秘书），以及各相关部门和人员在信息披露中的职责。

**二、信息披露内容的准备与审核**

1. 信息搜集

证券事务部或相关部门负责搜集和整理需披露的财务信息，包括定期报告（年度报告、中期报告、季度报告）和临时报告（重大事项公告等）。

2. 文件编制

根据相关法律法规的要求，编制信息披露文件。确保文件内容真实、准确、完整，不存在虚假记载、误导性陈述或重大遗漏。

3. 内部审核

信息披露文件需经过内部审核流程，包括部门负责人审核、信息披露事务负责人审核以及必要时提交董事会、监事会审议。审核过程中应确保信息的真实性、准确性、完整性和及时性。

**三、信息披露文件的发布与存档**

1. 选择渠道

根据法律法规和监管机构的要求，选择指定的信息披露渠道发布信息。这些渠道通常包括证券交易所网站、指定报刊以及公司网站等。

2. 及时发布

确保在规定的时间内发布信息披露文件。对于临时报告等重大事项，应及时进行披露，不得延误。

3. 存档备查

发布信息披露文件后，应进行存档备查。存档文件应完整、有序，便于日后查阅和审计。

**四、持续监管与合规性检查**

1. 持续监管

企业应建立持续监管机制，对信息披露的执行情况进行定期检查和评估。确保信息披露制度得到有效执行，信息披露工作符合法律法规和监管机构的要求。

2. 合规性检查

定期进行合规性检查，包括自查和外部审计等方式。通过检查发现问题并及时整改，确保信息披露的合规性。

**五、违规处理与责任追究**

1. 违规处理

对于违反信息披露法律法规和制度的行为，企业应按照相关规定进行处理，包括内部通报批评、经济处罚甚至解除职务等措施。

2. 责任追究

对于因信息披露违规给投资者造成损失的行为，相关责任人员应承担相应的法律责任，包括民事赔偿、行政处罚甚至刑事责任等。

### 六、建立沟通机制与提高信息披露透明度

1. 建立沟通机制

企业应建立与投资者的沟通机制，及时回应投资者的关切和疑问。通过投资者关系活动、业绩说明会等方式加强与投资者的交流和互动。

2. 信息披露透明化

企业通过提高信息披露的透明度和及时性，增强投资者对公司的信任度和满意度，促进企业与投资者之间的良好关系的发展。

## 案例分析 1：Y 公司虚构业绩

### 一、背景

Y 公司是一家在证券交易所上市的高科技企业，专注于软件开发和技术服务。近年来，随着市场竞争的加剧，Y 公司为了维持股价稳定和吸引投资者关注，开始采取虚构业绩的方式进行信息披露。

自 2018 年起，Y 公司为了提升市场形象和股价表现，通过虚构多份重大合同、伪造销售单据和收入确认凭证等手段，虚增营业收入和利润。具体行为如下。

虚构重大合同：与关联方或非真实客户签订虚假合同，虚构大额销售收入。

伪造销售单据：伪造或篡改销售发票、出库单等原始凭证，以支持虚增的营业收入。

提前确认收入：在不符合会计准则规定的情况下，提前确认收入。

Y 公司在其年度报告、中期报告及季度报告中，对上述虚构的业绩进行了不实披露。同时，在投资者关系活动和媒体采访中，Y 公司高管也多次强调其业绩的强劲增长和市场前景的广阔，进一步误导了投资者。

### 二、分析

Y 公司面临较大的业绩压力，为维持股价稳定和满足市场预期，选择了虚构业绩的方式。

公司内部控制体系存在严重缺陷，未能有效识别和阻止虚构业绩的行为。公司管理层对信息披露的真实性和准确性重视不够，法律意识淡薄。由于 Y 公司的信息披露不真实，投资者基于错误的信息做出了投资决策，导致投资损失。Y 公司的行为严重损害了资本市场的公信力和投资者的信任，引发了市场信任危机。监管机构对 Y 公司的虚构业绩行为进行了立案调查，并依法作出了行政处罚，包括高额罚款、市场禁入等。同时，投资者也提起了民事赔偿诉讼。

### 三、结论

Y 公司虚构业绩案是一起典型的信息披露不真实案例。该案例中，Y 公司不仅给投资者带来了巨大损失，也严重损害了资本市场的公信力和市场秩序。因此，企业应从中吸取教训，加强对信息披露的监管，确保资本市场的健康发展。

## 案例分析 2：Z 公司财务数据不准确

### 一、背景

Z 公司是一家在证券交易所上市的制造业企业，专注于生产和销售高端机械设备。近年来，Z 公司在市场竞争中面临较大压力，为了维持股价稳定和吸引投资者，其不准确地披露财务信息。在 2022 年的年度报告中，Z 公司披露的财务数据存在不准确之处。具体来说，公司对某些关键财务指标的计算方法进行了不当调整，导致这些指标呈现出比实际情况更为乐观的态势。这些不准确的财务数据如下。

营业收入：Z 公司通过提前确认未实现的销售收入，虚增了当期营业收入数额。

利润率：Z 公司在计算利润率时，未计算某些必要的成本和费用，从而夸高了利润率水平。

资产：Z 公司在资产负债表中未准确反映某些资产的实际情况，如存货和应收账款的真实

价值。

Z公司在其年度报告中发布了上述不准确的财务数据，并在随后的投资者关系活动和媒体采访中引用了这些数据，进一步误导了投资者和公众。

**二、分析**

Z公司面临较大的业绩压力，管理层为了维护公司形象和维持股价稳定，选择了通过不准确的信息披露来误导投资者。公司的内部控制体系存在漏洞，未能有效发现财务数据不准确的问题。同时，外部审计机构在审计过程中也未能充分揭示这些问题。Z公司的管理层和相关人员对信息披露的法律法规理解不够深入，未能充分认识到准确披露财务信息的重要性。

由于Z公司的信息披露不准确，投资者基于错误的信息做出了投资决策，导致投资损失。部分投资者因此提起了民事赔偿诉讼。Z公司的行为损害了资本市场的公信力和投资者的信任，导致公司股价出现大幅波动，市值缩水。监管机构对Z公司的信息披露不准确行为进行了立案调查，并依法作出了行政处罚，包括罚款、公开谴责等。同时，监管机构也加强了对Z公司的后续监管和审查。

**三、结论**

信息披露的准确性对维护投资者利益、保持市场稳定和促进企业健康发展至关重要。上市公司应严格遵守相关法律法规的要求，确保信息披露的真实、准确和完整。同时，监管机构也应加大对上市公司信息披露的监管力度，提高违规成本，促进企业合规披露财务信息。

### 案例分析 3：A 公司隐瞒关联交易

**一、背景**

A公司是一家在证券交易所上市的综合性企业集团，业务范围涵盖制造、金融、房地产等多个领域。近年来，A公司在业务拓展和资本运作上动作频繁，然而，其在信息披露方面出现了问题，特别是不完整披露关联交易，这引发了市场和监管机构的关注。

A公司在其2021年的年度报告中，未全面披露与某关联方之间的重大关联交易。具体来说，A公司与该关联方之间存在多笔大额的资金往来和业务合作，但这些交易并未在年报中详细列示，也未按照相关会计准则进行恰当披露。

A公司在发布2021年年度报告时，未对上述关联交易进行充分说明，仅在报表附注中简单表述为“与关联方的一些日常业务往来”，未披露具体交易内容、金额以及其对公司财务状况和经营成果的影响。

**二、分析**

A公司可能出于维持股价稳定、避免市场质疑或掩盖某些不利信息的动机，选择隐瞒关联交易。公司的内部控制体系未能有效识别并阻止关联交易的隐瞒行为，外部审计机构在审计过程中也未能充分揭示这一问题。A公司的管理层和相关人员对关联交易的信息披露要求理解不够深入，未能充分认识到完整披露关联交易的重要性。

由于A公司未完整披露关联交易，投资者无法全面了解公司的财务状况和经营成果，导致投资决策失误，投资者利益受损。A公司的行为损害了资本市场的公信力和投资者的信任，导致公司股价波动，市值受到影响。监管机构对A公司的信息披露不完整行为进行了立案调查，并依法作出了行政处罚，包括罚款、公开谴责等。同时，监管机构也加强了对A公司的后续监管和审查。

**三、结论**

完整披露关联交易对维护投资者利益、保持市场稳定和促进企业健康发展至关重要。上市公司应严格遵守相关法律法规和会计准则的要求，确保关联交易的充分披露。同时，监管机构也应加大对上市公司关联交易的监管力度，提高违规成本，促进企业合规披露信息。

## 案例分析 4：B 公司延迟公布重大合同

### 一、背景

B 公司是一家在证券交易所上市的科技公司，专注于研发和生产高科技产品。近年来，B 公司在市场上取得了显著的成绩，并与多家知名企业建立了合作关系。然而，在信息披露方面，B 公司出现了一次重大的不及时披露事件，给公司和投资者带来了不小的困扰。

2023 年初，B 公司与一家国际知名企业签订了一项重大合同，合同金额高达数亿元，对 B 公司的未来发展和业绩有着重要影响。然而，B 公司并未在合同签订后的第一时间内将此信息公之于众，而是选择了延迟公布。

按照证券交易所的规定，上市公司在签订重大合同后，应及时进行信息披露，以便投资者做出准确的投资决策。然而，B 公司以“合同细节尚需进一步确认”为由，将信息披露的时间推迟了数月之久。直到市场上传出相关消息，并引起了投资者广泛关注，B 公司才被迫公布了这一重大合同的相关信息。

### 二、分析

B 公司在内部管理上存在疏漏，未能及时识别和评估重大合同的信息披露需求，导致信息披露不及时。管理层和相关人员对信息披露的法律法规理解不够深入，未能充分认识到及时披露重大信息的重要性。B 公司可能出于维持股价稳定、避免市场波动等动机，选择了延迟公布重大合同的相关信息。

由于 B 公司未及时披露重大合同的相关信息，投资者无法及时了解公司的最新动态和业绩预期，导致投资决策失误，投资者利益受损。B 公司的行为损害了资本市场的公信力和投资者的信任，导致公司股价波动，市值受到影响。同时，这也引发了市场对 B 公司治理结构和信息披露制度的合理性的质疑。

### 三、结论

及时披露重大信息对维护投资者利益、保持市场稳定和促进企业健康发展至关重要。上市公司应严格遵守相关法律法规和证券交易所的规定，确保重大信息的及时披露。同时，监管机构也应加大对上市公司信息披露的监管力度，提高违规成本，促进企业合规披露信息。

## 案例分析 5：C 公司选择性披露信息

### 一、背景

C 公司是一家在证券交易所上市的多元化企业，业务范围广泛，涉及制造、金融、科技等多个领域。近年来，C 公司在信息披露方面出现了问题，特别是选择性披露信息的行为，这引发了市场和监管机构的广泛关注。

在一次重大的业务合作中，C 公司与一家国际知名企业达成了战略合作协议。然而，在正式公告之前，C 公司的高层管理人员私下向一些大型投资机构透露了这一消息，导致这些机构在公告发布前就买入 C 公司的股票。而在正式公告后，其他投资者才得知这一消息，此时股价已经因为前期存在大量买入而上涨，使得他们错失了投资机会。

### 二、分析

C 公司可能出于维护与某些大型投资机构的关系、吸引其投资或避免股价波动的动机，选择向它们提前透露重要信息。C 公司的内部控制体系存在漏洞，未能有效阻止选择性披露信息的行为。同时，C 公司可能缺乏严格的信息披露管理制度和流程。C 公司的管理层和相关人员对信息披露的公平性原则理解不够深入，未能充分认识到公平披露信息对所有投资者的重要性。

由于 C 公司选择性披露信息，导致部分投资者在信息不对称的情况下做出了投资决策，投资者利益受到损害。特别是那些未能提前获得信息的投资者，他们错失了投资机会或买入了高价股票。C公司的行为破坏了资本市场的公平性原则，使得部分投资者能够利用提前获得的信息获取不正当利益，而其他投资者则处于不利地位。

**三、结论**

公平披露信息对维护投资者利益、保持市场稳定和促进企业健康发展至关重要。上市公司应严格遵守相关法律法规和证券交易所的规定，确保所有投资者能够同时获得重要的公司信息。同时，监管机构也应加大对上市公司信息披露的监管力度，打击选择性披露等不公平行为，保护投资者的合法权益。

## 专题一百七十三：企业是否过度依赖外部融资

### 业务简介

**一、概念**

企业在融资过程中，过度依赖外部融资（如银行贷款、发行债券、股权融资等）来满足其经营和投资需求，而不是通过内部积累（如留存收益等）或合理的债务与股权结构来平衡融资需求，可能导致企业的财务结构失衡，增加偿债压力和财务风险。

**二、基本规定**

企业应保持合理的财务结构，包括适当的债务与股权比例，以确保其财务稳定性和可持续发展。企业应综合考虑融资成本和资金使用的效益，避免盲目融资或过度融资导致的资金浪费和财务负担加重。企业应遵守相关监管要求，如实披露相关信息。

**三、违规表现**

1. 信息披露不完整或不及时

行为描述：企业可能故意隐瞒或延迟披露重要的融资信息，如融资的具体条款、用途、潜在风险或还款计划等，以保持股价稳定或避免市场因信息的突然释放而使股价产生波动。

目的与动机：维护企业形象、维持股价稳定、避免投资者恐慌或争取更有利的融资条件等。

后果：信息披露不完整或不及时损害投资者的知情权，导致投资者基于不完整或过时的信息做出决策，从而蒙受损失。长期来看，它会破坏市场信任，降低企业的信誉度，甚至可能引发法律诉讼和监管处罚。

2. 融资方式单一

行为描述：企业过度依赖某一种或少数几种外部融资方式，如银行贷款，而忽视其他融资方式，如发行债券、股权融资、租赁融资等。

目的与动机：出于对传统融资方式的熟悉度、便利性、成本考虑，或因为其他融资方式的门槛较高而选择单一融资方式。

后果：融资方式单一导致企业的融资渠道受限，融资成本高昂，且导致企业容易受到外部金融环境变化的影响。当单一的融资渠道受到冲击时，企业可能面临资金链断裂的风险。

3. 长短期融资错配

行为描述：企业未能根据投资项目的期限合理安排长短期融资结构，导致短期融资被用于长期项目，或长期融资被提前用于满足短期需求。

目的与动机：满足短期资金需求、快速把握市场机会或因为长期融资条件较为苛刻而选择长短期融资错配。

后果：长短期融资错配会增加企业的财务风险和流动性压力。当短期融资到期需要偿还时，企业可能面临资金缺口，导致资金链紧张或断裂。

4. 过度融资

行为描述：企业在没有充分评估自身偿债能力和资金需求的情况下盲目融资，导致融资总额超过自身承受能力或实际需求。

目的与动机：追求快速发展、扩大市场份额、进行非必要的投资扩张。

后果：过度融资会增加企业的财务负担和偿债压力，降低盈利能力。当企业无法承担高额的融资成本或无法按时偿还债务时，可能引发债务危机和市场信任危机。

## 法律法规

《企业中长期外债审核登记管理办法》的相关规定如下。

第八条：企业可根据自身资信情况和实际需要，自主决策在境内外使用外债资金，其用途应符合以下条件。

（一）不违反我国法律法规。

（二）不威胁、不损害我国国家利益和经济、信息数据等安全。

（三）不违背我国宏观经济调控目标。

（四）不违反我国有关发展规划和产业政策，不新增地方政府隐性债务。

（五）不得用于投机、炒作等行为；除银行类金融企业外，不得转借他人，在外债审核登记申请材料中已载明相关情况并获得批准的除外。

第二十三条：企业应当加强外债风险管理，结合实际需要合理控制外债规模，优化外债结构。密切关注宏观经济形势和金融市场运行、国际收支状况等，强化外债风险意识，制定风险防控预案。合理选择金融市场工具有效规避和对冲可能存在的汇率风险和利率风险。

## 合规程序与方法

**一、内部决策与风险管理**

1. 内部决策

企业应建立健全的内部决策机制，融资决策需经过董事会或股东会等决策机构的审议和批准。决策过程中应充分考虑企业的实际需求、偿债能力、融资成本及风险等因素。

2. 风险管理

企业应建立完善的风险管理体系，对融资活动进行风险评估和监控。通过设定合理的融资规模和结构，避免过度依赖某一种或少数几种外部融资方式。

**二、信息披露与透明度提升**

1. 信息披露

根据相关法律法规的要求，企业应真实、准确、完整、及时地披露融资信息。披露内容应包括融资目的、金额、期限、用途、还款计划以及可能存在的风险等。

2. 透明度提升

公开透明的信息披露，能够增强投资者和监管机构对企业的信任，有助于市场对企业融资行为进行合理评估和监督。

**三、合规审查与监管配合**

1. 合规审查

企业在融资过程中应主动进行合规审查，确保融资活动符合相关法律法规和监管要求。可以聘请专业机构进行合规咨询和审查，降低合规风险。

2. 监管配合

企业应积极配合监管机构的检查和调查工作，如实提供相关资料和信息。对于监管机构提出的合规问题和整改要求，企业应认真对待并及时整改到位。

**四、融资结构优化与融资方式多元化**

1. 融资结构优化

企业应根据自身实际情况和市场环境，合理安排长短期融资结构。避免发生长短期融资错配现象，降低财务风险和减少流动性压力。

2. 融资方式多元化

积极探索和利用多种融资方式（如银行贷款、发行债券、股权融资等），拓宽融资渠道。

通过多元化的融资方式降低对单一融资渠道的依赖程度，提高融资的灵活性和稳定性。

**五、持续监测与评估**

1. 财务状况监测

企业应持续关注自身的财务状况和偿债能力，确保能够按时偿还债务。

对于可能出现的财务风险和偿债压力，应提前制定应对措施和预案。

2. 融资效果评估

对融资活动的实际效果进行定期评估和总结，分析融资成本、资金使用效率及其对企业发展的影响等方面的情况。根据评估结果及时调整融资策略和优化融资结构。

## 案例分析：中植集团的兴衰

**一、背景**

中植集团曾是中国金融投资领域的巨无霸，管理着庞大的资产，业务覆盖资本运作的多个角落。起初，凭借雄厚的资本力量和敏锐的市场嗅觉，中植集团在金融市场上迅速崛起，成为业界的传奇。然而，好景不长，中植集团最终因过度依赖外部融资等问题陷入困境，最终走向破产。

中植集团在扩张过程中，大量依赖外部融资来支撑其业务的快速发展。这种融资方式在短期内为集团带来了巨额资金，但同时也埋下了隐患。随着业务规模的不断扩大，中植集团的融资需求日益增加，对外部融资的依赖程度也越来越高。

中植集团过度依赖外部融资的目的主要是快速扩大业务规模，追求更高的市场占有率和利润。管理层可能认为，通过外部融资可以迅速获取所需资金，支持公司的快速发展。然而，这种发展方式忽视了自身的偿债能力和融资风险，最终导致严重的财务危机。

**二、分析**

随着市场环境的变化和经济形势的波动，中植集团的外部融资渠道开始出现问题。当市场信心下降，投资者开始撤资时，中植集团的资金链变得脆弱。资金一旦出现紧缩，高额的债务便成为压在公司胸口的巨石，使公司陷入困境。过度依赖外部融资导致中植集团的债务负担沉重。为了维持运营，公司不得不采取借新还旧的方式，但这无异于饮鸩止渴。随着债务规模的不断扩大，公司的偿债能力越来越弱，公司最终陷入债务危机。在资金充裕的情况下，中植集团进行了大胆的投资，包括一些高风险的项目。然而，这些投资并未带来预期的高回报，反而因为各种原因宣告失败，给公司留下了巨额的债务和损失。随着公司规模的急速扩大，中植集团的内部管理未能跟上发展的步伐。内部治理结构和机制松散，甚至滋生了腐败现象。这些问题在危机爆发时进一步加剧了公司的困境。中植集团的破产不仅打击了市场的信心，还引发了一系列连锁反应。与中植集团有业务往来的众多企业和个人投资者都受到了不同程度的影响，整个金融市场也受到了影响。

**三、结论**

中植集团的兴衰史是一个深刻的教训，提醒企业在追求快速发展的同时必须重视风险管理和内部控制。过度依赖外部融资虽然可以在短期内为企业提供资金支持，但长期来看可能会给企业带来毁灭性的打击。因此，企业应建立多元化的融资渠道，加强财务管理和内部控制，确保自身的稳健发展。同时，政府和监管机构也应加大对金融市场的监管力度，防范并化解重大金融风险，为实体经济的发展创造良好的环境。

## 专题一百七十四：企业的税务处理是否合规

### 业务简介

**一、概念**

企业的税务处理是否合规，主要指的是企业在税费核算、申报、缴纳等过程中，是否遵循了国家税收法律法规的规定，以及是否采取了合理的税务筹划措施。

**二、基本规定**

企业应按照《税收征收管理法》及其实施细则等相关法律法规的规定，及时、足额地缴纳各项税款。企业应在领取营业执照后30日内，向税务机关申报办理税务登记，并按照税务机关的规定使用税务登记证件。按照有关法律、行政法规和国务院财政、税务主管部门的规定设置账簿，进行核算，并妥善保管账簿、记账凭证、完税凭证及其他有关资料。在购销商品、提供或者接受经营服务以及从事其他经营活动时，应当依法开具、使用、取得和保管发票。依照法律、行政法规规定或者税务机关依照法律、行政法规的规定确定的申报期限、申报内容如实办理纳税申报，报送纳税申报表、财务会计报表以及税务机关根据实际需要要求纳税人报送的其他纳税资料。

**三、违规表现**

1. 偷税

行为描述：企业采用各种违规的手段，如伪造、变造、隐匿、擅自销毁账簿、记账凭证，或者在账簿上多列支出或不列、少列收入，又或者经税务机关通知申报而拒不申报或进行虚假的纳税申报，故意不缴或少缴按照税收法律法规规定应当缴纳的税款。

目的与动机：减轻税负，增加利润。通过不缴或少缴税款，企业可以将这部分资金用于其他经营活动或进行投资，从而获取更多的经济利益。

后果：企业将面临税务机关的严厉处罚，包括缴纳滞纳金、罚款等。同时，企业的信誉将受到严重损害，从而影响其未来的经营和发展。严重的偷税行为还可能构成犯罪，企业及相关责任人将受到法律的制裁。

2. 隐匿收入

行为描述：企业在申报纳税时，故意将部分销售收入不记入账簿，或者通过其他方式隐瞒、少报销售收入，以减少其应纳税额，从而达到逃避税收的目的。

目的与动机：逃避税收监管，减少应纳税额。

后果：企业将面临税务机关的处罚，包括缴纳滞纳金、罚款等。同时，企业的信誉将受到损害，从而影响其与客户、供应商等合作伙伴的关系。长期隐匿收入还可能导致企业面临更严重的法律后果。

3. 虚列成本

行为描述：企业在核算成本时，虚构并不存在的成本支出，或者故意夸大实际的成本支出，以增加成本、减少利润，进而减少其应纳税所得额，以此减轻税负。

目的与动机：通过增加成本支出来减少利润，从而降低应纳税所得额和减轻税负。

后果：企业将面临税务机关的处罚，包括缴纳滞纳金、罚款等。同时，企业的财务报表将失去真实性和可信度，从而影响其融资、投资等经济活动。严重的虚列成本行为还可能构成犯罪。

4. 发票违规

行为描述：企业在发票的开具、使用、取得和保管过程中，存在不遵守税收法律法规的行为。

目的与动机：逃避税收监管或获取非法利益。

后果：企业将面临税务机关的严厉处罚，包括缴纳滞纳金、罚款等。同时，企业的信誉将受到严重损害，从而影响其与客户、供应商等合作伙伴的关系。严重的发票违规行为还可能构成犯罪。

5. 不按规定进行税务登记和申报

行为描述：企业未按照税收法律法规的规定办理税务登记事项，如未在规定的时间内进行税务登记、未按照规定的程序办理税务变更登记等。同时，企业也可能未按照规定设置账簿，或者未按照规定的期限、内容报送财务资料，导致税务机关无法准确评估其应纳税额。

目的与动机：逃避税收监管和减轻税负。

后果：企业将面临税务机关的处罚，包括缴纳滞纳金、罚款等。同时，企业的经营活动将受到严重影响，可能面临税务机关的稽查和调查。长期不进行税务登记和申报还可能导致企业被注销税务登记、吊销营业执照等严重后果。

6. 虚假申报以享受税收优惠

行为描述：企业通过提供虚假的申报材料、虚构符合条件的情况等方式，非法享受税收优惠，损害国家的税收利益。

目的与动机：获取非法利益。

后果：企业将面临税务机关的严厉处罚，包括缴纳滞纳金、罚款等。同时，企业的信誉将受到严重损害，从而影响其未来的经营和发展。严重的虚假申报行为还可能构成犯罪，企业及相关责任人将受到法律的制裁。此外，这种行为还会损害国家的税收利益，破坏税收公平和税收秩序。

## 法律法规

《税收征收管理法》的相关规定如下。

第十六条：从事生产、经营的纳税人，税务登记内容发生变化的，自工商行政管理机关办理变更登记之日起三十日内或者在向工商行政管理机关申请办理注销登记之前，持有关证件向税务机关申报办理变更或者注销税务登记。

第十七条：从事生产、经营的纳税人应当按照国家有关规定，营业执照，在银行或者其他金融机构开立基本存款账户和其他存款账户，并将其全部账号向税务机关报告。

银行和其他金融机构应当在从事生产、经营的纳税人的账户中登录营业执照号码，并在营业执照中登录从事生产、经营的纳税人的账户账号。

税务机关依法查询从事生产、经营的纳税人开立账户的情况时，有关银行和其他金融机构应当予以协助。

第十八条：纳税人按照国务院税务主管部门的规定使用营业执照。营业执照不得转借、涂改、损毁、买卖或者伪造。

第十九条：纳税人、扣缴义务人按照有关法律、行政法规和国务院财政、税务主管部门的规定设置账簿，根据合法、有效凭证记账，进行核算。

第二十条：从事生产、经营的纳税人的财务、会计制度或者财务、会计处理办法和会计核算软件，应当报送税务机关备案。

纳税人、扣缴义务人的财务、会计制度或者财务、会计处理办法与国务院或者国务院财政、税务主管部门有关税收的规定抵触的，依照国务院或者国务院财政、税务主管部门有关税收的规定计算应纳税款、代扣代缴和代收代缴税款。

第三十三条：纳税人可以依照法律、行政法规的规定书面申请减税、免税。

减税、免税的申请须经法律、行政法规规定的减税、免税审查批准机关审批。地方各级人民政府、各级人民政府主管部门、单位和个人违反法律、行政法规规定，擅自作出的减税、免税决定无效，税务机关不得执行，并向上级税务机关报告。

## 合规程序与方法

**一、政策解读与收集**

1. 密切关注税收政策

密切关注国家和地方税收政策的调整变化，及时收集、整理相关政策文件，确保对税收政策的全面理解和准确掌握。

2. 加强与税务机关沟通

建立与税务机关的良好沟通机制，了解税务执法动态，以便更好地应对可能出现的税务风险。

**二、风险评估与排查**

1. 定期自查

定期对自身的税务管理情况进行全面自查，评估可能存在的税务风险点。

2. 建立预警机制

针对潜在风险，建立风险预警机制，实时监控和预警，确保问题能够被及时发现并处理。

**三、税务申报与缴纳**

1. 按时申报

按照国家税收法律法规的规定，按时准确地进行各类税种的申报工作。

2. 确保数据真实完整

在申报过程中，确保申报数据的真实性、完整性和准确性，避免出现漏报、错报等问题。

3. 关注政策变化

及时调整申报策略，以最大限度地减轻税务负担。

**四、记录保存与备查**

1. 建立完善的税务档案管理系统

对税务相关的文件、数据等进行妥善保存，以便在税务机关进行税务检查时提供有力的证明材料。

2. 确保文件真实准确

所有与税务相关的凭证和文档应真实、准确、完整、清晰。

**五、内部控制与培训**

1. 建立健全内部控制体系

明确各部门在税务管理中的职责和权限，建立审批、复核等内部监督机制，确保税务管理流程的规范化和标准化。

2. 加强财务会计培训

加强财务会计培训，增加和提高员工的相关知识和技能，确保其正确理解和应用财务会计准则及税法规定。

**六、税务审计与稽查应对**

1. 定期开展内部审计

对账务处理进行检查和评估，及时发现和纠正可能存在的问题。

2. 积极应对税务稽查

保持与税务机关的良好沟通，积极配合税务稽查工作，提供必要的资料和解释。

**七、合理利用税收优惠政策**

充分了解并合理利用国家税收优惠政策，降低税务成本。同时，确保享受优惠政策的过程合法合规，避免出现虚假申报等问题。

**八、税务注销与清算**

对于即将注销或清算的企业，应严格按照税法规定进行税务注销和清算工作，确保所有税务事项得到妥善处理。

## 案例分析 1：某企业通过隐匿销售收入偷税

**一、背景**

某企业为一家中型制造企业，主要从事机械设备的生产和销售。近年来，由于市场竞争激烈，企业利润空间逐渐缩小。为了增加利润，该企业通过隐匿销售收入的方式进行偷税。

该企业主要通过以下手段进行偷税：企业在销售产品时，不将全部销售收入记入账簿，而是将部分收入以各种名义隐匿起来，如私设“小金库”、以私人名义存款等。在纳税申报时，企业故意少报销售收入，以降低应纳税额。企业还通过账外经营的方式，将部分销售收入完全脱离账簿管理，从而逃避税收监管。

该企业的偷税行为最终被税务机关查处，企业被要求补缴隐匿的销售收入所对应的税款，并支付相应的滞纳金。税务机关对企业进行了罚款，罚款金额为隐匿销售收入的对应税款的一定比例。

企业的偷税行为被曝光，导致企业信誉严重受损，影响了其与客户的合作关系和市场份额。

企业相关负责人因偷税行为被追究法律责任，面临刑事处罚。

**二、分析**

该企业偷税的动机主要是增加利润。在市场竞争激烈、利润空间缩小的情况下，企业选择通过非法途径来降低成本、提高收益。企业采取了多种手段进行偷税，包括隐匿销售收入、虚假申报和利用账外经营等。这些手段都具有一定的隐蔽性和欺骗性，使得税务机关难以发现。该企业的偷税行为最终导致了严重的后果，这些后果不仅对企业自身造成了巨大的经济损失，也对企业的声誉和未来发展产生了严重影响。

**三、结论**

企业应该坚持合法经营，遵守税收法律法规，不得采取任何形式的偷税行为。应建立健全的内部控制制度，加强对财务和税务的管理，确保账务的真实性和完整性。应加强对员工的税务培训，提高员工的税务意识和法律意识，防止其因无知而触犯法律。应积极配合税务机关的检查工作，如实提供相关资料和情况说明，避免因隐瞒或欺骗而加重法律责任。

## 案例分析 2：某企业虚列成本

**一、背景**

某企业是在行业内具有一定规模的生产型企业，主要从事机械设备的生产和销售。近年来，由于市场竞争激烈和成本控制压力增大，该企业开始寻求通过非法途径减轻税负，其中虚列成本成为其主要的偷税手段。该企业采取了多种手段来虚列成本，以逃避税收监管。

企业与关联方或虚构的供应商签订虚假采购合同，并伪造采购发票，将不存在的采购成本记入账簿。企业在生产过程中，故意夸大原材料消耗、人工费用等生产成本，以增加税前扣除额。虚构研发项目，将不存在的研发费用计入成本，以享受税收优惠政策。设立两套账簿，一套用于内部真实核算，另一套用于对外报税，通过虚列成本来减少应税收入。

该企业的虚列成本行为最终被税务机关发现。企业被要求补缴因虚列成本而少缴的税款，并支付因偷税而产生的滞纳金。税务机关对企业进行了高额罚款，罚款金额为虚列成本所对应税款的一定比例，这对企业财务状况造成重大冲击。企业的偷税行为被曝光，导致企业信誉严重受损，客户流失，市场份额下降。企业相关负责人因偷税行为被追究刑事责任，面临刑事处罚。

### 二、分析

该企业偷税的动机是追求非法利润，试图通过虚列成本来减轻税负，增加企业盈利。企业采取的虚列成本手段具有一定的隐蔽性和欺骗性，如伪造采购发票、利用“两套账”等，使得税务机关难以发现。该企业的偷税行为最终导致了严重的法律和经济后果，企业不仅补缴了税款和滞纳金，还遭受了高额罚款和信誉损失，相关负责人也面临刑事处罚。

### 三、结论

企业应该坚守合法经营原则，遵守税收法律法规，不得采取任何形式的偷税行为。应完善内部控制制度，加强对财务和税务的管理，确保所有成本都真实、准确地记入账簿。应提高员工的法律意识，特别是财务和税务人员的法律意识，防止其因无知或疏忽而触犯法律。应定期进行内部审计，及时发现并纠正可能存在的虚列成本等偷税行为，确保企业税务合规。

## 案例分析 3：某小微企业未按照规定进行税务登记和申报

### 一、背景

某小微企业是一家新成立的小型服务公司，主要提供咨询服务。

企业在成立后，未按照《税收征收管理法》的规定向当地税务机关进行税务登记，领取营业执照，且一直未按照规定的期限进行纳税申报，也未缴纳应纳税款。

该企业的违法行为最终被税务机关发现。企业被要求补缴未申报的税款，并支付因逾期申报而产生的滞纳金。税务机关对企业进行了罚款，罚款金额为未缴税款的一定比例，对企业财务状况造成较大影响。企业的违法行为被曝光，导致企业信誉受损，客户流失，业务受到严重影响。企业相关负责人因未按规定进行税务登记和申报被追究法律责任，面临刑事处罚。

### 二、分析

该企业违法的动机主要是逃避履行纳税义务。该企业的违法行为最终导致了严重的法律和经济后果，企业不仅补缴了税款和滞纳金，还遭受了罚款和信誉损失，相关负责人也面临刑事处罚。

### 三、结论

企业应该加强对税务法规的学习和理解，确保按照规定进行税务登记和申报。应完善内部控制制度，建立健全的财务管理和税务申报制度，确保税务合规。应提高员工的法律意识，特别是财务和税务人员的法律意识，防止其因无知或疏忽而触犯法律。

# 第二十六章
# 财务内部控制合规

## 专题一百七十五：企业是否按照规定的程序保存和管理财务凭证

### 业务简介

**一、概念**

财务凭证是财务会计工作的重要组成部分，它记录了企业发生的经济业务，并作为记账依据，用以反映企业的财务状况和经营成果。财务凭证的管理包括凭证的填制、审核、传递、保管等多个环节，是确保财务信息真实、准确、完整的关键。

**二、基本规定**

财务凭证必须符合国家法律法规和公司规章制度，并且按照以下几个原则处理保存。

真实性原则：凭证必须真实、准确地反映企业的经济业务。

完整性原则：凭证应包含完整的经济业务信息，以确保后续的会计处理。

安全性原则：凭证的存放位置应防火、防水、防盗，并设有安全门锁等设施，确保凭证的安全。

保密性原则：会计凭证内容必须保密，不得泄露。

定期整理与归档原则：凭证应当按照年度、月度和种类进行分类存放，并定期整理、清点。

**三、违规表现**

1. 凭证填制不规范

行为描述：摘要不清晰，无法准确反映经济业务的实质；科目使用错误，导致会计信息分类混乱；金额填写不准确，造成会计信息失真。

目的与动机：简化工作流程，忽视填制规范；故意模糊处理，以便为后续违规操作提供便利或掩盖某些不当行为。

后果：影响会计信息的准确性和可靠性，可能导致税务申报错误或延迟，给企业带来法律风险和声誉损失。

2. 凭证审核不严格

行为描述：未按照规定的审核程序对凭证进行逐一核对；忽视凭证中的错误或虚假信息，导致入账错误。

目的与动机：审核人员为了提高工作效率或掩盖某些不当行为，故意省略某些审核步骤。

后果：导致会计账簿和报表的错误，给企业带来税务和法律风险。

3. 凭证传递不及时

行为描述：原始凭证或记账凭证在填制后未及时传递给相应的会计人员，导致经济业务不能及时在会计系统中得到反映和处理。

目的与动机：填制人员或传递人员为了掩盖某些不当交易或行为，故意延迟传递。

后果：影响会计信息的时效性和准确性，可能导致税务申报的延迟或错误，给企业的财务管理和决策带来困难。

4. 凭证保管不当

行为描述：未按照规定的分类和归档要求对凭证进行存放；未定期整理归档，导致凭证散落、丢失或损坏；存放环境不符合要求，如环境潮湿、存在易燃物等。

目的与动机：企业为了节省成本或空间，忽视凭证的妥善保管。

后果：导致凭证的丢失、损坏或信息泄露，影响会计信息的完整性和可追溯性，给企业带来法律风险和额外的经济负担。

5. 故意隐匿或销毁凭证

行为描述：企业为了逃避税务监管或实现其他目的，故意隐匿或销毁重要的财务凭证。

目的与动机：逃避税务监管，少缴税款；掩盖企业的非法行为或不当交易；避免法律诉讼或行政处罚。

后果：导致企业面临税务处罚；损害企业的声誉和信用，影响企业的长期发展。

## 法律法规

《会计法》的相关规定如下。

第五条：会计机构、会计人员依照本法规定进行会计核算，实行会计监督。任何单位或者个人不得以任何方式授意、指使、强令会计机构、会计人员伪造、变造会计凭证、会计账簿和其他会计资料，提供虚假财务会计报告。任何单位或者个人不得对依法履行职责、抵制违反本法规定行为的会计人员实行打击报复。

第十四条：会计凭证包括原始凭证和记账凭证。办理本法第十条所列的经济业务事项，必须填制或者取得原始凭证并及时送交会计机构。会计机构、会计人员必须按照国家统一的会计制度的规定对原始凭证进行审核，对不真实、不合法的原始凭证有权不予接受，并向单位负责人报告；对记载不准确、不完整的原始凭证予以退回，并要求按照国家统一的会计制度的规定更正、补充。

原始凭证记载的各项内容均不得涂改；原始凭证有错误的，应当由出具单位重开或者更正，更正处应当加盖出具单位印章。原始凭证金额有错误的，应当由出具单位重开，不得在原始凭证上更正。记账凭证应当根据经过审核的原始凭证及有关资料编制。

## 合规程序与方法

**一、凭证的填制与审核**

1. 凭证填制

凭证的填制应依据实际发生的经济业务，确保摘要清晰、科目使用正确、金额填写准确。

填制人员需具备相应的专业知识和操作技能，按照规定的格式和要求进行填制。

2. 凭证审核

凭证的审核应由专人进行，确保凭证的真实性和合法性。审核人员应仔细检查凭证的填制内容，核对原始凭证与记账凭证的一致性，确保无遗漏、无错误。

**二、凭证的传递与保管**

1. 凭证传递

原始凭证或记账凭证在填制后应及时传递给相应的会计人员进行处理和登账，确保经济业务的及时反映。传递过程中应做好交接记录，确保凭证的完整性和可追溯性。

2. 凭证保管

企业应建立专门的档案室或档案柜，用于存放财务凭证。凭证的存放应分类清晰、编号有序，便于查阅和核对。存放环境应符合防火、防水、防盗等要求，确保凭证的安全性。

**三、凭证的归档与销毁**

1. 凭证归档

会计凭证应按照年度、月度和种类进行分类归档，确保会计信息的完整性和系统性。

归档时应编制归档清册，记录凭证的种类、数量、归档日期等信息。

2. 凭证销毁

会计凭证的销毁应按照规定的保管期限进行。保管期满需要销毁时，应编制会计档案销毁清册，并经单位负责人、档案管理机构负责人、会计管理机构负责人等签署意见。销毁时应由档案机构和会计机构共同派员监销，确保销毁过程的合法性和规范性。

**四、合规要求与责任追究**

1. 合规要求

企业应严格遵守《会计法》《会计档案管理办法》等相关法律法规，确保财务凭证的保存和管理符合规范要求。企业应建立健全内部控制机制，加强对财务凭证填制、审核、传递、保管、归档和销毁等各个环节的监督和管理。

2. 责任追究

对于违反财务凭证保存和管理规定的行为，企业应依法依规追究相关人员的责任。情节严重的，应移送司法机关处理。

## 案例分析 1：凭证填制不规范与审核不严格

**一、背景**

某中小型企业，在近期的一次内部审计中，发现其财务凭证存在填制不规范和审核不严格的问题。这些问题已经对企业的财务管理和决策产生了不良影响，亟需进行整改和优化。

凭证中的摘要部分过于简略，无法清晰反映经济业务的实际内容。科目使用不准确，存在将不同性质的经济业务归入同一科目的情况。金额填写存在错误，如小数点位置错误、数字书写不清晰等。审核人员对凭证的填制内容没有进行仔细核对，导致入账错误。企业对审核中发现的问题，没有及时进行纠正和反馈，导致问题持续存在。

**二、分析**

由于凭证填制不规范和审核不严格，导致企业的财务信息无法真实、准确地反映经济业务的实际情况。基于失真的财务信息，企业可能做出错误的决策。不规范的凭证可能成为法律纠纷的源头，引发税务稽查、审计检查等。凭证管理的不规范可能引发企业内部管理混乱，如职责不清、流程不畅等。

本案例揭示了凭证填制不规范和审核不严格对企业财务管理和决策的严重影响。通过规范凭证填制和强化凭证审核，企业可以显著提升财务信息的质量和准确性，为企业的稳健发展提供有力保障。同时，这也提醒其他企业应重视凭证管理的重要性，不断完善和优化相关流程和机制。

## 案例分析 2：凭证传递不及时

**一、背景**

某中型企业，在近期的一次内部审计中，发现其财务凭证存在传递不及时的问题。这一问题导致了账务处理的延误，进而影响了企业财务报表的准确性和及时性，给企业的财务管理带来了不小的挑战。

**二、分析**

原始凭证与记账凭证之间的传递时间明显滞后，导致账务处理无法及时进行。传递过程中存在凭证丢失的风险，影响了财务信息的完整性。企业没有建立凭证传递的跟踪机制，无法实时了解凭证的传递状态和所处的环节。当凭证传递出现问题时，企业难以迅速定位并解决，导致问题持续存在。财务部门与其他业务部门之间的沟通不畅，导致凭证传递的及时性无法得到保障。业务部门可能未能及时将原始凭证传递给财务部门，或者传递过程中存在遗漏。

凭证传递不及时导致账务处理无法及时进行，进而影响了财务报表的准确性和及时性。延迟的账务处理可能使企业无法及时了解和掌握自身的财务状况和经营成果。基于更新不及时的财务信息，企业可能做出错误的决策。

企业应该对现有的凭证传递流程进行梳理和优化，确保原始凭证能够及时、准确地传递给记账人员。引入电子化文档管理系统，实现凭证的在线传递和共享，提高传递效率。建立凭证传递的跟踪机制，实时了解凭证的传递状态和所处的环节。加强财务部门与其他业务部门之间的沟通，确保凭证传递的及时性得到保障。定期对凭证传递的及时性进行评估和反馈，及时发现问题并进行改进。

本案例揭示了凭证传递不及时对企业财务管理和决策的严重影响。通过优化凭证传递流程、建立跟踪机制和加强部门间沟通，企业可以显著提升账务处理的及时性和财务信息的准确性，为企业的稳健发展提供有力保障。同时，这也提醒其他企业应重视凭证传递的重要性，不断完善和优化相关流程和机制。

## 专题一百七十六：企业财务数据录入是否准确

### 业务简介

**一、概念**

企业财务数据录入不准确指的是在将财务数据输入财务系统或进行相关记录中的过程中，各种原因导致的数据与实际情况不符的情况。这些错误可能源于人为因素、系统问题、流程缺陷等，并可能对企业的财务管理、决策制定及合规性产生负面影响。

**二、基本规定**

录入的数据必须真实反映企业的经济活动情况，不得伪造、篡改。企业应遵循国家统一的会计准则和制度，确保数据的准确性和可比性。在使用财务软件时，企业应按照操作指南正确录入数据，确保系统的稳定性和数据的准确性。

**三、违规表现**

1. 数据录入错误

行为描述：由于人为疏忽导致数据录入错误，如数字输入错误、分类错误等；系统设置不当或软件缺陷导致自动计算错误或数据丢失。

目的与动机：可能由于工作压力、疲劳或缺乏专业知识导致。

后果：财务数据不准确，影响分析和决策，导致公司需要花费额外的时间和资源来纠正错误，可能导致内部管理混乱和客户信任度下降。

2. 数据录入的内部控制失效

行为描述：数据录入的内部控制制度不健全或执行不力，授权审批流程不规范。

目的与动机：方便操作或避免烦琐程序。

后果：财务数据录入过程缺乏有效监督和审核，增加财务舞弊和数据错误的风险，可能导致重大财务损失和法律风险。

3. 财务软件使用不当

行为描述：相关人员缺乏专业知识导致无法正确操作财务软件，未能及时更新财务软件或修补系统漏洞。

目的与动机：节省时间或成本。

后果：财务数据不准确的风险增加；系统稳定性下降，增加数据丢失风险。系统可能遭受黑客攻击，导致数据泄露，损害公司安全。

## 法律法规

《会计法》的相关规定如下。

第一条：为了规范会计行为，保证会计资料真实、完整，加强经济管理和财务管理，提高经济效益，维护社会主义市场经济秩序，制定本法。

第二条：会计工作应当贯彻落实党和国家路线方针政策、决策部署，维护社会公共利益，为国民经济和社会发展服务。国家机关、社会团体、公司、企业、事业单位和其他组织（以下统称单位）必须依照本法办理会计事务。

第三条：各单位必须依法设置会计账簿，并保证其真实、完整。

第四条：单位负责人对本单位的会计工作和会计资料的真实性、完整性负责。

第五条：会计机构、会计人员依照本法规定进行会计核算，实行会计监督。

任何单位或者个人不得以任何方式授意、指使、强令会计机构、会计人员伪造、变造会计凭证、会计账簿和其他会计资料，提供虚假财务会计报告。

任何单位或者个人不得对依法履行职责、抵制违反本法规定行为的会计人员实行打击报复。

第九条：各单位必须根据实际发生的经济业务事项进行会计核算，填制会计凭证，登记会计账簿，编制财务会计报告。任何单位不得以虚假的经济业务事项或者资料进行会计核算。

## 合规程序与方向

**一、错误识别与确认**

1. 内部审计与自查

企业应定期进行内部审计和自查，通过对比历史数据、分析异常波动等方式，识别财务数据录入中的错误。

2. 外部审计与检查

接受外部审计机构的审计和监管部门的检查，也是发现财务数据录入错误的重要途径。

**二、错误原因分析**

1. 人为因素

如录入人员疏忽、疲劳、缺乏专业知识等。

2. 系统因素

如财务软件故障、系统升级导致的数据不兼容等。

3. 流程因素

如内部控制流程不完善、审批环节缺失等。

**三、错误处理与更正**

1. 立即停止相关操作

一旦发现财务数据录入错误，应立即停止相关操作，防止错误影响范围进一步扩大。

2. 制定更正计划

根据错误性质和影响程度，制定详细的更正计划，明确更正范围、方法、责任人和时间表。

3. 执行更正操作

按照更正计划，对错误的数据进行更正。更正过程中应确保数据的准确性和完整性，避免引入新的错误。

4. 重新审核与验证

更正完成后，应对更正后的数据进行重新审核和验证，确保更正操作正确无误。

**四、合规报告与披露**

1. 内部报告

将财务数据录入错误及其更正情况向企业内部相关部门和高层管理人员报告，以便及时采取措施防范类似错误再次发生。

2. 外部披露

对于可能影响投资者决策的重大财务数据录入错误，企业应及时向投资者、监管机构和社会公众进行披露，提高信息透明度，维护企业形象和信誉。

**五、后续改进**

1. 加强人员培训

定期对财务人员进行专业知识和操作技能的培训，提高其业务素质和责任意识。

2. 完善内部控制

建立健全内部控制制度，特别是在财务数据录入和审核环节加强控制，确保数据的准确性和合规性。

3. 优化财务系统

根据企业实际需求和市场变化，不断优化财务软件系统，提高其稳定性和兼容性，降低系统因素导致的录入错误风险。

**六、法律法规遵守**

1. 遵循会计准则

企业财务数据录入和处理应严格遵循国家会计准则和相关法律法规的规定，确保财务报告的真实性和合规性。

2. 配合监管要求

积极配合监管机构的检查和调查工作，如实提供相关资料和信息，确保企业的合规经营。

## 案例分析：企业财务数据录入错误

**一、背景**

某生产制造企业（以下称“A 公司”）在 2020 年度财务审计过程中，发现了一笔重大的财务数据录入错误。这笔错误涉及固定资产折旧的计提，原本应计提 100 万元折旧，但由于操作失误，多计提了 900 万元，导致管理费用虚增了 900 万元，并直接影响到了当年的利润数据。

在 2021 年的财务审计中，审计团队对 A 公司 2020 年的财务报表进行了详细审查，发现固定资产折旧费用异常偏高。经过进一步核查，确认是由于财务人员在录入折旧数据时多加了一个零，导致多计提了 900 万元的折旧费用。

由于多计提了 900 万元的折旧费用，A 公司的管理费用相应增加了 900 万元，这直接减少了 900 万元的利润总额。这一错误对 A 公司的财务状况和经营业绩产生了重大影响，也引起了公司管理层和投资者的关注。

A 公司根据会计准则和相关法规的要求，对前期差错进行了更正。具体账务调整分录如下（分录单位：万元）。

冲回多提的折旧：

借：累计折旧　　900

　　贷：以前年度损益调整（2020 年的管理费用）　　900

调整应交所得税：

借：以前年度损益调整（2020 年的所得税）　　225

　　贷：应交税费——应交所得税　　225

结转未分配利润：

借：以前年度损益调整　675

　　贷：利润分配——未分配利润　675

调整盈余公积：

借：利润分配——未分配利润　67.5

　　贷：盈余公积——法定盈余公积　67.5

报表列报调整：在财务报表中，A公司对受影响的资产、负债和所有者权益项目进行了相应调整。具体调整包括固定资产增加900万元、应交税费增加225万元、未分配利润增加607.5万元以及盈余公积增加67.5万元。同时，利润表中管理费用和所得税费用上年金额分别调增了900万元和225万元，净利润上年数调增了675万元。

**二、分析**

经过深入调查，发现A公司此次错误主要是由于财务人员在录入数据时疏忽大意所致。此外，公司内部控制制度在执行过程中也存在一定的漏洞，未能有效防止此类错误的发生。

本案例展示了企业财务数据录入错误可能带来的严重后果以及相应的处理措施。通过深入分析错误原因并采取有效的改进措施，企业可以有效防范类似错误的发生，确保财务数据的真实性和准确性。同时，本案例也提醒广大企业在财务管理过程中应始终保持谨慎态度，加强内部控制和风险管理，以维护企业的稳健运营和良好声誉。

## 专题一百七十七：企业转账是否经批准

### 业务简介

**一、概念**

企业转账是否经批准，主要指的是企业在进行资金转账操作时，是否经过了相关的内部审批流程。如果企业未经适当审批程序擅自转账，则被视为未经批准的企业转账。这种转账行为可能引发一系列法律、财务和税务风险。

**二、基本规定**

企业应根据自身情况建立严格的内部审批流程，确保每一笔转账都经过适当的审批。审批流程可能包括部门负责人审核、财务部门复核、高层管理人员批准等环节。在进行转账时，必须遵守国家相关的法律法规和监管要求。支付劳务费时需要代扣代缴个人所得税等，转账的用途必须合法合规，不得用于洗钱、逃税、挪用资金等。

**三、违规表现**

行为描述：企业在进行资金转账时，未按照既定的内部审批流程进行操作，擅自将资金转出。

目的与动机：规避烦琐的审批程序，加快资金流转速度，或者出于某种不正当的利益考量，如私自挪用资金等。

后果：这种行为导致企业资金流失，增加财务风险，损害企业利益，同时违反企业内部管理规定，引发法律纠纷或审计问题。

### 法律法规

《中华人民共和国商业银行法》第四十八条：企业事业单位可以自主选择一家商业银行的营业场所开立一个办理日常转账结算和现金收付的基本账户，不得开立两个以上基本账户。

任何单位和个人不得将单位的资金以个人名义开立账户存储。

## 合规程序与方法

**一、公对公转账**

1. 账户开立规定

企业应在商业银行开立基本账户，用于日常转账结算和现金收付，且不得开立两个以上基本账户。

2. 转账操作规定

转账应基于真实的交易背景，不得进行无实际交易背景的虚假转账。转账时必须准确填写收款方的账户信息，包括账户名、账号、开户行等。

3. 税务合规要求

转账需遵守相关税务规定，确保账务的合法性和合规性。

4. 大额或异常交易

对于大额或异常的公对公转账，银行可能会进行额外的审核与监控，企业应配合银行提供必要的资料与说明。

**二、公对私转账**

1. 合法合规情况

如支付个人工资、奖金、劳务费（超过一定金额需附上完税证明）、差旅费、医药费等，这些情况下公对私转账是允许的，但应确保转账的真实性和合法性。

2. 限制与报告

对于超过一定金额的公对私转账，银行可能需要企业提供额外的证明文件或进行特别的审批，并可能需要向相关部门报告。

## 案例分析 1：法定代表人私自转账

**一、背景**

在某公司运营过程中，公司法定代表人在未经过其他股东或管理层的同意和授权的情况下，私自利用职权将公司公账上的资金转至其个人账户。这一行为严重违反了公司内部财务管理规定和资金使用的审批流程。

**二、分析**

法定代表人的这一私自转账行为，明显违背了公司内部的资金管理和使用规定，属于严重的违规行为。这种行为可能构成职务侵占或挪用资金等违法行为，严重损害了公司和股东的利益。

如果转账金额巨大，且法定代表人无法提供合理的解释和证明转账的正当用途，那么这种行为将被视为对公司财产的非法侵占或挪用，性质将更为恶劣。在此情况下，法定代表人不仅需要承担相应的民事责任，赔偿公司因此遭受的损失，还可能面临刑事责任的追究，受到法律的制裁。

因此，作为公司的法定代表人，必须严格遵守公司内部财务管理规定和法律法规，不得私自将公司资金转至个人账户，以维护公司和股东的利益，避免承担不必要的法律责任。

## 案例分析 2：国有企业转账至私人账户

**一、背景**

中冶地集团西北岩土工程有限公司青海钾肥项目部发生了一起引人注目的资金转账事件。在未经严格审批和合规程序的情况下，该项目部直接将一笔近 6 亿元的资金转至一位黄姓女子的个人账户。这一巨额转账行为迅速引起了社会的广泛关注和质疑。

**二、分析**

这种大额转账行为明显违反了国有企业资金管理和使用的相关规定，涉嫌国有资产的不当流失。尽管转账凭证上可能注明了转款的事由，但转账的真实性和必要性受到了严重的质疑。如此巨额的资金转账，为何会选择转入一个个人账户，而非进行正常的业务往来或项目投资，这背后的原因和动机令人费解。

此事件不仅引发了社会对公司资金管理的担忧，也对国有企业的声誉和形象造成了不良影响。为了回应社会的关切和质疑，公司后续组建了联合工作组，对该笔转账进行了详细的核查。工作组深入调查转账的背景、原因、审批程序以及资金的实际用途，以期还原事实真相，并给出合理的解释和处理结果。

这一事件再次提醒我们，国有企业作为国家的重要经济支柱，必须严格遵守资金管理和使用的相关规定，确保国有资产的安全和有效使用。任何违反规定、损害国有资产的行为都将受到法律的严惩和社会的谴责。

## 专题一百七十八：企业是否挪用企业资金并用于非法或违规用途

### 业务简介

**一、概念**

企业挪用资金罪是指企业或者其他单位的工作人员，利用职务上的便利，挪用本单位资金归个人使用或者借贷给他人，数额较大、超过三个月未还的，或者虽未超过三个月，但数额较大、进行营利活动的，或者进行非法活动的行为。这一行为不仅损害了企业的经济利益，还可能触犯刑法，构成挪用资金罪。

**二、基本规定**

明确资金审批流程和使用规范，确保每一笔资金的使用都经过严格审批和合规审查。定期对企业财务状况进行审计和检查，及时发现和纠正挪用资金等违规行为。加强对员工的法律教育和培训，提高员工对挪用资金等违法行为的认识和警惕性。鼓励员工积极举报挪用资金等违规行为，对举报人给予保护和奖励。

**三、违规表现**

1. 私自转账

行为描述：未经其他股东或管理层的同意，擅自将公司公账上的资金转至个人账户。这些资金随后被用于个人消费或其他非法活动。

目的与动机：满足个人消费需求或进行非法活动。

后果：造成资金损失，影响公司正常运营，损害公司信誉。

2. 虚构交易

行为描述：通过编造虚假的交易合同或发票等文件，以看似合法的方式将公司资金转出，但实际上这些资金被用于非法或违规用途。

目的与动机：掩盖资金的真实用途，逃避监管。

后果：导致资金流失，可能引发财务危机，损害公司声誉。

3. 挪用公款进行营利活动

行为描述：擅自挪用公司资金，如用于投资等营利活动，以期获取个人利益。

目的与动机：获取个人利益。

后果：资金被非法占用，可能影响公司正常运营和偿债能力。

4. 非法集资

行为描述：以公司名义进行非法集资活动，将筹集到的资金挪作他用，如个人消费、偿还个人债务等。

目的与动机：满足个人资金需求。

后果：声誉受损，可能面临法律诉讼和赔偿要求。

## 法律法规

《刑法》第二百七十二条：公司、企业或者其他单位的工作人员，利用职务上的便利，挪用本单位资金归个人使用或者借贷给他人，数额较大、超过三个月未还的，或者虽未超过三个月，但数额较大、进行营利活动的，或者进行非法活动的，处三年以下有期徒刑或者拘役；挪用本单位资金数额巨大的，处三年以上七年以下有期徒刑；数额特别巨大的，处七年以上有期徒刑。国有公司、企业或者其他国有单位中从事公务的人员和国有公司、企业或者其他国有单位委派到非国有公司、企业以及其他单位从事公务的人员有前款行为的，依照本法第三百八十四条的规定定罪处罚。有第一款行为，在提起公诉前将挪用的资金退还的，可以从轻或者减轻处罚。其中，犯罪较轻的，可以减轻或者免除处罚。

## 合规程序与方法

**一、建立健全内部控制制度**

1. 明确职责与权限

企业应明确各级管理人员和财务人员的职责与权限，确保资金使用的审批流程清晰、责任到人。

2. 规范资金审批流程

制定严格的资金审批制度和流程，确保每一笔资金的使用都经过适当的审批和授权。审批流程应包括但不限于资金使用申请、部门审核、财务审核、高层审批等环节。

3. 实施分离控制

实行不相容职务分离控制，如会计与出纳、审批与执行等岗位的分离，以减少挪用资金的风险。

**二、加强审计监督**

1. 内部审计

企业应设立独立的内部审计部门或岗位，定期对企业的财务状况进行审计，特别是对大额资金的使用情况进行重点审查。

2. 外部审计

聘请专业的会计师事务所进行年度审计或专项审计，以外部视角评估企业的财务管理水平和合规性。

3. 持续监控

利用财务信息系统和监控工具，对企业资金的流动进行实时监控，及时发现并纠正异常资金流动。

**三、合规与培训**

1. 合规

企业应密切关注相关法律法规的变化，确保资金管理活动符合《公司法》《刑法》等相关法律法规的要求。特别是关于挪用资金罪的法律规定，企业应组织员工进行学习，提高法律意识。

2. 培训

定期对员工进行合规培训，包括资金管理、职业道德、法律法规等方面的内容，提高员工的合规意识和风险防范能力。

**四、建立应急响应机制**

1. 风险预警

建立风险预警系统，对可能出现的挪用资金风险进行预警和评估。

2. 应急响应

制定挪用资金事件的应急响应预案，明确应急处理流程、责任人和处置措施。一旦发生挪用资金事件，能够迅速启动预案，控制事态发展，减少损失。

**五、其他合规措施**

1. 信息披露

按照相关法律法规的要求，及时、准确、完整地披露企业的财务状况和重大资金使用情况，接受社会监督。

2. 举报机制

建立有效的举报机制，鼓励员工和社会公众对挪用资金等违规行为进行举报，并对举报人给予保护和奖励。

## 案例分析：企业高层管理人员挪用企业资金

**一、背景**

某知名制造企业，近年来由于市场竞争激烈和内部管理不善，面临较大的经营压力。为寻求短期资金解决方案，该企业高层管理人员决定将企业资金用于非法或违规的投资活动，以期获取高额回报来缓解企业资金压力。

该企业高层管理人员通过虚构交易合同、伪造发票等手段，将公司大量资金以“合法”形式转出，并用于高风险的投资项目。挪用的资金规模巨大，累计达到数亿元人民币，占公司流动资金的较大比例。该挪用资金行为持续了一年多时间，其间企业高层管理人员不断掩盖真相，逃避内部审计和外部监管。

**二、分析**

企业高层管理人员希望通过将资金用于非法或违规投资，获取高额回报，以缓解企业资金压力，并为个人谋取私利。

资金流失导致企业运营资金紧张，影响了正常生产经营活动。企业信誉受损，投资者和消费者信心下降，市场份额减少。企业面临法律诉讼和巨额赔偿要求，企业财务状况进一步恶化。

企业应建立健全内部控制制度，明确职责与权限，规范资金审批流程，实施分离控制，以减少挪用资金的风险。加大内部审计和外部审计的力度，定期对企业的财务状况进行审查，及时发现并纠正异常资金流动。加强对员工的合规培训，提高员工的法律意识和风险防范能力，确保企业活动符合相关法律法规的要求。制定挪用资金事件的应急响应预案，明确应急处理流程、责任人和处置措施，以便在事件发生时能够迅速应对并减少损失。

**三、总结**

综上所述，该企业将资金用于非法或违规用途的案例给我们带来了深刻的教训。企业应引以为戒，加强内部控制、审计监督和合规工作，确保企业资金的安全和合规使用，维护企业的声誉和促进企业长期发展。

# 专题一百七十九：企业是否存在财务舞弊或虚构财务报告行为

## 业务简介

**一、概念**

财务舞弊是指故意的、有目的的、有预谋的、有针对性的财务造假和欺诈行为。它涉及对财务信息的操纵，以误导信息使用者，如投资者、债权人、监管机构等，从而获取不正当利益。财务舞弊可能表现为销售收入舞弊、销售成本舞弊、负债和费用舞弊、资产舞弊和披露舞弊等多种形式。

虚构财务报告是指企业不遵循财务会计报告标准，有意识地利用各种手段歪曲反映企业某一特定日期的财务状况、经营成果和现金流量，从而误导信息使用者的决策。这包括人为编造财务报告数据、随意变更会计方法以调整财务报告的有关数据等行为。

**二、基本规定**

企业必须严格遵守相关法律法规，建立健全内部控制制度，加强财务监督和审计，确保财务信息的真实、准确和完整。

**三、违规表现**

1. 人为编造财务报告数据

行为描述：在财务报告中虚增资产、虚减费用、虚增利润，以掩盖企业真实的财务状况和经营成果。

目的与动机：粉饰财务报表，使企业的财务状况和经营成果看起来更加好，从而误导投资者、债权人和其他利益相关者，以达到吸引投资、提升股价或满足某些融资条件的目的。

后果：这种行为导致财务报告不平衡、账表不相符等问题，损害企业的信誉和声誉，可能导致企业面临法律诉讼、罚款，甚至刑事处罚。同时，它还会误导投资者和债权人，破坏市场的公平性和透明度。

2. 随意变更会计方法以调整财务报告

行为描述：通过随意选择有利于企业的会计政策和会计估计，对财务报告的有关数据进行调整，以达到误导信息使用者的目的。这通常涉及对会计原则的灵活应用或解释，以掩盖企业的真实财务状况。

目的与动机：误导信息使用者，包括投资者、债权人、分析师等，使他们对企业财务状况的理解偏离实际情况，以达到掩盖经营不善、提升股价或满足特定的财务报告要求的目的。

后果：这种行为会导致企业信誉受损，引发法律诉讼、罚款等后果。同时，它还会破坏市场的公平性和透明度，损害投资者的利益。

3. 关联交易舞弊

行为描述：通过虚构或隐瞒关联交易来操纵企业利润。

目的与动机：通过操纵关联交易来掩盖企业的真实财务状况和经营成果，以达到提升股价、满足财务报告要求或进行利益输送的目的。

后果：这种行为会导致企业信誉严重受损，引发法律诉讼、罚款甚至退市等严重后果。同时，它还会损害投资者的利益，破坏市场的公平性和透明度。

4. 隐瞒重大事项

行为描述：对可能影响企业财务状况和经营成果的重大事项进行隐瞒或虚假披露。

目的与动机：误导投资者和债权人等利益相关者，使他们无法准确了解企业的真实财务状况和经营风险，以达到掩盖经营问题、吸引投资或避免股价波动的目的。

后果：这种行为会导致投资者和债权人基于错误的信息做出决策，损害他们的利益。同时，企业也会面临法律诉讼、罚款、声誉受损等后果，在严重情况下，甚至可能破产。

5. 虚构经济业务

行为描述：通过虚构交易、伪造合同等方式虚增企业收入、资产或利润。

目的与动机：粉饰财务报表，使企业的财务状况和经营成果看起来更加乐观，从而误导投资者、债权人和其他利益相关者。

后果：这种行为会导致财务报告严重失真，损害企业的信誉和声誉。企业将面临法律诉讼、罚款、刑事处罚等严重后果，同时，它还会误导投资者和债权人，破坏市场的公平性和透明度。

## 法律法规

《会计法》相关规定如下。

第五条：会计机构、会计人员依照本法规定进行会计核算，实行会计监督。

任何单位或者个人不得以任何方式授意、指使、强令会计机构、会计人员伪造、变造会计凭证、会计账簿和其他会计资料，提供虚假财务会计报告。

任何单位或者个人不得对依法履行职责、抵制违反本法规定行为的会计人员实行打击报复。

第十三条：会计凭证、会计账簿、财务会计报告和其他会计资料，必须符合国家统一的会计制度的规定。

使用电子计算机进行会计核算的，其软件及其生成的会计凭证、会计账簿、财务会计报告和其他会计资料，也必须符合国家统一的会计制度的规定。

任何单位和个人不得伪造、变造会计凭证、会计账簿及其他会计资料，不得提供虚假的财务会计报告。

## 合规程序与方法

**一、建立反舞弊合规管理体系**

1. 制定反舞弊合规管理制度

成立专门的反舞弊合规部门或团队，负责反舞弊工作的整体规划、执行和监督。该部门应保持相对独立性，以确保其工作不受其他部门的干扰。制定详细的反舞弊合规管理制度，明确舞弊的定义、形式、预防和控制措施、举报和调查流程等。该制度应涵盖企业的所有业务领域和环节，确保全面覆盖。通过培训、宣传等方式，营造廉洁、透明的企业文化氛围，提高员工对反舞弊合规重要性的认识。

2. 制定风险监控制度

定期对各业务单元、重要经营活动及业务流程进行风险识别，分析可能存在的舞弊风险点，并发布预警信息。定期对反舞弊合规管理的有效性进行监测和评估，发现漏洞和问题并及时弥补和整改，确保合规体系的持续改进和完善。对发现的舞弊行为采取及时有效的控制和处置措施，包括内部惩处和外部司法移送等。

**二、加强内部控制和审计**

1. 建立和完善内部控制体系

建立和完善内部控制体系，确保企业财务报告的编制和披露符合法律法规和会计准则的要求。内部控制体系应涵盖财务报告编制的全过程，包括会计记录的准确性、会计政策的恰当性等。

2. 加强内部审计

加强内部审计工作，对财务报告的编制和披露过程进行定期或不定期的审计检查，发现问题及时整改。内部审计部门应保持独立性，以确保审计结果的客观性和公正性。

### 三、建立举报和处理机制

1. 设立举报渠道

企业应设立多种举报渠道，包括匿名举报信箱、举报电话、在线举报平台等，方便员工和外部相关方举报舞弊行为。

2. 制定举报处理流程

制定明确的举报处理流程，确保举报信息得到及时、公正的处理。对举报人应给予必要的保护，避免其受到打击报复。

### 四、配合外部监管和执法

1. 积极配合

企业应积极配合监管机构和执法部门的检查、调查工作，如实提供相关资料和信息。

2. 及时整改

对监管机构和执法部门发现的问题和提出的整改要求，企业应认真对待并及时整改到位。

### 五、提高法律意识和加强培训

1. 提高法律意识

提高企业管理层和员工的法律意识，使其充分认识到财务舞弊和虚构财务报告的严重性和后果。

2. 加强培训

定期开展反舞弊合规培训，提高员工对反舞弊合规制度的了解和掌握程度，增强其执行合规制度的自觉性和主动性。

## 案例分析 1：XYZ 公司财务造假

### 一、背景

XYZ 公司是一家在国内证券交易所上市的公司，主要从事制造业务。近年来，该公司业绩持续增长，备受投资者关注。然而，一次偶然的内部审计揭示了公司存在财务舞弊行为。

XYZ 公司通过虚构销售合同、发票和出库单等手段，虚增销售收入，导致收入数据严重失真。

公司还通过夸大存货、固定资产等资产项目的价值，虚增资产总额，进一步误导了投资者和债权人。

为了掩盖真实的盈利状况，XYZ 公司还故意隐瞒了大量的成本和费用。

公司还通过与关联方进行不真实的交易，进一步操纵财务报表。这些关联方交易往往缺乏商业实质，只是为了粉饰财务报表而虚构的。

由于 XYZ 公司的财务报表严重失真，投资者基于错误信息做出错误的投资决策，遭受了重大损失。许多投资者在股价暴跌后蒙受了巨大的经济损失。

财务舞弊事件曝光后，XYZ 公司的市场信誉受到了严重损害。投资者和债权人对公司的信任度大幅下降，导致公司的融资能力和业务发展受到严重影响。

监管机构对 XYZ 公司的财务舞弊行为进行了严厉的处罚。公司被要求改正违法行为、公开道歉，并受到了罚款等行政处罚。同时，相关责任人也被追究相应的法律责任。

在财务舞弊事件曝光后，XYZ 公司被迫进行了公司治理结构的改革。公司加强了内部控制和风险管理机制建设，以提高财务报表的准确性和可靠性。

### 二、分析

XYZ 公司进行财务舞弊的主要目的是掩盖其真实的财务状况和经营成果，以吸引更多的投资者和债权人。通过虚增收入和资产、隐瞒成本和费用，公司希望营造出一种业绩持续增长的假象，从而推高股价和获取更多的融资机会。

### 三、结论

XYZ 公司财务造假事件是一起严重的财务舞弊案例。该案例揭示了企业在追求短期利益时可能采取的非法手段，以及这些手段对投资者、债权人和市场造成的严重后果。对其他企业而言，该案例提供了深刻的警示和启示：企业必须严格遵守法律法规的要求，确保财务报表的真实、准确和完整；同时加强内部控制和风险管理机制建设，防范和遏制财务舞弊行为的发生。此外，监管机构也应加大对企业的监管力度，及时发现和处罚财务舞弊行为，以维护市场的公平和正义。

## 案例分析 2：昌某股份公司财务造假

### 一、背景

昌某股份公司是一家在全国中小企业股份转让系统挂牌的公司。2014 年 11 月 28 日，该公司在该系统发布了《公开转让说明书》，其公开转让的主办券商为东某证券公司，会计师事务所为大某会计师事务所。然而，后续调查发现，昌某股份公司存在严重的虚构财务报告的行为。

2014 年至 2016 年期间，昌某股份公司虚构放贷业务，将大量款项转入该公司控股股东实际控制的其他公司，形成关联方资金占用，合计 18 950 万元，其中 8 750 万元到期未被清偿。

未经董事会、股东会决策审批，昌某股份公司为实际控制人控制的其他公司对外借款提供担保，累计担保金额达 7 730 万元。

在上述期间，昌某股份公司的财务报告未能真实反映公司的财务状况和经营成果，严重误导了投资者和其他利益相关者。

由于昌某股份公司的虚假财务报告，投资者在基于错误信息进行交易时遭受了重大损失。

投资者提起诉讼后，人民法院经审理认为昌某股份公司、东某证券公司和大某会计师事务所均存在过错。昌某股份公司未按规定披露关联方资金占用及对外担保情况，东某证券公司和大某会计师事务所在提供证券服务时未尽职尽责。

最终人民法院判决昌某股份公司赔偿投资者全部损失，大某会计师事务所和东某证券公司分别在 10% 和 5% 的范围内承担连带赔偿责任。

### 二、分析

昌某股份公司进行财务造假的主要目的是粉饰财务报表，使公司的财务状况和经营成果看起来更好，以吸引投资者、提升股价或满足特定的融资条件。同时，通过关联方资金占用和违规担保，公司还试图掩盖其真实的资金流动和财务风险。

昌某股份公司的财务造假行为严重损害了其市场信誉和声誉，可能导致投资者和债权人对其失去信心，进而影响公司的融资能力和业务发展。

该案也促使监管机构加大了对挂牌公司和证券服务机构的监管力度，推动市场向更加规范、透明的方向发展。

### 三、结论

昌某股份公司财务造假案是一起典型的企业虚构财务报告案例。该案不仅揭示了企业在追求短期利益时可能采取的非法手段，也强调了监管机构在维护市场秩序和保护投资者权益方面的重要作用。对其他企业而言，该案提供了深刻的警示和启示：必须严格遵守法律法规的要求，确保财务报告的真实、准确和完整；同时加强内部控制和风险管理机制建设，防范和遏制财务舞弊行为的发生。

# 专题一百八十：企业是否利用个人账户对外收付款项，是否出借企业账户为他人收付款项

## 业务简介

**一、概念**

利用个人账户对外收付款项，是指企业在交易过程中，不通过企业的正式对公账户，而是使用个人账户进行资金的收取和支付。

出借企业账户，是指企业将自己在银行开设的对公账户借给他人使用，允许他人通过该账户进行资金的收取和支付。

**二、基本规定**

企业使用个人账户进行收付款项必须确保所有交易合法合规，资金来源和去向清晰明确，且需遵守国家税收法规，依法纳税。企业应将通过个人账户进行的所有交易记录清晰、准确地反映在公司财务账簿中，以保持财务透明度。

企业账户是企业独立核算、自主经营的重要工具，应保持其独立性和专属性，不得随意出借。根据金融管理法规，企业不得将企业账户出借给他人使用，否则将承担相应的法律责任。

**三、违规表现**

1. 企业利用个人账户偷税漏税

行为描述：企业将部分收入转入个人账户，而不是企业的对公账户，以隐瞒这部分收入，从而逃避税收监管和税款缴纳义务。

目的与动机：减少应纳税额，增加企业的非法利润。

后果：企业将面临税务机关的严厉处罚，包括缴纳滞纳金和罚款。在严重情况下，以上行为还可能涉及刑事责任，如税务犯罪。

2. 个人账户与企业账户混用

行为描述：个人账户与企业账户混用，使得企业的资金流向变得不清晰，无法准确追踪，导致财务管理混乱。

目的与动机：简化操作流程或掩盖某些不当交易。

后果：财务管理混乱会导致企业难以做出准确的财务决策，影响企业的正常运营。同时，以上行为也可能引发税务机关的关注和调查，带来法律风险。

3. 企业账户被用于非法用途

行为描述：接收方利用企业出借的企业账户进行不当交易，将直接损害出借方的利益和声誉。

目的与动机：接收方获取非法利益、掩盖不当行为或逃避监管等。

后果：出借方将面临法律纠纷和经济损失。同时，其声誉和信用也可能受到严重损害。

## 法律法规

**一、《中华人民共和国商业银行法》**

第四十八条：企业事业单位可以自主选择一家商业银行的营业场所开立一个办理日常转账结算和现金收付的基本账户，不得开立两个以上基本账户。

任何单位和个人不得将单位的资金以个人名义开立账户存储。

**二、《公司法》**

第三条：公司是企业法人，有独立的法人财产，享有法人财产权。公司以其全部财产对公司的债务承担责任。

公司的合法权益受法律保护，不受侵犯。

## 合规程序与方法

**一、使用个人账户的合规程序**

1. 确保合法合规

确保所有通过个人账户进行的交易都是合法合规的，资金来源和去向清晰明确。

遵守国家税收法规，依法纳税，确保所有收入都纳入企业正常税收申报范围。

2. 建立授权关系

如果确实需要使用个人账户收付款项，企业应与账户所有人建立明确的授权关系，并签订书面协议，明确双方的权利与义务。

3. 完善财务记录

企业应建立严格的财务管理制度，确保每一笔通过个人账户的收支都能准确、完整地记录在企业的财务账簿中。定期与个人账户持有人核对账目，确保数据的准确性和一致性。

4. 风险评估与监控

对通过个人账户进行的交易进行风险评估，确保交易的真实性和合法性。加强对个人账户的监控和管理，及时发现并处理任何异常情况。

5. 遵守反洗钱法规

遵守反洗钱法规，对大额交易和可疑交易进行报告和分析。

**二、使用企业账户的合规程序**

1. 严格禁止原则

明确企业政策，禁止出借企业账户为他人收付款项。这是防范风险的基本原则。

2. 建立特殊审批流程

如果确实存在特殊情况需要出借账户，应建立严格的特殊审批流程。审批流程应包括高级管理人员的审批、风险评估报告、合规部门审核等环节。

3. 签订书面协议

与接收方签订书面协议，明确双方的权利与义务、借用期限、用途、关键条款。

4. 加强监控与管理

对出借账户进行实时监控和管理，确保资金流水的安全性和合规性。定期对账户进行审计和核查，确保所有交易都符合法律法规和企业政策的要求。

5. 明确法律责任

在协议中明确出借方和接收方的法律责任，确保在发生纠纷时有据可依。

## 案例分析 1：企业利用个人账户对外收付款项

**一、背景**

某科技有限公司（以下简称“科技公司”）是一家专注于电子产品研发与销售的企业。近年来，随着市场竞争的加剧，科技公司在财务管理上采取了一些不规范的操作，其中包括利用个人账户对外收付款项，以规避税收监管和简化操作流程。

科技公司的部分销售人员在与客户交易时，不通过公司的对公账户收款，而是要求客户将款项直接打入公司指定的个人账户。同样，在支付供应商款项或员工报销款时，科技公司也偶尔通过个人账户进行转账，以避开公司复杂的财务审批流程。

科技公司的管理层认为，通过个人账户收付款项可以简化财务流程，加快资金回笼速度，同时减轻税收负担。部分销售人员则出于个人利益考虑，希望通过个人账户收取回扣或提成，从而隐瞒部分收入。

由于部分收入未通过公司账户处理，导致科技公司少申报了应纳税额，最终被税务机关查处，要求补缴税款、滞纳金并处以罚款。个人账户与公司账户混用，使得科技公司的资金流向变得模糊不清，财务管理陷入混乱状态。这一行为被曝光后，科技公司的商业信誉受到严重损害，客户和合作伙伴的信任度大幅下降。

科技公司在接到税务机关的处罚通知后，不得不正视自身存在的问题，积极配合税务机关完成税款补缴和罚款缴纳工作。同时，科技公司对内部财务管理制度进行了全面整改，明确禁止利用个人账户对外收付款项的行为，并加强了财务审批和完善了监控流程。为了恢复商业信誉，科技公司还采取了公开道歉、加强与客户和合作伙伴的沟通等措施。

**二、分析**

本案例揭示了企业利用个人账户对外收付款项的严重后果。这种行为不仅违反了税收法规和金融管理法规，还可能导致企业财务混乱、法律风险增加以及声誉损失等严重后果。因此，企业应严格遵守相关法律法规和财务管理制度的要求，确保所有交易的真实性和合法性。在财务管理上应追求规范化和透明化以维护企业的长期稳定发展。

### 案例分析 2：出借企业账户为他人收付款项

**一、背景**

某贸易有限公司（以下简称“贸易公司”）是一家从事进出口贸易的企业。近期，贸易公司因一时之需，将其企业账户出借给了一家关联企业用于收付款项，以解决关联企业暂时的资金流转问题。贸易公司将其企业账户的相关信息提供给了关联企业，并授权其在一定期限内使用该账户进行收付款项。关联企业开始使用贸易公司的账户进行业务往来，资金流入流出频繁。

贸易公司出借账户的行为违反了金融管理法规和公司财务管理制度，面临法律处罚。关联企业的交易与贸易公司的正常业务混杂在一起，导致贸易公司的财务记录变得复杂且难以追踪资金流向。出借账户的行为被曝光后，贸易公司的商业信誉受到损害，客户和合作伙伴对其的信任度降低。

贸易公司在意识到问题的严重性后，立即终止了出借账户的行为，并要求关联企业归还所有使用该账户进行的资金。贸易公司对内部进行了整顿，加强了财务管理和监控，确保不再发生类似事件。贸易公司还积极与税务机关和金融监管机构沟通，解释情况并寻求合规建议。为了恢复声誉，贸易公司加强了与客户和合作伙伴的沟通，解释事件原因并承诺加强内部管理。

**二、分析**

本案例显示了出借企业账户为他人收付款项的严重风险。这种行为不仅违反了法律法规，还可能导致企业财务混乱、税务风险增加以及声誉损失。因此，企业应坚决禁止出借账户的行为，严格遵守相关法律法规和财务管理制度的要求。在面临类似请求时，企业应寻求合法合规的解决方案，以维护自身的长期稳定发展。

## 专题一百八十一：企业是否建立或有效执行内部控制制度

### 业务简介

**一、概念**

内部控制制度，是指企业为实现经营管理目标，确保企业财产安全、完整，保证企业财务会计信息的安全可靠，在分工负责的前提下，组织企业内部经营活动而建立的各职能部门之间对经营活动进行组织、制约、考核和协调的方法、程序和措施。这些措施旨在明确各职能部门的职责权限，形成一个严密的相互协调、相互制约的控制系统。

## 二、基本规定

1. 内部控制的原则

全面性原则：内部控制应当贯穿决策、执行和监督全过程，覆盖企业及其所属单位的各种业务和事项。

重要性原则：内部控制应当在全面控制的基础上，关注重要业务事项和高风险领域。

制衡性原则：内部控制应当在治理结构、机构设置及权责分配、业务流程等方面相互制约、相互监督，同时兼顾运营效率。

适应性原则：内部控制应当与企业经营规模、业务范围、竞争状况和风险水平等相适应，并能随着情况的变化及时加以调整。

成本效益原则：内部控制应当权衡实施成本与预期效益，以适当的成本实现有效控制。

2. 内部控制的要素

内部环境：包括治理结构、机构设置及权责分配、内部审计、人力资源政策、企业文化等，是企业实施内部控制的基础。

风险评估：企业及时识别、系统分析经营活动中与实现内部控制目标相关的风险，合理确定风险应对策略。

控制活动：企业根据风险评估结果，采用相应的控制措施，将风险控制在可承受度之内。

信息与沟通：企业及时、准确地收集、传递与内部控制相关的信息，确保信息在企业内部、企业与外部之间进行有效沟通。

内部监督：企业对内部控制建立与实施情况进行监督检查，评价内部控制的有效性，发现内部控制缺陷并及时加以改进。

## 三、改进企业内部控制制度的措施

1. 加强内部控制管理

企业应重视内部控制制度的建立和完善，从规范化管理、提高员工意识、优化流程和建立风险管理制度等方面入手，加强内部控制管理。

2. 制定分权分责制度

企业应制定科学、合理的分权分责制度，确保每个岗位职责明确，权利与责任相匹配。

3. 提高员工的内部控制意识

企业应加强员工的内部控制意识，加大对内部控制机制的宣传力度，组织内部控制知识培训，确保员工充分认识到内部控制机制对企业发展的重要性。

4. 完善风险评估机制

企业应建立完善的风险评估机制，定期进行风险评估和管理，发现和解决潜在风险，最大限度地降低风险带来的损失。

5. 强化信息与沟通

企业应建立健全的信息与沟通机制，确保信息在企业内部、企业与外部之间进行有效沟通，为内部控制制度的执行提供有力支持。

6. 加强内部监督

企业应建立健全内部监督机制，对内部控制建立与实施情况进行监督检查，评价内部控制的有效性，发现内部控制缺陷并及时加以改进。

## 四、违规表现

1. 财务舞弊

行为描述：篡改财务报表，虚构交易，隐瞒或延迟披露重要财务信息。

目的与动机：掩盖经营不善，达到业绩目标，获取投资或贷款，或进行不正当的利益输送。

后果：可能导致投资者和债权人遭受损失，损害企业信誉，导致企业面临法律诉讼和罚款，甚至可能导致企业破产。

2. 资金挪用

行为描述：未经授权将企业资金用于非经营目的，如个人投资、非法借贷等。

目的与动机：满足个人私利，解决资金短缺问题，或进行高风险投资以获取额外收益。

后果：影响企业正常运营，损害股东利益，破坏市场信任度，可能引发法律纠纷和刑事责任。

3. 违规采购与销售

行为描述：未经适当审批程序进行采购或销售，涉及赚取回扣、操纵价格等不正当行为。

目的与动机：获取个人利益，提高销售业绩，或与供应商建立不正当利益关系。

后果：增加企业成本，降低利润，损害供应商和客户关系，可能导致企业面临法律调查和处罚。

## 法律法规

**一、《公司法》**

《公司法》规定，董事会应当建立健全内部控制制度，确保企业的财产安全和经营活动的合法性。这意味着，如果企业没有建立相应的内部控制制度，可能会违反《公司法》的相关规定。

**二、《证券法》**

《证券法》对上市公司的内部控制有明确规定，要求上市公司应当建立健全内部控制制度，确保财务报告的真实、准确和完整。内部控制制度应当包括财务管理、风险控制、内部审计等方面的内容，这些都需要由董事会负责监督执行。若上市公司未建立或未有效执行这些制度，便可能违反了《证券法》的规定。

**三、《会计法》**

《会计法》要求企业应建立和执行相应的内部控制制度。

## 合规程序与方法

1. 建立内部控制体系

制定内部控制制度：根据企业实际情况，制定涵盖财务管理、运营管理、合规管理等方面的内部控制制度。

明确职责分工：确保不相容职务相分离，明确各部门、各岗位的职责和权限。

建立风险评估机制：定期识别、评估企业面临的风险，并制定相应的风险应对策略。

2. 有效执行内部控制

培训与教育：加强对员工的内部控制培训，提高全员的内部控制意识和执行力。

持续监督与检查：建立内部审计或内部控制自我评估机制，定期对内部控制制度的执行情况进行监督和检查。

反馈与改进：及时整改发现的问题，不断优化内部控制流程和方法。

3. 外部审计与合规性检查

聘请外部审计机构：定期进行财务报表审计和内部控制审计，确保内部控制的有效性。

合规性检查：根据相关法律法规和行业标准，进行合规性检查和接受外部监管机构的检查。

## 案例分析 1：财务舞弊

**一、背景**

尔康制药，一家知名的制药公司，曾因涉嫌财务造假和隐瞒重要信息而备受关注。该公司在内部控制方面存在显著缺陷，导致了一系列财务违规行为的发生。

**二、案例具体情况**

据报道，尔康制药在某一时期内的财务报表中，虚增了约2.3亿元的收入和0.6亿元的净利润。同时，公司还隐瞒了与某监管机构的处罚决定相关的信息，未及时将该信息披露给投资者。

**三、分析**

1. 法律法规

根据相关法律法规，上市公司必须真实、准确、完整、及时地披露其财务信息，不得有虚假记载、误导性陈述或重大遗漏。

2. 影响

虚增收入和净利润导致财务报表失真，误导了投资者对公司真实财务状况的判断。

隐瞒重要监管信息剥夺了投资者的知情权，影响了他们的投资决策。

公司的信誉和市值因此受损，公司可能面临法律诉讼和监管机构的严厉处罚。

3. 正确做法

公司应建立健全的内部控制制度，确保财务报告的编制和披露符合相关法律法规的要求。

对于发生的交易和事项，应按照会计准则进行确认和计量，确保财务数据的真实性和准确性。

及时披露所有对投资者决策有重大影响的信息，包括但不限于监管机构的处罚决定、重大诉讼等。

加强内部审计和监督，防止财务造假等违规行为的发生。

## 案例分析2：资金挪用

**一、背景**

某公司总经理魏某，在犯罪嫌疑人张某某的指使下，违反公司章程和《公司法》的规定，未经股东会或董事会同意，擅自将公司资金20万元借给张某某用于个人投资。

**二、分析**

1. 法律法规

根据《公司法》的规定，公司资金的使用应当经过适当的授权，如股东会或董事会的同意。魏某的行为明显违反了这一原则，未经授权即将公司资金用于非经营目的。

2. 影响

将公司资金用于个人投资，一旦投资失败，可能导致公司资金的损失，增加公司的财务风险。

魏某的行为可能构成挪用资金罪，面临法律责任。

此类行为会破坏公司的内部管理制度，导致管理混乱，影响公司正常运营。

3. 正确做法

公司应建立健全的资金使用审批流程，确保所有资金使用均经过适当授权。

定期对账和审计，及时发现并纠正违规行为。

加强员工培训，提高员工对法规和公司政策的认识和遵守意识。

4. 正确的会计处理

公司资金的使用应严格按照会计准则进行记录和处理。

对于任何非经营性的资金支出，应明确记录其性质、金额和用途，并确保相关凭证的完整性和准确性。

定期进行财务审查和报告，以确保账目的透明度和合规性。

## 案例分析 3：违规采购与销售

**一、背景**

某公司在进行软装采购时，由项目营销中心主导。在审计过程中，发现壁画、摆设数量短缺，同时某些零星物品的价格高于同档次物品的市场价格。经过进一步调查，涉事人员陈某等人交代了其与供应商串通吃回扣的事实。

**二、案例具体情况**

审计人员对比市场价格发现，部分零星物品的采购价格高于市场价，造成了公司财务的损失。

审计人员通过盘点发现，壁画和摆设数量短缺，这意味着公司支付了未收到的货物的费用。

**三、分析**

1. 法律法规

根据《会计法》和相关采购法规，公司应建立健全的采购审批流程，并确保采购活动的透明性和公正性。任何违反规定程序、收受回扣或操纵价格的行为都是违法的。

2. 影响

公司支付了高于市场价的费用，同时还为未收到的货物支付了费用，直接导致了经济损失。

此类违规行为将严重损害公司的声誉和商业信誉，影响其与供应商和客户的合作关系。

涉事人员可能被追究法律责任，公司也可能因此受到相关监管机构的处罚。

3. 正确做法

建立健全的采购审批流程，并确保所有采购活动都经过适当的审批。

定期对供应商进行市场调查，确保采购价格的合理性。

加强内部审计，定期对采购活动进行审查和监督，及时发现并纠正违规行为。

4. 正确的会计处理

所有采购活动都应有完整的会计凭证和记录，以确保财务信息的准确性和完整性。

对于任何价格异常或数量短缺的情况，应及时进行财务调整，并记录在案。

定期对账，确保采购款项与供应商的记录一致，及时发现并解决差异。

# 专题一百八十二：企业在财务内部控制方面是否遵循相关的法律法规和监管要求

## 业务简介

**一、概念**

财务内部控制，是指企业为确保财务报告的可靠性、经营活动的效率和效果、资产的安全完整以及相关操作的合规性，通过制定和执行一系列政策、程序和措施，对财务活动和相关业务流程进行规范、监督和调整的过程。它旨在合理保证企业经营管理合法合规、资产安全、财务报告及相关信息真实完整，提高经营效率和效果，促进企业实现发展战略。

**二、整改措施**

1. 完善内部控制制度

根据相关法律法规和监管要求，建立健全财务内部控制制度，明确各部门职责、权限和工作流程。

加强对财务人员的培训和教育，提高内部控制意识和合规意识。

2. 强化监督机制

建立专门的内部审计部门，对财务内部控制进行定期审计和评估。

引入外部审计机构，对内部控制的有效性进行审计，确保财务报告的真实性和准确性。

3. 规范业务操作

严禁通过个人账户进行公司资金的收付，确保资金流动的合规性。

严格管理关联方交易和资金拆借，确保交易的真实性和公允性。

加强对应收账款、存货等资产的管理，确保资产的安全完整。

**三、违规表现**

1. 擅自调整报表数据

行为描述：企业根据需要擅自对财务报表数据进行调整，以符合特定目的或期望。

目的与动机：粉饰业绩、掩盖经营问题、满足贷款或上市条件等。

后果：财务报表失真，无法真实反映企业经营状况；误导投资者和监管机构；损害企业信誉和影响长期发展。

2. 财务操作违规

行为描述：企业未按照规定的程序和要求进行财务操作，如资金支付未经授权、违规开立银行账户等。

目的与动机：简化流程、逃避监管、谋取私利等。

后果：增加财务风险，如资金流失；企业面临监管处罚和法律责任追究；损害企业内部控制体系的有效性。

3. 资产管理不善

行为描述：企业对固定资产和存货等资产管理不善，造成损失。

目的与动机：追求短期业绩等。

后果：降低企业经济效益，影响盈利能力；增加财务风险；损害股东和员工利益。

## 法律法规

**一、《税收征收管理法》**

企业应当按照法定时限进行纳税申报和缴纳税款。这要求企业确保申报的税种和纳税义务准确无误，并按时足额缴纳税款。若企业未按规定时限申报或缴纳税款，便违反了该法规定。

企业在设立时需要及时办理税务登记，获得统一社会信用代码，并按规定进行税务备案等。若企业未办理税务登记或未按规定进行税务备案，也属于违法行为。

**二、《公司法》**

企业应当依法保护股东的合法权益，确保股东对公司决策的知情权、参与权和表决权。若企业在财务内部控制方面存在损害股东权益的行为，如财务信息不透明、财务决策不公正等，便可能违反了《公司法》的相关规定。

## 合规程序与方法

1. 了解法律法规与监管要求

企业应定期收集和更新与财务内部控制相关的法律、法规、行业标准及监管政策，包括但不限于《会计法》《公司法》《企业内部控制基本规范》及证监会等监管机构的规范性文件。

通过内部培训、法律咨询等方式，确保管理层及关键岗位人员充分了解这些要求。

2. 建立财务内部控制制度体系

基于法律法规和监管要求，设计并实施一套完整的财务内部控制制度，涵盖资金管理、财务报告、税务管理、预算管理、成本控制、资产管理、风险管理等多个方面。

制度应明确各岗位的职责权限、审批流程、监督机制及违规处理措施。

3. 执行与监督

确保财务内部控制制度的严格执行，通过日常监督、定期审计、风险评估等手段，监测制度执行的有效性和合规性。

设立独立的内部审计部门或聘请外部审计机构，对财务内部控制进行客观评价，提出改进建议。

4. 持续改进与反馈

根据审计结果、监管反馈及内部自查情况，及时修订和完善财务内部控制制度，提升合规管理水平。

建立有效的沟通机制，确保管理层、业务部门与内部控制部门之间的信息畅通，共同推动内部控制体系的持续优化。

## 案例分析 1：擅自调整报表数据

**一、背景**

某上市公司在 2017 年至 2018 年期间，擅自调整报表数据，通过违规方式虚增收入和利润。这一行为在随后的会计差错更正公告中被揭露。

**二、分析**

1. 法律法规

根据《公司法》和《企业财务会计报告条例》，企业不得在财务会计报告等材料上做虚假记载或者隐瞒重要事实。

企业的财务报表应真实、准确、完整地反映其财务状况和经营成果。

2. 影响

该公司的行为严重损害了自身的经济利益，同时也影响了利益相关者的决策和判断。

投资者可能因虚假的财务报表而做出错误的投资决策。

这种行为扰乱了市场秩序，影响了资本市场的可持续发展。

3. 正确做法

企业应严格遵守相关法规，确保财务报表的真实性和准确性。

加强内部控制和审计机制，防止类似违规行为的发生。

及时发现并更正会计差错，以维护企业的信誉和市场的公平。

4. 正确的会计处理

企业应按照会计准则和会计制度的规定进行会计处理。

对于发现的会计差错，应及时进行更正，并调整相关账目。

加强与审计机构的沟通与合作，确保财务报表的合规性和准确性。

## 案例分析 2：财务操作违规

**一、背景**

某企业在未经授权的情况下，通过第三方支付机构进行了资金支付，同时违规开立了多个银行账户。这些行为均未经过公司内部的正规审批流程，且涉及金额巨大。

**二、案例具体情况**

未经授权的资金支付总额达到 500 万元人民币。

违规开立的银行账户涉及的资金流动超过 1 000 万元人民币。

**三、分析**

1. 法律法规

根据《公司法》和相关财务管理规定，企业进行重大资金支付和开立银行账户必须遵循严格的内部审批程序，并确保透明度和合规性。

与第三方支付机构的合作也需要经过严格的审核和授权。

2. 影响

未经授权的资金支付可能导致企业资金流失，损害股东利益，甚至引发法律纠纷。

违规开立银行账户可能增加企业的财务风险，如资金被盗用的风险增加。

这些违规行为还可能损害企业的声誉，影响企业的长期发展。

3. 正确做法

企业应建立健全内部财务管理制度，明确资金支付和银行账户开立的审批流程。

所有重大财务操作应经过公司高层或董事会的授权和批准。

与第三方支付机构的合作应签订正式合同，并明确双方的权利和义务。

4. 正确的会计处理

确保所有财务交易都有完整的会计凭证和记录。

定期对账，确保账户余额与实际情况相符。

遵守相关会计准则和法规，确保财务报告的准确性和透明度。

## 案例分析 3：资产管理不善

### 一、背景

某制造企业由于长期忽视对固定资产和存货的规范管理，导致资产记录混乱、折旧计算不准确，以及存货过期、损坏等问题。这些问题在年终财务审计时被暴露出来，给企业带来了不小的经济损失。

### 二、案例具体情况

固定资产账面价值与实际价值差异达到 200 万元人民币。

因折旧计算不准确，导致多计提折旧费用 50 万元人民币。

存货过期和损坏造成的直接经济损失为 80 万元人民币。

### 三、分析

1. 法律法规

根据相关法规和会计准则，企业应定期对固定资产进行盘点，确保账面价值与实际价值相符。

企业应合理计算固定资产折旧，以反映资产的实际使用情况。

对于存货，企业应建立完善的库存管理制度，防止过期和损坏。

2. 影响

固定资产账面价值与实际价值的差异影响了财务报表的准确性，可能导致投资者和债权人的误判。

多计提的折旧费用增加了企业的成本负担，降低了盈利能力。

存货过期和损坏直接造成了经济损失，影响了企业的运营效率。

3. 正确做法

建立健全的固定资产和存货管理制度，包括定期盘点、准确记录、合理计算折旧等。

加强对固定资产和存货的日常监管，确保资产的安全和完整。

对于存货，实施先进先出的库存管理策略，防止过期和损坏。

4. 正确的会计处理

定期对固定资产进行盘点，调整账面价值以反映实际情况。

根据资产的实际使用情况和相关法规，合理计算折旧费用。

对于存货的过期和损坏，应及时进行会计处理，如计提存货跌价准备等。